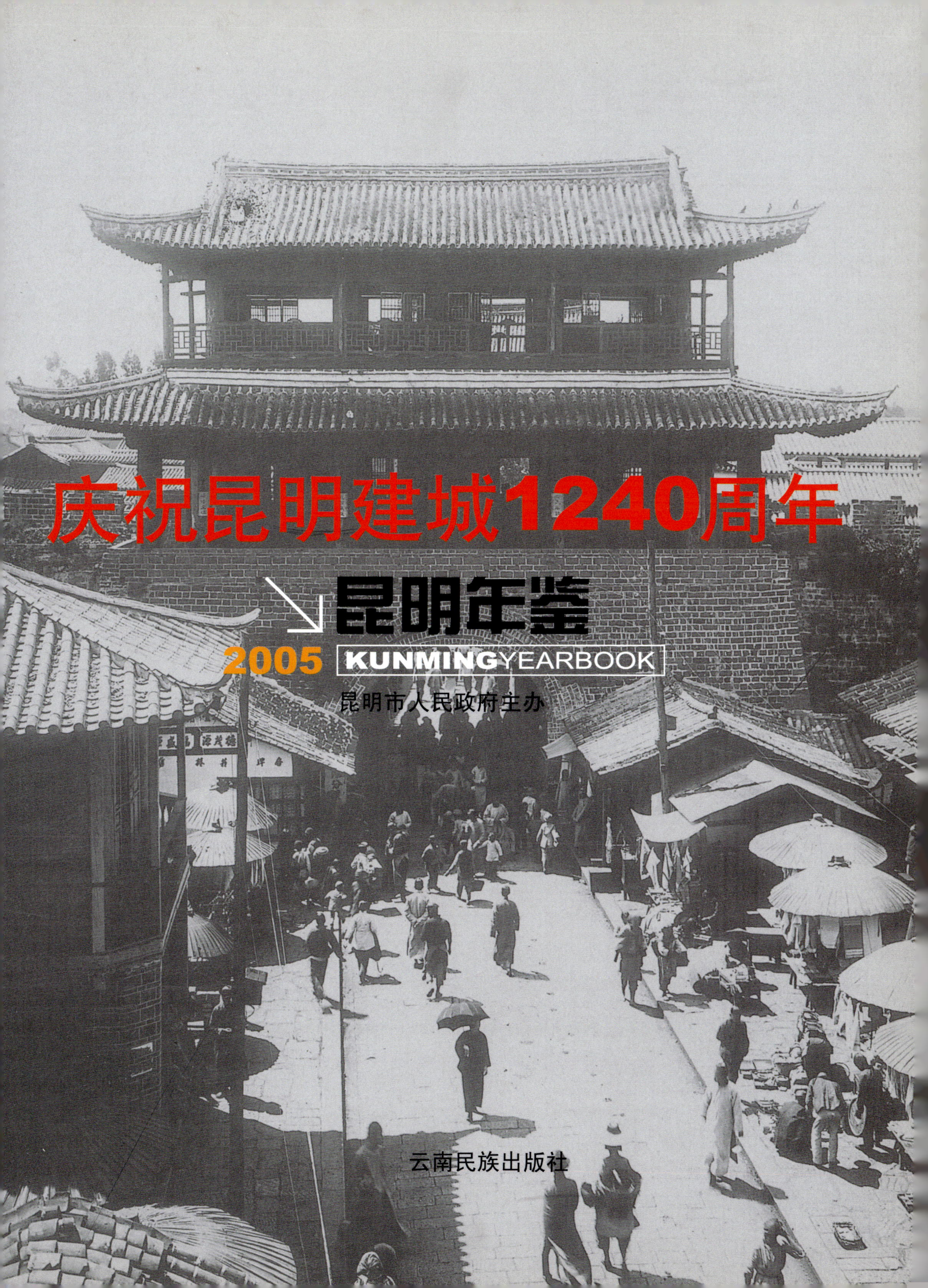

庆祝昆明建城1240周年

昆明年鉴

2005 KUNMING YEARBOOK

昆明市人民政府主办

云南民族出版社

图书在版编目（CIP）数据
昆明年鉴.2005/《昆明年鉴》编辑部编.—昆明：
云南民族出版社，2005.11
ISBN 7-5367-3325-9

Ⅰ.昆...　Ⅱ.昆...　Ⅲ.昆明市－2005－年鉴
Ⅳ.Z527.41

中国版本图书馆CIP数据核字（2005）第124736号

书　　名：昆明年鉴（2005）
总　　编：陈　勇
出 版 者：云南民族出版社（昆明市环城西路170号云南民族大厦五楼　邮政编码：650032）
网　　址：http://www.ynbook.com
责任编辑：李跃波　董　艾
排　　版：云南天元彩色制版印刷有限公司
彩图制版：昆明雅昌图文信息技术有限公司
印　　装：昆明（雅昌）富新春彩色印务有限公司
开　　本：889mm×1194mm　1/16
印　　张：30.5
字　　数：1394千
彩　　页：84码
版　　次：2005年11月第1版
印　　次：2005年11月第1次印刷
印　　数：1-2500册
书　　号：ISBN 7-5367-3325-9/K·849
定　　价：180.00
若发现印装错误，请与承印厂联系
昆明市工商行政管理局广告经营许可证号：5301005000008

昆明市政区图
禄劝彝族苗族自治县
东川区
寻甸回族彝族自治县
富民县
嵩明县
五华区
盘龙区
官渡区
西山区
宜良县
石林彝族自治县
呈贡县
晋宁县
安宁市
昆明市
金沙江
普渡河
牛栏江
滇池

编辑说明

一、《昆明年鉴》是昆明市人民政府主办的综合性地方年鉴，是系统反映昆明市情的大型年刊，是集知识、信息、资料为一体的具有公报性、资料性、权威性的工具书。

二、本年鉴由全市各县（市）区、各部委办局、各人民团体撰稿，昆明市地方志编纂委员会办公室《昆明年鉴》编辑部编辑。

三、本年鉴旨在逐年全面系统地记载昆明市社会主义现代化建设的历史进程，为海内外了解昆明、建设昆明提供信息资料，也为编纂与续修地方志书积累资料。

四、本年鉴全面系统地反映了2004年昆明市深化改革、扩大开放，国民经济和社会各项事业发展的主要情况和其他方面的情况，特别是全市各条战线为昆明经济的发展和城市形象的提升所作的努力和奉献。

五、本年鉴设特载、大事记、政治、军事、法制、民族·宗教、经济管理、农林水利、工业、交通·运输、城市建设与管理、环境保护、建筑业·房产业、现代新昆明建设·开发区建设、会展业、信息·通信、非公经济·乡镇企业、财政·税务、商业、烟草、金融、对外经济贸易、旅游·风景区、科学研究、教育·文化、新闻媒体、卫生·体育、社会、人物、市及县（市）区概况、附录等31个部类。

六、为全面反映现代新昆明建设，本年鉴特增设会展业、信息·通信和非公经济栏目。

七、本年鉴封面、封底和文中用了清代昆明古城照片，系为了纪念昆明建城1240周年。

八、本年鉴采用分类编辑法，以条目为主体，体例分一、二、三级目。一级目为大类，如城市建设与管理、工业、农林水利等；二级目排在一级目之下，如城市建设与管理下设城市规划、城市管理等；三级目为撰写单元（条目），用黑体字加【】号作标题。

九、《昆明年鉴》检索方法有目录和索引两种，目录在卷首，索引在卷尾。目录编排到条目，索引采用主题分析法，按汉语拼音字母顺序排列。索引范围详及条目、图片和表格。

十、本年鉴在编纂过程中，得到各级领导、同仁和社会各界的协助支持，在此谨表谢忱。

《昆明年鉴》编辑部

编辑委员会

编 辑 部

撰稿人员

（按部类顺序排列）

字应军	王仁智	罗力争	许　烽	闻国祥	包昌奎	赵雪如	唐晓越	段跃红
郑云宏	刘元堂	陈卫芳	路　润	吴剑明	屈　尽	王　云	刘建新	张放乔
孙思民	马颖生	沈金泉	郑　毅	王俊伟	戴　霞	黄秋苹	吕瑜琳	郝昆宁
訾贵金	姜　斌	韩　洁	杨　萍	张晓明	陈万英	李　华	刘瑞华	陈守志
袁光泉	杨建军	朱丽华	李　红	王瑞林	代　彦	刘让和	乔德华	胡文斌
程世林	贺丽君	杨翼雄	李世新	沈　然	杨　春	姚晓茂	朱　珠	霍剑波
陈　林	杨亚娟	杨　军	张莉华	邱云生	孙　军	李德运	何振辉	孙家宪
保秀红	阮劲松	李燕萍	李一果	张玲玲	周利康	张正元	黄新林	叶宇澄
舒　伟	杨　芳	丁雪梅	易文胜	杨剑屏	梁俊雄	陶　岚	高丽萍	杨学群
余　芳	马良平	康晓明	吴青芮	董伟云	黄　昆	董家华	王金明	张晓刚
张　磊	侯至群	钟高飞	王云鸥	陇　猷	张立力	王　琳	陈　燕	方　玲
黄　蕊	郝万平	段惠莲	周哲源	顾　隽	赵志良	王冰梅	张文治	郭绍华
陈玉惠	黄跃初	杨　昆	王选政	吴　彦	谷雁冰	张红云	郑　滨	丁江萍
文成举	潘俊霖	赵宏宾	杨　信	马文音	姚　勇	周　玮	滕庆华	张维勇
杨子荣	冯雁云	冷少萍	彭　怡	孙小涛	吴瑞菁	李伟东	孙根娣	乔　晶
叶　莹	钟文佑	成小兵	赵　佳	李小昆	石正华	缪照和	姚　愚	刘　祎
沈　德	朱　源	李永坤	张维新	俞菊美	班　文	祝小茂	杨明毅	陈　洁
李志荣	孙丽玲	顾　凝	李　震	张　贵	张伟岱	李　苇	关学智	杨雨春
赵立新	王正军	赵贤锋	黄国财	庞　文	方玉红	吴焰红	李晓燕	缪开和
加三益	罗桂莲	刘　荣	张丽华	唐荣华	王　雷	吴永华	李凤积	吴佳娒
徐守云	李　智	昂智灵	黄勤昌	孙显芳				

2004年西部部分省会城市经济指标对比图

生产总值（亿元）

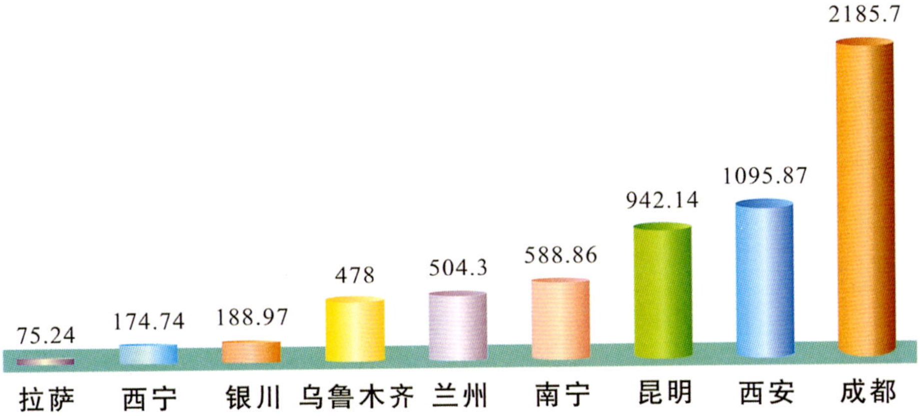

财政总收入（亿元）

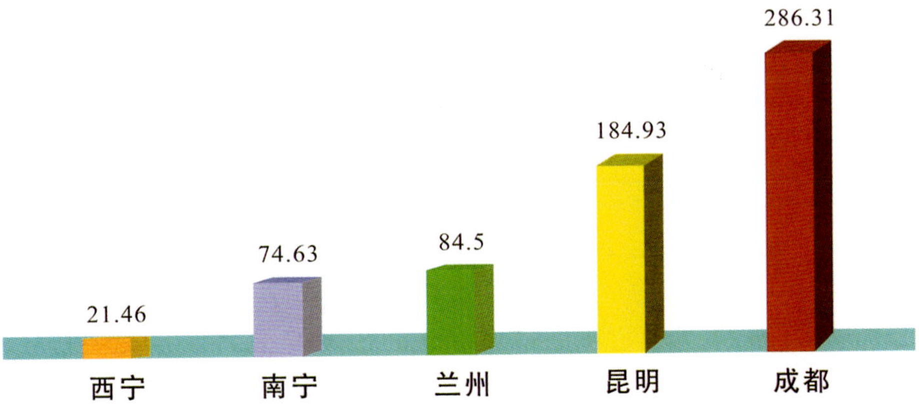

全社会固定资产投资（亿元）

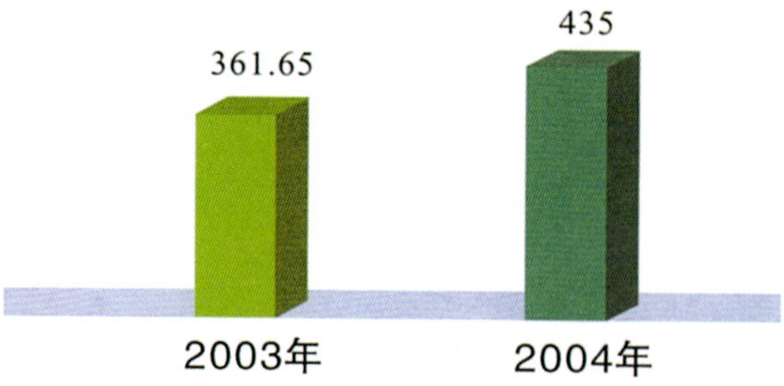

海关进出口贸易总额（亿美元）

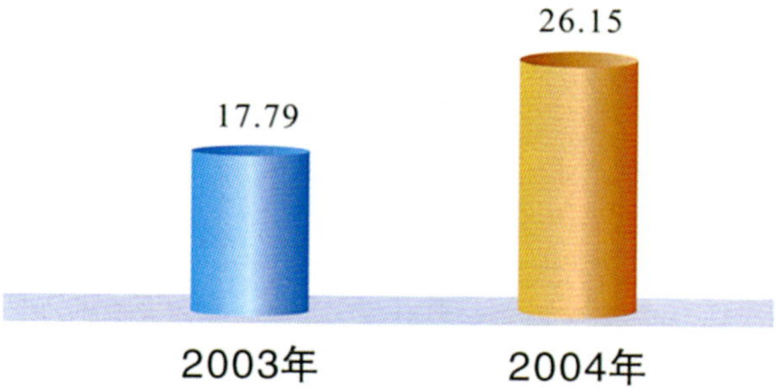

农民人均纯收入（元）

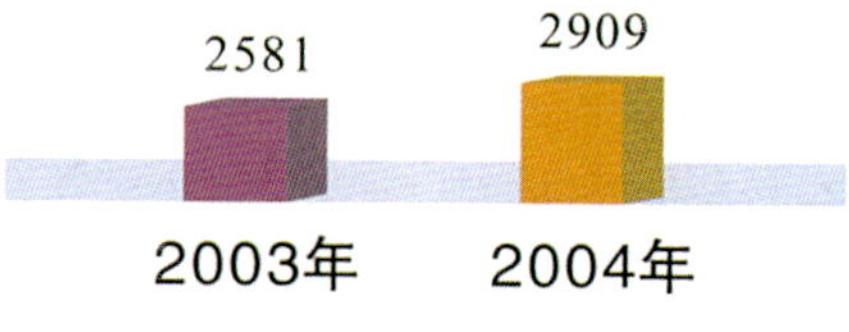

城镇居民人均可支配收入（元）

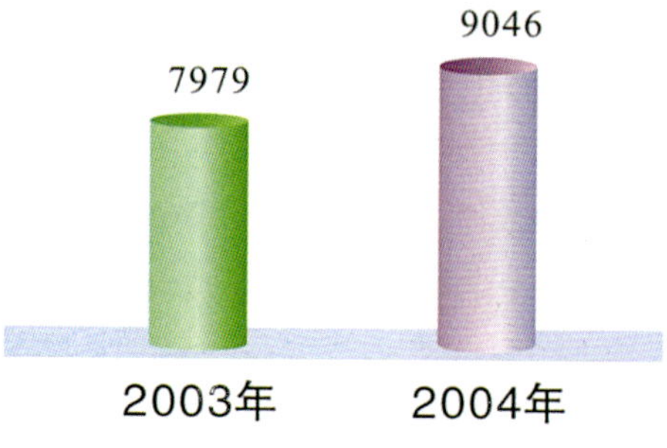

生产总值（亿元）

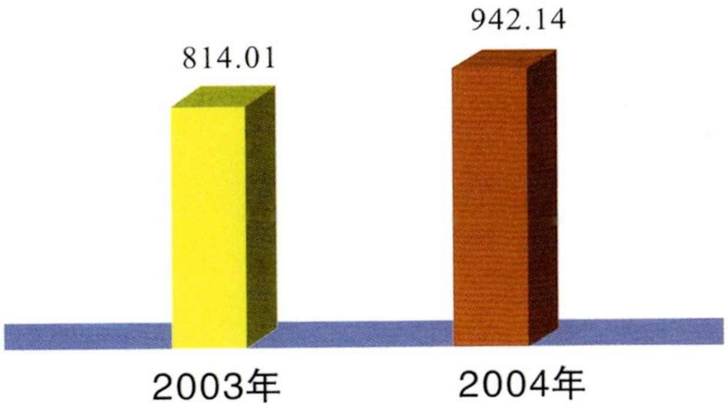

人均生产总值（元）

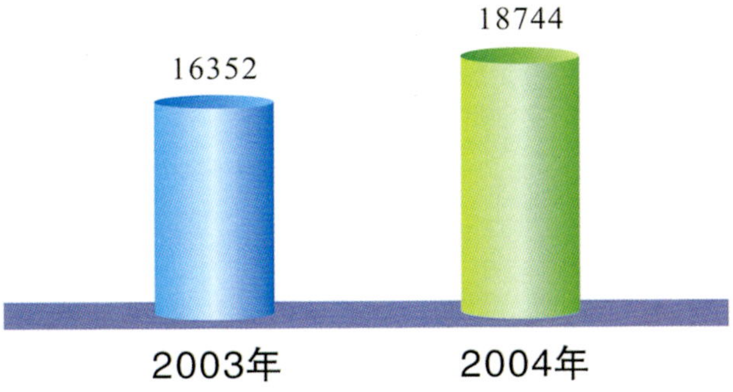

三次产业构成（%）

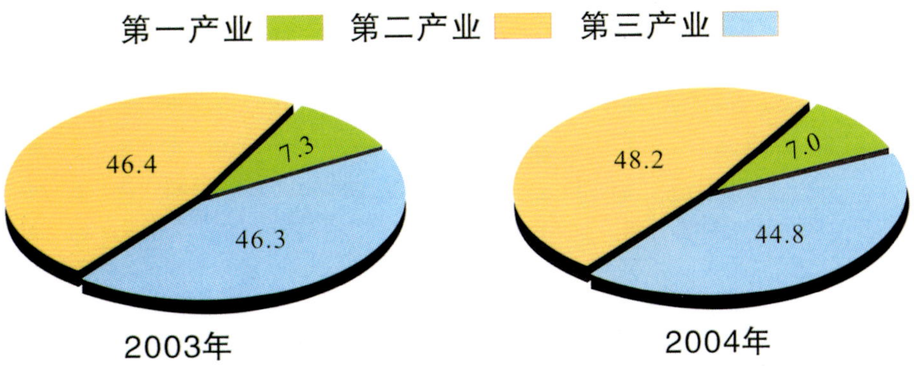

首届昆明文化产业博览会

2004年12月18～20日，由中共昆明市委、市政府主办，市文化局与市文产办承办的首届昆明文化产业博览会在昆明国际会展中心举行。本次“文博会”吸引国内外300多家文化企业参展，展位达360多个。共签约45个项目，签约金额达11.58亿元，共有9.2万国内外观众到会参观。

茶道表演

书展

禄劝展区

云南围棋（云子）

石林展区

寻甸展区

禄劝展区

（张卫民　摄）

2005中国昆明国际文化旅游节

2005中国昆明国际文化旅游节于4月10日～5月10日举行。主会场设在昆明，各州市设立分会场。旅游节主题宣传口号是“七彩云南，旅游天堂”。旅游节以“昆明天天是春天”为主题，丰富旅游文化内涵，进一步打造面向东南亚的旅游业。

充分展示昆明体验之都、绿色生态之都、康体休闲之都、商贸会展之都的魅力。旅游节吸引了大批海外旅游者和旅行商赴昆参节、参会。旅游节期间还演出大型文艺节目《相约彩云南》。

（张卫民　摄）

纪念郑和下西洋600周年

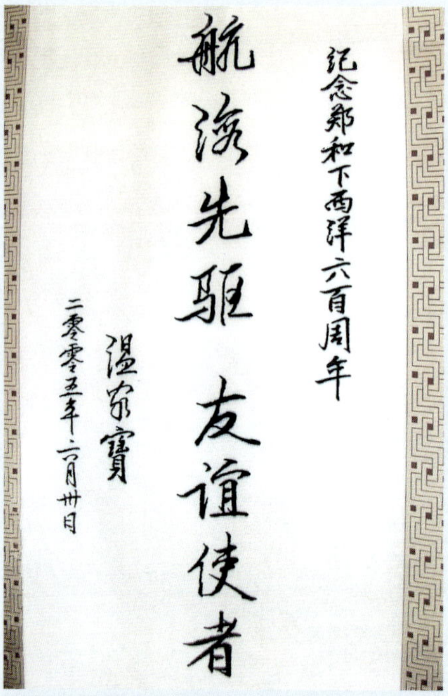

国务院总理温家宝题词

2005年7月11日是我国伟大的航海家、外交家郑和下西洋600周年纪念日。云南省、昆明市和全国有关省市都举行了隆重的庆祝活动。

郑和（1371～1433年），昆明市晋宁县昆阳宝山乡和代村人，回族，本姓马，小名三保（宝）。从永乐三年（1405年）至宣德八年（1433年），先后率领庞大船队七下西洋，经东南亚、印度洋远航亚非地区，最远到达红海和非洲东岸（有学者认为到达美洲）。历时28年，行程30万里，开辟海上航线40多条，抵达亚非30多个国家和地区，拓展了中国通向世界的“海上丝绸之路”。其船队规模之大、人数之多、组织之严密、航海技术之先进、航程之长，都是世界航海史上的空前创举。（以下是部分庆祝活动和相关资料）

马颖生　文／图

云南省暨昆明市召开郑和下西洋600周年纪念大会并举行郑和塑像揭幕仪式

昆明市民族歌舞团公演大型音乐剧《郑和与海》

修葺一新的郑和公园

郑和的故乡昆明市晋宁县举办大型庆典

郑和船队起锚地江苏太仓刘家港

江苏太仓刘家港郑和塑像

英国郑和研究著名学者加文·孟席斯认为“郑和首先环球航行发现新大陆”

南京牛首山郑和墓

南京龙江宝船厂造船工匠（塑像）

云南省纪念抗战胜利

云南省隆重纪念抗战胜利六十周年大型展览（省博物馆展厅，下同）

昆明市民踊跃参观展览

“中国空军美国志愿队”（飞虎队）队标

二战期间的枪械、物品

沾满中国人民鲜血的日本军刀

六十周年大型展览

（省农展馆展厅，下同）

二战物品

盟军军用物品

日军军用物品

中国远征军火炮炮筒、弹壳

（张卫民　摄）

2005 中国昆明

2005 年 9 月 8 ～ 11 日，“2005 中国昆明国际花卉展”在昆明国际会展中心举办。本届花卉展标准展位 248 个，共接待中外专业参展商 1000 余人。花农合作组织由 2004 年的 13 个增加到 2005 年的 22 个，合同协议总成交额达 3.43 亿元。中国昆明国际花卉展是目前国内众多花卉展中水平最高、规模最大的鲜花集中展示。

国际花卉展

（张卫民　摄）

春　城

近日公园地下通道

2004年3月10日东风路近日公园路段下穿工程正式建设。工程为双向四车道双孔并列立交，长685米。2005年元旦实现隧道双向正式通车。

新　貌

南屏街商业步行街

南屏街商业步行街于2005年春节正式向市民开放。步行街位于城市中心商业区，是一个集金融贸易、休闲娱乐等功能为一体的街区。整个南屏街形成展示春城历史文化名城与现代城市风貌的步行街。

（张卫民　摄）

春　城

省图书馆

武成路　（文光　摄）

塘子巷口达阵广场

同仁街

疗养院

翠湖朝霞　（文光　摄）

新　貌

古玩城

南屏步行街

省电力大楼

雄业大酒店

（张卫民　摄）

春城新貌 昆明站竣工

昆明站外景

2004年12月28日昆明（火车）新客站提前半年竣工，并投入使用。新建成的昆明客站集候车、住宿、餐饮、商场、停车于一体，是一个现代化多功能的大型综合性客站。日进出旅客可达11.5万人。

火车站喷水广场

候车大厅

火车站大厅

火车站外景

（张卫民　摄）

春城人防建设尖兵
——昆明市人民防空办公室

昆明市人防办公室党组书记、主任洪昆德

省、市党政军领导参加昆明市国防教育日活动（右二为市委常务副书记杨远翔）

省人防办领导视察昆明市人防工程

昆明是全省政治、经济、文化中心，是战时敌机空袭的目标，是全国重点设防城市。2004年，在市委、市政府、昆明警备区的领导和上级人防部门的指导及社会各界的关心支持下，市人防围绕现代新昆明建设这条主线，以军事斗争准备为重心，树立科学发展观。认真贯彻《人民防空法》，积极落实中央和各级关于人防建设的有关文件精神和建设要求，加强执法工作，强化依法行政能力，认真应对在人防建设中遇到的各种问题。注重人民防空信息化建设，提高防空警报建设质量，组织县（市）区防空警报试鸣，加强“两防一体化”和工程防护体系建设，努力促进人民防空建设与城市建设协调发展。经过人防干部职工的努力，昆明市人防建设取得丰硕成果，按照“政治坚定、业务精湛、纪律严明、作风过硬、廉政高效”的要求，机关加大准军事化建设力度，有力推动了各项工作的全面发展。

昆明市召开2005年人民防空工作会议

方红霄同志（主席台左一）在市人防先进性教育会上作报告

昆 明 市

党委书记、局长：杜敏

中共中央政治局常委、中央政法委书记罗干视察华山东路派出所

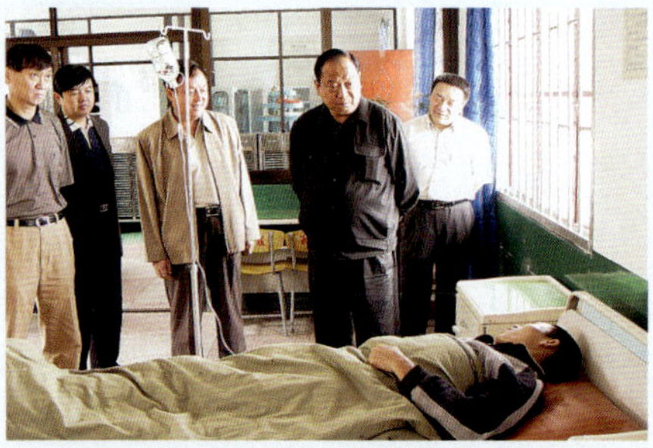

李汉柏副省长到市强制戒毒所慰问戒毒学员

中央政治局委员、国务委员、书记处书记、公安部部长周永康视察 110 指挥中心

市局党委成员与荣立集体一等功的督察支队全体民警合影

公　安　局

2004年，是昆明市公安局与时俱进、开拓创新的一年。全市公安机关紧紧围绕建设现代新昆明的大局，认真履行巩固共产党执政地位、维护国家长治久安、保障人民安居乐业三大政治和社会责任，严厉打击违法犯罪，深入开展大练兵活动，大力加强队伍正规化建设，圆满完成了各项公安保卫任务。

市人大代表视察公安工作

严打飓风行动部署会

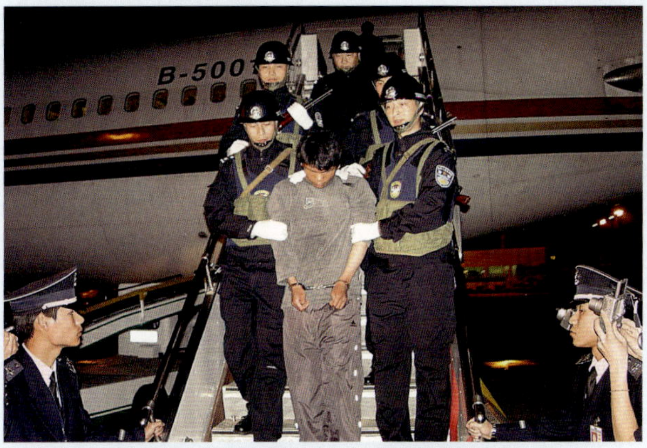
云大“2·23”杀人案犯罪嫌疑人马加爵被抓捕归案

交警向外国游客指路

开展清查行动

参加市紧急救援演练

全市公安机关大练兵

昆明滇池国家旅游度假区

滇池高尔夫球场

怡景园度假酒店

五百里滇池烟波浩渺，远山近水，渔帆点点，浪花拍岸，绿树成荫。在这四季如春、景色迷人的一方天地间，一个国家级旅游度假区——昆明滇池国家旅游度假区正在崛起。

昆明滇池国家旅游度假区，是国务院1992年10月批准成立的全国十二个国家级旅游度假区之一，也是我国惟一一个位于西部地区的国家级旅游度假区。全区规划控制面积18．06平方公里。经过近12年的开发建设，昆明滇池国家旅游度假区已创造了一个交通畅达、通讯快捷、水、电、气设施齐备、服务管理优质高效的优良投资环境。至2005年4月，度假区共接待国内外游客2272．3万人（次），实现营业总收入275911．86万元，实现增加值193019．6万元，完成基础设施及固定资产投资132818万元。这些数据充分说明，一个国家级的旅游度假区正在成长壮大。

“栽得梧桐已成林，正当引凤筑巢时”。良好的基础设施、优美的自然环境、优质的管理服务，引得投资商纷至沓来。截止2005年4月全区共建成105个以观光游览、度假休闲、健身娱乐为主要内容的项目。目前，度假区已拥有1个国家4A级景区（云南民族村）、2座博物馆（云南民族博物馆和翰荣轩博物馆）、2个18洞高尔夫球场（滇池高尔夫球场和蓝岸高尔夫球场）、2座职业化体育训练中心（海埂体育训练基地和红塔体育中心）、3座四星级酒店（怡景园度假酒店、滇池温泉花园酒店、滇池大酒店）、6740个标准床位、25块足球场、70块网球场、23个游泳馆（其中有4个国家标准游泳馆）、100道保龄球。此外，还拥有若干篮球、排球、垒球、羽毛球、乒乓球、壁球场馆，以及较为完备的会议和娱乐设施。

经过多年打造，昆明滇池国家旅游度假区已经形成了以少数民族风情和高原体育训练、康体休闲为支柱的两大品牌特色，在全国12个国家级旅游度假区和其他风景名胜区中独树一帜，成为广大旅游消费

度假区管委会办公大楼

草海大坝新貌

者和体育爱好者观光游览、度假休闲、健身娱乐的“第三空间”。特别是 2003 年 7 月 25 ~ 31 日，国际著名的足球队——西班牙皇家马德里足球队到度假区红塔体育中心集训，表明了度假区优美的生态环境和红塔体育中心一流的足球训练设施，已经与国际同类区域接轨，并将逐步成为国际职业体育运动队伍高原训练的理想之地。“滇池之旅”正在成为名副其实的“健康时尚之旅”、“民族风情之旅”……

设计新颖的公共汽车站台

海埂公园

幸福之路——滇池路

云南民族村

地址：昆明市滇池路 1288 号
电话：0871-4311611
传真：0871-4311612
邮编：650228

和谐发展中的

2004年3月25日，全国人大常委会副委员长布赫（前排左一），在省委书记白恩培、市委书记杨崇勇等领导的陪同下视察昆烟

2004年11月18日，《人民日报》总编张研农（左二）在中共昆明市委副书记王君正（左一）、昆烟常务副厂长武怡（右二）、党委副书记魏志刚（右一）的陪同下视察昆烟

2004年4月16日，国家烟草专卖局姜成康局长视察昆明卷烟厂。图为云南省副省长程映萱（右一）、厂长朱绍明（左二）、副厂长武怡陪同姜局长在整理车间视察工作

2004年12月29日，程映萱副省长在昆烟生产二部视察

2004年12月22日，昆明市代市长王文涛、副市长廖晓珊到昆明卷烟厂调研

昆明卷烟厂创建于1922年，是国家大一型企业，全国烟草行业34家重点企业之一。2004年列卷烟制造业“全国工业重点行业效益十佳企业第三位”、全国纳税百强第十位、中国500强企业第一百八十三位。

昆明卷烟厂以“做精做强做大品牌，做实做强做大企业”为目标，以“严、细、实”的管理思路，建设学习型企业。加强危机管理和“零缺陷”质量管理，推行“全员营销”，形成以“云烟”、“香格里拉”等为龙头的高结构产品系列。“云烟”被确定为“中国驰名商标”和“中国名牌产品”；质量管理被评为全国先进。市场价位稳定，产品供不应求。

遵循国家烟草专卖局“大企业、大品牌、大市场”的发展思路，昆明卷烟厂以品牌经营和品牌扩张为突破口，通过联合重组形成品牌效应，走外向集约型发展之路。在2003年成立“山西昆明烟草有限责任公司”和“内蒙古昆明烟草有限责任公司”之后；2004年9月10日，昆明卷烟厂与春城卷烟厂实现了联合重组。此外，昆烟还与省内外多家烟草企业联合生产昆烟品牌。产品实现了异地生产，市场份额进一步扩大，2004年昆烟品牌市场占有量达到170万箱。

2001～2004年的4年间，昆明卷烟厂税利年均增幅达20%以上。2004年实现工业总产值115.87亿元，实现税利88.38亿元，其中利润24.66亿元，单箱税利8018元，创历史最高水平。

“云烟”系列卷烟是昆明卷烟厂的主打品牌，36个名优卷烟之一，是中国卷烟牌号中为数不多的同时获得“国优金奖”、“中国驰名商标”和“中国名牌产品”三项称号的产品。2004年7月，昆明卷烟厂推出了国

昆明卷烟厂

昆明卷烟厂厂长朱绍明向分厂厂长田福授牌

内高端卷烟品牌“云烟”系列产品“云烟印象”，该产品以“特色原料、特色工艺、特色配方、特色外观”，尊贵雪茄外型与纯正烤烟完美结合，是昆明卷烟厂观念创新和技术创新的高科技卷烟代表品牌，同时也是云南烟草复兴的竞争代表品牌之一。

昆明卷烟厂以“严、细、实”的管理，建设学习型企业。按照“低调、谦和、诚信、务实”的理念，把消费者的选择作为昆烟人的追求。认真贯彻“做精做强主业，保持平稳发展”的基本方针，紧紧围绕国家烟草专卖局“深化改革、推动重组、走向联合、共同发展”的行业指导思想，进一步解放思想，以科学的发展观统领企业全局，按照集团化发展方向，实施差异化战略，不断增强企业的核心竞争力。以“和谐昆烟”为工作着力点，强化品牌和管理整合，深化学习型企业建设，加大科技和营销创新力度，加快技术改造、人才队伍建设和信息化建设进程。全面推进企业物质文明、政治文明、精神文明协调发展，努力构建“和谐昆烟”。

2004 年 9 月 24 日，春城卷烟厂正式更名为昆明卷烟厂分厂

2004 年 7 月 9 日，代表云南烟草复兴的竞争品牌：“云烟印象”上市新闻发布会在天恒大酒店召开

2004 年 9 月 10 日，云南中烟工业公司企业重组揭牌大会在天恒大酒店隆重举行，云南烟草九变四，昆明卷烟厂与春城卷烟厂重组

职工生活小区

昆明卷烟厂新貌

昆明市发展和

市发改委主任杨翼雄与石林县政府、发改委领导检查重点工程进展情况

市发改委主任杨翼雄在掌鸠河引水工程净配水厂调研

副市长李江率市发改委、禄劝县政府领导到乌东德金沙江电站坝址实地考察

昆明市发展和改革委员会是研究、制定全市国民经济和社会发展战略和规划，协调总量平衡、结构调整与重大项目，依法开展价格监督管理的综合经济工作部门。全委内设机构15个处室，行政编制为85人，部门领导职数6名，中层领导职数31名。人员编制85人。杨翼雄担任党组书记、主任。

市发展和改革委员会作为市委、市政府的参谋，领导班子和干部要顾大局、识大局，并有经济、法律意识，以开放的眼光看发展，增强市场经济意识。市发改委党组十分重视干部队伍建设，把干部队伍的建设列入重要工作来抓，党组中心学习组认真组织学习科学发展观，选派领导干部到先进发达地区学习考察，加强中层干部的交流和锻炼，努力提高驾驭市场经济的能力。为切实把宏观经济管理职能转到主要为市场主体服务和创造良好发展环境上来，根据国家投资体制改革的精神，着力研究现代新昆明建设的投资配套政策。不断深化行政审批制度改革，经过精简调整，行政审批事项为21项，精简率达57%，其中17项全部进入市政府便民服务中心，并规范服务要求，全部实行对外承诺办理制。将17项市级审批权限完整地下放给部分区，增强了市级宏观管理经济的职能和赋予了县（市）区更大的自主管理权，为地区经济的发展创造了良好的政策环境。委党组高度重视党风廉政建设，认真抓好责任制落实，加强监督和检查工作。坚持“谁主管、谁负责”的原则，层层抓落实，保证了党风廉政建设的部署和要求得到贯彻落实。深入开展“云岭先锋”活动，发挥基层党组织的作用，在党员队伍和群众中开展各项比学活动，结合市级机关民主评议工作，按照政府部门职能转变和服务社会的要求，培养良好的精神姿态和工作作风。

在市委、市政府的正确领导下，2004年市发展和改革委员会以“三个代表”重要思想和科学发展观为指导，坚持改革开放，推进现代新昆明建设，发挥部门职能职责，围绕市十一届人大五次会议批准的主要宏观经济预期目标，狠抓工作落实，为全

改 革 委 员 会

省发改委领导作“科学发展观”学习辅导

市人大常委会领导视察发展和改革工作

推进公交 IC 卡制度改革工作

市国民经济持续快速协调发展和社会事业进步服务。在实现全市国内生产总值增长10%以上目标的工作中，结合我市实际，全面贯彻国家宏观调控政策，定期进行经济运行分析预测，当好党委政府参谋，全年共提出经济运行预测分析报告5期，分析材料3份，价格监测简报70余期，重点工程简报16期，经济情况6期，及时反馈了计划执行中的一些突出情况和需要注意的问题。努力协调省下达固定资产投资任务，推进现代新昆明建设及重大基础设施建设，全市固定资产投资总额435亿元，增长20．3%。全市实施的33个重点基础设施项目，有4项竣工，10项基本完成主体工程，年度完成投资51亿元。全面启动了“十一五”规划编制工作。2004年9月2日，市政府开了“十一五”，规划编制工作会，省发改委、市人大常委会、市政协有关领导、市发改委等33个相关部门负责人和各县（市）区政府领导等共200余人参加会议，要求以科学发展观为指导，全面启动“十一五”规划编制工作。首次实行规划课题面向全社会公开招标，完成10个市“十一五”规划重大前期研究课题社会招标工作。对市级部门29个牵头课题组织专家评审，为纲要起草打好基础。认真开展全市范围内行政事业性收费清理工作。2004年4月9日，昆明市人民政府召开新闻发布会，向全社会通报了昆明市行政事业性收费的清理情况，《昆明日报》公告了予以保留的341项行政事业性收费项目和取消的68项行政事业性收费项目。组织开展各项价格专项检查，维护市场价格秩序。通过开展各项价格专项检查，查出医疗单位违规收费金额284万元，查出电力企业违规收费项目15项，违规金额69．6万元；开展教育收费专项检查，检查覆盖率达85%，查出自立项目、超标准和扩大范围收费等违规项目30项和违规收费金额1403．6万元。认真受理查处价格举报案件，受理各类价格举报案件4594件，办结率为100%。退还消费者金额13370元，罚款近万元。

向市人大常委会领导和财经委领导汇报年度国民经济和社会发展计划执行情况

昆明市发展和改革委员会
地址：东风东路17号市政府一号楼
邮编：650011
电话：(0871)3135205
传真：(0871)3136625

市发展和改革委员会党组、行政班子成员进行保持共产党员先进性教育活动

昆 明 市 安 全 生

党组书记、局长：陈润泽

昆明市安全生产监督管理局在市委、市政府领导下，认真贯彻落实《中华人民共和国安全生产法》、《国务院关于进一步加强安全生产工作的决定》和《昆明市人民政府第 28 号令》等法律法规，坚持“安全第一、预防为主”的方针和“以人为本”的科学发展观，以全面降低全市安全生产伤亡事故为中心，在监管工作中依法行政，严格执法，不断加大隐患整改力度，从源头上控制安全生产事故。

2004 年全局干部职工始终践行“三个代表”重要思想，努力构筑“政府统一领导、部门依法监管、企业全面负责、群众参与监督和社会广泛支持”的安全生产格局，全市安全生产伤亡事故控制在省政府下达的控制指标内，为确保人民群众生命财产安全，做出了积极贡献。

单位地址：昆明市东风东路 17 号昆明市政府大院
1 幢 3 单元附 18 号
监督电话：3165398　3160449
监督管理一处：3131324　　监督管理二处：3153093
传真：3103757

安全生产工作例会

局领导率处室监察员检查非煤矿山安全生产工作

贯彻落实国务院、省政府安全生产电视电话会议

昆明市安全生产工作会议会场

产监督管理局

伤亡事故教育会议

陈鹰副市长检查非煤矿山安全生产工作

局领导到现场参加抢险救援工作

市政府领导与责任单位签订目标责任书

国务院安委办督查组到昆明市检查指导安全生产工作

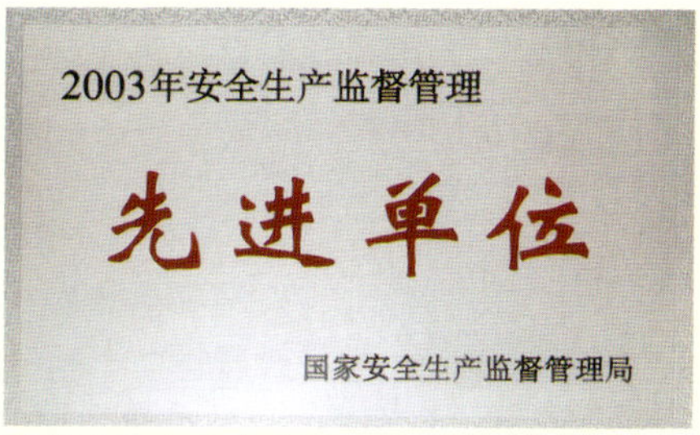

荣获全国安全生产监督管理先进单位

昆明市人事局

把保持共产党员先进性教育与吸收新党员工作有机结合起来。图为局领导班子成员与入党积极分子在一起。

团结进取、勤奋务实、开拓创新的昆明市人事局领导班子。从右至左为：副局长吴继玉、时建林，市委组织部副部长、局党组书记、局长、市编办主任管宏亮，市编办专职副主任闫晓陵，纪检组组长陈锐，局机关党委书记龙虹。

召开二00五年昆明市人事工作会议，表彰全市事业单位人事制度改革先进单位。

召开庆“七一”暨表彰大会

组队参加全省人事系统文艺展演并获二等奖

昆明市人事局在市委、市政府的直接领导和省人事厅的指导下，坚持以邓小平理论和“三个代表”重要思想为指导，深入学习贯彻党的十六届三中、四中全会精神和全国、省、市人才工作会议精神，坚持党管人才原则，以人为本，服务昆明，紧紧围绕全面建设小康社会和建设现代新昆明的宏伟目标，推进人才强市战略，努力构筑与现代新昆明发展相适应的人才体系，营造公开、公平、公正的选人用人环境。大力开发人才资源，加强公务员队伍和专业技术人员队伍的建设，不断提高人才培训力度，完善人才引进、培养措施和机关中层干部竞争、选拔机制。圆满完成了军转安置工作任务，建立了市、县（市）区、街道 办事处（乡、镇）和社区居委会（村委会）四级自主择业军转干部管理服务体系。深化事业单位人事制度改革，被省政府授予“事业单位人事制度改革先进单位”。构建统一开放的人才市场体系，积极为用人单位和各类人才提供各种服务。实施“云岭先锋”工程，强化为民便民服务措施，建立服务导台制度、挂牌服务制度、办事承诺制度、完善和落实政务公开办事制度，主动为基层和群众服务，赢得社会各界的认可和好评。“云岭先锋”工程获得了市委颁发的流动红旗。

昆明市人民政府研究室

领导班子在研究工作

昆明市人民政府研究室是为市政府决策科学化、民主化服务的综合性决策咨询研究机构，主要承担市政府重要文稿的起草工作；对昆明经济社会发展和改革开放的全局性、综合性、战略性问题进行研究，为制定中长期发展规划和相关政策提供科学依据；对改革和发展中遇到难点、热点问题进行专题调研，及时提出具有针对性和可操作性的咨询建议；做好市政府咨询委员会的日常工作，充分发挥专家咨询委员的聪明才智，为昆明的改革和发展献计献策。研究室内设综合处、区域发展研究处、经济发展研究处、社会发展研究处、农村发展研究处、城市发展研究处、信息处等7个处。

2004年，市政府研究室在市委、市政府的正确领导下，以邓小平理论和“三个代表”重要思想为指导，认真学习贯彻党的十六大和十六届四中全会和市第八次党代会、市委八届四次全会精神，围绕市委、市政府的中心工作和决策需要，与时俱进，开拓创新，扎实工作，进一步增强为科学决策服务的意识和发挥咨询研究部门职能作用重要性的认识，坚持和落实科学的发展观、正确的政绩观和马克思主义群众观，对昆明改革开放和现代新昆明建设中的一些重点、难点问题深入开展调查研究，较好地完成了上级交给的各项任务。

参与和完成了《省政府东川再就业特区现场办公会汇报材料》、《市级行政审批权下放安宁市、东川区实施意见》、《省政府现代新昆明建设调研会汇报材料》、《四区行政区划调整相关材料》、《下放市级城市管理权的实施意见》等重要文稿共25篇，在科学决策中发挥了重要作用。

完成《昆明市领导班子驾驭市场经济能力调研报告》、《东川经济社会发展调研报告》、《昆明信息产业基地总体规划》、《昆明市北部五县区农业综合开发规划研究报告》、《昆明老龄事业发展研究》、《昆明市建设服务型政府研究》等14项专题研究，为政府科学决策提供了重要依据。

深入到贫困农村进行民情恳谈

到困难企业调查研究

2005年市政府研究室将在市委、市政府的领导下，团结奋进，追求卓越，全面落实科学发展观，以加快现代新昆明建设为中心任务，围绕构建和谐社会的目标，搞好调查研究，做好决策咨询研究工作，更好地为决策民主化、科学化服务。

为现代新昆明建设做好决策咨询研究工作

昆明市生物资源

昆明市生物资源开发创新办公室支部书记、主任：陈博

昆明市生物资源开发创新办公室是从事昆明市生物资源发展规划、开发、利用的一个职能部门，下设综合处和项目处，现有正式职工7人，其中具有硕士研究生学历4人，本科3人。2004年，在市委、市政府的领导下，在云南省生物资源开发创新办公室的大力支持下，围绕已确定的“以天然药物为主的现代医药产业和生物化工产业为重点、积极促进以绿色食品为主的精深加工及保健食品产业和以野生、食用、加工型花卉为主的花卉及园艺绿化产业发展”的工作重点，坚持以农业产业结构调整为主线，按照以工业化促进农业产业化发展的思路，以北部五县区为重点，以增加农民收入为核心，加大对现有资源开发力度，促进农村经济、县域经济和特色经济发展，推进昆明市生物资源开发创新产业持续健康发展。

地址：昆明市东风东路17号
邮编：650011
电话：0871－3106053　3135695
传真：0871－3106053
网址：www.kmbrd.gov.cn

2004年7月14日，市委副书记李培山到创新办调研

深入基层开展调查研究工作

向农民了解香叶天竺葵种植收益情况

2005年3月29日，副市长杨雯前来检查指导工作

共研寻甸县功山镇纲纪村委会扶贫工作

检查指导东川区法者乡猪槽凹中药材种植基地

现代医药产业：2004年引导企业到东川、禄劝、官渡等县区建立以重楼、曼地亚红豆杉等中药材为主的种苗基地和示范园。

曼地亚红豆杉种植基地及种植示范园

重楼种植基地和留种的重楼

开发创新办公室

生物化工产业： 2004 年支持安宁市在县街、草铺、八街等乡镇建成 10217 亩香叶天竺葵原料种植基地，2003 和 2004 年创总产值近 20000 万元，取得了较好的经济效益和社会效益。

果园套种的天竺葵基地和农民准备进行烤油

加强横向联系：2004 年结合工作会议，邀请有关专家教授、相关部门的领导和有关企业负责人，分析研究生物资源开发创新产业的发展。组织有关业务部门领导和企业负责人参加了十余期专题培训班，组织近百家企业 200 多种产品参加省内外的各种大型会展活动。

邀请有关专家、相关部门领导和企业负责人参加工作会议

2004 年，承办云南省现代物流体系建设培训班

以绿色食品为主的精深加工及保健食品产业：

2004 年，扶持昆明市宜良滇王食品有限公司建成年加工能力 500 吨的板栗精深加工生产线，并进行袋装栗仁、保鲜板栗等板栗系列产品开发，填补了省内板栗无精深加工的空白。

2004 年扶持昆明方戈菌类科技开发有限公司在官渡区大板桥镇、宜良县狗街镇、寻甸县功山镇纲纪和羊毛冲村委会等地推广反季节人工食用菌栽培，探索一条农村产业结构调整、农民增收致富的新路子。

2005 年 1 月 18 日，云南省首条板栗精深加工生产线正式投产仪式

板栗精深加工系列产品

宜良县狗街镇栽培的杏鲍菇

官渡区大板桥镇仿野生栽培的榆黄菇

以野生、食用、加工型花卉为主的花卉及园艺绿化产业：2004 年扶持云南花果叶植物开发有限公司、西山区东风供销社在晋宁县宝丰镇和西山区团结乡建立 300 亩法国百叶玫瑰种苗基地和种植示范园，为 10000 亩原料基地种植提供种苗及种植技术。

以法国百叶玫瑰为原料生产的玫瑰系列产品

前　进　中　的　昆

2004年是昆明市广播电视全面快速发展的一年。在这一年里，昆明市广播电视系统坚持以党的十六大和十六届四中全会精神为指导，认真实践“三个代表”重要思想，按照国家广电总局、省广电局的要求和整体部署，在市委、市政府的领导下，通过不懈的努力，各方面都有了新的突破，呈现出了良好的发展态势。

回首2004年，全市广电系统同心协力，锐意进取，扎实工作，较好地完成了各项工作任务，取得了可喜的成绩。宣传管理和社会管理规范有序，事业建设和产业发展齐头并进，安全播出和安全传输万无一失，社会效益和经济效益出现双赢局面，体制创新和机制创新不断推陈出新，各项工作进展顺利、卓有成效，又迈上了一个新台阶。市广电局在2004年度云南文艺阅评工作中，被省委宣传部评为支持文艺阅评工作先进单位；同时，还被市文化体制改革和文化产业发展领导小组评为“2004首届昆

部分省领导出席市广电局历史电视剧《谁主沉浮》首映式。从左至右分别为市广电局局长张萱、省委副书记丹增、省委宣传部部长晏友琼

副市长王奇英出席昆明广播电视工作会议

农村广播

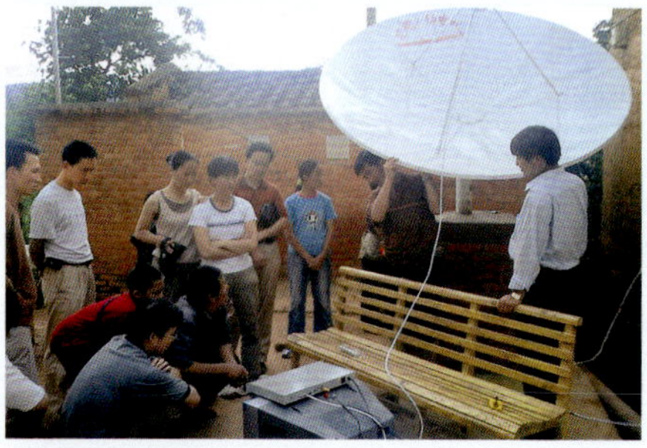

广播电视接收

广播电视接收

明 广 播 电 视

明文化产业博览会”先进单位。全年市级广播、电视、网络机构共创收入18538万元。

成绩让人振奋，但成绩已成过去。在认真总结经验和肯定成绩的同时，我们应该清醒地看到工作中存在的问题和不足，应再接再厉、戒骄戒躁，继续努力和不断进取，力争把短处变长处，把弱点变优点，把劣势变强势，团结拼搏，形成合力，脚踏实地，埋头苦干，不断开创昆明市广播电视工作新局面。

昆明市广电局领导深入县（区）乡村进行广播电视工作调研

昆明市有关部门与市广电局领导干部向县（区）赠送“村村通”地面卫星接收设施

昆明广播电视经济民警护线巡逻分队在执行任务

昆明电视台

2004年，在市委、市政府和上级主管部门的关心、支持下，全体干部职工以改革创新的精神、求真务实的作风，认真做好宣传、经营、技术和管理等各方面的工作，取得了新的成绩。

（一）宣传工作坚持围绕中心，服务大局，舆论引导作用明显增强。

1、重大宣传报道能抓住主线，有效引导舆论。

2、为保证新闻的及时、有效，电视台对《昆明新闻》、《晚间·关注》采取了直播方式。

（二）通过大力整合资源，强化创新机制，事业有了新发展。

1、按照事业管理和企业管理分离的原则，将原有的21个部门进行切块归口整合为16个部门，并以部门为基本单元，实行分级核算、分级负责、分级管理，初步形成了以新闻宣传为主的事业板块和以广告节目营销为主的经营板块，奠定了深化体制机制改革的、新的组织架构。同时，对六个频道进行了专业化整合与重新定位，对栏目进行大幅调整和改版，凸显了大板块、杂志化的栏目样式。实行以栏目设置、跟踪考评、末位淘汰为主的节目质量全程动态化调控管理，每月对自制栏目所得评分进行一次排位，每季度推出新栏目，淘汰总评末位的栏目，强化了频道特色与品牌效应。

“晚间关注”获全国十佳新闻栏目奖

杨崇勇书记到电视台视察工作

王文涛市长到电视台视察工作

希望小学捐赠仪式

2、进一步优化人力资源配置，激活竞争激励机制。

3、实行准制播分离，积极探索节目制作市场化方式。整合社教类节目生产资源，组建了栏目制作中心，以栏目（项目）组为节目创新的基本单元，实行栏目（项目）制片人制的运作模式。制定了《昆明电视台节（栏）目收购实施办法》，成立了台编委会节目评定收购小组，按照严格的节目评定标准，分四个档次，评定收购社教类节目和台立项制作的专题节目，为节（栏）目最终实现制播分离打下了良好基础。

4、构建本土化特色，加大“昆视”的包装宣传力度，品牌效应初步显现。

（三）坚持推行规范化管理，落实目标责任制，行政、技术、后勤工作扎实有效。

1、强化管理运行机制，“制度管人”逐步落到实处。

2、强化工作责任意识，保证节目的安全播出。

3、协调、服务工作稳步推进，“昆视”形象全面提升。

昆明电视台

“云岭先锋”工程启动仪式

晚间关注活动

（四）重视技术开发与建设，技术支撑条件明显改善。

1、加强对技术系统的管理、开发和建设。

2、加强技术队伍建设，整体技术水平和服务质量有所提高。

（五）坚持加强党的建设，工青妇工作协调推进。

1、“云岭先锋”工程工作全面铺开。台党委与下属八个支部签订了《中共昆明电视台2004年云岭先锋工程目标考核责任书》，并把抓好台第三党支部试点工作作为重点，以点带面，全面推进。

2、工作制度进一步得到完善，党风廉政建设取得新进展。

3、学习、培训常抓不懈。

4、精神文明建设工作协调发展。

（六）节目营销与广告经营空间得到新的拓展。

1、以代理制为核心，逐步向规范化、专业化发展。

2、大胆尝试与创新，营销推广运作日趋成熟。积极开展有计划的营销推广活动，对《壹剧场》、《我剧场》、《影视频道》、《影视互动站》、《欢乐家庭》等平台进行了一系列品牌推广。

综观2004年，全台上下呈现蓬勃向上的精神风貌，“热爱昆视、建设昆视、振兴昆视”的团队精神得到了充分显现；新闻宣传工作成绩突出，舆论引导作用明显增强，赢得了社会的普遍赞誉和广大观众的信任；新的节目生产评估机制运行良好，节目质量普遍提高，77件作品分别获得国家和省市政府奖；李梅、吕永平和周岳军三位同志荣获“昆明市十佳新闻工作者”称号；李金程、方嘉珂和王慧三位同志荣获首届“昆明市十佳新闻工作者”提名奖称号，昆明电视台是获得这一荣誉人数最多的单位；管理到位，安全防事故工作创历史最好纪录；重视技术创新、开发与建设，设备设施明显改善；广告经营创收在艰难中前进，全年实现总收入9189万元，比上年增长9.42%。

市委副书记王君正走进《直播昆明》

现场直播

“茶花奖”电视颁奖晚会

昆明市广播电视网络中心

网络中心主任：刘全健

央视数字电视节目昆明市场推介会

一、机构情况

昆明市广播电视网络中心经过十多年的艰苦创业，现在昆明四区网络用户达 76 万户。年收入突破亿元，年利税约 4000 万元，创造了较好的经济效益和社会效益。2004 年为适应国家文化体制改革，促进全省广播电视事业的发展，中心按省委、省政府、市委、市政府的指示精神，积极参加“云南广播电视信息传输网络股份有限公司”的组建。目前昆明市广播电视网络中心的入股资本占公司总股本的 23.32%，为“云南广播电视信息传输网络股份有限公司”的第一大股东。

二、构建宽带多媒体综合网络

昆明市广播电视网络已经成为昆明市信息技术产业基础设施的重要组成部分，为昆明市信息化建设提供功能强大、运行可靠的基础网络平台，在原有线电视平台基础上，构建了 SDH、ATM、IP 宽带数据交换及传输网络。完成各县（市）区为骨干节点，环绕、覆盖整个昆明市辖区的宽带 IP 城域网扩容，开通医保网、财政网、国防动员网、省人保网、省交警指挥中心、昆明农村信用合作社等上百条数据专线，使有线电视用户除了收看有线电视节目外，还可以获得包括 Internet 上网、远程多媒体教育、信息发布等其他贴近百姓生活的服务，为加快我市社会信息化建设铺垫了良好基础。

三、数字电视

根据国家广电总局数字电视发展规划，结合自身实际，制定出了昆明市数字电视发展规划，并于 2002 年建成了我省惟一的数字电视试验平台，经过两年试播，于 2004 年 8 月在昆明四区正式开通数字付费电视，目前传输 108 套数字电视节目，市民在收看内容丰富、图像清晰的电视节目同时，还可享受数字电视扩展服务。包括：与市政府便民领导小组办公室合办的云南省首个政务信息数字电视信息平台《阳光政务》栏目及资讯广场（天气查询、健康、旅游、美食等）、电子节目指南、

网络中心主办的“昆明在线”网站

数字电视总前端

网络中心代表团参加昆明市市级机关运动会

网络中心参加文博会

维修人员在检修有线电视

网络中心分前端机房

卡拉OK、股票信息等。用户可根据自己的需要选择订购。

四、“昆明在线”网站

“昆明在线”网站(http://www.kmonline.com.cn)由昆明市广播电视网络中心全额投资建设，是一个以提供昆明本地生活资讯、娱乐服务为主的门户网站，开设有《昆明生活》、《数字电视》、《在线视听》、《昆明日记》等19个频道共133个子栏目，于2004年1月1日开通。2004年9月17日，昆明市广播电视网络中心与《都市时报》签署了合作协议，双方将发挥各自优势，在“昆明在线”网站基础上共同打造一个面向昆明、走向全国、联结世界的生活文化资讯娱乐类区域性门户网站。

五、提供优质传输和服务

扩大网络规模，昆明四城区所有乡镇都将有昆明市广播电视网络中心的光缆覆盖。使用现阶段国际国内先进的设备器材，以保证有线信号的最佳接收和优质传输；规范网络建设，全面加大对老网络的升级改造力度，提高有线信号传输质量。目前模拟频道传输的45套节目实现了366589小时的优质传播，停播率仅为0.73秒/百小时，用户报修率为3‰，当日故障处理率达到98.5%以上。

昆 明 市 民 族

2004年，昆明市的民族工作以邓小平理论和“三个代表”重要思想为指导，牢牢把握新世纪、新阶段民族工作“两个共同”的主题，以建设现代新昆明为契机，结合民族工作实际，不断开创民族工作新局面；健全民族团结工作机制，切实加大工作力度，维护民族关系健康发展；坚持第一要务，树立科学的发展观，促进少数民族和民族地区全面发展；重视民族教育，弘扬民族传统文化，促进少数民族人才资源开发；增强创新意识，坚持与时俱进，切实做好散杂居民族和城市民族工作；深入调研，当好市委、市政府的参谋助手；按照建设学习型、研究型民族工作部门的要求，强化学习，加强自身建设，促进党风廉政建设，提高服务质量，树立民族工作部门的新形象，取得了明显成效，开创了民族地区经济持续增长，社会各项事业不断进步，少数民族群众生活水平提高，各民族和睦相处的良好局面。为新昆明建设，构建“平安昆明”做出了贡献。

市民委到民族地区调研

省民委主任格桑顿珠（左一）检查昆明市民族工作

事　务　委　员　会

民委机关党员接受革命传统教育

市民委主任马洪苍深入民族地区调研

保持共产党员先进性教育活动党员宣誓

严格履职　促进法治政府建设

张光兴主任接待上访群众

昆明市人民政府法制办公室是昆明市人民政府批准设立的由市政府办公厅管理的正县级机构，内设综合、立法、行政执法监督和行政复议4个职能处，负责全市政府法制工作。在市委、市政府的领导下，市政府法制办按照政府法制工作的指导思想和总体要求，以贯彻实施行政许可法和落实国务院《全面推进依法行政实施纲要》为契机，紧紧围绕市委、市政府的中心工作，加强政府立法，改善行政执法，强化政府法制监督，做好行政复议应诉工作，加强政府法制机构队伍建设，加大对外宣传力度，加快内部机制的建立完善，全面提高工作质量，进一步开创了全市政府法制工作的新局面。

1、加强自身干部队伍建设。全办同志深入学习“三个代表”重要思想和十六大、十六届三中、四中全会精神和市委八次党代会杨崇勇书记的报告，积极组织参加“立党为公、执政为民”、“三观”教育和争创“云岭先锋”等活动。在全办大兴勤奋学习之风、研究探索之风，营造浓厚的学习氛围；努力创建学习型机关、研究型机关。通过“保持共产党员先进性教育”活动，全办党员干部在思想上受到了深刻的党性教育，进一步坚定了理想信念，增强了宗旨观念，明确了奋斗目标和方向，并焕发出昂扬的工作干劲。

张光兴主任、沈彦纯副主任代表法制办向农村贫困家庭捐赠

市法制办全体工作人员到皎平渡接受革命传统教育

2、按计划完成政府立法工作。紧紧围绕市委、市政府的中心工作，遵循“服务中心、突出重点、量力而行、确保质量”的立法原则，根据市政府批准的年度立法计划安排，切实做好法律法规草案征求意见工作和市人民政府发布的规范性文件的合法性审查以及规章、规范性文件的备案工作。

3、贯彻实施行政许可法。2004年7月1日《中华人民共和国行政许可法》正式施行，这是一部对政府执政方式有着深远影响的重要法律。法制办积极开展行政许可法的宣传、培训工作，按照行政许可法的要求，对全市地方性法规和251件市政府规章和规范性文件中涉及行政许可的事项和实施机关进行了全面清理，并将清理结果予以公布。以市政府第51号令废止70件规章规范性文件，以市政府第52号令对33件规章规范性文件中与《中华人民共和国行政许可法》不符的63个条文停止执行。

4、推进行政审批制度改革。为深化全市行政审批制度改革，推进服务型政府建设，根据市政府规定的市级行政部门改革行政审批事项目录和省政府第一批下放昆明市22项行政审批事项的决定，公布了市级行政部门至

——昆明市人民政府法制办公室

2004年3月30日止仍保留的424项行政审批事项（含登记备案事项）目录，为各职能部门依法开展行政审批工作提供了依据。

为增强县级政府行政能力，促进县域经济社会发展，提高工作效率，改善发展环境，按照市委、市政府的要求，将305项市级有最终审权的审批事项下放安宁市和东川区，将310项市级有最终审批权的审批事项下放呈贡新城管委会，并会同市监察局、市编办等部门报市政府同意后成立了督察组，对下放情况进行督察，指导、协调和督促检查行政审批权下放工作的顺利开展。

5、贯彻《全面推进依法行政实施纲要》，加强行政执法队伍建设。为贯彻实施国务院《全面推进依法行政实施纲要》，及时报经市政府成立了市政府全面贯彻实施《纲要》领导小组，并制定《昆明市人民政府贯彻实施＜全面推进依法行政实施纲要＞指导意见》，指导全市的贯彻实施工作。

同时，认真开展全市行政执法队伍的培训、发证、年检等工作，努力在全市建设一支政治合格、纪律严明、业务精通、作风过硬的行政执法队伍。

6、依法办理行政复议案件，发挥行政复议监督作用。在办理行政复议案件工作中，工作人员重事实、重证据、重程序、重时效，及时、公正地作出行政复议决定，切实保护公民、法人和其他组织的合法权益。通过行政复议这个窗口，树立政府依法行政的形象。

结合贯彻实施《中华人民共和国行政复议法》，举办了全市行政复议工作人员培训班。承办云南省第二次行政复议协作会，进一步加强各县（市）区之间、市级部门之间，以及与地州在行政复议工作方面的交流与协作，推动了全市行政复议工作的开展。

7、完善法律法规数据库和市政府法制网，认真做好《政府法制信息》的采编工作。配合行政许可法的实施和规章规范性文件及行政许可事项的清理，对原已建立的法律法规数据库进行了修改、补充和完善，基本实现了在市政府法制网上可以查询到所有市政府对外公布的最新的规章和规范性文件。编辑《政府法制信息》，为市政府提供高质量的信息，极大地推动政府法制工作出成果、上水平。

8、认真作好市政府法律顾问室工作。按照市政府要求，组建了市政府法律顾问室。这是行政决策和管理行为民主化、科学化和法制化的具体体现，有利于政府树立公正形象，有利于接受社会监督。市政府聘请了11名法学专家、学者和知名律师为市政府法律顾问，法律顾问室和各位法律顾问担负着为市政府提供决策咨询、协助处理法律事务的重要职责。通过认真开展法律顾问室的工作，市政府的决策和依法行政工作将上一个新的台阶。

9、认真办理代表、委员的建议、提案，作好人民群众来信来访工作。结合法制办的工作实际，积极认真办理人大代表的建议和政协委员的提案，代表、委员对此给以充分肯定。在接待群众来信来访时，做到热情接待，认真细致，及时处理，得到上访群众的好评。由法制办领导带头，不论休息日，坚持做好每月10日的主任接待日接待工作，接待上访群众。

同时，受理、及时处理人民群众对市级行政机关和执法人员的举报和投诉。

召开全市政府法制工作座谈会

深入农村调研

地址：昆明市东风东路17号
1号楼1513、1514室
电话：0871—3135299
传真：0871—3122883
邮编：650011

昆 明 市 文 化 局

党委书记、局长：周忻

2004年，是昆明市文化建设的繁荣年。在市委、市政府的领导下，以党的十六届四中全会精神为指导，深入贯彻落实市第八次党代会、全省文化产业发展高级研修班和“昆明市深化文化体制改革，加快文化产业发展动员大会”精神，紧紧围绕深化文化体制改革、发展文化产业和繁荣文化事业的中心任务，全年工作取得了显著的成绩，为全市经济社会协调发展和文化工作的全面丰收做出了积极贡献。

2004年8月19日，市委、市政府召开全市文化体制改革和文化产业发展动员大会，省委副书记丹增，省委常委、市委书记杨崇勇作重要讲话，会后出台了《关于深化文化体制改革，加快文化产业发展的实施意见》，为全市今后一个时期深化文化体制改革，发展文化产业明确了目标任务和政策措施，具有重要的指导意义。

2004年12月18～20日，由市委、市政府主办，市文化局与市文产办承办的“首届昆明文化产业博览会”隆重举行，国内外300多家文化企业参展，展位达360多个，国内外观众9．2万人。此次会议签约项目45个，签约金额达11.58亿元，达到了招商引资、项目推介、交易洽谈、展示博览、扩大影响、树立形象的目的，促进和推动了昆明文化产业的发展，实现了经济效益和社会效益的双丰收。在会展期间，评选出昆明“十大文化企业”和“成长型文化企业”。

作为全省和全市经营性文化改革试点单位的昆明市电影发行放映公司，在市委、市政府的高度重视和市委宣传部等相关委办局的积极协调下，改制工作历经1年多的时间，于2004年9月23日正式挂牌成立“昆明影业有限责任公司”。实现了“三大突破”：一是一步到位组建为国退民进的民营企业；二是市政府财政部门一次性收

国家文化部文化产业司司长王永章、省委常委、昆明市委书记杨崇勇参观2004年首届昆明文化产业博览会。

中共云南省委副书记丹增，省委常委、昆明市委书记杨崇勇，省委常委、宣传部长晏友琼，省文化厅厅长贺光曙视察昆明市文物保护工作。

昆明市文化局

回国有资产793万元；三是在改制工作中实现了零上访的目标。

社会文化活动丰富多彩，文艺精品不断涌现。组织和举办了“昆明市2004年春节龙狮展演活动”、“首届建设现代新昆明社区文艺展演”、庆祝建国55周年“祖国万岁”歌咏比赛等大型文化活动。全市各县（市）区乡镇、办事处和社区常年活跃着1343只花灯、歌舞、器乐、戏剧、合唱等业余文艺团队，参加人员近4万人，极大地丰富了城乡文化生活。在推进农村电影“2131工程”中，每年组织百家放映单位，筹集经费百万余元，确定放映点5000多个，放映电影21409场，观众达449万人次。《一窝雀》、《打秧鼓》、《火塘调》、《爱做梦的高原》等一批优秀歌曲在全国的各类评选大赛中荣获佳绩，滇剧《陈圆圆与吴三桂》、云南民族交响乐《彩云音诗》、大型民族歌舞《阳光大地》在昆明市“茶花奖”戏曲、音乐和歌舞类的评选中均获金奖，《吴三桂与陈圆圆》、《彩云音诗》（之二）还双双荣获全省新剧（节）目展演银奖。少儿舞蹈《阿尼与小羊》在全国首届青少年舞蹈大赛中获金奖，《比比高》在全国群星奖大赛中荣获群星奖。全市5家专业剧团全年共演出446场，观众达50多万人次，演出收入达193万元。

基础设施建设进展顺利，文物保护工作力度不断加大。紧紧围绕新修订的《文物保护法》，制定出台《昆明市文物保护条例》，已于2004年10月1日起正式施行。昆明市文化艺术生产基地自2003年11月18日开工以来，整个工程进展顺利，主体建筑已完成封顶工程。投资600万元装修改造的昆明剧院于2004年6月18日正式投入使用后，已经承接了方言喜剧《支花蓝》、中国华文戏剧节、云南省新剧（节）目展演、迪庆歌舞团大型歌舞《香格里拉》等多项演出和活动，取得了良好的社会效益和经济效益。在“2004云南文化产业上海推介周”上，市文化局和上海市音乐家协会签署了共同举办“中国昆明国际聂耳音乐节”的合作计划；昆明新华书店连锁有限公司与广东音像城电子商务有限公司、北京大恒电子音像出版社、中央音乐学院环球音像出版社签署协议，共同合资4500万元，建设“昆明音像城”，积极打造昆明音像出版业的“龙头”企业。

文化市场监管和“扫黄”“打非”专项治理工作成效显著。经市政府批准，2004年7月，文化市场行政审批和管理权限下放四城区，进一步理顺了市、区文化市场管理体制。2004年，市文化局设在便民服务中心的服务窗口共办结各类行政审批和审核换证1330件，办结群众电话举报818件、市政府便民服务热线交办投诉件51件、群众信件举报33件，受到了文化经营户的认可和广大人民群众的赞扬。

2004年，经市文明委考核，全市文化系统被评为昆明市文明行业。

昆明地区庆祝中华人民共和国成立55周年“祖国万岁”歌咏比赛

“驼峰航线”浮雕揭幕仪式

2004年中国昆明国际文化旅游节

社区文化活动丰富多彩

昆　明　市　计　划

党组书记、主任：杨文慧

昆明市农村部分计划生育家庭奖励扶助金首发式

昆明市计划生育委员会是昆明市人民政府主管全市人口与计划生育工作的行政职能部门。2004年，全市人口与计划生育工作在市委、市政府的正确领导和市人大、市政协的支持监督下，以全面贯彻落实《云南省农业人口独生子女家庭奖励规定》，做好流动人口计划生育管理和服务为主，开展各项工作。

全面施行“奖优免补”奖励政策，利益导向机制初步建立。2004年6月1日起云南省农业人口独生子女家庭奖励扶助政策在全省施行，全市各级计生部门根据工作制度和工作要求，严格审批，公开办事程序和办事结果，保证了“奖优免补”各项工作的落实，实现了从“处罚多生”到“奖励少生”的历史性转变，开创了昆明市人口与计划生育工作的新局面。

以属地管理责任为主的流动人口计生管理机制逐步完善。市计生委与市房管局联合下发了《关于加强住宅小区计划生育工作的通知》，加强住宅小区的计划生育管理；与计生协会联合下发《关于建立流动人口计划生育协会组织的通知》，2004年新建立各级协会组织27家；开展流动人口清查35次，为育龄流动人口广泛开展生殖健康服务，免费施行计划生育手术106例。

基层基础工作得到加强，优质服务水平进一步提高。通过组织全市637名计生技术服务人员参加全省统一考试，在全市范围内开展计划生育优质服务达标活动，对3个县服务站、12个乡服务所进行了改扩建，加强计划生育服务站（所）的硬件建设，不断提高技术服务队

选送的表演唱《大棚下的春天》获国家人口计生委“五好”作品大赛二等奖。

选送的花灯歌舞《赶街路上》获国家人口计生委“五好”作品大赛优秀奖。

生　育　委　员　会

加强对流动人口计划生育管理服务工作的监督检查力度

伍素质，优质服务水平得到进一步提高。

积极开展推广使用安全套防治艾滋病工程。市计生委与14个县（市）区计生局及部分宾馆、饭店等重点场所负责人签订目标管理责任书，印发以推广使用安全套防治艾滋病为主要内容的宣传册、VCD光盘，设置自动售套机，在375家星级宾馆、旅社、招待所摆放安全套，为防治艾滋病做出了应有的贡献。

2004年全市人口出生率8.16‰。人口自然增长率3.55‰。计划生育率98.72%，综合节育率89.25%，施行计划生育手术567810例，圆满完成了省政府下达的各项指标任务，昆明市获2004年全省目标责任考核一等奖第一名。2004年昆明市计生委被国家人口计生委评为全国人口和计划生育系统作风建设先进单位；市计生委选送的表演唱《大棚下的春天》获国家人口计生委“五好”作品大赛戏剧类二等奖、花灯歌舞《赶街路上》获优秀奖；市计生委创作的婚育新风进万家知识宣传折页获第十二届中国人口文化奖宣传品类银奖。

召开计生系统科技工作会，不断提高技术服务队伍素质和优质服务水平

昆　　明

昆明公交
KUNMING BUS

城市的血脉
城市的形象
城市的名片

市委书记杨崇勇视察昆明公交

昆明公交创立于1952年10月16日，在党和政府的领导下，在全市人民的支持下，经几代公交干部职工的艰苦奋斗、勤俭创业，企业发生了翻天覆地的变化，为繁荣春城经济，增强城市载体功能，方便人民群众生产、生活发挥了极其重要的作用。

近年来，昆明公交提出了“内强素质、外塑形象、科学管理、内涵发展”的工作方针，抓住世博会在昆举办的契机，积极稳妥地加强企业管理，深化企业改革，使昆明公交插上腾飞的翅膀，全面步入良性循环的发展轨迹。

1999年率先在全国城市公交行

开拓、创新、团结、务实的领导班子

西南地区首台全长8米的平板检测台

丰富多彩的企业文化活动

公　　　　交

舒适豪华的公交车

灵便机动的支线公交车

业中全部实现无人售票，人车比现已达3人／车，在省会城市中处于领先水平。2001年，在全国城市公交企业普遍政策性亏损时，昆明公交一举扭亏为盈。企业已从劳动密集型向技术密集、生产经营型向管理集约型转变。2002年5月，企业荣获全国五一劳动奖状。2003年在全省公用事业中首家引进港资成立昆明新世界第一巴士股份有限公司，在省内率先打破公交事业垄断格局。

2004年企业有营运车辆1913台，营运线路117条、营运线路总长2199公里，总行驶里程9274.86万公里，营运收入3.56亿元。企业总资产6.35亿元（不包括新巴公司），形成以城市客运为主业，集客车改装、旅游包车、车辆维修、广告业务、三产经营为一体的国有大型城建企业。

昆明公交全体干部职工，决心大力弘扬艰苦奋斗、无私奉献、争创一流、敢为人先的企业精神，立足新起点，瞄准新目标，再攀新高峰，开创昆明城市公交更加美好的明天。

公交优先：公交专用道

优秀的服务

优良的乘车环境

公交优先，就是老百姓优先

公交优先、公交优惠、公交必须优秀

为提高全市人民健康素质服务

昆明市体育局

市委书记杨崇勇等市级五套领导班子出席昆明市老年体协成立 20 周年纪念大会

在全国第五届农民运动会上，市农民自行车代表队代表云南省参赛，获得 3 块金牌，1 块银牌，两块铜牌。

2004 年，昆明市体育局紧紧围绕党的十六大提出的“全面建设小康社会，提高全民族的健康素质”这个奋斗目标，勤奋工作，较好地完成了各项任务。

竞技体育以备战云南省第十二届运动会为中心任务，出色地完成了参加全国比赛、全省比赛任务，参加全国和地区比赛获冠军 27 个；参加云南省的各项比赛共获金牌 179 枚。举办市级比赛 21 项次。全市城乡建立了 373 个全民健身工作领导小组，培训

昆明市利用中国体育彩票工益金修建了 151 条健身路径

发展了各级社会体育指导员 1632 人，完成全民健身配套办法 42 项。学校体育的达标率保持在 98%，建省、市传统学校 67 所，8 个国家级青少年体育俱乐部。利用体育彩票公益金修建健身路径 136 条，健身广场 1 个、晨晚练点 475 个。建立昆明国民体质检测中心 1 个，体质检测站 46 个，昆明市体育总会所辖单项运动协会 29 个，民办非企业运动俱乐部 10 个，体育人口逐年增加，约占全市总人口的 1 / 3。

2004 年举办了第二届社区运动会、第五届全市农民运动会、首届户外运动大会、首届电子竞技比赛等各种赛事；承办了全国保龄球锦标赛、全国青年跆拳道锦标赛、全国定向运动锦标赛等赛事。昆明运动员熊晓铭在雅典举办的第 12 届残奥会上夺得一金二银一铜的优异成绩；自行车运动员参加全国第五届农民运动会获得三金三银二铜的历史最好成绩，在省六届农民运动会上首次夺得金牌数第一。

2005 年全国第五项体育场地普查中，摸清了昆明体育场地的家底。在老年体协成立 20 周年时，市委书记杨崇勇等市委、市人大、市政府、市政协的主要领导出席了纪念大会，体现了党和政府对老年体育工作的重视。

中国国民党革命委员会

中共昆明市委书记杨崇勇、副书记杨远翔、王君正，市人大主任李庄、市委统战部长张中宁等领导看望民革市委领导同志。

民革盘龙总支举行敬老活动，主委朱燕给老同志敬送蛋糕。

民革昆明市委举行首次主委接待日

民革昆明市第五次代表大会召开，中共昆明市委各级领导出席开幕式。

民革全国先进支部经验交流暨表彰会上，云南代表团成员与民革中央领导合影。

中国国民党革命委员会（简称“民革”）。是具有政治联盟性质的、致力于建设中国特色社会主义和祖国统一事业的政党，是中国共产党领导的多党合作和政治协商制度中的参政党。民革由原中国国民党民主派和其他爱国民主人士所创建。民革昆明市委成立于1982年。

民革昆明市委自成立以来，坚决拥护中国共产党的领导，切实履行参政党职能，以促进祖国和平统一为工作重点，团结海内外所联系人士，为祖国统一大业而努力。民革昆明市委目前共有党员714人，女党员320人，下设6个总支（五华、盘龙、东川、安宁、西山、市第一人民医院）、32个基层支部。

中国国民党革命委员会昆明市第五次党员代表大会代表合影

昆明市商务局

党组书记、局长：施海保

随着世界经济一体化进程的加快，为适应世界经济发展大潮的需要，昆明市商务局于2004年7月应运而生。昆明市商务局是主管全市内外贸易、对外经济技术合作和外商投资工作的市政府工作部门。下设办公室、政策法规处、对外贸易处、对外经济技术合作处、外国投资管理处、贸易发展和改革处、流通秩序管理处、市场规划和运行调节处、畜禽屠宰监督管理处、人事教育处、机关党委、监察室等工作部门。昆明市商务局的组建，得到了市委市政府、省商务厅以及社会各界同仁的大力支持，收到了开好头、起好步的显著成效。2004年全市实现社会消费品零售总额370．46亿元，同比增长12．8%；昆明地区外贸进出口总额达261462万美元，同比增长46．91%，其中昆明市属外贸进出口总额达60644万美元，同比增长39．01%；合同利用外资17442万美元，同比增长13%，实际利用外资6228万美元，同比增长21%；对外经济技术合作取得新进展，为推动现代新昆明建设做出了积极贡献。

左一党组成员、纪检组长王建成、左二副局长腾丽、左三党组书记、局长施海保，左四党组成员、副局长王光中，左五党委成员、副局长黄峻峰

省商务厅、市分管领导在“三绿”工程宣传日现场指导

局领导慰问扶贫点贫困老人

参观柯渡红军长征纪念馆

昆 明 市 商 务 局

商务企业中心学习会

新春座谈会

商务工作会议

仟村百货

家乐福

新西南广场

南屏商业步行街

昆明百货大楼

金格中心

滇中乐放心肉店

地址：昆明市东风东路 17 号
市政府 3 号楼 4 楼
邮编：650011
电话：(0871) 3134542
传真：(0871) 3137266
网址：www.kmsw.gov.cn
E-mail：kmswj@kmsw.gov.cn

昆明市投资促进局

签字仪式

2004年6月底，根据云南省机构编制委员会《关于昆明市人民政府部分机构调整的批复》，市委、市政府决定撤销昆明市人民政府外商投资办公室、昆明市人民政府经济技术协作办公室，设置昆明市投资促进局（加挂昆明市人民政府投资服务中心牌子），主管全市投资促进、招商引资工作。

根据主要职责，昆明市投资促进局设6个职能处（室）：办公室、综合调研处、国际合作处、国内合作处、项目与督办处、联络服务处，并设机关党委（人事处）、纪检监察机构。

自省委、省政府、市委、市政府作出了建设现代新昆明的重要战略部署后，将招商引资工作列为各级、各部门的重要工作来抓。2004年全市新批设立外商投资企业104户，合同利用外资17442万美元，实际利用外资6228万美元；全市组织实施国内经济合作项目423项，项目协议投资额545亿元，实际引进市外到位资金62亿元。设立各级政府驻昆明办事处121家，新办理外地驻昆办事处、代表处、联络处209个，办理外来投资认证企业78家，外地驻昆机构年检换证262个。

川滇五市州经济合作区第四次会议

昆交会展台

不断开拓创新的昆明市供销社

2005 年 5 月 25 日，市人大副主任寸镇洋（左四）到西山区东风供销社视察玫瑰园

市供销社主任杨年年到寻甸县柯渡袋子供销社超市调研

2004 年 5 月 18 日，市社召开县（市）区供销社改制工作汇报会

2004 年 5 月 27 日，市供销社召开党建暨思想政治工作会议，专题研究思想政治工作

为提高市供销社知名度，宣传供销合作事业，市社组织机关工作人员参加云南电视台“云南大不同”栏目录制

昆明市供销合作社现有 12 个县（市）区供销合作社，116 个基层供销社，57 家县属企业，7 家市属公司，1 所供销学校，3 家星级宾馆，9 个废旧物资交易市场，职工 1 万余人，年销售额近 15 亿元，是城乡经济发展中的一支重要力量。在市场经济条件下的昆明市供销合作社，为了求得更好的生存和发展，积极推进企业的改革改制工作，不断开拓创新，各地供销社改变了传统单一的经营方式，以更新的经营理念不断扩大服务范围和创新经营方式。昆明市供销合作社在改革中发展，在发展中壮大。

昆明市供销合作社在农业生产资料供应、农资系列化服务、工业品下乡、实施县域农资连锁经营、参与农业化经营、扶持农产品生产、提供产前、产中、产后等一系列服务中迈出了新的步伐。已创办洋葱、玉米、花椒、鸡蛋等专业生产合作社，产值超亿元；参与开发农业项目，投资兴办了水果、蔬菜、花卉、养殖、生态等商品生产基地，已经收到成效；兴办农村便民超市 15 个，以全新的服务方式吸引广大消费者，深受广大农民的好评；昆明市供销社还先后成立了昆明烟花爆竹行业协会、昆明市禽蛋流通协会、昆明农资流通行业协会、昆明再生资源行业协会，其工作在服务“三农”，服务社会中得到了肯定；为扩大供销社对外宣传，为基层和农村提供信息服务，昆明市供销社创办的《昆明农产品信息网》发挥了较好的作用，收到了明显的社会效益。

五十四年的历史，五十四年的心路历程，昆明市供销社走过的是一条艰苦创业、开拓创新之路。我们将风雨同舟，团结向前，始终坚持为农服务方向，为农民增收致富全面建设小康社会，为繁荣城乡经济而加倍努力，以更加辉煌的业绩，共创供销合作事业的美好明天！

昆 明 市 人 民 政 府

中共昆明市委副书记、市长王文涛（左二）在昆明市人民政府参事室成立五十周年纪念大会上讲话。

参事室是一个以民主党派和无党派专家学者和爱国人士为主体的具有鲜明统战性和咨询性的政府工作部门，是建国初期在毛泽东、周恩来等老一辈革命家的亲切关怀下设置的。

参事工作既是新中国民主政治建设的一个创举，又是中国共产党领导的多党合作和政治协商这一基本政治制度的重要体现。党的历代领导集体，都十分重视关怀参事工作，特别是十一届三中全会以来，党中央、国务院先后下发了关于加强参事工作的一系列重要文件，进一步把参事工作纳入了中国共产党领导的多党合作和政治协商制度的范畴。进入新世纪，党和政府对参事工作越来越重视，并寄予厚望，以胡锦涛同志为代表的新的党中央领导集体成立不久，中办、国办就下发了《中共中央办公厅国务院办公厅关于进一步做好新时期政府参事工作的意见》，明确提出：“在新时期加强参事工作是巩固和壮大党的爱国统一战线的客观需要；是发展社会主义民主政治，建设社会主义政治文明的有益措施；是政府了解民情、反映民意、集中民智、密切联系群众的重要渠道”。2005 年 2 月，在中共中央下发的《关于进一步加强中国共产

参事室热情接待云南和平起义将领卢汉将军的女儿卢国梅夫妇

参事们深入调查研究，积极建言献策，向政府提交了大量的《调查报告》、《参事建议》，受到了政府领导和有关部门的重视采纳。同时参事们还充分发挥阅历丰富的优势，撰写大量的文史资料，为继承和弘扬中华传统文化，以史为鉴，借史育人做出了积极贡献。图为参事室编辑的《参事建议》《文史资料》专集及部分《参事工作文选》。

改革开放以来，党中央、国务院十分关心重视参事工作，下发了一系列重要文件，明确了参事工作在新时期的发展方向，加强了参事工作规范化、制度化建设。

昆明市政府副市长雷晓明（右二）受王文涛市长委托，为新聘参事颁发聘书。

为深入学习贯彻中央两办关于做好新时期政府参事工作的意见，推动参事工作健康持续发展。参事室专门召开会议，组织参事及机关干部对参事工作进行研讨。

参 事 室 五 十 周 年

党领导的多党合作和政治协商制度建设的意见》中，再次明确了参事工作的性质、作用和职能任务，充分体现了党和政府对参事工作的重视和关怀。

昆明市人民政府参事室成立于1954年12月14日，昆明市人民政府先后任命了58位参事，其中多数为跟随卢汉将军起义的国民党中上层军政人员，他们拥护党、拥护社会主义，与党荣辱与共，肝胆相照，为巩固昆明市新生的人民政权，维护社会稳定，恢复和发展生产，团结社会各界人士建设社会主义，做出了特殊贡献，发挥了历史性的作用。1992以来，市政府又先后6批聘任了61位参事，他们大多是党外的专家学者，新老参事团结协力，按照“参政议政、建言献策、咨询国事、统战联谊”的职能要求，认真履行职责，以高度的政治责任感和历史使命感，紧紧围绕市委、市政府的中心工作，深入调查研究，积极建言献策，先后撰写《参事建议》、《调查报告》和《情况反映》200余份；接待海外侨胞600余人（次），对外邮寄信函、宣传资料8000余件，牵线搭桥、促成海外亲友来大陆投资项目9个，引进资金5445万美元。有30多位参事撰写文史资料180余篇。为政府决策民主化、科学化，促进祖国统一大业和全市政治、经济及社会发展做出了积极贡献。

地址：东风东路17号
邮编：650011
电话：0871—3132611

市政府参事考察掌鸠河引水供水工程建设情况，同施工人员共同研究对水源区保护和工程建设问题

市政府参事到苏州、杭州、上海等地参观考察高新技术发展情况，为发展高新技术产业提出了具体意见建议，受到政府领导重视

参事们充分利用海外关系多，联系面广的优势，积极为“三引进”牵线搭桥。图为引进的台湾瓜果类新品种“高山雪莲”在牧羊乡试种，长势喜人

团结拼搏
三年深化国有企业改革目标顺利实现

昆明市体改办

党组书记、市体改办主任黄智到企业调研

黄智主任在保持共产党员先进性教育活动启动仪式上作动员报告

2002年，省委作出了三年深化国企改革的战略部署，市委、市政府对此高度重视，将其作为经济体制改革的中心环节，摆上重要议事日程。三年来，按照“三个基本”目标和“四个一批”要求，以产权制度改革为突破口，推进优强企业重组整合，放开搞活中小企业，加大劣势企业退出力度，完善各项配套改革，用改革改制促进企业发展，努力构建昆明经济发展的良好体制环境。

工作中，市体改办始终坚持“有进有退，有所为有所不为”的方针，从调整所有权入手，采取多种形式把国有企业改革向纵深推进。一是推动整合重组，提升优强企业核心竞争力；二是调整股权设置，大力实施国企股份制改造；三是多种形式并进，促进国有资本平稳有序退出；四是拓展退出通道，破产重组一批劣势企业；五是转让经营权益，规范各种承包租赁行为；六是拓宽发展空间，鼓励非公经济参与国企改革；七是完善法人治理，加快现代企业制度建设步伐。

经过全市上下的共同努力，列入改革的国有企业463户，完成方案论证438户，占94．6%；完成工商登记及相关手续373户，改革面达80．56%；完成分离企业办学校123所，医院26所。通过三年深化改革，国有存量资产得到有效盘活，股权设置向多元化方向发展，职工流动机制初步形成，企业的体制逐步理顺，机制日趋激活，经济效益稳步提高，实现了市委、市政府确定的预期目标。

国有企业改革是一场广泛而深刻的经济变革，前进的道路上

市委、市政府召开深化国有企业改革三年改革总结表彰大会

攻　坚　克　难

改制企业调研座谈

开展业务学习

面临着机遇，也充满了挑战。面对新的形势和新的任务，我们必须坚持以邓小平理论和“三个代表”重要思想为指导，树立科学发展观，坚持解放思想、实事求是、与时俱进，破除一切妨碍发展的观念和体制机制弊端，把握正确方向，大胆探索，勇于实践，坚定不移地推进国有企业改革与发展，为实施工业强市战略，建设现代新昆明做出新的贡献。

重温入党誓词

参观柯渡红军长征纪念馆，重走红军长征路。

昆 明 市 妇

昆明市妇女第十三次代表大会选举产生新一届市妇联领导班子，昆明市政协副主席陆玉珍（中）再次当选为市妇联主席，大会选举郭跃红（左二）为常务副主席，吴长云（右二）、梅会芬（左一）、陈洁薇（右一）为副主席。

2004 年 4 月 4 日，全国妇联办公厅副主任王卫国一行三人来到盘龙区席子营社区就《中华人民共和国妇女权益保障法》修改进行调研。

2004 年 7 月 6 日，省妇联副主席孙耕耘一行三人在昆明市妇联党组书记、常务副主席郭跃红陪同下，到西山区团结乡乐居村、永靖村进行了调研。

2004 年，市妇联坚持以邓小平理论和“三个代表”重要思想为指导，深入学习贯彻党的十六大，十六届三中、四中全会，中国妇女九大及市第八次党代会精神。围绕党委、政府中心工作，坚持“一手抓发展、一手抓维权”的工作方针，团结动员全市各族各界妇女积极投身市“三个文明”建设，推动了妇女事业的发展。

1、召开昆明市妇女第十三次代表大会

全面总结了过去五年昆明市妇女发展、妇女工作的成绩和基本经验，科学规划了今后五年昆明市妇女事业发展的总体目标。大会选举产生了新一届市妇联领导班子，昆明市政协副主席陆玉珍再次当选为市妇联主席，郭跃红当选为常务副主席，吴长云、梅会芬、陈洁薇当选为副主席。

2、发动妇女参与经济建设

妇联组织实施小额信贷、妇女发展循环金、香港回归扶贫基金等各类项目资金 1202.6 万元，受益 4886 户、17134 人，实施项目的农户经济收入都有了不同程度的增加。年内共创办“妇字号”社区服务实体 18 个，发放城市小额贷款 95 万元，命名“巾帼创新业示范基地”10 家，培养“巾帼创新业带头人”180 名，培训下岗失业妇女 2887 人次，直接帮助 2218 名妇女实现了就业和再就业。全市共表彰“巾帼建功”先进集体 44 个、先进个人 225 名。

3、组织妇女参与精神文明建设

为适应广大妇女的精神文化需求，开展了“五好文明家庭”、“巾国文明示范岗”、“美德进万家”、“不让黄赌毒和艾滋病进我家”等活动。

2004 年 3 月 5 日，市妇联在云南大学法学院成立了由 58 名在校大学生组成的巾帼法律志愿者服务队。

女 联 合 会

昆明市妇女第十三次代表大会于 2004 年 11 月 2 日隆重召开，中共云南省委常委、昆明市委书记杨崇勇，市长章振国，云南省妇联主席赵秀英等领导出席了开幕式。

2004 年 12 月 29 日，“关注未来，关爱孩子‘十大杰出母亲’思想道德教育传播行动”系列活动在昆明市成功启动。昆明市政府副市长、市妇儿工委主任王奇英代表昆明市向组委会捐赠。

2004 年 5 月 30 日，“小公民道德建设进社区、进家庭”宣传活动在金碧广场举行。

4、维护妇女儿童合法权益

2004 年共有妇女法律援助联络中心（站）15 个，新建妇女维权岗 465 个，完善了四级信访网络，共接待来信来访和投诉 5753 人次（件），处理率达 98% 以上。

5、努力做好儿童工作

2004 年，全市共培训家长 14 万人次。实施“春蕾计划”，共争取资金 70.92 万元，资助 2018 名女童完成学业，建立了石林县板桥乡龙溪春蕾小学、禄劝县屏山镇“克梯东州春蕾小学”。举办了“关注未来·关爱孩子‘十大杰出母亲’思想道德教育传播行动”。

6、加强妇联组织自身建设

在全市妇联干部中开展岗位读书竞赛活动，开设了“女性新知 365”系列讲座，开展了“先进妇女之家”和创建“优秀妇女之家”活动，活跃了基层妇女工作，年内表彰市级优秀妇女之家 61 个、省级 24 个。

在昆明市妇女第十三次代表大会上，少数民族代表投下自己庄严的一票。

2004 年 6 月 26 日，昆明市 1 万余名各族各界群众参加了在东风广场举行的“不让艾滋病进我家”大型签名承诺活动。

昆　明　市

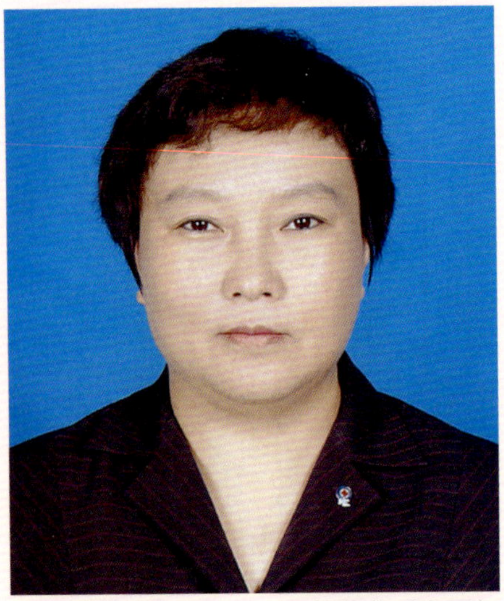

红十字会的带头人阮姮荣获“全国红十字系统先进个人”，当选为中国红十字会总会理事，云南省红十字会常务理事。

2004年，昆明市红十字会以党的十六大和十六届四中全会精神为指导，坚持以邓小平理论和“三个代表”重要思想，在市委、市政府的领导下，在省红十字会指导下，深入贯彻学习、宣传《中华人民共和国红十字会法》、《云南省红十字会条例》、中国红十字会第八次会员代表大会会议精神，弘扬“人道、博爱、奉献”的红十字会精神，紧紧围绕“保护人民群众生命健康，发扬人道主义精神，促进和平进步事业”的宗旨，以改善最易受损害人群为已任，依法履行职责，在建设小康社会和构建和谐社会中发挥政府人道主义领域工作的独特作用。

市红十字会常务副会长阮姮同志向群众发放棉被及食品。

市红十字会常务副会长阮姮同志向群众发放大米。

地址：昆明市东风东路17号
市政府1号楼306号、509号
电话：3151260　3125326
传真：3120300
邮编：650011

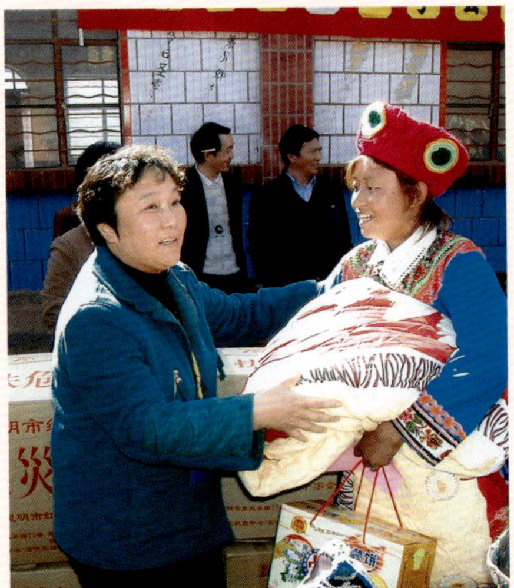

市红十字会与市政协贫困地区教育基金会联合到禄劝县翠华乡汤郎箐村委会开展慰问活动。红十字会常务副会长阮姮同志向彝族群众发放棉被

10月27日至29日，中国红十字会第八次全国会员代表大会在北京召开，常务副会长阮姮同志参加了会议，并当选为中国红十字会理事，同时被评为全国红十字系统10个先进个人之一（享受省部级劳模待遇），受到胡锦涛、温家宝等党和国家领导人的亲切接见。（图为全体职工到机场迎接）

红　十　字　会

10月18日，全国人大副委员长蒋正华同志视察昆明阳光家园红十字服务站。并题词“做好帮扶工作，巩固戒毒成绩”。

市红十字会被省人事厅、省红十字会授予云南省红十字会系统集体二等功。

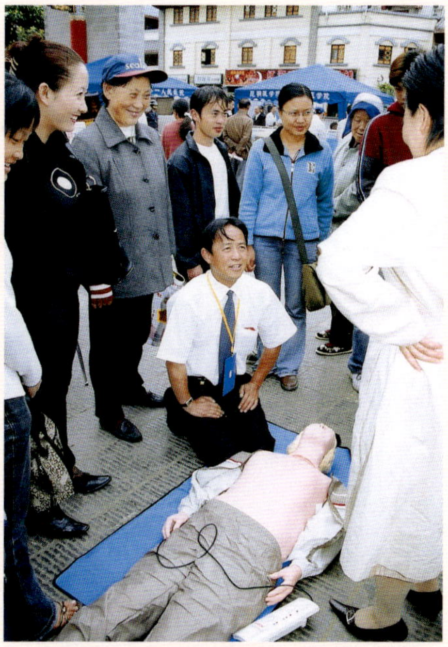

利用“5·8”世界红十字日，在金碧广场对群众进行现场初级卫生救护培训。

10月23日，市红十字会志愿工作者代表队在庆祝中国红十字会建会100周年暨云南省分会建会90周年“红十字知识电视竞赛”中获一等奖。

12月8日，省红十字会在石林县西口乡举行“中国红十字会捐赠大米”发放仪式。

市红十字会志愿服务工作者到东风广场进行募捐活动。

11月29日，云南／香港红十字会备灾救灾项目会议在昆明召开，来自全省各州、市及香港红十字会代表到市红十字会备灾救灾中心观摩备灾救灾工作。

昆明市爱国卫生运动委员会办公室

全国爱卫会专家对昆明市创建“国家卫生城市”工作进行明查暗访

2004 年 6 月 15 日昆明市有害生物防制协会筹备大会召开

市创卫指挥部召开会议专题研究部署创建“国家卫生城市”工作任务

组织开展爱国卫生活动，普及宣传防治“禽流感”知识

全民动员大力开展爱国卫生运动

昆明市档案局

李蔚局（馆）长

2004年，昆明市档案局（馆）以邓小平理论和“三个代表”重要思想为指导，认真贯彻市第八次党代会、市委工作会议、市政府十一届五次全会和全省档案工作会议精神。按照“依法治档、科技兴档、强化服务、发挥效益”的工作思路，坚持“管好用好档案、充分发挥效益”的工作方针。局（馆）全体干部职工团结一致，齐心协力，充分发扬爱岗敬业、冷门热心干的工作作风，不断加强档案法制建设、档案业务指导、档案基础业务建设和档案现代化建设，创新拓展档案服务，为全面建设小康社会做出了新的贡献。

充分发挥档案效益为昆明市的各项工作服务是昆明市档案局（馆）的职责。2004年，昆明市档案馆共接收档案67327卷（册），数字化中心著录档案条目164万余条，扫描档案18万页，被昆明市授予“2003年信息化建设先进单位”；向社会开放了第四批档案23个全宗45个目11365卷；全年接待利用者13129人次，提供档案34059卷（件），复印档案6246页；档案寄存、档案鉴定整理、档案信息服务、档案数字化加工、档案抢救与保护等爱国主义教育基地向昆明市社会各界的开展，拓展了档案馆的服务功能和服务领域，充分发挥了档案效益，为社会提供了社会化档案服务，为人民群众架起一座了解党和政府方针、政策的桥梁。为昆明市的各项工作、经济建设、工作查考、修史编志、著书立说等提供了档案信息和依据。

文博会上市人大主任李庄、市政协主席徐之信，西山区委书记张建伟、区长熊晶等参观市档案馆档案珍品展后合影。

昆明市档案工作会议。

档案信息化交流现场。

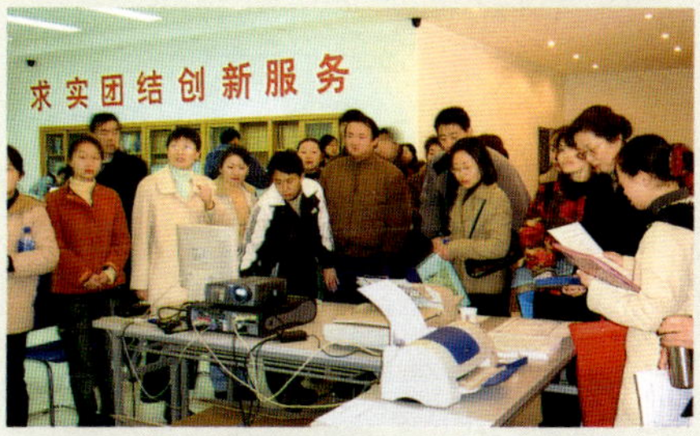

爱国主义教育基地对外开放。

昆明市医疗

中心班子成员在研究工作

昆明市医疗保险中心位于西山区气象路60号，隶属于昆明市劳动和社会保障局，为副县级参公管理事业单位。主要工作职责：一是负责昆明市行政区域内城镇职工基本医疗保险基金的统筹、个人帐户及重特病等的管理；二是负责医疗费用的结算和对定点医疗机构和定点零售药店的监督管理；三是负责全市医疗保险基金的管理；四是负责离休干部医疗保障工作；五是负责机关事业单位工伤、生育医疗保险统筹工作；六是负责对所属14个县（市）区医疗保险分中心的业务指导。

中心2000年5月正式挂牌成立，2001年4月在昆明市辖区全面启动城镇职工基本医疗保险制度，并在全国率先实行市级统筹。按照“启动、扩面、规范”三个步骤，昆明市城镇职工基本医疗保险制度改革呈现出“启动平稳、运行正常、逐步完善、规范管理”的良好态势。经过3年多的运作，截止2004年12月，全市共有8390家单位，103.08万人参加了医疗保险，超额完成了上级下达的扩面100万人的任务。

医疗保险费实收率均达到或超过96%。全市基本医疗保险统筹基金结余5673.12万元（不含东川矿务局），累计结余率为5.84%，当期结余率为3.76%。重特病医疗统筹基金结余2548.48万元（含东川矿务局515万元），累计结余率为15.19%，当期结余率为19.22%。基本做到了医保基金收支平衡，略有节余。

全市14个县（市）区所有医保经办机构、162家定点医疗机构和161家定点药店已实现了与市医保中心联网，除部分偏远、落后乡镇外，全市参保职工可在昆明地区范围内自主就医、购药。开通了从缴费核定、保费到账处理、个人账户划拨到门诊费（含“两特病”门诊费用）、住院医疗费用结算的几乎所有业务模块，结算工作基本实现了自动化，手工报账率降低到5%以下。

建立和完善了多层医疗保险体系。已将基本医疗保险、重特病医疗统筹、离休干部医疗保障、机关事业单位工伤、生育保险纳入医保中心统一管理。在基本医疗保险和大病补充保险的基础上，逐步建立起企业补充医疗保险和公务员医疗

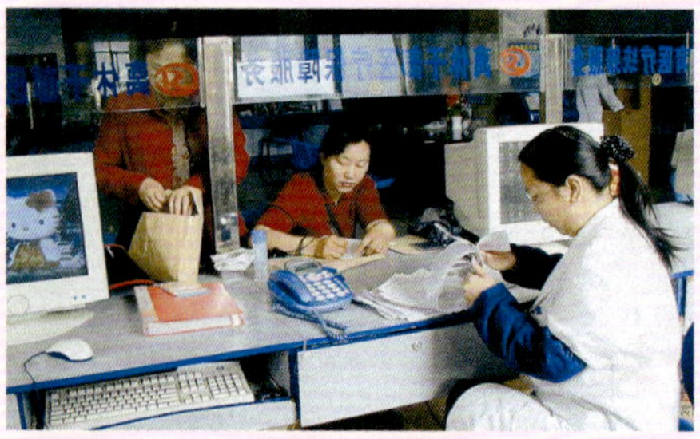
工作人员认真细致地审核报账

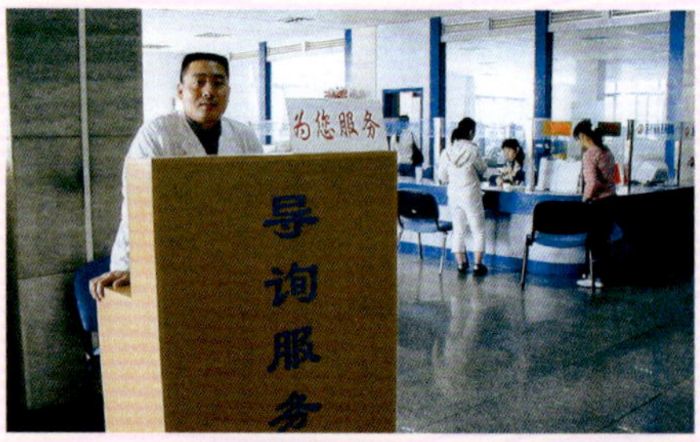

专设“导询服务台”，更好地为参保单位、参保人员服务

保险中心

与外地医保工作者共同探讨医保问题

补助制度，实现了公费、劳保医疗向基本医疗保险的平稳过渡。同时还出台了一些对特殊群体的医疗照顾政策，如：“特殊慢性病”、“特殊疾病”门诊管理办法、企业特困职工医疗救助、医疗照顾人员个人账户补贴办法及70岁以上老人医疗照顾办法等。又出台了《城镇灵活就业人员基本医疗保险暂行办法》，满足了各类群体的基本医疗需求，切实做到应保尽保。参保职工满意度大幅提高。截止2004年底，全市自谋职业、灵活就业参保人数已达到31657人。

加强宣传培训，基本做到了“电视有图像、广播有声音、报刊有文章、街道有宣传栏”。2004年上半年共出版《医保与健康》免费赠阅杂志两期，发行近10万册；在《昆明日报》“社会保障”专栏上刊登了2期医保政策系列专版；在省、市广播电台和电视台对灵活就业人员医保政策进行了大量宣传，确保医疗保险制度的顺利实施。

创新工作，不断改革结算办法，积极推行“单病种付费”结算，建立复合式结算管理模式。在实行“总量控制、定额结算、节约奖励、超支补贴”结算办法的基础上，于2004年12月底拟定出台了“单病种付费”结算办法，首先将常见、单纯、易于界定、可操作性强的13个病种如白内障晶体摘除（植入）、胆囊摘除、肾移植、精神类疾病等列入单病种结算，初步建立起多层次、复合式的结算管理模式。

加强对三基（基本医疗保险药品目录、基本医疗保险服务设施范围、基本医疗保险诊疗项目）两定（定点医疗机构和定点零售药店）的管理，规范就医行为，提高服务质量和社会效益，确保医保基金收支平衡。坚持对定点医院、药店实行月小查、季检查、半年全年大检查。努力形成因病施治、合理用药的医疗费用控制机制。

医疗保险制度的实施是一项极其复杂的社会系统工程，随着工作的不断深入，许多深层次的矛盾和问题开始显现，面对当前医疗保险工作中存在的难点、热点问题，医保中心将不断巩固已有的医疗保险制度改革成果，坚持以人为本，切实提高服务质量和管理水平，努力开创昆明市医疗保险工作新局面。

灵活就业人员积极参加医疗保险

工作人员耐心细致解说个人账户

前台工作人员认真工作

昆 明 市

中华人民共和国职业资格证书

“大西洋杯”昆明职工技术技能表演比赛理论培训考试开幕式

昆明市职业技能鉴定中心是推行职业资格证书制度和就业准入控制制度，负责职业技能鉴定考核工作的组织、指导、协调和管理的专门机构，隶属于昆明市劳动和社会保障局。昆明市职业技能鉴定中心自1997年正式开展工作以来，以坚决贯彻《劳动法》推行就业准入制度和职业资格证书制度为主要任务，始终以坚持“社会效益第一”和“鉴定质量第一”的原则，完善职业技能鉴定社会化管理体系，提高企业效益；以是否方便企业和劳动者参加职业技能鉴定作为衡量工作成效的基本标准。经过全体职工的共同努力，昆明地区的职业技能鉴定工作从无到有，目前昆明地区已建立起65个国家职业技能鉴定所，13个国家高新技术考核站，就业准入控制的109个职业基本覆盖了通用性强、与消费者权益紧密相关的行业，做到了职业技能鉴定社会化的转变，使更多的劳动者能够参加职业技能鉴定，近五年来，共鉴定16余万人（次）。

作为劳动保障部门，向下岗失业职工提供服务是中心的主要工作之一。每年鉴定下岗失业人员近万人。从2001年开始，中心每年与昆明市总工会共同举行的职工技能大赛得到了广大职工的积极响应和高度评价，也为拓宽我市技能人才成长通道，加

职业技能鉴定中心

德国留学生参加按摩师实作鉴定

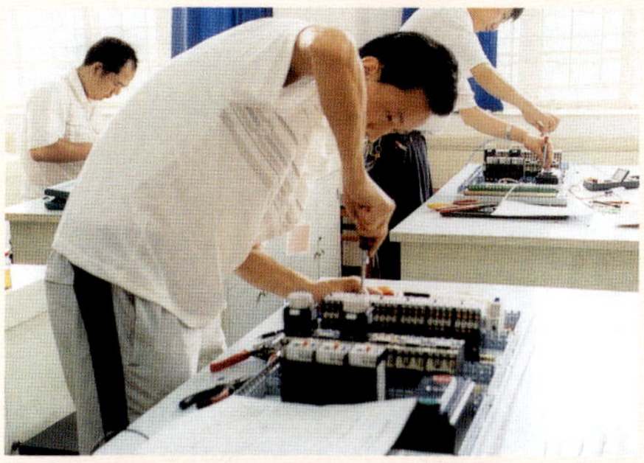

维修电工实作鉴定现场

计算机操作员实作考试现场

物业管理员理论考试现场

强高技能人才队伍建设作出了贡献。

为适应现代社会发展对人才的需求，中心在对全省及部分省、市新职业开发工作经验调研的基础上。2004年6月，云南省首届物流管理员资格鉴定考试在昆明市举行，收到了很好的社会反响。之后，中心又举行全国首次育婴师、营养配餐员等适应社会需求的新职业的资格认证。经过专业培训并通过考核合格取得物流管理员、育婴师、营养配餐员的人员在社会上供不应求。

昆明市职业技能鉴定中心坚持“社会效益第一”和“鉴定质量第一”的原则，不断完善职业技能鉴定社会化管理体系，使职业技能鉴定的覆盖面明显扩大，鉴定质量明显提高，职业资格证书的权威性在社会上明显增强，逐步实现职业资格证书与学历文凭并重，职业资格证书制度与就业制度的双向衔接。

美发师实作考试现场

中式烹调师实作考试现场

数控机床实作考试现场

昆明市首届下岗失业职工技能竞赛（插花专业）

地址：昆明市圆通街105号
电话：(0871)5121845
邮编：650031

昆 明 市

局领导班子

国家税务总局局长谢旭人到西山区地税局视察工作

市长王文涛、市地税局局长张红霞到西山区地税局了解税收情况

繁忙的地税征收大厅

昆明市西山区地方税务局是主管昆明市西山区地方税收工作的职能部门，负责辖区内13个地方税种及5个社会保险费的征收管理，征管户有34785户，其中企业9312户，个体25473户。共设置1个稽查局、7个基层分局和8个科室。

多年来在西山区委、区政府的关心支持下，省、市地税局的正确领导下，西山区地方税务局与地方经济共同成长，为地方社会发展贡献了自己的力量：

地方税费收入持续增长。从1994年的6700万元至1997年的1．3亿，1999年突破2亿大关，2004年完成3.5亿元，2005年预计完成7．2亿元，10年迈上五个台阶；5项社会保险费从2003年初征时的9805万元到2004年突破1亿大关。税费收入的增长为西山区经济的快速发展和社会进步，提供了强大的财力支撑和资金保证。

干部队伍建设不断加强，两个素质明显提高。以岗位练兵活动、保持共产党员先进性教育活动和民主评议行风工作为契机，多方面、多角度、多层次开展干部教育活动，努力提高干部队伍素质。全局干部人数从分设时的63人增加到178人，党员人数从19人发展到75人，具有大专以上文凭的人员由占总人数的21%上升到88%。在岗位练兵活动中取得优异的成绩，在全市地税系统22家单位中荣获先进单位称号，并产生了10名县、区局标兵，7名市局标兵，4名省局标兵。

信息化建设不断加强。在市地税局和区委、区政府的领导下，通过不懈的努力，西山区地税局的信息化建设取得了长足的进步，从建局初期的几台单机，发展到今天的200多台计算机，9台专业服务器，实现了各所属分局的广域网覆盖。结合税收业务形成了以“云南地税综合管理系统”、“ODPS公文处理系统”、“昆明地税社保费征管系统”等软件为载体的一套完整的税务信息化体系，以信

西山区地方税务局

息化建设来推动税收征管的科学化、精细化。

征管基础不断夯实。针对西山区实际，为建立适合西山区实际的科学、严密、规范的地方税收征管体系，对征管改革进行了积极有益的探索，加强税收征管，减少税款的跑、冒、滴、漏；在全局范围内全面推行税收执法责任制，分工到岗，责任到人，按岗考评，以责追究，加强对税收执法权的监督；做好区划工作的划户和接户工作，较好的配合了区划整体工作的顺利完成；推行多元化申报工作，目前电话申报和储蓄扣税两种方式已实施应用，为纳税人提供了更为方便、快捷、准确、优质的服务。

精神文明建设进一步加强。全局多个部门及个人多次被省、市、区评为先进集体及个人。2004 年全局获省级先进单位称号。2000 年省级青年文明称号，机关和一分局于 2004 年被授予市级“青年示范岗”称号；1 人荣获团省委授予的云南省优秀团员称号；1 人被市委、市政府评为“农村税务改革先进个人”；2 人荣获团市委命名的优秀团干部称号；15 人次受市地税局表彰；56 人次受区委、区政府表彰，为西山区地税树立了良好的形象。

回顾过去，精神振奋；展望未来，充满信心。西山区地税局这支年轻有活力，团结有使命感的队伍，将在新的征程上，在各级领导的关心支持下，继续加强队伍建设和税收征管，再创西山区地税新的辉煌。

市地税局副局长马晓方（左一）到西山区地税宣传点视察“税法宣传”活动

竞岗演讲民主测评会

“岗位练兵”表彰会

“五四”篮球比赛

“三八节”活动

盘龙区地方税务局

盘龙区地方税务局局长：周鸿宾

盘龙区地方税务局领导班子左起：纪检组长张小兵、副局长何东升、局长周鸿宾、副局长周英、副局长杨超

昆明市地方税务局局长张红霞检查基层分局工作

盘龙区地方税务局自1994年8月成立以来，在昆明市地方税务局党组和盘龙区委、区政府的正确领导下，在各有关部门及广大纳税人帮助、支持下，历任领导班子带领全局干部职工，紧紧围绕税收中心工作，坚持依法治税、从严治队，团结奋进、艰苦创业。建局以来，共组织税费收入499231万元，连续10年被评为一级局，连续5年被评为“党风廉政建设先进单位”，2003年获得“省级文明单位”的荣誉，同年，一分局被国家妇联授予“巾帼文明示范岗”称号，为盘龙区社会经济做出了积极贡献。

2004年，盘龙区地方税务局以邓小平理论和“三个代表”重要思想为指导，认真学习贯彻十六届四中全会精神，贯彻省、市地方税务工作会议精神，采取有力措施，顺利推进昆明市行政区划调整中的各项税收工作；学习贯彻行政许可法，规范执法行为，进一步深化服务水平和服务质量；大力开展“岗位大练兵”活动，共产生41名各级业务标兵，其中：省级标兵3名、市级标兵14名、县级标兵24名；认真实施“云岭先锋”工程，开展“三观”学习教育，领导班子凝聚力、战斗力明显增强，干部队伍素质显著提高，各项工作取得较大成绩。

岗位练兵团体决赛

昆明市劳动和社会保障信息中心

昆明市劳动和社会保障信息中心于2002年3月经昆明市机构编制委员会正式批准成立，是隶属昆明市劳动和社会保障局的全额拨款事业单位。中心主要承担“金保工程”在昆明地区的具体实施，即《昆明市劳动和社会保障综合管理与服务信息系统》的建设和维护工作，最终实现劳动和社会保障业务的“一体化管理”和“一站式服务”的总体目标。

中心主要职能：

1、负责昆明市劳动和社会保障综合管理与服务信息系统的建设；

2、负责昆明市劳动和社会保障综合管理与服务信息系统建成后的日常维护工作。

当前，中心正按照劳动和社会保障部“金保工程”的总体规划要求，开展昆明地区劳动社会保障信息化建设工作，已完成昆明市城镇职工医疗保险网上申报系统、昆明市城镇职工重特病医疗统筹信息管理系统的自主开发及推广工作，成立了客户服务障碍响应中心。同时，按照省、市政府“十五”信息化建设规划的要求，致力于昆明地区劳动社会保障领域电子政务建设工作。

中心现有一支高素质、业务精、凝聚力强的队伍，2002年、2003年、2004年已连续三年被昆明市信息化领导小组评为“信息化建设先进单位”。中心的宗旨是通过现代科技手段最大程度的方便广大市民和参保者，实现劳动和社会保障“爱民、亲民、为民”宗旨。坚信在社会各界的关心和支持下，信息中心将为提高政府的工作效率，更好地为社会公众和广大市民提供优质服务做出更大的贡献！

热忱为参保单位讲解网上申报操作

开拓创新胜似闲庭信步

挥洒汗水谱写团队凝聚之曲

你争我夺共创辉煌

昆明市基本医疗保险重特病补充信息管理系统结项验收论证会

地址：昆明气象路60号附楼一楼
电话：4150889　传真：4143547
Web:WWW.KM12333.COM
E—mail:IT@KMLSS.GOV.CN

昆 明 市 政 府 机

团结拼搏、勇于创新的领导班子

舞蹈《珠穆朗玛》荣获市级机关事务管理局“七一”文艺汇演一等奖

《乘着歌声的翅膀》参加昆明市幼儿教师合唱比赛

接待老挝全国妇女代表团的贵宾

昆明市政府机关第三幼儿园成立于2001年9月。位于昆明市政府月牙塘小区内。在市政府各级领导的关心支持和省、市、区各级教委的指导下。全园教职工团结进取、开拓创新，各项工作取得了优异的成绩。2004年7月被破格评为“云南省一级幼儿园”，跨入了云南省幼儿教育的先进行列。

幼儿园花繁叶茂多彩多姿，环境优美富有童趣。拥有完善的生活设施、现代化的教学设备及宽敞安全的户外活动场地，以及开放、充满爱心的心理环境是孩子们幸福生活、健康成长的乐园。

幼儿园有一支年轻、充满活力、勤奋敬业、具有现代化教育思想和科学教育行为的专业教育工作者队伍，特别是专业男教师的加入更为幼儿园增添了活力。教职工中涌现了市劳动模范、市级学科带头人、区优秀教师、区教坛新秀、优秀共产党员、服务明星等一批优秀人才。使幼儿园迈上了发展的快车道。

幼儿园坚持走“以质量求生存，以科研求发展”的道路，形成了科研立园的特色和规范、科学的管理体系。积极贯彻《幼儿园工作规程》和《幼儿园教育指导纲要（试行）》，探索新时期的幼教规律。以“健康

雏鹰在这里起飞

老师爱我，我爱她

别开生面的教研活动

在探索、互动中促进专业成长

关 第 三 幼 儿 园

快来参加我的 Party

黑白世界的玄妙，令我们如此着迷

红火的生意，
喷香的佳肴

你追我赶，我们真快乐

大灰狼，
我们一点儿不
怕你

在这里
我们学会了
互相帮助

老师引领我们探索科学的奥妙

快快抓住他

强壮、勇敢自信、活泼乐群、聪颖创新、健全人格”为培养目标，以促进幼儿身心健康发展为主线，已完成的《开展特色体育活动，促进幼儿身心和谐发展》的省级科研课题获得了国内先进水平、省内领先水平的高度评价，并形成了鲜明的办园特色。幼儿园是教育部重点课题《幼儿园双语师资培训研究》的实验园，及正在进行中的省级科研课题《幼儿园英语教育中家园合作的实验研究》，探索和建立了开放互动、合作分享、关爱支持的伙伴式。家园关系，有效地促进了幼儿的发展。

“珍惜今天，让每个幼儿拥有金色的童年；着眼未来，让每个幼儿得到最好的发展”，为了祖国的幼教事业，三幼人将再接再厉，勇攀高峰，再铸辉煌！

手拉手与阿子营小朋友连起爱心锁链活动

这里——是我们健康成长的乐园

昆明万能企业

总经理尚开伟荣获昆明市第二十届劳动模范称号

昆明万能出租汽车有限公司创建于1993年10月。公司在总经理尚开伟的领导下，经过十余年的艰苦创业，以不断开拓进取的精神，团结务实，科学管理，规模不断扩大。

尚总经理在工作中，总是以身作则，吃苦耐劳。公司创建初期，亲自为来公司修理的汽车洗车、洗座套，并亲自为客户讲解汽车使用注意事项等。在驾校成立初期，带领广大职工，不管刮风下雨，亲自参加劳动，种花、种树、锄草。平整土地，把驾校建设成为花园式的单位。

经过多年努力，使企业从一个小的低等级汽车修理厂，发展成为一类汽车维修企业，取得了开拓进军市场的初期经验，积累了一定的资本。公司不甘现状，抓住昆明为旅游开放城市的机遇，进军出租汽车行业，出租汽车拥有量从2辆发展到837辆。自1999年至2001年，公司大力向外拓展，经过资产重组，一举兼并了昆明市的10家出租汽车公司，现已拥有出租汽车837辆，成为云南省最大的出租汽车公司，从业人员达2000余人，解决了昆明市2000多个就业工作岗位、安排了250名下岗人员就业。为政府分忧解难，为再就业工程谱写了新的篇章。此外，公司仍不断开发和进军新的项目和领域，以优质服务为宗旨，又相继连续组建分公司——汽车俱乐部、汽车驾驶员培训学校、宜良分公司、蒙自分公司、文山分公司等，使企业滚动发展，万能汽车驾驶员培训学校在短短几年中创造了云南驾训历史的五个第一，驾校现已成为花园式的汽车培训基地。教练具有良好的素质，教学认真，多年来已培养出上万名优秀驾驶员。

公司占地100余亩，经济效益和社会效益良好，公司年年盈利，每年向国家上交税款达300多万元，为改革开放、搞活经济、开拓市场作出贡献，在社会上赢得了广大市民的好评，并得到了有关部门的肯定，历年均被评为先进单位。公司多次在昆明举办的昆交会、旅游节、世博会等重要活动中作出突出贡献，受到省市政府的表彰。2000年企业

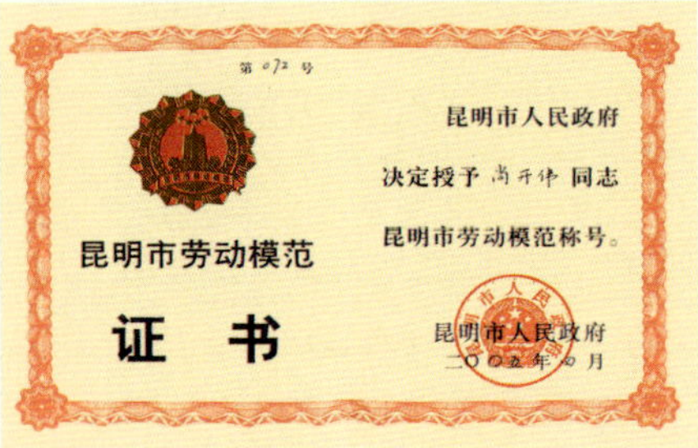
昆明市劳动模范

证 书

昆明市人民政府

决定授予 尚开伟 同志

昆明市劳动模范称号。

昆明市人民政府

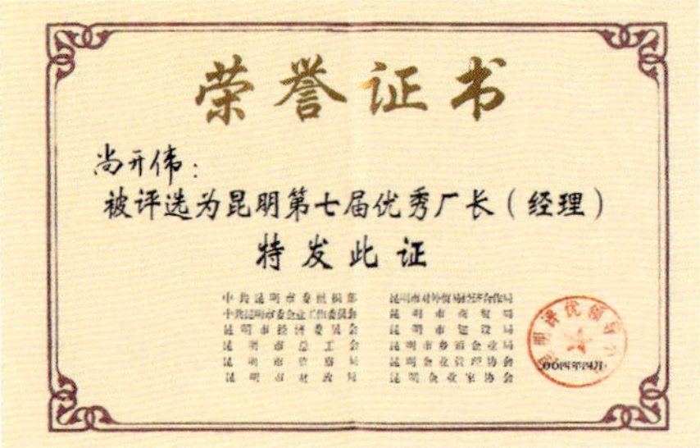
荣誉证书

尚开伟：

被评选为昆明第七届优秀厂长（经理）

特发此证

昆明万能出租汽车有限公司
电话：5708222
传真：5708333
宜良万能汽车有限公司
电话：5708555
传真：5645761

昆明万能企业

法定代表人尚开伟先生被评为“全国优秀民营企业家”；2001 年公司获得昆明市机动车辆劳动行业治安先进单位一等奖；2002 年被评为全国出租汽车行业先进出租汽车企业；2003 年获得质量万里行荣誉证书，同年还获得防“非典”先进单位；尚总经理 2004 年获得昆明市优秀厂长经理荣誉称号；2005 年被评为昆明市劳动模范。公司涌现出大批拾金不昧的好人好事，有拾得 32 万元归还失主的；有拾到 1 万美元、6000 新加坡币折合人民币 10 万余元而归还原主的；有助人为乐，救死扶伤的好员工；有协助公安机关逮捕罪犯等。公司在取得经济效益的同时回报社会，增设 10 万元奖励基金，捐资希望工程，捐课桌椅给希望小学，在云南民族学院设立寒窗助学金，资助民族贫困生 54 人，4 年捐资 40 多万元。2002 年，在昆明市特困生 98 人中，万能助学占 55%的比例，树立了良好的企业形象。

公司在开拓市场中取得了很大成绩，具有相当实力，为再创辉煌，现已准备向旅游市场、轿车市场等领域进军，开拓进取，不断发展，把公司进一步做大做强。

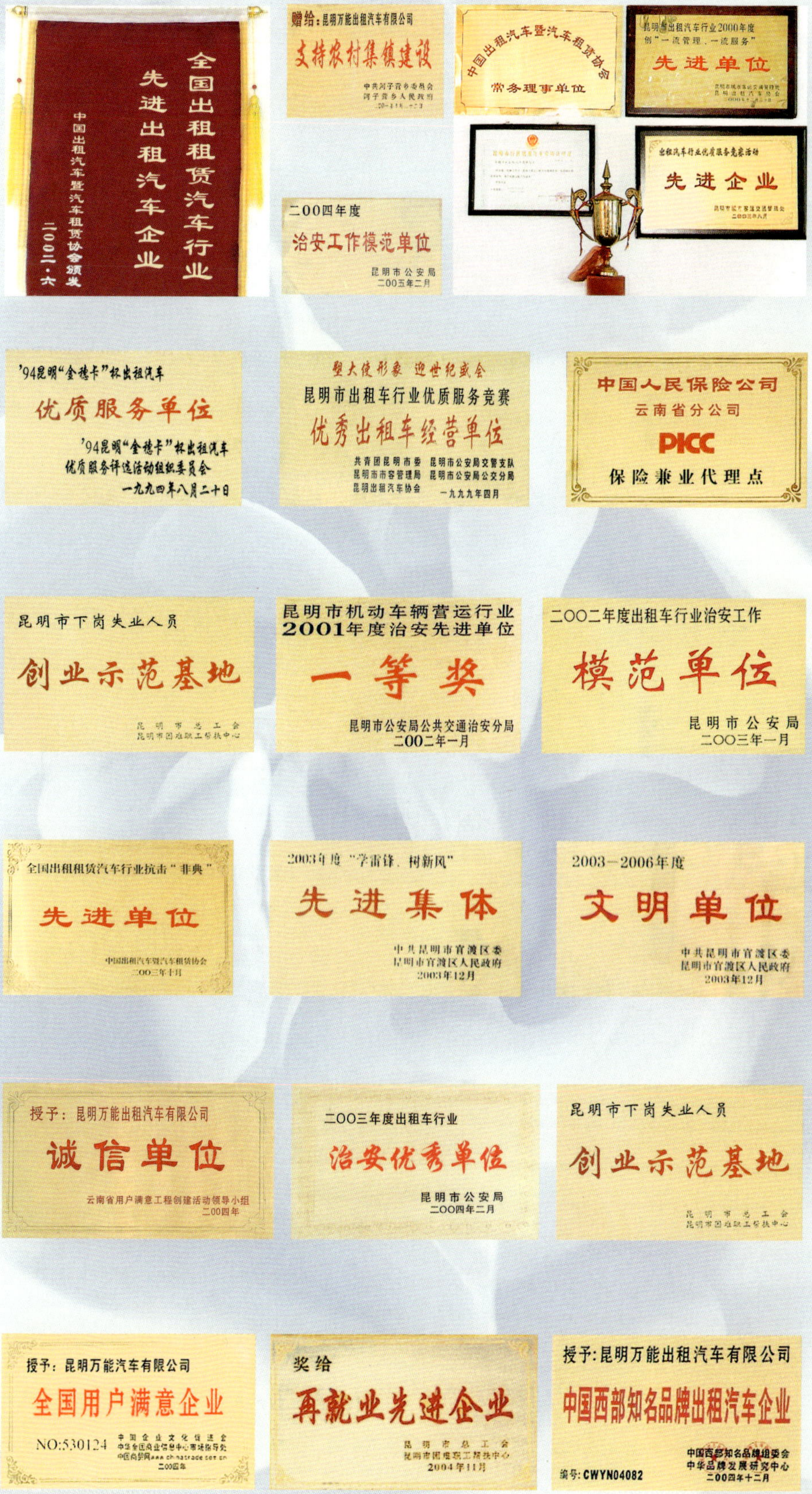

昆明市困难职工帮扶中心工作进入全国先进行列

2004年1月，中华全国总工会主席王兆国（左二）在困难职工家中走访慰问

中共云南省委常委、昆明市委书记杨崇勇（中）深入企业车间看望生产一线职工

2004年，全市各级工会组织全方位、多渠道地开展对困难职工的帮扶工作，进一步健全了市县两级帮扶中心及帮扶网络。

截至2004年12月31日止，昆明市困难职工帮扶中心共接待昆明地区各类困难职工191961人（次），[其中元旦、春节、中秋及国庆节送温暖27127人（次），补助被拖欠3个月以上工资的职工10074人（次），日常救助12805人（次），再就业补助1148人（次）]，“寒窗助学”累计资助3691名困难职工子女上大学、大专；累计办理审验特困证 5632件、就学优惠证4389件、就医优惠证1678件，办理爱心资助卡1169份，免费门诊4132人（次），职工医疗互助活动已为4352名参加活动者提供补助281．7万余元。帮扶中心把促进再就业作为工作重点，为8993人（次）下岗失业职工进行免费介绍和培训，办理小额借款204件共117．5万元，有效地帮扶下岗失业人员自主创业；举办11期劳务交流会，提供就业岗位3794个，创办再就业基地23个，投入资金180．8万元，先后安排600多名“4050”人员实现就业，各级工会组成了促进再就业信息网络，加大就业指导力度，通过以上措施，工会已累计帮助13013人实现了再就业。

2004年4月，市帮扶中心荣获全国“五一劳动奖状”；9月，再就业工作获国务院表彰。

中共昆明市委副书记、市长王文涛（左）慰问困难职工

昆明市困难职工帮扶中心荣获全国“五一劳动奖状”

帮扶中心主席接待窗口被职工群众亲切地称为“专家门诊”

目　录
CONTENTS

特　载
SPECIAL CARRIER

大事记
MAJOR EVENTS

政　治
POLITICS

·中国共产党昆明市委员会·
Kunming Municipal Committee of cpc.

办公厅
The General office

组织工作
Organized Affairs

党员电化教育
Education with Electrical audiovisual Aids

宣传工作
Propaganda Affairs

对外宣传
Propaganda to the outside

·政策·经济研究·咨询·
Policy·Economy Study·Advisory

政策研究
Policy Researches

经济研究
Economy Study

咨询工作
Advisory

军　事
MILITARY AFFAIRS

昆明警备区
Kunming Police Squadron

驻昆部队
The PLA Stationed at Kunming Military Region

武警昆明市支队
Armed Police Kunming Branch

人民防空
The People's Air Defense

法　制
LEGAL SYSTEM

公共安全保卫
Protect Public Security

检　察
Procuratorial

审　判
Judgment

对外经济贸易
FOREIGN ECONOMIC RELATIONS AND TRADE

旅游·风景区
TOURISM

科学研究
SCIENTIFIC STUDY

气　象
Meteorology

社会科学
Social Sciences

教育·文化
EDUCATION AND CULTURE

教　育
Education

文　化
Culture

文学艺术
Literature and Art

档　案
Archives

文物及博物馆
Historical Relics and museum

新闻媒体
NEWS MEDIUM

广播电视
Broadcast and Television

昆明人民广播电台
Kunming People's Broadcasting Station

昆明电视台
Kunming Television Station

人事工作
Human Resources

劳动和社会保障
Labor and Social Guarantee

安全生产监督
Supervision of Safety Production

民 政
Civil Affairs

扶贫开发
Helping the poor

残疾人事业
Work of Disabled Person

人 物
FIGURES

市及县（市）区概况
GENERASL SITUATION

昆明市
Kunming City

盘龙区
Panlong District

五华区
Wuhua District

附　录
APPENDIX

索　引
INDEX

加强党的执政能力建设
努力开创现代新昆明建设的新局面

——在市委八届五次全会上的报告

（2004年12月16日）

中共云南省委常委、昆明市委书记　杨崇勇

同志们：

这次全会的主要任务是：认真贯彻落实党的十六届四中全会、中央经济工作会议和省委七届六次全会精神，总结今年的工作，部署明年改革和发展的主要任务，审议通过《中共昆明市委贯彻〈中共中央关于加强党的执政能力建设的决定〉的实施意见》，动员全市广大干部群众，解放思想，振奋精神，团结一致，苦干实干，加快推进现代新昆明建设，促进我市经济社会更快更好地发展。

现在，我代表市委常委会向全会作报告，请予审议。

一、今年市委常委会的主要工作

今年以来，在党中央和省委的正确领导下，市委常委会高举邓小平理论和“三个代表”重要思想伟大旗帜，把学习贯彻党的十六大和十六届三中、四中全会精神作为首要政治任务，认真贯彻落实中央和省的一系列指示精神；突出建设现代新昆明、全面建设小康社会这个主题，全力推进经济社会发展，加强和改进党的建设；市委议大事、抓重点，认真解决经济社会发展中带方向性、全局性的重大问题；迎难而上，攻坚克难，着力解决经济社会发展中的突出矛盾和问题；注重调动一切积极因素，凝聚全社会力量，各方面工作都取得了新的成绩，改革发展出现了令人鼓舞的好势头。

一年来，市委常委会认真抓了以下10个方面的工作：

一是加强对农村工作的领导，促进农业和农村经济发展。坚持统筹城乡发展，把农业放在经济工作的首位来抓。成立市委农村工作领导小组，加强对农村工作的领导。以增加农民收入为核心，加大农业投入，加强农业基础设施建设，推进农业产业化经营，引导农民调整优化农业和农村经济结构，发展特色产业，重视粮食生产。加强农民工培训工作，推进农村富余劳动力转移。有针对性地采取措施，促进县域经济加快发展。预计今年全市农业总产值实现100亿元。比上年增长5.8%。

二是推进工业强市，加快产业发展。牢固树立“工业强市”的思想，把加快产业发展作为经济工作的着力点。加大招商引资力度，促成美的汽车、云药港、光电子、二电厂等一批重大项目落户昆明。制定了工业发展规划纲要，设立工业发展基金，扶持企业技术改造和技术创新。狠抓战略合作伙伴的引进工作，整合我市工业企业。针对企业发展中遇到的电力、运输、资金等问题，加强协调，搞好服务，积极帮助企业解决各种实际困难。加强与驻昆中央、省属企业的联系，主动走访，听取意见建议，支持其发展壮大。1—10月全市规模以上工业增加值比上年增长21.6%，销售收入增长32.4%，利税增长40.3%，其中利润增长94.9%，预计全年工业主要经济指标创历史最好水平。建立市级领导联系非公企业制度，认真落实国家和省扶持非公经济发展的政策措施，支持和引导非公经济加快发展。加大对优势服务业和旅游业的扶持力度，带动了第三产业的发展。

三是加强城市规划建设管理，提升城市功能。加大规划工作的力度和投入，昆明小哨——嵩明航空城总体规划、主城核心区架空线入地规划、主城交通和环境整治规划已经完成；呈贡新城在完成总体规划的基础上，转入分区和控制性详规以及专业规划编制阶段。加强指挥调度，加快以道路交通为主的基础设施建设，启动实施了33项重大建设项目。继续组织实施主城拆迁改造、交通畅通工程和市容环境综合整治，拆除了一批危旧、违章、临时建筑，努力改变城市的脏乱差现象和交通拥挤状况。

四是加大改革力度，为经济社会发展提供体制保障。市委加强对改革工作的领导，下决心对主城区行政区划进行了调整，这对于调整城市布局，加快城市化进程意义重大。把城市管理权限下放给四个城区，充分发挥四城区在城市管理方面的作用；试行市级经济社会管理权限在安宁和东川全面下放；国企改革取得重大进展，全市已列入深化改革的463户国有企业，已经完成425户，国企改革有力地推动了企业的发展；农村税费改革试点工作基本完成；改革行政审批制度，实施行政审批告知承诺、综合受理制和首席代表暂行办法，提高了行政效率。

五是加大滇池污染治理力度，提高滇池治理的成效。把治理滇池作为大事来抓。积极申报滇池北岸水环境综合治理项目，国家发改委正式批复了项目建议书。加强基层管理队伍建设，在沿湖乡镇设立滇池管理所。组建滇池管理综合行政执法局，加大执法管理力度。组织四个县区和沿湖15个乡镇干部到省外考察培训。全面启动农村面源污染控制工作，完成退田退塘还湖1 700亩，在滇池沿湖设立700个垃圾收集点。盘龙江上段截污工程完工投入运行，滇池西岸一期截污、大清河、枧槽河综合整治、东风坝退塘还湖二期工程正在抓紧进行，世行贷款项目进展顺利。

六是加快发展先进文化，加强和改进人才工作。着眼于发挥我市在全省建设民族文化大省中的龙头作用，深入开展调查研究，提出文化发展规划思路，召开了全市深化文化体制改革、加快文化产业发展动员大会，文化产业发展呈现出良好势头。重视教育、科技、卫生、计生、体育、新闻等事业的发展，昆明大学与昆明师专被批准合并筹建昆明学院。坚持党管人才原则，制定了加强人才工作的政策措施，优化人才培养和创业发展环境。支持教育系统组建“名师工作室”，鼓励知名教师培养中青年教学骨干。支持教育、卫生系统组建“教师资源管理中心”和“医务人员管理中心”。组织开展“市院市校”合作，依托高等院校和科研机构培养高层次人才。选派科技人员到国内外进修。

七是坚持以人为本，认真解决群众生产生活中的问题。努力为人民群众办实事、办好事。面对突如其来的禽流感疫情，市委加强领导，果断处置，有效控制了疫情蔓延和向人群的感染。狠抓就业和再就业工作，争取省的支持，建立东川再就业特区。加强社会保障工作，按时足额发放下岗职工基本生活费和离退休职工养老金，对城市最低生活保障人员提高补助标准并做到了应保尽保。关注困难群众和弱势群体的生产生活问题，帮扶工作成效显著。想方设法解决下岗职工、城市贫困居民、受灾群众和外来务工人员在工作、生活、子女入学、医疗等方面的困难和问题。认真组织落实各项扶贫开发措施，全面完成了省下达的扶贫安居温饱工程茅草房、杈杈房的改造任务。在土地征用、城市拆迁、企业改革等工作中，注重维护群众的实际利益。

八是支持人大、政协发挥作用，推进民主政治建设。高度重视人大、政协工作，进一步加强和改进对人大、政协工作的领导。召开市委人大、政协工作会议，制定相关文件，支持人大、政协履行职能。在重大问题决策之前，认真听取人大和政协的意见。支持工青妇等群团组织在维护群众合法权益和组织工人、青年、妇女创业发展中发挥积极作用。

九是进一步抓好精神文明建设，全力维护社会稳定。加强宣传舆论工作，调动一切积极因素，努力营造建设现代新昆明的良好外部环境。着眼于增强精神文明建设的针对性和实效性，组织开展了转变机关作风、师德师风、医德医风、法律服务行业诚信服务和法官公正司法、改善出租车形象、加强流动人口教育管理等六项工作，加强了未成年人思想道德建设。积极支持组建昆明警备区，做好双拥工作。把保一方平安作为一项重大政治任务，针对严重影响群众安全感的抢劫、抢夺等突出犯罪，加大打击力度。通过调查研究，部署了健全完善群防群治网络工作，加强社会治安综合治理。建立了社会治安打防控长效机制，完善了110社会联动机制。建立处理信访突出问题和群体性事件联席会议制度，加强社会矛盾和纠纷的排查调处，做好调解工作，有效地维护了社会稳定。

十是以实施“云岭先锋”工程为载体，加强和改进党的建设。在全省率先启动“云岭先锋”工程，基层党组织的战斗堡垒作用和党员的先锋模范作用得到进一步发挥，涌现出一批先进典型。认真组织开展“三个代表”重要思想、“三观”学习教育和创建学习型领导班子等活动。开展县（市）区和市级部门思想政治建设调研，对部分县（市）区和市级部门的领导班子进行调整和充实，进一步优化了各级领导班子的结构。重视提高领导干部的素质和能力，分期分批组织250名干部赴上海、浙江等地学习培训，参加培训的同志感到开阔了视野，增强了加快发展的紧迫感。加强党风廉政建设，市委常委向全市人民郑重作出了“五项廉政承诺”。认真落实党风廉政建设责任制，反腐倡廉工作取得了新的成效。把抓落实作为推进工作的关键环节来抓，倡导实干、反对空谈，积极开展督促检查活动，促进了重点工作的落实。

经过各级党政组织和广大干部群众的共同努力，今年，预计全市生产总值实现930亿元，比上年增长10.7%；地方财政收入80.92亿元，其中一般预算收入69.4亿元，增长15.9%；固定资产投资完成435亿元，增长20.3%；社会消费品零售总额368.8亿元，增长12.3%；城镇居民可支配收入9 045元，农民人均纯收入2 813元，扣除物价上涨因素，分别增长6.5%和6%；新增就业人员5.5万人，下岗职工3.4万人实现再就业，城镇登记失业率控制在2%；转移输出农村富余劳动力3.4万人，解决了5万贫困人口的温饱问题。

我市各方面的工作取得了显著的成效，对此，省委、省政府是肯定的，人民群众是满意的。这些成绩来之不易，是党中央、省委正确领导和全市广大干部群众团结奋斗、共同努力的结果。一年来，全市上下遇到了很多困难，经受了严峻的考验，付出了无数的心血和汗水。尤其是处于直接面对群众、面对大量矛盾的基层干部，工作的难度很大、压力很大，没有他们的艰苦努力和无私奉献，我市不可能呈现今年这样的好局面和发展势头。在此，我代表市委向各县（市）区、各部门的同志们，向战斗在一线的同志们表示崇高的敬意，向所有关心支持昆明改革和建设的同志们、朋友们表示衷心的感谢！

在肯定成绩的同时，我们也要看到存在的困难和问题。就市委常委班子自身来看，以科学的理论武装头脑、提高班子的执政能力和总揽全局的能力还不够，对县（市）区工作指导帮助还不够，部分工作抓落实和督促检查不够。从全市来看，国家实行土地从严、信贷从紧的宏观经济调控政策，保持固定资产投资规模困难较大；在国企改革快速推进的过程中，还存在一些亟待解决的问题；社会发展处于矛盾“凸现期”，热点、难点问题比较突出，群体性上访仍然较多；主城区交通拥挤，城市管理水平不高，脏乱差现象反弹；就业压力较大，失地农民和城市弱势群体的社会保障机制还不健全；社会治安形势不容乐观，建立群防群治长效机制的工作还有差距，等等。对此，我们要高度重视，采取有力措施，认真加以解决。

二、加强党的执政能力建设，着力提高领导发展、服务群众、依法治市、建设先进文化和抓落实的能力

党的十六届四中全会的召开，标志着党的执政能力建设

进入了一个新的阶段。全会通过的《决定》，深刻分析了我们面临的形势，全面阐述了加强党的执政能力建设的重大意义，为进一步加强党的建设指明了方向。

我们要从关系中国社会主义事业兴衰成败、关系中华民族前途命运、关系党的生死存亡和国家长治久安的战略高度，充分认识加强党的执政能力建设的重要性和紧迫性，不断提高加强党的执政能力建设的自觉性和坚定性。

当前，我市处于改革发展的关键时期，我们面对来自三个方面的严峻挑战和考验。加强党的执政能力建设，显得尤为重要和迫切。

一是建设现代新昆明正面临着千载难逢的重大机遇。当前，国际国内经济结构调整和产业升级换代加快，国际国内资本正在寻找最佳投资的地点，许多企业都希望来昆明谋求发展；中国—东盟自由贸易区建设步伐加快，大湄公河次区域（GMS）经济合作第二次领导人会议明年7月将在昆明举行，昆明的发展环境将进一步改善；国家实施西部大开发战略和宏观经济调控政策，有利于西部地区加快发展；省委、省政府高度重视昆明的发展，对昆明的各项工作给予了前所未有的支持。我们能否抓住机遇，加快发展，使城市综合经济实力明显增强，人民生活水平有一个大的提高，这对各级党组织的执政能力提出了很高的要求。

二是我市当前处于刑事案件“高发期”，各种社会矛盾“凸现期”。近年来，我市刑事案件、治安案件等突发公共安全事件呈上升趋势，严重影响社会稳定。今年以来发生近万起交通、生产、爆炸、火灾、有毒污染物泄漏等各种事故。突发重大事故如处置不当，会给人民生命和财产造成极大的危害和损失。我市还是自然灾害较为严重的城市之一，高致病性禽流感、食物中毒、传染病等突发性公共卫生事件，暴露出我们的防疫体系比较薄弱。另外，由“三农”问题、企业改制、城市改造、失地农民生活保障、民族宗教问题等引发的群体性上访明显增多。各种社会矛盾错综复杂，解决这些问题和矛盾的难度越来越大。

三是我市部分党政组织和干部队伍自身状况不适应新形势新任务的需要，不符合“三个代表”重要思想及建设现代新昆明的要求。“不适应”主要表现在一些领导班子和领导干部的学习能力和创新能力不强，观念陈旧，驾驭市场经济、依法执政、解决复杂矛盾的能力不强，一些党的基层组织软弱涣散，一些党员不能发挥先锋模范作用，等等；“不符合”就是一些党员干部精神状态不佳，工作作风不实，抓落实不力，缺乏攻坚克难、敢于碰硬的勇气，脱离群众、不善于做群众工作，甚至思想作风不端正，以权谋私、腐化堕落，等等。这两方面的问题都直接影响党的执政成效。

党的十六届四中全会明确提出了加强党的执政能力建设的主要任务，强调要提高五个方面的能力，即：不断提高驾驭社会主义市场经济的能力、发展社会主义民主政治的能力、建设社会主义先进文化的能力、构建社会主义和谐社会的能力、应对国际局势和处理国际事务的能力。结合昆明实际，市委常委会建议着重提高以下五个方面的能力，努力把我市各级党组织和领导干部的执政能力提高到一个新水平。

第一，提高领导发展的能力。毫不动摇地坚持发展这个执政兴国的第一要务，加强党的执政能力建设，必须首先提高领导发展的能力。

一是坚定不移地建设现代新昆明。建设现代新昆明不仅仅是“一湖四片”、“一湖四环”，而且是昆明市全面建设小康社会、实现现代化的全局性战略，是集城市发展和农村发展，物质文明、政治文明和精神文明建设为一体的系统工程。包括：实施工业强市和促进产业发展，加快滇池污染治理，重视“三农”问题和支持欠发达地区加快发展，大力改善城市面貌，深化改革扩大开放，优化创业发展环境，加快社会事业发展和创建“平安昆明”等方面。

二是认真贯彻科学发展观这个重大战略思想和指导方针，加快经济增长方式的转变。改变那种片面追求发展速度、单纯以GDP增速论英雄的倾向。在大力推进经济发展的同时，切实解决好生态保护、劳动就业、社会保障、国民教育、公费医疗卫生及社会分配等方面的问题。

三是增强执政为民、造福人民的责任意识。当前，昆明的发展正处在关键阶段，各级领导干部要牢记执政本质，把立党为公、执政为民的要求落实到具体行动中，要有攻坚克难、勇于碰硬的精神，不要害怕矛盾，不要回避矛盾，努力使现代新昆明建设取得重大突破。

四是增强学习和创新意识，使思想更加解放，视野更加开阔。省委要求昆明发挥好带动辐射全省的作用，发挥改革开放的示范作用，这对昆明的干部提出了更高的要求。只有加强学习，才能坚持一切从实际出发，创造性地开展工作，才能在抓发展的能力上有新的提高。

五是增强市场意识，提高对市场经济的适应性和主动性。学会运用市场化运作方式来推动各项建设，增强驾驭市场经济的能力，充分发挥市场机制在配置资源中的基础性作用。

第二，提高服务群众的能力。努力构建社会主义和谐社会，广泛调动一切积极因素，使各族群众共享改革发展的成果，对推进现代新昆明建设极其重要。

一是坚持把人民群众的利益作为一切工作的出发点和落脚点。无论作决策、干工作都要坚持以人为本，把人民的利益放在首位。

二是每年为群众办几件他们最关心和急需解决的事情。使改革和发展的成果惠及全体人民。

三是增强人民城市人民建的观念。善于集中民智，多听取基层和人民群众的意见。同人民群众利益密切相关的重大事项，要实行公示和听证制度，扩大市民的参与度。

四是更多地关心生活有困难的群众。开展好扶贫济困送温暖和救助特困职工活动，关心残疾人，努力实现和维护社会公平，认真考虑和兼顾不同阶层和群体的利益。

五是注意引导群众的社会心理。发挥新闻媒体的作用，对关系全市发展和群众切身利益的重大问题，进行正确的引导。积极研究和把握新形势下群众工作的特点和规律，探索新途径、新方法，构建平等友爱、融洽和谐的人际关系。

第三，提高依法治市的能力。建设法治政府，是建设现代新昆明和全面建设小康社会的重要内容。全市各级党政干部要牢固树立依法治市、依法行政的观念，带头维护宪法和法律和权威，严格依照法律规定的权限和程序行使权力，履行职责，善于依法管理经济和社会事务。市委要领导立法，带头守法，在法律范围内开展党的一切工作。各级领导干部要带头学法、用法、守法，增强法制观念，提高法律素养，增强有权必有责、用权受监督的观念，在行政工作中依法保护群众的合法权益。不断提高依法决策、依法行政、依法管理的水平，坚决摒弃特权思想和以权代法、行政干预、强迫命令等工作方式，防止和纠正行政过程中不作为和乱作为的现象，防止和纠正行政过程中错位和越位、失责和失当的现象。要加强和改进党对政法工作的领导，督促、支持和保证地方国家机关依法行使职权，在法治的轨道上推动各项工作；支持审判和检察机关依法独立公正地行使审判权和检察权，提高司法队伍素质，推进司法改革，促进司法公正；坚持依法治政，规范、监督行政行为和司法活动，对滥用行政和司法权力、侵犯人民群众利益的要依法惩处。要加强法治宣传，增强全社会的法治意识，提高群众法律素质，营造知法、用法、守法的良好氛围。

要坚持科学执政、民主执政和依法执政，改进党的领导方式和工作方式，充分发挥总揽全局、协调各方的作用。改革和完善决策机制，提高科学决策的能力和水平。在决策过程中，要广泛听取干部群众、专家和各方面的意见，注重发挥人大、政协的作用，形成定期向他们通报情况和听取意见的制度；注重发挥统一战线的作用，扩大各民主党派、有关人民团体和无党派人士参政议政的途径，为建设现代新昆明凝聚人心、增强力量。

第四，提高建设先进文化的能力。用先进文化为现代新昆明建设提供强大的精神动力和智力支持，是提高执政能力的重要内容。要在提高舆论引导工作的能力上下功夫，坚持党管媒体，牢牢掌握舆论宣传的主动权，努力营造求真务实、团结和谐的浓厚氛围；在加强理论武装上下功夫，努力提高市民的思想道德素质；在提高文明城市创建水平上下功夫，坚持每一个时期突出一个主题，坚持不懈地开展群众性精神文明创建活动；在深化文化体制改革、加快文化产业发展上下功夫，进一步增强文化发展的活力，促进文化与经济的融合，大力繁荣文化事业，不断满足人民群众日益增长的精神文化需求；在推进教育、科技和卫生事业发展上下功夫，不断提高市民的科学文化素质和健康素质。

第五，提高抓落实的能力。当前，现代新昆明建设的任务繁重，有很多工作要做，抓落实显得尤为重要和紧迫。毛泽东同志曾经指出："什么东西只有抓得很紧，毫不放松，才能抓住。抓而不紧，等于不抓。"各级领导干部一定要认真履行自己的职责，以身作则，深入实际，以得力的措施破解各种难题，切实做到不解决问题不撒手。要层层建立工作责任制，明确责任单位，明确第一责任人。要着力治"拖"，整治办事拖拉的不良现象，养成雷厉风行的工作作风，努力提高办事效率。要建立健全完善有效、切实可行的督查工作机制。对工作不落实的要查原因，严肃问责。要明确奖惩措施，对工作落实得好的要给予奖励，对落实得不好的要作出相应处罚。要建立公开评议制度，组织人大代表和政协委员，对一些重大工作事项的落实情况进行视察，向社会公开，发动群众评议，提高落实的效果。

三、努力做好明年的工作，以加快发展的成效检验执政能力

明年是贯彻落实科学发展观、巩固宏观调控成果、保持经济社会良好发展态势、加快推进现代新昆明建设的关键之年，也是全面实现"十五"计划目标、衔接"十一五"发展的重要一年。明年全市工作的总体要求是：以邓小平理论和"三个代表"重要思想为指导，认真贯彻党的十六大和十六届三中、四中全会及中央经济工作会议、省委七届六次全会、市第八次党代会精神，紧紧围绕提高党的执政能力，全面落实科学发展观，以加快现代新昆明建设为中心任务，进一步解放思想，大胆实践，努力在解决"三农"问题、推进工业强市和产业发展、加快滇池污染治理步伐、大力改善城市面貌、优化创业发展环境、深化改革扩大开放、加快社会事业发展和创建"平安昆明"等方面实现新的突破，促进我市国民经济持续快速协调发展和社会全面进步。

明年全市经济社会发展的主要目标建议为：全市生产总值增长10%；地方财政收入增长8%；全社会固定资产投资增长20%；城镇居民人均可支配收入增长6.5%，农民人均纯收入增长5%；城镇登记失业率控制在4%以下。

围绕上述总体要求和奋斗目标，在明年的工作中，必须把握好以下五条原则：

一是以科学发展观统领经济社会发展全局。牢固树立和认真落实以人为本、全面协调可持续的发展观，把科学发展观贯穿于经济社会的各个方面，推动城乡协调发展、区域协调发展、经济社会协调发展、人与自然和谐发展。

二是更加重视群众的利益。认真解决人民群众最现实、最关心、最直接的问题，兼顾不同方面群众的利益，增强群众建设现代新昆明的信心和决心。

三是更加重视基层基础工作。要见微知著，善于抓苗头，增强工作预见性，防患于未然；将工作重心下移，把工作着力点放在基层。

四是更加充分地调动各方面的积极性。调动一切积极因素，凝聚一切有利于发展的力量，注重处理好各方面关系，努力形成建设现代新昆明的强大合力。

五是紧紧围绕提高执政能力，大力加强领导班子建设。增强各级领导班子的战斗力，为经济社会发展提供有力的组织保证。

明年，要着重抓好以下9个方面的工作：

1．加大对"三农"的支持力度，努力促进农业和农村工作的新发展。

加强对"三农"工作的领导，认真研究和分析昆明农业与省内其他州市农业的区别，立足于省会中心城市的特点和实际，用抓工业的思路、理念、机制和办法发展农业，加大支农力度，城乡统筹，以城带乡，以工促农，工农互动，进一步提高我市农业和农村经济发展的水平。

一是抓好农村劳务输出和农民培训工作。各级、各部门一定要高度重视，切实搞好对外出务工人员的引导、服务和组织管理工作，力争明年转移输出劳动力5万人。大力开展对农民的职业技能培训，提高农村劳动者的素质。

二是进一步调整和优化农业结构。积极发展粮食生产。以促进农民增收为中心，以市场为导向，发挥资源优势，发展特色产业。

三是大力推进农业产业化经营。推广"昆烟模式"，切实提高和增强龙头企业与农户之间的关联度和紧密性，着力培育一批不同行业、不同所有制的龙头企业。大力发展农产品深加工，提高农产品附加值，吸引省内其他州市的农产品来昆加工。通过利益联结机制，引导农民建立专业协会、专业合作社等各种农村群众性合作经济组织，让广大农民紧密联合起来闯市场。加强农业市场体系建设，利用地域和资源优势，建立一批辐射全省，面向东南亚、南亚的农资市场、农产品交易市场和畜禽良种交易等市场；建立完善中介、咨询机构，为省内各州市提供信息咨询服务。

四是进一步加大对北部五县区的扶持力度。在突出抓好劳务输出和职业技术培训工作的同时，加强北部五县区的交通、水利等基础设施和生态环境建设。抓紧实施乡乡通油路计划，确保明年基本完成，后年扫尾；大力发展山区"五小"水利工程；加大农村沼气池建设力度，积极推广节柴灶、太阳能热水器等。支持做好乌东德电站、先锋煤矿褐煤气化等项目建设的前期工作，尽快启动清水海引水济昆工程。

五是从提高农业综合生产能力出发，采取更加有力的措施，加强农业基础设施建设，改善农村生产生活条件。加快

农业科技创新，加强农业技术推广体系建设。加强农村财务和集体资产管理。继续深化农村税费改革，取消除烤烟税以外的农业税。开辟新的支农资金渠道，形成农业投入稳定增长的机制。市级农口各部门要转变工作思路和工作方式，及时了解市场动态，为龙头企业和农民提供有效服务；加强与中央、省有关部门和各类企业的联系沟通，积极争取他们对我市农业、农村工作的支持。

2．深入实施工业强市战略，积极推进产业发展。

一是更好地为中央、省属企业搞好服务，支持他们做大做强。建立市级领导及经济部门联系中央、省属驻昆企业的制度，了解并帮助他们解决发展中存在的困难和问题。支持昆烟企业实施投入30亿元、用地1 200亩的重大技改项目，支持昆烟稳步发展。推进阳宗海电厂、昆明二电厂等一批基础工业项目投资，加速缓解我市电力瓶颈制约。

二是加大招商引资力度。做好到重点国家和重点地区招商引资的工作。重视项目整合包装，加强项目储备。定期召开驻昆中央、省属企业和国内外商会、民营企业项目推介会。设立招商引资奖励基金，支持商会和各类企业主动开展招商引资。巩固扩大同省内外的横向经济联合与协作，特别是与“长三角”、“珠三角”和京津地区的合作。继续落实好云药港、光电子、长城计算机集团、美的集团等重大引资项目。加速信息产业基地、临港工业区的建设。积极争取建设昆明出口加工区。

三是多渠道加大对工业企业的资金投入。引导金融机构、民间资本和外来资本投入优势产业的发展和参与企业技术改造，增强发展后劲。

四是认真贯彻落实省委、省政府关于加快非公经济发展的若干意见及实施办法，积极鼓励、支持和引导非公经济发展。为非公企业创造一视同仁、平等竞争的法制环境、政策环境和市场环境，建立民营企业服务平台和网络，进一步放宽非公有资本进入基础设施、公用事业、环境保护和文化教育领域；鼓励非公资本参与国有和集体企业改制改组。切实保护私有财产和非公企业的合法权益，加强政府服务、监督和管理。不断提高非公经济的产业层次和企业素质。表彰奖励有突出贡献的非公企业及个人，真正使民营企业家在社会上有地位、政治上有荣誉、经济上有实惠。

五是完善和落实好促进开发区发展的相关政策。扩展三个开发（度假）区的发展空间，落实市级管理权限的下放，充分发挥开发区的聚集效应和示范作用。

六是重视商贸旅游业的发展。发展生态旅游、文化旅游、休闲旅游和康体旅游，加强旅游宣传促销和市场开拓工作，建立旅游诚信体系，改善旅游服务环境。改造提升传统服务业，加强社区服务建设，发展新型服务业。加快资本、劳动力、技术等要素市场和社会信用体系建设。

七是整合磷矿企业，保护和合理开发磷矿资源。

3．以迎接大湄公河次区域（GMS）经济合作第二次领导人会议在昆召开为契机，力争城市面貌有较大改观。

今年，市委在学习上海、浙江经验的基础上，提出了20项涉及现代新昆明建设的重点工作，我们要继续抓紧抓好。明年在城市工作上，要重点抓好四项工作：

一是加强规划工作。进一步完善城市总体规划，抓紧完成主城四城区控制性详规，做好呈贡东城、晋城南城、昆阳—海口西城等分区规划修编工作。增大规划的公开性和透明度，主动接受市民监督。严格规划执法，强化规划“刚性”，依法查处违反规划的行为。

二是加快重大工程项目建设。开工建设新机场和机场路，抓好昆洛公路、高海公路、国际会展中心等重点工程建设；完成南屏街、正义路等步行街改造工程；抓好东风广场和翠湖周边改造工程；积极配合铁路部门，做好昆明铁路客运站南广场建设工作，整治好周边环境。

三是搞好绿化美化亮化。围绕创建国家园林城市，加强园林绿化工作，对城市的主要街道、城区入口、交通干道两侧的建筑物顶实施“平改坡”；继续实施灯光亮化工程，美化城市环境。加快草海综合治理步伐，使周边环境明显改善，力争三到五年水变清，把草海建成昆明的“城市客厅”。

四是城市管理水平要明显提高。从明年1月1日开始，主城四个区全面按照新的行政划界进行管理。四区要切实履行好职责，按照管理到位、市容整洁、秩序良好的要求，坚决取缔占道经营和违法广告，加大“城中村”改造力度，从严查处乱占土地、乱建房屋的行为，对市容市貌进行全面整治，切实解决好城市脏乱差的问题。从建立和完善体制、机制入手，进一步加强城市管理工作。

4．实施可持续发展战略，加快滇池污染治理步伐。

认真实施滇池流域水污染防治“十五”计划项目，确保明年全部开工建设。抓紧落实滇池北岸水环境综合治理项目，力争明年通过评估并得到可研批复。加强湖滨生态湿地建设，尽快编制湖滨生态湿地建设详规，实施开发与保护相结合，加快退塘（田）还湖步伐，按计划实施14.2平方公里；充分发动全市人民参与滇池治理，通过宣传引导，使城乡人民群众的生产生活方式更加有利于滇池保护；加强综合行政执法，强化监督管理，抓紧基础研究和科学示范工作，推进住宅小区中水回用。发展生态农业，推广平衡施肥和使用生物活性肥料，多用农家肥，少用化肥，禁止使用高毒、高残留的化学农药；在环滇池15个乡镇全面推广生态旱化厕所，在环滇池和入滇河流周边40个乡镇实现垃圾集中堆放和处理，减轻人畜粪便和农产品附属物对滇池的污染；禁止使用不符合标准的洗涤剂和塑料包装袋，禁止搞污染严重的旅游服务项目。推进滇池治理投融资改革，以市场化运作方式吸引国内外资金加快滇池污染治理步伐。认真做好《滇池流域水污染防治“十一五”规划》的编制工作。坚持开发与节约并举，把节约放在首位，大力发展循环经济，利用高新技术提高资源利用率；积极发展低耗能、高产出、无污染产业，推行清洁生产，降低污染物排放量。加强城乡生态建设和环境保护，积极争创国家环保模范城市，加快创建国家卫生城市。

5．发展先进文化，促进经济社会协调发展。

一是加强对市民社会心理的引导。围绕市民关注的交通整治、城市规划、滇池治理、创建“平安昆明”等重大问题，把握正确的舆论导向，做好宣传引导工作，争取群众的理解和支持，为建设现代新昆明提供强大的精神动力。

二是加强思想道德建设。用科学理论武装干部，教育群众。坚持依法治市和以德治市相结合，实施“公民道德建设工程”。加强理想信念教育和公民道德教育，加强和改进未成年人思想道德建设。加强基层群众文化活动阵地建设。深入开展群众性精神文明创建活动，抓好军警民共建活动，做好双拥工作，增强军政军民团结。

三是加快教育发展。优化学校布局，扩大优质教育规模，发展民办教育。积极支持省属大学在昆明选点建设新校区，加快昆明学院的建设和发展。

四是整合科技资源，推进技术创新。抓好重点科技项目的实施，大力推广应用先进实用技术，促进科技成果向现实生产力转化。充分发挥科协的作用，加大科普力度，提高全民科技素质。

五是认真贯彻落实全市文化体制改革和文化产业发展动员大会精神。支持民营文化企业做强做大，加快文化事业和文化产业的发展。开展丰富多彩的文化活动，办好昆明聂耳国际音乐节、绘画双年展、民族狂欢节，组织开展好昆明建城1240年、郑和下西洋600周年、护国起义90周年、抗日战争胜利60周年等纪念活动。

六是以加强公共卫生为重点，尽快建立健全疾病预防控制体系和医疗救治体系。进一步完善疾病信息网络体系，提高公区卫生服务水平和突发性公共卫生事件应急能力。切实加强艾滋病防治工作，有效遏制艾滋病的蔓延和传播。

七是加强人口与计划生育工作，使人口自然增长率控制在8‰以内。同时，要积极开展群众性体育活动，抓好体育后备人才培养，提高全民健康水平和体育竞技水平。深入实施人才强市战略，做好人才的培养、引进和使用工作。

6．深化改革、扩大开放，增强发展活力。

一是深化土地征用制度改革。保护和节约土地，对于稳定粮食供应、保持农村稳定，对于城镇化、工业化和可持续发展至关重要。全市干部要强化节约使用土地的观念，在经济社会发展和城市建设各个方面下决心改变粗放使用土地的状况，走集约使用土地的道路。加大国土资源执法力度，坚决查处任何单位和个人违法占地；改革和完善征地补偿安置办法，加强征地的集中统一管理，健全征地程序，拓宽征地补偿安置渠道，切实维护好被征地农民的合法权益。强化集约用地，盘活土地存量，提高土地储备交易水平，不断拓宽经营性用地招标拍卖、挂牌出让范围。积极探索集体非农建设用地进入市场的途径和办法。

二是进一步加快政府职能转变，优化发展环境。在总结市级经济社会管理权限下放安宁、东川试点工作的基础上，逐步把市级经济社会管理权限下放到其他县区。按照建立服务型政府的要求，把政府部门不该管的事项交给社会去办，以调动和发挥各方面的积极性、创造性。创新党政机关行政方式，把管理寓于服务之中，建立健全公开办事制度，规范办事程序，严格实行问责制，努力提高办事效率。创造更加规范、诚信、透明的发展环境。

三是加快教育、科技、文化、卫生等事业单位改革步伐。遵循事业单位社会化的方向，按照“脱钩、分类、放权、搞活”的思路，引入市场机制，调整布局结构，优化资源配置，精干机构人员，提高事业单位的社会、经济效益和服务运行效率，营造鼓励人才发展和集聚的社会环境，逐步建立起适应市场经济体制需要、符合事业单位发展规律、充满生机与活力的管理体制和运行机制。创新事业单位收入分配制度，从根本上解决人员只能进不能出的问题。

四是以国有资产不流失、维护职工权益、坚持改革程序、促进发展四个方面作为检验国企改革是否成功的重要标准，继续深化国企改革。实行政资分开，推进国有资产合理流动和优化配置，做到优胜劣汰、优进劣退，积极探索新形势下国有资产监督管理的模式和方法，确保国有资产保值增值。加强对已改制企业的指导和服务，完善有关工作。

五是不断提高对外开放水平。紧紧抓住中国—东盟自由贸易区建设的重大机遇，更大规模和更大范围地实行对外开放，努力建设面向东南亚、南亚的会展、制造、贸易、物流和人才资源开发中心。加快转变外贸增长方式，推进贸易方式和市场多元化。大力提高利用外资质量，以提升自主创新能力为出发点，不断优化利用外资结构，促进产业升级和技术创新。继续实施“走出去”战略，加强同省内外的经济技术合作，增强企业的技术和市场开发能力。

7．高度重视人民群众关注的问题，为群众办实事办好事。

一是全面开展创建“平安昆明”活动。深入开展“严打”整治斗争，毫不手软地打击刑事犯罪。广泛发动群众，打一场禁毒、控制艾滋病的人民战争。认真落实社会治安综合治理的各项措施，努力确保社会政治稳定。健全公共安全机制，增强应对突发安全事故的能力，坚决防止重大安全事故的发生。

二是做好就业再就业工作。实施积极的就业政策，千方百计增加就业岗位，做好下岗失业人员的培训工作，加快推进东川再就业特区建设，全市新增就业岗位6万人，解决5.2万人就业，其中下岗职工再就业1.5万人。加快社会保障体系建设，提高社会保障水平。

三是大力整治交通环境，努力缓解主城区交通拥挤的状况。抓紧研究制定城市道路交通发展规划，科学布局道路交通网络；加快道路交通工程建设，完成主城40条主干道改造工程，积极实施对省交通厅下放我市的14条道路改造工程，对二环路及周边进行改造，完成东三环、南三环、东连接线等工程建设；打通断头路，增加单行道，促进城市次干道微循环；加强交通整治宣传，让广大群众关心和支持交通整治；设置方便群众的铁路、民航、客运公交换乘中心；加大对占道经营、乱停车、不按《道路交通安全法》行车等行为的处罚力度；坚持公交优先，发展公交事业，引导市民多乘公交车；加大交通管理资金投入，提高交通管理水平。

四是建立健全城乡低收入困难群众社会救助体系。帮助困难群众解决看病就医、子女上学等问题，完善农村“五保户”生活保障，做好受灾群众生产生活救济工作。

五是加快贫困山区、少数民族地区的发展。加大扶贫开发力度，加强基础设施建设，努力改善贫困山区、少数民族地区群众的生产生活条件。大力推广先进实用技术，提高农业生产的水平和效益。发展教育事业，加快少数民族人才的培养。积极推行新型农村合作医疗，改善贫困地区、少数民族地区的医疗卫生状况。

六是增加城市绿地。完成300亩城市绿地建设，在高速公路、立交桥实施“立体绿化”。

七是重视社区建设，改善社区为民便民服务条件。加强社区为民服务信息系统建设，增强社区为群众服务的功能。

八是加快实施广播电视“村村通”建设工程。全面启动新通电行政村、自然村的广播电视“村村通”工作，解决边远贫困地区3.5万户、12万人收听收看广播电视难的问题。

九是改善群众的教育、卫生条件。排除中小学危房5万平方米，新增农村寄宿制学校30所。增加贫困中小学生和农村寄宿制、半寄宿制中小学生的教育和生活补贴。大力发展高中阶段教育特别是优质高中，实现高中阶段教育毛入学率达85%的目标；加强农村卫生服务体系建设，新建200个村卫生室，解决农村群众“看病难”的问题。完善城市基层公共卫生服务体系，在城区居民较集中的小区新建12个社区卫生服务中心，为居民提供经济、方便的医疗防疫、健康保健等服务，解决城市居民“看病贵”的问题。

8．加强民主政治建设，推进依法治市进程。认真贯彻落实市委关于加强和改进人大、政协工作的《意见》，支持地方各级人大及其常委会依法行使立法权、监督权、重大事项决定权和选举任免权。紧紧围绕现代新昆明建设，发挥市人大在立法方面的作用，使明年的立法工作有明显进展。坚持和发展最广泛的爱国统一战线，支持各级政协组织推进履行职能的制度化、规范化和程序化，充分发挥人大、政协的作用。

组织人大代表、政协委员和各界人士，选择一些事关我市改革发展稳定的重大问题进行视察、检查和调研，为现代新昆明建设献计出力。加强对工青妇等群众团体的领导，支持他们按照法律和各自的章程开展工作，工青妇等群团组织要在宣传现代新昆明建设、鼓励创业、滇池治理、劳务输出、改善交通状况等方面发挥积极作用。加强基层民主政治建设，开展创建“民主法制示范村（社区）活动”，健全和规范基层民主的各项制度，畅通公民直接行使民主权利的渠道，切实保障公民参与公共事务和公益事业的管理。全面贯彻落实党的民族、宗教政策，认真做好民族、宗教工作。坚持党管武装原则，加强国防后备力量建设。全面推进依法治市。加强地方立法工作，进一步完善立法程序和机制，提高立法的公众参与度。认真贯彻实施《行政许可法》，建立健全依法行政责任制，严格依法行政，加强执法监督，逐步实现政府机构组织和工作程序的规范化、法制化。积极推进司法体制改革，确保司法公正，维护司法权威。加强法律服务诚信建设，加大法律援助力度，为更多的群众提供法律服务。

9. 加强和改进党的建设，为经济社会发展提供坚强保证。

一是加强思想政治建设。按照中央和省委的部署，认真开展好保持共产党先进性教育活动。引导全市党员干部深入学习和把握党的十六届四中全会精神，结合现代新昆明建设的实践开展深入、系统的学习。继续开展科学发展观、正确政绩观和马克思主义群众观的教育，提高学习质量和效果，在指导实践、推动工作上下功夫、求实效。继续选派干部到上海、浙江等地培训和考察；举办专题讲座，强化公共行政管理、工商行政管理等方面知识的培训，发挥党校、行政学校等培训干部的作用，加强干部培训工作，促进领导干部更新观念、提高素质。

二是加强领导班子和干部队伍建设。按照政治坚定、求真务实、开拓创新、勤政廉政、团结协调的要求，努力把各级领导班子建设成为朝气蓬勃、奋发有为的坚强领导集体。认真贯彻《党政领导干部选拔任用工作条例》，真正把政治上靠得住、工作上有本事、作风上过得硬的干部选拔到各级领导岗位上来。继续重视选拔优秀年轻干部、妇女干部、党外干部和少数民族干部，充实知识层次高的各类专业人才进入各级领导班子。既要抓好干部的选拔使用，更要重视对干部的教育管理，不断优化班子结构，增强班子活力。要重视发扬党内民主，增强解决自身矛盾和问题的能力。在党内，要提倡讲真话、讲实话、讲心里话。领导干部要增强民主意识，以身作则、言传身教，在自己的工作领域形成浓厚的民主空气，充分发挥广大党员的积极性、主动性和创造性。继续深化干部人事制度改革，努力形成富有生机与活力的用人机制。在干部使用上，要理解人、关心人、尊重人。不求全责备，注意保护那些敢于改革、勇于创新，又有缺点和不足的干部，努力营造干事创业的良好环境。打破行业和系统的限制，扩大识人用人范围，加大干部交流力度。

三是加强基层组织建设。结合开展保持共产党员先进性教育活动，深入推进“云岭先锋”工程。在全市所有乡镇和街道办事处制定以经济发展、精神文明建设、保一方平安为主的目标管理制度，以三个文明建设的考核成果决定干部的奖惩和任免。理顺国有独资、国有控股企业党组织隶属关系。继续解决少数基层党组织软弱涣散、一些基层党组织不健全、少数党员干部宗旨意识淡化等问题。广大基层干部奋斗在改革发展稳定的第一线，是推动我市各项事业的重要力量。要加快发展，解决改革发展稳定中的矛盾和问题，必须充分发挥广大基层干部的积极性和聪明才智。必须更多地关心他们的工作、学习和生活，帮助他们不断提高政策水平，增强法制观念，满腔热忱地支持他们做好工作，做人民群众满意的带头人、贴心人。

四是切实加强党的作风建设。做好调查研究是推进决策科学化的前提。要精简会议和文件，大兴调查研究之风，对涉及我市的重大问题，特别是关系群众切身利益的问题，各级党委和领导干部要深入基层、深入群众，及时掌握新情况、发现新问题，这样才能抓住主要问题，形成正确的决策，使各项工作部署更切合实际、更体现群众意愿，避免决策失误和造成重大损失。全市各级领导干部都要提高立党为公、执政为民的自觉性，要从对党和人民的事业极端负责的高度，艰苦奋斗、扎实苦干，不说空话、不喊口号，把心思和精力用在工作和事业上。要敢于坚持原则，敢于严格管理，敢于批评错误，反对敷衍塞责、推诿扯皮。

五是加强党风廉政建设。健全反腐败领导体制和工作机制，全面落实党风廉政建设责任制。抓紧建立健全与社会主义市场经济体制相适应的教育、制度、监督并重的惩治和预防腐败体系。针对群众反映突出的热点问题开展专项治理，坚决纠正损害群众切身利益的部门和行业不正之风。坚决抵制和刹住收受礼金、有价证券，跑官要官、买官卖官，默许、纵容配偶子女和身边工作人员利用领导干部的职权和职务影响谋取私利，以及领导干部赌博等歪风。现代新昆明建设，工程多、资金多，纪检监察工作要关口前移，加大从源头上预防和治理腐败的力度，确保做到工程干好、资金用好、干部不倒，以党风廉政建设和反腐败斗争的实际成效取信于民。

今年以来，因国企改革、征地拆迁等纠纷引发的群体性事件仍然十分突出。这些事件的起因比较复杂，有的是部分群众利益受损，有的是一些干部官僚主义作风严重，有的是处置不当激化了矛盾。在这里我要特别强调，各级党委和政府要研究化解群体性事件的规律，把握工作的主动权，有效防范和处置群体性事件。要尽力避免因决策失当造成损害群众利益，从源头上减少矛盾。要认真落实工作责任制，做到各负其责。发生问题后，主要领导要亲临一线，靠前指挥，既要维护群众的合法权益，又要加强对群众的思想教育；既要坚持依法处理，又要积极疏导群众情绪，慎用警力和强制手段，防止矛盾扩大和激化。要发挥基层组织维护社会稳定第一道防线的作用，努力把问题解决在基层，解决在萌芽状态。总之，要早发现、早化解、早控制，妥善处置好。

明年是实施“十五”计划的最后一年，科学合理地安排好明年的工作，关系到“十五”计划的圆满完成。各级各部门要认真总结“十五”计划的执行情况，看看哪些完成得好、哪些方面还有差距，采取切实措施，确保“十五”计划各项目标任务圆满完成。与此同时，要采取市场化运作的方式，向国内外公开招标，抓紧研究和编制“十一五”计划。

同志们，做好明年的工作，对于加快推进现代新昆明建设、全面建设小康社会至关重要。让我们紧密团结在以胡锦涛同志为总书记的党中央周围，高举邓小平理论和“三个代表”重要思想伟大旗帜，以科学发展观为指导，认真贯彻落实党的十六大、十六届四中全会、中央经济工作会议和省委七届六次全会精神，进一步解放思想，大胆实践，扎实工作，努力开创现代新昆明建设的新局面！

政府工作报告

——在昆明市第十一届人民代表大会第六次会议上

（2005年2月20日）

中共昆明市委副书记、代理市长　王文涛

各位代表：

我代表昆明市人民政府，向大会作政府工作报告，请予审议，并请市政协各位委员和列席人员提出意见。

一、2004年工作回顾

2004年，是我市改革开放和现代化建设取得明显成效的一年。在省委、省政府和市委的正确领导下，市政府坚持以邓小平理论和“三个代表”重要思想为指导，全面贯彻党的十六大和十六届三中、四中全会精神，认真执行国家宏观调控政策，树立和落实以人为本、全面协调可持续的科学发展观，紧紧依靠全市各族人民，迎难而上，奋力拼搏，开拓创新，扎实工作，较好地完成了市十一届人大五次会议确定的任务，全市经济社会进入新一轮发展期。

（一）国民经济平稳较快增长。面对发展中碰到的诸多不利因素，我们强化协调服务，科学防治高致病性禽流感，合理调度安排生产生活用水，积极应对电力、运力供应紧张的局面，及时解决旅游业发展中出现的新问题，千方百计加快经济发展。全市生产总值942亿元，增长12%；财政总收入184.9亿元，其中，地方财政收入85.6亿元，增长36.1%。

农业基础地位得到巩固。全面贯彻中央一号文件，以增加农民收入为核心，加大对农业的扶持力度，实行粮食直补和良种补贴政策。农业总产值超过100亿元。粮食生产实现恢复性增长，产量达114.9万吨，扭转了近年来粮食生产持续下滑的局面。烤烟中上等烟比例达99.8%，烟农收入9.3亿元，比上年增加1.4亿元。蔬菜、花卉、水果等特色产业快速发展，畜牧业继续保持增长，家禽业恢复到上年水平。无公害和绿色产品生产规模扩大。乡镇企业实现营业收入1 308亿元，增长15.5%。完成水利建设5 851项。农村税费改革取得实效，农民人均减负27.6元。加强农民工培训工作，农村新增劳务输出3万多人。

工业主导作用继续增强。工业总产值突破一千亿元。烟草工业又创新高，冶金、电力、化工等行业效益大幅提升。高新技术产业发展加快。三年深化国企改革目标任务基本完成，企业活力进一步提升。实施了一批行业整合重大项目。企业技术改造和创新步伐加快，完成重点技改项目40项，总投资17亿元。制定出台《昆明市推进新型工业化工业强市重点产业发展规划纲要》。鼓励非公企业参与国企改造重组，非公经济占全市经济总量的45.5%

商贸旅游服务业稳步健康发展。制定实施城市商业网点规划，市场布局进一步合理规范。传统服务业得到提升，信息咨询、社区服务等新型服务业发展势头良好。房地产市场活跃，汽车、教育等热点消费继续趋旺。加强粮食等重要商品的价格监测和调拨供应，确保了市场稳定。实现社会消费品零售总额370.5亿元，增长12.8%。加强旅游资源整合，强化宣传促销，提质增效工作逐步深化。全市接待海内外游客1 750多万人次，增长10.4%，旅游总收入137.5亿元，增长16.1%。

固定资产投资适度增长。完成投资435亿元，增长20.3%。加大投融资体制改革力度，非公经济投资占全社会固定资产投资的48%。组建滇池投资公司和土地开发投资经营公司。积极引入竞争机制，有效实施资本运作和资产重组，自来水、煤气等公用事业市场化改革稳步推进。

（二）现代新昆明建设取得阶段性成果。围绕“一湖四环”、“一湖四片”，我们深入开展土地市场清理整顿，盘活利用存量土地资源，多渠道筹措建设资金。共组织实施重大基础设施建设项目33项，完成投资50多亿元。

城市规划进一步完善。全面修编和调整现代新昆明城市总体规划。开展主城及新城概念规划的国际国内方案征集工作。完成小哨—嵩明航空城总体规划、主城核心区架空线入地规划、主城交通和环境整治等一批重点建设项目规划。规划公示和宣传工作得到加强，对重点建设项目、历史文化名城保护等规划方案，通过媒体、论证会等多种形式，广泛征求市民意见。

呈贡新城建设积极推进。昆洛路改扩建和高海公路路基基本完工，海口钢管拱形特大桥顺利合拢。开展高校搬迁项目土地报批和校园规划设计。昆明铁路集装箱中心站开工建设。完成省广电产业基地和云南国际云药港项目用地选址。世纪金源集团投资主城东南部中心区开发建设等一批重点项目进展顺利。第七届全国残运会主馆场建设前期工作启动。

主城功能继续提升。大力推进交通畅通工程，加快道路建设改造。320国道眠山—车家壁段改扩建、滇池路改扩建、民航路改造相继竣工。官南路立交桥实现南北向主线桥通车。东三环建设进展顺利，南三环一期工程完工。绕城公路东段建设完成投资8亿元，南段、西南段（即安晋公路）和西北段前期工作按计划推进。加强市容环境综合整治，继续推进拆违、拆临工作，完成一批街道绿化改造。建立“两级政府、三级管理、四级网络、重心下移、上级监督”的城市管理新体制，41项管理职能下放到区。科学合理配置城市资源，完成四区行政区划调整，为主城功能的不断完善提供了体制、机制保障，增强了城市后续发展能力。

滇池治理步伐加快。世行贷款项目全面完成。盘龙江上段截污工程竣工。滇池西岸截污一期工程顺利推进，大清河、枧槽河综合整治工程开工建设。滇池北岸水环境综合治理工程项目建议书获国家批复。掌鸠河引水供水工程建设进度加快，云龙水库下闸蓄水，净配水一期工程基本建成。严格界定滇池面山保护区范围，全面开展农村面源污染控制工作。2 000亩湖滨生态带建设启动。成立滇池管理综合行政执法局，在沿湖15个乡镇设立滇池管理所。草海生态治理首批示范点建设启动实施。

（三）对内对外开放实现新突破。围绕现代新昆明建设和全市经济社会发展，我们坚持“请进来”与“走出去”相结合，创新思路，完善机制，优化环境，开展一系列的投资推介活动，狠抓项目跟踪落实，促进了外向型经济发展。

招商引资成果丰硕。新批外商投资企业104户。合同利用外资1.7亿美元，实际利用外资6 228万美元，增长21%，再创新高。实施国内经济合作项目467项，实际引进市外资金62亿元，增长27.7%。实行重点招商引资项目推进责任制，一批重大项目签约实施。第十二届昆交会昆明展团成绩显著。安宁等县（市）区招商引资势头强劲。密切与沿海地区的交往，与广州、南宁缔结为友好城市。加强与省内各州市联系，昆明与迪庆合作项目全面落实。

进出口贸易较快增长。实现进出口贸易总额26.1亿美元，增长46.9%，其中，出口13.8亿美元，增长37.6%，以东南亚为重点的对外经济技术合作取得新进展。成功举办世界马铃薯大会、国际城市可持续能源发展市长论坛、中国国际医疗器械博览会、世界烟草研讨暨展览会等会展活动。外事、侨务工作取得新成绩。

开发区经济快速发展。三个开发（度假）区实现财政总收入9.9亿元，增长24.7%。区内基础设施和投资环境进一步改善。昆明信息产业基地建设顺利启动。西南第一家公共型保税仓库建成。开展昆明出口加工区申报工作。经开区成为国家第一批公告审验合格的国家级开发区。大学科技园、留学人员创业园建设加快，高新创业服务中心被评为国家中小企业创新基金依托单位。

（四）各项社会事业协调发展。在努力保持经济较快增长的同时，我们按照科学发展观的要求，统筹兼顾，深化社会领域改革，加快社会事业发展，促进经济社会共同进步。

科技进步与创新的先导和支撑作用进一步增强。积极推进以企业为主体的技术创新体系建设，组织实施科技计划项目17项，一批科技成果得到推广应用。大力推进重点领域的创新，昆明地区高新技术企业超过200家。安排中小企业创新基金1 500万元，吸引社会资金2.1亿元，有力地推动了民营科技企业发展。国家制造业信息化试点城市、专利试点城市工作，以及国家863软件专业孵化器昆明基地建设顺利推进。

各级各类教育协调发展。理顺农村义务教育管理体制，调整农村中小学布局，完成220个乡镇中小学现代远程教育接收站点建设。高中阶段教育规模扩大，优质普高招生占总数的39%。教育资源整合步伐加快，完成一批学校的合并。组建昆明实验中学，新增民办高中4所。落实了44 000多名进城务工农民子女就学问题。昆明学院筹建工作启动。组建“名师工作室”，实施郊县区教师到主城区优质学校挂职培训工程。落实人才引进和培养政策，组织开展市院市校合作，人才工作取得新成绩。

文化产业发展实现较大突破。积极探索文化产业市场化运作模式，完成市电影公司改制。成功举办首届昆明文化产业博览会，积极参与云南文化产业上海推介周活动，协议签约资金20亿元。涌现出一批有影响的文艺精品，取得较好的经济效益和社会效益。群众性文化活动丰富多彩。市文化艺术生产基地建设主体工程完工。文物保护工作进一步加强。

重大疾病预防控制和公共卫生建设得到加强。采取严格措施，防止高致病性禽流感对人的感染，确保了人民群众生命安全和健康。新型农村合作医疗试点和城镇医疗卫生体制改革积极推进。社区卫生服务机构发展到162个，覆盖人口170万。计划生育工作继续深化，人口自然增长率为6.5‰。全民健身运动蓬勃开展，竞技体育成绩明显，昆明籍运动员在雅典残奥会上取得1金3银2铜好成绩。广电、新闻出版、人事、档案、参事、人防工作取得新成绩，昆明电台、昆明电视台节目获4项国家级奖项。完成地方志首轮修编工作。老龄、妇女儿童、残疾人等各项事业全面健康发展。土地、矿产资源保护力度加大，水源区得到较好保护，城乡环境综合质量有新的提高。

群众性精神文明创建活动深入开展，城市文明程度不断提高。国防动员、双拥共建、人武部建设和民兵预备役工作扎实有效。驻昆人民解放军和武警部队官兵为我市发展作出了新贡献。

（五）人民生活水平和质量进一步提高。在经济发展的基础上，我们高度重视人民群众的切身利益，关心并努力解决群众生产生活中的实际困难。

城乡居民生活继续改善。城镇居民人均可支配收入9 046元，农民人均纯收入2 909元，实际分别增长7.2%和6.4%。农村和城市居民人均住房面积分别达到33平方米和16.3平方米。下岗职工累计分流安置率达96%，城镇登记失业率控制在2%以内。东川再就业特区建设启动，为东川经济发展注入活力，促进了社会稳定。“两个确保”进一步巩固，下岗职工基本生活费和离退休人员养老金按时足额发放。城市居民最低生活保障制度逐步完善，低保标准适当提高，社会化发放覆盖面达到95%以上。各类社会保险制度继续健全，社会福利事业不断加强。扶贫重点村、安居温饱村建设稳步推进，省下达的安居温饱工程茅草房、杈杈房改造任务全面完成，解决了5万贫困人口的温饱问题。救灾救济工作及时有效。广泛开展扶贫济困和“送温暖”活动，部分困难家庭的医疗、住房、子女入学等实际问题得到解决。

（六）行政行为更加规范。适应新的形势和任务，我们以建立行为规范、运转协调、公正透明、廉洁高效的行政管理体制为目标，积极转变政府职能，努力建设服务型政府。

民主法制建设得到加强。人大及其常委会决议得到认真执行，自觉接受法律监督和工作监督。重大问题通过政协广泛征求意见，主动接受民主监督。加强与工会、共青团和妇联等群众团体的联系，广泛听取社会各界的意见和建议。维护国家安全工作得到加强。民族、宗教工作取得新进展。全面落实社会治安综合治理各项措施，深入开展“严打”专项斗争，加强社会矛盾和民间纠纷调处工作。健全群防群治网络，完善社会治安打防控长效机制，治安形势总体平稳。

行政水平不断提高。认真贯彻《行政许可法》，继续深化行政审批制度改革，累计取消、精简行政审批项目511项。开通行政审批“绿色通道”。进一步健全便民服务中心工作运行机制，实施综合受理制、告知承诺制、首席代表负责制，推进电子化网上审批。以安宁和东川为试点，下放300多项经济社会管理权限。新一轮政府机构改革积极推进。

工作作风进一步转变。大力实施“阳光政务”工程，建立政府新闻发言人制度，积极推进政务公开。坚持重大事项出台前深入开展调研，广泛征求意见。健全完善重大事项决策程序，建立社会听证制度、专家咨询制度、法律顾问制度。积极开展“三观”学习教育和机关行风评议活动，强化整改，机关作风不断改进。加强行政监察和审计监督，政府系统廉政建设取得新成效。

2004年承诺的10件实事基本完成：拓宽就业渠道，16 000多名失业人员实现再就业；建设和清理1 200套廉租房工作正在抓紧实施，廉租房建设主体工程3月底可完工；组织实施大板桥黄龙洞、龙泉寺补水、罗家营水厂直供、宝象河水厂改扩建等城市供水应急工程，强化节水管理，有效保障了城乡居民基本生活生产用水；扎实开展蔬菜农残专项整治，在全市大型蔬菜批发市场、农贸市场和超市建立检测点，配备速测仪，蔬菜农残达到控制标准；市突发公共卫生事件应急处理指挥中心建设基本完工；东风路近日隧道和近日步行街区建成投入使用；安宁温泉—西山团结乡—富民、寻甸海尾—杨家湾等一批县乡油路建成；完成200座30户以上自然村“村村通”建站任务；继续实施“三免费”教育，25 000名城乡和流动人口贫困中小学生得到资助；扩大老年人优待范围，《老年证》发放对象从原来的70岁以上降低为65岁以上。

各位代表，一年来各方面取得的成绩来之不易。这是在市委的领导下，在市人大、市政协的支持参与监督下，全市广大干部群众团结奋斗、辛勤劳动的结果，得益于多年打下的良好基础，得益于历任领导的不懈努力。在此，我代表市人民政府，向全市各族人民表示崇高敬意和衷心感谢！向给予政府工作大力支持的人大代表和政协委员，向各民主党派、工商联和社会各界人士，向中央驻昆单位、省级各部门、各兄弟州市和驻昆人民解放军、武警部队，向所有关心支持昆明建设发展的同志们、朋友们，表示诚挚的谢意！

我们也清醒地认识到，城乡、县（市）区之间发展不平衡，经济结构不尽合理，加快发展的基础仍不牢固。现代新昆明建设任务繁重，资金筹措和土地供应难度较大。居民消费价格涨幅偏高，给群众生活带来影响。社会发展处于矛盾“凸现期”，热点、难点问题比较突出。主城区交通拥堵，城市管理水平不高，脏乱差现象反弹。就业压力较大，失地农民和城市弱势群体的社会保障机制还不健全。社会治安形势不容乐观，建立群防群治长效机制的工作还有差距。政府工作还有不足，一些部门及工作人员服务意识不强，办事效率不高，存在着形式主义和官僚主义作风。对于这些问题，我们一定高度重视，认真对待，采取有效措施切实加以解决。

二、2005年主要工作目标和任务

2005年，是全面实现“十五”计划目标、衔接“十一五”发展的重要一年，也是加快推进现代新昆明建设的关键之年。我们要以邓小平理论和“三个代表”重要思想为指导，深入贯彻党的十六大和十六届三中、四中全会及中央经济工作会议、省委七届六次全会、市第八次党代会和市委八届五次全会精神，全面落实科学发展观，以加快现代新昆明建设为中心任务，进一步解放思想，大胆实践，努力在解决“三农”问题、推进工业强市和产业发展、加快滇池污染治理步伐、大力改善城市面貌、优化创业发展环境、深化改革扩大开放、加快社会事业发展和创建“平安昆明”等方面实现新的突破，促进国民经济持续快速协调发展和社会全面进步。

宏观调控主要预期目标建议为：全市生产总值增长10%，地方财政收入增长8%，全社会固定资产投资增长20%，城镇居民人均可支配收入实际增长6.5%，农民人均纯收入实际增长5%，城镇登记失业率控制在4%以内，人口自然增长率控制在8‰以内。

实现上述目标，我们具备许多有利条件。当前，国际国内经济结构调整和产业升级加快，国内外资本正在寻找新的投资地区；国家西部大开发战略继续推进，将进一步促进发达地区的资金、技术、人才向西部转移；中央宏观调控政策深入实施，有利于激活我市资源性产业，加强经济发展的薄弱环节；中国—东盟自由贸易区建设全面启动，将进一步改善我市的发展环境；省委、省政府高度重视昆明的发展，对我市的工作给予大力支持和帮助。但我们也看到，世界经济发展仍有许多不确定因素，国内经济发展仍面临不少困难。我们必须紧紧抓住机遇，用好一切有利条件，努力巩固和保持良好的发展势头，全面完成今年和“十五”计划各项任务。

做好今年的工作，我们要以科学发展观统领经济社会发展全局，更加重视群众利益特别是困难群体，更加重视基层基础工作特别是困难地区，更加充分地调动各方面积极性，着力抓好10个方面的工作：

（一）认真贯彻中央宏观调控政策，增强城市综合实力

全面、准确、积极地贯彻落实中央宏观调控各项政策措施，按照区别对待、有保有压的原则，优化投资结构。对有利于壮大经济实力、增强发展后劲的项目，加大支持力度。重点保障现代新昆明建设重大项目，抓好昆洛路、高海公路、东绕城线和第七届全国残运会主馆场等工程建设。加大对农田水利、农业生态、交通建设、教育、公共卫生和优势产业投入。认真清理固定资产投资项目，压缩一般性项目，防止盲目投资和低水平重复建设。发挥财政资金引导作用，坚持市场运作，积极吸引外资，充分利用社会资金。

统筹兼顾，协调发展，加快城乡一体化进程。坚持工业化与城市化互动并进，提升主城载体功能和服务功能，强化集聚辐射效应，提高现代化水平。注重新城功能布局，推动呈贡新城加快发展。坚持分类指导，进一步明确县（市）区功能定位，加强对产业发展的规划引导和政策引导，发挥各自优势，促进县域经济快速发展。依托小哨—嵩明航空城、禄劝乌东德电站等重大项目建设，大力发展县区工业和配套产业。加快以县城为重点的城镇基础设施建设，继续抓好明星小城镇建设。

立足当前，着眼长远，谋划好“十一五”发展。紧密联系昆明实际，认真落实“五个统筹”思想，正确把握当前和今后一段时期昆明发展的重大机遇和阶段特征，结合“十一五”规划编制，深入研究全局性、战略性、关键性问题，调整发展思路，丰富发展内涵，明确重大体制性、政策性措施，为昆明长远发展打下良好基础。

（二）围绕农民增收，全面发展农村经济

坚持把“三农”问题作为工作的重中之重。切实把农业和农村经济发展放到国民经济全局中统筹安排，立足中心城市特点和实际，用抓工业的思路、理念、机制和办法发展农业，城乡统筹，以城带乡，以工促农，工农互动，提高我市农业和农村经济发展水平。

不断调整优化农业结构。稳定粮食产量，继续实行粮食直补和良种补贴。实施优质粮食产业工程，巩固宜良、嵩明、禄劝、富民等粮食主产县生产优势。狠抓科技兴烟，确保烤烟生产平稳发展。进一步壮大蔬菜、花卉、水果等优势产业，扩大马铃薯深加工、天然药物开发等产业生产规模。搞好牲畜品种改良和种禽基地建设，促进畜牧业快速发展。

健全完善农业服务体系，积极发展农业产业化。用好专项扶持资金，着力增强龙头企业带动力和竞争力。建立一批辐射全省，面向东南亚、南亚的农资市场、农产品交易市场和畜禽良种交易等市场，促进农产品有序流通。制定和落实扶持农业专业合作经济组织的措施，提高农民进入市场的组织化程度。加强农业信息平台建设。积极推进标准化和无公害生产，绿色农产品开发总量20万吨以上，新建无公害农产品认证基地12万亩。推行市场准入制，切实抓好农残专项整治。做好重大动物疫病监测防治工作。

进一步加大对“三农”的支持力度，已经实行的政策不能变，已给农民的实惠不能减。不断深化农村各项改革，组织实施好第二步农村税费改革试点工作，免征除烤烟农特税以外的农业税。搞好“润滇工程”，建设宝象河分洪渠，大力发展山区五小水利和旱秧地工程。加大对北部五县区扶持力度。做好产业扶贫，大力实施整村推进工程。加强培训服务，在组织和输出农村劳动力到外地就业上实现新的突破。稳定和完善农村土地承包关系，维护农民合法权益和农村社会稳定。

（三）大力推进工业强市，提高工业经济质量和效益

坚持走新型工业化道路，推进工业结构不断优化升级。大力培育名牌产品和骨干企业，有效整合资源、资本和技术，增强大企业、大集团的核心竞争力。加快推进阳宗海电厂和昆明二电厂等能源建设。支持昆明卷烟厂实施重大技改项目，促进企业稳定健康发展。充分发挥新型工业发展基金的导向作用，引导企业增强自主创新能力，推进企业信息化示范工程。实施45项重点技术改造项目，技改总投资18.7亿元。全心全意依靠工人阶级，继续深化国企改革，完善企业股权结构、组织结构和内部管理体制。

搞活中小企业，提升乡镇企业，推进非公经济更快更好发展。鼓励中小企业向专精新特方向发展，与大企业进行配套协作。引导乡镇企业加快结构调整，推进管理和技术创新。努力为非公经济创造平等竞争、一视同仁的法制环境、政策环境和市场环境，进一步放宽市场准入，积极支持非公经济参与行业整合重组。用好非公经济发展专项资金，重点扶持100户非公企业。建立完善民营企业服务平台，逐步形成覆盖全市的民营企业信息网络。非公经济占全市经济总量的比重提高到50%。

进一步强化对工业经济发展的协调服务。建立健全产业信息发布和指导制度。协调搞好电力供应，保障重点企业与重点行业用电需求。加强与铁路运输部门衔接，做好主要出口产品和重点物资外运工作。积极促进融资担保体系建设，缓解中小企业融资难的问题。继续争取国家和省的支持，加快东川再就业特区建设。着力把寻甸建成新兴的重化工业与能源基地。建立与中央、省属驻昆企业联系制度，主动搞好服务。

（四）壮大商贸旅游服务业，提升城市服务功能

优先发展现代服务业。大力培育现代物流，积极发展金融服务业，规范发展会计、咨询、律师、公证等中介服务。加强调控，促进房地产业稳步健康发展。继续加快信息基础设施建设，推广电子商务。合理引导居民住房、汽车等大宗消费，培育文化、教育、体育等新型服务业。加快发展面向一般居民家庭和个人的社区服务，完善配套设施，增强社区服务功能。加快社会信用体系建设，规范个人信用制度和消费信贷制度。

改造提升传统商贸业。继续推进主城“商业圈”和特色商业街建设。结合主城改造和区划调整，加快发展商业配套服务设施。支持商贸企业挖潜改造增加效益，鼓励有条件的企业向小城镇和农村市场延伸。加强价格监测预警和监督检查，完善价格决策听证和成本监审制度。加大城乡市场整治力度，规范市场交易秩序，确保市场繁荣稳定。

全面推进旅游业二次创业。加强旅游新产品开发，大力发展生态、休闲、康体和现代都市旅游。加强景区资源整合，突出民族文化特色，积极打造精品旅游线路，搞好翠湖、滇池等特色旅游片区建设。做好西山等景区景点改造。加快石林申报世界遗产进程。全面启动创建“中国最佳旅游城市”工作。进一步完善旅游接待设施，推进“旅游厕所工程”建设。强化市场秩序整治，搞好宣传促销。

加快发展会展业。积极配合办好纪念郑和下西洋600周年系列活动、国际学生奶大会、中国国际旅游交易会等重大国际会议和涉外活动，带动会展经济。

（五）以迎接大湄公河次区域经济合作第二次领导人会议为契机，全力塑造昆明城市新形象

大湄公河次区域经济合作第二次领导人会议，是继世博会之后在我市举办的又一次高规格国际会议，是促进昆明城市建设发展、提升昆明国际地位和形象的重大机遇。我们要继承和发扬“世博精神”，强化东道主意识，努力营造服务大会的良好氛围。人人动手，全民参与，坚决打好缓解城市交通、整治市容市貌、改造建设二环路三大攻坚战，确保实现“市容市貌焕然一新、国内国外眼前一亮”的工作目标。

坚持交通发展中长期目标和近期计划相结合，改善基础、宣传引导、严格执法、科学管理，努力排堵保畅。建设西二环高架，实施安楚、昆石、昆玉、昆禄、昆曲及机场高速道路的“入口工程”。对次干道、支路和街巷进行整治，打通断头路，增加单行道。逐步组织实施主城中心区客运、货运站点搬迁。坚持公交优先，完善公交专用线规划，优化公交线路和站点布局，改善乘车环境。推行公交IC卡票制，尽快实施“一卡通”。强化交通综合治理，严格动静态管理，规范道路临时停车，加大违章行为处罚力度。加强出租车管理，合理设置候客泊位。大力开展宣传教育，倡导文明交通。

强化城市管理，全面开展市容市貌整治。实施东二环、南二环拆迁改造。大力整治入城道口、城郊结合部。对东风广场、火车站等片区进行集中整治。结合道路改扩建，对电力、电信等架空线实施入地改造。下大力气取缔占道经营和违法小广告，规范户外广告规划设置。逐步实施“城中村”

改造。清理背街背巷等卫生死角，加快垃圾中转站和收集间等环卫设施建设，保持环境卫生整洁，争创“国家卫生城市”。对省下放的14条道路实施综合整治。继续做好灯光亮化工程。启动市区主要路段临街建筑屋顶“平改坡”试点。搞好城市中心区重点地段绿化美化，完成警星公园等绿地建设。继续争创“国家园林城市”。加强衔接与协调，认真解决好区划调整和城市管理权限下放后出现的新问题。健全完善城市管理法规体系，整合执法力量，严格城市管理，从严查处违法违规行为，推动城市管理工作纳入科学化、规范化轨道，建立城市管理长效机制。

确立规划立市，发挥好规划对城市建设的指导作用，为城市管理打好基础。加强规划研究，科学合理界定片区功能，优化城市布局，提升城市的文化品位。做好主城、呈贡新城、小哨—嵩明航空城控制性详细规划编制工作，组织开展好重大专项规划。规范城郊结合部规划管理，提高县（市）区规划水平。推进规划立法工作，严格监督和执法，维护规划的权威性和严肃性。强化规划宣传与公示，提高规划工作的开放性。

（六）加大招商引资力度，扩大对内对外开放

围绕现代新昆明建设，外资、内资和本地资本相结合，进一步扩大引资规模。加大重大基础设施建设和重点产业的招商力度，扩大社会事业领域合资合作。优化引资结构，提高利用外资的质量和水平。创新招商思路和方式，积极推行主题招商、产业招商、代理招商等。丰富项目储备，搞好项目推介。

全面推进和落实重点招商引资项目推进责任制。强化重大项目跟踪推进，狠抓外资到位和项目开工，促使早签约、早开工、早投产、早达产。加快省广电产业基地起步区、呈贡集装箱中心站建设，抓紧国际云药港等重大产业项目的实施。设立招商引资奖励基金，支持商会和各类企业以商招商。进一步优化投资环境，抓好各项鼓励外商投资政策措施的落实。

围绕把昆明打造成为通往东南亚、南亚贸易通道和国际贸易市场的目标，推进贸易方式和市场多元化。进一步深化外贸经营资格管理方式改革，鼓励民营企业等从事外贸进出口业务。搞好重点出口企业和出口生产基地建设，增加高新技术产品、特色农副产品出口。加快加工贸易和服务贸易发展。鼓励有条件的企业到境外投资兴业，参与国际工程竞投标，带动商品、技术和劳务出口。

进一步提升开发区功能。注重结构调整和优化升级，注重引进项目、技术和开发创新，致力于发展高新技术产业。加快信息产业基地、出口加工区建设，促进云南软件园等产业园区发展。转变和优化开发区规划管理模式，引导相关项目向开放区及其周边集聚。全面启动三个开发区拓规区域建设。

继续加强与国内外友城的交流，带动经贸发展。巩固扩大同省内外的横向经济结合，特别是与“珠三角”、“长三角”和京津地区的合作。认真做好外事、侨务等工作。

（七）切实加强财税工作，努力保持财税收入稳定增长

狠抓税收征管，确保财政增收。坚持依法治税，做到应收尽收。加强财源建设，巩固提高“两烟”、电力、钢铁、医药企业等支柱税源对税收的贡献。强化非税收入管理。积极探索新形势下国有资产监督管理的模式和方法。强化国有资本经营收益管理，完善国有土地有偿使用收入收缴管理办法。加强行政事业性收费票据管理和彩票资金监管。加大对困难县区财政增收激励力度，激发县区增收积极性和创造性。

调整优化支出结构，集中财力办大事。确保人员支出和机构运转，保证社会保障支出，增加对“三农”和社会事业的投入。加大城市重大基础设施投入，促进现代新昆明建设。加大对困难县区转移支付力度，逐步取消专项资金的地方配套。强化收入分配调节，切实解决困难群众和弱势群体生产生活问题。勤俭节约，严格控制一般性出国考察和节庆活动开支，继续压缩会议支出。

稳步推进财政改革，完善公共财政体制。结合区划调整，做好财政管理新体制试行过渡期各项工作。全面推行国库集中支付制度，完成市级机关会计核算中心向国库支付中心过渡，实现会计集中核算向国库集中支付的转轨。深化部门预算改革，提高预算编制质量，增强预算执行约束力。逐步建立财政专项资金绩效评价体系。进一步扩大政府采购范围，开展工程采购试点。完善政府投资体制，合理界定投资范围。严格规范建设资金使用，强化投资项目和基金管理。

（八）更加注重经济社会协调，加快发展各项社会事业

积极推进科技进步和创新。继续实施重大科技专项。开展县（市）区科技示范工程。扶持建立5—10家企业技术中心，增强企业研究开发能力。强化知识产权保护，推动自主创新。不断深化科技体制改革，鼓励兴办各类科技中介服务机构。加强公共技术平台建设。进一步推进市院市校科技合作。深入开展科技宣传和科普活动，启动争创全国科技进步先进市工作。

加快教育改革与发展。全面推进素质教育，促进义务教育均衡发展。加强农村中小学建设，组织实施好14所示范初中建设。排除中小学危房5万平方米，新增农村寄宿制学校30所。基本普及高中阶段教育，继续扩大优质教育规模。鼓励和规范社会办学。深化教育人事制度改革，组建“教师资源管理中心”。稳步发展职业教育，推进昆明学院建设。抓好少体校异地建设。

深入实施人才强市战略。加强人才队伍建设，坚持党政人才、企业经营管理人才、专业技术人才、高技能人才、农村乡土人才“五支人才队伍”一起抓。完善人才选拔、考核和激励机制，优化创业环境，健全人才服务体系，营造优秀人才脱颖而出的良好环境。

大力发展文化事业和文化产业。抓好深化文化体制改革、加快文化产业发展实施意见的落实，扶持重点文化产业发展。完成昆明剧院等文化事业单位改制工作。加大公益性文化事业投入，完成市艺术生产基地建设工程，启动市图书馆改造、市群众文化活动中心建设。抓好社区、村镇、企业等基层文化建设。强化管理、规范文化市场秩序。加强文物保护、开发和利用。做好广播电视、新闻出版、档案、地方志等工作。

加大公共卫生建设力度。巩固发展新型农村合作医疗试点，继续实施农村初级卫生保健规划。深化城镇医疗卫生体制改革，推进医疗行业多形式、多元化发展。大力发展社区卫生服务。做好妇幼保健工作。建立健全疾病预防控制体系和医疗救治体系，加强重大传染疾病预防控制。强化监督执法，确保群众食品、药品和医疗安全。积极推进群众体育运动，备战第十二届省运会。

（九）加强环境保护和生态建设，促进可持续发展

加速滇池污染综合治理。抓好滇池西岸截污、大清河及枧槽河整治等建设项目。组织实施船房河、乌龙河整治等工程。局部开工滇池北岸水环境综合治理项目，力争滇池治理“十五”计划所有项目全部开工。开展湖滨生态湿地建设详规编制，大力推进退塘还湖工作，加快草海生态区建设。启动农村面源污染控制示范村建设，完成沿湖乡镇垃圾收集系统建设任务。继续抓紧掌鸠河引水供水工程建设，确保明年工程建成通水。完成清水海引水工程前期准备，争取尽快开工。

重视资源保护与合理利用。实行最严格的耕地保护制度，进一步强化土地市场整顿，依法加强水源区、矿产资源的管理与保护。加强城市地下空间资源利用管理。贯彻污染防治与生态保护并重的方针，严格执行环境影响评价制度，全面推进环保工作。保护和发展好森林资源，加快林业产业发展。继续推进农村沼气建设和改灶工作。

积极发展循环经济。研究探索鼓励节能降耗与资源综合利用的有效途径和方法，突出抓好能源、重要原材料的节约利用。大力推行清洁生产，倡导绿色消费，降低废弃物排放，提高资源利用率。积极建设节约型社会，不断增强全社会的节约意识、生态环境意识和效率意识。

继续做好人口与计划生育工作。加强计划生育法制宣传教育，严格控制政策外生育。强化利益导向机制和目标管理责任制，落实好“奖优免补”政策，搞好流动人口计划生育管理与服务。

（十）努力构建和谐社会，积极创建“平安昆明”

切实做好就业和再就业工作。把产业政策和就业政策结合起来，通过发展经济来扩大就业，促进中小型企业、劳动密集型产业发展。强化政府对就业的指导和服务，加大再就业工作力度，积极开发岗位，加强对下岗失业人员和困难群体的就业援助，完善落实鼓励创业各项政策措施。引导下岗失业人员自谋职业、灵活就业和自主创业。改善农民进城就业环境。做好大中专毕业生、复退转军人就业指导和服务工作。

进一步完善社会保障体系。继续抓好“两个确保”和“一个低保”工作，扩大社会保险覆盖面。做好下岗职工基本生活保障向失业保险并轨工作。加强社区劳动保障平台建设。着力解决失地农民的社会保障问题，积极推进农村社会保险工作。完善农村“五保户”、重灾户、特困户生活保障。加快“金保工程”建设，推进管理信息系统建设。加大执法监察力度，完善劳动合同管理制度，规范用工行为。健全社会救助机制，完善医疗、教育、住房专项和临时救助政策，解决低收入家庭的特殊性、突发性困难。积极开展法律援助工作。发展互助帮困和社会慈善事业。

大力加强精神文明建设。丰富和实践“昆明精神”，为新昆明建设提供强大精神动力。强化公民道德建设，组织开展形式多样的群众性精神文明创建活动。深入开展诚信教育。加强和改进未成年人、青年学生思想道德建设和心理健康教育。加强国防动员建设，深化城市民兵改革，广泛开展“双拥”共建活动，巩固发展军政军民团结。全面落实党和国家民族政策，依法管理宗教事务。关心和支持妇女儿童、老龄、残疾人等事业。

全力维护社会稳定。严厉打击各种刑事犯罪，保障人民群众生命财产安全。打一场禁毒和防治艾滋病的人民战争。全面加强堵源截流，大力推进禁吸戒毒工作。综合防治，落实行为干预措施，坚决遏制艾滋病蔓延的势头。加大社会治安综合治理力度，切实加强流动人口和出租房屋的管理。健全正确处理人民内部矛盾的工作机制，落实信访工作责任制，依法及时合理地处理群众反映的问题。认真研究化解群体性事件的规律，把握工作的主动权，有效防范和处置群体性事件。加强安全生产监督管理，加大专项整治力度，切实防范重大安全事故发生。加强防灾减灾体系建设。完善和落实公共安全应急处置预案，提高预警和处置能力。继续抓好维护国家安全工作。深入开展法制宣传教育，增强全社会法制观念和法律素质。

三、全面加强政府自身建设

加强政府自身建设，是加强和改善党的执政能力的重要内容，是我们加快经济社会发展、建设现代新昆明的根本保证。全市各级政府、各部门，要认真贯彻落实党的十六届四中全会精神，按照科学行政、民主行政、依法行政的要求，全面加强政府自身建设，努力建设勤政、廉洁、务实、高效的政府，建设人民满意的政府。

围绕发展大局，提高行政能力。当前，我市正处于改革发展的关键时期，各种社会矛盾不断显现，对各级政府的行政能力提出了新的更高的要求。我们要站在战略和全局的高度，不断深化对加强行政能力建设重要性和紧迫性的认识，增强自觉性和坚定性。必须加强学习，开展好保持共产党员先进性教育活动，把学习贯彻“三个代表”重要思想不断引向深入。必须始终把发展作为第一要务，深刻认识和把握社会主义市场经济的内在要求和运行特点，坚持用发展的办法解决改革和建设中出现的新问题。必须牢固树立和落实科学的发展观，统筹兼顾，全面推进，促进经济社会发展的良性互动。必须与时俱进，开拓创新，在更大范围和更深程度上推进思想解放和观念更新，发扬攻坚克难、敢于碰硬的精神，善于把国家和省的方针政策与昆明实际结合起来，创造性地开展工作。通过深入实践，大胆探索，不断提高领导发展的能力、服务群众的能力、依法治市的能力、建设先进文化的能力和狠抓落实的能力。

坚持依法行政，推进民主法制建设。坚持向人大及其常委会报告工作的制度，严格执行人大及其常委会各项决议，积极支持政协履行政治协商、民主监督、参政议政职能。认真办理人大议案、建议和政协提案。主动听取各民主党派、工商联和工会、共青团、妇联等群众团体的意见。自觉接受新闻舆论和社会公众监督。坚持职工代表联络员制度，进一步畅通人民群众向政府反映意见和要求的渠道。严格贯彻实施《行政许可法》，按照法定权限和程序行使权力、履行职责，依法处理经济社会事务。加强监督检查，推行行政执法责任制，切实解决好行政执法中“有法不依、执法不严、违法不究、权责脱节”的问题，促进严格执法、公正执法、文明执法。强化政府信用建设。完善政府决策规划和程序，坚持重大问题集体决策制度、专家咨询制度、社会公示和听证制度，提高决策透明度和公众参与度。健全政府内部分工负责、合力推进的工作方法与机制，有力、有序、有效地推进政府各项工作。

切实转变政府职能，提高服务水平。在继续完善经济调节、加强市场监管的同时，更加重视社会管理和公共服务，为市场主体创造良好的发展创业环境，为人民群众提供安居乐业的社会环境。加快政企分开、政事分开、管办分离，推动中介组织、行业协会的改革与发展，注重发挥好市场在资源配置中的基础性作用。积极推进政府管理创新，进一步深化行政审批制度改革，继续清理、取消和规范行政审批事项。总结推广管理权限下放试点经验，逐步把市级经济社会管理权限下放到县区。健全便民服务网络运行机制，推进电子政务建设。完善政务公开、厂务公开、村务公开等办事公开制度。努力提高行政效能，降低行政成本，为群众提供公开、透明、高效的公共服务。

强化政风建设，狠抓贯彻落实。大兴求真务实之风，坚持察实情、讲实话、办实事、创实绩，坚决反对弄虚作假和作风飘浮，力戒形式主义、官僚主义。大力精简会议和文件，尽量减少对基层的检查。深入调查研究，把更多的时间和精力放在深入基层解决实际问题上，把工作着力点转到谋发展、促改革、保稳定、抓落实上来。建立健全工作责任机制，树立雷厉风行、真抓实干的工作作风，集中精力抓好各项措施的落实。坚持廉洁从政、从严治政，全面落实党风廉政建设责任制，形成教育、制度、监督有效结合的预防机制。市政府领导班子以身作则，带头执行好市政府党组“五项廉政承诺”。加强行政监察、审计监督和政风行风建设，切实纠正部门和行业不正之风，规范建设工程招投标、经营性土地使用权出让、产权交易和政府采购行为。抓好公务员队伍的教育管理，加大轮岗交流力度，以民主评议行风为动力，进一步转变观念，摆正位置，换位思考，主动服务。大力整治办事拖拉、推诿扯皮等现象，推行不作为问责制，对各类违法违纪和影响昆明投资环境形象的典型的事件，严肃查处，绝不姑息。努力建设一支政治坚定、业务精通、清正廉洁、务实高效、作风优良的公务员队伍。

高度重视群众利益，积极为群众办实事。维护好、实现好、发展好人民群众的根本利益，认真解决群众最现实、最关心、最直接的问题，是政府一切工作的出发点和落脚点。在全面完成各项工作的基础上，今年，我们将继续办好10件实事：一是千方百计增加就业岗位，新增就业岗位6万个，解决5.2万人就业，其中下岗失业职工再就业1.5万人；二是建管并重，加强交通环境综合整治，提高道路通行能力，使主城高峰时段主要路口行车平均时速从目前的14公里左右提高到20公里左右，初步缓解交通拥堵状况；三是加大城市绿化力度，增加城市绿地面积，完成20万平方米绿地建设；四是完善基层卫生服务体系，新建24个社区卫生服务中心(站)、200个村卫生室，方便群众看病就诊。建立县乡村药品监督、供应网络，覆盖率分别达到95%和80%；五是在义务教育阶段，对省定、市定寄宿制学校贫困学生，少数民族贫困学生给予生活补助，并对全市中小学贫困学生和残疾学生继续实施“三免费”教育，救助贫困学生10万人次；六是在滇池周边、饮用水源区农村推广和普及生态卫生旱厕，建设30 000个家庭和公共生态卫生旱厕，改善农村卫生环境；七是培训农村富余劳动力5万人，新增转移农民工5万人；八是加快农村地区“村村通”工作，完成527座建站任务，解决边远贫困地区2万户、8万人收听收看广播电视难的问题；九是建设县乡油路390多公里，基本实现全市乡乡通油路计划；十是对医保个人账户每月低于40元的市属国有企业退休人员实行补助，使近10万名养老金收入偏低的退休人员得到必要的医疗保障。

各位代表！新的一年，我们肩负的责任重大而光荣。让我们紧密团结在以胡锦涛同志为总书记的党中央周围，高举邓小平理论和“三个代表”重要思想伟大旗帜，在中共昆明市委的坚强领导下，团结奋斗，扎实工作，努力完成经济社会发展的各项任务，加速推进现代新昆明建设，共同创造幸福生活和美好未来！

昆明市人民代表大会常务委员会工作报告

——在昆明市第十一届人民代表大会第六次会议上

（2005年2月22日）

昆明市人大常委会主任　李　庄

各位代表：

我受昆明市第十一届人民代表大会常务委员会的委托，向大会报告一年来常委会的主要工作和2005年的工作意见，请予审查。

2004年的主要工作

2004年是我市国民经济和社会各项事业取得全面进步的一年。在中共昆明市委的领导下，常委会以邓小平理论和“三个代表”重要思想为指导，深入贯彻党的十六大和十六届三中、四中全会精神，全面落实市十一届人大五次会议各项决议，认真行使宪法和法律赋予的职权，各项工作都取得了新的成绩和进展，为坚持和完善人民代表大会制度，推进依法治市进程，保障和促进我市物质文明、政治文明、精神文明协调发展作出了贡献。

一、提高认识，新时期人大工作的指导思想进一步明确

常委会进一步加强了理论学习，不断提高对人民代表大会制度性质、地位和作用的认识，按照市委建设学习型机关的要求，从人大工作实际出发，制定理论学习制度，每次常委会会议期间都安排专题辅导讲座。通过学习，进一步明确了做好新时期人大工作的指导思想，即紧紧围绕党和国家的工作大局；紧紧围绕改革发展稳定中的热点难点问题；紧紧围绕关系群众切身利益的问题，认真行使宪法和法律赋予人大及其常委会的职权，不断推进民主法制建设，不断推进社会主义物质文明、政治文明和精神文明的协调发展，为建设现代新昆明、实现全面建设小康社会目标营造良好的法制环境与和谐的社会环境。常委会把这一指导思想贯穿于人大工作的全过程，自觉地把坚持党的领导、人民当家作主和依法治国统一到人大工作实践中，牢固树立党的观念、政治观念、大局观念和群众观念，使常委会的各项工作更好地体现科学的发展观、正确的政绩观和马克思主义的群众观，工作水平有新的提高，在保障和促进全市经济社会发展中取得了新的成绩。

二、适应改革与发展的需要，立法质量进一步提高

常委会紧紧围绕党的中心工作，把提高立法质量放在突出的位置，坚持“不抵触、有特色、可操作”的地方立法原则，按照科学的发展观的要求，从全市改革与发展的实际出发，围绕现代新昆明建设，进一步加强了立法工作。

按照年度立法计划，常委会审议并通过了《昆明市燃气管理条例》，修订了《昆明市特种行业和公共场所治安管理条例》、《昆明市流动人口管理条例》。为适应我市城市规划、建设和管理体制改革，常委会审议并通过了市政府提请审议的《昆明市城市规划管理条例》、《昆明市城市市容和环境卫生管理条例》、《昆明市城市道路管理条例》等6件法规修正案。为适应社会主义市场经济发展和农村税费改革，维护国家法制统一，常委会审议并废止了《昆明市技术市场管理条例》、《昆明市建设工程质量管理条例》和《昆明市农民承担费和劳务管理若干规定》3件地方性法规。这些地方性法规的制定、修订和废止，对于建立地方公共安全保障机制，促进政府职能部门提高管理水平和服务水平，方便人民群众生产生活，维护社会公共秩序，保障社会政治稳定，建设“平安昆明”具有重要意义。

贯彻实施《行政许可法》是推进依法行政，建设法治政府的重要保证。为保证《行政许可法》在我市的顺利实施，常委会对我市33件地方性法规进行了全面清理，并召开第二十二次会议专题审议，作出了《关于修改、删除和停止执行涉及行政许可的地方性法规有关条文的决定》，修改了《昆明市历史文化名城保护条例》等6件法规的有关条文，删除了《昆明市城镇绿化条例》等5件地方性法规的有关条文，停止执行了《昆明市流动人口管理条例》等5件法规的有关条文。为行政许可法在我市的施行提供了法制保障，维护了国家法制的统一。

为进一步提高立法质量，健全和完善立法工作程序，常委会加强了对立法项目的调研，有针对性地制定立法计划，并广泛征求社会各界的意见。为加强对法规草案的统一审议，确保地方立法的科学性、民主性、公开性和实效性，提高立法的透明度，常委会主任会议审议通过了市人大法制委员会《关于加强地方立法前期工作的意见》。对《昆明市燃气管理条例》等地方性法规登报公开征求意见。为总结立法工作经验，组织开展了对《昆明市执法责任制条例》等5件地方性法规的“立法回头看”活动，针对存在问题，提出了改进地方立法工作的措施和建议，为提高立法质量积累了经验。

一年来，常委会还积极配合国家和省的有关立法活动，先后组织常委会组成人员、部分市人大代表和有关部门，对全国人大常委会和省人大常委会下发征求意见的《传染病防治法》、《地方组织法修正案》、《治安管理处罚法》等8件法律法规草案提出了修改意见和建议，并按规定报送全国人大常委会和省人大常委会。

三、突出重点抓好落实，监督实效进一步增强

常委会紧紧围绕发展这个执政兴国的第一要务，积极运用视察、检查、调查、述职评议、信访督办、个案监督等多种形式，认真开展对政府和法院、检察院的法律监督和工作监督，有力促进了我市经济社会持续快速健康发展。

常委会有重点地对《村民委员会组织法》、《动物防疫法》、《中医药条例》、《云南省发展中医药条例》、《云南省残疾人优待规定》、《云南省邮政条例》、《昆明市城镇绿化条例》等16件法律法规贯彻执行情况进行了执法检查，对检查中发现的法律意识不强、执法力度不够、工作落实不到位等问题，明确提出改进的意见和建议，要求有关方面予以纠正，保证了这些法律法规在我市的正确实施。为提高监督工作实效，常委会努力改进监督方式，把督促市政府及其工作部门落实整改措施作为重点，有针对性地开展跟踪检查，使执法检查的效果更加明显。滇池的保护与治理事关现代新昆明建设的成败，也是全市人民普遍关注的重大问题。常委会在2003年组织《滇池保护条例》执法检查的基础上，去年又组织滇池综合治理情况调查组，在调研的基础上再次进行执法检查，提出了加强调研，找准问题，着力解决农村面源污染等要求，督促市政府及有关部门加大治理力度。常委会还对市政府贯彻民族教育法律法规和《昆明市宗教活动场所管理条例》中存在问题的整改情况进行了跟踪检查。通过跟踪检查抓落实，推进了政府的工作，进一步树立了人大实施法律监督的权威。一年来，常委会还配合全国人大常委会和省人大常委会对我市贯彻执行《统计法》、《工会法》、《政府采购法》、《职业教育法》、《云南省职业教育条例》、《云南省政府采购条例》等11个法律法规的贯彻执行情况进行了执法检查。

常委会紧紧抓住全市经济社会发展的重点工作和群众普遍关注的热点问题开展监督。先后对昆洛公路、官南路立交桥、320国道改扩建、掌鸠河引水供水工程等重点工程建设项目和高致病性禽流感防治工作、食品安全、“三农”问题、失地农民生活保障、农村税费改革、重点水利工程建设、安全生产、中小学招生、公务员招录、下岗职工再就业、人民法院民事审判工作、公安工作等开展了视察、检查、调查，督促有关部门改进工作。

常委会加强对司法案件的监督力度，本着监督为民，依法维权的指导思想，对一些群众反映强烈，具有明显违反实体法和程序法，判决不公的典型申诉案件，在认真调查研究的基础上，加大督办力度，对15件申诉案进行重点督办，对实体和程序上存在问题的8件申诉案实施个案监督，其中3件进入再审、1件改判、1件调解成功，3件得到依法执行，切实维护了当事人的合法权益，促进了司法机关严格执法、公正司法。

常委会高度重视人民群众来信来访，坚持把信访工作作为密切联系群众，深入了解社情民意，维护社会安定团结，加强监督的一项重要工作，认真执行各项制度，抓好群众信访的疏通疏导和信访件的协调督办工作，对重点信访件做到没有结果不松手。一年来，共受理群众来信826件，接待群众来访3 397人次，督促有关部门解决了因建筑施工影响云南冶金汽修厂部分职工住房安全等一批涉及群众切身利益的问题，使人大信访起到了宣传法律、化解矛盾、维护群众利益的作用。

四、围绕发展主题，依法行使重大事项决定权

为督促市政府及其工作部门依法行政，保障和促进全市经济社会健康发展，常委会重点听取和审议了市人民政府关于国民经济和社会发展计划、年度财政预算决算和财政净结余资金安排、市本级地方财政预计超收收入安排，以及计划、财政执行情况、市本级预算及其他财政收支审计报告。为加强对财政预算调整的监督，常委会听取并审议了市政府关于2004年财政预算超收收入安排意见，并作出了决议。为适应我市经济社会发展需要，促进现代新昆明建设，常委会依法审议并作出了《昆明市人大常委会关于昆明市人民政府提请审议的〈关于给予国道昆明东连接线投资合作项目财政性资金补偿的议案〉的决定》，在保护我市投资环境的同时，开创了市人大常委会在重大建设项目资金使用方面行使重大事项决定权的先例。

常委会始终坚持党管干部与依法任免相统一的原则，充分发扬民主，严格依法按程序办事。在坚持任前法律知识考试、与组成人员见面等制度的同时，采用在常委会会上颁发任命书，常委会领导提出要求等形式，进一步增强了被任命人员的法律意识、人大意识和责任意识。全年共任免国家机关工作人员110人次。同时认真做好常委会任命的国家机关工作人员的述职评议工作，组织了对昆明市司法局局长的述职评议，加强了对常委会任命的国家机关工作人员的任后监督，促使他们勤政廉政，更好地为人民服务。

一年来，为促进我市经济社会的全面发展，常委会还听取和审议了市政府关于2004年1至4月经济运行情况、农村税费改革工作进展情况等专题报告；听取了市中级人民法院关于民事审判工作的汇报。为提高审议质量，每次审议前都组织有关委员会开展调查检查，审议之后抓好督办落实工作，促进了“一府两院”的工作。

五、充分发挥人大代表的主体作用，与人大代表和人民群众的联系更加密切

常委会把深入贯彻代表法和省委“云发［2003］8号”文件，作为充分发挥代表作用的一项重要工作。一年来，通过加强调查研究、狠抓各项措施的落实，不断改进工作方式和方法，使我市的代表工作更加活跃、代表作用得到更好的发挥。常委会先后组织两个调查组，对部分县（市）区和乡镇的代表工作情况进行了调查，针对存在问题，提出意见和要求，努力为代表执行职务创造良好条件，进一步密切了与人大代表和人民群众的联系。认真组织好代表的培训和学习，举办了第三期人大代表培训班，组织部分人大代表听取了全国人大常委会办公厅举办的《宪法修正案》卫星远程教育讲座，市人大常委会办公厅举办的《行政许可法》专题讲座，同时坚持为代表寄送人大刊物和学习资料。认真落实主任会议成员联系委员、常委会组成人员联系代表和人大代表联系人民群众制度，听取并反映代表和人民群众的意见。进一步加强了对市人大代表小组活动和代表持证视察活动的指导，认真组织，精心安排，做好服务工作，先后组织市人大代表对城市交通、社会治安、征地拆迁、烤烟生产等群众关注的热点难点问题进行检查视察。为了提高代表工作水平，调动代表履职积极性，常委会召开了全市人大代表工作会议，总结本届人大以来的代表工作，交流代表履职经验，表彰了22个先进代表小组、96名优秀人大代表。

人大代表对各方面工作提出议案和建议、批评、意见，是法律赋予人大代表的一项重要职权，也是密切国家机关同人民群众联系，增强决策科学化、民主化的重要途径。常委会高度重视此项工作，加大了议案办理工作中的调研力度，不断改进建议、批评和意见的督办方式，在坚持承办单位“先面商，后答复”等制度的同时，由每年检查一次改为两次。市十一届人大五次会议主席团交付市人大财经委、城环委、内司委和常委会教科文卫工委、民宗侨工委审议和研究的6件议案，已经由常委会审议批准。市十一届人大五次会议以来代表提出的394件建议、批评和意见，已经全部办理完毕并答复代表。办理质量有了进一步的提高，一些基层和群众普遍关注，长期没有得到解决的问题，如双河磨南德水源区保护经费等，得到了妥善解决。

常委会还针对四城区区划变动后的代表选举工作加强指导。提出并报请市委批准了《关于五华、盘龙、官渡、西山四区行政区划变动后市、区、乡三级人大代表资格问题的意见》。先后三次召开区划变动后三级人大代表的代表资格确认、代表名额重新确定和选举工作协调会，研究和答复相关问题。常委会领导多次到四区调研，广泛听取意见，深入实地进行指导。四城区在规定的时限内依法完成了代表资格确认、代表名额重新确定和区人大代表的选举工作。

一年来，常委会还认真坚持公民旁听人代会、常委会会议制度，直接听取人民群众的建议和要求，进一步密切了与人民群众的联系，促进了我市的民主政治建设。

六、加强调查研究，人大宣传和理论研究工作取得新成绩

常委会从推进社会主义政治文明建设，加强民主法制建设的实际出发，围绕纪念人民代表大会成立50周年和地方人大设立常委会25周年、市委人大工作会议等重大活动，进一步加强了调查研究和人大宣传工作。

常委会认真组织开展课题研究规划、任务管理工作，市人大各专委、常委会各工作部门联合各有关单位、部门，完成了《昆明市城郊农业产业结构调整的思路与对策》、《地方人大常委会开展述职评议工作的研究》、《昆明市企业分离办学校办医院》、《城乡基层民主政治建设》等一批课题研究任务。根据市委的安排，参与了“提高依法执政能力”，组织了“加强社会主义民主法制建设，推进依法治市”专题调研，形成的调研报告为市委决策提供了依据。常委会把开展纪念人民代表大会成立50周年和地方人大设立常委会25周年活动作为一项重要工作，在《昆明人大》开展了征文活动，与昆明电视台、昆明日报合作，推出了每月一期的“人大之窗”，联合各县（市）区人大常委会在昆明日报进行了连续三个月的集中报道，宣传了我市人民代表大会制度建设和民主法制建设取得的成就。常委会还组织开展了“第十二届宣传人大制度好新闻、好文章”评选表彰活动，召开了人大宣传工作座谈会。

常委会把协助配合市委做好市委人大工作会议筹备工作作为一件大事，成立了有4名常委会领导参加的调研组，到省内外进行了学习考察。在深入调研的基础上，认真组织会议文件的起草工作，反复征求各方面的意见，为市委决策提供了翔实的依据。

一年来，常委会有针对性地组织开展学习考察活动，进一步加强了对外联系。学习了外地人大在地方立法、预算监督、新闻舆论监督、国有企业改革、水环境整治、投资促进、议案办理、信访、自身建设等方面的经验和做法。常委会机关先后接待外地人大常委会来昆学习考察活动400多批3 000多人次。积极开展与外国议会的交流，泰王国曼谷市议会代表团对我市进行了友好访问，常委会组织了回访。常委会领导还会见了越南驻昆总领事、来昆访问的日本国众议院原议员，与各方就经济、文化、教育、体育、旅游、城市建设及发展睦邻友好关系、进行区域内经济文化合作等事项交换了意见。

七、努力提高履职能力和服务水平，自身建设进一步加强

常委会从适应新形势新任务的需要出发，把加强自身建设放在突出位置，下功夫抓好理论学习、作风建设和制度建设，为常委会依法履职、常委会机关完成各项工作任务，奠定了良好的基础。

常委会围绕提高履职能力和服务质量，进一步加强了常委会和常委会机关自身建设。恢复设立了农业工作委员会，坚持和不断完善了各项规章制度，使常委会的工作更加规范化。开展了以“勤政为民，廉洁务实”和“树立科学的发展观、正确的政绩观、马克思主义的群众观”为主题的教育活动。认真组织实施“云岭先锋”工程，不断加强党风廉政建设，常委会党组向社会作出了《廉洁自律五项承诺》，常委会机关在民主评议机关作风活动中取得较好的成绩。认真做好老干部工作，定期向老干部通报情况，听取意见，老干部的作用得到进一步发挥。加强机关后勤保障工作，改善了办公条件，机关内部管理进一步规范化。通过加强自身建设，常委会的履职能力和常委会机关的服务意识、办事效率有了新的提高，形成了团结向上、积极进取的良好风气，呈现出新的面貌。

一年来，常委会按照市委的要求，完成了联系非公有制企业、困难企业，督办重点建设项目等工作任务。常委会领导多次深入到各自联系的企业，调查研究，指导工作，协调市政府及有关部门帮助企业和投资者解决了一些具体困难和问题。为落实市委《关于做好新时期农村定点挂钩扶贫工作的通知》精神，常委会成立了扶贫工作领导小组，牵头召开了市级32家单位对寻甸县定点挂钩扶贫工作座谈会，多次深入扶贫点调查研究，积极筹措资金为金源乡田坝心村建了一所希望小学。

各位代表，过去的一年，是实施现代新昆明建设的重要一年，也是我市人大工作在实践中积极探索、开拓创新，推动我市社会主义政治文明建设和民主法制建设取得新进展的一年。常委会所取得的成绩，离不开市委对人大工作的领导；离不开“一府两院”和各县（市）区人大常委会的配合与支持；离不开全体人大代表和全市人民的监督与支持。在此，我谨代表市十一届人大常委会向关心、支持和帮助人大工作的所有同志和各界人士表示衷心的感谢和崇高的敬意！

在回顾过去，总结成绩的同时，我们也清醒地看到，常委会的工作与宪法和法律赋予地方人大常委会的职权、与党的十六大和十六届三中、四中全会精神、与全市各族人民的期望相比，仍存在一些差距和不足。主要是：立法步伐还需加快，立法质量还需进一步提高；对权力运行和利益分配的监督还需强化，监督实效需进一步提高；代表工作还需加强，代表活动方式还需进一步创新；信访工作有待改进，公民有序参与渠道还需进一步拓展；常委会机关的作风建设、制度建设还需要进一步加强。对此，常委会将在今后的工作中不断探索，努力加以改进。

2005年的工作意见

各位代表，2005年是全面落实党的十六大和十六届三中、四中全会精神，加快现代新昆明建设的关键一年，也是本届人大任期的最后一年。面对新形势新任务，我们必须加倍努力，善始善终地做好各项工作，努力为下一届人大工作打下良好的基础。在新的一年里，常委会的工作指导思想是：**高举邓小平理论和“三个代表”重要思想伟大旗帜，在中共昆明市委的领导下，深入贯彻落实党的十六大、十六届三中、四中全会、十届全国人大三次会议和胡锦涛总书记、吴邦国委员长有关人大工作的重要讲话精神，按照省委七届六次、市委八届五次全会和市委人大工作会议的要求，坚持科学的发展观，紧紧围绕党和国家的工作大局，紧紧围绕改革发展稳定中的热点难点问题，紧紧围绕关系群众切身利益的问题，认真行使宪法和法律赋予的职权，团结奋斗，开拓进取，扎实工作，进一步提升我市人大工作整体水平，为全面推进民主法制建设和依法治市进程，构建社会主义和谐社会，保障和促进全市经济社会全面、协调、可持续发展作出新的贡献。**

一、深入学习贯彻党的十六届四中全会精神

把学习全会精神同学习胡锦涛总书记、吴邦国委员长重要讲话精神结合起来；同开展保持共产党员先进性教育活动和实施“云岭先锋”工程结合起来；同做好新形势下地方人大的各项工作结合起来。统一思想，提高认识，深刻理解科学执政、民主执政、依法执政的内涵，增强做好新形势下人大工作的使命感和责任感。常委会要认真抓好市委八届五次全会和市委人大工作会议精神的贯彻落实，从地方人大及其常委会的性质、地位、作用和所肩负的历史责任出发，大胆探索、大胆实践、大胆创新，促进人大工作的制度化、法制化、规范化，更好地担负起宪法和法律赋予的各项职责。

二、做好地方立法工作，编制好五年立法规划建议

加强立法调研工作，开展创建节水型城市、规范中介组织、加强出租房管理、促进无偿献血等的立法前期工作和立法调研。制定《昆明市重点水源保护条例》、《昆明市生猪定点屠宰管理条例》，修订《昆明市流动人口计划生育管理条例》等地方性法规。继续开展“立法回头看”活动。着手编制我市下一个五年立法规划草案，紧紧围绕现代新昆明建设，突出经济立法重点，制订和完善规范市场经济秩序、维护公平竞争、保护各类产权权益、加强农业农村工作、推进工业化和城市化、完善劳动就业和社会保障以及可持续发展等方面的地方性法规。组织常委会组成人员和部分人大代表开展立法选项调研，扩大立法过程中的市民参与度，面向全社会征集立法建议，使我市的立法工作更好地体现全面、协调、可持续的科学发展观的要求。

三、创新监督工作方式，增强监督实效

针对政府工作中的重点、改革发展中的难点和人民群众普遍关注的热点问题开展有计划、有针对性的调查研究，听取汇报，实施监督。加大对年度国民经济和社会发展计划的审查力度，加强预算监督和重大建设项目资金的审查监督力度。对呈贡新区开发、城市交通环境整治、滇池污染治理、四城区新区划管理、失地农民安置等问题进行专题审议、视察或专项检查，督促政府及其有关部门认真解决问题。重点对贯彻执行中华人民共和国行政许可法、民族区域自治法、归侨侨眷权益保护法、台湾同胞投资保护法、农业法、采购法、民办教育促进法和省、市的相关条例开展检查。加强对司法机关的监督，建立司法监督咨询制度，增强司法监督的准确性的实效性。改进监督方式，实现程序性监督与实质性监督、对事监督与对人监督、提出整改意见建议与跟踪督办抓落实的有机结合，务求实效。进一步完善公民旁听制度，扩大公民有序的政治参与。加大信访工作力度，创新工作方式，改进工作作风，更好地发挥信访联系群众，监督“一府两院”依法行政，公正司法的作用。

坚持党管干部和依法任免的原则，进一步完善任免程序，改进任免工作，完善市人大常委会人事任免办法，加强同法定提名提请人的联系协调，把有关工作做在审议之前。加强对常委会任命的国家机关工作人员的监督，探索建立全面述职、重点评议的工作机制，继续对常委会任命的政府组成人员进行述职评议。

四、做好代表工作，密切与人民群众的联系

继续深入贯彻省委“云发［2003］8号”文件精神。加强对代表提出的议案和建议、批评、意见的办理力度，适当增加议案件数，对建议实行重点督办制度，加强检查，不断提高办理质量。认真组织好代表视察和代表小组活动，改进活动方式，建立由法律、财经、农业、城建、环保、科技、文化、教育、卫生等方面代表组成的专业代表小组，有针对性、有选择性地开展执法检查和调研活动。安排更多的人大代表参与常委会组织的视察、检查、调查，使人大代表更多地深入基层，密切与人民群众的联系。做好市人大换届选举的准备工作，加强法制宣传教育，进一步增强人民群众的法律意识和主人翁意识，保障换届选举工作依法顺利进行。

五、继续加强自身建设，切实转变工作作风

按照《中共昆明市委关于进一步加强人大工作的意见》的要求，不断提高常委会组成人员的思想政治素质和业务素质，通过集中学习、专题讲座、参加培训和学习考察等形式，深入系统地学习马列主义、毛泽东思想、邓小平理论和“三个代表”重要思想，有针对性地学习宪法、法律法规和经济、科技等方面的知识。加强调查研究，坚持围绕全市的中心工作、围绕常委会的重点工作、围绕事关全市改革发展稳定和人民群众关注的重大问题抓调研，实现好、维护好、发展好人民群众的利益。按照市委的统一部署和要求，开展保持共产党员先进性教育活动，以作风建设为重点，继续实施“云岭先锋”工程，加强机关制度建设，努力造就一支适应新形势、新任务需要的人大干部队伍。加强对外交流工作，宣传昆明，扩大影响，促进发展。加强同县（市）区人大常委会的联系，直接听取、及时采纳他们的意见和建议。继续加强人大宣传工作，积极开展人大制度理论研究和人大工作研究，总结好本届人大以来常委会的工作成绩和经验。

各位代表，新的形势、新的机遇赋予人大及其常委会新的使命。让我们紧密团结在以胡锦涛同志为总书记的党中央周围，高举邓小平理论和“三个代表”重要思想伟大旗帜，在中共昆明市委的领导下和省人大常委会的指导下，认清形势、明确任务，开拓进取，扎实工作，为坚持和完善人民代表大会制度，促进我市的社会主义民主政治建设，加快现代新昆明建设步伐，实现全面建设小康社会的宏伟目标而努力奋斗！

中国人民政治协商会议 昆明市第十届委员会常务委员会 工 作 报 告

——在政协昆明市第十届委员会第五次会议上

（2005 年 2 月 18 日）

昆明市政协主席　徐之信

各位委员：

我受政协昆明市第十届委员会常务委员会的委托，向大会作工作报告，请予审议。

2004 年的主要工作回顾

在过去的一年里，常委会深入学习贯彻中共十六大、十六届三中、四中全会精神，认真学习遵守宪法和政协章程，在中共昆明市委的正确领导下，坚持团结和民主两大主题，充分发挥全体委员的积极性，切实履行政治协商、民主监督、参政议政的职能，不断推进人民政协履职的制度化、规范化和程序化，为现代新昆明建设和全面建设小康社会作出了应有的贡献。

一、深入学习实践“三个代表”重要思想，进一步明确政协工作的指导思想

常委会把学习摆在政协工作的突出位置上，认真抓落实。一是组织宪法和政协章程学习辅导，使广大政协委员和机关干部进一步增强遵守宪法、依法办事的观念；明确时代发展对人民政协提出的新任务新要求，坚持在马克思列宁主义、毛泽东思想、邓小平理论和“三个代表”重要思想指导下开展政协工作。二是市政协中心学习组认真学习中共十六届三中全会精神，开展科学发展观、正确政绩观和马克思主义群众观的教育，牢固树立和落实科学发展观。三是通过纪念邓小平同志诞辰一百周年活动和学习胡锦涛同志在人民政协成立 55 周年纪念大会上的重要讲话，认真回顾人民政协走过的 55 周年光辉历程，加深对邓小平关于人民政协理论的理解，进一步提高对人民政协性质、地位和作用的认识，增强做好新世纪政协工作的使命感和责任感。四是认真组织学习中共十六届四中全会精神和《中共中央关于加强党的执政能力建设的决定》，充分认识坚持和完善中国共产党领导的多党合作和政治协商制度是加强中国共产党执政能力建设的一个重要方面，人民政协要在中国共产党加强执政能力建设中发挥应有的作用，不断提高参政议政的能力。

常委会把理论学习和工作实践紧密结合起来，坚持用邓小平理论和“三个代表”重要思想武装头脑，指导实践，推动工作，努力提高委员的整体素质，把广大委员的智慧和力量凝聚到我市全面建设小康社会的目标任务上来，为现代新昆明建设作贡献。

二、围绕团结和民主两大主题，认真履行政协职能

新修订的政协章程，在总结实践经验基础上，丰富了政协职能的内容，规范了政协职能的表述。中共十六届四中全会《决定》强调，要“支持人民政协围绕团结和民主两大主题，履行政治协商、民主监督、参政议政的职能”。这是加强中国共产党领导的多党合作和政治协商制度建设，巩固和发展最广泛的爱国统一战线，实现中华民族伟大复兴的必然要求，也是中国共产党提高执政能力的必然要求。在过去的一年里，常委会紧紧抓住建设现代新昆明这一中心，更加有效地履行了政协职能，对促进市委、市政府决策的科学化、民主化起到了积极作用。

*一是紧扣大政方针，积极开展政治协商。*常委会紧紧扣住党和国家大政方针的贯彻执行以及关乎我市经济社会发展的重大事项，在决策之前和就决策执行过程中的重要问题积极开展政治协商。十届四次全会期间，常委会组织政协委员对政府工作报告、法、检“两院”报告以及其他报告认真进

行协商。委员们就工业强市、“三农”问题、创业环境、非公经济、对外开放以及关爱弱势群体等一系列关系党和国家的重大方针政策贯彻落实的重大问题，积极建言献策。会议期间，还就现代新昆明建设进程中的工业强市战略实施、统筹城乡经济社会发展、城市交通建设与管理等突出问题，组织了专题协商会。市委、市政府领导及所属部门领导到会听取政协委员的意见，互相交换看法，进行面对面的协商。全会后，又对《昆明市燃气管理条例》、《实施工业强市，走新型工业化道路发展规划》（纲要）等地方性法规、行政规章及中长期发展规划进行协商，形成有问题分析、有措施办法的协商材料9份，提供党委政府决策参考。在第十八次常委会上，8位常委就牢固树立和落实科学发展观、促进昆明经济的全面、协调和可持续发展进行了专题发言。在“委员议政日”活动中，7个专委会分别组织委员以“树立科学发展观，推进现代新昆明建设”为主题，提出了抓紧制定现代新昆明的分区和专业详细规划；严格土地管理，盘活土地资源；抓好农村剩余劳动力培训和转移，切实解决失地农民的生产生活问题；注重产业支撑与发展，不断提升自主创新能力；按照“总体规划、分步实施、基础先行、滚动发展”的原则，加强基础设施建设；在新城建设发展的同时，加强对历史文化名城的保护；加强水资源的保护和开发，创建节水型城市；加强社会治安综合治理，推进社会主义精神文明建设等十多个方面的意见和建议。在中共昆明市委第八届五次全会召开之前，省委常委、市委书记杨崇勇同志带领有关领导，到市政协机关听取市政协和民主党派、工商联对市委工作的意见。与会人员对市委去年的工作给予了充分肯定，对如何提高执政能力、进一步做好今年工作坦诚建言。

*二是采取多种形式，切实有效地开展民主监督。*常委会在总结前两年民主评议政府部门工作经验的基础上，组织委员开展了对市农业局和市交通局工作的民主评议。委员们既肯定了这两个部门的工作，又指出了存在的主要问题，提出了科学合理的建议，引起了市政府领导和有关部门的高度重视。市农业局和市交通局对工作中存在的问题制订了切实可行的整改措施。常委会还动员组织400多名政协委员和机关干部参与对市级机关78个部门的民主评议；有31位委员被聘为特约监督员、人民陪审员，对市级国家机关及其工作人员的勤政廉政情况进行了有效的监督。召开了经济运行情况、禽流感防制、城市交通整治、社会治安治理和反腐倡廉等七次通报会，让委员知情明政，更好地进行民主监督。

*三是深入调查研究，广泛组织参政议政。*常委会广泛组织委员开展调研视察，积极参政议政。对北部四县一区开发、创建节水型城市、确保粮食安全进行了专题调研，并在深入调研的基础上，形成了三个建议案送市政府。围绕现代新昆明建设进展、地方金融改革和发展、失地农民的生产生活、农村税费改革、高中阶段教育改革与发展、公共卫生体系建设、民族宗教政策落实等重大问题组织委员2 000多人次，开展调研视察39次，形成调研视察报告36份。大部分调研视察报告提出的建议，都具有一定的决策参考价值。如：对撤销昆明动物园与新建野生动物园的调研，为市委、市政府的正确决策提供了重要依据，得到市委、市政府主要领导的充分肯定。根据中共中央召开的人才工作会议精神和昆明市发展战略需要，去年5月，举办了“人才强市战略与现代新昆明建设”论坛，邀请省内外专家学者120余人，就人才观念更新、人才体制创新、营造有利于人才脱颖而出和人尽其才的良好环境等内容展开广泛深入的研究讨论。与会专家学者纷纷发表真知灼见，积极建言献策。市委、市政府主要领导亲临会议听取论坛发言，给予了充分肯定。省委常委、市委书记杨崇勇同志还向其他领导积极推荐论坛材料汇编。此外，本着“存史、资政、育人”的指导方针，编辑出版了《昆明旅游文史》和《昆明文史资料选辑》第42辑，征集文史资料200余篇、60多万字。

*四是实行良性互动，努力提高提案工作质量。*提案是政协履行职能的重要形式。在去年的提案工作中，一方面，常委会认真抓政协委员的培训，组织委员调查研究，定期听取党委和国家机关的工作通报，做到以“三个代表”重要思想和科学发展观为指导，知情明政，努力提高提案质量。另一方面，政协提案委和党委、政府有关部门在立案、交办、办理、落实等环节上紧密配合、良性互动，做好提案办理服务工作，使我市的提案工作整体质量得到明显提高。市政协十届四次全会以来，共收到提案570件，立案542件，面商率、办复率、满意率都达到98%以上。其中的8件重点提案，分别由市政协领导负责督办，促进了提案办理工作。

三、认真贯彻中共昆明市委政协工作会议精神，不断推进政协履职的制度化、规范化、程序化

不断推进政协履行职能的制度化、规范化、程序化，是建设社会主义政治文明的必然要求，也是人民政协提高履职水平的重要保证。中共昆明市委对政协工作十分重视，于去年6月份召开了全市政协工作会议，就贯彻中共云南省委关于推进人民政协履职“三化”提出了具体意见，印发了《中共昆明市委关于推进人民政协履行职能制度化、规范化、程序化的实施意见》。这是一次十分重要的会议。会议对我市今后一段时期的政协工作有着重要的指导意义。

常委会在市委政协工作会议精神贯彻过程中，为了让公民更多地了解政协履行职能的情况，进一步加强与广大人民群众的密切联系，审议通过了《政协昆明市委员会关于公民旁听市政协常务委员会会议的办法》（试行）。还制定了主席、副主席分工联系常委和常委分工联系委员会的制度。

在中共昆明市委统一领导下，全市上下都抓了市委政协工作会议精神的传达贯彻，形成了党委领导、政府支持、政协努力三位一体共同推进人民政协履行职能制度化、规范化、程序化的新格局。市委领导和十四个县（市）区委书记撰写了一批专谈政协工作的文章，进一步加强了党委对政协工作的领导。市政府进一步为市政协解决了当前工作中存在的一些困难，加大了对政协工作支持的力度。各县（市）区党委和政府都为政协解决了一些实际困难，对推进政协履职“三化”作出了相应规定。

四、巩固发展爱国统一战线，为现代新昆明建设增添力量

努力促进参加政协各党派之间的团结合作是人民政协工作的重要内容；团结一切可以团结的力量、调动一切可以调动的积极因素，不断发展爱国统一战线，共同推进中国特色社会主义的伟大事业，是人民政协工作的出发点和落脚点。

首先，常委会重视搞好各党派、无党派人士在政协中的团结合作。主席会议、常委会议、全体会议在协商讨论重大问题时，坚持平等议事的原则，不同党派、不同界别、无党派人士在热爱中华人民共和国、拥护中国共产党领导、拥护社会主义事业、共同致力于祖国的完全统一和中华民族伟大复兴的政治基础上，都可以代表本界别的群众充分发表意见。常委会通过组织学习、调研、视察、联谊、纪念等活动，为党派团体和各族各界代表人士提供学习机会，搭建参政议政平台，充分发挥党派团体和无党派人士在履行政协职能中的作用。四次全会期间，首次召开了民主宗教界委员座谈会，认真听取关于贯彻落实民族宗教政策的意见，积极反映民族宗教工作中存在的困难问题。

其次，常委会十分注意团结新的社会阶层，为现代新昆明建设增添新的力量。在去年增补的12位市政协委员中，有外地驻昆商会负责人、私营企业主，还有律师。为改善非公经济发展环境和归国留学人员的创业环境组织了专题调研。通过市政协领导联系非公企业，为他们协调解决了一些实际困难，加强了与他们的联系。

此外，常委会还加强了对内对外的联谊活动。去年，海外联谊会增补了墨尔本市现任市长为顾问，增补新加坡籍的春城高尔夫球场董事长为副会长，并增加了24名归国留学创业人员作为理事。接待了泰国赴昆考察代表团，并介绍他们与螺丝湾市场管委会合作，商议在泰国兴建商品批发市场的事宜。市政协联络委与侨联、台联、民主党派共同接待海外来昆考察观光的客人98人次。还通过政协之友联谊会组织离退休老干部参观考察，为我市经济社会发展发挥余热。组织召开了全国部分城市政协秘书工作研讨会，组团参加了西南五市和全国十五城市政协联系会议，交流了经验，增进了友谊。全年共接待外地赴昆考察团106批，1 356人次，加强了与全国各地政协的联系，为扩大我市对内对外开放和招商引资作出了积极贡献。

五、及时反映社情民意，深入开展“八个一”民心活动

及时反映社情民意是人民政协的主要工作之一。常委会通过主席与委员约谈、接待群众来访、处理群众来信和深入实际调查了解，及时反映社情民意，协助市委、市政府做好维护社会稳定的工作。广泛发动政协委员和参加单位深入开展“八个一”民心活动，为困难群众和贫困地区捐资助学、扶贫济困、送医送药，开展科技培训，做了大量的好事实事。

去年，一共向市委、市政府和有关部门报送《主席约谈委员专报》18期，编发信息150多条，处理群众来信89件，接待集体上访12起。市委、市政府领导对市政协报送的社情民意十分重视，有的社会矛盾得到了及时解决，对维护社会稳定发挥了积极作用。

常委会广泛动员政协委员、机关干部和有关单位，深入开展“八个一”民心活动，积极为人民群众办实事好事。根据市委的统一部署，市政协成立了扶贫督查领导小组，开展了对石林、晋宁、宜良3个县的扶贫督查工作，为贫困村发展经济出主意，协调解决实际困难。市级各民主党派、工商联、有关人民团体及红十字会动真情、献爱心，做好扶贫挂钩工作，捐赠扶贫款30余万元和近万件衣物。民建市委两次组织由韩国医科大学及有关医学专家组成的国际志愿者医疗队到禄劝、寻甸县开展科技和卫生下乡活动。志愿者医疗队带去了价值3.8万美元的药品，使用自带的医疗器械为3 000多人次免费诊断治疗。农工党市委在嵩明、东川为1 261人次开展义诊。九三市委在富民开展果树栽培技术培训，在官渡区开展“科学和平周”活动。市工商联动员非公经济界人士捐款24万余元，慰问资助661户困难职工。贫困地区教育基金会发动会员筹措资金18万余元，扶持贫困地区教育事业。市政协机关和各县（市）区政协也广泛开展了“八个一”民心活动，为贫困地区农民和城市低收入居民捐赠了30多万元资金和一批衣物，帮扶了困难学生2 238人。

六、切实加强自身建设，努力提高政协组织的整体素质

常委会认真组织委员和政协系统的干部学习党的统一战线和人民政协基本理论，学习现代经济、科技、法律知识，努力建设学习型领导班子和政协机关。通过学习，提高了政协组织的整体素质，增强了政协履职的能力。

在组织建设方面，补选了两名副主席和秘书长，调整充实了部分专门委员会、研究室的领导，增补了一批新委员。

加强了市政协机关的建设。对机关干部进行《行政许可法》的学习辅导，组织了普法考试。开展“云岭先锋”活动，进一步发挥机关党组织的政治核心和共产党员的先锋模范作用。抓住对市级机关部门民主评议的契机，切实加强政协机关思想作风建设，提高工作效率和水平。政协办公厅在全市78个部门民主评议中名列A组第二。

一年来，市政协进一步加强了与新闻单位的联系。加强了宣传工作，让人们更多地了解我市的发展和人民政协事业。《人民政协报》、《云南政协报》介绍了现代新昆明的建设情况，报道了市委召开政协工作会议的情况，发表了市委、市政协领导的文章。市政协与《昆明日报》、昆明电视台联办《政协之声》、《政协之窗》各12期，编辑出版《昆明政协》12期。对宣传现代新昆明建设、营造政协履职的外部环境、树立政协的社会形象发挥了积极的作用。

各位委员，回顾总结过去一年的工作，我们深切体会到：一是要自觉接受和坚持中国共产党对政协工作的领导；二是要始终不渝地坚持用邓小平理论和“三个代表”重要思想统领政协工作；三是要围绕团结和民主两大主题，把促进发展作为第一要务，认真履行政协职能；四是要根据政协组织的特点和优势，充分发挥政协委员的主体作用；五是要坚持与时俱进，不断创新，努力把政协工作推向前进。一年来，常委会工作取得的成绩，是在省政协的指导和中共昆明市委的领导以及市政府、社会各方面的大力支持下，经过广大委员、参加政协各单位和机关全体干部职工共同努力取得的。在这里，我代表常委会，向全体委员和有关方面对市政协工作的关心支持和帮助表示衷心的感谢！

在肯定成绩的同时，我们也要清醒地看到工作中存在的差距：一是调研视察深度不够，履行职能的实效有待进一步提高；二是履行职能的制度化、规范化、程序化尚存在某些体制和机制上的障碍，有待进一步克服；三是市政协有的专委会领导缺位、人员不足、工作条件较差的问题还需要进一步解决。对上述问题，我们将在中共昆明市委的领导下，认真加以研究，采取有效措施，切实加以解决。

2005年的主要工作任务

2005年，是巩固宏观调控成果、保持经济社会良好发展态势、全面完成“十五”计划的关键之年，也是本届政协任期的最后一年，常委会工作的总体要求是：**以邓小平理论和“三个代表”重要思想为指导，深入贯彻中共十六大、十六届三中、四中全会和胡锦涛总书记在庆祝中国人民政治协商会议成立55周年大会上的讲话精神，在中共昆明市委的领导下，坚持科学发展观，紧紧围绕开创现代新昆明建设新局面、全面建设小康社会的奋斗目标和今年我市的各项工作任务，切实履行政协职能，凝聚人心，团结力量，为推进我市社会主义物质文明、政治文明、精神文明协调发展作出新的贡献。**

一、创建学习型政协组织，坚持用邓小平理论和“三个代表”重要思想统领政协工作。高举邓小平理论伟大旗帜，深入学习实践“三个代表”重要思想，是人民政协坚持正确政治方向的保证。在新的一年里，常委会要坚持用邓小平理论和“三个代表”重要思想统领各项工作，深入学习贯彻中共十六大和十六届三中、四中全会精神，加强中国共产党领导的多党合作和政治协商制度建设，坚持“长期共存、互相监督、肝胆相照、荣辱与共”的方针，始终高举爱国主义、社会主义的旗帜，根据新形势和新任务对人民政协的要求，站在党和国家工作全局的战略高度上，切实加强自身建设，创建学习型政协组织，研究新情况、总结新经验、解决新问题，保持人民政协事业的生机活力，提高履行职能的能力和水平，使政协工作更加体现时代性，把握规律性，富于创造性。

二、把促进发展作为第一要务，为开创现代新昆明建设新局面履行好政协职能。在科学发展观的指导下开创建设现代新昆明的新局面，是今年市委和市政府的工作中心。常委会要围绕中心，服务大局，坚持把促进发展作为履行职能的第一要务，充分发挥政协组织人才荟萃、智力密集的特点和优势，围绕解决“三农”问题、推进工业强市、治理滇池污染、建设呈贡新区、发展文化产业、发展非公经济、改善市容市貌、优化创业环境、增加就业和再就业以及艾滋病防治等内容组织调研视察，履行政协职能。要继续开展对政府部门工作的民主评议，加大民主监督的力度。要积极参与护国运动90周年、抗日战争胜利60周年、“一二·一”运动60周年以及郑和下西洋600周年等重要纪念活动，加强对外联谊工作，为我市经济社会的发展作出人民政协应有的贡献。

三、发挥政协组织的政治优势，构建社会主义和谐社会。维护安定团结的政治局面，保持社会的长期稳定，构建社会主义和谐社会，是执政兴国的根本保证。常委会要充分发挥政协组织的政治优势，积极反映社情民意，多做协调关系、化解矛盾的工作，协助党委、政府做好社会稳定工作。坚持团结和民主两大主题，发展社会主义民主政治，团结一切可以团结的力量，调动一切可以调动的积极因素，为开创现代新昆明建设的新局面、全面建设小康社会凝聚最广大、最深厚的力量。要把实现祖国的完全统一和维护世界和平以及各个国家的共同发展作为人民政协的神圣职责，进一步加强对外联谊工作，加强与香港特别行政区同胞、澳门特别行政区同胞、台湾同胞和海外侨胞的联系，进一步巩固发展最广泛的爱国统一战线。要认真贯彻党和国家的民族宗教政策，巩固和发展平等团结互助的社会主义民族关系，促进各民族共同繁荣进步；坚持宗教信仰自由，支持政府依法管理宗教事务，支持爱国宗教团体独立自主自办教会，积极引导宗教与社会主义社会相适应。要深入开展“八个一”民心活动，提倡为人民群众办好事实事，加强与人民群众的密切联系，为构建社会主义和谐社会发挥积极作用。今年，将选择适当时机举办“和谐社会·平安昆明”研讨会，请政协委员和各方面的专家学者为构建社会主义和谐社会，打造平安昆明建言献策。

四、深入贯彻中共昆明市委政协工作会议精神，扎实有效地推进政协履职的制度化、规范化、程序化。常委会要结合深入学习贯彻政协章程，进一步落实中共昆明市委去年召开的政协工作会议精神，继续健全与政协章程相配套的各项制度，逐步完善履职程序，进一步加强与市级各民主党派、工商联、有关人民团体的密切联系，加强对县（市）区政协工作的指导，努力把中共昆明市委关于推进人民政协履行职能制度化、规范化、程序化的实施意见落到实处。

五、认真回顾总结市政协50年的光辉历程和基本经验，努力开创政协工作新局面。今年3月22日是昆明市政协成立50周年纪念日，通过纪念活动，认真回顾和总结我市政协50年来的光辉历程和基本经验，对于推进我市人民政协事业的不断发展具有十分重要的意义。要认真组织好市政协成立50周年纪念座谈会，认真总结市政协50年来履行职能的基本经验。动员历届市政协委员和参加市政协的单位踊跃撰稿，为编辑出版《我与昆明政协——纪念昆明市政协成立50周年》和《政协委员风采录》提供材料。以此推动我市人民政协事业不断向前发展。

六、进一步加强政协自身建设，努力提高履职能力和水平。常委会要依据政协章程的规定，全面加强自身建设，不断提高政协委员和机关干部的整体素质，增强政协委员的光荣感、责任感和使命感。要结合共产党员先进性教育活动，切实搞好政协各级班子的建设，搞好党组织的建设，发挥党组织在政协工作中的政治核心作用，教育政协组织中的共产党员做团结合作的模范、清正廉洁的模范。要把作风建设摆在突出位置，大兴求真务实之风，不断提高抓落实的能力，努力造就一支政治坚定、作风优良、学识丰富、业务熟练的高素质政协工作干部队伍。要认真总结政协第十届委员会的工作经验，做好换届的各项准备工作。

各位委员，伴随着时代前进的步伐，人民政协正以新的姿态和风貌踏上新的征程。人民政协是大有可为的，也一定能够大有作为。让我们紧密团结在以胡锦涛同志为总书记的中共中央周围，以邓小平理论和“三个代表”重要思想为指导，在中共昆明市委的领导下，同心协力，和衷共济，求真务实，开拓进取，为开创建设现代新昆明新局面、全面建设小康社会而努力奋斗！

提高反腐倡廉能力　构建惩治预防体系
为建设现代新昆明提供有力保证

——在中共昆明市纪委三次全会上的工作报告

（2005年2月5日）

中共昆明市委副书记、市纪委书记　李培山

同志们：

我受市纪委常委会的委托，向全委会报告工作，请予审议。

这次全会的主要任务是：以邓小平理论和“三个代表”重要思想为指导，深入贯彻落实党的十六大、十六届四中全会和中纪委五次全会、省纪委四次全会、市委八届五次全会精神，总结2004年工作，贯彻标本兼治、综合治理、惩防并举、注重预防的方针，按照建立健全教育、制度、监督并重的惩治和预防腐败体系的要求，研究部署2005年我市党风廉政建设和反腐败工作任务。

2004年我市党风廉政建设和反腐败工作情况

2004年，全市各级党委、政府和纪检监察机关坚持以邓小平理论和“三个代表”重要思想为指导，认真贯彻落实中纪委三次、四次全会，省纪委三次全会精神和市委、市政府的工作部署，按照胡锦涛总书记提出的“为民、务实、清廉”的要求，坚持标本兼治、综合治理的方针，扎实有效地开展工作，我市党风廉政建设和反腐败工作不断推向深入，取得了明显成效，为现代新昆明建设和全面建设小康社会提供了坚强的政治和纪律保证。

一、围绕中心，服务大局，开展党风廉政建设工作

各级纪检监察机关紧紧围绕市委、市政府的重大决策，服务改革、发展、稳定的大局，充分发挥职能作用。

制定纪律规定，确保政令畅通。及时制定《关于确保四区行政区划调整顺利进行的纪律规定》，加强宣传教育和监督检查，确保了四区行政区划调整各项工作的顺利开展；制定了《关于严肃防治高致病性禽流感工作纪律的规定》，保障了高致病性禽流感防治工作的顺利进行，对两名监督检查不力、工作失职的领导干部实施了责任追究；制定了《关于严肃制止利用领导干部名义办事行为的规定》，有效地防止了打着领导旗号办事和冒充领导同志或身边工作人员进行招摇撞骗的行为；重申和强调了招商引资工作中的相关纪律要求，保障了招商引资工作有序开展。

强化措施，促进机关作风建设。为进一步加强和改进市级机关作风建设，解决广大群众最为关心的热点、难点问题，促进机关转变观念、转变职能、转变作风，提高执法水平、行政效率和服务质量，优化发展环境，去年初，市委、市政府在市级机关78个部门、单位开展了以依法行政、服务态度、行政效率、廉洁勤政为主要内容的民主评议机关作风工作。评议工作历时八个多月，经过四个阶段的扎实工作，各参评机关广泛征求群众意见，认真整改，参评代表明察暗访，促进机关整改。评议工作取得了显著效果，有力地促进了机关作风的转变和服务质量的提高。广大群众对机关作风给予了充分肯定，满意度达到了98.4%，名列第一名和最后一名的得分都比上年有了提高，群众意见也比上年减少。在肯定成绩的同时，评议代表又提出3 600多条意见和建议，这些意见和建议已转至各部门、各单位认真整改。

加强执法监督，为优化发展环境服务。深入开展效能监察和廉政监察，加大了对现代新昆明建设中重点工程、专项资金、经营性土地使用权出让等的监督检查力度，积极协助有关部门推进产权交易进入市场工作。围绕我市非公经济发展目标，加强了对加快非公经济发展各项政策落实情况的监督检查，重点纠正和制止了向非公企业乱摊派、乱罚款、乱收费、乱检查，以及行政审批部门不按规定时限办事、故意刁难企业等行为。针对群众举报出租汽车行业经营公司保险收费的问题，及时组织相关部门进行清理检查，督促全市43

家出租汽车公司向2 314辆出租汽车的车主退还保险金143万余元。

二、狠抓反腐败三项任务的落实

（一）实施廉洁勤政工程，深化领导干部廉洁自律工作

以建立健全教育、制度、监督并重的惩治和预防腐败体系为目标，进一步加大教育和制度建设力度，强化监督检查，促进了领导干部廉洁勤政。

加强廉政教育，实效性不断增强。构筑反腐倡廉“大宣教”工作格局，与市直有关单位建立了党风廉政宣传教育联席会议和协调会议两项制度。在全市副科级以上领导干部中开展了“勤政为民、廉洁务实”专题教育活动。通过学习教育，共查找存在问题2 189条，制定整改措施2 010条，仅县（处）级领导干部就撰写心得体会1 867篇，收到了较好的效果。认真组织广大党员、干部深入学习贯彻《中国共产党党内监督条例（试行）》和《中国共产党纪律处分条例》，组织6万余名党员、干部参加两个《条例》的知识测试；组织学习《中国共产党党员权利保障条例》，增强了广大党员、干部的民主意识；广泛开展郑培民、梁雨润、牛玉儒等先进典型的示范教育和典型案例的警示教育，组织开展了党内法规知识竞赛。从去年7月份起，市纪委、监察局每月向全市县（处）级领导干部发一封公开信，结合各个阶段的工作重点，及时打招呼、提要求，进一步提高了领导干部的防范意识，增强了教育的针对性，丰富了党风廉政教育的内容和形式。

开展专项清理，廉洁自律意识不断增强。清理和纠正县（处）级领导干部在企业兼职22人；清退党政干部借欠公款13.05万元；清退党政机关和事业单位用公款为个人购买商业保险539.03万元；清理全市党政机关、事业单位违规购买超标车16辆，其中9辆进行了公开拍卖，收回资金342万余元，7辆被调整作为抢险救灾工作用车，对5名责任人进行了查处；落实领导干部配偶、子女从业有关规定，申报登记173人；落实领导干部不准收送现金、有价证券和支付凭证规定，去年，昆明“廉政账户”新存入人民币71万余元。各级各部门继续严格控制一般性出国（境）考察，认真纠正用公款大吃大喝、请客送礼、公款赊账吃喝、党员和干部参与赌博等歪风。

落实制度，接受监督意识不断增强。市委常委带头向全市人民做出“五项廉政承诺”，自觉接受社会监督。各级领导班子认真执行“四大纪律、八项要求”。结合“云岭先锋”工程的实施，围绕开展科学发展观、正确政绩观和马克思主义群众观的教育活动，进一步落实了领导干部廉洁自律的各项规定，并作为民主生活会对照检查、责任制检查考核和述职述廉的重点。重要情况通报和报告、述职述廉、谈话和诫勉、经济责任审计等监督制度进一步落实。各级党委、政府和纪检监察机关领导共开展诫勉谈话、警示谈话和任职廉政谈话2 481人（次），领导干部述职述廉3 792人（次），个人重大事项报告1 640人（次），对25个单位27名领导干部进行了经济责任审计。认真贯彻落实《中国共产党党内监督条例（试行）》，党内监督工作不断推进，监督的整体合力逐步形成，领导干部自觉接受监督的意识不断增强，遵纪守法的自觉性进一步提高。

（二）查办违纪违法案件力度不断加大

各级党委进一步加强了对查办案件工作的领导，支持纪检监察机关查办大案要案。各级纪检监察机关坚持把查处违纪违法案件作为反腐败斗争的突破口，认真组织协调，在领导精力、责任落实、后勤保障等方面进一步加大力度。

2004年，全市各级纪检监察机关共受理群众来信来访、电话举报3 702件（次），涉及纪检监察业务范围内的3 243件（次），初查核实530件，立案127件，结案132件。党纪政纪处分177人，其中，党纪处分151人，政纪处分51人，党政纪双重处分25人；开除党籍81人，留党察看13人，开除公职10人，撤销行政职务11人；县（处）级干部21人，乡（科）级干部35人。严肃追究了昆明市第一人民医院丢弃患者致其死亡案件的相关责任人，查处了呈贡县、安宁市等单位违规购车案件和个别领导干部利用职务影响为子女结婚大操大办的案件。通过查办案件，挽回经济损失1 391.5万元。同时，坚持惩处与保护并重，先后为286名受到失实举报的干部澄清了事实，使一批德才兼备的干部顺利地走上了重要领导岗位；对185件轻微违规问题进行了适当处理。

（三）认真纠正损害群众利益的不正之风，切实维护群众利益

认真解决损害群众利益的突出问题。按照“四个坚决纠正”的要求，对全市征用农民集体所有土地补偿费的管理开展专项检查，共清理拖欠土地补偿金额1.11亿元；加大了对城镇拆迁工作的监督力度；加强了对企业重组改制和破产中侵害职工合法权益的监督检查；对全市拖欠工程款和农民工工资问题进行了全面调查，共清理拖欠工程款20.02亿元，清欠农民工工资1.54亿元，拖欠单位均制定了三年还款计划。

深入推进纠风专项治理。一是加大了对教育专项经费管理使用的督促检查。严格执行学校收费“收支两条线”管理；对“一费制”收费情况加强监督检查；严格执行高中择校生“三限制”政策；开展了春秋两季中小学收费大检查，查出并清退违规收费16.06万元。二是进一步加大了纠正医药购销和医疗服务中的不正之风力度。认真开展药品集中招标采购工作，部分医药价格平均降幅达16.55%；狠抓了医药收入实行分开核算、分别管理和在市级医院实行“一日清单”制度的落实。三是坚持不懈地抓好减轻农民负担工作。认真开展对农民用水、用电和建房乱收费，农村报刊征订硬性摊派工作的专项治理；推行了涉农价格和收费公示制，认真实施税费改革，实现了“村村减负、户户受益”的税改目标。全市农民负担减少8 068万元，减负率达61%，农民人均负担减少27.56元。四是深入开展减轻企业负担工作。推行了企业挂牌保护制度；实施了对企业的检查审批制度；重点抓好对已公布取消的收费、集资、基金项目的检查落实，清理不合理收费项目472项；组织了对乡镇企业收费治乱的专项检查。五是进一步加大了治理公路“三乱”的工作力度。

三、大力推进阳光政务工程，加大从源头上预防和治理腐败工作力度

行政审批、财政管理、投资体制和干部人事制度改革继续深化。以贯彻落实行政许可法为契机，市县两级全面实施阳光政务工程，建立了行政审批“告知承诺制”、“综合受理和首席代表制”，提高了行政效率。进一步清理和精简行政审批事项128项，对安宁市和东川区实行了行政审批管理权限下放试点。加强公共财政管理职能，进一步调整和完善了市、县（市）区和三个开发（度假）区财政管理体制；扩大了国库集中支付试点，完成了由会计核算中心向国库集中支付的过渡；加强了对党政机关大额度资金使用的监督；加大了对重点工程建设资金的审计监管力度；农村集体资产管理体制改革的步伐明显加快。同时，不断加强和改进对投资活动的管理和监督，继续推进干部人事制度改革。

建设工程招标投标、经营性土地使用权出让、产权交易和政府采购四项制度进一步完善。全市实行招标投标建设工程447项，涉及金额68.13亿元；对各类经营性土地使用权实行了招标拍卖挂牌出让；政府采购金额约2.94亿元，节约资金237万元。

政务公开、厂务公开、村（居）务公开工作不断深化。乡（镇）以上行政机关全面推行政务公开制度，与群众利益密切相关的公用事业单位普遍实行了办事公开，司法公开、警务公开和校务公开工作进展顺利；厂务公开由城镇集体企业、乡镇集体企业向外商投资企业、私营企业逐步延伸；村（居）务公开巩固发展，基层民主政治建设进一步加强。

四、党风廉政建设责任制继续深化

各级党政领导班子和领导干部进一步增强执政意识、忧患意识和责任意识，把党风廉政建设责任制作为政治纪律认真执行，作为“龙头”工程认真落实。从市级到各基层单位，层层签订了《党风廉政建设责任书》；对各项目标任务进行了细化分解，落实责任单位和责任人，实行“一岗双责”；对违反责任制规定的领导干部，实行严格的责任追究，去年共对5个单位25名领导干部进行了责任追究，其中，县（处）级干部13人，科级干部9人，科级以下干部3人。各级纪检监察机关积极发挥组织协调作用，认真开展党风巡查，加大对责任制工作的监督检查和考核力度，确保了工作任务的落实。从半年抽查和年终检查考核结果看，我市反腐倡廉领导体制和工作机制已逐步形成，各级领导干部抓党风廉政建设的责任意识明显增强。

五、纪检监察干部队伍建设不断加强

一是适应发展需要，更新思想观念。面对新形势、新任务，各级纪检监察干部坚持发展这个党执政兴国的第一要务，解放思想，与时俱进，自觉服从服务于党委、政府的中心工作和改革、发展、稳定的大局，认真履行纪检监察职能；二是深入开展思想政治建设，加强理论学习和业务培训，执纪能力有了明显提高。深入学习贯彻“三个代表”重要思想和中央领导同志关于加强纪检监察干部队伍建设的重要指示精神，加强党内法规和其他法律法规的学习；在部分县区开展了基层纪检监察干部到上级或同级纪检监察机关对口学习的活动；组织全系统236名纪检监察干部外出培训；全市县（处）级纪检监察领导干部参加了赴上海、浙江的学习。三是狠抓机关作风建设，树立良好形象。结合“云岭先锋”工程的实施和民主评议机关作风工作，大力开展了创先争优、创建学习型领导班子、创建学习型机关和“三观”学习教育活动。市纪委常委班子做出了“廉政五项承诺”，制定了“加强机关作风建设的措施”。为着力研究解决工作中的难点和热点问题，先后组织四个调研组，深入县（市）区、机关、厂矿开展调查研究，广泛听取意见。同时，加强机关内部管理，健全完善各项规章制度，加大了干部竞争上岗、轮岗交流的力度。

我市去年党风廉政建设和反腐败工作取得了明显成效，但也必须看到存在的一些不容忽视的问题：少数领导干部对抓党风廉政建设的责任意识不强，“一手软、一手硬”的现象仍然存在；反腐倡廉制度还不够健全和完美，一些单位对制定的规章制度检查落实不力，有章不循的问题时有发生；反腐倡廉宣传教育的针对性、实效性不够强；一些单位和部门的群众观念淡薄，与民争利、损害群众利益的事件时有发生；纪检监察机关自身建设还存在一些薄弱环节。对此我们必须高度重视，采取更加有力的措施，在今后的工作中认真加以解决。

2005年党风廉政建设和反腐败工作任务

2005年党风廉政建设和反腐败工作的总体要求：坚持以邓小平理论和“三个代表”重要思想为指导，深入学习贯彻党的十六届四中全会、中纪委五次全会、省纪委四次全会和市委八届五次全会精神，围绕加强党的执政能力建设和全面落实科学发展观，坚持标本兼治、综合治理、惩防并举、注重预防的方针，在坚决惩治腐败的同时，用发展的思路和改革的办法，不断提高有效预防腐败的能力和水平，推动全市党风廉政建设和反腐败工作深入开展。

一、提高反腐倡廉能力，为加强党的执政能力建设提供有力保证

反腐倡廉能力，是党的执政能力的重要体现，是巩固党的执政地位的重要保证。胡锦涛总书记在中纪委五次全会上的重要讲话中明确指出：“党的执政基础最容易因腐败而削弱，执政能力最容易因腐败而降低，执政地位最容易因腐败而动摇”，“坚决惩治腐败是我们党执政能力的重要体现，有效预防腐败更是我们党执政能力的重要标志”。按照中央和省、市委的要求，全市各级党委、政府要充分认识提高反腐倡廉能力对加强党的执政能力建设的重要性、必要性。抓好党风廉政建设和反腐败工作，我们党才能够密切与人民群众的关系，才能始终得到最广大人民群众的拥护和支持，才能不断提高执政能力，巩固执政地位，永远立于不败之地。

加强党的执政能力建设迫切要求加强党的执纪能力建设。按照省纪委四次全会的要求，全市各级纪检监察机关要努力提高适应完善社会主义市场经济体制要求的能力、组织协调的能力、有效监督的能力、查办案件的能力、纠风和执法监察的能力、依法执纪的能力、维护合法权益的能力和抵御腐蚀的能力，不断提高纪检监察工作水平，增强反腐倡廉工作的原则性、系统性、预见性和创造性。

各级纪检监察机关要牢牢把握发展这个党执政兴国的第一要务，紧紧围绕党委、政府的中心工作，认真履职，把促进我市国民经济持续快速协调发展作为思考和处理问题的着眼点，把反腐倡廉工作寓于改革开放和现代新昆明建设的重大决策和措施之中，进一步加大纪检监察工作力度，保证市委、市政府各项重大决策的落实。要把维护党的政治纪律放在首位，坚持四项基本原则，坚持党的基本理论、基本路线、基本纲领、基本经验，维护党的团结统一，维护以胡锦涛同志为总书记的党中央的权威；坚持党要管党、从严治党的方针，维护和执行党的政治纪律、组织纪律、经济工作纪律和群众工作纪律；加强思想政治建设，坚持立党为公、执政为民，牢固树立科学发展观、正确政绩和马克思主义群众观，切实做到为民、务实、清廉；加强作风建设，进一步密切党同人民群众的血肉联系，坚决反对形式主义和官僚主义作风，坚决纠正损害群众利益的不正之风，为加强党的执政能力建设提供政治、思想、纪律和作风保证。

二、坚持教育、制度、监督并重，加强惩治和预防腐败体系建设

党中央颁布的《建立健全教育、制度、监督并重的惩治和预防腐败体系实施纲要》，深刻阐述了建立健全惩治和预防腐败体系的重大意义，总结了党的反腐倡廉基本经验，明确了惩防体系建设的指导思想、主要目标和工作原则，是当前和今后一个时期深入开展党风廉政建设和反腐败工作的指导性文件。各级党委、政府要充分认识贯彻实施《实施纲要》

的重要性，切实加强领导，广泛开展宣传，认真组织学习，全面把握基本精神和主要内容，以学习贯彻《实施纲要》为契机，加强教育，完善制度，强化监督，经过努力，建立起思想道德教育的长效机制、反腐倡廉的制度体系、权力运行的监控机制。

（一）发挥教育的基础性作用，打牢反腐倡廉的思想根基。一是坚持和完善反腐倡廉“大宣教”工作格局，把反腐倡廉教育纳入党的宣传教育的总体部署，进一步完善反腐倡廉教育的工作机制，形成全党抓党员、干部思想道德纪律教育的大格局。认真落实党风廉政宣传教育联席会议和协调会议制度，充分发挥各种阵地、各类媒体的作用，整合宣教资源，形成反腐倡廉教育的强大合力。二是反腐倡廉教育要坚持以各级领导干部为重点。加强对领导干部的理想信念教育、法规纪律教育和优良传统教育，使广大领导干部坚持立党为公、执政为民，牢固树立马克思主义的世界观、人生观、价值观和正确的权力观、地位观、利益观。要结合在全市开展的保持共产党员先进性教育活动，切实解决党员和党组织在思想、组织、作风以及工作方面存在的突出问题，进一步打牢广大党员、干部反腐倡廉的思想基础。三是反腐倡廉教育要面向全社会，把思想教育、纪律教育与社会公德、职业道德、家庭美德教育和法制教育结合起来，积极倡导“以廉为荣、以贪为耻”的良好社会风尚，增强全民的反腐倡廉意识，为反腐倡廉奠定坚实的社会基础。四是要增强教育的针对性、实效性。针对不同层次、不同群体、不同行业，分类指导，分级施教。要把专题教育与经常性教育、组织教育与自我教育、书本教育与示范性教育、理性教育与警示性教育结合起来，使教育真正做到入脑、入心，见行动。五是要坚持行之有效的各项教育制度，在坚持和完善中心组学习、民主生活会、党课教育、党校培训、反腐倡廉教育课和反腐倡廉教育月等制度的同时，大胆探索新的宣传教育方式，开展现身说纪说法、评选贤内助、在电台和互联网上开辟反腐倡廉专栏、每月向县（处）级领导干部发一封公开信或推荐一篇反腐倡廉好文章活动。通过建立长效的教育机制，使广大干部筑牢党纪国法和思想道德防线，少犯错误，不犯错误。

（二）完善和落实各项制度，发挥制度的保证作用。按照反腐倡廉制度化、法制化的要求，要重点抓好反腐倡廉基本制度和从源头上治理腐败各项制度的落实和完善。在建立健全反腐倡廉基本制度上，重点抓好四个完善，即：完善对权力制约和监督的制度；完善规范国家工作人员从政行为的制度；完善对违纪违法的惩处制度；完善反腐败领导体制和工作机制。在源头上治理腐败各项制度的改革创新上，重点抓好“六项改革”、“四个规范”和“三个公开”。完善和落实各项制度，关键是要认真落实党风廉政建设责任制，这是推进反腐倡廉工作的重要制度保障。要通过党委坚强有力的领导，使反腐败领导体制和工作机制有效运转起来，营造齐心协力反腐败的良好局面。要认真执行反腐倡廉各项制度规定。有了制度就要按制度办事，用制度规范行为。现在的问题不是没有制度，而是制度不落实的问题。虽然已经有了不少好的制度。但往往只是挂在墙上、写在纸上、说在嘴上，没有发挥应有的作用。所以，从今年开始，必须加大对制度执行落实情况的监督检查力度，建立落实制度监督检查的季度报告制度，切实加大对制度落实情况的督促检查，严厉查处违反法规制度的行为，发现问题及时纠正，做到令行禁止、违者必究，确保制度的权威性。

（三）加强对权力的监督，保证权力正确行使。加强对权力的监督制约，要坚持以领导机关、领导干部特别是各级领导班子主要负责人为重点，紧紧抓住易于滋生腐败的重点环节和重点部位，在三个环节上下功夫：一是提高认识，树立自觉接受监督的意识，提高接受监督的自觉性。领导干部主动接受党组织和广大干部群众的监督，不仅是党章的基本要求，也是自身加强党性锻炼，不断提高执政能力和水平的必要前提和重要途径。二是加强监督的制度化、规范化建设。严格执行《中国共产党党内监督条例（试行）》规定的十项监督制度，特别要严格执行民主集中制、重要情况通报和报告、述职述廉、民主生活会、谈话和诫勉等监督制度，进一步建立健全依法行使权力的制约机制，推进监督工作的制度化和程序化。三是进一步拓宽监督渠道，整合监督资源，形成监督合力。要把党内监督与党外监督，组织监督与法律监督，专门机关监督与群众监督、新闻舆论监督等有效结合起来，努力形成结构合理、配置科学、程序严密、制约有效的权力运行机制。

（四）开展专题调研，制定实施意见。按照中央和省、市委的要求，市纪委、监察局要组织专门力量对如何贯彻落实《实施纲要》开展专题调研。结合实际，围绕如何加强教育的基础性作用，打牢反腐倡廉思想根基，促进教育的针对性和实效性；如何巩固和完善党风廉政建设各项制度，发挥制度的保证作用；如何加强对权力的监督，保证权力正确行使等分专题进行调研。在深入调研的基础上，制定贯彻落实的实施意见和具体办法，保证《实施纲要》提出的各项工作任务落到实处。

三、突出重点，加大力度，抓好反腐倡廉工作任务的落实

全市各级党委、政府和纪检监察机关要按照市委、省纪委的要求和部署，结合实际，突出重点，切实抓好反腐倡廉各项任务的落实，不断开创工作的新局面。

（一）维护党的纪律，促进领导干部廉洁从政

各级领导干部要严格遵守“四大纪律、八项要求”，严格执行廉洁从政的各项规定，特别是对顶风违纪有以下行为的，必须严肃处理：①违反规定收送现金、有价证券和支付凭证的，按照组织程序一律先免职，再依据规定处理。②“跑官要官”的，要批评教育，不能提拔重用，在重要岗位上的要予以调整，已得到提拔的要坚决撤下来；对“跑官要官”制止不力，造成用人严重失察失误的，要严肃追究责任。③放任、纵容配偶、子女及其配偶和身边工作人员利用领导干部职权和职务影响经商办企业或从事中介活动谋取非法利益的，要辞去现任职务或者由组织责令辞职，并按照规定给予纪律处分。④利用婚丧嫁娶等事宜收钱敛财的，要严肃查处。⑤参加赌博的，应予以免职，再依据规定处理；到国（境）外赌博的，要从严惩处。各级纪检监察机关要对上述规定的执行情况认真进行督促检查，切实解决本地区、本部门党风廉政方面存在的突出问题。

（二）坚决查办违纪违法案件，继续保持惩治腐败工作力度

各级党委要切实加强对查办案件工作的领导，进一步健全组织协调机制。纪检监察机关要继续把工作的着力点放在查办案件上，以查办发生在领导机关和领导干部中滥用权力、谋取非法利益的违纪违法案件为重点，严厉查办利用人事权、司法权、审批权违纪违法的案件，贪污挪用扶贫、救灾、移民资金和养老保险金等直接损害群众利益的案件，工程项目中发生的案件，金融、土地管理等领域以及物资和服务采购活动中的案件，企业重组改制、产权交易和经营管理活动中国有资产严重流失的案件。严肃查办党政干部、执法人员为

黑恶势力充当“保护伞”的案件。严肃查处基层干部以权谋私、与民争利、侵害群众利益的案件，特别是对顶风作案、严重违纪违法的行为，一定要依纪依法从严从快惩处。

办案工作要综合考虑政治、经济和社会效果，既要分清是非，又要权衡利弊，把严重违法犯罪的腐败问题与一般违纪问题区分开来，把纪律处分和组织处理结合起来，把严肃执纪与调动、保护干部的积极性统一起来。要把严格依纪依法办案的要求贯穿到初核、立案、调查、审理、处分、执行等各个环节，确保办案质量。对涉嫌严重违纪的党员、干部采用案件检查措施，必须按照有关规定，严格审批，慎重作用。对违纪的党员、干部，要坚持惩前毖后、治病求人，综合运用纪律处分和组织处理两种手段。要通过办案发现制度机制方面的漏洞，及时采取措施予以完善，发挥办案的治本功能。

要做好信访举报工作。认真处理群众来信来访，整合信访资源，建立和完善经常性工作机制，提高基层解决信访问题的能力，妥善处理信访突出问题及群体性事件。对因决策失误、官僚主义造成严重后果的，要追究有关领导干部的责任。提倡实名举报，既要注意从群众信访举报中发现案件线索，又要鉴别分析，支持和保护党员、干部敢抓敢管、干事业的积极性。

（三）以解决群众反映的突出问题为重点，坚决纠正损害群众利益的不正之风

要围绕解决群众反映突出的损害群众利益的问题为重点，加大纠风工作力度。坚持“谁主管、谁负责”的原则，坚决纠正征收征用土地、城镇房屋拆迁、企业违法排污、企业重组改制和破产中损害群众利益，以及拖欠农民工工资等突出问题。督促有关部门严格执行城乡规划，控制建设用地规模，健全土地节约利用和收益分配机制，推进土地资源的市场化配置，规范城镇房屋拆迁管理行为，管好用好征地和拆迁补偿资金，严肃查处企业违法排污行为。完善企业重组改制和破产中职工安置、农民工工资支付保障等配套规章制度，加大企业清费治乱工作力度，促进非公经济健康发展。

要通过深化改革、综合治理，建立健全纠风工作的长效机制。督促有关部门继续全面实行义务教育阶段公办学校“一费制”收费办法，落实公办高中择校生“三限”政策；进一步完善药品集中招标采购制度，扩大药品集中招标采购的品种和范围，加强对招标中介机构的监督，严格招标采购程序；严格规范医疗服务项目和医务人员的诊疗行为；继续治理整顿党政机关及其所属单位乱办班、乱收费、乱发证等问题；不断深化农村税费改革和农村其他配套改革，加大减轻农民负担监督管理工作的力度；继续治理公路“三乱”工作，集中整治突出问题。各级纪检监察机关要加强监督检查，对措施不得力、不正之风长期得不到有效治理的部门和单位，按照规定追究主要领导的责任。

（四）深化改革，深入推进治本抓源头工作

各级党委、政府要认真贯彻落实胡锦涛总书记提出的“通过深化改革、创新制度，注重从源头上预防和解决腐败问题”的要求。各级职能部门要继续以改革统揽治本抓源头的各项工作，重点抓好以下几方面工作：

深化“六项改革”。一是深化干部人事制度改革。以建立健全干部选拔任用和管理监督机制为重点，逐步建立起与完善社会主义市场经济体制和发展社会主义民主政治相适应的干部人事制度体系。严格执行《党政领导干部选拔任用工作条例》以及关于公开选择、竞争上岗、党政领导班子正职拟任人选和推荐人选表决、领导干部辞职等方面的规定，健全领导干部交流任职回避、经济责任审计、领导干部任期等制度。二是深入推进行政审批制度改革，加快转变政府职能。认真贯彻实施行政许可法，进一步清理、取消和规范行政审批事项，加强对程序性规定执行情况的检查。认真落实“告知承诺制”、“综合受理和首席代表制”，推进配套制度建设，完善审批方式，加强后续监管，防止行政审批中的不正之风。三是深入推进财政管理制度改革。要在市县两级普遍实行部门预算和实施国库集中收付制度改革，继续严格实行“收支两条线”管理、经济责任审计和会计委派制度，推行财政综合预算。要建立对财政资金运行过程的有效监控机制，防止资金使用上的腐败。四是深入推进投资体制改革，贯彻落实《国务院关于投资体制改革的决定》，加强对政府投资项目的监督，建立政府投资责任制和责任追究制。五是继续推进金融企业改革，健全金融企业风险管理体系和内控机制，完善金融监管体制。六是逐步推进司法体制改革，加强对司法活动的监督，支持司法机关依法独立公正地履行职责。

完善“四个规范”。一是规范工程建设招标投标制度。进一步加强有形建筑市场建设，完善建筑市场监控体系和信用体系，继续推行“廉政双合同”制度，坚决制止规避招标和招标投标中弄虚作假、权钱交易等行为。二是规范土地使用权出让制度，严格控制划拨用地范围，全面落实和完善经营性土地使用权出让制度，规范协议出让行为。三是规范产权交易制度，加快产权交易市场建设，强化对国有资产评估和产权交易的监管。四是规范政府采购制度，严格采购行为，加强对集中采购机构的监督管理。同时，要进一步规范行业组织和社会中介机构，强化对各类社会组织的管理和监督。

推进“三个公开”。要把政务公开、厂务公开和村（居）务公开，作为发展社会主义民主政治、保障人民群众民主权利的重要内容，依法有序推进。规范公开内容和形式，完善公开工作机制，健全公开监督保障措施，提高公开的针对性和实效性。巩固全市政务公开成果，提高政务公开水平。学校、医院以及水、电、气、公交等公用事业单位也要全面实行办事公开制度。扩大基层民主，对涉及群众切身利益的重大事项，必须实行公示和听证，把绝大多数群众赞成不赞成作为决策的根本依据。各级纪检监察机关要加强对各项改革措施落实情况的监督检查，逐步完善惩处机制，及时发现和纠正违反规定、阻碍改革的行为。

（五）加强国有企业党风廉政建设和反腐败工作，支持国有企业改革和发展

国资管理部门和国有企业党组织要高度重视党风廉政建设和反腐败工作，充分发挥企业党组织的政治核心作用，完善以职代会为主要形式的民主管理制度，全面推行厂务公开。要督促国有企业领导人员严格遵守《国有企业领导人员廉洁从政若干规定（试行）》，切实维护国家、社会、企业利益和职工群众的合法权益，实现国有资产保值增值，坚决反对挥霍浪费企业资财的行为。要把廉洁从业情况作为国有企业领导人员考核的重要内容。国有企业纪检监察机构要围绕生产经营管理的薄弱环节和容易滋生腐败的关键环节，针对企业存在的效益、效率、质量、安全等重大问题，认真开展效能监察和内部审计，不断促进企业管理水平和效益的提高。要抓住投资决策、产权交易、资本运营、财务管理、营销采购、工程项目等企业经营管理的关键环节，建章立制，堵塞漏洞，建立健全企业内部监督制约机制，防止国有资产流失。

（六）充分发挥行政监察的职能作用，促进依法行政、从严治政

要围绕保证政令畅通、维护行政纪律、促进廉政建设、

改善行政管理、提高行政效能的要求，全面履行职责，积极开展廉政监察、执法监察和效能监察。要认真贯彻《全面推进依法行政实施纲要》、《中华人民共和国行政监察法实施条例》，加强对政府职能部门、行政执法机关行使权力、履行职责、执法程序的监督检查，认真落实行政执法评议考核制度和行政执法过错责任追究制，提高行政机关依法行政的水平。

要结合现代新昆明建设中重大公共投资项目和群众关心的热点问题，加大对重点工程、专项资金、经营性土地使用权出让的监督检查力度，重点加强对行政许可法、土地管理法、招标投标法贯彻执行情况的监督检查。围绕我市非公经济的发展目标，会同有关部门加强对加快非公经济发展各项政策落实情况的监督检查，重点纠正和制止向非公企业乱摊派、乱罚款、乱收费、乱检查，以及不按规定时限办事、故意刁难企业等行为。继续参加整顿和规范市场经济秩序工作，做好重特大事故的调查处理工作。纪检监察审计工作要关口前移，加强对事前、事中、事后的监督检查。

要围绕提高行政效率的目标，切实转变机关作风，努力改善投资环境。要继续深入开展民主评议机关作风活动，请广大人民群众经常性地对机关工作作风、执法水平、行政效率和服务质量进行评判，为加快昆明经济社会发展创造良好的发展环境。各部门、各单位要结合群众提出的意见和建议，认真制定整改措施，切实解决存在问题，特别是要认真解决办事推诿、效率低下、工作不落实、服务意识差、资源浪费等问题。

（七）全面落实党风廉政建设责任制，强化责任追究

要完成今年的各项任务，保证党风廉政建设取得明显成效，关键是要全面落实党风廉政建设责任制。各级党委、政府要切实担负起党风廉政建设和反腐败工作的政治责任，把党风廉政建设责任制作为政治纪律认真落实，进一步健全党委统一领导、党政齐抓共管、部门各负其责、纪委组织协调、依靠群众支持和参与的反腐倡廉领导体制和工作机制，保证各项任务落到实处。各级党政领导班子要对职责范围内的党风廉政建设担负起领导责任，党政领导班子正职要对职责范围内的党风廉政建设负总责，认真履行“一岗双责”，管住班子，带好队伍，重大问题要亲自过问、一管到底。班子其他成员要对职责范围内的党风廉政建设和反腐败工作负直接领导责任。各职能部门要各司其职、各负其责，切实抓好本部门、本系统的反腐倡廉工作。各级纪委要认真履行组织协调职能，协助党委抓好责任制的检查考核，并把责任制落实情况列入干部考核和选拔任用的内容。要严格按照责任制的规定，严肃追究不履行或不正确履行责任制的行为，确保党风廉政建设责任制的各项规定落到实处。

新形势新任务对纪检监察机关自身建设提出了新的更高要求。各级纪检监察机关要紧紧围绕加强党的执政能力建设，以坚定理想信念、严格铁的纪律和保持良好作风为重点，按照“政治坚强、公正清廉、纪律严明、业务精通、作风优良”的要求，大力加强纪检监察机关自身建设。要把思想政治建设放在首位，积极参加保持共产党员先进性教育活动，坚持立党为公、执政为民，牢固树立正确的世界观、人生观和价值观，切实解决思想、组织和作风方面存在的突出问题，要健全制度，加强管理，完善工作程序，严肃工作纪律，特别是办案纪律、保密纪律。要按照“八个坚持、八个反对”的要求，进一步加强机关作风建设，求真务实，埋头苦干，扎实工作，要察实情、讲实话、办实事，不搞形式主义、官僚主义，不搞虚报浮夸，不搞报喜不报忧，以扎实有效的工作努力完成党和人民交给的各项任务。要围绕加强党的执政能力建设，深入研究新形势下反腐倡廉的特点、规律，努力提高纪检监察工作水平。各级纪检监察机关要自觉接受党委、政府的领导，及时主动地请示汇报，对党委、政府的工作部署要认真抓落实，创造性地完成各项任务。各级党委、政府要进一步加强对纪检监察工作的领导，不定期听取纪检监察工作汇报，提出工作要求，帮助解决工作中的困难和问题，从政治上、思想上、工作上、生活上关心纪检监察干部，为他们创造必要的工作条件。

同志们，2005年是实施“十五”计划的最后一年，是加快推进现代新昆明建设的关键之年，做好党风廉政建设和反腐败工作任务光荣而艰巨。让我们紧密地团结在以胡锦涛同志为总书记的党中央周围，振奋精神，真抓实干，不辱使命，深入推进党风廉政建设和反腐败工作，为加强党的执政能力建设，促进现代新昆明建设和全面建设小康社会做出应有的贡献！

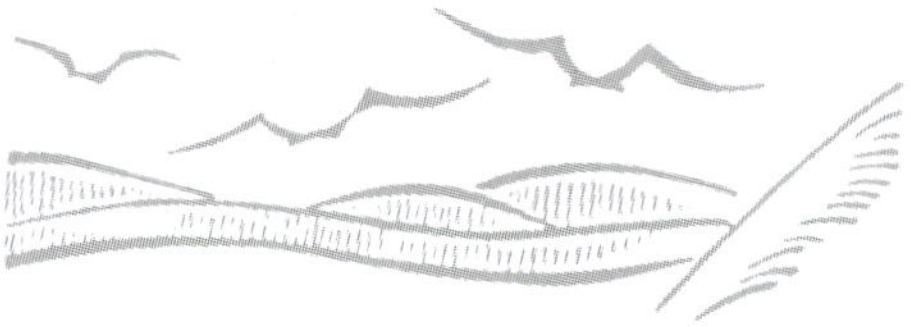

2004年昆明市党、政、群机关、县（市）区领导名录

中共昆明市委

书　　记　杨崇勇
副 书 记　章振国（至11月）
　　　　　杨远翔
　　　　　王君正（至11月）
　　　　　李培山　田云翔
　　　　　王文涛（2月起）
常　　委　祝秀超（至1月）
　　　　　张红苹（11月起）
　　　　　宋黎明　杨　宁
　　　　　张荣明　高劲松
　　　　　王道兴　张建伟
　　　　　蔡忠诚（1月起）
　　　　　高德明（11月起）
秘 书 长　宋黎明
副秘书长　王俊斌（至2月）
　　　　　施　伟（6月起）
　　　　　潘荣光（6月起）
　　　　　吴长昆（4月起）
　　　　　沈苏昆（6月起）

市人大常委会

主　　任　李　庄
副 主 任　傅国英（至2月）
　　　　　何有德（2月起）
　　　　　李祖义（至2月）
　　　　　林爽爽
　　　　　毕品文（至2月）
　　　　　陈龙江（至9月）
　　　　　寸镇洋　杨　丽
　　　　　田　翎（2月起）
　　　　　王俊斌（2月起）
秘 书 长　张映华（至2月）
　　　　　张　藻（2月起）
副秘书长　韩慧玲　张　庆
　　　　　尹曰葵（5月起）

市人民政府

市　　长　章振国（至11月）
代理市长　王文涛（11月起）
副 市 长　王文涛（5月起）
　　　　　李　江
　　　　　何有德（至2月）
　　　　　雷晓明　廖晓珊
　　　　　胡　星（至11月）
　　　　　平愚山（至2月）
　　　　　王奇英
　　　　　梁晓谷（2月起）
　　　　　陈　鹰（4月起）
助理巡视员　平愚山（3月起）
市长助理　陈　鹰（至3月）
　　　　　赵德光（7月起）
秘 书 长　李　峰
副秘书长　马克斌　杜林杠
　　　　　左珍贵　顾体明
　　　　　刘玉坤
　　　　　孔贵华（至6月）
　　　　　郭继先（至6月）
　　　　　杨　皕（4月起）
　　　　　孟少波（5月起）
　　　　　陈　勇（4月起）
　　　　　刘安华（4月起）

政协昆明市委员会

主　　席　徐之信
副 主 席　胡启中
　　　　　陈永年（至2月）
　　　　　张中宁
　　　　　庄毓纹（至2月）
　　　　　徐声瑛　姚承济
　　　　　田　翎（至2月）
　　　　　孙世光　杨国栋
　　　　　罗士德
　　　　　陆玉珍（2月起）
　　　　　傅汝林（2月起）
巡 视 员　庄毓纹（2月起）
秘 书 长　张　立（至2月）
　　　　　张　辉（2月起）
副秘书长　王洪章（至12月）

中共昆明市纪委

书　　记　李培山
副 书 记　李树勇（至5月）
　　　　　丁仕凯
　　　　　王富昌（4月起）
常　　委　吴建民　郭继英
　　　　　班有为　裴演兵
　　　　　王赵明
　　　　　程　烽（至12月）
　　　　　李玉文　李　璐
纪委办公厅
主　　任　王赵明（至4月）
　　　　　张建国（7月起）

市中级人民法院

院　　长　杨玉兰
副 院 长　杨建国　杜晋明
　　　　　马豫昆
　　　　　张国维（5月起）

市人民检察院

检 察 长　王汝能
副检察长　安赞京　周和玉
　　　　　龚永强（2月起）
　　　　　刘小凯（7月起）
纪检组长　张福全（7月起）
反贪局（隶属检察院）
局　　长　龚永强（至1月）
　　　　　胡志磊（7月起）

市委各部委办局

办公厅
主　　任　王俊斌（至2月）
副 主 任　施　伟（至6月）
　　　　　潘荣光（至6月）
　　　　　沈苏昆（至6月）
厅务委员　李河流（6月起）
组织部
部　　长　张荣明
副 部 长　金志伟（2月起）
　　　　　董利华（至2月）
　　　　　管宏亮　卢　彬
部务委员　刘　荣（2月起）
　　　　　李　康（10月起）
党员电化教育中心
主　　任　王仁智
宣传部
部　　长　王君正（至12月）

张红苹（12月起）
副 部 长　刘沙丁
任继尧（至4月）
部务委员　龚志龙（3月起）
统战部
部　　长　张中宁
副 部 长　赵云平　贾天鹏
郭焕波（12月起）
部务委员　丁　伟（7月起）
王春晓（7月起）
政法委
书　　记　田云翔
副 书 记　杨贵宏（至6月）
吴　炯
部务委员　刘文义（10月起）
李辽军（10月起）
610办
副 主 任　苏刊平（6月起）
政研室
主　　任　潘荣光
副 主 任　刘水林
杨万河（至6月）
易建华
袁培文（6月起）
企业工委（至6月）
书　　记　陈　鹰
常务副书记　张建生
副 书 记　刘淑雯　程学昆
市级机关工委
书　　记　李　勤
副 书 记　唐力勤　何　勇
纪工委书记　李粤丽
保密局
副 局 长　曾海超（8月起，主持工作）
郝凯朝
机要局
局　　长　施　伟（至8月）
副 局 长　王　琳（8月起）
贺加全（8月起）
老干局
局　　长　许超明
副 局 长　胡华林　唐先聪
信访局
局　　长　杨学仁
副 局 长　李旭升　张聪龙
党史研究室
主　　任　张光福
副 主 任　徐力争（7月起）
外宣办（市政府新闻办）
主　　任　刘沙丁
文明办
常务副主任　姚顺成
副 主 任　杨牧林
党　　校
校　　长　杨崇勇（至5月）
杨远翔（5月起）
常务副校长　张显忠
副 校 长　王　波
罗　波（12月起）

市人大工作机构

办公厅
主　　任　韩慧玲
副 主 任　赵　谊　叶亚光
法制委员会（法制工作委员会）
主任委员（主　任）　庄松林
副主任委员（副主任）　雪　都
财政经济委员会(财政经济工作委员会)
主任委员（主　任）　郑春荣
副主任委员（副主任）　孙　忠
城乡建设环境保护委员会（城乡建设环境保护工作委员会）
主任委员（主　任）　李济纬
副主任委员（副主任）　刘昌良
内务司法委员会（内务司法工作委员会）
主任委员（主　任）　杨　芳
副主任委员（副主任）　王　骏（2月起）
教育科学文化卫生工作委员会
主　　任　邓世平
副 主 任　胡鼎新（至3月）
王光楚（至3月）
民族宗教华侨工作委员会
主　　任　马匡保
副 主 任　赵京丽
人事代表工作委员会
主　　任　范正明
副 主 任　李琼珍
农业工作委员会
主　　任　张耀云（4月起）
调研室
副 主 任　赵　谊

市政府各委办局

办公厅
主　　任　马克斌
厅务委员　王笑平（7月起）
刘寿华（7月起）
汪云兰（7月起）
发展计划委员会（至7月）
主　　任　杨翼雄
副 主 任　瞿　勇（6月起）
徐　宁　周　明
何　波　李肇圣
发展和改革委员会（7月起）
主　　任　杨翼雄
副 主 任　瞿　勇　徐　宁
周　明　何　波
李肇圣
经济委员会
主　　任　刘　瞳（至6月）
张建生（6月起）
副 主 任　刘维伟（6月起）
荀光清　范菊英
陈润泽（至6月）
孙　宏（至6月）
魏　恺（7月起）
尹红兵（挂职）
教育局
局　　长　洪品卓（至9月）
蔡　杰（9月起）
副 局 长　李裕华　李云保
党委书记　洪品卓（至8月）
蔡　杰（8月起）
副 书 记　姚　宏
科学技术局
局　　长　戴　速（至2月）
夏　静（5月起）
副 局 长　王　川　陈体康
张　韵
民族事务委员会
主　　任　马洪苍（7月起）
副 主 任　马洪苍（主持工作，至7月）
姜　伟　赵殿桦
木志群（12月起）
公安局
局　　长　杜　敏
副 局 长　李　云　王　伟
王昆海　王　宇
马　闻　王培信
党委书记　杜　敏
副 书 记　舒　刚　王　伟
监察局
局　　长　艾海林（至11月）
丁仕凯（11月起）
副 局 长　吴建民
徐晓青（至5月）
班有为
民政局
局　　长　王永清
副 局 长　金发兴　王朝贵
朱树位
党委书记　王永清
副 书 记　杨青云
司法局
局　　长　杨建萍
副 局 长　任光华　刘婉秋
李才全
党委书记　杨建萍
市强制戒毒劳教所

所　　长　陈　波
副 所 长　王延忠　余志林
政　　委　周明荣
安全局
局　　长　李衍训
副 局 长　段振培　吴　敏
　　　　　陈传福
党委书记　李衍训
财政局
局　　长　许建国（至5月）
　　　　　叶一杉（5月起）
副 局 长　叶一杉（至4月）
　　　　　余汝兴
　　　　　李冰晶（10月起）
人事局
局　　长　董利华（至3月）
　　　　　管宏亮（5月起）
副 局 长　时建林　吴继玉
劳动和社会保障局
局　　长　张天屏
副 局 长　李素荣　贾建海
　　　　　胡儒益
国土资源局
局　　长　金祖鑫（至5月）
　　　　　褚中志（5月起）
副 局 长　褚中志（至5月）
　　　　　刘跃进
　　　　　周兴舜（8月起）
　　　　　苏　晖（7月起）
建设局
局　　长　陈松群
副 局 长　王焰明　李宏瑞
　　　　　安昆冶
交通局
局　　长　段永明
副 局 长　刘永福
　　　　　王汝新（6月起）
党委书记　段永明
副 书 记　何　平
水利局
局　　长　张耀云（至4月）
　　　　　赵　飞（5月起）
副 局 长　巫品德　耿宏伟
　　　　　李金华
　　　　　杨　勤（7月起，挂职）
农业局
局　　长　熊廷章
副 局 长　黄家富
　　　　　李献宗（至10月）
　　　　　张光彩
　　　　　倪　森（10月起）
　　　　　李　湘（9月起）
林业局
局　　长　高常寿
副 局 长　陈玉余　耿思友
对外经济贸易局（至7月）
局　　长　胡　琨
副 局 长　任卫京　黄峻峰
　　　　　骆晓林
投资促进局（7月起）
局　　长　胡　琨
副 局 长　李晓明　潘惠礼
　　　　　张宗能　骆晓林
文化局
局　　长　周　忻
副 局 长　朱建国（至7月）
　　　　　李安民
　　　　　铁瑞林（8月起）
党委书记　周　忻
副 书 记　康建华
卫生局
局　　长　尹曰葵（至5月）
　　　　　许勇刚（9月起）
副 局 长　解嘉鸿
　　　　　许勇刚（至9月）
　　　　　张成贵（7月起）
党委书记　尹曰葵（至5月）
　　　　　许勇刚（9月起）
副 书 记　雷开锦
计生委
主　　任　熊　晶（至5月）
　　　　　杨文慧（9月起）
副 主 任　杨文慧（至9月）
　　　　　赵世明
审计局
局　　长　储强明（至3月）
　　　　　王文兴（5月起）
副 局 长　谢彩荣
　　　　　林爱芳（至10月）
　　　　　舒永恒（7月起）
规划局
局　　长　刘　学（至5月）
　　　　　曾　华（9月起）
副 局 长　肖承贵（至10月）
　　　　　曾　华（至9月）
　　　　　周峰越（9月起）
　　　　　尹旭东（5月起）
城市管理局
局　　长　杨清旺
副 局 长　白高义　毕昌荣
　　　　　魏强威
环境保护局
局　　长　曹　超
副 局 长　皇甫云生
　　　　　赵学农（10月起）
广播电视局
局　　长　张　萱
副 局 长　段自力　宋玉玲
体育局
局　　长　陈国富
副 局 长　和少柏　谭　敏
统计局
局　　长　王文兴（至5月）
　　　　　徐晓青（5月起）
副 局 长　李德炎　吕　志
　　　　　赵昆生
旅游局
局　　长　王光华
副 局 长　毛成义　施丛峰
乡镇企业局（至6月）
局　　长　刘维伟
副 局 长　李忠文　余文斌
宗教局
局　　长　金塔明
副 局 长　李卫东　张晋云
外事侨务办
主　　任　徐小川
副 主 任　严建文
　　　　　许昌明（7月起）
体改办
主　　任　黄　智
副 主 任　许仲敏
市政公用局
局　　长　谢自国
副 局 长　陈　骏　卢启华
党委书记　谢自国
房产管理局
局　　长　安亚民
副 局 长　张天昶
园林绿化局
局　　长　翟建国
副 局 长　汪天祥　杨立平
党委书记　翟建国
副 书 记　雷志武
粮食局
局　　长　瞿　勇
副 局 长　梁振康　潘建刚
党委书记　瞿　勇
副 书 记　王麦圈
商贸局（至7月）
局　　长　施海保
副 局 长　李宝兴　滕　丽
商务局（7月起）
局　　长　施海保
副 局 长　滕　丽　黄峻峰
　　　　　王光中
信息产业办
主　　任　陈　浩
副 主 任　蔡建华
　　　　　杨万河（6月起）
滇池管理局（滇池保护委员会办公室）
局　　长　许苏昆
副 局 长　吴泽宇　杨忠平
　　　　　王延春
防震减灾局
局　　长　蔺建平
副 局 长　夏平成　孟应朝
气象局

局　　长　赵　毅
副 局 长　吴幼乔　杨　文
　　　　　陈　琼
安全生产监督管理局（6月起）
局　　长　陈润泽
副 局 长　李忠文（7月起）
　　　　　刘忠元　刘昆一
国资委（6月起）
主　　任　马凤伦
副 主 任　刘　瞳　任卫京
　　　　　张丽琼　程学昆
书　　记　刘　瞳
副 书 记　刘淑雯
机关事务管理局
局　　长　左珍贵（至5月）
　　　　　刘安华（5月起）
副 局 长　邓文龙　杨　忠
　　　　　李爱民
档案局（馆）
局（馆）长　李　蔚
副局（馆）长　洪世华　傅建屏
药品监督管理局
局　　长　曹长志
副 局 长　张云波
法制办
主　　任　张光兴
副 主 任　沈彦纯
研究室
主　　任　毕昆闽
副 主 任　卢克俭
　　　　　孙　宏（6月起）
接待办
主　　任　刘安华
经协办（至6月）
主　　任　李晓明
副 主 任　张宗能　吴长云
编委办公室
主　　任　董利华（兼，至5月）
　　　　　管宏亮（兼，5月起）
专职副主任　邹益先
扶贫办
主　　任　毕万友
副 主 任　李　文
　　　　　薛光文（6月起）
生物资源开发创新办
主　　任　陈　博
人防办
主　　任　洪昆德
副 主 任　张良功　尚建国
外商投资办（至6月）
主　　任　胡　琨
副 主 任　潘惠礼　骆晓林
爱卫办
主　　任　张成贵
副 主 任　胡为民
便民服务中心办公室
主　　任　顾体明
副 主 任　袁　兵（7月起）
　　　　　李　岗（7月起）
便民热线办
副 主 任　王　宏
　　　　　徐正林（至10月）
双拥办
副 主 任　魏立功
参事室
主　　任　高福林
副 主 任　黄秉新
会展办
主　　任　马克斌（兼）
无委办
主　　任　蔡建华
烤烟办
主　　任　李献忠
市志办
副 主 任　马颖生（主持工作）
供销社
主　　任　杨年年
副 主 任　田绍悟　赵　瑜
　　　　　文成华（7月起）
党委书记　杨年年
副 书 记　李进钢
机械工业行业协会
会　　长　王春燕
副 会 长　尹桐兴　易小明
轻纺工业行业协会
会　　长　刘志贤
副 会 长　王　兴
化工建材行业协会
会　　长　朱永宁
副 会 长　张庚明　纳建国
手工业联社
主　　任　王　冰
副 主 任　段佳致

驻昆有关单位

工商行政管理局
局　　长　王爱中
副 局 长　戚发云　常晋云
　　　　　付晋利　李世清
国税局
局　　长　朵志红
副 局 长　董　野　郑　青
　　　　　田克涌　范一非
地税局
局　　长　张红霞
副 局 长　王世俊　马晓方
　　　　　荣明智
电信分公司
总 经 理　王建明
副总经理　杨骏彪　黄茂高
　　　　　李建荣
邮政局
局　　长　宋正东
副 局 长　孙　莛　张松涛
　　　　　李　强
党委书记　李明祥
昆明供电局
局　　长　刘　林
副 局 长　周　海（至9月）
　　　　　秦继承（9月起）
　　　　　金　波　李　英
党委书记　徐家鑫
技术监督局
局　　长　陶　锋
副 局 长　徐　俊　许光怀
　　　　　邓　昆

新闻单位、大专院校

昆明日报社
总　　编　卓维华
副 总 编　王建军　孙学敏
广播电台
副 台 长　赵嘉琦（主持工作）
　　　　　李耀武
电视台
台　　长　吴克翔
副 台 长　蔡　毅　王东明
　　　　　张任远
党委书记　吴克翔
副 书 记　孙　福
总工程师　王金荣
昆明师专
校　　长　姚忠庆
副 校 长　封海清
党委书记　孙　勇
副 书 记　姚忠庆　管彦平
昆明大学
校　　长　岳怀仁
副 校 长　张明清　陈兆雄
　　　　　卜安奇
党委书记　张家贵（至9月）
副 书 记　岳怀仁
　　　　　洪品卓（10月起，主持工作）

烟草、市政、交警、消防

烟草专卖局
局　　长　郑天一

副局长　赵树昆　赵　斌
党委书记　郑天一
烟草公司
经　理　郑天一
副经理　赵树昆　杨晓安
烟机集团
党委书记　孙卫红（董事长兼）
副书记　黄启铭
总经理　张　政（副董事长兼）
副总经理　褚达康　彭　麟
自来水总公司
总经理　朱　智
副总经理　邓德福　冯祖能
　刘　新　白新玉
　王承坤
党委书记　朱　智
副书记　王炤平
公共汽车公司
总经理　余庆荣
副总经理　张同贤　钱国华
　李　勇（1月起）
　陈瑞生（1月起）
党委书记　杨吉祥
党委副书记　余庆荣　汪　镰
煤气总公司
总经理　莫　云
副总经理　文　勇　莫绍波
　李德文
党委书记　莫　云
副书记　况继秋　陈　华
排水公司
总经理　马培舜
副总经理　李　斌　樊俊杰
　陈跃刚
党委书记　马培舜
副书记　杨桂珍
交警支队
支队长　苏志忠
副支队长　何学明（至7月）
　张志明
政　委　黄启明
党委书记　苏志忠
副书记　黄启明
消防支队
支队长　洪利川
政　委　赵存安
副支队长　王　红　王梁波
　王代明
副政委　邱　江（12月起）
物资总公司
总经理　谭永革
副总经理　倪锦昌　毕育英
　刘力群
党委书记　倪锦昌
副书记　谭永革　张兴华
农垦总公司
总经理　张　藻（至2月）
　朱　宝（8月起）
副总经理　朱　宝（至8月）
　鲁秉泉
党委书记　张　藻（至2月）
　鲁秉泉（8月起）
副书记　谭　英

开发（度假）区

呈贡新城管理委员会
主　任　许德志（至7月）
　赵德光（7月起）
副主任　刘　学（5月起）
　罗　波（至11月）
　张之亮（11月起）
昆明国家高新技术产业开发区管委会
主　任　刘　明（至1月）
　张兴华（7月起）
副主任　张兴华（至7月）
　储强明（主持工作，8月起）
　刘志军　齐　江
　谭永仁
党工委书记　刘　明（至1月）
副书记　储强明（2月起）
　包亚平
纪工委书记　李存智
昆明国家经济技术开发区管委会
主　任　董利华（7月起）
副主任　董利华（至7月）
　侯定边　吕天云
　王健雄
党工委书记　梁晓谷（至2月）
副书记　戴　速（主持工作，2月起）
　董利华（8月起）
　李志波
纪工委书记　唐优金
昆明滇池国家旅游度假区管委会
主　任　范立义
副主任　许建国（8月起）
　刘　琳　谭翔浔
　蔡正东
党工委副书记　范立义
　许建国（主持工作，5月起）
纪工委书记　常青玉

市政协各工作委员会

办公厅
副主任　鲁云宏
提案委员会
主　任　余少泉
副主任　施　伟（兼）
　马克斌（兼）
　刘燕琨（兼）
文史委员会
主　任　周　锐（至9月）
　余少成（9月起）
副主任　卜保怡
　李安民（兼）
　林爱芳（兼）
科教文卫体委员会
主　任　任达仙
副主任　任天毅
　姚　宏（兼）
　段自力（兼）
　和少柏（兼）
　张　正（兼）
　解嘉鸿（兼）
　张惠淑（兼）
经济委员会
主　任　傅汝林（至9月）
　周　锐（9月起）
副主任　石永清
　许钟麟（兼）
　徐　宁（兼）
　杨年年（兼）
　施海保（兼）
　王　川（兼）
　周长盛（兼）
城乡建设环境保护委员会
主　任　岳卫平
副主任　陈　骏（兼）
　汪天祥（兼）
　段永明（兼）
　宋长昆（兼）
社会法制委员会
主　任　全鹤龄
副主任　刘世杰（兼）
　李卫东（兼）
　孙汝明（兼）
　朱　燕（兼）
港澳台侨联络委员会
主　任　何汉林
副主任　黄峻峰（兼）
　李希麟（兼）
研究室
主　任　余绍成（至9月）
　任继尧（9月起）

民主党派

民革市委

主任委员 朱　燕
副主任委员 尹红兵　吴学文
唐红明　刘云兰

民盟市委
主任委员 陈龙江
副主任委员 陈云恒
何立昆（兼）
姚本礼（兼）
张惠淑（兼）

民建市委
主任委员 傅汝林
副主任委员 王京阳
刁杰峰（兼）
石玲红（兼）
王春涛（兼）

民进市委
主任委员 徐声瑛
副主任委员 刘燕琨（兼）
杜慈孚（兼）
解德良（兼）
王　键（兼）

致公党市委
主任委员 林怡平
副主任委员 周海莲（兼）
蔡燕华（兼）
喻星源

农工党市委
主任委员 姚承济（兼）
副主任委员 杨品才
张　政（兼）
周　宁（兼）

九三学社市委
主任委员 寸镇洋
副主任委员 杨　勤
宋长昆（兼）
常　敏（兼）

群众团体

总工会
主　　席 杨　丽
副 主 席 刘世杰　张光华
方　越　赵春华

团市委
书　　记 保建彬
副 书 记 杨　皕（至4月）
熊　坚
王　坚

妇　联
主　　席 陆玉珍
常务副主席 郭跃红
副 主 席 张立英（至11月）
张丽琼（至6月）
木志群（至11月）
吴长云（11月起）
梅会芬（11月起）
陈洁薇（11月起）

科　协
主　　席 龚素萍（7月起）
副 主 席 龚素萍（至7月）
徐绍忠
赵学农（至12月）
袁健淋（9月起）

社科联（社科院）
主　　席（院　长） 龙东林
副 主 席（副院长） 谭爱苹
李红兵（至7月）
余文斌（7月起）

文　联
主　　席 张维新
副 主 席 李霁宇　李永坤

工商联（总商会）
会　　长 杨国栋
副 会 长 何汝祥
黄竹铭（至4月）
许家勋（兼，至2月）
戴元宁（兼，至2月）
孙　宏（兼，至2月）
任怀灿（兼，至2月）
袁汉源（兼，至2月）
颜　语（兼，2月起）
赵云飞（兼，2月起）
曾　林（兼，2月起）
苏　云（兼，2月起）

侨　联
主　　席 狄君胜
副 主 席 徐宏基
黄　桥（兼）
李希麟（兼）
宋淑萍（兼）

台　联
会　　长 丁懋萱（至2月）
林爱芳（兼，2月起）
副 会 长 林爱芳（兼，至2月）
李家琨（2月起）

残　联
理 事 长 吴　弘
副理事长 段佳明　要美蓉

红十字会
常务副会长 阮　姮

金融系统

工商银行云南省分行营业部
总 经 理 万仁礼（至8月）
副总经理 李培岳（8月起）
陆恩达（至8月）
杨永德　尚素坤
瞿长富　李晓虹
纪委书记 朱咏梅

农业银行云南省分行营业部
总 经 理 沈　锐（2月起）
副总经理 杨　华　杨志敏
王跃华
张益荣（2月起）
陶正洪（2月起）
纪委书记 杨志敏

中国银行昆明地区机构
东风支行
行　　长 曹　曙
南窑支行
行　　长 段凤英
金碧支行
行　　长 谢利群
高新支行
行　　长 石　明
西山支行
行　　长 杜惠云
滇池路支行
行　　长 田玉清
北站支行
行　　长 祝建林
官渡支行
行　　长 俞鸿剑
海口支行
行　　长 尧　舜
宜良支行
行　　长 达云菊
晋宁支行
行　　长 罗　伟

交通银行昆明分行
行　　长 陈广业
副 行 长 姜武团　李智斌

建设银行昆明地区机构
营业部
总 经 理 傅红宁
城东支行
行　　长 窦和平
城南支行
行　　长 于　凡
城北支行
行　　长 秦以贵
城西支行
行　　长 王晶武
建业支行
行　　长 李爱萍
新兴支行
行　　长 徐建华
滇龙支行
行　　长 李　颖
北京路支行
行　　长 昂　扬
正义路支行
行　　长 赵　鹏

官渡支行
行　　长　李玉成
安宁支行
行　　长　张云彪
昆明市商业银行
董 事 长　徐　久
监 事 长　胡　纲
行　　长　杨槐璋
昆明市农村信用联社
理 事 长　高　波
监 事 长　季科目
副 主 任　毛云禄　梁祖明
中国人民财产保险公司昆明市分公司
总 经 理　李永平
副总经理　金国富　毛　沛
　　　　　李华辉　夏　霖
　　　　　段家祥
纪委书记　李华辉
中国人寿保险公司昆明分公司
总 经 理　杨黔云
副总经理　张　泯　杨南町
中国太平洋财产保险股份有限公司云南分公司
总 经 理　马光华
副总经理　王　军　陆俊柏
纪委书记　张　淳
中国太平洋人寿保险股份有限公司云南分公司
总 经 理　姚向东
副总经理　刘忠万

县（市）区

五华区
区委书记　高劲松
副 书 记　罗建宾　厉忠教
　　　　　张加全（6月起）
人大主任　陈昆华
副 主 任　吕云瑞　冯蓉华
　　　　　李学明　朱咏璧
　　　　　李林跃　许萍森
区　　长　高劲松（至1月）
　　　　　罗建宾（1月起）
副 区 长　马文森　李　鸿
　　　　　罗朝峰
　　　　　张加全（至7月）
　　　　　胡炜彤（9月起）
　　　　　王剑辉（7月起）
　　　　　陈　勇（至4月）
政协主席　段瑞珊
副 主 席　张崇安
　　　　　王晓明（兼）
　　　　　罗丽萍
　　　　　伍成海（兼，至5月）
　　　　　王　勇　杨万里
　　　　　张宪荣（兼）
纪委书记　厉忠教
盘龙区
区委书记　杨　宁
副 书 记　赵学锋
　　　　　铁瑞林（至8月）
人大主任　陈洪明
副 主 任　冯国钧
　　　　　胡嘉昆（兼）
　　　　　闻昆蓉　施维康
　　　　　李守清
　　　　　和　立（兼）
区　　长　赵学锋（1月起）
副 区 长　陈跃林
　　　　　袁　兵（至7月）
　　　　　夏　静（至5月）
　　　　　苏庆华　吴　涛
　　　　　罗正东（7月起）
　　　　　高中建（8月起）
政协主席　李如春
副 主 席　丁懋萱（兼）
　　　　　夏　雷　崔宝坤
　　　　　李　捷（兼）
　　　　　周一平（兼）
　　　　　何立昆（兼）
　　　　　梅德源
纪委书记　赵学锋（至1月）
　　　　　曾令衡（8月起）
官渡区
区委书记　王道兴
副 书 记　海文达
　　　　　吴长昆（至4月）
　　　　　梁　衡
　　　　　杨　凡（7月起）
人大主任　余琼娴
副 主 任　何琼芝　范家禄
　　　　　李光荣　蔡平生
　　　　　武　俊　李政章
区　　长　海文达（1月起）
代 区 长　海文达（至1月）
副 区 长　毕惠芝　柳　伟
　　　　　桂　春　刘峻松
　　　　　孟光寿
政协主席　余超群
副 主 席　吴　薇（兼）
　　　　　张茂荣　丁　沛
　　　　　孙仲萍
　　　　　赵云昆（兼）
　　　　　肖　燕（兼）
　　　　　詹俊民（兼）
纪委书记　吴长昆（至4月）
　　　　　杨　凡（8月起）
西山区
区委书记　张建伟
副 书 记　张　辉（至3月）
　　　　　熊　晶（3月起）
　　　　　赵　飞（至4月）
　　　　　陈全季　王雄伟
　　　　　徐　方（7月起）
人大主任　李永芬
副 主 任　孟建工　李江鹏
　　　　　陈翔雁　郝坚放
　　　　　孙德金　马宝莲
区　　长　张　辉（至3月）
代理区长　熊　晶（3月起）
副 区 长　熊　晶（3月起）
　　　　　倪　森（至10月）
　　　　　李志华　李　增
　　　　　储汝明
　　　　　杨勇明（10月起）
　　　　　郎　佳（4月起）
政协主席　赵洪义
副 主 席　李志明
　　　　　许家勋（兼）
　　　　　苏云安（兼）
　　　　　陈开建　彭萍安
　　　　　柳　溪（兼）
　　　　　杨勇明（兼）
纪委书记　陈全季
东川区
区委书记　宋黎明（至2月）
　　　　　高德明（12月起）
副 书 记　和丽川　李和平
　　　　　王永华
人大主任　李和平
副 主 任　邹跃云　张桂芬
　　　　　娄崇新
　　　　　罗富元（兼，至3月）
　　　　　刘毅康　邹　康
区　　长　和丽川
副 区 长　田　文　李旭东
　　　　　罗正东（至7月）
　　　　　史震坤（挂职，1～5月）
　　　　　李德荣　周正和
　　　　　王子亮（12月起）
政协主席　王永华
副 主 席　金抗美　徐家政
　　　　　黄　铭
　　　　　孙　熔（兼）
　　　　　李幼平（兼）
　　　　　宋淑萍（兼）
　　　　　师正云（兼）
纪委书记　王光明
安宁市
市委书记　吴勇刚
副 书 记　李　喜　李海平
　　　　　祝崇祯
人大主任　王文学
副 主 任　张兴荣　戚瑞瑜
　　　　　李凤岚　李任祖
　　　　　郭光辉

李树华（兼）
市　　长　李　喜
副 市 长　王有祥　魏学林
刘燕琨　张正平
林毓新
林远辉（挂职）
段俐娟（8月起，挂职）
政协主席　张　毅
副 主 席　段学发　马文喜
蔡玉英
唐启荣（兼）
钱美琴（兼）
洪雯静（兼）
纪委书记　祝崇祯

呈贡县

县委书记　许德志（至7月）
赵德光（7月起）
副 书 记　张之亮
罗　波（至12月）
朱理学（至7月）
陈庆鸿
人大主任　张宝华
副 主 任　陈桂芬
郑自更（兼）
赵崇华　郭　能
县　　长　罗　波（至12月）
代理县长　张之亮（至12月）
副 县 长　张之亮（12月起）
郭增敏　岳绍萍
牟　辉　郭绍华
杨正基
周　立（3月起）
政协主席　母开轩
副 主 席　戴　云（兼）
赵　芳（兼）
山　聪　沙　敏
李　勇（兼）
纪委书记　朱理学（至7月）

晋宁县

县委书记　蔡　杰（至8月）
熊瑞丽（12月起）
副 书 记　孟少波（至5月）
郭焕波（至11月）
戚永宏
人大主任　李国祥
副 主 任　李金才　章　明
杨绍林　许安滇
高丽君　姜银彦
县　　长　孟少波（至5月）
代理县长　熊瑞丽（5～9月主持工作，9月任命）
副 县 长　熊瑞丽　赵　毅
普鸿昌　张　林
马　涛
政协主席　李永安
副 主 席　周顺英　余顺华
李德政
徐　海（兼）
刘文荣（兼）
徐品康（兼）
潘克昌（兼）
纪委书记　戚永宏

富民县

县委书记　刘海发（至5月）
郭继先（6月起）
副 书 记　王月冲　李培康
丁克明
人大主任　史家福
副 主 任　李世华　雷　鸣
李碧发
廖亚光（兼）
县　　长　王月冲
副 县 长　张文俊　杨　超
杨景先
魏　恺（至5月）
李　瑶
石玲红（挂职，6月起）
政协主席　李永芳
副 主 席　杨汝华
龙佐禹（兼）
陈明贵　石美珍
白云华（兼）
纪委书记　丁克明

宜良县

县委书记　王路生
副 书 记　赵义金　郭子贞
陈茂林
张家仁（3月起）
人大主任　祁文生
副 主 任　张吉祥　毕树荣
邓玉梅　张云华
赵丽玲（兼）
王　刚
县　　长　赵义金
代理县长　郭子贞（至12月）
副 县 长　郭子贞（12月起）
姚振康（2月起）
李　鸿　陈永军
陈国惠　普志航
李红兵（7月起）
王　键（8月起，挂职）
政协主席　姜育文
副 主 席　李　镜
张学斌（兼）
王琼兰　张　寿
杨云章（兼）
杨学林（兼）
张云恭（兼）
纪委书记　郭子贞

嵩明县

县委书记　黄云波
副 书 记　李勇毅　潘开平
王家志（1月起）
杨国荣（9月起）
人大主任　余荣明
副 主 任　沈振国　李进莲
曾尚林　董春林
王留德　马正权
县　　长　黄云波（至1月）
李勇毅（3月起）
代理县长　李勇毅（1～3月）
副 县 长　袁培文（至7月）
杨琼华
李云周（8月起）
马慈明　王金友
李自金
政协主席　杨秀松
副 主 席　毕金明（兼）
杨力之（兼）
陈树仙　李苏文
韩绍祥
洪志伟（兼）
毛绍荣（兼）
纪委书记　李勇毅（至4月）
潘开平（4月起）

石林彝族自治县

县委书记　赵德光（至7月）
柳文炜（12月起）
副 书 记　王富昌（至4月）
柳文炜（9～12月，主持县委工作）
李忠德（4月起）
文荣久（9月起）
赵云龙（12月起，挂职）
人大主任　窦兴林
副 主 任　邓世林　毕文华
李绍增　金琼英
者培仙
朱玉和（兼）
县　　长　赵德光（至5月）
代理县长　李忠德（5月起）
副 县 长　高焕彬
段增华（7月起）
李德忠　徐梅芬
李家云　潘华光
政协主席　周大民
政协副主席　黄桂芳　何中清
周和祥　赵淑珲
周兴荣
苏云波（兼）
严华明（兼）
纪委书记　柳文炜

禄劝彝族苗族自治县

县委书记　金志伟（至2月）
李树勇（5月起）
副 书 记　张正坤　赵国荣
蔡永福
宋绍明（10月起）

人大主任 张本清
副 主 任 马加良（兼）
张仲才　黄应发
赵正林　王友谊
张顺英
县　　长 张正坤
副 县 长 张光文
薛光文（至8月）
宋绍明（至9月）
卢建才　陈天庆
熊执中（挂职）
王桂泽（10月起）
高德麟（12月起，挂职）
政协主席 何贵祥
副 主 席 张丕富（兼）
张忠兰
张明文（兼）
余光文（兼）
李自有　吴明泽
袁再坤（3月起）
纪委书记 蔡永福

寻甸回族彝族自治县

县委书记 杨照辉
副 书 记 马凤伦（至3月）
孔贵华（6月起）
刘明海
邵　备（挂职，12月起）
人大主任 张正良
副 主 任 陈寿礼　马桂英
鲁德贵（3月起）
李国兴　赵加洪
张文新
县　　长 马凤伦（至3月）
代理县长 孔贵华（4月起）
副 县 长 张国友　周兴舜
黄保金　李贵林
姜彩云
鲁再国（7月起）
杨经德（12月起）
政协主席 杨友太
副 主 席 倪自祥（兼）
马仁龙
赵涤群　马世贵
陈振德　杨朝旺
张光凤

掌鸠河引水供水工程建设管理局

局　　长 何有德（兼）
常务副局长 朱　智（兼）
副 局 长 王志荣　巫品德
曾光宇

石林管理局

局　　长 李正平

（资料由各撰稿单位提供，方玉红整理，市委组织部审核）

大 事 记

·2004 年十件大事·

一、全市群防群治禽流感

年初，发生在越南等国的高致病性禽流感传入我国部分地区，1 月底至 2 月中旬，昆明市呈贡县洛羊镇石龙湖养鸡场、石林县鹿阜镇徐燕养鸡场、官渡区大板桥镇秧草凹村、西山区团结乡花红洞灵长类中心、安宁市连然镇大凹子村、嵩明县白邑乡前所村等 6 地先后发现高致病性禽流感。疫情发生后，市委、市政府迅速召开专题会议进行研究和部署，并及时启动应急预案，采取有效措施预防、控制和扑灭高致病性禽流感疫情。2 月 21 日起，各疫区的封锁逐步解除，到 3 月 8 日，最后一个高致病性禽流感疫区—嵩明县白邑乡前所村疫区正式解除封锁。在这次疫情防控中，昆明市没有发生人类禽流感病例。

二、云龙水库下闸蓄水

2 月 5 日，经过四年的努力，掌鸠河引水供水工程云龙水库大坝封项。经水利部水规总院组织专家鉴定，大坝建设质量良好，具备了下闸蓄水的条件。2 月 29 日云龙水库顺利实现下闸蓄水，比原计划提前一年。至 8 月上旬，蓄水位超过2 070米，蓄水量超过 1 亿立方米。云龙水库 2004 年的蓄水目标为 8 000万立方米，2005 年蓄水 2.6 亿立方米，2006 年蓄水 3.6 亿立方米，并开始向昆明供水。

三、国务院总理对滇池治理作重要批示

2 月 6 日，国务院总理温家宝对滇池治理作出重要批示："滇池污染严重，治理难度很大，需要一个科学的切实可行的综合治理方案，统筹规划，认真落实。" 3 月 15 日，为落实温家宝总理批示，市委、市政府召开滇池污染治理现场办公会。8 月 6 日、9 月 9 日市委、市政府又为此两次召开滇池污染治理工作会议。

四、世界马铃薯大会在昆明召开

2 月 26 日，为期 4 天的中国（昆明）第五届世界马铃薯大会在昆明国际会展中心隆重开幕。农业部副部长张宝文、世界马铃薯大会董事局主席劳艾德·帕尔默、荷兰农业部副大臣高腾、国际马铃薯中心总裁胡伯特等出席会议，省市领导徐荣凯、王学仁、杨崇汇、杨崇勇、杨应楠、章振国等参加。参加大会的还有来自 43 个国家和地区的 440 多名代表，国内参展企业 102 个，代表 700 多人。会议通过了建立全球马铃薯基因库的倡议，共签订协议、合同 58 项，金额6 900万美元。27 日，西南六省市区在昆明召开马铃薯协作会议，成立六省市区马铃薯专业委员会，在引种、繁育、加工、销售等环节加强分工合作，共同做大马铃薯产业。

五、四区行政区划调整

6 月 3 日，国务院批复同意《昆明五华、盘龙、官渡、西山四区行政区划调整方案》。6 月 23 日，省政府作出《关于调整昆明市市辖区行政区划的通知》，市委、市政府作出了《中共昆明市委、昆明市人民政府关于调整五华、盘龙、官渡、西山四区行政区划的决定》，明确实施四区行政区划调整。7 月 22 日市委、市政府召开区划调整动员大会，安排部署区划调整工作。市委、市政府要求，要统一各级党政组织、党员、干部和群众对区划调整重要意义的认识，自觉维护和服从区划调整的大局，保持思想上和行动上的高度统一。8 月 1 日为调整基准日。8 月底，基本完成区划调整所涉及人员的划转移交。9 月 1 日，按新区划实行管理。

六、"昆交会"更名

6 月 6 ~ 10 日，由中国西南六省区市七方联合创办的"昆交会"在昆明国际会展中心举行。从本届起，"中国昆明出口商品交易会"更名为"中国昆明进出口商品交易会"。共有来自 18 个国家（地区）和国内 24 个省区市的1 300 多家企业参展，共安排展位1 450个。本届"昆交会"取消综合馆，按商品类别设立 8 个与国际会展相接轨的专业馆和边境贸易、招商引资、东盟国家来展等 3 个专题馆。本届昆交会参展知名企业、大集团较多，参展企业已达1 300 多家，东盟 10 国均踊跃参展，展位已达 242 个。昆明交易分团外贸进出口成交总额达到7 256万美元，比上年增长 10.5%。其中，出口成交6 741万美元，进口 515 万美元。利用外资签约项目合同 17 个；合同利用外资57 727万美元，比上届增长 68%。国内经济技术合作，签约项目合同为 51 个，协议投资总额达 167 亿元，引进市外资金 166 亿元。其中，市外来昆投资的独资项目比往年增多，占到了内资签约项目的 78%。

七、305项行政审批权下放安宁市和东川区

6月7日，市政府正式宣布把现行市级行政部门有终审权的305项行政审批事项的审批权下放给安宁市和东川区。这次下放安宁市、东川区的行政审批项目占市级有审批权事项总数的87.6%，涉及市政公用、卫生、环保、地产、城管、地税、财政、公安、规划、教育等部门。今后，外商投资企业财产登记、户外广告设置、居民户口登记、机动车驾驶员资格审核等都由安宁市和东川区政府相关部门自行审批。

八、举办中国昆明国际花卉节

9月9日，“2004中国昆明国际花卉展”在昆明举办，本届花展共有58家中外花卉企业参展，包括来自荷兰、日本、法国、新西兰、澳大利亚、美国、韩国、德国、越南、马来西亚等国家的花卉企业，展位数达130个，贸易成交达1.7亿元，是历届国际花卉展规模和成交量最大的一次。

九、举行推介昆明系列活动

2004年，昆明市在海内外举办了系列推介活动。9月9日 “2004昆明—香港经济合作项目推介会”在香港举行，昆明市委书记杨崇勇在推介会上介绍了昆明对整个城市重新进行规划、昆明市的发展优势以及此次在港推出的77个重点招商项目。9月11日在东莞举行“2004昆明—东莞经济合作项目推介会”。常务副市长王文涛在推介会上介绍了中国—东盟自贸区建设情况和现代新昆明建设情况以及重点招商项目。

十、举办首届昆明文化产业博览会

2004年昆明文化产业发展得到空前的重视。8月19日 市委、市政府召开“昆明市深化文化体制改革，加快文化产业发展动员大会”，会上还印发了《中共昆明市委、昆明市人民政府关于深化文化体制改革，加快文化产业发展的实施意见》。10月24日，2004云南文化产业上海推介周活动在上海举行，引起上海文化界、企业界和上海市民的广泛关注。昆明市的36个重点项目在本次推介周上受到海派文化人士关注。昆明市共签订协议10项，协议金额10亿元人民币。12月18～20日 由市委、市政府主办，市文化局与市文产办承办的“首届昆明文化产业博览会”在昆明国际会展中心举行。本次“文博会”吸引国内外300多家文化企业参展，展位达360多个，共签约45个，签约金额达11.58亿元。共有9.2万国内外观众到会参观。

（宇应军）

·2004年大事记·

1月

1日 昆明新世界第一巴士服务有限公司宣告成立，并正式投入运营。此为云南省首家引进港资合资的市政公用事业项目，打破了昆明公交市场独家垄断经营的局面。

同日 《昆明市餐饮业环境污染防治管理办法》施行。

4日 市委召开工作会议，总结2003年的工作，部署2004年经济社会发展的主要任务。市委书记杨崇勇在会上作题为《坚定不移地推进现代新昆明建设，努力促进我市经济社会快速协调发展》的讲话。17日，市委办公厅印发了《关于对市委工作会议主要任务分解立项督查的通知》，将市委工作会议的主要任务分解为81项，确立了责任单位。

同日 即日开始，昆明市市级机关正式实施早8时30分上班至下午5时下班，中午休息半小时的新作息时间。

5日 团省委主办，团市委承办的以杨利伟为代表的全国十大杰出青年事迹报告会在昆举行。

6日 昆明市人民政府在昆召开了“2004年外地驻昆机构（企业）迎春茶话会”。

6～8日 昆明市台联第五次台胞台属代表大会在昆明召开。会议选举产生了昆明市台联第五届理事会。省市有关部门的领导出席会议。

7～9日 昆明市第二届社区健身运动会举行，28个街道办事处的692名运动员参加了各项赛事。

9日 12时后，市区、嵩明、西山等地相继出现了较强的冰雹和雷暴天气。昆明最大冰雹直径为25毫米、重2克，是20世纪90年代以来的第一次。

11日 在江苏省华西村举行的首届“中国十佳小康村”评选活动中，官渡区六甲乡福保村被评为“中国十佳小康村”。

19～24日 由石林风景名胜区主办的“浓墨重彩绘石林”大型画展在北京中国美术馆展出。

19日 上午10时50分，一名男子在宝善街福林广场中信实业银行营业厅内引爆爆炸物，炸伤4人。随后，该名男子手持爆炸物胁持该银行营业部一名女工作人员为人质，在该银行二楼与警察对峙。警方迅速采取行动，抢救出被炸伤的人员并送医院治疗，与此同时，展开“心理战”。12时30分，警方安全解救人质，抓获犯罪嫌疑人，并从其身上缴获其他爆炸物品。

22日 昆明市政府组织昆明地区的行政事业单位和街道办事处及郊县区的相关单位在昆明东风广场、东风路和各大公园举行2004年“中国百姓生活游”万人龙狮闹新春活动。

23～27日 昆明东川泥石流汽车穿越场地拉力越野赛在东川区小江河谷举行。

30日 全国定向锦标赛在安宁笔架山举行，系昆明市首次承办此类比赛。共有141支代表队1 100人报名参赛，时间为4天，参赛队和参赛人数为历届之最。

本月底至2月中旬，呈贡县洛羊镇石龙湖养鸡场、石林县鹿阜镇徐燕养鸡场、官渡区大板桥镇秧草凹村、西山区团结乡花红洞灵长类中心、安宁市连然镇大凹子村、嵩明县白邑乡前所村等6地先后发现高致病性禽流感。疫情发生后，省、市、县（市）区各级领导高度重视，市委、市政府迅速召开专题会议进行研究和部署，并及时启动应急预案，采取有效措施预防、控制和扑灭高致病性禽流感疫情。2月21日起，各疫区的封锁逐步解除，到3月8日，最后一个高致病性禽流感疫区—嵩明县白邑乡前所村疫区正式解除封锁。在这次疫情防控中，昆明市没有发生人类感染禽流感病例。

2月

5日 经过四年的努力，掌鸠河引水供水工程云龙水库大坝实现了封顶。经水利部水规总院组织的专家鉴定认为，大坝建设质量良好，具备了下闸蓄水的条件。

6日　国务院总理温家宝对滇池治理作出重要批示："滇池污染严重，治理难度很大，需要一个科学的切实可行的综合治理方案，统筹规划，认真落实。"

7日　全区普降大雪。通往昆明的3条高速公路和高等级公路陆续封闭。

13日　上午9时，昆明市实施"云岭先锋"工程启动仪式在市便民服务中心举行。启动仪式由市委组织部长张荣明主持。启动仪式上，市委书记杨崇勇开通了昆明市实施"云岭先锋"工程监督专线电话，市委副书记王君正宣读了"云岭先锋"工程特邀监督员名单，省、市委领导为聘请的22位特邀监督员颁发了聘书；省、市委领导为共产党员代表佩戴了共产党员标志；各系统100名共产党员代表庄严宣誓，共产党员代表、特邀监督员代表作了发言。共青团组织积极响应市委号召，同步实施"'云岭先锋'工程·青春昆明行动"，团员代表向全市团员青年发出了《奉献云岭，争当先锋，建设现代新昆明》的倡议书。市委常务副书记、秘书长杨远翔在启动仪式上作重要讲话。

同日　石林风景区顺利通过联合国教科文组织的专家评审，入选第一批世界地质公园。

15日　昆明市防治高致病性禽流感宣传"三下乡"活动在官渡区关上镇官渡广场开展。活动仪式后，市文化局组织了防治禽流感专场文艺演出。市级有关部门共向广大群众发出防治禽流感宣传手册、宣传画、科普知识资料、报纸、书画作品等宣传品10万余份，开展卫生、计生知识宣传咨询服务千余人次，播放电视、广播近5个小时。市防治禽流感宣传"三下乡"、"四进社区"活动在全市广泛深入开展。

同日　澳大利亚瓦加瓦加市花园在翠湖公园东门三角花坛落成。澳大利亚瓦加瓦加市长凯文·威尔士先生出席揭幕仪式。

15～16日　以广西壮族自治区党委副书记、南宁市市委书记李纪恒率领的南宁市党政考察团一行77人对昆明市进行为期2天的工作考察。16日上午，省委常委、昆明市委书记杨崇勇、副省长李汉柏、市长章振国等省市领导及昆明市相关委办局领导与南宁市党政考察团在天恒大酒店进行座谈。座谈会后，昆明市市长章振国和南宁市常务副市长陈瑞贤代表双方政府签订缔结友好城市协议书。

17日　由昆明市妇联、市文明办与宜良县环保局联合开展的"美德进万家"系列宣传教育活动在宜良县汤池镇木希村启动。省市县妇联、市文明办、市县环保局等相关领导及12个市级"巾帼科技示范村"代表参加了此项活动。

18～19日　省委副书记丹增就文化体制改革和文化产业发展问题，到昆明市进行调研。省委常委、昆明市委书记杨崇勇，省委常委、省委宣传部长晏友琼及省级有关部门和昆明市委、市政府领导和有关部委办局及官渡区、盘龙区的领导参加了调研。丹增对官渡区福保文化城、盘龙区真庆观文化广场、昆明市电影公司进行了认真的考察调研。

20～27日　昆明市第十届人民代表大会第五次会议举行。此次会议邀请了民主党派、厂矿企业、社会团体、学校等各界人士旁听。

20～24日　市公安局、市文联、市见义勇为基金会在省博物馆联合举办"见义勇为捐画义卖"活动，48位画家的57幅画、37位书法家的58件作品参加义卖。

22～26日　春节期间，昆明市组织十多支民间文艺表演团队开展"西山玉兰园春节大展演"活动。

23日　云南大学学生宿舍内发现凶案，宿舍衣柜内发现藏有4具男性尸体，死者头部有被钝器击伤的痕迹。后经警方侦察，初步判断嫌疑人为广西籍男生马加爵，已潜逃。案件发生后在国内外引起极大关注。此后省公安厅向全国发出通缉令，公安部向全国发出A级通缉令并首次悬赏20万元人民币。全国组织大量警力进行缉捕。3月15日，经海南三亚一摩托车司机举报，马加爵在三亚市落网。4月22日，昆明市中级人民法院判处马加爵死刑。经省高院复核后，6月17日，马加爵在昆被执行死刑。

26日　省委召开全省宣传思想工作电视电话会议。市及14个县（市）区党委、政府的主要领导和分管领导，宣传文化系统副科以上干部参加了各地分会场会议。会后，各县（市）区委就认真贯彻全省电视电话会议精神作了专题研究，提出了明确要求。

同日　昆明中院在执行昆明市盘龙区房地产经营开发公司、昆明交运经贸有限公司等4被执行人的案件中，先后对被执行人所有的32辆汽车予以扣押。在规定期限内，上述被执行人仍未向债权人履行法律义务，昆明中院委托云南省机动车拍卖中心即日将上述车辆公开拍卖。仅2个多小时32辆车就全部拍卖完毕，成交额123.84万元。

27日　中国电信集团公司在昆明举行仪式，宣布昆明至拉萨光缆传输系统建成开通。昆明至拉萨光缆传输系统工程的建成，结束了多年来进藏光缆只有惟一一条兰州——西宁——拉萨光缆路由的单一局面。

28日　云南省首个金额达5 000万元的乡镇级政银合作协议签订。协议由海口镇政府、西山区农村信用联社、海口建筑公司三方签订，信贷额度5 000万元，协议有效期7年。协议期内，西山区农村信用联社根据海口镇政府实施的基础设施项目情况，分项进行评估论证，对符合西山区农村信用联社信贷条件的项目给予贷款支持，支持海口镇政府的经济发展。海口镇政府根据地方财政实际偿还贷款的海口建筑公司根据确定的基本建设项目，受海口镇政府委托，作为承贷主体与西山区农村信用联社办理贷款的具体事宜。

29日　由省科技厅牵头，24家单位150名专家组成的云南省科技知识下乡集中活动在富民县款庄乡开展科普知识宣传活动。

3月

1日　经国家知识产权局研究决定，批复同意昆明市为全国专利工作试点城市。昆明成为全国专利试点城市，标志着昆明的知识产权保护工作和专利工作迈上了一个新的台阶，经济发展环境得到进一步改善。

同日　掌鸠河引水供水工程云龙水库顺利实现下闸蓄水，比原定计划提前1年。至8月上旬，蓄水位超过2 070米，蓄水量超过1亿立方米。云龙水库蓄水目标2004年为8 000万立方米，2005年蓄水2.6亿立方米，2006年蓄水3.6亿立方米，并开始向昆明供水。

8日　以香港零关税商品城为核心项目的"汇都国际商贸中心"在昆明市的黄金路段正式开工建设。

9日　即日起，市政公用局牵头联合市城管、公安、安监、规划、消防、交警等部门，对全市范围内燃气生产、输送等环节中存在的安全隐患开展大规模的专项整治。

10日　东风路近日公园路段下穿工程正式开工建设。该工程属建设市中心区步行街系统，可使文明街片区、威远街片区和金碧路片区相互连接，形成昆明最大的商业圈，方便群众行路、休闲、购物。工程为双向四车道双孔并列立交，总长685米。2005年元旦实现隧道双向正式通车。

15日　为落实温家宝总理批示，市委、市政府召开滇池污染治理现场办公会。8月6日、9月9日市委、市政府又两次召开滇池污染治理工作会议。

同日　上午，中美艾滋病防治合作项目在昆明启动，今后3年内，美国国际发展署将为云南、广西两省区提供约700万美元的资金援助，用于遏制项目地区艾滋病的蔓延。

16日　北市区公交停车场一期工程开工，12月10日一期工程竣工。

17日　经过1年多的紧张建设，昆明西郊排水管网工程全面竣工。路面交通恢复畅通。昆明西郊污水管网工程包括昌源北路污水管网，西郊压力管道，张峰、土堆两座大型污水提升泵站和西郊污水管网4个部分。西郊污水管网工程可收集、输送昆明市西郊以及主城区西部共计27．24平方公里范围内，包括黑林铺和马街镇等片区、高新技术开发区、西苑开发区的工业废水和生活污水，经昆明市第三污水处理厂处理达标后，再排入滇池。

17~23日　为期一周的“中国昆明－北欧奈舍诗歌周”在昆明拉开帷幕，来自北欧的瑞典、丹麦、挪威等国的诗人和中国的牛汉、舒婷、王小妮等诗人参会。参加本次诗歌周的北欧诸国诗人带来了独具特色的诗歌创作理念和作品，在昆期间，将和中国的诗人、诗评家、诗歌爱好者们一起进行诗歌交流活动，举办研讨会、讲座、主题诗会等系列活动。

18日　老民航路改造工程开始施工，工程计划至2005年5月31日结束。

26日　为期4天的中国（昆明）第五届世界马铃薯大会在昆明国际会展中心隆重开幕。农业部副部长张宝文、世界马铃薯大会董事局主席劳艾德·帕尔默、荷兰农业部副大臣高腾、国际马铃薯中心总裁胡伯特等出席会议，省市领导徐荣凯、王学仁、杨崇汇、杨崇勇、杨应楠、章振国等参加。参加大会的还有来自43个国家和地区的440多名代表，国内参展企业102个，代表700多人。会议通过了建立全球马铃薯基因库的倡议，共签订协议、合同58项，金额6 900万美元。

27日　西南六省市区在昆明召开马铃薯协作会议，成立六省市区马铃薯专业委员会，在引种、繁育、加工、销售等环节加强分工合作，共同做大马铃薯产业。

30日　《昆明市文物保护条例》在市十一届人大第二十次常委会议上获准通过。5月28日经省十届人大第九次常委会议批准，予以公布。10月1日起正式施行。

31日　滇池路整治工程一期工程完工通车。4月1日，二期工程开工，6月30日全线完工。

4月

2日　昆明一家日式餐厅举办内地首次“女体盛宴”，在社会上引起广泛争议，多数市民认为此举不符合社会主义精神文明建设的要求和《公民道德建设实施纲要》，也不符合中国的国情、中国人的道德标准及传统习俗，有悖社会道德，有伤社会风化，是对女性人格的侮辱和歧视。

9日　市政府宣布取消成人教育岗位培训证书工本费等68项不合理行政收费。昆明市现行行政事业收费项目共有409个，涉及市级各职能部门50多个，经过整理，符合要求予以保留的有341个项目。

10日　由国家旅游局和云南省人民政府主办的第五届中国昆明国际文化旅游节在昆明拓东体育馆开幕。巴林、孟加拉、加拿大、哈萨克斯坦、老挝、马来西亚、墨西哥、缅甸、南非、泰国、美国、委内瑞拉、越南等国家的部长、外交使节和旅游界、新闻界的朋友，国内8个省区市代表团和香港、澳门、台湾嘉宾2000多人与昆明3万民众在开幕式上共同观看了中央电视台《同一首歌》“走进云南”大型文艺晚会。以“七彩云南、快乐天堂”为主题的2004年昆明国际文化旅游节为期1个月，旅游节期间，昆明主会场及各地州市分会场举办的活动近50个，其他各具特色的专项活动100多个。

12日　为积极推进昆明－河内－海防经济走廊建设，努力为云南与越南企业开辟更为广阔的多元化合作领域，“中国云南与越南河内投资、贸易、旅游合作论坛”在昆明举行。云南省长徐荣凯，越共中央委员、河内市委副书记、人委会主席黄文研，越南贸易部副部长潘世锐出席论坛并致词。

13日　省政府在昆明召开东川再就业特区建设工作会议，专题研究东川建设再就业特区的有关问题。常务副省长秦光荣主持会议，省长徐荣凯作重要讲话，市委书记杨崇勇、省长助理邹纲仁、省政府秘书长刘平、市长章振国及省、市、东川区有关领导和部门负责人参加会议。会上，省政府决定在东川区建设再就业特区，以在全省乃至全国具有突破性的特殊优惠政策，吸引资金、人才、技术和产业项目，用10年时间在规划面积10平方公里的特区内，使东川城镇登记失业率降至5%以下。

同日　昆明市城市管理局与五华、盘龙、官渡、西山四个区就城市管理的人、财、物等事项进行交接，城管重心正式下移。这次下移的职责权限主要有：户外广告设置审批、城市道路管理、城市路灯和灯光亮化管理、环境卫生管理、城市停车场、洗车场管理以及夜间施工和建设、渣土运送管理等。下放涉及市城管局局属单位9个，人数1 000余人。自4月15日起，市与区城市管理局按新确定的职责权限开展工作。

16~18日　“中国昆明国际文化旅游节”西部地区体育舞蹈公开赛在市体育馆举行。共有7个省市31个代表队1600人报名参赛。

4月18日、9月18日　分别在宜良县汤池镇和呈贡县联合开展农资市场打假护农专项整治大型宣传咨询活动，中央、省、市新闻媒体进行了现场跟踪采访报道，发放宣传资料5万多份，曝光了坑农害农十大案件。活动深受广大农民群众欢迎。

21日　昆明呈贡新城四川禾嘉集团项目框架协议签约仪式在昆明举行。呈贡新城禾嘉项目总占地面积约2500亩，总建筑面积190万平方米，预计总投资额（滚动投资）约60亿元人民币，投资周期3～5年。项目融大型国际会展中心、东盟各国驻中国总部基地、中央商务办公区、花园式酒店区和东南亚旅游风情港为一体。

23日　市委、市政府召开昆明市城市管理工作会议，深入贯彻省委、省政府昆明城市规划与建设现场办公会议和市第八次党代会精神，进一步完善“两级政府、三级管理，以块为主、条块结合”的城市管理体制，适应建设现代新昆明城市管理工作的需要，部署市、区城市管理职能权限调整工作。

26日　《昆明市市与四区政府城市管理职能权限责任调整方案（试行）》正式向社会公布。

27日　市委中心组举办牢固树立和认真落实科学发展观学习讨论会。此外，会议听取了市有关部门负责人关于市第一人民医院“1·10案件”、“女体盛宴”、富民县永定中学在校学生杀人案有关情况的汇报，深入分析造成3起事件的原因，认真总结经验教训，研究下一步抓好工作的措施。

同日　明通河下段（大清河）截污

综合整治工程开工。

同日　昆明铁路局在成昆线勤丰营至昆明西区间进行的100km/h的达速试验圆满成功，改写了云南没有时速100千米铁路的历史。

28日　总投资1.7684亿元的枧槽河截污综合整治工程开工。

本月　桥口面积、道路面积超过10万平方米，其中钢箱口结构的主桥跨度达到了55米的城市道路立交桥在昆洛路朱家村开工建设。该立交桥连接昆洛路、东三环、昆石高速、南三环及关雨路，建成后将成为现代新昆明的东部交通枢纽。

5月

1日　从即日起，市博物馆、云南陆军讲武堂文管所、聂耳墓文管所、升庵祠文管所等市属文博系统公共文化设施向未成年人（集体）、65岁以上老年人、现役军人、残疾人、下岗工人等实行免费开放。

同日　从即日起武警昆明市支队为配合公安机关进行打“两抢”斗争，派出官兵在昆明部分地段进行武装巡逻。

10日　中国有史以来最大一起团伙贩毒案——谭明林团伙贩毒案，在昆明市中级人民法院初审审结。缅北地区的最大毒枭谭明林在缅甸木姐、勐古等地纠集赵永、黄鲜等众多境内毒贩，形成一个横跨境内外，并集收购、运输、贩卖、洗钱一条龙的规模庞大的职业化走私贩毒集团，运用现代化的交通、通讯和金融工具，先后向中国境内贩运大宗毒品55次，共走私、运输、贩卖毒品海洛因达3吨以上，并多次买卖麻黄素共达3吨。

13日　市政府召开整治违法排污企业，保障群众健康环保专项行动会议，部署全市专项整治行动，查处了一批典型案件，在媒体上曝光一些企业，一些企业被列入挂牌督办名录。

15~21日　昆明市举办了以“科技以人为本，全面建设小康”为主题的科技活动周，全市各城市社区、县、乡开展了一系列的科技宣传活动。

18日　在第二十八个国际 博物馆日之际，市博物馆组织开展了一次大规模的文物法规宣传活动，采用免费开放展厅等形式，向社会广泛宣传文物法规、文物知识。

19日　九届全国政协副主席王文元等一行到昆明市视察工作。

22日　首届中国学生营养健康节在金碧广场开展宣传活动。

26~29日　昆明市第五届农民运动会在晋宁县举行，昆明市14个县市区均组队参加，运动员629名，比赛项目8个。本次运动会是昆明历史上规模最大参赛人数最多的一次农民运动会。

31日　总投资8 128.37万元的盘龙江上段截污工程竣工并投入运行。

本月　昆明市根据《土地管理法》的有关规定，对全市范围内的各级各类开发园区用地进行了清理整顿，共撤销规划用地8400余公顷的11个开发园区。

本月　被列为公安部和国家安全生产监督管理局挂牌督办整治公路，也是云南省惟一被列入“黑名单”的公路—黑筇公路（黑林铺至筇竹寺）的急弯改造和整治工作正式通过了有关部门的验收。

6月

3日　国务院批复同意《昆明五华、盘龙、官渡、西山四区行政区划调整方案》。6月23日，省政府作出《关于调整昆明市市辖区行政区划的通知》，市委、市政府作出了《中共昆明市委、昆明市人民政府关于调整五华、盘龙、官渡、西山四区行政区划的决定》，明确实施四区行政区划调整。

6~10日　由中国西南六省区市七方联合创办的“昆交会”在昆明国际会展中心举行。从本届起，“中国昆明出口商品交易会”更名为“中国昆明进出口商品交易会”。共有来自18个国家（地区）和国内24个省区市的1 300多家企业参展，共安排展位1 450个。本届“昆交会”取消综合馆，按商品类别设立8个与国际会展相接轨的专业馆和边境贸易、招商引资、东盟国家来展等3个专题馆。是届的东盟馆参展知名企业、大集团较多，东盟10国均踊跃参展，展位已达242个。昆明交易分团外贸进出口成交总额达到7 256万美元，比上年增长10.5%。其中，出口成交6 741万美元，进口515万美元。利用外资签约项目合同为17个；合同利用外资57 727万美元，比上届增长68%。在国内经济技术合作方面，签约项目合同为51个，协议投资总额达167亿元，引进市外资金166亿元。其中，市外来昆投资的独资项目比往年增多，占到了内资签约项目的78%。

7日　市政府正式宣布把现行市级行政部门有终审权的305项行政审批事项的审批权下放给安宁市和东川区，涉及市政公用、卫生、环保、地产、城管、地税、财政、公安、规划、教育等部门。今后，外商投资企业财产登记、户外广告设置、居民户口登记、机动车驾驶员资格审核等都由安宁市和东川区政府相关部门自行审批。

9日　美的集团在高新区北区举行云南客车基地奠基仪式，标志着现代新昆明建设的第一个新型工业化项目启动。省市领导等100多人出席了仪式。

10日　市工商联组织15家行业商会和异地商会的负责人与市委书记杨崇勇进行座谈，行业商会和异地商会对昆明市发展非公经济的问题提出了意见和建议，得到了市领导和相关部门的高度重视，部分非公企业遇到的实际问题得到及时协调解决。

11日　加拿大国际发展署“农村劳动力转移技能培训系统考察团”到富民县农机化学校、海宇园艺公司、净红鸵鸟养殖公司、县职校、大营镇农函大培训班实地考察和了解农村劳动力转移技能培训的有关情况和政策。

18日　昆明市撤销乡镇企业局建制，人、财、物并入市经济委员会。市经济委员会加挂市乡镇企业局牌子。

同日　中共昆明市委召开政协工作会议，市委书记杨崇勇在会上作重要讲话。

20日　昆明市展开治理车辆超载超限统一行动，全市集中治超行动正式开始。

27~29日　石林风景名胜区参加了在北京召开的“第一届世界地质公园大会”，并承办了开幕式晚会。

30日　中国人民解放军云南省昆明警备区举行成立大会和揭牌仪式。

是月　昆明市一类城市语言文字达标工作通过教育部、国家语委的评估验收。

7月

2日　市委召开八届四次全会，认真学习和贯彻落实科学发展观，动员全市广大干部群众，再接再厉，突出重点，狠抓落实，确保2004年经济社会发展任务的圆满完成。全会作出了对呈贡县违规购车相关负责人的处理决定；审议和通过了《中国共产党昆明市第八届委员会第四次全体会议决议》。

6~7日　昆明警备区召开第一次党代会，选举产生昆明警备区第一届党委会，由中共云南省委常委、昆明市委书记杨崇勇任党委第一书记，由中共昆明市委常委、昆明警备区政委蔡忠任党委书记。

8日 中央政治局常委、政法委书记罗干到华山派出所视察工作

13日 省委、省政府对现代新昆明建设进行专题调研。白恩培、徐荣凯及秦光荣、杨崇汇、杨崇勇、牛绍尧、吴晓青、刘平等省市领导参加了调研。

同日 李公朴先生殉难纪念碑恢复重建揭碑仪式在翠湖东畔的圆通街1号隆重举行。

10～15日 在思茅市举行的云南省第六届农民运动会上，昆明市农民体育代表团共获金牌24块、银牌23块、铜牌11块，总分386分，首次获省农运会金牌数第一名。

11日 中央政治局常委、中央政法委书记罗干在高新区管委会主任、党工委副书记张兴华、党工委副书记（主持工作）、管委会副主任储强明陪同下视察昆明高新区。

14日 省委、省政府召开现代新昆明建设现场办公会。省委书记白恩培、省长徐荣凯就现代新昆明建设工作提出要求。

14～24日 为庆祝中华人民共和国成立55周年，由云南省美术家协会主办的“云南省美术作品展”在云南美术馆、省博物馆、市博物馆三地同时开展，分两轮展出。共展出了选送全国参评的作品115件，为建国以来云南省规模最大、作品最多的一次展览。

20日 昆明铁路集装箱中心站开工建设动员大会召开。该工程成为规划中全国铁路18个集装箱中心站的第一个开工项目，并建成与全国乃至东南亚铁路集装箱运输网络相连接的货物运输枢纽。

22日 下午，市委、市政府召开昆明市四区行政区划调整动员大会，安排部署四区行政区划调整工作。市委、市政府要求，要统一各级党政组织、党员、干部和群众对区划调整重要意义的认识，自觉维护和服从区划调整的大局，保持思想上和行动上的高度统一。

26日 昆明市在官渡区民兵训练基地举行第十五次党政军领导国防活动日活动。

同日 “中美二战友谊国际学术研讨会”在昆举行。美国老兵代表、“飞虎队”、“驼峰”飞行员代表参加了会议。

8月

1日 是日为四区区划调整的基准日。4日，五华、盘龙、官渡、西山四区区长在昆明市行政区划调整交接书上签字，四区完成行政区划调整交接。12～17日，由市教育局牵头，四区进行划出划入学校的对接工作。17日，四区乡镇、街道办事处和村委会、社区居委会的人事、编制、财政、民政等有关表册正式签交。8月底，基本完成区划调整所涉及人员的划转移交。9月1日，按新区划实行管理。

5日 昆明动物园一男饲养员喂饲大象时，一公象突然发狂，狂踩饲养员，伤员经医院抢救无效死亡。初步怀疑是该大象正值发情期，性情特别暴躁，再加上天气炎热，令大象情绪失控，发狂踩人。

9～14日，召开了新农业发展速度试算培训会议，试算工作在全市展开。

13日 省委、省政府在昆明经开区召开昆明信息产业基地调研汇报会。白恩培、秦光荣、杨崇勇、杨应楠、李新华、吴晓青、章振国、王文涛、宋黎明、胡星等省市领导以及省政府研究室、省经委、省信息产业办、省商务厅、省国土资源厅等省、市有关部门50多人参加了会议。会议做出了建设昆明信息产业基地的重大决策。

14～16日 昆明市社科院和韩国亚洲民族造型学会在昆明联合举办“中韩造型艺术展暨学术研讨会”。

19日 市委、市政府召开“昆明市深化文化体制改革，加快文化产业发展动员大会”，省委副书记丹增，省委常委、市委书记杨崇勇作重要讲话，市委副书记王君正主持大会并提出贯彻要求。会上还印发了《中共昆明市委、昆明市人民政府关于深化文化体制改革，加快文化产业发展的实施意见》。

同日 市政府召开专题会议研究贯彻落实13日省委省政府会议精神，对基地建设具体工作做了安排部署，并成立了由市委副书记、常务副市长王文涛担任组长，副市长李江担任副组长，呈贡县、市土地局、规划局、建设局、信息办、投资促进局、经开区等15个委办局组成的信息产业基地领导小组。信息产业基地的规划由美国IDC设计公司中标，完成信息产业基地概念性规划编制工作。规划面积6.7平方公里。

19～22日 时值邓小平诞辰100周年之际，市委宣传部、中国新闻社云南分社联合主办了《伟人风采—纪念邓小平同志诞辰100周年图片摄影展》，期间共有4万多观众观展。

22～27日 昆明市政府考察团赴无锡考察，学习太湖治理先进经验。

24日 七水厂（一期）成功利用松华坝水库丰水期水源开始进行净水处理工艺调试。9月4日顺利实现了直径1.6米双管与现有城市管网并网供水，进入试运行期，日供水24万吨。处理后的出厂水，水质在全面达标的基础上，优于国家生活饮用水标准。

25日 越南社会主义共和国新任驻昆总领事阮文同拜会市政府、市政协领导。

同日 第二届海峡两岸休闲农业发展学术研讨会在昆明市富民县举行，海峡两岸专家187人到会。

25日 昆明陈家营村一个电化工厂因氯气泄露导致109人中毒，毒气泄漏事件持续了40分钟。据调查，由于暴雨引发机器设备出现裂纹，导致毒气泄漏。

25～29日 首届昆明少儿画展在市博物馆展出。

28日 昆明市首次尝试利用松华坝水库弃水置换草海水体。

31日 省商检部门在昆明举行了声势浩大的340吨非法入境动物产品公开销毁仪式，省人大、省政府、省军区、市政府的有关领导和昆明海关、省农业厅、工商局、省公安边防总队等单位的负责人及工作人员共300余人参加仪式。新华社、中央电视台等10余家新闻媒体到现场进行了采访报道。

9月

3日 国家发改委发文批复《滇池北岸水环境综合治理工程项目建议书》。

5日 第五届华文戏剧节在昆举行，来自海峡两岸以及香港、澳门的戏剧工作者汇聚一堂。由云南艺术学院参演的纳西族创世纪史诗话剧《黑白祭》，拉开了此次盛会的序幕。此次戏剧节于9月5～14日在昆明、大理、香格里拉等地举办。

8～11日 中国昆明国际花卉展在昆明国际会展中心举行。本届花展共有58家中外花卉企业参展，包括来自荷兰、日本、法国、新西兰、澳大利亚、美国、韩国、德国、越南、马来西亚等国家的花卉企业，展位数达130个，贸易成交达1.7亿元，是历届国际花卉展规模和成交量最大的一次。

9日 “2004昆明－香港经济合作项目推介会”在香港举行，云南省委常委、昆明市委书记杨崇勇在推介会上介绍，根据昆明对整个城市重新进行规划以及城市的发展优势，此次在港推出77个重点招商项目，涉及信息产业、汽车工业、城市交通、文化教育设施等领域，涉及的总投资约17亿美元，以

寻求昆港双方更广阔的合作领域，其中包括总投资达100亿元人民币的昆明新国际机场所带来的商机。杨崇勇指出，去年云南省提出建设新昆明的发展战略，要求昆明在未来17年中，以建设全国有影响的特大中心城市和国际都市的气魄，建成中国西部地区面向东南亚、南亚的经济枢纽和重要增长极。

11日　昆明市在东莞举行“2004昆明－东莞经济合作项目推介会”。约有200多家台企及部分当地民企参加。此次推介会中，昆明总共带来了80个招商项目，涵括了工业、生物制药、农业、旅游、基础设施、文化教育等多个领域。另外还有17个资产重组项目。这些项目引起了东莞企业尤其是台资企业的广泛兴趣。昆明市委副书记、常务副市长王文涛代表市委、市政府在推介会上介绍了中国—东盟自贸区建设情况和现代新昆明建设情况。

13～19日　“红梅杯”全国保龄球锦标赛在昆明市红塔体育基地举行。

14日　昆明世博园附近的世博吉鑫园珠宝城发生爆炸，1人死亡，6人受伤。下午3时许，一名因与珠宝城一女清洁员感情破裂的男子，到珠宝城引爆炸药，将自己炸死，并殃及其他6人。

18日　昆明市举办首届户外运动大会。本次运动会有户外露营、攀岩、登山、汽车场地山地自行车攀爬等内容。

同日　昆明市举办首届电子竞技比赛，有269名运动员报名参赛。

19日　昆明市与广州市缔结友好城市签约仪式在广州举行。昆明市委副书记、常务副市长王文涛，广州市委常委、常务副市长沈柏年分别代表昆明市、广州市签署友好城市协议书。这是昆明市缔结的第十三个国内友好城市。

同日　昆明市第七届全国推广普通话宣传周闭幕。经有关部门检查验收，昆明城市语言文字已达标。2005年初召开的表彰会上，将正式授予“昆明市城市语言文字达标城市”称号。

20日　云南省第七届集邮展览在省集邮文化商城开展。本届邮展为云南省历史上规模最大的邮展，展出的竞赛性邮集达74部，共304框。邮展不但内容丰富，而且规格颇高，其中一套邮集——《清代邮票》系首次在云南亮相。该邮集收入的大龙、小龙、慈寿、蟠龙等清代绝版邮票，在全世界的存世量不多。

20日　全国最大的黄连素生产基地—昆明亨利泰康药业在西山区长坡建成，并于上月作一次性试行生产成功。昆明亨利泰康药业占地40亩，投资1500万元，经过一年按GMP的要求建设，已建成了两条制药生产线：年产15亿片黄连素片剂生产线和年产400吨精黄连素粉生产线。

20～23日　石林风景区参与承办的“中国世界遗产生物多样性保护国际研讨会”在昆明召开，来自5个国际组织的22名专家和国内专家及代表共160人参加了会议。

23日　全省和全市文化体制改革试点单位—原事业单位昆明电影公司改制为民营“昆明影业有限责任公司”。于即日正式挂牌。

同日　“老城杯”全国青年跆拳道锦标赛在红塔基地举行，共39个代表队308名运动员参加比赛。

25日夜至26日凌晨　昆明市大部分地区普降大暴雨，城区降雨量最大为100.8毫米。据气象部门资料，此次暴雨是自1951年以来昆明市排名第五的大暴雨。

27～28日　中日小江流域综合土砂灾害对策及自然环境修复调查规划项目专题讨论会在东川区举行。

本月　市政协十届委员会常务委员会第十八次会议举行。根据市政协《关于公民旁听市政协常务委员会会议的办法（试行）》中的有关规定，年满18周岁的昆明市公民可申请旁听。

本月　市长章振国率市政府代表团访问日本藤泽市和瑞士苏黎世市，重点考察了苏黎世供水局及城市规划部门，就双方今后的合作达成诸多共识。期间，两市市长共同为昆明市赠送苏黎世的大型孔雀雕像“吉祥永驻”揭幕。11月苏黎世代表团回访昆明。

本月　市长章振国率市政府代表团访问越南，期间与海防市副市长杨英田签订了《发展友好城市关系意向书》，为昆明市作为通向东盟国家桥头堡的地位迈出了具有现实意义的一步。

10月

6日　国务院总理温家宝到昆明经济技术开发区昆明船舶总公司视察。云南省委书记白恩培、省长徐荣凯，经济技术开发区管委会主任董利华陪同视察。

13日　即日起，昆明市城市最低生活保障金将提高20元。调整后，各县（市）区的低保标准将上升为156～210元。

10月中旬　省政府与中国兵器工业集团公司签订了合作共建“昆明光电子产业基地”的合作协议；昆明经济开发区与兵器工业集团下属企业签订了“光电子产业基地”项目入驻协议。

15日　昆明滇池投资有限责任公司成立。

18～24日　在江西省举行的第五届全国农民运动会上，代表云南省出赛的昆明农民自行车队一行8人在自行车载重比赛中夺得3个第一名，3个第二名，2个第三名，1个第四名，2个第五名，1个第七名，1个第八名的优异成绩。

24日　“2004云南文化产业上海推介周”活动在上海举行，引起上海文化界、企业界和市民的广泛关注。昆明市的36个重点项目在本次推介周上受到上海文化人士关注。昆明市共签订协议10项，协议金额10亿元人民币，包括与中国广播电视学会签约建设昆明现代影视城；与上海音乐家协会共同举办“中国昆明国际聂耳音乐节”；与上海环球音像出版社在昆明建设昆明音像城等。

25日　为落实中纪委、省纪委关于健全完善反腐倡廉“大宣传”格局的有关部署，昆明市召开全市党风廉政宣传教育联席会议。

11月

4日　由市委副书记、常务副市长王文涛率领的昆明市党政代表团，到迪庆藏族自治州考察落实昆迪合作项目的进展情况。自1996年至2003年底，昆迪共实施了32个经济合作项目，昆明市协议投入资金6.0877亿元，实施经济社会合作项目71项。经济合作涉及藏药开发、水电建设、旅游景点景区开发、宾馆饭店建设等方面；社会合作涉及教育、卫生、科技、文化等各方面。2004年，昆迪合作项目共有58项，投资总额629万元人民币。

8～12日　瑞士苏黎世市市长艾尔玛·雷德格博先生率领苏黎世市市政府代表团到昆明进行为期5天的友好访问。11日，昆明市与苏黎世市签署了两市2005～2006年度合作项目备忘录。备忘录对双方2005～2006年的合作领域作了界定：根据现有的“一湖四片”方案，苏黎世为昆明的城市建设、区域发展、交通开发、公共交通和环保领域提供整体性咨询。并向滇池治污提供咨询，同时保持两市供水部门之间的联系；为昆明地区的历史建筑和街区保护提供咨询。另外，双方将通过互派代表团和加强有关机构的合作来促进双方的旅游交流；通过互派商贸团组和介绍瑞士投资者参与昆明基础设施建设，加强双方的经贸联系。

18日　在武汉召开的2003年度中国广播电视新闻奖“十佳栏目”颁奖晚会及新闻发布会上，昆明电视台的《晚间关注》与中央电视台的《焦点访谈》等十个栏目被评为全国“十佳栏目”奖。昆明电视台是获此奖项的惟一一家省会电视台。

11～13日　中国（云南）——泰国果蔬零关税实施一周年回顾与展望研讨会在昆明召开。

18～21日　法国文化年在中国举办之际，为期4天的昆明法国周在昆明举行。邵琪伟、章振国等省市领导及法国驻华大使高毅先生出席开幕式。昆明是“中法文化年—法国文化年”在中国西南地区开展交流活动的第一个城市。期间，举办了项目推介会、音乐会等活动。

19日　中国人民解放军总参谋部10名全国人大代表视察昆明金马碧鸡坊等处的人防工程。

21日　太保寿险云南分公司在不到24小时的时间内，向在包头空难中罹难的6名机组人员支付保险赔款101.6万元。

本月　由市科协承办的第十届联合国际计算机大会在昆明召开，与会代表200多人，其中，来自法、英、澳及香港特别行政区的代表50多人。中科院院士倪光南、澳大利亚比尔·卡利教授、北航副院长怀进鹏等17名特邀报告人作了《中国面临的机遇与挑战》等报告。

12月

9日　昆明市举行座谈会，纪念昆明解放暨昆明和平起义55周年。

17日　全线长25.627公里的滇池西岸截污治污工程全线开工。

18～20日　由市委、市政府主办，市文化局与市文产办承办的“首届昆明文化产业博览会”在昆明国际会展中心举行。本次“文博会”吸引国内外300多家文化企业参展，展位达360多个。共签约45个，签约金额达11.58亿元．共有9.2万国内外观众到会参观。

12月中旬　在玛路里议长盛情邀请下，昆明市人大代表团访问曼谷，同曼谷市教育机构正式签署学生和教师交流合作协议书。

21日　省委宣传部、市委、市政府联合召开“昆明市滇池治理、交通整治工作媒体恳谈会”。市委书记杨崇勇表示，市委、市政府将坚决落实滇池治理和交通整治的各项措施，同时也希望全体市民积极参与。

23日　市政府召开农村生态卫生旱厕推广现场会，决定用六年的时间在全市农村地区推广普及生态卫生厕。

同日　昆明市政府召开沾昆二线及昆南集装箱结点站建设领导小组征地拆迁推进会。会议要求市县区有关部门加强协调，及时提供用地，保证铁路建设顺利进行。

28日　昆明（火车）新客站提前半年竣工。

同日　位于北站的云南铁路博物馆正式开馆。该馆同时被铁道部和云南省命名为爱国主义教育基地。

31日　昆明市在各项准备工作取得阶段性成果，充分做好了进入实战登记阶段准备的基础上，正式开始了第一次全国经济普查工作。

同日　南三环道路改扩建工程完工通车。

同日　西山区106.7亩滇池湖滨生态湿地建设正式开工。

本月　云南最大的茶叶市场—云南康乐茶叶交易中心在昆明开业。

（字应军）

政 治

·中国共产党昆明市委员会·

【2004年工作要点】 1月4日，市委召开工作会议，认真学习贯彻党的十六届三中全会、中央经济工作会议和省委七届五次全会精神，总结2003年的工作，部署2004年经济社会发展的主要任务，进一步动员全市广大干部群众，解放思想，抓住机遇，团结一心，埋头苦干，全力推进现代新昆明建设，努力保持国民经济持续快速协调发展和社会全面进步。省委常委、市委书记杨崇勇在会上作题为《坚定不移地推进现代新昆明建设，努力促进昆明市经济社会快速协调发展》的讲话时指出，2004年全市工作的总体要求是：以邓小平理论和“三个代表”重要思想为指导，认真贯彻党的十六大、十六届三中全会、中央经济工作会议、省委七届五次全会和市第八次党代会精神，坚定不移地推进现代新昆明建设，紧紧抓住经济建设这个中心，进一步解放思想、更新观念，加大改革的力度，加快开放的步伐，树立科学的发展观，突出抓好县域经济、工业强市、城市建设，改善创业发展环境、非公经济发展、以商贸旅游业为主的服务业、实施“六大民心工程”和科教兴市人才战略等8项重点工作，加强精神文明和民主法制建设，全力维护社会稳定，实现国民经济的持续快速协调发展和社会全面进步。2004年国民经济和社会发展宏观调控的主要目标建议为：国内生产总值增长10%以上；地方财政收入增长8%；全社会固定资产投资增长20%；社会消费品零售总额增长11%；城镇居民人均可支配收入增长7%；农民人均纯收入增长5.5%；人口自然增长率控制在8.5‰以内；城镇登记失业率控制在4%以下。围绕国民经济和社会发展宏观调控的主要目标，要着重把握好以下几个方面的工作：更加重视营造良好的创业发展环境；更加深入扎实地推进各项改革；更加重视树立科学的发展观；更加重视解决好关系人民群众切身利益的问题；更加重视人才建设。《讲话》明确指出，要牢牢把握发展这个执政兴国的第一要务，全力推进经济社会快速发展；加大改革力度，为经济社会发展提供体制保障；认真解决好关系人民群众切身利益的问题，实施“六大民心工程”；切实加强和改进党的建设，为改革和发展提供坚强保证。会议要求，要紧密地团结在以胡锦涛为总书记的党中央周围，高举邓小平理论伟大旗帜，深入学习贯彻“三个代表”重要思想，解放思想，振奋精神，同心同德，扎实工作，为全面完成2004年经济社会发展任务、加快建设现代新昆明、全面建设小康社会而努力奋斗。1月17日，市委办公厅印发了《关于对市委工作会议主要任务分解立项督查的通知》，将市委工作会议的主要任务分解为81项，确立了责任单位，要求2月15日以前制定落实的具体措施，并认真抓好各项工作的落实；11月中旬前将综合情况书面报市委督查室。

【组织工作】 狠抓领导班子思想政治建设，各级干部的执政能力进一步增强。以“四个一”为载体，选派280名县处级领导干部进行异地培训，举办各类干部培训班13期1 196人。认真贯彻《党政领导干部选拔任用工作条例》，对贯彻《条例》及相关法规性文件的情况进行全面检查。选派民主党派副主委到市政府工作部门和县（区）政府班子挂职，为4个县（区）、8个市属部门配备党外干部，全市副县级以上党外干部达到122名，正科以上党外干部达到557名；选派60名具有国民教育大学本科以上学历的优秀年轻干部到部队、企业等挂职。建立领导班子和领导干部思想政治建设巡察制度，在56个县级领导班子开展民主生活会量化考核试点工作，及时开通12380干部监督举报电话，推进领导干部任中和离任经济审计，加大县处级领导干部的交流力度，接收安置团职干部61名。加强老干部工作，加大各级老干部活动中心建设力度，企业离休干部离休金全部进入社保养老统筹，实现100%社会化发放，抓好企业离休干部住房补贴兑现工作，成立昆明市企业离休干部管理中心，做好《关于对1949年10月1日至所在地解放期间参加革命工作的退休干部在生活上给予适当照顾的通知》后续工作任务的落实。

大力实施“云岭先锋”工程。启动“云岭先锋”工程，建立共产党员“政治生日谈话”和无职党员设岗定责等制度；开展“党员活动户”试点，开通“党建110”电话，建立市“云岭先锋”

工程流动党员网和流动团员网；开展“立党为公、执政为民”创先争优活动和“立足岗位做奉献，工业强市争先锋”竞赛，在非公企业中广泛开展党员树形象系列活动，50个先进基层党组织荣获市委颁授的流动红旗、50名优秀共产党员和优秀党务工作者获市级“云岭先锋”工程奖章。制定《加强师德师风建设的意见》、《卫生系统行业作风建设六条禁令》等，在全市14个县（市）区的112个乡镇建立了“为民服务中心”。

成立市委人才工作领导小组及工作机构，加强人才队伍建设，评选、表彰昆明市优秀专家等289人及科学技术进步类奖55项，深入开展全市人才工作调研，建立首批“名师工作室”，推动人才流动，基本完成昆明市行政学院与市委党校合并办学工作。

深化“树组工干部形象”集中学习教育活动。全年共编发《“云岭先锋”工作简报》110期，摄制《云岭先锋暖人心》等28部党教片和200多条党建电视信息，努力推进现代网络技术和多媒体手段，市委组织部等14家单位通过中组部人事档案一级标准验收，大力加强组织部门自身建设。

【宣传思想工作和精神文明建设】 深入学习贯彻“三个代表”重要思想，理论武装工程取得新成效。坚持用“三个代表”重要思想统领意识形态领域的全部工作。组织《昆明日报》发表理论文章近30篇，制订《中共中央关于进一步繁荣发展哲学社会科学的意见》的实施意见，安排实施年度研究课题。召开纪念邓小平诞辰100周年理论研讨会，对县（市）区和市属各委办局的学习型领导班子建设和“三观”学习教育活动进行检查。编印了《“三观”学习教育读本》，报送学习实践“三个代表”重要思想先进典型共248个。

深入宣传现代新昆明建设，舆论引导水平不断提高。加大建设现代新昆明的新闻宣传力度，组织各主要新闻单位30多人次分两个组对各县（市）区50多个基层单位进行采访，共编发稿件100余篇；举办“现代新昆明建设县（市）区书记访谈”和“昆明精神”大讨论；健全宣传思想工作信息网络，共上报信息100余条，编发宣传信息60余期。

着力抓好文化建设，文化体制改革和文化产业发展稳步推进。召开昆明市文化体制改革和文化产业发展动员大会，制定了关于深化文化体制改革和加快文化产业发展的实施意见，在“云南文化产业上海推介周”活动中有10个项目达成合作协议，“首届昆明文博会”签订协议45个，落实了文化体制改革试点任务。积极推进文艺创作，完成第二届优秀文艺作品“茶花奖”的评选，出版《滇池系列丛书》两套共20册，室内方言电视剧《东寺街西寺巷》、《支花篮》等优秀作品在省内外引起了强烈反响。组织元旦春节系列文化、社区文艺展演和2004年新剧目展演等活动。深入开展“扫黄打非”。积极推进教育体制改革，扩大了高中在校生的招生规模。新闻体制改革成效明显，《晚间关注》获全国十佳电视新闻栏目奖，《都市时报》实行企业化运作，有效地提高了新闻质量。

大力建设精神文明，思想道德建设和文明创建活动成效显著。重点抓好行业文明创建活动，继续深化《公民道德建设实施纲要》学习教育活动，加强未成年人思想道德建设，开展“改陋习，树新风”活动。

进一步加强对外宣传，筹备纪念“郑和下西洋600周年”，成功举办“中国昆明—北欧奈舍诗歌周”，先后在香港《大公报》等制作《中国昆明》外宣专版15个，组织协调美国《侨报》等欧美有影响力华人媒体社长、总编等赴滇考察访问。

强化管理和教育，宣传工作队伍素质不断提高。认真贯彻执行市委《关于规范意识形态口干部管理工作的意见》，不断加强领导班子和干部队伍的作风建设。

【统一战线及民族宗教工作】 认真组织各民主党派及有关团体学习党的十六届四中全会精神和《统一战线政策文件资料汇编》等文件和材料，安排部署全市统一战线的学习教育活动。8月13日召开纪念邓小平诞辰100周年暨邓小平统一战线理论研讨会，收到论文60余篇；11月3日召开昆明市统战理论研讨会，收到文章30余篇，促进了全市统一战线的理论研究活动。

开展大调研大培训，努力探索统战工作新途径。继续坚持三个层次的调研格局，协调各民主党派市委及有关团体，围绕全市中心工作开展了22个调研课题，根据省委的要求和市委的安排，组织了对贯彻中央文件的检查和调研。把“两支队伍”的培训扩大为“三支队伍”，以市社会主义学院为基地，把培训纳入全市干部教育计划统一安排，全年举办各类培训6期，共570多人参加。

继续落实统战工作会议精神，在解决难点问题上有所突破。抓好党外干部担任实职的落实，14个县（市）区政府已配齐了党外领导干部，13个政府部门配备了党外干部，其中市统计局、科技局两个部门的正职配备了党外干部；共选派了29位乡科以上党外干部到县（市）区政府部门和乡镇挂职；切实加强党外知识分子工作，圆满完成了市台联的换届，积极为民盟、民进、农工党和九三学社昆明市委明年换届作准备，选派了4名民主党派副主委到县区和市政府有关部门挂职，建立民主党派领导班子年度述职和民主生活会制度，召开由市委分管领导和民主党派领导人参加的“双月座谈会”。

建立党外人士之家，为统战人士排忧解难。形成了《关于解决非中共党员领导干部有关待遇问题的意见》，对全市原国民党起义投诚人员的生活情况进行了调研。

解决热点问题，维护社会稳定。及时召开全市宗教工作领导小组（扩大）会议，部署宗教工作和反渗透工作。成立昆明市道教协会，加强对道教的管理。及时解决热点问题，取缔私设聚会点，有效遏制了“零散朝觐”活动蔓延的势头，开展好维护国家安全和社会稳定工作。

积极开展“三胞”“三属”工作，加强交往交流。8月31日召开全市对台工作领导小组会议，10月21日召开全市台办主任会议，制定《关于进一步规范对台交流工作程序的意见》。全年共办理赴台交流参访团9个130人，接待台湾来昆团队10个172人次，台胞台属来信来访百余人次。加强与海外侨胞、港澳同胞的联系，协助有关单位接待来昆人士，积极开展留学人员工作。

凝聚人心，为建设现代新昆明服务。做好非公有制经济人士工作，协助南安、台州、石堰、南通等4个城市在昆经商人士成立商会，帮助非公有制经济代表人士解决生产中的实际困难，协助有关部门做好招商引资、捐资助学活动，为外商在昆投资搞好服务。积极参与扶贫工作，先后共筹集资金37万余元，在禄劝县马鹿塘乡、崇德镇的18个自然村进行扶贫工作，为贫困户送去温暖。

【社会稳定工作】 把维护社会稳定作为全市六大民心工程之一，党政主要领导亲自抓，充分发挥市处理信访突出问题及群体性事件联席会议的作用，层层落实领导责任和部门责任，注重从源头上减少矛盾纠纷，保障了全市改革发展稳定的大局。全市全年共排查各类重大矛盾纠纷164起，已妥善调处117起，依法稳妥处置20多起重大群体性事件。

加强专案侦察和情报信息工作，强化人民防线建设，坚决打击和严密防范境内外敌对势力、“三股势力”的颠覆分裂和渗透破坏活动。及时开展有针对性的专项打击行动，创造性地实行半封闭教育转化学习班和驻厂、进村入户帮教的教育转化模式，连续3年实现在省内公开聚集滋事和出现极端事件的“三零”等指标。加强反恐怖斗争和处置突发性事件的队伍及机制建设，应急反应和处置能力逐步提高。

打击“两抢”、盗窃等突出犯罪，坚决整治治安复杂的重点地区，全市18个治安情况复杂的重点街道、乡镇的治安面貌得到不同程度改善。加大对治安工作的经费保障力度，组织人大代表、政协委员视察打击、防范和重点整治工作，开展打击“两抢”、拐卖儿童等突出犯罪的专项行动。组织开展禁毒人民战争，坚决遏制毒品危害。

以基层基础工作为着力点，落实社会治安综合治理措施。在治安情况复杂的18个街道办事处、乡镇各增配了1名专抓社会治安综合治理工作的党（工）委副书记。增强对治安复杂地带和突出犯罪的防控。以流动人口IC卡暂住证制度为龙头，在五华、盘龙区开展对居民小区出租房屋的管理试点，形成了以官渡区关坡村、福德村和盘龙区栗树头社区为代表的管理服务模式。建立防范拐卖妇女儿童工作示范区和托儿班，推广联合调处治安、民间纠纷的试点。收缴枪支、爆烈物品和管制刀具，减少犯罪诱因，净化社会环境。

不断适应经济社会发展的需要，努力为人民群众提供法律保障和服务。坚持打击、调节、管理与服务相统一，严厉打击各类经济犯罪活动，完善民商事、行政审判和执行工作，拓展律师、公证等法律服务领域。加强和改进法律监督机制，落实行政执法责任制，加大调解力度，开展法律宣传教育和依法治理，推进民主法治示范村的创建活动，不断加强社会化的安置帮教工作。积极查办和预防职务犯罪，推动反腐败斗争深入开展。稳步推进司法改革，着力提高办案质量和效率。开展对减刑、假释、保外就医专项检查，完善防止和纠正超期羁押的长效机制。

坚持以执法为民为核心，按照公正执法树形象的要求，落实党风廉政建设和队伍建设领导责任制，抓好政法机关队伍建设，政法干警的政治业务素质进一步提高。认真实施“云岭先锋”工程，公安机关岗位大练兵活动初见成效，审判机关、检察机关以维护公平和正义为主题的教育活动深入开展，司法行政系统在法律服务行业开展“诚信为民、服务社会”专项活动，国家安全机关走内涵发展道路取得新成效。在全市政法系统涌现出一批先进典型，五华区检察院被评为全国十佳检察院，市中级法院执行局被评为年度全国法院执行工作先进集体，市公安局警务督察支队被公安部荣记集体一等功，呈贡县司法局七甸乡司法所被司法部授予人民调解工作先进集体。

【市委全委会】　5月17日，市委召开八届三次全体会议。省委常委、市委书记杨崇勇主持会议，市委常委、组织部长张荣明作有关人事安排的说明。会议对有关干部拟任人选进行了讨论和表决。

7月2日，市委召开八届四次全会，认真学习和贯彻落实科学发展观，动员全市广大干部群众，再接再厉，突出重点，狠抓落实，确保今年经济社会发展任务的圆满完成。省委常委、市委书记杨崇勇代表市委常委会向全会作题为《树立科学的发展观，突出重点，狠抓落实，全面完成今年经济社会发展的各项工作任务》的工作报告。报告总结了上半年工作，分析了当前存在的问题和困难，以及具有的优势和有利条件，提出了下半年要统筹兼顾，重点抓好11个方面的工作。会议要求要在省委、省政府领导下，以更加昂扬的斗志、更加饱满的热情、更加主动的精神和更加务实的作风，促进昆明经济社会全面、协调、可持续发展。全会作出了对呈贡县违规购车相关负责人的处理决定；审议和通过了《中国共产党昆明市第八届委员会第四次全体会议决议》。市委委员、候补委员出席全会。部分市级老领导，不是市委委员、候补委员的市级党员领导，市纪委委员，各县（市）区委书记、县（市）区长，市属各部委办局以及有关部门、单位的党员主要负责人列席会议。

12月16～17日，市委举行八届五次全会。市委委员40人、候补委员5人出席会议。市纪委委员、部分原市级主要领导和有关方面的党员负责人列席了会议。会议由市委常委会主持。全会审议通过了省委常委、市委书记杨崇勇代表市委常委会所作的工作报告；审议通过《中共昆明市委贯彻〈中共中央关于加强党的执政能力建设的决定〉的实施意见》；讨论通过了有关干部任用事项。全会指出，2005年是贯彻落实科学发展观、巩固宏观调控成果、保持经济社会良好发展态势、加快推进现代新昆明建设的关键之年。明年全市工作的总体要求是：以邓小平理论和“三个代表”重要思想为指导，认真贯彻党的十六届四中全会及中央经济工作会议、省委七届六次全会、市第八次党代会精神，紧紧围绕提高党的执政能力，进一步解放思想，大胆实践，加快现代新昆明建设，努力在解决“三农”问题、推进工业强市和产业发展、加快滇池污染治理步伐、大力改善城市面貌、优化创业发展环境、深化改革扩大开放、加快社会事业发展和创建“平安昆明”等方面实现新的突破，促进全市经济社会全面协调可持续发展。全会号召，全市各级党组织和广大共产党员紧密团结在以胡锦涛为总书记的党中央周围，高举邓小平理论和“三个代表”重要思想伟大旗帜，团结带领全市各族人民，解放思想、勇于实践，迎难而上、扎实工作，努力开创现代新昆明建设的新局面。

【市委常委会】　市委常委会全年召开30次会议，议题达100多项，形成《市委常委会议纪要》共24期。市委常委会议传达学习了党的十六届四中全会等会议精神，听取了中纪委全会和省纪委全会会议、省委农村工作会议、全省人才工作会议等会议精神及昆明市贯彻意见的汇报，重点研究了高致病性禽流感防治、现代新昆明建设、四区行政区划调整、高中阶段教育改革与发展、政府部分职能部门机构改革、户籍制度改革、深化文化体制改革加快文化产业发展、政府机构改革方案和县（市）区政府机构改革、人才工作，以及粮食生产和供求工作、精神文明建设重点工作、政法工作、主城交通畅通及综合整治工作、干部问题等议题。会议讨论了市委八届全会会议、市委政协工作会议、全市文化产业发展动员大会等方案，讨论通过了《关于推进人民政协履行职能“三化”的实施意见》、《中共昆明市委、昆明市人民政府关于加快林业发展的意见》、《中共昆明市委关于进一步加强人大工作的意见》、《中共昆明市委、昆明市人民政府关于推进新型工业化，实施工业强市战略的决定》、《中共昆明市委、昆明市人民政府关于解决失地农民问题的若干意见》、《中共昆明市委贯彻〈中共中央关于加强党的执政能力建设的决定〉的实施意见》等。

【市委中心组学习讨论会】 4月27日，市委中心组举办牢固树立和认真落实科学发展观学习讨论会。会议认真学习了胡锦涛在中纪委三次全会上的讲话、温家宝在省部级主要领导干部“树立和落实科学发展观”专题研究班结业式上的讲话；听取了市卫生局局长尹曰葵关于市第一人民医院“1·10案件”、西山区委副书记陈全季关于和风村“女体盛宴”、富民县委书记刘海发关于永定中学在校学生刘晓明杀人案有关情况的汇报。以科学发展观为指导，深入分析造成3起事件的原因，认真总结经验教训，研究下一步抓好工作的措施。

6月20～24日，市委中心组举办理论学习讨论会。参加学习的市委常委，市人大、市政协主要领导，市政府领导，认真学习胡锦涛、温家宝关于树立和落实科学发展观与正确政绩观等重要讲话精神，紧紧围绕牢固树立科学发展观、正确政绩观和马克思主义群众观，研究推进现代新昆明建设和全面建设小康社会这个主题，进行了广泛深入的学习讨论和交流。省委常委、市委书记杨崇勇在总结讲话中指出，要牢固树立和落实科学发展观，使科学发展观全面落实到改革、发展、稳定的各项工作中去，促进经济持续快速协调健康发展和社会进步，推动现代新昆明建设。并强调，昆明市树立和落实科学发展观，要认真解决好8个方面的问题：一是必须始终聚精会神搞建设，一心一意谋发展。二是必须大力加强思想道德建设，加快社会事业的发展。三是必须壮大县域经济，努力解决“三农”问题，促进城乡和区域协调发展。四是必须树立节约能源、保护环境的意识，建设资源节约型和生态保护型社会。五是必须加快政府职能转变，加强政府管理。六是必须加大改革开放力度，为贯彻科学发展观提供体制机制保障。七是必须以人为本。八是必须坚持正确的政绩观和群众观，以求真务实的精神抓好各项工作。

11月30～12月3日，市委中心组举办理论学习讨论会，围绕加强各级党政组织的执政能力建设，总结今年工作，研究明年工作。省委常委、市委书记杨崇勇在学习讨论中指出，深入学习党的十六届四中全会精神，必须结合昆明实际，着力提高4个方面的能力：一是要增强执政为民、为民造福的责任感，提高领导发展的能力；二是市委、市政府要始终把市民的利益放在首位，坚持每年办几件市民最关心的和急需解决的实事，提高服务群众的能力；三是要提高依法治市的能力；四是要提高抓落实的能力。在明年的工作中，要更加关心群众的利益；更加重视科学发展观的要求；更加重视基层工作和基础工作；更加充分地调动各方面的积极性，把各级领导班子建设得更加坚强有力。市委常委、市人大常委会主任、市政协主席、市政府副市长参加理论学习讨论会。

【全市干部大会】 1月4日，市委召开工作会议，总结昆明市上年的工作，分析进一步加快发展面临的形势和挑战，部署今年经济社会发展的主要任务，进一步动员全市广大干部群众，解放思想，抓住机遇，团结一心，埋头苦干，全力推进现代新昆明建设，努力保持国民经济持续快速协调发展和社会全面进步，为实现市第八次党代会提出的奋斗目标开好局、起好步。会上，省委常委、市委书记杨崇勇代表市委作题为《坚定不移推进现代新昆明建设，努力促进昆明市经济社会快速协调发展》的重要讲话。会议由市委副书记、市长章振国主持。

【城市管理工作会议】 4月23日，市委、市政府召开昆明市城市管理工作会议，深入贯彻省委、省政府昆明城市规划与建设现场办公会议和市第八次党代会精神，进一步完善“两级政府、三级管理，以块为主、条块结合”的城市管理体制，适应建设现代新昆明城市管理工作的需要，部署市、区城市管理职能权限调整工作。省委常委、市委书记杨崇勇在会上作重要讲话，市委副书记、市长章振国对下一步城市管理工作提出了具体要求，副市长胡星对四城区城市管理职能权限调整作了安排部署。会议研究决定，调整市与四区城市管理职能权限，把城市规划、城市建设、城市管理、园林绿化、房产管理、环境保护和滇池保护等7个方面41项城市管理职能下放到四城区。同时，原市级负责城市管理工作的有关人员、设备、工作场地也相应下放到各区。有关市领导参加会议。经会议研究，4月26日，《昆明市市与四区政府城市管理职能权限责任调整方案（试行）》正式向社会公布。

【市委政协工作会】 6月18日，市委召开政协工作会议，学习贯彻《中国人民政治协商会议章程》，研究落实省委关于推进人民政协履行职能制度化、规范化和程序化的意见，切实加强和改善党对政协工作的领导。省委常委、市委书记杨崇勇在会上要求，求真务实，开拓创新，努力开创昆明市政协工作的新局面。市政协主席徐之信在会上就学习贯彻《政协章程》作讲话。部分县（市）区在会上交流了政协工作经验。会议由市委常务副书记杨远翔主持。市委常委、市人大主要领导、市政协领导出席会议。

【四区行政区划调整动员大会】 7月22日下午，市委、市政府召开昆明市四区行政区划调整动员大会，安排部署四区行政区划调整工作。省委常委、市委书记杨崇勇在会上指出，调整五华、盘龙、官渡、西山四区行政区划，是实现现代新昆明发展战略的重大举措，也是昆明城市发展的一项重大改革，对昆明的发展具有十分重要的意义。实施四区行政区划调整，是实践“三个代表”重要思想，贯彻落实科学发展观，促进经济社会全面、协调、可持续发展的重要体现。市委、市政府要求，要统一各级党政组织、党员、干部和群众对区划调整重要意义的认识，自觉维护和服从区划调整的大局，保持思想上和行动上的高度统一。各级领导干部要坚持科学的发展观、正确的政绩观和马克思主义群众观，一手抓区划调整、一手抓各项工作，做到区划调整和经济社会发展及各项工作“两不误、两促进”。市委、市人大、市政府、市政协领导，市中级法院和检察院主要领导，市级机关各部委办局、市级各民主党派和市工商联负责人，四区领导班子成员和四区乡镇、街道办事处主要负责人参加会议。

【深化文化体制改革、发展文化产业动员大会】 8月19日，市委、市政府召开昆明市深化文化体制改革、发展文化产业动员大会，全面贯彻省委、省政府关于文化发展的有关会议精神，总结全市文化改革和发展的成绩和经验，讨论和研究加快文化产业发展，进一步繁荣文化，动员全市上下解放思想，创新机制，求真务实，扎实工作，努力把文化产业培育成为新的支柱产业，为全省民族文化大省建设作出重要贡献和发挥龙头作用。省委常委、市委书记杨崇勇在会上强调，要统一思想，充分认识加快文化产业发展的重要性和紧迫性；要明确文化产业发展的主要目标和任务；要加大文化体制改革力度，增强文化事业和文化产业发展的生机与活力。会议确定了昆明市发展文化产业的基本思路和目标。会议对《关于深化文化体制改革、加快文化产业发展的实施意见》进行了讨论。会议由市委副书记、市长章振国主持。省市领导丹增、晏友琼和市委、市人大、市政府、市政协有关领导出席会议，各县（市）区党政领导，市属有关部门负责人，部分国有、民营企业代表参加会议。

【市委人大工作会议】　11月12日下午，市委召开人大工作会议。省委常委、市委书记杨崇勇在会上作题为《加强和改进党对人大工作的领导，努力开创昆明市人大工作的新局面》的讲话。市人大常委会主任李庄在会上作题为《坚持党的领导，依法履行职责，努力开创新时期人大工作的新局面》的讲话。会议要求认真贯彻落实党的十六大精神和十六届四中全会精神，总结近年来昆明市人大工作的经验，研究新形势下如何进一步加强和改善党对人大工作的领导，更好地发挥全市各级人大及其常委会的职能作用，推动人大工作再上新台阶，为加快现代新昆明建设、全面建设小康社会提供有力保证。会上印发了《中共昆明市委关于进一步加强人大工作的意见》。五华区委、石林县人大、嵩明县政府在会上作大会发言，市委宣传部、市中级法院、市检察院在会上作书面交流。会议由市委副书记、市长章振国主持并讲话。市委常委，市人大常委会主任、副主任，市政府副市长，市政协主席、常务副主席等领导参加会议。

【实施意见·工作意见】　全年发出昆发文件23件。主要有：《关于加快我市高中阶段教育改革与发展的意见》、《关于实施“云岭先锋”工程大力推进党的基层组织建设的意见》、《关于建设学习型领导班子的意见》、《关于贯彻落实〈中共中央、国务院关于促进农民增加收入若干政策的意见〉的实施意见》、《关于推进人民政协履行职能制度化规范化程序化的实施意见》、《关于贯彻省委省政府现代新昆明建设调研会精神的实施意见》、《关于县（市）区政府机构改革的意见》、《关于进一步加强和改进未成年人思想道德建设的实施意见》、《关于深化文化体制改革、加快文化产业发展的实施意见》、《关于加快林业发展的意见》、《关于进一步加强人大工作的意见》、《关于进一步加强国土资源执法监察工作的意见》、《关于推进新型工业化实施工业强市战略的决定》、《中共昆明市委贯彻〈中共中央关于加强党的执政能力建设的决定〉的实施意见》。以及昆办通《关于昆明市2004年民主评议机关作风工作的实施意见》、《关于建立重视和支持新闻监督制度的意见》、《关于加强与东盟各国及周边国家、地区友好交往促进多边商贸活动建立市级领导联系制度的意见》、《关于建立社会治安打防控长效机制的意见》等。

【通　知】　全年发出昆通文件14件。其中，主要为：《关于市级领导、市级机关部门和市级机关干部联系困难企业和困难职工的安排意见的通知》、《关于认真学习贯彻丹增在对昆明市文化体制改革和文化产业发展调研时的讲话要点的通知》、《关于选派县处级领导干部赴上海异地培训的通知》、《关于对昆明市人民政府部分部门党组（党委）设置的通知》、《关于实施重点招商引资项目推进责任制的通知》、《关于规范我市意识形态口干部管理工作的意见》、《关于印发〈中共昆明市委常委班子整改方案〉的通知》、《关于建立市委常委、市政府党员领导与党外人士联系制度的意见的通知》、《关于中共昆明市人民政府国资委委员会职责及有关问题的通知》。

全年发出昆办发文件18件。主要为：《关于切实加强高致病性禽流感防制工作的紧急通知》、《关于在全市开展科学发展观、正确政绩观和马克思主义群众观学习教育活动的通知》、《关于市政府机构人员分流意见的通知》、《关于切实加强新时期人民调解工作的实施意见的通知》、《关于五华、盘龙、官渡、西山四区行政区划调整后明确隶属关系的通知》、《关于在全市县以上机关实施“云岭先锋”工程深入开展“立党为公、执政为民”创先争优活动的意见的通知》、《关于〈昆明市人民政府新一轮机构改革人员分流的意见〉执行范围的补充通知的通知》、《关于印发〈昆明市文明单位创建管理办法〉等7个文件的通知》、《关于认真学习贯彻党的十六届四中全会精神的通知》、《关于学习借鉴沪浙经验建立重点工作责任制加快现代新昆明建设的意见》、《关于进一步加强法院基层建设的实施意见的通知》。

全年发出昆办通文件71件。主要为：《关于成立四城区区划调整工作领导小组的通知》、《关于进一步做好高致病性禽流感防治工作的紧急通知》、《关于建立市委常委和分管副市长联系县（市）区防治高致病性禽流感工作制度的通知》、《关于转发〈2004年“扫黄”“打非”等集中行动实施方案〉的通知》、《关于昆明市委2004年党风廉政建设和反腐败工作主要任务分解安排的通知》、《关于组织开展〈昆明市推进新型工业化实施工业强市产业发展规划纲要〉专题调研的通知》、《昆明市国有出售和破产关闭企业离休干部交接及管理服务实施细则（试行）的通知》、《关于对市滇池污染治理现场办公会议主要任务分解立项督查的通知》、《关于切实做好新时期农村扶贫开发工作任务立项督促检查的通知》、《关于现代新昆明建设有关重要工作督查会议工作任务分解立项督查的通知》、《关于进一步实行市委常委、有关副市长定点联系县（市）区制度的通知》、《印发〈关于在国有企业深化产权制度改革中建立企业领导人员退出机制和奖励的实施意见（试行）〉和〈关于对成功引进战略合作伙伴的国有企业领导人员给予奖励的实施意见（试行）〉的通知》、《关于成立昆明市组织实施云南省职工医疗互助活动领导小组的通知》、《关于印发〈昆明市纪念郑和下西洋600周年系列活动总体方案〉的通知》、《关于开展促进北部五县区经济社会发展专题调研的通知》、《关于建立和完善昆明市处理信访突出问题及群体性事件联席会议制度的紧急通知》、《关于印发〈昆明市开展禁止赌博活动专项行动工作方案〉的通知》、《关于2004年民主评议市级机关作风结果的通报》、《关于成立昆明市加快现代新昆明建设重点工作及重大项目考核委员会的通知》、《关于严格规范和控制各类检查、评比、达标活动的通知》。

【会议纪要】　全年发出《市委会议纪要》9期、《市委专题会议纪要》5期。《市委会议纪要》主要涉及昆明市主城区交通畅通工程、主城区交通和环境整治拆迁改造、改善昆明投资环境、清理整顿土地市场工作、滇池污染治理、昆明小哨—嵩明航空城规划与建设、呈贡新城建设、失地农民保障制度等内容。《市委专题会议纪要》主要涉及云龙水库、东风广场及周边区域环境改造、滇池治理新闻宣传、昆明学院筹建、重点工程调研等内容。

（市委办公厅秘书处）

办公厅

【督查、信息和办文工作】　市委办公厅强化“四项职能”，注重工作实效，进一步推动中央和省、市委重大决策、部署的贯彻落实。围绕中央和省、市委重大决策的贯彻执行，以现代新昆明建设和全面建设小康社会为重点，进一步加大督查工作力度，完成了省、市委各项重大决策和工作部署及各项任务的分解立项，跟踪督办；认真完成中央和省、市领导批办、交办事项；探索创新督查工作，新增对新闻媒体批评性报道的督查、反馈。2004年，完成各种立项督办件252件；办理各级领导批办、交办事项568件，撰写编辑《昆明督查专报》、《督促检查情况》等293篇；督办新闻媒体批评性报道事项81件，督办省、市人大代表建议、政协提案107件，到县（市）区指导督查工作20余次。

突出重点，紧扣服务主题，强化基础，注重质量，促进信息提高质量上水平。全年共收到全市报送市委的各类信息17 632篇，采用4 514篇，同比增加13.4%。向中共中央办公厅报送信息1 013篇，被采用94篇，在中办年度考核的上报采用质量系数累计计分中名列全省8个直报点第一，上报中办信息考核得分名列西部省会城市第一。向省委办公厅上报信息1 341篇，被采用693篇，同比增21篇，采用系数、采用得分名列全省第一。

结合实施“云岭先锋”工程，推进办文工作创新，采取阳光、文明、规范、民主、精品、素质办文等六项措施，促进了办文质量的提高。全年共起草、制发各类文电452个，办理各类请示187件。其中，“昆”字头12类公文390个；重点控制的“昆发”文件20个，增加4个；“昆办发”18个，增加5个。

【调研及文稿起草】　市委办公厅5个综合处，注意把握市委各个时期的工作重点，善于从市委领导的角度和政治的高度去思考分析问题，认真做好文稿起草和其他服务工作。全年共起草市委领导讲话稿、署名文章、汇报材料等200多篇。2004年，办公厅领导和有关处（室）深入基层、深入农村、深入工厂、深入群众，就经济社会发展中的热点、难点问题开展调查研究，掌握第一手材料，撰写有质量有参考价值的调研文章10多篇。如综合一处就农村水利体制改革、综合二处就滇池面源污染及治理、综合四处就畜牧业发展进行了调研，为市委决策提出了一些很好的建议，对促进现代新昆明建设、全面建设小康社会发挥了重要作用。

【重大活动、重要会议的组织】　为市委八届五次全会、全市农村工作会议、全市人才工作会议、实施“云岭先锋”工程动员大会、市委中心组学习、市委常委会等60多次重要会议，做好筹备、协调、服务保障工作；组织、安排汇报会，以及接待省委、省政协检查组的活动10多次；协助省委办公厅圆满完成接待中央领导的任务，得到省委办公厅的好评。

【突发事件处置】　市委办公厅领导和有关处（室）按照市委的要求，充分发挥信息主渠道作用，建立起快速反应机制，切实做好应急处置工作，及时组织协调有关单位对全市发生的突发性事件进行处理，为有效地维护社会稳定做了大量工作。全年先后组织协调、参与处置社会热点问题和各种群体性事件280多件。

【人事及老干部工作】　老干部工作做到政策落实、责任落实和工作到位。办公厅十分重视老干部工作，把老干部工作摆到重要位置，统一部署，加强检查督促。认真落实好老干部政治生活待遇及有关政策规定，使离退休干部“老有所学、老有所乐、老有所为”。坚持定期和不定期地向老干部通报工作情况，听取意见和建议，发挥老干部在“三个文明”建设中的积极作用。

【机要工作】　按照“做好党的机要工作，确保绝对安全，确保绝对畅通”的要求，始终把党的核心机密放在第一位，把确保密码安全和畅通作为首要任务，使“上情下传、下情上报”做到绝对安全、畅通，较好地完成了密码工作各项任务。认真抓好全市密码保密大检查，切实把密码保密工作落到实处。加强密码工作现代化建设，配合有关部门进行政务网市委中心二期开发，促进了密码工作水平和机关现代化办公水平的提高。

【保密工作】　按照中央和省、市“强化保密执法管理，为改革开放和经济建设保驾护航”的指导方针，积极落实各项保密措施，努力提高保密工作水平，充分发挥保密工作在全市政治、经济和社会发展中的服务和保障作用。认真组织深入开展保密法制宣传教育，加强保密监督检查，进一步增强涉密工作人员的保密意识、责任意识，促进了保密行政执法和管理水平的提高，确保了国家秘密的安全。

【后勤服务】　进一步健全后勤管理制度，调动后勤部门干部职工的积极性，为市委各部门提供优质服务和后勤保障。一是食堂卫生条件明显改善，饮食供给花色品种增多，饭菜质量明显提高；同时完成了18个省、市党委系统来昆考察人员200余人、省内来访人员150人次的接待工作。二是全年累计提供会议室服务689次；接待外宾、中央领导、省级领导30次；制作会标71条；接待参会人员36 180人次。三是财务制度不断完善，管理水平提高。四是加大管理力度，做好车辆使用的调配工作，强化行车安全意识，在完成好市委领导、办公厅的公务用车和各部委办局的临时用车的同时，保证了市委的抢险、救灾及重大事件的紧急用车，服务质量明显提高。五是重新制定了《中共昆明市委机关门卫管理规定》，大楼管理进一步规范化，全年查出并整改不安全隐患7个，完成各种类型会议的安检和保卫任务71次，安全保卫工作明显加强。六是完成了消防系统搬迁、改造和办公室装修、礼堂维修等，改善了办公条件。七是机关印刷厂实行多元化经营，注重培植新的客源，在完成机关印刷任务的同时，积极向外拓展业务，共承接印刷业务稿件1 835份/次，提高了经济效益。八是全面落实素质教育的各项规定，不断探索幼儿园教育、教学发展的新路子。全年业务观摩、培训15次，组织3次18名教师参加省教委继续教育培训和考核；举办家长专题讲座，开办“舞蹈班”“美术班”两期，开展丰富的教研教学活动，幼儿教育质量明显提高。

（市委办公厅秘书处）

组织工作

【干部教育培训】　按照建设学习型领导班子的目标要求，以“四个一”活动为载体，在全市党员干部中开展“认真贯彻‘三个代表’重要思想，坚定不移推进现代新昆明建设”学习活动。围绕“学理论、看变化、找差距、思发展、有作为”的目标，选派280名县处级领导干部赴上海、浙江异地培训。在学习期间，还认真开展“1＋1”结对活动，88家单位与上海133家单位建立了联系；举办了3场上海昆明科技与投资交流会。在市委党校举办各类干部培训班13期1 196人，其中还组织乡镇党政正职干部173人到广州、深圳、珠海进行市场经济知识案例培训。各县（市）区在大规模培训干部的同时，积极组织赴上海、浙江等地培训副科以上干部16期725人。按照市委的要求，在各类培训班开展了“昆明精神”大讨论活动。通过大规模培训干部，使干部增长了知识，开阔了眼界，转变了观念，并结合实际进行积极认真的思考，提出许多好的意见建议，有力地促进全市经济社会的发展。

【进一步规范干部选拔任用工作】　认真贯彻《党政领导干部选拔任用工作条例》，扎实抓好中央“5+1”文件和省委干部人事制度改革五项制度的落实，在严格依照《干部任用条例》规定的基本程序选拔任用干部的同时，坚持市委常委会对市管干部的任用实行票决，市委全委会对县（市）区党政一把手的任用实行无记名投票表决，全面推行干部试用期制。按照公司法的规定，进一步完善法人治理结构，加强对企业领导班子和经营管理者的管理监督。对党政机关县处级领导干部在企业兼职情况进行认真清理。对乡镇党政一把手的任免实行备案审批，确保乡镇主要领导干部的相对稳定。以省委组织部对昆明市执行《干部任用条例》情况进行检查为契机，对2002年以来全市贯彻执行《干部任用条例》及相关法规性文件的情况进行了全面检查。

【党外干部、妇女干部、年轻干部培养和选拔工作】　选派4名民主党派副主委到市政府工作部门和县（区）政府班子挂职。为4个县（区）、8个市属部门配备了党外干部，全市副县级以上党外干部达到122名，正科以上党外干部达到557名。在县（市）区和市直部门中配备了一批优秀妇女干部，并选配了2名党外妇女干部担任市政府工作部门正职领导职务，实现了党外干部、妇女干部选拔任用工作的新突破。选派60名具有国民教育大学本科以上学历的优秀年轻干部到部队军训，到企业学习现代企业管理知识，到信访部门学习群众工作方法，到农户家中同吃、同住、同劳动，到乡镇（市直部门）挂职，积累培养年轻干部的新经验。

【领导班子和领导干部思想政治建设工作机制初步形成】　建立领导班子和领导干部思想政治建设巡察制度，在全市开展了两次县级领导班子思想政治建设调研，及时掌握领导班子运行状况，查找部分班子存在的问题，为优化班子结构奠定了基础。在全市56个县级领导班子开展民主生活会量化考核试点工作，努力提高民主生活会质量。建立“便利、安全、高效”的举报机制，及时开通12380干部监督举报电话，对个别单位和部门在干部选拔任用工作中违反《干部任用条例》的人和事进行了查处。进一步推进领导干部任中和离任经济审计，切实加强对领导干部的监督。进一步加大县处级领导干部的交流力度。圆满完成军队转业干部安置任务，共接收安置团职干部61名。按照区划工作的要求，认真做好相关党组织、干部和人事档案接转工作，确保了区划调整的顺利进行。

【老干部工作】　坚持把加强老干部工作列入重要议事日程，及时研究解决老干部工作中出现的新情况、新问题，坚持节日走访慰问制度和重大决策、重大事项通报制度，积极发挥老干部在“三个文明”建设中的作用。进一步加大各级老干部活动中心建设力度。进一步建立和完善“三个机制”，落实老干部的生活待遇。企业离休干部离休金全部进入社保养老统筹，实现100%社会化发放。认真抓好企业离休干部住房补贴兑现工作，共发放883人的住房补贴1 495万元。成立昆明市企业离休干部管理中心，接收企业离休干部123人。认真做好《关于对1949年10月1日至所在地解放期间参加革命工作的退休干部在生活上给予适当照顾的通知》后续工作任务的落实，对符合条件的退休干部的生活补贴按时进行兑现。按照省委组织部8月13日会议精神，切实抓好《关于对建国初期参加革命工作的部分退休干部在生活上给予适当补贴的意见》的贯彻落实，按时完成了918位补贴对象的审批工作。

【“云岭先锋”工程成为新的社会关注点】　2月13日在全省率先启动“云岭先锋”工程后，及时建立了“云岭先锋”工程目标考核体系，按照实施“云岭先锋”工程要“坚持以加强党的基层组织建设为立足点，以为建设现代新昆明营造稳定的社会环境和良好的发展环境为着力点，以解决千家万户关心的热点、难点问题为切入点，以改进工作作风、提高工作效率，执政为民，让全市人民群众真正成为‘云岭先锋’工程的受益者为落脚点”的工作思路，全市各级党组织切实加强领导，狠抓落实，使实施“云岭先锋”工程日益成为广大党员的自觉行动，逐渐融入经济社会发展的主战场，不断展现在建设现代新昆明的行动中，体现在各行各业的制度建设里，全市创先锋、争先锋、当先锋的氛围初步形成，出现了“组织强起来、党员干起来、群众动起来、干群关系好起来”的良好局面。实施“云岭先锋”工程的成效和做法引起了社会各界的关注，《人民日报》、《光明日报》、《求是杂志—红旗画刊》、人民网、《云南日报》、云南电视台等媒体连续作了报道。

【创新基层党组织和党员的活动方式及内容】　全市各级党组织积极探索、大胆创新党组织和党员的活动方式，取得了一批具有推广价值的成功经验。通过共产党员挂牌上岗和农村党员户评星定级，建立共产党员“政治生日谈话”制度和开展无职党员设岗定责活动，亮出党员身份，树立党员形象，增强了党员的荣誉感和责任感；以关爱党员为出发点的“素质教育工程”，提高党员和基层干部的综合素质；在农村开展“党员活动户”试点，积极探索解决自然村党员活动困难的问题；开通党建“110”电话、聘请离退休老干部和新闻工作者担任“云岭先锋”工程特邀监督员等做法，创新党建工作的监督机制；建立昆明市“云岭先锋”工程流动党员网和流动团员网，运用网络手段加强对流动党员和流动团员的教育、服务和管理；在机关开展以“三评”和“五比五创”为主要内容的“立党为公、执政为民”创先争优活动，使机关的作风有了明显的好转；在国有企业开展以“立足岗位做奉献，工业强市争先锋”竞赛，促进了企业的改革和稳定；在社区推行“党员责任区”和“党员责任岗”制度，提高为民服务的质量和水平；在非公企业中广泛开展党员树形象系列活动，增强党的影响力。通过实施“云岭先锋”工程，初步形成用创新来推进经常性的党建工作，用创新来拓宽联系群众的渠道，用创新来解决党建中的突出问题的基层党建长效机制。全市涌现出一大批先进基层党组织和党员，50个先进基层党组织荣获市委颁授的流动红旗，50名优秀共产党员和50名优秀党务工作者荣获市级“云岭先锋”工程奖章。

【广大人民群众成为“云岭先锋”工程的受益者】　坚持把维护好、实现好和发展好人民群众的利益作为立足点。从关系千家万户的师德师风、医德医风建设入手，打开服务行业实施“云岭先锋”工程的突破口。教育系统制定了《加强师德师风建设的意见》和《教师十不准》，开展了网上师德师风评议活动；卫生系统制定了《卫生系统行业作风建设六条禁令》，建立“关爱医院”和医疗救助管理、住院病人出院回访等多项制度，统一实行药品降价，让利于民，使全市各级医院的医德医风发生了积极转变。开展“云岭先锋工程·畅通连心桥活动”，密切了党群、干群关系，增进与人民群众的血肉联系；开展民情恳谈活动，变群众上访为干部下访，使群众遇到困难时，干部及时知道，及时赶到现场，及时为群众排忧解难；从解决好“三农”问题和基层群众办事难问题入手，在全市14个县（市）区的112个乡镇建立了“为民服务中心”，切实改进基层为群众服务的内容、载体和方式方法，使政府的职能真正向服务型转变，防止和克服乡镇工作“机关化”的倾向，进一步提高工作效率，完善了为民服务的工作运行机制。通过加强党的基层组织和党员队伍建设，“云岭先锋”工程已成为让党员干部受教育、人民群众得实惠的民心工程。

【初步形成党管人才工作格局】 及时学习贯彻全国、全省人才工作会议精神。成立了市委人才工作领导小组及工作机构，统筹全市人才工作。召开全市人才工作会议，全面部署建设现代新昆明进程中的人才工作，确立了党政人才、企业经营管理人才、专业技术人才、高技能人才、农村乡土人才“五支人才队伍”一起抓的人才强市战略目标。人才工作初步形成了党委统一领导，组织部门牵头抓总，有关部门各司其职、密切配合，社会力量广泛参与的格局。

【营造服务人才氛围】 大力宣传全国、全省和全市人才工作会议精神。评选、表彰昆明市优秀专家、有突出贡献优秀专业技术人员、中青年学术技术带头人及其后备人选、青年科技奖、有突出贡献的高技能人才、农村科技致富带头人289人及科学技术进步类奖55项。组织开展了国务院特殊津贴、云南省有突出贡献优秀专业技术人才、省政府特殊津贴的申报工作。建设高层次人才库电子网站，服务好各类人才。组织媒体宣传人才工作的经验和做法，大力营造“尊重劳动、尊重知识、尊重人才、尊重创造”的社会氛围。

【积极构建人才工作机制】 深入开展全市人才工作调研，组织相关部门清理现有人才工作规章制度。立项、分解、督办2004年人才工作重点任务目标六大类45项。组建首批“名师工作室”，6名知名特级教师与60名中青年教师结成对子，开始了为期两年的目标培训。筹建昆明市“教师资源管理中心”和“医务人员管理中心”，积极推动教育、卫生系统人事制度改革，推动人才流动。基本完成昆明市行政学院与市委党校合并办学方案，进一步整合昆明市党政人才教育培训资源。

【深化和拓展“树组工干部形象”集中学习教育活动】 按照组工干部“对己清正、对人公正、对内严格、对外平等”四项要求，进一步拓展“公道正派”的内涵，提出了全市组工干部必须“做政治坚定，服务大局的表率；做与时俱进，开拓创新的表率；做公道正派，清正廉洁的表率；做谦虚好学，求真务实的表率；做转变作风，联系群众的表率；做团结协作，埋头苦干的表率”六项要求，认真践行“组工干部八项承诺”，深入查找突出问题，抓好整改工作“三项措施”的落实，认真开展集中学习教育回头看，努力建设学习型领导班子及学习型组织。市委组织部建立了“机关讲坛”、努力提高组工干部的政治思想和业务素质。

建立重点工作任务立项督查制，进一步加大抓落实的力度，不折不扣地抓好各项工作任务的落实。积极捕捉党建工作中涌现出来的亮点和闪光点，及时总结和推广组织工作的经验和典型。市委组织部在《昆明日报》、昆明电视台开设“云岭先锋”专栏。全年共编发《“云岭先锋”工作简报》110期。全市党员电教部门拍摄制作了《云岭先锋暖人心》、《云岭先锋在昆明》等28部党教片和200多条党建电视信息。努力推进现代网络技术和多媒体手段，切实加大组织工作的信息化建设力度。积极推进干部人事档案工作目标管理，市委组织部等14家单位通过中组部一级标准验收。

（市委组织部）

党员电化教育

【围绕中心，抓好宣传制片工作】 2004年，市委电教中心紧紧围绕“云岭先锋”工程活动，做好宣传报道工作。3月5日，把在昆明电视台开办的党建栏目《党旗飞扬》改版为《云岭先锋》，每月播出两期，循环播放12次。从5月起，又在该台《昆明新闻》中开辟了“‘云岭先锋’在基层”的系列报道，采取《云岭先锋》栏目从深层次报道和《昆明新闻》从面上报道双管齐下的方法，既报道全市“云岭先锋”工程活动轰轰烈烈的工作场面，又挖掘工作中的经验和做法。同时，对县（市）区委组织部和委办局做好资料积累，拍好“云岭先锋”专题片，抓好“云岭先锋”宣传提出了明确要求。

12月4日，组织对14县（市）区委组织部和部分委办局报送的23部“云岭先锋”专题片进行观摩评比。来自省委组织部、云南省广播电视学会、云南电视台、市委组织部和市纪委的14位领导、专家从思想性、艺术性和技术性三个方面，评选出一等奖一名，二等奖二名，三等奖三名和四个单项奖。评委们一致认为，此次参评的党教片，观点鲜明、主题突出、体裁多样、手法新颖，内容涉及昆明市机关、农村、社区、医院、公安、文化、教育等各行业开展“云岭先锋”工程的具体情况，既有工作机制方面的创新之举，又有典型人物的先进事迹，从总体上反映开展“云岭先锋”工程活动以来涌现的许多新机制、新方法、新举措、新成果。

至年底，全市共拍摄制作党建电视信息200多条，被昆明电视台采用198条；制作党教专题片28部，有8部被云南电视台《在党的旗帜下》栏目采用，20部在昆明电视台播出。其中，仅电教中心就制作了《“云岭先锋”在昆明》、《“云岭先锋”暖人心》等7部专题片，创下了市委电教中心成立以来年度制作专题片数量之最。

在制片工作中，电教中心牢固树立精品意识，注重前期策划，精心制作，制片水平不断提高。中心首次制作工作片《“云岭先锋”在昆明》并一举获得成功。省委常委、市委书记杨崇勇到电教中心观看该片并给予好评。在9月初召开的全市“云岭先锋”工程推进会上，市委组织部还以该片作为昆明市启动实施“云岭先锋”工程活动以来的情况总结，专门安排参会同志观看。省委组织部将该片选送云南电视台播出时，专门发出收看通知，当日全省收看人数达70多万。

2004年，由市委电教中心拍摄选送的专题片《在搬家的日子里》、《为了人民的利益》被中央电视台七套采用。在2003年拍摄党教片获全省一等奖的基础上，经过精雕细刻、不断完善，所选送的党教片经省委组织部推荐参加全国第八届党教片观摩评比，被中央组织部授予“优秀党教片”称号。

【党员电化教育工作】 市委电教中心

全市党员电化教育工作会议　（市委电教中心　供稿）

先后两次有针对性地组织人员对基层电教工作进行调研。在深入调研的基础上，制定了《昆明市党员电化教育工作量化考核办法》，细化了党员电教工作目标，进一步规范了全市党员电化教育工作。针对调研中发现的基层电教设备老化问题，要求各单位认真调查摸底，积极配套完善，使每个播放点硬件达到“两机一柜”，管理实现“三薄一册”，播放收看坚持“四环节教学法”。

12月6～10日，市委电教中心抽调全市24名电教干部组成6个考核组，对照《昆明市党员电化教育工作量化考核办法》，采取听、查、看、问、议、评的方法，对14县（市）区和市属部分委办局的党员电化教育工作进行交叉考核。考核组先后抽查了14个县（市）区和12个市属委办局电教机构、24个乡镇电教工作站、47个播放点的党员电化教育工作。根据考核结果，经市委组织部讨论同意，决定对县区4个单位、市级机关3个单位作为全市党员电化教育工作先进集体进行表彰。

2004年，乡、村两级党员电教播放点（党员活动室）得到加强。全市共建立党员电教播放点（党员活动室）2 348个，占应建数2 619个的89.7%，尚未建立的有271个，其中：村委会、居委会应建数1 522个，已建数1 332个，占应建数的87.5%；机关企事业应建数1 097个，已建数1 016个，占应建数的92.6%。其中全市优秀播放点（党员活动室）159个，这次会上已兑现奖金。全市共组织播放收看26 622场次，观众达170多万人次。党员电教已逐步成为农村党员干部提高自身素质的新起点，成为农民群众接收先进技术的新课堂，成为本地农业与市场有效对接的新平台，成为农村传播先进文化的新阵地，在推动全市农村经济社会发展中发挥了重要作用。

与此同时，市委电教中心还积极指导好昆明市建设局、昆明电视台、官渡区福保村3个单位的“云岭先锋”工程联系点的工作，多次到单位研究推进“云岭先锋”工程活动的措施、办法。10月，电教中心组织市建设局党组织负责人，到曲靖市建设局学习考察该局实施“云岭先锋”工程的经验、做法。考察回来后，迅速采取公开办事程序、建立党员公示栏、设置办事引导员、投诉意见箱等措施，进一步推进了该局的“云岭先锋”工程活动。通过以点带面，并组织相互学习交流，有力地推进了“云岭先锋”工程活动。

【提高服务水平】 党员电教工作只有以服务为本，才能把握正确方向。市委电教中心进一步增强了服务意识。为提供适合基层实际需要的电教教材，市委电教中心在《昆明党员电教》的内容选择、采集编排等方面进行了调整，尽可能地选择对基层党员干部和农村党员帮助大和指导性强的内容，提高《昆明党员电教》教材的教育效果和影响力。结合市党建工作重点，电教中心及时制作下发对党建工作有指导、借鉴作用的资料片。如反映昭通、曲靖、红河等地开展乡镇为民服务、“云岭先锋”工程活动和反映嵩明县杨桥乡为民服务中心成立及解决实际问题现场办公会的资料片等。这些片子下发到各县（市）区及有关部门后，深受基层党务工作者的欢迎。东川区有关领导在看了水富县为民服务中心的资料片后，马上与电教中心联系，追加36套，供各乡镇、有关委办局组织开展乡镇为民服务工作时使用。

在做好党教片和党建电视信息拍摄制作工作的同时，中心还注意收集整理文字信息。年内共组织报送文字信息15篇，其中，被省委组织部《云南党员电教信息》采用8篇，被市委组织部《组工信息》采用5篇，对于指导基层工作发挥了积极作用。

（王仁智）

宣传工作

【学习贯彻“三个代表”重要思想】 坚持用“三个代表”重要思想统领意识形态领域工作。坚持把学习实践“三个代表”重要思想同组织开展保持共产党员先进性教育活动结合起来，同各级领导干部树立“权为民所用，情为民所系，利为民所谋”信念结合起来，组织党员干部深入学习“三个代表”重要思想，进一步增强了各级领导干部实践“三个代表”重要思想的自觉性和坚定性。

坚持和完善各级党委（党组）理论学习中心组学习制度。在全市各级领导班子和领导干部中开展了建设学习型领导班子活动，制定实施了《中共昆明市委关于建设学习型领导班子的意见》，创新了学习方法，增强了学习效果。组织各县（市）区和13家意识形态部门领导干部理论学习班，深入抓好“三观”学习教育活动，制定下发了《中共昆明市委办公厅关于在全市开展“三观”学习教育活动的通知》，全市各级各部门积极开展科学的发展观、正确的政绩观、马克思主义群众观的学习教育活动，编印了《“三观”学习教育读本》。积极主动地承担市委中心学习组秘书的职责，及时编发市委中心组学习情况简报《学习通讯》。在着重抓好市委中心组学习同时，组织各级领导机关和领导干部带头学，带头实践，起好示范带动作用。加强对中心组学习的督促检查，实行分级督促检查制度，确保了学习效果。

【理论学习】 紧密联系建设现代新昆

明、全面建设小康社会和广大干部群众的思想实际，加大调研力度，加强理论研究工作。进一步开展解放思想、更新观念大讨论，通过讨论，使党员干部找准了存在的差距，进一步转变了作风，统一了思想。召开纪念邓小平诞辰100周年理论研讨会。加大理论宣传的力度。充分利用报刊、广播、电视、互联网等大众传媒深入宣传在实践“三个代表”重要思想中涌现出的党员领导干部的典型。用典型说话，有力地带动了整个学习贯彻活动的开展。市委宣传部、嵩明县小街镇政府、五华区民政局被云南省委评为学习实践“三个代表”重要思想先进集体，禄劝县法院撒营盘法庭庭长李学光、官渡区六甲乡福保村党总支书记、主任杨明被云南省委评为学习实践“三个代表”重要思想先进个人。

迅速掀起学习贯彻十六届四中全会精神热潮。为认真学习宣传贯彻党的第十六届四中全会精神，全面加强党的执政能力建设，把全市党员干部的思想统一到全会精神上来，不断开创全市各项工作的新局面，推进现代新昆明建设向前发展。在市委下发了《关于认真学习贯彻党的十六届四中全会精神的通知》的基础上，市委宣传部结合自身实际，着力在学习“决定”原文上下功夫，在把握“决定”实质上下功夫，在落实“决定”精神上下功夫。

【围绕现代新昆明建设的各项宣传不断深化】　把握正确导向，抓好贯彻落实。重点抓了十六届三中全会、十六届四中全会和省委七届五次全会精神的学习宣传，按照市第八次党代会确定的三步走的奋斗目标和建设现代新昆明的重大举措，大力宣传现代新昆明建设的实践经验和重大成果，以及在贯彻市第八次党代会精神、市委工作会议精神中涌现出来的先进典型。突出抓好十六届四中全会的学习贯彻的宣传报道，为全市深入开展学习贯彻营造了良好氛围。

现代新昆明建设的宣传不断加强。市属新闻单位制定切实可行的宣传报道方案，组织强有力的宣传队伍，集中版面，集中时段形成声势，宣传现代新昆明建设。在宣传报道现代新昆明建设中，协调中央驻滇新闻机构和省、市属新闻单位派记者参加采访报道。组织市属新闻单位分两个组30多人次对各县（市）区50多个基层单位进行了采访，共编发稿件100余篇；协调昆明日报发表系列评论员文章7篇；协调昆明日报举办“现代新昆明建设县（市）区书记访谈”栏目，发表访谈14篇。

市级新闻单位把学习宣传贯彻市第八次党代会和市委工作会议精神作为一项大事来抓，组织专门力量，辟出专版、专栏、专题，加大对基层和县（市）区的宣传力度，及时发现和总结干部群众在建设现代新昆明和全面建设小康社会中涌现出的先进典型。积极开展“昆明精神”大讨论，引导全市人民坚定理想信念，始终保持奋发有为、昂扬向上的精神状态。在全市培育和弘扬“昆明精神”，使“昆明精神”成为昆明发展的精神支撑，不断增强昆明市的文化底蕴，为全面推进现代新昆明建设营造了良好的舆论氛围。

按照“三贴近”原则，组织了元旦春节系列文化活动、2004春城新年音乐会、国庆55周年以及纪念“郑和下西洋600周年”、“中秋综艺晚会”等重要节庆活动。坚持送、建结合的原则，不断推动群众文化在城乡基层的广泛开展。组织作家及文艺工作者深入建设现代新昆明第一线，创作富有时代气息的文艺作品，编著了《滇池系列丛书》，完成了昆明市第二届优秀作品“茶花奖”的评选。加强文化市场管理，推进依法管理和行业自律相结合，深入开展“扫黄打非”活动，打击非法出版物、盗版盗印和黄色网站，净化了文化传播渠道和文化市场。

【宣传信息工作】　围绕新形势下加强和改进宣传思想工作的新途径、新办法，围绕正确把握新世纪新阶段宣传思想工作的基本规律，建立了灵敏有效的信息反馈机制，健全宣传思想工作信息网络，完善信息收集、处理、反馈系统，确保信息渠道通畅灵敏和信息处理及时准确，报送信息质量不断提高。加强对中央重大决策部署的思想反映、宣传思想重要工作情况、意识形态领域倾向性问题、社会热点难点问题的信息报送，共上报信息100余条，编发宣传信息60余期。进一步加强了舆情信息的综合分析，及时发现问题，提出加强舆论引导的对策建议。深入开展调查研究，确定重点课题，组织开展对宣传思想战线新情况新问题调研，注重把调研成果及时运用到工作中，为市委决策提供了重要的服务保障。

【宣传先进典型】　3月，省委宣传部下发《关于认真做好推选和宣传先进典型的通知》。按照《通知》精神和市委领导要求，立即在全市广泛组织开展推选和宣传先进典型工作。各县（市）区，市级各部门高度重视，自下而上进行了认真推选，推荐各种类型、不同层次的先进典型。全市推选报送的先进典型共248个（先进集体106个，先进个人142个），宣传部对所报送的先进典型进行了认真筛选，报市委审批同意，确定了50个先进典型（先进集体32个，先进个人18人）上报省委宣传部。

在推选先进典型过程中，市级新闻单位制定了先进典型宣传方案，随即开展先进典型事迹的宣传报道，深入挖掘先进典型事迹，认真修订事迹材料，组织新闻媒体和宣传阵地进行广泛宣传，开辟先进典型事迹宣传专栏，进行专题采访报道，编辑出版先进事迹材料汇编，形成了宣传高潮。

【推进文化体制改革和文化事业繁荣】　积极推进文化领域的改革发展。优化文化资源配置，加快文化事业和文化产业发展。市委组织召开了昆明市文化体制改革和文化发展动员大会，并拿出1亿元设立了文化产业发展专项资金，全面启动了昆明市文化产业的改革和发展。昆明市电影公司改制成为昆明影业有限责任公司，在全国国有文化事业单位改革中，率先实现了三个突破。创作了大量文化精品，室内方言电视剧《东寺街西寺巷》、方言话剧《支花篮》、歌曲《小河淌水》等优秀作品在省内外引起了强烈反响，全市有100多件文学艺术作品获得国家级和省级奖项。投资3 000万元建设了昆明市文化艺术生产基地，完成了影、剧院的改造，筹建“聂耳音乐厅”、昆明美术馆等一批与“历史文化名城”和现代新昆明相适应的标志性文化设施。全市文化产业发展起点高、发展快，全市现有文化企业约8 700余家，从业人员10万余人，固定资产25.2亿元，在“云南文化产业上海推介周”活动中，有10个项目已经达成合作协议，有力的提升了昆明市文化产业的社会影响力和市场竞争力。

【积极推进新闻体制改革】　始终不渝地坚持党管新闻宣传的方针，以高度的政治责任感做好加强和改进新闻宣传的工作。深入开展“三个代表”重要思想、马克思主义新闻观、职业精神职业道德“三项学习教育”活动。坚持“三贴近”的原则，进一步丰富了新闻宣传内容，改进了会议和领导同志活动的新闻报道，不断提高舆论引导水平。不断加强宣传舆论阵地建设和管理，巩固报刊治散治滥成果，做好互联网的新闻宣传工作，维护了新闻安全。加强和完善新闻舆论监督机制，不断提高舆论监督和热点引导的水平，建立、健全新闻发布会制度和新闻发言人制度。对昆明日报社进行整合资源，调整结构，实行宣传和经营的分离，向报业集团化发展。《都市时报》要全面改制，逐步实行企业化运作，发行量达到20万份以上，取得了良好的社会效益和经济效益。昆明电视台、昆明广播电台积极探索产业化发展方向，对体制上、机制上存在的问题进行大胆改革和突破，不断提高品牌效应，有效地提高了节目质量。

【精神文明创建活动】 开展“突出重点、贴近实际，以讲文明树新风为主题的系列创建活动”。针对实际生活中群众最关心的突出问题，影响昆明市形象和改革发展中的重点问题。开展党政机关转变机关作风、加强师德师风、医德医风建设、司法诚信服务、改善出租车形象、流动人口教育管理等热点、难点问题，逐步解决各行各业和社会中存在的老大难问题和群众身边的不文明现象，“讲文明、树新风”，为创建全国文明城市和建设现代新昆明奠定坚实的基础。

继续深化《公民道德建设实施纲要》学习教育活动，要求全市各级文明委按照《纲要》要求，加强诚信建设，弘扬和培育民族精神，开展道德实践活动，加强宣传和教育，完善各行各业的行为准则，建立激励监督机制，抓住知行统一这个关键环节，贴近实际，贴近生活，贴近群众，不断增强工作的针对性和实效性。使公民道德建设基本规范教育不断深入，落到实处，并长期坚持下去。

贯彻中共中央、国务院下发的《关于加强未成年人思想道德建设工作的若干意见》。开展了一系列富有特色的未成年人思想教育工作，充分发挥学校、社会、家庭的教育作用，把德育工作摆在素质教育的首要位置，积极组织青少年学生参加社会实践活动，全方位的加强道德知识、情感、意志、行为的系统教育。昆三中，盘龙区东华办事处等一批单位积极探索未成年人思想道德建设取得了一定成效。省委在昆明市组织召开未成年人思想道德建设现场会，昆明市加强未成年人思想道德建设的经验受到了省委的高度肯定，并向全省推广。

在全市开展“改陋习，树新风”活动，使之成为文明城市（区）、文明行业、文明社区、文明村镇、文明家庭和十星级文明户等群众创建活动的重要内容，纳入年终目标责任制考核。

【对外宣传进一步扩大】 紧紧围绕党代会提出来的把昆明建设成为“经济繁荣、文化发达、环境优美、特色突出、面向东南亚、南亚的现代化区域性国际大城市”这一目标，大力宣传昆明市的良好环境，抓住中国—东盟自由贸易区建设的重大机遇，加大对外宣传的力度，把经济发展、社会稳定、文化繁荣、投资环境良好和现代新昆明推向东南亚，推向世界，树立对外开放的良好形象。

利用昆明是“春城”和“历史文化名城”的特殊优势，组织开展纪念“郑和下西洋600周年”、“东亚‘传统与当代’首届中国昆明国际艺术展与论坛”、“中国昆明—北欧奈舍诗歌周”等一系列的对外宣传活动，突出宣传昆明开放文明稳定的新形象。

进一步加强新闻外宣阵地建设。先后在香港大公报、香港文汇报（美洲版）、欧洲时报等制作《中国昆明》外宣专版15个，组织协调美国《侨报》、法国《欧洲时报》、新西兰《亚洲之声》、《中文一族》杂志、澳大利亚《星岛新报》、加拿大《环球华报》等欧美有影响力华人媒体社长、总编等赴滇考察访问并安排昆明市领导接受专访，全面宣传昆明市经济社会、对外开放、国企改革、全面建设小康社会、建设现代新昆明等新进展、新成果。

（罗力争）

对外宣传

【加强和改进对外宣传工作】 为认真贯彻落实《中共中央关于加强和改进新形势下对外宣传工作的意见》精神，一是成立了中共昆明市委对外宣传领导小组并召开了第一次会议，进一步明确了对外宣传工作职责和近年的工作重点。二是建立了昆明市新闻发言人和新闻发布工作制度。明确全市各县（市）区、各部委办局、各单位新闻发言人和联络员200多名。三是为提高新闻发布水平和质量，邀请有关专家和学者，对全市140多名新闻发言人和联络员进行为期3天的业务培训。

【以建设现代新昆明为重要内容，加大对外宣传力度】 为使国民经济持续、快速、健康、协调发展，围绕深化国有企业改革、下岗职工再就业，农业产业结构调整，区域经济发展、旅游产业发展、城市建设和管理、对外经济贸易、发展非公经济等所取得的成果，组织新闻媒体进行广泛深入的宣传报道。特别是对昆明市深化国有企业改革新出台的5个文件，东川再就业特区建设，旅游行业提质增效，政务公开行政审批改革，全市信息化建设等新闻宣传中，加大宣传力度，突出政策的深化和完善，突出经验和成果，使新闻宣传在发展经济、深化改革、稳定社会中起到了正确的舆论引导作用。

为加快现代新昆明建设的步伐，加大对市重点工程建设的宣传力度。先后对东风路下穿工程、南三环路建设、民航路建设、国道昆明东连接线工程、东三环路建设、高海公路、呈贡新城建设等，进行了全方位、多角度的新闻宣传。同时，围绕滇池污染治理，分别对枧槽河、明通河、大清河人工湿地建设工程进行宣传报道，增强了广大市民进一步保护滇池的自觉性。为保证昆明市经济可持续发展，加大国家重点工程掌鸠河引水供水工程的宣传，先后对云龙水库下闸蓄水、13条隧洞贯通、松华坝水源调试试通水等进行了及时的跟踪报道。在建设现代新昆明宣传中，还先后对4区行政区划调整、市与4区政府城乡管理职能权限下放、主城范围内省管公路移交、主城区交通畅通工程、城市拆迁改造等，分别组织新闻媒体进行了多形式、有力度的宣传报道，增强了广大干部群众建设现代新昆明的决心和信心。

在招商引资及经济合作宣传中，9月配合昆明市党政代表团赴香港、东莞开展投资合作洽谈会。12月赴上海、浙江（温州、绍兴）开展经济合作推介会，先后制作投资环境和重点招商项目专版9个和4个专题广告，组织当地新闻媒体60多家，发稿量达100多篇，为招商引资工作取得好成绩奠定了基础。

据不完全统计，围绕全市经济社会发展、现代新昆明建设等各项活动和会议的新闻宣传报道达300余次；组织协调与有关部门召开各类新闻发布会（通报会）48次；配合市政府在市属媒体刊播市长令、市政府通告（通知）12次；安排市领导外事活动新闻报道50多次。

【以大型活动为契机，提高昆明知名度】 为宣传昆明投资环境、经济社会发展和民族团结的良好形象，以大型活动为契机，促进会展经济进一步发展。在昆交会宣传中，制作昆明市投资环境和招商引资项目专版专刊8个整版，并组织各级新闻媒体宣传昆明社会环境及昆明交易分团的各项活动，发稿量200多篇（幅），为对外经济贸易取得好成绩，营造了良好的舆论环境。在中国昆明国际文化旅游节中，配合组委会组织接待120名中外记者进行新闻报道。同时，组织协调昆明分会场举办的民族民间歌舞大赛、首届民族风格时装比赛、昆明美食餐饮技能比赛的新闻宣传工作。今年还分别对首届冬季花卉节、2004全国库存商品及闲置物资交易会、中国学生营养健康节、2004第52届中国国际医疗器械秋季博览会、中国国际中医药暨健康产业博览会、2004中美商界名人高尔夫球邀请赛等大型活动，组织中央、省市新闻单位宣传报道，通过会展经济，进一步扩大昆明的知名度。

【加强外宣阵地建设】　为进一步运用涉外媒体宣传好现代新昆明建设成果。一是截止12月底，先后在香港《大公报》、《文汇报》美洲版、《欧洲时报》制作“中国昆明”36个整版专版；二是在中国国际广播电台制作“走进昆明”外宣专题广播24个、408分钟；协调昆明电视台外宣部制作了7个、105分钟《春城——昆明》系列专题电视片，在美国斯科拉电视网播放。三是配合有关部门安排市领导接受美国《侨报》、法国《欧洲时报》、新西兰《亚洲之声》、《中文一族》杂志、澳大利亚《星岛新报》、加拿大《环球华报》等赴滇考察团和专访。四是10月在澳大利亚和新西兰成功举办《中国昆明电视展播周》，在两地华人中引起强烈反响，收到良好效果。五是配合省有关部门安排市领导接受港澳8家媒体16人，泛珠三角经济圈采访团的采访活动。还安排《香港商报》、《人民日报》等媒体就现代新昆明建设，泛珠三角经济圈等情况采访市委、市政府主要领导。六是协调组织中央电视台先后拍摄了昆明农村《全面走向小康》、《华夏文明》、《花开季节》等专题片。同时，还协助中央电视台完成数字电视技术参数采集工作。此外，还协调组织湖南卫视拍摄《昆明风光》系列专题片。七是协调组织中国国际广播电台、光明日报等媒体联合采访富民小水井村农民合唱团、斗南花卉产业等。八是配合市委宣传部做好中国·北欧奈舍诗歌周的来宾组织、接待及新闻宣传工作。

【做好高致病性禽流感防治宣传工作】　按照市高致病性禽流感防治指挥部应急预案的要求，成立宣传组。为做到疫情早发现、早报告、早处置，坚持控制疫情输入和传播，开展有力度、有深度的宣传报道工作，广泛开展有关疫情防治的科普知识宣传，加强《动物防治法》等法律法规的宣传。同时，组织各级新闻媒体配合市委、市政府领导深入疫区疫点、农贸市场、超市、活禽屠宰加工、生产基地等各个环节的督促检查进行全程追踪报道。还加强对禽类产品入境源头、疫情监测、检疫、报告、扑灭机制等方面的宣传，为维护社会稳定，提高广大群众的知情权，保障人民群众的正常生产生活秩序，组织30多家中央、省市新闻媒体，先后召开4次新闻发布（通报）会，还组织安排新闻媒体刊播指挥部的各种公告、通告、紧急通知。据市属新闻单位不完全统计，各种消息、通讯、照片等发稿量达800多篇。努力营造了群防群治、多管齐下，打好疫病防控攻坚战的舆论氛围，为广大群众一手抓防治禽流感、一手抓经济社会发展起到积极作用。

（许　烽）

统战工作

【“三观”教育】　部务会对机关和全市统一战线的学习教育活动作出及时部署，形成了市委统战部《关于加强自身建设，努力把统战部建设成为党外人士之家的意见》，对加强部领导班子和机关的思想政治建设作出了全面安排。建立了中心学习组学习制度，坚持和完善机关周五学习制度，开展机关干部在工作之余每天学习一小时，每月读一本书的“两个一”活动。

利用3月26日和6月12日两个双休日，中心学习组对建设学习型班子和学习型机关、培养“五型”干部等问题进行了深入分析，进一步查找存在的问题，提出改进的办法，形成共识，坚持周五学习制度，从制度上保证学习内容的落实。根据市委开展“三观”教育的要求，组织机关干部学习党的十六届三中和四中全会决定，开展坚持科学的发展观、正确的政绩观和马克思主义的群众观的“三观”教育活动，树立立党为公，执政为民思想。正确解决工学矛盾，推动机关干部自学。部领导班子成员和机关干部年初都作出了自学计划并坚持自学。组织本部机关干部参加统一战线各界人士的重大学习活动，与党外同志一道学习，了解民主党派及有关团体的思想工作情况。

统一战线的学习是通过安排培训，开展一系列教育活动，进行党的十六大和十六届三中、四中全会精神的教育。8月13日召开纪念邓小平诞辰100周年暨邓小平统一战线理论研讨会，收到论文60余篇。11月3日召开昆明市统战理论研讨会，收到文章30余篇。两次研讨会共收到研究文章90余篇。全市统一战线人士积极参与，研究活动取得一定成果。

【多党合作】　召开由市委分管领导和民主党派领导人参加的“双月座谈会”，共商昆明建设和全市统一战线工作中的重要问题。落实各民主党派与政府部门对口联系制度，开展对口联系工作。选派4名民主党派副主委到县区和市政府有关部门挂职。为民盟、民进、农工党和九三学社昆明市委2005年换届作准备。经与各民主党派协商，首次建立民主党派领导班子年度述职和民主生活会制度。引导民主党派坚持把发展作为参政党参政议政的第一要务，积极协助他们加强自身思想组织建设，努力扩大他们的知情范围和参与程度，为参政议政创造条件。完成市台联的换届工作。

【调研与培训】　继续坚持组织民主党派及有关团体调研、统战部门自身工作调研和完成上级或科研部门下达的调研任务的调研格局。市委统战部机关安排了统战工作9个方面的课题，其中一个作为全市社会科学规划课题立了项，已完成调研报告8篇。各县（市）区完成调研报告14篇。

根据全国和全省统战部长会议的要求，把“两支队伍”的培训扩大为“三支队伍”的培训。一是以市社会主义学院为基地，把基层党政领导干部、统战工作干部和党外干部统战理论政策的培训纳入全市干部教育培训计划统一安排。2004年共安排了各类培训6期，包括民主党派及有关人民团体干部培训、党外中青年干部培训（时间为一个月）、统战政策培训、民主党派中青年干部培训、民族宗教界代表人士培训等6个培训班，共570多人参加培训。培训班请有关领导、教授和专家授课。市委书记杨崇勇给培训班学员讲授《坚持科学发展观，建设现代新昆明》一课，二是选送有关干部共8人（次）参加云南省委统战部举办的统战理论政策培训班和市委在上海市委党校举办的党政干部培训班以及其他方面的学习。

【党外干部配备】　两次与组织部的领

导共同研究党外干部担任实职的问题，统一思想，把党外干部担任实职的工作落到实处。至年底，全市14个县（市）区政府已配齐了党外领导干部。市政府已有13个部门配备了党外干部，从年初的7人增加到13人，其中市统计局、科技局两个部门的正职配备了党外干部。党外干部担任正职实现了零的突破。选派了29位乡科级以上党外干部到县（市）区政府部门和乡镇挂职，选派数量占全市选派干部总数的48.3%，给党外干部成长搭建了平台。

【宗教工作】 召开全市宗教工作领导小组（扩大）会议，贯彻全省宗教工作座谈会精神，分析当前宗教工作面临的形势，部署今后宗教工作和反渗透工作。深入到各宗教团体调研，及时了解非法宗教渗透情况，向市委提出意见建议。成立昆明市道教协会。各有关部门协作，共同抵制外国非法宗教利用西部大开发，争夺教职人员，拉拢信徒，利用电台对我国进行渗透等活动。取缔非法私设的聚会点。为使外国在昆明工作和学习的基督教徒能过正常的宗教生活，合理安排他们的宗教活动场所。认真贯彻省有关部门关于开展制止“零散朝觐”组织活动专项治理工作的通知，成立专项治理工作领导小组，对境外人员近年来到昆明市组织朝觐的情况开展调查，制定相应措施，进行专项治理，有效遏制了“零散朝觐”活动漫延的势头。

【非公有制经济人士】 继续做好市领导联系非公有制经济企业的服务工作。2004年，分管市领导的工作岗位有所变动，及时了解情况，调整联系对象，做好市领导联系非公有制经济人士的服务工作。支持工商联开展各种活动。对如何加强和改进新时期基层工商联、行业商会工作进行调研，形成了调研报告。协助南安、台州、石堰、南通等4个城市在昆明经商人士成立商会。积极帮助非公有制经济代表人士解决生产中的实际困难，化解矛盾，引导企业诚信守法，促进企业发展。

【交往交流】 8月31日召开全市对台工作领导小组会议，传达全国、全省台办主任会议精神，研究对台工作。10月21日召开全市台办主任会议，通报2004年对台工作的基本情况和部署今后一段时期对台工作。制定了《关于进一步规范对台交流工作程序的意见》，使对台交流的报批程序进一步规范。组织昆明文化和经贸考察团赴台参观访问，共办理赴台交流参访团9个130人。接待台湾来昆团队10个172人次，接待台胞台属来信来访百余人次。与有关单位共同接待缅甸贸易促进会主席、日本友好人士、意大利华侨商贸总商会会长、香港云南同乡会来昆人士，安排有关团队参观考察，宣传现代新昆明建设和昆明投资环境，促进经贸交流。积极开展留学人员工作，对回国在昆工作的留学人员情况进行调研，召开在昆工作的留学人员座谈会，鼓励留学人员在昆创业。

【处理热点问题】 及时处理一台资企业因清真食品不清真产生的纠纷而可能导致事态扩大的问题，积极做好当事各方的工作，避免了事态恶化。按照市委要求，与有关单位组成检查组，在全市范围内开展清真食品大检查。有关报纸刊登“抚仙湖畔的少年郑和”后，有关内容引起了部分穆斯林群众和郑和后裔不满，积极作好有关人员的教育疏导工作，使这一问题妥善解决。妥善处理台商的投诉和涉台突发事件。妥善处理了海协会、省台办转来的台湾海基会反映个别居民打电话到台湾嘉义市某政要室干扰台胞在昆房产纠纷的问题。协同公安部门处理了台胞因与他人发生经济纠纷引发的突发问题，对当事双方进行了疏导教育。

【服务经济建设】 围绕建设现代新昆明和全面建设小康社会，以各种形式多次组织统一战线各界人士座谈讨论，提出了很多很好的意见建议。4月份，召开了民主党派及有关团体主要领导、秘书长参加的双月座谈会，听取各民主党派及有关团体负责人对城市建设和统战工作的意见建议。各民主党派及有关团体领导共提出3个方面10个需要解决的问题。如：民主党派及有关团体的调研课题应建立由党委、政府出题，党派团体调研，政府部门采纳落实的机制；市里召开的有关重要会议，应邀请民主党派领导人参加；落实《关于邀请民主党派昆明市地方组织负责人参加重要外事、内事活动的意见》等。各民主党派市委及有关团体围绕全市中心工作共提出和完成22个课题的调研，包括实施人才战略、旅游、非公有制经济发展及信用担保体系、失地农民生产生活及社会保障、中等职业教育改革发展战略、卫生防疫体系、对与艾滋病人接触者的保护、城乡劳动力市场、可持续发展、农村电网改造、信息化建设等内容。市委统战部派员参与各民主党派及有关团体带着题目分别到沿海发达地区如上海、江苏、浙江、福建、广东、山东和西南等省区考察学习，针对昆明市经济建设中存在的问题提出意见建议。

统战部牵头，市级各民主党派及有关人民团体参与，先后共筹集资金37万余元，在禄劝县马鹿塘乡和崇德镇的两个行政村的18个自然村进行扶贫工作。为这两个行政村修建了小水窖140个，修建引水管道，解决人畜饮水困难。市侨联引进侨资10万元扩建六合村完全小学。致公党市委及统一战线各界人士捐赠衣物、炊具、餐具217箱（包），为贫困户送去温暖。

【为统战人士服务】 根据全国和全省统战部长会议精神，努力把统战部建设成为团结之家、民主之家、交友之家、建言之家、温暖之家。形成了《市委统战部关于解决非中共党员领导干部有关待遇问题的意见》报市委同意，使民主党派兼职领导干部和其他有关党外领导干部的待遇问题得到解决。向市委、市政府领导反映，与市财政等有关部门协商，帮助市工商联、侨联、台联增加了工作经费，为其开展工作提供了支持。为纪念昆明起义55周年，与市委党史研究室共同举行庆祝活动，召开参加昆明起义的有关人员和有关老领导老战士座谈会。在春节、建党83周年和国庆、中秋节期间，走访慰问了生活比较困难的统战人士。

（闻国祥）

保密工作

【加强以“三观”教育为主要内容的政治理论学习】 局党支部按照上级党委的统一部署和要求，组织全局干部职工认真学习党的十六届三中全会报告，中央和省、市委领导讲话，市八届四次全会报告，《中国共产党党内监督条例、纪律处分条例》以及各种指导性文件、党建理论文章和相关的科学技术知识，深入领会其精神实质和理论内涵，拓宽知识领域和思维空间，不断提高全局干部用马克思主义的立场、观点、方法来分析问题和解决问题的能力，真正做到在政治上、思想上和行动上与党中央保持高度一致。在厅机关党委组织的“三观”教育、辅导讲座、两个《条例》学习、观看反腐电教片和党员民主评议活动中，全局干部职工能从党员干部素质高低、党风廉政建设好坏关系党的生死存亡和四化建设大局这一高度出发，坚持把学习与思考结合起来，把“俯而读”与“仰而思”统一起来，学思并重，强化掌握，争做合格党员和本职工作的行家里手，学习风气明显改观，工作成效较为显著。在思想道德和作风建设方面，全局干部职工能牢固树立全心全意为人民服务的思想，模范遵守党纪国法，正确对待社会主义市场经济条件下的物质利益关系，千方百计在转变作风和为基层提供优质服务上下功夫，用实际行动履行党员义务，努力实践“三个代表”重要思想，为现代新昆明建设作出了积极贡献。

【贯彻全省保密局长会议精神，推动保密工作稳步开展】 4月19～21日，市委保密委员会召开了有各县（市）区保密局长、市级机关和国有大中型企业单位办公室主任共134人参加的全市保密工作会议，传达贯彻全国和全省保密局长会议精神，深入学习中央和省委关于保密工作的方针、政策、指示，安排部署2004年的工作任务。会上，市政府秘书长、市委保密委副主任李峰作了题为《解放思想，与时俱进，求真务实，奋发向上，努力把昆明市的保密工作提高到一个新水平》的讲话，对进一步学习贯彻《中共中央关于加强新形势下保密工作的决定》，加强保密法制建设和提高全市的保密行政执法与管理水平提出了三点要求：一认清形势，明确任务，进一步增强做好保密工作的使命感和紧迫感；二解放思想，真抓实干，着力推进保密工作依法行政；三与时俱进，开拓创新，不断推动保密工作再上新台阶。同时，会议还对2003年度评选出的57个保密工作目标管理达标单位（其中：甲级达标16个；乙级达标18个；基本达标23个）进行表彰和奖励，下发了2004年全市保密工作目标管理考核标准，使各级保密部门（组织）进一步明确了自己的工作定位和努力方向，为强化目标管理效能和推动全市保密工作向纵深发展提供了坚实的思想基础和行动保障。

【认真组织实施“四五”保密法制宣传教育】 根据《云南省“四五”普法期间保密法制宣传教育检查验收标准》和《昆明市“四五”普法期间继续深入开展保密法制宣传教育的规划》要求，切实组织开展了两项工作：一是组织制定《昆明市“四五”保密法制宣传教育验收标准和总结评分表》下发全市执行；二是于8～10月份在全市范围内认真组织开展“王刚同志讲话和省、市委领导重要批示”学习活动。省国家保密局《关于认真贯彻省委领导批示，坚决贯彻落实王刚同志重要讲话精神的通知》下发后，省委常委、市委书记杨崇勇，副书记杨远翔，市委秘书长宋黎明相继作出批示，要求市委保密委传达贯彻好王刚同志和省委领导的指示精神，切实查找工作中的不足，认真堵塞泄密漏洞，确保国家秘密安全。在3个月的教育活动中，各级、各部门普遍把此项工作作为深化保密宣传教育、推进保密法制建设和提高依法行政水平的重要内容，充分调动一切积极因素，运用形势报告会、专题讲座、列入政治学习内容以及播放保密教育片《筑牢保密防线》等形式，进行了广泛学习和深入讨论，从思想上强化了干部职工的保密法制观念，为推动全市保密工作向更高的层次迈进起到了重要的促进作用。

【组织开展党校保密教学工作】 实施党校保密教学，是新形势下拓宽教育渠道和创新保密工作的有效手段。全年重点开展了3项工作：一是配合省国家保密局对市委党校8年来的党校保密教学工作进行认真回顾和总结，充分肯定其在保密师资培训、选择确定教材和指导基层教学方面取得的成功经验；二是在进行专题调研的基础上，协助市委党校完成《解放思想，真抓实干，不断推动昆明市党校保密教育工作再上新台阶》一文，在全市召开的党校保密教学现场会议上进行了交流，对促进全省党校保密教学工作的深入开展起到了积极作用；三是配合市委党校深入基层，对县（市）区党校的保密教学工作进行督查，拾遗补缺，较好地促进了此项工作开展。据统计，全年各级党校利用本（专）科函授和业务部门举办的培训班开展保密教学共576课时（其中保密录像教学124学时），听课达13 276人。

【开展保密业务培训】 根据省委保密委员会、省委组织部和省人事厅和省政府法制办的统一部署和要求，昆明市在连续4年对全市专兼职保密干部、经管国家秘密人员开展“持证上岗”培训的基础上，针对当前的一些热点和难点问题，进一步加大培训力度，分别于4月和10月组织举办了“全市保密系统学习贯彻《中华人民共和国行政许可法》”和“全市涉密计算机保密业务管理”两个专题培训班，共培训了219人。同时还协助部分县（市）区和市级机关单位组织业务培训14场次，参训1 477人。至年末，全市共组织“持证上岗”专题培训29期，办理“干部岗位职务培训合格证书”1 747本；“行政执法证书”37本。全市专兼职保密干部和经营国家秘密人员基本上实现了“持证上岗”，切实抓好重点涉密人员的教育管理。

【抓好常规性保密宣传教育】 各级保密部门和保密组织积极主动创造条件，为基层单位提供优质服务，切实推进各项工作开展。一是在多渠道搜集省内外优秀信息资源和先进工作经验，提高《昆明保密工作》编辑质量的基础上，重新恢复《昆明保密工作专报》，增创了《月工作情况通报》，为指导基层工作开展和便于各级领导了解下情、熟悉内情和掌握市情扩展了信息渠道，增强了平台效应。二是在全市范围内运用报刊、广播、影视以及召开座谈会、专题培训、在报刊上登载保密法规知识、失泄窃密案例和纪念文章等多种宣传形式和手段，对广大干部职工群众进行大张旗鼓的普及宣传。在“保密宣传月”活动期间，召开“昆明市纪念《保密法》颁布16周年暨《保密工作》通联发行座谈会”。在市委办公厅、市政府办公厅召开的“全市办公室主任会议”上，组织播放专题片《筑牢保密防线》，对参会的120余名党政领导干部进行警示教育。部分县（市）区和市级机关单位结合自身业务工作实际，组织开展“保密理论研讨”、“保密知识竞赛”等活动，把创新保密融入到工作实践中，切实做到克服“段板”，突破“瓶颈”，不断增强保密宣传教育的广泛性和实效性。据统计，全年全市共组织召开保密形势报告会、专题研讨会、纪念座谈会等284场次，参会学习人员达21 400余人；出墙报、板报、宣传专栏422期；播放保密录像带（光盘）和保密技术教育片221场次，收视达417 000余人。三是认真组织开展《保密工作》杂志通联发行工作。全市共组织征订《保密工作》杂志1 460份，市国家保密局和官渡、五华、盘龙、西山、东川、晋宁6个县区获得国家保密局达标奖。

【切实做好全国和省、市招生考试中的保密督查与管理】 按照国家保密局《加强国家统一考试保密管理工作的通知》和省、市的有关规定，配合市教育、人事、统计等11个部门，对全国性高（中）考、成人高考、党校函授考试以及卫生、司法、财税等行业的职称、资格认证考试的16类试卷运输、存放、保管过程进行了严格督查。全市参与试卷保管值班共1 668人次，押送各种试卷532次，考场巡查546次，从制度措施和管理手段上确保了全市考务工作顺利进行。

【认真组织实施保密审查】　一是对市委组织部、市委宣传部、市委政研室、市农信联社等20余个部门报送的文件资料、图纸、光盘、业务网页、往来函件进行了审查复函；二是对部分县（市）区和市级机关、单位拟对社会开放的近万份文件资料和500余卷档案进行了审核把关；三是协同省国家保密局对两家军工企业申报的“保密资质证书”进行了资格审查，确保上述单位的相关业务工作得以正常开展。

【认真履行保密管理职能】　一是对部分印刷、复印行业进行了年检备案，审查办理了西山区福利印刷厂的印刷复印许可证；二是配合省国家保密局对昆明市辖区范围内废旧文件资料销毁管理工作进行抽查，转载市国家安全局“昆明市废品收购行业泄密问题调查”的专题调研报告，重申《严禁擅自销毁涉密文件和内部资料的通知》，有效遏制了涉密文件资料销毁管理工作中的不规范行为。同时继续组织动员各基层单位配置使用保密文件销毁专用袋，从而使昆明地区的纸质文（电）资料销毁工作进入了规范化管理轨道；三是按照省国家保密局要求，切实抓好全省确定保密要害部门、部位试点工作，至年底，全市14个县（市）区和160余家基层单位完成了确定任务，为推动全省面上工作开展起到了重要的促进作用；四是按照《保密法》的有关规定，组织相关部门和人员，对全年发生的8起失泄密事（案）件进行了认真查处。目前已处理结案4起；查清待处3起；待查1起。

【加强通信和计算机信息网络安全保密技术管理】　一是针对昆明市年初连续发生计算机主机被盗事件的客观实际，按照市委领导“采取积极有效措施，杜绝此类事件再次发生”和“一手抓查处，一手抓管理”的批示精神，于4月13日制定下发了《关于进一步加强计算机安全保密工作的实施意见》，从3个方面提出对各级、各部门加强涉密计算机管理的具体要求，规范了运作程序；二是根据省国家保密局《关于党政机关、涉密单位禁止购买使用日本理想RZ370数字速印机的紧急通知》精神，召集14县（市）区保密局长进行学习传达，提出规范性处置意见，并致函市政府采购办采取切实措施，力求从源头上消除泄密隐患；三是根据省国家保密局的《密码电报》和杨远翔副书记的要求，协调市委督查室、市政府督办室、市信息办、市委机要局对14个县（市）区和市级五大机关办公厅、政法、卫生、财税、城建、民政、统计、环保系统和部分国有大中型企业共20个单位的计算机信息网络系统进行了“防范遭受攻击与窃密”专项检查，并针对存在问题提出了整改意见；四是为党政领导机关召开的重要会议安装手机干扰器22次；为使用“红机”单位重新装机、移机和进行故障服务28家，发放《党政专用电话号码本》42册。

（包昌奎）

党史研究

【党史动态】　党史研究室按照新时期党史工作目标，开拓创新，大胆探索，不断改进工作思路，努力在“三个结合，三个服务”方面下功夫，加强党的执政能力建设、精神文明建设和现代新昆明建设，发挥“以史鉴今，资政育人”的职能作用。在全市范围针对不同层次的大、中、小学生及中青年干部进行了一次对党的知识问卷调查活动；与市委统战部联合组织召开了“昆明和平解放”55周年纪念座谈会；组织党史学会会员分别到俄罗斯、革命老区井冈山以及曲靖电厂考察学习；还分别与国资委、市中级人民法院举办党建工作座谈会和依法执政座谈会。

2004年共完成《数风流人物》一书约21万字、《小平您好》一书约23万字、《昆明党史》4期刊物约32万字、《中国共产党历史大事摘编》约77万字的编辑、出版、发行工作；《中共昆明市委文献汇编》约110万字的编辑、校对；《昆明党史资料手册》的编纂方案和大纲目录；《昆明风采》画册的编纂方案和图片征集；《中国共产党历史大事汇编》约70万字的编辑、校对工作。

【《小平您好》一书出版发行】　为隆重纪念邓小平同志诞辰100周年，经市委批准，由中共昆明市委党史研究室编辑出版的《小平您好》——纪念邓小平诞辰100周年文集，于2004年8月出版发行。

该文集收录了昆明市有关专家、学者的研究性文章和诗歌散文等，在一定程度上反映了昆明市的专家学者们对邓小平理论研究的成果，表达了昆明人民对邓小平同志真挚的情感和深切的怀念，同时也表达了昆明人民继承和发扬老一辈无产阶级革命家的遗志和光荣的革命传统，努力建设现代新昆明的信心和决心。这本文集，将为我们做好新时期党史研究工作和加强党的执政能力建设，牢固树立科学的世界观和正确的政绩观起到十分重要的作用。

【深入革命老区调研】　昆明市共有13个革命老区县（乡）镇，为做好革命老区的调研工作，挖掘出老区更多有价值的党史财富，进一步发挥革命老区为党史研究服务的社会职能。党史研究室领导十分重视对革命老区的调研，经常深入各个老区进行调研活动，在调研中，主动为革命老区排忧解难，帮助富民、寻甸等革命老区县解决了经费不足的实际困难，为革命老区开展党史工作提供了有利条件。

（赵雪如）

老干部工作

【概　况】　至2004年底，全市有离休干部3 995人。按单位分，机关单位1 232人，事业单位923人，企业单位1 840人。按年龄分，69岁以下24人，70～79岁3 018人，80岁以上953人，平均年龄77岁。按职级分，享受正厅级待遇的15人，享受副厅级待遇的148人，享受县（处）级待遇的326人，享受副处级待遇的1 871人，享受正副科级待遇371人，享受其他待遇的1 264人。按参加革命工作时间分，红军时期8人，抗日战争时期333人，解放战争时期3 654人。按区域分：市直2 435人，县区1 560人。

【加强对老干部工作的领导】　市委、市政府领导率先垂范，坚持政治上尊重、思想上关心、生活上照顾老干部，始终把老干部工作作为一件事关现代新昆明建设的大事，纳入“云岭先锋”工程建设大目标，与党建工作、党风廉政建设和领导班子建设一起部署、签订责任书、检查考核、兑现奖惩。14县（市）区和市级机关各部门按照市委、市政府的要求以及老干部工作目标管理责任制规定，自觉把老干部工作列入党委、政府的议事日程，普遍建立了一把手负总责、分管领导分工负责、组织部长直接负责的领导责任制。各级老干部工作领导小组积极发挥作用，及时召开会议，认真研究解决老干部工作中亟待解决的问题。各级组织、老干部部门充分发挥职能作用，立足本职，努力工作。

市委书记杨崇勇关心重视老干部工作，8月亲自向原市级老领导通报全市上半年进行的7项主要工作。新到任的市委副书记、常务副市长王文涛利用公休时间看望了原市级部分老领导，与他们促膝交谈，听取他们对改进领导作风、加强现代新昆明建设的意见和建议。市委常务副书记杨远翔由市委常委、组织部长张荣明陪同到市委老干部局进行工作调研，听取了市老年大学建设情况汇报、老干部住房补贴兑现情况汇报、医保机制运行情况汇报。

【老干部工作会议】 3月19日在市委召开全市老干部工作会议。会议由市委老干部局局长许超明主持，市委常务副书记杨远翔参加会议并做了讲话；市委常委、组织部长张荣明在会上作《突出重点、狠抓落实，努力做好2004年老干部工作》的工作报告，总结2003年工作，部署2004年老干部工作；省委老干部局副局长罗志明到会并做了讲话。

【老干部活动中心和老年大学】 市、县两级以及部分机关、企事业单位都建立了老干部活动中心（室），数量已达119个；10月由市委老干部局主办、市老干部活动中心承办了昆明市第三届老干部文艺调演。来自各县（市）区及市级各机关团体共28家单位的450多位老干部带来了近70多个精彩节目，活跃了老干部的文化娱乐活动。市、县两级已发展老年大学14所，2004年又新增了晋宁县和禄劝县2所老年大学，在校老年学员达5 315人。

【老干部支部建设】 全市离休干部党员2 994人，老干部党支部单建和离退休混编的共有435个；仅市级成立的政治类和艺术类老干部群众性社团组织已达10余个。这些机构、组织和群众团体都较好地发挥着学习课堂、教育阵地、桥梁纽带、团结核心的功能和作用。发挥着老干部在弘扬优良传统和民族艺术、坚持先进文化前进方向、服务人民、造福社会、教育青少年等方面的特殊作用，实现了“老有所为”。

【举办老干部读书班】 9月8～17日，昆明市第八期老干部读书班开办。参加本期读书班的离退休党支部书记、委员、理论骨干及工作人员约140人。在学习形式上，采取了集中辅导、分组讨论、组织参观和个人自学相结合的方法。这期读书班达到了坚定信念、增强信心的目的，收到了良好的效果。全市各级举办不同形式的培训班、读书班20期，培训老干部人次1 870人。

【全面落实老干部生活待遇】 全市各级党委、政府以及组织、老干部部门始终坚持老干部“生活待遇略为从优”和“群众利益无小事”的原则，坚持把解决离休干部“三个机制”运转和生活待遇落实中出现的新情况、新问题，作为年度工作的重中之重。一是全市离休干部离休费统筹机制得到进一步巩固和完善，广大离休干部的离休金实现了按时、足额并100%社会化发放。二是市、县两级离休干部医疗保障机制已基本建立并正常运转，共有3 852人进入医保统筹，参统率达99%；为完善市级离休干部医保机制，市政府出台了《关于加强市直离休干部医疗保障管理工作的通知》。三是市财政已将市属关、停、破、困企业离休干部的医疗统筹金全部纳入财政支持机制，已有208家企业的1 331名离休干部医疗统筹金得到市财政百分之百补助。四是市级企业离休干部住房补贴兑现工作取得明显成效。年内，市财政分3批共为131家企业、883名离休干部发放了住房补贴1 495万元，加上企业自己兑现的，全市兑现率达83%；14县（市）区离休干部的住房补贴兑现工作也正在积极的筹划和运作中，部分县区已落实了兑现工作。五是加强企业老干部工作。市委、市政府认真制定企业离休干部移交安置及经费保障的政策和办法，果断地把老干部政策性经费列入到改制成本；为确保市属出售、破产和关闭企业离休干部安置到位、待遇到位、管理到位、服务到位，市属企业离休干部管理服务中心完成了12家企业123名离休干部的接收工作。六是组织慰问了37位易地安置省外的离休干部及遗属；开展了为特殊生活困难老干部家庭“送温暖”活动。七是重视和关心城市区划调整中“人随单位走”的离退休干部的生活，各城区党委、政府和老干部部门服务大局，适时组织和开展各阶段工作，确保所移交老干部的思想稳定、待遇落实。

（唐晓越）

·中国共产党昆明市纪律检查委员会·

【制定纪律规定，确保政令畅通】 制定《关于确保四区行政区划调整顺利进行的纪律规定》，加强宣传教育和监督检查，确保了四区行政区划调整各项工作的顺利开展；制定《关于严肃防治高致病性禽流感工作纪律的规定》，保障了高致病性禽流感防治工作的顺利进行，对两名监督检查不力、工作失职的领导干部实施了责任追究；制定《关于严肃制止利用领导干部名义办事行为的规定》，有效地防止打着领导旗号办事和冒充领导同志或身边工作人员进行招摇撞骗的行为；重申和强调了招商引资工作中的相关纪律要求，保障招商引资工作有序开展。

【强化措施，促进机关作风建设】 在市级机关78个部门、单位开展以依法行政、服务态度、行政效率、廉洁勤政为主要内容的民主评议机关作风工作。评议工作历时8个多月，经过4个阶段的扎实工作，各参评机关广泛征求群众意见，认真整改，参评代表明察暗访，促进机关整改。评议工作取得了显著效果，有力地促进了机关作风的转变和服务质量的提高。

【加强执法监督】 深入开展效能监察和廉政监察，加大了对现代新昆明建设中重点工程、专项资金、经营性土地使用权出让等的监督检查力度，积极协助有关部门推进产权交易进入市场工作。围绕非公经济发展目标，加强对加快非公经济发展各项政策落实情况的监督检查，重点纠正和制止了向非公企业乱摊派、乱罚款、乱收费、乱检查，以及行政审批部门不按规定时限办事、故意刁难企业等行为。针对群众举报出租汽车

中共昆明市纪委第三次全会暨全市党风廉政建设工作会　（刘玉珍　摄）

行业经营公司保险收费的问题，及时组织相关部门进行清理检查，督促全市43家出租汽车公司向2 314辆出租汽车的车主退还保险金143万余元。

【加强廉政教育】　构筑反腐倡廉“大宣教”工作格局，与市直有关单位建立了党风廉政宣传教育联席会议和协调会议两项制度。在全市副科级以上领导干部中开展了“勤政为民、廉洁务实”专题教育活动。通过学习教育，共查找存在问题2 189条，制定整改措施2 010条，仅县（处）级领导干部就撰写心得体会1 867篇，收到了较好的效果。认真组织广大党员、干部深入学习贯彻《中国共产党党内监督条例（试行）》和《中国共产党纪律处分条例》，组织6万余名党员、干部参加两个《条例》的知识测试；组织学习《中国共产党党员权利保障条例》，增强了广大党员、干部的民主意识；广泛开展郑培民、梁雨润、牛玉儒等先进典型的示范教育和典型案例的警示教育，组织开展了党内法规知识竞赛。从7月份起，市纪委、监察局每月向全市县（处）级领导干部发一封公开信，结合各个阶段的工作重点，及时打招呼，提要求，进一步提高了领导干部的防范意识，增强了教育的针对性，丰富了党风廉政教育的内容和形式。

【开展专项清理】　清理和纠正县（处）级领导干部在企业兼职22人；清退党政干部借欠公款13.05万元；清退党政机关和事业单位用公款为个人购买商业保险539.03万元；清理全市党政机关、事业单位违规购买超标车16辆，其中9辆进行了公开拍卖，收回资金342万余元，7辆被调整作为抢险救灾工作用车，对5名责任人进行了查处；落实领导干部配偶、子女从业有关规定，申报登记173人；落实领导干部不准收送现金、有价证券和支付凭证规定。2004年，昆明“廉政账户”新存入人民币71万余元。各级各部门继续严格控制一般性出国（境）考察，认真纠正用公款大吃大喝、请客送礼、公款赊账吃喝、党员和干部参与赌博等歪风。

【提高领导干部接受监督的意识】　市委常委带头向全市人民做出“五项廉政承诺”，自觉接受社会监督。各级领导班子认真执行“四大纪律、八项要求”。结合“云岭先锋”工程的实施，围绕开展科学发展观、正确政绩观和马克思主义群众观的教育活动，进一步落实了领导干部廉洁自律的各项规定，并作为民主生活会对照检查、责任制检查考核和述职述廉的重点。重要情况通报和报告、述职述廉、谈话和诫勉、经济责任审计等监督制度进一步落实。各级党委、政府和纪检监察机关领导共开展诫勉谈话、警示谈话和任职廉政谈话2 481人（次），领导干部述职述廉3 792人（次），个人重大事项报告1 640人（次），对25个单位27名领导干部进行了经济责任审计。认真贯彻落实《中国共产党党内监督条例（试行）》，党内监督工作不断推进，监督的整体合力逐步形成，领导干部自觉接受监督的意识不断增强，遵纪守法的自觉性进一步提高。

【加大查办违纪违法案件力度】　各级党委进一步加强了对查办案件工作的领导，支持纪检监察机关查办大案要案。各级纪检监察机关坚持把查处违纪违法案件作为反腐败斗争的突破口，认真组织协调，在领导精力、责任落实、后勤保障等方面进一步加大力度。2004年，全市各级纪检监察机关共受理群众来信来访、电话举报3 702件（次），涉及纪检监察业务范围内的3 243件（次），初查核实530件，立案127件，结案132

市纪委书记李培山率纪检监察系统领导干部赴上海学习考察　（张建国　摄）

市纪委、监察局召开“两员”座谈会　（刘玉珍　摄）

件。其中，党纪处分151人，政纪处分51人，党政纪双重处分25人；开除党籍81人，留党察看13人，开除公职10人，撤销行政职务11人；县（处）级干部21人，乡（科）级干部35人。严肃追究了昆明市第一人民医院丢弃患者致其死亡案件的相关责任人，查处了呈贡县、安宁市等单位违规购车案件和个别领导干部利用职务影响为子女结婚大操大办的案件。通过查办案件，挽回经济损失1 391.5万元。同时，坚持惩处与保护并重，先后为286名受到失实举报的干部澄清了事实，使一批德才兼备的干部顺利地走上了重要领导岗位；对185件轻微违规问题进行了适当处理。

【认真解决损害群众利益的突出问题】　按照“四个坚决纠正”的要求，对全市征用农民集体所有土地补偿费的管理开展专项检查，共清理拖欠土地补偿金额1.11亿元；加大了对城镇拆迁工作的监督力度；加强了对企业重组改制和破产中侵害职工合法权益的监督检查；对全市拖欠工程款和农民工工资问题进行了全面调查，共清理拖欠工程款20.02亿元，清欠农民工工资1.54亿元。

【深入推进纠风专项治理】　加大了对教育专项经费管理使用的监督检查。严格执行学校收费“收支两条线”管理；对“一费制”收费情况加强监督检查；严格执行高中择校生“三限制”政策；开展了春秋两季中小学收费大检查，查出并清退违规收费16.06万元。进一步加大了纠正医药购销和医疗服务中的不正之风力度。认真开展药品集中招标采购工作，部分医药价格平均降幅达16.55%；狠抓了医药收入实行分开核算、分别管理和在市级医院实行“一日清单”制度的落实。坚持不懈地抓好减轻农民负担工作。认真开展对农民用水、用电和建房乱收费，农村报刊征订硬性摊派工作的专项治理；推行了涉农价格和收费公示制，认真实施税费改革，实现了“村村减负、户户受益”的税收目标。全市农民负担减少8 068万元，减负率达61%，农民人均负担减少27.56元。深入开展减轻企业负担工作。推行企业挂牌保护制度；实施了对企业的检查审批制度；重点抓好对已公布取消的收费、集资、基金项目的检查落实，清理不合理收费项目472项；组织对乡镇企业收费治乱的专项检查。进一步加大治理公路“三乱”的工作力度。

【深化行政审批、财政管理、投资体制和干部人事制度改革】　以贯彻落实《行政许可法》为契机，市县两级全面实施阳光政务工程，建立行政审批“告知承诺制”、“综合受理和首席代表制”，提高了行政效率。进一步清理和精简行政审批事项128项，对安宁市和东川区实行行政审批管理权限下放试点。加强公共财政管理职能，进一步调整和完善市、县（市）区和三个开发（度假）区财政管理体制；扩大国库集中支付试点，完成由会计核算中心向国库集中支付的过渡；加强对党政机关大额度资金使用的监督；加大对重点工程建设资金的审计监管力度；农村集体资产管理体制改革的步伐明显加快。同时，不断加强和改进对投资活动的管理和监督，继续推进干部人事制度改革。

【进一步完善建设工程招标投标、经营性土地使用权出让、产权交易和政府采购四项制度】　全市实行招标投标建设工程447项，涉及金额68.13亿元；对各类经营性土地使用权实行了招标拍卖挂牌出让；政府采购金额约2.94亿元，节约资金237万元。

【深化政务、厂务、村（居）务公开工作】　乡（镇）以上行政机关全面推行政务公开制度，与群众利益密切相关的公用事业单位普遍实行了办事公开、司法公开、警务公开和校务公开工作进展顺利；厂务公开由城镇集体企业、乡镇集体企业向外商投资企业、私营企业逐步延伸；村（居）务公开巩固发展，基层民主政治建设进一步加强。

【深化党风廉政建设责任制】　各级党政领导班子和领导干部进一步增强执政意识、忧患意识和责任意识，把党风廉政建设责任制作为政治纪律认真执行，作为“龙头”工程认真落实。从市级到各基层单位，层层签订了《党风廉政建设责任书》；对各项目标任务进行了细化分解，落实责任单位和责任人，实行“一岗双责”；对违反责任制规定的领导干部，实行严格的责任追究。全年共对5个单位25名领导干部进行了责任追究，其中，县（处）级干部13人，科级干部9人，科级以下干部3人。各级纪检监察机关积极发挥组织协调作用，认真开展党风巡查，加大对责任制工作的监督检查和考核力度，确保了工作任务的落实。从半年抽查和年终检查考核结果看，昆明市反腐倡廉领导体制和工作机制已逐步形成，各级领导干部抓党风廉政建设的责任意识明显增强。

【纪检监察干部队伍建设】　一是适应发展需要，更新思想观念。面对新形势、新任务，各级纪检监察干部坚持发展是执政兴国的第一要务，解放思想，与时俱进，自觉服从服务于党委、政府的中心工作和改革、发展、稳定的大局，认真履行纪检监察职能；二是深入开展思想政治建设，加强理论学习和业务培训，执纪能力有了明显提高。深入学习贯彻“三个代表”重要思想和中央领导同志关于加强纪检监察干部队伍建设的重要指示精神，加强党内法规和其他法律法规的学习；在部分县区开展了基层纪检监察干部到上级或同级纪检监察机关对口学习的活动；组织全系统236名纪检监察干部外出培训；全市县（处）级纪检监察领导干部参加了赴上海、浙江的学习。三是狠抓机关作风建设，树立良好形象。结合“云岭先锋”工程的实施和民主评议机关作风工作，大力开展创先争优、创建学习型领导班子、创建学习型机关和“三观”学习教育活动。市纪委常委班子做出了“廉政五项承诺”，制定“加强机关作风建设的措施”。为着力研究解决工作中的难点和热点问题，先后组织4个调研组，深入县（市）区、机关、厂矿开展调查研究，广泛听取意见。同时，加强机关内部管理，健全完善各项规章制度，加大干部竞争上岗、轮岗交流的力度。

（市纪委办公厅）

·昆明市人民代表大会·

【市十一届人大五次会议】 市十一届人大五次会议于2004年2月20～27日举行。应出席代表449名，实际到会421名。市委、市政府、市中级人民法院、市人民检察院及有关方面负责人132人列席了会议。市政协委员列席会议听取了市政府工作报告和计划、财政两个工作报告。大会还邀请了民主党派、社会团体、厂矿企业、学校等各界人士旁听了会议。

会议审查了章振国市长作的《政府工作报告》、市发展计划委员会主任杨翼雄作的《昆明市2003年国民经济和社会发展计划执行情况与2004年国民经济和社会发展计划草案的报告》、市财政局长许建国作的《昆明市2003年地方财政预算执行情况和2004年地方财政预算草案的报告》、市人大常委会主任李庄作的《昆明市人民代表大会常务委员会工作报告》、市中级人民法院院长杨玉兰作的《昆明市中级人民法院工作报告》、市人民检察院检察长王汝能作的《昆明市人民检察院工作报告》，并通过了上述6个工作报告的决议。

会议共收到10名以上代表联名提出的议案66件。其中，内务司法方面7件，财政经济方面21件，城乡建设环境保护方面20件，教育科学文化卫生方面17件，民族宗教侨务方面1件。经大会主席团决定，交市人大城乡建设环境保护委员会审议的1件，即盘龙代表团王惠芬等18名代表提出的关于针对城郊结合部农民建房，就《中华人民共和国城市规划法》、《中华人民共和国土地管理法》执行情况进行检查的议案；交市人大财政经济委员会审议的1件，即寻甸代表龚艳琼等11名代表提出的关于培育禽类种苗生产基地的议案；交市人大内务司法委员会审议的1件议案，即富民代表杨丽等11名代表提出的关于制定昆明市劳动模范管理条例的议案；交市人大常委会教育科学文化卫生委员会研究的2件，即：1．寻甸代表团吴荣祖等10名代表提出的关于构建药品配送中心的议案；2．盘龙代表团王惠芬等17名代表提出的关于制定新闻监督权益保护条例的议案；交市人大常委会民族宗教华侨委员会研究的1件，即官渡区代表团李翠梅等11名代表提出的关于制定少数民族权益保障条例的议案。会议期间，还收到代表建议、批评和意见373件，由大会秘书处交有关机关和组织办理。

中共昆明市委人大工作会议　（市人大　供稿）

【地方立法工作】 按照年度立法计划，常委会制定和修订了《昆明市燃气管理条例》、《昆明市特种行业和公共场所治安管理条例》、《昆明市城市规划管理条例》、《昆明市城市市容和环境卫生管理条例》、《昆明市道路交通管理条例》等9件地方性法规，废止了《昆明市建设工程质量管理条例》和《昆明市技术市场管理条例》、《昆明市农民承担费用和劳务管理若干规定》等3件地方性法规。

为保障行政许可法的贯彻执行，常委会组织对全市33件地方性法规进行全面清理，及时作出了《关于修改、删除和停止执行涉及行政许可的地方性法规有关条文的决定》，修改和删除了《昆明市历史文化名城保护条例》、《昆明市城镇绿化条例》等11件地方性法规的有关条文，停止执行了《昆明市流动人口管理条例》等5件地方性法规的有关条文，为行政许可法的顺利实施提供了法制保障，切实维护了国家法制的统一性。

为总结立法工作经验，常委会组织开展了对《昆明市执法责任制条例》等5件地方性法规“立法回头看”活动，针对存在问题，提出了改进地方工作的措施和建议。常委会还积极配合国家和省的有关立法活动，组织对全国人大常委会和省人大常委会下发征求意见的《地方组织法修正案》、《传染病防治法》、《治安管理处罚法》等8件法律法规草案提出了修改意见和建议，并按规定报送全国人大常委会和省人大常委会。

【执法检查、视察和调查】 常委会对

《村民委员会组织法》、《动物防疫法》、《中华人民共和国中医药条例》、《云南省发展中医药条例》、《云南省邮政条例》、《云南省残疾人优待规定》、《昆明市城镇绿化条例》、《滇池保护条例》、《昆明市宗教活动场所管理条例》等16件法律、法规的贯彻执行情况进行了执法检查。对检查中发现的问题，提出了整改意见和建议，并加强督促检查，保证了法律法规和决议的贯彻执行。配合全国人大常委会和省人大常委会对全市贯彻执行《统计法》、《工会法》、《政府采购法》、《职业教育法》、《云南省职业教育条例》、《云南省政府采购条例》等11件法律、法规的情况进行了执法检查。

常委会还组织开展了对昆洛公路、官南路立交桥、320国道改扩建、掌鸠河引水供水工程、滇池污染治理、"禽流感"防治、食品安全、"三农"问题、失地农民生活保障、农村税费改革、重点水利工程项目建设、安全生产、中学招生、公务员招聘、再就业工作、人民法院民事审判工作、公安工作等人民群众普遍关心的热点、难点问题开展检查、视察、调查。

【群众信访和司法案件监督】　常委会高度重视人民群众来信来访，坚持主任接待日和阅批重要来信制度，认真抓好群众信访的疏通疏导和协调、督办工作，做到件件有着落。全年共受理群众信访、接待来访3 397人，重点督促有关部门解决云南冶金汽修厂部分职工住房安全等一批涉及群众切身的问题，有效化解了社会矛盾。

常委会加大对司法案件监督的力度，对一些群众反映强烈、具有明显违反实体法和程序法，判决不公的典型申诉案件，在认真调查研究的基础上，严格依照法定程序，对8件案件实施了个案监督，其中，3件进入再审，1件调解成功，3件得到依法执行，切实维护了当事人的合法权益，促进了司法机关严格执法、公正司法，树立了人大监督工作的权威。

【依法行使重大事项决定权】　常委会围绕全市经济社会发展的重大问题，重点听取和审议了市人民政府关于国民经济和社会发展计划、年度财政预算决算和财政净结余资金安排、市本级地方财政预计超收收入安排，以及计划、财政执行情况、市本级预算及其他财政收支审计报告，并对2004年财政预计超收收入安排作出了决议。为保障现代新昆明建设的顺利进行，创造良好的投资环境，常委会依法审议并及时作出了《昆明市人大常委会关于昆明市人民政府提请审议的〈关于给予国道昆明东连接线投资合作项目财政性资金补偿的议案〉的决定》。专题听取和审议了市政府关于2004年1~4月经济运行情况、农村税费改革等专题报告，针对存在问题，提出意见和建议，并加强了跟踪督办，有力推进了政府工作。

【依法行使人事任免权】　常委会始终把"坚持党的领导、充分发扬民主、严格依法办事"的原则作为人事任免工作的指导思想。在市委领导下，坚持干部四化方针和德才兼备原则，严格依照法定程序任免国家机关工作人员。一年来，共任免国家机关工作人员110人次，并实行对拟任命人员任前法律考试和任后颁发任命书仪式。由常委会领导向被任命人员颁发任命书，提出要求和希望，增强了被任命人员的履职意识、法制观念和主动接受人大监督的自觉性。同时，常委会加强了对任命的国家机关工作人员的监督，组织开展对市司法局局长的述职评议，在肯定成绩的基础上，对存在的不足提出整改意见，增强了国家机关工作人员的法制观念、依法行政意识和人大意识。

【代表工作】　常委会高度重视代表工作，充分发挥代表在人大及其常委会工作中的作用，依法保障人大代表履行职权：一是先后组成两个调查组，对部分县（市）区和乡镇人大代表工作的情况进行了调查，根据存在问题，提出改进工作的措施和办法；二是举办三期人大代表培训班，并组织人大代表听取专题法制讲座，坚持为代表寄送人大刊物和必需的资料，为代表履职提供优质服务；三是认真组织开展代表在闭会期间的活动，进一步加强对市人大代表小组活动和代表持证视察活动的指导，先后组织市人大代表对城市交通、社会治安、征地拆迁、烤烟生产等社会热点问题进行视察、检查；四是认真落实主任会议成员联系委员、常委会组成人员联系代表和人大代表联系群众的制度；五是为总结代表工作经验，调动代表履职的积极性和创造性，常委会召开全市人大代表工作会议，表彰22个先进代表小组、96名优秀人大代表。

市十一届人大五次主席团交由市人大财政经济委员会、城乡建设环境保护委员会、内务司法委员会审议和教科文卫工作委员会、民族宗教华侨工作委员会研究的6件议案都已审议完毕，并向常委会提出审议结果报告，经常委会审议通过，本次会议已书面印发各位代表。常委会还加大对代表提出建议、批评和意见的督办力度，先后两次组成检查组对市政府及其有关部门的办理工作进行检查，确保办理的质量和进度。代表在市十一届人大五次会议期间和闭会期间共提出的建议、批评和意见394件，已全部办理完毕并答复了代表。

【人大制度宣传和理论研究工作】　围绕人民代表大会制度成立50周年和地方人大常委会设立25周年、市委人大

市人大常委会主任李庄向泰国曼谷市议长赠送礼品　（市人大　供稿）

工作会议等重要活动，深入开展人大制度宣传和理论研究工作。一是以《昆明人大》双月刊为主要宣传阵地，组织开展人大宣传工作，召开人大制度宣传工作座谈会和《昆明人大》组稿通讯员联系会，明确新时期人大宣传工作的指导思想和主要任务。二是认真组织第十二届宣传人大制度好新闻、好文章评选活动。三是进一步加强与市属新闻单位的联系，在《昆明电视台》、《昆明日报》开办了《人大之窗》宣传专栏。四是坚持召开新闻发布会制度，对新颁布地方性法规的宣传和实施提出要求。五是根据新时期人大工作的需要，组织各专工委完成了《昆明市农业产业结构调整的对策与思路》、《地方人大常委会述职评议工作研究》、《昆明市企业分离办学校》等一批课题研究任务。

（段跃红）

【检查《昆明市宗教活动场所管理条例》执行情况】 5月10～17日，市人大常委会组成了以常委会副主任杨丽为组长，傅国英巡视员、民宗侨工委主任马匡保为副组长，部分市人大常委会委员，市人大代表参加的跟踪检查组，对2003年全市贯彻实施《昆明市宗教活动场所管理条例》存在问题的整改、办理情况进行了跟踪检查。检查组听取了市政府和市宗教局、房产局、规划局等9家单位的办理情况汇报，以实地查看、召开座谈会等形式，专题检查了整改落实情况。

检查组认为，通过逐个问题的跟踪检查，在去年提出的9个整改问题中，有5个问题得到基本解决；有3个问题正在办理和解决之中；有一个问题待进一步研究解决。已经得到基本解决的是：(1) 晋宁县解决了昆阳片基督教活动场所的问题。(2) 安宁市合理布点建盖了移民的宗教活动场所。(3) 禄劝县部分宗教活动场所的安全和消防隐患基本解决。(4) 市旅游局加强了对导游的宗教知识的教育培训。(5) 基督教协会反映的有关问题得到解决。继续研究办理的问题是：(1) 伊斯兰教协会提出的落实房产拆迁补偿政策的问题。(2) 佛教协会提出的落实武成路关岳庙房产补偿问题。(3) 天主教会提出的教会土地及空间被昆明旅游综合大楼建盖时部分占用的问题。待研究解决的一个问题是：市佛教协会多次提出西山太华寺应落实宗教政策，移交市佛教协会管理，恢复宗教活动的问题。

检查组建议：(1) 对于已经解决和基本解决的问题，要采取切实措施，加强管理，使之进一步完善；要通过各方努力，为积极引导宗教和社会主义相适应尽到应尽的责任。(2) 继续搞好《昆明市宗教活动场所管理条例》和有关法律法规的宣传教育。(3) 进一步落实《市委、市政府关于加强宗教工作的实施意见》，各部门协调配合、支持开展好宗教工作。

【检查贯彻执行《云南省邮政条例》情况】 5月11～14日，市人大常委会组成由市人大常委会副主任田翎为组长，秘书长张藻、市人大财经委主任委员郑春荣为副组长，部分常委会组成人员及部分市人大代表参加的执法检查组，对昆明市贯彻执行《云南省邮政条例》情况进行检查。检查组听取了市政府及西山、安宁、寻甸3个县（市）区政府的执法情况汇报，实地检查了邮政支局，4个农村邮政所，1个新建住宅小区。

检查组认为：昆明市各级政府和主管部门对条例的贯彻实施高度重视、思想统一，认真开展宣传工作，采取有效措施搞好普遍服务，贯彻实施条例取得一定成效。但是，仍然存在一些问题和困难，主要表现在：(1) 学习、宣传条例的广度和深度不够。(2) 邮政网点规划和设施建设滞后，难以满足广大群众的用邮需求。(3) 邮政服务进小区难的问题较为突出。(4) 城市发展中被拆迁邮政网点的回迁和补偿问题仍然不同程度存在。(5) 农村基层邮政网点亏损情况较为普遍。

检查组建议：(1) 各级政府、邮政部门要加大学习宣传条例的力度。(2) 各级政府要严格执法，把邮政服务网点的建设纳入统一规划，认真组织实施。(3) 各级政府要对邮政企业在提供普遍服务中形成的亏损问题进行调查研究，给予扶持和补偿，切实给予解决。(4) 认真解决部分住宅小区不准邮政服务人员进入投递或不许设置邮政通信设施的违法行为。(5) 各级邮政部门要依法履行邮政职能，努力拓宽业务，不断提高服务水平和管理水平，主动做好与当地政府联系的工作，加大对违反条例行为的打击力度，切实维护邮政通信事业的健康发展。

【检查贯彻执行《动物防疫法》情况】 6月9～11日，市人大常委会组成由常委会副主任田翎为组长，常委会农业工作委员会主任张耀云为副组长，秘书长张藻、常委会部分组成人员和部分省、市人大代表参加的执法检查组，对昆明市贯彻实施《动物防疫法》、《出境动植物检疫法》、《云南省动物防疫条例》（以下简称“两法一条例”）的工作情况进行了执法检查。检查组听取了市政府的工作情况汇报，以及商贸局、环保局、工商局、卫生局等相关职能部门和官渡区、宜良县政府的工作情况汇报，对官渡区万家欢肉食品加工有限公司屠宰厂、昆明中企肉类加工有限公司、向民工贸有限公司的定点屠宰场，宜良县鲜肉市场等4个场（点）进行了实地检查。

检查组认为，昆明市认真贯彻落实“两法一条例”的各项规定，领导重视，建立了相关机构，落实了责任，宣传形式多样，措施有力，工作扎实，总体情况较好。存在的主要问题是：(1) 执法体系不健全，执法主题不明确，动物检验监测手段落后。(2) 动物及禽类产品的流通不规范。(3) 部分检疫执法队伍人员业务素质和执法水平不高。(4) 少数县区的个别畜禽屠宰经营户法制观念淡薄。(5) 现有的生猪定点屠宰场仍处于较为粗放和不规范的状态，不能确保防疫程序的有效到位。

检查组建议：(1) 进一步加大宣传力度，加强对“两法一条例”的宣传学习和贯彻落实。(2) 认真总结防止禽流感以来的经验教训，建立健全长效防疫管理机制和预警系统。(3) 进一步明确执法队伍主体资格。(4) 继续加大对动物防疫经费的投入，建立重大疫病防治风险基金。(5) 实行严格的市场准入和索证制度。(6) 积极引导、配置和扶持建设现代化、规模化、机械化的屠宰场。

【检查贯彻执行《昆明市城镇绿化条例》情况】 6月22～25日，市人大常委会组织了由部分市人大常委会组成人员和部分市人大代表组成的执法检查组，对昆明市贯彻执行《昆明市城镇绿化条例》（以下简称《条例》）的情况进行了检查。检查组听取了胡星副市长代表市政府所作的汇报，市园林绿化局和西山、官渡、盘龙、五华区政府及安宁市政府的汇报，并实地查看了公园、苗圃、街道绿地、单位绿地等。

检查组认为，昆明市在贯彻《条例》工作中，宣传教育广泛，进一步加大执法力度，保证了《条例》的顺利实施。存在的主要问题是：(1) 部分市民及机关、企事业单位的爱绿护绿意识还不强，损绿毁绿的现象还存在。(2) 与国家园林城市标准相比，昆明市城市绿化建设工作有差距。(3) 绿化建设资金不足，一些绿化建设项目因资金困难未能启动。(4) 行道树中乡土树种所占比例不大，外来树种多。（5）一些损绿、毁绿、侵占绿地及损坏绿化设施的行为未能得到及时查处。（6）主城区绿地总量减少，中心区绿化覆盖率低，绿化树种不丰富。

检查组建议：（1）继续加强《条例》宣传，发动群众参与绿化工作。（2）多渠道筹集园林绿化资金。（3）完善昆明行道树种规划，突出地方特色。（4）加大执法力度，依法治绿护绿。（5）做好绿地系统详细规划和实施方案及拆违建绿工作。（6）加强对县（市）区城镇绿化工作的指导。（7）推广安宁市好的经验和做法。

【检查农村税费改革试点工作情况】 8月9日～16日，市人大常委会组成由常委会巡视员傅国英参加，常委会副主任田翎、寸镇洋为组长，秘书长张藻、财经委主任委员郑春荣为副组长，部分常委会委员、市人大代表和有关部门负责人参加的检查组，对昆明市农村税费改革工作情况进行检查。检查组听取了市政府梁晓谷副市长及官渡、寻甸等5个县（区）政府关于农村税费改革试点工作情况的汇报，实地检查了5个乡（镇）、5个村民委员会，走访15家农户，并查看相关档案资料。

检查组认为，昆明市自2001年4月启动农村税费改革试点以来，各级政府认真贯彻落实中央、省委关于农村税费改革的一系列文件精神，做了大量艰苦细致的工作，取得了可喜的成绩，主要表现在：（1）领导重视，机构健全；（2）统一思想、提高认识、强化宣传；（3）认真制定改革方案、积极完善配套政策；（4）突出工作重点，严格运作程序，切实做好土地核查计税工作；（5）加强督察工作，确保改革政策落到实处。农村税费改革试点工作也暴露出一些不容忽视的问题，主要是：（1）改革后财政收入减少，转移支付力度缺口大，机构运转困难，教育投入不足；（2）部分县（区）、乡（镇）及村组偿债能力减弱，偿债压力大；（3）配套改革措施滞后，增加财政收入有待进一步加强。

检查组建议：（1）各级领导干部要进一步提高对农村税费改革工作的认识，继续推进各项配套改革的落实；（2）进一步加大宣传力度，创造良好的舆论环境。（3）按照国务院的有关要求，结合各地实际，有计划、有步骤的落实好农业税减免政策。（4）完善农民负担监督管理机制，巩固主体改革成果。（5）积极争取中央和省的转移支付资金，从政策上和资金上向民族地区和贫困地区倾斜。（6）积极推进农业产业化经营和农村产业结构调整，促进农村经济发展。

【检查贯彻执行《滇池保护条例》情况】 8月31～9月1日，由市人大常委会主任李庄任组长、副主任张宁、巡视员毕品文为副组长，部分市人大常委会组成人员和市人大代表组成的检查组，对昆明市贯彻执行《滇池保护条例》（以下简称《条例》）情况进行执法检查，并向市政府及有关部门反馈了检查情况，胡星副市长到会听取意见。

市人大常委会执法检查组到石林县检查农村税费改革工作　（市人大　供稿）

检查组认为，市政府及有关部门贯彻执行《条例》做了大量工作，滇池污染治理取得一定成果。当前存在的主要问题是：（1）群众环保意识差，有关部门重视程度不够。（2）农业面源污染治理难度大，面源污染对滇池水体富营养化的形成具有重要的影响。（3）滇池污染治理资金缺乏。（4）项目审批滞后。（5）在建项目征地工作难度较大。（6）规划的前瞻性、系统性、整体性和协调性不够。

检查组建议：（1）加强宣传，提高群众环保意识。（2）开展生态农业科学技术应用培训和指导，改变当前农业生产方式。（3）拓宽筹资渠道，增加资金投入。（4）采取有力措施，加快项目审批力度。（5）筛选项目，有条件的项目尽快启动。（6）从规划上着手，充分考虑项目之间的关联性，合理安排项目。（7）加大执法力度，对综合执法中发现的严重污染滇池水质的行为及时处理。（8）尽快开展编制滇池流域水污染防治“十一五”计划的工作。

【检查民事审判工作情况】 10月9～13日，市人大常委会组成由何有德、王俊斌副主任带队，18名人大代表参加的检查组，在14个县（市）区人大常委会对本行政区域内的民事审判工作进行检查的基础上，对昆明市两级人民法院两年来民事审判工作执行程序法、实体法，提高审判质量，加强审判监督，保障民事权利实现以及基层法院建设等六个方面的情况进行重点检查。在听取市中级人民法院民事审判工作情况汇报后，分两个组深入到五华、禄劝、寻甸等6个县区，听取基层人民法院民事审判工作情况汇报，实地视察了五华区北门法庭、盘龙区龙泉法庭等6个法庭，查看了部分工作台账，并召开座谈会，听取县区人大常委会和市、县、乡三级人大代表共72人对民事审判工作的意见和建议。检查结束后，检查组向市中级人民法院和接受检查的基层法院反馈了意见。

检查组认为：两级人民法院在民事审判工作中，紧紧围绕“公正与效率”的工作主题，认真落实“司法为民”宗旨，积极推进司法改革，不断完善审判机制，全市两级人民法院民事审判工作取得了新的进展和新的成绩。主要表现在：（1）坚持“司法为民”宗旨，依法维护当事人合法权益。（2）积极推进民事审判改革，提高办案质量和办案效率。（3）积极运用调解方法，妥善化解矛盾纠纷。（4）抓好学习培训，提高民

市人大常委会副主任寸镇洋到石林县检查烤烟收购工作　（市人大　供稿）

事审判队伍综合素质。存在的主要问题是：(1) 民事审判工作质量有待进一步提高。(2) 对民事审判工作中出现的新情况、新问题分析研究不够。(3) 民事案件执行工作力度不够。(4) 民事审判法官配置现状与审判任务的要求不相适应。(5) 部分基层法院基础设施建设亟待加强。

检查组建议：(1) 进一步深化做好新时期民事审判工作重要性的认识。(2) 进一步提高民事审判质量和审判效率。(3) 进一步增强做好新时期民事审判工作的能力。(4) 继续加大执行力度，努力解决执行难问题。(5) 继续抓好法官队伍建设。(6) 进一步加强人民法院基层建设。

【检查贯彻执行《中华人民共和国中医药条例》情况】 12 月 13～17 日，市人大常委会组织了以副主任林爽爽为组长、部分市人大常委会委员、市人大代表组成的检查组，深入五华、东川、嵩明等 4 个县区，对昆明市贯彻执行《中华人民共和国中医药条例》和《云南省发展中医条例》(以下简称“两条例”) 的情况进行检查。检查组听取市卫生局、市药监局的情况汇报，视察了市中医院、菊花园中药材市场、东川宇期药业有限责任公司，召开县 (市) 区中医院院长参加的座谈会，听取他们对昆明市贯彻执行“两条例”的意见和建议。

检查组认为，昆明市在贯彻执行“两条例”工作中，加强领导，提高认识，认真发展中医药事业；坚持继承与创新相结合，发挥中医药特色和优势；发挥中医药在农村医疗卫生工作中的优势和作用；加强中医药科研和人才培养，加速中医药科技创新。通过努力，使全市的中医药事业得到迅速发展。存在的问题是：(1) 中医医疗市场出现了萎缩的趋势。(2) 投入不足严重制约了中医药事业的发展和中医院的生存。(3) 农村中医药服务的比例有所下降。(4) 中医药自身的特色和优势在卫生服务体系中还未充分发挥。

检查组建议：(1) 各级政府要继续抓好“两条例”的宣传和贯彻，积极开展中医药知识的宣传普及，提高全社会对中医药的认知度。(2) 加强农村和城镇社区中医药工作。(3) 进一步重视中医药人才培养和科研工作。(4) 做好中医药执法监管工作。(5) 充分发挥中医药在公共卫生服务体系中的作用和优势，努力提高中医药应对公共卫生事件的能力。(6) 进一步加大中医药对外宣传和交流的力度，推动昆明市中医药进入国家市场。

（郑云宏）

【常委会第十八次会议】 市十一届人大常委会第十八次会议于 2004 年 1 月 15～16 日举行。听取审议了市政府副市长王奇英作的关于提请审议《昆明市企业工资支付条例（草案）》的议案和市社保局局长张天屏作的《条例（草案）》的说明、市人大财经委主任委员郑春荣作的《条例（草案）》审议意见的报告；会议认为，不规范用工、侵害劳动者合法权益、拖欠克扣劳动者工资的劳动违法案件不断发生，因工资支付引发的劳动纠纷和矛盾日益突出，制定本条例规范企业工资支付行为，维护劳动者合法权益十分必要，建议进一步修改、完善后，再进入二审程序审议通过。听取审议了市政府副市长王奇英作的关于提请审议《昆明市文物保护条例（草案）》的议案和市文化局局长周忻作的《条例（草案）》的说明、市人大常委会教科文卫工委主任邓世平作的《条例（草案）》审议意见的报告；会议认为，昆明作为国务院第一批公布的 24 个历史文化名城之一，具有悠久的历史和丰富的文物古迹，制定本条例把《文物保护法》的规定加以细化，为加强文物行政管理部门行政执法和对文物的监管工作提供可操作性强的法律依据，是非常必要的，建议进一步修改完善后，再进入二审程序审议通过。听取审议了市人大常委会秘书长张映华作的《市人大常委会关于召开市十一届人大五次会议的决定（草案）》的说明；经过审议，通过了《市人大常委会关于召开市十一届人大五次会议的决定》。听取审议了市人大常委会副主任林爽爽作的《市人大常委会工作报告（讨论稿）》的说明；经过审议，决定进一步修改完善后再审议通过。听取审议了市政府秘书长李峰作的《关于办理市十一届人大四次会议代表建议、批评和意见的情况报告》和市人大常委会人事代表工委主任范正明作的《办理情况的报告》，审议了市人大常委会《关于组织部分市人大常委会组成人员、市人大代表对市十一届人大四次会议代表建议办理情况进行检查的报告》。

【常委会第十九次会议】 市十一届人大常委会第十九次会议于 2 月 14 日举行。听取审议了市人大常委会副主任林爽爽作的《市人大常委会工作报告（草案）》的说明；会议认为，该工作报告已根据第 18 次常委会提出的意见进行了认真修改，全面反映和总结了市人大常委会 2003 年的工作情况并对 2004 年的工作作了安排；经过审议，通过了《市人大常委会工作报告》，决定常委会主任李庄为报告人。审议通过市十一届人大常委会代表资格审查委员会主任委员傅国英作的《市十一届人大常委会代表资格审查委员会关于代表变动情况和补选、选举代表的代表资格审查报告》，市十一届人大代表名额为 460 名，现实有 449 名。听取审议了市人大常委会人事代表工委主任范正明作的《关于市十一届人大五次会议主席团和秘书长等几个建议名单（草案）》的说明；经过审议，通过了《市十一届人大五次会议主

投入神圣的一票　（市人大　供稿）

席团和秘书长等几个建议名单》。会议还审议通过了人事任免事项。

【常委会第二十次会议】　市十一届人大常委会第二十次会议于3月29～30日举行。听取李庄主任传达十届全国人大二次会议精神。听取审议了市人大法制委主任委员庄松林作的《昆明市企业工资支付条例（草案）》审议结果的报告和《条例（草案修改稿）》修改情况的报告；会议认为，《条例（草案）》在按第18次常委会提出的意见修改后，又登报公开征求有关部门和社会各界的意见，邀请有关部门人员进行再次修改，从条目表述到标点文字都更加成熟，具有较强的时代性、灵活性和可操作性；经过审议，通过了《昆明市企业工资支付条例》。听取审议了市人大法制委主任委员庄松林作的《昆明市文物保护条例（草案）》审议结果的报告和《条例（草案修改稿）》的修改情况报告；会议认为，文物是不可再生资源，对文物的利用、保护等以地方性法规的形式确定下来，有利于促进昆明的文物保护工作；经过审议，通过了《昆明市文物保护条例》。听取审议了市人大常委会秘书长张藻作的《关于市人大常委会2004年度工作要点及会议议题安排（草案）的说明》及修改说明；会议认为，2004年度工作要点指导思想明确，工作重点突出，体现了为全市改革开放和现代化建设大局服务的总体要求；经过审议，通过了《市人大常委会2004年度工作要点及会议议题安排》。会议还审议通过了人事任免事项。

【常委会第二十一次会议】　市十一届人大常委会第二十一次会议于5月19～20日举行。听取审议并通过了市人大财经委主任委员郑春荣作的《关于市十一届人大五次会议主席团交付审议的代表提出的（第38号）议案审议结果的报告》。听取审议并通过了市人大城环委主任委员李济纬作的《关于市十一届人大五次会议主席团交付审议的代表提出的（第06号）议案审议结果的报告》。听取审议并通过了市十一届人大常委会代表资格审查委员会副主任委员杨丽作的《市十一届人大常委会代表资格审查委员会关于补选、选举代表的代表资格审查报告》，市十一届人大代表名额为460名，现实有453名。审议了市人大财经委关于对《云南省邮政条例》执法情况进行检查的报告，经过审议，建议：（1）邮政部门要加强管理，加强与地方政府的沟通和协调，加大对《条例》的宣传力度，通过多种渠道获得政府的支持和群众的理解，切实做好邮政工作；（2）各级政府要严格执法，把邮政服务网点的建设纳入国民经济和社会发展计划，认真组织实施。听取了市长章振国作的《关于1～4月份经济运行情况的报告》。会议还审议通过了人事任免事项。

【常委会第二十二次会议】　市十一届人大常委会第二十二次会议于6月16日举行。听取审议了市政府副市长李江作的关于提请审议《修改和废止16件涉及行政许可的地方性法规的决定（草案）》的议案和法制办主任张光兴作的关于对《决定（草案）》的说明、市人大法制委主任委员庄松林作的关于提请审议《停止执行涉及行政许可的地方性法规的决定（草案）》的议案及其说明和关于《修改和废止16件涉及行政许可的地方性法规的决定（草案）》与《停止执行涉及行政许可的地方性法规的决定（草案）》审议结果的报告；会议认为，鉴于《行政许可法》即将正式实施，对涉及行政许可的地方性法规进行清理，并及时进行修改、停止执行、删除和废止是符合实际，很有必要的，但涉及修改的内容应按程序列入以后的议程；经过审议，通过了《市人大常委会关于修改、删除和停止执行涉及行政许可的地方性法规有关条文的决定》。

【常委会第二十三次会议】　市十一届人大常委会第二十三次会议于7月27～29日举行。听取审议了市发展计划委员会主任杨翼雄作的《昆明市2004年上半年国民经济和社会发展计划执行情况的报告》，会议建议：（1）要坚持科学的发展观，认真落实各项措施，确保经济社会的可持续协调发展；（2）要认真研究工业强市问题，从宏观规划着眼、具体工作入手，把工业经济做大做强；（3）要进一步增加对农业的投入，把党和国家的“三农”政策落到实处，在征用农民土地的过程中，要充分考虑农民的切身利益，努力实现农业增效、农民增收和农村稳定；（4）要认真落实滇池治理的各项目标任务，进一步加大执法、治理力度。听取审议了市财政局局长叶一杉作的《昆明市2004年上半年地方财政预算执行情况的报告》。听取审议了市审计局局长王文兴作的《关于2003年度昆明市市本级预算执行和其他财政收支的审计工作报告》；会议认为，审计工作应突出三个重点，一是加强对新昆明建设中大项目的资金审计，二是加强对机动资金的审计；三是加强对扶贫、救灾等专项款的审计，对违法违规的单位要追究责任人的责任。听取审议了市财政局局长叶一杉作的《昆明市2003年度地方财政决算和市本级财政净结余资金安排及2004年度支出预算调整的报告（草案）》和市人大财经委主任委员郑春荣作的对《报告（草案）》的审查报告；会议认为，2003年度市本级财政净结余资金安排意见，突出新昆明建设重点，各项资金安排是适宜的；经过审议，通过了《市人大常委会关于批准昆明市2003年度地方财政决算和市本级财政净结余资金安排及2004年度支出预算调整的决议》。听取审议了市园林局局长翟建国作的贯彻执行《昆明市城镇绿化条例》情况汇报和市人大城环委主任委员李济纬作的关于执行《条例》情况的执法检查报告，会议建议：(1)在行道树种的选择上，要结合昆明实际，突出昆明特色；(2)管理权限下放后，要加强对各县（市）区的工作指导，特别是在绿地系统详细规划和实施方案编制、植物检疫及病虫害防治等方面要加强指导帮助。听取审议并通过了市人大内司委主任委员杨芳作的《关于市十一届人大五次会议主席团交付审议的代表提出的（第19号）议案审议结果的报告》。听取审议并通过了市人大常委会民宗侨工委主任马匡保作的《关于市十一届人大五次会议主席团交付研究的代表提出的（第35号）议案研究情况的报告》和市十一届人大议案审查委员会主任委员毕品文作的《关于市十一届人大五次会议主席团交付市人大常委会民宗侨工委研究的代表提出的（第35号）议案审查结果的报告》。听取审议并通过了市人大常委会教科文卫工委主任邓世平作的《关于市十一届人大五次会议主席团交付研究的代表提出的（第58号）议案研究情况的报告》和市十一届人大议案审查委员会主任委员毕品文作的《关于市十一届人大五次会议主席团交付市人大常委会教科文卫工委研究的代表提出的（第58号）议案审查结果的报告》。听取审议了市人大法制委主任委员庄松林作的《关于终止对“滇池面山”的法规解释议案审议的报告》。听取审议了市人大法制委主任委员庄松林作的关于提请审议《市人大常委会关于撤回〈昆明市道路交通管理条例〉的决定（草案）》的议案及其说明；会议认为，市人大常委会2001年12月6日报请省人大常委会审查批准的《昆明市道路交通管理条例》，目前尚未批准，为更好地贯彻实施《道路交通法》，应该撤回《条例》；经过审议，通过了《市人大常委会关于撤回〈昆明市道路交通管理条例〉的决定》。会议还审议通过了人事任免事项。

【常委会第二十四次会议】 市十一届人大常委会第二十四次会议于9月23～25日举行。听取审议了市政府副市长廖晓珊作的关于提请审议《昆明市燃气管理条例（草案）》的议案和市政公用局局长谢自国作的对《条例（草案）》的说明。市人大城环委主任委员李济纬作的关于对《条例（草案）》审议的意见；会议认为，燃气与人民群众的生活息息相关，建议对条目和内容作进一步修改，并登报征求意见后，再进入二审程序审议通过。听取审议了市政府副市长廖晓珊作的关于提请审议《关于修改〈昆明市特种行业和公共场所治安管理条例〉的决定（草案）》的议案和市公安局局长杜敏作的对《关于修改〈条例〉的决定（草案）》的说明、市人大内司委主任委员杨芳作的对《关于修改〈条例〉的决定（草案）》的审议意见、市人大法制委主任委员庄松林作的对《关于修改〈条例〉的决定（草案）》审议结果的报告；会议认为，按照《行政许可法》及国务院取消行政审批项目的相关规定，对《条例》进行修改很有必要；经过审议，通过了《市人大常委会关于修改〈昆明市特种行业和公共场所管理条例〉的决定》。听取审议了市政府副市长廖晓珊作的关于提请审议《昆明市城市规划管理条例修正案（草案）》的议案和市规划局副局长曾华作的对《条例修正案（草案）》的说明、市人大城环委主任委员李济纬作的对《条例修正案（草案）》的审议意见、市人大法制委主任委员庄松林作的关于《条例修正案（草案）》审议结果的报告；经过审议，通过了《昆明市城市规划管理条例修正案》。听取审议了市政府副市长廖晓珊作的关于提请审议《昆明市城市道路管理条例修正案（草案）》的议案和市城管局局长杨清旺作的对《条例修正案（草案）》的说明、市人大城环委主任委员李济纬作的对《条例修正案（草案）》的审议意见、市人大法制委主任委员庄松林作的关于《条例修正案（草案）》审议结果的报告；经过审议，通过了《昆明市城市道路管理条例修正案》。听取审议了市政府副市长廖晓珊作的关于提请审议《昆明市城市市容和环境卫生管理条例修正案（草案）》的议案和市城管局局长杨清旺作的对《条例修正案（草案）》的说明、市人大城环委主任委员李济纬作的对《条例修正案（草案）》的审议意见、市人大法制委主任委员庄松林作的关于《条例修正案（草案）》审议结果的报告；经过审议，通过了《昆明市城市市容和环境卫生管理条例修正案》。听取审议了市政府副市长廖晓珊作的关于提请审议《昆明市户外广告管理条例修正案（草案）》的议案和市城管局局长杨清旺作的对《条例修正案（草案）》的说明、市人大财经委主任委员郑春荣作的对《条例修正案（草案）》审议意见的报告、市人大法制委主任委员庄松林作的关于《条例修正案（草案）》审议结果的报告；经过审议，通过了《昆明市户外广告管理条例修正案》。听取审议了市政府副市长廖晓珊作的关于提请审议《昆明市城镇绿化条例修正案（草案）》的议案和市园林局局长翟建国作的对《条例修正案（草案）》的说明、市人大城环委主任委员李济纬作的对《条例修正案（草案）》的审议意见、市人大法制委主任委员庄松林作的关于《条例修正案（草案）》审议结果的报告；经过审议，通过了《昆明市城镇绿化条例修正案》。听取审议了市政府副市长廖晓珊作的关于提请审议《昆明市城市房地产交易管

市人大常委会副主任林爽爽听取介绍药品集中招标采购及电子商务运用情况
（市人大　供稿）

市人大常委会、市政府、市法院、市检察院联席会　（市人大　供稿）

理条例修正案（草案）》的议案和市房管局副局长张天昶作的对《条例修正案（草案）》的说明、市人大城环委主任委员李济纬作的对《条例修正案（草案）》的审议意见、市人大法制委主任委员庄松林作的关于《条例修正案（草案）》审议结果的报告；经过审议，通过了《昆明市城市房地产交易管理条例修正案》。听取审议了市政府副市长廖晓珊作的关于提请审议废止《昆明市农民承担费用和劳务管理若干规定》的议案和市农业局局长熊廷章作的对《关于提请审议废止〈若干规定〉的议案》的说明、市人大常委会农工委主任张耀云作的对《提请审议废止〈若干规定〉的议案》审议意见报告、市人大法制委主任委员庄松林作的关于《提请审议废止〈若干规定〉的议案》审议结果的报告；经过审议，通过了《市人大常委会关于废止〈昆明市农民承担费用和劳务管理若干规定〉的决定》。听取审议了市政府副市长廖晓珊作的关于提请审议废止《昆明市技术市场管理条例》的议案和市科技局局长夏静作的对《关于提请审议废止〈条例〉的议案》的说明、市人大常委会教科文卫工委主任邓世平作的对《提请审议废止〈条例〉的议案》审议意见的报告、市人大法制委主任委员庄松林作的关于《提请审议废止〈条例〉的议案》审议结果的报告；经过审议，通过了《市人大常委会关于废止〈昆明市技术市场管理条例〉的决定》。听取审议了市政府副市长廖晓珊作的关于提请审议废止《昆明市建设工程质量管理条例》的议案和市建设局局长陈松群作的对《关于提请审议废止〈条例〉的议案》的说明、市人大城环委主任委员李济纬作的对《提请审议废止〈条例〉的议案》审议意见的报告、市人大法制委主任委员庄松林作的关于《提请审议废止〈条例〉的议案》审议结果的报告；经过审议，通过了《市人大常委会关于废止〈昆明市建设工程质量管理条例〉的决定》。听取审议并通过了市人大常委会教科文卫工委主任邓世平作的《关于市十一届人大五次会议主席团交付研究的代表提出的（第 8 号）议案研究情况的报告》和市十一届人大议案审查委员会主任委员毕品文作的《关于市十一届人大五次会议主席团交付市人大常委会教科文卫工委研究的代表提出的（第 8 号）议案审议结果的报告》。听取审议了市财政局副局长余汝兴作的《昆明市农村税费改革工作进展情况的报告》和市人大财经委主任委员郑春荣作的《关于昆明市农村税费改革试点工作检查情况的报告》；会议认为，农村税费改革是保护农民利益、维护农村稳定的重大决策，有利于逐步缩小城乡差别、解决好“三农”问题。会议建议：（1）要从贯彻落实“三个代表”重要思想和执政为民的高度，继续推进各项配套改革措施的落实；（2）要积极争取中央和省政府的转移支付资金；（3）要积极研究农村产业结构调整布局，着力培育和扶持龙头企业，发展各种农村经济合作组织；（4）要认真研究税改后农村基层组织和中小学的运转问题，加快乡镇机构改革步伐，妥善解决农村教育债务。听取审议了市滇管局局长许苏昆作的《关于贯彻〈滇池保护条例〉的情况汇报》和市人大城环委主任委员李济纬作的《关于我市执行〈滇池保护条例〉情况的检查报告》；会议认为，滇池保护虽然取得了一些成绩，但仍然存在很多问题。会议建议：（1）要加大执法力度，提升对《条例》的认识和法律定位；（2）要抓好沿湖乡镇滇池保护机构的设置，加强人员和设施配备；（3）城市发展要以人为本，科学规划，不能急功近利，对高尔夫球场等严重污染水源的设施要有具体的管理办法。审议了市政府关于贯彻实施《昆明市宗教活动场所管理条例》跟踪检查办理情况的报告和市人大常委会检查组关于对《昆明市宗教活动场所管理条例》执行情况进行跟踪检查的报告；会议认为，跟踪检查的方式很好，能加大执法监督力度，提高执法检查实效；建议市人大常委会要加强对执法检查后的跟踪监督检查，以确保执法检查中发现的问题能够得到切实解决。听取审议了市政府副市长廖晓珊作的《关于给予国道东连接线投资合作项目财政性资金补偿的议案》及其说明和市人大财经委主任委员郑春荣作的《议案》审议意见的报告；会议认为，国道昆明东连接线建设，是推进现代新昆明建设，缓解昆明交通压力的一项重大工程，也是推进招商引资的一次有益尝试。会议建议：（1）政府在实施重大工程项目前，要依法向人大及其常委会报告，有关委员会要参加项目论证，确保决策民主、科学；（2）土地开发中，要安置好失地农民，切实维护人民群众的合法利益。经过审议，通过了《市人大常委会关于市政府提请审议的〈关于给予国道东连接线投资合作项目财政性资金补偿的议案〉的决定》。会议还审议通过了人事任免事项。

【常委会第二十五次会议】　市十一届人大常委会第二十五次会议于 11 月 24～25 日举行。听取审议了市人大法制委主任委员庄松林作的关于《昆明市燃气管理条例（草案）》审议结果的报告和《条例（草案修改稿）》修改情况的报告；会议认为，《条例（草案修改稿）》充分采纳了第 24 次常委会提出的意见和建议，经过多次征求意见和专家论证，已比较成熟和完善；经过审议，通过了《昆明市燃气管理条例》。听取审议了市中级人民法院院长杨玉兰作的《全市法院民事审判工作情况报告》和市人大常委会副主任何有德作的《关于全市民事审判工作的检查报告》；会议认为，全市两级法院认真落实“司法为民”宗旨，不断完善审判机制，充分发挥审判职能，努力提高审判质量，有效维护了公民、法人和其他组织的合法权益，为促进经济、社会健康发展和维护社会稳定发挥了重要作用。会议建议：（1）要抓好法院系统干部队伍建设，树立良好的法官形象；（2）要广开思路，认真研究分析解决执行难的问题；（3）要加强对基层工作的指导，为基层法官培训和学习多创造一些有利条件。听取审议了市教育局局长蔡杰作的《关于昆明市贯彻实施民族教育法律法规情况的报告》和市人大常委会民宗侨工委主任马匡保作的《关于对全市贯彻实施民族教育法律法规情况进行跟踪检查的报告》；会议认为，各级政府对民族教育工作较为重视，做了大量工作，初步建立起比较完整的、具有云南民族地区特点的民族教育体系。会议建议：（1）在整合教育资源时，不能搞简单合并，一定要从民族教育的实际情况出发，充分考虑民族教育与普通教育的差异性与独特性；（2）在教育投入上，要加大对民族教育的倾斜、扶持力度；（3）在学校建设上，要科学、合理地研究、规划民族地区学校布点。听取审议了市财政局局长叶一杉作的《昆明市2004年度市本级地方财政预计超收收入安排意见的报告（草案）》和市人大财经委主任委员郑春荣作的关于《报告（草案）》的审查报告；经过审议，通过了《市人大常委会关于批准〈昆明市2004年度市本级地方财政预计超收收入安排意见的报告〉的决议》。会议还审议通过了人事任免事项。

（刘元堂）

【办公厅】　按照常委会年度工作安排，强化服务意识，秘书会务工作完成了人代会、常委会、主任会、党组会、新闻发布会和座谈会，以及常委会领导参加的重要会议的组织协调、服务保障及文稿起草等工作。做好机关机要和保密工作，根据《归档文件整理规则》的要求，对1999年至2003年文书文件进行立卷归档，建立了台账和电脑数据查询库。加强机关网络管理，对机关上网电脑实行内网与外网分开，专机专用，确保网络安全。完成了《文件汇编》、《昆明市人大常委会公报》、《昆明人大信息》、《大事记》的编辑、印发和上报工作。认真做好与市委、市政府、市政协及上下级人大和外地人大、市级机关各委办局以及市委交由人大办理的各项工作的协调联系，保证了常委会机关和领导参加的重大活动顺利进行。认真抓好常委会领导联系困难企业、民营企业、重大建设项目，以及对外开放工作的协调工作。承担市人大机关扶贫工作领导小组办公室的日常工作，完成了市人大牵头市级33家单位对寻甸县扶贫工作的各项任务。协助配合市委有关部门完成了市委人大工作会议筹备工作。认真做好机关行政后勤保障工作，加强财务、车辆、办公用品采购等的管理，制定有关工作制度，完成办公楼的维修改造。认真做好为老干部服务的各项工作，保证了老干部待遇落实。信访工作坚持热情接待、认真疏导、加强协调、化解矛盾的原则。全年共办理信访件4 205件（次），接待处理集体上访28起、群体访142起，为维护社会稳定发挥了积极作用。加强人大机关作风建设，积极组织参与民主评议机关作风活动，在民主评议机关作风中人大常委会机关获得第一名。

【法制委员会】　认真落实上级人大和市十一届人大五次会议的各项决议，以市十一届人大常委会五年立法规划为指导，积极开展立法工作，推进地方法制建设，在市政府、市人大各专（工）委员会提出立法计划意见的基础上，深入调查研究，广泛征求意见，制定了常委会年度立法计划草案。对提请常委会审议的《昆明市企业工资支付条例（草案）》、《昆明市文物保护条例（草案）》、《昆明市特种行业和公共场所治安管理条例（修正案草案）》、《昆明市燃气管理条例（草案）》进行了统一审议。结合昆明市四城区区划调整，对《昆明市城市规划管理条例》、《昆明市城市市容和环境卫生管理条例》等6件法规修正草案提出了审议结果报告，对市政府关于提请审议废止《昆明市建设工程质量管理条例》等3件法规的议案进行了审议。认真做好法规清理，维护法制统一，结合《行政许可法》的贯彻实施，向市人大常委会提出关于提请审议《停止执行涉及行政许可法的地方性法规的决定（草案）》的议案，对《修改和废止16件涉及行政许可的地方性法规的决定（草案）》进行了统一审议，以地方立法的形式有效保障了《行政许可法》的施行。根据《道路交通安全法》，提出了提请审议《昆明市人大常委会关于撤回〈昆明市道路交通管理条例〉的决定（草案）》的议案，该条例草案进入修改中。主动参与，积极配合全国、省人大对《传染病防止法》等8部国家法律草案的征求意见工作，并提出修改意见和建议。加强地方立法工作研究，对《昆明市执法责任制条例》等5部条例施行以来的效果，进行“立法回头看”调研，对提高地方立法质量起到了较好促进作用。

【内务司法委员会】　按照常委会年度立法计划，坚持以人为本，法制统一的原则，完成《昆明市特种行业和公共场所治安管理条例》和《昆明市流动人口管理条例》修订的初审工作，并提出审议意见。两件地方性法规分别经市十一届人大常委会第24、26次会议审议通过。积极参与国家和省的立法活动，对《中华人民共和国治安处罚法》、《云南省禁毒条例》等3件法律法规修订草案提出修改建议。对市人大代表提出的“关于制定《昆明市劳动模范管理条例》

第十一届人代会第六次会议　（市人大　供稿）

议案”的可行性进行调研论证，并提出议案审议结果报告，经市十一届人大常委会第23次会议审议通过。突出重点，加强司法案件监督工作，组织部分常委会组成人员和人大代表对全市民事审判工作进行检查。全年共收到申诉控告70件，对其中15件进行重点监督，对8件在实体或程序上存在问题的申诉件实施个案监督，其中有1件改判、3件进入再审、1件成功调解、3件依法执行。充分发挥人大代表作用，先后组织人大代表139人次对全市公务员录用、农村基层民主政治建设、公安和法院等工作进行监督、检查。对市司法局局长杨建萍的履职情况进行述职评议。积极配合全国、省人大对全市贯彻实施《中华人民共和国工会法》、《中华人民共和国村民委员会组织法》、《云南省实施〈中华人民共和国村民委员会组织法〉》情况进行执法检查。

【财政经济委员会】 依法开展对昆明市2004年度国民经济和社会发展计划、2004年度财政预算以及2003年度财政决算、2003年财政净结余资金安排和2004年度地方财政预算调整、2004年度市本级地方财政预计超收收入安排、2004年度国民经济和社会发展计划执行情况、2004年度地方财政预算执行情况进行审查和监督，向常委会、市人代会提出了审查报告。发挥监督职能，对农村税费改革、安全生产和全市重点工程建设资金使用情况进行检查、视察和调查，对市政府《关于给予国道昆明东连接线投资项目财政资金补偿的议案》认真审议并提出报告，经市十一届人大常委会第24次会议通过，充分行使了人大对重大事项的决定和监督权。积极参与配合省人大常委会对全市贯彻实施《中华人民共和国政府采购法》、《云南省政府采购条例》、《中华人民共和国统计法》情况进行了检查。结合贯彻实施《行政许可法》，对《昆明市行政事业性收费管理条例》、《昆明市户外广告管理条例》、《昆明市禁止生产和销售假冒伪劣商品条例》、《昆明市计量监督管理条例》、《昆明市森林防火规定》、《昆明市水利工程管理条例》、《昆明市农民承担费用和劳务管理若干规定》等7件地方性法规开展了清理，提出修订意见；《昆明市户外广告管理条例》的修订经市十一届人大常委会第24次会议审议通过，并报省人大常委会批准实施。对《昆明市生猪定点屠宰管理条例》立法前期准备工作进行了调研和协调。按照省人大常委会要求对《中华人民共和国企业破产法（草案）》进行征求意见并提出了修改意见、建议。认真开展“昆明市城郊农业产业结构调整的思路与对策”调研工作，为城郊农业产业结构调整起到了积极的促进作用。

【城乡建设环境保护委员会】 按照常委会年度立法工作计划，完成了《昆明市燃气管理条例》的起草和审议，经市十一届人大常委会第25次会议通过，报省人大常委会审批。积极参与全国人大关于《中华人民共和国固体废弃物污染防治法（草案）》征求意见工作并提出了修改意见。结合《中华人民共和国行政许可法》的贯彻实施，对《滇池保护条例》等13部地方性法规进行了清理、修订工作，提出清理、修改意见，经市十一届人大常委会第24次会议审议通过，报请省人大常委会批准。突出重点、加强监督，对昆洛公路、官南路立交桥、320国道眠山至车家壁段改扩建工程、城区违章建筑拆除工作进行了检查、视察；对贯彻《昆明市城镇绿化条例》的情况进行了检查；结合贯彻执行《滇池保护条例》，先后6次组织对滇池治理和保护情况进行检查，促进了《条例》贯彻落实，推动了滇池治理保护工作。认真办理代表议案，高度重视“城中村”改造，对全市“城中村”整治情况进行调查、检查。深入调查研究，对东绕城线高速公路建设、西山区失地农民的情况、城市交通拥堵、城市节水和中水回用等问题深入调研，为有关部门科学决策提出了意见建议。全年接待和办理群众信访48人（件），责成有关部门妥善处理，认真维护人民群众的利益。

【教育科学文化卫生工作委员会】 按照常委会年度立法计划，在广泛征求各方意见的基础上，对《昆明市文物保护条例（草案）》，提出审议意见报告，经市十一届人大常委会第20次会议审议通过，报省人大常委会批准，于2004年10月1日开始施行。结合贯彻《行政许可法》，对《昆明市中小学幼儿园校舍场地建设保护条例》进行了修改并经常委会审议通过了《条例》（修正案），提出对《昆明市技术市场管理条例》废止的议案，经市十一届人大常委会第24次会议审议通过。积极配合全国、省人大对《中华人民共和国传染病防治法（修订草案）》、《云南省食品卫生条例（草案）》征求意见并提出了修改意见。加大执法检查，增强监督实效，对贯彻执行《中华人民共和国职业教育法》、《云南省职业教育条例》、《科技进步法》、《科普法》、《中华人民共和国中医药条例》、《云南省发展中医药条例》情况进行了执法检查，促进了法规的贯彻落实。加强对招生工作的监督，组织视察昆明市中小学招生工作。对“分离企业办学校、办医院工作”进行调研，撰写了《昆明市分离企业办学校、办医院工作的课题报告》、《昆明市新建小区教育资源调查报告》，为政府科学决策提供了可靠依据。全年办理信访19件（次），较好地维护了群众利益。

【民族宗教华侨工作委员会】 按照常委会年度工作计划安排，认真履职，突出跟踪检查，增强监督实效，对2003年市政府贯彻实施《昆明市宗教活动场所管理条例》存在的问题，以及执行民族教育相关法律法规中存在的问题进行跟踪检查督办，使问题等到较好解决。对贯彻实施《民族区域自治法》、《云南省实施〈民族区域自治法〉办法》、《云南省民族乡工作条例》和有关政策进行执法检查、调查，推动了法规政策的落实。认真办理代表议案，对人大代表提出的“关于请求制定《昆明市少数民族权益保障条例》的议案”可行性进行广泛深入调研，鉴于上位法已有明确规定，提出了不立法的报告和加强有关民族法律、法规宣传的意见、建议。加强调查研究，按照省人大《关于协助全国人大民族委员会搞好民族地区扶贫工作情况调研》通知的要求，组织对全市民族地区扶贫工作情况进行了调研，提出意见、建议并上报调研报告，为有关部门决策提供了可靠依据。

【人事代表工作委员会】 按照常委会年度工作安排，认真做好市人代会、常委会、主任会议的有关文稿、材料保障服务工作。补选、选举省、市人大代表30名，终止代表资格11名；根据昆明市四城区区划调整，提出了《关于五华、盘龙、官渡、西山四区行政区划变动后市、区、乡三级人大代表资格问题的意见》，发放《选举工作手册》308册，对区划变动后四区人大代表资格终止、选举工作给予指导，完成了区划变动后区、乡人大代表资格确认、代表名额重新确定。依法做好人事任免工作，全年共任免市人大和“一府两院”国家机关工作人员127人次。认真贯彻落实省委《关于转发〈中共云南省人大常委会党组关于进一步加强人大代表工作的意见〉的通知》精神，加强代表工作，充分发挥人大代表作用，积极为代表履

昆明市县（市）区人大信访工作联系会　（市人大　供稿）

职做好服务工作。组织昆明市的省人大代表对滇池污染治理、三农问题的情况进行检查、视察、举办了第三期人大代表培训班，培训市人大代表和县（市）区人大代表共258人。召开代表工作会议，对市第十一届人大代表工作进行了总结，表彰了22个先进代表小组和96名优秀市人大代表。认真办理代表建议，对394件代表建议进行分类督办，两次组织市人大代表对市政府办理情况进行检查，代表建议办理质量进一步提高。组织省、市、区三级人大代表进行《宪法（修正案）》卫星远程教学和《行政许可法》讲座，进一步增强了代表的法律意识。

【农业工作委员会】　根据常委会年度立法计划，认真进行立法调研，提出将《昆明市松华坝水源区保护管理条例》改为《昆明市重点水源区保护条例》，增强了地方性法规的实用性、可操作性和涵盖面。按照省人大安排，对贯彻实施《中华人民共和国动物防疫法》、《中华人民共和国出境动植物检疫法》、《云南省动物防疫条例》的情况进行执法检查。结合贯彻《行政许可法》，完成了对《昆明市农民承担费用和劳务管理若干规定》废止案的审议报告。围绕“三农”问题，依法开展对蔬菜、水果农药残留情况，嵩明、晋宁、宜良、呈贡等县区重点水利工程建设项目，重点烟区烤烟收购工作情况，畜禽实施机械化定点屠宰情况进行了检查、调查，全面了解资金到位和使用、工作运转、落实有关政策等情况，及时发现问题并督促有关单位和部门认真解决，维护了广大人民群众的根本利益。认真学习宣传中央《关于促进农民增加收入若干政策的意见》，增强各级做好农业农村工作的紧迫感和责任感。参加了《昆明市城郊农业产业结构调整对策与思路》研究，为加强农业农村工作指导起到了积极作用。建立对上下人大及政府有关职能部门联系制度，为农工委依法履职、全面展开工作、充分发挥职能作用奠定了基础。

【研究室】　按照常委会年度工作计划和研究室工作职责，认真完成市十一届人大五次会议《市人大常委会工作报告》及宣传工作座谈会、代表工作会议等重要会议文稿的起草和有关会务保障。积极做好人大制度宣传工作，组织开展人民代表大会成立50周年暨地方人大常委会成立25周年纪念活动，在《昆明日报》连续刊发19期人大宣传专版，在全市开展征文活动，表彰奖励了先进单位和优秀作者。与《昆明电视台》、《昆明日报》合作开办了每月一期的《人大之窗》专栏，积极参与组稿、策划，拓展了民主法制建设的宣传形式，扩大了人大制度和人大工作的影响力。全年完成6期《昆明人大》双月刊的组稿、编审、校对和发行工作；召开《昆明人大》组稿通讯员暨全市人大宣传工作座谈会，开展“好新闻、好文章”评选活动；为《人民日报》、《中国人大》、《云南人大》等刊物组稿150余篇，在省人大常委会组织的好新闻评选中有3件作品分获一、二、三等奖，6件获鼓励奖。完成《昆明人大志》（1991—2001）的编写工作和2004《昆明年鉴》人大部分的撰写，编写《人大工作信息》12期。认真开展调查研究，完成《地方人大述职评议工作研究》课题；参与市委组织的“加强社会主义民主法制建设，推进依法治市”和市政法委组织的“提高依法执政能力”的课题调研；认真组织协调人大机关各部门的课题调研工作，部分研究成果有价值、有影响、具有指导性。

【机关党委】　紧紧围绕市委和市人大常委会中心工作，在中共市级机关工委和市人大常委会党组的领导下，以实施“云岭先锋”工程为载体，加强机关思想、组织、作风和制度建设。认真抓好机关政治理论学习，制定下发了《人大机关政治理论学习安排意见》，为机关党员干部下发各类学习书籍1 089册；认真组织党的十六届四中全会精神的学习贯彻和邓小平同志诞生100周年纪念活动，大力开展“三观”教育，提高党员干部对“科学的发展观、正确的政绩观、马克思主义的群众观”的认识；开展以“勤政为民、廉洁务实”为主题的教育月活动；组织《中国共产党党内监督条例（试行）》和《中国共产党纪律处分条例》的学习和知识竞赛活动。加强机关党组织建设，完成机关党委和纪委的换届选举工作，调整充实机关党风廉政建设责任制领导小组。结合纪念中国共产党建党83周年活动，表彰了3个先进党支部、15名优秀共产党员和10名优秀党务工作者。根据市委民主评议机关作风的要求，结合人大机关实际，制定《市人大民主评议机关作风工作活动实施方案》，在民主评议机关作风中人大机关取得了第一名的好成绩。认真指导工、青、妇的活动，指导机关工会完成换届选举工作。两次组织机关干部职工向灾区献爱心捐赠活动，捐款7 470元、捐衣物827件。

（陈卫芳）

【昆明市第十一届人民代表大会第五次会议代表提出议案】　昆明市第十一届人民代表大会第五次会议主席团第五次会议经过审议，同意市十一届人大议案审查委员会《关于昆明市第十一届人民代表大会第五次会议代表提出的议案处理意见的报告》，决定将以下6件议案分别交由市人大常委会有关委员会审议、研究，提出处理意见。

（1）盘龙区代表团王惠芬等18名代表提出的关于针对昆明市城郊结合部农民建房，就《中华人民共和国城市规划法》、《中华人民共和国土地管理法》

执行情况进行检查的议案（第6号）。

（2）寻甸县代表团吴荣祖等10名代表提出的关于构建昆明药品配送中心的议案（第8号）。

（3）盘龙区代表团王惠芬等17名代表提出的关于制定昆明市新闻监督权益保护条例的议案（第58号）。

（4）富民县代表团杨丽等11名代表提出的关于制定昆明市劳动模范管理条例的议案（第19号）。

（5）官渡区代表团李翠梅等11名代表提出的关于请求昆明市人民政府制定《昆明市少数民族权益保障条例》的议案（第35号）。

（6）寻甸县代表团龚艳琼等11名代表提出的关于培育昆明市禽类种苗生产基地的议案（第38号）。

（市人大研究室）

·昆明市人民政府·

【市级机关实施新作息时间】 1月4日开始，昆明市市级机关正式实施“早8时30分至下午5时，中午休息半小时”的新作息时间。

【“昆明新巴”正式运营】 1月12日，昆明新世界第一巴士服务有限公司宣告成立，并正式投入运营。这是云南省首家引进港资合资的市政公用事业项目，打破了昆明公交市场独家垄断经营的局面。

【有效控制和扑灭高致病性禽流感】 1月底至2月中旬，昆明市呈贡县洛羊镇石龙湖养鸡场、石林县鹿阜镇徐燕养鸡场、官渡区大板桥镇秧草凹村、西山区团结乡花红洞灵长类中心、安宁市连然镇大凹子村、嵩明县白邑乡前所村等六地先后发现高致病性禽流感。疫情发生后，省、市、县（市）区各级领导高度重视，市委、市政府迅速召开专题会议进行研究和部署，并及时启动应急预案，采取有效措施预防、控制和扑灭高致病性禽流感疫情。2月21日起，各疫区的封锁逐步解除，到3月8日，昆明市最后一个高致病性禽流感疫区——嵩明县白邑乡前所村疫区正式解除了封锁。在这次疫情防控中，昆明市没有发生人间禽流感病例。

【昆明市与南宁市结为友好城市】 2月16日，昆明市与广西南宁市在昆明正式缔结为友好城市。昆明市市长章振国和南宁市常务副市长陈瑞贤分别代表双方签订了《昆明市—南宁市建立友好城市关系协议书》。今后，两市将在经贸交流、招商引资、新产品开发、资源有效利用等领域加强合作，并加强在城市建设、教育、文化、卫生、艺术等方面的联系和交流。同时，将建立工作联系制度，加强职能部门对口联系，共同探索结合区域经济发展的新思路、新办法和新举措。

【云龙水库下闸蓄水】 3月1日，掌鸠河引水供水工程云龙水库提前一年下闸蓄水，为掌鸠河工程2006年向昆明供水提供了可靠保证。为确保云龙水库如期下闸蓄水，1.1万多库区移民安置工作于2002年提前完成，库周4 000多农民得到了妥善安排。蓄水前还对20.66平方公里的淹没区进行了严格的库底清理，并展开了库区的交通、电力、通信恢复工作。

云龙水库2004年的蓄水目标为8 000万立方米，2005年蓄水2.6亿立方米，2006年蓄水3.6亿立方米，并开始向昆明供水。

【中国（昆明）第五届世界马铃薯大会召开】 3月26日，为期4天的中国（昆明）第五届世界马铃薯大会在昆明国际会展中心隆重开幕。农业部副部长张宝文、世界马铃薯大会董事局主席劳艾德·帕尔默、荷兰农业部副大臣高腾、国际马铃薯中心总裁胡伯特等出席会议，省市领导徐荣凯、王学仁、杨崇汇、杨崇勇、杨应楠、章振国等参加。参加大会的还有来自43个国家和地区的440多名代表，国内参展企业102个，代表700多人。

会议通过了建立全球马铃薯基因库的倡议。共签订协议、合同58项，金额6 900万美元。3月27日，西南六省市区召开马铃薯协作会议，成立六省市区马铃薯专业委员会，在引种、繁育、加工、销售等环节加强分工合作，共同做大马铃薯产业。

【呈贡新城四川禾嘉集团项目框架协议签订】 4月21日，昆明呈贡新城四川禾嘉集团项目框架协议签约仪式在昆明举行。市委书记杨崇勇、市长章振国、副市长胡星、四川禾嘉实业集团董事局主席夏朝嘉、副总裁吴建麟等出席签约仪式。

项目总占地面积约2 500亩，总建筑面积190万平方米，预计总投资额（滚动投资）约60亿元人民币，投资周期3至5年。项目融大型国际会展中心、东盟各国驻中国总部基地、中央商务办公区、花园式酒店区和东南亚旅游风情港为一体。

【省政府在昆明召开东川再就业特区建设工作会议】 4月13日，省政府在昆明召开东川再就业特区建设工作会议，专题研究东川建设再就业特区的有关问题。常务副省长秦光荣主持会议，省长徐荣凯作重要讲话，市委书记杨崇勇、省长助理邹纲仁、省政府秘书长刘平、昆明市市长章振国及省、市、东川区有关领导和部门负责人参加会议。会上，省政府决定在东川区建设再就业特区，以在全省乃至全国具有突破性的特殊优惠政策，吸引资金、人才、技术和产业项目，用10年时间在规划面积10平方公里的特区内，使东川城镇登记失业率降至5%以下。

【市政府取消68项行政收费】 4月9日，市政府宣布取消成人教育岗位培训证书工本费等68项行政收费。昆明市现行行政事业收费项目共有409个，涉及市级各职能部门50多个，经过整理，符合要求予以保留的有341个项目。

【昆明市城市管理重心下移】 4月13日，昆明市城市管理局与五华、盘龙、官渡、西山四个区就城市管理的人、财、物等事项进行交接，城管重心正式下移。这次下移的职责权限主要有：户外广告设置审批、城市道路管理、城市路灯和灯光亮化管理、环境卫生管理、城市停车场、洗车场管理以及夜间施工和建材、渣土运送管理等。下放涉及市城管局局属单位9个，人数共1 000余人。自4月15日起，市与区城市管理局按新确定的职责权限开展工作。

【2004年“昆交会”成功举办】 6月6日～10日，2004年中国昆明进出口商品交易会在昆明国际会展中心举办，共

有来自18个国家（地区）和国内24个省区市的1 300多家企业参展，共安排展位1 450个。

昆明交易分团外贸进出口成交总额达到7 256万美元，比上年“昆交会”增长10.5%。其中，出口成交6 741万美元，进口515万美元。利用外资签约项目合同为17个；合同利用外资57 727万美元，比上届“昆交会”增长68%。在国内经济技术合作方面，签约项目合同为51个，协议投资总额达167亿元，引进市外资金166亿元。其中，市外来昆投资的独资项目比往年增多，占到了内资签约项目的78%。

【305项行政审批权下放安宁市和东川区】 6月7日，市政府正式宣布把现行市级行政部门有终审权的305项行政审批事项的审批权下放给安宁市和东川区。这次下放安宁市、东川区的行政审批项目占市级有审批权事项总数的87.6%，涉及市政公用、卫生、环保、地产、城管、地税、财政、公安、规划、教育等部门。今后，外商投资企业财产登记、户外广告设置、居民户口登记、机动车驾驶员资格审核等都由安宁市和东川区政府相关部门自行审批。

【省委、省政府专题调研现代新昆明建设】 7月13日，省委、省政府对现代新昆明建设进行专题调研。省委书记白恩培，省委副书记、省长徐荣凯，省委副书记、常务副省长秦光荣，省政协主席杨崇汇，省委常委、昆明市委书记杨崇勇，省人大常委会常务副主任牛绍尧，副省长吴晓青，省政府秘书长刘平等领导参加了调研。

在视察并听取汇报后，白恩培指出，一年多来的实践证明，省委、省政府建设现代新昆明的决策是正确的。昆明市对这一决策态度坚决，工作努力，落实得很好。现代新昆明建设取得了阶段性成果。一定要牢固树立科学的发展观、正确的政绩观和马克思主义群众观，坚定信心，奋发有为，真抓实干，全面贯彻国家宏观调控的各项政策和措施，坚定不移地推进现代新昆明建设，促进全省经济持续快速协调健康发展和社会全面进步。

【昆明市与广州市缔结友好城市】 9月19日，昆明市与广州市缔结友好城市签约仪式在广州举行。昆明市委副书记、常务副市长王文涛，广州市委常委、常务副市长沈柏年分别代表昆明市、广州市签署友好城市协议书。

广州市作为沿海发达城市之一和泛珠江三角经济区的龙头，具有雄厚的综合经济实力和优越的区域优势。昆明与广州缔结友好城市，是两市合作与发展新的里程碑，有利于共同打造经济、技术、文化、教育、信息、人才、资源等全方位交流与合作的大平台，促进双方优势互补，实现共同发展。这是昆明市缔结的第十三个国内友好城市。

【昆明市党政代表团赴迪庆考察】 11月4日，由市委副书记、常务副市长王文涛率领的昆明市党政代表团，到迪庆藏族自治州考察落实昆迪合作项目的进展情况。1996～2003年底，昆迪共实施了32个经济合作项目，昆明市协议投入资金6.0877亿元，实施经济社会合作项目71项。经济合作涉及藏药开发、水电建设、旅游景点景区开发、宾馆饭店建设等方面；社会合作涉及教育、卫生、科技、文化等各方面。2004年，昆迪合作项目共有58项，投资总额629万元人民币。

【“昆明法国周”成功举办】 “法国文化年”在中国举办之际，为期4天的“昆明法国周”于11月18～21日在昆明举行。邵琪伟、章振国等省市领导及法国驻华大使高毅先生出席开幕式。昆明是“中法文化年——法国文化年”在中国西南地区开展交流活动的第一个城市。期间，举办了项目推介会、音乐会等活动。

【五华、盘龙、官渡、西山四区区划调整】 2004年6月3日，国务院批复同意《昆明五华、盘龙、官渡、西山四区行政区划调整方案》。6月23日，省政府作出《关于调整昆明市市辖区行政区划的通知》，市委、市政府作出了《中共昆明市委、昆明市人民政府关于调整五华、盘龙、官渡、西山四区行政区划的决定》，明确实施四区行政区划调整。7月22日，市委、市政府召开昆明市四区行政区划调整动员大会。

8月1日为四区区划调整的基准日。8月4日，五华、盘龙、官渡、西山四区区长在昆明市行政区划调整交接书上签字，四区完成行政区划调整交接。8月12～17日，由市教育局牵头，四区进行划出划入学校的对接工作。8月17日，四区乡镇、街道办事处和村委会、社区居委会的人事、编制、财政、民政等有关表册正式签交。8月底，基本完成区划调整所涉及人员的划转移交。9月1日，按新区划实行管理。调整五华、盘龙、官渡、西山四区行政区划，是实现现代新昆明发展战略的重大改革，对昆明的发展具有十分重要的意义。

【首届昆明“文博会”成功举办】 12月18～20日，首届昆明文化产业博览会在昆举办。省委常委、市委书记杨崇勇，省人大常委会副主任梁公卿，省政协副主席李先猷，国家文化部文化产业司司长王永章等领导出席开幕式。

由昆明市委、市政府主办的2004年首届昆明文化产业博览会，是昆明市贯彻落实省委、省政府关于建设民族文化大省、大力发展文化产业的具体实践和重要举措。“文博会”采取了“政府搭台、社会参与、企业主导、市场运作”的方式，共有国内外360多家企业参展，签约项目45个，金额达到11.58亿元。

【昆明市与苏黎世市签署合作备忘录】 11月8～12日，瑞士苏黎世市市长艾尔玛·雷德格博先生率领苏黎世市市政府代表团到昆明进行为期5天的友好访问。11日，昆明市与苏黎世市签署了两市2005～2006年度合作项目备忘录。备忘录对双方2005～2006年的合作领域作了界定：根据现有的“一湖四片”方案，苏黎世为昆明的城市建设、区域发展、交通开发、公共交通和环保领域提供整体性咨询。向滇池治污提供咨询，同时保持两市供水部门之间的联系。为昆明地区的历史建筑和街区保护提供咨询。双方将通过互派代表团和加强有关机构的合作来促进双方的旅游交流；通过互派商贸团组和介绍瑞士投资者参与昆明基础设施建设，加强双方的经贸联系。

【办理10件实事】 ①继续实施再就业援助，帮助15 000名失业人员实现再就业。全市共促进16 521名下岗失业人员实现再就业。其中，通过公益性岗位安置2 731人；创办“4050项目”安置319人；鼓励社区非正规就业安置1 836人；支持企业恢复生产开展生产自救安置2 354人；发展三产、特别是发展服务型和商贸型等劳动密集型企业安置3 901人；鼓励非公经济组织吸纳下岗失业人员安置3 052人；鼓励下岗失业人员自谋职业和自主创业安置2 328人。

②提供1 200套廉租房，解决1 200户城市特困居民住房问题。建设和清理1 200套廉租房，解决1 200户城市特困居民住房问题正在抓紧实施。

由于原新建1 000套廉租房的用地（穿金路菠萝村）选址不佳，廉租房建设水平及环境质量不高，2004年9月，市政府将新建1 000套廉租房的建设选址变更到北市区银河片区。年内，廉租房建设工程进展顺利，主体工程将于2005年3月底完工。

③组织实施一批工程项目，开展全民节水活动，努力保障城乡居民基本生活生产用水。做好开源工作，组织实施大板桥黄龙洞、龙泉寺补水，罗家营水厂直供，宝象河水厂改扩建等城市供水应急工程。强化供水管理，推广中水回用，利用水库、坝塘、泵站做好“蓄、引、提、调、抽”等综合调度，有效保障了城乡居民基本生活生产用水。

④扎实开展蔬菜农残专项整治。全市建成蔬菜农残检测站（点）143个，配备速测仪146台。其中，县区检测站14个，乡镇（产地）检测点47个，农贸市场检测点50个，批发市场检测点3个，超市检测点24个，企业检测点5个。全年共抽检蔬菜样品5万余个，检测结果表明昆明市蔬菜产品农残超标率得到有效控制。

⑤建成市突发公共卫生事件应急处理指挥中心，提高公共卫生事件应急能力。应急处理指挥中心建设地点在旅游度假区紫云路，占地面积24亩，建筑总面积9 838.8平方米，主体建筑有检验楼、疾病预防控制楼和突发事件应急指挥楼三部分。按计划，2005年2月市应急处理指挥中心主体工程建设基本完工。

⑥实施东风路近日公园路段下穿工程，建设市中心区步行街系统，使文明街片区、威远街片区和金碧路片区相互连接，形成昆明最大的商业圈，方便群众行路、休闲、购物。近日公园下穿工程为双向四车道双孔并列立交，总长685米。工程自2004年3月10日正式断交开工建设，2005年元旦实现隧道双向正式通车，市中心区步行街建成。

⑦加快推进“乡乡通油路”工程。建设禄劝撒营盘—大松树、安宁温泉—西山团结乡—富民、寻甸海尾—杨家湾等一批县乡油路。

⑧完成200座30户以上自然村“村村通”建站任务，进一步提高农村地区广播电视覆盖率。2004年，全市新建200座广播电视站。其中寻甸县85座，禄劝县42座，晋宁县40座，安宁市30座，东川区3座，所需资金400万元全部由市级财政投入。建站任务于2004年11月全部完工并投入使用。

⑨设立城乡和流动人口贫困学生救助专款，资助25 000名中小学生，实施免除杂费、课本费、文具费的“三免费”教育。2004年，市政府先后两次投入救助资金621.5万元，对家庭贫困的2万名初中生，5千名小学生实施免除杂费、课本费、文具费的“三免费”教育，25 000名城乡和流动人口贫困中小学生得到资助。

⑩扩大老年人优待范围，将《老年证》发放对象从原来的70岁以上降低为65岁以上。2004年，全市共办理和发放65岁以上老年人优待证90 970份。老年人优待服务范围的扩大，使更多的老年人享受到了社会优待服务，受到社会各界普遍欢迎。

【市政府常务会议】　2004年共召开市政府常务会议25次，围绕全市重点、热点和难点问题进行了认真研究。主要研究了全市高致病性禽流感防治工作、城市管理权限下放问题、《昆明市行政审批试行告知承诺方式办法》、《昆明市财政国库管理制度改革试点方案》、清理整顿各类开发区有关问题、《昆明市户籍管理制度改革的若干意见》、《昆明国际机场航空城总体概念规划》、《昆明市收治无能力支付医药费患者专项补助经费管理实施意见》、《昆明市人民政府机构改革方案》、《市政府重大事项决策程序规定（草案）》、昆明市推进新型工业化工业强市重点产业发展有关问题，加强专利工作促进技术创新有关问题，并作出相关决定。

【市长办公会议】　2004年共召开市长办公会议22次。主要研究讨论了《昆明市人民政府新一轮机构改革人员分流的意见》、调整医疗废物无害化处理收费标准、农业税取消、市级机关事业单位住房补贴资金安排意见、《昆明主城核心区“架空线”入地工程规划》、呈贡新城管委会管理体制、三个开发（度假）区扩规方案、传达省政府关于在昆明召开大湄公河次区域经济合作第二次领导人会议有关工作精神及研究昆明市贯彻意见等问题，并作出相关决定。

【十一届政府第五次全体会议】　1月8日召开。会议由市长章振国主持，市委副书记、纪委书记李培山对党风廉政工作提出了具体要求，市政府副市长，各县（市）区政府，市政府各委办局有关负责人参加了会议。

会议传达贯彻了市委工作会议精神，对全市各级各部门2004年工作提出要求。会议明确，2004年，要重点抓好几个方面的工作：一是要坚定不移地推进现代新昆明建设，二是要加快实施“工业强市”战略，三是积极推进县域经济发展，四是大力促进旅游业提质增效，五是进一步深化改革，六是千方百计招商引资，七是认真组织实施好“民心工程”，八是集中精力抓好当前工作。

【经济运行分析会】　5月14日召开。会议总结了2004年1～4月全市经济运行情况，安排部署下一步的经济工作。市长章振国作重要讲话，市领导王文涛、李江、廖晓珊、胡星、王奇英、梁晓谷、陈鹰等参加会议。

会议在对2004年1～4月全市经济运行总体情况进行分析并给予充分肯定的基础上，要求进一步坚定信心，针对经济社会中存在的突出问题，采取有效措施，努力加快发展。一是全力推进经济持续快速增长，二是坚定不移地推进现代新昆明建设，三是切实推进全面协调可持续发展，四是深入推进体制和机制创新，五是关心群众生活，着力解决好事关人民群众切身利益的突出问题。

【十一届政府第六次全体会议】　10月22日，市政府召开十一届六次全会，学习贯彻党的十六届四中全会精神，进一步落实市委八届四次全会提出的任务，总结2004年以来的政府工作，部署安排今后一个时期的工作任务。市长章振国在会上作了题为《坚定信心　再接再厉　奋战七十天　全面完成今年经济社会发展各项任务》的讲话。

会议要求，各级政府、各部门，要进一步增强紧迫感和责任感，坚定信心，再接再厉，全力以赴，继续扎扎实实抓好各项工作的落实。一是现代新昆明建设要取得明显成效；二是切实抓好当前的农业农村工作；三是进一步提高工业经济效益；四是努力促进商贸旅游业更快更好增长；五是更加突出地抓好招商引资；六是努力保持财税收入快速增长的好势头；七是促进经济社会的协调发展；八是切实加强勤政廉政建设；九是积极做好明年工作的安排部署。

【政府令】　2月25日印发第48号政府令，公布《昆明市城市中水设施建设管理办法》，对建设中水设施的范围、技术规范和违规罚则等作出规定。

3月31日印发第49号政府令，公布《昆明市人民政府关于公布市级行政部门改革行政审批事项目录（第三批）的决定》，对昆明市26个行政部门取消，改为登记备案，下放和部分下放的84项行政审批事项向社会公布。

5月9日印发第50号政府令，公布《昆明市城市节约用水管理处罚办法》，明确了行政处罚的主体，并对各种用水违法违规行为的处罚作出明确具体规定。

7月1日印发第51号政府令，公布《昆明市人民政府关于废止部分规章规范性文件的决定》，明确了对251件规章规范性文件进行全面清理后，市政府决定予以废止的70件规章规范性文件。

7月2日印发第52号政府令，公布《昆明市人民政府关于停止执行涉及行政许可的规章规范性文件有关条文的决定》，明确了33件规章规范性文件中与《中华人民共和国行政许可法》不符，决定停止执行的63个具体条文。

11月23日印发第53号政府令，公布《昆明市人民政府重大事项决策程序规定》，对重大事项的范围、确认程序、决策程序和决策形式等作出明确规定。

12月23日印发第54号政府令，公布《昆明市城市居民最低生活保障实施办法》，对城市居民最低生活保障的对象、标准，申请、审批和发放程序，监督与处罚作出明确规定。

【通知·通告】　《关于印发〈昆明市政府系统政务督办工作规则〉的通知》1月13日印发。对政务督办的工作原则、工作范围、工作程序等作出明确规定。

《关于进一步加强土地管理的通知》1月20日印发。对加强土地管理工作的领导，加大宏观调控力度，强化土地集中统一管理，加强土地审批管理，切实保护耕地，全面落实经营性土地使用权招标拍卖挂牌出让制度，加强征地管理，保护被征地农民合法权益，盘活存量，消化利用闲置土地，加大执法监察力度，严肃查处违法行为等作出明确规定。

《昆明市贯彻〈云南省农业人口独生子女奖励暂行规定〉实施办法》3月24日印发。对符合《办法》规定的养老生活补助、一次性奖励、升学加分照顾、教育"三免费"或"一费"等奖励方式和申请程序作出明确规定。

《昆明市区域卫生规划（2003—2010年）》4月5日印发。规划明确了区域卫生的指导思想、基本原则和目标。并对医疗服务体系、疾病预防控制体系、妇幼保障服务体系和社区卫生服务体系等卫生服务体系规划和卫生执法监督体系规划作出明确规定。

《关于印发〈昆明市政府信息公开暂行办法〉的通知》4月8日印发。对政府信息公开的范围、公开方式和程序、监督和保障措施等作出明确规定。

《关于印发〈昆明市行政审批告知承诺制度试行办法〉的通知》4月8日印发。对行政审批告知承诺制度的主要内容和实行告知承诺制审批事项的受理及审批程序等作出明确规定。

《关于印发〈昆明市行政审批事项综合受理暂行办法〉的通知》4月8日印发。对综合受理窗口的职能及组成、审批权限及流程、综合受理业务规范和监督检查等作出明确规定。

《关于公布行政事业性收费有关事项的通知》4月8日印发。对全市行政事业性收费项目进行认真清理后，市政府决定保留的341项和取消的68项收费项目予以公布。

《关于印发〈昆明城市商业网点规划〉（2002—2010）的通知》4月22日印发。对城市商业网点的规划目标、规划布局、专题规划和实施规划的对策和措施作出了明确规定。

《关于加强全市粮食生产和市场供应工作的意见》4月23日印发。明确了当前和今后一段时间，昆明市粮食工作的基本思路，并就加强农业和粮食工作提出了具体意见。

《关于印发〈昆明市市与四区政府城市管理职能权限责任调整方案（试行）〉的通知》4月29日印发。对主要城管职能权限界定、职能权限划分和职能调整的保障措施等作出明确规定。

《关于印发〈昆明市企业国有产权转让审批程序的规定〉的通知》5月11日印发。对企业国有产权转让审批程序作出明确规范。

《关于印发〈昆明市国有企业分离办社会职能工作实施意见〉的通知》5月12日印发。对国有企业分离办社会职能工作的分离原则、分离对象、工作目标和步骤、分离方式、资产处置、经费承担、人员接收及管理、职工工资及社会保险等作出明确规定。

《昆明市市级行政审批权下放安宁市、东川区实施意见》5月26日印发。把现行市级行政部门有终审权的305项行政审批事项的审批权下放给安宁市和东川区，并对审批权下放的指导思想、基本原则、主要内容和具体措施等作出明确规定。

《昆明市加快农村教育改革与发展的意见》9月14日印发。明确了农村教育改革与发展的目标和任务，并就实施"六大工程"、建立健全六项工作机制提出具体要求。

《关于印发〈昆明市进一步加强结核病防治工作的意见〉的通知》10月28日印发。对全面加强和规范全市结核病控制项目工作、加强结核病控制项目和防治知识的宣传教育和依法加强结核病防治管理工作提出明确要求。

《关于调整和完善市、县（市）区财政管理体制的实施意见》11月29日印发。提出了调整和完善市、县（市）区财政管理体制的指导思想、具体内容和列为市本级固定收入点名征收企业名单。

《昆明市推进新型工业化工业强市重点产业发展规划纲要》12月18日印发。提出了昆明市推进新型工业化工业强市重点产业发展的指导思想、发展思路、基本原则、总体布局和发展目标。并围绕重点产业发展与布局和开发区（园区）发展提出具体规划与推进新型工业化工业强市重点产业发展的一系列监督保障措施。

《昆明市人民政府办公厅关于印发〈昆明市加快推进企业信息化建设的实施意见〉的通知》2月5日印发。明确了加快推进企业信息化建设的指导思想、工作目标、工作任务、工作重点和工作措施。

《昆明市人民政府办公厅关于印发〈昆明市施放气球审批实施办法〉的通知》2月24日印发。对在昆明市行政区域内气球施放范围、申请程序和罚则等作出具体规定。

《昆明市人民政府办公厅关于印发〈昆明市做好进城务工就业农民子女义务教育工作的实施意见〉的通知》5月9日印发。从发展计划、经费保障、减轻负担、扶持社会力量办学等方面，对做好进城务工就业农民子女义务教育工作提出具体要求。

《昆明市人民政府办公厅关于印发〈昆明市关于对65岁以上老年人实行社会优待服务的办法〉的通知》5月24日印发。明确了65岁以上老年人享受社会优待服务的具体范围。

《昆明市人民政府办公厅关于印发昆明市预防控制艾滋病工作实施意见的通知》7月19日印发。提出了昆明市预防控制艾滋病工作总体目标和工作目标，并对工作措施、组织管理、经费筹集、督导评估等作出具体规定。

《昆明市人民政府办公厅关于建立重视和支持新闻舆论监督制度的实施意见》7月21日印发。对掌握信息、跟踪督查、做好整改、建立完善信息发布制度和通报制度等工作提出明确要求。

《昆明市人民政府办公厅关于印发

昆明市水利工程管理体制改革实施方案的通知》8月18日印发。提出了水利工程管理体制改革的指导思想、原则和目标任务，并对水利工程管理单位体制改革的范围、内容和措施作出明确规定。

《昆明市人民政府办公厅关于贯彻执行〈云南省农业人口独生子女家庭奖励规定〉的通知》11月25日印发。《通知》结合昆明市实际，对奖励的具体实施办法、经费承担比例和工作考核监督等作出明确规定。

【批转·转发】　《关于批转〈昆明市高致病性禽流感防治应急预案〉的通知》2月5日印发。对高致病性禽流感防治工作的指导原则、总体要求和组织机构作出了明确规定。

《关于批转市公安局〈昆明市城镇社区消防安全管理规定〉的通知》5月21日印发。对社区消防安全的工作格局、组织领导以及各县（市）区政府、街道办事处、公安派出所、社区居委会、驻社区各单位和社区居民的消防安全工作职责和义务作出了明确规定。

《关于批转市民政局、市卫生局、市财政局〈昆明市实施农村医疗救助暂行办法〉的通知》6月10日印发。对农村医疗救助的救助原则、救助对象、救助办法、资金筹集和保障，以及申请审批程序等作出明确规定。

《关于转发〈云南省社会保险费征收管理暂行办法〉的通知》9月23日印发。结合昆明实际，就做好社会保险费征收管理工作，对各县（市）区政府和各有关部门提出了要求，并明确灵活人员也应纳入医疗保险费征收范围。

《昆明市人民政府办公厅转发市卫生局等部门关于进一步加强昆明市残疾人康复工作实施意见的通知》6月1日印发。提出了昆明市残疾人康复工作的指导方针、总体目标、基本原则和主要措施。

《昆明市人民政府办公厅转发市流动人口管理领导小组关于对办理IC卡暂住证的流动人口拓展服务范围意见的通知》7月20日印发。明确了拓展服务范围工作的指导思想、工作目的、拓展的服务范围及责任单位，并提出了具体工作措施及要求。

《昆明市人民政府办公厅转发市防火安全委员会关于进一步加强农村消防工作实施意见的通知》8月3日印发。要求要建立健全农村消防组织，合理规划，加强农村消防基础设施建设，加强宣传教育，以点带面，分5个阶段进行农村消防试点工作。《意见》还提出了《昆明市农村消防建设标准（试行）》。

《昆明市人民政府办公厅转发昆明市发展和改革委员会关于“十一五”规划编制工作方案的通知》8月25日印发。对“十一五”规划编制工作的总体要求、组织领导、工作分工和工作进度安排作出了明确规定。

《昆明市人民政府办公厅关于转发进一步加强和规范农村集体财产及资产管理的实施意见的通知》11月8日印发。对理顺和完善农村集体财务管理体制、严格执行农村财务管理相关法律及规章制度、强化财务管理的监督机制以及农村集体债务的处理、建立健全农村集体资产登记制度提出明确要求。

【表彰·决定】　《关于表彰人民满意的公务员集体和人民满意的公务员的决定》2月16日印发。对市公安局交通警察支队六大队北站岗等5个人民满意的公务员集体、李捷帆等10名人民满意的公务员、赵欣荣等10名记二等功人员予以表彰。

《关于授予徐兴安等三十位同志见义勇为先进分子荣誉称号的通知》8月20日印发。对徐兴安等三十位见义勇为先进分子进行表彰奖励。

《关于2004年科学技术奖励的决定》9月6日印发。对“H级绝缘赛格迈、Reliatran干式变压器”等55个科学技术进步类获奖项目进行奖励。

《关于表彰昆明市第六届杰出园丁和优秀园丁的决定》9月8日印发。对马永文等6名昆明市“杰出园丁”，王澍等103名昆明市“优秀园丁”予以命名、表彰。

《关于授予马丽丽等49名同志昆明市有突出贡献优秀专业技术人员荣誉称号的决定》9月23日印发。对昆明市延安医院主任医师马丽丽等49名第三批昆明市有突出贡献优秀专业技术人员进行表彰奖励。

《关于表彰奖励我市参加第十二届残奥会做出突出贡献单位和人员的决定》11月2日印发。对熊小铭等获奖运动员、张鸿鹄等教练员、市残联等做出突出贡献的单位给予表彰奖励。

《关于奖励荣获云南名牌产品荣誉称号企业和个人的通知》12月23日印发。对获得“2003年云南名牌”称号的昆明卷烟厂等28家企业、34个产品，获得“2004年云南名牌产品”称号的昆明制药集团股份有限公司等16家企业、21个产品进行奖励。

办公厅

【党的建设】　2004年，办公厅党委认真组织实施“云岭先锋”工程，深入开展“立党为公、执政为民”创先争优活动。建立实施“云岭先锋”工程责任制，各党支部书记是各支部创先争优活动的第一责任人，各处室、各代管单位一把手对处室和单位负总责，完成了“云岭先锋”工程目标责任制确定的各项目标任务。便民热线开展了“云岭先锋工程·畅通连心桥”活动，5月被团中央授予“青年文明号”荣誉称号，并获得昆明市“云岭先锋”工程流动红旗。办公厅召开廉政工作会议，由秘书长与各位副秘书长，各位副秘书长与各处处长，分别签订党风廉政建设责任书。全年共组织全厅干部职工观看示范教育和警示教育专题片12次，以及参观云南省党风廉政建设和反腐败斗争成果展览等。办公厅各支部全年共发展预备党员6名，办理2名预备党员转正手续。

为做好办公厅负责的禄劝县云龙乡拥箐村和团街乡马初村的定点扶贫开发工作，多次商请有关专家到实地进行勘察、测量、计算，协调有关部门制定引水方案，为扶贫点解决人畜饮水和土地灌溉用水问题。积极筹措资金和物资解决了扶贫点的学校校舍建盖和添置教学用具等问题。全厅包括代管单位24个部门203人，向禄劝县的近百名中小学生捐资助学。向市帮扶中心、保山、怒江、德宏等贫困地区和受灾群众捐款捐物，共捐款12 850元。

【自身建设】　市政府办公厅紧紧围绕市委、市政府的中心工作，在努力创建服务型机关、学习型机关思想的指导下，从抓机关干部的学习入手，推动机关自身建设。结合以正确政绩观、科学发展观、马克思主义群众观为主要内容的“三观”学习教育活动，组织全厅机关干部开展了一系列活动：举办“三观”理论知识讲座，举行了“三观”知识竞赛，撰写“三观”学习心得体会。市政府办公厅及代管单位的干部职工共撰写了心得体会104篇，共计约30万字，编印成《昆明市人民政府办公厅“三观”学习论文汇编》，供内部学习交流。

邀请学者和安排本机关的干部为机关干部讲课，1 200多人次参加集中学习。学习了《宪法》、《行政许可法》等法律法规，以及公文写作中应该注意的几个问题，行政管理中的礼仪、哲学，公务员应该具备的心理素质和组织行为学等知识，提高了全厅干部的理论水平和业务知识水平。

【调查研究】　按照市政府领导的要求，围绕市政府中心工作，针对“三农”问题、经济发展、社会事业、城市规划建设和管理等重大问题，开展了认真扎实的调查研究。先后会同有关部门就市级城市管理权限下放四区后新体制运行情况、城市出租汽车行业发展情况、相对集中行政处罚权、主城拆迁改造等问题进行了调研；对昆明市农村教育、国有企业分离办社会职能、预防控制艾滋病，做好进城务工就业农民子女义务教育等进行了调研；参与昆明主城交通畅通工程方案的调研工作等。通过一系列的调研活动，提出了许多有益的建议和措施，为制定和出台相关的方案和政策提供了有价值的信息，有的调研成果提交市长办公会或市政府常务会，成为政府决策的依据。

【综合协调】　办公厅在重大事项、重要会议、重点项目、群众接待等方面做了许多综合协调工作。参与省委、省政府现代新昆明建设现场调研会的组织协调和会议筹备工作。组织协调市有关部门做好市委、市政府城管职能下放后城市管理工作现场调研会、滇池污染治理工作现场办公会、滇池污染治理工作会、城镇房屋拆迁工作会、农村生态卫生旱厕推广现场会等重要会议的组织筹备工作，以及会议文件和领导讲话稿的起草工作。做好清欠工程款和农民工工资等有关工作，协调处理灯光亮化用电问题，公共交通专用线施工、开挖等问题。组织筹备近日公园下穿工程等重大活动。参与了市禽流感防治指挥部综合组和督查组的工作，积极协调农业、卫生、防疫和各县（市）区有关部门积极参与禽流感防治工作，有效控制了疫情。参与协调“沾昆二线和昆南集装箱中心站”、“第七届全国残运会比赛主场馆及配套设施”、“金源集团世纪城”等建设项目。精心组织和安排政府领导赴香港、上海、厦门、迪庆等地的投资推荐活动、学习考察。协调有关部门做好群众来信的回复、处理工作。办公厅总值班室和有关处室，认真做好群众来访接待工作。

【督办工作】　市政府办公厅紧紧围绕市政府的中心工作和重大决策部署开展各项督办工作。对一些重点工作和重点招商引资项目，如昆明信息产业基地建设、三个开发（度假）区拓规、草海开发、数字城市等，都建立完善日常督促检查机制，确保市政府各项决策落到实处。对市政府为民办的10件实事重点跟踪督办，采取“不清自到”和“主动上门”的方式，深入实事有关县（市）区边远乡镇、委办局及施工一线看现场，了解情况，以《政务督办》简报形式向政府领导及时报告实事进展督查情况，为10件实事的及时完成，较好地发挥了作用。

市政府办公厅认真办理各级领导批示件。其中章振国市长批示件424件，王文涛代市长批示件100件。在办理过程中，遵循“准确、及时、保密”原则，准确领会和把握领导批示精神，对要求反馈办理结果的批示事项，认真填写领导批示件督办通知单，明确办理时限并适时进行督促催办；对群众关心的交通、城市拆迁、征地补偿、企业改制、环境、卫生、社保和住房等热点、难点问题进行重点督办，做到及时办理，及时反馈。保证了领导批示件的办结率和办理质量，做到了件件有反馈，事事有落实。全年共编发《领导批示录》49期，比上年增加11期；《督办简报》38期，比上年增加10期；《政务督办》25期；《督办通报》1期。

2004年，市政府收到省人大代表建议25件，市人大代表建议367件，省政协提案86件，市政协提案514件，全年共办理人大代表建议和政协提案992件。在市政府的领导和重视下、在督办室的跟踪督办和积极协调下，经各承办单位的共同努力，全部代表建议和政协提案已如期办理完毕，面商率和答复率均为100%，属满意和基本满意。建议和提案的办理，促进了昆明市一些重点、难点社会问题的解决。

【公文处理】　在办公厅各处室人员认真学习和遵照执行《国家行政机关公文处理办法》、《国家行政机关公文格式》和《国务院公文主题词表》等三个文件的基础上，办公厅制定并印发了《关于进一步规范公文制发工作的若干规定(试行)》、《市政府办公厅公文格式细则》、《市政府及市政府办公厅文件种类》、《市政府及市政府办公厅主要文种报送格式》等四个公文制发的文件，进一步规范了公文的制发、流转和审批程序，提高办文效率和公文质量。为提高办公厅公文制发的水平和质量，杜绝公文办理中的各种差错，明确各处室承办的公文（含内部刊物）由各处室正、副处长（正、副主任）负总责。同时，把办文质量的高低，作为衡量工作实绩的重要依据。继续开展好公文评比活动，年底共评选出10篇好公文，在全厅范围内进行通报表扬，进一步推动办文质量的提高。

全年共制发文件：政府令7份，昆政发27份，昆政通55份，昆政请218份，昆政任76份，昆政复75份，昆政函29份，昆政文24份，昆政办13份，昆政办通171份，昆政办文15份，昆政办任8份，昆政办请17份，昆政办复7份，昆政办函13份，专题会议纪要206份，情况简报9份，重要情况专报29份，重要情况反映1份。

全年共出刊《昆明市人民政府公报》12期，《昆明市人民政府办公厅通讯》5期。

【政务信息】　为做好政务信息服务工作，办公厅狠抓规范化和质量建设，同时，充分发挥电子政务建设的成果，创新工作思路，加强调查研究，采集、反映了一批有价值的重要信息。全年共编发《每日快讯》232期、《参考资料》80期、《昆明要情》34期、《政务信息工作简讯》15期、《政务要情专报》6期。共编发各类信息369期1 700多条，约100余万字。各类信息、刊物为领导科学决策、指导基层工作提供了参考和依据。所报信息被省政府采用106条，居全省第一。2004年获全省政务信息工作先进集体一等奖。

政务信息化建设工作进展顺利。一是推进了办公厅机关办公电子政务系统的应用。二是制定了《市政府办公厅电子政务系统总体实施方案》，保证了办公厅电子政务建设的有序进行。三是加强政务信息系统建设，对办公厅电子资料信息系统进行二次开发，对政务信息报送系统、采编系统及上报系统进行合成，提高了办公厅政务信息的工作效率和工作质量。

（市政府办公厅办文处）

机关事务管理

【后勤管理及保障工作】　2004年，机关事务管理局参与昆明市各项重大会议和重要活动的后勤服务保障工作，全年共完成各类会议接待1 300余次。在市人代会、东川区再就业现场办公会和现

机关事务管理局举行局系统体育运动会　（机关事务局　供稿）

代新昆明建设研讨会等大型会议中，全局动员，协调一致，圆满完成任务。

在财务管理方面严格执行有关规定，完成了包括办公厅、管理局、市级机关工委在内的9家行政单位和10家事业单位的财政资金管理和核算工作。在国有资产管理方面，管理局完善资产管理职能，严格按照固定资产管理规定，继续组织国有资产清查工作，建立完备的资产管理资料，认真履行国有资产监管职责。

2004年，机关事务管理局加强车辆和驾驶人员的管理，安全、准时的保证了政府领导用车及大型活动、会议、接待用车。全年共出车28 300余次，安全行车累计达51万公里。车辆定编办严格按照有关车辆定编管理的规定，严格把关，认真审查申请购车单位的有关条件及报批手续，全年共退回不符合规定报批购买车辆的报告90余件。为进一步规范昆明市公务用车管理、加强廉政建设，草拟了《昆明市公务用车管理暂行办法》，现已上报审批。

通过市政府督办处的大力支持，管理局与公交公司积极协调，开通了月牙塘至市政府的公交车专线，解决了市政府机关月牙塘小区的干部职工上下班交通不便问题；为保障大树营住户的切身利益，关闭了月牙源餐厅；撤消了机关大树营修理厂和加油站，保证了小区住户居住环境的安全，并对办公厅、管理局公务用车的加油、修理服务通过竞争性谈判的方式进行了定点加油、维修试点工作，为下一步昆明市公务车辆加油、维修服务工作的市场化进行了有益的探索。

【安全工作】　2004年，机关保卫处认真做好上访群众的工作，全年共接待处理群体性上访120余次，5 000余人次，对每次群众上访都按程序进行妥善处置。为确保机关安全工作责任制的落实，成立了以秘书长为组长的“社会治安与防火安全委员会”领导小组，调整充实了市政府机关防安会成员，组建了由各委办局两名工作人员参加的机关义务消防队。并根据省、市委保卫工作会议的指示精神，结合保卫工作的实际情况，研究制定了机关年度安全保卫工作的计划和措施。与机关38个委办局签订了《安全消防责任保证书》，组织举办了由各委办局共56人参加的消防业务培训班。2004年，机关保卫处被盘龙区人民政府评为“消防安全先进单位”。

【机关大院管理】　2004年，机关事务管理局为建立机关大院良好交通秩序和安全的工作环境，以“内强素质，外树形象”和治安防范为重点，以机关大院交通秩序井然和安全为目标，建立健全各项规章制度，狠抓各项工作的落实。加强消防监控工作，做好设备的安全运行工作。对电梯每周组织1次保养维修，严格落实设备维护保养及检查维修制度，确保设备完好，全年平均安全运行11余万次。

2004年，管理局完成1万多平方米草坪的养护工作，完成大小会场布置680余次，餐厅花卉布置1 100余次。加强大院保洁、消杀、垃圾清运等工作，保证了机关大院的卫生整洁。

【生活服务】　机关事务管理局在餐饮服务和接待工作中，严格卫生防疫消毒措施，加强食堂卫生管理，严把蔬菜、食品购进关，采取有效措施认真做好夏季防蝇、防鼠、防腐等工作。在年初高致病性禽流感流行期间，更是注重食品的采购与管理，确保了食品卫生安全。在副食品价格大幅上涨的情况下，严格抓管理，千方百计从降低成本入手，不仅保证机关食堂的饭菜质量稳定、价格不变，而且增加了早餐、中餐的服务项目和品种，受到机关干部职工的一致好评。还增设了“共产党员示范窗口”，其窗口菜的品种从3个增加到8个。对洗衣房、理发室进行了改造，使为机关干部职工服务的条件得到了进一步的改观和改善。

【房产基建】　2004年，机关事务管理局按照国家有关政策规定，为机关各生活小区住户办理和发放住房产权证书4 000余份，办理、填写、审核房改和住房补贴等各种表格32 000余份。办理了土地使用证的资料登记、审核、汇总。房屋维修方面除完成市政府机关办公楼、机关宿舍正常维修外，还组织对月牙塘住户墙面实施维修施工。完成了大树营北区内部的道路施工改造、原精品屋商户的搬迁及便民中心改造、528老干活动室的建设工作。

【政府采购】　2004年，机关事务管理局在严格按照《政府采购法》规定的程序和方法进行采购行为的同时，通过整改进一步提高了采购效率，同时进行了政府采购协议供货的积极探索。在贯彻采购法和采购条例的过程中，广泛深入开展《政府采购法》的宣传活动，让全社会了解政府采购、支持政府采购。不断强化和完善监督管理方式，建立和完善质疑投诉机制，充分利用现代互联网技术以提高工作效率，积极学习借鉴外地先进经验，使昆明市的政府采购工作逐步走向制度化、规范化轨道。2004年，共完成政府采购规模4.44亿元，节约财政性资金约435万元，资金平均节约率在3.22%左右。依据《政府采购法》、《招投标法》、《合同法》和《云南省政府采购条例》，结合昆明市实际，汇同市财政局拟定了《昆明市市级机关事业单位政府采购实施办法（暂行）》，草拟上报了《昆明市政府采购协议供货制度》，进一步规范了政府采购行为，完善了监督机制。

【经营实体】　面对日趋激烈的竞争，局下属经营企业按局里的统一部署，苦练内功，加强人员的教育培训，以质量求生存，以服务求发展，不断提高服务的质量和水平。同时，加强内部管理，完善成本核算，大力挖掘内部潜力，逐步降低了经营运行成本，增强了市场竞争力，提高了经济效益。2004年管理局下属经营单位全年经营总收入7 409.75万元（不含大树营加油站、修理厂）。

昆明会堂所属艺丰公司与杨丽萍合作的《云南映象》演出取得了巨大的成功，成为云南省乃至全国的知名文化品牌，为云南省、昆明市的文化产业发展做出了积极贡献；兰花宾馆、茶花宾馆面对激烈的市场竞争，不断加强内部管理，积极参与市场竞争，服务水平和经济效益稳步提高；开达公司充分利用自身人才和技术、管理的优势，与地州合作，输出技术、管理和品牌，将触角延伸到地州，在地州设立了4个分店，提高了经济效益；为适应市场经济的要求，茶花宾馆、兰花宾馆、开达公司企业改制工作正在稳步推进。昆厦物业公司在认真做好市级机关生活小区物业管理服务的同时，积极开拓市场，利用人才、服务的优势，先后接管了市内6个小区的物业管理工作，用增加的收入补贴物业管理服务经费的不足；柯大花卉公司在做好机关大院花卉摆放、会议服务保障的同时，根据市场需求，加强花卉培植，不断开拓市场。

【机关幼儿园】　市政府机关一幼进一步完善和规范各项规章制度，每年一度的竞争上岗和双向选择制度更趋完善。为促进幼儿在园内健康成长，为幼儿创造良好的环境，每个班级把“促进幼儿心理健康”作为必修课。2004年3月，获得了“爱国启蒙教育全国示范幼儿园”称号。园长邢保华被云南省人民政府授予“特级教师”称号，在市幼教行业均属首例。机关二幼克服办园条件差的困难，注意抓好班子建设和教师队伍稳定工作，在困境中求发展，不断提高幼教工作质量，先后开展了“幼儿韵语教学课题”、“幼儿双语教学课题”、“开放式课堂教学课题”、“混龄幼儿交流活动”的探索和研究，促进了全园保教水平的全面提高。机关三幼坚持为机关服务、为社会服务、为家长服务的办学宗旨，完善各项规章制度，改造教学环境，狠抓日常保教质量，获得了省一级二等幼儿园的称号。

【党群工作】　2004年，机关事务管理局把党建工作和政治思想工作始终摆在重要议事日程，做到时间上保证，经费上支持，注重内容和形式上创新，确保“云岭先锋”工程落到实处。做到以制度抓党建，以制度保落实，工作有条不紊，效果明显。充分发挥工会、妇委会、共青团等组织的桥梁作用，积极开展健康向上的各类活动，提高干部职工的思想道德修养，推动全局物质文明、精神文明建设的全面发展。工会全年3次组织为德宏、保山、怒江灾区、贫困学生以及患病职工捐款捐物；关心老干工作，对老干活动室进行了改造，丰富离退休老干部的晚年生活；妇委会积极组织单位女职工参与市妇联举办的各项活动，机关一幼妇委会获得了“巾帼文明示范岗”称号；共青团的工作也取得较好的成绩，昆明会堂团支部获得省级“青年文明号”称号，一幼、三幼团支部获得市级“青年文明号”称号，一幼、昆明会堂、兰花宾馆团支部获得“云岭先锋工程青春昆明行动—优质服务岗”称号。

（路　润）

便民服务中心

【窗口调整、项目精简】　在全市45个行政部门中，在中心设置窗口的部门有41个，占91%；省气象局也在中心设立了窗口。市级行政机关390项行政审批事项中，进入中心的322项，占82%。中心现有工作人员180人。

市公安局不再在中心设立外管窗口，出入境分中心于6月28日正式挂牌成立。在昆明市的便民服务联动体系中心，除市中心外，有5个分中心（车管、客管、房管、治安、外管）、9个县（市）区中心。

【业务受理】　2004年，市县两级便民服务中心共接件18.52万件，办结17.28万件，办结率为99%。市县两级便民中心成立后累计接件1 357.9万件，办结1 351.78万件，办结率为99%。

【便民中心搬迁】　市政府决定将便民中心搬迁到政府大院后，办公室多次组织召开专题会议，并会同机关事务管理局多次到新址现场勘察，研究具体方案。第一季度，中心先后牵头成立了以市级机关事务管理局、市监察局、市财政局、市采购办、市便民服务中心为成员单位的搬迁工作领导小组，完成了搬迁项目的工程方案设计、政府采购方案的会签、搬迁资金的申请拨付以及有关项目的政府采购等工作。

从5月初开始内外装修到6月底完成整体搬迁，中心的整个搬迁（含前期准备）历时50余天。在工期短、头绪多、任务重的情况下，办公室和中心各窗口全体领导干部放弃了大量休息日，不计个人得失，通力合作，较为圆满地完成了搬迁任务。

在7月1日中心试运行前，市政府专门组织召开了中心搬迁的新闻发布会，向社会各界通报了中心的搬迁情况。

【实施“云岭先锋”工程，树立便民服务典范】　2月13日，昆明市实施“云岭先锋”工程启动仪式在市便民服务中心举行，各分中心和县（市）区中心把实施“云岭先锋”工程活动和便民服务各项工作结合起来抓，取得了明显的成效。

在实施“云岭先锋”工程活动中，省委组织部把市便民服务中心确定为全省实施“云岭先锋”工程先进单位，并于10月份在市便民中心召开了“全省实施云岭先锋工程现场推进会”。省委组织部有关领导，全省各州市分管“云岭先锋”工作的书记、组织部长等领导150余人到中心参观，对市便民中心在实施“云岭先锋”工程中的做法和取得的成效给予了较好的评价。

实施“云岭先锋”工程以来，市县两级便民中心（分中心）逐渐形成了“党员争当便民服务先锋、窗口争当便民服务示范窗口、中心争当全省便民服务典范”的良好风尚。2004年共接待了来自大理、迪庆、玉溪、西双版纳、楚雄、红河州开远市、昭通等省内州市党委和政府的“云岭先锋”专题学习考察团组11批次、230多人。

【行政审批系统升级】　中心搬迁后，根据昆明市党政电子政务二期工程的建设方案，对原有的电子化行政审批系统进行了相应的改造。新系统包含6个方面：行政审批综合受理系统；网上联机办事系统；行政审批政务公开信息发布系统；行政审批重大投资项目“绿色通道”系统；行政审批监督管理系统；法律法规库系统。中心的电子化行政审批系统升级改造后，与党政网络的联系更直接，与市政府各职能部门业务网络之间的联系障碍更少，政务信息在党政网络、部门网络之间的流转更具有整体性，也更快捷高效。

【增设电子大屏幕和电子触摸屏查询系统】　中心搬迁到新址后，根据广大办事群众的意见和建议，增设了2块新的高分辨率双色电子大屏幕，用以动态显示政务信息和办事指南。增设了6台电子触摸屏，摆放在中心合理位置，便于投资者、办事群众直接查询有关信息，系统详细地了解情况。设备更新后，电子大屏幕和电子触摸屏查询系统的信息资料的更新和维护，通过网络系统，在办公室就可以动态维护。

完成了中心机房设备搬迁，并对服务器、路由器、交换机、UPS系统进行配置调试。更新了窗口的计算机等设备，配发高速扫描仪，并完成相应的设备登记工作。

【实施电子政务二期软件开发】　经过7月份以来近6个月的前期调研，信息网络处与开发单位共同提出了《昆明市党政机关电子政务二期工程行政审批应用软件系统软件需求规格说明书1.0版》，经进一步征求窗口意见后，12月份定稿并实施软件开发。对窗口人员和各委办局系统管理员的系统培训也于同期进行。

【推行新的综合受理运行机制】　2003年，中心建立了重大投资项目"绿色通道"审批工作机制，在原来360个工作日基础上压缩为60个工作日。"绿色通道"的开通，大大缩短了审批时限，提高了办事效率，改善了昆明市的对外开放形象。2004年上半年，在"绿色通道"基础上，市政府相应出台了《昆明市行政审批事项综合受理暂行办法》、《昆明市行政审批首席代表设立暂行办法》、《昆明市行政审批告知承诺制度试行办法》等规章。中心即推出了"告知承诺"、"首席代表"和"综合受理"等一系列新制度。2004年7月1日，中心成功完成从云南机床厂旧址到市政府大院新址的搬迁任务后，"综合受理"运行机制正式实施。"综合受理"运行机制的推行，为新阶段的便民服务工作注入了新的活力。

"综合受理"的基本思想是根据《行政许可法》的要求，主要按照行政事项归口原则，相对集中有关窗口，让办事群众到了中心后"不走动或少走动"就可以办理有关事项。这是中心在内部结构和运行机制上的大胆探索和进一步完善。

【实行新的内部管理制度】　2004年度，特别是中心搬迁后，中心实行了新的内部管理制度。与"告知承诺制"、"首席代表制"以及"综合受理制"等新的运行机制相配套的《办事指南》、《中心工作人员手册》、《中心内部管理制度》等资料已经全部编印成册，并发放到中心各窗口及工作人员手中。

《窗口工作人员进出管理暂行办法》、《工作人员服务规范》、《考勤制度》、《考核奖发放细则》、《值周考核细则》、《信息网络系统及计算机管理制度》等14项新规章制度，对中心工作人员提出了明确细致的要求。比如在服务语言方面，提倡讲普通话，要用"你好"、"请"、"对不起"、"谢谢"、"再见"十字文明用语。在服务态度、服务仪表、服务质量，以及规范化服务的管理考核等方面，都提出了具体的要求。

【对中介服务窗口实行市场化运行】　按照社会主义市场经济的要求和借鉴各地经验和做法，中心在原有中介服务窗口的基础上，在中介服务窗口的进入、设置、管理等问题上做了较大的调整和规范。根据市政府的要求对中介服务窗口按照"公开、公平、公正、合理"的原则，实行市场化运作和管理。中心设立的非政府部门窗口有：工商银行、中国银行、会计师事务、工商事务咨询、税务师事务、商标事务、旅游咨询、社区服务、公证处等9家。

【对外交流】　2004年，中心接待了来自泰国清迈市，辽宁省本溪市、江苏省南通市、山西省临汾市、江西省萍乡市，以及省内大理、玉溪、昭通、楚雄等地政府和兄弟单位组织的学习考察团组29批次、470余人。在中心介绍自身做法和经验的同时，这些来访团组也为中心带来了先进的建设和管理经验。

（吴剑明）

信访工作

【来信来访基本情况】　2004年全市县以上党政机关及人民团体接待和受理的来信来访共79 416件次，同比信访总量上升30.5%。县（市）区受理的为39 468件次；市级机关受理的为39 948件次。市信访局直接受理的为29 222件次，同比上升32%。其中：来信2 236件，来访26 982人次；集体上访为750批21 542人次，集体上访的批次和人次同比分别上升44%和53.7%；市领导和上级机关交办的重要信访案件119件；市信访局直接查处的重要信访件131件；市委、市政府领导阅批和接待的来信来访6 808件，占市级信访量的17%。上述信访案件办结率达96.3%。

【市委、市政府高度重视信访工作】　市委、市政府历来高度重视，始终把维护社会稳定和信访工作放到全市改革、发展、稳定的大环境中统筹考虑。省委常委、市委书记杨崇勇在市委八届二次、四次全会上对维护社会稳定和加强信访工作提出了明确要求。6月8日书记办公会对信访工作进行了研究，6月11日市委书记杨崇勇、秘书长宋黎明到市信访局视察工作并提出要求，指出各级党委、政府要进一步提高认识，加强领导，切实负起责任，将群众反映的问题妥善解决好、处理好。信访局不是商量局，而是督促解决问题的局。针对越级集体上访数量上升的严峻形势，昆明市成立了由市委副书记、政法委书记田云翔，市委常委、市委秘书长宋黎明，副市长李江，市政府秘书长李峰，市委副秘书长吴长昆等5人组成的"昆明市处理重大信访和矛盾纠纷工作小组"，专门负责协调处理全市重大信访和矛盾纠纷问题。

市主要领导和分管领导多次对涉及群众切身利益的问题及重大突发性事件及时批示，现场指挥处置，深入群众做疏导教育工作。市委书记杨崇勇对正和小区的水淹问题批示予以解决；市长章振国对有毒气体泄漏事件连夜处置；代市长王文涛到宜良特大交通事故现场指挥处理；副书记杨远翔、田云翔多次主持召开矛盾纠纷排查调处及稳定督查专题会，协调解决全市性的疑难信访问题；副书记田云翔亲自指挥处理原东川矿务局近200人欲阻断贵昆铁路的群体性事件；副市长李江组织全市多部门处置公共安全突发事件的实兵演练；副市长陈鹰多次与反映国企改制问题的上访职工对话。

【建立联席会议制度，集中处理信访突出问题及群体性事件】　8月26日，中央和省召开了处理信访突出问题及群体性事件电视电话会议。随后昆明市制定下发了《中共昆明市委办公厅昆明市人民政府办公厅关于建立和完善昆明市处理信访突出问题及群体性事件联席会议制度的紧急通知》，及时建立了联席会议制度。联席会议由市委副书记、市委政法委书记田云翔牵头，有关市领导为召集人，36个单位、部门的主要负责人为成员。办公室设在市委办公厅，主任由市委副秘书长吴长昆兼任。联席会议下设土地征用、房屋拆迁、村务账务、国企改制、涉法涉诉、企业军转干部问题等6个专项工作小组。全市14个县（市）区分别建立了联席会议制度，市级各部门各单位结合系统内工作实际，也相应成立了工作领导机构。

联席会议制度建立以来，按照“人要回去，事要解决”的要求，集中处理进京到省的上访问题，工作成效明显，解决了一批实实在在的问题。派出劝返工作组赴京，协助开展对云南省和昆明市进京上访人员的遣返工作；昆明地区3名进京上访人员得到妥善处理；对5名涉嫌进京上访的军队复员干部逐个做了政策宣传和思想疏导稳定工作；寻甸柯渡镇红峰煤矿纠纷等27起重大信访问题得到妥善调处；东寺街42户拆迁安置等10起突出信访问题得到基本解决；雪兰牛奶公司30余名职工封堵公司大门等多起群体性事件得到果断处置。编发15期《简报》，综合反映联席会议制度运行情况。严格责任追究，实行每月通报制度，共发出6期《情况通报》。

【开展社会矛盾纠纷大排查、大调处】 一是建立完善市、县（市）区、乡镇及各部门矛盾纠纷排查制度，各级各部门每月全面排查1次，对排查出的重大问题，按照“五个一”（即：一个矛盾纠纷，一个调处班子，一个调处方案，一个调处责任人，一个调处期限）的要求，限期加以解决。二是市信访局与市政法委、市维稳办密切配合，共同建立重大矛盾纠纷排查调处责任制和交办制，定期排查分析全市的重大矛盾纠纷，筛选出影响较大、有代表性的挂牌督办，限期调处。三是实行重点排查，即在重大节日或重要活动前期，重点排查突出信访问题或矛盾纠纷隐患，落实“四定方案”（定领导、定专人、定方案、定时限），做好相应的调处工作。一年来，全市共排查出重大矛盾纠纷519件，其中挂牌督办45件，调处率达91.8%，取得了显著成效。

【加大督查督办力度】 2004年以来，昆明市采取挂牌督办、领导包案、重点督办、分类督查、定期反馈、责任倒查等措施，进一步加大对重要信访案件的督办力度，增强了工作主动性，突出重点、抓实效，促进了信访问题和信访案件的落实解决。较好地办理了省委、省人大、省政府、省政协交办的重要信访案件和市委、市政府领导批示交办件以及自立案件，共248件，办结率达96.4%。昆纺等企业深化改革中的问题等得到妥善处理，一些上访老户停访息诉。

【开展“信访进社区”活动】 市信访局为国企深化改革创造良好的社会环境，牵头召开“社区信访工作现场会”，及时总结、推广五华、盘龙两区部分社区开展基层信访工作的经验，推动这项工作在全市的展开。全市基层组织从基础工作为每个家庭解决实际困难入手，在街道办事处或乡镇设立“为民服务中心”，在社区实行“四制”，即：主要领导阅处制、综合解决制、排查预警制、民情手册制，努力为群众排忧解难办实事，不断提高社区组织化解矛盾的能力，做到小事不出社区，大事不出地区，将大量的信访问题解决在基层，解决在萌芽状态。部分街道办事处实现了无越级上访、无上访老户、无信访积案的“三无”目标。

【拓展信访渠道，增强工作合力】 市信访局和市司法局联合制定《昆明市律师信访接待日制度》，把法律服务引入信访领域。选派政治素质高、业务能力强、群众观念好、有奉献精神和具备执业资格的律师，每周二、四下午专门为上访群众提供无偿法律服务。参加这一活动的星联、会凌律师事务所和群众服务所的18名律师、5名法律工作者共接谈1 145件。其中，群众法律服务所除在规定时间为上访群众提供无偿法律服务外，还坚持“天天接谈”，共接谈762件。

充分发挥昆明市信访学会对信访工作的延伸和补充作用，在信访理论研究、信访网络构建、组织开展调研考察、拓宽群众信访服务渠道等方面做文章。昆明市信访学会有团体会员37家，个人会员157人。2004年，学会组织3期外出考察学习，编辑出版了2期《昆明信访》特刊、4期《学会动态》，走访慰问团体会员28家；群众法律服务所担任5家企业的法律顾问，代理诉讼案56件，非诉讼案38件，为群众提供无偿法律咨询1 223件。

【完善内部管理】 一是组织局领导班子、全局干部职工认真学习领会省、市有关要求的基础上，按市委、市政府的统一部署，分别制定了《实施意见》，建立了领导小组，统揽这一方面的工作，形成工作合力。二是根据信访工作职能、职责和规章制度要求，制作了《实施“云岭先锋”工程政务公开栏》，在群众来访大厅公布，让来访群众对信访办理的程序和需要遵守的规定一目了然，同时接受群众监督。三是结合信访工作实际，积极推行文明接待、挂牌上岗制和首问责任制。接待人员挂牌上岗，对来访群众以礼相待，做到一杯热茶、一把椅子，接谈中坚持“一听、二记、三问、四看、五分析”，并在规定时限内按有关程序妥善处理群众反映的问题；对来信来访，实行“谁接访，谁处信，谁负责”的主办原则，重视初信初访，力争解决到位，避免或减少重复、越级来信来访，提高行政效率。四是邀请100多名省、市、县（市）区机关干部和部分来访群众对市信访局的工作给予民主评议，查找存在的不足，并制定整改措施加以解决。五是克服畏难情绪，扎实深入地为群众解决了一批疑难信访问题。许多群众来电、来信表示感谢，一些上访老户不再上访。市信访局行风评议综合得分为84.91分。

【提高信访干部队伍素质】 信访工作在当今出现了许多新情况、新问题、新特点，市信访局本着“联系实际、缺什么补什么”的原则，一方面抓全局的学习，除坚持每周半天学习时事、政策，通报党委政府重要工作、活动外，还聘请专家举办政策法规讲座，召开信访问题、案件研讨会，多形式、多渠道提高全局干部职工的综合素质和业务能力。另一方面抓全市信访干部的培训提高，先后举办信访信息通讯员培训班和信访干部培训班各1期，全市310名信访工作者参加培训。培训班通过领导讲座、专家授课和信访同仁交流，突出新观念的灌输和培养，强调“有为才有位”的意识、人本的意识、法治的理念和素养的提高，引导学员反思信访现状，定位自身工作和自身发展。此外，根据市委开展挂职干部到信访部门锻炼的安排，采取“集中培训、分散熟悉、轮岗锻炼”的方法，组织好60名挂职干部在信访部门1个月的锻炼活动，既让挂职干部了解、熟悉信访工作，掌握面对面做群众工作的本领，又拓宽了信访干部的接触面，使信访干部普遍感受到挂职干部带来的良好作风，从而增强紧迫感，提高工作的主动性。

【信息调研】 市信访局先后组织3期外出考察调研，参与市委组织的县处级领导干部赴上海学习调研以及“解决失地农民问题”和“领导班子和领导干部执政能力”专题调研，并对嵩明县杨桥乡“民情恳谈”活动进行了调研和宣传总结。共撰写3篇调研报告，其中杨学仁局长所写《学习上海等地经验，努力做好我市失地农民的安置补偿工作》被市委组织部《昆明市县处级领导干部赴上海培训简报》采用，为市领导决策发挥了积极作用；《信访干部赴东北考察报告》针对昆明市与其他省会中心城市的异同，提出了进一步加强昆明市信访工作的建议和意见，为推动信访工作深入发展起到了很好的促进作用。向省信访局、市委、市政府提供信访信息128条，其中被中央办公厅采用1条，省委、省政府办公厅采用16条，省信访局采用13条，市委、市政府办公厅采用25条。

（屈　尽）

12345便民热线

【概　况】　2004年市政府便民热线办公室通过专线电话“12345”、市政府电子信箱“pub@kmpg. gov. cn”、便民热线网站“www. km12345. gov. cn”及邮政渠道全年共受理群众来电（含语音留言、电子邮件和信件）848 725件（含四区26 912件）。其中，交办件9 270件，重点督办件296件，办结率达99.25%，群众满意率达89%；派员到现场处置90件199人次；下基层走访调研112人次；巡查局长（主任）接待日6次。全年共编发《工作简报》67期，《情况通报》12期，《专报》13期，《热点调研》5期，《群众建议摘报》86期，许多信息得到了政府领导的高度重视，较好地发挥了参与行政决策的参谋助手作用。

【开展“云岭先锋·畅通连心桥”活动】
2004年5月，中共昆明市委组织部与昆明市人民政府便民热线办公室为深入落实“云岭先峰”工程，结合市委组织部党建“110”监督专线电话“3170110”和“12345”便民热线工作特点，把党建专线与便民热线资源进行有效整合，实现联动互动，开展“云岭先峰·畅通连心桥”活动。

为确保此项工作的深入开展，在市政府办公厅和市委组织部的指导下，先后下发了《关于实施“云岭先锋工程·畅通连心桥”活动的意见》、《关于印发昆明市“云岭先锋工程·畅通连心桥”活动的有关制度的通知》等规范性文件。着力制度化建设，如：《联席会议制度》、《联合督查制度》，在明确双方职责、联动方式、联动要求的基础上，把加大监督力度，转变机关作风，督促各级各部门依法行政作为贯彻施行此项活动的重点。如明确要求：凡是群众来电排在前5名的部门，“专线”、“热线”要组织专人深入调查，落实整改，切实解决群众问题，让热点降温。必要时，请热点部门的主要负责人到便民热线接听市民来电，直接解决问题。“活动”开展以来，两条热线频繁联动互动转办，既扩大了信息渠道、解决了群众大量困难，也为党和政府科学民主决策提供了有效依据，使“热线”平台成为了各基层职能部门勤政廉政的一面“明镜”。

【强化热线基础工作】　2004年，市政府便民热线办公室以“云岭先锋·畅通连心桥”活动为契机，按“党员在哪里、热线就在哪里，热线在哪里、服务就在哪里”目标，强调做好便民热线的日常接办件基础服务工作。年初，热线办以抓工作人员接电量评比、党员佩戴党徽挂牌接电受理等一系列内部管理规定为手段，着重抓好以下六个关键工作环节：一是抓受理。做到接电认真、耐心、文明、准确，提高现场接电的群众满意率；二是抓交办。要求工作人员慎重下件，带班处长认真审核，再由领导严格把关，做到下件精确；三是抓协调。针对复杂问题，做到事前讨论分析，事中牵头协调，事后力争落实；四是抓督办。对超过办理期限或不符合办理要求的，实行催办和重办、跟踪督办，每月定期通报；五是抓反馈。只要群众来电留有联系方式的，均要求承办单位反馈来电人，交办工作人员认真核实，做到“事事有回音，件件有落实”。六是抓维护。计算机通讯二期系统正式投入使用后，新增功能使用正常，群众拨打更加便捷，工作效率大大提高。这一系列措施大大拓宽了热线“进口关”，延伸了热线的“出口关”，提高了热线办件处件服务为民的效率和质量，把热线党支部建成“云岭先锋”工程开展的坚强战斗堡垒。

【深入开展网络建设】　2004年，市委、市政府大刀阔斧地开展了城市管理权限下放及四区新规划工作。为及时适应“热线”为民服务的新形势，“热线办”在市委组织部的指导下，把“云岭先锋·畅通连心桥”活动的开展与“热线”网络的充实发展联系起来，大力开展基层热线的工作调研和业务指导培训，提高了热线基层网络的服务能力。如：及时指导四区热线以“活动”的《联席会议制度》、《联合督查制度》为基础，结合自身特点开展了相应的《工作目标管理考核试行办法》、《工作责任追究制度办法》等制度化建设，形成了基层热线辐射辖区科、所、站、队健全的网络工作运行责任考核机制，把四区热线真正建成了“热线”为民服务的“一线指挥部”，深入实现了热线网络的群众监督、党内监督、政务监督和舆论监督的结合，落实了“活动”提出的“热线在哪里，党的监督就到哪里，政府的服务就到哪里”的目标；其次，热线在原有交办联动网络的基础上，着力整合全市投诉资源，加大对联系单位（如：市总工会等）和行业部门（如：昆明供电局、电信昆明分公司等单位）的沟通联系力度。“热线”强调以依法、民主、科学为基础，为老百姓解决许多应该解决但又难以解决的问题，形成市场经济条件下热线系统为民服务的“大合唱”，保障了“叫得应、转得快、办得好”的具有强执行力的热线体系。

【热线工作成就】　2004年，昆明市政府便民热线办公室以“三个代表”重要思想为指导，认真贯彻实施“云岭先锋”工程，挖掘了热线的信息优势，履行了“热线”“为群众、为领导、为基层”的高效双向政务服务职能，实现了“民有所呼，我有所应；民有所想，我有所为”的工作目标。把便民热线打造成市民的“民意直通车”，市委、市政府科学民主决策的“晴雨表”和政府勤政廉政的“示范窗”，为昆明市的政务服务工作树立了良好的品牌。全年共收到群众表扬电话、信件及锦旗共200余个（件）。

通过市政府便民热线办全体党员干部的共同努力，市政府便民热线办公室先后被市委组织部授予“云岭先锋”工程流动红旗；被共青团中央授予全国“青年文明号”荣誉称号；成功举办了“全国部分城市市长电话工作网络第十一届年会”，探讨了全国各城市间联动互动的新机制。

【局长（主任）接待日】　为进一步转变政府职能，建设服务型政府，树立亲民、责任、法制和诚信的政府形象，巩固“局长（主任）接待日”的工作成果，2004年3月，印发了《昆明市人民政府办公厅关于进一步规范局长（主任）接待日工作的通知》，对如何加强“局长（主任）接待日”工作，健全和完善接待日工作制度以及加大督查考核力度进行了进一步明确。强调了各级、各部门“局长（主任）接待日”的具体日期为每月10日；市公安局、市人事局、市劳动和社会保障局接待日为每月25日。节假日照常接待，并要求在每一个接待日的3天内将接待情况整理上报市政府便民热线办公室。此文件下发以后，各级各部门高度重视，对接待时间、地点、人员进行了安排部署，确保了“局长（主任）接待日”工作的进一步开展。同时，市政府授权市政府便民热线办公室采取电话抽查、人员巡查、蹲点旁听等方式，对此项工作进行督促检查，并定期通报“局长（主任）接待日”工作情况。2004年，参加“局长（主任）接待日”的单位及部门共有46家。市政府便民热线办公室通过随机方式对接待部门进行了9次检查，每次检查情况都以《情况通报》的形式报市政府领导及相关部门。

（王　云）

市级机关工委

【机关思想建设】　2004年，市级机关工委分5个专题在市级机关开展了“三个代表”重要思想的学习教育；采取自学、集体学习，讨论和集中辅导的方法学习贯彻党的十六届四中全会精神。四季度召开了市级机关学习实践“三个代表”重要思想，实施“云岭先锋”工程经验交流会，共收到经验材料40多篇，大会交流6篇，书面交流4篇。市级机关工委按照党中央和省、市委的要求，在市级机关认真地开展了科学发展观、正确政绩观和马克思主义群众观“三观”学习教育活动，组织市级机关广大党员、干部认真学习了胡锦涛关于立党为公、执政为民及科学发展观、正确政绩观和马克思主义群众观等一系列重要讲话和论述；学习了温家宝、曾庆红等中央领导在省部级主要领导干部树立和落实科学发展观专题研究班上的讲话。

一年来，市级机关各级党组织结合建设新昆明的实际，采取不同的方法和形式，贯彻落实中央关于《加强和改进思想政治工作的若干意见》。立足根本抓学习，注重思想政治工作的实效性，促进了机关各项任务的顺利完成。开展了“以讲文明树新风为主题的系列创建活动”，促进了市级机关的精神文明建设。加强了对精神文明建设的领导，成立了机关工委精神文明建设领导小组；深入开展了“弘扬伟大民族精神，全面建设小康社会”为主题教育活动；在机关进行了爱国主义、集体主义、社会主义、社会公德、职业道德、家庭美德教育，引导干部职工树立正确的世界观、人生观、价值观；深入开展了讲文明、讲卫生、讲科学，树新风的活动；大力倡导“爱国守法、明礼诚信、团结友善、勤俭自强、敬业奉献”的道德规范。广泛开展群众喜闻乐见的文体活动，极大地丰富了机关干部、职工的精神文化生活。通过开展一系列的活动，推动了机关两个文明建设的健康发展。认真抓好法制宣传教育工作。市级机关各基层党组织，按照“四五”普法规划、年度计划，采取多种形式，认真组织机关党员、干部、职工学习了《行政许可法》、《道路交通安全法》、《专利法》等有关法律、法规，并进行了考试。组织机关普法骨干参加培训。通过法制宣传教育，市级机关党员、干部依法办事、依法行政、依法决策的能力得到了提高，广大职工的法律意识不断增强。

【实施“云岭先锋”工程，落实机关党建目标责任制】　市级机关工委成立了实施“云岭先锋”工程领导小组。研究制定了《关于实施“云岭先锋”工程，切实加强机关党的建设的意见》下发各直属党委、总支、支部。结合机关实际，在总结近年来市级机关实行党建目标责任制的基础上，将原《昆明市市级机关党建目标责任书》修订为《市级机关“云岭先锋”工程建设目标责任书》。2004年4月2日，召开市级机关党组织书记会议，举行了市级机关实施“云岭先锋”工程全面启动仪式，会上市级机关工委与93个单位党组织签订了2004年《市级机关“云岭先锋”工程建设目标责任书》，同时下发了《市级机关2004年“云岭先锋”工程建设目标责任制考核细则》。7月份制定下发了《关于在市级机关推进“云岭先锋”工程，深入开展“立党为公、执政为民”创先争优活动的意见》。召开了昆明市市级机关推进“云岭先锋”工程，深入开展“立党为公、执政为民”创先争优活动动员大会。编发实施“云岭先锋”工程简报12期，拍摄反映实施“云岭先锋”工程以来基层党组织和党员先进事迹的电教片2部。一部是反映计生工作战线的党员任劳任怨，热情服务，发挥先锋模范作用的电教片《争做新时期最可爱的人》；一部是反映昆明市出租车行业的党员讲职业德道，懂业务知识，重服务质量，为树昆明形象做贡献的电教片《愿为春城添风采》。市级机关各级党组织编发“云岭先锋”工程简报423期；命名“党员示范窗口”107个；命名“党员先锋岗”635个。市级机关各级党组织实施“云岭先锋”工程经费投入198 629元。

【基层党组织的班子建设】　机关工委把加强基层党组织建设作为加强机关党的建设的重要工作来抓，一是抓好基层党组织的班子配备，特别是选好配强党委、总支专职书记。凡是各单位上报的党委、总支专职书记候选人，机关工委都认真考察，严格审批。二是抓好换届选举工作，严格按照《中国共产党基层组织选举工作暂行条例》规定的程序进行。2004年有39个单位党组织进行了换届选举；增补党委、总支、支部委员40人；98%以上的机关党组织和党的纪检组织健全，人员到位，保持了工作的连续性。三是抓好党务干部的业务学习，提高工作业务水平。举办了一期党组织书记学习业务知识培训班，有100多人参加学习培训。四是认真做好组织（行政）机构沿革编纂工作，按时完成组织（行政）沿革年度上报工作任务。严格党费收缴管理。机关工委的党费设有专门账户，有专人管理，有专门的审批制度，使用合理，账款相符。市级机关各单位党组织的党费，包括按文件规定划拨的每年每人100～200元的党员教育经费，列入党建目标管理范围。各基层党组织党费管理严格，使用合理。党内的各种统计及上报工作也都按时完成。加强对入党积极分子的培训教育，做好发展党员工作。按照“坚持标准、保证质量、改善结构、慎重发展”的方针，制定下发了《市级机关发展党员公示制度》、《市级机关发展党员预审制度》、《市级机关入党介绍人资格审查制度》，逐步做到发展党员工作规范化、制度化。2004年市级机关工委举办了3期入党积极分子培训班，600多人参加学习培训。机关工委直接审批发展党员39名，办理预备党员转正26名，为党组织增添了新鲜血液，不断壮大了党的队伍。做好民主评议党员工作。机关工委把民主评议党员列入党建目标责任制的考核内容，市级机关各单位党组织坚持每年对党员进行一次民主评议，2004年经民主评议，党员的合格率均在98%以上。抓好党员电化教育工作。机关工委把开展电化教育作为党建工作的重要内容列入党建目标管理，购买电教片为基层党组织提供片源，用于党员电化教育经费4万元。各单位每年播放电教片达到10部以上，观看党员占应看人数的95%。拍摄党员电教片2部。

【党风廉政建设成果】　为进一步贯彻好、学习好、落实好市纪委二次全会暨全市党风廉政建设工作会议精神，纪工委按照市纪委的要求，于2004年3月26日，召开了市级机关纪检监察工作会议。针对党风廉政建设工作进行分析研究，制定下发了《市级机关2004年纪检监察工作要点》、《市级机关2004年党风廉政建设宣传、教育工作要点》，《市级机关2004年落实党风廉政建设责任制和领导干部廉洁自律工作要点》。进一步抓好党风廉政建设责任制的落实。签订责任书，制定实施办法及工作台账。抓好领导班子民主生活会和中心组学习制度的落实，把党风廉政建设作为重要学习内容。抓好领导干部廉洁自律工作。对领导干部廉洁自律落实情况进行了检查，对各单位购买小汽车、春节吃喝送礼等情况进行了检查和登记。深入基层调查研究，分别对12个委办局近几年党风廉政建设宣传教育工作以及党风廉政建设责任制落实情况进行了调研，写出3篇调研报告上报市纪委。年初对市级机关93个单位落实党风廉政建设责任制情况进行了检查考核，7月对12个单位落实党风廉政建设责任制情况进行了抽查。制定下发了《关于对市级机关所办违纪案件集中审理工作的实施意见（试行）》。在自办案件中坚持把案件的查处与对党员干部的教育、建章立制结合起来。加强对所属纪检组（纪委）、监察室信访案件的业务指导，及时帮助解决有关问题，提高基层纪检监察机关依法行政，严格工作程序的意识。拟定了对基层纪检机关信访案件量化考核办法。认真执行“一案两报”规定，对已结案的案件要写出案例分析材料，并对有关办案人员给予奖励，提高办案质量和效益，减少失误，降低成本。逐步规范市级机关信访件的接、转、办流程，纳入市纪委的动态管理网络。扩大案件线索，加强对信访件落实的监督和管理，信访工作的接、转、办准确、及时，件件有落实、件件有反馈，并按要求建立了信访举报工作台账和必要的规章制度。2004年度共收到群众来信、来访、电话举报67件，机关纪工委进行党纪初核4件，党纪立案5件。机关监察局政纪立案1件。机关纪工委对3件违法违纪案件进行了审理。对6名违法违纪党员给予了党纪处分。切实加强市级机关纪检监察干部队伍建设。抓学习培训。组织两批共25人参加中纪委在杭州、北戴河举行的纪检监察干部培训班学习。组织了市级机关纪检监察干部70人参加全国纪检监察干部专业知识测试。抓工作重点。把查处违纪案件等重点工作与提高纪检监察干部的政治思想和业务素质及工作能力相结合，从学中干，干中学，不断提高纪检监察干部的综合素质。抓制度建设。按照市纪委赋予纪工委的职责和针对工作中存在的薄弱环节，加强纪工委内部制度建设。同时，督促各单位抓好廉政制度的落实。

【工、青、妇工作】　机关工委把市级机关的工、青、妇工作纳入重要议事日程，定期研究，及时指导工作，调动各方面的积极性。在市级机关充分发挥工会的桥梁、纽带作用，共青团的助手作用，妇女的半边天作用。市级机关工会联合会顺利完成了的换届选举工作。五一节前夕，表彰工会工作先进集体36个，先进个人268人。对新当选的工会主席和工会干部进行了培训，轮流组织班子成员参加工会干部系列讲座。开展了职工医疗互助活动，为20名困难职工子女解决了入学问题。加强了工会财务工作，强化了审计监督。加强了女职工工作，广泛开展“岗位读书竞赛”、“巾帼建功”、“创建文明家庭”等活动，为女职工工作的开展奠定了良好基础。市级机关团工委开展了“云岭先锋”工程青春昆明行动“优质服务”岗、“高效廉洁”示范岗、“青年爱心”示范岗、“青年文明号”、“昆明精神与我”演讲竞赛活动。指导17个团支部进行了换届选举。组织机关团员参加了“树立科学发展观与昆明青年发展”专题研讨会，推荐了5名优秀青年参加昆明市“十大杰出青年”评比。市级机关妇委会组织了416名女干部参加了“女性新知365”系列讲座，选拔了5名女干部参加“昆明精神与我”演讲比赛，推选了14名市级机关出席昆明市第十三次妇女代表大会的代表；召开了市级机关第二次妇女代表大会，选举产生了新一届市级机关妇女委员会。

【老干部工作】　机关工委把加强老干部工作纳入党建目标管理，并带头做好，专门成立了离退休党支部，有专人管理。建立了工委领导联系老干部工作制度、生病住院看望制度。坚持了按规定组织老干部阅读文件制度。坚持了学习制度，每月组织老干部学习一次。坚持工委领导每半年向老干部通报工作情况一次。老干部党支部坚持每月一次组织生活会。组织老干部到曲靖、富民考察。市级机关各单位领导重视老干部工作，指定专人管理，定期组织老干部学习。市级机关中老干部人数集中的单位，都按要求建立了离退休党支部，所收党费按40%作为自留党费，用于离退休党支部开展活动。老干部的政治待遇，生活待遇都得到了落实，各单位都能坚持重大节日及生病住院走访慰问老干部的制度。

（刘建新）

机构编制

【新一轮市县政府机构改革工作】　一是认真拟订和报批市政府机构改革方案。按照党中央、国务院和省委、省政府关于新一轮地方政府机构改革的工作部署，市编办从2004年开始，在总结上一轮机构改革工作成果的基础上，进一步深化昆明市政府机构改革工作，对制约昆明市经济社会发展的行政管理体制提出大胆的改革方案。2004年3月，根据市委、市政府决定，为做好与省政府机构改革后在机构、职能等方面的衔接工作，先行对市政府部分机构进行调整。为此，市编办拟订了市政府部分机构调整的意见经市编委审议后上报省编委审批，省编委于2004年5月24日文件批复，同意昆明市对市政府部分机构进行调整。市编委及时研究并制定出《昆明市机构编制委员会关于市政府部分机构调整的实施意见》。6月28日，市编委召开部分机构调整工作会议，部署市政府部分机构调整工作。市编办在抓好第一批机构改革工作的同时，加紧对市政府机构改革总体方案的修改完善，并拟订出县（市）区政府机构改革意见。7月30日，市政府机构改革方案和县（市）区政府机构改革意见提请市编委会进行了审议，并根据市编委会的意见，再次进行修改后按时向省政府上报了昆明市人民政府机构改革方案。

二是认真组织市政府部分机构调整部门“三定”工作。根据市编委《关于印发〈昆明市人民政府部分机构调整实施意见〉的通知》精神，市编办从6月29日至8月30日对市政府调整的8个机构组织实施了“三定”工作。对调整部门上报的“三定”规定进行了认真审核，及时印发了“三定”规定的通知，并督促调整部门在规定时限内完成了“三定”，保证了工作的正常进行。

三是认真抓好县（市）区机构改革

工作。根据《中共云南省委、云南省人民政府关于州市县机构改革的意见》精神，草拟了《中共昆明市委、昆明市人民政府关于县（市）区政府机构改革的意见》，《意见》文件印发后，9月8日市编委召开了全市县（市）区政府机构改革工作会议，部署了县（市）区机构改革工作，提出了机构改革方案的审核意见和县（市）区政府机构限额，并对14个县（市）区政府上报的机构改革方案进行了认真修改，规范机构改革方案，准确界定政府职能范围，及时办理机改方案的报批，确保县（市）区政府机构改革工作顺利进行。

【做好区划调整中机构编制工作】 为了认真贯彻落实国务院、省政府和市委、市政府关于昆明市四区区划调整的决定，市编办作为市区划调整领导小组成员单位，认真研究制定区划调整中机构编制调整方案和工作方案，对四区上报的统计报表认真审核，对每一个机构、每一名编制、每一个人都仔细查实，确保调整划转不疏漏。为切实做好调整划转移交工作，两次召开四区编办工作会，安排具体工作事宜，按照市委、市政府和各区区划调整领导小组的指示，按时完成区划调整工作任务。同时，市编办与市人事局制定了昆明市四区区划调整中机构编制调整的总体方案，统一制定了乡镇、街道办事处及所属事业单位分项移交表册，市委副书记田云翔在区划调整领导小组会上多次对市编办的工作给予了高度评价和表扬，并明确指示市级有关部门统一使用市编办和市人事局制定的移交表册。

【做好农村税费改革工作，进一步深化乡镇机构改革】 按照昆明市农村税费改革试点工作的要求，市编办草拟了《关于深化我市乡镇机构改革的实施意见》（讨论稿）乡镇机关改革部分，还派出2名工作人员参与市农村税费改革督察组，及时了解和反馈出现的新情况，为进一步深化乡镇机构改革掌握第一手资料。同时，按照省委文件精神和全省农税改革电视电话会议精神，积极开展调研工作，研究如何贯彻省委文件精神和深化昆明市乡镇机构改革的具体实施意见。在农村税费改革中，市编办还多次参与修改全市农村税费改革文件，配合相关部门做好工作，按时完成市农村税费改革领导小组及其办公室交给的工作任务，为此，市编办受到了市政府的表彰。

【文化产业发展和改革的相关编制工作】 按照市委、市政府关于市文化产业发展和改革工作的有关文件精神，市编办认真抓好机构设置、人员编制等相关工作。报批成立了市文化产业发展和改革领导小组办公室，明确了职责任务，调整充实人员编制，把昆明市文化产业改革和发展作为新的经济增长点来抓紧抓好。

【综合行政执法体制改革中机构设置和人员编制工作】 根据省政府文件批准昆明市开展相对集中行政处罚权工作，并批准成立市综合行政执法局。市编办积极主动地对市综合行政执法局及其执法队伍的设置开展调研和方案的草拟工作，对昆明市开展相对集中行政处罚权工作涉及到的管理体制、运行机制、机构设置、职能配置、编制配备等问题进行了反复研究，拟订市区两级综合执法机构、编制的方案，并列入市政府机构改革方案上报省政府，待批准后组织实施。2004年4月，成立了昆明市滇池管理综合行政执法局，与市滇池管理局实行一个机构、两块牌子、一套班子的体制，市滇池管理综合行政执法局下设昆明市滇池管理综合行政执法总队。同时在官渡、西山、晋宁、呈贡4县（区）设分局，核定了综合行政执法专项编制。

【研究国土、规划系统增编事宜，推进现代新昆明建设】 围绕现代新昆明建设发展战略，积极主动开展与之相适应的机构编制研究。一是给国土、规划两局机关增加行政编制，增加局领导职数，增加内设机构；二是充实增加直属单位机构编制；三是加强乡镇国土、规划基层管理机构建设，成立基层管理所，并核定人员编制；四是按现代新昆明建设需要，理顺昆明市与三个县（呈贡、晋宁、嵩明）的国土管理体制。

【城管职权下放四区工作】 按照市委、市政府关于昆明市与四区城市管理职责权限的规定，积极参与配合推进市级城市管理部门职权下放有关机构编制调整，进一步理顺城市管理部门职权下放后市区的职能划分和机构编制管理工作。

【完成市级第三批行政审批事项清理改革工作】 按照省委、省政府和市委、市政府的部署和要求，在第一批、第二批取消精简市级行政审批事项的基础上，市编办与市政府法制办、市监察局密切配合，对照国务院、省政府已取消精简的行政审批事项，对市级45个部门上报的518项行政审批和行政项目逐项进行审核、论证、分析、研究，提出改革意见上报市政府。2004年3月30日经市人民政府第45次常务会议通过了第三批45个市级行政部门行政审批事项的清理结果，518项中取消19项、剔除34项、改为登记备案17项、合并精简10项、下放23项、部分下放16项，合计取消精简128项。第一批、第二批、第三批共取消精简510项，取消精简率为66%。同时，积极参与配合市法制办、市监察局进行行政审批制度改革，共同研究市级部分行政审批职权下放安宁市、东川区的问题，提出下放的项目和职责权限，并派工作人员参加行政复议法及行政审批制度改革执法检查工作，推进依法行政、依法治市工作。

【加强县（市）区编办工作的指导】 2004年以来，市编办加强了对县（市）区编办工作的指导，各业务处分别对14个县（市）区编办工作进行了调研。通过调研，一是掌握了县区编办的机构设置和人员配备情况；二是与14个县（市）区编委或编办领导交换了县（市）区机构改革方案修订意见，并就市级机构改革和机构编制管理工作作了介绍，强化机构编制管理意识，提高县（市）区对加强机构编制管理与促进经济社会发展关系的认识；三是认真听取了县（市）区编办对机构编制审批权限上收到市里后的建议和意见，为下一步市编办研究具体的管理办法提供了许多十分宝贵的经验；四是就乡镇机构改革工作进行调研。

【中央编办到昆调研】 2004年6月22日，中央编办副主任吴知论一行5人在云南省编办专职副主任王建明陪同下，到昆明市就开展综合行政执法工作情况进行了调研，副市长廖晓珊到会介绍了情况，市编办就昆明市综合行政执法工作情况从昆明市相对集中行政处罚权的组织实施；昆明市相对集中行政处罚权的特点；昆明市相对集中行使行政处罚权的范围；昆明市相对集中行使行政处罚权的体制；昆明市滇池管理综合行政执法运行情况等5个方面进行了汇报，得到中央编办领导的充分肯定，要求市编办进一步总结经验，及时向中央编办和省编办反馈意见。2004年9月16日，中央编办又对昆明市机构编制管理工作进行调研，听取了市编办的工作汇报。

2004年11月，市编办就昆明市开展综合行政执法工作情况，按省编办要求写出工作报告材料，按时完成了撰写任务。

【贯彻中央和省委文件精神，加强机构编制管理】　根据中共中央办公厅、国务院办公厅《关于进一步加强机构编制管理工作的通知》和中共云南省委办公厅、云南省政府办公厅《关于进一步加强机构编制管理工作的通知》，市编办与财政、人事部门密切配合，进一步完善机构编制与财政预算相配套的约束机制，严格财政经费开支，控制机关事业单位人员的膨胀，巩固机构改革成果。一是严把人员入口关，加强每月一次的编制审核工作，每月平均审核200多个单位，通过严把编制审核关，及时发现和纠正出现的问题。二是严把机构增设、编制增加关，对各部门、各单位上报要求增设机构、增加编制的严格按程序办理，对理由充分、编办审核后认为可以设置的机构，必须由市财政提出经费审核意见，没有财政的意见，不上报，可设可不设的坚决不设。三是加强县乡事业编制管理，对各县（市）区上报要求增设机构和增加人员编制的请示件，严格审核把关，有效控制县乡机构和人员膨胀。四是认真执行市编办、市人事局、市财政局联发的《关于清退临时、自聘和借用人员的通知》，严格市级机关各部门、事业单位使用临时、自聘和借用人员。五是认真执行《机构编制管理手册》，主动协同组织、人事、劳动、军转、民政部门，切实把好机关、财政拨款事业单位的人员入口关，要求各单位都必须严格遵守机构编制纪律，不得超编超职数进人。

【办理和理顺机关机构编制事宜】　2004年来，市编办积极支持配合有关部门进行事业单位机构调整工作，同时根据事业发展的需要，对一些重要的机构编制事宜按程序给予办理。一是贯彻落实二十次全国公安会议精神，配合市委政法委员会等部门落实昆明市四区公安分局管理制上收到市公安局管理，并就有关问题与四区进行协调。二是配合有关部门完成了全市基础教育、职业教育、高中教育改革和分离企业办学职能及部分学校的移交工作。三是确定了一批纳入公务员管理事业单位，并配合组织人事部门进行县（市）区纳入公务员管理事业单位公务员过渡工作，理顺了部分单位经费管理体制。四是按程序办理了公安、国土资源、交通、农业、滇池管理、教育、卫生、财政、人事、劳动和社会保障、水利、民政、组织、宣传等部门和14个县（市）区呈报的有关机构编制事宜请示文件117件，确保了机关工作的正常运转。

【事业单位登记和年度检验工作】　昆明市事业单位登记管理局，在人手少、业务较重的情况下，一方面加强业务学习，加强向省登记局的工作请示汇报；另一方面，根据各县（市）区登记工作中存在的问题，加强调研和指导，对14个县（市）区登记管理工作逐一进行实地了解，掌握了全市4 224家事业单位（县区3 778家、市级446家），从业人员9万余人（县区7万余人、市级2万余人）的基本情况。根据省登记局有关事业单位法人登记工作的文件精神，专题召开了县（市）区事业单位法人登记工作会议，印发了相关文件，认真安排布置全市2004年度的事业单位登记和年度检验工作，做到依法开展登记工作，提高登记率。在登记工作中，各级编办坚持做到亮证收费，收缴分离，热情服务，为登记对象提供方便，公布登记流程和文件格式。按照国家事业单位登记管理局的要求，完成了市级468家上册事业单位的登记管理档案清理归档。新办理了市级事业单位初始登记23家、注销5家、变更67家。

（张放乔）

参事工作

【参政咨询】　2004年，参事室认真贯彻落实《中共中央办公厅国务院办公厅关于进一步做好新时期政府参事工作的意见》精神，自觉服从和服务于改革、发展、稳定的大局，围绕现代新昆明建设充分发挥参事们的专业和特长，积极参政咨询。一是积极为参事知情出力创造条件。除了认真组织参事出列席市人大、市政协全会，了解掌握政府工作重点，广泛听取社会各方面意见外，积极主动与有关部门加强沟通联系，尽可能全面收集各方面的信息资料，为参事及时全面了解昆明市经济社会发展情况创造条件。组织参事到云龙水库、经济开发区、高新技术开发区等进行实地调研考察，听取情况汇报；邀请市信息办、市科技局等部门领导来参事室进行情况介绍，使参事做到知情出力。8月份，组织部分参事到华东三市，对杭州高新区、苏州工业园区、上海科技馆等进行实地参观考察，开阔视野，拓展思路和观念。2004年，参事室还接待来昆考察的山西、湖南、成都以及中国人民银行等参事室同行，并与他们进行了工作交流。二是认真组织参事紧紧围绕现代新昆明建设主题，精心选题，全年共4次组织参事60人次深入基层，认真调查研究，共向市政府提交《参事建议》20份。其中1份《参事建议》市长专门作了批示，2份被《昆明经济》采用刊出，其余大多数受到有关部门的重视采纳。三是针对9名参事聘期届满即将离任的实际，主动开展了参事遴选聘任的前期工作，积极与统战部和有关省市单位沟通，对昆明市民主党派以及党外专家、学者基本情况进行了调查摸底，为明年遴选聘任参事做好准备。

【统战联谊】　2004年，针对台湾领导人选举、台海局势较为紧张的实际，参事室进一步加强了统战联谊工作力度，首先认真组织观看《中国统一之路》系列片，利用参事学习会，专门组织参事及全室机关干部进一步学习江泽民《为促进祖国统一大业的完成而继续奋斗》重要讲话，使大家全面了解掌握台湾问题的形成过程、历史背景和发展趋势，以及我党在解决台湾问题上的原则立场和近十多年来为推动两岸和平统一所做的努力和取得的成效。其次，及时召开专门会议，向参事通报中央、省、市统战工作会议精神，及时了解台情和对台工作重点。同时，进一步发挥参事们社会联系广、海外关系多的优势，加强同海外第二代、第三代的联系沟通，一年来，参事室共向海外邮寄信函资料400余件，接待美国、新加坡、俄罗斯、加拿大、比利时、瑞士及台湾、香港等地来昆探亲访友、观光旅游以及经济文化交流的海外亲友30余人。参事们还积极牵线，引进新加坡固惠工程公司应用新技术（ACF32）处理西坝河水项目，已投入80万元资金实施；与美国设计集成电路软件公司及日本电子株式会社签订3份科研合同。

【参事室成立50周年纪念筹备工作】　2004年12月是昆明市人民政府参事室成立50周年华诞，50年来，参事们与共产党肝胆相照、荣辱与共，同心同德，为巩固人民政权建设，维护社会稳定，促进社会主义民主政治建设，推进政府决策民主化、科学化，团结社会各界人士，促进祖国统一大业，做出了不可磨灭的历史性贡献。为了充分肯定50年来参事们为党和政府的事业所做的努力和贡献，认真总结，真实反映昆明市参事工作50年的光荣历程，完整记录和保留参事工作的重要历史资料，同时也为了体现党和政府对参事工作的关怀重视，扩大参事工作的对外宣传，争取社会各界对参事工作的广泛关注，推动昆明市参事工作在新时期进一步发展，一年来，参事室先后多次召开专门会议进行研究，统一思想，精心组织，积极开展了参事室成立50周年纪念工作。一是在报经政府领导同意后，认真做好“昆明市人民政府参事室成立50周年纪念大会”的准备和筹备工作。二是认真做好参事室50周年画册和专集的编印工作。自年初以来，参事室成立了专门的编辑组，明确职责分工，通过广泛动员，主动走访有关人士及单位，大量收集和征集有关资料和材料，在此基础上，通过认真的挖掘、整理、核实、筛选，反复多次修改、补充完善，于12月编印了《昆明市人民政府参事室50周年》画册和《参事建议集》、《参事文史集》。

（孙思民）

地方志

【昆明市首轮修志圆满完成】　2004年10月，随着市县（区）两级志书扫尾工作的结束，历时22年的昆明市首轮修志画上圆满句号。首轮修志共完成《昆明市志》10个分册，1 076万字；14部县（区）志，1 800余万字。《昆明市志》共75个专卷，分自然地理、城市建设、工业、农业、财粮贸、经济管理、党群、政务、文化、社会10个分册；14部县（市）区志（含1999年区划调整划归昆明市的东川区和寻甸县），最早完成的是1992年出版的《呈贡县志》，获全国优秀志书成果三等奖；最后完成的是《晋宁县志》，160万字，是云南首轮志书修编中下限最长、跨度最大的一部县志。这两级志书，内容涵盖古今，体例规范，记载翔实，是昆明有史以来最大的文化系统工程，获全国、省奖多项。志书全面记载了从3万年前古人类活动开始，到20世纪90年代昆明各个方面的情况，具有较高的资政、教育、存史价值，是研究昆明市情的第一手资料和重要地方文献。志书出版后，深受国内外读者的欢迎，各大图书馆、学校、科研院所纷纷收藏，成为宣传昆明、海内外研究了解昆明的重要渠道。

与此同时，全市还出版了一大批部门志和地情书籍。据不完全统计，全市共编纂出版部门志426部。安宁、晋宁、西山、宜良、官渡、富民、嵩明7个县（市）区，编纂出版的部门志都在30部以上。大批部门志的出版问世，是对两级志书的扩大和补充，形成了昆明地方志成果群。在漫长的志书编纂过程中，昆明市地方志办公室还结合自身实际，编辑出版了部分市情丛书，与《昆明市志》相得益彰。这些成果主要有15部计1 800万字的《昆明年鉴》、《昆明市志长编》、《宋元明通鉴》、《昆明简史》、《当代中国城市·昆明》、《方志编辑工作手册》、《昆明历史资料》（抗战时期）、《昆明县志》（点校）、《自然灾害录》、《大事史料》、《新编地方志总纂论文选》、《昆明市地方志论文选》、《昆明市方志论文专辑》、《近代昆明城市史》、《昆明旅游指南》、《昆明通史纲要研究》等。除此之外还编辑出版《史与志》季刊69期，刊载地方志理论研究、上级批示、修志动态和地方史志研究等各类文章620余万字。对指导修志实践，起到了积极作用。同时第二轮修志工作已经启动，其中（续修）《禄劝县志》和（续修）《嵩明县志》已发行。

【2004年版《昆明年鉴》出版】　2004年版《昆明年鉴》经过认真编排，严格校对，精心印制，于10月份正式出版。该年鉴130万字，84页彩图。全书分设特载、年度10件大事、大事记、政治、军事、法制、民族·宗教、经济管理、农林水利、工业、城市建设·环保、现代新昆明建设、开发区建设、交通·邮电、金融、对内对外开放、财政·税务、商业、烟草、旅游·风景区、科学研究、教育·文化、新闻媒体、卫生体育、社会、人物、县（市）区概况、附录28个部类。全面反映了2003年昆明市各项事业发展状况、重大事件和建设成就。该书从1月份开始组稿，历经催稿、编辑、校对、总编审核把关、出版各个环节。该书设计新颖，印制精美，深受欢迎。本版年鉴还二度出版了电子版光盘。

【昆明市第四次地方志工作会议】　经市政府批准，昆明市第四次地方志工作会议于12月15日在市政府召开。参加会议的有各县（市）区政府领导、志办主任，市属各委办局办公室负责人，（续修）《昆明市志》承撰单位相关人员共180余人。会上，市政府秘书长、市地方志编委会副主任李峰代表编委会作昆明市地方志工作报告。他分三个阶段全面阐述和总结了昆明市22年修志工作的艰辛历程和市县（区）两级志书、部门志、年鉴、刊物、学术专著、地情资料等巨大的收获。他要求再接再厉，以创精品、出佳志、名志为目标，搞好第二轮续修。他还对办好年鉴和刊物，整理、出版地方文献，建设市情信息库、加强队伍建设提了具体要求；市长助理赵德光代表市政府对全市首轮修志的完成和受表彰的单位和个人表示热烈祝贺！他要求加强领导，稳步推进第二轮地方志续修工作。要求坚持和完善“行政首长负责制”和“主编责任制”，落实“一纳入，五到位”，解决续修中的实际问题；省志办常务副主任李一是在讲话中对昆明的地方志工作给予了积极的评价，对下一步的续修工作加了油、鼓了劲。

会上，市地方志编委会还对在全市22年修志工作中团结奋斗、开拓进取的20个先进集体和默默奉献、成果显著的112名先进工作者及2004年版《昆明年鉴》94名优秀撰稿人、4名优秀发行员进行了表彰，同时还举行了《昆明市志》赠书仪式。下午与会代表分组讨论领导讲话、续修规划和搜资篇目。市公安局志办和禄劝县志办作了经验交流；市志办副主任马颖生作了会议小结。并对如何贯彻好本次会议精神和做好续修初期准备工作提了要求。受表彰的20个先进集体为：市委办公厅、市人大办公厅、市政府办公厅、市政协办公厅、昆明警备区、市水利局、市建设局、市财政局、市公安局、市民委、市科技局、市卫生局、市机械工业行业协会、市发展和改革委员会、昆明市志办、安宁市史志办公室、禄劝彝族苗族自治县地方志办公室、石林彝族自治县史志办公室、寻甸回族彝族自治县史志办公室、嵩明县史志办公室。

【编印4期《史与志》季刊】　到12月份，印行《史与志》季刊4期，36万字。除继续办好原有史志栏目外，还重点刊登了《云南省人民政府办公厅关于转发云南省第二轮地方志续修工作规划的通知》，市长助理赵德光、市政府秘书长李峰、省志办常务副主任李一是在全市第四次地方志工作会上的重要讲话和表彰决定，促进了地方志工作；地方史方面重点刊登了3月份在昆明举行的首届赛典赤研究国际学术会议论文，宣传了元代杰出的政治家赛典赤；民族文化方面，重点刊登了一组哈尼族与自然环境的研究文章；为纪念人民音乐家聂耳逝世70周年，首度披露了徐嘉瑞1936年撰写的《划时代的音乐家聂耳墓碑》。

【《昆明年鉴》(2003) 荣获全国特等奖】 在2004年举行的首届中国地方志年鉴评奖中，经过来自全国方志系统的评委对全国参评的500多种年鉴的认真审读、评审，2003年版《昆明年鉴》以资料翔实、框架设计合理、文字流畅、装帧精美荣获全国年鉴评选特等奖，为本年鉴参评以来的最高奖项。该年鉴26个部类，130万字，96页彩图，全面反映了2002年昆明市各项事业发展状况、重大事件和建设成就。本版年鉴还首度出版了电子版光盘，配有视屏、音乐和多种检索手段，出版后深受欢迎。为此，中国地方志指导小组致函市政府表示祝贺。昆明市获一、二等奖和单项奖的还有《石林年鉴》、《盘龙年鉴》、《东川年鉴》、《安宁年鉴》、《呈贡年鉴》。

【《昆明市志》第三分册获省奖】 在2004年2月举行的云南省2001~2002年社科优秀成果评奖中，《昆明市志》第三分册一枝独秀，以较高的质量荣获三等奖，获得了省政府颁发的证书和奖金。该书含冶金、建材、化工、机械、电气电子仪器仪表、一轻工业、纺织工业、二轻工业、木材家具、乡镇企业等10个专卷。他追溯3000余年前昆明地区矿产资源的开采、冶炼，横陈近代工业的起步、发展和变化，具有较高的资政、教育、存史价值。

【市情信息库一期工程通过验收】 在市信息办的支持下，经过数年时间的努力，昆明市情信息库一期工程已通过验收。一期工程设置有市志、年鉴、《史与志》、专题、修志动态、多媒体等模块，已录入市志一分册，2003、2004年版《昆明年鉴》和2003年《史与志》季刊。信息办验收人员对一期工程很满意，认为潜力很大，今后还支持市志办建设二、三期工程。

（马颖生）

·中国人民政治协商会议昆明市委员会·

【政协昆明市十届四次会议】 中国人民政治协商会义昆明市第十届委员会第四次会议于2004年2月18日隆重开幕。大会的执行主席是：徐之信、胡启中、张中宁、庄毓纹、徐声瑛、田翎、孙世光、杨国栋、罗士德、张立。

杨崇勇、章振国、王君正、李培山、田云翔、李庄、宋黎明、杨宁、张荣明、高劲松、王道兴、张建伟、戴文忠、傅国英、李祖义、林爽爽、毕品文、陈龙江、寸镇洋、杨丽、雷晓明、廖晓珊、胡星、梁晓谷、陈鹰、王晓明等市党政军领导及市中级人民法院院长杨玉兰、市人民检察院检察长王汝能、市老领导王廷琛、王希三、李代昌、王任才、袁靳、张朝辉出席会议。

省政协常务副主席孟继尧到会指导。

开幕式由市政协副主席、大会执行主席张中宁主持。

昆明市政协主席徐之信受政协昆明市第十届委员会常务委员会的委托，在大会上作《中国人民政治协商会议昆明市第十届委员会常务委员会工作报告》。报告总结了2003年的工作，并指出：2004年，政协昆明市第十届委员会常务委员会工作的总体要求是：以邓小平理论和“三个代表”重要思想为指导，认真贯彻中共十六大　十六届三中全会和市第八次党代会精神，在中共昆明市委的领导下，围绕加快推进现代新昆明建设、全面建设小康社会、在全省率先实现现代化的奋斗目标和今年昆明市的工作任务，切实履行政治协商、民主监督、参政议政的职能，协调关系，化解矛盾，团结一切可以团结的力量，调动一切积极因素，为推进昆明市社会主义物质文明、政治文明、精神文明建设作出新的贡献。一是要深入学习，不断开创政协工作新局面；二是认真履职，为昆明市加快发展建言献策；三是共同努力，继续推进政协履行职能的制度化、规范化、程序化；四是协调关系，化解矛盾，努力维护社会稳定；五是发挥优势，促进大团结大联合；六是认清形势，切实加强政协自身建设。

受政协昆明市第十届委员会常务委员会的委托，市政协副主席胡启中作《中国人民政治协商会议昆明市第十届委员会常务委员会关于十届三次会议以来提案工作情况的报告》。

会上，市委副书记、市长章振国作了《关于〈政府工作报告〉的说明》。

2月18日下午和2月19日上午，全会举行分组讨论，审议市政协常委会工作报告和提案报告。

2月19日下午，市委召开“两会”党员大会，省委常委、市委书记杨崇勇作重要讲话。

2月20日上午，出席政协全会的政协委员和其他与会人员列席市人大十一届五次会议。

政协昆明市第十届委员会第五次会议在市委礼堂隆重开幕，图为大会会场

（钱良明　供稿）

2月20日下午和2月21日上午，分组协商政府工作报告和计划、财政报告。2月21日上午，还举行了市政协十届十五次常委会议，会议审议了有关人事和选举办法等事项。

2月21日下午，全会举行第二次大会，大会的执行主席是张中宁、杨国栋、罗士德。会上，中共昆明市委常委、市委组织部长张荣明就有关人事事项作了说明。会议听取了党派、工商联、团体的大会发言，章振国等市委、市政府领导到会听取意见。

2月22日上午和下午，继续协商政府工作报告和计划、财政报告。同日下午，还举行了"协商政府工作报告"、"党派团体"、"经济科技农林"、"教文卫体"4个联组发言会。

2月23日上午，分组酝酿补选政协昆明市第十届委员会副主席、秘书长名单（草案）；讨论政协昆明市第十届委员会第四次会议选举办法（草案）；酝酿选举大会的总监票人、监票人名单（草案）；讨论中国人民政治协商会议昆明市第十届委员会第四次会议决议（草案）。同日上午，还举行了政协昆明市第十届委员会常务委员会第十六次会议，听取各组酝酿讨论人事、决议等情况汇报，通过提请大会审议通过和选举的有关事项。

2月23日下午，全会召开《人才强市战略》、《统筹城乡经济发展》、《城市交通建设和管理》3个专题协商会，政协委员和与会人员踊跃发言，积极建言献策，市委、市政府领导到会听取协商意见。

2月24日上午，分组协商昆明市中级人民法院报告和昆明市人民检察院工作报告。

2月24日下午，举行第三次全体大会。大会的执行主席是胡启中、张中宁、罗士德。会议审议通过了政协昆明市第十届委员会第四次会议选举办法；协商通过了大会选举的总监票人、监票人名单；补选了政协昆明市第十届委员会副主席、秘书长，陆玉珍、傅汝林被补选为副主席，张辉被补选为秘书长。

2月25日上午，政协昆明市第十届委员会第四次会议圆满完成各项议程，胜利闭幕。

会议的执行主席是：徐之信、胡启中、张中宁、徐声瑛、孙世光、杨国栋、罗士德、陆玉珍、傅汝林、张辉。

闭幕大会由市政协主席、大会执行主席徐之信主持。

中共云南省委常委、昆明市委书记杨崇勇，省政协常务副主席孟继尧，中共昆明市委、市人大、市政府、市纪委、昆明军分区的领导以及部分市级老领导应邀出席大会。

市级各民主党派、工商联、有关人民团体的负责人，市政府参事室参事，市级党政机关有关部门的负责人应邀参加了大会。

会议表彰了2003年度政协工作先进集体、先进个人和优秀提案，通过了《中国人民政治协商会议昆明市第十届委员会第四次会议决议》，听取了《中国人民政治协商会议昆明市第十届委员会提案委员会关于十届四次会议期间提案审查情况的报告》。

会上，省委常委、市委书记杨崇勇作了题为《求真务实，开拓创新，把我市政协工作提高到一个新水平》的讲话。

省政协常务副主席孟继尧在大会上代表省政协对市政协十届四次会议的圆满成功表示祝贺，并作了讲话。

【中共昆明市委政协工作会议】 6月18日，中共昆明市委召开政协工作会，会议的主要任务是，以"三个代表"重要思想为指导，学习贯彻《政协章程》，研究落实省委关于推进人民政协履行职能制度化、规范化和程序化的意见，切实加强和改进中国共产党对政协工作的领导，更加有效地发挥各级政协组织的作用，为推进现代新昆明建设，全面建设小康社会而努力奋斗。会议由市委常务副书记杨远翔主持。市委、市人大、市政府、市政协领导，各县（市）区及有关部门主要领导等出席了会议。

市委书记杨崇勇在《求真务实，开拓创新，努力开创我市政协工作的新局面》的重要讲话中说，1997年市委工作会议以来，昆明市各级党委坚持党委总揽全局、协调各方的原则，认真贯彻落实中央和省委关于新时期人民政协工作的指示精神，把政协工作列入党委的重要议事日程，切实加强领导，积极支持各级政协履行职能。7年来，各级政协组织牢牢把握团结和民主两大主题，紧紧围绕市委、市政府的中心工作，充分发挥人民政协的优势，切实履行政治协商、民主监督、参政议政职能，广泛调动一切积极因素，为昆明市经济社会发展作出了重要贡献。昆明市各级政协组织集聚了昆明地区各族各界的代表人物，联系着许多造诣较深的专家和学者。市政协、市级各民主党派经常组织委员、成员，结合昆明的实际，深入基层开展视察调研，掌握第一手材料，一年来，市委在听取政协、党派的意见建议时感到有思路、有对策，前瞻性强、具可操作性，不久前召开的人才强市战略与现代新昆明建设研讨会，讨论很深入，放得开，气氛好，参会的专家学者站在科学发展观的高度坦诚建言，为昆明实施人才强市战略出谋划策，听了深受启发。政协的工作对于提高党政工作水平是实实在在的帮助。

杨崇勇指出，促进昆明经济社会加快发展，政协组织和广大政协委员负有重要责任和光荣义务，要把促进发展作为政协履行职能的第一要务，选择一些事关昆明市经济社会发展全局、事关人民群众切身利益的重大问题，深入开展调查研究，着力在求真、求实、求精、管用上下功夫，力争每年拿出一批既有深度，又有可操作性的成果，为昆明市经济社会全面、协调、可持续发展提供高水平的智力支持。

杨崇勇要求各级党委要把政协工作纳入重要议事日程，将政协工作同党委的各项工作紧密结合起来，统一研究、统一部署。定期听取政协工作汇报，了解政协工作，及时研究解决政协工作面临的重要问题和实际困难，主动交任务、出题目，使政协工作的目的性更加明确、着力点更加准确，进一步增强政协委员建言献策的针对性。

市政协主席徐之信在讲话中就学习贯彻政协章程提出了要求：一是统一思想，充分认识学习贯彻政协章程的重要意义，二是突出重点，准确把握政协章程的精神实质，三是结合实际，认真学习贯彻政协章程。他说，政协章程修正案已通过两个多月了，市政协组织了章程的学习，但学习才刚刚开始，学习中还存在着一些问题。在今后的学习中，必须把思想统一到中共中央办公厅和省委办公厅的通知精神上来，提高对政协章程学习贯彻的认识。他强调，政协章程是政协委员的行为准则和政协工作的基本依据。学习的目的全在于应用。学习政协章程要做到理论联系实际，求真务实，学以致用，解决政协工作中存在的主要问题和矛盾，推动人民事业的发展。各级政协组织和广大政协委员要认真学习好、广泛宣传好、切实贯彻好新修订的政协章程，准确把握和领会政协章程修正案的重要内容和精神实质，把政协章程的各项规定落实到实际工作中，共同推进政协职能的制度化、规范化和程序化，要坚持民主和团结两大主题，以促进发展为第一要务，认真履行好政协职能，为实现中共昆明市第八次党代会确定的奋斗目标作出应有的贡献。

市委常务副书记杨远翔在会议结束时作总结讲话。

会上盘龙区委、安宁市政府、官渡区政协的领导做了交流发言。

【十届十三次常委会】　12月25日，市政协举行十届十三次常委会议。会议由市政协主席徐之信主持。副主席胡启中、陈永年、张中宁、庄毓纹、徐声瑛、田翎、孙世光、杨国栋，秘书长张立及市政协常委出席会议。

省政协副主席陈勋儒到会传达了全国政协十届三次常委会议精神；市政协副主席孙世光传达了省政协九届四次常委会精神；市政协秘书长张立就各专门委员会年度工作总结作简要说明，会议还学习贯彻了中共十六届三中全会精神、《中共云南省委关于积极推进人民政协履行职能制度化、规范化和程序化的意见》。

会议审议了提案委员会、文史委员会、科教文卫体委员会、经济委员会、城乡建设环境保护委员会、社会法制委员会、港澳台侨联络委员会7个专门委员会2003年的工作报告。

会议结束时徐之信主席作了坚持以“三个代表”重要思想为指导，切实加强政协履行职能的“三化”建设的重要讲话。人民政协履行政治协商、民主监督、参政议政的职能实现制度化、规范化、程度化，是由党的总目标所决定的，是发展社会主义民主政治的必然要求。发展社会主义民主政治，就要坚持党的领导、人民当家作主和依法治国有机统一，加强政协履职“三化”建设，实现广泛的团结和民主，把一切积极因素充分调动和凝聚起来，致力于祖国统一、民族团结和社会稳定，致力于经济和社会全面进步。当前，要重视程序化建设，使政协委员的合理意见和建议能够及时进入党委、政府的决策过程。我们要结合实际，认真总结经验，坚持以“三个代表”重要思想为指导，切实加强政协履行职能的“三化”建设。中共云南省委文件，从加强党对政协工作的领导、政府对政协工作的支持、政协自身的建设等方面，提出了关于积极推进人民政协履行职能制度化、规范化和程序化的意见，充分体现了省委对新世纪人民政协工作的重视和关心。市、县两级政协组织，要在党委统一领导下，认真组织学习贯彻，认真抓好落实。市委已同意制定一个贯彻省委文件的意见。市政协要积极协助市委制定好贯彻意见，推进政协履职“三化”建设。

他强调，市政协履行政治协商、民主监督、参政议政的职能，要紧紧围绕市八次党代会确定的总目标，把发展作为人民政协履行职能的第一要务，坚持团结和民主两大主题，结合党的十六大和十六届三中全会精神的学习贯彻，抓好市八次党代会精神的贯彻落实。一是要按照十六届三中全会提出的统筹、协调、可持续的科学发展观，积极为昆明市全面建设小康社会，在全省率先基本实现现代化出谋献策；二是要为规划建设现代新昆明献计出力；三是要为科教强市出谋献策；四是要关注社会“热点”和“难点”问题，积极反映社情民意，维护社会稳定。他还对政协组织怎样在实现“三化”进程中不断加强自身建设提出了要求。

市政协主席徐之信在安宁市太平镇视察时与农户进行交谈　（市政协　供稿）

【十届十七次常委会】　7月8日，市政协举行十届委员会第十七次常委会议，会议由市政协主席徐之信主持。副主席胡启中、张中宁、姚承济、孙世光、杨国栋、陆玉珍、傅汝林，市政协巡视员庄毓纹，秘书长张辉及市政协常委出席会议。

副市长廖晓珊到会通报了昆明市上半年经济社会发展情况；胡启中传达了中共昆明市委政协工作会议精神；秘书长张辉对《政协昆明市委员会关于公民旁听市政协常务委员会会议的办法（试行）》（草案）作了说明。

经过常委会分组协商讨论，大会协商通过了《政协昆明市委员会关于公民旁听市政协常务委员会会议的办法（试行）》，协商通过了有关人事事项。

徐之信在会议结束时作了《牢固树立科学发展观，不断提高政协履职水平》的讲话。

【十届十八次常委会】　9月24日市政协召开十届委员会第十八次常委会议。市政协主席、副主席、巡视员、秘书长及常委出席了会议。会上，8位委员代表就坚持和落实科学发展观，促进现代新昆明建设，加快昆明经济社会全面、协调发展进行了发言。会议协商通过了经济委主任周锐作的《政协昆明市委员会关于加快我市北部四县一区开发的建议案》、城环委主任岳卫平作的《政协昆明市委员会关于创建节水型城市的建议案》；协商通过了有关人事任免事项。这次会议还首次试行了公民旁听常委会议制度。

徐之信在会议结束时作了重要讲话。他说，中共中央总书记胡锦涛在纪念人民政协成立55周年大会上的重要讲话指出了在新形势下人民政协工作的任务、方针和原则，对新世纪新阶段人民政协工作提出了明确要求，对于做好人民政协的工作具有重要的指导意义。以胡锦涛为总书记的党中央十分关心重视发挥政协的重要作用和自身建设。我们要认真领会胡锦涛的重要讲话精神，进一步提高对人民政协性质、地位和作用的认识，进一步做好人民政协工作。

【十届十九次常委会】　12月20日，市政协召开第十届委员会第十九次常委会议。会议由市政协主席徐之信主持。市政协副主席、巡视员、秘书长及常委出席会议。市级各民主党派负责人，各县（市）区政协主席、副主席，市政协各部门负责人等参加了会议。4 位公民旁听了常委会议。

会议听取了市政协秘书长张辉所作的《关于市政协各专门委员会 2004 年度工作报告的说明》；听取了经济委员会主任周锐作的《政协昆明市委员会关于确保我市粮食安全的建议案》；听取了市委统战部副部长赵云平宣读的关于增补政协昆明市第十届委员会委员的建议名单。

经分组讨论，会议审议并通过了市政协各专门委员会 2004 年的工作报告；协商通过了《政协昆明市委员会关于确保我市粮食安全的建议案》；协商通过了《政协昆明市第十届委员会常务委员会关于增补委员的决定》。

会议结束时，徐之信作了题为《围绕中心，服务大局，进一步履行好政协职能》的讲话。他就市政协如何学习贯彻刚刚结束的中共昆明市委八届五次全会精神，围绕市委、市政府的中心工作，服从和服务于建设现代新昆明、全面建设小康社会的大局，进一步履行好政协职能，提出了要求。一是要始终不渝地把加快发展作为履行职能的第一要务，紧紧围绕开创现代新昆明建设新局面、全面建设小康社会这一中心，广泛团结一切爱国力量，充分调动一切积极因素，为昆明市的经济社会发展做出应有的贡献。二是要深入贯彻市委政协工作会议精神，不断推进政协履职的制度化、规范化和程序化，充分发挥政协组织在发展社会主义民主政治进程中的积极作用。三是要坚持马克思主义的指导地位和社会主义的正确方向，为深化文化体制改革和文化产业发展献计出力。四是要充分发挥政协的政治优势，在构建社会主义和谐社会、打造“平安昆明”中发挥重要作用。五是要坚持一个中国和“一国两制”的方针，加强对外联络工作，加强与香港特别行政区同胞、澳门特别行政区同胞、台湾同胞和海外侨胞的广泛联系，为实现祖国完全统一的大业和昆明市对外开放发挥积极作用，做好招商引资的牵线搭桥工作，促进昆明市的经济社会发展。

5 月 19 日，九届全国政协副主席王文元到昆明市政协机关视察　（市政协　供稿）

【举行学习《政协章程》报告会】　年内，市政协举行传达全国政协十届二次会议精神暨学习《政协章程》报告会，邀请省政协副主席陈勋儒到会进行辅导。会议由主席徐之信主持。副主席徐声瑛、杨国栋、陆玉珍、傅汝林、巡视员庄毓纹、秘书长张辉及部分市政协委员，市级各民主党派、工商联、有关人民团体、市政协机关干部等 200 余人到会听讲。

省政协副主席陈勋儒传达了全国政协十届二次会议的主要精神及《政协章程》修正的情况。他就修正的过程、主要内容和特点向与会人员进行了辅导。

市政协主席徐之信在报告会结束时对市政协各组成单位学习《政协章程》提出了要求。

【昆明市海外联谊会全体理事会议】　6 月 8 日，昆明市海外联谊会在滇池旅游度假区管委会会议厅召开第三届第四次理事会议。会议由市政协副主席、海外联谊会副会长杨国栋主持。市政协主席、海外联谊会会长徐之信，海外联谊会副会长刘承璋，海外联谊会名誉会长王任才、张朝辉，海外联谊会常务理事、理事等 100 余人参加会议。

会议听取了市政协副主席、海外联谊会副会长孙世光作的理事会工作报告。他说，过去的一年，海外联谊会在市政协的领导下，按照海外联谊会的宗旨，围绕昆明经济社会的发展，为改善投资环境建言献策；积极拓展对外交流；组织理事参与市政协“八个一”民心活动；为理事来昆投资牵线搭桥，排忧解难；扩大联谊面，发展新理事等。同时，他还向理事会报告了 2004 年的工作打算。

会议协商通过了新增补的杨辉光等 26 位社会上有名望，经济上有实力，学术上有造诣，在国际社会活动中有一定联系面的人士为海外联谊会的顾问、副会长、秘书长、常务理事、理事，进一步充实了海外联谊会的新生力量，扩大了联谊面，拓展了工作渠道。市政协副主席、海外联谊会副会长张中宁对新增补的 26 位理事的情况作了说明。会上，市规划局负责人向理事们介绍了现代新昆明建设的有关情况。

市委常务副书记杨远翔到会祝贺并作了重要讲话。他首先代表市委、市政府向会议的召开表示热烈的祝贺，向各位理事、海外同胞表示了亲切的问候，并通过他们向他们的亲属及海外朋友表示美好的祝愿。他向理事们介绍了昆明去年经济社会发展的情况，并对海外联谊会的工作给予了充分肯定。

【举办“人才强市战略与现代新昆明建设”研讨会】　6 月 15 日，来自省内外的专家学者及有关人士 120 余人参加了由市政协举办的人才强市战略与现代新昆明建设研讨会。大家围绕当今世界科学技术突飞猛进，知识经济悄然兴起，人才在经济和社会发展中日益重要的作用，就怎样优化人才环境，搞好人才资源的有效开发，促进人才资源发展纷纷发表真知灼见。中共云南省委常委、市委书记杨崇勇，省政协常务副主席孟继尧，市委副书记、市长章振国，市委常务副书记杨远翔，市政协主席徐之信等省市领导参加了会议。会上市政协主席徐之信致词，市长章振国代表市委、市政府讲话。

应邀到会的中共中央政策研究室《学习与研究》社社长、总编倪力亚，国家人事部中国人事科学院副院长吴德贵，中国工程学院院士苏君红，上海长

中共昆明市委召开政协工作会议　（市政协　供稿）

宁区政协副主席徐剑萍等省内外专家学者，以及省市有关部门、单位的代表，就人才工作问题展开广泛深入的研究讨论，积极探索新形势下人才队伍建设的新思路，为加快现代新昆明建设，全面建设小康社会提供坚强的人才保证和智力支持建言献策，气氛热烈活跃。

市委常务副书记杨远翔在会议结束时作了讲话。

此次研讨会收到论文30余篇，其中《明确人才竞争目标、培育人才竞争优势》等论文分别获得一、二、三等奖及优秀奖。

【举行纪念邓小平诞辰100周年座谈会】 8月18日，市政协举行纪念邓小平诞辰100周年暨学习人民政协理论座谈会。会议由常务副主席胡启中主持。市政协主席、副主席、巡视员、秘书长及部分委员，市级各民主党派、工商联、有关人民团体和市政协机关干部职工，市政协之友联谊会有关人员参加了座谈会。

市政协主席徐之信在座谈会上作了重要讲话。

他说，邓小平关于新时期人民政协的理论不仅为人民政协开创新局面奠定了理论基础，为人民政协和多党合作发展指明了正确的方向，也为人民政协今后的发展起到了承上启下、开拓创新的重要作用。我们要深入学习邓小平理论，牢固树立科学发展观，围绕全市工作大局，坚持把促进发展作为第一要务，切实履行政协职能，坚定信心，为全面建设小康社会、推进现代新昆明建设积极建言献策，努力做到为党委分忧，为政府解难，为昆明市经济社会的发展作出人民政协应有的贡献。要进一步加强政协自身建设，组织政协委员和政协机关干部深入学习邓小平理论和“三个代表”重要思想，不断提高政协委员和机关干部的整体素质，不断推进人民政协履行职能的制度化、规范化和程序化，积极探索政协履行职能的有效形式。

宋文德、张倩、徐宏基、杨品才、赵平等先后发言，大家以饱满的热情深情缅怀邓小平。

【举行中秋联谊会】 9月27日，市政协办公厅、市委统战部在云安会都举行中秋联谊会。市委、市人大、市政府、市政协领导，部分原市级老领导，部分市政协委员，市级各民主党派、团体，在昆明的港、澳、台同胞和海外侨胞以及各族各界人士欢聚一堂，叙友情、话发展，为昆明的建设和发展，为建设现代新昆明共商良策。联谊会由市政协秘书长张辉主持。市政协副主席、市委统战部部长张中宁在联谊会上致词。他首先向参加联谊会的各位领导、各位来宾，向关心和支持昆明建设和发展的各界人士致以节日的问候和良好的祝愿。

民革昆明市委主委朱燕代表市级各民主党派、工商联、有关人民团体在联谊会上作了发言。

在联谊会上，文艺工作者表演了精彩的文艺节目。

【对市农业局进行民主评议】 按照市政协工作要点安排，市政协经过精心组织，开展了对市农业局的民主评议。市政协此次民主评议指导思想明确，思想认识统一。评议前与被评单位多次联系沟通，取得共识，被评单位充分理解，主动配合。发出问卷调查表1 000份，为正式评议做好前期工作。

6月7～10日，市政协组成了由委员、专家及政府有关部门人员参加的评议组，在主席徐之信、副主席傅汝林的带领下，在听取了市农业局的情况汇报后先后到宜良县、呈贡县、寻甸县、晋宁县农业局及乡、镇、龙头企业采取看、听、议的方法了解情况。

评议组就党的农村工作方针政策的贯彻落实情况，特别是贯彻2004年中央一号文件精神、市委文件精神情况及全市“三农”问题，着重对农业产业结构调整、粮食生产、龙头企业扶持政策落实情况，农业基础设施建设，农产品安全生产等问题进行了调查研究。评议组所到县区及涉农部门和单位一致认为，市农业局依法行政，作风深入扎实，对昆明市农业发展具有一定的超前意识和引导意识，能及时把外地的生产、市场信息传递下去，为昆明市的农村稳定、农业发展、农民增收做出了积极的贡献。

在充分肯定了市农业局工作的同时，评议组认为，市农业局是市政府主管全市农业和农村经济工作的职能部门，面对全面建设小康社会，建设现代新昆明，在全省率先基本实现现代化，特别是促进农民增收，提高农村综合生产力和竞争力责任重大，任重道远。昆明市农业和农村经济社会发展还存在着许多问题和困难，如农民收入增长缓慢，农民增收难度大。市农业局要认真贯彻落实中央、省、市有关文件精神，进一步增强做好促进农民增收工作的责任感和紧迫感，把实现好、维护好、发展好广大农民群众的根本利益作为工作的出发点和落脚点，不断促进职能转变、改进工作作风，为实现农民收入较快增长，为促进昆明市农村经济社会的全面发展做出应有贡献。

评议后，市政协把委员们的意见和建议形成评议报告，并反馈到市农业局和分管的市领导。

【学习活动】 常委会把认真学习邓小平理论和“三个代表”重要思想，切实贯彻中共十六大、十六届三中、四中全会精神作为政协工作的首要政治任务，通过主席会、常委会、中心学习组、座谈会、报告会等多种形式进行学习贯彻。组织中心学习组、政协委员和机关干部学习“两会”精神，学习新修定的《宪法》、《政协章程》，邀请省政协副主席陈勋儒传达全国政协十届二次会议精神暨修改《政协章程》的情况；邀请云南大学教授为政协委员和机关干部作《宪法》修正案的相关报告；参与筹办和参加省政协在昆明举办的《宪法》、《政协章程》学习班。认真开展树立科学发展观、正确政绩观和马克思主义群众观的“三观”学习教育活动。市政协中心学习组举行专题学习会议，学习胡锦涛总书记在中纪委三次全会和全国人口资源会议上的讲话，学习温家宝、曾庆红在全国省部级主要领导树立和落实科学发展观专题研究班上的讲话精神。召开纪念邓小平诞辰100周年暨学习人民政协理论座谈会，深切缅怀邓小平的丰功伟绩，深入学习邓小平关于人民政协的理论；学习胡锦涛总书记在庆祝中国人民政治协商会议成立55周年大会上的讲话。中共十六届四中全会召开后，迅速组织中心学习组和机关干部，学习四中全会公报和《中共中央关于加强党的执政能力建设的决定》。

【将政治协商引向深入】 常委会紧紧围绕关乎全市发展大局的大政方针以及政治、经济、文化和社会生活中的重大事务，在决策之前和就决策执行中的重要问题开展政治协商，广泛听取各方面意见。十届四次全会期间，政协委员对政府工作报告、计划和财政报告以及法、检两院工作报告认真进行协商。组织委员就工业强市、“三农”问题、城市建设、改善创业环境、发展非公经济、对外对内开放、弱势群体关爱等一些关系经济社会发展全局的突出问题开展了广泛的协商，委员提出的许多意见建议，在《政府工作报告》和其他有关报告中得到充分采纳。全会期间还举行人才强市战略、统筹城乡经济发展、城市交通建设和管理3个专题协商会，就昆明市经济发展、社会进步积极建言献策。一年中还对《昆明市燃气管理条例》、《实施工业强市、走新型工业化道路发展规划》（纲要）等地方性法规、行政规章和全市经济社会发展中的重大问题进行协商，形成协商材料9份。通过常委会议对昆明市经济社会发展中的重大问题进行专题协商，邀请市委、市政府领导到会听取协商意见。十八次常委会议上，有8位委员围绕坚持和落实科学发展观，促进昆明经济社会稳定、协调和可持续发展进行大会专题发言，政协常委的有关意见和建议在市委和市政府有关文件和决定中得到了充分采纳，常委会的专题协商议政取得了明显的成效。在人民政协成立55周年之际，组织开展“委员议政日”活动，围绕“树立和落实科学发展观，促进现代新昆明建设”这一主题，就新昆明需要打造特色产业、城市管理要有前瞻性、建设有文化底蕴的新昆明、营造良好的社会环境等方面开展协商，充分建言献策。

【民主监督切实有效】 为适应社会主义民主政治建设的要求，加大民主监督的力度，在总结前两年民主评议政府部门工作经验的基础上，开展了对市农业局和交通局的民主评议。由市政协领导带队，通过组织委员和有关专家学者学习文件，开展社会问卷调查，深入基层调研和召开多种类型座谈会等形式，对市农业局和交通局进行了面对面的评议。委员们本着认真负责的态度，坚持实事求是的原则，客观公正地进行了认真的评议，既肯定了政府两个部门的工作，又指出了存在的主要问题，提出了科学合理的建议，引起了市政府领导和有关部门的高度重视。市农业局和交通局采取了切实的整改措施，从而推动政府部门作风改进，促进了政府部门的工作。动员组织400多名政协委员和机关干部参与对2004年度市级机关78个部门的民主评议。有31位委员被聘为公检、法、城建部门等单位特约监督员、廉政监督员、人民陪审员，对市级国家机关及其工作人员的工作实行有效的民主监督。召开昆明焦化制气厂有偿转让、禽流感防控、城市交通综合整治、地方金融改革和发展、上半年经济社会发展、社会治安和反腐倡廉、一至三季度全市经济运行情况通报会，努力使委员知情，对昆明市经济社会发展中的重大问题实行民主监督。

【参政议政渠道拓宽】 常委会对事关完善社会主义市场经济体制全局的重大问题，以及涉及人民群众切身利益的现实问题，广泛组织委员开展专题调研和视察，积极建言献策，参政议政。根据中共昆明市委的统一部署，对官渡区失地农民的生产生活情况进行调研。通过深入乡镇、社区、居民小组等41个单位，召开各方面代表参加的座谈会22次，广泛听取对解决失地农民生产生活的意见。在向市委报送的调研报告中，明确指出了失地农民生产生活存在的主要问题和困难，提出了加快土地征用、征收制度改革，实施分类征地补偿办法，兼顾国家、征地主体和农民利益等9条对策建议，得到了市委、市政府和有关部门的高度重视和采纳。就北部四县一区开发、创建节水型城市、粮食安全等进行重点调研，在深入调研形成报告的基础上，常委会议分别审议通过了关于加快昆明市北部四县一区开发、创建节水型城市和粮食安全的3个建议案，政协委员和专家学者就上述问题提出了针对性、可操作性较强的意见建议。建议案报送市委、市政府后，受到高度重视，市委有关部门认真采纳北部地区开发的建议，正在研究制定加快北部5县区开发的决定，政协的意见建

市政协举行十届第十七次常委会议　（市政协　供稿）

全国部分城市政协秘书工作研讨会第十一次会议在昆明举行　（市政协　供稿）

议，促进了市委、市政府相关决策的民主化、科学化。还围绕现代新昆明建设、地方金融改革和发展、农村税费改革、工业强市、非公经济、招商引资、文化产业发展、公共卫生体系建设、流动人口计划生育、历史文化名城保护、民族宗教政策落实、妇女和老龄工作等开展调研视察39次，形成调研视察报告和建议共32份，向市委、市政府提出具有科学性、针对性、前瞻性的意见建议，撤销昆明动物园与新建云南野生动物园项目的调研，为市委、市政府的正确决策提供了重要依据，得到市委、市政府主要领导的高度评价。常委会始终关注全市工作重点，努力拓宽参政议政的渠道。举办人才强市战略与现代新昆明建设研讨会，邀请省内外专家学者120余人，紧紧围绕“人才强市战略与现代新昆明建设”这一主题，就人才观念更新、人才体制创新、营造有利于人才脱颖而出和人尽其才的良好环境、少数民族地区人才资源开发与人才培养引进等内容展开广泛深入的研究讨论，与会专家学者纷纷发表真知灼见，积极建言献策，市委、市政府主要领导到会听取研讨发言，对研讨会予以充分肯定，省委常委、市委书记杨崇勇还向其他领导积极推荐研讨成果。

【提案质量有较大提高】　市政协十届四次全会以来，共收到提案570件，立案542件，面商率为100%。提案涉及各个领域，反映了“三农”问题、人事制度改革、粮食安全、城市交通、非公经济发展、农村劳动力转移、弱势群体保护、国有企业改革等人民群众普遍关心的问题和意见要求。大部分提案具有较强的针对性，办理有较大的可行性，得到了各级领导和各承办单位的重视和采纳。对涉及群众切身利益，关乎全局大事的部分提案进行跟踪督办。李文清等委员提出的“关于落实解决双河磨南德水源林保护区有关政策”提案反映的问题多年得不到解决，2004年市政协加强该提案的督办力度，市林业局负责人多次深入保护区调查研究，彻底搞清了遗留问题根源，对保护区内经济发展受到损失进行补偿问题，终于得到落实，妥善解决了保护区内群众生产生活问题，受到了人民群众的好评。“高度重视粮食安全，确保粮食储备”等8件由主席会议确定的重点提案，分别由主席、副主席、秘书长负责督办，得到了提案承办单位领导的高度重视，有些问题已经或正在解决，有效地促进了政府部门的工作。

【加强团结和协作】　常委会注重加强与各民主党派、工商联、有关人民团体和各族各界人士的联系，经常走访和沟通，促进不同党派、不同界别、不同人士之间的团结合作。组织市级各民主党派、工商联、有关人民团体参加调研、视察活动，参与对政府部门工作的民主评议，加大对民主党派提案的督办力度。通过举办学习、纪念、报告、座谈会和联谊等活动，为党派团体和各族各界代表人士参加学习、提出意见、表达意愿提供机会和条件，支持党派团体发挥民主监督和参政议政的作用，不断密切与民族宗教、港澳台侨、非公经济、知识分子等各界有关人士的联系，反映他们的困难和要求，促进民族宗教等各项政策的落实，协助党委和政府在化解矛盾、协调关系和维护社会稳定方面做好工作，努力把各界人士思想统一到党中央的路线、方针、政策上来，把智慧和力量凝聚到昆明市经济社会发展建设中去。注意把反映社情民意作为政协履行职能的重要环节来抓，努力为全市经济发展和维护社会稳定多做工作。进一步完善市政协领导接待委员与委员约谈的制度，开展主席、副主席、秘书长约谈委员18次，编印《主席约谈委员情况专报》18期。通过接待约谈，积极向市委、市政府和有关方面反映政协委员和社会各界人士对昆明市经济社会发展的意见建议。全年共编发《政协信息》24期150多条，《政协信息专报》8期。认真处理人民群众来信来访，共处理反映法院判决结果执行难、现代新昆明建设涉及拆迁户补偿、国企改革中下岗职工基本生活保障等信访件189件，接待集体上访12起，解决了一些群众反映的实际问题。昆明市面粉厂一位患精神病的职工被辞退，夫妻俩靠捡垃圾维持生活，市政协及时把信访材料转送，督促有关部门按政策予以落实，解决了困难群众的生活问题。一些信息和信访反映的社会矛盾问题，引起了党政领导和有关部门的高度重视。

【深入开展“八个一”民心活动】　常委会广泛动员政协委员，市级各民主党派、工商联、有关人民团体和政协机关发挥才智、贡献力量，动员社会各方面深入开展“八个一”民心活动，积极为人民群众办实事好事。根据全市统一部署，组织各专门委员会开展对石林、晋宁、宜良3个县的扶贫督查工作，详细了解3个县的经济社会发展情况，积极为其中的69个贫困村经济发展出主意、想办法，尽心尽力向有关方面反映和协调解决有关问题。市级各民主党派、工商联、有关人民团体，动真情、献爱心，做好禄劝马鹿塘和六合办事处的定点扶贫挂钩工作，捐赠扶贫款30余万元。民盟、致公党市委和石林县政协就农业产业结构调整和农民增收积极开展调研。民建市委两次组织由韩国医科大学及有关医学专家组成的国际志愿者医疗队到禄劝、寻甸县开展“科技、法律、卫生”三下乡，筹资80万元免费为3 000多人次送医送药；农工党市委在嵩明、东川为1 261人次开展义诊；九三市委在富民县开展果树栽培技术培训，在官渡区开展“科学和平周”活动。石林、寻甸县政协和市侨联积极为国企改革、企业技术革新出实招。市侨联、民盟市委为外资和非公企业发展排忧解难献良策。东川区政协为东川再就业特区建设、晋宁县政协为滇池污染治理开展调研，积极建言献策。市政协和市侨联、市台联及致公党市委接待来自美国、俄罗斯、日本、台湾等国家和地区的新老朋友98人次，为扩大对外开放和实现祖国完全统一作贡献。市工商联动员非公经济界人士捐款24万余元，慰问资助661户国有企业困难职工。昆明市贫困地区教育基金会召开换届大会，广泛发动会员筹措资金18万余元，努力为昆明市贫困地区教育事业发展多做工作。市政协委员、政协机关、党派团体和县（市）区政协开展捐资助学活动，资助寻甸、禄劝等地贫困学生2 238名；开展扶贫济困送温暖活动，为贫困地区农民和城市贫民，捐赠30多万元资金和一批衣服等实物。

【不断推进“三化”建设】　2004年6月，市委召开了全市政协工作会议，就贯彻中共云南省委关于推进人民政协履职“三化”建设提出了具体意见，作出了明确规定，市委印发了《中共昆明市委关于推进人民政协履行职能制度化规范化程序化的实施意见》，提出5款20条意见，以文件形式下发全市执行。市政协常委会认真贯彻市委政协工作会议精神，始终把“三化”建设放在重要位置，经过不断探索政协工作的新途径，形成了党委关心重视、政府支持配合、政协主动尽职三位一体，齐抓共管的政协工作新格局。市委把政协工作纳入议事日程，定期进行研究和讨论，适时向政协出题目、交任务，充分发挥政协的作用，政府创造条件支持政协就昆明市经济社会发展充分建言献策，政协围绕全市工作大局，把促进发展作为履职的第一要务，切实履行政协的职能，从而发挥政协在昆明市发展社会主义民主政治，建设社会主义政治文明中的重要作用。

为切实贯彻《实施意见》精神，十七次常委会议审议通过了《政协昆明市委员会关于公民旁听市政协常务委员会会议的办法》（试行），让普通公民更多地了解政协履行职能的情况，对改进和加强政协工作提出意见建议。经协商研究，制定印发了《昆明市政协系统秘书长、办公室主任联席会议制度》等一批制度规定。通过召开座谈会、调研、走访等形式，加强对县（市）区贯彻落实市委政协工作会议精神，推进政协履行职能“三化”建设的督促检查。

【全面加强自身建设】　组织委员和机关干部学习党的统一战线和人民政协基本理论，学习现代经济、科技、法律法规等知识，努力建设学习型领导班子，学习型政协机关。加强市政协领导班子和常委、常委和委员的联系，增强了委员队伍的凝聚力。十届四次全会补选了两名副主席和秘书长，调整充实了部分专门委员会、研究室的领导，开展民主推荐县处级领导干部工作，加强了机关的组织建设。进行《行政许可法》的学习辅导，通过市普法办的统一普法知识考试。开展“云岭先锋”活动，进一步发挥政协党组织的政治核心保证和党员的先锋模范作用，对优秀党员、干部职工进行表彰。抓住全市对市级机关部门包括市政协办公厅工作民主评议的契机，切实加强政协机关思想作风建设，提高工作效率和水平，机关作风得到进一步改进，政协办公厅在全市78个部门民主评议工作中考评结果名次排序第二。

召开昆明市海外联谊会三届四次理事会，增补了顾问、副会长、理事等26名，充分发挥昆明市海外联谊会海外联系广泛的优势，为推进昆明经济社会发展，扩大对内对外开放服务。召开政协之友联谊会三届二次会员大会，通过组织离退休老同志参观、调研、联谊等活动，为昆明市经济发展、社会稳定发挥余热作贡献。组织召开全国部分城市政协秘书工作研讨会第十一次会议，组团参加西南五市政协协作会第十七次会议等活动，达到交流经验、增进友谊、共同提高的目的。市政协领导128人次深入县（市）区调研，并通过寻甸、五华两次县（市）区政协工作联系会议对县（市）区政协工作予以指导。在区划调整中加强和四城区的联络，加强和县（市）区政协工作的联系与协作。接待第九届全国政协副主席王文元，接待泰国原交通部副部长和泰王国驻昆总领事、越南驻昆总领事等重要外宾，全年接待省内外兄弟政协客人106批次，共1 356人次。加大舆论宣传力度，让社会各界更多地了解政协，在《人民政协报》、《云南政协报》上刊登介绍昆明市政协履职情况的专版，与《昆明日报》、昆明电视台联办《政协之声》、《政协之窗》各12期，编辑出版《昆明政协》12期。编印出版《昆明旅游文史》、编辑《昆明文史资料选辑》第42辑，征集文史资料稿件200余篇、60多万字。

（沈金泉）

附：8件重点提案简介

一、《高度重视粮食安全，确保粮食储备的建议》

提案人：民建昆明市委

主要内容：粮食问题涉及到社会的安定、稳定，是特殊的战略商品。近年由于粮食市场供应情况较好，各级财政对粮食储备费用大幅度削减，以至粮食储备量下降。昆明市每年至少需要调进粮食30～40万吨，占全省调进粮食的30%～40%，属于典型的粮食销区。随着城市化进程的加快和农业产业结构的

市政协组织委员及专家视察正在建设中的高海公路　（市政协　供稿）

调整及退耕还林还草，种粮耕地面积势必还会减少。所以，必须高度重视粮食安全，确保粮食储备。

建议：1．市政府组织有关部门对县、市两级粮食储备仓库、粮食储备情况进行认真的清查，摸清家底。结合粮改尽快清理粮食企业历史欠账，妥善解决遗留问题。进一步完善全市粮食供应应急预案和粮食供应的应急机制。

2．对全市农业产业结构进行调整，合理科学确定粮经种植布局和比例。推广优质、高效粮食品种，加大对种粮户的财政扶持力度。

3．合理科学确定县（区）、市两级粮食储备量，合理安排粮库改扩建资金，购粮资金、储粮利息、保管费用及陈粮轮换费用，确保粮食储备安全。

二、《重视培养高技能人才，为工业强市作贡献》

提案人：九三学社昆明市委

主要内容：发展支柱产业、实现工业兴市的重要保障之一是优质的人力资源结构，其中应用型人才的培养和使用又是这一保障中的关键问题之一。为了更好地建设现代新昆明和实现工业强市的战略目标，昆明市应高度重视培养高技能人才工作。

建议：1．提高认识，把坚持发展职业教育作为应对入世挑战和工业兴市的战略举措。

2．加强宣传教育，引导社会正确认识职业教育和树立正确的人才观。

3．调整中等职业教育结构，创新体制，使之更加适应经济的发展。

4．针对市场需求，调整专业结构，办出特色。

5．搞好中、高等职业教育的衔接，完善职业教育体系。

6．加大财政投入力度，确保职业教育持续发展。

7．严格就业准入和劳动预备制度，规范劳动力市场。

8．拓宽职业技能开发渠道，重视发挥民办职业技能教育机构的作用。

三、《充分利用 CEPA 协议，促进昆明市经济持续、快速、健康发展》

提案人：昆明市侨联

主要内容：2003 年 6 月中央人民政府与香港特区政府正式签署了《内地与香港关于建立更紧密经贸关系的安排》（即 CEPA 协议），3 个月后签署了 CEPA 的 6 个附件。CEPA 协议内容包括货物贸易、服务贸易和贸易投资便利化三个方面。根据协议及附件，从 2004 年 1 月 1 日起，273 个内地税目涵盖的香港产品，符合原产地规则进入内地时，可享受零关税优惠。如何充分利用 CEPA 协议带来的商机使内地经济与香港、澳门、台湾的经济更为紧密地联系在一起，促进两岸三地经济保持持续、快速、健康地发展，成为经济发展研究的重点。云南省暨昆明市应及时把握良机，研究对策，拿出办法，制定政策，利用 CEPA 协议促进云南经济的大发展。

本提案提出了建议 11 条。

四、《注重城市地下空间的有序开发利用和科学管理》

提案人：民建昆明市委

主要内容：城市地下空间是城市的重要组成部分，要重视地下空间的开发利用和科学管理。

建议：1．尽快编制昆明市地下空间开发利用的规划。

2．进一步理顺现有地下开发资源管理体制，明确管理机构、职能，对全市地下空间开发利用进行有效的统一管理。

3．推进地下空间资源的有偿使用。要抓住建设现代新昆明的契机，发挥市场机制，建设一些规模较大的（如煤气、自来水、电信、电缆、排污）共同沟，实行有偿使用。

五、《做好我市农村劳动力转移工作》

提案人：昆明市妇联

主要内容：2002 年，昆明市从业的农村劳动力共 179 万多人，转移到非农产业的有 36.8 万人，占 20.5%。昆明市农村富余劳动力转移工作还存在一些问题急需解决。

建议：1．加强领导，积极为农村劳动力转移搭建平台。各级党委、政府应把农村劳动力转移列入重要议事日程，纳入经济和社会发展的总体规划，切实加强领导。取消城乡不同身份就业的限制；取消体制内外对不同劳动力资源配置的限制；取消各种对农民的就业准入限制，使就业竞争不再被身份、地区和所有制限制；强化市场对劳动力的价格调节和对劳动力资源配置的作用，赋予企业和职工双向选择的权利。加快建立完善社会福利制度、社会保障和计划生育管理体系，逐步建立起与城市相通、城乡一体的社会养老、医疗等保险制度，改善农村劳动力的工作和生活条件，切实解决农民工子女入学等问题，解除其后顾之忧。

2．强化教育培训，提高农村劳动力外出就业的能力。

3．抓好信息服务，为农村劳动力进城就业提供可靠依据。

4．规范组织主体，提高农村劳动力进城就业的组织化程度。

5．齐抓共管，切实维护农村劳动力特别是妇女的合法权益。

六、《深化昆明市中小学人事制度改革，完善激励机制》

提案人：民盟昆明市委

主要内容：学校是实施科教兴国战略的重要阵地，搞好中小学校人事制度改革，是优化教职员工队伍，推动教育事业发展的核心工程。继续深化中小学教育人事制度改革，促进激励机制的完善。

建议：1．完善学校同教职工双向选择机制，放宽学校引进人才的自主权。

2．更加科学合理地确定岗位和岗位职责及按岗考评。

3．进一步完善分配制度。明确向一线岗位倾斜的激励原则；向特殊岗位倾斜的激励原则；过程管理与结果管理并重的原则；岗位实绩优先、统筹兼顾原则；学校财权自主性原则。

4．建立校长制约机制；实行中层干部竞聘上岗；实行校务公开，上岗前公示；建立动态的激励机制；依法逐步建立调解制度；建立健全社会保障机制，妥善安置未聘人员，形成人才合理流动的机制，促进教师整体素质的提高，适应教育创新对教师发展的新要求。

5．加大对深化改革的研究力度。探索建立教师工作的科学评价体系；探索新形势下教师职称评聘改革，逐步实现专业技术职称与岗位聘用的统一；探索学校人事管理由身份管理向职位管理转变，由单纯行政管理向制度化管理转变，由国家用人向单位用人转变；探索工资分配度的改革方案；探索建立多层次、多形式的未聘人员安置制度和学校后勤工作社会化方案。

七、《在昆明市人事制度改革中，增建灵活的弹性人才流动机制》

提案人：谢家放

主要内容：培养人才需待时日，而引进人才又碰到了全国性的激烈竞争。许多高水平人才都没有在云南或昆明长期生活的愿望和决心，也没有完全加入云南和昆明的实际可能。面对这种现实，应当建立“选择程序”，用更积极更灵活的机制，增建灵活的弹性人才引进机制。

建议：1．灵活的弹性人才流动机制突出实际才能、实际成绩和工作及合作诚意，为昆明市工作的高水平人才均可以以他们最能接受、最有实际操作性和最能发挥人才优势作用的方式引进。

2. 引进的高水平人才不专指自然科学和社会科学科研人才，应包括高级科技人才和高级技术工人，能促进昆明市工业突破的项目特有人才及组织和实施人才。

3. 从发展的实际需要出发，积极主动地寻访合适的人才，在弹性人才流动机制可能的范围内促成和完成高水平人才的流入，并形成自己的人才"猎头"网络和有专业水准、有前瞻眼光、有事业心的人才开发队伍。

4. 建立丰富有效、内容翔实、查找简捷的人才资源资料库，收集和检索昆明市需要的各类人才，以及预选人才和储备人才。

5. 重视本土高水平、高素质人才的就地开发和利用，挖掘和盘活昆明市的人才资源和潜在人才资源，注意精打细算和努力降低引进人才的原始成本和后续成本，提高实际综合效益。

6. 要致力于真正的高水平的人力引进，引进人才绝不能滥，不能让人才招聘流于一种无效。

7. 在启动灵活、积极的弹性高水平人才引进机制中，要加强领导、加强管理、加强监督和加强政治文明建设。

8. 有前瞻性地逐步培育和形成适应昆明市持续发展需要的高水平人才队伍。

9. 在实施灵活的弹性人才流动机制中，逐步形成有特色的弹性人才流动机制理论和工作体系。

八、《加强昆明城市交通基础研究及城市交通规划》

提案人：市政协城环委

主要内容：交通是城市的基本功能之一，昆明市正处于快速城市化的进程中，机动车拥有量迅速增长。预测交通现状及未来发展趋势，从居民出行基本特征入手，加强城市交通基础研究及交通规划，制定详细、科学、合理，并适度超前的城市交通对策和措施，势在必行。

建议：1. 制定昆明城市交通发展框架，编制"城市交通白皮书"，明确交通建设的具体内容和推进时间表。

2. 开展城市居民出行 OD 调查，掌握最基本的城市交通基础数据，并成为编制各类交通规划的依据。

3. 实施在城市规划建设项目中交通影响评价的管理办法，将《交通影响评价书》作为建设项目审批的必备条件。

4. 编制城市交通发展年度报告，通过"交通年报"，让社会各界充分理解政府在城市交通建设方面所采取的政策和措施，并获得广泛支持，及时调整城市交通发展对策和资金投向，做到"对症下药，因病施治"。

（市政协）

·民主党派·工商联·

中国国民党革命委员会昆明市委员会

【参政议政】 参政议政是民主党派的基本职能，是民主党派能否发挥作用，体现自身存在价值的关键，民革昆明市委将其摆在十分重要和突出的位置。民革市委 2004 年开年第一件事就是研究参政议政工作，召开了参政议政专委会的首次全委会，东川总支也召开了由市人大代表、东川区政协副主席参加的参政议政会议，就 2004 年的提案工作做了部署，使民革市委的参政议政工作出现了一个良好的局面。

民革市委党员中，担任省、市人大代表的有 4 人，其中 1 人为省人大代表，3 人为市人大代表。担任省、市政协委员有 18 人，其中 2 人为市政协常委；区级政协委员 33 人，常委 6 人，副主席 2 人。此外，担任市、区特约监察员和检查员、人民陪审员的有 4 人。

2004 年，民革党员中的市政协委员向市政协第十届四次会议提交集体提案 11 件，如：张亚南执笔的《加强机制建设，有效遏制"艾滋病"扩散》、张崇安执笔的《昆明市自来水公司户外抄表设备改造工程价格必须经过论证》等；大会发言 1 篇，即郑毅、崔黎昆、李致和参与的《构建城市中学生心理疏导和行为调适机制势在必行》；个人提案 2 篇。有 3 份提案被《昆明日报》追踪采访。

民革党员中的人大代表也积极履行职责，提出建议 10 件，受到市政府、市人大和各级相关部门的重视和采纳。如"关于改善翠湖卫生条件和修建不平路面"的建议，经两次面商后，已收到良好的效果，受到广大市民的称赞。再如："改大兴坡慢车道为快车道"的建议，昆明市有关部门立即采纳进行改道，解决此处长期以来阻车的现象，受到有关部门的表扬。

在各区（县）政协会议期间，五华总支向区政协提交的《转变政府职能，将拆迁工程办成民心工程》的集体提案、《关于城中村改造的两点建议》的个人提案受到表扬；东川总支提交集体提案 22 件，个人提案 3 件，其提案的数量和质量逐年提高。

一年来，民革市委各级组织的参政议政水平、提案的数量和质量提高很快，这主要得力于"领导重视、党员积极参与"，各级民革组织都把参政议政工作放在首位，党员参政议政的意识都普遍加强，并积极投入到民革组织的参政议政活动中来。参政议政委员会在年内召开全委会 7 次；课题调研及课题研究会 17 次；参加提案面商会 9 次；参加陆良考察；参观滇池治理改造情况；参加考察掌鸠河引水工程；参与省委专委会对"借奥运商机促进云南经济快速发展"的课题研究等。参政委还完善了工作机制，形成立体型参政议政工作体制。

【联谊工作】 民革市委有三胞关系的党员中，同台湾有关系的约占 70%，这是民革开展祖统工作的有利条件。民革市委祖统委员会紧紧围绕中共中央对台工作的方针政策，广泛动员党员开展促进祖国统一的海外联谊、牵线搭桥和多方面的交流活动。一年来，祖统联谊委员会召集全体委员会议 11 次，联谊活动 2 次；专题座谈报告会 4 次；参加民革省委联络委会议 5 次；向民革中央联络部领导直接汇报工作 1 次；配合中共昆明市委在 8 月举办"台湾知识竞赛"活动；参加"5·17 声明"统战信息反馈会；并与民革云南省委祖统会密切联系，相互配合，开展活动，使活动的广泛性进一步拓宽。

民革市委还组织和发动党员做好接待和服务工作，采取拜访、寄送信函和贺年卡片、陪同参观等形式，向"三胞"宣传"和平统一、一国两制"方针，消除疑虑，增进了解。全年接待台胞 10 余人（次），寄送贺年卡 100 份。

台湾地区"3·20公投"事件发生

之后，市委迅速召开有祖统委员参加的座谈会，大家学习了中台办、国台办发表的声明；并参加了由民革省委主办的“海峡两岸形势”报告会；还配合民革省委主办“云南省两岸形势与对策”研讨会。这些活动的开展，不仅使党员更进一步认识两岸关系的新形势，也提高了党员的思想认识，树立为祖国统一尽自己努力的责任感。

【思想建设】　加强党员的思想教育是民革的传统，民革市委始终把加强和改进政治思想工作作为自身建设的首要任务。民革市委针对当前形势，下发了各总支、支部学习文件和文章，如：《中共十六届四中全会公报》、《中共中央关于加强党的执政能力建设的决定》和《巩固发展爱国统一战线，加强党的执政能力建设》等文件，召开学习中共十六届四中全会精神的学习会；还专门请市委统战部部长张中宁讲授统战理论；请民革党员谢本书向新党员讲授民革党史；请云南大学教授金子强向党员作《现代社会与现代人》的讲座。这一系列的学习会、座谈会、辅导会，不仅让广大党员了解了形势，提高了思想认识，还为巩固和发展同中国共产党的团结合作奠定了思想基础。

民革市委主办的《昆明民革》和《工作简报》，在各级组织和广大党员的关心支持下按时出刊，质量有很大提高。这两个刊物在宣传统一战线理论，对党员进行思想教育方面起到了积极的作用。一刊一报作为民革市委的机关刊物，始终把坚持正确的政治方向，体现民革特色作为办刊的基本要求。《工作简报》期期刊登支部生活的情况，及时报道新情况、新经验。

【组织建设】　民革市委在发展党员工作中，认真贯彻上级组织的发展与巩固相结合，注重质量，有计划稳步发展的方针，在发展中强调政治素质，又考虑民革特色，把一些德才兼备的同志及时吸引到民革队伍中来。截止到2004年底，民革市委组织共有党员714人，女党员320人，占44.8%，2004年发展新党员15人，全体党员平均年龄54.2岁，自然减员8人，机关有工作人员8人。

组织建设的重点是加强基层组织建设。只有建好基层组织，市委的工作才能顺利开展起来，参政党的职能才能体现出来，市委现有5个总支（五华、盘龙、东川、安宁、西山），32个基层支部。

（郑　毅）

中国民主同盟昆明市委员会

【理论学习】　民盟昆明市委认真学习领会中共十六届三中、四中全会精神，充分认识中国共产党居安思危的忧患意识、与时俱进的创新精神和总揽全局的领导艺术，深刻理解中国共产党立党为公、执政为民的宗旨；充分认识在新世纪新阶段，我们要进一步明确自身历史方位和历史使命，借鉴执政党加强执政能力建设的经验，全面加强盟的自身建设，努力提高参政能力和水平，在坚持和完善中国共产党领导的多党合作事业中发挥更大的作用。民盟市委把学习新修订的宪法和政协章程落到实处。下发通知，拟订学习安排，把《宪法和宪法修正案学习问答》及《政协章程和政协章程修正案学习读本》发到基层组织、专门工作委员会、委员及机关工作人员，多次组织机关工作人员参加学习新宪法和新政协章程的讲座及座谈会。

在中共昆明市委统战部召开的“纪念邓小平诞辰100周年暨邓小平统一战线理论研讨会”上，民盟市委论文《试论统一战线中的以人为本》获一等奖，《建设中国特色社会主义》获二等奖，并获得组织奖。以纪念邓小平同志诞辰100周年为主题的民盟市委常委论文集，共有21人撰写论文21篇，外聘专家评出一等奖5篇，二等奖5篇和三等奖11篇。

【参政议政】　充分发挥盟员中人大代表和政协委员的作用，注意调动民盟组织的整体力量。2004年民盟市委在昆明市政协第十届四次会议上共提交提案43件，《昆明市区中小学科技普及教育情况调查及建议》等8件为集体提案，其中《加快公共卫生突发事件应急机制，为现代新昆明的建设提供保障》，作为大会交流发言，引起与会者和社会广泛关注。《深化昆明市中小学人事制度改革，促进激励机制完善》被确定为政协的重点提案，并被评为2004年度的优秀提案。个人提案35件，其中几个关于交通问题的提案切中昆明热点问题，被《昆明日报》等多家报纸争相报道。民盟市委办公室被授予2004年度政协工作先进集体，5位盟员被授予2004年度政协工作先进个人。东川民盟区委、盘龙区基层委员会、五华区基层委员会在2004年的两会上共提出集体提案15件，个人提案36件，人大建议1件。盘龙区基层委员会在区政协六届二次全会的集体提案《整合教育人才资源，促进我区基础教育均衡发展》，被列为主席督办提案，并被评为年度优秀提案。

民盟市委在发挥整体优势的同时，调动各基层组织的力量，推进参政议政工作。各基层组织的主委、副主委和盟员中的人大代表、政协委员，多次参加区人大、区政协组织的对交通、教育、工商及药品、食品行业的检查，机关工作人员多次参加对昆明市各委办局的民主评议，从各个层次各个角度发挥着民主监督的作用。

民盟昆明市五届七次全委会议　（民盟市委　供稿）

【调查研究】　盟市委在总结几年来调研工作经验的基础上，首次承担市科技局的软课题《昆明北部山区农民增收研究》。经过一年的调研，这一课题已圆满完成，得到科技局和参评专家的一致好评。该课题配合党和政府关心的难点问题研究，提出了一些解决贫困地区农民脱贫致富的新思路，对中共昆明市委、市政府解决“三农”问题有一定的参考价值。一年来，民盟市委还完成了《以科学的人才观创造性的实践人才强市战略》、《保护纳税人合法权益，促进非公经济发展》等市级课题的调研，并写出报告送统战部参审或送市委、市政府作为咨询报告。其中《昆明市艾滋病病毒职业暴露的防护及建议》、《发展教育，提高农民素质，合理开发北部山区人力资源》在市委统战部召开的2004年课题评审会中双双获奖。另外，专委会和东川民盟区委、两个基层委员会和部分支部也完成多个调研课题，进一步完善了民盟市委的三级调研制度。

【宣传思想工作】　一年来，民盟市委通过在《云南政协报》、《云南盟讯》、《都市时报》、《昆明统战》、《昆明统战信息》、《昆明政协信息》等报刊、杂志上发表专题文章、报道、提供信息，在电台和电视台进行新闻报道等方式，多方面展示盟员的风采。提案《加强对弱势家庭子女的教育补助》在云南电视台“提案聚焦栏目”专题上播出，进一步扩大民盟作为参政党在社会上的影响和知名度。同时，利用《昆明盟讯》，刊登民盟市委的重要会议精神，从不同侧面反映民盟市委的各项工作，要求盟员认真学习理论和政策，学习盟史和盟章，在复杂多变的形势面前，保持正确的政治方向，站稳立场。刊物发送全国各地，进一步扩大了民盟的相互交流。

中共昆明市委统战部召开市级各民主党派、有关团体纪念中国共产党建党83周年座谈会。民盟市委主要领导和机关全体工作人员参会，姚副主委代表民盟在会上作了《创造新业绩，铸就新辉煌》的发言。民盟市委召开纪念邓小平诞辰100周年座谈会和学习贯彻中共十六届四中全会精神的座谈会。盟员的书画作品送到邓小平同志的故里广安，以表达昆明盟员对邓小平同志的深切怀念和崇敬之情。

【组织建设】　截止2004年底，民盟市委共有盟员1 464人，基层组织65个。2004年的组织发展注意了质和量的辩证关系，积极吸收有影响力的人士入盟。共发展新盟员59人，大多数为高、中级中青年知识分子、单位业务骨干。

在民盟市委的统一部署下，2004年安宁支部成立，昆二十六中支部、昆七中支部、昆十一中支部相继换届，部分基层支部完成了支委的调整及增补工作。对部分准备换届的基层支部进行人选的考察工作；配合昆明市新区划调整，民盟市委做了大量的调查研究，对区属基层组织进行了重新梳理，拟订《民盟昆明市委关于适应新区划，调整基层组织的意见》，及时召集涉及区划变动的基层组织负责人开会，统一认识，组织实施，已基本完成民盟市委区属基层组织的整合。

加强盟员档案管理，适时了解盟员情况，不断更新盟员信息。分层次建立民盟市委后备干部名单，进行动态管理，加强对中青年骨干盟员的考察、培养，积极通过市委统战部向有关部门进行人才推荐。全年先后有180多人（次）盟员参加了民盟省委、市委统战部、民盟市委、区委统战部组织的各类干部培训及中青年盟员、新盟员培训。

【社会服务】　民盟市委非常重视2004年的扶贫工作，成立了专门的扶贫小组，先后三次到禄劝县马鹿塘乡普福村扶贫点做实地考察，并购置价值7 200元的水管送到扶贫点。义诊服务是民盟市委多年来一直坚持的一项爱心活动。2004年民盟市委率领医卫界盟员到富民县医院、困难厂矿企业、部队开展义诊、咨询、扶贫、联谊，做了不少实事。五华基层委员会积极参与中共五华区委统战部“统战工作进社区”活动，到西坝办事处举办“走出家庭教育的误区”的讲座，反映强烈，受到好评。

（王俊伟）

中国民主建国会昆明市委员会

【加强学习，提高会员素质】　1. 弘扬民建光荣传统，加强自我教育。民建昆明市委通过组织会员学习马列主义、毛泽东思想、邓小平理论、“三个代表”重要思想、中共十六大和十六届三中、四中全会精神，昆明市第八次党代会精神和民建八大精神等，进一步增强会员对中国共产党“三个代表”重要思想的认识，增强对社会主义制度优越性的认识，增强中华民族的凝聚力，进而更加热爱中国共产党、热爱祖国、热爱社会主义和热爱人民。学习中除了准确把握正确的政治方向外，还坚持民建自我教育的优良传统，发挥民建与经济界密切联系的特点和优势，以团结、求真、务实的精神，激发广大会员的爱国热情，把会员的智慧和力量凝聚起来，高起点、高标准履行参政党职能。同时组织广大会员结合本职工作积极开展“政治思想有觉悟，岗位工作有业绩，参政议政有成果，社会服务有贡献”的四有活动。2. 民建昆明市委通过建立健全支部成员、骨干会员、后备干部和新会员的培训培养制度，使培训工作经常化、规范化、制度化。2004年，54名中青年会员参加了学习培训。会员在组织的培养中成长，组织在会员的成长中壮大。2004年，一名副主委到富民县挂职副县长，两名机关同志到相关部门和基层挂职锻炼。3. 民建市委努力办好《昆明民讯》，并把会刊作为会员学习交流的园地。支持和鼓励支部组织会员围绕昆明市的经济和社会发展开展调研，并通过《昆明民讯》建言献策和发表意见。4. 积极探索新时期民建会员思想政治工作的有效途径。民建市委先后邀请省社会主义学院、云南大学等教授、专家分别就邓小平理论与统一战线、建设中国特色社会主义、科学发展观及社会主义市场经济发展中的理论和实践进行辅导讲座。民建市委通过举办讲座、报告会、人大代表和政协委员专题座谈会等活动，力求使会员做到学习理论与参政议政的实践相结合、自我教育与组织培训相结合、深入细致的思想工作与解决实际问题相结合。

【基层组织建设】　1. 努力发展高素质的会员队伍。全年发展新会员28名，平均年龄38岁，其中大专以上文化程度25人，具有中级职称的12人，非公经济企业高级管理人员8人。至年底，会员总数达657人，其中经济界会员占71.7%；大专以上学历的会员292人，占会员总数的44.4%；具有中高级以上职称的357人，占会员总数的54.3%；省、市、区三级人大代表和政协委员共50人（59人次）。2. 探索支部组织活动方式，提高支部组织生活质量，履行参政党职能。7月，民建市委举行基层组织建设工作交流会，通过交流，进一步总结民建基层组织建设工作的成绩和经验。为保证支部正常开展活动，除会员交纳的会费全部留在支部外，2004年民建市委补助支部活动经费25 000多元，使支部活动和支部调研有必要的经费。2004年会费收缴达到80.7%。2004

年先后完成了五华、官渡、一、二、三、五等支部的换届工作。3. 十分注重发挥各专委会与支部的互动作用。民建市委根据多数会员的建议，对各专委会进行了调整，专委会委员由各支部选派的会员组成，专委会主任由兼职改为专职，并安排了必要的工作经费。通过专委会与支部的联系，进一步推动了支部的工作和建设。

【提案和调研工作】 2004 年完成了“在推进现代新昆明建设中切实解决失地农民的社会保障和就业问题”（获市委统战部评比一等奖）、“进一步完善非公经济信用担保体系”（获市委统战部评比鼓励奖）、“提升昆明旅游竞争力”等三份调研报告。支部提交了 91 份提案或议案，其中 24 份经整理后成为集体提案。很多提案引起了有关部门的高度重视，并被媒体广泛报道。2004 年，在市政协立案的 532 份提案中，提交主席会议讨论的重点提案有 20 份，最后确定了 8 份为重点提案，其中民建市委占了 2 份，为市政协重点提案的四分之一。

【建立和健全制度建设】 1. 建立和完善各项规章制度，使民建昆明市委的工作走向规范化、制度化。民建市委先后建立和完善了主任委员会会议规程及议事制度、常务委员会会议规程及议事制度、会费收缴和管理制度、支部组织生活、支部委员活动考勤制度、联络员和信息员制度等规章制度，这些规章制度的建立和完善，使基层组织建设工作初步做到了有章可循，使机关工作和基层组织工作在规范化、制度化建设方面上了一个新台阶。2. 根据《昆明市民主党派领导暨机关中层干部年度考核实施办法》，从 2004 年开始，主任委员，驻会副主任委员和机关中层干部每年年终要向全委会进行述职，兼职副主任委员每两年向全委会进行一次述职；民建市委主任委员，副主任委员每年都要开展一次民主生活，广泛听取会员的意见，接受会员的批评和监督。3. 建立“主委、副主委接待日”制度。每次支部组织生活活动之前，由主委、副主委接待会员来访，听取会员对民建市委工作、支部建设、参政议政等方面工作的意见和建议。2004 年主委、副主委接待日共接待会员 9 人（次）。4. 努力发挥省、市人大代表、政协委员和担任特邀职务会员的作用，积极为他们履职做好服务工作。2003 年换届后，民建市委每年都要邀请担任省、市人大代表、政协委员的委员到民建市委机关召开座谈会，广泛听取省、市人大代表、政协委员对民建市委工作的意见和建议，同时也要求省、市人大代表、政协委员要密切联系会员，了解社情民意，广泛听取和反映群众的意见和建议，积极履行职责。

【参与社会服务活动】 1. 民建市委坚持“以人为本”，关心会员，服务会员，以会员为根本。民建市委先后为多名会员反映的问题和困难向有关部门进行反映、协调，有的已经得到了解决。使会员充分感受到组织的关怀，从而进一步增强了组织的凝聚力和亲和力。2. 通过唐明霞会员牵线搭桥，民建市委分别于 2004 年 2 月、6 月两次组织了由韩国医科大学专家组成的国际志愿者医疗队和部分会员到禄劝县、寻甸县开展“科技、法律、卫生”三下乡活动，携带价值 10 万美元药品、医疗器械，免费为当地五保户，妇女儿童和家境贫困者送医、送药、诊治3 300多人（次），并进行相关法律科技咨询服务。3. 按照市委统战部的安排，禄劝县马鹿塘乡普福村的大坟山村和陈家村为民建市委的结对扶贫点。民建市委先后两次派员进行实地调研，并送去了衣物 100 多件，粮食 100 公斤和现金27 000元，帮助当地贫困村民解决生产、生活困难。4. 昆明勋业集团有限公司董事长许家勋会员十分关心老会员，2004 年春节期间分别为 63 位老会员发放慰问金6 400元；5. 昆明进取经贸有限公司董事长彭锦芬会员为昆明市贫困地区教育基金会捐资 2 万元。

（民建昆明市委）

中国民主促进会昆明市委员会

【思想政治工作】 民进市委以“建设学习型市委会”为思想建设工作前提，拟定具体要求，组织基层加强学习。组织会员认真学习邓小平理论和“三个代表”重要思想。认真学习党的十六大、十六届四中全会精神，深刻领会加强中国共产党执政能力建设的重要性和必要性；注重时事政治学习，把握党的重大方针政策，有计划地安排工作；学习统战理论和有关民主党派知识，进一步增强参政党责任感；组织会员参加通报会，为会员知情参政、建言献策提供素材。

中央统战部决定在统一战线成员中开展增强对中国共产党“三个代表”重要思想的认识，增强对社会主义制度优越性的认识，增强中华民族凝聚力；开展热爱中国共产党、热爱祖国、热爱社会主义、热爱人民的“三增强、四热爱”教育活动，民进市委立即在全市会员中开展这个活动。组织基层支部进行学习，大家认识到贯彻“三个代表”重要思想，就要始终坚持解放思想，毫不动摇地坚持党的基本理论、路线、纲领和基本经验，为实现全面建设小康社会目标而奋斗；促进社会主义物质文明、政治文明和精神文明协调发展，就要积极支持中国共产党，始终做到立党为公，执政为民，加强和改进党的建设。通过学习，调动会员的积极性，畅通信息渠道，收集反映基层意见、建议，向中共市委统战部、民进中央、民进省委报送信息，为各级党政领导决策提供有价值的参考。

各支部联系思想工作实际开展各种公益活动，将学习体会及时报到民进市委，在《昆明民进》刊物上刊登，起到互相学习、交流的良好效果。

民进市委认真组织会员参加各种培训班，11 人参加民进省委举办的后备干部培训班；22 人参加市社会主义学院举办的中青年干部培训班 2 期；26 人参加市社院举办的市委委员和专职干部培训班；36 人参加市委统战部举办的常委和后备干部培训班。这些培训班结束后，参加培训的人员思想素质不断提高，纷纷写出学习心得在会内刊物上交流。

【组织建设】 2004 年是民进中央确定的组织建设年，按民进中央的要求，民进市委把基层建设作为重点，调整机关干部联系基层制度，调整充实了部分总支、支部班子领导。机关领导干部参加基层组织生活，向会员传达市情，丰富了基层组织活动内容，增强会员参加组织生活的积极性。3 月，民进中央组织部副部长一行 3 人到昆调研，深入基层参加市联合支部过组织生活。10 月中旬，推出市联合支部和昆十一中支部代表民进云南省委参加了民进中央先进支部表彰大会，带回了全国各地基层组织的典型经验进行传达。

在组织发展中放开发展速度，提高新会员质量。全年共发展新会员 140 人，教育界会员占 82%，民进市委共有会员 980 名，其中中学特级教师 5 名，小学特级教师 2 名，中学校级领导 8 名，非公有经济界总经理 5 名，企业厂长 2 名，民进市委推荐 3 名干部到宜良、呈贡、晋宁县的乡、镇任实职。

【参政议政】 组织支部、会员参加市政协各种情况通报会。人大、政协会议召开前，民进市委举行"参政议政意见听取会"、"提案工作研讨会"，由各基层支部负责同志将收集到的意见建议，经民进参政议政委员会讨论，民进市委常委会研究审核后提交市政协提案53件，其中10件作为党派集体提案，43件作为民进政协委员提案。经市政协提案委员会审定，集体提案立案7件，委员提案立案43件，2件属省级部门办理的转报省政协处理，1件难以办理，免立案。这些提案涉及教育方面的16件，交通安全、治安的7件，城市管理6件，国企改革与经济发展5件，政府管理的4件，科技方面2件，医疗体制改革的3件，统战工作的2件，人事制度改革的2件，文化方面的2件，食品卫生1件，环境绿化的1件，充分体现民进市委全体会员踏踏实实为党和政府参政议政的精神。

在政协大会专委会专题协商会上，民进市委4位政协委员分别代表民进作了《各级政府要采取切实可行的措施，保证农村教育经费的投入》、《关于加强治理滇池的思路和建议》、《大力发展农村职业教育，走农村科教结合的道路》、《关于在中学校园内建立电子图书馆的建议》的书面大会发言。民进市委参加统战系统调研，完成了《文化旅游联姻，共谋发展新路》调研报告，上报市委统战部。在市政协十届四次表彰大会上，民进市委再次荣获"昆明市政协参政议政先进集体称号"。民进市委评出75位参政议政先进个人和12个基层支部先进集体。

【为社会办实事】 民进市委积极参与社会服务和扶贫支教活动。9月，民进市委机关干部到安宁密马龙村扶贫点进行扶贫支教活动，为密马龙小学捐助人民币5 000元、纸张4箱，并与该校教师座谈，和他们结成长期帮扶关系。同时还和乡、村两级领导交流意见，为该村的发展提出建议，对进一步引进美国福特基金会援助项目进行了研究。

经民进省委牵头，江苏民进组织专家到昆，民进市委推荐他们到宜良进行支教活动，希望能促成双方建立手拉手学校，建立相互帮扶关系。

11月，民进市委组织昆十中特级教师俞泰红等7位教师组成的讲学团，赴红河州个旧市开展"新课程示范教学和交流活动"。根据当前课程改革中学习、创新给所有教学工作者带来的新问题，民进市委集中昆明市课程改革的优质资源，率先到个旧市对新课程改革进行交流、探讨实验，以昆明市课改的先进经验推动促进云南省教育教学发展。7位骨干教师从八年级和九年级语文、数学、外语三门主科入手进行新课程示范教学。展示课的形式以多媒体辅导为主，在个旧市十四中共进行8节示范课，个旧市三门学科教师800人听课，受课学生每节50名。昆十中教师以自主、合作、探究的开放方式全方位地展示了新课程标准在实际教学中的落实。课后讲课教师与听课教师进行3次座谈会，双方探讨课改问题，明确课程改革的实质必须从教学方式和学习方式上进行转变。这次成功的教学示范活动使听课教师收益颇多，为新课程改革提供新信息、新理念、新思路、新方法，促进了个旧市的教育发展。

（戴　霞）

中国致公党昆明市委员会

【思想建设】 致公党市委深入开展形式多样的自我教育活动，进一步加强思想政治工作，利用各种机会，组织党员认真学习"三个代表"的重要思想、中共中央十六届三中和四中全会精神、宪法修正案、政协章程修正案、本党章程、统战政策、台海形势，了解新昆明建设的规划和设想，同时，开展树立"科学发展观、正确政绩观和马克思主义群众观"的教育活动。不断帮助党员进一步认识新时期参政党的职责和使命，提高党员的政治敏锐性，坚定党员正确的政治方向，构建学习型的参政党，从而更好地为新昆明建设服务。

9月14～20日，致公党省委副主委、致公党市委主委林怡平和名誉主委孙世光到北京参加中共统战部省级民主党派副主委培训班。为提高新党员政治理论水平，致公党市委举办了新党员培训班，邀请有关领导作专题讲座，讲解本党党史和党章。在纪念邓小平诞辰100周年座谈会上，致公党市委部分委员、基层干部深情地缅怀了这位时代伟人的高尚品格和丰功伟绩。

为提高参政议政水平，致公党市委召开各级人大代表和政协委员、各级基层组织委员、部分参政议政骨干参加的培训会暨参政议政工作会议，邀请有关领导和专家作专题讲座，同时组织认真的讨论。会上致公党市委还为明年各级"两会"上提交提案的工作专门做了动员和布置，同时，还传达了致公党省委召开的信息工作会议的精神，部署和研究反映社情民意的工作思路和方法，规定了信息采用反馈、评比表彰等制度。

【参政议政】 2004年，致公党市委各级人大代表和政协委员在"两会"召开期间，共提交建议案18篇、提案55篇。在市政协十届四次全会上，致公党市委作《调整山区农业结构，优化肉牛肉羊基地建设》的大会发言，得到广泛的好评；致公党市委有关《关注"三农"问题，重视农村教育》、《昆明市水源区人群粪便急需无害化处理》、《关于

到禄劝县开展扶贫工作　（致公党市委　供稿）

对政府重大决策先期公告的建议》和洪明德委员有关《从源头上堵死窨井盖口，让市民出行放心》等提案得到了政府有关部门的高度重视；另外，《三提“撤移廖家庙收费站，还二环路畅通”》的提案，经致公党市委政协委员3年的不懈提交和努力，终于得到了解决。云南电视台“提案聚焦”等栏目对致公党市委政协委员的多件提案进行了报道，并采访了多位委员。致公党市委的《为我市归国留学人员创业园营造更好的发展环境》提案被评为优秀提案；致公党市委参政议政委员会和陈红云、孙扬舟两委员分别被评为市政协工作先进集体和个人。陈达娅提出的《建议昆明市政府加紧开展对脑瘫儿童的前期普查工作，防患于未然》，由蔡燕华代表在市人大会上提交后，昆明市委、市政府高度重视，已承诺提供资金，由市残联、市卫生局和市儿童医院联合筹备成立相关的机构来开展此项工作，《昆明日报》对此事进行了报道。

李蔚委员有关《增强服务意识，做好税收征管工作》的提案被五华区政协六届一次会议评为优秀提案。谷欣委员提出的《农贸市场屠宰污水处理》的提案受到政府有关部门的重视和积极办理。靳云东委员《关于建立农村合作医疗》的提案在西山区政协大会上作了重点发言，引起有关部门的高度重视，该提案不仅被区政协评为重点提案，还被列为西山区政府为民办实事的八件大事之一，西山区政府对农村的合作医疗已全面铺开，并已落实到乡村。

陈红云被选任为云南省人民检察院人民监督员；吕培易被盘龙区人民政府聘为第一批安全生产专家组的成员。致公党市委担任各级特约检察员、监察员、公正社会监督员、行风评议员等的党员继续认真履行民主监督的职能，为行风建设和社会风气的进一步好转努力工作。

【调查研究】　6月24日，致公党市委组团到华东三省一市，就《关于规范国企产权制度改革》进行为期半个月的调研，完成了专题调研报告。致公党市委还完成了《昆明市饮用水水源保护与经济可持续发展》和《我市贫困和边远地区农村电网改造的调研和建议》的课题调研报告。五华总支对新区划调整后五华区工、农业发展的新思路做了专题调研，并提交课题调研报告2份。盘龙总支完成了《关于非公经济人士如何在完善社会主义市场经济中发挥作用》的调研，并与区侨联合作完成了对《归侨侨眷权益保护法》的贯彻执行情况的调研。官渡总支通过对外（侨）资企业的调研，写出了《焉能如此筑巢引凤》的报告。

【组织建设】　致公党市委发展新党员25人，平均年龄38岁，其中，具有大专以上学历的23人，具有中级职称的15人。截止2004年12月30日，致公党市委共有党员367人，其中，具有大专以上学历的286人，具有中高级职称的283人；基层组织有总支5个、支部19个。

致公党市委对下属的3个专门工作委员会进行调整充实，所属工作委员会为参政议政工作委员会、联络工作委员会、青年工作委员会、妇女工作委员会、老龄工作委员会，并对各自的职责范围、工作联系方法和工作重点给予明确。为进一步完善和健全领导和工作班子，11月20日，致公党市委召开四届三次全委会，任命陈红云为秘书长，同时免去喻星源秘书长的职务。之后，召开致公党市委主委会议，对办公室和经济联络处的工作班子进行调整。

为配合新区划后基层组织的调整，致公党市委召开了组织工作研讨会进行意见征求，发放“中国致公党昆明市委员会党员基本情况调查表”，在全市党员中进行基本情况的调查，为基层支部的调整做好准备工作。为做好非公经济党员的发展和管理工作，最大的程度地发挥他们的优势和积极性，6月16日，致公党市委成立了非公经济人士联谊会。为完善基层组织建设，经与安宁市委统战部多次协商，12月23日，致公党市委召开安宁二支部党员大会，进行支部领导班子届中调整的选举。

【加强后备干部培养力度】　继续选派优秀干部参加社会主义学院的学习，采用各种方式，提高党员参政党意识和政治素质。致公党市委组织部分党员和机关干部参加了市级各民主党派、有关团体暑期干部培训班，听取系列讲座；选派魏明、朱龙璋参加中共昆明市委组织部等单位联合举办的党外中青年干部培训班；选派28位党员参加致公党云南省委举办的中青年党员培训班和中共昆明市委统战部及昆明市社会主义学院联合举办的市级党派中青年干部培训班。

为培养建设现代新昆明的后备干部，经致公党市委的推荐和中共昆明市委组织部的决定，邓芸被选派参加自9月2日起为期2年的挂职锻炼。另外，魏明被评审为昆明市学术（技术）带头人后备人选。

【党务活动】　致公党市委每季度召开一次总支、支委联系会议，通报工作重点等情况。同时，继续坚持联络员制度。为向社会广泛宣传《中华人民共和国归侨侨眷权益保护法》及有关实施办法，切实保护归侨侨眷合法权益，8月21日，致公党支委部分机关干部到东风广场参加省市两级“五侨”及有关部门联合开展的“侨法宣传日”活动，散发宣传资料，接待侨务信访，进行法律政策咨询和医疗义务服务。

在中共五华区委统战部组织开展的“民主党派社会日”活动中，致公党市委五华总支在盘龙总支的支持下，组织党员组成医疗服务队进入社区，为百余位老年人开展健康知识讲座和义诊活动，收到良好的社会效果。由于民主党派在社区开展社会日活动在全国尚属首例，省、市有关电视台特对此事进行了采访报道。同时，五华总支还与兄弟党派合作，开展法律进社区活动，为社会服务。

【扶贫工作】　扶贫工作是民主党派服务社会的重要渠道与方式。4月28日，致公党市委与市侨联一起把社会各界人士捐赠的217箱衣物、餐炊具等扶贫物资及时送到绿劝县崇德乡六合村背后村和坡头村扶贫点。6月份以来，致公党市委经过对扶贫点项目资金预算方案的审查，划拨3万余元对电网进行改造。10月22日，扶贫点在致公党市委的扶持下，顺利完成了10KV电力技改供电工程并投入使用。致公党市委委员、昆明市农科所所长魏明到绿劝县与中共绿劝县委统战部、县政府、县农业推广站就中外合资华澳公司彩椒和马铃薯种植等有关事宜进行磋商，并达成意向性协议。6月份，致公党市委划拨资金帮助有关部门在嵩明阿子营引种台湾的药用及果菜农用新品种——高山雪莲，年内已初见成效。致公党市委各基层支部积极开展各种“送温暖、献爱心”的活动。

【联谊工作】　6月，致公党市委借组团到南京、上海、杭州、宁波、温州、福州和厦门等地进行课题调研之机，就本党组织建设、参政议政、机关建设等问题与兄弟党派市委进行了交流，此举不仅加强了相互的联系，也扩大了致公党昆明市委对外的影响。致公党厦门、柳州市委机关同仁也到昆明学习交流。11月2～13日，致公党省委副主委、市政协副主席孙世光和致公党市委副主委喻星源参加了由昆明市“五侨”组成的

农工党市委主委姚承济带队赴华东地区调研　（农工党市委　供稿）

友好访问团，到印度尼西亚和马来西亚进行了友好访问。

据不完全统计，致公党市委年内接待海外新朋旧友共 220 人（次），向海外亲友寄发书信近1 000件，展开积极的宣传攻势。致公党市委热情接待了美国 Kansas 大学刘为世教授和中国教育部组织的留英教授支持西部为国服务项目成员暨英国 Keele 大学傅依斌教授等友人，傅依斌教授与云南师范大学、昆明理工大学均有合作研究项目。经何兴联系，昆钢炼铁厂引进了美国能特高科技有限公司的“再现监测仪”一台，这在中国尚属首台。经试用，有关部门已经扩大了引进的规模。另外，在安菲娜的帮助下，其弟由台湾回国投资 480 万美元，创办了“中台安龙木材有限公司”，进行纳米强化木材的高科技生产项目，目前资金已到位。

（黄秋苹）

中国农工民主党昆明市委员会

【政治理论学习】　农工党昆明市委按照农工党中央在十三大中提出的自身建设目标——把我党建设成为始终坚持与中国共产党亲密合作、适应新世纪新阶段开创中国特色社会主义事业新局面要求的参政党的目标，以邓小平理论、“三个代表”重要思想为指导，紧紧围绕中共昆明市委、市政府的中心工作，深入学习中共十六大和十六届三中、四中全会精神；在全国“两会”后，农工党市委领导班子带头反复学习宪法和政协章程修正案，同时通过座谈会、讲课的形式组织市委委员和基层组织学习、讨论；根据中共省委、市委的通知精神，在农工党市委班子和机关干部、党员中认真开展了树立科学发展观、正确政绩观和马克思主义群众观的“三观”学习教育活动。

【后备干部队伍建设】　农工党市委十分重视干部培训工作，年内派 16 名党员参加了中共市委统战部举办的暑期干部培训班、10 名中青年党员参加了“市级各民主党派中青年干部培训班”、1 名党员参加了为期 1 月的昆明市党外中青年干部培训班。同时农工党市委在年内还举办了一期 60 余人的新党员培训。通过学习、培训，不断建立和完善干部选拔、任用、推荐的体系和管理办法。

【参政议政】　在市人大、市政协全会期间，农工党市委向大会提交了建议案 6 件；向市政协提交集体提案 6 件、个人提案 18 件，并在政协全会上作了题为“关于建立面向东盟的昆明自由贸易市场的建议”的大会发言。

农工党市委的集体提案《关于清理、整顿、规范昆明市成人用品市场的建议》由昆明市药监局承办。市药监局领导高度重视，成立了领导小组，曹长志局长和有关部门的负责人到农工党市委进行提案面商。根据提案涉及的问题进行针对性的调查研究，同时认真组织有关人员学习有关的法律、法规和相关政策。市药监局依法对成人用品市场进行了清理整顿，明确了执法主体，统一了准入条件，坚决打击、取缔无证经营行为，净化、规范“成人用品”店，对全市“成人用品”店进行监管，实行准入、日常监督和年审制度。

农工党各基层组织向省人大提交 1 件建议案，向省政协提交个人提案 1 件；区级政协全会提交集体提案 3 件，个人提案 12 件，区级人大提交建议案 2 件。在 2004 年市政协组织的“人才强市战略与现代新昆明建设”专题讨论会上，农工党市委《对昆明市人才强市战

举办第十六届国际科学与和平周活动　（九三学社市委　供稿）

略实施的建议》的论文获研讨会论文三等奖。

【民主监督】　2004年农工党市委参与了市人大的立法工作，参与了对政府、县区法院、检察院的执法检查和工作检查，多次参与市人大对昆明市国家机关重大人事任免和重大事项的决策活动。并参与市政府组织的各种报告会、座谈会、视察、检查、专题协商以及提案的面商、回复活动。参与中共昆明市委的民主评议行风活动，对市级五大机关、党群部门、执法机关、行政审批部门、综合管理等79个部门和单位进行依法行政、服务态度、行政效率、廉洁勤政4个方面的民主评议活动。参与了2004年昆明市部分单位招考公务员的监督活动。

【理论研究和专题调研】　根据农工党中央向农工党各省、市、区地方组织下发的《中国农工民主党2004年理论研究课题计划》的活动通知，农工党昆明市委各基层支部认真组织理论学习、调查研究和理论研究，写出了15篇论点好、分析有深度、有研究价值、有水平的文章，为农工党的工作实践和理论研究提供了大量的理论依据。

按照“高质量，出精品”的要求，农工党市委精心组织，严把调研和提案关，针对课题的专业要求，组织相关人员到市疾病预防控制中心、市劳动和社会保障局实地调研，在两部门的大力支持配合下，完成了《关于昆明市公共卫生防疫体系建设的调研》和《关于建立城乡统一的劳动力市场，为劳动就业搞好服务》的调研报告。5月底，响应市委书记杨崇勇向省外先进地区学习的号召，农工党市委组织了调研组赴华东地区开展调查研究，通过与南京市、上海市相关部门的座谈和实地考察，完成了《关于城市社区建设与管理，加强基层组织建设》的调研。

【基层组织建设及活动】　2004年昆明市进行城市行政区划的调整，农工党市委的部分支部也涉及到，针对这一部分支部，农工党市委进行了党员摸底调查，及时召开基层组织负责人会议，广泛听取意见和建议，对个别问题特殊的支部，分别进行党务调研，听取意见、建议，最后达成共识，为农工党市委稳妥地进行2005年的政治交接和组织安排打下基础。

一年来，绝大多数支部都做到了组织活动制度化和形式内容多样化。行政单位支部，在立足本职，干好工作的基础上，关心本单位的改革发展，积极开展活动。五华区总支、盘龙区总支和官渡区支部为做好参政议政工作，分别成立了参政议政小组。

2004年，共发展新党员27人。其中，中、高级职称21人，占新发展数的77.7%，平均年龄为39岁。截止2004年12月31日，全市农工党员总数达到459人。

【扶贫工作】　根据中共昆明市委、市政府《关于做好新时期农村定点挂钩帮带扶贫开展工作》的通知，农工党昆明市委积极响应，并按照中共昆明市委的统一部署，对禄劝县马鹿塘乡普福村委会梅子村村民小组进行挂钩扶贫。农工党市委两次赴扶贫点实地考察，对该村的具体情况进行全方位了解，并多次与县、乡村委会商量，征求意见，根据实际情况，制定了扶贫计划。第一步，出资建造30个小水窖，解决150个村民的人、畜生活、生产用水问题。并于4月将3万元现金交于县委统战部，委托其与马鹿塘乡政府共同监管具体事项。年底，水窖建造工程已完工。

同时为支持东川区卫生事业的发展，向其捐款1万元。

（吕瑜琳）

九三学社昆明市委员会

【学习活动】　2004年是全国政协和统战部提出的“大团结、大学习”之年，九三学社市委组成了由九三学社市委常委、委员、支社主委和部分社员参加的中心学习组。4月份，中心组组织了学习活动，以社市委领导做辅导报告，参加人员认真学习讨论的方式，深刻领会中共中央确定的修宪总原则、宪法修正案的主要内容，学习政协新章程的主要内容，充分了解政协的性质、地位和作用，通过认真学习和贯彻宪法及政协章程，进一步增强宪法意识，推进依“宪”治国，依“宪”依“章”参政议政。6月和11月社市委举行了由云南民族大学法学院党委副书记、教授杨临宏，云南大学的熊思远教授为全体社员做学习《宪法》、政协新章程、学习十六届四中全会精神辅导两场报告会。报告会后，社员们普遍反映，专家学者的讲解，对学习领会宪法的重要作用，宪法修正案的主要内容和意义，十六届四中全会提出的科学发展观非常有启发。社市委常委和机关干部参加了统战系统暑期干部培训会，认真听了中共昆明市委书记杨崇勇作的“现代新昆明的建设与科学的发展观”报告，以及“二十一世纪头10年是中国的发展机遇期”、“台海形势”、“政协新章程和科学的发展观”等讲座，结合九三学社的实际工作，进行认真的讨论，研究九三今后的工作。

社市委选派10位年轻社员参加了统战部在市委党校召开的党派干部培训班。举办中青年社员培训班，邀请云大陈琳教授做“科学发展观与云南经济形势”讲座。

【专题调研】　社市委通过开展专题调研，努力提高自己的参政议政能力和水平，同时注重对调研队伍的培养，扩大社员的参与面。4月份社市委就召开专门会议，讨论2004年的调研工作，在广泛征集、认真筛选的基础上，确定了调研题目。8月份，社市委在昆召开专题调研工作会议，各支社支委及2004年接受调研任务的几个专题调研组近50人参加了会议。9月份，社市委在东川区召开学习培训暨东川再就业特区建设情况培训会。

2004年社市委和支社两级共开展了7个专题调研，社市委的两个调研课题是：关于发展农村专业协会；重视失地农民的问题。支社的调研课题有4个：工程一支社调研关于农民减负问题；工程二支社调研关于二环路快速通道建设的问题；医卫一支社进行关于农村合作医疗的调研；东川基层委员会就东川再就业特区建设中的问题进行调研；机关支社开展昆明果业发展问题的调研。尽管参与调研的社员本职工作都比较忙，但还是挤出时间参与调研工作。11月，社市委按期完成了两个调研报告，上交市委统战部。支社一级的调研也陆续向社市委交来了报告。

2004年初，社市委召开会议，对2003年的调研工作进行总结表彰。2003年的调研工作社市委取得了显著成效，在2004年4月统战部组织的评比中，九三学社的两个课题都获得了三等奖。“关于农业产业结构调整再思考”的调研，在2004年政协十届九次全会上作为集体提案被列为1号提案；“关于重视培养中高级技能人才，为工业强市做贡献”的调研，作为政协全会上九三学社市委的大会发言，全会后被政协主席会议列为重点提案进行督办，在2004年6月份政协召开的人才强市研讨会上，该调研被评为论文三等奖。

九三学社昆明市委中心学习组开展活动　（九三学社市委　供稿）

【参政议政】　在市政协全会召开之前，社市委参与了对政府工作报告的协商，提出了修改意见，十届九次市政协全会期间，九三学社的政协委员认真履行职责，积极为昆明市的经济和社会发展建言献策，提交了12件个人提案，4件集体提案。社市委提交的集体提案得到了有关承办单位的重视，市教育局、市卫生局、市劳动和社会保障局、市农业局等单位都先后就相关提案与社市委进行了面商。积极参与《政府关于重大事项的决策程序》、《燃气管理条例》、《昆明市新型工业化发展规划》的协商。在中共昆明市委领导主持召开的“民主党派工作意见听取会”、“提高执政能力座谈会”等会议上，社市委都积极提出了意见、建议。

【组织建设和活动】　2004年组织工作的重点是以支社换届工作为主，为2005年社市委换届打基础。社市委召开四届十四次主委会议，明确支社换届的指导思想，成立了换届领导小组，统一组织协调换届工作。4月份，社市委召开2004年基层组织工作会议，传达社市委四届十四次主委会议的精神以及社中央常务副主席陈抗甫到云南调研时的讲话精神，布置支社的换届工作，研究讨论了专题调研工作，各支社与社市委签订2004年基层组织建设目标考核责任书。在支社换届领导小组的领导下，各支社严格按程序，先进行民主推荐支委班子候选人，经社市委常委会讨论后，交由各支社选举。工程一、工程二、科研、机关支社都顺利进行了换届工作，产生了新的支委班子。

各支社开展了各种形式的活动，组织学习、外出调研、开展联谊。如工程一、工程二支社到西山考察农家乐发展情况，工程一、机关支社到三农场，医卫二支社到寻甸风龙湾水库参观。3月5日，社市委妇女工作委员会邀请昆明市农业学校插花艺术专家银立新老师，给女社员讲解基本的插花艺术和插花技巧，之后，大家自己动手，制作自己的“三·八”节日礼物，社市委主委还给评出的5个作品颁发了纪念品。女社员都表示今年的“三·八”是最有意义和最有收获的。10月，老龄委组织老社员到化机山庄，开展敬老节活动。

4月22日，社中央副主席陈抗甫在社云南省委领导的陪同下到社市委调研，在听了汇报以后，对社市委的工作给予了肯定，特别是对社市委与基层支社签订组织建设目标考核责任书的形式很赞赏，认为应该向九三全国各地方组织进行交流介绍。9月8日，社省委到社市委进行调研。

2004年发展了13名新成员，到12月底，社员总数达到424人。有两位社员到乡镇挂职，1位到市水利局挂职，这也是九三学社市委在这方面工作的一个突破。

【为社会做实事】　继续与社省委联合在富民县罗免乡开展扶贫活动，邀请九三学社市委的专家，举办了两期果树技术的培训班。社市委于11月14日在官渡区阿拉乡阿拉村举办了第十六届国际科学与和平周活动，官渡区支社协办。特别邀请了昆明市花灯剧团，给村民送去一台精彩的节目，阿拉村村委会的业余演员也参加了演出。来自延安医院、市妇幼保健院、市第三人民医院、儿童医院、市第一人民医院、市中医医院等单位的14名九三学社的成员、医生为200多位阿拉村的村民进行了义诊，免费发放2 000元的药品。此次活动得到了官渡区委统战部、阿拉乡、阿拉村的大力支持。村民对九三学社举办的活动非常感谢，希望能再到这里。

继续在嵩明东村开展捐资助学和慰问护林员活动。12月8日，社市委把钱款送到了村委会。

昆明市工商联2004年春节茶话会　（市工商联　供稿）

昆明市工商联九届三次执委（扩大）会　（市工商联　供稿）

社东川基层委员会组织社内农业、畜牧业等方面的专家到阿旺乡木多彝族村开展科技扶贫送教下乡活动，把科学技术、致富技术送到农民手中。采取室内授课与室外操作示范讲解相结合的办法，两位成员分别讲授了玉米“118工程”、地膜覆盖技术等种植技术，以及猪的品种、饲料、防疫、管理等方面的养殖技术。这次培训对木多村提高农业生产技术，调整产业结构起到了积极的促进作用，受到了农民的普遍欢迎。

（郝昆宁）

昆明市工商业联合会（总商会）

【执委会议】　2004年2月6日召开昆明市工商联第九届三次执委会。会议审议并通过了杨国栋会长代表九届常委会所作的《工作报告》，表决通过了关于增补6名执委、4名副会长（兼职）的决定。

【调查研究】　2004年通过采取召开座谈会、问卷调查和深入14个县（市）区及部分非公企业等形式，完成了《昆明市贯彻落实省市关于加快非公经济发展意见情况调研》、《昆明市非公经济工业企业情况调研》、《昆明市贯彻中发［1991］15号文件情况调查》。其中《昆明市非公经济工业企业情况调研》被省工商联评为2004年度全省工商联系统优秀调研成果一等奖，《昆明市贯彻落实省市关于加快非公经济发展意见情况调研》被评为三等奖。同时参与昆明市工业强市调研和市委统战部对基层工商联（街道分会）工作情况的调研。

【参政议政】　2004年工商联认真履行参政议政职能，在市政协全会上，提出《建议在现代新昆明建设中做好市场规划》、《建议政府有关部门将非公企业参与改革的相关政策法规和改制的国企情况汇编成册》、《关于建设现代新昆明必须拓宽民间渠道的建议》、《规范昆明地区桶装饮用水市场的建议》等集体提案，引起了相关部门对以上建议的高度重视。其中《关于建设现代新昆明必须拓宽民间渠道的建议》被市政协评为2004年度优秀提案。此外，市工商联还认真组织非公经济代表人士中的市政协委员围绕全市经济社会发展的热点、难点问题，积极建言献策。全市32名非公经济界政协委员共计提出政协提案70余件。

【政府、民企共话发展】　6月10日，组织15家行业商会和异地商会的负责人与市委书记杨崇勇进行座谈，行业商会和异地商会对昆明市发展非公经济的问题提出了意见和建议，得到了市领导和相关部门的高度重视，部分非公企业遇到的实际问题得到及时协调解决。杨崇勇书记强调各级党委、政府要高度重视民营企业发展，要对省非公经济会议精神的落实情况进行一次督促检查，发现问题及时整改。各级部门要关心民营企业的发展，充分发挥商会作用，为他们营造良好的发展环境，真正使民营企业家在社会上有地位、政治上有荣誉、经济上有实惠。7月2日，组织召开东川再就业特区投资情况介绍会。8月3日，组织非公企业参加市检察院为非公经济服务“回头看”座谈会，积极配合市检察院建立重点非公企业法律服务联系制度。8月5日，组织非公企业召开新昆明建设行政区划调整情况的通报会，市委副书记田云翔介绍新昆明建设情况及四区区划调整情况。11月25日，组织有关非公企业负责人与市公安局就非公企业户口申办的有关事宜举行专题座谈会。此外，组织部分非公企业、行业商会、异地商会参加昆明市经济运行情况通报会、昆明市深化文化体制改革，加快文化产业发展动员大会。

【回报社会】　2004年1月4～18日，市工商联组织14个县（市）区工商联、12个行业商会和5个异地商会的170余家非公企业，捐赠款物243 060元，先后走访慰问城乡困难群众661户。

【商会组织】　4月8日，昆明市工商联十堰商会成立，邵吉银当选会长。4月29日，昆明市工商联南安商会成立，林时窕当选会长。5月19日，昆明市工商联台州商会成立，沈长虹当选会长。8月17日，昆明市工商联南通商会成立，蔡锦荣当选会长。12月8日，昆明市工商联童装商会举行成立3周年庆典，尹元江当选为新会长。

【经联工作】　2004年组织部分非公企业和基层工商联参加广东省经贸考察团与云南省共同举办的投资环境和重点项目推介会；组织五华区、嵩明县、东川区工商联参加贵阳民营企业风采成果展示会；组织会员企业到成都参加2004年全国大中城市民营企业合作交流会；向有关部门推荐非公企业重点招商引资项目66项和一批生产名特优产品的非公企业，开展“昆交会”交流和滇沪（上海）对口经济合作；推荐非公企业参与中国民营企业经济发展与创新大会、中国—东盟博览会、深圳高交会、成都民交会、保山啤酒狂欢节、中国—越南投资展洽会等一系列交流促进活动；协助五金行业商会与泰国有关经济组织参加2004年度中国昆明进出口商品交易会；组织会员企业400多人参加“昆交会”展览活动。

【学习交流】　2004年7月27～28日，党组副书记、副会长何汝祥、副会长

（兼职）颜语、秘书长何竞平代表昆明市工商联参加了在广州举行的“泛珠三角”9省会城市和港澳商会合作交流首次会议。2004年接待了温州、常州、成都、西宁、唐山、济宁、郑州、无锡、北京西城区、萍乡等地工商联组织，与西宁、十堰、萍乡工商联结成友好商会，积极推荐招商引资项目，学习借鉴外地商会的工作经验，为创造性地开展工商联工作开阔了工作思路。

（訾贵全）

·群众团体·

总工会

【为建设现代新昆明作出新贡献】　各级工会深入开展“创建学习型组织，争当知识型职工”活动，积极组织职工参加全国“创争”活动知识竞赛，在职工中树立全员学习和终身学习的理念，大力打造企业文化和企业精神；动员职工开展“昆明精神”大讨论，通过培养“昆明精神”，增强职工建设现代新昆明的使命感和责任感；努力提高职工素质，对职工进行思想道德、法律法规和科学文化技术培训；开展群众性经济技术创新活动和班组建设活动，市总工会组织了“广泰数控杯”职工技术技能大赛，在10万职工技术大练兵的基础上，选拔272名优秀职工参加比赛，产生了一大批技术能手和“技术状元”，16名职工获省优秀技术能手称号。据不完全统计，全市共培训职工1.2万人，职工提出合理化建议5 152条，推广技术革新、技术发明、先进操作法1 335项，共创造（节约）价值5 869.5万元。各项职工文体活动丰富多彩，参加第五届中国昆明国际文化旅游节“昆明春天杯”民族时装大赛、云南省职工篮球赛等均取得好成绩。

【劳模工作进一步加强】　召开劳模协会二届二次理事会，进一步规范了劳模协会的工作；推荐条件过硬的17名劳模候选人参加省劳模的评选；组织劳模庆“五一”活动及劳模“国庆”座谈会，组织劳模外出学习、考察、参观掌鸠河引水工程及疗休养等活动，大力弘扬劳模精神，与昆明电视台合拍“劳模印象”和“劳动模范与昆明精神”系列专题片并在电视台播出，展示了劳动模范无私奉献、拼搏进取的昆明精神；关心困难劳模的工作和生活，各级工会代全总和省委、省政府、市委、市政府发放劳模低收入补助金及看望慰问困难劳模1 609人（次），把党和政府的温暖送到劳模心坎上。

【调研工作】　各级工会加大调查研究力度。仅市总工会就开展了7项调研：工会工作状况调研，市总组成4个调研组，广泛听取各县（市）区和基层工会干部的意见和建议，并在调研中现场解决基层遇到的问题；深化国企改革工会工作调研，针对职工关注的热点、难点问题向市委、市政府提出意见建议，与有关单位配合发出《关于在企业改制中进一步搞好厂务公开的意见》和《在深化国企改制中进一步规范和完善职工代表大会制度的意见》；开展劳模基本生活状况调研，对改革开放以来的3 000多名劳动模范的生活和工作情况逐一调查摸底，写出专题报告，建议市政府每年拨款50万元对困难劳模给予慰问和定期帮扶，得到政府的采纳；开展职工医疗互助活动工作调研，市总工会组成5个工作组深入基层调查摸底，发动群众，层层落实责任制，全面完成了任务；新建企业组建工会工作及进城务工人员入会工作调研，结合市区区划调整，边调研边开展工作，为促进新建企业工会工作规范化打下了基础；《工会法》执法状况调研，9月，全国人大到昆明市听取了《工会法》执法大检查的汇报后，对昆明市的工作给予了充分肯定；积极开展工运理论研究，先后组织了76篇论文和调查报告参加省总工会工运研究论文评选，11篇论文获奖，工运研究工作上了一个台阶。

【工会在国企改革中发挥积极作用】　各级工会按照“支持改革，保障权益，化解矛盾，维护稳定”的工作思路，坚持做到“旗帜鲜明地支持改革，旗帜鲜明地维护职工合法权益”；在企业改制过程中加强职工民主管理，通过职代会把好审议改制方案、审议通过职工分流安置方案的关口；针对改革中职工关注的热点难点问题，提出解决问题的办法和措施；加强职工思想政治工作，努力做到使改革方案既能推进企业发展，又能得到大多数职工的理解和支持。加强了劳动关系预警机制，认真做好预测、预审、预防、预报的“四预”工作，及时了解掌握职工的思想动态，面对改制企业集体上访上升的趋势，工会积极参与突发事件的处理，做到哪里有集体性突发事件，工会干部就在哪里做好稳定工作，与政府有关部门一道努力把问题解决在萌芽状态，把矛盾化解在基层。全年，仅市总工会就接待职工上访2 508件，涉及职工4 057人（次），集体上访423件4 839人（次）；其中市总工会主席、副主席坚持每日面对面接待职工群众制度，共接待职工2 791人（次），及时处理集体上访和突发事件58起，协调劳动关系纠纷82起，为维护职工队伍和社会的稳定发挥了重要作用。

【加强各项维权机制】　全市普遍建立政府与工会联席（联系）会议制度，其中五华、盘龙两区也建立了政府与职工联络员制度。市总工会首次地方立法的《工会劳动法律监督条例》和《企业工资支付条例》进入实施阶段，各级工会广泛学习宣传两个《条例》，举行了工会劳动法律监督工作启动和授牌仪式，各县（市）区同步开展了宣传活动，发放宣传材料10余万份；及时培训了工会劳动法律监督员308名，各级工会劳动法律监督委员会进一步健全了各项制度，开展了两个《条例》及最低工资标准执行情况检查，与有关部门进行维护农民工权益专项检查，共检查1 135个用人单位，查处违法案件279件，清欠农民工工资102.22万元。各项维权机制进一步完善。劳动关系三方协商机制和劳动争议仲裁协商机制进一步发展，在协调解决劳动关系中的重大问题上发挥着越来越重要的作用。各级工会在坚持职代会制度的基础上，积极探索在非公企业加强职工民主管理的新途径，厂务公开工作深入发展，全市推行厂务公开的单位数已达2 990户，召开全市厂务公开工作会议，表彰83个先进集体和个人。全市1 421家企事业单位通过平等协商、签订和续签了集体合同，使这项制度覆盖职工27.4万人，其中区域性、行业性集体合同覆盖面约占40%；工资集体协商工作在462家企业开展。工会劳动保护和职工安全生产工作进一步加强。全市参加“安康杯”竞赛活动的职工达19万多人，有12个优秀组织单位，61个优胜企业和150名先进个人受到表彰。全市9万多名职工参加安全生产知识普及教育竞赛，有力促进了企业安全生产工作；“一法三卡”推广活动深入发展，“安全生产月”和“职业病防治法宣传日”活动深入人心，与有关部门联合开展安全生产大检查，工会加强了对安全事故调查处理的参与力度，取得了很好的效果。

【帮扶工作进入全国先进行列】　各级工会全方位、多渠道开展帮扶工作，进一步健全了市县两级帮扶中心及帮扶网络。至年末，市帮扶中心共接待昆明地区各类困难职工191 961人（次），其中元旦、春节、中秋及国庆节送温暖27 127人（次），补助被拖欠3个月以上工资的职工10 074人（次），日常救助12 805人（次），再就业补助1 148人（次），“寒窗助学”累计资助3 691名困难职工子女上大学、大专；累计办理审验特困证5 632件、就学优惠证4 389件、就医优惠证1 678件，办理爱心资助卡1 169份，免费门诊4 132人（次），职工医疗互助活动已为4 352名参加活动者提供补助281.7万余元。帮扶中心把促进再就业作为工作重点，为8 993人（次）下岗失业职工进行了免费介绍和培训。办理小额借款204件共117.5万元，有效地帮扶下岗失业人员自主创业；举办11期劳务交流会，提供就业岗位3 794个，创办再就业基地23个，投入资金180.8万元，先后安排600多名“4050”人员实现就业，各级工会组成了促进再就业信息网络，加大就业指导力度，通过以上措施，工会已累计帮助13 013人实现了再就业。

【工会组织建设取得新进展】　全市共组建新建企业工会5 543家，已建会的企业职工数119 600人，工会会员达119 215人，按照省总工会下达的任务，建会率和入会率均完成95%以上。其中，外资企业建会157家，已建会企业职工数6 502人、会员人数6 908人；私营企业已建会3 754家，已建会企业职工数70 163人、会员数64 578人；乡镇企业建会1 632家，已建会企业有职工数42 935人、会员数47 729人（因外资、乡镇企业的流动会员会籍予以保留，所以会员数大于职工数）。28户非公企业工会纳入了市总工会直属管理，促进了规范化进程。建立进城务工人员工会工作联络站及工作网络，试行“新建企业工会主席人才库”和流动会员会籍管理办法，重点在行业、社区发展新会员，城建系统在施工现场召开现场会，200多名建筑工人现场加入工会组织；目前全市已有52 435名进城务工人员加入工会组织。改制企业认真做好工会重建工作，基本做到企业改制到哪里工会组织就建到哪里。召开昆明市非公企业“双爱双评”表彰会，88个先进单位、86个爱职工的好经理和90名爱企业的好职工受到表彰。

【“五比五赛双服务”竞赛扎实有效】　全市工会干部开展“五比五赛双服务”竞赛与实施“云岭先锋”工程相结合，取得了很好的效果。市总工会在工会系统提出“一个党员一面旗，人人都做排头兵”的口号，帮扶中心的18名党员成为第一批宣誓上岗的“党员先锋岗”，两个窗口被命名为“党员示范窗口”；“寒窗助学”在实施“云岭先锋”工程中又有新举措。在市级领导的带动下，通过由市总工会领导班子成员每人帮扶一个困难学生、机关和帮扶中心的党员2人帮扶一个困难学生、直属企事业每个支部帮扶一个困难学生，一举包下了寒窗学子40人，有力地推动这项工作向纵深发展。工会干部的工作作风受到全社会好评，在全市78个部门民主评议机关作风中，市总工会以91.07的高分名列第五；在市委表彰的“云岭先锋”先进单位中，市总工会获市级机关“云岭先锋”流动红旗。

【工会各项工作取得好成绩】　各县（市）区工会在线长、面广、工作难度大的情况下，全面完成了与市总工会签订的工作目标任务，有12个县（市）区获得一等奖。各产业、企业工会围绕中心，抓住重点，扎实工作，在国企改革改制中做到两个旗帜鲜明，切实维护了本行业、本企业职工的合法权益和职工队伍的稳定，取得了突出成绩；市级机关工会联合会和各机关、事业单位的工会组织结合自身实际，深入建设“职工之家”，开展丰富多采、各具特色的工会活动。各级工会加大干部培训力度，共组织各类培训班50多期，其中市总工会组织的工会干部素质教育系列讲座，收到了很好的效果。工会干部的培养、选拔、交流得到加强，8个县（市）区工会主席实现了高配。工会财务工作加强了基础管理，通过开展财务竞赛，完善财会制度，工会经费收、管、用进一步规范。经费审查工作贯彻“抓基层、打基础、抓实务、上水平、抓创新、谋发展”的方针，进一步加强了组织建设和制度建设，加大实务审计力度，省总工会在昆明市召开经审工作现场会。各级工会女职工委员会积极开展的双文明建功立业、创建文明家庭、女职工自我素质达标竞赛、“寒窗助学”送温暖和“女性安康团体重大疾病保险”等活动效果好，女职工工作又上了一个新台阶。工会劳动福利事业克服了重重困难，坚持“三服务”宗旨，积极拓宽经营思路，稳定中求得发展。

（姜　斌）

妇女联合会

【召开昆明市妇女第十三次代表大会】　11月2～3日，召开昆明市妇女第十三次代表大会。大会全面总结了过去5年昆明市妇女发展和妇女工作的成绩和基本经验，科学规划了今后5年昆明市妇女事业发展的总体目标，明确了新形势下妇联组织的主要任务和保障措施，对广大妇女积极投身社会主义物质文明、政治文明、精神文明建设，推进现代新昆明建设和全面建设小康社会作出新贡献提出了新的更高的要求。大会选举产生了新一届市妇联领导班子，昆明市政协副主席陆玉珍再次当选为市妇联主席，郭跃红当选为市妇联常务副主席，吴长云、梅会芬、陈洁薇当选为副主席。

【发动妇女参与经济建设】　以提高农村妇女的文化科技素质为根本任务，以项目为龙头，以帮助农村妇女增收致富为目标，深化“双学双比”活动，实施科技致富工程。妇联组织实施了小额信贷、妇女发展循环金、香港回归扶贫基金等各类项目资金1 202.6万元，受益4 886户、17 134人，实施项目的农户经济收入都有了不同程度的增加。同时充分发挥项目综合扶助、整村推进的辐射带动作用，改善了村容村貌及村民的生活环境，促进了农村精神文明建设。市妇联筹集8 000元资金，对40户特困家庭进行走访慰问。结合实施“云岭先锋工程”，集体和个人共捐资筹集对口帮扶资金4.3万元，帮助普德村农户发展养殖业，通过对口帮扶项目的循环实施，变输血式扶贫为造血式扶贫，帮助更多的农户脱贫致富。配合教育、科技

昆明市妇联“昆明精神与我”演讲比赛　（市妇联　供稿）

等部门开展形式多样的教育培训，全市参加农村实用技术培训的妇女达41 268万人（次），参加“绿色证书”和“农函大”培训学习妇女达18 897人，转移农村富余劳动力3 359人，创建“巾帼科技致富示范村”12个，培养女科技致富带头人1 872名，为发展农村经济奠定了坚实基础。“三·八”节期间，全市共表彰“双学双比”先进集体37个、先进个人166名。

以开展城镇就业培训、就业服务、就业援助为重点，以帮助下岗失业妇女创业和再就业为目标，深化“巾帼建功”活动，实施社区服务工程。各级妇联动员女职工积极参与和支持国有企业改革，开展再就业援助“五送”活动，通过联系用工单位、创办“妇字号”社区服务实体、发放城市小额贷款、实施妇女创业项目等多种途径，开发就业岗位，帮助下岗失业妇女实现创业和再就业。一年来，共创办“妇字号”社区服务实体18个，发放城市小额贷款95万元，命名“巾帼创新业示范基地”10家，培养“巾帼创新业带头人”180名，培训下岗失业妇女2 887人（次），直接帮助2 218名妇女实现了就业和再就业。全市共表彰“巾帼建功”先进集体44个，先进个人225名。

【组织妇女参与精神文明建设】　为适应广大妇女的精神文化需求，深化“五好文明家庭”活动，实施家庭文明和女性形象工程，开展了一系列群众性精神文明创建活动。在女性集中的窗口单位和行业，开展“巾帼文明示范岗”创建活动，组织引导广大城镇妇女树立与社会主义市场经济要求相适应的敬业意识和创新精神，激励职业女性奋发进取、诚实劳动，努力提高思想道德素质和岗位业务技术水平。开展“美德进万家”、“不让黄赌毒和艾滋病进我家”等活动，传播科学思想，丰富群众生活，为促进群众性精神文明建设作出了新贡献。一年来，全市共表彰“五好文明家庭”1 502户。

【维护妇女儿童合法权益】　坚持“一手抓发展、一手抓维权”的方针，以真正代表和维护妇女儿童的利益为己任，努力构建社会化维权工作格局，依法维护妇女儿童的合法权益，加大源头参与力度，注重调查研究，推动了妇女工作的全面开展。认真组织实施昆明市妇女儿童发展规划，促进妇女儿童与经济社会的协调发展。整合资源，协调各方，建立完善维权工作机制和社会化维权网络。目前，妇女法律援助联络中心（站）15个，年内新建妇女维权岗465个，完善了四级信访网络，共接待来信来访和投诉5 753人次（件），处理率达98%以上。

【做好儿童工作】　认真落实中央《关于进一步加强和改进未成年人思想道德建设的意见》，开展“争做合格父母，培养合格人才”、“我做合格小公民”等活动。通过《昆明日报·家庭教育文摘》、家教电视学校、热线电话、讲座等途径，大力宣传普及家庭教育科学知识，帮助家长提高家教水平，为少年儿童的健康成长创造良好的家庭和社会环境。一年来，全市共培训家长14万人（次）。实施“春蕾计划”，共争取资金70.92万元，资助2 018名女童完成学业，建立了石林县板桥乡龙溪春蕾小学、禄劝县屏山镇“克梯东州春蕾小学”。举办“关注未来·关爱孩子‘十大杰出母亲’思想道德教育传播行动”，昆明市政府副市长、市妇儿工委主任王奇英代表昆明市向组委会捐赠近40万元人民币，全国组委会向昆明市颁发“中国关爱未来先锋城市”奖牌。在活动中，还向部分家长、孩子赠送了“精神文化精囊”系列礼品——“成长

昆明市妇联、工商联巾帼创新业示范基地授牌仪式　（市妇联　供稿）

礼盒”。

【加强妇联组织建设】　以改革的精神不断加强自身建设，组织实施“云岭先锋工程”，开展“立党为公、执政为民”教育活动和民主评议机关作风等工作，妇联组织和妇联干部的精神面貌发生了深刻变化。市妇联采取中心学习组、举办培训班、讲座和报告会等形式，组织妇女干部群众认真学习，开展“解放思想大讨论”和“创学习型组织、做学习型干部”活动，在全市妇联干部中开展岗位读书竞赛活动，开设了“女性新知365”系列讲座，号召广大妇女干部“每天挤出一小时，学习一点新知识，增加知识的保鲜度，塑造女性新形象”，通过学习，妇联干部的政治理论素质和业务工作能力有了明显提高。

在建立常委、执委工作制度、妇女代表联系制度和妇联发言人制度等方面进行了有益探索和实践，收到了较好效果。开展“五进妇女之家”和创建“优秀妇女之家”活动，活跃了基层妇女工作，年内表彰市级优秀妇女之家61个、省级24个。

加强对团体会员的指导，工会女职工委员会、女知识分子联谊会、女企业家联谊会等团体会员不断拓宽工作领域，强化服务手段，工作取得了新成绩。

加强与国内外妇女的交流，增进与各民主党派、工商联妇女组织和无党派妇女的合作，接待了台湾家教访问团，巩固了妇女爱国统一战线，宣传了昆明和昆明妇女，互通了信息，广交了朋友。

（市妇联办公室）

共青团市委

【青少年思想政治教育】　组织了以“学习十六大，创造新业绩”为主题，以党的十六大精神和“三个代表”重要思想为主要内容的学习教育活动，认真开展“兴起新高潮、创造新业绩、建设新昆明”的主题活动和“昆明青年建设现代新昆明实践月”活动。通过中心学习组、学习班、座谈会、报告、知识竞赛、征文等形式，将理论学习与“奉献在春城，创业奔小康”主题教育相结合，用全面建设小康社会、建设现代新昆明的目标感召广大团员青年，引导团员青年理论联系实际，自觉领会实质；以争做“四有新人”为目标，通过社会公德宣传教育活动、少先队手拉手活动、青少年维权岗、志愿者行动、青年文明号信用建设、文明示范等载体，广泛引导青少年进行“三个代表”的深入实践。全市各级共青团组织始终坚持用“三个代表”重要思想教育广大青少年，以培育和弘扬民族精神为切入点，从增强爱国情感、树立远大志向、规范行为习惯、提高基本素质做起，积极教育和引导青少年树立正确的理想和信念。通过开展青年文化节、少先队文化艺术节、校园文化节、青年志愿者等活动，使广大青少年接受优秀文化的熏陶。

不断深化青少年维权岗、预防青少年违法犯罪、“青春红丝带”等工作，切实维护广大青少年的合法权益。通过社会捐赠、市场化运作，开展希望工程，共筹资785万元。目前已建希望小学78所，其中：禄劝48所、寻甸9所、东川6所、富民5所、西山、石林、宜良各3所、晋宁1所。切实为贫困学生提供服务。认真组织开展“爱心成就未来”特别助学行动，筹集“爱心成就未来”特别助学行动119万多元。年初，团市委、市少工委、学联在五华区、盘龙区、西山区、官渡区和直属学校中开展了“情系香格里拉‘手拉手’捐书”活动，共收到捐赠书籍10多万册。活动中得到了广大师生及家长的重视、理解和支持，广大青少年学生纷纷捐出自己心爱的青少年课外读物，有的同学在家长的带领下还拿出零花钱到书店买了新书，为贫困山区的同伴献爱心。结合第十二届“世界节水日”和十七届“中国节水周”的到来，在各大、中专学校开展“关爱生命，节约用水”宣传教育活动。3～5月，开展“波力海苔”杯昆明市少年儿童征文比赛，全市100多所学校近10万名少年儿童参加了征文比赛。为加强辅导员队伍建设，进一步推进素质教育，全面提高广大少先队辅导员的工作水平，团市委又举办了为期4天的“2004年少先队辅导员培训班”。来自全市14个县（市）区及部分直属小学的110位辅导员参加了培训，先后听取了市教育局党委副书记姚宏、云师大心理学教授赵建新、全国十佳优秀辅导员徐吟鹂等10位老师的专题讲座。3月30日～4月5日，团市委结合昆明未成年人思想道德现状进行了专题调研，并在全市中、小学生中开展未成年人思想道德素质状况问卷调查。调查对象为14个县（市）区及市属9—18岁中小学生，内容包括基本情况、思想道德状况、学习状况和素质状况四大部分67个问题，共计发放问卷15 300多份。4月30日，在昆明青少年活动中心召开云南省暨昆明市加强和改进未成年人思想道德建设调研座谈会，省委副书记、省文明委主任丹增、省委常委、昆明市委书记杨崇勇，省人大常委会副主任、省文明委副主任王义明以及省市各有关部门负责人参加了调研和座谈。

【机关作风建设】　根据中共昆明市委办公厅、昆明市政府办公厅《关于昆明市2004年民主评议机关作风工作实施意见》精神，按照市委、市政府的统一安排部署，团市委将机关党总支、办公室、城青部等9个所属部室及昆明青少年活动中心、市关工委办公室列为民主评议机关作风的参评部门，就“按章工程、服务态度、工作效率、廉洁勤政”四个方面向全市展开评议工作。为加强领导，统一思想，确保评议工作顺利进行，团市委党组成立了“团市委民主评议机关作风工作领导小组”。评议活动中，团市委从学校系统团员青年、城青系统团员青年、县（市）区团员青年、新经济组织团员代表及市青联委员及驻昆部队、武警团员青年等11个层面进行机关作风民主评议，通过召开座谈会、走访调查、民主测评、随机抽样、定向测评和综合评议，切实加强了机关作风建设，较好地解决了广大团员青年关心的热点、难点问题，使全体机关干部做到了转变观念、转变职能、转变作风，工作水平、工作效率和服务质量均有了较大提高，工作方式、方法更加贴近青年、便利青年、服务青年。

【“勤政为民，廉洁务实”教育月活动】　根据中共昆明市纪律检查委员会、中共昆明市委组织部、中共昆明市委宣传《关于开展“勤政为民、廉洁务实”教育月活动的安排意见》的要求，贯彻惩防结合，标本兼治，教育、制度、监督并举的党风廉政建设和反腐败工作体系。从2004年6月起，分4个阶段，认真开展了“勤政为民，廉洁务实”教育月活动。按照市纪委抓好“六个一”的要求，重点突出三项内容：一是动员学习；二是警示教育；三是自检自查和整改总结。通过深入开展以权力观教育为重点的思想道德教育、纪律教育、理想信念教育和党性党风宗旨教育，进一步增强了全体干部及职工的勤政廉政意识，自律意识和责任意识，确保了团市委机关各项工作的顺利进行。教育和引导广大机关党员干部增强党的宗旨意识，牢记“两个务必”，努力做到“为民、务实、廉洁”。

【开展“三观”教育活动】　认真开展科学发展观、正确政绩观和马克思主义群众观学习教育活动，结合昆明共青团的工作实际，开展“三观”教育活动是全面深入学习三个代表”重要思想的内在要求；是指导共青团、青年工作发展和推进各项事业健康发展的必然要求；是积极探索促进青年全面发展和共青团事业发展的有效途径；坚持理论联系实际，重在实践，坚持分类指导、突出重点，坚持统筹兼顾、务求实效，与工作实际结合，实施“云岭先锋工程·青春昆明行动”结合，解决团员青年工作、生活、学习的实际困难和问题相结合，努力在实现好、维护好和发展好团员青年的根本利益上取得实效。

【建设现代新昆明主题活动】　团市委以“建设现代新昆明实践月”为主题，举办了纪念“青年文明号”活动10周年、“青春昆明·青年创业（就业）行动”、“青春昆明·绿色环保行动”、纪念“五·四”运动85周年等系列活动。在省委、省政府、市委、市政府的高度重视下，团市委承办的第十四届“中国十大杰出青年”表彰活动暨事迹报告会及“第五届海峡两岸青年中秋联谊会”取得圆满成功。五华区与东川区委、呈贡团县委、昆明农业机械化技术学校及昆明月子爱婴服务有限公司签订了“创业成才青年教育培训计划”的协议书；青年文明号创建工作不断深入，在规范已有创建行业的基础上，继续扩大创建规模，积极向非公及“两新”组织拓展创建领域（目前，全市共有国家级青年文明号18个，省级青年文明号47个，市级青年文明号291个）。青年创新创效活动稳步推进，在原来确定的一批创新创效试点单位的示范带动下，更多的企业团组织开展了创新创效活动，为企业改革发展、降低成本、增加效益取得了明显成效。此外，保护母亲河行动再见成效。团市委受到了共青团中央、全国绿化委员会、全国人大环境与资源保护委员会、全国政协人口资源环境委员会、水利部、农业部、国家环保总局、国家林业局8部委的共同表彰，被授予“全国保护母亲河行动先进集体”荣誉称号。呈贡县被团中央、国家环保总局授予“全国保护母亲河生态监护站”。至年末，共建生态监护站12个、确定生态监护点28处、开通监护热线5条、清除河道垃圾40吨，清挖入湖口淤泥、白色垃圾120吨，河岸植树插柳5公里共6 500株。并依托生态监护站，组建青少年保护母亲河生态监护队35支，大力开展生态监护活动，组织引导广大青少年和社会公众监护家乡母亲河的生态环境状况，用实际行动保护母亲河、联合省、市部门面向社会募集资金150万元，在禄劝撒营盘镇泥岔村委会营造万亩掌鸠河水源保护青年林。在第七届中国艺术节上，昆明市代表云南省选送的少儿舞蹈节目“比比高”荣获舞蹈类少儿组“全国第十三届群星奖”金奖，同时也是本次大赛云南省选送的少儿舞蹈类作品中，惟一荣获“群星奖”的作品。6月20日，在官渡区官渡古镇成功举办了庆“七·一”暨“官渡杯”首届昆明青年文化节。

【青年中心建设稳步推进】　“青年中心”是创新基层团组织活动机制，服务青年需求的新形式、新载体。在2003年青年中心建设试点的基础上，团市委专门召开青年中心建设工作会议，对青年中心建设进行了细致的安排部署，按照项目化、社会化、市场化运作原则，充分整合社会资源，努力推进青年中心的自我运行和持续发展，为广大青少年提供了更直接有效的服务。目前已建成了五华崇仁、盘龙、西山永昌、官渡、电缆股份、嵩明杨桥、安宁连然、温泉、石林鹿阜镇南门社区、石林镇、晋宁博文、立宇及呈贡斗南、龙城镇古城社区15家青年中心。

【“数字昆明共青团”建设取得阶段性成果】　目前，已有106家乡镇、街道基层团组织实现了信息网络化，占全市167个乡镇的64%。与此同时，全面提升团报、团刊和团内网站等宣传阵地的舆论导向作用。其中《昆明青年》改为电子版，昆青视点网站的升级扩容，昆明共青团信息化建设不断推进。依托逐步完成的“昆明青年信息网”，围绕团的重点工作开展各种网上服务，以团的重点工作推动共青团的信息化建设，以共青团信息化建设带动共青团工作的整体发展，切实服务青少年的成长成才。

【志愿者行动再掀高潮】　以纪念“五·四”运动85周年暨建团82周年契机，志愿者行动得到了进一步加强，目前全市共有1 112个志愿者服务队，合计志愿者服务人数3.5万人。2月份出现高致病性禽流感疫情后。各级团组织积极组织青年志愿者服务队，充分发挥助手和后备军的作用，积极开展防治禽流感志愿服务工作。尤其是在疑似疫区发放、张贴各类防治高致病性禽流感宣传材料10余万份，用自己的辛勤汗水向党和政府交了一份满意的答卷。3月5日，盘龙区、市卫校、云南春城卷烟厂等基层组织又紧紧围绕“学雷锋、树新风、青年志愿者献爱心”的主题，组织青年志愿者、在职员工和在校同学参加公益活动，先后在珠玑办事处、拓东办事处、东华办事处、乐寿敬老院、西华小区和昆明市老年公寓，为老人和居民开展了志愿服务活动。用实际行动体现了当代青年志愿者“学雷锋、树新风”的精神风貌。11月，“以我所能，从我做起，保护母亲湖——滇池”春城义工生态监护志愿活动正式启动，先后在官渡、呈贡、五华、盘龙等地开展大型义工活动6次，参加活动的义工达8 000多人。

【启动服务青少年学习人生导航活动】　实施爱心行动，争取社会资源，开展弱势贫困青少年帮扶送温暖活动。目前，共建有优秀青少年维权岗国家级7个、省级14个、市级50个。深入实施大中学生素质拓展计划和雏鹰争章行动。“五·四”前夕，“青少年社区公益服务令”在盘龙区先期试点的基础上，逐步进行推广，较好地保护了未成年人的合法权益。5月中旬，开展了2004年昆明市少先队A级鼓号队、管乐队达标考评工作，全市9个县（市）区的9家学校参加了考评。“六·一”期间又组织开展了一系列丰富多彩的活动，在活动中心举办了以“快乐童年，幸福时光”为主题的大型游园活动，在盘龙区举行了“昆明市庆六·一暨学会做事、学会共处”主题队会。大力开展体验教育、安全教育、自护教育，雏鹰奖章活动进一步深化，促进了青少年的全面发展，有力地推进了学生校外教育和素质教育。

【服务青年创业（就业）取得新成效】　随着市场经济的不断发展，改革开放的不断深入，人才流动、人才资源的优化配置已成为时代发展的大趋势，流动、下岗、失业和外来务工人员日愈增多，使团组织对流动团员管理和服务面临许多困难和严峻的挑战。针对这一情况，积极开展青年就业（创业）状况调研，分析原因、寻求对策，从实际出发，引导创业观念，加强实用技术培训，服务青年就业（创业）。继续深化服务农村青年致富成才行动，切实加强农村青年绿色科技实用技术培训，县乡级共培训200余期，10 000多人次；培养青年星火带头人，创建绿色科技示范园、青年沼气示范村等活动蓬勃开展，目前全市已培养青年星火带头人 400 余人，创建绿色科技示范园 40 余个。通过农业实用技术培训，典型示范等，帮助农村青年增强市场意识，拓宽销售渠道，引导广大农村青年立足农村，实现人生价值。深入实施进城（外来）务工青年发展计划，以“真情暖人心，文明带回家”为主题，开展“创业在第二故乡”大讨论，积极开展为外来务工青年送温暖活动。运用现代网络信息技术，建立了“青年劳动力资源信息库”，并在安宁市进行先期试点。目前，录入信息库的人力资源信息已达86 789人，实现了部分农村剩余劳动力的建卡立档；与广州市、江苏昆山市签订了青年人才输出协议，先后 4 次向外输出农村青年剩余劳动力1 200余人次。

【青年统一战线工作不断增强】 1 月初，投入大量人力、物力、财力，积极支持、配合团中央、团省委在昆明召开的全国青联九届五次常委（扩大）会议及第十四届“中国十大杰出青年”颁奖晚会。团市委成功筹办第十四届“中国十大杰出青年”事迹报告会，杰出青年代表、航天英雄杨利伟在报告会上，讲述了他穿着航天服在太空翱翔的难忘时刻；身残志坚的和志刚讲述了失去双手后创造的精彩人生；新闻工作者水均益讲述了在战火和硝烟弥漫的伊拉克，用镜头记录下中国记者在战火中的风采的亲身经历；白衣战士张积慧充满深情地回忆了在没有硝烟的战场与战友们舍生忘死，救助病人，撰写《护士长日记》的感人故事。昆明市大中小学生代表，公安干警代表，医护人员，驻滇解放军和武警部队代表以及团省委、昆明市委机关1 200多人听了报告。联合昆明市委宣传部、市人事局、昆明日报社等 8 部门，通过推荐、公示、无记名投票等程序，产生了“第十六届昆明十大杰出青年”，其中举重运动员张国政以总成绩 347.5 公斤的成绩荣获雅典男子举重 69 公斤级金牌，也为云南体育实现了奥运金牌“零”的突破。

【全面实施“云岭先锋工程·青春昆明行动”】 继续深化党建带团建工作机制，以改革的精神，坚持让党放心，青年满意，进一步加强团的基层组织建设和团干部、团员队伍建设，不断增强团组织的吸引力、凝聚力和战斗力。目前，全市共有 14—28 周岁青少年812 634名，团员253 647名，团青比例为 31.2%，全市共有基层团委 417 个，团总支1 641个，团支部7 619个。在组织建设的同时，深入开展了“学习服务年”先进集体和优秀个人、“青年星火带头人”、“青年绿色科技示范园”、“青年文明社区”、“青年文明村寨”、“青年文明校园”评比。“五·四”前夕，全市共评比表彰“学习服务年”团委 20 个，团（总）支部 50 个，优秀团干部 80 人，优秀共青团员 100 人；“青年星火带头人”97 人；“青年绿色科技示范园”14 个；“青年文明社区”20 个、“青年文明村寨”25 个、“青年文明校园”25 个。在此基础上，不断加强培训、协管，拓展锻炼渠道和形式，共举办各类培训班 578 个，培训43 420人次。

根据《中共昆明市委关于实施“云岭先锋”工程大力推进党的基层组织建设的意见》的要求，为使全市基层团组织做到作用发挥好、队伍素质好、制度建设好、工作业绩好、群众反映好，团员青年做到带头学习讲政治、带头干事谋发展、带头创新建佳绩、带头服务比奉献、带头自律树形象。引导团员青年牢固树立正确的世界观、人生观、价值观，养成良好的社会公德和职业道德。从 2 月份起，团市委在全市深入开展“云岭先锋工程·青春昆明行动”。以机关、企事业单位、农村、学校、商贸、旅游等窗口部门或行业的团员青年为对象，以争创“春城青年示范岗”为载体。目前全市首批命名 135 个“春城青年示范岗”，涵盖 10 个行业部门和 7 个县（市）区。昆明市邮政局团委在争创“云岭先锋工程·青春昆明行动——青年优质服务岗”伊始，紧紧围绕“改革、发展、服务、增效”这一经营主线，推出“五项承诺”、“七种制度”、“星级考评”、“站立服务”，专设咨询岗、现场导邮等新措施。昆明市精神病院团支部在实施“云岭先锋工程·青春昆明行动”中，针对医院救治的对象为“三无”（无生活来源、无劳动能力、无法定赡养或抚养人）、“优抚”（服现役期间患精神病的复退军人）、“特困”（按规定减免医疗费或减免后支付仍有困难）和“110”（由公安收送的对社会和他人安全有危害的）精神病人的特殊性，制订了详细的以“爱心、真心、耐心、细心”为宗旨的创建“青年爱心示范岗”的措施。把为病人提供优质爱心服务的岗位要求，转化为团员青年自觉自愿的行动，通过认真落实创建示范岗的各项措施，老年病区、女病区两个“青年爱心示范岗”的团员青年中涌现出了为病人作护理抠大便的邱立瑾、悉心照料生育后的女精神病患者、长期坚持为患者读报、带患者锻炼等一大批不怕脏、不怕累，不计得失、默默奉献的先进个人和事迹，充分发挥了示范岗团员青年的先锋模范带头作用。为确保整个工作取得实效，在短短几个月的时间里，各级领导先后 20 余次深入基层，对“云岭先锋工程·青春昆明行动”工作进行监督和指导。4 月 7 日下午，市委常委、组织部长张荣明、共青团昆明市委书记保建彬到“青年创业示范岗”——昆明碧辉珠宝公司和“青年爱心示范岗”——昆明市精神病院老年病区、女病区进行调研。

【团干部人事制度改革】 为深化团的干部人事制度改革，积极探索选拔优秀青年人才的科学用人机制，进一步拓宽识人、选人、用人的渠道，使德才兼备、实绩突出、群众公认的优秀年轻干部脱颖而出，首次在五华区打破公务员身份限制，破格公开在全区范围内选拔共青团五华区委副书记。同时，为创新团的组织设置和工作运行机制，充分发挥团内民主，建立健全反映团员和基层团组织意愿的民主制度，团市委在五华团区委进行“团代表常任制和团代表提案制”试点工作。

在团省委、五华区委的关心重视下，率先在全省面向社会公开招考团区委副书记、团代表直接选举产生的试点；依托“昆明人才网”这个平台，在团省委和市委组织部的关心下，率先在昆明市人才服务中心成立了全国首家流动团委，现建有 5 个团支部，注册团员28 768名，真正实现了“团员流动、流而不失”。

切实加强团属事业单位的青少年活动中心、青旅的深化改革。市青联进一步发挥服务青年、服务委员、服务社会作用，联人、联谊、联心，切实发挥民主参与，民主监督的作用。市学联工作开展顺利，学生自我管理、自我服务、自我教育进一步得到加强。积极协助市关工委在加强基层组织建设的同时，作好关心下一代的工作。

（团市委办公室）

台湾同胞联谊会

【学习贯彻十六届四中全会精神】 2004 年 10 月 10 日，市台联召开“昆明市台胞台属学习党的十六届四中全会”座谈会。与会台胞台属一致认为：十六届四中全会通过的《关于加强党的执政能力建设的决定》就中国共产党“为谁执政”、“靠谁执政”、“怎样执政”的问题，做出了全面阐述和战略部署。加强党的执政能力建设是时代的要求、人民的要求，是关系中国社会主义事业兴衰成败、关系中华民族前途命运、关系党的生死存亡和国家长治久安的重大战略课题。大家表示：坚决拥护十六届四中全会关于加强党的执政能力建设的决定，紧密团结在以胡锦涛为总书记的党中央周围，积极努力探索做好台湾同胞工作的新思路，让他们理解“一国两制”的内涵，逐渐增强他们对祖国统一的向心力。为祖国的完全统一大业做出应有的贡献。

【组织台胞台属观看台情教育片】　随着台湾所谓“3.20大选”的日趋临近，市台联在全市台胞台属中开展坚持“和平统一、一国两制”基本方针是实现中国统一之路的台湾形势教育。2月份市台联组织官渡、盘龙、五华、西山区、禄劝县台办干部及台胞台属，观看了国务院台湾事务办公室新闻局等单位摄制的大型电视文献记录影片《中国统一之路》。2月27日，西山区委统战部还请市台办主任张中宁，为该区干部和台胞台属作台湾形势报告。通过这些活动，使广大台胞台属认清了“台独”分裂势力的分裂目的，增强了为维护祖国完全统一的责任感。大家纷纷表示：要与在台湾的亲朋好友联系，向台湾亲人宣传“和平统一、一国两制”的基本方针，让两岸亲人携起手来，共同反对“台独”分裂势力，维护祖国的和平统一。

【学习座谈“5·17”声明】　5月20日，市台联组织台胞台属学习座谈中共中央台湾工作办公室、国务院台湾事务办公室授权就当前两岸关系问题发表的“5.17声明”。与会台胞台属认为：一个中国原则是中国政府对台政策的核心，是台海和平稳定的基石，是两岸同胞安居乐业的保障。“五个决不”充分体现了十三亿中国人民维护国家统一，坚决反对“台独”分裂主义的共同意志和坚定决心。“七项前景”体现了我们的诚意、善意，又代表了两岸同胞和海外侨胞的共同愿望，符合国际社会的期盼。大家表示：“5·17声明”表明了中国政府在处理台湾问题上的坚定决心，反映了昆明市4万多台胞台属的共同心声。我们将一如既往做好各项对台工作，为维护台海和平稳定做出应有的贡献。

【开展“三观”教育，推进“云岭先锋”工程】　按照市委部署，从2004年7月开始，用半年左右时间，在全市开展科学发展观、正确政绩观和马克思主义群众观的学习教育活动。结合市台联工作实际，为了把“三观”教育活动深入扎实地抓紧抓好，市台联除积极参加市政协中心学习组举办的“三观”教育培训班的学习外，坚持每周星期五组织机关党员干部学习，由于机关工作人员都是党员，结合党支部开展的“云岭先锋”工程活动组织学习。通过学习使广大党员干部更进一步的认识到加强党的执政能力建设，是时代的要求、人民的要求。树立科学的发展观、正确的政绩观和马克思主义的群众观，是新时期赋予广大党员干部的神圣职责。

【加强昆台两地的双向交流工作】
2004年，市台联共接待来昆旅游观光、探亲访友的台湾同胞13批198人(次)。4月28日，市台联主动邀请台北云南同乡会的理事长、秘书长等10位理事来昆举行“昆台乡亲联谊座谈会”。双方畅所欲言，通过座谈交流，共商做好二三代台胞台属工作的方法。7月5~12日邀请了台湾8所大学、5所中学的20位大学生、高中生到昆明来，参加“2004两岸青年七彩云南联谊活动周”活动。并与师大附中、昆十中、西山区一中和昆明大学的15名学生举行座谈联欢。通过活动，这20名台湾学生回台湾后成立了“七彩云南联络组”，定期聚会，回味云南之行。还向他们的家长亲戚、朋友同学宣传云南、昆明，以便让更多的人到七彩云南观光游览。另外，市台联配合市台办接待了来昆参加“第五届海峡两岸青年中秋联欢活动”的李钟桂博士一行133人。

为了加强昆台两地的双向交流工作，11月24~12月3日，由市台联筹备组织的“昆明市绩优教育人员参访团”一行22人赴台参访考察。

【积极参政议政、建言献策】　一年来，市台联在昆明市政协第十届四中全会上，共提出提案15件，其中：集体提案5件、委员个人提案10件。撰写各类调研报告7篇，其中：《关于切实加强昆明市动物疫病防疫体系建设》获市统战系统调研课题二等奖，《抓住人才就是抓住昆明未来发展的主动权》获市政协优秀论文奖，《关于做好对台工作的几点认识》获昆明市统战系统纪念邓小平同志诞辰100周年征文比赛三等奖，《只有坚持一个中国原则，才能全面发展两岸关系，推进祖国和平统一》获市统战理论研讨征文比赛三等奖。

市台联还按市委书记杨崇勇“民主党派、团体应到省外先进城市学习考察，为昆明市献计出谋”的要求，组织人员外出学习考察，撰写了《改善投资环境，招台商引台资》的调研报告。并与哈尔滨、长春、大连、青岛等城市台联组织建立了友好关系。

【服务台胞台属】　市台联在加强机关队伍思想、组织、作风建设，不断提高机关工作人员政治素质、思想觉悟和业务水平的同时，购置了摄像机、数码照相机、背投大彩电和DVD等设备，在双月一次的理事活动日，组织台胞台属观看台情参考影片、教唱台湾民歌，加强对台胞台属的教育。一年来，市台联接待来访台胞台属124人(次)，处理来信、来函47件，为台胞台属办实事、排忧解难。组织市台联理事积极参加市级民主党派、工商联、有关人民团体的各项学习培训。召开“为切实做好台联工作献良策”会议。举办300多人参加的“中秋”、“国庆”联欢活动。

【积极支持基层台联开展工作】　为帮助基层台联组织开展工作，市台联从调研入手，积极为基层台联排忧解难。另外，坚持在力所能及的情况下给予适当的经费支持。如：昆明师专台联成立时给予经费1 000元。4城区区划调整时，为支持4区举办联谊活动，给予经费3 000元。

【扶贫工作】　市台联的扶贫点在禄劝县崇德乡六合办事处上六科和小六科两个哈尼族村。市台联成立了扶贫工作领导小组，多次到扶贫点进行实地考察。4月16日，为转变农民观念，组织两村的18名村民代表到昆明市官渡区云桥新村和昆明华曦牧业公司参观学习。9月16日又组织台联的6名市政协委员到扶贫点调研，并送去台胞台属捐助的1 162件衣物和帮助六合村修水管的10 000元扶贫款。

（韩　洁）

归国华侨联合会

【贯彻全国七次“侨代会”精神】
2004年7月第七次全国归侨侨眷代表大会在北京隆重召开，市侨联主席狄君胜和官渡区侨联副主席杨宁安作为代表出席侨联世纪盛会。昆明市侨联被评为"中国侨联工作先进集体"，狄君胜被评为"中国侨联工作先进个人"，宋淑萍、高竹兰、吴娅娟、黄自仁、邓琳丽等5人被评为"全国归侨侨眷先进个人"。《人民日报》以整版篇幅登载包括题为《情为侨所系，利为侨所谋——昆明市侨联维护侨益记事》的全国9家中国侨联先进集体的先进事迹；并专题报道了《中国侨联五年工作综述》，其中再次提到昆明市侨联的维权事例；7月22日，中央电视台新闻台"时政要闻"又专题报道和播出中国侨联、云南省侨联和昆明市侨联三级法律顾问委员会为解决澳门同胞、缅甸归侨林沧伟先生在昆投资皇廷饭店7年不能开业的维权案所做的努力以及对中国侨联法律保障部王振峰部长、昆明市侨联主席狄君胜和林沧伟先生关于维权护侨的专访，在全国侨界引起反响。省、市领导直接关注解决皇廷饭店的难题，中国侨联、省、市侨联的三级法律顾问委员会共同研究皇廷饭店案例，使皇廷饭店的难题一一得到解决。

【参政议政】　2004年，侨界的省、市人大代表及政协委员提出的人大建议案和政协提案达51件，其中人大代表建议案12件，政协提案39件（含政协集体提案17件）。《走工业强市之路，必须着力发展与省水电支柱产业相适配的电力机械制造与自动控制业》、《关于依法保护华商合法权益，改善投资环境的建议》不但作为政协全会的大会交流及发言材料，省政府领导还直接批示有关部门研究落实。其中市侨联集体提案：《关于充分利用CEPA协议，促进昆明市经济持续、快速、健康发展的提案》被昆明市政协列为2004年的重点提案，由市政协主席亲自督办。由此反映出，市侨联的人大代表、政协委员具有较强参政议政能力及较高的整体素质。市侨联集体提案《关于建议政府及早制定对"非典型性肺炎"防治预案的提案》被评为2003年度市政协优秀提案，市侨联文体专委会被评为市政协先进集体。市侨联连续4年在省、市政协全会上提出健全和完善人民陪审员制度的集体提案终获采纳。2004年初，昆明市中级人民法院率先实行人民陪审员制度，这是侨联数年坚持不懈努力的结果，也是侨联参政议政水平的反映。这项提案也得到中国侨联法顾委的高度评价。

【完成市委交办的重点调研课题】2004年6～7月，由市、区侨联干部组成"走出去，请进来"专题调研组，针对全面建设小康社会、现代新昆明建设中的难点问题及改革发展和社会关注的热点问题，赴上海市暨黄埔区，江苏省南京市、昆山市，浙江省宁波市，福建省福州市、福清市、泉州市、厦门市，广东省广州市暨荔湾区和海珠区、番禺市、中山市进行了历时18天的专题考察调研，提出结合建设现代新昆明的实际，实施以借鉴沿海发展外向型高科技为主的"引进来"和"走出去"战略的成功经验，就本省市存在的问题提出了坚持以人为本，吸引海内外人才资源；引资项目要有高起点和相应规模，突出产业优势和经济外向度；上下联动，各方配合，利用侨联的资源宝库，形成以侨台资金为重点的引资格局，利用发挥国内外侨社、侨团和侨联的独特优势和独特作用做好三引进工作；加快高新技术产业化，构筑高新技术支柱产业；改善投资环境从整体上下工夫；强化服务职能、建立招商引资优质服务责任制和优质高效公平公正的法治环境；采取多种方式垒大支柱产业，培育拳头产品，盯紧市场搞开发；鼓励和引导全社会增加科技投入；把发展高新技术产业化作为科教兴市战略的重点；充分利用本省农技、科技和基础工业优势，"走出去"开辟新的国外市场等加快实施"引进来"和"走出去"战略的13条富有建设性的意见和建议，形成《只有实施"走出去，请进来"的大战略，才能加快现代新昆明的建设与发展——对沿海发达地区实施"走出去，请进来"战略的专题调研报告》，圆满完成了重点调研任务。

2004年，还完成了统战系统下达的两个调研课题：《关于促进云南省暨昆明市文化体制改革和文化产业发展的专题调研报告》、《关于从五个方面完善云南省暨昆明市社会主义市场经济体制的调研报告》。

【多方推进招商引资工作】　经市侨联牵线搭桥，李新华副省长先后几次分别会见了挪威德大公司董事长余臻林先生和总经理贺军瑛女士、"日本企业投资中国促进会"华商陈钢先生和联龙株式会社总裁陈立新女士等。李副省长就华商作为云南省招商引资代理人，整体并购或租赁地方国有企业、为云南省暨昆明市引进世界先进装备、技术和资金，促进本地机械制造产业得到长足的进步与发展等事宜进行了深入交谈。通过市侨联的积极推介，缅甸国际贸易投资促进会李松枝主席一行60人于6月初前来昆明考察，受到了李新华副省长的接见、市侨联领导陪同参观考察了昆明钢铁公司、昆明城市商业银行等企业，并提出了一些合作投资意向。市侨联与新加坡新缅公司合作，计划投资1.1亿元人民币建设的"昆明华侨大厦"项目已经市发改委正式批准立项，进入申报项目公司阶段。市侨联支持贺军瑛女士斥资数百万的风险勘探矿业项目进展顺利，已初见成效，省领导予以充分评价。

经市侨联联系，市委书记杨崇勇会见了"日本·云南联谊协会"理事长初鹿野·惠兰女士及日本著名脑神经外科专家北原先生一行。"日本·云南联谊协会"已在云南省捐助了4所希望小学。其中，捐助12万元帮助市侨联扶贫点重建因地震损坏的"中日天真嵩明周达侨心小学"和更新全部课桌椅项目已全部完成。2004年2月，初鹿野·惠兰理事长和日本天真书法塾一行9位日本朋友专程来昆参加重建"侨心小学"的命名揭牌仪式。市侨联将继续协助"日本·云南联谊协会"在云南捐建50所侨心小学的计划。市侨联为日本朋友成功举办了"中国昆明—日本天真书法联谊笔会"，双方共创作了30余幅联谊作品，增进了中日友谊。

日本北原先生与市侨联就在昆合作投资2 000万美元兴建一所具有国际先进水平和世界一流水准设施，最终拥有600张病床的"中外合作昆明北原脑神经外科医院"、康复中心、高级医护培训中心达成合作协议。

市侨联还联系胡星副市长、王奇英副市长、廖晓珊副市长分别会见了多次到昆明考察和洽商有关合作事宜的"日本企业投资中国促进会"陈钢、陈立新一行以及美国的王菲女士一行。

【维护侨益】　缅甸归侨、澳门同胞林沧伟先生斥资6 000余万元兴建的皇廷饭店遇到各种困扰8年不能开业，市侨联暨市侨联法顾委，经过历时3年多锲而不舍、坚持不懈的反映和努力，2004年终于解决了变更为外商独资经营和由法院裁决把土地变卖给皇廷饭店使用的两大难题，皇廷饭店又新出资400万元办完了饭店独资经营和征用土地的一应手续，皇廷饭店开业终于有望。林沧伟先生感慨地说，如果政府部门都能像市侨联那样悉心为侨服务，华侨华商又有谁不愿意来昆投资和发展呢？

由于市侨联的鼎力支持和帮助，缅甸华商庄国平先生和新加坡华商黄先生投资100万美金兴建的金美可食品有限公司得以顺利开业；澳门同胞杨少平先生投资12.5万美元的汽车美容项目已经启动。

【举办第二届“侨之声”文艺汇演】 年初，市委统战部、市文化局、“市五侨”等7家联合举办、市侨联主办的“昆明第二届‘侨之声’文艺汇演”，通过精心谋划，悉心筹办，得以顺利举办并有新的突破。昆明地区广大归侨侨眷、各县（市）区、各大专院校、涉侨单位踊跃参与，经过初赛、复赛，评出41个奖项，最后产生8个一等奖、11个二等奖、12个三等奖和9个优秀奖、1个特别奖。此次汇演不但参与面广，而且优秀节目层出不穷。部分获奖节目又在有近400海内外侨界人士出席的2004年春节联欢会上调演并举行颁奖仪式。此次汇演大大提升了侨界精神文化生活的品位，获得各方各界人士的一致好评。

3月份，市侨联与官渡区侨联在官渡古镇联合举办了昆明侨界妇女迎“三·八”节活动。4月，市侨联艺术团为南侨机工联谊会第五次会员代表大会表演了精彩纷呈的文艺节目。12月昆明市文联、昆明民间艺术家协会联合举办“昆明市第三届民间文艺调演”，市侨联艺术团和文体专委会选送4个节目参加汇演，其中《烟盒情》获特等奖，《缅甸舞蹈：泼水欢歌》获最佳奖。

【海外联谊工作】 2004年是市侨联对外联络工作较为活跃的一年。市侨联曾先后应邀参加第九届澳门缅华泼水节活动、作为省委统战部组团成员出访日本、应邀出席老挝百细华侨公学成立75周年的庆典、参加“昆明市友好代表团”出访马来西亚和印尼，拜会了当地侨团侨社和著名侨领、华商，走访了在昆投资的侨商。参加“日本·云南联谊协会”成立4周年庆典，实地考察了日本北原脑神经外科医院等，拜会了日本财团、技术评论社。与片冈先生、北原先生等日本朋友相聚，促成了北原脑神经外科医院到昆明兴办医院的项目；在参团出访马来西亚和印尼时，分别拜访了印尼中华总商会、慕西基金会、马来西亚马华公会、马中友好协会、云南旅港同乡会，拜访了郭再源、陈凯西两位著名华商，加强和加深了与出访国华侨华人暨侨团的联系与友谊。

在这些出访活动中，市侨联结识了一大批来自欧美以及世界各地到会的华人华侨，还顺利地促成了法国、澳大利亚、南非的华人华侨朋友继续到昆考察访问，密切了与出访地侨团、社团的联系和友谊，特别是改变了市侨联与欧洲华侨华人社团联系薄弱的缺憾。

市侨联还安排接待了缅甸曼德勒、东枝等地参加“云南之旅冬令营”的华裔青年。营员表示，参加本次冬令营活动，既饱览了祖籍国风光旖旎的景色，又领略了祖籍国发生的新变化。

2004年，市侨联共接待前来参加“昆交会”等活动的海外各国客商共计165人（次）；年初，向美国、加拿大、挪威、新加坡、印尼、泰国、缅甸、越南、老挝、香港、澳门、台湾等10多个国家和地区，寄送新春贺卡235份；向各兄弟省市侨联、各区县（市）侨联及相关单位寄送新春贺卡100余份，加强了与海内外的沟通与联系。国庆、中秋节，昆明侨界举行了有近400人出席的诗歌朗诵会，廖晓珊副市长作了热情洋溢的祝辞，侨胞们竞相登台朗诵自己创作的诗歌，抒发侨界爱国爱乡爱侨的情怀。

【扶贫工作】 年初，市侨联就禄劝的定点扶贫项目进行实地考察。对道路修建、人畜饮水、学校扩建等进行了深入调研，提出了具体的目标和要求；与盘龙区侨联、致公党昆明市委一起将侨界人士捐赠的217箱（包），近3吨重的衣物用具运往六合村，为贫困农户送去了一份温暖；通过市侨联的努力，由侨胞捐资12万元建盖禄劝六合村“侨心小学”教学楼项目已破土动工。市侨联陪同田蒋松林女士一行走访已捐赠的4所侨心、希望小学。田蒋松林女士还专门购寄一批衣物，委托市侨联分送给已故田亚东先生所捐赠的5所小学的师生。

【为侨服务】 在挪威华商贺军瑛女士化肥款被骗案、美国侨眷祖溶谦被害案、旅居加拿大的李楠先生私人财产被侵害案、澳门同胞杨少平土地纠纷案、美籍华人陈哲先生维权等涉侨案件，日本侨胞陈立新女士及其父陈方的行政诉讼等涉侨案例都得到市侨联及市侨联法顾委的奔走反映，为其调查取证、查找政策依据。市侨联法顾委开展了一系列卓有成效的维权护侨工作，得到侨界的赞扬和中国侨联法顾委的高度评价。

昆明市延安医院马正刚先生分房问题，解决困难归侨杨镕霞女士的生活困境，以及马来西亚侨商黄先生在昆投资食品，缅甸侨眷倪正达先生因违反计划生育政策被除名一事，南侨机工后代张宝强先生，印尼归侨李振华先生的生活补助等急难问题，都得到市侨联的热情接待和悉心帮助。市侨联在海内外侨胞中有极好的口碑，真正做到了侨胞的急难就是我们的急难，侨胞的满意就是我们最大的光荣。

【信访工作】 为更加有效地维护侨益，市侨联加强了信访接待工作。对海内外侨胞的来访和信访认真做到事事有交代，件件有落实。坚持每周一的主席接待日，侨联机关干部轮值接待来访的侨胞，并提前挂牌公示。当值主席接待来访侨胞，认真听取，仔细分析，果断处置，使侨胞满怀希望而来，满意而归。海内外侨胞遇到疑难，只要来到侨联，无从推诿拒绝，使海内外侨胞深感“侨胞之家”的温馨。

（杨　萍）

·外事侨务·

【礼宾接待】 2004年礼宾接待共计91批，1 092人次，较2003年增加38批，392人次。其中安排参加省领导和单独会见副部级以上的官员有老挝总理、副总理、老挝国家副主席、国家计委副主任，挪威议长，德国财长，瑞士联邦国会议员；省政府咨询团官员；以色列驻华大使、加拿大驻华大使、法国驻华大使、英国驻重庆总领事以及中国驻缅甸、驻苏黎世总领事；接待来自瑞士苏黎世，加拿大坎特伯雷省，马来西亚沙捞越州，澳大利亚阳光海岸市，越南河内市及韩国11个城市市长代表团等；接待土耳其共和人民党副主席，越南河内市市委副书记，老挝万象市委代表团，越南河内统战部部长等前来参观访问；安排了新加坡、美国四大财团考察团、美国百胜全球餐饮、香港新世界公司、泰国九属会馆、法国巴黎银行、韩国乐天集团、印尼安达公司、国际园艺中心、比利时特灵达集团等一批具有实力，在世界上影响较大的企业拜会市领导并和相关部门座谈。此外还安排了其他希望和昆明进行交流合作的文化、教育、体育界代表团（人士）和市领导会面及实地参观访问。如韩国培材大学代表团、美籍华人王菲女士、新加坡英诺教育机构代表。除了上述市级领导出席的正式外事活动外，协助安排了15批次国外、港澳地区慕名前来昆明市各部门进行考察活动。如泰国孔敬大学硕士生代表团来昆明了解城市规划发展及中国园林建筑，香港路得会访问市儿童福利院、江岸文化中心，韩国安阳市代表团专门拜访市园林局学习了解城市园林绿化管理，德国环保专家拜会环保局，实地探讨滇池污染环境保护课题，澳大利亚贸易委员会驻广州商务领事参观经济技术开发区，缅甸驻华大使参观经济技术开发区，美国驻华使馆商务领事代表团参观高新技术开发区、经济技术开发区和昆钢集团等。

【促进经济、技术对外交往】　随着昆明社会经济的发展，昆明市各县（区）充分发挥优势，近年来形成了各具特点的特色经济，市外办配合上级有关部门安排了15批次党政代表团到县（区）参观。如老挝总理代表团、尼泊尔共产党之家中央委员代表团前往西山区团结乡参观乡村旅游经济，老挝副总理、美国驻华使馆商务参赞及驻蓉商务领事、伊朗政党之家代表团参观呈贡鲜花、蔬菜基地，越南中央办公厅、葡萄牙共产党、芬兰地方政府协会代表团实地参观官渡区福保乡镇企业，英国驻重庆总领事前往晋宁考察小城镇建设以及两批由中联部组织的老挝县委书记培训团等。

由于来访的各代表团不同程度的表达出希望和昆明进行各方面合作交流的愿望，因此及时传递信息，尽可能提供服务，促进合作是工作中一个重点。马来西亚沙捞越州代表团前来昆明考察时，由于昆明市路桥公司在沙捞越州有较大公路建设项目，此次访问，路桥公司争取到了3亿资金的工程项目；昆明市拟在古晋市建立郑和纪念公园，市园林局已组派考察团前往古晋市考察，商议有关公园建设事宜；沙捞越州在8月举办第二届“婆罗文化艺术节”，邀请昆明组派小型的民族歌舞团参加，经过认真选派参加演出人员和节目，按时赴马来西亚参加演出，得到了沙州有关人士的好评；第一届“东亚城市市长论坛”后，昆明的知名度得到提高，总部设在韩国釜山的TPO国际旅游机构，多次邀请昆明参加该组织，并邀请昆明市参加TPO论坛，市外办及时向双方传递信息积极联系，昆明市旅游信息已在TPO会刊上登载。

由于昆明市各县（区）近年来经济发展各有特色，上级部门专门安排周边国家政府官员培训团到昆明市进行培训。如中联部组织的老挝县委书记培训团前后2批在晋宁培训，学习如何开展基层党建工作的做法和经验，实地考察农业种植养殖和开展扶贫项目。老挝代表团表示，老挝在经济建设中所取得的成就和中国的支持分不开，将把在中国学到的理论和实践经验带回老挝，并相信将来会有更多的老挝干部到中国学习考察。澳大利亚阳光海岸市市长慕名访问昆明市，表达了其希望和昆明市开展环保技术、旅游、文化等方面的交流，其随行阳光海岸市TRCOMER公司到市环保局座谈，拟在生物环保、垃圾处理、旅游等方面进行合作。双方市长会面后有意开展两市间的合作与交流，共同签署了合作意向备忘录。阳光海岸市11月再次派人来昆明，表达了希望和昆明开展实质性合作的意愿，并向市环保局递交了在废弃物品、固体垃圾处理、编制昆明五年环保计划环境监测方面的项目书。此外还与市旅游局交换了促进双方间旅游宣传，发展乡村旅游等方面的意见。

为了配合新昆明建设发展的步伐，向外营销昆明，宣传昆明，外侨办向各县（市）区调查了解可推荐作为外事接待考察点，该项工作得到各县（市）区的支持，反馈情况较好，每县（市）区均推荐4～5个具有不同发展特色的外事考察点，为今后外宾来访参观提供了一定的便利。

【因公派出】　2004年共审批因公出访团组265批，840人次，比2003年增加了107批，323人次。压缩不符合规定的出访人员43人，节约经费142.88万元。6月以两办名义下发了《中共昆明市委办公厅、昆明市人民政府办公厅关于严格控制一般性出国（境）考察的实施意见》。围绕实施意见，举办了2004年度全市外事专办员培训班并组织部分优秀专办员外出考察；向全市所有委办局、县（市）区、开发区以及重点企业寄送了《因公出访实用手册》；建立了外事专办员信息网。为提高审批的时效性和工作效率，实行了表格化报批，调整简化了部分审批程序，实现了昆明市的专办员证在省外办通用的做法，为建设出国审批“绿色通道”打下了坚实的基础。

2004年，市级领导出访涉及招商引资、友好访问、专业考察、侨务联络、国际会议、对口交流等诸多方面，往访五大洲30多个国家和地区，内容丰富、实质性强。市委书记杨崇勇率团出访印尼、马来西亚和香港，向当地政界、商界和广大华人华侨宣传推介了新昆明建设，推动了一些项目落户昆明；市长章振国率团出访日本、瑞士和芬兰，进一步巩固了昆明市与藤泽和苏黎世的友城关系，开拓了昆明市与北欧国家的交往。

【国际友好城市交往】　2月，应昆明市邀请，澳大利亚瓦加瓦加市市长凯文·威尔士先生一行前来昆明为象征昆瓦友谊的瓦加瓦加园揭幕，同时与昆明市有关方面深入探讨开展实质性交流与合作的意向。8月，清迈市副市长马努特·斯里曼哈拉吉先生一行33人到昆明访问，与昆明市交流公务员管理、提高政府公务效率等方面的经验。期间，代表团成员特别关注昆明市在环保方面取得的成功经验，为昆清两市的实质性交流开拓了新的领域。

9月，市长章振国率市政府代表团访问藤泽和苏黎世，重点考察了苏黎世供水局及城市规划部门，就双方今后的合作达成诸多共识。期间，两市市长共同为昆明市赠送苏黎世的大型孔雀雕像“吉祥永驻”揭幕。11月，苏黎世市长艾尔玛·雷德格博先生回访昆明，考察了“新昆明”规划和滇池治理情况，并代表苏黎世市同昆明市签订了2005～2006年合作项目备忘录。通过互访，增进了两市高层领导的相互理解和信任，为正处于关键阶段的昆苏友城关系，重新确定了新形势下的合作形式和框架。

2004年，在城市规划和水处理方面，瑞士苏黎世派出技术代表团6批共计30多人次，到昆明与相关部门进行技术层面的交流和合作，双方在交通、城市规划管理和环境保护等领域的合作和交流取得的成绩有目共睹。市领导多次会见苏黎世专家，听取城市规划和水资源管理的研究成果。

3月，日本藤泽市湘南日中友好协会小松碧女士访问昆明，实地考察了禄劝县沙渔郎小学、东川区法者乡中心小学等多所小学，表达了希望在东川区建立一所希望学校的愿望。7月，小松碧女士带13人考察团第二次访问昆明，向希望小学捐资助学2万余元，同时，湘南日中友好协会和基金会还决定捐资200万日元（合15万元人民币）资助同心小学进行改扩建工程，现资金已陆续到位，改扩建工程已开始。

3月，昆明市园林考察园访问了新西兰新普利茅斯市，就“昆明园”的修建进行了前期考察工作。4月，新普利茅斯西方理工大学校长一行5人访问昆明；月底，该市实能学校校长一行3人也来昆访问，与市教育局探讨英语教师培训等事宜，实地考察市旅游学校，双方就合作开展英语培训、餐饮服务等项目进行了详细的磋商。该团还代表新普利茅斯地区的市民向昆明市图书馆捐赠了《大英百科全书》等一批图书。6月，新普利茅斯地区代表团应邀参加“昆交会”，并首次设立展位参展。随团前来的园林技术人员与市园林部门就互赠公园的选址、设计等事宜进行了磋商。12月，昆明市建园小组一行8人顺利前往新普利茅斯市开始建园工作。

3月，昆明市旅游考察团访问瓦加瓦加市，与瓦加瓦加市签订了《旅游合作谅解备忘录》，明确双方旅游部门在旅游资源开发、宣传，旅游管理人才培训等诸多方面的合作方式。4月，里弗雷纳媒体集团总裁一行2人到昆明访问，具体了解昆明媒体现状和发展，磋商昆瓦两市在这一领域合作的可能性，并就媒体如何推动友城关系的发展进行探讨。10月，农业专家约翰·威尔金斯博士到昆明访问，与农业局、畜牧站等单位进行交流，双方就畜牧人员培训的课程安排等事宜进行最后的商讨和确认。昆明市专业培训人员将于2005年2月前往瓦加瓦加市，进行为期4个月的专业培训与交流。

4月，大观公园迎来了美国丹佛市赠送的象征两市友谊的科罗拉多红石，经过与相关部门和外方的协商，确定了红石的安置方案。昆明又增加了一处记载着国际友城友好交往的标志性园林景观。此外，外侨办联系驻波利维亚使馆，与科恰班巴市新任市长取得联系，双方表示愿意恢复联系、加强交流。通过友城渠道，昆明兴和园餐厅马桂芝经理还与曼谷市议长合作，在曼谷经营一家穆斯林餐厅。

6月，曼谷市议会代表团访问昆明，就教育和体育合作进行磋商。在玛路里议长盛情邀请下，昆明市人大代表团于12月中旬访问曼谷，同曼谷市教育机构正式签署学生和教师交流合作协议书。

7月，昆明市园林考察团到马来西亚古晋市进行马中友谊公园修建的前期考察工作，并积极探讨昆明市和古晋市结为友好城市的可能性，双方均表达了结好愿望。11月，古晋市长田承凯先生到昆明访问，就公园的设计方案和工程实施进行确认。田承凯热忱地邀请昆明市市长于2005年8月前往古晋访问，为友谊公园揭幕，同时签署两市结谊协议书。

9月，市长章振国率市政府代表团访问越南，期间与海防市副市长杨英田签订了《发展友好城市关系意向书》，为昆明市作为通向东盟国家桥头堡的地位迈出了具有现实意义的一步。

【民间对外交往】 2004年，昆明市人民对外友好协会通过全国友协，组织安排出访团组5批21人次。此外，经过认真筛选，初步选定了瑞士瑞中协会、荷兰荷中友协鹿特丹分会、日本湘南日中友协、日本云南联谊会、芬兰地方政府联合会、美国环球志愿者协会、韩国地方政府国际化协会、德国中国伙伴、中国前外交官联谊会等中外机构和组织作为昆明市开展民间交流的合作伙伴，初步建立了市友协的对外联络网。

充分发挥友协工作特点，积极开展文化、经济和教育方面的对外交流与合作。2004年先后接待了澳大利亚米尔迪拉市经贸代表团、IMT投资公司、日本长野县代表团、瑞中友协代表团、瑞士阿彭茨尔乐团、美国环球志愿者代表团。积极促成市领导出任中国东盟协会副会长，促成瑞中协会主席瓦格纳先生出任昆交会招商引资代理。

【大型涉外活动】 由于社会经济的发展，在昆明举办的大型涉外活动增多。东盟华商投资项目推介会、东盟建筑与住宅博览会、第五十二届全国医疗博览会、泰国美食节、中韩民族造型文化交流展、中国学生健康营养节、日本青年领导访华在昆明活动、第二届中华儒商论坛、昆明赴香港东莞投资推介会、国际可持续发展城市市长论坛、中美名人高尔夫球赛、马来西亚四轮驱动自驾车访问昆明和中法文化年法国文化周等活动。这些活动的举办，较好地宣传了昆明，推进了昆明在多个领域的对外交流与合作。

【侨务外事】 2004年，昆明市共接待了来自美国、加拿大、澳大利亚、新西兰、法国、荷兰、瑞士、印度尼西亚、马来西亚、菲律宾、泰国、缅甸、香港等13个国家和地区12批339名海外侨领、华商和海外华文媒体的总编。在继续巩固与原有海外华侨华人社团的关系外，新增了与印尼中华总商会、马来西亚华人公会、马中友好协会、泰国九属会馆、荷兰华人协会建立了较为密切的关系，逐步形成了以港澳为桥梁，东南亚为重点，其他地区也在逐步拓展的海外友好关系网络。通过友好交往，巩固了与老朋友的友谊，增进了与新朋友的相互了解，使国外侨务工作得到了加强与深化，为加强交流与合作创造了良好的条件。

充分利用第二届东盟华商投资西南项目推介会、广州市侨务局成立五十周年庆典活动暨广州市侨资企业商品展销会等一系列活动，提高了昆明市企业的知名度，促成4个合作项目签约。通过接待马来西亚青年及体育部副部长翁诗杰先生、泰国九属会馆首长团和泰国台商会会长张荣三先生等，就开展大米贸易、蔬菜种植基地的建设达成了协议。6月，向香港胡文虎基金会提供了昆明市两所学校的资料，得到每所30万人民币的侨爱工程捐款，项目正在实施过程中。通过国务院侨办、省侨办分别邀请了东盟4国和欧美5国等11家华文报社的总编、记者27人到昆明进行参观、考察，多家华文报社在华文报刊上大篇幅介绍了昆明的情况。同时，进一步加大了“走出去”的工作力度，由昆明市“五侨”组成的昆明市侨务友好访问团访问了印度尼西亚和马来西亚。

【为侨资企业服务】 一年来，外侨办协调有关部门依法解决云南泓昊科技有限公司成立时注册资金问题；与昆明市中级人民法院涉外庭协调美籍华人陈哲先生与昆明合作方合作协议纠纷问题；深入昆明奥斯腾竹木制品有限公司等6家华侨华人投资的企业进行调查研究，掌握侨资企业在生产经营中存在的问题，为在昆投资的侨资企业解决了大量的久拖不决的问题。通过上述工作，在海内外产生较大的影响，对于增强华侨、华人来华投资的信心，促进昆明市投资软环境的改善，起到积极的作用。

【侨务信访】 认真落实政策。2004年共受理接待和处理海外华侨华人、港澳同胞和归侨侨眷来信、来访215件次。内容涉及侨房落实，拆迁安置，回国定居，子女就业，医疗保险，升学加分照顾，交通事故纠纷，退休工资待遇，下岗再就业，购房，寻亲，法律纠纷，合法权益维护等等。做好侨务信访工作。

先后会同省市有关涉侨部门对旅日侨眷田郁文交通事故、东川市装卸公司归侨石兆留历史遗留问题、昆明理工大学归侨陈月凤政治待遇问题、美籍华人李培天房产问题等信访问题作了多次协商并提出初步意见。

【侨务宣传和侨务扶贫】 做好调查研究工作，宣传侨务政策法规。历时半年完成了昆明市侨务资源情况调查总结工作，"社区侨务工作联系点"和"侨务扶贫工作点"的确定和经费均得到落实。完成全国第七次侨代会等会议表彰的先进个人和先进单位的推荐上报工作。积极主持并参与有关侨务工作协调单位召开的会议。落实并答复政协提案。举办侨法宣传月活动和座谈会（五侨联系会），配合省级"五侨"开展了"一法两办法"宣传活动。组织召开昆明市宣传贯彻《中华人民共和国归侨侨眷权益保护法实施办法》座谈会。

积极开展扶贫济困送温暖活动。组织各县区侨务部门在春节前开展扶贫济困送温暖活动，向14个县（市）区下拨慰问经费4.8万元，用于慰问归侨、侨眷困难户。慰问了在昆居住的海外华侨华人、知名人士和南侨机工老人共40人，发放慰问金1.2万元。先后走访慰问了五华、盘龙、官渡、西山、东川及禄劝的14户归侨侨眷下岗职工、低保户以及贫困户，送去慰问信和慰问金4 200元。春节前共走访慰问昆明市农村、城镇归侨侨眷困难户及下岗职工182户，发放慰问信和慰问金5.7万元。为支持和帮助县（市）区侨务部门进一步做好侨务工作，对14个县（市）区侨办补助侨务工作经费4.95万元。同时，还深入到归侨侨眷贫困户家中，了解他们的生活、生产情况，帮助他们解决一些实际问题和困难。根据调研所掌握的归侨侨眷贫困户的情况，向寻甸、石林的5户归侨侨眷贫困户发放侨务扶贫贷款1.5万元（3 000元/户）。

（张晓明）

·政策·经济研究·咨询·

政策研究

【重要文件、文稿起草】 2004年，市委政策研究室调研起草了市委、市政府领导交办的重要文件、文稿20篇，共10多万字。主要有《中共昆明市委关于贯彻〈中共中央关于加强党的执政能力建设的意见〉》、《中共昆明市委、昆明市人民政府贯彻落实〈中共中央、国务院关于促进农民增加收入若干政策的意见〉的实施意见》、《中共昆明市委关于加强和改善110社会联动工作机制的意见》、《中共昆明市委、昆明市人民政府关于推进新型工业化、实施工业强市的决定》、《中共昆明市委、昆明市人民政府推进新型工业化、实施工业强市的规划》、《中共昆明市委、昆明市人民政府关于加快北部五县区经济社会发展实施意见》、市委向省委的汇报材料《强化措施　营造环境　加快非公有制经济发展》、《在省委农村工作座谈会上的汇报材料》、《中共昆明市委、昆明市人民政府关于解决失地农民问题的若干意见》、《呈贡县委、县政府关于统筹城乡社会经济发展，推进城乡一体化实施试点意见》、《昆明县域经济综合评价考核指标体系》等。

【专题调研报告撰写】 政研室深入基层调研，完成了18篇调研报告，约20万字。主要有《昆明市领导班子和领导干部应对复杂局面能力的调研报告》、《关于加强和改善我市110社会联动工作机制的调研报告》、《促进昆明市北部五县区经济社会发展调研报告》、《昆明城市化进程中失地农民问题调研报告》、《探索和实践积极土地政策的构想可行性研究报告》、《昆明市三资企业发展调研报告》、《昆明市电子政务调研报告》、《解读"安宁现象"》、《安宁实施工业强市战略启示》、《昆明市农业产业化中介组织发展研究》、《昆明市农村集体经济发展情况调研》、《昆明市农村劳动力转移跟踪调查》等。大部分调研报告直接转化成了市委、市政府的决策。

【年度计划课题研究】 按照市委对政研室2004年年度重点调研课题的批复，政研室完成了9个课题的研究，约15万字。如《促进农民增加收入对策研究》、《加强昆明城郊农村建房管理研究》、《昆明县域经济发展研究》、《城市化进程中失地农民问题研究》、《昆明地区高中阶段教育社会教育资源整合利用研究》、《昆明旅游业促进机制和政策研究》、《昆明市公共卫生体系建设研究》等。

【书刊编辑】 编辑出版《谋事之基——昆明市2003年调研文选》、《昆明政研》、《昆明县域经济发展研究》书刊共100多万字。调研撰写《农民渴望党委政府服务》、《昆明投资环境到底咋样》、《赴上海考察民间投资报告》、《杭州市推进城市化进程特点与启示》等决策内参9期共3万字。

【专项工作】 完成了中共昆明市委农村工作领导小组办公室筹备成立工作（市委农村工作领导小组办公室设在市委政策研究室）以及市委农村工作领导小组三次会议筹备工作和会议纪要的撰写。组织完成了全市83万份《云南省农村工作手册》的发放。配合省委农村工作领导小组办公室在昆明开展四次调研活动。参与农村税费改革督查等工作。

（陈万英）

经济研究

【重要文稿起草】 2004年，市政府研究室紧紧围绕市委、市政府的中心工作和决策需要，依靠全室干部职工，与时俱进，开拓创新，扎实工作，进一步增强为政府科学决策服务的意识和发挥咨询研究部门职能作用重要性的认识，对昆明改革开放和现代新昆明建设中的一些重点、难点问题深入开展调查研究，较好地完成了上级交给的各项任务。承担和参与完成了《省政府东川再就业特区现场办公会汇报材料》、《省现代新昆明建设调研会汇报材料》、《四区行政区划调整相关材料》、《下放市级城市管理权的实施意见》、《市级行政审批权下放安宁、东川的实施意见》、《泛珠三角市长论坛材料》、《贯彻中央经济工作会议精神自查报告》、向省长办公室报的《昆明市2004年经济社会发展情况及明年工作思路》等重要文稿共25篇、16.7万字，在科学决策中发挥了重要作用。

【课题研究】　2004年完成课题研究14项24.5万字，主要有《昆明市领导班子驾驭市场经济能力调研报告》、《东川经济社会发展调研报告》、《昆明信息产业基地总体规划》、《昆明市北部五县区农业综合开发规划研究报告》、《昆明老龄事业发展研究》、《昆明市建设服务型政府研究》、《昆明市企业退休人员医疗保险调研》、《昆曼经济带昆明段发展规划研究》、《住在昆明研究》、《实施工业强市战略加快开发区建设和发展研究》等课题，课题研究质量进一步提高，为科学决策提供了重要依据。还有“十一五”规划4个专项课题研究，支持东川、寻甸、昆明理工大承担的课题等一批研究课题正在实施中。

【刊物书籍编撰】　2004年市政府研究室抓好主办刊物《昆明经济》的组稿、编辑、校对出版工作，全年出版6期，刊登文稿共113篇，文字量60多万字。所刊文章贴近当前经济建设实际，着重针对昆明改革开放和现代新昆明建设中的一些重点、难点、热点问题及解决问题的措施和办法展开学术研究。完成《中国城市年鉴·昆明篇》、《人民日报社对市领导的采访稿》、《昆明市会展经济文稿》、《中国云南与印度西孟加拉邦经济合作研讨会·昆明篇》、《泛珠三角经济区、城市综合竞争力、中印缅孟背景材料》等15篇，约11万字。

【专项工作】　承担昆明市四区行政区划调整领导小组办公室的工作，完成了区划调整的组织实施任务，编发区划调整工作简报43期10万字。组织调查研究，深入细致开展工作，完成省、市政协提案回复工作8项，起草回复文稿约7万字，省、市政协委员均对答复工作表示满意并给予了充分肯定。完成石林、宜良农村税费改革督查工作总结及简报约1万字。认真做好寻甸县甸沙乡老村、兴隆村的定点挂钩帮带扶贫工作，为当地群众办实事。

（李　华）

咨询工作

【课题咨询】　2004年，紧紧围绕昆明经济社会发展中的热点和难点问题，咨询委开展了咨询论证工作。参与咨询论证的主要课题有：《关于建立我市失地农民社会保障制度的实施意见》、《昆明市市与四区政府城市管理职能权限责任调整方案》、《昆明市人口老龄化研究》等。

【建言献策】　咨询委参与课题咨询论证的同时，咨询委员还对自己关心的问题，积极建言献策。主要建议有：《昆明交通堵塞的症结与出路何在》、《深化投融资体制改革，丰富多元化融资手段》等。

（刘瑞华）

·责任编辑　赵丕德　戚光明
字应军　方玉红·

军　事

昆明警备区

【昆明警备区成立大会】 2004年6月30日，召开昆明警备区成立大会。大会由昆明警备区司令员王晓明主持，云南省有关领导，驻昆解放军和武警部队各大单位领导，中共昆明市委、市人大、市政府、市政协领导，市国防动员委员会成员，各县（市、区）领导及所属部队、民兵预备役人员共150余人参加了大会。云南省军区司令员黄光汉宣读昆明警备区成立命令，并为昆明警备区授印。昆明警备区政委中共昆明市委常委、蔡忠诚，中共云南省委常委、云南省军区政委陶昌廉，云南省副省长李汉柏先后作了讲话。杨崇勇、李汉柏、黄光汉、陶昌廉等领导为昆明警备区揭牌。昆明警备区肩负着国防后备力量建设和城市警备执勤双重任务，它的成立对于加强昆明市的国防后备力量建设，维护社会安全稳定，促进经济发展具有重要意义。

【昆明警备区第一次党代会】 2004年7月6～7日，昆明警备区召开第一次党代表大会，听取和审议昆明警备区党委和纪律检查委员会工作报告。选举产生中共昆明警备区第一届委员会委员和纪律检查委员会委员。会议由昆明警备区政委蔡忠诚、司令员王晓明主持。会上，中共昆明市委常委、昆明警备区党委书记蔡忠诚作了《高举旗帜，适应变革，努力开创警备区全面建设新局面》的报告。报告指出：要坚持用党的最新理论武装官兵头脑，牢固确立“三个代表”重要思想的指导地位；紧紧围绕“打得赢”、“不变质”的根本要求，推动警备区全面建设；贯彻从严治军方针，不断提高部队正规化建设水平；做好新形势下的双拥工作，进一步巩固和发展军政、军民团结的大好局面。中共云南省委常委、昆明市委书记、昆明警备区党委第一书记杨崇勇出席会议并讲话。他强调各级党委和领导要把军魂意识确立好，保证军队坚定正确的政治方向；把党委班子建设好，不断增强班子的凝聚力、战斗力和创造力；把党管武装坚持好，研究探索党管武装的新办法、新路子；把从严治军贯彻好，努力塑造警备区部队文明之师、威武之师的良好形象；把双拥工作开展好，使昆明市双拥工作再上新台阶；围绕“打得赢”、“不变质”的目标，继往开来，开拓创新，艰苦奋斗，知难而进，为警备区部队和民兵预备役建设全面发展、全面进步作出新的更大贡献。

【思想政治工作】 2004年，昆明警备区制定《关于加强党委班子和干部队伍建设实施意见》、《关于加强理论学习实施意见》，拟制《警备区“六个管好”实施细则》，编印《增强自律意识，加强品质修养》学习材料，规范各种制度，结合贯彻落实《关于加强军队高中级干部教育管理的若干规定》教育活动，制定下发了《关于进一步加强对干部教育和管理的意见》。开展“实施‘三个代表’重要思想，积极投身中国特色军事变革”教育，以及廉洁自律、

昆明警备区第一届党委常委 （市国防教育处　供稿）

昆明市征兵工作业务会　（市国防教育处　供稿）

党纪党规和“顾全大局、勤奋学习、求真务实、团结共事、文明守纪、艰苦奋斗”教育，增强党员领导干部廉洁勤政意识。加强从严治军，确保广大官兵思想纯洁稳定。

【民兵组织建设】　5月25日，召开昆明市民兵组织建设工作会。市委副书记、常务副市长王文涛主持了会议，中共昆明市委常务副书记杨远翔到会作了重要指示，警备区王晓明司令员作了《适应新形势，采取新举措，扎实推进民兵组织建设》的专题报告。拟制了《昆明市专兼职武装干部和民兵干部任免实施办法》，组建了昆明市重点民兵应急营。在警备区和四城区人武部的统一组织下，完成了区划调整后的民兵、预备役部（分）队调整工作。

【民兵军事训练】　在完成年度民兵军事训练的同时，积极改进民兵防空导弹分队、民兵数字化作战分队、民兵防化救援分队、民兵信息攻防分队训练方法。昆明陆军预备役通信团对110名专业技术骨干，进行为期12天的通信新装备专业技术骨干培训，提高掌握和运用通信新装备的能力。结合任务组织民兵预备役部队进行快速动员演练和军事比武，全面提高民兵预备役部队的战斗力。

【信息化和基础设施建设】　投资数百万元，分两步完成了本级和14个县（市）区国动委、预备役通信团程控电话交换网、军队3期网、电视电话会议系统的“3网”建设，并加入省国动委和全军指挥自动化3期网，实现了昆明市国防动员指挥自动化。在民兵武器仓库安装智能电视控制系统，实施对民兵武器仓库全方位、全时制电视监控、数字图像存储和报警，被成都军区评为西南战区最佳民兵武器监控系统。制定《昆明市县（市）区人武部基础设施建设规划》，召开昆明警备区基础设施建设暨信息化建设现场会，推动人武部基础设施建设和信息化建设的全面发展。85%的基层武装部建设达到标准化、规范化要求。由昆明市财政、市人防办和4城区，共同投资建设昆明市国防动员综合训练基地，11月中旬主体工程已全部完工。

【征兵工作】　昆明市2004年冬季征兵工作，从10月14日开始，至12月31日结束。根据人员变动情况，调整了昆明市征兵工作领导小组成员，由昆明市副市长梁晓谷任组长，昆明警备区司令员王晓明、政委蔡忠诚任副组长，由参谋长李荣立任征兵办公室主任。召开征兵工作会议，部署征兵工作任务。副市长梁晓谷和警备区司令员王晓明、政委蔡忠诚分别在昆明电视台发表征兵工作讲话和答记者问；全市各县（市、区）和各乡（镇、街道办事处）、各企事业单位、各大专院校，在主要场所设立宣传报名点，开展政策咨询、文艺演出、散发宣传材料、张贴标语、悬挂横幅，进行爱国主义、革命英雄主义和国防法规教育，营造良好的征兵工作氛围，激发广大适龄青年报名参军热情。加大监督力度，严把征兵政审、体检、审批定兵关，按时按质按量完成了年度征兵任务。

【国防教育】　2004年，根据人员变动情况，对昆明市国防教育领导小组进行调整。由市委常务副书记杨远翔任组长，市委常委、昆明警备区政委蔡忠诚，市委常委、市委宣传部部长张红苹，市政府副市长梁晓谷任副组长。9月18日，昆明市开展以“勿忘国耻，强我国防”为主题的第四个全民国防教育日系列活动。2004年12月，云南省人民政府命名21个场所为云南省首批

昆明市学生军训工作会议　（市国防教育处　供稿）

国防教育基地。其中位于昆明市的有：云南陆军讲武堂、云南人民英雄纪念碑、昆明市青少年活动中心、云南省军区教导大队（学生军训基地）。2004年4月28日，“国防教育神州行”公益广告宣传牌，在金碧广场举行揭牌仪式。

【学生军训】　成立由昆明市政府、昆明警备区等单位组成的昆明市学生军训工作办公室，负责对学生军训工作的组织、计划、实施和监督。召开昆明市学生军训工作会议，总结2003年度学生军训情况，部署2004年度学生军训任务，规范学生军训内容、形式和标准。制定《昆明市学生军训承训单位考评细则》和《学生军训承训资格认证书》，实行承训单位资格申报、审查制度，确保学生军训质量。依托民兵训练基地、驻昆部队和学校，对3万余名大学生和中学生进行军训，增强国防观念和军事技能。

【组织民兵参加防治禽流感】　2004年初，昆明市西山区团结乡、呈贡县洛羊镇、嵩明县等地区发生禽流感，警备区各人武部按照当地党委政府的要求，迅速成立防治禽流感现场指挥部，立即启动民兵应急预案，紧急调集700余名民兵，由人武部领导带队，奔赴现场指挥，共扑杀家禽200余万只，出动民兵预备役人员2万余人次，车辆500余台次，并开展爱国卫生运动和防治禽流感宣传活动，协助公安民警执行隔离警戒任务，有效地遏制了禽流感在昆明市的蔓延扩散，维护了社会稳定。

【表彰关心国防建设先进个人】　2004年12月，云南省国防动员委员会发出通报，对被评为云南省第二届关心国防建设的10名“十佳新闻人物”及关心国防建设的9名“先进人物”进行表彰。其中，中共嵩明县委书记黄云波评为关心国防建设“十佳新闻人物”，中共西山区委书记张建伟、安宁市市长李喜被评为关心国防建设“先进人物”。

【表彰双拥工作先进】　2004年7月16日，中共昆明市委、昆明市人民政府、昆明警备区作出《关于表彰昆明市双拥工作模范单位、先进单位和先进个人的决定》，授予五华区民政局等33个单位为拥军优属模范单位称号；授予云南省军区军犬训练队等17个单位为昆明市拥政爱民模范单位称号；授予中共五华区委办公室等45个单位为昆明市拥军优属先进单位称号；授予云南省军区后勤部汽车队等24个单位为昆明市拥政爱民先进单位称号；授予彭云等30人为昆明拥军优属先进个人称号；授予马丽等68人为昆明市拥政爱民先进个人称号。

【昆明警备区领导】

党委第一书记	杨崇勇
司　令　员	王晓明
政　治　委　员	蔡忠诚
参　谋　长	李荣立
政治部主任	赵坚强
后　勤　部　长	李康瑜

驻昆部队

【云南省军区党委扩大会】　2004年1月14日，云南省军区党委在昆明召开九届四次全体（扩大）会议。会议由云南省军区司令员黄光汉、政委陶昌廉分别主持。会上，传达中央军委扩大会议、全军党的建设座谈会、成都军区党委扩大会和成都军区信息化建设成果展（演）示活动精神，总结2003年工作，部署2004年任务。中共云南省委书记、云南省军区党委第一书记白恩培出席会议并讲话。会议强调，要用“三个代表”重要思想统领部队各项建设，围绕履行好职能，完成好任务，把省军区部队和民兵预备役建设提高到一个新水平。会上，对165个先进单位和个人进行表彰，对69名个人记功嘉奖。

【云南省党管武装工作述职会】　2004年2月18日，云南省在昆明召开各军分区（警备区）党委第一书记党管武装工作述职会。会议由中共云南省委常委、云南省军区政委陶昌廉主持。会上，兼任各军分区（警备区）党委第一书记的16个地州市委书记，就贯彻落实国防后备力量建设方针、政策、指示，解决民兵预备役重点、难点问题，探索党管武装和国防后备力量建设新途径、新办法，向云南省军区党委作了汇报。云南省军区司令员黄光汉对述职情况作了讲评。中共云南省委书记、云南省军区党委第一书记白恩培作了书面讲话。中共云南省委副书记陈培忠、云南省副省长李汉柏、成都军区副司令员范晓光、总参动员部副部长陈知庶出席会议并讲话。

【云南省国防动员委员会会议】　2004年6月28日，云南省国防动员委员会在昆明召开会议。会议由云南省省长、省国防动员委员会主任徐荣凯主持。会上，云南省国防动员委员会常务副主任、云南省军区司令员黄光汉作工作报告，中共云南省委书记、省国防动员委员会第一主任白恩培讲话。国家国防动员委员会综合办公室马龙渝局长、成都军区副司令员范晓光分别率工作组到会指导。会议强调，要树立正确的国防观，充分认识做好国防动员工作的重大意义；树立科学的发展观，保持国防动员与经济社会的协调发展；树立正确的政绩观，切实加强对国防动员工作的领导。

昆明市重点民兵应急营成立大会　（市国防教育处　供稿）

【政治教育】　2004年，驻滇某集团军把深入学习贯彻“三个代表”重要思想作为政治教育的首要任务。组织80多名团以上干部分别带领20多个调研组，深入基层连队，对2 000多名干部8 000多名战士的学习情况进行调查，召开70多次座谈会，面对面回答官兵提出的各种疑难问题。在此基础上，认真搞好思想发动，为深入学习奠定坚定思想基础；突出团以上领导这个重点，发挥学习的牵引作用；把江泽民国防和军队建设思想作为深入学习的主要内容，把学习的着眼点放在推进中国特色军事变革上；认真抓好基层官兵的学习教育，提高学习贯彻的整体水平；发挥典型的导向和示范作用，提高学习贯彻质量。这些举措再兴学习贯彻新高潮，促进部队战斗力提高，其做法被成都军区推广。

【中国特色军事变革教育】　云南省军区把学习实践“三个代表”重要思想、积极投身中国特色军事变革教育，作为2004年的主题教育。以掌握边防部队现有的信息化装备为牵引，组织官兵学习军事科技知识。选送官兵到军队和地方院校学习软件开发、信息网络技术、监控系统使用维修技术。充分发挥各级教导队的作用，以集中培训、业务学习等方式，加强对基层干部和专业骨干的培训。着眼信息化边防建设需要，大力开展边防知识、边防技能学习，加大边境执勤处理突发事件的训练，提高知边、管边、控边能力。通过这项教育，省军区的广大干部均能熟练操作本专业的新、老装备，有效地使用边境监控系统、教育文化网络、GPS定位巡逻仪等，促进了部队的信息化建设。

【普及计算机知识】　驻昆某炮兵部队把普及计算机知识作为部队信息化建设的基础工程来抓。以教导队为依托建立计算机培训中心；采取先机关后部队的步骤，分期分批对干部进行集中轮训；以该部的局域网为平台，以课题为牵引，帮助干部在日常练兵中实现计算机等级升级；划拨专项经费奖励获得计算机等级证书的干部。以上举措调动了干部学习计算机的积极性，截至2004年12月3日，这个部队的全部干部均通过国家计算机等级考试，其中多名干部在部队信息化建设中做出突出贡献而立功受奖。

【科技练兵】　驻昆某装甲部队，以“突出信息化主题、完成使命性课题、解决练为战难题”的新思路开展科技练兵。请军地科研院所的专家教授，为部队讲授高新技术在现代战争中的应用和装甲兵信息化作战知识、指挥控制方法及一体化作战理论，提高官兵素质。对营连排三长进行集训，学习快速反应、信息对抗、联合作战、综合保障等高技术条件下信息化作战知识。从装甲部队作战需要出发，围绕防空袭、防信息攻击、防精确打击等作战课题，开展科技练兵。与科研院所联合攻关，研制出19项成果。根据山岳丛林地作战特点，研究出多项战法战术，促进装甲部队信息化建设。

【借助地方信息资源促发展】　2004年6月10日，云南省军区与云南省电信有限公司在昆明签署战略合作协议。协议规定：电信公司帮助省军区培养人才，对其数字交换设备进行升级改造，无偿提供信息通道为边防部队所用。省军区组织部队和民兵，协助电信公司维护通信设施，鼓励电信企业在营区拓展消费市场。协议实施后，加速了边防信息化建设，2004年10月31日，开通了云南省国防动员信息网络系统，使云南省军区所属军分区、人武部、预备役团、边防团、营、连的信息网络实现互联网，提前3年实现边防网络建设目标。

【培养新型边防人才】　昆明陆军学院为适应新军事变革需要，在原来开设的边防民族宗教课基础上，增设《边防勤务》、《边境监控》、《情报网络传输》、《空中巡逻》等课程。与科研单位和边防部队协作，研制开发热带山岳丛林地勤务训练等10多个教学软件。强化学员的计算机和外语能力，组织学员到边防一线代职实习，在实践中增强素质。使数百名即将毕业到边防任职的学员，均能熟练掌握电子地图、远程电视监控器、电子报警器及计算机网络等现代边防执勤技能。

【培养少数民族干部】　成都军区昆明总医院采取短期培训、进修学习、出国深造等方式，为少数民族干部的成长提供条件。有计划地把少数民族干部放到领导岗位上锻炼，把他们培养为中层领导干部、学科带头人、临床技术骨干。积极盘活少数民族干部人才资源，做到人尽其才，才尽其用。据2004年统计，这个医院培养的少数民族干部已达52名，其中具有硕士以上学历的13名，高职专家4名。这些少数民族干部共获国家、军队科技进步奖20余项，有28人次立功受奖。

【培训军队转业士官】　2004年3月，驻昆部队有关部门和云南省政府复员退伍军人安置办公室，首次在昆明联合举办云南省军队转业士官职业资格培训班。提高转业士官的科学文化和职业技能素质，增强在市场经济条件下的竞争能力，为安置就业和自谋职业创造条件。

【培训士兵职业技能】　2004年，云南省政府复员退伍军人安置办公室、云南省劳动和社会保障厅、云南省军区司令部联合制订《关于在驻滇部队中开展士兵职业技能培训工作的实施意见》。同年8月15日，全国首家士兵职业技能培训基地在昆明成立。培训以“军地共育、联合办班”的形式，采取自学与面授相结合的方法实施。培训内容兼顾军地通用，重点学习实用技术和劳动技能，共设置市场营销、秘书、计算机操作员、维修电工、钳工、汽车修理6个专业。学员修完课程后，经考试和职业资格鉴定合格，发给毕业证书和职业资格证书。此举使士兵在服役期间即可完成职业技能培训，为退役后安置就业、自谋职业和自主创业创造有利条件。

【退役士兵就业服务网】　由云南省政府复员退伍军人安置办公室、云南省劳动就业服务局和云南省信息网共同构建的“云南省退役士兵就业服务网”，于2004年5月14日正式开通。这个网站包括安置法规、安置政策、求职信息、职场指南、新闻动态等。广大退役士兵可根据自身条件和市场用工需求，上网发布个人求职信息，寻找就业机会和渠道，变被动安置为主动参与自主择业，充分享受各种安置资源，积极参与社会和市场竞争。

【《刘邓大军征程志略》出版】　2004年7月31日，《刘邓大军征程志略》出版座谈会在昆明举行。该书共130余万字，分为四卷八本，客观地展现了刘邓大军的光辉历程和创建根据地，建设解放区，决战重大战役，建立、保卫、建设中华人民共和国的丰功伟绩。

【《情系黄埔魂》首发】　2004年12月17日，云南省黄埔军校同学会在昆明举行《情系黄埔魂》首发式。该书收集了海内外黄埔同学及有关专家学者撰写的70篇史实文章，回顾了云南黄埔同

官渡区阿拉彝族乡女子民兵高炮连为国防活动日表演　（市国防教育处　供稿）

学在东征、北伐、抗日战争、昆明和平解放、抗美援朝等历史时期的战斗历程和爱国主义情怀。

【纪念边纵成立55周年】　2004年7月19日，云南省在昆明召开座谈会，纪念中国人民解放军滇桂黔边纵队成立55周年。出席座谈会的有：云南省老领导，原南下解放军老领导，原中共云南省工委老领导，原地下党、边纵老同志代表，原西南服务团云南支队代表，驻滇部队领导及部队官兵代表共400余人。边纵老同志代表祁山、云南省军区副政委尹伯阶、云南省党史研究室主任王元辅分别在座谈会上发言。中共云南省委副书记王学仁出席座谈会并讲话。

【陆军学院附属藏族中学10周年校庆】　昆明陆军学院附属藏族中学1994年成立以来，共招收11届初中毕业的藏族学生。2000年来连续5年升学率达100%，为军队和地方建设培养了一批合格人才。学校被全国民族中学教育协会评为“学术科研先进学校”，17名教师被评为全国、全军、省、市优秀教师，891人次在全国、全省的各种比赛中获奖。2004年10月18日，这个学校举行成立10周年校庆，中共云南省委副书记丹增出席庆典并讲话。

【中美二战友谊国际学术研讨会】　2004年7月26日，“中美二战友谊国际学术研讨会”在昆明举行。中共云南省委常委、省委宣传部部长、省海外联谊会副会长晏友琼出席开幕式并致词。中国军事科学院专家及有关中方代表、美国老兵代表及“飞虎队”、“驼峰”飞行员代表，在会上介绍了二战时期的中美军事合作及启示；介绍了美国空军的“驼峰”空运行动及执行印度阿萨姆邦飞往昆明空运任务的有关经历。会上，中美双方联合发出成立中美二战历史文化研究传播中心的倡议，传承和发展中美友谊。

【支援西部大开发】　近年来，云南省军区在组织部队、民兵和预备役人员支援西部大开发中，投入90多万人次，5.7万多台车次，修建乡村公路1万多公里，兴建水库189个，开挖引水渠9 000多公里，改造高产稳产田10余万亩。组织130多个民兵连、60多个民兵工程队共3万余人，参加20多项重点工程建设。投入近90万人次，3万多台车次，植树造林145万亩，绿化荒山154万亩，退耕还林还草119万亩。开展“百千万扶贫工程”活动，帮助近百万贫困及边远山区少数民族群众解决温饱。引导民兵建成百亩天保育苗基地，千亩花卉种植基地、万亩果林和茶园基地，年均经济收入达5 000万元。创办以劳养武民兵经济实体1 200多个，吸纳民兵和贫困户50 000余人，安置退伍军人3 500余人，帮助4 000余户贫困民兵家庭脱贫致富。投入资金690万元，协调资金1 260万元，援建希望小学111所，解决1.6万名适龄儿童上学难，扶助7 500多名失学儿童重返课堂，与近万名大、中、小学生建立“1+1”挂钩助学对子。投入30余万人次、5 000余台车次，参加抢险救灾700余次，转移受灾群众20万余人，为灾区灾民捐款900余万元，捐衣被30余万件（套）。出动1.6万多人次，协助地方开展社会治安专项治理，破获各类案件240起，捣毁黑社会流氓犯罪团伙28个。

【战旗杂技团评为先进单位】　成都军区驻昆战旗杂技团深入开展学习成才活动。聘请文化教员给小学员补习文化；组织演员参加函授、自考；开办英语、美术、舞蹈、艺术体操、音乐欣赏、书法、戏剧表演等课程，聘请国内外知名教授、编导、作曲艺术家讲授，大力培养杂技人才。先后编创了《金色西南风》等10余台杂技主题晚会，创作演出的《双人双秋千》等文艺节目，获40余项国际国内金奖，获奖数据全国杂技艺术团体之首。有320余人次在国内外比赛中获奖，8人次立一等功，15人次立二等功，127人次立三等功，5人次被中国文联评为“德艺双馨艺术家”，团长李西宁被云南省委宣传部评为“春城十大才女”。团队被国家文化部和中国驻外使馆誉为“中国文化艺术的传播者”、“对外交往的友好使者”。2004年被成都军区评为“开展学习成才活动先进单位”。成都军区获此殊荣的仅有10个单位。

【吴道江获“中国青年五四奖章”】　驻滇某部四级士官吴道江，1990年3月入伍以来，在担任架线兵、报务员、饲养员和炊事班长中，干一行，爱一行，立足本职作贡献，立一、二、三等功各一次，先后被军、师表彰为“岗位建功之星”、优秀共产党员、优秀士官、优秀思想骨干，多次被评为优秀士兵。曾被团中央评为全国学雷锋先进个人，被解放军总政治部评为全军学雷锋标兵。2004年“五四”青年节前夕，被团中央、全国青联授予“中国青年五四”奖章。2004年全国获此殊荣的青年仅有15名。

【黄传颂获学习成才标兵殊荣】　昆明陆军学院军事理论教研室教员黄传颂，立足本职岗位刻苦学习，自修大学课程，取得军事指挥专业本科文凭和学士学位。发表学术研讨文章27篇，参与编写教材4部，2次出色完成上级赋予的教学改革调研任务。承建的《军队基层管理网络课程》被总部专家验收组评为优质课程，合作开发的“网络教学系统”参加了成都军区信息化成果展（演）示活动。曾获第二届“香格里拉杯”全国演讲大赛特等奖、昆明陆军学院教学质量跟踪考评一等奖和优秀教员称号。2004年，被成都军区评为“学习成才标兵。”成都军区获此殊荣的仅有10人。

（国防教育处）

武警昆明市支队

【党委扩大会议】　1月17日，支队第十六次党委扩大会议召开，参加会议的有支队常委，机关股长以上干部和基层单位正副书记共62人。支队长唐明才代表党委向大会作2003年工作报告；政治委员李发刚对2003年支部班子进行了讲评和就如何抓好2004年工作作了重要讲话；副政治委员杨露回顾了2003年纪委工作，部署了2004年纪委工作；副支队长杨双良就如何贯彻落实《纲要》进行专题发言；参谋长陈其宽、政治处主任梁刚、后勤处处长叶绍祥分别对司、政、后年度工作进行细致安排。会议认真传达了总队党委扩大会议精神；对2003年度部队建设中存在的问题和薄弱环节及根源进行了深入剖析。围绕《纲要》，对2004年的重要工作，指导思想，总体要求，奋斗目标进行讨论，并形成党委文件下发部队，讨论通过了《支队按纲建队第3个3年规划第二年实施细则》，确定了年内实现跨入“武警部队先进支队”行列的目标。

【中心任务】　2004年支队始终把中心工作作为“饭碗工程”来抓。坚持在执勤中检验训练水平，在训练中提高执勤能力，做到党委（支部）常议中心，坚持党委成员查勤制度的落实，主官常抓中心，上下合力保中心，认真传达贯彻总部、总队议中心工作会议和总部执勤网上集训精神。专题召开议中心工作会议，专门分析执勤工作形势，重点查找执勤隐患，研究工作对策，及时下发《学习贯彻〈执勤三项纪律〉的意见》和实施方案，利用7天时间进行“三个一遍”和安全大检查；认真组织学习《正规化执勤等级评定实施细则》，下发了等级评定实施方案，在西山、安宁中队抓了评定试点，指导14个执勤单位搞好自评，支队还于9月下旬至10月上旬进行了初评；加强对执勤工作的组织领导，支队分别与中队签订执勤安全责任书，中队与目标单位分别签订目标安全责任书。年初还及时从直属大队调整46名战士补充到县（市）区中队，确保了勤务包值；严格落实执勤八项制度，认真坚持每日查勤、每周讲评、每月通报的执勤检查制度，使执勤中的一些常见病、多发病得到较好的遏制；大力加强执勤设施建设，为所有执勤目标建立了目标数据库；新建了宜良、晋宁等单位的执勤哨楼，为5个单位改建和安装了避雷设施，协调加固加高了呈贡看守所的外监墙和拆除禄劝、石林等3个目标单位的违章建筑，还为呈贡中队安装红外报警器；并对西山、官渡中队的3级网进行了升级改造，提高了执勤工作安全系数；严格划定哨兵执勤活动区域，为16个看守中队安装了哨位子弹安全箱，圆满完成了总队赋予的执勤正规化等级评定组织与实施、3级网和哨位子弹安全箱的管理与使用、基层正规化管理等4个科目的演示任务以及全省现场会的试点任务。

【从严治警】　支队始终贯彻从严治警的方针，认真传达总部从严治警座谈会议精神，加大治理“五个重点问题”力度，认真组织学习《士官管理规定》、《车辆管理规定》，完善了《干部效益奖评定实施细则》，逐级签订了《安全防事故责任书》、《尊干爱兵责任书》、《计划生育责任书》；着力加强机关管理，认真落实每天早操、点名，每周三晚学习，每周四大出操，每周一、五交班和每月内务卫生、警容风纪检查等制度。实行单身干部和公勤人员集中住宿，从严规范机关工作秩序，尤其在这次总队年终军事考核中，机关5 000米中长跑还取得团体优秀的好成绩；结合“正警容、树形象、除隐患”专项教育整顿，广泛开展条令学习月活动。认真学习《安全工作规定》、《保密条例》和《政治纪律十不准》、《十不得》以及《八条规定》等党纪法规，集中士官和机关车勤人员进行了专项教育整顿，强化了官兵守纪律、除隐患、保安全的意识；坚持以人为本，治理“五个重点问题”，严格落实培训、集训和外出人员归队报告制度，防止了人员管理上的失控。同时还专门派出2个工作组对满服役期的战士思想进行专项调研，摸清了他们的现实思想，有针对性地做好了思想稳定工作；先后3次集中进行物资点验，消除了安全隐患；安排专人对兵员编配情况进行核查核实，做好了清理超占兵员的相关工作，支队正规化管理的做法还被总队转发。

【基础训练】　突出加强新兵训练和上岗前培训，在总队、支队两级考核验收中取得总评良好的成绩；认真贯彻总队军事教员、反恐骨干和参谋长集训精神；注重抓好专勤专训，分两期组织152名骨干进行了为期60天的勤训轮换，还组织48名官兵进行了40天的反恐小分队集训，组织77名骨干进行了预提指挥士官集训；严格按照《军事训练与考核大纲》，结合支队实际抓好年度军事训练，其中全训分队训练日达到112个，非全训分队平均完成79个训练日，参训率、到课率均在85%以上。整个年度执勤和训练情况，在总队考核期间，受考单位执勤、训练均为优秀，

副省长李汉柏看望武警官兵　（市武警支队　供稿）

受到总队军事考核组的一致好评。

【贯彻两级党委会议精神】　认真传达学习总部、总队两级党委扩大会议和总部党委书记联席会议精神，两次专题召开支队党委扩大会议，研究制定了《三年规划第二年实施细则》和各部门，各股室及各基层单位的《按纲建队工作计划》，支队半年工作的“双争”初评做法还被总队推广；合理制订《党委成员分片包干和机关干部定点挂钩规定》，把22个基层单位分片给6名党委成员，定点给22名机关营以上干部，分别签订了责任书；正规划试点集中在第一中队，抓了落实《基层正规化管理规定》试点，组织基层主官进行参观学习，较好地解决了登记统计不规范，库室房间设置不合理等问题；

【“双争”评比】　结合半年工作总结，注重搞好民主评议党员和“双争”初评。有170名战士被初评为优秀士兵，有7个中队和14名党员分别被表彰为先进党支部和优秀党员及优秀党务工作者，先后有9个中队和7个股室分别被评为一、二、三季度先进中队和先进股室。

【车辆、枪弹管理】　坚持派车人、驾车人、用车人共同负责的车辆管理制度，杜绝了车辆事故；严格落实枪弹管理定期普查、检查、军械库（室）同进同出、双人双锁、枪弹使用请示报告等制度，先后3次集中进行物资点验，消除了安全隐患；安排专人对兵员编配情况进行核查核实，做好了清理超占兵员的相关工作，支队正规化管理的做法还被总队转发。

【党风廉政建设】　深入贯彻落实总队纪检工作和纪检干部培训会议精神，逐级签订《党风廉政建设目标责任书》。认真贯彻落实民主制“十六字”方针，对事关部队建设的重大问题、敏感问题，始终做到以公开公平求公正，年内投入建设80多万元。参加逐级晋升培训的12名干部，推荐的3名优秀士兵保送入学，以及10名技术学兵、21名战士考学和34名战士入党，都自下而上地进行推荐、测评、考察、考试、公示和支部党委把关，没有出现个人说了算的问题，基层群众公论较好。

【搞好与地方政府的协调】　主动加强与地方党委政府的协调，党委成员先后帮助8个基层中队争取到地方资助经费达100多万元，使基层的一些基础设施建设得到有效解决和落实。

【支部班子建设】　突出加强基层班子建设，年初调整了50名干部和26名战士党员充实到了基层，使16个县（市）区中队达到了有5名支委，直属中队达到有7名支委，确保了各基层单位至少有一名让党委放心的“明白人”。

【提高干部队伍素质】　坚持把干部队伍建设作为工作重点来抓，制定《干部队伍人才建设工作计划》，集中在党委机关深入开展“提高素质能力，保持优良作风”专题教育；在总队“三个一线”培训的基础上，又利用召开团代会和季度形势分析会以及教育准备会，集中对基层干部进行传帮带，对毕业分配的干部和学员，专门集中20天时间进行了岗前培训，还有针对性地组织机关干部进行了计算机等级培训和一级B考试，较好地解决了干部业务不熟，工作不懂不会的问题；

【干部管理教育】　坚持政治处值班室电话查和党委成员实地查以及三级网呼点查，加强干部管理，实行每月效益奖评定，确保了干部的在位率和参训率；采取集中辅导与党委成员分别授课相结合，在干部队伍中深入开展以“四个正确对待”为主要内容的“牢记职能使命，保持旺盛革命精神”的专题教育，不断强化干部的革命事业心和工作责任感；积极帮助干部解除后顾之忧，妥善为12名干部子女协调入学入托，年内转业的9名干部安置率达100%，支队加强干部队伍管理的做法还被总队摘要转发；严格把关审定13名接兵干部，专门组织进行培训，并作了严守纪律，廉洁接兵等方面作了承诺，写了保证书；认真做好战士考学的推荐、培训工作，录取率名列全总队第二；

【部队教育】　坚持以《云岭哨兵系列教材》为基本教材，狠抓“提高素质能力，保持优良作风”教育、“积极适应中国特色军事变革，争做党和人民忠诚卫士”教育和形势任务、政策法规以及“双四反”等阶段性、针对性、随机性教育，基层平均完成48个教育日，共办墙、板报310期，投入教育经费6.5万元；认真组织机关和驻昆干部积极参加总队践行“三个代表”重要思想先进事迹报告会暨第二期师团干部理论读书班网上轮训，每天学习讨论情况都被总队通报表扬；深入开展密切内部关系教育，建立《知官知兵录》，层层签订尊干爱兵责任书，加大检查督促力度，确保了部队始终没有发生打骂体罚和侵占士兵利益的问题；深入开展“三互”、“双四一”活动，及时做好考学落榜、身体有病、家庭困难等“个别人”的思想工作，9月份还专门派出得力干部到丽江、永胜协调处理两名战士家庭婚姻和房产纠纷，使战士实际问题得到妥善解决；认真贯彻总队预防犯罪工作培训和保卫干部培训会议精神，成立支队政法工作领导小组，逐级签订预防犯罪工作责任书，形成《预防犯罪工作实施细则文件汇编》，巡回对22个基层单位思

武警战士整装待发　（市武警支队　供稿）

想骨干和保卫委员进行培训，同时搞好309名新兵和125名部分重要岗位人员政审。

【建立学习型队伍】　认真学习《政工条例》，深入贯彻总队政工条例座谈会议精神，专门对政治工作进行规范，形成了操作性、实用性、针对性较强的《基层政治工作操作手册》；立足官兵成才需要，大力宣传西山中队指导员沈强带兵育人的先进事迹，3次组织268名官兵参加函授考试，2次组织137名战士参加成才育才考试，其中95%以上的战士有望取得市教委颁发的高中毕业证书；注重搞好新闻报道工作，挑选2名战士到报社学习，在省级报刊上稿267篇；大力开展文体活动，分别开展了“元旦杯”篮球和“青年杯”足球赛，还在总队的军旗颂”歌咏比赛中获得三等奖，同时做好了参加总队演讲比赛的各项准备；

【拥政爱民】　广泛开展拥政爱民活动，与昆明市建设局等单位进行联谊，搞好“八一”走访慰问，积极参加昆明市和盘龙区的“四进社区”活动，义务植树4 500株，支队还被昆明市表彰为“拥政爱民先进单位”。

【改善部队物质条件】　支队坚持把有限的经费用在改善官兵的生活上，用在部队建设的急需上，元旦、春节为新训大队和部分中队解决了3.5万元的生活和文体活动经费，为呈贡、宜良、第二中队、晋宁等单位补助经费2万余元；突出加强“四配套”建设，为直属大队安装了水电表，为第二中队、船艇排等单位安装了电视接收器和净水设施，初步与地方政府和用兵单位达成了改造五华、盘龙、第三中队等4个中队基本设施的共识，使基层的一些实际困难得到了较好的解决；着力搞好规范统一，重新改造了机关荣誉室、司务长之家，调整了机关部分库室，制作了反映支队建设的资料片，完成了官渡中队和4个中队“五句话”的调整建设；注重提高科技含量，安装了财务微电脑自动选层档案柜。

【“百龙闹春”安全保卫】　1月22日，昆明市政府组织昆明地区的行政事业单位和街道办事处以及郊县区的相关单位在正月初二，由市政府至昆师路进行“百龙闹春”活动。支队出动官兵40人参加安全警卫活动。

【召开民主生活会】　根据总队关于召开专题民主生活会的要求，经请示总队同意，于3月17日，召开党委民主生活会。会议由支队党委书记、政治委员李发刚主持，参加会议的有党委副书记支队长唐明才、党委委员副支队长杨双良、杜家云、杨露、陈其宽、梁刚、叶绍祥。会前，李发刚、唐明才重申了开好党委民主生活会的目的、意义，强调了相关要求。总队政治部卢振义副主任参加会议并就如何开好民主生活会作了重要指示。会上，各位委员在开展批评与自我批评时敢于敞开思想讲真话，做到了查找问题准、剖析原因透、努力方向明、改进决心大。相互批评，做到了开门见山、畅所欲言。通过会上交流思想、批评与自我批评，各位委员对党组织建设有了新的认识，“一班人”进一步统一思想、提高认识，促进了团结和友谊，达到了预期目的。

【城市武装巡逻】　4月1日，支队按照市公安局指示，派出直属大队官兵60人，每天18:30分至24点，分别在北市区的北大门、张官营、昆曲路口、小坝立交桥等地实施武装巡逻，较好地配合了公安机关进行打“两抢”的专项斗争。

【政工干部培训】　4月6日，支队政治处在机关组织有政治处全体干部、司后协理员和基层政工干部参加的培训班。培训围绕贯彻总队三级主官培训会议精神，理清按纲抓建工作思想，提高政工干部理论素质和把关定向、统揽全局的能力为主。采取集中学习，分组讨论，撰写心得的方法，原文传达学习了《新纲要》和《政工条例》，系统学习了党务工作的相关知识。支队长唐明才在培训班上作了动员讲话，政治委员李发刚、副政治委员杨露、政治处主任梁刚分别做了专题辅导，传授经验和工作方法。通过培训，基层党支部书记的理论水平和业务素质有了较大提高。

【第三届军人代表大会】　4月28日，在支队召开共青团第四次代表大会的同时，召开了第三届军人代表大会。代表们以高度的政治责任感和事业心，反映了广大官兵的心声，为部队提出合理化建议64条。对代表们提出的意见和建议，支队党委都有一一进行解释和答复。军人代表大会的召开，疏通了民主渠道，提高了官兵的民主意识，树牢全心全意依靠士兵建设部队的思想，为支队的全面建设上台阶打下了良好的基础。

【拆迁勤务】　6月8日，昆明市政府决定对高新技术开发区周边一带进行拆迁。因当地村民对相关待遇不满而引发众多村民集体上访，支队接到市公安局通知后，部署了150名兵力分别在现场和政府机关的指定地点维持治安。

【官渡区看守所搬迁】　6月28日，根据总队《关于官渡区中队搬迁方案请示》的批复要求，经支队与官渡区看守所召开会议，研究决定将关押在西山、盘龙看守所的人犯押回官渡看守所看

武警官兵学习掌握科技知识　（市武警支队　供稿）

武警官兵认真开展军事训练　（市武警支队　供稿）

押；中队从原来的老营房搬迁至新营房，从而改善了中队营区小、营房设施简陋的不利条件。

【反恐集训】　8月7日起，支队在教导队举办了为期一个月的反恐集训。参加集训的有司令部作训参谋和基层选送的军事骨干共52人。集训除队列、擒敌、射击外，增设了防爆器材的使用、利用地形地物抓捕罪犯、攀登等科目的训练。

【培训保卫骨干】　9月5日至11月10日，为认真贯彻总队预防犯罪工作培训和保卫干部培训会议精神，支队成立政法工作领导小组，逐级签订预防犯罪工作责任书，形成《预防犯罪工作实施细则文件汇编》，巡回对22个基层单位思想骨干和保卫委员进行培训。

【西山区中队评为“基层建设标兵中队”】　西山中队主要担负昆明市西山区看守所的外围武装看守任务。近年来，始终坚持以“三个代表”重要思想为指导，用先进思想文化建队育人，想方设法满足战士的成才愿望，极大地调动了官兵积极性和创造性，促进了中队的全面建设。中队连续17年安全无事故，1次被武警总部表彰为“先进基层党组织”，1次被总队树为“基层建设标兵中队”。

【学习教育】　广泛开展“献绝活、学技艺”活动，让有特长的带徒弟，没特长的拜师傅，让干部战士充当“小教员”，弥补大课堂教育的不足，形成了有目标、有内容、有教员、有步骤、有梯次的人才培养格局。几年来，通过科学规划，因人施教，逐步培养，干部中1人通过自学取得了法学学士学位，1人考入广州指挥学院参谋业务本科班；战士中6人取得大专文凭，2人考上了军校，36人分别取得中专、高中毕业证。同时坚持开展“月读一本书、周写一篇文”的读书活动，分别开办了“英语兴趣班”、“电脑学习班”、“法律培训班”、“文化补习班”，组织官兵学习常用英语、网络基本知识、执勤法规和文化基础知识，激发广大官兵忠于党和人民，忠实履行职责的责任感、使命感。

【发挥信息网络优势】　面对新装备对执勤工作提出的新要求，聘请云南电子研究所的专家，为官兵讲授现代高科技知识理论，增强官兵对高科技知识的认识；注重发挥现有人才、装备优势，通过有特长的干部战士充当“小教员”，进行传帮带，使14名官兵通过了国家计算机等级考试，官兵人人达到会操作使用新装备，会利用设备处置情况；把现代条件下信息战理论引入执勤形势分析，提升了执勤研究的质量；将中队的执勤方案以及官兵执勤中可能遇到的情况，制成三维动画，组织官兵分班（组）进行网上对抗演练，提高了单兵执勤能力。

【总队正规化执勤检查验收】　11月5日为进一步完善和规范支队的执勤工作，由总队李家贵副参谋长带队，总队司、政、后成员组成的考核验收工作组，对支队第一、第二、宜良县中队等单位进行了为期四天的正规化执勤检查验收。检查考核中严格按照《正规化执勤检查验收的组织与实施》，采取考、检、帮、教相结合的方法，以检查一次提高一次为目的，进一步规范了执勤工作秩序，受考单位均达到了良好以上的成绩，受到了工作组的充分肯定。其主要特点是：一是各单位抓执勤工作的思路清晰，中心位置突出，任务明确；二是抓紧执勤工作标准高、制度全，准备充分；三是“三共双过标”和“三共双争创活动落实，与目标单位关系融洽。

【荣获“拥政爱民先进集体”荣誉】　近年来，为增进警政警民关系，大力营造“同呼吸、共命运、心连心”的拥政情、爱民心，支队始终把大力开展“视驻地为故乡，视人民为父母”和“三学习一尊重”活动，作为实践拥政爱民的具体行动，积极支援地方经济建设和为人民做好事、办实事。近年来，支队先后参加重修金马碧鸡坊，世博园重点工程建设等义务劳动和抢险救灾86次，出动兵力4 280人次，车辆380台次，清除垃圾、搬运土石200余吨，义务植树近20 000株，为希望工程、抗震救灾、救助失学儿童等捐款20余万元，捐物1 600件，义务为地方群众防病治病1 200余人，受到了省、市领导和人民群众的高度评价。2004年被昆明市委、市政府表彰为“拥政爱民先进集体”。

【武警昆明市支队领导】

支队长：唐明才　上校

第一政治委员：杜　敏（市公安局局长兼）

政治委员：李发刚　上校

副支队长：杨双良　中校

副支队长：杨家云　少校

副政治委员：杨　露　中校

（陈守志）

人民防空

【总参人大代表视察昆明人防工程】　11月19日，总参谋部10名全国人大代表（其中7名少将，1名工程院院士），在总参政治部副主任贺江波少将、云南省人大常委会卢邦正副主任、云南省军区司令员黄光汉少将等领导陪同下，视察昆明市金马碧鸡等人防工程。全国人大代表、总参管理保障部部长李天策少将作了重要指示，充分肯定人防工作取得的成绩，并就今后进一步贯彻《中华人民共和国人民防空法》，做好未来反空袭作战和应急救援准备提出要求。

【昆明警备区领导到市人防办调研】 6月17日，昆明警备区参谋长李荣立大校和市国动委办公室王爱烈副主任就贯彻市委、市政府、警备区召开的"昆明市民兵组织建设工作会议"精神，进一步加强昆明市人民防空专业队伍组织建设到人防办调研。市人防办党组书记、主任洪昆德就贯彻会议精神，按属地化编组和管理，将人防专业队伍纳入民兵组织建设范畴，实行统筹规划、统一建设，分类管理，解决人防专业队伍"有组织无兵"问题，落实人防专业队伍组建、组训等工作进行汇报。座谈期间还就加强人防应急准备，结合政府组织抢险救灾行动，筹建平战相结合的移动指挥车问题作了探讨；就国防教育日组织大型人防宣传活动、组织各县（市）区鸣放防空警报工作进行研究。

【贯彻省国动委第四次会议精神】 7月5日，市人防办召开大会，传达省国动委第四次会议精神、白恩培书记的重要讲话、黄光汉司令员的《工作报告》、李汉柏副省长的讲话精神。就贯彻落实会议精神，办公室领导提出具体要求：1．注重应急准备、组织指挥、通信警报、防护工程建设；2．加大人防行政执法、人防知识宣传教育力度；3．按准军事化建设标准和要求，加强人防队伍建设，提高人防队伍整体素质。

【昆明某居住城人防工程建设】 昆明某居住城建设正式启动，总建筑面积400万平方米，确定3年以内，随地面建设同步建成约20万平方米的平战结合人防工程。12月13日，市人防办召开支持该项建设专题会议，在党组书记、主任洪昆德布置下，市人防设计院与开发建设单位——世纪金源集团房地产公司，负责世纪城设计的中华建筑规划设计院、中联环建文建筑设计公司达成参与人防工程设计把关的协议。人防设计院将在防空地下室工程方案设计、初步设计及施工图设计过程中提供全方位技术支持和把关。并成立项目组，段贤清院长（高级工程师）任组长；各专业技术人员分别与相关设计单位进行业务交流沟通，并准备好同类型可供技术参考的工程设计图、方案报批图、人防设备选型资料，分送给两家设计院，及时满足工程设计所需的要求。设计院在整个设计过程中提供全方位技术支持，严格按人防工程相关规范把好设计技术关，以保证防空地下室建设质量，争取昆明市历史上最大规模人防工程群早日圆满建成。

【人民防空执法检查】 按照昆明市政府办公厅《关于转发〈云南省人民政府办公厅关于下达2004年云南省行政执法检查计划的通知〉的通知》的要求，昆明市于2004年4月以来，对全市人防依法行政工作进行认真系统的检查，围绕6项重点内容，以查找问题和整改相结合的方法自查。检查情况由市人防办报省人防办、市政府、昆明警备区。9月20日，由省人大、法制局、人防办组成的云南省人民防空执法检查组对昆明市人民防空执法工作进行检查，汇报会上，市人防办主任洪昆德、副主任尚建国汇报了昆明市人民防空执法工作情况，市政府杜林杠副秘书长对下一步人民防空执法工作提出要求，省检查组对昆明人民防空执法工作予以肯定。经工作汇报和到人防工程实地检查，昆明市人民防空行政执法工作顺利通过云南省人民防空行政执法检检查。

【人防机关"准军事化"建设】 按国家和云南省人防机关准军事化建设会议精神，以"准军事化"为标准加强职工的素质教育，促使机关准军事化建设不断深化。在张良功副主任的主持下，拟订《昆明市人防机关准军事化建设实施意见》和《昆明市人防办准军事化建设检查评分标准》，成为规范人防干部职工言行举止的行为准则。

【人民防空展览】 7月26日，中共昆明市委举办2004年国防活动日，市人防办在昆明市国防活动日现场举办人民防空展。展示在市委、市政府、昆明警备区领导下，人防建设取得的成绩和战时防空、平时防空的常识。省委常委、市委书记杨崇勇，市长章振国、昆明警备区王晓明司令员、蔡忠诚政委和昆明市四套班子领导，市国防动员委员会委员及三个开发区主要领导，昆明市有关委、办、局领导，市国防教育领导小组全体成员参观了人民防空展。市人防办党组书记、主任洪昆德向领导们汇报了昆明市人防工作情况。这次共组织21块展版，分为宣传贯彻《人民防空法》、《云南实施〈中华人民共和国人民防空法〉办法》，人防组织指挥、通信警报、人防知识教育、工程建设、行政执法等方面的内容及各种防空警报器材。杨崇勇，章振国认真观看了展版和展出的各种防空警报器材。详细询问了昆明市人防建设情况和警报器的性能、音响覆盖面积等，强调人防要结合军事斗争加强应急准备，在事故突发现场、救灾现场，充分发挥其平战结合功能。参加活动的领导们认为在国防活动日期间，及时宣传人防，宣传防空、防灾知识很有必要。

【人防行政审批权下放对口衔接】 按照《昆明市政府关于印发〈昆明市市级行政审批权下放安宁市、东川区实施意见〉的通知》精神和要求，市人防办将下放审批权的权限、程序、方法、注意事项等，以《实施方案》的形式告知安宁市、东川区。并分别到安宁市和东川区人防办，就市级人民防空行政审批权下放有关工作进行对口衔接。对口衔接工作在当地政府、武装部共同参与下，围绕依法、公正、公开、效能、便民、稳妥、监管到位原则，对审批中的责权事项进行了明确和统一。并加强对安宁市、东川区人防办审批工作的指导和监管，安宁市、东川区按照有关规定逐步建立健全人防审批工作的规程和制度，切实履行职责。

【工程建设维护】 审批防空地下室设计方案7项，共计15 083平方米；竣工验收防空地下室5项，建筑面积7 200平方米。已建工程落实安全措施和防止突发事故的应急救援措施，对县（市）区人防办人防工程的安全、防火、防汛工作进行监督检查；市人防防火委员会对市管人防工程组织安全综合检查14次，出动60人次。云南汽车厂、云南轴承厂的两个大型人防工程进行改造和维护，协调处理昆明市开关厂人防工程通风口占道问题；按市领导主持的"关于圆通山周边环境整治有关问题的会议"要求，完成圆通山二层人防工程九号口管理房基础建设和停车场建设；圆通山二层洞排水设施改造。

【民兵队伍建设】 贯彻昆明市民兵组织建设工作会议精神，结合昆明市人防专业队伍的实际，积极按照属地编组将人防专业队纳入民兵组织建设范畴，从根本上解决人防专业队有组织无兵的问题。指导嵩明县组建200人的民兵人防专业队伍，指导寻甸县组建60人的人防抢险抢修专业队。圆满完成省、市国动委布置的人防潜力调查工作。

【通信警报建设】 完成人防应急通信

系统选型论证、市县（市）区二级通信台站勘测选点、4城区100台（套）警报集中控制系统调试工作。新装警报器9台。完成无线电通信台站第二期建设的勘测选点、4城区防空警报技术档案建档、五华区范围内集控警报建设、县（市）区自动化程序控制箱的更换工作。建立东川区、寻甸县、嵩明县通信台站；郊县区所有警报统一更换安装自动程序控制箱，提高警报自动化发放水平。

【人防宣传教育】 结合2004年国防教育日，在昆明市青少年活动中心、东风广场举办人民防空宣传活动，受到市领导的好评。全市共展出人民防空展板384块，悬挂标语60余幅，向群众发放人民防空知识传单25 000份、《人民防空手册》4 000余册；向市属83个部、委、办、局及3个开发区发送《人民防空手册》900余册。为扩大昆明人防的宣传面，制作人民防空知识展版并配发各县（市）区，使广大人民群众对《人民防空法》和人民防空有关知识有进一步了解。上报下发20期《人民防空简报》。为加强人防知识教育在中学普及面，不断提高教学质量，与市教育局联合下发《关于加强我市初级中学人民防空知识教育的通知》；组织编写《人民防空知识读本》，并作为中学生人民防空教育教材。目前，寻甸县、嵩明县、呈贡县、安宁市所属中学开设人防知识教育课。加强人防宣传报道，做好人防刊物的发行及订阅工作，完成报道18篇，图片10幅；人防宣传订阅工作受到国家人防办通报表彰。

【依法行政】 依照行政许可法，完善和修改人防行政审批文书、流程和规章制度；加强便民中心窗口人防建设项目审查、审批服务工作；人防行政审批文书、流程，提供网上下载和咨询，各项审批活动公开透明。根据市政府批准的人民防空4项行政许可，坚持公开、便民、效能、规范的原则，依法办理人民防空行政审批服务工作。市便民中心人防窗口全年受理报件284项。按规定完成人防规范性文件的清理。

【成立人防执法机构】 经批准，成立昆明市人防监督管理处（昆明市人民防空执法大队），人员编制15名。业务范围：对昆明市范围内已建或在建人防工程的建设情况、人防易地建设费的缴纳情况及人防战备设施的保护情况进行监督检查，对人民防空工程建设质量进行监督、检测。依据《中华人民共和国人民防空法》和昆明市人民防空《专项执法工作实施意见》、《行政处罚执法程序》，深入现场对100余个建设项目进行监督，执法检查。对5项防空地下室（建筑面积12 926平方米）进行工程质量监督。

【事业单位机构改革】 完成市人防建筑设计院由事业单位改为科技型企业的改企工作；云南民安人防设备有限公司深化企业改制工作，已按计划有序进行。昆明市人防建筑设计院于上年改为科技型企业，按照建立“产权明晰、责权明确”要求，进一步完善企业决策、经营、监督功能；深化企业三项制度改革；加强制度建设，进一步明确岗位职责；充实技术力量，加强软件设施建设；各项改革已申报人防监理公司。人防民安设备公司改制工作，改革方案已上报审批。

【某人防工程建设完成】 历时3年的某人防工程完成各项收尾工作，移交工程维护管理处管理。按市有关领导关于安排下岗职工的批示要求，与云南昌龙装饰公司签订工程租赁合同。

【防空警报鸣放】 指导宜良、嵩明、呈贡等7个县（市）进行防空警报鸣放，当地党政主要领导亲临现场检查指导宣传活动并出席鸣放仪式。在宣传教育和警报鸣放活动中，省、市、县各媒体积极参与，在现场跟踪采访报道。电视台播放录像，报纸进行广泛报道。

【编制人防工程建设规划】 围绕现代新昆明建设总体规划，报经市领导批准启动《昆明市人防工程建设与城市建设相结合规划》编制工作。结合昆明市区划调整对已建人防工程进行重新分组和标图，收集完成编制规划所需城市基本资料和数据。

【召开人防指挥通信宣传工作会】 召开全市人防组织指挥、宣传教育、通信业务工作、人防潜力调查总结会，表彰2003年度防空警报维护管理先进单位；部署2004年工作任务，与县（市）区人防办签订指挥、通信、宣传工作目标责任书。

【防空警报维护管理培训班】 先后组织指导五华区、官渡区、安宁市、昆钢进行通信警报业务骨干培训，参训人员达120余人次。提高了通信警报维护管理水平，全市警报管理没有发生安全事故。

【人防通信野外演练】 12月6～10日，市人防办组织市、县二级13名通信人员，参加全省人防野外无线电实兵实装演练。携带短波电台2套，途经楚雄、大理、丽江、中甸、德钦等地，先后组织实施应急移动通信电台开设、撤收、电台及附属设备操作调试、电台组网联络等4个科目、6项内容的训练。出联13次，时限内沟通32次，完成各种收发电报、话稿、数传文件31份，图片11份。

（袁光泉）

·责任编辑　马颖生·

法　制

公共安全保卫

【维护稳定】　全市公安机关把维护稳定放在各项工作的首位，围绕元旦、春节、“五一”等重大节日和全国、省、市“两会”、国庆55周年庆典等重大政治活动的安全保卫工作，密切注视影响社会稳定的动向，及时获取相关线索2 500余条，对重点人员逐一落实管控措施，依法打击处理“法轮功”、“门徒会”、“实际神”等一批邪教组织的非法活动，有力遏制了美国群益会等境外非法宗教的渗透势头。共取缔邪教窝点11个，查处境外宗教敌对势力对昆明市进行宗教渗透7起350余人；破获“法轮功”案件68起，捣毁宣传品制作窝点7个，摧毁团伙2个，抓获“法轮功”违法犯罪人员93人，查缴“法轮功”宣传材料、书籍、音像制品3.6万份。针对企业职工下岗分流、社会保障、医疗保障、住房等问题引发的不安定因素增多的情况，加强情报信息工作，积极协助党委政府妥善处置企业不安定事端300余起，确保内部稳定。进一步加大网上监控力度，及时发现、封堵和删除大量有害信息，及时清除一批在互联网上散布有害信息的网站，积极防范、依法打击境内外敌对势力、敌对分子利用和针对互联网络的违法犯罪活动。不断完善、细化反恐工作机制，积极开展反暴力恐怖袭击联合演练，及时破获“1·04”机场发现爆炸物品案、“12·19”系列恐吓敲诈商场案等一批涉恐涉爆案件。在党委、政府统一领导下，建立健全正确处理人民内部矛盾的工作机制，以及统一指挥、反应灵敏、协调有序、运转高效的预警和应急机制，不断提高各级公安机关处置群体性事件的水平。全年共参与处置700余起群体性事件，没有因公安机关处置不当而造成更大的影响。同时加强大型活动的安全保卫工作，精心组织，周密部署，确保万无一失，共投入现场安全保卫力量50 818人（次），确保了第五届中国昆明国际文化旅游节、第十二届中国昆明出口商品交易会、第五届世界马铃薯大会等371项大型活动的安全，圆满完成了各类警卫任务376起，确保了警卫对象的绝对安全。完成465起安检任务，确保了社会安定和人民群众生命财产安全。

【四城区公安区划调整】　市公安局自2004年6月14日成立“行政区划调整协调领导小组”，正式启动公安区划调整工作。按照确保稳定、顺利交接、平稳过渡、促进发展的要求，四城区公安机关在区划调整中以严格的纪律和过硬的监督作保障，做到思想认识、社会治安、日常工作、民警管理和财产管理“五不乱”。同时，积极应对区划调整后全市社会治安形势的变化，及时主动开展大量的调查研究，采取针对性的工作措施，确保了全市区划调整工作稳步推进，治安管理工作平稳有序。8月20日，市公安局举行四区行政区划调整公安交接仪式；8月30日，四城区分局基本完成区划调整所涉及的人、财、物和治安责任区的划转交接；8月31日，市公安局为区划调整划转移交的33个派出所授印章和牌匾。从9月1日零时起，五华、盘龙、官渡、西山分局按照行政区划调整后的治安管辖权履行社会治安管理职能。区划调整后，四城区公安分局总警力为4 473人，其中：五华分局民警从1 187人增至1 288人，派出所总数由原来的14个增加到21个，盘龙分局民警由1 026人增至1 043人，派出所总数由原来的12个增加到16个，官渡分局民警由1 425人减至1 175人，派出所总数由原来的32个减少到18个，西山分局民警由845人增至967人，派出所总数由原来的20个增加到23个。

【组建便衣侦察分局】　为加强对社会面多发性犯罪的打击力度和效果，市公安局抓住区划调整的契机，将原站区分局负责管辖昆明火车站地区治安管理的职能交由属地官渡分局管理，于12月1日在站区分局基础上，组建成立编制为400名警力的昆明市公安局便衣行动侦察分局。专司四城区治安复杂部位、地段的防控捕现工作，发挥情报中枢的作用，对现行突出犯罪实施有效打击。其工作模式是“四三二一”，“四”即对人、地、事、物4要素的侦控；“三”是建立“快速布控，动态打击”、“信息导侦，精确打击”、“专项经营，深入打击”3种打击机制；“二”是压缩犯罪时间、空间，减少违法犯罪时空条件；“一”是在情报信息交流、案件交接反馈、警力联动等方面与属地公安机关建立完善联系协作机制。

【改革快速反应机制】　市局按照公安部“关于加强110快速反应机制建设”电视电话会议精神，根据周永康部长6月视察昆明110指挥中心所作重要指示，对全市快速反应机制进行较大调整和改进，并积极争取党委和政府的支持，增加了一批巡逻车，对全市巡逻车辆的布点重新调整，加大巡逻密度，改进工作方式，在相对定点周边开展机动巡逻等。从9月1日开始，按照新的行政区划调整，全市巡逻车从27辆增加到54辆，使主核中心城区达到每2平方公里部署一辆巡逻车，缩短了巡逻车的处警半径，岗亭专职巡逻警力从60人增加到100人，提高了见警率，加快了出警速度，强化了防控效果。全年共处警27 927起，抓获各类违法犯罪嫌疑人6 954人，破刑事案件6 823起，其中"两抢"、"两盗"案件352起493人，有效打击了现行犯罪。同时强化110报警服务台功能，认真落实10个县市公安机关"110"、"119"、"122"三台合一工作，于8月31日全部如期完成。制定反恐、紧急救援和自然灾害救援预案。在市政府的领导下，于10月30日组织市局巡特警、消防支队等300余名民警参与的昆明市紧急救援演练，取得了成功。全年110指挥中心共接报警求助电话1200639个，其中：违法犯罪案件236 072起，火灾、交通事故58 730起，治安灾害事故163起，公民求助216 844起，受理警务监督投诉319起，其他688 511起；共救助群众25 877人（次）；社会联动5 071次。改革使以110为龙头，巡警为骨干，派出所为基础的快速反应机制得到进一步强化。

【严厉打击严重刑事犯罪】　全年针对各个时期治安形势的变化及规律特点，按照什么犯罪突出就重点打击什么犯罪，哪里治安问题严重就整治哪里，用什么方法有效就采取什么方法的原则，先后组织开展了"铁拳行动"、"春蕾行动"、"飓风行动"，破获了一批刑事案件，抓获了一批犯罪嫌疑人，摧毁了一批犯罪团伙，缴获了一批赃款赃物。在三个行动中，成功破获了"22·3"云南大学马加爵杀人案，"1·19"中信实业银行爆炸劫持人质案，"1·31"梁源小区"天堂鸟"网吧凶杀案、"2·03"西园路厨具市场抢劫杀人案等一批严重暴力性案件，严厉打击了严重刑事犯罪活动，确保全年各大节日和全国、省、市"两会"安全。全年共破获刑事案件14 807起，抓获违法犯罪人员43 365名，同比分别增加10%和27%，打击处理35 545名。此外，破获经济犯罪案件388起，挽回经济损失1.34亿元，同比增加13%，相继破获了一批经济犯罪大要专案，充分展现了党委、政府打击经济犯罪的强硬态度和决心。

【打击整治拐卖儿童犯罪】　针对拐卖儿童犯罪的高发态势，市公安局在年初打拐工作的基础上，于7月20日开始，在全市公安机关组织开展"三个一百"（即：划拨100万元专款，集中100名警力，苦战100天）打拐专项行动，再次掀起打击整治拐卖儿童专项行动高潮。行动期间共摧毁拐卖儿童犯罪团伙5个，抓获拐卖儿童犯罪嫌疑人101名，解救被拐儿童81人，使拐卖儿童犯罪的多发势头得到有效遏制。同时建立健全打击拐卖儿童犯罪的快速反应机制，依托各出城卡点及县（市）流动卡点，堵截犯罪分子拐卖儿童出昆的主渠道。建立长效管理服务机制，针对受害人多为外来务工人员子女的情况，积极协调此类案件高发的乡、镇、办事处及卫生、城管、教育、民政、计生等有关部门，在昆明外来人口聚集地、"城中村"建立收费低廉的幼儿园，对外来儿童进行看护管理，从源头上有效防止此类案件发生。

【禁毒斗争】　全年共查获大宗和零星贩毒案件5 525起，缴获毒品917千克，缴获毒资人民币2 772万元，缴获各类枪支9支、子弹170余发、手榴弹2枚及一大批贩毒车辆；摧毁贩毒网络、团伙121个；逮捕毒品犯罪嫌疑人1 289名，劳动教养5 200余名，缴获毒品数和收戒吸毒人员数均系历年来的最高记录。全年共缴获易制毒配剂3.6吨，办理易制毒特殊化学物品行政案件32起，占全省易制毒特殊化学物品行政案件的55%。在收戒工作方面，本着发现一个，收戒一个的原则，全年共收治吸毒人员15 695人（次）。市强制戒毒所完成了康复农场内环境改造及产业结构调整，同时加快生产"6·26"戒毒胶囊的康奇制药厂建设，全部工程于11月初完工并经国家GMP认证，为及时、有效地收戒吸毒人员创造了条件。此外，"无毒社区"创建工作在巩固的基础上得到了新发展。截止2004年10月，昆明市已创建"无毒县"1个、"无毒乡镇"（街道办事处）69个、"无毒社区"工作先进县（市）区4个、"无毒社区"工作先进社区124个，全市"无毒"范围不断扩大。全年全市67万名在校中小学生无一例吸毒。

按照全国、全省禁毒工作会议和第六十六次省委常委会议精神，在1992年、1998年、2001年三次对吸毒人员普查核查的基础上，市公安局在市禁毒委的直接领导下，从2004年8月底开始，开展新一轮为期三个月的吸毒人员普查工作。经普查核查，全市共有在册吸毒人员19 036名，较2001年增加5 014人，年均增长12%；发现新吸毒人员4 135人，其中新生吸毒人员336人，隐性吸毒人员3 799人。对发现的吸毒人员做到"边查边收，应收尽收"，最大限度地减少社会面上的吸毒人数，普查核查期间全市收戒吸毒人员1 250人。

【专项治理】　先后开展治爆缉枪收缴管制刀具、治理黄、赌、毒和整治校园周边治安秩序的专项治理行动。全年共查处治安案件27 814起，打击处理违法人员43 980人。在两次治爆缉枪收缴管

在"打击整治拐卖儿童犯罪"中解救的儿童　（市公安局　供稿）

制刀具行动中，对2 182个涉爆单位、212家涉枪单位和涉剧毒物品单位进行了多次安全大检查，发现并整改不安全隐患127起，收缴炸药2 954公斤、雷管5 453枚、炮弹184枚、手榴弹92枚、地雷14枚、民用枪、仿军用枪、短火药枪7 733支等一批爆烈物品；收缴管制刀具86 951把。在治理“黄、赌、毒”中，重点开展对50余家存在吸贩新型毒品行业场所的调查、侦查和依法查处工作。开展行业场所吸贩毒品违法犯罪活动专项整治行动、利用电子游戏机进行赌博违法犯罪活动的专项打击整治行动、色情声讯台专项整治行动和卖淫嫖娼违法犯罪活动专项整治行动。加大对卖淫嫖娼、赌博等社会丑恶现象的打击查禁力度。共查处社会丑恶现象案件13 248起，打击处理25 765人，分别比上年增加18.03%和0.04%。在整治校园周边治安秩序方面，从3月1日起，先后在全市范围内连续开展了3次整治行动，范围覆盖全市所有大中小学及幼儿园，其中，取缔校园周边占道经营摊点880个，将16所重点高校外来人口及出租房由保卫部门统一纳入微机管理等。通过全面排查整治校园内外安全隐患，打击校园周边违法犯罪活动，严格周边行业场所年检换证制度，强化周边交通管理，建立公安机关与教育管理部门、学校的协作联动机制，使校园周边治安秩序有了明显好转。

在专项治理中，围绕打击治理黄赌毒社会丑恶现象，加快收容教育工作进度。在各方关心支持下，昆明市强制收容教育所征用原安宁市太平镇中、小学校旧址，经过改造于9月建成设计安置1 000人的收教场所。共收容教育卖淫、嫖娼违法人员941人，为净化昆明市社会环境，促进社会经济、文化的健康和协调发展，有效地控制性病和“艾滋病”的传播，降低刑事犯罪发案，维护治安稳定产生了积极的作用。

【服务管理】　在公安出入境管理方面，围绕服务建设现代新昆明的大局，深化行政管理审批制度改革，为中外人士提供优质、便捷、文明、高效的出入境服务。于6月28日建立“昆明市公安局出入境办证服务中心”暨“昆明市人民政府便民服务中心公安出入境分中心”。全年共受理公民因私出国（境）申请46 504人（次），其中出国申请26 980人（次），出境申请19 524人（次）。受理应邀赴台申请199人（次）；共接待来自120个国家和地区临时来昆境外人员351 871人（次），比上年增加17.5%，其中接待外国人195 309人（次），港澳台居民、华侨156 562人（次），共办理境外人员各类签证、签注、居留证件13 149余份，比上年增加23.34%。在流动人口管理方面，全市共采集流动人口信息860 064条，办理IC卡暂住证776 584份（卡）。IC卡暂住证社会服务功能不断拓展。已查验IC卡暂住证4万本；全市凭IC卡暂住证落户的机动车已达28 275辆；凭IC卡暂住证办理机动车驾驶执照已达56 713人；凭IC卡暂住证出具流动人口入学证明3 796份；有关部门对持有IC卡暂住证的近20万流动人口开展了计生服务。针对流动人口子女被拐卖突出的情况，市公安局领导积极与官渡区党政有关部门研究决定，开展社会治安防控和流动人口子女“托管”、“联保”试点工作，即由基层党政组织扶持，指定部分幼儿园降低收费标准，或选择适当场地，鼓励经营“托管”幼儿园，降低成本和收费，以村规民约的形式，要求吸收流动人口子女集中接受教育和管理；经济特别困难的家庭，实行“联保”的方式，由5至10户儿童家长轮流看护。8月11日昆明市首家幼儿托管所在新迎北区石闸村202号金鑫艺术幼儿园（民营）挂牌成立。至12月底，此类幼儿园已建起7家。

【开展“大练兵”活动】　公安部3月份组织开展大练兵活动以来，全市公安机关高度重视，迅速行动，认真制定练兵计划，实现全警练兵，做到灵活练兵，注重专业练兵，强化实战练兵，突出砺练练兵，不断推动大练兵活动向纵深发展，并积极研究形成大练兵活动的长效机制。6月19日，市公安局圆满完成全省公安机关大练兵活动警务技能汇报演练任务；9月，在全省大练兵竞赛活动中，取得了包括总团体第一名在内的两个第一、两个第二的好成绩；12月在全省大练兵考核评估中又名列第一。其中市局巡特警支队在警用手枪射击、PPC射击、精度射击比赛中获得团体三个第一，以及女子个人第一的优异成绩。通过全面深入持久地开展全警大练兵，全体民警的整体素质得到提高，队伍的战斗力进一步增强。

【队伍建设】　全市公安机关坚持“立警为公，执法为民”的思想，紧紧围绕市局党委确定的队伍建设“三个重点”和“五项任务”，以思想教育为基础，以领导班子建设为龙头，以机关作风评议和大练兵活动为载体，以减少队伍违法违纪问题为目标，不断增强履行职能所需要的技能和本领。全市公安民警的整体素质有了明显提高，全年党风廉政建设责任制工作、纠风治乱工作、案件查处工作分别被昆明市纪委评为3个一等奖，全市杜绝了刑讯逼供和滥用枪支警械致人死亡的恶性案件，无“三类案件”发生，未发生影响恶劣的“三乱”案件，共查处民警违法违纪案件27起（其中违反“五条禁令”案件1起），比上年下降15.6%，低于全国、全省平均水平；违纪民警人数占全市公安民警人数的2.52‰，为最近5年的最低点。全年共有477个集体、3 079名个人受到各级党委政府和上级公安机关的表彰奖励。其中，受到部、省、市级以上表彰的集体有26个、个人26人；一等功集体1个，二等功集体4个，三等功集体103个；二等功个人15人，三等功个人205人；有6名民警因公牺牲。

（杨建军　朱丽华　李　红）

检　　察

【查办职务犯罪案件】　全年共受理贪污贿赂、挪用公款、渎职侵权等职务犯罪案件线索595件，初查440件，立案侦查139件175人，侦查终结139件164人（含上年积案），其中移送审查起诉111件137人，比上年上升2.8个百分点，在已经法院审理判决的案件中，无一件无罪判决案件。通过办案，为国家挽回直接经济损失809.41万元。1. 查办要案取得新进展。共立办县处级领导干部职务犯罪案件18件18人，比上年上升3.8个百分点，如省电力集团有限公司社会事业保险管理局局长王连云（正处级）涉嫌受贿42万元案、省旅游局规划发展处处长张大运（正处级）涉嫌贪污5万元案等；2.“查系统、系统查”，办案工作取得实效。集中查办了一批发生在重点领域和行业的犯罪案件，先后在医疗、交通、建筑、电力系统立办了一批窝案串案，如市检察院反贪局立办电力系统职务犯罪案7件，五华区检察院立办建筑行业窝案4件，盘龙区检察院立办医疗系统窝案2件7人；3. 坚决打击发生在农村基层组织中的职务犯罪。立办农村村社干部在受委托发放土地征用款、土地租用补偿款、管理集体资金过程中贪污、受贿、挪用公款犯罪案件20件33人，通过对这些涉及农民切身利益，引发群众集体上访案件的查处，为农民挽回损失，维

老挝检察代表团到市检察院参观　（袁刚　摄）

护了社会稳定；4. 查办新领域的犯罪案件取得进展。如盘龙区院查办的全省首例涉及医保金的盘龙区中医院铭骏苑诊所药剂师包云帆伙同中医院收费处5名收费员，引诱50余名特殊疾病患者使用就诊证及医保卡违规刷卡，虚开处方，贪污医保统筹金30余万元案；全省首例涉及邮票行业的犯罪案件：云南省集邮公司仓库保管员徐疆监守自盗价值271余万元邮品，以39.5万元倒卖后挥霍；5. 查办了一批渎职侵权犯罪案件。以开展"查办国家机关工作人员利用职权实施的侵犯人权犯罪案件"专项活动为重点，共受理渎职、侵权案件线索81件，立案20件25人，其中重特大案件5件、要案1件。

【预防职务犯罪】　1. 将预防职务犯罪工作纳入整个检察业务同部署、同落实、同检查、同考核，建立和完善党委领导下的预防职务犯罪领导机制，在全市建立13家党委预防职务犯罪领导小组，把预防职务犯罪工作纳入党委反腐败综合治理的大格局；2. 针对职务犯罪易发高发行业的特点，不断扩展预防网络。至年底，共建立行业预防职务犯罪工作协调组织28个，预防联系点47个，初步形成立体式社会化预防网络；3. 突出行业特点。市检察院积极参与市政府机关事务管理局采购办公开招投标活动，保证招标、投标、开标、评标、中标各个阶段的真实性、合法性，参加了66次招投标活动，涉及金额4.44亿元，通过政府采购节约资金474万元，资金平均节约率在1.29%左右；全市检察机关围绕昆明市的城市建设重点工程，加大对重点工程在建项目的职务犯罪预防工作的力度，配合市建设局成立重点工程廉政建设监督、资金监督、工程质量监督等领导小组，明确工作制度和措施，促使建设单位与施工单位在签订施工合同的同时签订廉政合同，并与建设单位的纪检监察人员深入工地，召开业主、施工单位、监理单位座谈会，了解掌握三方执行廉政合同情况，并采取举办法制讲座、预防公益宣传、典型案例剖析、张贴预防职务犯罪宣传挂图等形式进行警示教育，将可能出现的问题消灭在萌芽状态；4. 按照省检察院下发的《关于在全省各级党校及公务员培训中增设预防职务犯罪讲座的通知》，在党校及行政学院增设预防职务犯罪课程，作为学员培训、进修的必修课，增强各级领导干部的法律意识；5. 与省监狱管理局、五华监狱达成共识，在五华监狱建立全省首家预防职务犯罪警示教育基地，至年底，共有32个单位2 691人到监狱观看职务犯罪案例展示，实地参观监狱服刑人员劳动和生活场所，让职务犯罪服刑人员现身说法，从接受特殊教育的层面警示干部远离职务犯罪。

【打击刑事犯罪】　两级检察院共受理提请批捕各类刑事犯罪案件6 222件9 613人，比上年上升4%和4.4%，经审查，批准逮捕5 603件8 404人，比上年上升2.2%和4.4%；共受理移送审查起诉案件6 753件10 998人，比上年下降1.5%和上升0.7%，经审查，提起公诉5 705件8 912人，比上年下降1.9%和1.6%。办案中，刑事检察部门。1. 突出打击重点。共批准逮捕爆炸、杀人、伤害、绑架、强奸等严重暴力性犯罪607件736人，提起公诉611件845人；批准逮捕抢劫、抢夺、盗窃等多发性犯罪3 069件4 579人，提起公诉3 097件4 922人；批准逮捕毒品犯罪969件1 471人，提起公诉830件1 296人；批准逮捕走私、金融诈骗、非法集资、偷税骗税、制假贩假等危害市场经济秩序犯罪97件145人，提起公诉102件148人；批准逮捕"法轮功"邪教组织破坏法律实施的犯罪案件17件21人，提起

庄严宣誓　（李俊敏　摄）

公诉18件22人；2．坚持程序法与实体法并重，严把案件事实关、证据关、程序关和运用法律关，市检察院制定了《昆明市人民检察院关于实行办案时限流程跟踪管理制度的实施办法》，实行一案一表，表随案行，一表到底的三阶段办案时限流程跟踪管理制度，监控案件流转程序；修改完善《关于加强公诉案件证据审查的若干规定》；强化完善了适时介入、引导侦查取证制度，坚持对重特大案件适时介入，侦查监督部门提前介入105件；依法不批捕443件925人，不起诉299人，追捕3人，追诉6人；开展对不起诉案件和法院判决无罪案件的专项检查，将全市检察机关2003年作出不起诉决定、法院判决无罪的案件作全面复查，对存在的问题提出防范和改进措施；3．不断强化立案监督、侦查监督和审判监督，将监督工作量化、细化，并建立相应的激励、惩戒机制。市检察院同公安、工商、税务、质量技术监督局等20余个行政执法机关建立了行政执法与刑事执法相衔接的工作机制，对行政执法机关的行政查处活动向检察机关备案、公安机关的刑事立案活动进行法律监督等作出了明确、具体的规定和要求，共受理立案监督案38件，其中要求公安机关说明不立案理由24件，公安机关已主动立案5件，通知公安机关立案17件；完善与公安机关的工作联系制度，对公安机关的受理、立案、破案情况定期检查，将监督延伸至案件报捕前的诉讼阶段；注重对报捕工作中公安机关报称的“另处”、“在逃”、“取保候审”及案件、新闻媒体等反映出的其他人涉嫌犯罪的线索情况抓住不放，适时调查核实，通过深挖及时发现公安立案活动中的违法问题，如从《春城晚报》上获知市盐务管理局会同公安机关查获一起以工业盐冒充加碘食用盐的制假案件线索后，将其作为立案监督重点线索办理，依法监督并纠正了公安机关有案不立、有罪不究的违法问题，成功监督公安机关立办了昆明市首例破坏市场经济秩序犯罪案件；公诉部门增强程序监督意识，依法排除通过刑讯逼供等手段非法取得的证据，坚决纠正滥用和随意改变强制措施问题，加强对违反程序法、在诉讼活动中侵犯人权问题的监督；加大刑事抗诉力度，两级公诉部门提起抗诉26件37人，支持抗诉15件，已审结案件中，部分抗诉成功率达67%，有9件检察机关的意见得到二审法院的采信；刑事犯罪案件数据库的录入工作已走上正轨，进入规范化运作，录入并上传案件3 722件；4．根据最高人民检察院《关于人民检察院保障律师在刑事诉讼中依法执业的规定》，制定了《公诉案件审查与辩护律师意见交换试行办法》，确立检察官与律师在公认案件审查中相互尊重的新型控辩关系，使辩护律师在检察机关对公诉案件作出最终决定前，有条件同公诉人交换对案件的看法，有利于检察机关的决定更加客观公正。与律师代表开座谈会，加强检察机关和律师之间的联系，广泛听取律师对检察工作和检察官的意见，改变刑事诉讼中的检察环节上律师“会见犯罪嫌疑人难、调查取证难、交换意见难”的状况，使律师在检察环节执业活动的权利得到明确和保障，把检察工作置于广大人民群众和社会各界及律师的监督之下；5．积极稳妥地开展公诉改革。继续全面推行主诉检察官办案责任制，通过赋予主诉检察官对案件的处理决定权，减少案件审批环节，缩短案件流转时间，提高办案效率；继续深化刑事案件普通程序简化审改革，不断完善简化审理的案件范围、方式，节约了诉讼成本；积极探索不起诉案件听证制度，公诉案件证据庭前开示、交换制度改革，在确保不起诉案件质量、增强不起诉案件的公开性和透明度、减少不起诉案件被害人申诉、防止“突袭举证”、提高庭审效率等方面取得了良好效果。

【其他检察工作】　1．监所检察工作。以开展“减刑、假释、保外就医专项检查”为重点，全年清理检查减刑、假释、保外就医47 764人，对不符合条件的监督纠正81人；加大对看守所交付执行犯人的检察监督，防止违法截留犯人留所服刑情况的发生；继续巩固清理超期羁押成果，落实防止和纠正超期羁押的长效机制，共清理涉嫌超期羁押案件924人，催办216人，全市检察环节保持了无超期羁押；严厉打击监管场所的犯罪活动，办理2件2人监管场所职务犯罪案，审查起诉重新犯罪案件7件8人，法院均作出了有罪判决。2．民事行政检察工作。继续把办理民事抗诉案件作为监督的主要手段，共受理当事人不服法院民事判决、裁定的申诉案409件，审查后立案118件，对认为确有错误的提出抗诉17件，提请省检察院抗诉37件，法院开庭审结31件，收到法院再审判决（调解）书18件，改变原判决14件，改判率达75%，发出再审检察建议6件均已被采纳，办案数量和质量连续3年在全省检察机关保持领先；针对公众普遍对民事行政检察认识了解不多的情况，在昆明电信移动分公司的支持下，以手机短信息的形式向社会公布民事行政检察工作职能和联系电话。3．控告申诉检察工作。根据最高人民检察院《关于开展不起诉案件专项复查活动的通知》和省检察院的工作部署意见，组织内部相关部门对全市检察机关2003年所作不起诉案件296件369人进行专项复查，发现存在问题，纠正了不恰当的处理，完善了审查决定程序，进一步加强内部监督制约；以开展“‘涉法’上访专项清理”为重点，开展对涉法涉诉上访案件的排查，排查出此类案件20余件，严格实行首办责

市检察院党组在研究工作　（李俊敏　摄）

任制和领导负责制，集中处理了15件重点案件。对属于检察机关管辖的案件不推诿，如禄劝县检察院在市院的督办和帮助下，解决了付某某申请赔偿案不能进入程序的问题，支付其因被错误羁押1 035天的赔偿金57 887元，使拖了近8年的申诉案得到解决；受理刑事申诉案34件，立案复查14件，已办结7件，维持原决定5件，改变原决定2件；受理刑事赔偿案15件，已办结13件，对确有错误的6件已依法赔偿。

【综合治理】 认真做好检察环节的社会治安综合治理工作。按照“教育、感化、挽救”的原则，在诉讼阶段做好创建“青少年维权岗”等形式的青少年维权工作，切实保护未成年人的合法权益；通过开展“举报宣传周”，送法进学校、进社区等活动，进行法制教育，开展社会治安防控体系建设、平安创建活动和社区矫正试点工作，其中西山区检察院被授予全国优秀“青少年维权岗”。认真做好群众来信来访工作，共收到群众来信1 278件，接待群众来访2 090人（次），其中集体来访13起187人（次），努力把矛盾化解在基层，解决在信访初始阶段。

【人民监督员和特约检察员工作】 为加强对检察机关查办职务犯罪工作的外部监督，从制度上保障检察权的正确行使。根据最高人民检察院的意见，市检察院成立领导小组，制定实行人民监督员制度的实施方案，市检察院和五华、盘龙、西山、官渡、安宁等5个基层院于10月起，东川、石林、晋宁、呈贡、富民、嵩明、寻甸等基层院于11月起全面开展试点工作。市检察院成立了单列内设机构人民监督员办公室。经市委同意，在民主推荐、组织考察、本人同意的基础上，市检察院选任了11位公道正派，有一定文化水平和政策、法律知识，身体健康的同志为人民监督员（其中5名为市人大代表和市政协委员），通过主要新闻媒体向社会公布。经过2天的检察业务培训后，人民监督员已正式开展工作，对检察机关查办的5件职务犯罪案件嫌疑人不服逮捕决定的、拟不起诉的案件进行监督，复查后全部维持原决定。全市检察机关共选任了88名人民监督员。

为更好地发挥特约检察员、专家咨询委员会委员的作用，市检察院将两员合二为一，推荐考察并聘请了9名“两员”，制定《昆明市检察院特约检察员、专家咨询委员会工作规则》，召开聘任大会，安排“两员”接待人民群众来访4次，为全院干警进行专题讲座1次，参与检委会讨论疑难案件1次及案件论证会1次。

（王瑞林）

审　判

【概　况】 2004年，昆明市两级法院以“三个代表”重要思想为指导，在中共昆明市委的领导下，自觉接受市人大的法律监督和市政协的民主监督，紧紧围绕公正与效率主题，认真实践司法为民宗旨，坚持以审判工作为中心，全力维护社会稳定，奋力完成各项审判任务，共依法受理刑事、民事、行政、执行及减刑、假释等各类案件64 068件，审结61 510件，结案率为96%。其中，中级法院受理各类案件22 061件，审结21 077件，结案率为95.54%。

进行革命传统教育　（李俊敏　摄）

【以审判工作为中心】 全市法院的审判工作始终坚持突出维护国家安全和社会稳定、营造公正高效的司法环境和切实保障人民群众合法权益三个重点，不断努力发挥各项审判职能的作用。刑事审判继续坚定不移贯彻“严打”方针，依法严惩破坏国家统一、危害国家安全以及利用邪教组织破坏法律实施的犯罪；依法严惩危害人民群众生命和财产安全的杀人、抢劫、伤害、爆炸、绑架等严重暴力犯罪、黑恶势力犯罪、侵犯财产犯罪；加大打击力度，依法严惩走私、运输、贩卖毒品的犯罪；结合市场经济整顿，依法严惩走私贩私、金融诈骗、非法集资、制假贩假、侵犯知识产权等严重破坏市场经济秩序的犯罪；坚持打击腐败不松懈，依法严惩贪污、贿赂、渎职等严重危害国家利益的职务性犯罪，全力维护国家安全和社会秩序。全年共受理各类刑事案件7 300件，审结7 227件，结案率为99%，依法判处各类罪犯7 638人，其中判处5年以上有期徒刑直至死刑的犯罪分子2 358人，占判处罪犯总数的30.87%。依照罪刑法定的原则，两级法院在对罪犯适用主刑的同时，还十分重视依法适用附加刑，全年对罪犯单处或并处罚金、没收财产、剥夺政治权利共5 815人，占判处罪犯总数的76.13%。对涉及经济社会管理和人民群众利益的民事审判，两级法院始终坚持不断强化民权意识，平等保护各类当事人的合法权益。全年共受理婚姻家庭、损害赔偿、民事侵权、合同纠纷、涉外、涉港澳台和知识产权等各类民商事案件24 777件，涉案标的60.3亿元，审结24 151件，结案率为97.47%，为维护诉讼当事人合法权益，依法制裁违法行为，疏导化解矛盾纠纷，促进经济社会协调发展作出了积极努力。行政审判高度重视和依法审理与人民群众切身利益密切相关的行政案件，尤其是通过依法审理涉及治安管理、城市拆迁、农民负担、社会保障、土地征用、企业重组改制、环境资源保护、计划生育实施等各类行政诉讼案件，依法保护公民、法人和其他组织的合法权益，监督、维护行政机关依法行使职权，努力协调“官民”矛盾。全年共受理各类行政诉讼案件839件，占全省受案总数的46%，已审结801件，同比分别上升88.54%和87.59%，还依法审结了国家赔偿案件9件，办理行政非诉执行案件585件。中级法院行政审判庭被最高人民法院评为2004年度全国法院行政审判工作先进集体。

【大要案审理】 通过公开审理引起全国关注的马加爵故意杀人案，运用事实证据和正确适用法律，依法对马加爵判处死刑，中央和省市媒体对此案进行了有力度的报道，该案被中国法院网评为“2004年中国十大案件”之一；在全省“6·26”打击毒品犯罪统一行动中，依法对多次在境外组织指挥他人走私、贩卖、运输毒品海洛因2.1吨、麻黄素3吨的大毒枭谭明林和一批贩卖、运输毒品罪犯进行了公开审判并执行死刑，充分显示了中国政府铲除毒品危害，打击毒品犯罪的坚强决心；市中级法院还公开审理了重庆市人民检察院原常务副检察长郭宝云、昆百大集团原董事长吴新元、玉溪市人大常委会原副主任沈正书贪污、受贿、巨额财产来源不明等一批犯罪嫌疑人职务高、社会影响大、人民群众关注的职务犯罪案件。与此同时，民事、行政及涉外审判庭还依法审理了涉及国有企业改制、劳动争议、非公经济、金融纠纷、房地产经营、建筑承包、城市拆迁等一批有社会影响的典型案件。其中，一批中国银行云南省分行清理不良资产所涉金融纠纷案的依法高效审理和执行，直接为服务云南经济发展做出了贡献；一批涉及“三农”利益、损害赔偿、劳动争议、医患纠纷等民事热点、难点案件的依法审理，化解了社会矛盾，维护了社会稳定；一批工作难度大、情况复杂的破产案件的精心审理，慎重把握，有效地推进了全市国企改革的深化，受到了市政府的通报嘉奖；一批有重大影响的涉商标、专利侵权、驰名商标认定和著作权保护等知识产权和涉外案件的顺利审结，使昆明市审理知识产权案件的类型不断丰富，为中国履行WTO承诺，营造良好的投资环境提供了积极有效的司法服务。

【执行工作】 昆明市中院执行局在2002年推出八项执行工作改革措施的基础上，继续以“相信我们会尽职尽责”的高度责任感，通过不断更新执行理念，改革执行方式，规范执行程序的监督制约，启动全国联网，加大对逃避执行债务人的举报、追查，重视对执行法律的宣传释明，规范实施执行裁判权和实施权的制约分立，透明执行期限和回告、规范公开拍卖变卖，建立执行风险提示，加大对基层法院执行统一协调等举措的有效实施，努力最大化地实现当事人的债权。2004年下半年以来，针对民工工资拖欠、人身损害赔偿以及赡养、扶养、抚养等五类涉及人民群众切身利益案件的执行，全市法院采取联动方式，集中力量，有力度地连续两次组织开展“执行风暴”专项行动，攻克了一批长期难以执行的“骨头案”、“钉子案”，共有1 000余案件得到依法执结，实现债权1.2亿元，使3年多来未领到工资的民工、员工拿到了自己的血汗钱。1年来，全市法院共执结案件11 571件，执结率为88.65%，执行标的达54亿元，占全省执行总标的数的58%，继续保持了执行率提高，执行积案下降的良性循环态势。昆明市中级法院执行局被最高人民法院评为2004年度全国法院执行工作先进集体。

【审判监督】 1．不断健全完善案件质量评查机构及网络，进一步确定案件评查范围、标准和程序，设立案件质量监督检查情况报告，对改判、发回重审案件实施专题分析和通报，继续实施违法审判、办案差错责任认定追究和质量考核奖惩等制度，通过全面检查、随机抽查、专项检查和重点督查等方式，加大对案件质量的监督评查力度。2．继续加强案件流程、案件质量、错案追究和岗位目标考核四个监督中心机制的建设，努力实现管案、管事与管人的有机结合。3．以依法纠错为重点，认真执行最高人民法院关于启动民事、刑事再审案件的有关司法解释，通过申诉审查、质量评查、检察机关提起抗诉和依审判监督程序立案再审案件119件，审结79件，其中，改判和部分改判26件，占已结再审案件的21.85%，较好地发挥了审判监督的职能作用。4．根据上级法院部署，认真开展超期羁押和超审限案件的集中清理，积极推进审限流程管理和预警机制建立。5．按照“办精品案件，创公信品牌”活动的要求，市中级法院已连续两年组织开展了精品案件评选活动，2004年评出的20个精品案例，经报省高级法院审判委员会审议批准，可在全市法院审判实践中作为指导案例使用，其中已有两例先后被《最高人民法院公报》作为全国优秀案例选登刊用。中级法院通过强化案件质量管理，一审案件上诉维持率同比上升3.81个百分点，发回重审已基本控制在一位数以内；通过规范审限管理，已结案件除少量依法办理延限手续外，基本做到了在法定时限内审结。

【社会治安综合治理】 1．正确处理好依法打击与化解矛盾的辩证关系，坚持法律、法庭、法官进社区、乡镇，既开庭审理案件，又快捷就地解决纠纷，既注重加强基层工作，又有效防止矛盾激化，维护社区、乡镇稳定。2．妥善处理群体性诉讼案件，认真抓好涉法上访排查疏导工作，落实信访工作责任制，耐心细致地做好涉诉信访工作，努力把矛盾纠纷化解在基层和萌芽状态，市中

马加爵案庭审现场　（张浩林　摄）

聘任人民陪审员颁证仪式　（张浩林　摄）

级法院被评为全市处理信访突出问题及群体性事件先进单位。3. 对审判中发现的治安隐患和管理漏洞，及时提出司法建议，并注重联系审案实际，建立应对突发事件预警机制，妥善解决防止矛盾激化的苗头性、倾向性问题。4. 重视审理好未成年人犯罪案件，在不断健全审判组织和改进审判方式的同时，注重对依法挽救、抓好预防教育和犯罪心理疏导，不断进行审判调研和总结。5. 认真组织开展减刑、假释案件执法大检查，通过面上普查、个案抽查，深入劳改场所听取意见，没有发现违法实施减刑、假释。2004 年共完成了对15 095名罪犯减刑、假释的依法审理，并积极配合监管机关、基层群众组织对假释、缓刑人员和少年犯做好社区帮教工作。6. 重视加强新闻宣传，坚持以新闻发言、公开审判、法庭直播、以案释法等形式，对人民群众进行直观生动的法制宣传和教育，全年共召开公判大会 52 场，旁听群众达 10 万余人，播出《法庭直播》电视节目 52 期，向各有关单位和新闻媒体报送刊载法院信息、宣传稿件 1 221篇，同时，成立"昆明法院网站"，通过联通中国法院网，共发布各类信息上千余条，扩大了信息资源利用，加大了法制宣传力度。

【提高职业素质】　1. 加强思想政治建设不放松。按照省、市委和上级法院部署，认真组织实施"云岭先锋"工程和"人民法院为人民，公正司法树形象"等专题教育活动，紧紧围绕依法审判、工作态度、效率作风、廉洁纪律、业外约束 5 个重点开展"审判作风自查自评自纠"，进一步加强法官和干警对忠诚法律、公正敬业、文明服务、廉洁执法、严谨慎行职业道德内涵的理解和执行，教育活动得到上级法院和省、市检查组的好评。2. 重视加强学习型法院建设。中级法院制定了建设学习型法院实施计划，大力倡导工作就是学习，学习就是工作的理念，通过开展案例分析、优秀法律文书点评，组织庭审观摩、法律适用研讨、成立院青年法官研究小组、坚持邀请全国知名专家、学者举办法律知识讲座等形式，不断增强法官、干警的学习自觉性和积极性。3. 加大力度强化审判职业技能培训。围绕"增强法官职业素养，提高法官驾驭庭审、法律适用、制作裁判文书三大能力"的要求，在保证完成审判任务的前提下，中级法院重视加大投入，利用滇沪合作，组织全市法院 700 余名法官集中进行封闭学习，并与华东政法学院合作，组织 100 名审判骨干赴上海进行法律理论进修学习；积极鼓励中青年法官和干警进行高层次学历深造，在 2004 年全国统一司法考试中，全市法院有 24 位同志成绩合格，在全省法院取得了通过率较高的良好成效。4. 加强党风廉政建设。坚持以廉洁执法确保公正执法，逐级签订党风廉政责任书，落实"一岗双责"，建立廉政台账，严格考核和兑现奖惩；坚持领导干部任职廉政谈话、干警违法违纪预警提示和戒勉谈话制度，定期进行典型案例警示和廉政专题教育，全市有 11 个基层法院分别被党委评为落实党风廉政建设责任制先进集体或先进党支部；2004 年市中级法院经市文明办考核验收，被评为市级文明单位，继续荣获全省法院系统和市委党风廉政建设奖励，并被评为全国法院纪检监察工作先进集体。

【加强基层建设】　昆明市中级法院服从全局，以高效的作风和良好的协调，全力配合市城区区划调整，顺利完成了 4 城区法院案件受理和部分法庭的移交工作。积极争取党委、政府和上级法院的大力支持，加强调研，摸清底数，逐县落实，搞好规划，全力推进"两庭"建设。按照国家计委和最高人民法院确定的基层法院审判法庭建设规划标准，至年底，除已达标和基本达标的官渡、盘龙、五华法院和呈贡法院外，全市尚未达标的 10 个基层法院审判法庭的新建、改建均已基本完成立项、选址和设计，进入施工或即将进入施工；41 个派出人民法庭的调整、建设工作正在不断推进，全市"两庭"建设加快步伐，跃上了新的台阶。2004 年 11 月，市中级法院召开全市法院加强基层建设会议，在市委领导的关心重视下，中共昆明市委首次以党内文件形式转发了昆明市中院党组《关于进一步加强法院基层建设的实施意见》，肯定了近几年来昆明法院系统抓基层建设的基本做法和今后的任务目标，对进一步推动昆明法院基层建设将具有十分重要的指导意义。

【自觉接受监督】　一年来，全市法院通过做好审判和执行工作，自觉维护党的领导，对重要工作和重大执法活动，坚持向党委报告。同时，全市法院不断强化"人大、政协意识"，深刻认识人大、政协监督就是支持、就是关心、就是促进的硬道理，自觉接受监督的形式、内容及程序，且进一步制度化、规范化；坚持与人大代表、政协委员加强联系，有计划地组织、邀请人大代表、政协委员旁听法院对重大案件的审理；认真接受人大代表、政协委员对法院工作的视察、检查，尤其是 2004 年市人大常委会组织市人大代表对全市民事审判工作进行检查，他们肯定成绩，分析问题，并提出要求，对审判工作起到了很好的监督指导作用；法院还采取多种方式，主动听取人大代表、政协委员对法院工作的意见和建议；坚持定期向人大代表、政协委员通报法院重大审判工作和执法活动；市中级法院认真办理人大代表建议、政协委员提案和有关督办事项，及时报告处理结果，对 2004 年"两会"提出的建议 2 件、提案 6 件，均坚持与代表、委员面商听取意见，全部在规定期限内予以办结，对提出的25个具体个案也全部予以办理答复。

（代　彦）

司法行政

【“诚信为民，服务社会”活动】　为全面提高全市法律服务行业的社会公信力，树立良好的法律服务工作者形象，促进法律服务行业健康发展。全市司法行政系统在法律服务行业开展“诚信为民，服务社会”活动。组织全市公证、律师、基层法律服务工作者、法律援助律师、面向社会服务的司法鉴定人员近1 000余人，在昆明会堂召开“诚信为民，服务社会”活动动员大会，发起“诚信为民，服务社会”的倡议书，进行“诚信为民，服务社会”个人签名；建立2 000余名法律服务行业人员诚信档案，设立“污点”台账进行污点、劣迹记录，制定诚信信息交换记录和失信情况披露等制度；建立社会监督机制。从人大、政协、公检法、新闻媒体和社会各界聘请11名律师行业社会监督员，先后多次召开座谈会，反馈信息，研究加强社会监督的有效途径和办法；大力开展公益活动。全市30家律师事务所300余名律师组成昆明市律师志愿团。在金碧广场举行启动仪式，并为农民工提供现场义务法律咨询服务，帮助160多名农民工讨要工资60件340万元。在全市律师中发起捐资助学公益活动，收到捐款260 550元，在寻甸县六哨乡马鞍山村完小建立全市第一所律师希望小学；抓好典型引路。分别在律师、公证、法律服务三个行业确定7家试点单位，对市公证处、华汇律师事务所、绿洲法律服务所、光大司法鉴定中心等7家法律服务示范窗口单位进行检查验收和总结探索。

【实施“云岭先锋”工程】　1. 开展各类创建活动。积极开展以“学习创新、执政为民”为主题，争创“人民满意的政法单位”、“人民满意的政法干警”、“百佳司法所”、“百佳司法助理员”等创建活动，广泛开展“党员挂牌上岗”、“党员先锋岗”、“党员示范窗口”、“党员责任区”等具有行业特点的党建活动。3月26日，成立律师协会党委，配备专门工作人员，并在华汇、唯真、会凌3家律师事务所建立了党支部。2. 重点抓好经常性的党建工作。进一步落实“云岭先锋”工程建设目标责任制、党风廉政建设责任制，组织进行“勤政为民、廉洁务实”教育月活动，开展“示范”和“警示”教育，认真解决党员领导干部在履行职责，诚心诚意为民办实事、解难事、做好事方面存在的问题。组织学习《中国共产党党内监督条例（试行）》和《中国共产党纪律处分条例》，全体党员干部参加测试，取得平均96.56分的好成绩。3. 搞好司法行政文化建设。积极开展创建“文明机关、文明处室、文明幸福家庭”、“学习型机关”，组织各类文化体育活动及培训，使广大干警呈现出健康向上的精神风貌。

【法制宣传与依法治市】　1. 大力推进依法治市进程。制定《昆明市2004年普法与依法治市工作计划》，编印《宪法》、《行政许可法》、《道路交通安全法》、《专利法》等为主要内容的《2004年全民普法教育读本》；组织全市普法骨干培训，举办30场《宪法》、《行政许可法》专题讲座。2. 开展“民主法治示范村”创建活动。7月28日在呈贡召开全市民主法治建设现场经验交流和动员部署会。10月19日在嵩明组织召开全市“民主法治示范村”创建活动座谈会，总结创建工作经验，分析面临的困难，将创建活动推向深入。3. 有针对性地开展法制宣传教育活动。完成全市县处级以上领导干部法律知识统一考试的收尾工作和科级干部培训考试工作；积极参加全市防治高致病性禽流感、“三下乡”、“法律社区”等活动，组织开展“全国‘严打’整治斗争成果巡回展”、“6·26”全国禁毒宣传日、“青少年维权岗”、“不让艾滋病进我家”、“12·4全国法制日及《宪法》云南宣传周”等法制宣传活动。与云南人民广播电台共同创办“法与我同行”法制宣传教育专栏，与昆明电视台联办《法制在线》栏目，扩展了法制宣传教育的范围与空间。

【基层司法行政】　拓展人民调解工作新领域。在城区莲花、西站、马街、红联、东华、拓东、官渡和小坝等12个乡镇（街道办事处）进行治安纠纷、民间纠纷联动调解试点。接待调解室先后共受理调处各类民间纠纷1 222件，调解成功1 172件。12月20日在昆明召开经验交流会，全面推行治安民间纠纷联动接待调解机制。落实全市行政接边地区人民调解协作工作。11月17日昆明、玉溪、思茅、红河、楚雄五个地市召开行政接边地区联防联调协作会议，共同签署《五市行政接边地区联防联调协作协议》，宜良、嵩明、寻甸与曲靖市马龙县，石林与红河州弥勒县、泸西县及曲靖市陆良县签订联调协议。全市基层司法所参与调解疑难复杂民间纠纷3 628件，人民调解组织调处各类矛盾纠纷16 142件，成功15 411件，成功率95.3%，防止民间纠纷引起自杀70件，防止民间纠纷转化为刑事案件261件，法律服务所解答法律询问18 210人（次），诉讼代理1 165件，非诉讼代理441件，避免和挽回经济损失1 276.97万元。2. 抓好规范化司法所建设。呈

昆明市法律服务行业开展“诚信为民，服务社会”活动　（市司法局　供稿）

贡县龙城镇司法所和晋宁县宝峰乡司法所被确定为全省第一批规范化司法所建设试点，9月20日和10月9日，对两个规范化司法所建设试点工作进行检查验收，在办公场地、人员配备、办公条件、制度建设等方面符合司法部和省司法厅的要求。开展司法所创建工作，评选出15个创“一流”先进司法所，向上级推荐申报11个“百佳司法所”，12名“百佳司法助理员”。3. 进一步完善“两结合”管理模式，不断规范法律服务市场。对全市750余名法律服务工作者进行年检注册及业务培训，建立年度业务培训合格准入制度，完成195个基层法律服务所及750余名法律服务工作者的年度检审注册工作，召开基层法律服务工作者协会第一届代表大会第二次会议，会议修改了协会章程，对相关负责人进行了改选。

【劳教工作】　构建长效安全防范工作体系，积极开展创劳教特色工作。市强制戒毒劳教所采取有力措施，确保场所持续安全稳定，在收教学员中开展“四防”思想教育，全面落实安全工作各级承包责任制，强化基础和人性化管理，构建多渠道、全方位的安全防范网络，到年底，实现6年无劳教人员脱逃；构建专业化、人性化、特色化教育管理体系。开展“阶梯式百日安全竞赛”活动，探索特色劳教工作试点经验，实现人性化管理。全所新收容602人，解除劳动教养406人，在所770人。全年实现无逃跑、无所内复吸毒品、无重大案件、无重大生产安全事故的目标。

【律师工作】　在全市律师队伍中集中开展教育整顿活动。6月11日召开全市律师队伍集中教育整顿、动员和封闭培训。与社会监督员对部分县区律师事务所学习整顿情况进行检查督促。8月22日，组织全市律师参加全省的统一考试，98%的执业律师通过了考试，圆满地完成教育整顿各阶段任务。建立律师参与信访工作机制。7月6日与市信访局联合在市政府信访接待室设立“昆明市群众信访法律服务中心”，先后共接待涉法上访群众254批486人。建立律师行业专门委员会和律师执业先遣队机制，为律师队伍健康发展创造良好的外部环境。全市律师事务所先后担任刑事辩护代理2 565件，代理民事、经济案件诉讼5 335件，代理行政案件诉讼177件，非诉讼法律事务2 454件，代写法律事务文书4 230件，担任法律顾问817家。

【公证工作】　组织昆明市公证员协会召开第二届会员和全市公证工作会议，完成省司法厅组织的公证目标管理交叉考核、公证质量管理考核和公证档案文书归档检查，进一步加强对公证工作的监督和管理力度。西安体彩制假案曝光后，5月25日及时组织召开全市公证工作会通报情况，要求以西安体彩制假案为鉴，迅速组织全市公证人员开展学习教育整顿活动，有针对性地对公证质量，尤其是现场监督类公证事项进行一次认真严肃的检查。并在公证协会建立公证业务指导委员会、公证质量规范化指导委员会和城区公证处主任定期座谈会工作制度，及时分析公证行业执业过程中面临的困难和问题，共同研究相应的对策措施，有效地促进昆明市公证事业的健康发展。年内全市17家公证处共办理各类公证111 020件，其中民事公证38 264件，经济公证63 233件，涉外公证9 192件，涉港澳台公证331件。

【法学教育】　完成2004年国家司法考试网上预报名现场确认报名、考前辅导培训等工作，9月18、19日，顺利完成昆明地区1 936人参加的国家司法考试工作。完成2004年度全市成人自学考试法律本科4 640人和律师专科600人的报名助学和辅导工作。积极完成司法行政机关远程教育工作，分别组织清华大学、中央电视大学远程教育的报名、助学辅导工作。

【司法鉴定】　加大对全市面向社会服务的司法鉴定机构执业核准、执业资格的指导、监督和管理力度。分别对所属30家鉴定机构进行不定期的抽查，对执业情况、人员管理及执业操守进行监管。为完善政府监管为主、行业监管为辅的“两结合”管理体制，成立昆明市司法鉴定人协会筹备组，按计划顺利召开昆明市司法鉴定人协会筹备会、理事会、常务理事会，选举产生昆明市司法鉴定人协会理事、常务理事、会长、副会长、秘书长等人选，昆明市司法鉴定人协会的成立，为司法鉴定事业的发展创新奠定了基础。

【刑满释放解除劳教安置帮教】　加强衔接管理，落实帮教措施，先后与9家监所协调沟通，规范《通知书》寄送，为及时掌握刑释解教人员情况，做好接收帮教工作创造了有利条件。5月初，经过协调与市相关部门联合转发最高人民法院、最高检察院、公安部、司法部《关于开展社区矫正试点工作的通知》，在全市7个县、区开展社区矫正试点工作，为进一步推广社区矫正工作创造条件。年内全市共接收刑释解教人员1 658人，其中安置1 415人，安置率85.3%，帮教1 469人，帮教率88.6%。全市14个县（市）区及167个乡镇（街道办事处）建立了安置帮教工作机构，1 519个村（居）委会建立了帮教小组，全市从事安置帮教工作人员7 463人。

【法律援助】　进行在押人员申请法律援助、立案侦查阶段申请法律援助等内容试点，优化法律援助申请程序，制定法律援助申请表。将“148”划归市法律援助中心，强化“148”职能，建立来电来访登记制度，实行法律援助中心法律服务工作责任制，为全市的弱势群体提供优质高效的法律服务。全年中心办理援助案件共854件，其中刑事案件764件，民事案件90件，接待来访人数5 891人（次）。

【信息化建设】　完成信息化建设初期的工作，建成昆明市司法局局域网，网站3个，内网34个站点，外网16个站点。7月20日，成功地建成开通“昆明市司法行政网”，投入使用办公自动化系统。

（刘让和）

消防管理

【火灾救援】　2004年，全市共发生火灾1 343起，死27人，伤20人，直接财产损失3 543 518元。与上年同期相比，火灾起数下降5.16%，死人数下降20.39%，伤人数下降31.03%，火灾直接财产损失下降3%，全年未发生重特大火灾事故。全市消防部队实施灭火救援4 854次，出动官兵27 536人（次），车辆5 614台（次），抢救人员198人，为国家和人民群众挽回财产4 256.8万元。

【执勤训练】　在灭火执勤业务训练上，全市消防部队坚持“火怎么灭，兵就怎么练”的指导思想，本着“结合实际，突出重点，贴近实战”的原则，以技能、技术、适应性训练为内容，全面提高部队灭火作战和社会抢险救援能力。按照公安部消防局和省消防总队部署，支队开展全员岗位大练兵活动，以机关为重点，全面推进基层执勤中队岗位练

省委、省政府领导视察昆明消防部队　（市消防支队　供稿）

兵活动。以科技创新为动力，广泛开展集中驻训、特勤百日大练兵，确保练兵的实效。支队派出100名官兵、10辆消防战斗车，参加市政府在石虎关举行的大型综合演练。在参加总队大练兵大比武活动中，特勤大队一、二中队取得全省第一、二名的好成绩，夺得所有比赛奖项，荣获全省“岗位练兵先进中队”的称号，15名官兵被评为“岗位练兵先进个人”。2004年，官渡消防大队被公安部消防局授予“全国十佳训练集体”，特勤大队士官李银泽荣获“全国公安消防部队执勤岗位练兵技术能手”称号。

【成立“火凤凰突击队”】　支队在深化“119流动救援车”和消防搜救犬分队职能的同时，从特勤大队挑选政治素质高、军事业务技能强和作风优良的队员，配备先进的灭火救援器材，于5月1日成立“昆明市公安消防支队火凤凰突击队”，省市相关领导出席授旗仪式，并观看业务表演。突击队担负营救火场被困人员、处置特殊疑难火灾等任务，强化了消防支队社会抢险救援职能。

【基层部队建设】　加强基层大、中队建设，支队树立“基层至上，士兵第一”的思想，全面叫响“争创一流”的口号，按照《公安消防部队基层大队、中队建设标准》要求，在公安部消防局提出的三年达标基础上，支队提出两年内基层大、中队完全达标的工作目标。注重基层基础建设，做到精力下移，警力下沉，财力下倾。调整充实基层干部，凡应届毕业的大学生干部，没有经过基层锻炼的，不准到支队机关任职，并对现有干部进行合理调配，实现基层干部全部配齐。为加强基层装备建设，支队投入380万元，配套补助基层车辆器材、个人防护装备经费。为贯彻公安部警力下沉有关精神，清理支队、大队机关占用兵员情况，不多占基层任何一个兵员指标，充实一线执勤力量，下放警力97人，加强基层部队战斗力。投入资金100余万元，着力解决基层中队“三热”问题。实行支队党委成员定点挂钩，帮助指导制度，为基层解决实际困难。

【实施“161”工程】　2004年，是全国消防部队实施“161”工程的开局之年，按照公安部消防局《关于全面推进“161”工程的实施意见》和《云南省公安消防部队实施“161”工程二年规划》要求，确定以“161”工程统揽全局的指导思想，本着“缺什么，补什么”的原则，摸清底数，查找不足，研究制定有效措施，切实把“一个根本”（班子和队伍建设）、“六个着力点”（基层建设、执法为民、大练兵、多种形式消防队伍建设、公共消防设施和消防装备建设、社会化消防宣传）和“一个保障机制”（建立健全竞争激励机制），落到实处。及时撰写宣讲提纲，成立8个宣讲团，印发宣讲手册，统一官兵思想，提高官兵对5·17会议精神的理解和认识，帮助指导基层查摆不足，制定目标措施。支队主动向市政府和市公安局汇报，由市公安局制定下发《昆明市公安消防部队“161”工程三年规划实施意见》，全面指导各级公安机关开展“161”工程的贯彻实施。同时，按照“典型引路，全面推进”的工作思路，总结推广五华区社区消防工作、盘龙区消防大队执法为民工作、宜良县农村消防工作、西山区消防大队基层俱乐部建设和支队“119流动救援车”等经验，推进支队整体工作上台阶。

【立功创模】　2004年，支队开展双拥活动，争先创优评比，全体官兵团结一致，安心服役，充分发挥主观能动性，推动支队拥政爱民。八·一前夕，与昆明市青年活动中心举办警民联欢晚会，

省消防总队总队长王子岗为昆明火凤凰突击队成立授旗　（市消防支队　供稿）

市消防支队开展消防产品市场整治工作 （市消防支队 供稿）

把双拥工作推向深入。支队有1个单位被评为国家级“青年文明号”，4个单位被评为市级“青年文明号”，11个单位被评为县区级“文明单位”，2个单位被评为省级“青年文明号”，4个单位被评为“拥政爱民先进单位”，7名官兵获“拥政爱民先进个人”称号，有24名官兵荣获三等功、133名战士被评为优秀士兵、199名官兵荣获各级嘉奖。

【消防基础设施建设】 加强消防基础设施建设，提高城市整体抗御火灾的能力。支队银河片区消防站、广福路消防站两个站点正式投入建设。投资4 000余万元，建设昆明消防指挥中心，主体工程已完工，进入二次装修阶段。进一步加强消火栓补建工作，主城区共建消火栓544个，完成年度欠建消火栓补建任务，其他县（市）区结合本地实际，对消火栓补建工作进行全面的调查摸底，开展补建工作。器材装备建设得到加强，共投入经费500余万元，新增消防战斗车6辆，新添置42种特勤器材，同时，市政府积极向中央、省政府争取500万欧元奥地利贷款，加强特勤和基层装备建设。按照总队《关于落实消防部队个人防护装备建设配套经费的通知》，按照1:0.8的比例，中央级财政、省级财政补贴349万元，支队投入281万元，购置空气呼吸器295具、灭火防护服900套、呼救器210只，一次性解决基层部队一线执勤官兵个人防护装备。

【消防宣传教育】 为做好消防宣传教育，支队开展消防宣传“进社区、进学校、进企业、进农村”的四进工作，不断提高全民消防安全意识。以《中华人民共和国消防法》、《云南省消防条例》和《机关、团体、企业、事业单位消防安全管理规定》为依据，紧紧抓住旱季防火大检查、重大节假日、消防安全专项治理、“119消防日”等有利时机，充分发挥电视、电台、报刊等主流媒体优势，广泛开展消防宣传工作。11月9日，支队在云南大学开展“珍爱生命安全——119走进高校”大型宣传活动，省市有关领导及驻昆10所高校领导参加活动。在《春城晚报》、《云南信息报》公布火灾隐患举报电话，收到较好效果，全年查处举报262件，消防站和社区消防教育基地对外开放513次，共接待中小学生、人民群众参观学习38万人。同时，大力抓好消防宣传“四进”工作，制定出台《昆明市城镇社区消防安全管理规定》和《昆明市农村消防建设标准》。全市有44个社区完善消防组织机构，4个乡镇正在开展农村消防建设工作，以五华社区和宜良县农村防火为代表的消防工作初见成效。全年共发放宣传资料38万份，开设专栏1 135期，播放公益广告和悬挂标语10万余条，评选“消防热心人”6人，举办各种培训班119期，培训3 867人，在新闻媒体刊播消防稿件600余篇，有力地推动消防宣传教育工作。5月1日，支队出版发行《昆明消防志（1996—2000）》（续一），再现昆明消防5年奋斗历程，以利存史、资政、教化和科研。

【建筑防火审核】 结合《中华人民共和国行政许可法》的颁布实施，改革消防行政审批制度，简化消防办事程序，将建筑工程消防设计防火审核审批时限由原来的15个工作日改为5个工作日，建筑工程的消防验收时限由原来的17个工作日改为10个工作日，举办大型集会、焰火晚会、灯会等群众性活动的现场审验时限，由原来的5个工作日改为3个工作日，把好建审和验收源头关，实行审验分离。建立建筑消防设施报警系统的双重保险监护机制，把223

市消防支队举行大规模化工灭火实战演习 （市消防支队 供稿）

个公众聚集场所、高层建筑重点列入消防无线报警入网范围，实现24小时值班监护制度，与建筑中的现场值班监护形成消防设施报警的“双保险”，与灭火救援更好地结合起来。大力推行建筑工程消防电气检测制度，从根本上预防和减少电气火灾的发生。

【消防专项治理】 支队组织开展元旦、春节、五·一、国庆等重大节日期间的消防安全大检查、旱季防火大检查、全市校园及周边消防安全环境整治、文物古建筑、广电系统、互联网上网服务场所、人员密集场所等消防安全专项治理活动及开展“火灾隐患大排查、大整治、保安全”工作，有效查处火灾隐患，控制和减少重特大火灾事故的发生。共培训人员密集场所和易燃易爆化学物品生产、储存、经营场所人员1 836人，上报《单位火灾隐患承诺书》4 616份。在专项治理期间，出动消防监督人员1 861人（次），检查人员密集场所4 727个，易燃易爆化学物品生产、储存、经营场所577个，发现和整改火灾隐患1 356条。做好大型活动消防监督检查工作，组织现场执勤保卫125场，确保消防安全。

【防火监督检查】 在火灾预防工作中，支队加大消防监督力度，集中挂牌整治西南商业大厦、螺蛳湾第六交易区、方舟大厦、云南农业大学等12家单位。依法下发《责令当场改正通知书》857份，《责令限期改正通知书》270份，《重大火灾隐患限期改正通知书》16份，依法处罚单位23家，处罚责任人8人，共罚款75 710元。全年共出动消防安全检查组1 896个、人员19 760人（次），检查单位21 372个，其中政府领导检查单位361个、公安消防部门检查单位4 958个、行业部门检查单位5 726个、单位自查10 327个。共发现火灾隐患8 765条，督促整改8 650条，其中一般火灾隐患发现2 424条、督促整改2 357条，重大火灾隐患发现9个单位27条、督促整改1个单位5条。县（市）区政府挂牌督办3个，各单位投入火灾隐患整改经费2 570万元。同时，根据昆明市区划调整，支队监督盘龙、五华、官渡、西山大队做好辖区消防安全重点单位的移交、接管工作，加强监督检查，确保消防安全。

【处罚案件审核】 加大消防行政处罚力度，规范执法行为，完善执法程序，强化内部法律审核制度，提高执法水平，减少行政赔偿、复议和诉讼。支队对县（市）区消防大队和机关业务部门办理行政处罚案件实行法核，由法制部门提出审核意见，各办案部门按程序执行。同时，在各级领导干部和防火监督干部中开展“执法为民”教育，端正执法思想，提升执法质量，提高队伍整体执法素质。2004年，对2 500余家消防安全重点单位进行“人民满意”问卷调查，对消防执法满意率为97.6%。

（乔德华　胡文斌）

·责任编辑　方玉红·

民　　族

【少数民族人口】　截止到2004年底，昆明市总人口5 029 186人，少数民族人口为730 506人，比2003年增加7 265人，占全市总人口数的14.53%，比2003年增加0.9%。少数民族人口最多的区是五华区，为93 042人。少数民族人口最多的县是禄劝县，为136 380人。万人以上的少数民族8个：彝族384 983人，回族145 281人，白族68 824人，苗族43 988人，傈僳族17 169人，壮族13 478人，傣族13 043人，哈尼族10 253人。千人以上万人以下的少数民族有9个：纳西族8 209人，满族4 283人，布依族3 201人，蒙古族2 166人，拉祜族1 550人，藏族1 548人，景颇族1 171人，佤族1 058人，瑶族1 096人。

【签订目标管理《责任书》】　为使昆明市的民族团结工作规范化、制度化，形成分级负责，属地管理，层层抓落实的良好管理机制，在总结以往实施民族团结目标管理责任制的基础上，制定了2004年目标管理责任制并与14个县（市）区民宗局签订了《责任书》，各县（市）区又与民族工作任务重、难点、热点问题多的乡镇、街道办事处、村（社区居委会）签订《责任书》。同时，还与10家企业、302个宗教活动场所分别签订了责任书。全年安排民族团结稳定专项经费37.5万元，市财政每年还拿出16万元作为《责任书》考核奖，做到年头有布置，年中有检查，年尾有考核，使《责任书》真正落到了实处。

【调处影响民族团结的矛盾纠纷】　市民委全年妥善调处了影响民族团结的各类矛盾纠纷36起，涉及20个县（市）区、45个乡镇街道办事处，调处率达94.4%。排查隐患48起，涉及4个地州市、126个县（市）区、101个乡镇，10万余人。

【清真食品生产经营管理】　为进一步规范清真食品市场经营秩序，依法保护少数民族的合法权益，针对“清真不清”、清真食品与非清真食品混堆、混存、混销“三混”现象突出等问题，市民委会同市委统战部、工商局、卫生局、商贸局按照《昆明市清真食品管理办法》，对全市1 100多家生产、销售经营户进行了一次大检查，收回转借或冒领《清真标牌》5块，拆除7块，对标识中有回族等10个少数民族禁忌的文字、图案、标牌和未办证照的经营户下发了限期整改通知书，使整个清真食品大检查深受穆斯林群众的欢迎。

【保障少数民族流动人口的合法权益】　市民委按照《昆明市流动人口管理条例》，建立了《昆明市关于流动人口管理目标责任制》。有16个部门对流动人口负有管理服务责任，同时在流动的少数民族人口中，成立了驻昆办事处及劳动管理服务站，组建了临时党支部，成立了“法律援助中心”。由市政府出资，购买了回民公墓，组建了回民殡葬服务处，出台了《昆明市回民公墓管理办法》。

【建立民族团结示范社区】　市民委在盘龙区金牛社区创建民族团结示范社区，成立了27个联谊会，设立民族团结联系卡，发挥宗教团体3支队伍的作用。社区在“十星”文明楼院活动的基础上，积极开展了民族团结楼院竞赛活动，对少数民族流动人口进行法律知识和专业技术培训等。民族团结示范社区的建设，为保护少数民族流动人口的合法权益作出了积极努力，为维护城市稳定做了有益的尝试。

【做好顺城街片区的拆迁调研工作】　市民委本着对各级负责，对少数民族负责，于2003年下半年至2004年上半年，完成了顺城街片区、西山、官渡、五华、盘龙等少数民族聚居地拆迁改造的调查报告上报市委、市政府等有关部门。在调查报告中，为确保依法拆迁，给拆迁工作创造一个良好的环境，建议相关部门要尊重少数民族的风俗习惯、宗教信仰；要维护少数民族的合法权益；要保护历史街区，弘扬民族传统文化和清真饮食文化。允许回迁的建议被各级政府和主管部门所采纳。按照政府引导，市场运作，企业开发的拆迁改造模式，顺城街片区拆迁工作，市民委自始至终发挥了积极的作用，得到了各级各族干部群众的一致好评。

【民族法制宣传】　市民委召开《自治法》、《实施办法》、《民族乡工作条例》颁布实施座谈会，举办县、乡、村法制讲座和培训班。利用各种民族节日，开展民族团结月、团结周宣传活动。以民族团结示范村社创建活动等形式，充分发挥广播、电视、报刊等宣传媒体的作用，广泛宣传党的民族政策，民族法律法规及政府规章。2004年共发放宣传材料19 800余份，悬挂标语口号28条，

市民委先进性教育活动党组专题民主生活会　（市民委　供稿）

出板报155期，制作宣传栏50块，出动流动宣传车28台，接待咨询人数达3 000余人。做到民族工作党报党刊上有文章，电视里有图像，广播里有声音，专栏上有图片，街道有标语。经过长期坚持不懈的宣传教育，“三个离不开”的思想被市民所接受，全市各族干部群众的民族法制意识明显增强。

【加大民族地区专项资金的投入】2004年，市级财政安排民族机动金480万元，争取省级扶持252万元，民族用品定点生产企业技改贴息贷款100万元，协调水利、农业、交通、邮电、电力等有关部门的专项经费3 600万元，共实施了296个项目。

【民贸企业】　2004年，市民委为支持民族贸易企业发展，除在政策资金上给予支持外，为民贸企业走出云南牵线搭桥。组织4家民族用品定点生产企业赴银川参加2004年中国宁夏投资贸易洽谈会暨少数民族精品展销会。发展了3家民族用品定点生产企业。

【民委系统自身建设】　2004年省民委安排28万元，市民委安排10万元，共投入38万元，用于民委系统办公自动化建设，为14个县市区民宗局配备了电脑、打印机、传真机等办公自动化设备，大大提高了各县（市）区民族工作部门的办公自动化水平。

【民族教育】　2004年，昆明市有民族中学6所、职中1所、初中3所、完小2所、市以上半寄宿制完小140所、县（市）区办寄宿制小学20所。全市共有少数民族学生10.3万人，占全市中小学生的16.2%。新成立了西山区谷律乡民族中学，宜良县耿家营乡民族小学。为培养少数民族适用人才，市民委对二职中招收的少数民族学生每生每年从民族机动金中安排600元的生活困难补助费。

【少数民族干部培养】　多年来，市委、市政府不断加强民族工作干部队伍建设，各县（市）区机构齐全，乡（镇）配备了专职干部。2004年，14个县（市）区民宗局、乡镇和街道办事处分别配备了专职干部218人，分管民族工作兼职干部179人。同时，在重点行业、重点社区、重点人群组建了107人的民族工作编外队伍。通过发展民族教育，举办培训班，选派到外地挂职锻炼，送高等院校深造等多种形式，大力培养全市现有少数民族干部15 141人，占全市干部总数的11.7%。少数民族干部队伍的不断壮大，有效地促进了民族地区的经济社会等各项事业的发展。

【示范点建设】　根据省民委《关于进一步规范“民族团结示范点”和“兴边富民示范点”创建工作的实施意见》的要求，结合昆明市的实际，昆明市划分为三片三种情况来组织实施。三片：市区以内、城郊结合部、边远山区；三种情况：主城区热点、难点问题较多的社区居委会；基础条件好、发展较快的地方；自然条件差、发展滞后、民族问题多的地方。由市、县两级根据三片三种情况各选择一个点，每个县市区根据自己的实际再选一个点开展创建活动。城区选择了金牛社区开展“民族团结示范社区”活动；城郊结合部选择了官渡区小麻苴村开展“少数民族小康示范村”创建活动；在石林尾则贫困乡阿着底村开展“民族团结奔小康”示范村活动。

【民族文化事业】　市民委认真贯彻《云南省民间文化保护条例》，挖掘、整理、保护和弘扬民族文化，积极参加民族民间歌、舞、乐、服饰等各种大赛展演。整理彝文古籍639本，编撰出版了《绿劝苗族风俗文化》、《石林密支节仪式歌译疏》、《彝文苗文词典》和《民族民间艺彩》等书籍。民族理论学会出版了《探索与思考》第三辑。

（程世林）

宗　　教

【昆明市成立宗教工作领导小组】　为了加强党对宗教工作的领导，进一步做好昆明市的宗教工作，根据中共云南省委宗教工作座谈会议和市委4月30日常委会议精神，结合昆明市实际，于2004年6月成立了“昆明市宗教工作领导小组”。市委副书记田云翔任组长，副市长李江、市政协副主席、市委统战部长张中宁任副组长。领导小组在市宗教局设办公室，由局长金塔明兼办公室主任。

昆明市成立宗教工作领导小组后，各县（市）区也相继成立了宗教工作领导小组。

【昆明市道教第一次代表会议】　2004年7月12～13日，昆明市道教第一次代表会议在昆明召开，60名道教界人士代表全市近1 500名道教信徒出席了会议。会议认真听取了市道教协会筹备组的工作情况报告，讨论并通过了《昆明市道教协会章程》和会议决议，选举产生了第一届理事会和领导班子。袁至兑当选会长，程云燕（坤道）、廖东明当选副会长，和永当选秘书长。

【昆明市佛学研究会成立】　为了拓展佛教与社会主义社会相适应的新途径，经民政部门审查同意，于2004年7月16日在昆明召开了昆明佛学研究会第一次会员大会，有100余名佛学研究专家、学者参加大会。全国著名的佛学研

昆明市宗教工作领导小组扩大会　（市宗教局　供稿）

究专家方立天、王致远等和省市有关部门的领导到会祝贺。

会议听取了昆明佛学研究会筹备组的筹备工作情况报告；讨论并通过了《昆明佛学研究会章程》和大会决议；选举产生了昆明佛学研究会第一届理事会和领导班子。刀述仁当选会长，张一方、侯冲当选为副会长。

【佛学讲座】　昆明佛学研究会成立后，坚持每周1次的学术讲座活动。佛学讲座活动在主管局的指导下，围绕文化建设和构建社会主义和谐社会这两大主题来开展，共开展佛学讲座150余场次，听众达1万余人次。通过佛学讲座活动，不仅促进了佛教与社会主义社会相适应，深化了主题，使听众受到了佛教文化的熏陶，还从文化层面上认识了佛教及其在构建中国传统文化中的地位和作用，引发了对佛教文化和社会主义和谐社会建设的积极思考。在开展佛学讲座的基础上，12月初，昆明佛学研究会还组织了一次学术研讨会，会上总结了开展佛学讲座的情况，按国际惯例进行了佛学论文交流，从多层面展现了佛学研究的成果。

【民族民间信仰调查】　按照全国宗教工作座谈会议精神，为了把民族民间信仰纳入宗教事务管理范围，使民族民间信仰与社会主义社会相适应，与当地社会经济发展相适应，宗教局于2004年底在全市范围内开展了民族民间信仰调查。昆明市宗教事务局还指导石林县民宗局抓了民族民间信仰管理的试点工作。

【宗教界稳定工作】　按照新时期宗教工作的基本方针和要求，围绕经济建设这个中心和市委、市政府建设现代新昆明的宏伟蓝图，昆明市宗教工作系统积极开展了宗教领域维护社会稳定的工作：一是定期排查不稳定因素，针对不稳定因素做工作，争取了工作主动，及时消化了一些不稳定因素；二是热情做好了50余起信教群众的上访工作，采取认真听、认真记、认真解释、跟踪做工作、积极协调有关问题等方法，防患了群众性上访问题的发生；三是坚决抵御渗透活动。认真查处了邪教组织“东方闪电”在昆明市的非法活动；及时制止了境外极端穆斯林组织的渗透活动和对正常朝觐活动的干扰；及时取缔了境外宗教势力在昆明市设立的非法活动点和非法宗教活动；四是及时妥善地处理了顺城街改造涉及市伊协的房产赔偿和穆斯林群众搬迁、昆明近邻某地跨地区跨国境庆典活动等20余起热点难点问题；五是加强了对移民信教群众宗教活动场所建设的指导和帮助，及时解决了在场所建设中遇到的一些困难和问题，稳定了移民信教群众的思想和情绪。通过以上工作，保持了昆明市宗教领域的社会稳定。

【抵制邪教“法轮功”】　昆明市宗教界坚持不懈地开展宗教反邪工作。2004年各宗教及时收缴、销毁了邪教“法轮功”投寄的反动传单、书刊和信件；各宗教团体针对邪教“法轮功”想从宗教界打开突破口的企图，对广大信教群众进行了爱国爱教、正信正行、拒绝邪教的教育，使他们更加认清了邪教“法轮功”反人类、反社会的本质。

【宗教工作先进集体和先进个人】　中共云南省委统战部、云南省宗教事务局于2004年4月召开全省宗教工作会议，会议认真总结了近年来宗教工作的新经验和取得的新成就，并以省委、省政府的名义，表彰了一批宗教工作先进集体和先进个人。昆明市宗教事务局作为先进集体，中共昆明市委统战部副部长赵云平、五华区副区长罗朝峰、中共富民

中共昆明市委副书记田云翔到佛教华亭禅寺调研工作　（市宗教局　供稿）

县委统战部副部长兼宗教局局长杨建明、中共嵩明县委统战部副部长兼宗教局局长王自华、宜良县民宗局局长祁石存、禄劝县民宗局副局长苏文亮、寻甸县民宗局局长马加仁等7人作为先进个人受到表彰和奖励。

【宗教活动场所在区划调整中顺利对接】 在2004年昆明市区划调整中，涉及宗教活动场所45处，虽然不到全市宗教活动场所的十分之一，但都地处城市中心地带，影响较大，工作稍有差错，都会影响区划调整工作的实施。为了落实相关工作要求，市宗教局和四区宗教工作部门认真学习领会市委、市政府下发的有关区划调整工作的文件精神，认真分析四区宗教活动场所调整工作的特点，在此基础上，研究了工作方案，提出了工作思路和工作要求，深入宗教活动场所抓了深入细致的工作，解决了跨界线宗教活动场所归属等一系列实际问题，确保了45处宗教活动场所的交接工作做到了交得出、接得好，为昆明市区划调整工作的实施作出了积极贡献。

【扶　贫】 昆明市宗教事务局2003年12月1日签订《昆明市部门挂钩扶贫目标责任状》后，在扶贫工作上动真格，初见了成效。

一是组织力量，深入扶贫挂钩点寻甸县金源乡金源村、安丰村进行了认真调研，形成了有情况、有数据、有分析、有意见和建议的调研报告；二是按照扶贫先固本的要求，指导帮助扶贫挂钩点加强了村民委员会组织建设和党员队伍建设，使扶贫挂钩点干部和党员克服了“等、靠、要”的思想，振奋了精神；三是按照先易后难、先急后缓的工作思路，围绕扶贫工作目标，实施了3个帮扶项目。即：协调9万元资金对已成危房的金源村清真寺进行了翻修改造，确保了当地伊斯兰教信徒过宗教生活的安全；协调2.5万元资金，组织安丰村村民整修了灌溉用田坝塘；发动局机关职工扶贫结对，帮助21户贫困农户脱贫致富奔小康，一次趸交了21名在校就读学生的学费计11 920元。对23户特困户给予了生产生活的救急。扶贫挂钩点干部群众对此给予好评。

【引导工作】 积极引导宗教与社会主义社会相适应，是新时期党对宗教工作的基本要求之一，也是新时期宗教工作的出发点和落脚点。2004年昆明市宗教工作系统引导宗教与社会主义社会相适应的工作取得新的成绩。一是各宗教团体加强宗教思想建设，用符合时代要求的语言来阐述教规教义；二是宗教活动场所开展创“五好”活动的工作有了新的发展，迤西公、积德、北营、汤丹等4个清真寺被评为省级模范清真寺；三是着眼产业结构调整，引导信教群众学科技、用科技、发展生产、脱贫致富，共计举办信教群众农村适用技术培训班50多期；四是引导宗教界积极关注和参与社会主义“三个文明”建设。在抗击高致病性禽流感疫情中，宗教界积极行动，力所能及地配合党和政府做了有关工作。在扶贫工作中，宗教界在自身还比较困难的情况，向扶贫点捐款6万余元。当楚雄等地发生地震和印度洋发生海啸灾害后，宗教界在举行赈灾祈福法会和缺席殡礼的同时，向灾区捐赠了10余万元和一批急需生活用品。

【心明、崇化当选云南省佛教协会副会长】 在2004年12月9～10日召开的云南省佛教第六次代表会议上，昆明市佛教协会会长、华亭寺方丈释心明，昆明市佛教协会副会长、宝华寺监院释崇化当选为副会长。昆明市佛教界两位法师一同进入省佛协领导班子，标志着昆明市佛教工作在云南省所处的地位和作用。

【宗教场所消防安全】 2004年，昆明市宗教系统认真学习宣传《消防法》，落实国务院和省、市有关消防安全工作的要求，认真整改消防安全隐患，建立消防安全工作长效机制，使宗教活动场所特别是古建筑宗教活动场所做到了10有，即：有组织领导、有规章制度、有检查登记、有消防安全教育、有人员培训、有问题整改、有应急预案、有宣传板报、有消防安全警示标志、有专人负责堂点消防安全工作。从而，连续10年保持了宗教系统无消防安全责任事故。

（贺丽君）

·责任编辑　戚光明·

经济管理

国民经济和社会发展计划

【年度国民经济计划执行情况】 2004年，昆明市国民经济持续快速协调发展，社会事业取得新的进步，在2003年国内生产总值增长10.3%的基础上，同比增长12%。市十一届人大五次会议批准的主要宏观预期目标有7项超额完成：全市生产总值942亿元，同比增长12%，其中第一产业增长4.3%，第二产业增长14.6%，第三产业增长10.5%；地方财政收入85.6亿元，增长36.1%；全社会固定资产投资435亿元，增长20.3%；社会消费品零售总额370.5亿元，增长12.8%；城镇居民人均可支配收入9 046元，实际增长7.2%，农民人均纯收入2 909元，实际增长6.4%；城镇登记失业率控制在2%以内；人口自然增长率为6.5‰。居民消费价格指数上涨6.5%，超出1.5%的计划目标5个百分点。在计划执行中，昆明市发展改革委员会以及市级各部门，发挥职能职责，互相配合，努力抓好以下几方面的工作：一是完善宏观经济运行定期分析预测制度，及时反映经济运行中的重点、难点、热点问题。全年共提出经济运行预测分析报告5期，分析材料3份，价格监测简报70余期。完善了政务信息报送的考核制度，向市委、市政府报送信息154篇，共采用82篇，部分重要信息得到上级领导的批示，报出重点工程简报16期，经济情况6期，及时反馈了计划执行中的一些突出情况和需要注意的问题，努力当好参谋；二是进一步深化和提高对"三农"问题的认识，加强对农业农村工作的研究和协调，高度重视农村经济稳定发展。兑现粮食直补政策，全年粮食总产量117万吨，中上等烟叶比例达到99.8%；蔬菜、花卉、马铃薯、洋蓟、畜牧业等优势产业规模扩大。扶持重点龙头企业114户。完成22个温饱村建设，劳务输出3.4万人，实施水利工程5 851件。农村税费改革减负率达61%。认真抓好农村人畜饮水工程建设计划的下达和落实，切实改善项目地区群众的生产生活条件。三是实施"工业强市"战略，加大扶优扶强、结构调整的工作力度。增加工业投入，扶持一批重点技改项目，烟草、冶金、化工、电力、医药5大优势产业发展加快；高新区和经开区工业增加值增长20%以上。全市工业增加值增长14.8%，占生产总值比重提高2.3个百分点，规模以上工业企业实现利税增长38.8%。市发改委与东川区一道，形成《云南省昆明市东川区国家老工业基地调整改造方案》。认真做好重大产业项目前期工作。配合做好宜良阳宗海电厂扩建、昆明二电厂新建等电力工业建设项目前期有关协调服务工作。主动了解乌东德水电站项目前期工作进展情况，积极做好与项目设计相关的沟通协调服务工作。积极促进寻甸褐煤深加工项目，完成项目预可行性研究编制。四是加强与部门之间的协调合作，配合有关部门认真研究和筛选昆明市重大项目，报市委、市政府决策；加强与金融部门的协调联系，组织一批重大基础设施项目与国家开发银行、建设银行、工商银行签订政府信用合作协议。对需报国家和省审批的重大项目，加强与规划、建设、国土、滇池管理等部门之间协调联系，完成昆洛公路、国道东连接线公路、滇池北岸水环境综合治理等项目的报批和土地确认等工作，为新开工项目做好前期准备。积极争取国家和省的资金支持，先后争取滇池污染盘龙江上段截污、大清河综合治理等项目国债资金2.07亿元，争取省补助重大项目贷款贴息资金。在工作中，加强重大项目跟踪服务，掌握工程建设进度。对列入计划实施的重大建设项目，建立月报表制度，并通过报表、现场察看等方式，及时掌握重大项目建设过程及存在的主要问题，针对不同情况，提出加快实施的建议和对策，提供政府决策。五是各项社会事业协调发展。实施17个科技攻关项目，电子政务建设、企业信息化示范工程取得进展。中小学排危面积2.7万平方米，缩减一师一校点104所，新增4所民办高中，优质高中招生比例为39%，组建昆明学院。设立文化发展专项资金，组建影业公司，市文艺生产基地主体工程竣工，新建200座村广播电视接收站。启动14个县（市）区疾控中心和传染病区（科）改扩建工程。开展老年大学和全国残运会场馆建设前期工作。六是规范市场秩序，促进消费增长。防止粮、油、生产资料等物品价格快速上涨，定期监测价格变动走势；加强教育、医疗及涉农价格收费检查，实行义务教育"一费制"和行政事业收费公式制；整治制售假冒伪劣商品的违法行为，规范市场秩序。社会消费品零售总额370.5亿元，增长12.8%；旅游业出现恢复性增长，全市旅游总收入137.5亿元，增长16.1%，七是完成市委、市政府以及人大政协建议提案的办理工作。2004年市发改委共受理省、市人大代表和政协委员会议及闭会期间的建议和提案25件（主办20件，协办5件），面商率达100%，回复率100%。市发改委还完成市委、市政府交办的工作共170余件，完成市政府“12345”热线交办件30件，办理回复率100%，认真执行主任接待日工作。八是继续简化审批程序，深化行政审批制度改革，切实把宏观经济管理职能转到主要为市场主体服务和创造良好发展环境上来。根据国家投资体制改革的精神，结合现代新昆明建设的实际，抓紧对新区开发政策，特别是5个投资配套政策的研究，形成初步意见。对不使用政府资金投资建设、不需要政府平衡建筑条件的项目，由企业进行决策，不再进行审批，逐步实行核准制和登记备案制。落实精简放权的需求，将市政府同意的17项市级审批权限完整的下放给安宁市和东川区，并把部分管理权下放市属所有县（市）区，增强了市级政府宏观管理经济的职能和赋予了县（市）区更大的自主管理权，为地区经济的发展创造了良好的政策环境。九是完成机构改革任务。2004年6月18日，在新一轮地方政府部分机构改革中，根据云南省机构编制委员会《关于昆明市人民政府部分机构调整的批复》文件通知，昆明市发展计划委员会改组为昆明市发展和改革委员会。根据昆明市人民政府办公厅关于印发《昆明市发展和改革委员会职能配置、内设机构和人员编制规定》的通知，划入职能为：负责全市粮食宏观调控，管理市级粮食储备和流通。对市粮食局工作中涉及的重大方针政策、储备计划和市场流通等重要事项由市发展改革委讨论并上报市政府决定，日常工作由粮食局负责安排，市发展改革委负责指导协调。市粮食局主要领导担任市发展改革委党组成员，副主任。行政编制为85人，部门领导职数6名，总工程师1名（副县级），中层领导职数31名。

【固定资产投资及现代新昆明建设】 全市固定资产投资总额435亿元，增长20.3%，基本建设、更新改造投资分别增长6.7%和12.6%，房地产投资实现两位数增长，达34.2%，成为全市投资快速增长的主要拉动力。现代新昆明建设取得阶段性成果。实施33个重点基础设施建设，有4项竣工，10项基本完成主体工程，年度完成投资51亿元。主要对已开工的17项重大项目加强协调，促进保质保量竣工。申报争取滇池北岸水环境综合治理工程，获得国家批复并列入日元贷款规划。通过省发展改革委和国土资源部确认第一批14个重点项目的建设用地计划，目前正在积极报批第二批急需建设的项目用地计划，为推进现代新昆明建设工程创造必要条件。同时抓好滇池污染治理“十五”计划子项目审批。昆明市2004年33项重点建设项目：（1）列入省“双百”项目15项；其中，省级重点7项，分别是掌鸠河引水供水工程、国道东连接线公路、昆洛公路改扩建（呈贡新城区主干道）、昆明城市东三环道路、东川坝塘水库、入滇池河道（大清河综合治理、枧槽河综合治理）截污工程、东风路下穿工程。地州级重点8项，分别是320国道眠山至车家壁段改扩建、昆明高海公路改扩建、官南路立交桥、龙潭—东川—格勒公路、昆明市南三环道路、滇池西岸截污、滇池路改扩建、盘龙江上段截污；（2）市重点项目18项；分别是东风坝退塘还湖、民航路改扩建、环湖公路东段、城市交通综合整治、金马路改扩建工程、北市区和西郊公交停车场、警星公园、世行贷款城市排水管网、世行贷款垃圾处理二级中转站、九石阿公路、铁路昆明客运站改造、市消防指挥中心、市文艺团体排练基地、延安医院门诊楼、市人民医院外科住院楼、市疾控中心、乡乡通油路工程。

【重大项目前期协调工作】 昆明市从2004年8月开展沾昆二线和集装箱中心站征地拆迁规模调研和经费测算工作，市发改委配合有关部门做好征地拆迁测算工作。两个项目共需征地4 287亩，拆迁房屋27万平方米，征地拆迁费约5.4亿元。目前，征地拆迁资金已全部到位，交地3 539亩，占82.6%；2004年3月，市委、市政府确定由市发改委牵头开展清水海引水济昆前期工作，8月完成项目规划编制，9月由市政府主持召开项目规划评审会议。项目可行性研究报告由市水利局牵头组织，项目所需前期费用由市发改委、水利局测算上报政府审批；市发改委配合收集滇中调水（昆明地区）基本资料，根据省滇中调水办公室的要求，昆明市于2004年2月上报昆明市滇中调水汇总资料，市发改委与省滇中调水办、长江委员会规划院进行资料对接，满足了设计单位的要求。

【县（市）区经济发展工作】 2004年，由昆明市发改委牵头，组织全市14个县（市）区开展全市县域经济发展规划编制工作。7月初，召开了昆明市县域经济发展规划编制工作交流会，14个县（市）区的县域经济发展规划已基本编制完成。省政府确定的昆明市7个县域经济重点扶持县的规划及项目已上报省政府和省财政厅，《昆明市县域经济发展规划》已经编制完成上报市委、市政府。根据市委领导提出的“高度重视北部5县区发展问题，把北部5县区的发展作为昆明市全面建设小康社会的战略重点，深入调查研究，为市委市政府决策提供依据”的要求，完成了《富民县发展县域经济调研报告》。完成《昆明市退耕还林工程规划（2005年～2010年）》，会同有关部门编制并上报《昆明市小城镇经济综合开发示范镇项目建设规划》、《昆明市岩溶石山地区石漠化综合治理规划》。

【利用外资建设重大项目】 2004年实际利用外资6 228万美元，实际引进市外资62亿元人民币。重大招商引资项目具体进展情况如下：（1）完善主城功能，改善居住环境项目。2003年10月世纪金源集团与昆明市政府签订《建设昆明主城东南部中心区框架协议》，双方依据该协议精神积极开展工作，截至2004年底，累计投资20亿元。（2）城市生活垃圾处置项目。2004年，云南七星山水投资公司与香港中诚国际集团发展有限公司设立了昆明市第二个市场化运作的垃圾处置项目，拟建设日处理1 000吨城市生活垃圾焚烧发电厂。该项目省发改委已批复了项目建议书。（3）寻甸先锋褐煤化工项目。2004年昆交会上，昆明煤气公司与香港威华达控股有限公司签订合资开发寻甸先锋褐煤化工项目协议，项目总投资24亿元人民币。2004年8月已完成项目预可研报告。

【“十一五”规划编制工作全面启动】 2004年9月2日，昆明市召开了“十一五”规划编制工作会，会议传达了国家和省关于编制国民经济和社会发展第十一个五年规划的主要精神，对编制工作进行动员和部署，市“十一五”规划编制工作领导小组组长、副市长李江出席了会议，参会的还有省发改委、市人大常委会财经委、市政协经济委有关领导，市发改委等33个相关部门负责人和各县（市）区政府领导等共200余人。市“十一五”规划编制工作领导小组副组长、市发改委主任杨翼雄作了《以科学发展观为指导，做好“十一五”规划编制工作》的发言。市“十一五”规划编制工作领导小组组长、副市长李江作了重点发言。他指出，“十一五”

规划是全面建设小康社会和建设现代新昆明这一战略提出后的第一个五年规划，对促进昆明市经济和社会全面、协调、可持续发展具有十分重要的意义。要高标准、高质量、高效率地完成“十一五”规划编制工作，必须做好三方面工作：（1）要加强学习；规划编制宏观环境已发生很大变化，必须正确认识新时期规划的性质和作用，在规划观念、规划内容、规划体系、规划程序上进行创新，这就要求规划编制人员提高素质。（2）要树立科学发展观。科学发展观是昆明市经济工作必须长期坚持的重要指导思想，能不能把科学发展观作为统揽规划工作全局的基本指导思想，直接决定着“十一五”时期的发展方向、发展思路和发展成效，必须坚持以人为本，全面、协调和可持续的发展观，按照“五个统筹”的要求做好“十一五”规划编制工作。会议还对编制工作提了4点要求：（1）切实加强规划编制的组织领导；（2）加强编制工作的协调配合；（3）落实责任，积极主动开展各项相关工作；（4）加强规划编制工作的指导、协调和服务。市“十一五”规划编制工作会的召开，标志着昆明市“十一五”规划编制工作全面启动。经过研究，提出了《昆明市“十一五”规划编制工作方案》。创新规划编制思路，广泛征求社会各界及市民的意见，首次实行规划课题面向全社会公开招标，圆满完成10个市“十一五”规划重大前期研究课题社会招标工作。组织完成市级部门23个牵头课题的开题论证工作，“十一五”规划课题研究工作全面展开，形成“十一五”规划总体思路，起草纲要基本框架，完成规划纲要草案，修改、补充和完善按程序报市政府讨论、政协协商，经市委审定后，报市人大常委会审议批准。

（杨翼雄　李世新　沈　然）

经济体制改革

【概　况】　2004年，市体改办顺利完成三年深化国企改革的各项目标任务。全市列入深化改革的国有企业463户，已完成方案论证438户，占94.6%；完成工商登记及相关手续373户，改革面达80.56%；分离企业创办学校123所，医院26所。

【健全改革工作机制】　（1）建立重大问题协调制。市委、市政府把国企改革列为实施工业强市战略，建设现代新昆明的重要工作，摆上议事日程，市委常委会、市政府常务会定期专题研究改革中遇到的重大问题，书记、市长经常听取工作汇报，市委常委会还决定，分管副书记、副市长用70%的精力抓改革，使事关改革全局的许多重大问题得到及时解决。2004年5月20日，市委、市政府召开了全市国企改革领导小组扩大会，市委书记杨崇勇出席会议。市人大代表、政协委员视察国有企业改革，提出大量宝贵意见和建议。（2）建立目标责任制。2004年初召开国企改革工作会，市政府与各县（市）区及市属有关单位签订目标责任书，党政主要领导为第一责任人，年终进行检查落实，兑现奖惩，对改革有功的给予重奖，阻碍改革的采取措施坚决调整，以严格的目标责任制来保障各项工作有序推进。（3）建立工作例会制。每半月由市委分管副书记主持召开一次县区国企改革工作例会，每周由分管副市长主持召开一次市属国企改革工作例会，检查进度，分析问题，提出措施，安排计划，及时协调解决工作中遇到的困难和问题。（4）建立改革督导制。成立工业、商贸、城建、综合4个国企改革督导组及思想政治工作组、改革推进组，深入企业调查研究、指导制订方案、宣传有关政策、反馈基层意见、督促相关部门按计划完成任务，确保改革目标有部署、抓督促、重落实。（5）建立集中审批制。抽调体改、财政、国资、劳动、工会、老干、房改等相关职能部门的业务骨干106人，成立国企改革“绿色通道”，实行统一办公，集中审批，为企业提供优质高效服务，规定有关部门15个工作日内完成审核工作；市政府3个工作日内完成最终审批，方便了企业，提高了工作效率。

【规范国企改革工作程序】　（1）改制企业资产审计评估工作。为确保审计评估工作公开、公平、公正，防止暗箱操作，市企改办遴选27家信誉好、有资质的中介机构，在纪检、监察部门的监督下，当众随机摇号，择定参与企业改制资产审计评估工作的机构。市企改办多次召集中介机构开会，强调工作纪律，对违规操作的，一经发现即列入“黑名单”，取消三年改革期间参与审计评估的资格。同时，将企业无形资产纳入整体评估，有效避免国有资产在审计评估环节的恶意流失。（2）经营者购买国有资产资格认定工作。原企业经营者须由市属干部管理权限主管部门在广泛征求职工意见，充分发扬民主的基础上，出具书面意见，对其进行资格认定，对群众不信任、意见较大或经营不善的，不得参与购买国有资产。由于认定工作规范，绝大部分改制企业顺利产生了新的经营班子。（3）方案制作论证和审批工作。制定了《昆明市国企改革操作程序》、《昆明市国企改革绿色通道工作规程》及《国企改革资料审核目录》，使整个改制工作有章可循。在对企业资产进行审计评估，并初审认可的基础上，由市企改办提供范本、主管部门牵头制定改制方案，经多方征求意见，提交市国企改革领导小组及相关部门进行论证、修改和完善，使其更加符合企业实际和相关政策。市企改办召集协调会169次，及时解决企业改革中存在的问题。根据论证通过的方案，相关部门在完成资产界定处置、劳动关系调整、改革成本的最终测算认定，以及备齐15份相关资料之后，正式向政府报批，从而杜绝了经营者“自卖自买”国有资产现象发生，确保改制工作的规范和缜密，维护好国家、企业和职工三者利益。（4）进一步规范产权出售工作。云南省产权市场培育滞后，交易机构不健全，民营加工制造业发育不充分，实力不强，昆明市在产权转让过程中，曾多次出现企业挂牌出售却无人问津的状况，而国有企业改革又必须快速推进，在此情况下，通过总结多年的实践经验，为严格管理企业国有产权的处置和转让，制定《昆明市企业国有产权转让审批程序的规定》，进一步规范了报批程序：第一步，主管部门指导企业形成转让书面决议；第二步，企业主管部门初步审核报市企改办；第三步，市企改办在征求财政、国土、劳动、工会意见，召开复审会议形成统一意见后，报市政府审批。据初步统计，昆明市改革改制进场交易并完成工商登记的37户企业，涉及国有净资产68 335.44万元，成交价85 004.19万元，增长24.39%。（5）加强改革中的廉政建设。严格执行国家有关规定，对改制为非国有的企业，由市企改办、市财政局、市国资委和企业主管部门行文提请政府批准，委派审计部门对企业法定代表人进行离任审计。市委决定由市体改办牵头，在推进国企改革中，切实加强党风廉政建设和反腐败工作，做到“六严禁”：严禁将企业资产用于与本企业无产权关系的企业注册及经营活动；严禁不按规定履行报批手续或越权违规核销资产损失；严禁利用改制之机转移、侵占国有资产，为个人和亲友牟取私利；严禁隐瞒资产、提供虚假资料、保留账外资金和设立“账外账”；严禁营私舞弊，低评、漏评国有资产或以暗箱操作方法低价转让国有产权；严禁经营者擅自兼任其他企业的领导职务和领取兼职报酬。(6)督促入股资金足额到位。要求出资者必须严格执行《贷款通则》的有关规定，不得向企业借款，不得以本企业或其他国有及国有控股企业的有形或无形资产作标的物，为融资提供保证、抵押、质押、贴现等。入股资金应按《公司章程》和《股东出资协议书》的要求，在规定时间内足额缴纳。经企业财务部门和中介机构出具收款证明和验资报告，企业到工商部门注册后，按《公司法》有关规定，股东也不得抽资。(7)企业核销不良资产的管理。对三年深化改制以来，通过中介机构或政府全额评减或核销的流动资产、固定资产、对外投资等不良国有资产，由企业主管部门认真清理，报国资监管部门进行管理、清收和处置。(8)考核验收。制定了市属和县（市）区国有企业深化改革检查验收方案，成立工业、商贸、城建及综合4个工作小组，采用“一听、二查、三纠、四打分”的办法开展检查验收工作。验收情况表明，昆明市绝大多数改制企业严格执行中央和省市有关政策，做到组织机构健全、运转情况顺畅、宣传发动有力，改制受到普遍支持；改革方案可行，适用政策合规，操作程序合法；产权结构趋于合理，产品结构日渐优化，治理结构逐步完善；职工意见征求广泛，决策事项透明公开，职工安置事宜职代会通过；企业体制转顺，内部制度健全，激励机制显效；职工队伍稳定，五大社会保险健全，人员重组有效，未发生重大不稳定事件。

【国企改革成效进一步显现】 (1)股权设置向多元化方向发展。深化改革打破了一股独大及股权平均的格局，大部分企业经营者及经营班子实现相对控股，外投资金呈上升态势。据对市属实行公司制改革企业的统计，国有及国有法人股占18.92%，经营者、经营班子持股13.05%，业务技术骨干持股23.91%，一般职工持股9.25%，非公法人及社会自然人持股34.87%。(2)企业经济效益稳步提高。2004年，全市完成工业增加值362.54亿元，比上年增长14.8%，占全市GDP 38.5%。规模以上工业企业实现销售收入745.21亿元，增长32.8%；实现利税总额168.9亿元，增长38.8%。国有及国有控股工业完成增加值221.32亿元，增长18.3%；股份制企业完成增加值103.87亿元，增长16.3%；股份合作制企业完成增加值1.5亿元，增长7.3%。国企改革成效进一步显现，工业成为拉动全市GDP增长最大的一个行业。(3)国有存量资产得到有效盘活。纳入改革的国有净资产为52.19亿元，通过改革，从竞争性领域有序退出国有资产39.25亿元，占75.2%。通过深化企业产权制度改革，仅市级财政就收回现金3.53亿元，为实施工业强市战略积累了宝贵资金。(4)全市经济结构进一步优化。国有资产朝着优化配置和合理流动方向发展，有力地促进了全市三大产业的调整，实现“二、三、一”排序，国有经济的整体素质和控制力、影响力、带动力都有所提高。国有资本的有序退出，加快了所有制结构的调整步伐，2004年底，非公经济已占据全市经济总量的半壁江山，比重上升到45.5%。(5)企业职工流动机制初步形成。已完成工商登记的改制企业涉及在职职工59 795人，其中，转换职工身份占72.9%；自谋职业占11.9%；内退占15.2%。安置离退休人员34 830人。建立社区事务所135个，服务站313个。建立社会化管理个人信息和纳入社会化管理的退休人员16.4万人，占企业退休人员的88%。通过劳动关系的调整和接续，职工得到妥善安置，破除“进了工厂门，就是国家人”的传统观念，原国有固定工“企业人”转换为新企业“社会人”，为国有经济结构调整和重组创造了良好条件。(6)制度创新带来观念更新。通过改制，企业多数职工思想发生了变化，对改革改制是企业持续生存和发展的必由之路，改革成功与否将直接关系自身前途和利益的认识有所提高，危机感、紧迫感和对企业的关切度、对改革的支持参与程度，以及对改革的承受能力明显增强。原先那种“活是企业人，死是企业神”的观念不同程度有所转变，劳动态度由过去“要我干”变成“我要干”，一个有利于企业改革发展的氛围正在逐步形成。

（杨　春）

工商行政管理

【四城区工商局区划调整】 2004年9月6日，昆明市工商局下发《关于对五华、盘龙、官渡、西山四个区工商局实施区划调整的决定》，对四城区工商局所属工商所设置作如下调整：五华区工商局下设10个工商所（分局），保留五华区工商局科技园工商分局、崇仁工商所、大观工商所、虹山工商所、武成工商所。划入原盘龙区工商局长春工商分局，原官渡区工商局莲花池工商所，原西山区工商局交林工商所、王家桥工商所、黑林铺工商所，并分别更改区划名。盘龙区工商局下设9个工商所（分局），保留盘龙区工商局拓东工商所、董家湾工商所、环城工商所、珠玑工商所。划入原官渡区工商局新迎工商所、小坝工商所、茨坝工商所、龙泉工商所、旅游园区工商所，并分别更改区划名。官渡区工商局下设11个工商所

昆明市工商局开展计算机应用技能大比武　（市工商局　供稿）

省、市工商局领导在超市进行食品安全质量检查　（市工商局　供稿）

（分局），保留官渡区工商局菊花工商分局、佴家湾工商分局、机场工商分局、大板桥工商所、小板桥工商所、六甲工商所、官渡工商所、双龙工商所、凉亭工商所。划入原盘龙区工商局昆明站分局、太和工商所，并分别更改区划名。西山区工商局下设10个工商所（分局），保留西山区工商局马街工商分局、明波工商分局、棕树营工商所、碧鸡工商所、海口工商所。划入原五华区工商局螺蛳湾工商分局、永昌工商所，原盘龙区工商局金碧工商所，原官渡区工商局西华工商所、柳坝河工商所，并分别更改区划名。区划调整时间从2004年9月10日起，四区局自行组织区划调整后的工商所（分局）授牌仪式。2004年9月11日零时起四区局按照调整后的区划和管辖区域开展工作。

【市场监督管理】　2004年，昆明市工商局下发《昆明市工商行政管理系统2004年整顿和规范市场经济秩序工作实施方案》，先后开展了预防高致病性禽流感、农资市场、废旧金属市场、成品油市场、学校周边环境秩序整治和消防安全监管等十余项专项整治。2004年1月底，昆明市一些县（市）区相继发生禽流感疫情，昆明市工商局按照省、市政府和省工商局的部署要求，成立了市工商局防治禽流感指挥部和办公室，并发出通知，要求各区、县工商部门在全市流通领域深入开展防治工作。2月2日～3月31日，全市工商部门共检查禽类产品交易市场33 761个（次），检查禽类及其产品交易经营户48 148户（次），检查清理活禽12.5万余只，参与有关部门扑杀活禽24 222只，关闭疫区、疫点禽类交易市场15个，在全市288个综合农贸市场中停止活禽交易和宰杀，停止交易活动的经营户8 000余户。全市集贸市场、超市、商场、乡街集市等，未发现禽流感疫情传播。为整治规范全市农资市场经营秩序，昆明市工商局在全系统有计划、有重点、分阶段开展农资打假护农专项整治行动。全系统共清理规范农资市场主体（经营户）2 080户，取缔无证照经营户38户；查处违法违规案件84件，案值410万余元。收缴和扣留违法经营的农药、种子、化肥（肥料）、饲料及饲料添加剂、农用地膜等一批。受理涉农投诉50件，立案查处12件。2004年4月1日起，昆明市工商局认真组织开展五类食品（小麦粉、大米、食用植物油、酱油、食醋）QS标志认证的专项检查行动，市工商局和市质监局共同制定了《昆明市五类食品质量安全市场准入“零点”检查行动方案》，在全市范围内大规模开展“零点”检查行动。全市工商管理系统共检查粮油批发市场52个，超市（商场）、食品店56个，粮油收购、酿酒等经营户（企业）749户，责令下柜无QS标志的大米5 885千克，菜籽油4瓶，食醋247瓶，酱油2 283瓶。认真组织开展清查劣质粉丝专项行动。市工商局下发2004年第11号市场警示令，要求全市工商系统在全市集贸市场、批发市场、超市、商城、商厦严厉清查劣质粉丝，在5月11～17日的清查行动中，共责令下柜暂停销售山东“龙口”等地袋装粉丝2331袋（包），散装粉丝14 308千克，粉条1 281千克。对清理下柜的粉丝抽样送检，检验合格后方可上市销售。为加强对甲醇及非食用酒精产品的管理，防止假冒伪劣酒精致人伤亡的恶性事故发生，由市工商局牵头，联合市质监局、卫生局共同制定下发《关于开展全市甲醇酒精类执法检查工作方案》，各部门按自己的管理职能，对全市范围内甲醇、酒精、酒类生产及销售企业、经营户开展市场执法大检查。从4月21～30日的市场执法大检查行动中，共检查甲醇、酒精、酒类生产厂家125家，经营户2 169户，取缔无照经营27户（其中2户属生产经营者），对74户证照不全或超范围的经营户下发责令限期整改通知书。针对高校周边存在无照经营、黑网吧、违法广告、违法经营活动突出的问题，按照中央、省、市综治委和省工商局的总体部署和要求，市工商局在5月份至10月份期间，集中对昆明地区的高等院校和中、小学校等周边地段的违法经营状况进行整治清理。整治的内容：一是取缔非法经营网吧（黑网吧）、电脑屋；二是取缔无证照非法经营行为；三是彻底清除各种违法违规广告、招牌等；四是严厉查处制售各种假冒伪劣商品违法行为。全系统共整治、规范学校周边摊点、店铺、网吧、电脑屋等12 287户（次），取缔无照经营1 160户（摊），共查处取缔学校周边非法经营网吧、电子游戏室、桑拿、歌舞娱乐场所127个，拆除违法设置的广告牌1 201块，受理消费者（学生）投诉、举报86起，下达整改通知书569份。2004年度共查处各类市场违法违章案件654件，罚没款169万余元。2004年度评选出昆明市2002年至2003年度“守合同重信用”企业476户。创建“诚信市场”8个，全市“诚信市场”达到28个。全市有各类商品交易市场共618个，其中消费品市场532个，生产资料和生产要素市场86个。

【企业及个体私营登记管理】　2004年的企业、个体私营（外资）登记管理工作，按照“坚持依法行政与高效服务并重，坚持登记注册与监督管理并重，坚持清理整顿与规范发展并重”的原则，依法行政，改革创新，改善服务，优质高效，充分发挥了登记注册职能。一是以《行政许可法》和《全面推进依法行政实施纲要》为标准，规范自身登记行为和市场准入行为，依法登记，严把市场准入关。二是创新登记管理办法，在

昆明市工商局百人大合唱《祖国颂》　（市工商局　供稿）

企业年度检审中实行按营业执照注册号的尾数对照月份“滚动年检”。三是改善办公条件，市局重新改造装修登记注册大厅，改窗口式为柜台式受理，实行电脑叫号，在注册大厅设置电子显示屏和触摸屏，为企业查询提供方便。四是制定《云南省昆明市工商局企业信用分类监管实施办法（试行）》，开始在企业登记中逐步试行企业信用等级分类管理办法。五是进一步支持国有企业改革，做好国企改制登记，截至2004年11月底，已完成国企改革登记户数74户，占改制计划终审批复企业的76%。六是积极促进下岗失业人员再就业工作，市局和各县（市）区工商局利用工商登记注册职能，使全市下岗失业人员从事个体私营经济达3 608人，为下岗再就业人员减免登记、管理等相关费用320.07万元。截至2004年底，全市有内资（国有、集体、股份合作、非自然人投资公司等）企业19 758户，注册资本4 239 954万元；有私营（个人独资、合伙、有限责任公司、股份有限公司）企业23 660户，投资人数58 596人，雇工120 909人，注册资本2 298 673万元；有个体工商户158 177户，从业人员404 675人，资金数额394 059万元。有外资企业494户，投资总额223 270.5万美元，注册资本117 237.71万美元。

【公平交易执法】　一是开展对通过铁路运输贩卖陈化粮行为的专项整治。昆明市工商局通过与云南省工商局和昆明铁路局协调，达成昆明铁路货运场粮食到站信息互通检查制度。即昆明凉亭货运场每到一票粮食，铁路货运场即时通知辖区（官渡区）工商局。辖区工商部门实行24小时值班，对每批到货粮食建立登记台账，先抽样送云南省粮油产品质量监督检测站抽样检测，合格后方可提货放行。从2004年4月开始实施粮食到站每票检测制度以来，共查验到站粮4 000余个车皮，计约30余万吨，立案查处涉嫌陈化粮案件9件，查处陈化粮1 500余吨，从铁路运输上管住了粮食入境的咽喉部位，确保了昆明市粮食市场的消费安全。2004年，全市工商部门共立案调查涉嫌倒卖陈化粮的案件24件，暂扣或查封涉嫌陈化粮和劣质大米2 000多吨。二是开展对保险中介代理或经纪的专项调查，加强对保险市场经营的规范。市工商局联合中国保监会驻昆特派员办事处，对昆明市城区范围内的20多家从事保险兼业代理或中介服务的修理厂、出租车公司和汽车销售商进行专项调查，并对其中2家违规经营的单位进行处罚。三是继续开展打击非法传销行为的“泰山行动”。根据《昆明市打击非法传销和变相传销的综合治理方案》，全市工商部门通过市场调查、群众举报、相关部门通报，重点打击取缔传销人员的聚众窝点，共清查涉嫌传销和变相传销窝点92个，驱散和遣退传销人员800余人。加强对一些属连锁经营模式的化妆、美容、保健行业的监控和调查，对具有变相传销性质的企业进行查处和规范；对“安利”、“玫琳凯”等转型企业的经营活动建立备案机制进行监控。四是继续开展查处垄断和限制竞争行为的“利剑行动”。对与百姓生活紧密相关的电力、自来水、通信、医疗、烟草、保险等公用企业或具有独占地位企业的市场不正当竞争行为进行查处和规范。2004年度共查处不正当竞争案件29件，案值67万余元。

【广告监督管理】　2004年的广告监督管理围绕社会和人民群众关注的热点和难点问题，广泛开展各类专项治理。一是针对医疗、药品、保健食品广告宣传虚假误导情况突出、群众反映强烈的问题，于2004年2～3月、7～9月，分别开展了两次医疗广告专项整治，实施行

工商干部参加“红盾农资打假护农行动”　（市工商局　供稿）

政处罚的有258条次；3～4月开展对药品、保健食品、化妆品三类广告的专项整治，共查处药品违规广告104件，食品广告22件，化妆品广告11件。二是开展对农资广告发布行为的专项整治，共检查种子、肥料、农药等农资广告1 158条。三是开展房地产广告专项整治。昆明市工商局在9月29日召开有房地产开发商、房地产广告发布商及新闻媒体参加的会议，重申房地产广告发布的有关规定，对设计、制作、发布违法房地产广告的有关单位提出预警告诫，要求自觉规范其广告发布行为，同时，对29件违法房地产广告案进行处理。四是对户外电子显示屏广告的专项整治。共检查广告38条次，对14条违法程度较轻的广告提出整改要求，对其他违法广告作罚款处理。五是在全市范围内清理、收缴和拆除一批格调庸俗、品位不高、宣扬封建迷信和带有不良文化色彩的户外、印刷品和牌匾广告。2004年度对昆明市广告经营单位开展年度检查，应检的有611户，有490户通过年检。指导协助昆明广告协会开展《广告法》和“广告审查员”、“广告专业技术人员”资格培训，培训1 002人次。积极组织广告企业参加全省公益广告评选推荐工作，从65件广告作品中筛选出20多件参加全省公益广告作品评选。2004年，全市共有广告经营单位696户，广告从业人员4 321人，广告经营额达到22 802万元。

【商标专用权管理】 2004年的商标专用权管理，主要围绕市工商局下发的《2004年商标监督管理工作要点》、《关于开展“讲诚信、反侵权、保名牌、打假冒”品牌行动对专营专卖店进行专项检查的实施方案》、《关于开展对商标印制企业进行专项清理整顿的通知》以及《开展保护注册商标专用权行动方案》等文件开展工作。一是各地工商局采取形式多样的《商标法》、《商标法实施条例》及商标知识的宣传活动；二是配合政府实施名牌战略，扶持昆明市的商标品牌，各地工商局积极组织企业参加2004年开展的第二批“云南省著名商标”推荐申报工作，昆明市共有“斗南”花卉、“金利”电脑、“三环”磷肥等13件商标被评选为“云南著名商标”。三是加强对具有地方特色地理标志的集体商标、证明商标的普及宣传，帮助呈贡县完成“呈贡宝珠梨”地理标志商标的申报程序。四是开展专项行动，保护注册商标专用权。2004年3月份参加了省工商局与云南省出入境检验检疫局组织的对昆明市区四星级以上大酒店（饭店）经销进口服装、酒和饮料等商品的专项执法检查，检查宾馆（饭店）16家，商场8家，检查进口服装、酒、饮料品牌30余个，对检查中发现的一般违规情况，进行了批评教育和责令整改等相应处理。五是组织四城区工商局和部分企业，参加由政府组织的纪念“4·26”世界知识产权日四周年大型宣传咨询活动；同时市工商局参加市人大组织的“知识产权在昆明”研讨会。六是组织各县（市）区工商局商标管理干部和40余家企业的负责人及商标管理人员共80余人，于5月26～28日参加由云南省工商局举办的首届商标国际注册及企业商标运用战略培训班。七是开展以“讲诚信、反侵权、保名牌、打假冒”为主题的注册商标专卖（营）店专项检查，共检查专卖（营）店930户，给予批评教育且限期整改352户，立案查处6户。八是坚持“防打结合，以防为主”的原则，对昆明地区各大型超市、商场及大型批发市场的食品、药品注册商标使用情况进行专项清理检查。2004年共查处商标侵权违法案件69件，没收仿冒的商标标识63 800余张（份），查处大批因假冒商标而侵权的各类商品。

【消费者权益保护】 2004年，昆明市工商局依托“12315”消费者申诉举报服务网络，增强快速反映能力，提高服务质量，依法受理消费者申诉举报，公正调解消费者权益纠纷，查处侵害消费者权益行为。全市“12315”申诉举报服务系统共接入电话6 5000余个，受理消费者申诉2 163件（其中商品类申诉1 656件，服务类507件），调解2 078件，调解率为96.1%，加倍赔偿金额3.26万元，为消费者挽回经济损失248.21万元。立案查处各类侵害消费者权益案件303件，案件总值482.98万元。先后开展清查收缴不合格奶粉、水果市场专项整治、蔬菜农残物检查、鲜粮制品专项整治、火锅经营店专项整治、酒类市场专项整治、境外疫区部分动物副产品专项清理等行动，查处大批不合格商品，确保市场上销售食品的质量安全，维护了消费者、经营者的合法权利。

昆明市保护消费者权益委员会围绕2004年“诚信·维权”的主题，大力宣传保护消费者合法权益的相关法律法规，倡导商家诚实守信经营，鼓励消费者依法维权，开展了一系列维权主题活动。一是在企业、商家中继续开展昆明市第三届“企业承诺三包，消协监督履行”活动。经市消委会审核，共有20家企业被确定为活动单位。二是组织开展昆明市“电信服务满意度”社会问卷调查工作。经与昆明电信、云南移动、云南联通、云南铁通、云南网通五家电信企业沟通协商后，与《都市时报》联合举办电信服务社会调查，有数万名消费者参与了答卷活动，提出了不同意见和建议，消协将消费者的心声及时向五家电信企业反馈。三是妥善完成“建水奶粉事件”协调处理工作。2004年6月，云南省建水县发生一起奶粉中毒事件，经调查了解经营者所售奶粉购自昆明某批发市场。昆明市工商局、昆明市消委会对此事火速调查并处理，促成昆明供货者与建水县经营者达成协议，共同承担受害人补偿金46 000元。四是与昆明市装饰行业协会联合，在昆明市开展首批“昆明市装饰装修、装饰材料诚信企业”创建活动。经评审领导小组办公室实地考查、刊登公告、消费者参与监督投票、评审领导小组审定等程序，最后确定12家企业为2004年“昆明装饰装修、装饰材料诚信企业”。2004年度，共受理消费者投诉3 770件，解决率为96%；为消费者挽回直接经济损失3 116 140元。

（姚晓茂）

统　计

【第一次全国经济普查】 2004年开始进行的第一次全国经济普查是一次重大的国情国力调查，也是融工业、建筑业、第三产业以及基本单位普查等内容于一体的一项综合性调查。根据国务院的规定，普查的标准时间是2004年12月31日，2004年年底之前是普查工作的准备阶段。在市政府的领导下，经过各级、各部门的共同努力，昆明市第一次全国经济普查的各项准备工作取得阶段性成果，做好了进入实战登记阶段的准备。一是各级各部门抓紧完成普查机构的组建，建立了“地方分级负责，部门分工协作”的工作机制，形成了全市统一组织实施，地方政府分级负责，有关部门分工协作和各方共同参与的良好工作格局。普查经费绝大部分得以落实，普查机构人员全部到位。二是利用电视、报刊、广告牌等主要媒体和社区宣传等形式做了大量经济普查宣传工作，宣传效果已逐步显现。三是组织完成普查试点，并结合试点经验，制定昆明市经济普查实施方案和实施细则。四是组织全市3万普查人员的业务培训，并针对市区新区划调整对本次普查的影响，组织四城区经普办做相互协调和资料调整等大量的普查准备工作。五是圆满完成普查对象单位的清查摸底及个体户的清查暨普查工作，为普查登记打下坚实基础。

【区域统计】 2004年，昆明市统计局进一步加大对区域统计工作的指导和监督力度，下发《区域统计工作考核评比办法》，从区域统计组织机构、新增人员、工作经费的落实情况、区域统计开展情况、区域统计工作完成情况及工作质量等方面对县（市）区统计局进行考核。为适应区域统计的要求，五华、盘龙、西山、官渡四个区统计局按规定招考和选调了公务员，解决统计任务与统计力量不相适应的矛盾，保证了各专业报表工作的顺利完成。

针对新区划调整对昆明市尤其是四个区统计工作提出的新要求，市统计局下发《昆明市统计局关于五华、盘龙、官渡、西山行政区划调整的统计工作实施意见》，四个区根据《实施意见》的要求，分别成立交接组，以“真实可靠、不重不漏”为原则，全力做好统计工作的衔接和四区之间统计资料的交接工作，确保统计数据及时、准确反映出区划调整后的区域经济全貌。同时，为做好新区划的农村综合统计和农村住户调查工作，市统计局下发《关于五华、盘龙两区统计局尽快设置农村综合统计农村住户调查专业的通知》，督促两区统计局设置专业、配备人员，以确保两区统计工作有条不紊的过渡和开展。

【新的工农业发展速度计算方法】 2004年，新的工业发展速度计算方法正式实施。市统计局严格按照方案的规定贯彻执行，在实施过程中与完善现行工业报表制度和指标体系相结合，进一步总结试算经验，对新工业发展速度计算方法进行补充、调整和完善。并定期召开发展速度评估会，保证新的计算方法能准确反映昆明市工业发展的变化情况。努力做到新旧发展速度计算方法的平稳过渡。

为试行新的农业发展速度计算方法，市统计局成立新农业发展速度核算领导小组及办公室具体负责此项工作。4月下旬在官渡区和呈贡县用新方法对农业发展速度进行了试算。8月9～14日，召开了新农业发展速度试算培训会议，试算工作在全市展开。2004年年报实行了新农业发展速度计算方法。

【文化产业统计试点】 根据云南省人民政府办公厅《关于印发<开展文化产业统计工作的意见>的通知》精神，文化产业统计将作为云南省一项重要的地方部门统计制度实施。昆明市是全省文化产业统计试点工作同步进行的地区之一。为推动昆明市文化产业发展，做好文化产业试点工作的资料收集、整理、核算、分析等工作，市统计局成立“昆明市文化产业统计领导小组”，下设办公室。领导小组办公室结合昆明市的实际情况，制定《昆明市统计局实施文化产业统计报表制度工作方案》，相关专业处室根据《工作方案》，结合专业实际开展工作和具体实施。7月，召开文化产业相关企业单位的布置工作会议，向企业单位下发了报表、制度、方案。10月底完成试点调查，12月底召开数据评估会，圆满完成文化产业统计试点工作。

【投入产出调查】 投入产出调查工作于2003年启动，经过各级工作人员历时两年的努力，已圆满完成填表、数据处理、编表等阶段工作，成功编制出《昆明市2002年投入产出表》。此次调查采用重点调查、典型调查和抽样调查等多种方法，调查数据真实可靠，研究方法科学合理。编制的《投入产出表》类型全、质量高，既可从投入和产出两个方向对比研究，又可满足各层次的不同需求，扩大了投入产出表的应用范围，增强了其使用价值。

【城市住户调查】 城市住户调查在经过2003年一次性调查后，2004年，开展新样本调查。昆明市64%的县（市）区开展了城市住户调查，调查规模为990户，已超过云南省城调队2000年前的调查规模（950户），城市住户调查工作上了一个新台阶。

【统计服务】 2004年围绕市委、市政府的中心工作和昆明市经济社会的协调发展做了以下服务工作：一是进一步强化统计分析和对宏观经济运行情况的监测预警工作。市统计局根据宏观调控的需要，及时发布进度统计信息和预警监测报告，为各级领导提供了大量的决策参考依据。编制《工业经济运行通报》、《昆明市国民经济主要指标》、《昆明统计年鉴》、《全国27个省会城市资料汇编》、《月度居民收支情况和物价指标》、《物价监测情况及主要品种涨跌幅度情况》、《工业产品价格》、《房地产销售价格》等资料；完成妇女儿童“两纲”监测报告、农村贫困监测报告、重点企业建立现代企业制度跟踪监测统计年报以及新增就业岗位数据的测算等，快速反映、监测经济发展态势和社会发展情况。二是围绕社会经济发展中的重大问题，开展各种专项调查并进行深入分析。关注“三农”问题，对农村龙头企业的发展、禽流感疫情、畜牧业发展、花卉产业、粮食作物受灾及增加农民收入等情况进行调查研究。先后完成外来务工基本情况调查，新兴生物资源调查，部分物业公司和中介公司调查，投资项目专项调查，连锁企业调查，旅馆业调查，旅游业调查，“春节”、“五一”黄金周调查，房地产开发投资状况跟踪调查，能源、原材料供应对企业生产经营情况影响调查，煤炭经济运行情况、限电对企业的影响情况、工业生产原材料产品价格上涨情况、汽车超载限制情况的专项调查，大型国有企业离退休教师待遇调查，社情民意调查，200多个食品价格调查，昆明市治理超限超载调查等专项调查。撰写一批专题报告，为各级领导准确把握经济发展的形势和走势、研究解决经济运行中的突出矛盾和问题，发挥了重要的参考与咨询作用。三是加快统计信息社会化改革步伐，进一步规范统计为社会公众服务的职能，健全新闻发言人制度，每季度召开新闻发布会，面向社会公众发布经济社会发展情况，扩大了统计的社会影响。

【统计科研】 2004年，市统计局在实践的过程中积极进行理论的研究和探索。配合市委、市政府及有关部门开展《工业强市产业发展纲要》的编写、《昆明市企业退休人员养老、医疗保险现状及对策》的研究；完成《2003年昆明市高新技术企业科技统计》、《昆明市城郊现代农业发展问题研究》、《农业投入绩效问题研究》、《昆明市连锁企业发展状况、问题及建议》等课题。旅游业满意度调查课题报告《提出增效促发展，打造旅游精品牌》获社科联学术报告三等奖，《昆明市工业经济综合实力对比研究及发展思路》课题获2002～2003年昆明市社会科学优秀成果二等奖，《昆明市劳动工资统计抽样调查实施方案》获中国统计学会、全国统计科学研究成果评选奖励委员会组织的“泰钢杯”全国优秀统计论文三等奖，《昆明市科技综合统计指标体系》获昆明市第六届社会科学优秀成果三等奖。

【统计便民服务】 市统计局在昆明市人民政府便民服务中心设立的窗口主要开展统计单位注册登记工作。窗口以执政为民、服务为民为宗旨，本着方便、快捷、热情、高效的原则，积极为社会各界服务。2004 年，共办理年审4 016件，统计单位注册登记 401 件，统计单位注销 631 件，统计单位变更 777 件。

【统计法制建设】 昆明市统计局坚持依法统计，认真落实行政执法责任制，结合统计“四五”普法工作，采取各种形式开展内容丰富的《统计法》普法工作。以配合全国人大统计执法检查工作为契机，加大全市统计执法力度，查处各类统计违法案件 30 余起，罚款 4 万余元，经教育责令改正 200 余起，维护了《统计法》的权威。同时，不断夯实统计法制基础，积极开展统计立法工作，《昆明市统计管理办法》起草工作已结束，进入报批阶段。完成《昆明市统计信息咨询管理办法》草案的起草工作。

【统计信息化建设】 按照昆明市 2004 年信息化建设总体方案安排，昆明市统计局负责建设宏观经济数据采集系统并与市信息产业办联合建设昆明市宏观经济数据库。2004 年，此项工作已正式启动，市统计局已初步完成数据采集系统的方案制定、软件需求及招投标工作。

【统计培训】 2004 年，全市共有2 714 人报名参加上岗考试，838 人参加统计岗位资格换证考试，152 人参加统计职称考试，基层统计人员的业务素质不断提高。

（朱　珠）

质量技术监督

【防治禽流感工作】 针对呈贡、官渡等地发生禽流感疫情的严峻形势，昆明市质监局迅速成立防治禽流感工作领导小组，拟定《关于在昆明市认真贯彻实施强制性国家标准＜高致病性禽流感防治技术规范＞的紧急通知》，下发至各县（市）区局及相关企业、农户。印发包括《高致病性禽流感防治技术规范》标准、《禽流感常见问题解答》及相关文件的汇编本1 000余册，发放宣传资料4 100余份；检查生产加工及经销企业 575 家，冷冻库 9 个，抽检相关食品 94 批次，查获带病禽肉产品 28.27 吨，保证了所需的各类消毒剂、消毒器械、防护服的质量安全；对疫区内及疫区 10 千米范围内的禽鸟屠宰加工及禽产品加工企业进行严格检查，有效阻断疫区的禽类及产品进入流通领域。

【标准化工作】 农业标准化工作领域得到拓展。按照市场引导、政府推动、企业带动、农户实施的原则，积极开展已立项的 17 个农业标准化示范区项目的全面启动和实施工作，西山、呈贡、宜良、禄劝、东川和石林 6 个县、区成立以政府分管领导为组长包括质监、农业等有关部门领导组成的农业标准化示范区工作领导小组，并分别制定《农业标准化区建设工作实施方案》。在呈贡县政府确定昆明隆格兰花卉有限责任公司为“呈贡斗南品牌花卉标准化示范区”产业化生产经营龙头企业后，市质监局积极主动帮助指导该公司开展示范区的技术基础工作，制定“鲜切花”、“盆花”、“种球”、“种苗”等系列花卉产品标准和生产种植操作规范企业标准 34 项，并通过专家论证审定和标准备案，在农业标准体系建设方面做了有益的探索。嵩明县《番茄种植标准化示范项目》和富民县《鸵鸟养殖标准化示范项目》被列为第五批全国农业标准化综合示范区项目。选定昆明五里多粮食批发市场为标准化农产品批发市场试点单位上报国家标准委。

采用国际标准认可及标志使用工作得到推动。在 2003 年完成水泥“采标”评审认可验收 25 个企业的基础上，针对水泥生产企业的产品结构调整、企业改制等特定情况，对具备验收条件的 3 家企业分别重新调整充实相关国际标准、国外先进标准及技术文件。组织有关评审人员分别对昆明滇北建材有限公司生产的 P·S 32.5 级普通硅酸盐水泥进行“采标”验收，对云南水泥有限公司 P·S 32.5 和 P·S 42.5 两个等级矿渣硅酸盐水泥产品到期初审复审验收。

严格企业产品标准备案和审查工作程序。针对职能调整，强化食品质量安全标准体系建设，2004 年市质监局先后下发《昆明市质量技术监督局关于加强食品企业产品标准备案管理工作的通知》和《昆明市质量技术监督局关于对已备案的食品类企业标准进行清理审查的通知》，按照《云南省企业产品标准备案管理办法》严格进行标准备案前的审查论证，提高备案标准的技术要素水平，严格执行全省备案标准统一，即备案证书、备案编号、备案印章和标准印章的“四统一”。2004 年全市共完成企业产品标准备案 788 项，其中食品 556 项、化工 115 项、机电 27 项、建材 20 项、轻工 28 项、冶金 1 项、其他 41 项，累计完成标准备案5 568项，标准备案管理工作在规范企业生产行为上发挥了重要作用。

优质完成全市烤烟国标等级收购质量仲裁工作。市政府召开“2004 年全市烤烟收购工作会议”后，市质监局积极投入到烤烟国标等级收购质量仲裁工作中，共抽查全市 10 个烤烟种植县（市）区的 147 个（次）烟站（点），检查总计9 850把烟叶，完成烤烟收购 162 万担。其中上等烟抽查合格率比 2003 年提高 16%，中上等烟收购平均价比 2003 年提高 1.32 元/千克，烟农实现收入 9.308 亿元，比 2003 年增收 1.42 亿元。入库烟叶的等级合格率、纯度、上等烟比例、收购均价都创历史新高，实现市委、市政府的烤烟收购目标。

【计量工作】 积极推进企业计量保证能力建设和推广“C”标志工作。各县（市）区局完成了计量器具检定工作的移交。开展定量包装商品净含量国家监督专项抽查工作，抽查 31 个企业共 85 个批次定量包装商品的净含量。为提高企业计量检测能力，对 14 个生产企业 52 项企业最高计量标准进行考核，在企业内部开展计量器具的检定工作，为企业培训计量检定人员。帮助昆明上好佳食品工业有限公司通过了定量包装商品生产企业计量保证能力评价，取得“C”标志。通过“5·20”计量日、举办业务培训等时机大力宣传计量法律法规，使企业和广大群众了解、支持计量工作，为企业提高管理水平、产品质量和增强经济效益起到了积极作用。

强化长效监管机制。继续深入开展集贸市场、加油站、餐饮业、眼镜制配场所的计量专项整治和监督检查工作，重点查处故意破坏计量器具准确度、非法改动内置结构等计量违法行为。其中，监督检查企业 780 家，查处计量违法行为为 29 起；强制检定粮食收购、烟草收购使用的计量器具2 238台（件），规范了市场计量行为，保证了粮食、烟草收购工作的顺利进行，维护了农民群众的切身利益。

【质量管理工作】 巩固和扩大工业企业质量普查成果。昆明市工业企业质量普查建档工作于 2004 年 2 月完成，共建档2 643户企业，建立市、县质量档案数据库，并通过省级验收。撰写《昆明市工业企业质量状况分析报告》，为市委、市政府和相关职能部门全面了解昆明市工业企业的基本状况和产品质量状况提供依据。

加强工业产品的源头监管。连续开展危险化学品、磷肥、白酒、水泥、化妆品、人造板等13类56家87个工业产品的生产许可证年度审验工作。受理水泥、香精香料、危险化学品及其包装容器、化妆品、餐具洗涤剂、眼镜、复混肥料等185家企业230个产品的生产许可证申报。根据《工业产品生产许可证管理办法》的规定，对昆明市的88个生产企业进行现场审查，严格检查企业的生产设备、检测设备、检测能力等生产源头要素，同时严抓取证产品的后续监管，确保了产品质量的稳定和提升。

实施名牌战略。在省、市名牌战略推进委员会的领导下，根据《云南名牌产品管理办法》和有关规定对申报云南名牌工作作了认真细致的部署和安排。2004年全市共有16个企业、21个产品获得"云南名牌产品"称号，占全省名牌产品数的61.8%。云南铜业股份有限公司的"高纯阴极铜"还获得"中国名牌产品"称号。

以抓食品质量安全为突破口，严格市场准入。及时把监管重心转移到生产领域中，强化食品市场准入措施。严格对申请办证企业的审查，对不具备条件的企业退回重审。加强对获证企业的监督管理，认真贯彻《食品生产加工企业质量安全监督管理办法》，国家质检总局要求对获证企业的复查率要达10%，而市质监局对获证企业的复查率达到20%以上。认真做好新十类食品的生产许可审查，严格按照程序受理，聘请审查组长，组织辖区质监人员以观察员身份参加对企业产品质量安全必备条件的审查，对关键环节和原则问题绝不放过。组织开展挂面等8类食品生产企业保证产品质量必备条件专项调查和食品卫生许可调查工作，为下一步接管生产领域食品质量监管工作摸清了底数。2004年共受理5类食品生产许可证申报118家，获国家食品生产许可104家122个产品单元；新十类食品受理申证企业44家47个产品单元，获国家食品生产许可31家34个产品单元。

积极探索产品质量监管方式，强化规范市场经济秩序措施。一是积极探索新形势下的联合监管方式。针对广大群众喜爱的昆明地方鲜粮食品，与市工商局建立联合监管工作制度，帮助鲜粮产品企业制定产品标准，联合对企业的生产条件、粮食原料、产品质量等进行检查和抽检并登记备案，要求企业严格按标准组织生产，进入市场时要出示备案证明和供货合同，坚决制止违法使用陈化粮、添加吊白块等危害人体健康的不法行为。为完善中秋月饼质量的监控环节，与市工商、市卫生局联合成立"昆明市中秋月饼质量卫生监督检查协调办公室"，统一协调、密切配合、联合检查，加强对节日食品的质量监督。对月饼生产加工企业的经营主体资格、生产条件、原料、产品包装、质量检验等进行联合检查，共检查全市451个生产加工企业和25个外埠产品代理商的月饼质量，进行质量抽样检验892个批次，合格率为95.3%，比2003年监管企业数增加28%，抽样批次增加31%。4月，市质监局与市工商局联合开展"零点行动"，仅质监系统便查获大米、酱油、食醋等冒用"QS"标志违法行为7起。联合监管工作制度的实施，避免了多头检查、重复检验、滥设关口等扰企现象，工作效率大为提高。二是对重点产品、重点行业、重点区域加大抽查频率和力度，监督整改。据不完全统计，全市抽查建材、农资、机电、日化、粮油、调味、白酒、瓶装饮用水等产品1 647家，1 777个批次。劣质奶粉毒害婴儿事件曝光后，立即组织对本地乳粉生产企业（共3家）进行全面检查，迅速开展对大型食品批发市场、商场的重点检查，查获一批劣质奶粉。为切实治理生产黑心饮用水桶现象，4～9月连续组织了几次突击抽查，倡导PC饮用水桶生产企业签订"质量承诺自律保证书"。经过努力，至9月份粉碎回收废旧塑料桶的车间已与PC饮用水罐生产企业脱离，昆明市在全国率先推广使用了无色透明PC饮水桶。

【执法打假工作责任制】 为贯彻落实国家局、省局关于严格执法打假责任制的要求，2004年5月市政府召开"昆明市打假工作会议"。市政府与工商、质监、卫生、药监、烟草等5部门及14个县（市）区人民政府共同签订打假责任书。随后各县（市）区政府也陆续与所辖乡、镇、街道办事处和质监、工商等职能部门签订打假目标责任书，做到责任明确、任务落实，较好地解决了多头执法、重复执法和漏查"死角"的问题，逐步实现对生产假冒伪劣产品行为早发现、早打击、早控制，全市的打假网络初步形成。

2004年，昆明市质监系统共出动执法人员11 909人次，办理案件815件，现场处罚2 928件，查处大要案103起，移交司法机关案件2件，其中查处食品类案件117起，查获伪劣食品157.63吨，端掉假冒伪劣制售窝点85个。为防止"地条钢"违法生产行为死灰复燃，坚持开展严打"地条钢"反弹的斗争，共查处"地条钢"案件49起，取缔"地条钢"窝点49个、设备51套，查获"地条钢"2 222.56吨，对违法生产企业实行断电措施，实施强制断电15家。

【特种设备安全监察工作】 完善特种设备安全监察责任制度。下发《昆明市质量技术监督局特种设备安全监察业务划分》，明确了内部业务职责。根据市政府要求，下放部分特种设备行政许可项目的审批权到安宁市和东川区。组织对各县区局分管局长和安全监察人员进行《特种设备安全监察条例》及业务知识培训。清理特种设备各项行政许可及其办事程序和内容，加大对违法违章行为的查处力度，全年共办理各项告知656项，其中锅炉326项，压力容器60项，电梯、起重机械、游乐设施共270项，特种设备作业人员考核发证2 801人，新增特种设备注册登记1 065台（套）。

开展气瓶整治和压力管道普查整治工作。共清查气瓶208 786只，建立了气瓶档案，该项工作已通过省局验收。压力管道普查整治工作初见成效，共普查压力管道使用单位408个，涉及管道总长172千米，建立压力管道数据库。

【依法行政】 开展《行政许可法》的宣传贯彻工作。2004年，对涉及昆明市质监局行政许可的地方性法规、规章、规范性文件及行政许可主体进行三轮清理，根据市政府关于行政审批权限下放精神，对市政府公布的第二批涉及市质监局的行政审批事项按照《行政许可法》合法、高效、便民原则进行清理，对其中涉及组织机构代码等14项行政审批事项的行政审批权限按属地管理原则下放到安宁、东川两个试点县区局。制作行政许可所需的14种文书，并根据行政许可公开原则，制作市质监局机关7项许可的公示册。投入经费4万多元，组织对全系统214名公务员脱产培训《行政许可法》，完成《行政许可法》实施前的各项准备工作，保证《行政许可法》在全系统的顺利实施。

规范行政执法行为。在案件审理中，严格执行省局《行政执法规则》、《执法责任制》、《错案责任追究制》、《行政赔偿制》等有关制度，加强对立案审批、调查取证、处罚决定等控制点的审查，转变了只重视事后审查忽略过程审查的工作思路。加强对证据有效性的审查，不断提高执法工作质量和工作效率，使执法工作做到规范有序。2004年共组织审结市局稽查大队和五华、盘龙、西山、官渡分局立案的行政处罚案件266件，其中大要案52件。另外办理复议案件5件，组织听证案件5件。

【支持非公经济发展】　坚决贯彻落实省委关于加快非公经济发展的决定，对非公企业实行“不告不查”、“大案报告”制度，要求执行监督检查任务的县（市）区局，不得随意改变抽查计划、不得重复抽查、不得扩大抽查范围等，必须严格按上级明确的抽查范围、抽查对象（源头）、抽样数量、样品处理等规定执行。同时要求在对企业检查时，要主动与当地纪检监察部门取得联系、报告备案，规范执法检查行为。根据省委省政府关于“非公经济回头看”督查活动的要求认真开展自查自纠，至2004年底，全系统未发生一起侵害非公经济合法权益的事件。各县（市）区局也积极开展了为非公经济服务的工作。富民局帮助者北惠源红砖厂整改砖品质量，使该厂顺利通过整改验收，产品质量稳定，产量大幅提高，被云南省烧结砖质量整顿办公室授予“质量管理优秀企业”称号。安宁局扶持当地小榨油坊群中的龙头企业——昆明康态植物油有限公司，帮助其制定菜籽油标准，提升了康态牌纯菜籽油市场竞争力。西山分局帮助辖区内违法生产“地条钢”企业规范生产，受到企业好评。五华分局大力扶持本区非公重点企业，为云纺螺蛳湾集贸市场免费进行“3C”认证培训，免费为生产销售食品企业进行“QS”认证准入培训。

（霍剑波）

审　计

【概　况】　2004年，昆明市审计机关和广大审计人员深入贯彻“全面审计、突出重点”的方针，进一步加大对重点领域、重点部门和重点资金的审计力度，继续强化财政财务收支的真实合法审计，切实加强专项资金审计和审计调查，积极探索效益审计路子，加强审计质量控制和计算机审计运用，提高审计工作质量和水平，为维护昆明市经济的健康发展和严肃财经纪律、净化社会风气、促进勤政廉政建设、提高资金使用效益等方面做出了积极贡献。2004年，昆明市审计机关共计开展审计项目428项，查出违规金额14 905万元，管理不规范金额175 776万元，损失浪费金额13 754万元，其中，应上交财政4 346万元，已上交财政2 367万元，应归还原渠道资金2 893万元，已归还原渠道资金1 865万元，应调账处理金额2 005万元，已调账处理金额1 467万元。此外，在审计意见中责成被审计单位自行纠正金额175 761万元；建议有关部门处理3件，涉及人员7人，涉及金额510万元；向司法机关移送案件5件，涉案人员3人，涉案金额309万元；为领导决策和加强宏观管理，提交了审计调查报告、综合报告和信息263篇，被批示采用118篇。审计工作在打假治乱、打造诚信社会、提升审计成果的质量和水平、促进昆明市改革和发展等方面取得了较好的成绩。

【财政资金审计】　2004年，昆明市预算执行审计以推进财税体制改革、加强预算管理和分配、提高预算资金使用效益、促进国库集中收付制度及“收支两条线”管理改革为目标，扩大了审计覆盖面，审计了88个部门和单位。同时，围绕昆明市经济发展和建设现代新昆明的各项任务，在审计中坚持“从账户入手，下审一级”的指导方法，将审计工作重点放在预算单位的资金分配、管理和使用上，分析预算内、外资金的管理使用状况，从而达到摸清情况、揭露问题、促进管理、提高效益的审计目的。其中2003年度市本级预算执行和其他财政收支审计，市审计局就审计了市财政局具体组织本级预算执行情况、市地税局税收征管情况、三个开发区预算执行和税收征管情况以及市政府35个部门和单位的预算执行和其他财政收支情况，审计资金总额379 781万元，查出违规资金1 513万元，按规定收缴财政1 269万元。通过审计，查处市财政局行政性收费4 323万元未在年内及时缴库；高新技术产业开发区国有资产处置收益1 089万元未按规定缴入财政和固定资产未入账37 179万元；经济技术开发区基金预算收入未扣除土地征收成本，从而虚增预算收入1 857万元；市水利水电勘察设计院固定资产未入账1 013万元等问题。昆明市审计机关还开展了9个县级财政决算审计，促进了县级财政管理的规范化。

针对查出的问题，昆明市审计机关根据客观公正、实事求是的原则依法进行了处理，并提出了加强部门和单位财政预算、会计核算和监督管理的审计建议180多条，对各部门和单位规范预算管理、加强内部核算、提高资金使用效益起到促进作用。

【经济责任审计】　在认真总结近年来开展经济责任审计经验的基础上，2004年，昆明市审计机关加强与组织、人事、纪检监察等部门的配合、协调，全面推进了昆明市经济责任审计工作的开展。2004年，市审计机关共对152名领导干部进行了审计，其中，审计党政领导干部134人，审计国有及国有控股企业经济责任人18人。在对各级机关事业部门、单位和企业领导干部任期经济责任的审计中，查出违规金额2 887万元，其中，领导干部应负主管责任2 804万元，应负直接责任83万元。查出管理不规范金额81 820万元，其中，领导干部应负主管责任69 867万元，应负直接责任11 953万元。对审计发现的问题，均有针对性地提出了整改意见和建议。

昆明市审计机关还积极探索并进一步规范经济责任审计的方法和路子：完善审计公示制度；利用社会审计力量参与审计；做好《审计日记》和《审计报告》的试点工作，加强与有关部门的协调配合等。市审计局还承担了昆明市经济责任审计典型材料的撰写工作，经市政府分管领导审阅后上报审计署，在2004年年底中央五部委召开的全国经济责任审计工作会议上被选为书面交流材料。此外，参加省审计厅组织的以“以审代训”的方式对楚雄州州长的任期经济责任部分审计工作，查出楚雄州人民政府在撤销州县乡企业开发总公司、原国托楚雄州办事处和出售国有资产等方面隐瞒、截留、转移预算收入的严重违规违纪问题。

【专项资金审计】　2004年，昆明市审计机关在搞好预算执行审计和领导干部任期经济责任审计工作的基础上，还认真开展了其他项目的审计：①组织实施了昆明市12个县（市）区财政支农专项资金审计，上审下3个县（市），县区交叉审计9个。审计各县（市）区主管部门管理、分配、使用的财政支农资金共计38 123万元，共计查处违规违纪金额4 275万元，占当年投入资金总额的8.41%。②外资运用项目审计。审计了13个世界银行贷款项目和1个外国政府援助项目，项目概算投资总额77 131万元，其中，外资42 689万元。

共完成审计报告13篇，其中，中英文报告6篇，保留意见报告3篇。③对省市重点工程昆洛公路改扩建工程呈贡段征地拆迁资金进行专项审计，审计查出违规提取征地管理费、不可预见费及征地奖共计362.5万元，呈贡县国土局应缴未缴财政资金413.95万元，对以上金额已责令上缴财政。④根据省审计厅的要求，对市辖区内的医疗保险中心2003年度职工基本医疗保险基金征收、管理、支付情况进行审计，同时对33家定点医院，24户定点药店以及42家行政、事业、企业单位进行延伸审计调查，揭示了市医疗保险基金管理中存在的问题，有针对性地提出加强和改进的意见。⑤按照省审计厅统一部署，市审计局和8个县（市）区审计局对所属辖区内2001年至2003年度政法补助专款项目资金使用情况进行审计调查，揭示了政法补助专项资金在安排上存在计划项目与基层实际不符，在时间上滞后以及资金不能发挥最大效益等问题，提出了相关的可行性建议。⑥对昆明市滇池管理局负责的市本级重点项目国内贷款专项资金使用情况、昆明市公共汽车总公司所涉及的市本级重点项目国内贷款专项资金使用情况、昆明市城市排水公司市本级重点项目国内贷款专项资金使用情况等36个项目进行专项审计调查，调查金额828 260万元，发现问题金额10 174万元，提交审计调查报告37篇。

【探索和实践效益审计】 昆明市审计机关在继续坚持“全面审计，突出重点，账户入手、下审一级”的基础上，积极探索和实践效益审计。2004年，市审计局先后对盘龙、五华等县（市）区审计局进行了相关培训。此外，市审计局还认真学习、借鉴深圳市效益审计的成功经验，在每个项目中都要求要包括效益审计的内容，通过不断探索，力求有所突破。2004年的审计中，揭示了昆明某公司原总经理因违纪借款担保事项，给国家造成巨额经济损失1.1亿元问题；对昆明经济技术开发区4.3亿元贷款的使用情况进行效益审计；对滇池治理7.9亿元专项资金使用的效益情况进行审计；对度假区管委会的审计，揭示了低价出让国有土地，造成巨额土地收益流失等问题。

【审计机关“人、法、技”建设】 2004年，市审计机关把党风廉政建设作为审计队伍建设的重中之重来抓。一是抓学习教育。在审计干部中认真传达、学习中央、省、市及审计系统关于廉政建设方面的文件指示精神。认真开展“勤政为民，廉洁务实”专题教育月活动和经常性的教育，审计机关的领导班子和成员都认真学习了《中国共产党党内监督条例（试行）》、《中国共产党纪律处分条例》、《江泽民论党风廉政建设和反腐败斗争》、《中共中央关于加强党的执政能力建设的决定》等，并在此基础上开展了“党内法规知识竞赛”。搞好党员干部的电教化教育，组织党员干部观看了一批正反两方面典型的警示教育录像片，做到政治思想与法律法规、正面典型示范与反面典型警示、廉政与勤政教育三个结合。二是抓制度完善。昆明市审计机关不断健全和完善党风廉政建设责任制，以“一岗双责”为主线，建立“一把手”负总责的四级责任制，上下联动，齐抓共管。此外，还不断完善其他相关制度，如审计组遵守审计纪律反馈制度、审计质量复核制度、错案追究制度、审计回访制度、签订党风廉政建设责任书制度等。通过各项制度的完善，保证了党风廉政建设工作的顺利开展。三是抓监督检查。在处室和部门之间实行交叉审计，相互监督，避免熟人熟面孔和人情审计的发生。加强对审计组执行审计纪律情况的跟踪检查、抽查和回访，严格执行审计纪律情况反馈制度，要求被审计单位填写《审计组遵守廉政纪律情况反馈卡》，密封反馈给纪检监察部门。2004年的监督检查结果显示，昆明市审计机关没有出现任何违反廉政纪律的情况。

审计信息化建设稳步发展。市审计局研究开发的单机版审计办公信息系统在实际工作中得到广泛运用，提高了工作效率，起到了事半功倍的效果。在电脑配置方面，全市审计机关已经达到人手1台计算机，市审计局做到人手1台便携式计算机和1个移动硬盘，方便了审计人员外出工作。2004年，市审计局为每位市属县（市）区审计局长配备了1台便携式计算机，并派计算机专业人员不定期到各个县（市）区开展信息网络维护和建设工作，保证了全市审计工作的顺利开展。此外，市审计局安排新录用公务员参加审计署、省审计厅组织的初级计算机审计技术培训，5名在职人员参加了中级计算机审计技术培训，有效提高了审计人员的计算机运用水平，为计算机技术辅助审计工作奠定了基础。

干部人事培训工作开展顺利。随着干部选拔任用和管理工作的不断完善，全市审计机关新招了一批大学生和专业人才充实审计队伍，审计队伍的整体素质有所提高，年龄结构得到优化。同时，加大审计干部培训力度，组织开展有关效益审计及计算机应用、高级数据管理的专题培训；组织学习审计署第5、6号令及国家行政机关公文处理办法；开展普通话、《行政许可法》及普法教育培训；组织职工参加“创建学习型组织，争做知识型职工”知识竞赛等。通过多种形式的教育和培训，改善了审计人员的知识结构，扩大了知识面，为培养具有现代科学文化知识和较高业务技能和创新能力的多层次复合型审计人才奠定了基础。

（陈　林　杨亚娟）

物　价

【推进价格体制改革】 认真贯彻落实价格法律、法规，积极稳妥地推进价格体制改革，改善和健全价格决策机制。重点落实重要商品和服务价格听证会制度，实行价格和收费集体审议制度。对市属县（市）区自来水价格、垃圾处置费的制定和调整严格执行听证会制度，进行集体审议决策，提高了决策的民主性和科学性。针对昆明市缺水的状况，完成市政府调整水价政策的工作，出台非居民用水超计划用水加价最高倍率和居民生活用水阶梯式计量水价政策，上报了调整昆明市城市供排水价格实施方案。根据国家颁布的法律组织《昆明市物业服务收费管理办法》修改工作，全面开展调研。结合昆明市区划调整和环卫体制改革，按照补偿垃圾收集、运输和处理成本，合理盈利的原则，统筹制定并出台《昆明市垃圾清运处置服务价格管理办法》。审核药品集中招标采购7 263个品种，药品价格备案16个品种；开展提质增效工作，促进旅游产业发展；向市政府上报了《医疗废弃物无害化处理收费标准》。

【清理和规范行政事业性收费】 按照中央和省委、省政府关于清理和规范行政事业性收费的要求以及市委、市政府的指示精神，开展全市范围内行政事业性收费清理工作。4月9日，昆明市政府召开新闻发布会，向全社会通报了昆明市行政事业性收费的清理情况，《昆明日报》公告了昆明市予以保留的341项行政事业性收费项目和取消的68项行政事业性收费项目。编印了9万册《昆明市城镇居民（企业、农村）缴费公示目录》，分发至市属各委、办、局及各县（市）区有关部门，并按市政府"要把收费公示《目录》发到每个企业、每户居民和农户"的要求，在市政府便民服务中心向市民分发，使昆明市民缴费有"本"可依，受到社会各界的好评。

【价格收费专项整治】 认真开展各项价格专项检查，维护市场价格秩序。2004年2月昆明市部分县（市）区发生了禽流感疫情，按照政府统一安排部署，市、县两级价格监督检查人员深入市场进行价格监察，密切关注相关商品的价格波动，及时监测上报价格信息。2004年"元旦"、"春节"、"两会"及"五一"黄金周期间，有关部门对人民生活必需商品价格进行突击检查，对车站、旅游景区和旅游购物场所开展旅游市场价格监察，维护了全市市场价格的稳定。组织农资价格、电力价格和教育收费专项检查，通过开展各项价格专项检查，查出医疗单位违规收费金额284万元；查出电力企业违规收费项目15项，违规金额69.6万元；开展教育收费专项检查，检查覆盖率达85%，查出自立项目、超标准和扩大范围收费等违规项目30项和违规收费金额1 403.6万元。认真受理查处价格举报案件，2004年1～10月，受理各类价格举报案件4 594件，办结率为100%。退还消费者金额13 370元，罚款近万元。

【价格监测及价格认证】 按照《全国主要商品和服务价格监测报告制度》，主要商品市场价格监测分析上报率为83.53%，《全国成品油价格监测报告制度》上报率为100%，《全省主要商品和服务价格监测报告制度》上报率为92%。为昆明市主要农副产品、工农业生产资料、日用工业消费品、服务及收费等12大类133种价格建立了监测资料档案。全年累计受理各类案件委托1 690件，其中涉案物品价格认证575件，交通事故财产损失认证1 115件，办结率为100%。完成全市生猪、大路菜等11个菜篮子品种的投入、产出等方面的综合调查和汇总，完成全市粳稻、玉米、小麦、烤烟等8个品种的投入、产出、收益等方面的调查工作以及2005年的预测分析。对自来水、煤气、化肥、农膜、钢材等27个品种生产、流通环节成本及费用进行年度普查和监测。

【调查研究】 市发改委加强了对社会经济生活中群众关注的行业收费的调查研究，为制定政策提供基础资料。着重对出租车行业、医疗服务行业、教育收费、旅游景点收费等开展调查，掌握基本情况，并配合省发改委的调研工作，完成了《关于生猪、木材生产经营收费情况的调查报告》、《关于中小学校代收费情况的调查报告》、《关于义务教育阶段收费情况的调查报告》。

（杨翼雄　李世新　沈　然）

药品监督管理

【理顺工作体系】 2004年省、市、县三级药监部门进一步深化改革，理顺工作体系，在党风及行风建设、队伍建设、提高依法监管水平、整顿和规范药品市场秩序、推进"两网"建设和"两P"认证、巩固和扩大药品放心工程以及基础建设等方面都取得突出成绩，全面实现年初制定的各项工作任务目标，切实保障了人民群众用药安全有效，有力维护了辖区内的市场秩序，为昆明市社会和经济的良性发展作出应有的贡献。

【药品市场整治】 2004年市药监局进一步加大药品市场的监管力度，采取更为有效的措施，认真落实《云南省昆明市药品放心工程实施方案》，严厉打击制售假劣药品和医疗器械的违法行为。严把市场主体准入关，从源头上遏制住了扰乱市场经济秩序的行为。严厉查处无证生产、经营、使用药品和医疗器械行为。加大打击药品制假售假违法行为的力度，整治和规范药品、医疗器械生产、流通、使用秩序。2004年昆明市药监系统累计出动执法人员6 800余人次，检查药品、医疗器械生产、经营、使用单位4 000家次，查封扣押非法经营的药品和医疗器械（含假劣）共8 000多个品种2 500多件，查获非法加工销售中药饮片100吨，查获假劣药品货值总金额400余万元，取缔无证经营115户，端掉非法加工生产窝点8个，向省外发协查函95封，完成协查案件21件，立案查处300余件，行政罚没款100余万元，全市药品、医疗器械市场秩序持续明显好转。市药监局多次在东风广场、金马碧鸡广场等公共场所举办药品放心工程宣传活动。针对目前人民群众药品安全意识不高，对假冒伪劣药品识别能力有限等突出问题，利用发放宣传材料、提供识别假劣药品咨询、开展药品法律法规宣传活动等形式进行重点宣传。还通过各主要新闻媒体对药监机构的职能及其查办的一批大案、要案进行宣传报道，让人民群众进一步认识药监工作，知晓并抵制非法药品经营行为，提高了广大市民自我保护意识，使制售假劣药品的违法犯罪势头得到遏制。

继续保持对菊花园中药材市场的监管力度，在市场搬迁期间，市药监局制定《关于搬迁期间加强菊花园中药材专业市场管理的办法》，并采取有效措施，加大对市场管理方的指导和对商户的帮促工作，保证了市场的平稳过渡。不定期对春苑小区周边（原非法药品市场）、西苑保健品市场和张官营旧货市场进行巡查，防止非法药品市场出现，以净化市场环境，维护社会稳定。针对昆明市药品市场较为复杂，监管工作点多、面广、量大等实际情况，市药监局克服困难，采取有效的措施切实履行药监部门职责，如根据相应规定制定有关奖励举报生产、销售假劣药品的办法；建立并完善相关部门的联合打假长效协作机制，集中人力、物力净化市场环境，充分发挥舆论的监督作用；创建"放心药店"、"放心药房"和"规范用药诊所"评价考核办法，在药品零售企业、使用单位等环节把关，促进当地药品质量管理改善和医药行业管理水平提高。

【加强特殊药品监管】 加强使用单位对于麻醉药品、精神药品以及易制毒特殊化学物品的管理，防止其流入非法渠道，对持有《易制毒特殊化学物品许可证》的146家医疗机构进行年审，同时对特殊药品使用单位进行严格的日常检查。按照《关于切实加强精神药品监督管理工作的通知》要求，为规范昆明市辖区内医疗机构对二类精神药品的使用和管理，下发《关于启用精神药品专用处方的通知》，全市启用"二类精神药品专用处方"。为加强对氯胺酮的管理，防止流入非法渠道，依照相关要求，氯胺酮由二类精神药品上升为一类精神药品，并专门对此开展了一次专项检查。为方便有需要的人民群众能够使用到麻醉药品，同时满足医疗机构的正常使用要求，市药监局于2004年上半年经过严格的现场检查验收后共新办《麻醉药品、一类精神药品购用印鉴卡》33份，《易制毒特殊化学物品许可证》22份；共审批各医疗机构2004年度麻醉药品购用计划316份。根据国家食品药品监督管理局下发的《关于开展换发〈放射性药品使用许可证〉工作的通知》，以及省局下发《关于开展换发〈放射性药品使用许可证〉的通知》的要求，对辖区内使用放射性药品的医疗机构进行了摸底调查。

【严格医疗器械监管】　市药监局将2004年定为昆明市医疗器械经营企业"质量监督年"，对各医疗器械经营企业发布了《关于进一步加强对医疗器械经营企业日常监督的通知》，加强对昆明市辖区内经营医疗器械的所有企业进行日常监督检查。根据云南省食品药品监督管理局授权，昆明市药品监督管理局根据属地化原则负责辖区内医疗器械批发、零售、专营、兼营企业的年度验证（年审）工作。药监局向企业发布《关于加强昆明市<医疗器械经营企业许可证>年度验证的通知》，对企业年审工作进行部署。以年审为契机，加强对医疗器械经营企业的日常监督。逐步实现了对昆明市"成人用品"市场监管工作的平稳过渡，药监局作为执法主体对全市"成人用品"实行准入、日常监督和年审，规范市场秩序，使其规范运作、合法经营。至2004年10月31日，共为144家达到条件的"成人用品"店核发了《医疗器械经营企业许可证》。组织了3次专项检查，联合市工商局、市计划生育委员会、市公安局对全市"成人用品"市场进行联合检查。共检查"成人用品"店469家次，出动342人次，坚决打击、取缔无证和非法经营的"成人用品"店107家，没收其经营的所有Ⅱ类避孕器械，销毁空置包装盒近千个，清理取缔全部灯箱、广告牌；按照昆明市《"成人用品"店容、店貌规定》，对持证经营的78家"成人用品"店店容、店貌进行严格检查和现场指导，清理取缔违规灯箱、广告牌56家。为认真贯彻执行《医疗器械监督管理条例》，切实落实昆明市药监局的监管工作职能，根据国家药品监督管理局《中国医疗器械分类目录》的规定，市局对助听器和角膜接触镜（软性、硬性、塑形隐形眼镜）及护理液市场依法进行监督管理。

【"两P"认证工作】　"两P"即药品生产质量管理规范GMP（针对药品生产企业）和药品经营质量管理规范GSP（针对药品经营企业）。2004年昆明市药品监督管理局全面完成"两P"认证。共培训从业人员1 000余人次，帮促企业300家次。完成全市195家批发企业GSP的材料初审及上报；县以上零售药店GSP认证1 000多家，其中600多家通过认证，400多家自愿退出药品经营市场。全市辖区内近100家药品生产企业，除11家生产中药饮片、医用氧气的企业暂时不需要通过GMP认证外，有57家企业全部剂型通过认证，1家企业部分剂型通过认证，6家企业申请延期认证，17家放弃认证或被其他企业兼并。

【农村药品"两网"建设】　近两年来市药监局广泛开展调查研究，在借鉴成都、西安、北京等地"两网"建设经验的基础上，按照国家局等五部委和省局对"两网"建设的总体要求，根据"政府引导、部门参与、市场运作、依法规范"的指导原则，由当地政府牵头，药监部门协调，按市场规律稳步地推进"两网"建设。组建跨地区面向农村的药品配送中心，减少了中间环节，既降低了成本，让利于农民群众，又便于药监部门对企业的日常监管。昆明市14个县（市）区已全部行动起来，积极探索并开展"两网"建设。其中，禄劝、富民两县的"两网"已基本建成，进入试运行阶段。晋宁、石林、嵩明、安宁等县市也都已进入实质操作，其他县区也在积极探索适合本地实际情况的农村"两网"建设模式。农村药品监督网的建设通过聘请义务协管员和信息员等形式，以"广度覆盖、深度到位"为要求，明确义务协管员和信息员的工作职责、工作方法，使昆明市农村药品监管工作向纵深发展。目前已形成相对有效的农村药品监管网络，确保了边远山区薄弱环节的监管和脆弱人群的用药安全有效。

（市药监局办公室）

物　资

【主要经济指标完成情况】　2004年，全系统物资购进52 191万元，同比增长19.12%。其中，市属物资企业购进49 840万元，同比增长20.99%；县（市）区物资企业购进2 351万元，同比下降10.27%。全系统完成销售54 469万元，同比增长23.3%。其中，市属物资企业完成销售51 811万元，完成年销售计划的137.43%，同比增长26.18%；县（市）区物资企业完成销售2 658万元，同比下降13.98%。全系统库存总额2 045万元，同比下降34.88%。其中，市属物资企业库存总额1 644万元，同比下降41.70%；县（市）区物资企业库存总额401万元，同比增加26.10%。市属物资企业实现利润为－1 244.50万元（其中财务费用高达1 001万元），剔除银行利息增加的因素，完成年度控亏计划。

【改革目标任务完成情况】　2004年，昆明市物资总公司企业改革工作取得新的突破性进展，达到预期目标，基本完成了与市政府签订的《昆明市2004年国有企业改革目标责任书》。系统9个直属企业均按要求完成了改革目标任务。

改制企业。按照省市有关改革的精神，结合企业实际，进一步深化产权制度改革，制定并完善企业改制方案、职工安置方案，经市体改办召开的论证会论证，市有关部门对企业改革成本、国有资产界定、国有净资产处置等进行审核确认。昆明市化轻建材总公司、昆明市物资贸易中心经市深化国企改革领导小组批复，企业国有资产已全部退出。化轻建材总公司完成了新组建企业"昆明佳宏经贸有限公司"工商注册登记。至此，昆明市化轻建材总公司深化产权制度改革工作全面完成，新组建企业已在运作。昆明市物质贸易中心也完成了新组建企业"昆明华昕经贸有限公司"工商注册登记。

依法破产和关闭企业。昆明市中级人民法院于2004年8月27日在昆明市物资总公司召开了昆明市金属材料总公司破产宣告大会。正式宣告昆明市金属材料总公司依法破产，进入法律程序。

昆明银利公司、昆明市带钢经营开发公司企业依法破产材料上报昆明市中级人民法院，经上报云南省高级人民法院审核批准，昆明市中级人民法院已正式受理立案，并下达了企业破产受理公告。

昆明对外物资总公司依法破产材料已按昆明市中级人民法院要求上报，资产审计评估工作已完成，已向昆明市中级人民法院正式上报全部破产材料。

昆明市机电设备总公司制定的企业依法破产预案、职工安置预案，市兼破办已召开论证会论证，待企业提出的需要解决的有关问题明确后，即可批复。云南华亿经贸有限公司经市兼破办批准，确定为关闭企业。公司制定的关闭预案、职工安置预案，市兼破办已召开论证会论证并批复，同意实施关闭。

经昆明市再就业服务中心同意，撤销了"昆明市物资总公司再就业服务分中心"。

【企业改革过程中的稳定工作】 2004年，昆明市物资总公司继续全力做好企业改革过程中的稳定工作。一是继续疏通下岗职工出中心的渠道，理顺协议期满出中心下岗职工的劳动和社会保险关系，着力开发就业岗位，千方百计帮助下岗失业人员实现再就业。二是针对2004年下半年，全省部分企业军转干部联名上访，省、市政府领导关于做好这部分人员解困稳定工作的要求，认真贯彻执行从中央到地方的一系列文件精神，采取积极措施，确保各项解困政策落实到人，兑现到户，做到无死角，无遗漏，同时按要求做好军队转业干部基本数据库的建设，全面地掌握系统内军转干部的实际困难。

【企业管理】 昆明市物资总公司把管理作为挖掘全部潜能的核心，最大限度地实现了资源利用。在物资企业面临改革发展严峻考验的情况下，昆明市物资总公司始终坚持一手抓改革发展，一手抓管理。一是强化目标管理，继续与各直属公司签订《改革发展目标责任书》。2004年各公司均按照目标责任书的要求，完成了改革目标任务。二是进一步加强管理，强化了以财务管理为中心、以资金管理为重点的企业管理，定期召开财务工作例会，对财务活动情况、资金使用情况、盈亏情况进行分析，出现问题及时采取措施纠正。坚持对经营活动中资金使用情况进行跟踪管理，确保了资金使用的安全。结合开展经营工作的实际，集中管理账户，统一管好用活资金，加强监督和控制；三是继续强化对投资项目的管理，定期对总公司开发的项目进展情况进行检查，并对检查情况进行通报，最大限度地降低投资风险；四是进一步加大劳动和工作纪律管理。

【各项工作取得好成绩】 昆明市物资总公司坚持把盘活存量作为解决职工的“吃饭工程”。总公司本部成立的昆明贝依玛生物医学材料有限公司围绕继续打基础、闯市场、抓好项目开发，做好生产前期各项准备工作。集中精力组织力量完成生物胶项目注册申报工作。项目临床试验工作进展顺利；根管充填剂项目开发、动物实验、充填材料配方定型、标准的制度、安全性评价等工作按计划进行；体内堵漏胶项目动物试验、配方定型工作在2003年工作的基础上又有新进展。同时生物医用胶项目参加中国国际高新技术交易会收到较好的效果，成为本届云南省参展团20多个项目中的亮点和热点，引起省有关领导及部门领导的关注，深圳晚报也进行了报道。经营工作取得新成绩，市物资总公司本部全年实现销售6 000多万元，同比增长3 000多万元，并实现了销售利润。

（杨　军）

·责任编辑　赵　平·

农林水利

农业

【概　况】　2004年，中央出台了《关于进一步增加农民收入的政策规定》的文件。昆明市认真贯彻落实中央文件及省市委、省市政府关于加快农业农村经济发展的一系列政策措施，提高对“三农”问题的认识，紧紧围绕农民增收这一主题，高度重视粮食安全，狠抓特色产业发展，引导农民调整优化农业农村经济结构，加快农村富余劳动力转移步伐，继续深化农村税费改革，减轻农民负担，克服高致病性禽流感等各种困难和自然灾害的影响，实现了粮食增产、农民增收、农村稳定的目标。

2004年，昆明市农林牧副渔总产值达1 090 013万元，比上年增长5.8%；其中，农业总产值619 616万元，增长5.9%；林业总产值33 607万元，增长5.66%；牧业总产值367 556万元，增长7.61%；渔业总产值31 532万元，减少6%；农林牧渔服务业产值37 702万元，减少0.5%；农业增加值为668 978万元，增加4.75%；农民人均现金收入2 909元，同比增长6.4%。

【粮烟生产】　2004年昆明市小春生产受自然灾害影响减产，加大大春粮食生产力度，认真落实国家恢复和发展粮食生产的各项政策措施，加大科技应用力度，杜绝土地撂荒和闲置，粮食面积增大，总量增加。全市粮食播种面积达368万亩，增加2.7万亩，总产114.86万吨；其中小春粮食播种148.6万亩，总产24.44万吨，减少7.9%；大春播种面积达219.4万亩，比上年增长0.9%，总产90.42万吨，比上年增长3.4万吨。为了稳定和发展粮食生产，提高粮食品质，确保粮食安全，保护种粮农民利益，昆明市在宜良、嵩明、禄劝、晋宁、寻甸、富民6个主要粮食生产县试行粮食直补政策，国家、省、市共直补资金800万元。补贴采取按种粮面积张榜公布，直接兑现到户的办法进行。在宜良县直补优质稻8.9万亩，每亩补助15元，杂交玉米8.5万亩，每亩补助10元；在嵩明县实行优质良种补贴6.8万亩，每亩补助15元；在禄劝县完成杂交玉米良种补贴6万亩，每亩补助10元。

烤烟生产稳定发展。按照“稳定政策、严格双控、完善基础、强化科技、主攻质量、提高效益”的指导思想，及早布置，合理轮作，科学规划，择优布局，烤烟种植出现三个特点：一是实行规模化、规范化、标准化集中连片种植。二是减少2 000米以上海拔地区的种植。三是提高和扩大最适宜区、适宜区的种植面积和水平。全市共收购烤烟161.93万担，收购均价11.50万元，提高1.35元，烟农总收入达9.31亿元，增长18.12%。

【菜花生产】　2004年全市蔬菜播种面积达到88万亩，增5.68%；蔬菜产量175万吨，增9.2%；其中外销107万吨，占生产总量的61.1%。蔬菜产值16.1亿元，比上年增长5.9%。蔬菜生产布局日趋优化，规模生产更加突出，订单生产12万亩，同比增长7%，推广无公害蔬菜生产38.7万亩，上市无公害蔬菜69.7万吨，农残超标率明显下降，蔬菜依然是昆明市增加农民收入的支柱产业。

昆明市花卉生产持续发展，已建立各类花卉生产经营经济合作化组织26个，花卉种植面积增加，收入平稳增长。全年花卉种植面积达8.73万亩，比上年增长30.8%。其中，鲜切花面积6.7万亩，比上年增长26.4%；鲜切花产量28.63亿枝，比上年增长21.3%；花卉总产值11.95亿元，比上年增长42%。

【新兴产业】　马铃薯、朝鲜蓟等新兴产业快速崛起。2004年昆明市以世界马铃薯大会为契机，优化区域布局，建立以山区和半山区为主的生产基地，以种薯繁育体系建设为重点，加快加工型原料基地建设的步伐，优质新品种开发力度加大。全市种植马铃薯36万亩，超计划49%，鲜薯产量52万吨。洋蓟种植面积迅速扩大，达1.5万亩，产量1万吨，种植农户达1万余户，收购量、出口外销量快速增长，拓展了农民增收的途径。

【畜牧业生产】　2004年初，昆明市部分县（市）区发生高致病性禽流感，造成了一定的经济损失。由于扶持政策落实到位，措施有力，养禽业得到了迅速恢复和发展。全年肉类总产量达30.9万吨，比上年增长6.7%；禽蛋产量4.6万吨，比上年增长18.8%；牛奶产量7.87万吨，比上年增长18.2%；出栏生猪283.91万头，比上年增长4.8%；肉牛出栏15.62万头，比上年增长9.8%；肉羊出栏50.85万只，比上年增长12%。畜牧业整体发展趋好稳步增长，产值达36.75亿元，比上年增长21.37%。

【高致病性禽流感防治】 2004年1月30日～2月13日，昆明市呈贡、官渡、西山、安宁、石林、晋宁、嵩明7个县（市）区发生HNE_2型高致病性禽流感，在市委、市政府和省高致病性禽流感防治指挥部的统一指挥下，按照"早、快、严、小"的原则，依靠科技、依靠群众、群防群治，坚决果断地扑杀疫点及3公里范围内的所有禽类，对3～5公里范围内实施强制免疫，在较短时间内有效遏制了疫情蔓延和向人群的扩散。全市共扑杀禽类163万只，中央和省、市用于防治、扑杀补助等经费支出共计1 600万元。此次禽流感疫情造成经济损失约4 000万元。

【农村能源建设和生态环境保护】 2004年全市完成沼气池建设8 787户，推广节柴改灶12 838户，太阳能热水器推广1.07万平方米，实现沼气综合利用4万多亩，完成滇池农业面源污染治理工程项目。

【食品安全】 2004年在农业部对全国37个大中城市蔬菜农残的四次例行监测中，昆明市蔬菜产品超标率为9.26%、12.73%、10.91%和11.11%，分别比上年同期下降22.84、15.37、28.09和19.89个百分点，排位为第17位、第32位、第26位和第29位，达到超标率控制在15%以下的预期目标。加大对违禁农（兽）药的查处力度，开展对毒鼠强，兽药、饲料专项整治工作。检查整顿各类市场7 875个，吊销证、照32个，销毁违禁农药1 915千克。建立农区统一灭鼠示范区13个，涉及农户50万户，鼠药投放10吨，收缴非法剧毒鼠药26千克。

【农业结构调整产业化经营】 2004年昆明市进一步加强农业结构调整产业化经营的工作力度，加大资金投入，围绕优势农产品产业带建设，安排农业结构调整项目20个，涉及优质稻、蔬菜、洋蓟、畜牧、马铃薯、农产品质量安全、农业信息等方面，投入项目建设资金989万元，当年建成21 066亩生产基地，受益农户13 520户，项目新增效益1 180万元，户均增收872.8元。2004年有9户企业的13个产品获得无公害农产品认证，有5户企业的9个产品获得绿色食品A级认证，1户企业的1个农业生产资料获得有机认证，龙头企业在优质农产品生产中的作用日趋明显。

全市扶持龙头企业114户，市级财政投入扶持资金1 986万元，带动企业投入农业产业化建设资金达8.87亿元，企业资产总额达25.4亿元，实现利润1.3亿元，上缴税金2 600多万元，出口创汇3 200多万元，从业人员4.8万人，辐射带动农户48.3万户，户均增收1 639元。全市农业龙头企业中，产值上亿元的有7户，5 000万元以上的有4户，1 000万元以上的有25户。

市委、市政府对辐射面广、带动力强、市场竞争力强、企业效益好的30家龙头企业进行了命名表彰，命名云南恒隆隆格兰园艺股份有限公司等10家种植户为昆明市"十大特色种植户"；命名石林生龙生态农业有限公司等10家养殖户为"十大养殖户"；命名昆明晨农绿色产品有限公司等10家农产品加工营销企业为昆明市"十大农产品加工营销企业"。

【农科教】 2004年，昆明市大力示范推广应用优质良种、新品种。水稻玉米主要粮食作物的良种覆盖率达到95%以上，水稻壮秧剂推广15万亩，水稻蜂巢式旱育稀植示范达7万亩。

验收鉴定农业科技进步和推广奖15项，获市政府奖两项，省农技推广奖11项，一批新的成果当年就应用于生产。确定市级第四批学科带头人及后备人选3人，"市突"7人，评出昆明市首届农民科技致富带头人12名。至2004年底，全市共有农业科技推广机构572个，其中市级17个，县级105个，乡级450个；共有农业科技推广人员4 709人，其中高职230人，中职1 252人，初职2 601人。

绿色证书培训15 964人，结业10 501人，获证10 884人，素质教育工程培训4 800人并获得合格证，青年农民培训合格3 200人，开展农业科技培训40万人次。完成拖拉机驾驶员培训2 306人，汽车驾训5 197人。

昆明市农业学校、昆明市农牧学校和昆明市农业科学研究所"两校一所"顺利合并，招生达到2 500人。

组织全市科技人员到省内外、国内外培训考察学习25期，300人次，在市农校组织全市120个乡镇农机站长，143个畜牧兽医站长集中时间，脱产培训，提高更新农业科技人员的知识，提高业务水平。

【农村富余劳动力转移】 2004年昆明市成立农村劳动力转移及劳务输出领导小组，把农村富余劳动力转移放在突出位置，建立健全机构，增加投入，加大工作力度，初步形成部门配合、职责明确、协同作战、齐抓共管的良好局面。认定培训机构84家，开办培训专业35个，完成转移培训61 883人，新增转移输出农村劳动力34 799人。其中向国外输出30人，省外转移输出2 260人，省内转移11 678人，县内转移20 833人。年人均务工收入5 040余元，实现转移收入1.3亿元。

【扶贫攻坚】 2004年全市共投入扶贫专项资金2.99亿元。完成7 374户茅草房、杈杈房的改造任务和22个安居温饱村建设任务，贫困地区群众生产生活条件进一步改善；完成易地扶贫开发移民安置1.2万人。落实扶贫贴息贷款1.8亿元，发放小额信贷3 587万元，扶持农户1.7万户，无偿供应3.5万贫困户尿素1 560吨，有效地促进了贫困地区种养业的发展。市、县两通级共有432个单位深入定点挂钩扶贫点，直接投入资金、援助物资折款及引进资金近2 000多万元，实施扶贫项目77个；25个省级重点村和22个市级重点村建设项目实施进展顺利。

【乡镇企业】 2004年实现工业生产总值337.8亿元；完成增加值159.8亿元，同比增长14.5%；实缴税金19.5亿元，同比增长12.5%，全市乡镇企业从业人员已达69万人。以农副产品为原料的加工企业不断发展，吸纳和转移农村劳动力的能力进一步增强，成为工业强市的重要补充。

【税改减负】 2004年，中央推行"亲民体"的政策，从2004年起用5年时间，将农业税及除烤烟特产税以外的农业特产税全部免除。昆明市在全市12个县（市）区免除了除烤烟特产税以外的农业特产税，官渡、西山等7个县（市）区的农业特产税全部免除。农民人均负担减少27.56元，减负率达61%，实现了"村村减负、户户受益"的目标；加大治理"乱摊派、乱收费、乱罚款"的行为，取消不合理涉农收费项目38项，专项治理减负金额达213.3万元；进一步落实涉农价格和收费公示制度，村级订阅报刊"限额制"，农村中小学义务教育收费"一费制"，涉农负担案（事）件责任追究制进一步完善。2004年，农民负担继续控制在1%以内。

【存在困难和问题】 一是农业投入不足，近几年昆明市市、县、乡三级财政对农业投入的增长幅度不大，绝大部分县区财政对农业，特别是粮食生产基本上没有投入。二是农民增收难。农民家庭经济收入中，来自非农产业的收入比重小，与发达地区比差距较大，县区与县区之间，乡镇与乡镇之间，农民现金收入和现金支出增长不平衡。三是农资制假、售假现象突出，价格上涨，对农业生产影响较大。四是农产品营销不畅，信息不灵，供求矛盾突出，农业产业结构调整、产品结构调整任务繁重。五是新增劳动力转移培训就业难度大，组织本市农民外出务工的政策还不够具体。六是重大动物疫病、水旱灾害和病虫害防治形势严峻，疫源传播途径广而杂，随时可能暴发。七是农业基础设施薄弱，农业综合生产能力低，发展不平衡，贫困面大、贫困人口多，扶贫任务艰巨。八是生态农业发展步伐缓慢，农村文明卫生习惯有待提高，滇池农业面源污染治理资金少、任务重、困难多。九是基本农田保护力度不够，短期内大幅度恢复和发展粮食生产难度大。

（张莉华）

林　业

【造林绿化】　围绕全面提高营造林质量的总要求，2004年全市营林生产认真坚持高标准、高质量，把种苗质量放在第一位，加大市级项目种苗质量管理工作力度，狠抓绿化造林质量的提高。全市共完成营造林30.05万亩，为省下达计划24.575万亩的122.28%，其中，人工造林4.96万亩（天保工程人工造林2.68万亩，珠江防护林1万亩，滇池面山造林0.46万亩，阳宗海流域造林0.05万亩，云龙水库库区造林0.25万亩，清水海水源区造林0.12万亩，松华坝水源区造林0.4万亩）；天保工程人工模拟飞播造林4.49万亩，占计划数的100%；封山育林20.6万亩，为计划数16.414万亩的125.5%；幼林抚育0.95万亩，新造林地管护10万亩；义务植树1 238.80万株，为计划数的121.76%；完成各级领导样板林3 369亩；义务植树苗木培育105万株，为计划数的100%。

【天然林保护工程】　各级党委、政府高度重视，加强领导，狠抓落实，抓好关键环节，严把设计关、种苗关、工程质量关，确保了工程的顺利实施。2004年共完成天保工程公益林建设22.6776万亩，占下达计划的100%。封山育林完成15.5156万亩，为计划的100%。完成森林管护1 252.56万亩，为计划的103%。同时，积极推进天保工程区林下资源开发试验示范，培育灯盏花、石槲种苗100多万株。加强工程区森林防火基础建设，建设防火公路42.1千米，防火隔离带79.8千米、瞭望台12座以及通讯线路、通讯设备等。

【退耕还林工程项目的检查落实】2004年，昆明市未安排退耕还林项目计划任务。全市各级林业部门以抓好对去年实施的退耕还林工程的补助兑现及检查落实为主，结合开展退耕还林“回头看”工作，重点对历年来退耕还林实施的情况进行了认真检查，并针对检查中发现的问题，及时认真整改完善，有效地巩固了退耕还林的成果。同时，积极开展以退耕还林补助期满后农民生计等若干问题为主的深入调研，初步编制完成《昆明市退耕还林工程规划》，为编制省级退耕还林规划提供了详实的基础材料。

林业局领导带头植树　（市林业局　供稿）

【推进林业产业发展】　2004年，昆明市围绕增加农民收入，与调整农业和农村经济结构相结合，开展深入调研，对发展油橄榄、大树杨梅特色经济林、元宝枫药用原料林，开发非木质特种森林资源的野生青椒、花卉、食用菌，野生动物驯养繁殖等林业产业项目的实施给予了有效地引导和指导。

【林政执法】　全市各级林业部门严格依法行政，强化依法治林，有力地促进了森林资源的保护和管理。一是严格执行“十五”森林采伐限额管理规定，认真做到依法严格审核审批。全市共执行限额采伐蓄积89 109.515立方米，其中自用材24 542.248立方米、烧材41 171.43立方米、商品材23 395.837立方米，均严格控制在“十五”采伐限额和木材生产计划等专项指标之内。二是强化林地林权管理，严把林地审核关。截止11月共收到林地审核报件81宗，涉及使用林地444.0798公顷，经国家林业局、省林业厅审核批准69宗，批准面积390.5831公顷。已由省厅收取森林植被恢复费2 294.6843万元。三是林地清理整顿大检查取得初步成效。认真贯彻落实国家林业局《关于开展征占用林地清理整顿大检查的通知》精神，组织对2000年以来的各类征占用林地，尤其是开发区和高尔夫球场建设征占用林地的情况进行了清理整顿。全市共清理出违法占用林地210宗，违法使用林地面积183.67公顷，罚款393.8万元。通过清理整顿后，补办征占用林地19宗，批准使用林地面积188.98公顷，收缴森林植被恢复费867.51万元，收缴罚款306.35万元。四是加大林政执法和案件查处、督办力度。截止10月，全市共发生林政案件510件，查处509件，查处率99.8%。没收违法所得金额1 450元、木材88.6585立方米，罚款2 292 190元，有力地打击了各种破坏国家森林和野生动植物资源的违法行为。五是以官渡区、西山区为重点，对无证木材经营（加工）企业进行了清理整顿，进一步规范了木材经营市场秩序。

2004 年全市林业工作总结会　（市林业局　供稿）

六是完成了全市的公益林区划工作。通过重新区划界定，全市国家重点公益林面积为332 676.53公顷，占全市公益林面积860 296.9公顷的 38.7%。同是，积极开展了"十一·五"森林采伐限额编制工作。

【野生动植物保护和自然保护区管理】 2004 年全市共查处野生动物行政案件 20 起，结案 18 起，收缴野生动物 484 头（条、只）。努力做好野生动物收容及管理工作，共收容、拯救保护野生动物2 466只，其中一级保护野生动物 21 只，二级保护野生动物 735 只，组织了较大规模的放生行动 3 次，使 1 469只野生动物重新回到了大自然。积极配合相关部门做好预防非典、预防禽流感工作，加强野生动物疫病预防和控制工作，有效防止疫病在野生动物中传染蔓延。开展对果子狸、獾、貉等非典疫源重点目标动物和各种野生鸟类等相关疫源重点目标野生动物的清查统一行动，收缴各种野生鸟类及相关动物 1 012只（头）。认真开展红嘴鸥等越冬候鸟携带病毒的预防工作，制定相关应急措施。积极做好鸟类监测工作，在全市共设立 16 个监测点，对近 20 种野生候鸟迁飞通道停栖地、繁殖地和越冬地进行监测和消毒防治工作。大力加强对野生动物驯养繁殖和经营利用活动的管理，进一步促进野生动植物人工繁（培）育产业的发展。全年共办理野生动物运输手续 38 件，野生植物进出口手续 37 件，野生动植物运输许可证及植物证明 22 件。加大对重点物种的保护和培育力度，积极推进红豆杉和石槲的人工培育工作。据统计，全市野生动植物繁（培）育产业产值已达4 500万元。开展野生动物产业发展的调研，初步完成《昆明市野生动物驯养繁殖产业发展规划意见》。通过认真深入调研，重新对轿子山自然保护区的保护和开发建设进行总体规划，开展禄劝普渡河自然保护点明确四至界限的工作。

【林业科技推广】 2004 年昆明市林业局继续抓好林业科研和推广示范工作，《昆明地区乡土树种营造景观林试验示范》项目研究取得初步成效，并在石林风景区、昆石公路面山选用皮哨子、黄连木、枫香、滇青冈、栾树等 15 种乡土树种开展混交林造林技术、造林模式、景观效果评价、树种生长适应性选择等相关技术的研究，建造近 500 亩试验示范区，取得试验数据 6 000余组。《建立美国黑核桃、山核桃引种栽培示范基地》、《野生核桃改造利用技术》推广应用等项目取得阶段性研究成果。在禄丰村林场、海口林场、呈贡林业局中试基地进行美国黑核桃栽培试验，在禄劝县云龙乡、晋宁县双河乡、夕阳乡、安宁市一六乡等地开展漾濞泡核桃、早实核桃等优良品种嫁接改造技术的推广应用。举办板栗低植林改造技术、野生铁核桃改造技术、森防测报信息系统、林业有害生物普查技术培训班 4 期，受训人员达 500 余人次。

【森林病虫害防治】 加强对主要病虫害的监测和预报工作，完善联系报告制度，严格执行定期测报、汇报和检查制度，全市病虫害监测覆盖率达 100%。高度重视加强对松材线虫病的监测，开展松材线虫病的关键性传媒昆虫—松褐天牛和危险性病害松疱锈病的专项调查，制定松材线虫病预防及除治预案。认真贯彻《植物检疫条例》，把封锁控制松材线虫病源作为森林植物检疫工作的重点任务，加大对松小蠹虫、木蠹象等危险性病虫的检疫工作力度。以石林县国家级小蠹虫工程治理项目及宜良、寻甸、嵩明等 8 个县（市）区的省市级重点病虫工程治理项目为重点，加大森林病虫害的工程治理的力度，带动了全市森林病虫防治工作的全面开展。全年森林病虫害发生面积 28.66 万亩，其中病害 0.372 万亩，虫害 28.29 万亩。防治面积 25.86 万亩，防治率达 90.2%。

【森林防火】 2004 年全市各级党委、政府和全市林业系统认真贯彻落实森林防火目标管理双向责任制，大力改善基础设施，加大宣传力度，狠抓扑火队伍建设，强化火源管理，严格各项监督和督查制度，保证了各项森林防火工作措施的落实。2004 年全市共发生森林火灾 19 起。其中火警 15 起，一般火灾 4 起，受害面积共 17.2 公顷，受害率 0.02‰，控制率 1.15 公顷/次。在发生的 19 起森林火灾中，查处 17 起，查处率为 89.5%。由昆明市创新提出的森林火灾扑救的临时挂牌指挥制度，得到省林业厅及国家林业局的充分肯定，目前已在全省及全国推广实行，成为昆明市森林防火工作的新亮点。

【森林公安】 2004 年昆明市森林公安机关认真贯彻"政治建警、从严治警、依法治警"的方针，认真贯彻公安部"五条禁令"，狠抓队伍建设，大力改进工作作风。继续保持严打高压态势，认真组织开展"天保二号"、"候鸟二号"、"禁种铲毒"等专项行动和"预防非典"清查果子狸、预防"禽流感"清查相关禽类的统一行动，配合地方公安机关开展打击"两抢"和追逃特大杀人犯马加爵的统一行动。破获一大批盗伐林木、破坏生产经营、非法收购运输象牙、云豹皮、穿山甲、平胸龟、红豆杉等国家保护野生动植物及其制品的重特大案件，引起社会的热烈关注和强烈反响。全市森林公安机关共受理各类森林案件 3 031件，其中，刑事案件 256 件，逮捕 182 人、刑拘 227 人；林政案件 2 875 件，林政处罚2 377人，治安拘留 35 人，收缴木材 447.1 立方米、野生动物5 833

头（条、只），罚款477.5万元，共为国家挽回经济损失5 600余万元。

（市林业局办公室）

水　利

【概　况】 2004年昆明市水利局认真落实全省水利工作会议、农田水利基本建设工作会议和市第八次党代会精神，结合现代新昆明建设和小康社会建设目标，切实加强对水利建设的领导。坚持以人为本，树立科学发展观，加快水利发展、强化工程的建设和管理、研究水价改革、探索水利投融资改革、全力推进水利工程管理体制改革，认真抓好水资源综合规划、滇中调水规划、宝象河防洪河道整治、清水海引调水规划、“润滇工程”等水利前期工作，切实加强病险水库除险加固、人饮解困、水土保持、节水灌溉、水利扶贫等工程建设，全面落实防汛抗旱工作责任制，克服了库塘蓄水不足、城市供水压力大的困难，通过挖潜改造和调整产业强构，保障了城乡供水和农业生产用水。

【农田水利建设】 2004年共完成各项农田水利建设5 851件，修复水毁工程315件，加固堤防31.3千米，除险加固水库36件，新建小水库3件，小坝塘12个，小水窖9 700多个，新增蓄水100万立方米，新增灌溉面积2.59万亩，新增地方电力装机2.86万千瓦，年发电量4.41亿度，解决和改善8.74万人饮水困难，治理水土流失面积365平方千米，实施保护面积350平方千米。全市累计完成水利水电建设投资59 927万元（不含掌鸠河引调水工程），其中水利投资31 942万元（基建投资9 183万元，小水电投资27 985万元，农水投资22 759万元）。农田水利基础设施的不断增强，使水利服务“三农”的作用更加突出。

【重点工程前期工作】 按照市委、市政府的要求，在省、市水利设计部门的共同努力下，清水海调水工程已完成规划和部分研究工作。计划年内完成可研，力争2005年内开工建设；为提高昆明主城东南片区的防洪保证率，改善投资环境，在较短的时间内完成了宝象河防洪整治规划及部分前期工作，于11月30日开工建设；水利发展“十一五”规划编制工作全面展开，年底可完成县（市）区级规划，完成市级水利发展“十一五”规划思路报告。为加速解决昆明市农村安全饮用水问题和滇池的生态环境建设，已完成《昆明市农村饮水安全规划》、《昆明市城市防洪规划》、《滇池流域水土保持规划》及可研等，4个润滇工程的前期工作正在加紧进行。

（邱云生　孙　军）

【重点工程建设】 2004年省市重点工程进展顺利。呈贡横冲水库、晋宁双龙水库、嵩明上游水库三件中型病险水库和西山区三多、嵩明县小海子两件重点小（一）型病险水库工程完成工程量70%以上，其他市列重点工程均按计划完成。安宁车木河水库、嵩明大石头水库、寻甸凤龙湾水库全面组织竣工验收。

嵩明大型灌区2004年度节水续建配套工程建设项目，于2月10日开始动工，4月28日全面竣工，完成渠道衬砌7 654米；改扩建普沙闸、东门闸；配套田间典型示范工程（U型槽）17.6056千米，配套改造渠道节闸门168道（座），共完成土方开挖7.5595万立方米，回填土方1.32万立方米，支砌石方1.972万立方米，混凝土2 976.41立方米。新增灌溉面积0.2844万亩，改善灌溉面积0.1896万亩，年节水达240.8万立方米。工程审定投资774.48万元，实际完成投资691.95万元。该项目的实施，改善了当地的灌溉条件，对灌区内经济发展和水资源的可持续利用起到了很大作用，实现了当年建设，当年投入使用，当年收益。

【防汛抗旱】 2003年全市降雨偏少(774毫米)，库塘蓄水严重不足，特别是承担昆明城市供水任务的松华坝、大河、柴河、宝象河、红坡等主要供水源水库蓄水仅为常年同期的50～60%。从2003年11月至2004年5月中旬，全市发生了大面积的旱情，局部地区因旱成灾严重。据统计，作物受旱面积720 345亩，其中轻旱502 295亩，重旱201 350亩，干枯16 699.05亩，因旱造成36.2万人、18.5万头大牲畜饮水困难，水库干涸16座，机电井出水不足63眼，因旱减少发电量962万千瓦时，水产养殖因旱减产160吨。截止8月底，发生多次洪涝灾害。据防汛办统计，受灾乡镇面达113个，倒塌房屋864间；农作物受灾面积15.4万亩，成灾面积10.6万亩，绝收面积3.4亩；粮食减收15 823吨；损坏堤防505处16.374千米，堤防决口131处，损坏坝塘4座，损坏灌溉设施115处，损坏机电泵站10座，水电站1座；公路中断18条，公路路基（面）被毁坏10.808千米，因洪水造成1个工矿企业停产。截止9月底统计，洪涝灾害共造成各类经济损失共2.5814亿元。

为解决城市用水及农业抗旱，市委、市政府高度重视，多次召开会议研究，采取多库联合调度、合理配置资源、开源节流、灌区水改旱等有效措施，县（市）区各级党委、政府全面贯彻国家、省、市的重要指示精神，全力抗灾、提前应对，加强用水管理，科学调度、实行一库一策，全市完成水改旱42 600亩。由于责任落实、工作到位，克服了年头蓄水少、前期旱情重的干旱缺水困难，在经费较为紧张的情况下，市水利部门投入515万元用于农村抗旱应急救灾，投入405万元用于城市应急供水，整合供水资源，确保了人民的生产、生活用水。在防汛工作中，坚持以防为主，防、抢结合，主动出击、全力抢险救灾。遇有险情，做到第一时间、第一信息、第一现场进行处理，把灾害损失降到最低程度，确保了河、湖，大、中型水库、重要城镇和重要设施的防洪安全。面对气候异常，单点暴雨突出、水库病险、隐患多的严峻形势，未发生大的安全事故。在确保工程安全的前提下，切实抓好蓄水工作。截止2004年11月30日统计，全市库塘、湖泊有效蓄水168 816万立方米，比上年同期（127 584万立方米）多蓄41 232万立方米。其中，全市库塘有效蓄水119 276万立方米，比上年同期多蓄32 898万立方米。为昆明城市供水的松华坝水库、宝象河水库、大河水库、柴河水库、红坡水库总有效蓄水量为13 305万立方米，比上年同期7 746万立方米增蓄5 559万立米，其中松华坝水库与上年同期相比多蓄3 790万立方米。

【渔业生产】 2004年全市水产面养殖面积16万亩，水产品总产量达3.72万吨，人均占有量7.4千克。2004年，市级和所属14个县（市）区中有10个县区水产站已过渡为公务员管理的事业单位。逐步形成昆明市水产业水生动物防疫体系，渔政执法体系，水产技术推广体系并存的新型渔业管理机制。组建昆明市水生动物检疫所和12个县（市）区水生动物检疫站，拟定昆明市水生动物防疫监督管理办法并上报市政府，着手开展水生动物防疫检疫的前期准备工作，水产品食品安全监督管理工作进入实质性阶段。成立昆明市渔政监督管理局和县（市）区渔政监督管理站，开展渔业资源调查、水生野生动物保护，长江、珠江禁渔、有害物种金萍果螺的清剿等工作。2004年着重从新品种引进、名优品种养殖、观赏鱼养殖、无公害养殖、微生物制剂的应用、综合技术培训等方面推动渔业生产的发展。在全省范围内首次建立无公害养殖基地1 300亩，将在2005年首次向市场提供1 000吨无公害水产品。进行我省名优土著鱼类鳈鲃白鱼的异地驯养小试，为这一品种的规模养殖取得宝贵经验。实施生态渔业养殖模式—稻鱼工程1 300亩，带动5 000亩。观赏鱼养殖经过六个县区近100亩试养，取得初步生产效果。

（李德运　何振辉）

【水管体制改革】　经过一年多的调查、研究和大量的基础工作准备，《昆明市水利工程管理体制改革实施方案》经市政府第56次常务会议通过并颁布实施。这是对全市水利工程管理单位的重大改革。为认真贯彻落实《实施方案》，全面推进昆明市水利工程管理体制改革的各项工作，9月7日市政府召开了全市水管体制改革工作会议，为全面贯彻落实会议精神，市水利局三次召开党组会议，局主要领导包干负责到县（市）区具体指导，由于局党组高度重视，有力推动了全市水管体制改革工作，到10月30日，14个县（市）区均出台《水利工程管理体制改革实施方案》，计划到12月底各县（市）区按各自的《实施方案》完成水管单位的改革方案，进一步落实各项改革的政策、措施，2005年8月全面完成水管体制改革工作。

（寸立峰）

【农村人畜饮水】　2004年全市累计投入资金883万元，建成和完善各种饮水工程78件，建小水窖1万个，解决和改善8.73万人、2.34万头大牲畜的饮水困难。各项人饮工程的完工投入使用。

（刘北刚）

【水政水资源管理】　全面贯彻实施行政许可法，严格取水许可审批管理。对全市所属县（市）区在实施取水许可制度过程中存在的不规范行为进行认真的清理，把凿井取水纳入取水许可的审批；规范取水许可类表格的填写，理顺审批管理程序，并按高效、快捷、便民的原则，制定取用水审批管理服务指南。按照电子政务的要求，将有关涉水法律法规、办事流程、服务指南在政府网站上向社会公布，深受有关部门好评。

认真落实云南省人民政府办公厅有关文件精神，对全市辖区内52家电力企业全面征收水资源费，共计220万元。圆满完成对电力企业全面征收水资源费的工作任务。

【水土保持】　2004年全市各级水保部门充分利用网站、广播、电视、报刊、宣传车等开展水土保持生态建设的宣传工作，收到了较好的效果。据统计全市在宣传工作中共出动1 200多人次，制作宣传展板150多块，悬挂张贴标语近400张，制作发放宣传单3万份，宣传口杯5万个，编报水土保持工作，信息简报52期，制作宣传影视片3部，投入宣传经费20多万元。

继续以“长治”工程、“国债”水保项目为龙头，坚持大区域规划与小区域治理相结合，综合治理与生态修复相结合，广泛发动社会各界积极参与，开展以滇池、阳宗海流域为核心的水土流失综合整治，全市共完成综合治理面积362平方千米，其中“长治”第七期工程2004年治理任务95平方千米、2003年度“国债”水保项目治理任务16平方千米、2004年阳宗海水污染防治水土流失综合治理7.9平方千米。

富民、晋宁、安宁、嵩明、西山、呈贡、寻甸7县（市）区于5月顺利通过“长治”工程第五、六期的竣工验收。晋宁、富民、安宁、嵩明4县（市）再次被列为“长治”工程第七期项目县，西山、呈贡被列为“长治”工程生态修复项目县，新一期“长治”工程前期规划已于2004年10月完成报批，共规划治理38条小流域，综合治理水土流失面积492.13平方千米，治理程度达91%，进一步加快水土流失防治步伐。

加大对开发建设项目的水土保持监管力度，推动落实“三同时”制度。全市共审批水土保持方案150个，其中国家大型开发建设项目近20个，开发建设单位投入水土流失防治经费达3亿元，防治面积近100平方千米，有效地控制了开发建设过程中的人为水土流失。

同时，加强水土保持地方配套立法工作，目前《昆明市开发建设项目水土保持方案编报审批管理规定》已完成前期工作的调研及初稿的拟定工作；经过个人上岗培训和单位资质审查，石林、西山、富民、安宁、寻甸、晋宁、呈贡、官渡、嵩明等9个县级水勘队获得了丙级水土保持方案编制资质。

【水政执法】　对各县（市）区水务部门500多名水政、水保、渔政执法人员先后进行水政执法、行政许可法、水生动物防疫等工作的培训。2004年12月29日昆明市水政监察支队成立并举行了挂牌仪式。其职能是：宣传贯彻《中华人民共和国水法》、《中华人民共和国水土保持法》等涉水法规；依法保护本辖区内水资源、水源质量和饮用水安全不受破坏和污染以及维护正常的水事秩序，依法查处违法行为等。受昆明市水利局委托，按照有关法规办理行政许可和征收行政事业性规费，参与并归口协调水事纠纷，配合协助公安和司法部门查处水事治安和刑事案件。

【涉水法规立法起草工作】　根据市政府对行政审批事项清理工作的要求，贯彻实施《中华人民共和国行政许可法》，进一步深化行政审批制度改革，对东川、安宁下放了水利行政审批权。为加快全市水资源的依法管理，做到有法可依、依法行政。结合全市水利工作实际，把水源区保护、水土保持及水生动物防疫管理等立法工作列入议事、办事日程。

①《昆明市水生动物防疫监督管理办法》立法起草工作。按照市政府2004年度政府规章规范性文件立法计划，昆明市水利局的《昆明市水生动物防疫监督管理办法》已列入调研项目。已完成《昆明市水生动物防疫监督管理办法》（草案）的说明。

②《昆明市云龙水库水源保护区管理办法（草案）》立法起草工作情况。根据市委、市政府对云龙水库水源保护区立法工作的要求，昆明水利局与市政府法制办、掌鸠河工程管理局、市环保局、市林业局、市农业局、市公安局、禄劝县政府等相关部门联系，就《昆明市云龙水库水源保护区管理办法（草案）》立法起草工作的有关问题多次进行专题研究，拟定立法起草工作方案，力争2005年6月底把较成熟的《昆明市云龙水库水源保护区管理办法（草案）》提交市政府审定。

③《昆明市重点水源区保护条例》立法工作。根据市委、市人大、市政府领导的指示精神，为防止生活饮用水水源受污染，保证居民饮用水安全，促进水资源的优化配置和有效利用，实施可持续发展战略，昆明市重点水源区保护已经纳入地方立法的重要内容。昆明市水利局已拟定《<昆明市重点水源区保护条例>立法起草工作领导小组》上报市政府审批。

（孙家宪　保秀红）

农场管理

【生产经营】 2004年昆明市农垦系统实现国内生产总值5 832万元，比2003年下降0.14%实现主营业务收入22 746万元，比2003年22 278万元增长2.10%；实现利税1 363万元，比2003年增长41.98%；职工人均年工资14 066元，比2003年增长30.83%。塔密、青龙两村委会人均收入3 774.5元(塔密3 149元，青龙4 400元)，比2003年增6%。

国营昆明跑马山实业总公司2004年在获得婴儿配方奶粉生产许可证的同时，积极申报并率先取得了市场准入证；纯鲜牛奶、纯酸奶、果味酸奶、风味牛奶、全脂奶粉和母乳化奶粉获得“云南省无公害农产品证书”，纯鲜牛奶、纯酸奶两类产品获农业部农产品质量安全中心颁布的“无公害农产品认证书”，昆明市农业局并给予一次性的奖励；2004年6月7日3个奶牛基地（月表奶牛场、穆盛达奶牛场、安达奶牛场）获云南农业厅颁发的“无公害农产品场地证书”。

国营昆明市第三农场在产业结构调整中，根据企业实际，因地制宜，建设农业生态休闲园，成功地接待了第二届海峡两岸高级农业休闲研讨会的专家、新加坡客人、台湾学生300人次，接待国内客人25 000人次。扩大了影响，增加了企业知名度。

昆明云岭广大种禽饲料有限公司，2004年初，战胜了高致病性禽流感疫情，重建和恢复生产取得较好的成效。完成主营业务收入13 049 867.41元，产品销售利润94 625.92元。投资200多万元建盖5栋种鸡舍，3栋育雏育成舍，一个孵化车间，并对孵化车间进行翻修和工艺改造，完成设施、设备的安装，形成年饲养5万只鸡，月满孵化量可达50万枚种蛋的种鸡饲养规模。

昆明雪兰牛奶有限责任公司，2004年饮用学生奶的学校发展到137所，比2003年88所增长57%，日供学生饮用奶达到6万多份，比2003年5.2万份增长15%，除五华、盘龙、官渡、西山4区外，还扩大到东川、禄劝、富民、安宁等县（市）的一些学校。全年学生奶供应量达950多万份。2月份推出新产品餐饮奶投入市场，年销量51.74吨。

【国有企业改革】 按照市委、市政府的要求，农场管理局采取积极稳妥的态度，应用以会代训、专题讲座等多种形式广泛宣传改制政策。农场管理局成立改制领导小组和三个改制推进小组，各改制企业成立改制领导小组，在局改制领导小组的统一领导下，统分结合，责任到组。2004年12个企业的产权制度改革，按照改制工作程序，从审计、评估，到方案拟定、论证，终审、对接，各项工作加班加点进行，年底全部完成。结合昆明农垦土地面积大的实际，改制分四种类型进行，一是国有资产全部退出，职工转换身份调整劳动关系的有昆明市第一农场，昆明市牛奶公司；二是国有资产部分退出（工业、商业用地及相关资产出让改制，农用地保留划拨方式），职工转换身份调整劳动关系的有昆明市二农场，昆明市三农场；三是国资不退、职工转换身份调整劳动关系的有昆明市红星农场，昆明市春城农工商海口公司；四是劣势企业实行兼并破产。工作小组深入企业协助指导编制改制方案，协调办理相关手续，组织改制方案，按期完成市委、市政府下达的改制目标。昆明市一农场，昆明市红星农场，昆明市春城农工商海口公司的改制工作已拿到市政府国企改革领导小组的终审批复；昆明市第二农场，昆明市第三农场改制方案已通过论证，进入改革改制绿色通道；昆明市牛奶公司改制方案已通过论证；完成昆明市机械化猪场破产终结工作。

国营昆明跑马山实业总公司，在深化企业制度改革工作中，按照《昆明市关于分离国有企业办学校职能的实施意见》的精神，于2004年8月16日与官渡区政府达成协议，将公司所办的跑马山学校，包括土地使用权、地面建筑物、所有固定资产、流动资金、教学设备移交给官渡区政府管理。19名教师全部移交官渡区教育局安排工作。本协议经官渡区公证处公证，并于2004年7月1日执行。

【学生饮用奶奶源基地建设】 2004年昆明奶牛存栏31 634头，牛奶总产量78 685吨。昆明地区奶牛集约化养殖已经走在云南省的前列，共有集中饲养、集中挤奶、统一收购牛奶的奶牛饲养单位33个，存栏奶牛15 352头，优质奶牛基地建设是实施国家“学生饮用奶计划”的基础。优质奶源示范基地建设以“规模饲养、统一管理、统一防疫、统一改良配种、统一服务、集中挤奶”为目标，结合ISO9000、HACCP、GMP和无公害食品生产规范等质量管理体系要求，建立了一整套具有昆明特色的奶源管理体系和生产规范，提高昆明市奶业生产的整体水平。“昆明市学生饮用奶奶源基地配套体系建设”项目，经农业部批准，总投资1 761万元，中央预算内投资940万元，地方配套821万元，计划2005年完成项目建设。

【第三届国际学生奶大会】 2004年3月，昆明市政府向云南省政府上报申办国际学生奶大会，省政府向农业部上报了申办报告，并请农业部向联合国粮农

三农场投资1 600万元新建成云花食品厂，市级有关部门领导莅临祝贺

（阮劲松　摄）

2004年中国学生饮用奶计划高层论坛在昆明会展中心举行　（阮劲松　摄）

组织提出申请，4月12日农业部国际合作司致函联合国粮农组织 Ahmed 先生："云南省昆明市已被批准举办2005年3月或4月初的国际学生奶大会，希望会议圆满成功！并希望中国与FAO进一步加强合作。"

为进一步做好申办工作，昆明市人民政府成立了申办第三届国际学生奶大会筹备组，组织拍摄了《健康成就未来》的专题片及介绍学生奶的宣传册、招贴等系列印刷品。并由昆明市政府副秘书长、会展办主任马克斌、昆明市教育局副局长李裕华、昆明市学生奶计划协调组办公室副主任朱宝于4月25日到美国华盛顿参加北美国际学生奶大会，代表昆明市人民政府作进一步的陈述和宣传，得到了与会代表和联合国粮农组织的认可肯定，同意将2005年第三届学生奶大会交由昆明市举办。

2004年5月20日联合国粮农组织干事、国际学生奶负责人麦克·格雷芬先生到昆明进行7天关于第三届国际学生奶大会的筹备工作及相关工作的考察。通过考察，麦克·格雷芬先生对昆明市筹备工作给予高度评价，确定了大会召开的时间、地点、主题、内容及具体事项。为举办好第三届国际学生奶大会，昆明市政府主要领导亲自挂帅，成立了第三届国际学生奶大会的组委会及由10余人组成的常设工作机构，制定了大会实施方案。经过近一年的筹备，各项工作按原定计划正常进行。

【安全生产】　按照省、市2004年安全生产工作意见的要求，建立和完善教育档案和卡片，对干部职工进行了安全生产的宣传教育培训，组织1 085名干部职工进行《安全生产法》等法律法规的学习培训。坚持安全生产检查制度，认真进行安全生产检查工作，及时发现隐患45项，投入整改资金37万元，认真消除不安全因素，落实"安全第一，预防为主"的方针。2004年没有发生重大安全生产事故。

（阮劲松　李燕萍）

生物资源开发创新产业

【概　况】　2004年，昆明市生物资源开发创新办以天然药物为主的现代医药产业和生物化工产业为重点，积极促进以绿色食品为主的精深加工及保健食品产业和以野生、食用、加工型花卉为主的花卉及园艺绿化产业发展，坚持以农业产业结构调整为主线，按照以工业化促进农业产业化发展的思路，以北部5县区为重点，以增加农民收入为核心，加大对现有资源开发力度，促进农村经济、县域经济和特色经济发展，推进昆明市生物资源开发创新产业持续健康发展。

【项目实施】　按照实施项目推进产业发展的工作思路，坚持扶优扶强的方针，努力培植昆明市生物资源开发创新产业的优势产业和骨干企业。截至2004年5月，昆明市生物创新办共收集到备选项目72项。经实地考察，汇同相关部门领导和有关专家教授进行严格筛选、评估、反复论证，并报经市政府批准，2004年，生物资源开发创新产业建设项目13项，其中种苗基地及示范园建设6项，原料基地建设2项，产品开发2项，生物农药推广1项，资源普查1项，产业统计1项。以天然药物为主的现代医药产业。2004年在云南省中药材GAP种植技术指导中心、云南省农科院药用植物研究所的指导下，引导昆明市宇斯药业有限责任公司、禄劝金谷生物科技开发有限公司和昆明华曦牧业有限公司到东川、禄劝、官渡等县（区）建立了以阿坝当归、中华雪胆、重楼、曼地亚红豆杉等名贵中药材为主的种苗基地和示范园3个，共600多亩。为促进"云药"产业的发展，支持昆明圣火制药有限公司完成了"理洫王"牌血塞通软胶囊在印尼、新加坡、马来西亚等东南亚国家的药政注册工作，并开始出口销售，公司销售收入从2003年的8 000万元增加到2004年的1亿元以上，实现利税1 000万元以上。生物化工产业。2003年和2004年支持安宁市发展万亩香叶天竺葵原料基地，共建成10 217亩，产油50多吨，实现平均亩产值1 000多元，两年创总产值2 000多万元，种植香叶天竺葵比种传统的粮食作物每亩增加400～600元，取得了较好的经济效益和社会效益。紫甘薯含有较高比例的天然色素，具有较好的市场开发前景。东川、寻甸等北部5个县区具有种植甘薯的传统习惯，种植面积近10万亩，其中东川区有3万多亩。2004年扶持昆明紫昊天然色素有限公司在东川区建立日本川山紫甘薯种苗基地及示范园200亩，计划2005年发展1 000亩的原料基地。2004年，在宜良县蓬莱、狗街、汤池、南洋等乡（镇）的莲花白、小西瓜、辣椒和白菜等品种上，进行以印楝素、云菊、康禾林、百草一号、莱喜等为主的生物农药示范推广，面积2 000亩。通过示范推广，摸索出一套无公害食品安全生产操作规程，指导昆明市蔬菜等农副产品的无公害生产。以绿色食品为主的精深加工及保健食品产业。全市板栗种植面积约60多万亩，年产3万多吨。中秋节前后消费大约30%，用于初加工开发的不到10%，有近60%的板栗未开发利用。创新支持昆明宜良滇王食品有限公司进行板栗深加工系列产品开发，公司经过半年的努力，于2004年底完成了生产车间改造、设备购置、安装调试，建成了年产500吨板栗生产线。公司生产的保鲜板栗、栗饼、袋装栗仁等产品先后投入市场，供不应求，填补了云南省板栗无精深加工的空白。以野生、食用、加工型花卉为主的花卉产业。昆明市十余家专业从事食用花卉深加工的高新技术企业，拥有先进的生产线及进口设备，开发出的精油、净油、玫瑰花粉等系列产品畅销国内外。但是，由于原料缺乏，企业每年生产所需的大量原料都来自省外。市生物创新办组织云南花果叶植物开发有限责任公司、西山区供销合作社、西山区农业局等单位负责人于8月份到山东平阴、陕西西安、甘肃永登等地进行考察学习。11月昆明市生物创新办支持企业从西安引进法国百叶玫瑰种苗45万株，在西山区团结乡和晋宁县宝丰镇发展300亩法国百叶玫瑰种苗基地和种植示范园，为2005年建设1 000亩的原料基地提供种苗和规范化栽培技术。

【促进横向交流】 为了充分利用在昆科研院所的科技优势，加大横向交流，以科技促进产业的发展。市生物创新办先后通过座谈会、工作会、协调会等形式，促进科研院所、企业和有关业务部门之间的交流和支持。2004年市生物创新办组织了昆明圣火制药有限公司、云南白药集团、昆明嘉华食品厂等30余家相关企业，中科院昆明植物研究所、省农科院、云南农业大学等9家科研院所，14个县（市）区相关业务部门，邀请市发改委、市农业局、市科技局、市药监局等6家市级部门，召开专门会议，就县域经济发展、企业发展方向、科研院所掌握的技术等内容进行横向交流。促成云南农业大学食品科学院、省农科院生物技术研究所、市植保植检站分别成为板栗深加工项目、曼地亚红豆杉种苗基地建设项目、生物农药推广示范项目的技术指导和技术支撑单位。引导昆明滇虹药业有限公司、云南花果业植物开发有限公司、云南白药集团中药材优质种源繁育有限公司分别到东川区、西山区、晋宁县、禄劝县发展种植雪上一枝蒿、法国百叶玫瑰、重楼等种苗基地及种植示范园近1 000亩。昆明方戈菌类科技开发有限责任公司在官渡区、宜良县、寻甸县等地推广示范栽培反季节人工食用菌100多万袋。云南绿大地有限公司花卉园林基地落户宜良。

【扩大对外宣传】 为了加大昆明生物资源开发创新产业对外宣传的力度，市生物创新办组织昆明晨农绿色食品公司、昆明方戈菌类科技开发有限公司、英之源农业科技开发有限公司等近百家企业参加了“首届泛珠三角区域产品展示暨经济技术合作洽谈会”、“2004年香港美食博览会”、“中国国际中医药暨健康产业博览会”等各种大型会展活动。组织昆明华曦牧业有限公司、云南花果业植物开发有限公司、云南开窍绿色产业开发有限公司等10余家企业提供资料，开展网上推介工作。组织昆明长运干红葡萄酒有限公司、昆明宜良滇王食品有限公司等4家企业和寻甸的板栗深加工开发项目到浙江、上海等地开展招商引资和项目推介。

【学习培训】 积极组织全市生物资源开发创新产业的相关部门领导和企业负责人进行产业培训和各种业务学习。2004年组织相关业务部门领导和企业负责人90余人参加了“云南省第三期中药材规范化种植（GAP）技术培训班”、“云南特色天然植物加工技术专题培训班”、“云南省反季节蔬菜种植产业培训班”等十期专题培训。11月市生物创新办还承办了全省各州市创新办和相关企业负责人120余人参加的“云南省现代物流体系建设培训班”。

【实施项目扶贫】 为了确保扶贫工作切实有效开展，2004年市生物创新办以扶持项目带动产业发展的形式，积极引进昆明爱德组培有限公司和昆明方戈菌类科技开发有限公司到寻甸县功山镇纲纪和羊毛冲村委会，发展优质加工型马铃薯脱毒种薯种植基地和反季节食用菌栽培。首先通过修建钢纪村委会的小海沟渠和羊毛冲村委会高石岩村人畜饮水工程，改善了种薯基地灌溉用水和1 670余人及2 400多头牲畜的饮水条件，为2005年发展马铃薯种薯种植基地奠定了基础。组织昆明方戈菌类科技开发有限公司在扶贫点发展反季节食用菌栽培。分别在两个村委会选择种植示范户40户，每户安排菌包600～1 500袋。公司按保护价1.6元每千克统一收购产品，3个月内，实现40家种植示范户户均增收576～1 440元，为2005年大规模推广种植奠定了基础。

【信息网络中心建设】 为了加大昆明市生物资源开发创新产业对外宣传的力度，提高资源共享效能，在省市有关部门的关心支持下，经过两年的建设，建成了昆明生物资源开发创新产业信息网络中心。2004年上网发布产业信息2 000余条，发布工作动态40余条，发布项目管理办法、申报指南等多个规范性文件，实现网上申报项目。信息中心的建成对扩大对外交流和宣传、规范信息收集渠道、出台信息上报的管理办法、提升管理效率和工作效率具有重要作用。

（李一果）

·责任编辑　李　萍·

工　业

综　述

【概　况】　2004年是实施工业强市发展战略的开局之年。一年来，在市委、市政府正确领导和有关部门的大力支持下，工业经济系统广大干部职工坚持科学发展观，坚持发展第一要务，认真贯彻落实"工业强市"战略，进一步加快以工业为突破口，全面建设小康社会的步伐，工业经济发展呈现出增速快、效益好、质量高的良好态势。全年全市第二产业完成增加值453.92亿元，增长14.6%，拉动全市生产总值增长7个百分点，贡献率为58.3%，实现了提速增效目标，为全市国民经济发展做出了积极贡献。

【工业主导作用增强】　2004年以来，昆明工业经济在经历2002年止跌回升和2003年恢复性增长的波动后，步入稳定、快速增长期，保持了两位数增长势头，工业强市战略取得良好成效。主要表现为：

工业经济增速加快。全市工业完成增加值362.54亿元，同比增长14.8%。在全省工业增加值中的比重达34.4%。其中规模以上工业累计完成增加值277.58亿元，同比增长19.4%，比上年提高8.5个百分点，占全省规模以上工业增加值的31.5%。

有力支撑全市GDP增长和财政增收。工业拉动全市生产总值增长5.7个百分点，对GDP增长贡献率为47.5%；规模以上工业累计实现利税总额168.99亿元，同比增长38.8%，分别高于全省3.1个百分点和9.9个百分点。省会中心城市地位突出，为昆明市财政增收起到了重要支撑作用。

经济效益大幅提高。规模以上工业经济综合效益指数234.6%，同比提高42.1个百分点；实现销售收入745.21亿元，同比增长32.8%；实现利润总额68.66亿元，同比增长91.7%，占全省工业利润的36.3%。规模以上工业亏损额同比下降21.4%，亏损面同比下降1.4个百分点。

重点行业发展迅猛。烟草、冶金、电力、化工4个重点行业累计完成工业增加值206.9亿元，同比增长23.3%，占全市规模以上工业的比重达74.5%。

非烟工业效益创新高。打破烟草一枝独秀的格局，非烟工业利润首次超过烟草工业，完成43.96亿元，增长1.57倍。其中，黑色金属冶炼及压延加工业增长3.27倍；化学原料及化学制品制造业扭转整体亏损的局面，实现盈利5.57亿元；有色金属冶炼及压延加工业增长1.12倍；电力生产和供应业增长34%。

工业产品产销两旺。全市工业产品销售保持两位数增长。全年全市规模以上工业累计完成销售产值748.49亿元，同比增长37.1%；工业产品产销率达到99.8%，同比提高1.35个百分点。主要工业产品中，钢材、铜、铝、铅、锌等十种有色金属、金属切削机床、水泥、化肥产量均呈两位数增长。

省政府考核目标提前超额完成。省政府考核昆明市工业经济规模以上工业增加值、销售收入、利税总额、利润总额4项指标，于2004年11月份提前超额完成。全年分别超计划目标14.3、15.3、27.8和74.3个百分点。

【深入推进新型工业化思路】　新型工业化框架初步构建。市委、市政府加大对发展工业的领导，按照科学发展，规划先行的要求，组织编制完成《昆明市推进新型工业化，工业强市重点产业发展规划纲要》，明确昆明工业产业未来发展方向、发展目标、发展重点与布局规划，引导各类投资加快工业发展，为现代新昆明建设提供产业支撑。

扶持新型工业发展政策作用明显。为加强全市工业技术创新能力，增强企业自主创新力与核心技术力，设立5亿元工业发展专项资金，并组织制定《昆明市新型工业化发展资金管理》，进一步加大技术创新政策引导和资金扶持力度。《办法》实施以来，先后安排4 000多万元资金，对工业企业运用高新技术提升改造传统产业、采用新工艺和新技术进行产品开发及工艺创新、开展节能降耗及资源综合利用的20多个项目给予扶持，有力推进了全市新型工业化进程。

工业技术改造投入幅度加大。围绕增投资、上项目、增效益，市工业系统把推进新型工业化与技术改造结合起来，把结构调整与技术创新结合起来，采取积极措施，充分发挥财政资金引导、辅助作用，技术改造投资迅速增长。全年完成固定资产投资435亿元，同比增长20.3%，其中更新改造投资完成90亿元，同比增长12.6%。工业企业完成技术改造投资18.48亿元，超计划数9个百分点，同比增长19%。争取获得省级财政贴息资金1 040万元，重点支持机械制造业、现代生物与新医药制造业、磷化工加工制造业、高新技术产业等行业。其中，云内动力、云铝、云南富瑞、云南三环等一批投资大、拉动大的项目，成为带动昆明市工业经济发展的新亮点。确定50项技术创新重点项目，总投资1.6亿元，预计完成后可新增利润5 600万元。认定昆明昆软信息系统公司和昆明烟机集团风动新技术发展有限公司两户企业的创新研发机构为“昆明市企业技术中心”。

县域工业发展步伐加快。结合推进新型工业化总体要求，根据各县区资源、技术、资金等实际，加强对县域工业的指导和协调服务。一年来，14个县（市）区中除嵩明县工业增加值下降1.6%外，其余13个县（市）区大幅增长。晋宁县增长176.9%、安宁市增长42.1%、五华区增长45.7%、呈贡县增长88%、富民县增长65.2%、禄劝县增长58.3%。

【缓解能源运力供需矛盾】　加强与省、市有关部门的协调联系，一手抓关系昆明工业的调整整合，一手抓影响经济运行的突出问题。面对煤、电、油、运严重短缺的状况，统筹兼顾，确保重点，把“瓶颈”制约造成的影响降到最低限度。

一是积极协调电网调度，精心调配电力。2004年，全省发电量虽然比2003年增长14.9%，但新增项目投产、电源资源水火失衡、电煤供应紧张等因素使电力缺口达61亿千瓦时。按照“保人民生活、保效益、保重点、保增长、保行业整合”原则，在省“三电办”领导下，逐月制定计划用电方案，重点保证优势行业和高效益企业生产，严格对高耗低效“五小”企业进行限电；实行“峰谷”电价，引导企业进行“错峰、避峰”生产，提高电力使用效益，强化电力需求侧管理。

二是铁路运力以“五保四压”要求统筹安排。为解决铁路运力严重不足的问题，配合省经委和昆明铁路局，按照“保效益、保重点、保鲜活农副产品、保增长、保行业整合，压初级产品、压原矿、压低价值产品、压不符合产业政策产品”的要求，坚持按月上报铁路运输计划表，确定外运重点产品和重点物资；利用铁路运输联系会，加强协调，为昆明市蔬菜瓜果、化肥等重点物资和高附加值产品出口、出省提供运力保障。

三是“保煤增电”与安全生产两手抓。煤炭供应以安全生产为原则，以解决供需缺口为重点。着力抓好节约用煤和电煤运输，确保火力发电厂和钢铁、化工等用煤量较大企业的生产用煤。加大生产组织协调，煤炭生产持续增长，全年完成原煤产量238万吨（含先锋公司），比上年净增51万吨，增长22%。

【行业整合取得新进展】　引进战略合作伙伴扎实有效。广东美的企业集团成功整合云南客车生产企业，制造基地在高新区奠基。已研制开发19款新车型，生产700台整车；沈阳机床整合云南CY集团项目已正式签字，并进入实质性阶段。2005年预计工业总产值可完成3亿元；昆钢完成对昆明焦化制气厂重组整合，为昆钢做大做强奠定基础。长征火箭与昆明电缆等整合项目取得重大进展。

磷资源整合工作有序推进。专项整治磷资源开采秩序，遏制非法开采；协调指导储磷县区开展磷资源整合工作；加强与云天化、云南石化、马龙产业、云南南磷的沟通联系，配合四大磷资源整合主体制定、完善整合方案，并积极配合组织落实。

企业规模和实力提升。战略投资者的进入进一步优化配置昆明市相关产业的技术、资金、管理、市场等要素，产生出“1+1>2”的效能。全市14户大型企业（集团）上缴税金占全市财政总收入的43%，实现利润总额占全市规模以上工业利润总额的77.3%。全市销售收入前20户企业实现销售收入占全市的比重达61.5%。昆钢全年销售收入突破100亿元大关，成为昆明市继昆烟后的又一家销售收入突破100亿元的大企业集团。

【资源综合利用与市场整顿整体推进】　按照《清洁生产促进法》，加速推广资源综合利用，选择了12户企业开展了清洁生产试点，并推荐2户企业作为省试点企业。同时，鼓励和扶持高耗能企业积极开展资源综合利用，减免税5 000多万元，在提高工业经济运行效益的同时，取得了良好的社会效益。根据国家和省、市统一部署，进一步加大市场专项整治力度，重点抓集贸市场、加油站等专项整治，市场经济秩序，市场环境有效改善和净化。

（市经委）

机电工业

【主要经济指标完成情况】　工业总产值（现行价格）：全年完成37.93亿元，比2003年增长13.7%，其中新产品产值完成6.86亿元，增长50%。

工业销售产值（按现行价格计算）：完成34.95亿元，增长22.8%，产销率达到92.1%，增长-3.1%。

出口创汇：完成出口交货值2.28亿元，实现出口创汇2 746.99万美元，仍保持了较高的水平。

税利指标：全年实现利税14 656万元，比上年同期增长-9.16%，其中，实现利润为2 105万元，增长-59.8%。

新质量指标（按新质量指标考核）：全年产品质量等级品率为52.65%，质量损失率为0.3%，新产品产值率为19.36%。

固定资产投资：完成固定资产投资1.1411亿元，其中，生产性技术改造投资0.8964亿元，非生产性建设投资0.2447亿元，保持3年投资额超亿元以上的水平。

工业增加值：完成工业增加值7.5亿元，比上年同期增长26.8%。

安全生产：全年未发生因工死亡事故及重特大事故，完成市政府下达的考核指标。

【年度机电工业发展思路】　2004年昆明市机电系统的发展思路为：树立一个思想（即树立工业强市，坚持发展的思想），坚持两项原则（即正确处理发展与改革稳定的原则），紧密三个结合（企业改革发展与现代新昆明建设结合，与加快行业发展相结合，与提升传统产业科技含量相结合），抓紧四个培育（即培育一批对产业、行业发展有带动性的拳头创汇产品，培育一批高新技术、高附加值的出口产品，培育一批适应国际市场需求的畅销产品，培育和巩固一批生产和营销大宗出口创汇产品的企业），做好五个整合（汽车、内燃机、机床、电工、成套设备五个行业的整合），把机电工业建成市的支柱产业。

【经济运行监控和监测】　针对2004年电力供应紧张，原材料价格上涨，运输成本增加，流动资金紧张给机电工业带来的困难，协会加强经济运行监控和运行态势监测，采取多种措施，促进行业经济发展。经过奋斗，全行业出现三个亮点：一是重点企业订货饱满，生产量足，生产大幅度提高，很多关键设备已安排二、三班生产，工业增速加快，经济运行质量提高。二是机械行业重点盈利企业产销衔接良好，销售收入和盈利能力进一步提高。昆明云内动力集团股份有限公司、昆明电缆股份有限公司等

7户企业平均利润163.8%，行业集约度大大加强。三是出口继续增长，出口交货值超过1.4亿元，同比增长2.41%，占全省机械工业出口的60%。但由于原材料价格上升较大以及企业改制中处理历史遗留的呆坏账影响，所以2004年行业经济效益出现下滑和负增长。

【国企改革】 2004年国企改革进入攻坚阶段，机械行协与市政府签订了19户国企改革目标责任书，为确保目标任务的完成，成立了市机械协会国企改革领导小组，同时还成立了4个指导小组和1个政治思想工作小组，深入企业，按照中央、省、市国企改革政策，采取一厂一策方式推进改革。全年完成改制论证16户，超过指标1户（昆明电缆股份有限公司），挂牌出让2户，资产重组2户，改制终审批复下达10户，并已办完工商登记手续。完成了市委、市政府下达的改革目标。

【集体企业改制】 完成了昆明有色金属铸造厂、昆明保安设备厂、昆明市标牌厂、昆明电机厂劳动服务公司4户集体企业的改制工作，并办理了工商登记。

【破产重组】 2004年市机械行业协会承担了昆明重型机械工业总公司、昆明重工（集团）有限责任公司、昆明茶花汽车厂、云南三机床厂、国营春光器材厂、昆明市交通机械厂、昆明思达瑞磨料磨具有限公司、昆明市汽车工业总公司的破产重组任务，昆明思达瑞磨料磨具有限公司于2004年10月13日进入破产法律程序，其余6户企业实现了破产法律程序终结，全面完成了市政府下达的破产重组任务。

【建立和完善法人治理机构】 在加快企业改革的同时建立和完善法人治理机构，把法人治理机构和改制企业的党群组织建设与企业改革改制工作相结合，大力推行党组织与法人治理机构“双向进入、交叉任职”的领导体制。建立和完善法人治理机构6个，对10家企业35名经营者资格进行了认定，使改制企业党的基层组织建设得到保障，党的建设服务作用得到较好发挥。还深化了企业内部劳动、人事、分配三项制度的改革，探索出引导企业管理经营者能上能下，人员能进能出，收入能增能减的激励新机制。

【行业整合】 2004年的行业整合集中在汽车、机床、电工三大产业群。一是引进广东美的企业集团参与云南汽车工业的整合，力争在近几年以豪华和重卡汽车带动，在云南集中建设一个一流商用车制造企业，创造一个知名汽车品牌，带动一个以整车制造为龙头，汽车底盘和零件配套的产业群，形成规模超百亿，员工超万人的云南—美的汽车工业城，使汽车工业成为云南省又一支柱产业。二是依托昆明机床生产企业的技术优势，整合数控机床、高附加值机床、出口创汇机床产业，形成以昆机、云机、重机为骨干群的机床产业，力争产值超过30亿元。沈阳机床整合云南CY机床后，生产经营创历史新高，其发展势头看好。四是整合电工行业，形成以牵引变压器、水轮发电机组、交流电缆等高附加值产品为主，产值超50亿元的大产业。同时，引进民营企业参与行业整合，云南盛兴商贸集团并购云汽实业公司、汇和集团并购云南工程机械厂、昆明科力化油器厂、云南三龙集团威克拓工贸公司。

【新产品开发】 2004年的新产品开发主要抓几个方面：一是抓好高新技术产品的开发。云南三龙机械集团有限公司、云南机床厂、昆明键辉机床有限公司、昆明裕海工贸公司等一批企业相继推出了数控铣镗加工中心、数控车床、立式高速数控铣、数控外园磨等高科技高附加值产品，增强了机电工业的市场竞争力。二是抓畅销新产品的开发和规模化生产。搞好龙头企业昆明云内动力集团有限公司与德国FEV发动机技术公司合作的“轿车用柴油发动机”产品开发工作，样机可望2005年完成，同时在德国建立科研信息发展中心，抓紧零部件配套国产化和本地化工作，组织有能力的企业参与配套，为新产品规模化生产打下了基础。三是抓出口创汇新产品的开发，促进了天体望远镜、铝合金加宽导线、交联聚乙烯电力电缆等一大批产品的出口，为企业赢得了较好效益。

【技术改造】 2004年强化技术改造项目的实施，年内昆明云内动力集团股份有限公司引进的柴油机机体、缸盖柔性加工生产线已进入试生产，多缸小缸径系列柴油机产业化、现代集成制造系统应用示范工程、新型干式变压器产业化示范工程、扩大交联聚乙烯电力电缆出口技改等项目已通过竣工验收。昆明电缆股份有限公司扩大铝合金加宽导线出口技术项目，通过了专项和可行性项目审批，增强了机电工业的出口创汇能力。

【建立电子网络】 针对机电系统厂多、面宽需加强联络的要求，协会组织完成了科技信息工作联系电子网络的建设，通过计算机将所属企业及省内外相关企业联网，加强了企业间的互相沟通和信息交流，使企业取得了更多的科技信息和市场信息。

【人才培养】 2004年加快了人才的培育、选拔和考核工作。组织有关专家对市机电行业已选拔的第一、二、三批学术和技术带头人及其后备人选18人进行考核工作；开展了第四批中青年学术和技术带头人及后备人选申报工作。评出了2004年7名昆明市有突出贡献优秀专业技术人员，推荐了4位人才参加“国贴”、“省贴”、“省突”人选的选拔。组织开展昆明市第八届自然科学优秀论文评选和第四届机电工业优秀论文和科技成果评选工作，参与了《昆明市单轨交通系统》项目前期工作和信息化带动工业化研究、昆明机电工业发展研究等课题，促进了昆明市科技事业的发展。

【扶持龙头企业做大做强】 2004年重点扶持机电系统龙头企业昆明云内动力股份有限公司的经营生产，采取各种措施促进其做大做强。以昆明、成都两个厂为基地，成昆线为依托，规模化生产出适应市场需求的农用汽车、轻型汽车、轿车配套的柴油机。建立高技术水平的技术平台，建立云南、四川辐射全国的配套销售网络及服务点。抓好售后服务，促进销售，组织一大批企业为云内配套，使柴油机形成了规模化生产，云内已成为全国中小型柴油机的主要厂家之一，经济效益名列前茅，2004年实现销售收入15亿元。

【安全生产】 针对机电工业技术含量高、劳动强度大、危险系数大的特点，2004年协会坚持“安全第一、预防为主”的方针，把安全生产放置于重于一切的地位，狠抓全系统的安全生产和能源管理：一是对安全委员会作了调整和充实，落实安全责任制。年初与市政府签订了安全生产责任书，同时与下属55户企业（单位）签订安全生产责任书，明确考核指标，层层落实，把任务、指标分解落实到分厂、部门、车间；二是制定了协会重、特大事故救援预案，组建了安全生产检查领导小组，深入企业落实隐患整改情况。开展专项治理，查处习惯性违章，抓好危险化学品管理，进行消防整治和汛期安全防范工作；三是指导督促企业完成了昆明电机有限公司水电车间厂房改造、昆明交通机械厂昆阳新村家属区危房改造、云南CY集团旧食堂拆除、云汽实业礼堂拆除等一批项目，起到了预防在先，确保安全的作用；四是做好春节以及国庆、“五一”旅游黄金周期间的安全生产和专项治理；五是开展“安全生产月”和“安康杯”竞赛活动，有针对性地对事故隐患进行检查整改，搞好水池加盖，防止投毒事件，开展建筑物防雷安全检测等工作，树立安全人文意识；六是开展抓安全保发展教育活动，树立“生产再忙也要保安全，不允许用职工的生命和鲜血换取高产值”意识，提高了企业干部职工的安全认识，创造了良好的经营环境。一年来全系统未发生重大安全事故，各项安全指标都没有突破市政府的要求。

【保持企业稳定】　2004年以稳定为大局，两个确保为重点，制定目标，明确责任，落实再就业政策：一是加大再就业政策宣传力度，鼓励下岗职工参与市场竞争、自身创业和再就业；二是与28户企业再就业工作站签订目标责任书，确保各项方针的落实；三是针对机电系统实际，指导企业开拓市场，发展生产，清岗腾位，安置职工上岗；四是开展调研，一厂一策协助企业搞好再就业，稳定了企业，稳定了社会。

协会把稳定作为发展的基础工作抓紧抓好。2004年实施送温暖、保稳定工程，帮助113名特困职工办理了最低生活补助，慰问困难职工643人，发放慰问金83 200元，解决10户企业特困救济金19万元，保障3 000多名下岗职工基本生活费，办理职工退休手续737人，调动25人，安置大中专技校生387人，退役士兵32人，协调解决劳动争议27起，处理遗留问题4人次。为保证改制工作顺利进行，协会成立稳定工作领导小组，以高度责任感和紧迫感抓稳定，坚持每月听汇报，配合有关部门处理集体上访120件次，上访职工4 000人，内容涉及劳动争议、企业改制、拖欠职工工资、医疗丧葬费、政策落实等，做到问题不回避、矛盾不上交，为昆明市的改革和发展做出了贡献。

（张玲玲）

烟草机械

【主要经济指标完成情况】　昆明烟草机械集团公司2004年坚持以改革企业为龙头，加快技术创新步伐，加大产品结构和产业结构的升级和调整力度，取得了明显进步。随着改革的不断深入，集团始终坚持制度创新，优化运行机制，加强内部管理，企业的核心竞争力得到提高，总体呈现良好的发展局面。全年的各项经济指标完成较好，具体如下：

2004年集团各企业完成工业总产值12 841万元，比2003年增长35%。

实现产品销售收入13 839万元，比2003年增长16.9%。

实现利税3 064.5万元，比2003年增长22.8%。

实现利润总额1 657.8万元，比2003年增长43%。此外2004年还完成产品出口产值180多万元。

【产品结构调整】　由于烟机市场持续萎缩，集团针对烟机市场需求并结合企业实际情况对产品结构进行调整。对市场前景较好的切丝机、包装机进行技术改进。早在1994年，二机有限公司就在吸收英国RC4切丝机和德国KTC切丝机优点的基础上开始了新一代切丝机的研究开发，公司以21世纪中国烟草切丝机的换代和与西方制造商争夺下一代切丝机市场为目标，确定了自己的市场定位，通过几年的努力，新型切丝机SQ35系列数控螺旋滚刀切丝机获得成功，其核心技术螺旋滚刀、数控系统获国家专利，标志着我国高水平切丝机已从全盘引进到开发具有自主知识产权产品的转变，该产品获“国家级新产品称号”。

由于该产品技术含量高，市场定位准确，受到用户欢迎，产品进入市场后立即成为一个亮点。2004年销售额达到6 180万元。

与此同时，三机有限公司生产的包装机在市场上也占有了一定份额。在获得意大利GD4350包装机组的专有制造技术后产品迅速实现国产化，为各大烟厂更新换代提供首选机种，跟上了烟草工业发展的步伐。2004年实现销售额3 800万元。

【科技进步】　随着市场竞争加大，近年来，集团各企业为提高产品质量，开发新产品占领市场，投入大量资金进行技术改造。二机有限公司投资近500万元，进行血液分离杯生产净化车间的安装和购置先进的检测仪器。大输液生产线核心技术——制瓶工艺有较大突破。

三机有限公司投资近800万元，新购置包括两台加工中心，多台数显数控精加工设备和计算机设备。研制出25条包装机组，并已完成试制及工业性试验。3 000型彩条软包装机正在研制。

风动新技术发展有限公司通过土地置换，投资近5 000万元，在高新技术开发区新建厂房，扩大了生产规模，生产国内较先进的蜂窝纸板设备及较先进的PPY型“泊乐”电脑全自动立体停车库。

一机有限公司与上海紫光机械有限公司、云南新华印刷实业总公司合作组建云南、（上海）紫光机械有限公司。在昆明经济开发区投资1 200万元，新建8 000余平方米生产车间生产印刷机械、装订机械等，填补了云南在印刷机械方面的空白。

【改革与改制】　2004年是集团企业改革的关键之年，改革工作占去集团及企业大量的精力和时间。集团通过组织各企业党、政、工领导学习改制相关文件，统一思想认识，坚定了通过改革促进发展的信心。同时按照省、市的有关文件，集团和企业一道，就国有资产的减持或退出、经营者如何购股、职工股如何退出、如何引进战略合作伙伴以及如何形成新的产权结构，以促进企业发展等相关问题，反复磋商，统一认识。在保证企业稳定，保证改革中职工权益不受到损害的基础上，严格按照相关程序制定并稳步推进改制方案，截止2004年，完成了5家企业的方案论证，2家企业已完成工商注册登记。年内集团做到了改革和发展两不误。

【抓住机遇做大做强企业】　在建设现代新昆明的同时，按照市政府的布置，按做大做强的要求，集团统一了改革思路：用政府授权经营的资产，做大做强集团的核心产业。

二机有限公司要抓住切丝机市场有利时机全力组织生产，确保合同履行。在原成熟产品的基础上不断改进，提高和完善切丝机的技术优势。三机有限公司在稳定牢固现有市场的同时，大力推动出口，研发新机型，增加新产品产值力争2005年更上一层楼。风动新技术发展有限公司重点抓好立体停车库、蜂窝纸板设备的市场销售，抓订单，抓落实，把自己优秀的产品转化为经济效益。一机有限公司一度几年处于亏损，2004年经过调整实现扭亏，下步工作重点是理顺思路，盘清资产，积极引进战略合作伙伴研发自己有特色的产品。

总的来说，烟机市场仍是集团的主战场，在近几年的时间里，创新力度丝毫不能降低，集团将继续跟踪国际上的先进技术水平，不断推出自己的新产品，进一步研发高起点的创新项目。同时不断调整产业结构、产品结构、组织结构，使生产规模有一个巨大变革，使烟机集团再上一个新台阶。

【安全生产】 烟机集团对安全生产工作方面始终坚持“安全第一、预防为主”的方针，在市委、市政府及市安监局的领导下，不断加强对各企业安全生产工作的监管。对安全生产工作方面主要做了以下工作：

一是认真落实安全生产工作责任制，由各企业主要领导与集团签订“安全生产目标责任书”层层落实安全生产责任制，建立健全规章制度；二是强化基础管理工作，加强安全检查和事故隐患整改力度；三是认真开展“安全月”“安康杯”宣传活动，不断进行安全宣传教育，提高广大干部职工安全意识；四是利用一些事故典型材料进行宣传教育，吸取教训，树立“人人为安全、安全保人人”的思想。2004年集团全面完成了各项安全生产指标。

（烟机集团）

重化工业

【概　况】 2004年昆明市重化工业系统认真按照市委市政府的要求，以深化国有企业改革为中心，坚持实施工业强市、走新型工业化道路为工作重点，全系统各企业努力克服煤、油、电、运输等价格上涨及全面紧张的困难，较好地完成了各项任务和目标，为昆明市改革和发展作出了贡献，其主要生产经营指标完成情况是：销售收入完成100 358万元，同比增长11%；工业增加值完成13 270万元，同比增长12.9%；实现利润－285.9万元，同比减亏4 433.9万元；利税总额实现3 927.9万元，同比增加4 046.5万元；产销率为99.7%。完成技改投入6 688万元，同比增长20%。

【全面完成深化国企改革目标和任务】 2004年昆明市化工建材行业紧紧抓住深化产权制度改革这个核心，解放思想、抓住机遇，全面深化企业产权制度改革。在具体工作中，昆明市化工建材行业协会根据企业的不同性质和特点，积极探索，勇于实践，敢于突破，着重从解决企业产权制度改革的重点和难点问题，国有企业产权制度化改革工作取得了重大进展，全面完成了与市政府签订的深化国有企业改革的目标责任。据统计，协会系统列入三年国企改革任务的21户企业，全部通过改制方案论证，其中，16户企业完成工商注册登记或注销，1户企业完成终审批复，工商注册登记在办理中，3户企业改制方案通过论证，相关手续已报审，1户企业依法公告破产，1户企业完成改制整合。另外，未列入计划的3户企业已提出重组、整合改制的方案。全系统已完成改制的企业，按政策规定转换职工身份2 814人，占70.14%；内部退养职工655人，占16.32%；解除劳动关系，自谋职业职工552人，占13.54%。

【安全生产运行平稳】 针对重化工业系安全生产专项整治的重点行业和领域、安全生产工作责任重大的实际，昆明市化工建材行业协会始终坚持把安全生产工作摆在突出位置，加强对安全生产工作的领导，千方百计确保国家、省、市政府有关加强企业安全生产工作的措施在全系统得以迅速贯彻落实，有效地确保了企业生产安全，维护了企业生产的稳定发展和改革工作的深入发展。2004年全系统共发生重伤事故2起，伤2人，死亡为零，安全生产工作经市政府对照目标责任考核，被评为良好，受到市政府的表彰奖励。主要工作一是认真按照省、市政府的要求，全面落实安全生产目标责任制，协会与企业、企业与部门（车间）、班组均签订安全生产目标责任书，所属部分重点化工生产企业坚持将责任书签到职工个人，从整体上提高了职工对安全生产的认识和防范意识。二是坚持开展经常性的安全生产宣传教育活动，不断提高职工的认识和自我保护能力。三是深入开展重点行业安全生产专项整治，2004年依据国家、省市有关开展安全生产工作专项整治的要求，协会系统全力围绕开展危险化学品、非煤矿山、民爆物品、特种设备等进行整治。在整治工作中，严格落实各项政策、法规，从加强制度管理入手，完善相关的管理规定和制度，努力实现重点行业领域安全管理工作实现规范化和制度化。2004年所属5户危、化品重点生产经营企业已基本通过省、市组织的安全评估，同时部分企业已完成和组织进行了安全评价，为申领相应的安全生产许可证创造了条件。另外，2户非煤矿山企业已通过安全评价，并取得了非煤矿山安全生产许可证。四是制订完善安全应急救援预案，并组织进行演练。加强对企业重点部门、重大危险源的监测，并制订相应应急救援预案。提高各类人员对突发性安全生产事故的应急处置能力是安全生产工作的一项重要内容，为此，协会安委会始终坚持把制订和完善企业安全生产应急救援预案作为一项重要工作来抓，并督促企业认真根据生产发展的实际进行修订和完善，同时，为检验预案的适用和可行性，并让企业参与救援处置的职工能够掌握和运用，协会安委会于2004年6月，利用开展“安全生产月”活动的时机，在昆明化肥有限责任公司组织开展了应急救援预案的演练，对危险品液氨泄漏事故进行处置，经协调当地公安、消防部门参与演练，使整个演练的规模、真实性得到提升，演练取得了成功，得到中央、省、市新闻单位的好评。

【技术改造与投入】 结合昆明市“工业强市，产业兴市”发展战略的实施，特别是在企业相继完成产权制度改革，产权得到进一步明晰的基础上，为适应新形势的要求，增强企业参与市场竞争的能力，提升企业规模、档次，协会所属各企业切实转变观念，坚持改革促发展的思路，抓住机遇，加快技术改造步伐，努力调整产品结构，取得了较好成效。2004年系统所属企业计划项目投资20 167.159万元，至年末，实际完成投资6 688万元，与上年相比，增长20%左右。其中实施的主要项目有：昆明神农汇丰化肥有限责任公司投资1 030.80万元进行了新建一套三废硫化混燃余热锅炉机组、新增一台2 000立方米液氨球罐、新增一台2 650mm造气炉等技改项目；昆明化肥有限责任公司投资2 882.45万元进行了合成氨节能降耗清洁生产技改，新建磷酸二氢铵装置等。

【清洁生产】 昆明重化工业多数企业原有生产装置大多技术水平较为落后，设备陈旧，资源浪费，环保及安全等方面的问题较突出。随着科技的发展和环保要求的进一步提高，装置生产的节能降耗、资源综合利用以及实现清洁生产成为企业自主的需求，为此，各企业，尤其是原一部分高耗能企业，近年来，在技术改造及新建生产设施固定资产投资计划中，始终坚持把节能降耗、资源综合利用放在第一位，积极采取措施，加大对装置的改造及投入，部分企业现有装置已逐步实现节能和环保，企业已从原被动的环保治理逐步向循环经济的清洁生产过渡。2004年协会系统昆明神农汇丰化肥有限责任公司、昆明化肥有限责任公司、昆明农药有限公司被列为昆明市清洁生产审核试点单位，其中昆明神农汇丰化肥有限责任公司还被列为云南省清洁生产审核试点单位。通过清洁生产审核工作，不仅将有力推进清洁生产在企业的实施，同时对促进企业走清洁生产的可持续发展道路发挥积极的作用。

【再就业工程】　2004年协会系统企业共有下岗职工837人，涉及4户企业。维护下岗职工生活的基本稳定和实现这部分职工再就业面临巨大的压力。一年来通过上下共同的努力，全系统推荐到公益性岗位就业人员有97名。同时，全年共筹集资金752万元，其中企业自筹5万元，财政筹集522万元，社会筹集225万元用于支付下岗职工基本生活费、养老、失业和医疗保险等，经检查，全系统下岗职工生活费已做到按时足额发放。另外，在2004年元旦、春节到来之际，协会组织对114户特困职工进行走访慰问，送去党和政府的温暖。

【企业稳定工作】　根据市委、市政府的要求，为维护企业和社会的稳定，及时化解职工群众的矛盾和问题，昆明市化工建材行业协会始终坚持搞好“会长接待日”及处理好来信来访工作，通过对来访、来信的及时答复和督促相关企业给予落实解决，有效地化解了矛盾，保持了企业的稳定。一年来，每月一次的“会长接待日”仅有12人来访，比上年下降53.8%；日常工作中接待9次，有75人次来访，比上年下降4.4%；信件来信34件，比上年下降32%；接到“12345”交办事项3件，比上年下降25%；电话来访55人次，比上年下降48.5%。全部信访事件办结率达100%。

【行风评议】　按照市委、市政府的安排部署，2004年在市级机关全面开展民主评议机关作风工作，为此，昆明市化工建材行业协会党组认真进行了贯彻落实，在整个评议工作中，协会领导班子在认真执行党的民主集中制，自觉维护班子团结，严格执行《党政领导干部选拔任用工作条例》的同时，围绕自觉遵守省政府颁布的《公务员八条禁令》，组成领导小组，并制订了相应《工作方案》，通过深入开展学习教育和积极配合市检查组检查及其他相关活动的开展，协会机关自身建设、工作作风得到进一步加强和转变。机关工作纪律严明，工作作风正派，工作态度认真负责，机关工作人员无一违反《公务员八条禁令》和不廉洁行为的发生。经市检查组对照检查，协会机关被评为第三组第三名，得分86.24分。

（周利康）

冶　金

【完成主要经济指标】　完成工业总产值9 433.1万元，实现销售收入9 614.6万元，实现税利－162.3万元，完成税金324万元，实现利润－486.3万元。

【三年发展规划】　集团公司（本部）根据城市发展规划布局及市场情况变化，决定已开发运作的大学生公寓不考虑再扩大经营规模，拟探索走联合办学的路。将虹山东路4号内轧钢车间厂房改造为学生教室5 400平方米。拟在虹山东路农贸市场紧邻的原炼钢车间厂房改造为购物广场，引进商家经营。与澳大利亚国际环保公司合资项目力争尽快投产，第一期工程形成年产1万吨污水脱磷剂，远景生产规模计划做到年产6～8万吨，产品主要出口国际市场。以实物出资方寻求房地产开发商共同合作，对原料厂东料场、动力厂、起重设备厂相连的3块地共61亩进行联片开发成居民住宅小区。继续拓展与澳大利亚方的业务合作范围，拟合资生产污水处理厂底泥脱水机械设备及城市中水回用系统。

以上规划若能按设想逐项实现，通过3年左右的发展，亚龙冶金有限责任公司基本可实现全面脱困并取得较快发展，为公司后续发展打下较坚实的基础。争取实现在改制三年后，全部安置职工，营业收入达到5 000万元，上交税金1 000万元，实现利润500万元。

【破产资产重组】　亚龙集团公司本部自2003年8月14日依法整体收购昆明市无缝钢管厂破产资产以来，针对该厂长期处于特困、短期内无法恢复生产，在册的310名职工中223名待岗的状况，就如何实施资产重组作了通盘考虑后，于2004年1月作出决定：在没有最佳资产重组条件时，应首先做好如下两件事：一是将热轧冷拔生产线主体厂房约6 000平方米、相关生产线配套设施租赁给昆明富民建昆实业有限公司，该项目可安置无缝管厂职工60人上岗。二是成立昆明亚龙冶金（集团）有限责任公司无缝钢管厂下岗职工再就业工作综合办公室，负责离退休职工、内退职工、下岗职工的日常管理工作和下岗职工的再就业安置，负责治安保卫，水电维修、房屋租赁等日常管理。

【兑现完成目标责任奖】　2003年集团公司本部和所属市轧钢厂、市耐火材料厂、市有色金属材料厂、昆明起重设备厂4户企业与昆明化工建材行业协会签订了工业经济、安全生产、企业改制目标责任书。2004年4月，市化建行业协会决定给亚龙集团公司完成2003年目标责任奖金33 610元；同时集团公司被评为市化建行业协会2003年度安全生产先进单位，奖励奖金10 000元。以上两项奖金由集团公司本部及所属4户企业按分配所得在企业工资节余及奖励基金中各自列支。集团公司于2004年4月19日兑现了上述奖金。

【制定生产事故救援预案】　为做好亚龙集团有限公司安全生产事故的预防和应急处理工作，在突发事故发生时及时开展安全救援，控制事故发展，减少损失，维护企业稳定，亚龙公司根据安全生产法规定，结合公司自身实际情况，于2004年3月3日制定了《昆明亚龙冶金（集团）有限责任公司安全生产事故救援预案》。根据《预案》规定，集团公司成立了突发重大事故应急救援指挥领导小组，配合协助上级有关部门开展抢险救援工作。正副组长由公司的一、二把手担任，成员由各生产经营部门、保卫处、物管处、医务室、小车队的负责人担任。

【退休人员移交社区】　退休人员移交社区管理是大势所趋，也是企业改革改制的一项内容之一。但由于亚龙公司是收购原冶金公司破产资产重组的企业，原破产企业的生产线全部变卖，职工全部失业进入市再就业中心，靠政府帮扶发生活费。近年靠生产自救举办的学生公寓和临街围墙改商铺出租，虽然有了点收入，但由于经营规模小，收入也只能养活在岗职工。按上级政府的文件规定，在移交退休职工时，企业需向社区管理部门缴纳一定的启动费用。亚龙公司本部有退休职工近1 400人，需要移交费用上千万元。公司无力承担，退休人员移交社区的工作无法实现。

【办理职工住房产权证】　亚龙公司职工的住房制度改革始于1993年。在近11年的住房制度改革过程中，实施了职工交住房抵押金改革、40%产权改革、100%产权改革3个阶段。亚龙公司本部配套房出售100%产权办证工作于2002年就完成了评估、上报、审批等事项，但由于原40%的收款资金在企业困难时用于解困挪用，因而房改的专项基金空缺无法填补，由此办证工作受阻而停滞，产权证一直没办下来。职工拿不到房产证意见十分大，部分职工欲上访。集团公司对此十分重视，于2004年6月8日党政工联席会议研究决定，成立集团公司本部房改售房办证领导小组负责尽快完成办证工作。办证工作得到市政府、市房改办、市产权处、西山区产权处的大力支持，至2004年12月止，共办理了集团公司本部的1 001套职工配套住宅的房屋产权证，完成了多年未完成的工作，为职工办了一件大好事。

【出台产权制度改革实施方案】　亚龙公司本部依照市政府体改办同意亚龙公司改制的文件批复，于2004年初开始完成体改程序中的企业产权界定、改革成本测算、改制后新公司的股本设置等工作。5月，集团公司制定了《昆明亚龙冶金（集团）有限责任公司产权制度改革方案》上报市体改办。改制形式采取国有资产全部退出，收购的原市冶金工业公司破产资产全部用于安置职工。由经营班子和中层骨干出资注册新的有限责任公司，原企业的债权债务由改制后的公司承继。方案于2004年6月16日经市政府组织论证通过，市政府体改办批准了亚龙公司的改制方案。之后该方案经集团公司本部8月6日召开的职工代表大会审议通过，8月10日下发实施。职工安置途径：达到内退条件的职工，本人自愿内退的可以办理内退，内退发不低于本地最低工资标准的生活费；国企职工身份转变成民企身份每年工龄给予经济补偿1 100元；自谋职业职工自愿与企业解除劳动合同除每年工龄1 100元的转变费外，还将一次性支付4 000元的安置费。

【改制审批】　亚龙集团公司所属的市有色金属材料厂、市轧钢厂分别于5月、6月申请改制。两户企业遵照省市有关深化产权制度改革精神要求以及自身改革实际，拟按国有资本退出、产权转让的原则实施产权制度改革。亚龙集团公司经研究同意两户企业进行改制并呈报上级。公司要求两户企业在改制中严格按照上级改革精神，紧密结合企业实际，积极稳妥地处理好各种矛盾和问题；注意健全制度，规范运作并履行完备各项手续；尽快制订企业深化产权改制方案。

【发展混合型经济产业】　遵照市政府企业改革"退二进三"的发展战略，亚龙集团公司按照原定收缩冶金、发展三产、精干主体、走多渠道多行业发展道路的产业结构调整方向，经过三年的努力，集团公司（本部）已由原来的冶金产品的生产、制造和销售，转变成以集大学生住宿、餐饮、娱乐、教学等高校后勤综合服务为一体的大学生城，虹山东路农贸市场、商铺出租的"三产"服务为主，保留传统的冶金产品加工生产线为辅，大力开发污水处理材料及生产污水处理材料的机械设备的混合型经济产业。"三产"项目的建成投产，缓解了一直深陷困境的破产重组的困难，最大限度地安置了相当一部分下岗职工的再就业，对社会的稳定和企业的良性发展起到了重要的作用，也为培育发展新经济增长点创造了一个发展平台。为适应市场变化和企业内部改革发展需要，原企业经营的无缝管产品加工生产设备，其生产线及相关设备仍有可利用价值，且具有相应市场潜力。鉴于亚龙公司刚从破产重组中走出，仍在艰苦创业时期，在新的经营项目受限于能力和发展时机时，企业仍需维系传统生产线或创造条件对其发展。

【破产企业职工内部退养】　亚龙公司所属的市无缝管厂，由于营运机制不活，企业长期亏损，资金早已枯竭。企业于2002年7月进入破产程序后，一直找不到收购单位，故破产终结不了。大部分职工下岗进入市再就中心已快满三年。亚龙公司为解决职工出中心后生活无着落问题，于2003年8月收购了无缝管厂。出中心年龄偏大的职工要求按"三五"政策办理内部退养，集团公司在无能力解决的情况下，无缝厂近100名职工曾几次上访。公司在市政府的支持下，截止2月，给予149名符合企业内部退养条件的职工办理了内部退养手续。

（张正元）

轻纺工业

【概　况】　2004年，轻纺工业行业协会在市委、市政府的正确领导下，全行业各级干部职工认真贯彻中央、省、市关于深化国企改革的一系列方针政策，结合轻纺行业协会的实际，坚定不移地落实市委、市政府下达的各项目标，基本完成了市委、市政府年初下达的各项责任目标。

2004年全行业完成工业增加值13 764万元，按市政府下达给协会的目标计划来检查，为目标计划16 800万元的82%，未达到市政府考核要求。同比下降38.12%，按市政府下达给协会的目标计划来检查，与目标计划要求的下降4.23%相比，多下降33.89个百分点，未达到市政府考核要求。规模以上企业完成产品销售收入56 579万元，为市政府下达给目标计划50 200万元的127.07%，达到市政府考核要求。实现利税－9 300万元，（包括省属下划企业省橡胶厂、行业归口管理的17户企业在内）实现利润－15 150万元。21户国有企业完成了改革改制任务，改革改制成效显著。较好地完成了与市政府签订的"安全生产目标管理责任书"的各项指标任务，经考核被评为一等奖。实施技改项目10个，完成投资12 104万元，比2003年减少53.11%。

【企业改革取得新进展】　按照"产权清晰，权责明确，政企分开，管理科学"的要求，以资本为纽带，以产权制度改革为突破口，以工业强市为目标，按照国有资产逐步全部退出竞争性行业的精神，深化企业改革工作。主要做法是：采取多种改制形式，做大做强，放开搞活一批中小型企业，增强企业活力。21户股份制改制企业中，云南金花针织有限公司、昆明电池厂、昆明拓瑞工贸有限公司、昆明金泽工贸有限公司、昆明光安照明电器有限公司、昆明新飞林人造板有限公司、昆明森工有限责任公司、昆明牙膏厂、昆明林产化工有限责任公司、昆明乾钰经贸有限公司等10户企业，通过改革，国有资产全部退出，成为民营企业；云南纺织（集团）股份有限公司、昆明彩印有限责任公司、昆明芬美意香料有限公司等3户企业运行良好，实力较强，有市场前景的优势企业，预留部分国有股，通过改革，做大做强；昆明市轻工工业有限公司、昆明市木材家具公司、昆明德和罐头厂、昆明玻璃制瓶厂等4户企业，进一步深化企业改革，由股份合作制改制为有限责任公司；昆明市日用化工厂、昆明市纺织工业公司、昆明云艺星火工艺厂等3户企业已完成股份合作制改造；昆明啤酒厂通过引进外资，增强了企业活力。

【加大劣势企业退出市场力度】　2004年是协会行业归口管理企业破产最多的一年，轻纺协会抓住国家对西部地区政策性倾斜的机遇，对资不抵债、扭亏无望、长期停产的企业，争取列入国家计划实施政策性破产或依法破产企业，加快退出市场步伐。昆明搪瓷厂、昆明市麦淇淋食品厂、云南毛巾床单厂、昆明电子手表厂、昆明轻纺边境经济贸易总公司等5户企业依法破产，按照市政府要求，预计2005年上半年破产终结；云南橡胶厂列入第二批依法破产计划，企业正在进行破产前期准备工作，12月份进入法律程序；昆明纺织厂实施国家政策性破产，等待国家下达政策性破产计划；昆明博容特玻璃容器有限公司被政府确定为昆明市少体校用地；昆明华泰鞋业公司清盘；昆明胜彪橡胶皮革厂注销；云丰造纸厂、昆明市橡胶工业公司等6户政策性破产企业，年底进入破产法律程序。

【技术改造、技术创新力度加强】　2004年实施技术改造项目10个，完成投资12 104万元，已完成的项目有：①昆明新飞林人造板有限公司的易地搬迁及技改项目；②云南纺织（集团）股份有限公司的建材市场重建项目；③昆明市日用化工厂技术改造项目；④云南金花针织有限公司仓库重建项目；⑤云南金花针织有限公司技术改造项目；⑥昆明芬美意香料有限公司技术改造项目。昆明玻璃制瓶厂易地搬迁及技改项目等正在进行中。金泽公司的DCW洗车废水循环处理机申报了省级新产品；云纺、金花、彩印、森工等企业按ISO9000的要求进一步加强了质量管理；制瓶、森工、新飞林等企业按资源综合利用的要求，进一步开展了清洁生产的有关工作。

【安全生产成效明显】　2004年，轻纺协会的安全生产工作在企业的共同努力下，坚持“安全第一，预防为主”的方针，认真落实安全生产目标责任制，按要求进行了9次安全大检查（抽查企业72家次），查出隐患195条，整改177条，整改率91%。一年来，全系统杜绝了死亡和重大火灾事故、重大职业危害和重大设备事故，发生重伤事故1起，伤1人；轻伤事故19起，伤19人，未突破市政府下达的控制指标，较好地完成了与市政府签订的“安全生产目标管理责任书”的各项指标任务，安全生产工作取得了明显成效。

【再就业工作得到较好落实】　2004年全系统有下岗职工的国有企业20家，集体企业5家，上年度结转下岗职工为3 745名，通过努力共分流1 751名，2004年还剩1 994名，主要做了以下工作，一是鼓励下岗职工自谋职业，年内已办理自谋职业手续的有1 835人，再就业中心拨给经济补偿金和安置费10 708 185元，已写自谋职业申请要求解除劳动合同关系的有1 835名，已办理完补偿金。二是为确保大龄下岗职工的基本生活保障，协会对在中心的下岗职工进行了排查，对符合“三三制”原则的退养人员，及时办理了申报手续，已为1 435名办理了退养，保证了大龄下岗职工的生活来源。三是积极主动地为下岗职工办理再就业优惠证，2003年为下岗职工办理了再就业优惠证3 614本，2004年又为下岗职工办理237本，以保证下岗职工能及时享受到各种优惠政策和上公益性岗位。四是在各部门协调配合下，在市再就业中心的支持下，协会行业归口管理企业下岗职工的基本生活费都能按时足额发放，一年来，发放基本生活费19 265 582元；元旦、春节、国庆、中秋慰问金930 200元；公益岗位社会保险费1 952 220元。近几年来下岗职工3年协议期满出中心后企业无法提供就业岗位，企业无力承担出站人员的生活费，根据市里的有关文件精神，为3 193名困难职工申报了最低生活保障金5 816 230元，为保持企业和社会稳定提供了关键的经济保障。

轻纺行业工会，围绕轻纺系统深化国企改革，稳定职工队伍，指导并依靠企业工会切实为困难职工排忧解难，解决他们的实际困难，最大限度地调动、保护、发挥广大职工的积极性和创造性。两级工会走访慰问职工1 615人次，包户帮困91户，申报办理特困证493本，办理入学优惠证200本，办理就医优惠证222本，为8 627人办理了职工医疗互助，申办重特大病救助金59人，98 929元，申办寒窗助学36人，173 500元。

【改进机关工作作风】　根据上级的安排，认真开展民主评议机关作风工作，针对政府机构改革后赋予协会的职能，教育引导机关干部认真履行职责，确定“想企业所想，急企业所急，为企业办实事”的工作态度，对企业人员到协会办事杜绝了“门难进，脸难看，事难办”的现象，提高了工作效率，树立了全心全意为创业服务的思想。

2004年，进一步完善了7户企业的党组织建设，调整充实了9户企业的领导班子，任免企业领导干部10人，帮助、指导1户集体企业进行民主选举产生厂长，发展党员31名。

【稳定工作】　随着企业改革改制工作的深化，企业长期积沉的一些深层次问题在企业深化改革中不断引发出来。协会党组非常重视稳定和职工上访工作，本着为职工排忧解难的思想，把企业职工反映的问题，化解在基层，解决在萌芽状态，确保企业和社会的稳定。2004年，坚持每月10号的“会长接待日”制度，全年12次共接待上访人员28批次；收到和处理来信125封，来访76起1 520人次；接待和处理企业职工5人以上的群体上访35批，1 450人次；接办市政府“12345”便民热线交办件10份。一年来，在企业出现各类突发事件和群体上访时，协会领导都亲临现场参与协调处理，为企业分忧解难，确保了企业的改革、发展、稳定。

（黄新林）

二轻工业

【概　况】　2004年，昆明市手工业联社有企业75户，在职职工7 234人，离、退休职工9 808人。一年来，在市委、市政府的领导下，面对市场经济的激烈竞争，在电力供应紧张、原材料价格上涨、企业改革改制工作力度和难度增大等困难条件下，联社工作紧紧抓住经济建设这一中心，提高企业经济效益，重点实施六大工程。进一步解放思想、实事求是、与时俱进、开拓创新，努力探索和实践联社各项工作的新思路、新举措。抓住机遇、深化改革，向思路要出路、向发展要稳定，紧紧围绕联社的工作目标，带领全体干部职工，团结一致、知难而上、克服困难、开拓进取、扎实工作，较好地完成了全年工作任务。

工业总产值：计划1.66亿元，实际完成1.73亿元，与上年同比增长

10.8%。

销售收入：计划2.94亿元，实际完成2.3亿元，与上年同比下降4.16%。

利润总额：实现利润－111.5万元，比2003年减亏60.98%。

上缴税金：全年上缴税金1 743.7万元，比2003年下降14.18%。

产品质量：根据考核的企业统计，产品等级品率为50%，质量损失率为2%，与上年同比下降0.87%。

安全生产：全年无死亡、火灾事故，重伤事故1起、轻伤事故4起，均低于市政府考核指标。

【构建学习型组织】　深入学习、提高认识、解放思想、与时俱进、增强改革的信心和攻坚克难的勇气，构建学习型组织和学习型企业。各级领导干部努力作学以致用、用有所成的模范，不断提高驾驭工作的能力。做到理论上的清醒、政治上的坚定和行动上的正确。通过认真学习，进一步解放思想，更新观念。在提高思想认识的基础上，结合企业实际情况，充分挖掘潜力，扬长避短，按照市场经济的规律，勇于探索、大胆实践，不断为企业的生存和发展寻找新的突破口。充分认识企业改革的重要性和紧迫性，在全面推进二轻企业改革、改制工作中处理好改革的力度、发展的速度与职工和企业承受程度的关系，维护二轻企业安定团结的政治局面。通过改革促进发展，实现发展确保稳定，做到思想统一、步调一致、坚定信心、解放思想，以扎实的工作为将来更大发展奠定基础。

【努力提高经济效益】　一年来，联社所属企业面对二轻改革的艰巨任务和各种困难，努力学习，大胆解放思想，针对二轻企业的实际情况，坚持以企业改革、改制为主导，转换机制为突破口，调整内部机制和用工制度，引进战略伙伴，冲击旧的管理机制，整合行业，因地制宜开发第三产业，不断调整产业结构和产品结构，狠抓企业的技术进步及扭亏增盈，提高所属企业的经济效益。2004年进入改革改制程序共有20户企业，其中，已全面完成的有6户，已完成论证工作的有2户。

牢固树立“改革才有生路、发展才是硬道理”的思想。全力抓好了企业扭亏增盈和改革、改制工作。按照市政府的要求对系统内有条件的38户企业签订了目标责任书，并奖惩兑现，以保证系统同比减亏200万元目标的实现。努力完成2004年工业经济发展与改革工作考核责任制目标。在市委、市政府和有关部门的支持帮助下，二轻全体干部职工团结奋斗、艰苦努力，避免了各项经济指标大的下滑，做到了止跌回稳，出现恢复性增长的良好势头。

【加强基础管理】　坚持“安全第一、预防为主”的方针，继续全面推行安全生产责任制，强化安全检查和隐患的整改工作，坚决纠正各种违法、违规、违章行为，力保实现全年安全目标。各级组织采取有力措施，切实加强对安全生产工作的领导和督促，做到守土有责，确保一方平安。为进一步强化各企业行政一把手的责任，调整充实办事机构，落实安全生产责任制，实行安全生产一票否决制，与42家责任单位签订了2004年度安全生产目标管理责任书，(责任书签订率为100%)。并制定了《联社重大安全事故应急救援预案》。全年共组织各类安全检查7次，检查企业92家（次），查出事故隐患153条，未发现重大事故隐患。下达隐患整改通知书5份，所查出的隐患大部分已整改。各企业为整改事故隐患，创造一个安全文明的生产环境，在资金十分困难的情况下，仍积极想办法筹措整改经费，全年共投入隐患整改资金102.44万元。

近年来联社企业生产不正常，职工大量下岗，工种岗位变换较大，为了增强职工的安全意识，提高自我保护能力，各企业均加强了对职工的培训教育工作，全年共进行全员培训教育和三级安全教育1 306人次，新培训取证特种作业人员23人，复审换证139人，基本做到特种作业人员持证上岗。

组织企业申报市重点技改、技术创新项目。云南塑料厂的高强度聚烯烃(PE)管材开发项目列入2004年度全市技术创新产品开发重点项目名单。

帮助4家企业（斑铜厂、云塑、民塑、工具配件厂）的5个产品申报2005年云南省名牌产品，资料已上报市质量监督局，争取列入2005年云南省名牌产品评选目录。2004年完成新产品开发4个（乐器厂的彝族盆鼓、木制铜鼓、长城电梯厂的3VF三吨汽车梯、3FV1、6M/S客梯），新花色41个。

在电力紧缺的情况下，积极向市三电办、昆明供电局反映，协调有关企业的用电量，确保了云塑、民塑、昆塑、工具配件厂等企业的正常生产。

帮助4家企业（墨水厂、海燕制衣厂、市铝制品厂、消防器材厂）向市发展与改革委员会申报经济适用房指标，经多方协调，争取到了34 500平方米的经济适用房指标。

【争取配套政策】　一年来，联社深入基层进行了大量的、深入的调研工作，并与市政策研究室合作开展“城镇集体所有制企业改革有关研究”的课题。通过组织有关专家、学者、部门领导为联社企业诊断把脉，为一企一策、分类指导打好基础；通过深入调查研究，提出解决城镇集体所有制企业有关破产重组、解散终止的配套政策的建议，便于政府决策，努力解决联社系统长期缺政策的困境；通过调研，准确定位联社职能，更好地为企业服务，更好地为企业协调。同时，在调研过程中，更加准确地了解了企业的实际情况，为企业的改革发展、转换经营机制、加强内部管理、提高营销水平，加强机制创新、技术创新、管理创新、营销创新，拓宽融资渠道等方面，提出针对性的建议，努力帮助企业解决问题。

【做好企业稳定工作】　做好稳定工作是保证企业改革、发展有序进行的前提条件。随着企业改革力度和难度不断加大，努力做好特困企业和下岗职工的稳定工作，为企业的改革、发展创造良好的外部环境是联社全力完成的重要任务。

千方百计向政府领导和有关部门协调、争取城镇集体企业下岗职工最低生活保障政策和困难企业进入基本医疗保险的优惠政策，使困难集体企业职工能够真正享受到他们理应享受的社会主义社会保障体系的各项待遇，解除其后顾之忧。

按照有关政策规定对符合条件的下岗职工及时办理《再就业优惠证》，做到“应办尽办”。

为保障下岗职工的基本生活不受影响，严格按国家有关规定按时足额发放下岗职工基本生活费，全年共发放4 925 180元。

按有关文件规定，调整了联社系统企业的离退休费用上缴比例，为大部分企业减轻了负担。

认真做好养老保险工作，为全系统集体所有制企业在职职工建立了个人账户，为全系统离退休职工实行了离退休费用社会化发放，解除了职工的后顾之忧。

切实做好送温暖工作，热心为困难职工群体服务。春节、国庆、中秋等重大节日前夕，联社工会按照市总工会的统一安排，认真做好送温暖工作，要求各基层工会要把送温暖工作作为重中之重的工作来抓，从讲政治、保稳定的高度来认识，把党和政府以及各级工会组织的关心送到每一个困难职工的心中。在市总工会的大力支持下为被拖欠工资的592名职工给予了补助，金额177 600元；慰问困难职工763人，金额228 900元；慰问特困职工1 350人次，金额527 400元，合计慰问困难职工2 617人次，金额975 210元；解决了42户困难企业历年拖欠的丧葬费用共计226.3万元。2004年是历年送温暖力度最大的一次，深受困难职工的好评。

为了让参加医保单位的困难职工享受到医疗互助活动的实惠，联社工会进行了认真的组织和安排，层层落实，通过不懈努力，使31户企业的4 327名职工参加职工医疗互助活动。

认真做好职工群众来信来访接待处理工作，把尊重人、理解人、关心人、以情感人、以理动人作为做好职工上访、信访工作的出发点和落脚点，认真做好上访职工的思想政治工作。协调好职工与企业的劳动关系，帮助职工解决实际困难；及时认真查证处理群众的举报，把矛盾和问题解决在萌芽状态，有效缓解矛盾，稳定职工情绪。坚持每月10日的局长接待日制度、机关干部每日轮流值班制度和节假日值班制度，认真接待上访职工，让职工群众理解企业在改革中遇到的暂时性的困难，做到看好自己的人，管好自己的事，确保一方平安。2004年共接待上访职工3 570多人次，群体性上访35起，帮助解决上访问题120件，妥善处理群体性上访35起，为稳定工作做出了积极的努力。

【实施保证工程】 在党的组织建设中，按照上级的统一部署，在企业狠抓党建目标责任制的落实。按照上级的要求，结合实际，抓好“云岭先锋”工程，企业基层党组织开展以“做改革先锋、当技术能手、比工作业绩、争创新标兵”为主体的比、学、赶、帮、超活动，把党员培养成生产技术和经营管理骨干，造就一支高素质的党员队伍和职工队伍。大力推行党组织与法人治理结构“双向进入，交叉任职”的领导体制，完善学习教育，引导广大党员干部学法、知法、懂法、用法。停产、半停产和困难企业努力做到党的组织不散，党的关系不断，党的工作不停。积极探索加强流动党员、下岗失业党员、离退休党员教育管理的新机制和新办法。要求每个支部对每项每个内容进行量化考核，采取支委分工负责制，书记是第一责任人的考核办法，让党员都能够参与进来，使党员受到了党性的学习和锻炼。通过党建目标责任制工作，增强了企业党组织的政治核心作用和战斗堡垒作用的发挥，促进广大党员立足本职，做好工作，发挥先锋模范作用。同时抓好党支部建设，做好党员发展工作及老干部工作。按照上级有关要求落实工作，及时处理好热点、难点问题。一年来在党员队伍中没有发现违纪党员和干部，没有新增练习“法轮功”人员，职工队伍基本稳定。年终按照考核标准衡量，总体看联社实施党建目标责任制的大多数党组织对此项工作比较重视，70%的企业自检都在90分以上，联社党组自检自评95分。

（叶宇澄）

供　电

【概　况】 2004年是我国经济社会继续快速健康发展的一年，也是电力供需矛盾更加突出的一年。昆明供电局在中国南方电网公司、云南电网公司和昆明市委、市政府的正确领导和关心支持下，克服了重重困难和障碍，保障了电力供应和电网发展，最大限度地降低了缺电的影响，为昆明市经济社会的发展作出了应有的贡献。

昆明供电局通过加强电网安全生产管理，实现了安全生产的总体平稳；做好电网规划和建设工作，实现了电网建设步伐的加快；强化经营管理，全面提升了企业的经营管理水平；加大科技投入，提高了电网的科技含量；努力做好计划用电、优质服务工作，加强电力需求侧管理，圆满地完成了电网“迎峰度夏”以及各项重大保供电任务，确保了电力紧张局面下电网的安全稳定和地方经济社会的发展；加快客户服务的软硬件建设，在创新优质服务机制、体制方面取得了重要进展；持续建设学习型企业和优秀企业文化，提高了企业的活力和员工队伍的整体素质。一年来，全局干部员工精诚团结、不懈进取，全面完成各项工作任务，推动了企业的发展与进步。

2004年底，昆明供电局在册职工人数为2 355人，其中在岗从业职工2 103人，不在岗职工252人（含内退职工202人）。离、退职工人数为1 108人。担负着以昆明为中心的14个县（市）区的供电任务，供电半径180千米，最远至东川海子头变。全局设有19个职能部室、5个分局、7个专业所及抄表公司、用电稽查大队等基层单位。

【供电能力】 管辖35千伏至500千伏变电站63座（其中500千伏变电站4座），主变132台，主变总容量1 161.95万千伏安；35千伏至500千伏输电线路4 023千米，10千伏线路3 305千米，电缆线路1 574千米，固定资产原值61.3亿元，用电客户60.97万户，装电总容量1 260.32万千伏安。

【安全生产总体平稳】 制定了《昆明供电局各级领导安全工作到位管理办法》，实施领导班子责任区管理，层层分解落实安全生产责任制。严格强调调度纪律，确保调度命令畅通。认真执行“两票三制”。认真开展安全性评价工作。编制了《工作人员现场作业安全相互监督作业指导书》，加强人身安全监督和生产作业现场的普查、抽查。加强生产运行管理，优化运行方式和设备检修计划，完善电网安全稳定控制系统，制订和落实电网紧急预案、保供电措施和事故预案，提出并认真落实电网“黑启动”的具体配合方案。深入开展“二次系统管理年”活动。做好输变电设备的运行维护和缺陷管理。健全技术监督体系。

【科技进步】 实现世界第三、亚洲第一的35KV高温超导电缆在220KV普吉变电站的投运。启动了昆明城市配电地理信息系统（GIS）的建设。上线试运行了技术监督信息系统。实现220KV联络变电站的直流系统双重化。开展了利用无线GPRS通讯技术对配网设备进行远程控制和监测的工作。建成谐波在线监测系统，建立继电保护图纸管理系统，投运变压器在线滤油装置。“电能计量条形码综合管理系统”获云南电网公司科技进步二等奖，“变电站容性设备绝缘在线监测系统运用”在省总工会、省经委、省科技厅等多家单位获奖，并与“预付费智能电表售电管理系统”等4个项目同获云南电网公司科技进步三等奖。开展了“基于电网状态评估的风险防范管理体系方案”、“无人值班变电站管理模式”研究。电网设备、技术和管理的科技含量不断提高。

【电网规划】 编制完成《昆明市城市电网“十一五”规划》。提报110KV输变电项目建议12项，完成5项110KV输变电工程的可行性研究报告。积极跟踪市政规划和建设进展，适时开展片区规划和县区电网、负荷情况调研。

昆明供电局 2004 年主要经济技术指标完成情况表

项　目	单　位	上年完成	本年完成	同比增加（%）	备　注
供电量	万千瓦时	1 187 839	1 366 370	15.03	
售电量	万千瓦时	1 136 132	1 297 469	14.20	
售电收入	万元	327 216	403 983	23.46	不含税
售电平均电价	元/千千瓦时	288.01	311.36	8.11	不含税
供电环节总成本	万元	67 204	77 365	15.12	
供电环节单位成本	元/千千瓦时	56.58	59.63	5.39	
最高日供电量	万千瓦时	3 751	4 848	29.25	
最高日负荷	万千瓦	197.68	233.096	17.92	
线损率	%	4.64	5.04	8.62	
综合电压合格率	%	98.05	98.60	0.56	
供电可靠率 RS_1	%	99.957	99.881	-0.076	
负荷率	%	84.22	85.43	1.44	
电费回收率	%	100	100	0	
全员劳动生产率	万元/人·年	82.36	64.19	-22.06	不变价计算

【基本建设】　完成 220KV 晋城变二期输变电工程。完成 110KV 长坡变二期、潘家湾、二街临时输变电工程、人民西路电缆通道工程。完成 35KV 罗松线、石松线建设。完成柳坝职工宿舍和“耀龙康城”职工美好家园工程建设。

【设计所取得国家乙级资质】　2004 年设计所在云南电网公司同类单位中第一个获得国家乙级设计资质，并且开始承接局外系统内工程。

【启动昆明城市电网建设与改造工程】　2004 年全面启动昆明城市电网建设与改造工程（除土建外总投资预计达 62.8 亿元，分 5 年实施），并组织开展《昆明城市电网建设与改造项目报告》的研究和编写。

【农网建设和改造工程】　年内圆满完成直供区农网建设和改造工程，通过省级农网验收专家组的验收，取得全省第一名的佳绩。县城电网建设改造工程投资 4.04 亿元，前期工作已全面完成，工程形象进度完成 11%。组织上报了投资 1.21 亿元的完善西部电网建设项目。组织完成了对一、二期农网工程的复查整改工作。

【加强需求侧管理】　科学合理安排用电企业错峰避峰，缓解供应压力。执行峰谷、丰枯电价，发挥价格杠杆作用调节电力需求结构。采取措施“削峰填谷”，改善昆明电网负荷特性，供电负荷率提高到 85.43%，同比增长 1.5%。完成营销系统大集中程序测试和 100 千伏安及以上大用户的上线工作。与市政府成立了“昆明市电力需求侧管理领导小组”。协助云南电网公司组织召开了全省需求侧管理现场经验交流会。制定了《昆明供电局电力需求侧管理办法》，积极研究加强电力需求侧管理的技术措施和手段，通过推广绿色照明节能灯、促进耗能生产线改造等，提升了社会节能降耗的效果。

【优质服务持续进步】　增加银行电费代收网点 58 个，并延伸代收业务内容；推广收费取整；在 4 个乡镇供电所增设收缴电费业务；在高新技术开发区等处增加 4 个收费营业网点，缓解了交费拥堵的状况。开展“万家灯火、南网情深”、“珍惜能源，节约用电”和“云电彩虹工程”系列活动，配合《云南省供用电条例》的正式实行大型宣传活动。95598 客户服务中心全年共受理电话约 12 万个，故障报修受理 9 000 多起，现场服务完成率 100%，并在“中国质量万里行”的暗访中赢得较高评价。客户满意度调查统计，客户满意率达 95.48%。

【经营管理不断强化】　制定团队绩效考核标准。下发《市场营销考核管理制度》等 9 个管理制度。深入开展全面质量管理，制订和分解质量目标，完善体系文件和组织机构。连续十年获昆明市“守合同、重信用”单位称号。加强法律事务管理，追回电费 218 万元、违约金 50 万元。与公安部门联合开展“铁拳”、“飓风”行动，加强对盗窃破坏供电设施的涉电违法犯罪行为的打击。完成 7 次电价政策调整、执行工作，共计增收约 10 亿元。加大电费清欠力度，收回陈欠电费 740.82 万元，回收率 6.5%。有效开展用电稽查，加大对窃电的打击力度，挽回经济损失 1 000 余万元。强化全面预算管理，实现内部利润 3 989 万元，名列云南电网公司榜首。高质量地完成了清产核资工作。认真落实和执行南方电网公司新《会计核算办法》，完成科目代码升级和科目体系调整工作。

【人力资源管理】　组织班子成员参加较高层次的培训学习。严格执行特种作业持证上岗制度并开展取证、复证培训，开展了带电作业取证培训，初步恢复了 500KV 线路带电作业工作。组织一线员工参加技能鉴定和培训，组织了 4 期计 220 人参加的班组长和五大员培训班，对 820 人进行了电工作业安全技术培训。积极推行劳务派遣制，录用 170 名劳务派遣制农电工和临时用工。

【表彰奖励】　2 月，被昆明市人民政府授予“安全文明”先进单位称号。

3 月，被评为“云南省体育活动先进单位”。

4 月，被云南省昆明市工商行政管理局授予“2002～2003 年度守合同、重信用企业”称号。

6月，直供区农网建设和改造工程，通过省级农网验收专家组的验收，取得全省第一名。

6月，“95598”被云南省妇联授予“三八先进集体”称号，被云南电力工会授予“巾帼岗位建功立业先进集体”的称号。

7月，局党委被中国南方电网有限责任公司授予“先进基层党组织”称号。

10月，代表云南电网公司参加中国南方电网有限责任公司安全知识竞赛，取得第一名。

12月，用电营业所获云南省总工会和云南省精神文明建设委员会授予的“云南省职工职业道德建设先进班组”称号。

12月，周文洁获中国南方电网有限责任公司“劳动模范”称号；

12月，赵彦获云南省“劳动模范”称号。

（舒　伟）

·责任编辑　字应军·

交　通

【公路建设投资】　截止2004年12月，全市共完成交通基础设施建设投资81 727万元（累计完成190 453万元），其中：县际农村公路完成16 400万元（累计完成25 400万元），高海公路完成33 000万元（累计完成71 000万元），九石阿公路完成18 950万元（累计完成46 386万元），龙东公路完成13 377万元（累计完成47 667万元）。

【高海公路】　截止2004年12月底，高海公路共完成投资71 000万元，主线路基已基本成型，控制性工程的海口特大桥桩基及下部构造已完工，钢管拱已吊装合拢，观音山大桥桩基及下部构造已基本完工，二期征地拆迁工作已全线展开。

【九石阿旅游专线公路】　昆明境内建设里程93.5千米，预算投资8.01亿元，其中：石林境内76千米路面工程已基本完成，正抓紧交通标志等交通工程设施及边坡绿化的施工；宜良境内17.5千米进入路面工程施工阶段，控制性工程南盘江特大桥下部结构已完成，正在进行上部结构的施工。

【昆明绕城公路西南段（安晋公路）】　国道主干线昆明绕城公路西南段（安晋公路）项目工可于2004年6月经交通部评审，8月上旬，编制单位按交通部评审意见完成了工可修编，同月下旬是再次上报交通部待批。

【昆明绕城公路西北段】　本项目工程可行性研究报告已于2004年6月经交通部组织评审，经修编的工可报告已于8月10日上报交通部，环境影响评价报告、水土保持方案及地质灾害评估报告均已得到有关部门批复。该路已列入国道干线建设计划，是部省合作项目，省交通厅将于2005年组织实施。

【昆明南连接线高速公路】　按新的规划方案，南绕城高速公路起于东绕城线民办科技园立交，在柳苑度假村跨草海，止于高峣，按主线双向6车道高速、辅道双向2车道城市次干道标准建设，建设里程24.3千米，投资估算27亿元。交通局在2004年“昆交会”上与香港奇丰、云南陆劲投资开发有限公司签订了框架协议，拟按BOT方式进行建设，投资方已组建南绕城高速筹建办公室负责相关前期工作，《南绕城高速公路项目建议书》已获批复，项目进入工程可行性研究阶段。

【环湖公路南段】　规划中的环湖公路南段起于环湖公路东段止点马金铺立交，沿滇池南岸布线，经晋宁后沿滇池西岸向北布线，交通局在2004年“昆交会”上与美国远东国际集团有限公司签订了正式合作框架协议，拟按BOT方式进行环湖公路南段公路建设。

【其他重点建设项目】　禄劝至大松树公路项目工可已完成，按市政府比选方案的要求，设计单位已完成乌东德电站东川方向进场道路的方案设计。

龙东格公路，龙东段正进行路面工程及桥梁上部结构的施工；东格段也于2004年底全线开工。

环湖公路东段，工程初步设计已通过省交通厅审查，建设用地审批已按程序上报至国土资源厅，与建设投资人的BOT合同谈判正在进行。

【通乡油路工程】　昆明市下辖5区8县1市共有167个乡镇，其中不通油路的乡镇有29个，主要分布在东川、寻甸、禄劝3个贫困县（区），按市发改委批复的昆明市通乡油路工程建设计划，昆明市将在2004～2006年3年内，投资10.42亿元，新改建27条通乡油路，建设总里程1 209千米。

2004年度计划投资3.25亿元，建成9条油路，通达11个乡镇，建设里程400千米。截止11月底，已完成安宁—易门、草甸立交—高尔夫球场、二炮昆明基地进场路、安宁—团结—富民4条油路，建设里程122.74千米。在建项目撒营盘—皎平渡、寻甸海尾—杨家湾、倘甸—四方井、东川新村—杨家湾均已进入路面施工阶段，力争在2005年春节前完成。禄劝县撒营盘—大松树公路，因涉及乌东德电站进场路建设等相关问题，工程建设方案需进一步论证调整，项目暂停施工。2005年计划项目正进行招投标准备。

【通达工程】　按照昆明市交通局2003～2004年的通达工程建设计划，到2005年初2003年下达的12个项目已全部完成，2004年下达的13个项目均已开工。

【县际油路项目】　在昆明市争取到列入国家发改委计划的4个昆明市县际油路项目中，安易公路、安团富公路两个项目已如期完成，并通过省公路局组织

高海路控制性工程，海口特大桥建设　（市交通局　供稿）

的交（竣）工验收，工程质量评定均为优良。禄劝县撒皎公路排水、防护等附属工程已完成，路面工程施工 2005 年春节前完工。计划于本年内开工的马厂公路施工图设计除二级公路部分外已获批复，年内可开工建设，确保 2005 年底完工。

【一般经济干线及其他公路】　建设由各县区自行组织实施，年内已达到计划进度，2004 年下达新建项目中的小狗公路、汤杨公路及上六公路已完成，呈七公路及水青公路正在建设。

【公路建设监督管理】　加强公路建设监督管理，严格遵循基本建设程序和质量管理要求，认真执行“项目法人责任制”、“招标投标制”、“工程管理制”和“合同管理制”等 4 项制度，把“政府监督、社会监理、企业自控”三级质量保证体系落到实处，确保工程质量。

对九石阿、安（团）富、安八、撒皎、新杨公路进行了质量监督转序验收，完成了通站、安（团）富、安八、宜马、古二、上六等公路的交竣工验收。

【公路勘测设计】　2004 年，昆明市交通局共完成公路勘测设计 388.973 千米，其中：安宁市 14 条通村公路 53.29 千米，寻甸县凤仪至联合四级公路 21.29 千米，寻甸县大石洞至鸡街公路 30.766 千米，东川区汤因线岔口至杉木公路 10.075 千米，宜良县马街至西山区厂口公路 92 千米，禄劝县茂山至云龙 33.575 千米，禄劝县转龙至四方井（乌蒙）公路 48.507 千米，禄劝县（撒营盘）硝井至则黑公路 52.53 千米，东川区小江至播卡公路 46.94 千米。

【建设资金筹措】　多渠道、多方式筹集公路建设资金，充分发挥交通投资有限责任公司融资平台的作用。2004 年分别为“昆明市乡乡通油路工程”、“滇池路改建工程”、“东风路下穿工程”取得 1 亿、2 亿及 1.7 亿元的建设资金，极大地缓解了市财政局对交通建设资金投入的压力，有效地保证了工程的顺利实施。

【公路养护】　在抓好公路建设的同时，继续坚持“建管养并重”的方针，开展好“公路工程质量年”活动，加强公路的日常养护管理，做好雨季公路防洪抢险工作。协调完成省管公路下放及区划调整后县乡公路养护的移交工作。按省公路局要求，完成县区公路养护管理段统一机构名称工作。

【路政管理】　加大监管力度，切实维护好路产路权，确保公路的完好畅通。继续推行目标责任管理，与各县（市）区交通主管部门签订《昆明市公路路政管理目标责任书》；加大公路巡查力度，及时查处各种路政违法案件，2004 年昆明市地方公路共发生路政案件2 518 起，查处2 518起，查处率 100%。认真做好昆明市县乡公路的规范化管理工作，巩固和扩大治理公路“三乱”成果，由于领导重视、机构健全、措施得力，2004 年昆明市地方公路没有发现一起“三乱”事件。

【运输管理】　按照“宏观调控、加强监督、依法决策、规范管理、调动基层”的原则，切实加强交通运输行业管理。

根据市政府的要求，将市交通局原有的行政审批项目精简至 32 项，其中：运政处 4 项、维修处 1 项、驾培处 3 项、路政处 7 项、海事局 18 项。完成了行政审批权下放东川、安宁的试点工作。

与有关部门配合，进行了昆深海铁联运“五定班列”的可行性分析，并协助市政府与深圳市政府、中铁集装箱公司签订了合作协议。

完成了市便民服务中心首席代表的委托及全局首席代表的确定。

加强对道路运输市场的管理，强化执法力度和监管措施，认真开展年度审验工作。2004 年共审验客车经营业户3 618户，审验率为 65.4%；货车经营业户13 835户，审验率为 66.3%；危险货物经营业户 29 户，审验率为 83.9%；汽车租赁业户 62 户，审验率为 93.9%，汽车维修业务 819 户，审验率为 74.1%；搬运装卸业户 53 户，审验率为 78%；运输服务业户 599 户，审验率为 59.4%。

严格依法行政，加强路检户查，严厉打击各种非法经营行为，整顿客运市场、货运市场和运输服务业的市场经营行为和秩序。2004 年运政人员上路到户检查，累计共查处非法营运黑车 148 辆。

严格按照“道条”规定及相关条例对危险货物的新增运力进行审查，对运输服务业进行审批，继续贯彻执行客运运力调控政策，把好市场准入关，严格控制运力盲目增长。2004 年新增危险货物运输企业 2 户、货运代理 31 家、物流信息 9 家、租赁 10 家、停车场 11 家、仓储 5 家；新增营运客车 116 辆，报废更新客车 80 辆。

加强道路运输车辆技术管理工作，实行年度技术等级评定，确保运输安全。全市年内有汽车综合性能检测站 6 个，2004 年共完成检测量52 987辆，其中一级车28 905辆，二级车6 836辆。

【汽车维修行业管理】　加强汽车维修市场的宏观调控，以市场为导向，优化行业结构，于 2004 年 10 月 28 日召开昆明市汽车维修行业协会第一次会员大会，成立了以云南第一汽车工贸有限公

通乡油路禄劝撒皎公路　（市交通局　供稿）

司总经理杨四田为会长的协会领导班子，正式开展工作。

加强对营运客车的二级维护和上线检测，努力提高维修质量和服务质量，对一、二类汽车维修企业竣工车辆的质量进行抽查，2004年共抽维修竣工车辆19 620辆，其中营运车辆19 064辆，平均一次上线合格率68.57%，非营运车辆556辆，平均一次上线合格率75.33%。

【“奔腾杯”汽车钣金大赛】　为提升昆明市汽修钣金技术，选择优秀技术人才，促进先进工艺的传播和交流，昆明市汽车维修行业管理处与省公路运输管理局于8月20日组织了全国“奔腾杯”汽车钣金大赛昆明赛区的比赛。通过比赛，提高了昆明市汽车维修技术人员的专业素质和技能。

【驾驶员、驾培管理】　严把营运性驾驶员资质关，加强危货运输从业人员资质管理。经资质考核合格，已核发《从业资格证》3 865人，到期审验换证20 013人次。

进一步加强驾培市场管理，根据市交通局《昆明市机动车驾驶员培训校（站）清理整顿实施方案》的通知精神，于2004年6月15～24日对昆明地区80家机动车驾驶员培训校（站）进行全面清理整顿。

【港航监督】　为确保日常及重大节日期间的水上运输安全，2004年组织现场检查共78次，出动安全检查车62辆次，巡逻船51艘次。加强与周边地州市的横向联系，建立反“三违”行为及“三无”船舶的长效机制。开展昆明市第一次船舶普查工作，全面掌握昆明市水运现状，进一步明确安全管理责任制，加强船舶安全管理。

【船舶检验】　按“谁检验，谁签字，谁发证，谁负责”的责任制原则，严把船舶检验质量关，确保船舶安全，2004年共检验船舶383艘，10 531总吨，23 986.08KW。对750实验场水声测量工作船进行建造检验（该船由国防科工委投资1 000万元，用于在试验湖区定点对水下10米处试验对象进行水声参数测量与校准）。

【港务管理】　继续做好水路运输年审及换证工作，2004年共审验船舶196艘，水运企业13家，从业人员366人。做好郑和下西洋600周年纪念活动的准备工作。启动“昆明港”规划建设。

【建立昆明市地方海事局网站】　为加快昆明市海事信息化和办公自动化进程，促进海事政务信息公开，加强海事系统之间横向交流与合作，于2004年11月建立昆明市地方海事局网站。网站的建立，对提高昆明市地方海事局办事效率，树立良好的海事形象起到积极的推动作用。

【交通技校】　加强交通技校教学管理和宣传力度，努力改进教学设施和服务态度，狠抓教学质量，1～11月份完成统招技校生75人，进行社会驾驶短期培训800人，进行运输营运资格证培训450人，危险货物运输、押运员从业资格证150人，承办了昆明市机关事业单位汽车驾驶员、修理工职业技能资格培训鉴定。

【企业管理】　继续做好2003年改制企业的后续工作，通过了一运司、物资总公司、联运公司、交运集团的改制方案论证（待国资委终审批复）。初步完成了配件公司改制前期工作。正在进行交机厂由破产转为改制的准备工作。航运公司与中炬石化的兼并，已进入相关资产、土地核实阶段。

【安全生产管理】　2004年，市交通局积极贯彻省、市政府召开的安全生产紧急电视、电话会议精神，按照省安委会开展“安全生产月”活动和交通部开展“反三违月”活动的有关精神，在局属企事业、各公路建设指挥部认真开展“安全生产月”活动，并重点进行对公路、水路运输企业安全生产情况进行检查。

加大交通安全生产管理力度，建立安全生产监督责任制。按照“三关一监督”要求，对道路水路运输企业、营运车辆、营运驾驶员和汽车客运站场，从源头上切实把好经营资质准入关、营运车辆技术关、营运车辆驾驶员从业资格关，坚持对客运站场安全生产监督管理。

紧紧围绕“安全、优势、高效、畅通、有序”的质量目标，认真做好春运、“黄金周”期间的安全生产管理工作。加强对客运站的监督检查，及时处理各种纠纷和规范运营，实行运政人员假日轮流值班制度，积极配合市假日旅游调度中心做好运力调配。2004年春运及“黄金周”期间共计始发客运177 233班次，加班3 103班次，运送旅客244万人次，较好地完成春运及黄金周的旅客疏散任务，保证了节日期间的旅客出行需求。

建立、健全运输企业安全生产管理新机制，并对局属4家运输企业安全管理新机制进行验收，同时，筹备并成立了云南省安全统筹昆明分中心，该中心已正式开展工作。

【抗击“禽流感”疫情】　2004年1月，昆明市呈贡、石林等6县（市）区发生高致病性禽流感疫情，在市委、市政府和省交通主管部门的领导下，昆明市交通局认真抓好“禽流感”防治工作。一

九石阿公路控制性工程，南盘江特大桥　（市交通局　供稿）

是加强领导，一把手亲自抓，成立了“禽流感”防治工作领导小组，制定了工作方案；二是建立健全了相关检查制度；三是加强了检查监督，确保“禽流感”防治的各项工作和规章制度落到实处。在历时50多天的防治工作中，交通系统全体干部职工发扬抗击“非典”的精神，克服种种困难，确保禽流感疫情不通过车船等交通工作传播，确保全市公路畅通，确保防疫紧急物资的运输。

为认真贯彻中央和省、市关于做好禽流感防治工作的指示精神，防止禽类及其制品通过公路运输进出昆明市，经研究成立昆明市交通局高致病性禽流感防治工作领导小组，组长由市交通局局长段永明担任，副组长由市交通局副局长刘永福、党委副书记何平、纪委书记陶述尧担任，各相关事业处室负责人为小组成员。

按照市政府的部署，“禽流感”防治期间，昆明市在相邻地州之间的交通道口共设立了13个临时运输检查站，由市交通局、市公安局负责组织落实和指导、监督，即：易隆检查站（昆曲公路）、禄武检查站（昆禄公路）、皎平渡检查站（禄皎公路）、草铺检查站（安楚公路）、清水河检查站（昆玉公路）、马金铺检查站（昆玉公路）、北大村检查站、石林检查站、圭山检查站、九乡检查站、竹山检查站、格勒检查站、龙潭立交区检查站（嵩待公路）。

【治理车辆超载超限】 6月18日，市政府成立了昆明市治理车辆超限超载工作领导小组，领导小组下设办公室，具体负责市治理车辆超限超载的日常工作。办公地点设在昆明市交通局，办公室主任由昆明市交通局副局长刘永福兼任，昆明公路管理总段副总段长娄斌、昆明地区交通运政管理处处长高勤昆、市交通局法规宣传处副处长蔡家法、市公路路政管理处副处长马跃先、市公路路政管理处副处长胡云昆任副主任，办公室下设综合协调组、宣传组、督察组、运力保障组、稳定预案组，工作人员从市交通局和市公安局抽调。

为确保全市治理车辆超限超载工作的顺利开展，根据省市的有关文件精神，昆明市治理车辆超限超载工作领导小组办公室于7月20日下发了治超办公室5个工作组组织机构及工作职责的相关规定，健全了组织机构，明确了各小组的工作职责。

根据国务院批准7部委《关于在全国开展治理车辆超限超载工作实施方案》和《云南省治理车辆超限超载实施办法》通知精神，在省治超工作领导小组和昆明市人民政府的领导下，全市交通、公安等部门协同配合，于6月20日上午9时展开治理车辆超限超载统一行动，昆明市集中治超工作正式启动。

在集中整治阶段，经上级主管部门批准，设立了省道固定站点4个：禄劝大龙潭、嵩明昆昭、晋宁昆明磷肥厂、石林三家村检查站；省道临时站点1个：安宁平地哨检查站；县道临时站点4个：宜良九乡、安宁张家坝、晋宁昆阳磷矿、东川达贝。以上9个站点均配备有超限超载检测仪器，以及相应卸载库房和场地。

为切实加强超限超载管理，维护市场秩序，保障公路的完好、畅通和安全，根据云南省治理车辆超限超载工作领导小组办公室关于转发《云南省人民政府关于同意省交通厅增设和变更超限运输管理检测卸载点等问题的批复》的通知精神，结合昆明市实际，9月8日经请示省厅批准，昆明市辖区公路上设置了3个超限超载运输堵漏检查组，分别为：安宁市超限超载运输堵漏检查组（安易公路安宁段K1+050）、晋宁县超限超载运输堵漏检查组（古鸣公路K2+700）、寻甸—东川联合超限超载运输堵漏检查组（易天连接线K84+900、龙东公路K102+305）。

自2004年5月全国开展治理车辆超限超载工作以来，昆明市交通局认真贯彻省治超办有关文件精神，积极与相关部门配合开展治超工作。通过宣传准备阶段和集中治理阶段，昆明市治超工作取得了明显成效，截止12月22日，全市共检测货运车辆149 307辆，其中，超限超载39 344辆，卸载3 759辆，卸载重量为8 105吨，“大吨小标”车辆保有量为11 229辆，更正数为10 455辆。全市治超工作态势良好，超限超载现象得到了有效遏制。

【交通战备正规化管理】 以新时期军事战略方针为指导，落实国家“交战”办《交通战备正规化建设规定》和成都“交战”办《交通战备工作正规化建设实施细则》的有关规定，以寻甸县为试点，认真开展县级单位交通战备正规化建设，并于2004年11月18日召开了“昆明市交通战备正规化建设现场交流会”。会上，各县区互相交流了具体做法和经验，提高了全市“交战”系统人员的国防意识，增强了完成交通战备正规化建设任务的信心。

认真抓好组织机构建设，积极做好国防动员潜力调查，同时加强交通战备工作调研和重要通道的保通工作，完善保通应急措施。2004年，根据现代新昆明的战略发展规划，在地方相关部门的配合下，完成了国道主干线环昆明绕城公路西部的调查勘察。

【公路“三乱”治理】 治理公路“三乱”工作取得阶段性成果，2004年共上路检查30余次，先后对12个县（市）区境内的公路进行检查，行程4 000多千米，全年无一起恶性公路“三乱”事件。

（杨　芳）

铁　路

【概　况】　昆明铁路局管辖3条准轨电气化铁路干线（贵昆、成昆、南昆），6条铁路支线（羊场、东川、盘西Ⅰ线、昆阳、安宁、东王），3条地方合资铁路（昆玉、滇西、水红）；米轨铁路干线2条（昆河、蒙宝）、支线3条（昆石、昆小、草官）。管内线路总延长2 927.853千米，营业里程1 925千米，设置199个车站；有桥梁1 204座，隧道及明峒614座，涵渠8 155座，道口458个；配属机车386台、客车1 019辆；局属单位53个。

【提速改造成效显著】　2004年，昆明局投入资金1亿多元，对管内贵昆线、成昆线、南昆线三大干线536.6千米正线线路进行提速改造，路局管内列车运行速度普遍提高。成昆线最高时速由原来的60千米提高到100千米，贵昆线最高时速由原来的60至80千米提高到120千米，结束了云南境内铁路没有时速100千米的历史。贵昆线旅客列车运行时间压缩1个小时，每年可增加货物运量1 600万吨，运输效率得到较大提高。

【重点物资运输】　路局与省经委建立铁路运输联席会议制度，合理安排铁路运力资源，确保省内重点物资的运输。坚持"确保重点、兼顾一般"的运输组织原则，把"五保"、"四压"，即"保效益、保重点、保鲜活农副产品、保增长、保行业整合，压初级产品、压原矿、压低价值的产品、压不符合产业政策的产品"作为优化运输结构的重点。保障对云南经济增长至关重要的"两烟"、食糖、有色金属、钢材、化肥和外贸等物资的运输。按照铁道部的统一部署，开展两次抢运电煤战役，积极组织进口粮食运输。对果蔬、化肥等"三农"物资在运力上予以倾斜，同时加大对云南省重点企业的支持力度，突击抢运云南积压港口物资300万吨，缓解了以昆钢、云铜、云铝、云天化、云石化、德钢为主体的省属六大重点企业原料紧张的局面。2004年，昆明局煤炭、粮食、化肥、白糖等重点物资运量同比分别增长18、71、12、21个百分点，其中发送煤、焦炭1 680万吨，比2003年多完成200万吨；发送粮食45万吨，比2003年多完成20万吨；发送化肥450万吨，比2003年多完成68万吨。出省物资运输完成2 375万吨，比年计划多完成575万吨，同比增加129.7万吨，增长5.8%，提前78天完成省政府下达的1 800万吨的年出省物资运输任务。

【运输生产经营】　2004年，路局加强运输组织，提高运输效率，立足内涵挖潜，全年各项主要运输生产指标创历史新高。旅客发送完成1 523.8万人，同比增加163.3万人，增长12%；货物发送完成5 081.7万吨，同比增加447.4万吨，增长9.7%；换算周转量完成299.8亿吨千米，同比增加31.6亿吨公里，增长11.8%。准轨日均装车完成1 977车，同比增加139车，增长7.6%，日均卸车完成1 727车，同比增加160车，增长10.2%；米轨日均装车完成769车，同比增加75车，日均卸车完成770车，同比增加76车。

【安全生产】　针对运输安全工作中存在的薄弱环节和突出问题，在全局范围内开展营业线施工安全、非正常情况下行车安全、车辆防溜安全、危险品运输安全、货物装载加固及超限货物运输安全、道口安全、消防安全等10项专项整治。路局进一步巩固道口安全，增加5处监护道口，对3处监护道口安装预警设备，取缔非法通道和无人看守道口36个，对3个道口实施平改立。路局进一步加大南昆线危岩落石整治力度，工程进展顺利。至12月31日，路局实现无责任行车重大、大事故395天。

【基础性改革稳步推进】　2004年，昆明局完成21所学校、幼儿园和5家医院的整体移交。同时，铁道部与云南省、贵州省对原广大铁路公司、水柏铁路公司进行资产重组，分别组建为滇西铁路有限责任公司、贵州水红铁路有限责任公司。

【经营管理进一步规范】　强化资金集中管理，建立和完善资金管理制度，实行全面预算管理，强化运输收入和营业收入的动态监控与分析，举全局之力确保实现增运增收目标。路局进一步规范工资管理，充分体现"效率优先，兼顾公平"的分配原则，确保职工收入稳步增长。深入开展路风专项整治，进一步规范运输市场。路局以昆明东站开展"窗口革命"为契机，加大整治力度，取缔非法运输代理，对匿报品名、倒卖车皮、涉嫌倒票的15个路外单位进行严肃查处，净化运输环境，提高服务质量，全年未发生责任路风事件。进一步提高全局依法执政水平和依法管理能力，通过贯彻实施《行政许可法》，使路局的管理更加规范。

【铁路建设取得新进展】　年内，沾昆二线、昆明集装箱中心站、大丽铁路等重点工程相继开工建设。昆明新客站改扩建工程于12月28日提前半年竣工，2005年1月1日正式投入使用。12月20日，铁道部、云南省签署《云南铁路建设有关问题的会谈纪要》，十多个云南铁路建设项目被列入云南省"十一五"规划。针对市政重点工程东三环下穿昆明东站编组场，出台《保障昆明东站畅通暂行办法》和《应急预案》，精心组织，确保施工与生产两不误。

【"两个文明"建设取得新成果】　路局认真贯彻党中央、国务院和部党组关于加强"两个文明"建设的要求，两手抓两手都要硬。局属各部门、单位围绕全局中心工作，开展"创建学习型组织，争做知识型职工"、"备战春运、安全过冬"等活动。切实做好职工思想政治工作，保持职工队伍稳定。认真开展"文明铁道运输线"建设，积极解决职工特别是特困职工的困难和问题，开展"火车头"送温暖和扶贫帮困活动，下拨送温暖基金32.23万元，走访20户特、重困难户，对391名特、重困职工进行慰问；发放"火车头助学金"11.6万元，资助64名困难职工子女，并对35名职工发放一次性困难救助金5.09万元；开展"爱心成就未来"活动，发放救助金2.65万元，救助53人。进一步动员干部职工发扬"新时期火车头精神"，为安全运输生产任务的完成作出积极的贡献。

【铁道部、云南省签署云南铁路会谈纪要】　12月20日，白恩培、徐荣凯、秦光荣、杨应楠、牛绍尧、和占钧等云南省领导乘火车视察广大铁路，并在大理龙山国际会议中心召开"铁道部、云南省加快云南铁路建设工作座谈会"。会后，铁道部长刘志军和云南省省长徐荣凯分别代表铁道部、云南省签署《铁道部、云南省人民政府关于云南铁路建设有关问题的会谈纪要》。会谈纪要明确：争取"十一五"期间建设大理经丽江至香格里拉铁路、大理经保山至瑞丽铁路、玉溪经蒙自至河口铁路、玉溪经思茅景洪至磨憨铁路、昆明至六盘水复线、昆明铁路集装箱物流中心、昆明枢纽扩能改造、南昆铁路扩能等工程。同时，抓紧规划丽江至香格里拉、大理至瑞丽、玉溪至河口至磨憨铁路建设项目，争取尽快开工。按照多元化、投资产业化的运作方式，由部、省共同筹资建设，铁道部安排资本金70%，云南省安排资本金30%；抓紧开展成昆线昆明至广通段、贵昆线沾益至六盘水段增建二线、南昆铁路扩能改造、昆明枢纽改造等前期工作。

【云南铁路博物馆正式开馆】 经云南省文化厅批准，由昆明铁路局投资兴建的云南铁路博物馆于2002年5月开工建设，2004年12月28日正式开馆，同时被铁道部和云南省命名为爱国主义教育基地。馆址设于昆明北站，总面积3 176平方米，其中综合馆2 136平方米，机车车辆馆1 040平方米。馆内共收藏和陈列9 593件具有珍贵价值的历史照片、文物、文献等。其中经云南省文物鉴定委员会鉴定为国家一级文物的有8件、二级文物10件、三级文物118件。这些陈列品均展示了滇越铁路滇段米轨铁路的百年沧桑。

【领导名录】
局　长：裘芝鹏（2003年7月任）
副局长：尤忠涛（1997年4月任）
苏顺虎（2004年4月任）
苟金锁（1998年6月任）
刘振芳（2004年12月任）
李宏伟（2002年1月任）
梁中宇（2002年1月任）
党委书记：徐长安（2004年4月任）
副书记：李远大（2004年12月任）
工会主席：魏保江（2004年12月任）
（铁路局）

民用航空

【成立云南机场集团公司】 2004年4月26日，原中国民用航空云南省管理局撤销，云南机场集团公司正式挂牌成立。云南机场集团公司是经云南省人民政府批准，经营特种行业的具有公益性的产业实体，是国有资产的投资运营主体，具有独立的企业法人地位，为云南省人民政府直属的国有大型企业，对云南省内民用机场实施统一的经营、管理和监督，承担相应国有资产保值增值责任，是一个以航空运输保障专业化管理为核心业务，集省内机场规划、机场建设、旅游、物流、商贸、建筑等为一体的企业集团。同时，根据国家有关规定，依法从事经批准的国内外投资、融资及其他业务。机场集团公司下属1个区域性枢纽机场即昆明巫家坝国际机场和保山、思茅、昭通、西双版纳、德宏芒市、丽江、大理、迪庆香格里拉、临沧9个干（支）线机场。

【生产运输】 2004年全省10个机场共保障运输起降12.06万架次、旅客吞吐量1 270万人次、货邮吞吐量17.95万吨，同比增长分别为17.7%、30.8%、23.7%。其中，昆明机场累计完成运输起降架次9.19万架次，旅客吞吐量979万人次，货邮吞吐量17.09万吨，同比增长分别为17.4%、31.7%、24.9%。

【安全工作】 各机场共保障一级专机警卫任务9起32架次，二级警卫任务31起91架次，三级警卫任务39起140架次；破刑事案件835件，其中贩毒案件816起，抓获贩毒嫌疑人970人，缴获各类毒品共计3 279 173.06克（其中海洛因3 266 025.51克、冰毒10 808.05克、吗啡947克、鸦片835克、麻黄素557.5克）；查获各类仿真枪58枝、弹匣1个、军用弹药209发、管制刀具1 197把，其他违禁物品1 141件。保证了机杨良好的秩序和环境，机场实现节日和重大活动期间“零”发案。

【经营效益】 2004年集团公司实现主营业务收入4.84亿元，实现利润310万元。其中，昆明机场主营业务收入3.66亿元，实现利润9 122万元；版纳机场实现利润1 003万元；丽江机场实现利润769万元；其他7个机场仍不同程度亏损。云南机场集团公司实现首次整体赢利。

【基础设施项目建设】 2004年完成昆明机场跑道盖被工程；省内各机场年度大修和改造工程；腾冲观光酒店工程的监理招标和丽江机场、大理机场的总平面规划评审等工作。在新机场建设方面，进行了昆明新机场项目预可行性研究报告评估，开展了昆明新机场项目业主公司的前期筹备工作；文山机场建设进入施工阶段；腾冲机场建设完成《预可行性研究报告》和《选址报告》的修改编制工作，机场场址通过民航总局审批。2004年集团公司共完成固定资产投资计划5 314万元，加上年内开工的基建项目，完成率为90%。

【加强安全生产管理】 针对安全工作中的重点难点问题，集团公司加大整治力度，全面落实安全生产“五项重点”、“四大基础”，狠抓责任落实，安全工作保持平稳发展态势，实现了全年安全生产保障目标。

一是加强安全生产教育和培训，提高全员安全意识。组织员工认真学习，紧抓安全生产岗位人员培训和上岗资格审核，积极开展“安全生产月”、“安康杯”竞赛等活动，提高员工安全意识和遵章守纪的自律性，营造“安全第一，预防为主”的全员参与、人人尽责的企业安全文化氛围。

二是落实安全生产责任制，完善安全管理制度。集团公司通过与一线部门签订《安全生产责任书》、《航空安全目标责任制考核办法》等安全生产协议，明确工作目标和责任人，逐级落实责任。制定《安全管理手册》指导和规范各部门、机场的安全工作，使安全工作有章可循，促进安全管理规范化、制度化。

三是加强安全基础建设和技术改造。公司为省内机场配置应急救援设施设备，完成昆明机场生产营运系统、昭通机场候机楼播音系统、德宏芒市机场候机楼离港系统、西双版纳机场候机楼电视监控系统的维修升级改造工程和昆明机场随身行李检查X光机的更新，昆明机场安装高杆节能设备，德宏芒市机场、临沧机场分别安装了电脑结载系统，西双版纳机场候机楼设置中央空调“ZJZ”节电控制器，提高了机场运营安全保障效率。同时，完成了丽江机场候机楼通风系统改造工程、安装监控系统工程、德宏芒市机场候机楼旅客行李提取转盘等的初步设计审查，委托云南省气象技术装备中心对9个机场气象观测设备计量检定。

四是建立完善协调机制，加强机场控制区及净空管理。2004年，公司与各地方政府协调，积极加强机场净空法制化管理，丽江、大理、临沧、迪庆等州市政府分别发布了所辖地机场净空环境管理通告；与昆明市政府联合成立“昆明国际机场净空保护及鸟害防治领导小组”，并与净空区域内乡镇签订《净空保护及鸟害防治责任书》；在规范通用航空活动和缓解军民航冲突问题上均取得突破性进展；建立健全协调机制，进一步加强机场控制区的管理，落实机场控制区各项安全工作措施，尤其在办理飞机监护交接手续、设置岗哨、巡视检查等方面都有很大改善。

五是建立健全应急救援制度及不正常航班保障预案，加强机场紧急突发事件处理能力。公司拟定成立昆明国际机场应急救援领导小组，各机场制定了应急救援方案，并组织开展应急演练，增强机场应急救援综合保障及突发事件处置能力。2004年，公司保证了奥比斯眼科飞机医院在机场各项工作的顺利开展及波兰总理专机保障等任务。集团公司还制定了《昆明机场航班不正常处置预案》、《处置不正常航班引发群体性事件工作预案》，保证机场运行顺利，年内未因航班延误造成安全问题。

六是确保春运、暑运及黄金周期间各项工作安全、有序进行。针对黄金周和暑假期间机场航班起降量、旅客吞吐量比平时有较大增幅的实际，集团公司加强组织领导，周密部署，明确责任制，落实安全措施，切实加大现场管理力度，突出做好安全和服务工作，与驻场单位齐心协力，保障各项工作顺利进行。针对“非典”和禽流感疫情的防控工作，公司全面准备，周密安排，切实加强疫情防控。

【创建“文明机场”品牌】 公司提高服务质量工作从努力提高机场航班放行正常率做起。对机场生产运营系统（弱点系统）、安全检查站旅客行检分层管理系统进行了升级改造，完善系统功能；在候机楼增设了贵宾通道和百事特商务贵宾服务场所及相关配套服务设施；增设现场运行监督机构，督促检查航班保障过程中作业人员及保障车辆、专用设备到位情况，及时协调处理航班保障现场出现的相关问题；积极与各航空公司、驻场单位沟通，加强协调配合，提高机场航班保障能力和服务水平。

集团公司为规范机场保障服务，与各航空公司签订了《地面服务代理协议》；为理顺昆明机场临时性航班收费和保障工作，拟定《昆明机场公务机及临时性飞行保障程序》。同时，公司完善了候机楼流程改造工程，完成航班行李到达提取显示系统硬件及软件升级工作，对昆明机场航班动态信息实行统一管理；设立昆明机场总服务台，增加“有行李托运旅客通道”及“无行李托运旅客通道”标志牌，增开两个旅客出口分流通道，为旅客出港提供更方便、快捷的服务。

集团公司制定并推出“服务承诺制”，如“水电、房屋维修服务承诺”、“廊桥服务承诺”、“候机厅旅客饮用水承诺”。实行“首问负责制”。开展了机场用户（旅客）满意指数测评调查问卷活动。增强主动服务意识，热情为旅客做好解释工作，现场服务人员基本做到“百问不厌、周到服务”，维护机场良好形象；昆明机场安检一线提出“有困难找我”的口号，设立了“云岭先锋”安检咨询服务台，为旅客排忧解难；保山机场开展了“比奉献、树形象、守纪律、争先锋”为主题的活动；昭通机场提出了“从旅客满意的事做起，从旅客不满意的事改起”的服务承诺，促进员工的服务意识；德宏芒市机场开通了服务流动车；临沧机场提倡“细心、耐心、热心、诚心、舒心”五心服务，为旅客提供舒适的候机环境；版纳机场以值机和安检创建“党员示范窗口”为重点，全面推行优质服务。

【全面推进集团改革】 2004年4月26日，云南民航机场移交省政府，云南机场集团公司成立。为保证改革顺利推进，集团公司对所属10个机场进行了清产核资工作，理顺了集团所属10个机场股权结构和产权关系。11月5日，省国资委与集团下属9个机场所属州（市）政府签订资产移交协议，机场属地化改革基本完成。

公司成立以后，本着精简高效的原则，制定下发了一系列文件，明确了公司的组织结构、工作职责；制定了《云南机场集团公司工作规则（暂行）》，拟定《云南省民用机场管理暂行办法》，为各项工作开展提供了重要依据；出台《合同管理办法》，使公司的合同管理工作规范化、制度化；验收完成了《云南机场集团公司发展战略规划》，为公司中、长期发展明确了战略目标和实施计划。2004年8月，昆明机场分立运行，按照《云南机场集团公司二级机构及职责》设立机场10个三级机构，昆明机场作为一个独立整体属集团二级机构。

民用云南航空（机场）2004年业务量统计

机　　场	运输起降（架次）		旅客吞吐量（人次）		货邮吞吐量（吨）	
	2004年业务量	同比增长	2004年业务量	同比增长	2004年业务量	同比增长
昆明机场	91 851	17.40%	9 791 929	31.70%	170 938.6	24.90%
西双版纳机场	10 804	16.80%	1 174 006	23.40%	4 925.3	26.70%
丽江机场	8 772	30.50%	888 708	46.20%	691.5	
大理机场	2 694	20.50%	276 442	39.50%	553.9	
德宏芒市机场	2 004	28.60%	217 469	44.40%	1 201.9	
迪庆香格里拉机场	2 004	37.30%	167 522	51.50%	450.3	26.50%
临沧机场	702		70 249	5.50%	215.8	
保山机场	696	2.10%	52 828	25.10%	178.2	
昭通机场	578		37 935		188.4	
思茅机场	514		25 158		155.9	
总　　计	120 619	17.70%	12 702 246	30.80%	179 499.8	23.70%

随着集团公司体制改革的不断深入，公司抓住机遇、全力推进、分步实施三项制度改革。在用工制度改革上，公司坚持精简、高效的原则，努力抓好四方面工作：一是加强用工管理的法制建设，二是完善用工考试录用制度，三是全面推进和规范竞争上岗，四是加强用工考核和分类管理工作。公司制定并由职代会审议通过了《职工管理暂行办法》。为适应改革发展需要，不断优化人力资源配置，集团对监护和护卫岗位进行内部调整，充分盘活现有人力资源，达到不减员而增效的目的。在分配制度方面，公司坚持效率优先、兼顾公平的原则，逐步实现薪酬制度与企业经济效益相一致，发挥分配制度的激励作用。在补充和完善岗位工资制度基础上，逐步理顺工资制度，实行一岗多薪制，使工资结构和标准更加合理，操作性更强。同时，逐步改变了绩效工资按人头发放的做法，进一步规范考核办法并严格考核制度，调动了员工积极性。

集团公司为增强企业竞争实力，加快推进规范化、国际化进程。2004年，昆明机场顺利通过了国际民航组织的航空保安审计，集团公司正式启动昆明机场、版纳机场“三标一体”贯标认证工作。积极开展信息化建设，规范信息化管理，已完成昆明范围网络改造项目，集团公司门户网站正式开通。

（丁雪梅）

公共交通

【概　况】 昆明市区、近郊和远郊城市公共汽车客运业主要由昆明公交集团有限责任公司和昆明新世界第一巴士服务有限公司承担。昆明公交集团有限责任公司固定资产原值和净值分别为28 000.73万元和15 256.63万元，国家资本金为10 239.21万元，资产总额达到63 408.02万元；有职工3 350人，其中，离退休职工1 583人，企业内部退养职工286人；拥有营运车辆1 100台；线路77条；营运线路总长度为1 784.25千米；日均出车1 026台，日均客运量约64.79万人次，日均行驶里程约15.23万千米。昆明新世界第一巴士服务有限公司固定资产原值和净值分别为6 345.36万元和4 992.74万元，资本金为14 034.01万元，资产总额达到16 708.25万元；有职工1 903人，其中，离退休职工37人，企业内部退养职工167人；拥有营运车辆663台；线路40条；线路总长度为414.85千米，日均出车634台，日均客运量约43.55万人次，日均行驶里程约10.11万千米。

【主要经济指标完成情况】 2004年，昆明市公交集团各项经济指标稳步攀升。

总行驶里程：年计划9 320.5万千米，其中总公司5 628万千米，新巴公司3 692.5万千米；实际完成9 274.86万千米，其中总公司5 575万千米，新巴公司3 700.14万千米，为年计划的99.51%，比2003年同期上升4.09%。

票款收入：年计划3.29亿元，其中总公司1.96亿元，新巴公司1.33亿元，实际完成3.56亿元，其中总公司2.15亿元，新巴公司1.41亿元，为年计划的108.2%，比2003年同期提高10.57%。

客运量：年计划运送乘客3.67亿人次，其中总公司2.18亿人次，新巴公司1.49亿人次；实际完成3.96亿人次，其中总公司2.37亿人次，新巴公司1.59亿人次，为年计划的107.88%，比2003年同期提高10.38%。

线路：年计划新开线路5条，实际完成3条，调整线路58条，使线路总长度达到2 199.1千米。

工作车率：年计划达到90%，实际达到92.18%，完成年计划的102.42%，比2003年同期下降1.11%。

车辆完好率：年计划达到95%，实际达到97.76%，完成年计划102.91%，比2003年同期下降0.65%。

事故间隔里程：年计划为70万千米/次，实际为115.21万千米/次，其中总公司为143.94万千米/次，新巴公司为86.48万千米/次，为年计划的164.5%，比2003年同期上升31.02%。

车厢服务合格率：年计划为95%，实际达到98.18%，其中总公司为97.75%，新巴公司为98.61%。

车厢整洁合格率：年计划为95%，实际达到99.65%，其中总公司为99.5%，新巴公司为99.8%。

遵章守纪合格率：年计划为95%，实际达到98.64%，其中总公司为97.8%，新巴公司为99.48%。

安全管理合格率：年计划为85%，实际达到93.89%，其中总公司为94.74%，新巴公司为98.61%。

利润：实现1 763万元，其中总公司1 198万元，新巴公司565万元。

【改制成立集团公司】 2004年昆明市人民政府文件批复，同意昆明市公共汽车总公司改制组建为国有独资的昆明公交集团有限责任公司。

【昆明新世界第一巴士服务有限公司】 2004年1月1日，昆明新世界第一巴士服务有限公司正式营业，成为昆明市市政公用行业首家实现招商引资工作的单位。合资公司以昆明公交集团有限责任公司原下属的第三、第四营运公司和第一修理厂的设备等资产计8 001.22万元作为投入，通过有效的资本运作和资产重组，评估值经政府确认为13 823.66万元（含无形资产），增值率达57.88%；港方以现汇出资购买国有资产的方式，

市领导视察公交工作　（市公交总公司　供稿）

西南地区一流的客车检测线正式投入使用　（市公交公司　供稿）

用7 050.07万元人民币置换并持有合资公司51%的股权，组建昆明新巴公司南部、北部两个营运公司和新巴修理厂。昆明公交集团有限责任公司持有合资公司剩余49%的股份，合资期限30年。2004年新巴公司实现利润565万元，继续保持了快速增长的态势。原昆明市公共汽车总公司党委书记杨吉祥、总经理余庆荣、工会主席王凤祥、副总经理张同贤分别兼任合资公司副董事长、总经理、监事、副总经理。

【经营状况】　2004年，昆明公交集团有限责任公司生产经营状况较好。营运净总收入21 517.63万元，全年实现利润1 198.42万元（含以前年度损益调整235.55万元）；实现其他业务利润608.47万元，其中：广告部实现利润463.49万元，三产实现利润144.98万元，投资收益为142.79万元。全年共上缴各种税费2 838.86万元。2004年，由于各种原材料，特别是燃料价格的不断上涨（2004年营运成本中燃料成本达1.03元/千米，2003年燃料成本为0.89元/千米，2004年每千米燃料成本增加0.14元，使营运成本净增加780.46万元）、城市基本建设和道路改扩建工程影响公交线路运行、新开线路增人增资费用增加等因素的影响，加之公交车月票、免票等福利性优惠政策的影响，2004年度企业主营业务仍亏损2 461.67万元。

【公交车月票、免票】　2004年全年共发售公交车月票802 949张，其中，成人月票227 468张，学生月票575 481张，学生月票占公交全年发售月票的71.67%，造成发售福利性月票的政策性亏损。昆明公交集团有限责任公司还承担了大量的社会公益性服务：发出残疾人免票4 378张，比上年增加544张；对残疾军人实行凭残疾军人证免费乘车；为政府免费提供大型社会活动、公益及福利性用车等，为昆明市的社会福利事业和公益事业做出了贡献。

【基础设施建设】　2004年企业在建的主要工程项目有：北市区公交停车场5 700.61万元；西市区公交停车场2 896.85万元；海口公交停车场191.12万元；人民新村公交职工住宅拆迁安置费283.2万元；二公司洗车台9.32万元。全年共完成维修改造项目12项，维修项目51项，总计费用约376万元。北市区停车场位于烟草一号路北侧，净用地85.7亩。车场分一期、二期建成。一期工程总建筑面积15 148.91平方米，停车坪35 000平方米；二期工程建筑面积20 514平方米，总停车位300台。一期工程从2004年3月16日开工，12月10日竣工。西市区岷山公交停车场完成征地工作。南市区公交停车场完成了规划选址定点工作。

【新开线路3条】　结合昆明市全面开展交通综合整治活动，2004年公交线路重在调整，全年调整线路58条，其中，5条是调整头、末班时间。新开通3条线路，分别是115、116、117路。其中，115、116路为昆明公交集团新开郊区无人售票车，117为昆明新巴新开市区无人售票车。4月27日新开通的115路车由小西门发车至茨坝，单程13.8千米，头班车为6:30，末班车为21:00；4月27日，新开通的116路由马街发车至海源寺，单程7千米，头班车为6:30，末班车为20:00；8月17日，新开通的117路由昆明站发车至凉亭，单程9千米，头班车为6:30，末班车为21:30。

【劳动竞赛】　从2004年1月1日起，以4个月为一阶段，在全司开展了为期一年的“百日营运生产竞赛年”活动。以公司和车队为竞赛单位，制定严格的竞赛规则，在全司范围内迅速形成了比营运、比安全、比服务的浓郁氛围。此次竞赛年按照“奖优罚劣”的指导思想，突出实效，不限制奖励名额，不搞平均主义，使竞赛活动既在形式上轰轰烈烈，又在成效上扎扎实实。全司范围内先后有近3 859人次获奖，其中有535人连续三次获奖。累计兑付奖金达133.22万元，呈现出奖励范围广、涉及人员多、奖励金额大的特点。竞赛促进了公交车营运秩序在向规范化、制度化方向发展。

【保持车况、保障运力】　昆明公交集团有限责任公司公交汽车综合修理厂全年共修理车辆132 318车次，其中车身大修20台，车身整修66台，车身罩漆213台，底盘、发动机大修194台，发动机大修212台，底盘大修14台，二级维护5 348车次，一级维护36 555车次，小修车辆89 696车次，确保了一线的正常营运。全司车辆尾气排放合格率达88%，高于80%的控制目标。昆明新巴修理厂一方面积极保障生产营运需要，全年共新组装云海KK6800型客车22台、CJ6101G型长江车10台、试装11米客车3台，并开发试制成功KK6470型农用车1台；另一方面，与有关单位合作生产经营车用电瓶，不仅满足了昆明新巴自身的电瓶需要，还承担了昆明公交集团有限责任公司所有车队的电瓶供应、保养。仅此一项，昆明新巴修理厂就增收数十万元。

（易文胜）

交通管理

【车辆及驾驶员管理】　至2004年12月25日，全市机动车保有量为595 735

辆，增长70 138辆，驾驶员为809 015人，增长82 261人。

按照全国、全省和昆明市“五整顿”、“三加强”的部署要求，市交通管理部门强化机动车安全检验、检审，机动车注册登记、过户、转籍，驾驶员考试、发证及审验等各个环节的管理，严格驾驶员交通违法和事故记录的审查、复训、复考工作。整顿工作开展以来，对全市268名考试员、助理考试员的资格进行重新审核、考试，清理不合格考试员、助理考试员52名，对余下的216名分三批进行了培训，聘请了59名非公安民警的考试员（占总数的27.3%）担任科目一、二、三的考试工作，并实行了学员和考试员双签名制度；对全市64家培训站的2 485名教练员从业资格及职业能力进行了重新审定，清理出54名教练员不再从事教练工作；组织对在岗的2 089名一线教练员进行了再教育，清理不合格教练员63名；对全市383名检验人员进行了为期1个月的培训；在6万多申领驾驶证的人员中核查出882名不符合条件的人员；清理大货车、大客车驾驶员档案13 623份，从中查处120份；清理、注销报废机动车档案11 843份，强制报废各类机动车50辆，监销报废汽车421辆；按照《道路交通安全法》的规定，组织开展了拖拉机移交工作，共检验移交车辆5 279辆，换发号牌5 252辆；在全市所有车辆管理部门实现了无纸化和桩考仪考试；统一了全市15家汽车摩托车检测站检测方法、程序、项目；处理涉车违法案件542起，收缴罚款186 700元；查处不符合规范的业务36起；受理举报投诉40起；嫌疑车辆调查152辆；查获盗抢车辆5辆、报废车辆6辆、假合格证3本，收缴伪造牌证59副（本）等。

2004年，推出了“业务首接受理负责制”，实现了机动车及驾驶证业务“一窗式”服务；将机动车业务权限完整地下放到具备条件的县（市）区车管部门，减少行政审批环节；巩固和完善新车和在用车“一站式”服务工作机制等措施。

【整治公路事故“黑点”】 2004年，在市政府、西山区政府、昆明公路管理总段和支队的共同努力下，投入70多万元，完成了黑筇公路事故“黑点”的整治和验收，并联合路政、工商、城管等部门，加大对侵害路产路权违法行为的整治力度，严格处理违法占用道路等行为，努力改善道路通行条件。2004年7月，协调昆明公路管理总段，结合交通部开展的“公路安全保障工程”，投入740余万元，对昆禄公路全线的243个点、段进行了全面整治，增设交通标志、标牌290块（套），安装凸面反光镜3块，施划各类交通标线4 197平方米，加装波形防护栏9 300米，修建钢筋混凝土防撞墙240米，开挖视距台2处，修复严重变形的路基10 200平方米，进一步改善了昆禄公路全线的道路状况，从硬件设施上最大地消除了交通事故隐患。10～12月，又投入3 000万元资金，对北京路延长线、东二环路北段、广福路、官南路等事故“黑点”采取了封闭道路中心开口、安装护栏、加装防炫目板、增设照明设施等措施进行了较为彻底的整治，效果十分明显。

【道路交通事故处理】 依照《道路交通安全法》，加大事故责任倒查力度，完善事故处理与秩序管理、车辆管理联动衔接机制，通过开展“侦破命案”专项行动和“重案组”试点工作，加大肇事逃逸案件的侦察破案力度。积极推行简易程序快速处理交通事故，先后制定实施了《道路交通肇事逃逸案件查缉及考核规定》、《“重案组”试点工作实施方案》、《简易程序快速处理交通事故管理规定》、《简易程序快速处理交通事故指导意见》、《关于调整对醉酒驾车处罚标准的通知》、《关于拘传证、传唤通知书、传唤证的使用说明》等事故处理的规章制度，在大队设立快速处理窗口，在全省乃至全国率先全面推行全警参与轻微交通事故快速处理制度；车管、事故部门还对2001年以来发生死亡事故的驾驶员领证情况进行了分析统计，并根据分析结果有针对性地加强了驾驶培训和考试工作。

2004年，共查处涉嫌交通肇事犯罪案件153起，刑事拘留69人，逮捕55人，取保候审55人，吊销肇事责任人驾驶证213本，审批行政拘留306人，涉嫌交通肇事犯罪案件移送起诉率100%。

2004年，全市共发生道路交通事故3 782起，死亡432人，受伤2 082人，直接经济损失1 286.1万元。4项指标与上年同期相比，事故次数下降40.12%，死亡下降0.23%，受伤人数上升26.33%，直接经济损失下降42.79%。死亡率从上年的8.24人/万车下降为7.25人/万车。

【交通宣传教育】 以实施《道路交通安全法》和开展“五进”活动为载体，结合“交通安全村”和“交通安全社区”建设工作，通过举办展览、讲授安全课、组织专题学习、举办知识竞赛、开展主题活动、播放视听资料、播出电视专题、刊载报刊专栏、发布信息、召开新闻通报会、组织跟踪采访等多种形式，不断深化、拓展交通安全宣传教育的力度和广度。一年来，组织了有70多万人次、14万个家庭参加的《道路交通安全法》知识竞赛，编写印制宣传书籍1.8万册，印发各类宣传材料50余万份，制作挂图3 000余套、光碟18 600张、展板560块、宣传牌10万块，深入农村播放电影117场次，悬挂宣传布标150条（幅），在各大主流媒体举办知识讲座117期，刊载《交通安全法》释义15期，制作播出电视专题300余条（集），在报刊登载稿件1 000余篇，召开新闻通报会9场，组织大规模跟踪采访报道10余次。按照媒体的测算惯例计算，全年受教育人数达到1.9亿人次。

“五进”活动中，将任务量化到每位民警，要求上至支队领导，下至普通民警每人至少进入30家单位，通过播放光碟、举办宣传挂图展等形式进行宣传。截止12月底，支队自制宣传品364 711件，在27个车辆驾驶员管理窗口、47个事故处理窗口、21个违法处理窗口和13个其他窗口播放光碟、悬挂宣传挂图、展板进行持续宣传；联系旅游、客运公司及客运站，在客运车辆上和候车大厅的电视屏幕上循环播放宣传光碟；并出动宣传力量12 073人次，其中警力5 609人次，协勤人员715人次，动员社会力量6 717人次，深入1 921个行政村、349个社区、148个客运企业、284个货运企业、1 207个党政机关、1 813所学校等共16 288个单位、社区，发放光碟2万余张，挂图2 750套，举办挂图、展板巡展3 490次，播放光碟19 735场，讲授安全课1 588次。并协调省、市电视台在每天的黄金时段滚动插播交通安全警示教育光碟、交通安全公益宣传片，曝光交通陋习；在各级报刊开办专版、专栏和交通违法曝光台；在交通广播电台播放宣传片电视伴音、专题报道、交通安全宣传公益广告等。据不完全统计，通过多渠道、多形式的宣传，“五进”活动中受教育人数达到7 000多万人次。

【交通科技】 完成了事故处理系统、违章（法）记分系统升级改造；开发了移动查询系统并完成了样车改装和集成；完成了电子档案系统、信息化设备、千兆网升级工程的项目招标；完成了350兆无线集群通讯系统改造；新增交通信号系统32套、电子警察62套、倒计时显示牌168块，更新监控系统15套，增加数码照相机、摄像机共300余台等，交通管理工作科技含量得以进一步提高。

【交通设施建设】 完成了火车站片区交通整治、近日公园道路下穿隧道、滇池路改扩建一、二期改扩建、320国道（春雨路）改扩建、昆阳地区交通整治、高新技术开发区交通整治以及主城近期交通综合整治第一时间段整治工作等一系列交通安全设施和交通管理设施建设工程。全年，新增各类交通标志257块，施划标线291.12千米，安装隔离设施12.76千米，防炫目板3 200米，增设人行横道78条，并维修隔离设施57.46千米，清洗隔离设施148.72千米，油漆刷新隔离设施87.13千米，维修信号灯1 522次，清除废旧标线46.01千米等。

【交通综合整治】 为提高通行效率，合理实施了主干道路口、路段渠化改造，先后在银座路口、青年路路口实施了禁左措施，对环城南路（云纺—双龙桥）、东风东路延长线的道路断面进行改造，同时对广福路、北京路延长线、东二环路北段等路段不合理道路开口进行封闭、加装防炫目板、中心护栏等综合整治，减少了横向干扰，提高了道路通行能力。

打通断头路、疏通次干道，改善交通微循环系统，减轻主干道交通压力，先后对威远街、光华街、护国路、富春街、如安街、滨江西路、桃源街、凤翥街、气象路等道路进行了整治并实施了单行措施，提高了支路、次干道的利用率，减轻了区域内及周边主干道的交通压力。

2004年12月15日在青年路口开展了自行车“二次过街”试点工作。

全年，支队共查处各类交通违法（章）237万起，教育193万人次，处罚43.8万起，罚款39万起，暂（吊）扣驾驶证9 611本，行政拘留965人次。

【交通勤务】 2004年4月在三大队启动了“警区责任制”试点工作。从事警区内动静态交通管理、交通组织、路面治安防范、交通安全宣传教育，参与交通综合整治和社会治安综合治理，完成特殊交通勤务等工作；尝试建立校园交通协管员队伍。

简化办事程序，将17项秩序管理的审批项目全部下放到具备条件的县（市）区办理，方便群众办理业务。

【法制工作】 认真梳理与《道路交通安全法》不相符合的规定以及2004年5月1日起实施《道路交通安全法》后急需解决的问题，对原交通违章记分处理系统按照新法要求进行了配套改造。在各县（市）区新建了交通违法记分处理系统，对执法程序、执法权限、法律文书等进行调整、更换，确保全市范围罚、缴分离的顺利实施；针对秩序管理、法律文书制作相关程序及操作规范，制作了违法处罚、暂扣车辆、证照的法律依据和程序规范；根据《道路交通安全法》的相关内容参与制定了云南省事故处理的实施细则；制作、制定了事故处理的相关法律文书范本和处理程序；针对新的《机动车安全检验项目和方法》，调整计算机程序，修改、完善《机动车安全检验记录单》。

【安全保卫】 全年，完成各类交通安全、警卫任务1 036起，其中一级警卫7起，二级警卫26起，三级警卫138起，大型活动143起，大型会议185起，一般特勤任务539起。

【积极参与专项行动】 在“春雷行动”中，抽调60名民警组成第三治安承包组直接参与专项行动。整治行动期间，全市23个交警大队及第三治安承包组共破获或协助破获各类案件53件，抓获各类违法犯罪嫌疑人60名。

其间，组织参与了市局部署的禽流感防控和“二·二三”专案查缉行动。

11月，参加了以破案追逃、打击拐卖儿童犯罪、整治制贩假证、非法喷涂、张贴、散发广告、兜售报刊等违法行为为重点的“飓风行动”。截止12月底，参与专项行动250次，抓获逃犯1人，查获嫌疑车辆6辆，协助破案1起，抓获抢劫嫌疑人3人、抢夺嫌疑人8人，盗窃嫌疑人10人。

【治理超载】 除积极参与交通部门治超检查外，对“大吨小标”车辆进行了全面的核查、清理、整顿。按照国家发改委公布的“大吨小标”车辆《参数调整更正表》，对全市5.3万辆载货类汽车进行了全面核查，清理出“大吨小标”载货汽车11 229辆，对清理出的车辆逐一进行更正。截止2004年底，对核查出的车辆，在计算机系统中更正数据11 213辆，实际更正10 601辆，更正率分别为99.8%和94.4%。

【队伍建设】 开展了以“政治练兵、业务练兵、技能练兵、体能练兵”为主要内容的全警“大练兵”活动。先后组织开展了《道路交通安全法》全员轮训、《道路交通安全法》配套法规培训、事故处理培训、简易程序处理事故专题培训、计算机操作和简单故障排除培训、公文处理和档案管理培训等专题培训20余期（次），参训人员超过2 000人次；结合工作实际需要组织了队列、手势指挥、查缉嫌疑车辆、现场急救、徒手攻防等科目的训练；为提高体能素质，坚持晨跑制度，定期开展登山、长跑、短跑等训练；按照“三个必训”要求，组织了50名新招民警和76名转业干部参加首任培训，110名民警警衔晋升培训，17名民警实战技能培训，组织150名民警分3期参加了市局举办的法律素质培训。为检查学习、培训质量，组织全队民警参加了全国公安网上大练兵考试，95%以上的民警一次性通过考试。

修改完善《2004年争先创优竞赛考核实施方案》，紧紧围绕交通管理中心工作，继续深入组织开展了“争先创优”竞赛考核活动。

分批为790位民警职工分配、调整了住房，一次性全面解决了支队历史遗留的住房问题；协调13所中、小学为民警子女解决入学问题；为民警子女发放学习参考书籍费、择校补助费、高考奖学金；为全市各交警部门提供免费干洗制服服务；组织全体民警、职工、离退休人员参加了健康体检并建立了健康档案；全面启动了“交警形象推广”项目。另外，还研究制定了《民警、职工因工受伤、生病住院看望慰问及父母、配偶丧葬补贴办法》，组织全体民警、职工参加了“全省职工医疗互助活动”。

（市交警支队）

·责任编辑　宇应军·

城市建设与管理

综　　述

【城市规模和各项综合指标】 2004年12月底，全市面积2.1万平方千米，辖五区一市八县，世居26个民族。与“九五”相比，城市基础设施的承载能力、服务功能、投资环境、生态环境和人民生活质量明显改善，城乡面貌变化显著。建成区面积由2001年的142.5平方千米增加到185平方千米；城市日供水设计能力由69.3万立方米增加到96.5万立方米；污水日处理能力由36.5万立方米增加到58.5万立方米，处理率由61.7%上升为66.81%；新建东、西郊垃圾卫生填埋场，一期库容量达498万立方米，垃圾年处理量由70万吨增加到83万吨，清运率和卫生填埋处理率达100%；市区道路面积由1 142平方米增加到1 592平方米；人均拥有道路面积由8.5平方米增加到10.14平方米；先后改扩建城区41条道路，新建12座立交桥；完成城区9条道路绿化改造；年外供煤气总量由1.45亿立方米增加到1.58亿立方米，气化率由97%上升为98%；公交车辆由850台增加到1 913台，公交车营运线路由90条增加到117条，日均出车1 650台，日均客运量100万人次；对17条主要城市干道种植景观大树，拆除违章建筑，新建街头绿地18块，新建10个城市绿化公园和绿化广场，整治22块街头绿地，新增城市绿地449公顷；城市建成区绿化覆盖面积由4 051公顷增加到4 558公顷，绿化覆盖率由30.1%上升为33.22%，绿地率由28.84%上升为31.85%，人均公共绿地由7平方米增加到9.41平方米。绿地率和人均公共绿地两项指标已实现了原定计划。滇池流域森林覆盖率从48.9%增加到50.6%。建筑业总产值由199亿元增加到255亿元，房地产投资达到88.8亿元，每年递增达10%左右。2万平方米以上的小区由245个增加到300余个，人均居住面积由11.92平方米增到16.3平方米，全市物业管理覆盖率达90%，住房公积金职工覆盖率达85%。农村居民人均居住面积由27平方米增加到29平方米。全市小城镇144个，建制镇由50个增加到57个，城镇化率为29.8%。

【320国道（眠山—车家壁段）改扩建工程】 投资概算5.96亿元，2003年4月21日开工，2004年5月20日正式通车，市到位资金3.85亿元，完成投资4.99亿元。

【东风路近日公园路段下穿工程】 工程投资概算2.4亿元，2004年3月10日开工。隧道工程已于2005年1月1日双向通车，1月31日举行地面步行广场竣工典礼，交由五华区政府管理。

【交通综合整治】 计划投资2.2亿元，完成投资1.12亿元（含老民航路市承担的3 980万元）。2003年以来，先后完成老民航路改扩建、金碧路公交专用线、一环路28个路口的渠化改造，以及火车站片区、永安路、董家湾路口、东风巷、白塔巷等改造、单行线工程。

【官南路立交桥工程】 投资概算3.176亿元。2003年9月29日开工，2004年11月30日南北向主线桥已通车，桥梁其他工程和底部人文景观绿化工程正紧张施工。

【昆洛路（呈贡新城主干道）改扩建工程】 投资概算30.1亿元。2003年8月27日开工，2004年12月基本完成道路工程，基本完成朱家村立交与昆石路相接的匝道桥梁，昆玉高速公路跨线桥，为GMS会议期间领事馆开工仪式提供良好的交通环境。

【东三环道路建设工程】 投资概算11.02亿元。2003年10月30日开工，2004年北段毛路建设取得重大进展，正抓紧北段工程施工和南段征地拆迁工作。

【房地产开发】 到2004年底，全市房地产开发企业567家，其中：一级企业5家，二级企业31家，三级企业98家，四级企业243家，暂定资质185家。根据市统计局信息，2004年全市完成房地产开发投资107.68亿元。各类房屋施工面积1 003.5万平方米，其中：新开工面积502万平方米；竣工面积366万平方米，销售面积405万平方米。

市建设局、市房产管理局举办的2004年昆明房交会，以“爱我昆明，住在昆明”为主题，历时6天，成交6 050套，总成交金额13.2亿元，其中：实际合同成交3 561套，金额7.4亿元；意向成交2 489套，金额5.8亿元；20万人次参观了本次房交会，创历届房交会之最。购房者中本市居民占62%，地州占30%，省外占8%。房交会展出面积达25 000平方米，设900个标准展位，65家房地产开发企业集中推出了全市东西南北中的76个大小楼盘。59家相关产业，14家房地产中介服务企业，13家政府职能部门、金融企业和律师事务所参展，相关产业的最新产品，新型建筑材料也同台参展，突破了历届房地产交易会的规模。

【村镇建设】 2004年，昆明建制镇共有41个，人口35.57万人（其中农业人口17.62万人，非农业人口17.95万人），住户12.62万户，年建房0.15万户，占总户的1.19%，竣工面积29.67万平方米；年末实有住房面积1 082.32万平方米（其中楼房混合结构844.64万平方米），年末住房使用面积828.8平方米，居住人口：32.75万人，年末住房居住面积624.8万平方米，人均使用面积：24.19平方米，居住面积：14.87平方米。公共建筑竣工9.33万平方米，年末实有361.22万平方米，生产性建筑年竣工10.87万平方米，年末实有161.59万平方米。自来水：受益镇46个，有供水设施的镇36个，水厂共计35个，日供水能力61 036吨，年供水总量4 049.38万吨，用水人口39.16万人，普及率110%，人均日生活用水184.26升。公用设施：实有道路长度683千米，其中普通道路385千米，高级、次高级道路303千米；道路面积898.88万平方米，其中普通道路393.59万平方米，高级、次高级道路468万平方米，桥梁共计160座。绿化覆盖面积822公顷，园林绿化面积643公顷，公共绿地面积188公顷，人均96.32平方米，公园23个，公园面积316公顷。全年建设投资29 317.4万元，其中住宅13 448.8万元，公共建筑8 042万元，生产性建筑4 255万元，自来水1 278万元，道路2 527.6万元。

【集镇建设】 2004年，全市集镇发展到97个，住户6.01万户，其中，农业户4.34万户，非农业户1.67万户，农业人口18.75万人，非农业人口4.73人。住宅建设全年建房0.11万户。占集镇总户2%。本年竣工20.14万平方米，其中楼房17.66平方米。年末实有住宅建筑面积808万平方米，住房使用面积606平方米，住房居住面积333.3平方米，人均使用面积25.81平方米，人均居住面积14.2平方米。公共建筑：本年竣工10.58万平方米，年末实有306.57平方米，自来水受益集镇84个，具有供水设施镇77个，水厂32个，日供水能力24 879.53吨，年供水总量1 395.7万吨，用水普及率96.92%，人均日生活用水64.02升。集镇实有道路长度604.37千米，其中普通道路422.54千米，高级、次高级路182.51千米，实有道路总面积654.33万平方米，其中普通道路422.44万平方米，高级、次高级道路229.04万平方米，桥梁150座，集镇绿化覆盖面积620.64公顷，园林绿化面积281.03公顷，公共绿地面积92.33公顷，人均公共绿地面积3.93平方米。集镇建设投资14 739.17万元，本年住宅7 176.46万元，公共建筑4 847万元，生产性建筑999.6万元，自来水539.5万元，道路1 152.61万元。

【村庄建设】 2004年，全市实有计划村庄9 665个，其中村委会3 782个，住户75.28万户。其中农业户69.21万户。全年建房1.85万户，占村庄总户2%。全年竣工面积271.74万平方米，其中楼房211.36万平方米。年末实有住宅建筑面积9 460.12万平方米，其中楼房4 385.24万平方米。年末实有住房使用面积7 493.54平方米，年末住房居住面积5 320.38万平方米，人均居住面积19.52平方米，人均使用面积27.49平方米。村庄公共建筑全年竣工14万平方米，生产性建筑本年竣工16.39万平方米，年末实有593.70万平方米。公用设施，自来水年末受益村庄5 103个，有供水设施的村庄3 788个，受益人口195万人。年末实有道路长度9 039千米，其中普通道路7 187千米，高级、次高级道路1 575.85千米，实有道路面积9 891.08万平方米，其中，普通道路7 330.84万平方米，高级、次高级道路1 625.25万平方米。桥梁1 094座，村庄建设投资110 504.62万元，其中住宅81 367.49万元，公共建筑5 717.06万元，生产性建筑7 760.07万元，自来水4 759.9万元，道路10 895.10万元。

（杨剑屏　梁俊雄）

城市规划与管理

【第二届中国昆明城市规划建设博览会】由昆明市政府主办、市规划局、市政府大型会展活动办公室等单位协办的，第二届中国昆明城市规划建设博览会于2004年7月27日在昆明国际会展中心拉开帷幕。市规划局采用4种形式向市民展示了现代新昆明实施一周年来，市政府和市区、县有关部门及建设项目责任单位在建设现代新昆明规划、建设方面取得的成果缩影。首先采用大型模型，展示包括昆明主城、呈贡东城、晋宁南城、昆阳—海口西城、小哨—嵩明航空城、安宁工业城在内的战略规划总体构想。其次通过20幅展板从三个层面介绍了新昆明正在建设中重点工程以及已完成的主城环境、交通整治项目。再次通过问卷调查让市民了解政府在现代新昆明建设中做了些什么，同时也让政府了解市民在想些什么。最后采用多媒体宣传方式，全天反复播放现代新昆明环滇池城镇体系规划的宣传片。

【昆明市城乡规划建设委员会成立】为加强对昆明市城乡规划建设工作的组织领导，实现全市城乡规划建设的统一协调发展，根据省政府文件及昆明规委第三次全会精神，经中共昆明市委、市政府研究，决定组建昆明市城乡规划建设委员会。2004年11月23日，该委员会正式宣传成立并召开第一次全体会议。委员会主任由市长直接挂帅，副主任由市委、市政府领导担任，委员由各县（市）区人民政府、市政府各委、办、局，三个开发（度假）区管委会，呈贡新城管委会主要负责人组成。委员会下设日常办事机构——市规委办公室（设在市规划局），负责处理委员会全体会议、主任会议、办公室主任会议决定事项，以及闭会期间的日常工作。

【首次项目审批听证会】 为实现规划项目审批的公开、公平、公正和规范，12月9日，昆明市规划局依据《行政许可法》要求，就昆明北市区“美璟新城”房地产项目首次召开了市规划局项目审批听证会。此次听证会具有深远的意义。一是实现了决策的公开性，这既是对规划决策者行为的有效监督，也促进了决策者与社会群众的相互沟通，从而增进了理解，易于达成共识；二是扩大了社会的参与性，有助于实现公共管理主体的多元化，促进行政行为的民主性；三是提高了决策的公正性，缓和社会矛盾，减少了社会冲突，维护社会的稳定、健康和协调发展。

【民主评议机关作风】 根据市2004年民主评议机关作风工作的部署和要求，市规划局6月8日召开了局党组扩大会，正式启动民主评议机关作风各项工作。成立了由曾华局长任组长的市规划局2004年民主评议机关作风领导小组，并公布工作热线电话；就评议内容及时开展动员部署、自查自评、工作检查、工作总结、深入整改等5个阶段的工作。市规划局积极采取“开门纠风”、“开门整改”的方法，向有关对口联系单位和服务对象发放征询意见调查表；邀请有关委办局、县区、服务对象参加座谈会，开诚布公地请各方提意见、找问题。整改工作从提高干部职工的责任意识、业务素质、职业道德水平和依法行政、文明服务的能力入手进行，深入调查新情况、解决新问题，完善规划部门的管理体制，调整内部工作职能，努力把“两级政府，三级管理、四级网络”的规划管理机制建好，并建立健全规划方案公示制度、市民听证制度，自觉接受社会监督。

【规划宣传】 昆明市规划局充分发挥昆明城市规划展览馆的宣传窗口作用，积极组织开展了一系列的规划成果展示、征询意见和项目公示活动。1年来，先后在规划展览馆展示和公示了许多重大项目规划方案，如：现代新昆明各城市概念规划国际征集方案、西山风景名胜区总体规划征集方案、主城畅通工程规划方案、二环路快速系统规划方案、昆明主客运站站区控制性详细规划、主城文化宫地区改造规划方案、双龙桥立交规划方案、主城小龙路米轨改造规划方案、主城白塔片区控制性详细规划及重要项目规划报件公示等。同时还举办了“现代新昆明建设一周年回顾”、“昆明城市建设十大亮点”、“昆明城市建设十佳住宅小区”等展览，为推进“阳光规划”，增进公众对城市规划的了解和参与发挥了积极作用。1年来规划展览馆接待了大批政府、企业代表团和众多市民，初步统计，参观人次达5万余人次，产生了很好的社会效益。同时，局领导还应云南电视台、昆明电视台、昆明人民广播电台等媒体的约请，走进电视、走进广播，积极向社会公众解析昆明城市规划，增进沟通理解。2004年下半年，配合民主评议机关作风宣传，在《昆明日报》上辟专版宣传城市规划管理工作，普及城市规划管理知识。11月，受市政府委托成功地承办了“国际城市可持续能源发展市长论坛”，并以此次会议作为契机，充分发挥城市交通研究所的作用，按照市委市政府的统一部署，积极为解决昆明交通拥堵出谋划策。

通过《云南城市规划》刊物主渠道，充分组织各新闻媒体报道新昆明规划建设动态。从10月份起，编发《昆明城市规划管理信息》，以加强全局系统规划管理信息的沟通交流。组织各县区利用《规划法》颁布纪念日作好多种形式的宣传工作。按时完成现代新昆明建设规划工作进展月报及上报规划工作动态信息等工作。

为新昆明各城市规划管理与建设及时提供规划依据，2004年，按市统一部署，规划编制工作开拓创新，实施国际国内招标，建立竞争机制，引进先进理念，拓展新的创意和思路，努力提升规划工作水平。

【总体规划】 完成了呈贡东城、晋宁南城、昆阳海口西城总体规划国际征集方案汇总，昆明国际机场航空城总体概念规划，航空城嵩明城市、大板桥镇总体规划，主城东南部（官渡新镇）总体规划、2004年主城拆危拆临安置规划，西山风景区总体规划，呈贡东城昆明高校扩建项目总体规划，昆明市行政中心选址及概念规划，云南信息产业园选址规划，昆明领事馆区选址规划，主城北市中心区4大标志区规划调整及共用地规划选址，昆明城市规划发展报告。同时，还完成了市政府下达“城中村”改造的调查、研究等重大课题的一系列重要工作。

【详细规划】 完成了4个区政府编制主城详规所必需的主城55个分区控制性详细规划编制技术文件，包括：“主城规划区划调整图”、“技术与成果要求”、“总体规划与专业规划总体要求”、“收费指导意见”等；完成了主城中心文化宫地区改造概念性规划，南屏街、正义路步行街修建性详细规划；环湖东路沿线控制性详细规划；火车南站站区控制性详细规划；主城东南部矣六3 500亩市场搬迁用地控制性详细规划；主城银河片区控制性详细规划调整；文明街片区保护与改造修建性详细规划等。

【专业规划】 完成了环湖南路规划、主城核心区架空线入地工程总体规划、主城核心区中心片区交通与环境整治规划、南绕城高速公路线路规划、主城东南部市政总体规划、主城双龙桥立交桥规划方案、昆明市城市轨道交通规划框架、昆明市郊列车线路规划研究、昆明高架轻轨线网及一号线规划研究、昆明快速公交BRT系统规划研究等一大批专业规划编制工作，并及时启动了城市给水、燃气、人防、文化、教育、卫生、体育设施、客货运枢纽等规划。

【县区和三个开发（度假）区的规划管理】 2005年5月中旬，随着昆明市城市管理体制改革，管理职能重心下移和四区区划调整，五华、盘龙、西山、官渡及滇池旅游度假区、高新开发区、经济技术开发区7个规划分局的工作职能有了相应的调整和加强，各分局在市局和五华、盘龙、官渡、西山4区政府和滇池旅游度假区、高新区、经开区三家管委会的双重领导下，积极配合区政府和管委会完成了大量招商引资和规划管理工作。如完成了2004年度城市建设和交通整治拆迁改造工作；建工新村、潘家湾大村、莲花池、五福巷、光宗巷、龙翔街几个重点地段的详细规划和城市设计；组织了经开区信息产业基地概念规划国际招标；组织经开区信息产业基地、昆明出口加工区控制性详细规划、虹山片区、翠湖片区、较场片区、南屏片区、黑林铺片区、普吉片区、棕树营片区、马街片区、西苑开发区、草海公园西区、草海公园东区、前卫、永昌等片区的控制性详细规划编制工作；完成了昆安高速公路、云南三环化工磷酸挖潜项目等重点工程的选址工作。派专人负责“滇池高尔夫”项目、大连万达项目、昆明同仁医院项目、袁晓岑博物馆项目等重大招商引资项目的协调工作。

【规划行政审批和监督管理】 2004年，在现代新昆明建设全面推进工作中，提出计划，组织督促检查，完成审核、审批重大规划项目22项。完成建设项目报件行政审批2 157项；发放各种证书、条件、方案等1 550件。完成批后管理240件，审查竣工验收并核发《规划验收合格证》96件，办理建设项目政策性收费减收免收125件。完成行政复议案12件，行政诉讼案7件（其中二审3件），非诉执行案3件；撤回行政许可1件。完成省、市人大和政协的提案、建议78件。将行政审批项目由原来的22项精简到现在的9项；设立了规划审批“绿色通道”，由市规划局牵头，协同相关部门组织规划审批工作，所有26项审批在35个工作日内完成。与此同时，规划部门正常办件的单项审批时限由原来的48天缩短为目前的10天，其中费用减免及建设工程项目放线、验线的办理时间均不超过5天。

【昆明快速公交BRT系统课题通过评审】 由交通研究所承担完成的《昆明快速公交BRT系统规划研究》项目于12月21日通过专家评审。该项目成果在国内处于领先地位。

【地理信息与电子政务系统建设】 —

是结合市、区规划管理权调整的要求，组织完成了各区相应的远程电子网络建设。二是为编制规划和实施规划管理提供了大量数字地图。三是在市政府信息办的支持下，启动“地理信息系统和规划管理办公自动化系统”三期建设，为2005年城市规划信息化建设上台阶打下了基础。

（陶　岚）

城市公用事业与管理

【主要经济指标完成良好】　城市供、节水：全年完成售水量1.86亿立方米，实现销售收入3.76亿元；管网水质综合合格率100%、管网维护修漏及时率100%；全年新增用水户和实行改表出户的新装立表户共4万多户；纳入计划用水管理的用户2 500余户，完成节水量2 410万立方米，超额33.3%完成年计划。

城市供气：完成城市煤气销售量1.58亿立方米，实现销售收入1.35亿元；煤气购销差率为11%，比上年同期降低了6.59个百分点，达到了历史最高水平；气化率达到90%，发展新煤气民用户1.25万户，全市煤气民用达47.7万户，新增工业及公共用户12 674立方米/日。

城市公共交通（含新巴公司）：全年实现票款收入3.39亿元，比上年同期提高4.66个百分点；营运里程8 968.73万千米，比上年同期提高0.66个百分点；客运量3.80亿人次，比上年同期提高5.85个百分点；新增线路6条，调整线路60条，全市公交车线路已达117条，线路总长度达2 166.1千米；车辆整洁合格率、车厢服务合格率、工作车率、事故间隔里程等项指标均全面完成。

【城市“生命线”安全、优质、高效运转】　2004年局属各生命线单位主动克服上年年终以来连续作战，改革、改制任务重、职工思想活跃等困难，自觉树立大局意识和全局观念，狠抓生产、营运和安全管理，积极开展城市供水、供气和公交营运等城市“生命线”的安全和保障工作，圆满完成了市委、市政府赋予的各项工作任务。

供水部门针对上年汛期全市降雨较少，库塘蓄水严重不足的实际，提早制定并适时启动了抗旱保供水应急方案，认真组织度旱紧急供水工程建设，深挖城市其他供水潜力，优化供水调度、强化水质监测、加强管网巡查、维护及二次供水设施的清洗、消毒力度，最大限度地减少跑、冒、滴、漏，千方百计确保城市平稳度旱。入汛以来，旱情有所缓解，供水部门在继续密切关注水情变化的同时，迅速调整工作思路，及时组织汛期安全、稳定生产，有效确保了夏季高峰供水和汛期安全稳定生产。

城市供气部门围绕“安全、稳定、优质供气”的工作重心，狠抓安全生产和煤气供气质量监控，大胆开拓工作思路，大力推进用户发展，积极组织煤气供应，煤气销售质量和数量均比上年同期有明显提高，实现了安全、稳定、优质的供气目标。

城市公交客运部门在成功地引入市场竞争机制后，认真学习借鉴港方的先进管理经验，把“规范内部管理、提高服务水平、降低营运成本”列为今年的工作重点，全方位开展“爱车降耗”和“提质增效”活动。在确保运力充裕和充分满足乘客出行需要的前提下，重新核定了所有营运线路的总行驶里程、发车频率、发车趟次等营运指标，狠抓服务质量和职工素质教育，城市公交渐渐步入规范、有序的良性竞争正轨。

【安全生产】　2004年继续以《安全生产法》的贯彻实施和“安全生产月”活动为契机，紧扣“重在落实、贵在坚持、狠抓防范、确保安全”的中心主题，强化制度建设，全面开展以确保城市“生命线”安全为重点的安全管理工作。一是认真贯彻落实各级政府关于做好安全生产工作的指示，落实《安全生产法》和安全生产目标责任制，积极探索新的安全管理思路，健全和完善各级安全生产管理机制，强化各级领导安全生产意识，强调任何时候、任何情况下，始终把安全生产工作摆在一切工作的首位。二是按照《安全生产法》的要求，层层落实安全生产目标管理责任制。局属11家单位与局签订了《安全生产管理目标责任书》，签订率达100%。同时层层分解和细化各项安全指标，使考核内容更加量化、更具有操作性和针对性，为安全生产奠定了基础。三是加大安全检查力度，提高安全防范和保障能力。针对安全生产存在的薄弱环节，结合“元旦”、“春节”、“五一”、“十一”等重大节日、重要活动和重要会议的召开、举行，在全局开展经常性的安全生产和防火安全检查，2004年共组织安全检查30余次，确保了城市“生命线”的正常运转。四是狠抓专项整治和隐患整改。根据市委、市政府的统一安排，结合工作重点，组织精兵强将、历时数月开展了液化石油气市场综合整治，煤气管网设施被占压、包裹及调压站周边安全隐患整治，危险化学品整治，防火安全和全市火锅店用气安全专项整治。2004年，全局共投入安全生产专项资金1 391.28万元，用于隐患整改和专项整治，防范和减少了事故发生，确保了全行业的安全。

【抗旱保供水】　2003年，昆明市经历了近13年来降雨量最少的枯水年。2004年入春以后，天气依旧多晴少雨，而且气温持续走高，供水形势更加严峻。为确保城市供水能平衡过渡至雨季，根据省、市有关抗旱保供水的会议精神和与市政府签订的《蓄水供水节水责任状》要求，迅速展开保城市供水和深化节水工作的安排部署，逐一督促各项保障措施的落实：一是深挖供水潜力，全面启动了“五库一站一池”联合调度供水方案和抗旱保供水五项节水措施，确保旱季城市日均供水量维护在64～66万方米左右；二是因取用滇池水，各水厂均加强了工艺、设备管理，严格水质检验，确保了良好的出水质量；三是加强了各水厂、泵站、输配管网、二次供水水箱等设备、设施的管理和巡查抢修，降低供水损耗，确保了供水系统的安全、稳定、优质运行；四是加快度旱紧急工程的建设，黄龙洞、龙泉寺补水工程、小罗家营新建净水厂及宝象河水厂扩建工程分别于1月底、2月底和5月中旬建成通水，新增城市供水1 060万立方米，有效缓解了城市供水紧张的困难局面。4月以来，昆明地区连续降雨，各水源点蓄水量逐渐回升。截止7月1日，城市供水基本恢复正常，22个曾被停止使用自来水的双水源单位已恢复使用自来水；2 500余户用水大户的正常用水指标也得以恢复，圆满完成了抗旱保供水任务。

【市政监察执法】　重点加强对占用、破坏城市“生命线”设施安全和扰乱公用事业正常生产、营运秩序等不法行为的查处力度，单独或配合局属有关单位开展各项专项检查和日常检查。2004年以来，市政公用监察大队配合燃气专项治理，出动900余人次，对违章占压煤气管道，违章销售、维修、使用燃气、燃具的违规违章行为进行了严肃查处，收缴不合格钢瓶1 388只，不合格灶具84台，限期整改31起；为促进二次供水设施的供水质量，集中力量对全市27个小区、26个单位的二次供水的管理情况进行了专项检查，发出整改通知书50份，二次供水水质明显好转；为维护公交站台营运秩序，进行了两次时间长、规模大的集中整治行动，查处各类违章车辆5 380辆/次，清理违章摊点13 963个，维护了公交车的正常运行。

【液化气行业清理整顿】 认真开展液化石油气行业专项整治，着重对无证经营、违章经营、违规使用液化气、使用超期钢瓶、伪劣钢瓶、经营销售伪劣灶具等违规违章行为进行了严厉查处，共组织执法检查180余次，出动执法人员1 500余人次，发出协查通知和暂扣通知192份，立案21件。对昆明市四区范围内从事液化气经营的各门市、充装站（储备站）进行了大规模的清理整顿和集中整治，重点打击了无证经营，吃、住、经营一体化，销售超期钢瓶、不合格钢瓶，短斤少两等严重扰乱市场经济秩序、损害消费者公众利益的行为。查处了一批不具备安全生产条件、违反安全操作规程、违规充装超期钢瓶、乱倒液化气残渣等严重威胁用户和周边居民生命财产安全的违规经营行为，有效震慑了不法经营者。9月份以来，对全市餐饮业火锅店的安全用气情况进行了全面检查，对安全用气不合格的火锅店进行跟踪整改，保障了液化石油气的用气安全。

【计划供水、节水和地下水管理】 结合2003～2004年一、二季度缺水的实际，局节水管理部门认真履行自己的职责，深化城市供水覆盖区域内的地下水管理。在加大节水宣传教育力度，帮助市民树立节水、爱水意识的同时，积极采取节水措施，科学核定用水计划指标，加大节水科技的研究和成果的推广力度，稳步推进水平衡测试工作。抓紧中水回用工程建设，适时启动双水源单位停用（或恢复使用）自来水及城区绿化取用替代水。强制性对全市洗车场进行节水技术改造等项节水应急措施，进一步完善了与节水法规相配套的政府规章。积极开展创建节水型城市的各项工作，完成了《滇池流域污水、雨水资源化》课题的研究，节水和地下水管理工作取得明显成效。2004年以来，节水管理部门调查和处理申请指标调整报告163份，深入300余家用水单位调整并指导做好节水管理和技术改造工作达550人次；在有条件的小区和单位积极推广中水回用技术，新建、在建中水站11个，中水年回用量已达71万立方米；完成了99户114口井的总表更换和自行申报终端改造和安排，收取地下水资源费504.2万元；完成12家单位的水平衡测试，推广节水器具28 000余套（只），督促完成了621家洗车场的节水改造。

【市政工程质量监督】 今年认真落实《建设工程质量管理条例》，按照《工程质量监督工作导则》的要求依法制定切实可行的、科学的监督工作方法，并大胆开发质监市场，自觉加强管理力度，提高质监质量，增强竞争能力。2004年，纳入监督工程的项目61项，其中大型工程9项，核验单位工程项目56项，监督覆盖率局内部达100%，同时积极进行局外部质监市场的开发，全年受监工程项目工作量达3.4亿元，实现监督工作项目收费104万元。

【滇池路整治工程提前完工】 滇池路整治工程是市委、市政府为充分发挥滇池路对外旅游窗口及市区连接滇池国家旅游度假区主干道的交通及整体服务功能，适应城市发展需要而投资建设的一项重点工程。工程按计划分两期进行整治，投资总额2.0337亿元。一期工程于3月31日顺利完工通车。二期工程4月1日开工，6月2日机动车道建成通车，6月30日全线完工，提前30天完成了政府下达的“滇池路二期整治工程于7月底前完工”的目标任务。

【南三环道路改扩建工程】 南三环作为现代新昆明建设10项重点工程之一，是市委、市政府实施昆明城市交通规划，打通城市三环路，促进城市区域发展和向外疏解交通，提升城市交通及整体服务功能的重大举措。工程全线长约3 593米，控制总投资3.214亿元，计划分两期整治完毕。局有关部门克服了工期紧、任务重、协调量大等困难，使一期工程按市委、政府的要求在2004年12月31日完工通车。二期工程截止2004年年底，已完成软土路基处理打桩14 000棵、挖填土石方50 000多立方米、桥涵钻孔灌注桩7棵。

【紧急度旱工程】 东线大板桥黄龙洞、龙泉寺2万方补水工程于1月26日建成通水，日最高供水量达1.2万方；南线小罗家营新建工程历经88天的艰苦奋战，于2月28日如期建成通水，日均增加城市供水6万方，最高日供水量已达7.4万方；宝象河水厂扩建工程于5月18日提前建成并成功并网通水，日新增供水量4万方，有效缓解了上半年城区供水紧张的被动局面，为平稳度旱发挥了积极作用。

【北市区、西市区公交停车场建设】 截止到年底，北市区公交停车场一期工程已完成车场配电室、收银中心、车队办公室、网架候车大棚等项目的土建及装修；综合楼土建部分已完成，正在进行二次装修，预计2005年3月一期工程可投入使用。西市区公交停车保养场征地拆迁已大部分完成，挡墙、围墙和回填土施工已经开始，累计完成投资2 937万元。

【虹山煤气储气柜搬迁前期工作】 已完成前期各项论证，先行使用30亩搬迁站址用地的批文已经省市土地部门同意下达，建设用地规划许可证已经市规划部门批准、建设项目用地预审意见书已经市土地部门批复，已上报省国土资源厅待批。

【市政公用行业改革】 加快市政公用事业改革步伐，正确认识和把握市政公用行业市场化这一历史契机，积极主动地引入竞争机制，有效实施资本运作和资产重组，全面提高资产的收益水平和资产经营质量，增强企业发展后劲已成为全局的共识。2004年以来，全局各单位的改革意识、开放意识、市场意识均有明显增强，昆明新巴的正式挂牌和成功运营更坚定了加大市政公用改革力度的信心和决心。局已按省、市政府的安排部署，顺利完成昆钢整合昆明焦化制气厂的工作。自来水总公司改制成国有独资（集团）有限公司的方案、煤气总公司整体改制为昆明煤气（集团）控股有限公司的方案、公共汽车总公司改制为国有独资的（集团）有限公司方案已经市政府正式批准。2004年，昆明煤气（集团）控股有限公司已完成法人治理结构组建，并挂牌。昆明自来水（集团）有限公司、昆明公交（集团）有限公司在进行法人治理结构的考察报批工作。昆明煤气总公司与香港威华达集团合作开发寻甸煤化工项目于6月6日昆交会开幕当日正式签署了合作协议。市政房屋开发公司国有资产全部退出的产权制度改革经市体改办批复同意，已于5月19日完成工商登记注册；市政科研院“事改企、企改制”，中北交通旅游有限公司深化产权制度改革方案已通过论证，目前正在按照改制方案抓紧进行。

【廉政、行风建设】 按照省政府第二次廉政工作会和市纪委二次全会精神，把廉政和行风建设作为贯穿全年工作的一项重要内容，紧紧围绕发展这个第一要务，结合"云岭先锋"工程建设，大力弘扬求真务实精神，狠抓干部思想教育和纠正行业不正之风。动员全局干部职工切实把群众最关心的问题作为反腐倡廉的主要内容，从源头入手，预防和纠正腐败苗头倾向，真正实践"为民、务实、清廉"。坚持领导干部收入申报和个人重大事项报告制度，严格规范领导干部从政行为，加强了对局管干部，特别是各单位主要领导干部的监督管理，坚决杜绝吃、拿、卡、要。窗口单位以"服务人民，奉献社会"为宗旨，继续提高市政公用行业的服务质量和服务档次，积极推进"阳光政务"工程，认真落实"办事程序公开、办事结果公开、服务承诺制、首问责任制"，自觉接受社会监督，树立了良好的市政公用行业形象。

【金碧路拆迁安置遗留问题处置】 金碧路拆迁安置遗留问题几经波折，拖了快7年的时间。为妥善解决安置纠纷，维护社会稳定，根据昆明市人民政府办公厅《关于协调解决金碧路改扩建拆迁安置有关遗留问题的会议纪要》要求，在市政府、市级有关单位等部门及盘龙、五华两区政府、局属有关单位的支持和配合下，迅速抽调精兵强将，组成工作小组，奔赴现场开展安置工作。安置工作组克服资金紧缺、资料不全、协调难度大、与被安置户通信联络不畅等困难，分工协作，相互配合，较快摸清了拆迁安置遗留问题总体情况，核实了可用于安置的房源，对尚未安置的87户拆迁户全部重新进行再安置，到年底，除2户正在商谈安置有关问题外，基本完成了金碧路拆迁安置遗留问题处置任务。

【技术创新】 2004年，以培育和发展高新技术和科技成果产业化为核心，组织实施了一批科研和技术推广项目，企业生产和管理的科技含量不断提高，为行业可持续发展注入了新的活力。自来水集团总公司"气动离心技术应用及设备开发"、"营业抄收综合信息管理系统"获昆明市科学技术进步三等奖；七水厂翻板滤池技术在国内受到广泛关注。煤气集团总公司"煤气管网安全监控信息系统"项目，荣获昆明市科学技术奖、科学技术进步类三等奖。公共汽车集团总公司全面推行电脑无纸化调度管理，并与科研部门合作进行环保节油试验。节水办对节水管理信息系统和地下用水户申报管理系统进行了升级改造，研究开发了"短信息（节水信使）通知系统"，三个节水管理信息系统的开发和运用，使节水管理在国内处于较为领先的水平。

【便民窗口、便民热线和局长接待日】 局便民服务窗口以"提高审批效率，改善投资环境，促进社会发展"为目标，精简审批程序，严格遵守办件承诺时限，坚持按"五公开"原则开展服务工作，促进了办件单位工作效率的提高。便民服务窗口共受理来件619件，其中即办件456件（基建用水核准59件，计划用水户水指标调整163件，办理二次供水设施使用证377件，办理燃气换瓶点经营许可证16件）、承诺件163件，均全部办理完毕，办结率达100%。便民热线和局长接待工作得到进一步加强。全年受理市政府"12345"便民服务热线交办件167件，办结164件，办结率达98%；办理局长接待日交办单6份，做到了件件有答复，事事有回音。

【人大建议、政协提案和信访办理】 认真落实市政府对提案、批评、建议办理的有关要求，不断规范办理程序，改进办理方法，提高办理质量。全年共办理各级人大建议、政协提案82件，组织召开不同形式的面商会12次，省、市人大建议、政协提案面商率达100%，回复率100%，进一步提高了办件质量，绝大部分代表、委员对办理工作表示满意。2004年被评为全市办理建议、提案先进单位。全年办理群众来信173份，接待来访者300余人次，妥善处理了一些热点、难点和历史遗留问题。

【精神文明和扶贫工作】 围绕思想道德建设、行风建设、廉政建设、文明细胞建设及国策教育等主要内容，在全局范围内广泛开展精神文明工作。全局文明单位、文明集体（处室）率达100%，文明职工率达95%；局属4家大企业和局机关拆迁办等单位均顺利通过省级或市级文明单位验收。

2004年，扶贫任务由禄劝照块办事处调整到撒营盘镇升发村和撒老坞村。面对扶贫任务加重和扶贫难度加大的局面，从讲政治、讲奉献的高度出发，组织和动员全局力量，认真落实新一轮的扶贫攻坚任务，确定了"以教育为先导，优先发展农村教育事业；以基础设施建设为重点，不断增强贫困地区发展后劲；以科技为动力，引导农民走致富路"的扶贫工作思路，扎扎实实启动了一批扶贫项目，做到了领导重视、责任落实、工作到位。1年来，向扶贫点投入资金80余万元，完成学校食堂、厕所改造，学生教室、宿舍设施更新，人蓄引水工程建设等7项扶贫工程项目，捐赠电脑23台，电脑桌23张，课桌椅198套，棉被626床，学生用床46张赠送给学校。撒老坞村3千米水泥路的修建和300平方米新校舍的建设、升发村人畜引水工程、水浇地改造等新的扶贫项目正实施中。使学校师生的教学条件和村民生产生活得到了一定的改善。

（高丽萍）

园林·绿化

【概 况】 2004年建成区园林绿地总面积为4 558.08公顷，绿化覆盖面积为4 754.26公顷，公共绿地面积为1 393.94公顷，绿地率为31.85%，绿化覆盖率为33.22%，人均公共绿地为9.41平方米（按建成区面积143.1平方千米、人口148.02万人计算）。

【职能调整】 为认真贯彻《昆明市人民政府关于印发〈昆明市市与四区政府城市管理职能权限责任调整方案（试行）〉的通知》的精神，进一步完善"两级政府，三级管理，四级网络，重心下移，上级监督"的城市管理体制。2004年5月13日前，市园林绿化局与四区进行了工作对接，经过各方的努力，四区的职能权限调整、交接工作基本完成，自5月15日起，市、区园林绿化行政主管部门分别按照新确定的职责权限开展工作。

【城市绿化美化】 春城路绿化改造三期工程于5月1日竣工向市民开放，完成广场绿化（金棱湾）及道路绿化改造5 100余平方米。配合昆明市滇池路整治工程建设指挥部完成滇池路道路绿化改造工程。

昆明市园林绿化部门根据《昆明市行道树树种规划》近、中、远期规划逐步以乡土树种及适宜昆明气候的树种替换现有的老化树种。四区绿化部门已制定了老化银桦行道树更换实施方案，行道树的调整将在得到大多数市民认可、保障安全的前提下逐步进行。警星公园占地约7 100平方米，分地上、地下两部分，由昆明市人民政府绿化美化工作指挥部负责组织建设，地下部分已完成，地上部分正在进行绿化等方面的施工。

【花卉艺术展游活动】 为扩大“昆明天天是春天”的城市品牌影响，进一步优化城市人居环境，提高市民文化素养、审美情趣，提升城市文化品位，营造良好的旅游氛围，于2003年12月30日至2004年1月4日期间举办“昆明市2003～2004年冬季花卉艺术展游活动”，取得了圆满成功。此次活动受到社会各界的普遍欢迎和外地宾客的热情赞誉。市园林绿化局局属各单位制作了20辆花车参赛，7辆获奖，其中翠湖公园、东郊苗圃荣获“最美花车”一等奖。

【绿地、树木认建认养】 按照“人民城市人民建，人民城市人民管”的原则，调动全社会参与搞好城市绿化美化建设，制定《昆明市绿地、树木认建认养管理办法》。结合此项工作的开展，拟定了《昆明市绿地、树木认养养护等级标准》，绿地认建认养工作已在部分区、县（市）开展，收到了较好的效果。

【对外合作】 对新普利茅斯市在金殿名胜区内拟建设“新普利茅斯园”的具体事宜进行实地踏勘。同时完成新西兰新普利茅斯“昆明园”在国内的古建筑木亭木构件制作及其他配件制作，并派出工程技术人员赴新西兰进行园区实地建设。筹建马来西亚古晋市“马中友谊公园”建设。组织深圳第五届中国国际园林花卉博览会室外景点的布展工作，参展景点为“民俗生态风情园”。工程建设历时3个月，已竣工并交付博览会组委会使用。圆满完成市政府安排的美国丹佛市赠送的红石入昆明海关的工作，并协调美国丹佛园设计、建设的一系列工作。

【公园建设和活动】 2004年，各公园开展了以“百姓生活游”为主题的中国旅游年昆明公园的系列活动，活动围绕“园林艺术、文化展演”主题，以展现文化底蕴、地方特色和时代旋律为目的，既满足广大游客的需要，又增加公园的经济收入。

大观公园西区规划调整，通过招商引资，建设休闲娱乐园区。西华园引进了在兰花生产、销售等方面有一定实力的企业投资建设公园兰圃，兰圃改建已初见成效。郊野公园积极开拓发展思路，依托市场谋发展，成功举办了2004年大山春城桃花节。动物园第五届樱花节以“阳光、时尚、樱花”为主题，推出系列活动，增强了市民的观赏性、参与性、互动性、科普性，取得了较好的效果。西山森林公园通过一年的努力，在公园建设和管理中取得了优异成绩，获得云南省文明单位及省级文明风景区旅游景区称号，并且完成了ISO9001/14001体系国际认证。金殿名胜区在实行ISO9001/14001国际认证标准的基础上继续努力，积极组织参加了南宁东盟博览会，充分展示、介绍和宣传了金殿名胜区的品牌，还被评为云南省优秀文明旅游单位。黑龙潭公园增种了200多株红枫，举办了2004“枫献春城”共建红枫景观生态环保园林——“谊和园”活动，使红枫岭成为昆明地区又一观赏秋色植物的景区；继续加大梅园建设，使梅园景区由520亩扩大到600亩。翠湖公园设计制作了以“心愿”标志为主体的瓦加瓦加园，接待了澳大利亚瓦加瓦加市市长的来访。大观公园举办了2004年荷花展，共有荷花100余亩，造型8组，“荷花摄影大奖赛”和“荷花笔会”等活动得到了业内人士的广泛参与。昙华寺公园举办“第二届‘优昙杯’民间广场艺术节”和“迎国庆民间艺术文艺汇演”收到良好的效果。

【公园环境整治】 2004年各公园名胜区在注重抓硬件建设和服务质量管理的同时，积极抓好公园环境改造与整治，环境效益进一步提高。翠湖公园对园内主要道路和部分湖塘驳岸进行了铺设和维护，对园内一些照明设施及彩灯进行了维修和更换。昆明动物园积极配合周边环境整治，拆除商铺及封闭式围墙，建设通透式金属围栏490米。西山公园及时抢修了玉兰园、太华寺因雨季倒塌的围墙及沿途塌方路段，排除危险隐患，确保了公园安全。

【防火安全】 市园林绿化局担负着2.5万亩风景林和10余处古建筑的防火工作，各项生产建设任务重，责任大，紧密依靠全局干部职工，在全年的安全生产工作中，牢固树立“安全第一，预防为主”的方针，通过努力，2004年未发生森林火情，保护了风景林、古建筑和游客的安全。全面落实《2004年度安全生产工作目标管理责任书》和《昆明市园林绿化局2003～2005年突发事件应急方案》，抓好地质灾害隐患点的检查工作，开展“安康杯”、“安全月”竞赛活动；西山、金殿、大观、动物园、翠湖、黑龙潭、篆塘公园等公园还结合单位实际，组织职工开展安全知识竞赛，消防演练及安全防火讲座等活动，增强了广大干部职工的安全生产知识及自我保护能力，对促进园林经济的发展起到了推动作用。索道管理处常年坚持机电设备年度检修，并建立了《龙门索道事故应急救援预案》，保证了索道安全营运。

【园林科技】 2004年，结合建设“现代新昆明”的战略目标，组织了社会有关的专家学者及园林绿化专家召开“现代新昆明”建设专家建言会，并编辑整理成《现代新昆明园林建设建言献策论文集》，为市、县（市）区园林建设提供了决策参考。

黑龙潭公园的“黑龙潭梅园梅花品种鉴定、引种、繁殖及栽培技术研究”课题、园林科研所的“昆明园林绿化草坪应用技术研究”课题，分别获得2004年度昆明市科技进步一等奖和三等奖。结合全国科普日活动，在翠湖公园举办了“水生植物科普知识展”。继续开展技术人员的职称评定工作，2004年全市有70名工程技术人员通过初、中级职务评审委员会评审，获得相应的专业技术职称。

【依法行政和法制建设】 为认真贯彻执行好《昆明市城镇绿化条例》，由局草拟的《〈昆明市城镇绿化条例〉暂行办法》经反复论证，市政府于2004年5月21日以《关于贯彻〈昆明市城镇绿化条例〉暂行办法》予以公布实施，从而使得贯彻《条例》更具可操作性。

全年受理市民热线电话156个，群众信访件12件，游客投诉5件，接待来信来访68人次。审查各类合同，办理全局诉讼案件，转办绿化执法70余件；办理市政府督办工作1件，法律咨询13件，市政府“12345”热线20件。办理省、市、区人大代表建议、政协委员提案50件，以上各类来件办结率均为100%。市园林绿化局被市政府评为“昆明市办理人大建议、政协提案先进单位”。

【职工培训】 2004年继续实行在职职工培训和职业技能鉴定，开办了服务窗口工作人员英语培训班，共有249人参加培训。培训园林园艺工232人，观赏动物饲养工4人，共计236人，合格率为98%，职业技能鉴定531人，鉴定培训合格率为96%。

【扶贫工作】 按照市委、市政府的统一部署，市园林绿化局从2004年开始新接手东川区两个村的扶贫任务。任务接受后，先后5次派人下去开展工作，实地调查研究，制定扶贫计划。全年共向扶贫点和灾区捐款14 390.20元，衣物2 104件，书籍文具2 000余件（本），并对扶贫点姑海乡达德村、汤丹镇同心村的教育、经济、农业生产等方面的情况进行深入调研，基层单位也积极参与了扶贫工作。西山、金殿公园于2004年2月底分别选派了4名作风扎实的党员干部驻姑海乡达德村及汤丹镇同心村进行调研，并向局提供了调研报告，对下阶段的扶贫工作提供了第一手资料。

（杨学群 余 芳）

国土资源管理

【概 况】 2004年党中央、国务院加大土地管理力度，实行最严格的土地管理制度，把土地定位为国家最重要的宏观经济管理手段之一。在从严从紧管理土地的大背景下，昆明市国土资源管理工作加强土地利用规划、年度利用计划管理和用途管制，切实保护耕地，充分运用价格机制调控用地，发挥了市场配置土地资源的作用。2004年，国有土地使用权招标拍卖挂牌出让成交额16.01亿元，经营性用地100%实现“招拍挂出让”；开发整理补充耕地4 621.12公顷，实现了耕地占补平衡，补大于占2 960.81公顷；完成了1 266.67公顷、17个国家重点急需建设项目用地的组件上报工作；办理221宗、面积442.06公顷改制企业土地资产处置，显化资产15.44亿元；治理整顿土地市场秩序顺利通过国务院联合检查验收组验收，并一致肯定昆明市治理整顿工作取得的成绩。全市国土资源管理工作，被云南省人民政府授予一等奖第二名。

【国土管理体制改革】 2004年4月，国务院和中组部分别下发《关于做好省级以下国土资源管理体制改革有关问题的通知》和《关于调整省以下国土资源主管部门干部管理体制的通知》，根据《通知》精神和部署，在深入调研的基础上，进行了国土资源管理体制改革。除五华、盘龙、西山、官渡四区于2003年已完成由市局垂直管理的体制改革（已上收为昆明市国土资源局所属分局）外，全市国土资源部门由原来的政府职能部门，改革为政府的工作部门。国土资源部门的领导干部任免由原先的地方人大及党委任免，改变为地方政府提议，上级国土资源主管部门任免的干部管理体制。云南省国土资源厅于12月28日，宣布市国土资源局新领导班子成立。

【土地利用规划和年度用地计划管理】 2004年，完成了昆明市土地利用总体规划（1997～2010年）评价工作，并通过了国土资源部咨询中心专家组的评审；完成了市级《土地开发整理规划》、《矿产资源规划》及6个专题的规划工作；6个县区规划已通过验收，拟订了昆明市县级《土地利用总体规划修编工作方案》；完成了82宗建设用地和县区13个批次城镇用地的规划预审工作，申报卷宗完成率100%，占用农用地转用指标1 001.8公顷；按质按时完成文件处理回函66件；完成规划前置审核业务170宗、1 159.7公顷，已核拨指标346.67公顷；开展了滇池环湖生态建设约75平方千米的规划，办理滇池西岸截污、大清河和枧槽河综合整治等用地37宗、1 002.24公顷，占昆明市农用地指标总数的54.33%。

【规范用地行为，严格报批程序】 转发国务院、省国土资源厅审批批文58件，面积772.13公顷；审批农用地转用1件，面积0.16公顷。认真组织建设用地备案工作，向国土资源部、省国土资源厅分别报送1个批次城市建设用地和1999年至2003年具体建设用地备案表，备案面积2 286.19公顷。

【耕地占补平衡】 编制完成《昆明市土地开发整理工程质量评定细则》；完成13个市级立项耕地开垦项目、面积1 439.12公顷土地的申报工作；完成13个省重点投资项目、面积4 006.26公顷土地整理项目的申报入库工作；落实了2003年度6个土地开发整理项目的检查验收，新增储备耕地601.45公顷；完成2004年度12个新申报市级立项项目的现场踏勘工作。

认真抓好土地开发整理规划制定、项目管理、资金使用等工作，将土地开发整理项目的实施，创造性地与农业综合整治、废弃地治理复垦、扶贫增收相结合，实现了连续6年耕地占补平衡有余。采用核对台账、抽查项目和查验资料等方法进行了清理检查，经依法批准的建设占用耕地项目共127宗、面积1 660.81公顷，通过开发整理补充耕地4 621.12公顷，实现了耕地补大于占2 960.31公顷。补充耕地项目坚持等质、等量折算补充，保证了占优补优。

【基本农田保护】 认真开展基本农田保护大检查，全面摸清基本农田保护和变化情况，完善了市、县、乡基本农田保护档案备案管理体制，新增落实地块5 466块，新增保护标志牌287块，逐级签订了基本农田保护责任书，保护责任落实到村、组和农户。对未落实到地块的基本农田进行了整改和补划。规划确定的基本农田面积369 643.47公顷，已全部落实到地块、图斑和表册，全市耕地保有量继续保持平衡，基本农田保护率达83.77%。

【重点工程项目征地】 完成了世纪金源、同仁医院、云大附中、市检察院以及东三环、东绕城线、昆洛路征地工作；完成了盘龙河上段截污工程、贵昆铁路沾益至昆明二线、昆明铁路集装箱中心站、信息产业基地、昆洛路改扩建入城段等工程的征地拆迁工作；组织开展了昆明新机场、昆安高速公路、南市区公园等征地拆迁工作。邀请46个重点建设项目用地单位召开座谈会，认真讲解上报审批所需的前置要件、申报材料，多次发函催报用地预审材料，确保了重点急需建设项目用地的组件上报工作。

切实做好征地补偿安置工作，科学、合理测算征地补偿费用，维护农民合法权益和社会稳定。积极探索征地新机制，完成了《昆明市征地制度改革研究》课题，并通过专家评审。启动了农用地分等定级工作，征地工作向科学、规范、透明的方向迈进。

【土地储备】 为增强政府对土地市场的调控能力，逐步扩大建设用地公开交易范围。2004年，起草并经市政府审议通过下发了《昆明市人民政府关于进一步加强土地储备交易管理的意见》，加大了土地储备力度，增加了储备规模和融资方式。向社会公开土地收购储备和供应计划。按计划推进石关、羊肠、宏仁、五甲塘、普坪片区1 082.53公顷新增土地储备工作；拟收购储备零星存量土地46宗、440.84公顷，已实施收购储备289.34公顷。完成零星地块规划条件及环湖东路片区等47宗规划选址的报批工作；完成北市区银河片区储备土地道路、排水及市政管网等主体基础设施工程；积极探索建立和拓宽市场化投融资平台，成立了土地投资有限公司。

【土地市场建设】 为加强土地管理和调控，充分发挥市场配置土地资源的基础性作用，利用价格机制调控用地，支持现代新昆明建设。2004年，进一步完善交易制度，建立规范的市场准入、交易程序、交易规则和市场监管体系。以招标拍卖挂牌方式公开交易土地22宗、面积255.57公顷，成交总额16.01亿元，实现土地综合收益5.45亿元，其中土地增值收益2.5亿元。共办理土地使用权出让438宗、面积1 582.01公顷，成交地价款总额66.96亿元，实缴市财政出让金5.22亿元；办理划拨土地40宗、255.82公顷；办理土地使用权转让110宗、317.78公顷，转让总金额6.51亿元，为市地税创造土地契税约0.33亿元，全年共向市本级财政上缴土地收益11.6亿元；办理评估备案1 540宗、3 806.99公顷，金额148.57亿元。

经营性用地招标拍卖挂牌出让比例连年提高，2002年经营性用地招标拍卖挂牌出让占土地有偿出让比例的17%。到2004年，除历史遗留问题、划拨土地使用权补办出让手续等外，经营性用地100%做到了“招拍挂出让”，被中国土地市场学会评为2004年“中国土地营商环境50佳”之一。

【为国企改革提供优质服务】 2004年，在依法行政的同时，全力做好改制企业土地资产处置工作，专门召开改制企业政策咨询与问题答疑座谈会，积极、主动、热情做好政策服务工作，共办理改制企业土地出让221宗，面积442.06公顷，显化资产15.44亿元。

【政务公开，“阳光”工程】 市政府便民服务中心、交易中心大厅和机关一楼大厅分别设立报件咨询、政策业务综合咨询窗口，进一步完善服务的内容，提高服务质量和水平，并建立健全告知承诺服务制度。据初步统计，窗口全年共受理各类业务共1 868件，办结1 749件，办结率为93.6%，处理来人来电咨询4 000人次（个）以上。

【土地市场秩序治理整顿】 治理整顿土地市场秩序工作，从全面清理固定资产投资项目入手，先后经两轮清理，摸清了新上项目情况，完成调查统计，进行了全面彻底的自查自纠和整改。自2003年1月1日至2004年4月底，全市共上报符合产业政策的新上项目550个。符合国家固定资产投资项目用地要求的有538个，占97.81%。对不符合用地要求的12个项目，5个已暂停建设、限期整改，7个已取消立项。

开发区用地进一步清理规范。按照保留、整改、整合、撤销的具体要求，全市共清理出各类开发区17个，经认真调查、核实、整顿，拟保留6个国家级和省级开发区，规划面积共5 735.8公顷，已建成面积3 596.65公顷；其余11个开发区已全部撤销，核减规划面积达8 403.32公顷，占全市开发区规划面积的59.43%，退回土地面积8 279.32公顷，对具备恢复条件的土地进行复垦。

历史遗留手续未完善用地清理工作，在市治理整顿土地市场秩序完善用地手续领导小组的统一领导下，采取试点总结、定点联系、分片包干、逐级审核、层层负责、监督检查等措施，做到领导、组织、措施、机构、人员、宣传、责任7到位，通过签订目标责任书、卫片叠加、图片复核、分级公示、抽查排查、舆论监督等方式层层把关，于2004年8月31日前已完成了历史遗留手续未完善用地的申报、甄别、审核、会签、公示、审查、复核等工作，为彻底解决历史遗留问题奠定了坚实的基础。治理整顿土地市场秩序工作，于2004年4月顺利通过国务院联合检查验收组的阶段性验收，11月通过最终检查验收。国务院检查验收组对全市一年多来的治理整顿工作进行了深入、细致的检查后，充分肯定了深入治理整顿工作所取得的成绩。

【建设用地有偿使用费足额上缴】 全市共按规定核准足额上缴新增建设用地有偿使用费2.32亿元，其中上缴中央金库0.7亿元，上缴省级金库1.62亿元。做到依法征管，足额入库。

【征地补偿费清欠】 市委、市政府对清理拖欠农民征地补偿费高度重视，成立了专项领导小组，组织市监察、国土、农业、审计等部门从维护广大被征地农民切身利益的高度出发，认真开展农民征地补偿费清欠工作。经核查，全市历年共拖欠农民征地补偿费18 806.23万元，经层层清欠，全市100%兑付拖欠农民征地补偿费，确保了在2004年底前彻底完成清欠任务。

【执法监察】 2004年，市委、市政府下发《中共昆明市委、昆明市人民政府关于进一步加强国土资源执法监察工作的意见》，执法监察工作坚持预防为主、预防和查处相结合的方针，制定动态巡查计划，出动1 300余人次，重点对基本农田保护区、城郊结合部、交通沿线、重要工业区等进行巡查，发现违法用地159宗，及时制止155宗，挽回经济损失730.95万元。全年共立案查处土地违法案件287宗，涉及土地面积271公顷，已结案268宗，结案率96%。其中，收回土地使用权2.2公顷，罚没款582.43万元。同时，在沙朗、北市区、南市区的执法行动中，拆除了一批违法建筑，打击和遏制了违法用地势头。

【地籍调查、土地登记】 完成了全市土地勘测定界的审查、验收和上报，以及全市14个县（市）区2004年度土地利用变更调查汇总工作，在试点的基础上全面开展了全市土地利用更新调查。配合国土资源部、省国土资源厅共同完成了5个县（市）区、3个开发区2 600平方千米的卫星遥感监测，内外业的调查汇总工作。完成154宗、905公顷土地勘测定界和地籍调查；办理土地设定变更、抵押登记875宗、2 740公顷；办理土地确权150宗、800公顷；收回国有土地使用权21宗，注销土地登记54宗，收取土地登记费145万元。

进一步规范个人已购住房土地使用权登记发证工作，在主城四区设立统一受理、统一办理、统一发证的6个办证服务窗口，全市共办理登记发证79 000宗，面积158公顷，截止11月底累计发证18.1万宗。

【地质灾害防治】 昆明市人民政府发布了2004年度《地质灾害防灾减灾方案》和《应急预案》，强化和完善了综合防治、分级负责、群专结合、群测群防的网络体系，深入灾害区和受灾现场调查研究，加强汛期防灾应急调查、巡检和专项检查，层层落实防灾减灾责任制，有效地减少了人民生命财产损失。据统计，2004年，全市地质灾害发生109起，灾害数量是2003年的5倍，但未发生重大人员伤亡。对重大灾害点已组织完成搬迁农户1 037户，正在实施1 041户的搬迁调查工作和应急排查；全年投入地质灾害防治专项资金281.3万元，完成了灾害工程治理42个，有40多个重灾点正动员力量逐步实施治理；在地质环境调查、综合和单项治理取得了可喜成绩，“昆阳磷矿矿山地质环境恢复与治理”、“昆钢集团八街铁区地质环境恢复与治理”工程立项获得批准；地质遗迹保护和开发利用等方面也开展了大量有效的工作，石林国家地质公园被联合国教科文组织评为“石林世界地质公园”。“石林岩溶峰林国家地质遗迹保护”立项获取批准，下达“实施任务书”；地热水和矿泉水管理进一步加强，共办理地热水、矿泉水采矿许可证75家，18家已上报省国土资源厅。

【矿产资源管理】 深入开展以整顿和规范矿产资源勘查开采秩序为核心，以打击非法转让矿业权、私挖滥采为主线的专项清理整顿工作，全市累计注销采矿许可证12个，吊销采矿许可证10个，查处私挖滥采、无证开采60余起，关停小矿山30多个。完成全市1 667个采矿权、80多个探矿权的清理审查工作；完成54个建设项目用地压覆矿产资源情况报告初审；完成66个探矿权年检、76个探矿权设置情况调查；对全市三个片区、25个矿区的磷矿资源进行了整合，提高了资源的保护利用水平。

【采矿权有偿使用】 在2003年矿业权由行政审批转为有偿取得的改革试点，并获取10个采矿权“招拍挂出让”成功的基础上，2004年矿业权市场建设取得新突破。结合采矿权延续登记管理，广泛宣传、认真督促，积极引导，全市创造性地完成了7个矿点的拍卖工作，累计收益达90多万元；安宁、宜良4个矿山挂牌出让的方案已经省国土厅批复。矿业权有形市场逐步形成。同时，矿产、地热水资源补偿费征管工作进一步加强，完成340万元的征收上缴任务。

【勘察测绘管理】 认真完成了东绕城线、环湖公路等8个重点建设项目、面积3 293.33公顷的土地勘测定界工作。依照《测绘法》的有关规定，结合实际，组织全市范围内的踏勘、调查、选点、资料收集、分析、研究等工作，完成了新昆明GPS框架网设计方案并通过专家论证，获云南省测绘局和国家测绘局批准。

【人大建议、政协提案和信访办理】切实做好答复人大建议、政协提案以及群众信访的办理工作，共承办人大建议、政协提案24件，办复人大代表和政协委员的面商率、回复率达100%、满意率达98%；共接待群众来访121人次、来信159件，处理155件，办结率为98%；共受理土地和矿产权属争议调处案件37件，办结22件，转县（市）区办理15件。并牵头成立处理土地信访突出问题及土地征用群体性事件专项工作小组；办理听证、复议案件18件，行政应诉案件16件，处理各级法院来函或执行案件22件，修订或审查政府规章12件。

【信息化建设】 2004年，完成了对五华、盘龙、官渡分局市党政网的接入；完成2 608幅土地申报地形图、土地整理规划图、占补平衡图、土地利用图册和四区遥感影像图制作等；完成城镇个人已购住房土地使用权登记发证流程整理、设备安装调试和软件应用培训；《昆明市国土资源地理信息资源库平台设计方案》，并通过了专家认证；完成各类档案立卷归档7 579卷，并进行了大量专业档案电子文档制作和档案利用查询；配合治理整顿、商品房发证等工作完成了大量图表的扫描和录入工作，为信息化建设做了大量的基础资料准备。同时，被国土资源部列为国土资源政务办公信息系统建设试点单位。

【法律法规政策宣传】 利用昆明国土、通讯、工作简报、信息动态、信息参考、政策法规等多种宣传材料，主动与上级部门、领导、用地单位和广大群众加强沟通。对重大国土资源管理工作，通过各种媒体向社会发布通告、访谈录、答记者问和制作电视片等，维护社会公众的知情权和参与权。

紧紧围绕“坚持科学发展观，珍惜每一寸土地”的宣传主题，紧扣治理整顿土地市场秩序完善用地手续这一中心工作，以群众喜闻乐见的形式，开展了全国第十四个土地日宣传活动。在电视台、报刊等新闻媒体上连续进行国土资源新闻宣传，组织印刷了20余万份宣传材料，发放到城镇居民和乡（镇）、村、农户手中。组织各县（市）区国土局、乡（镇）国土资源所，利用农村集镇、街天设点宣传；采取电影、文化、科技、法律下乡形式，在各村放映幻灯片、播放录音带、公益广告、制作布标、标语等方式进行广泛宣传，并结合地质灾害防治，发放“明白卡”宣传避灾知识，提高经济与人口、资源、环境协调发展的思想意识，使宣传真正贴近群众、贴近实际、贴近生活。

【国土资源政策调研】 认真开展国土资源管理调研工作，2004年，完成了《昆明市征地制度改革研究》、《昆明市城市化进程中失地农民问题》、《失地农民社会保障若干问题》、《关于省级以下国土部门管理体制改革》、《加速城镇化进程，积极推进农村城镇体制改革》等一系列调研课题，开展农村土地分等定级工作调研。《国土资源管理档案“数字化”研究》，荣获昆明市第六届社会科学优秀成果二等奖。

【干部队伍建设】 切实加强了国土系统领导班子、干部职工队伍建设，制定工作目标责任考核制，建立每周工作要点督促检查制，每季度对干部职工组织一次工作业绩、服务态度、履职情况综合考评，并与年终奖励挂钩，年终进行考核和民主评议。加大学习培训力度，完成国土资源电子办公系统、公务员电子政务和行政许可法培训，强化干部职工的业务素质和思想政治素质；大力开展创建精神文明活动，激发广大干部职工的爱国热情和集体主义精神，营造了团结拼搏、积极向上、求真务实、开拓进取的良好精神面貌，增强凝集力，塑造健康文明的国土系统新形象。

【健全完善各项制度】 2004年，健全和完善建设用地供应总量控制、城市建设用地集中供应等6项制度，以及进一步加强土地管理、深入治理整顿土地市场秩序、规范土地征用等方面的10余项政策规定和内部规章。深入完善集体决策制和重大问题内部会审制度，实行窗口办文制和限时承诺制，推行首问责任制和“阳光政务”工程，接受社会的监督。强化内部监督管理，建立结构合理、配置科学、制约有效的权力运行机制，从决策和执行等环节加强对权力的监督，防止和制止各种违规违纪行为，实现以制度管人、管事。

（马良平）

城市管理

【城管工作思路】 2004年城市管理工作，坚持以党的十六大精神和邓小平理论为指导，按照“三个代表”的要求，紧紧围绕市委、市政府的工作部署，以城市管理重心下移和区划调整工作为主线，以市容市貌整治为重点，加强城市灯光亮化工程的管理维护。坚持不懈地抓好市容环境综合整治，不断加强城市道路桥梁和路灯等市政设施的维护管理，进一步规范全市出租汽车、停车、洗车行业管理，加大城市管理执法监察工作，不断摸索和研究城市管理工作宏观监督、协调保障、检查考核的机制和方法，圆满地完成了市委、市政府交给的各项任务，城市市容环境得到有效提升。

【城管重心下移】 2004年4月23日，中共昆明市委、市政府召开昆明市城市管理工作会议，对城管权限进行了调整和下放，建立“两级政府、三级管理、四级网络、重心下移、上级监督”的城市管理新体制。市城管部门广大干部职工从讲政治的高度，顾全大局，消除顾虑，正确处理好个人与集体利益的关系，自觉服从城管体制改革大局。下划单位9个（市城市建设管理监察总队四个大队、市道路桥梁管理处、市路灯工程管理处、市停车场管理处、市洗车场管理处、市固体废弃物中转处置中心、市环卫机械厂、东、西郊垃圾卫生填埋场）；人员1 111人。亮化灯具29 562具，中心控制室1个，停车场705户，洗车场706户，垃圾卫生填埋场2座。5月15日，全市按新的城市管理体制运行。

【区划调整】 根据《昆明市四区行政区划局部调整实施方案》的精神和要求，确定了城市管理责任区。南北向：盘龙江上段（大花桥——得胜桥。以西岸为分界，以西为五华区，以东为盘龙区，得胜桥归盘龙区管理）盘龙江下段(得胜桥——盘龙江入滇池口。以西岸为分界，以西为西山区，以东为官渡区。东西向：人民东路（王大桥——人民东路与环城东路交叉口。以北人行道街沿石为分界，以南为官渡区，以北为盘龙区）。环城东路：（环城东路与人民东路交叉口——东站。以东人行道街沿石为分界，以东为官渡区，以西为盘龙区）。拓东路：（东站——得胜桥。以南人行道街沿石为分界，以南为官渡区，以北为盘龙区）。金碧路：（得胜桥——西坝路与金碧路交叉口。以北人行道街沿石为分界，以南为西山区，以北为五华区）。西坝路：（西坝路与金碧路交叉口——西坝路与环城西路交叉口。以北人行道街沿石为分界，以南为西山区，以北为五华区）。环城西路：（西坝路与环城西路交叉口——环城西路与人民西路交叉口。以东人行道街沿石为分界，以西为西山区，以东为五华区）。人民西路：（环城西路与人民西路交叉口——眠山，以南人行道街沿石为分界，以南为西山区，以北为五华区）。其余未明确的界线，以新的行政区划为准。

【宏观管理】 城管重心下移后，为加强宏观管理，适应新职能新情况，认真研究和探索了宏观调控运行机制、手段和方式方法。组织局机关着手编制城管专业规划和制定管理标准规范；拟定月检查考核办法和标准，从9月起组织每月城管工作检查考核；坚持每月召开一次市、区城管部门工作联席会议；聘请了27名市人大代表、市政协委员和新闻媒体记者担任市城管监督员；市监察总队成立了城管执法督查队，坚持每日上街督查，推动和促进城管文明执法；建立了上街巡查制度和督办制度。

【城市亮化建设】 聘请保安对一、二期灯光亮化工程进行全天候全时段巡逻，确保设施完好率。完成了16座人行天桥供电、配电和控制系统的改造；召开了全市高层（重要）建筑灯光亮化工作表彰大会；完成了“春城明珠、四季、绚丽”灯光小品以及关上中心区灯光亮化工程的建设，确保了重大活动和重大节日亮化设施的正常运转。

【拆临拆违】 为有效改善交通和市容环境，继续坚持“以区为主”，市级加强协调指导和督促检查。制定了《2004年度交通和环境整治（拆迁部分）工作指导计划》和目标责任书。8月份，根据国家和省、市有关规定和要求，对计划进行了重新调整，明确了至2005年1季度前159万平方米违法（临时）以及危旧建筑拆迁任务。各区按照计划，逐步展开对40条路，19个片和东二环、南过境干道等重点拆迁改造地段的拆迁工作。到2004年底，全市完成拆迁改造32万平方米，五华区拆除国防路、华山西路、仓园巷、沿河路、昆师路、教场西路、凤翥街、崇仁街、庆云街、昆大线、龙翔街片区、顺城街片区等违法、临时建筑物约17万平方米；盘龙区拆除和平北路、玉川巷、苏家村、广场沿河西路、明通巷等违法、临时建筑物约127 000平方米；官渡区拆除永安路、永丰路、永平路、明通路等违法、临时建筑物7 000平方米；西山区拆除省民委周边违法、临时建筑物16 000余平方米。

【城管执法监察】 以“两会”、国际文化旅游节、第五届世界马铃薯大会、东盟高层会议、全国禁毒工作会议等重大活动以及春节、“五一”、“十一”等重大节日为契机，按照市委、市政府的要求，及时拟制整治方案，坚持市区联动，以区为主，以占道经营、违法小广告整治、查处违章夜间施工及运载渣土泼洒行为为重点，不间断实施城市管理执法监察工作，有效提升了城市的市容环境。全市出动城管执法人员7万人(次)，机动车15 000辆（次），巡查街道50 000余条；查处违法违章21 300余起，取缔占道经营、流动摊点37 000余起，收缴各类小推车、非法营运三轮车1 240辆，收缴各类占道物品28 500余千克。查处夜间施工扰民、违章泼洒等271起，查处违章拉运建材、渣土车辆1 690辆。依据《昆明市占道亭棚管理暂行办法》和《昆明临时占道亭棚布放标准》等，对二环路内亭棚进行了集中整治，调整主要道路设置不规范、密度过大的亭棚，有效降低了二环路主要道路亭棚的密度；组织协调各单位对窨井盖进行清查和整治，更换窨井盖3 400块，降低了事故的发生率。

【广告招牌设置管理】 按照“统筹规划，合理布局，设置形式与街景相协调”的要求，重点对春城路、东风西路、翠湖环路、人民中路、宝善街、弥勒寺、东南二环、关上中心区等主要地段的户外广告、门头招牌等进行了全面清理和整治。拆除、整改各类户外广告牌、门头招牌4 500块。将户外广告设置权作为一种公共社会资源来进行公开拍卖，组织了320国道、滇池路上路灯灯杆广告有偿使用招投标。

【违法小广告整治】 利用“城市管理自动追呼系统”，对办假证电话实施自动干扰追呼，全年强制停机1 968部。向社会公布重奖举报电话，建立举报机制，深挖制假窝点，查获窝点3个，抓获制贩嫌疑人21人，有效地从源头上打击了非法小广告。采取市场化运作的形式，聘请清洗公司对7条主要街道的小广告进行清洗覆盖，并督促四区、临街单位、建筑工地清除覆盖临街建筑物和围墙的小广告，特别是9月份，对全市40条主要道路乱涂乱画的小广告进行了有效覆盖。加强市容管理规定的宣传和教育，抓获违法散发、张贴小广告人员1 400人，收缴各类小广告13万余份；认真总结了土桥办事处治理小广告、落实责任制的经验。

【城市环境卫生管理】 以“五无、六净、全日保洁”的标准，加大对道路清扫保洁力度。积极开展生活垃圾袋装和分类收集工作，做到日产日清。机械清扫率达60%，出动清扫、洒水车6 600车次。按照无溢出、无臭味等要求，加强公厕管理，清运粪便

117 000吨。配合有关部门，搞好禽流感的预防工作，焚烧填埋处理活禽30余万只。下划环卫专用车辆66辆，加强了县市区环卫工作实力；新建垃圾中转站2座；新建公厕10座，安装公厕指示牌263块。协助指导4区积极开展“城中村”整治试点和垃圾处理场的选址的前期工作。

【城市生活垃圾处理】 5月15日重心下移后，东郊垃圾场交由官渡区管理，西郊垃圾场交由西山区，区划调整后，西郊垃圾场又交由五华区管理。市级部门加强业务指导，积极协调4区垃圾场运行费等问题，确保了全市垃圾的及时清运和处置。全年完成清运、填埋生活垃圾93万余吨。

【出租汽车管理】 立足出租汽车行业特点，以“云岭先锋”工程试点为契机，积极开展“塑昆明形象，创优质服务”活动，与党员签订了《目标责任书》，设立了“党员示范岗”和党员示范车，推行了党员挂牌上岗服务；在全国率先编写出版了《出租汽车行业培训教材》和《服务手册》，加大了驾驶员岗前培训和从业人员的轮训，培训达4 320人（次），轮训达12 800人（次）；涌现了“十佳出租汽车经营公司”和100名优秀驾驶员，帮助查找失物1 200多起，上交失物485起，其中有手机59部、照相机10台、投影仪1台、手提电脑3台、行李箱69个、钱包47个等，上交现金35 592元。收到感谢信10封，电话表扬105起。高考和九九重阳节期间，有1 720余辆出租汽车免费为学子和老人服务。坚持以人为本，强化服务意识，建立和完善处长接待日制度，拓展反映问题的渠道，认真办理群众投诉问题；清理整顿和规范了出租汽车的保险费问题，出台了《出租汽车购买保险的暂时规定》，清退2 314辆出租汽车的保险费142万余元，有效维护了驾驶员的切身利益。采取市场化运作的方式，免费为6 901辆出租汽车更换顶灯、座椅套和脚踏垫，有效地改善了车容车貌。把打击非法营运作为管理工作的重中之重来抓，加强宣传教育，实施有效举报，采取“集中、分散、合围”的方法，不分时段、界线、区域，对重点地段实施连续打击，全年出动车辆2 376辆次，人员12 276人次，查处出租汽车违章478起，查获非法营运车辆844辆，上缴财政罚没款336万元，有效扼制了非法营运的发展势头，改善了出租汽车运营环境。

【城市道路桥梁管护】 为确保城市道路桥梁设施完好、安全、畅通，按照“管养并重、以管为主”的原则，依法审批办理施工围栏、货亭延期、开挖等750起，查处无证施工、开挖和渣土泼洒污染路面等各类违章等1 600起，处理道路塌陷等突发事件24起。坚持“管养并重，严格工序，科学管养”的原则和要求，先后完成了三合营、滇池路、钱局街、省委一号院周边、北京路（塘子巷至火车站）、明通巷、农大路、人民西路、关上中路、世博大道至西南林学院门口、关雨路到白得邑村等道路、人行道改造工程，小坝立交桥西南匝道工程，小菜园、西站立交桥再生技术应用工程，大树营、菊花、金马立交桥的粉刷工程等。新铺和维护人行道、车行道面积达55万平方米，完成了道路瑕疵修补15 000平方米，清理路肩36 195平方米，疏挖侧沟23 767米，维护桥梁、地下通道10座次，疏通落水口2 402个次，立面粉刷15 343平方米，桥梁粉刷12万平方米。确保了道路完好率在90%以上，桥梁和地下通道的完好率在98%以上，以及道路的畅通及行车安全。

【城市路灯建设】 紧紧围绕“多亮灯，亮好灯，服务社会，服务市民”工作思路，加强路灯建设管理维护，进一步完善提高了路灯和灯光亮化控制系统的功能，完成滇池路、民航路、关雨路、大观路、西昌路、新闻路、金马路、白龙路等新、改建工程。及时恢复了春城路、拓东路、新闻路、人民西路、关上中路、石虎关立交桥、东二环、靖国新村、工人新村、新闻路、顺城巷等路灯设施被盗。全年净增灯1 425余盏，灯杆627棵，恢复损坏和被盗线路22 776米；更换各种器件6 000件；确保路灯设施正常运行，有效地提高了亮灯率，平均亮灯率达98%，未发生大面积熄灯事故。

【城市停车、洗车行业管理】 停车行业以安全防范和规范经营为主要内容的检查执法力度，检查停车场1 000户（次），整改174户；进行了规范非机动车停（存）点的试点。洗车场行业坚持总量控制、合理布局、科学管理，宏观引导的原则，严把审批关，加大稽查力度，取缔无证营运洗车点9个，查处违章营运洗车77起。完成节水改造的洗车场380家，办理《地下地表取水许可证》130家，促进了洗车行业节水和循环用水的推广和运用。

【城管法制建设】 针对重心下移后，对市容、广告、道路、出租汽车管理等条例中部分条款不能适应新的体制和机制，积极配合与法制部门进行修改。制订了工作规程、工作规定等，认真贯彻实施《行政许可法》；组织了全市城管执法人员培训，提高了法律意识。办理行政复议4件，行政诉讼3件，申请人民法院强制执行案件22件。

【行政审批】 按照市委、市政府的决定，及时将城管审批项目下放到四城区和东川、安宁市，并组织了审批业务培训，各区及时将城管行政审批项目纳入区便民服务中心。按照“依法、公开、透明、规范”的要求，增强服务意识，提高服务质量，严把审批关。城管窗口接、办件14 126起，办结14 000件，办结率达99.4%；客管分中心接件92 351件，办结91 272件，办结率为99%。

【信访投诉受理】 坚持110社会联动电话24小时值班制度。受理“12345”政府热线810件，办理794件，办结率98%；受理110联动投诉电话等7 927（起），办理反馈7 792起，办结率为98.3%；坚持局长接待日制度，接待群众达150余人；来信来访330余件次；坚持阅报制度，认真办理新闻媒体揭露问题110件，群众反映的一些问题得到较好解决。特别是五华区建立“城管快车”，完善了受理、办理和反馈等快速反应机制，受到了社会各界的认可和称赞。自运行以来到年底，受理和处置3 256起，处置率、回告率和满意率达100%。

【人大建议、政协提案办理】 全年收到省、市、区人大建议、政协提案164起。各单位非常重视，从强化认识，加强领导着手，及时召开了专题会议，研究部署，签订目标责任书，确保了各单位有领导分管，有办公室领导具体抓，有专人具体落实。在办理中，各单位能深入一线调查研究，提出具体办理意见，广泛征求代表委员的意见，对能解决的问题得到了有力解决。办理率为100%，满意率100%。年度被评为先进单位。

【监察队伍建设】 结合2003年行风评议提出对执法工作的意见，认真研究对策，制订和落实整改措施。完善《内部管理考核办法》，加强考核和管理；组织全市执法人员军训，自身形象进一步好转；参加法规培训，强化法制观念；

严格执法规定、程序，规范执法行为；推行“首次不罚”制，塑造近民、亲民、为民形象；建立执法督查分队，加强对执法人员的督察，规范行政执法行为，有效改变执法队伍形象。

【城管宣传】 加大城市管理宣传工作，与《昆明日报》联合创办了《树形象，爱家园》专栏，出专栏26期。为扩大读者面，与《春城晚报》开辟了城管动态报道专栏。先后做客“直播昆明”、“都市条形码”、交通广播电台等，进行城市管理工作的宣传。开展“我心中的城管”征文评选活动，收到稿件近100篇，刊登31篇，评出一、二、三等奖8篇，加强了与市民的沟通和互动。全年在各新闻媒体、电视、广播电台等刊用稿件500篇。写简报20期，被市委、市政府信息部门采用信息12篇。为全市城市管理工作营造了舆论氛围。

（康晓明　吴青芮）

煤　气

【概　况】 2004年，昆明煤气总公司拥有10万立方米气柜2座，中低压管网1 265千米，调压站（箱）335座，发展民用户47.7万户，公共、工业用户1 023户；全年煤气销售气量1.58亿立方米，实现煤气销售收入1.35亿元，现日均输送煤气42万立方米，全面完成各项经济指标。安全生产实现了年初确定的“六杜绝”、“三降低”、“两提高”和安全生产1 000天的目标。昆明城市管道煤气气化率达90%。公司被评为全国“安康杯”竞赛优胜企业；被授予昆明市先进党组织并颁发了“云岭先锋”工程流动红旗；荣获昆明市厂务公开先进单位；管网安全监控信息系统获得昆明市科学技术进步三等奖称号。

【组建昆明煤气（集团）控股有限公司】 2004年4月，经市政府批复同意昆明煤气总公司改制组建昆明煤气（集团）控股有限公司，2005年1月完成了集团公司工商注册登记并挂牌成立了集团公司。为进一步深化管理，公司提出了“分工明确、责任清晰，考核到位、保障有力”的管理目标，在清理岗位的基础上，完成了部分管理部门的整合工作；通过引入竞争机制，形成了内部单位之间比管理、比质量、比服务、比效益及相互竞赛的态势；进一步完善了经济责任制指标考核体系，出台了机关管理工作目标责任书，制订了12个考核办法；在各经济责任制单位实施了二次分配方案，从总经理到每一位员工均实行收入与工作目标挂钩考核，有效提高了企业的管理水平，对激励员工工作的积极性和创造性发挥了重要的作用。

【安全供气】 安全生产是公司经营管理的基石。公司以“安康杯”竞赛活动作为契机，把安全工作融入活动之中。围绕安全生产“十个一”活动的开展，使员工学安全、懂安全、会安全的意识得到了进一步增强。在参加全市安全生产知识竞赛中，预、决赛均获得第一名。为把日常安全工作落到实处，年初，公司就分层次与各单位签订了安全工作目标责任书，使安全工作落实到了每个班组和员工。在巩固2003年工作的基础上，公司继续抓好“一法三卡”的推广应用工作，以点带面。在市城建系统工会“一法三卡”现场会上得到与会40多个单位的好评，得到上级工会的肯定。

【优质服务】 公司始终把优质服务与增强企业信誉和竞争力、促进企业发展紧密联系在一起，把不断提高员工的业务素质和服务质量作为一项经常性的重要工作来抓。在员工中增强了“三个意识”（团队意识、竞争意识、责任意识），树立“四种观念”（发展观念、效益观念、形象观念、市场观念），将“服务客户、方便客户、为客户排忧解难、让客户满意”作为公司的出发点和归宿点。从抢险抢修、抄表、收费、灶具维修、服务等方面着手，狠抓落实，对违规违纪的人和事加大了查处力度，使客户投诉件大幅度降低，客户回访率达到100%，取得了明显成效，全年未发生一起媒体曝光的投诉服务事件。在2004年中国服务质量万里行的明察暗访抽查中，出警率、服务水平、服务质量再次得到了万里行组委会的好评。通过优质文明服务工作的提升，进一步树立了昆明煤气在客户心中的信誉度，提升了企业的形象，并以此为载体使公司的精神文明建设和行风建设工作上了新台阶。

【发展用户】 客户发展方面，利用燃油及液化气价格持续高位的有利时机，加大对商业用户的开发力度。多角度、多渠道收集用户发展信息，把握用户开发最佳时机，把开发工作做到终端客户，积极推行包干单价发展用户，提高煤气的竞争力，有效推动了煤气用户的发展。公司参与编制的“新昆明燃气规划”经专家评审通过已报市政府审批，随着新昆明城市建设进程的推进，公司将迎来煤气客户发展的较好商机。

（董伟云）

自来水

【安全、优质、稳定供水】 2004年，昆明自来水集团有限公司紧紧围绕抗旱保供水的目标，加强供水调度，调整水源结构，实施“125”度旱供水紧急工程，有效增加供水1 060万立方米，发挥水回收系统作用回收水282.42万立方米，缓解了城市供水总量不足，实现了平稳度旱，保证了全市人民生产生活及预防禽流感用水需求。圆满完成了国际旅游节、昆交会等大型节会展演活动的供水保障任务。全年完成售水量18 578万立方米，实现销售收入37 554.5万元，上缴国家税费总额3 821万元，利润总额313.4万元，偿还银行贷款4 812万元。代政府收取污水处理费9 375.1万元。企业资产总额18.96亿元，国有资产保值增值率101.16%。

【履行社会服务承诺制】 2004年，昆明自来水集团有限公司深入学习“海润之魂”报道，开展顾客满意度调查，及时处理新闻媒体、云南供水网站反映的供水问题，办理人大、政协提案、督办件18件，“12345”市民热线116件。管网维修中心“96106”受理电话32 522次，维修管网5 936次，更换保养闸门1 328台，管网主动检漏率18.75%。加强滇池路、320国道等道路建设工程的供水监察，完成181处占压供水管网的清查，保证了供水管网的安全。

【送水服务】 2004年，为解决高、远地区用户缺水问题，共投资70万元购置3台专用送水车，3月19日正式投入使用，为用户提供送水服务。全年出动152车次，送水1 023吨。

【报漏有奖】 2004年9月，通过“96106”供水服务热线，开展城市供水管网报漏有奖活动。广大市民积极参与，共同维护城市供水设施，收到了良好的社会效益。

【开拓供水市场】 2004年，积极开拓供水市场，努力发展用户，扩大供水范围，新增100毫米以上管网124.8千米，用水户42 581户，其中抄表到户41 615户。加大供水管网投资力度，结合城市道路建设，实施昆洛路、东风路等47条道路管网新建改建工程。组织实施理想小镇、江东小康城等新区供水配套项目60项和升华、和正小区等改表出户工作，新建、补建市政消火栓721座。

【加大催缴欠费工作力度】 2004年，继续加大催缴自来水欠费工作力度，营业所、西山分公司分别与集团公司签订催欠责任书。以“三无”小区为重点催缴欠费，催回2003年以前自来水欠费1 300万元，水费回收率达95%。

【七水厂调试供水】 七水厂是掌鸠河引水供水工程的净水工程，拥有全新的生产技术和工艺流程，是云南省供水规模最大的一座净水厂。2004年8月24日起，昆明自来水集团公司利用松华坝水库丰水期水源开始进行净水处理工艺调试。9月4日，经72小时生产性运行，顺利实现了直径1.6米双管与现有城市管网并网供水，进入试运行期，日供水24万吨。处理后的出厂水质在全面达标的基础上，优于国家生活饮用水标准。

【完成度旱供水工程】 2004年，昆明自来水集团有限公司提前完成“125”度旱供水紧急工程。东线龙泉泵站工程2003年12月14日进场，2004年1月28日向宝象河水厂输送原水；新增供水能力4万立方米的宝象河水厂扩建工程，2004年1月21日正式开工，5月18日并网供水。南线以晋宁柴河、大河为水源。日供水设计能力6万立方米的罗家营水厂经过88天努力，于2004年2月28日并网供水。

【组建昆明自来水集团公司】 2004年2月10日，经市政府批准，原昆明市自来水总公司整体改制组建为国有独资昆明自来水集团有限公司，继承原昆明市自来水总公司债权债务、供水资质及相关权益。4月8日，昆明自来水集团有限公司举行揭牌仪式。副市长廖晓珊、市政公用局局长谢自国分别致辞，市工商局傅晋利副局长为集团公司颁发营业执照，市人大巡视员毕品文、市政协副主席张中宁为集团公司揭牌，廖晓珊副市长为集团公司授印。昆明自来水集团有限公司组建后将深化改革，引进战略合作伙伴，把集团公司建设成为以水为本，多种经营，立足昆明，服务全省，具有竞争实力的供水集团。

【招商引资】 2004年，昆明自来水项目招商引资方案经市政府第43次、50次、52次市长办公会研究，并向部分人大代表、政协委员通报征求意见，市委2004年7月16日第23次常委会议研究，同意昆明自来水集团有限公司以招投标方式招商，转让自来水生产供应系统（厂网合一）49%的股权。2004年8月18日，昆明自来水集团公司公开发布招商公告，通过资格预审、投资人现场考察。12月10日，省产权交易中心组织投资申请文件开标。

【抗旱供水期实行阶梯水价】 2004年，为缓解水源紧张矛盾，4月1日至6月30日昆明实行阶梯水价，居民生活用水阶梯式水价基数由15立方米调整为10立方米。5～6月达到实施阶梯水价计价基数的用户共计2 735户，实施阶梯水价的水量为48 805立方米，计收阶梯水价款60 952.45元。

【入选全国大型企业】 2004年，按照新的大中型工业企业划分标准，昆明自来水集团有限公司被云南省统计局列为2003年全省12户大型企业之一，被国家统计局列为全国1 948家大型工业企业之一。

【参与市场竞争】 2004年，基层二级公司积极开拓全省供排水市场，取得较好经济效益。设备公司晋升市政工程总承包二级施工资质，被国家工商总局评为“重合同、守信誉”单位；工程公司、水工程集团公司努力消化以前年度财务亏损600万元，往来款150万元；给水设计院编制现代新昆明给水专业规划，完成建水、昭通等地州供水管网设计；滇申公司完成临沧永德20千米钢管防腐；利源公司积极参与市政设施改扩建工程、补建消火栓；建安公司投标赢得华坪、弥勒、昭通等5个供水工程项目；水池清洗公司积极参与改表出户，用户内部管网检漏；绿化公司承担320国道绿化工程，完成七水厂绿化。

【安全生产管理】 2004年，继续落实各项安全生产责任制，牢固树立“安全第一，预防为主”的思想，召开安全生产会4次，开展安全生产检查12次，投入360万元整改安全隐患21项。

【第五届科技工作会】 2004年，继续实施“科技兴水”战略，召开第五届科技工作表彰会，对37项科技成果、37项管理成果、19项精神文明建设成果及44篇优秀论文进行了表彰和奖励。气动离心技术应用及设备开发、营业抄收综合信息管理系统获昆明市科学技术进步三等奖，李宗华等8人获第七次全国城市供水水质分析质量控制考核优秀个人奖。配合建设部完成城市供水水质监督检查工作，建立96106供水服务热线系统，聚合氯化铝在多个水厂推广使用。七水厂翻板滤池技术受到国内广泛关注。

【信息化建设】 2004年，加强企业信息化建设，完善云南供水网站，开展计算机应用现状普查，搭建机关局域网，

昆明自来水集团有限公司揭牌 （陈璞 摄）

设计日供水能力60万立方米（一期40万立方米）的昆明市第七自来水厂
（袁黔光　供稿）

文档管理系统实现网络化。开展信息化规划、管网地理信息系统前期工作。

【对外合作与交流】　2004年，继续发展与瑞士苏黎世供水局的友好合作，接待瑞士苏黎世市长艾尔玛·雷得格博和瓦尔热副市长政府代表团及供水局专家参观、访问。接待越南、缅甸及全国自来水同行的参观、考察。积极参加中国水协、省水协组织的各项活动，承办第14届全国供水行业办公室工作会。

【举办管网研讨会】　2004年10月12日，昆明自来水集团有限公司与苏黎世供水局联合举办了供水管网管理研讨会。研讨会期间，苏黎世供水局管网专家高琦亲临管网所进行PE管管道维修示范操作交流。集团公司从事管网管理的专业技术人员、河北亚大塑料制品有限公司等30人参加了研讨会。苏黎世供水局向集团公司赠送一套用于管道检漏的加压设备。

【职工教育培训】　2004年，昆明自来水集团有限公司新增、晋升各类专业技术职务人员56人，各类专业技术人员达640人；15名驾驶员通过技术师社会化考评，取得二级技师资格。建立职工教育培训中心。组织WTO涉外知识、《云南省会计条例》考试。邀请美国水资源保护和管理专家温俊山博士举行专题报告会。组织84名职工考入省委党校学习深造。

【为职工办实事】　2004年，昆明自来水集团有限公司在发展供水生产的同时，重视解决职工实际问题。调整在岗职工岗位工资，建立企业互助医疗保险，为符合条件的50名职工办理补充养老保险。调整社会保险缴费基数，住房公积金、基本养老保险缴费比例分别由6%增加至8%，上交社保资金达1 716万元。组织2 032名职工体检，53名职工疗养。慰问生病和困难职工，为薛瑞辉办理昆明市特困职工优惠证。

【精神文明建设取得成效】　2004年，昆明自来水集团有限公司被授予2003～2006年度文明行业称号；管网所、二水厂、五水厂、西山分公司获省级文明单位称号；建安公司、水池清洗公司通过市级文明单位考核；官渡分公司宝象河水厂获全国优秀农村水厂称号；《云南城镇供水节水》、《昆明供水》分获2003年全国企业内刊交流会一、二等奖；工程公司高青获市优秀共产党员称号，四水厂杨艳敏获文明市民称号，李南、马纯获市“巾帼建功”先进标兵称号。
（黄　昆　董家华）

掌鸠河引水供水工程

【概　况】　掌鸠河引水供水工程，系上世纪末，中共昆明市委、市政府着眼于昆明城市的跨世纪长远发展，而开工建设的一项重大引水工程。也是正在实施的现代新昆明发展战略中引水济昆工程的一个重要组成部分。搞好引水供水工程，直接涉及到人民群众的根本利益，能够产生巨大的经济、社会和生态效益。这是一项惠及当代、造福子孙的“民心”工程。加快掌鸠河引水供水工程建设，使之早日发挥效益，作用巨大，意义重大，是广大市民的期盼。工程建成后，将每年向昆明城市提供2.5亿立方米优质水，可基本满足近期城市用水需要，并可利用其中的一部分对滇池水体进行置换，改善滇池水体循环自

市长王文涛（中）、市人大常务副主任何有德（左二）视察七水厂
（王金明　供稿）

到2004年底，云龙水库蓄水约1亿立方米　（王金明　供稿）

净条件，加速滇池污染治理，促进昆明城市的可持续发展。

掌鸠河引水供水工程自1999年12月开工建设以来，得到了全市广大人民与社会各界的极大关注和支持。5年来，在省委、省政府和市委、市政府的领导下，各有关部门和广大建设者，在工程难度大、地质条件复杂的情况下，克服重重困难，团结一致，精心施工，保证了项目按计划顺利推进，工程取得了重大进展。全年完成投资6.06亿元，圆满完成了年度投资计划。

【云龙水库提前一年下闸蓄水】　经过4年的努力，云龙水库大坝于2004年2月5日实现了封顶。经水利部水规总院组织专家鉴定，大坝建设质量良好，具备了下闸蓄水的条件。按照省水利厅的批复，3月1日，云龙水库顺利实现下闸蓄水，比原定计划提前一年。至8月上旬，蓄水位超过2 070米，蓄水量超过1亿立方米。为了确保安全度汛及考虑库区水体置换，8月10日开始泄水，至8月25日再次下闸蓄水，共泄水8 202.57万立方米。到年底，蓄水位达2 070.20米高程，蓄水量为1亿立方米，年度蓄水计划超额完成，为蓄好水、蓄足水奠定了基础。

【七水厂一期工程试供水】　该水厂试供水标志着七水厂一期工程基本建成。2004年8月24日起，七水厂利用松华坝水库丰水期水源开始进行净水处理工艺调试。9月4日，经72小时生产性运行，顺利实现了直径1.6米双管与现有城市管网并网供水，进入试运行期，日供水24万吨。处理后的出厂水，经国家城市供水水质监测网昆明监测站取样检测，水质在全面达标的基础上，优于国家生活饮用水标准。

【隧洞基本贯通】　掘进任务基本完成，全面转入衬砌阶段。作为整个工程的关键性控制性工程，输水工程8个标段43个工作面全面推进，累计掘进及铺管达82千米（含8标倒虹吸累计完成铺管4.2千米），占总工程量的84%，已有15条隧洞贯通。全面转入衬砌阶段，成洞衬砌完成48千米，占总工程量的55%。

【移民搬迁安置后续工作取得进展】　在圆满完成了11 083人的外迁移民搬迁安置任务后，围绕2004年3月1日云龙水库下闸蓄水，完成了29个淹地不淹房村就地安置补偿工作；20.6平方千米的库底清理工作；库周交通、电力、通讯3项恢复等工作；并着手云龙乡集镇迁建工作，乡机关办公楼、信用社、电信所等7个标段施工已近尾声，中、小学已投入使用；较为规范地完成了云龙水库库区土地权属认证及林地砍伐等的办证工作；官渡区移民工程结算、财务结算工作已经完成。安宁、嵩明的结算工作即将完成。

【水库管理用房建设进展顺利】　2004年3月1日云龙水库下闸蓄水，标志着云龙水库进入了运行阶段。为确保安全度汛，成立了以管理局、禄劝县政府、昆明水文分局、水电十四局云龙水库工程项目部联合组成的云龙水库安全度汛领导小组，负责组织指挥云龙水库的安全度汛工作。4月28日，成立了云龙水库管理处筹备处，抽调人员驻守水库，收集、分析有关资料，加强水库的运行管理，确保了水库的安全运行及安全度汛。随着市政府《关于加强掌鸠河引水供水工程管理的通告》的颁布实施，标志着管理工作迈开了新的步伐。

【日元贷款支付过半】　整个工程利用日元贷款分为31个合同标，分批分期进行招标采购。已完成了29个合同标

世界银行贷款项目昆明市第五污水处理厂　（市排水公司　供稿）

的招标采购工作，剩余2个合同标的招标采购工作将于今年完成。已招标的合同执行情况良好。按照工程进展，日元贷款的支付已经过半。

【工程总体质量良好】 云龙水库大坝枢纽工程自1999年12月开工至2004年已验收评定单元工程3 186个。单元工程合格率100%，优良2 600个，综合优良率为81.61%。已验收评定的分部工程38个，合格率100%、优良率100%。七水厂工程继被评为2004年云南省城建行业施工优质奖后，又被国家建设部授予了建设部市政工程最高奖——中国金杯示范工程奖，这一殊荣也是云南省建筑行业惟一获得者。已完成的82千米隧洞掘进和倒虹吸安装，没有发生大的安全事故，在全国同类工程中是少有的。

（王金明）

城市排水

【世行贷款排水项目】 配合市政工程质量监督站通过了已完工的世行项目：环城东路污水管网工程、东风西路—人民西路污水管网工程、张峰、土堆泵站土建及设备供货安装工程、昌源路污水管网工程、西郊压力管道工程、第一污水处理厂改扩建及其配套管网工程等的工程验收工作。截至2004年12月底，北京路污水管网工程已基本完工，完成投资3 796万元；2004年7月底明通河泵站土建及设备供货、安装工程完工，完成投资796万元；完成了第一污水处理厂改、扩建设备供货与安装工程。改扩建完成后的一污厂设备运行状况良好，出水水质达到国家排放标准。

【滇池污染治理项目】 根据《滇池流域水污染防治“十五”计划》和2004年8月6日、9月9日市委市政府滇池治理工作会议精神，积极配合昆明市滇池北岸水环境综合治理工程建设管理局、昆明市滇池管理局、市财政局等部门开展申请利用日元贷款和工程可研设计工作。组织完成船房河、乌龙河截污及综合整治工程、第二污水处理厂脱氮除磷示范工程设计的招投标。通过向社会公开招聘，按有关程序确定了“863”滇池治理科技攻关项目—污水深度处理—河道深度除磷示范工程的项目责任专家组（4人），积极配合专家组完成了项目设计方案的编制、上报工作。

【排水设施建设与改造工程】 完成青年路污水管网改造工程，完成大观河危堤改造工程；完成市政府片区淹水点整治工程；完成昆师路、南强街、丁字坡淹水点整治方案的上报，并组织有关专家完成方案评审；组织完成滇池北岸环境综合整治项目前期工作组河道外业调查及资料整理上报工作；城区窨井盖更换项目2004年1～11月共完成1 023座。

【排水设施维护与管理】 2004年共疏挖下水道124.88千米，疏挖窨井4 306座/次，落水口3 292座/次，疏挖兰花沟书林街处栏栅3次，外运污泥3 885立方米；打捞河道漂浮物866立方米；维护泵站38座，维护闸门4座/次，维修检查井240座，维修落水口30座，更换盖沟板53块、检查井盖板1 237块、落水井篦子881块，改造检查井88座、落水井5座，新建检查井4座、落水口2座，检修设备447台次，完成抽排水1.4亿立方米。

【城市排水管理】 认真贯彻执行国家建设部《城市排水许可管理办法》及《昆明市城市排水管理条例》等相关法规、制度，全年共办理排水许可证259户，换证275户，办事隔油池排水许可证13起，处理办结政府12345便民热线、接待处理群众来电、来访425起；处理110联动服务253起；办理、并书面回复各级人大、政府、政协提案、议案、意见8份；参与有关面商2次；查处违章163起，办理行政处罚39起，处罚金额51 400元；督促办理《排水许可证》93起，责令违章阻塞下水道疏挖4起。

参加南三环道路建设，昆沙路、昆畹公路、东风东路下穿工程等排水改造方案的图纸会审28次，对云铜地产、桃源屋业、小区开发等的排水管线进行审定协调32次。

【污水处理】 2004年1～12月，第一污水处理厂共处理污水3 296.14万吨，出水水质平均为：$BOD_5$7.69mg/L，COD_{cr} 17.79mg/L，SS 8.77mg/L，T—N 9.84mg/L，T—P 0.34mg/L，NH3 – N 3.71mg/L。脱泥19 096吨，去除污染物总量9 593.04吨；第二污水处理厂共处理污水3 579.71万吨，出水水质平均为：$BOD_5$9.76mg/L，COD_{cr} 28.52mg/L，SS 8.80mg/L，T—N 10.37mg/L，T—P 0.27mg/L，NH3 – N 1.56mg/L。脱泥25 165吨，去除污染物总量8 337.39吨；第三污水处理厂共处理污水5 325.32万吨，出水水质平均为：$BOD_5$14.02mg/L，COD_{cr} 36.41mg/L，SS 11.13mg/L，T—N 16.69mg/L，T—P 1.08mg/L，NH3 – N 6.04mg/L。脱泥23 906吨，去除污染物总量18 164.26吨；第四污水处理厂共处理污水2 354.82万吨，出水水质平均为：$BOD_5$4.72mg/L，COD_{cr} 23.10mg/L，SS 4.62mg/L，T—N 13.85mg/L，T—P 0.42mg/L，NH3 – N 4.20mg/L。脱泥13 070吨，去除污染物总量8 067.14吨；第五污水处理厂共处理污水2 047.70万吨，出水水质平均为：$BOD_5$7.85mg/L，COD_{cr} 18.22mg/L，SS 6.36mg/L，T—N 9.15mg/L，T—P 0.58mg/L，NH3 – N 2.27mg/L。脱泥6 433吨，去除污染物总量8 624.67吨；第六污水处理厂共处理污水184.05万吨，出水水质平均为：$BOD_5$7.50mg/L，COD_{cr} 21.50mg/L，SS 6.21mg/L，T—N 14.57mg/L，T—P 0.64mg/L，NH3 – N 2.91mg/L。脱泥420吨，去除污染物总量521.74吨。以上各项指标均优于GB18918 – 2002《城镇污水处理厂污染物排放标准》中的一级B标准（国家环保控制指标）。2004年1～12月，六个污水处理厂共处理污水16 787.74万方。六个污水处理厂1～12月共去除污染物53 308.24吨。

【排水监测】 1～7月共完成昆明市17条环滇池入湖河道、6个污水处理厂的进出水水质监测，取样227份，完成监测数据5 416组（昆明市城市排水监测站于7月划归昆明市滇池生态研究所）。

【中水回用工程】 2004年，第一污水处理厂向采莲河提供置换水1 462.92万吨，第三污水处理厂向大观公园及大观河提供置换水1 260.65万吨，第四污水处理厂向翠湖提供置换水538.63万吨。2004年，每日取用第四污水处理厂中水150方，供五华、盘龙两区绿化处做临时取水点绿化用水，全年共供中水约54 750方。2004年供滇池路中央绿化带中水约18 250方。2004年全年将昆明市第五污水处理厂中水供北市区金色家园、仿江南水乡、景江花园等9个小区使用，全年共供中水约40 000立方米。2004年11～12月，供省检察院中水约1 500立方米。

【防　洪】 汛前对防洪泵站设备认真维护检修，对重点水淹点排水管网进行彻底疏挖和局部工程改造，保障防洪物资和人员及时到位。2004年，组织完成防洪演习2次；出动抢险93次，紧急出动抢险22次，投入防洪值班人员7 330人/次，出动抢险人员1 816人/次，车辆390辆/次，抽水泵70台次，抽排淹积水22 000立方。完成了全年防洪抢险工作。

【技改项目】 完成了第三、第五、第六污水处理厂10KV配电系统高压预防性检修工作；完成了第二、第三污水处理厂脱水机胶辊、进水泵房等的维修、养护工作；完成了石虎关、昆交会等7座泵站的底泥疏挖工作，共疏挖底泥303.8立方；完成了东二环泵站机械格栅的更换工作；完成“有人值守泵站实时调度系统”建设，2004年雨季投入使用效果良好。全年共有96个操作人员对38座泵站及8个闸门申报了214条运行信息，申报数据超过36万个；积极推动“无人值守泵站远程监控系统”建设，作为试点的近日楼泵站建设工程进展顺利。

【荣获市政工程协会先进称号】 在中国市政工程协会组织开展的2004年度全国城市污水处理厂先进单位评选活动中，昆明市第四污水处理厂荣获“全国十佳城市污水处理厂”称号，昆明市第二污水处理厂、昆明市第三污水处理厂、昆明市第五污水处理厂荣获“全国先进城市污水处理厂”称号。

【隶属关系变更】 根据昆明市编制委员会办公室《关于成立昆明市城市排水管理处等有关问题的通知》，原属昆明市城市排水监测站于2004年7月成建制划归昆明市滇池管理局，公司原承担的排水监察、监测、排水许可等行政职能随之转移。根据《昆明市人民政府关于组建昆明滇池投资有限责任公司的通知》和《昆明市人民政府关于成立昆明滇池投资有限责任公司的通知》精神，昆明滇池投资有限责任公司授权经营管理昆明市城市排水公司。2004年10月13日，昆明滇池投资有限责任公司在昆明市工商行政管理局完成注册登记，领取了营业执照。10月15日，滇池投资有限责任公司正式揭牌成立。开始组织内部清产核资工作。

（张晓刚　张　磊）

测　绘

【城市测绘】 2004年，市勘测院紧紧围绕现代新昆明建设和城市规划任务，为社会及时提供测绘服务和测绘产品，全年提供规划、用地、竣工等地形图3 000多套，测绘工程服务用户1 300多家，完成大小940多项各类测绘工程。完成万源小区、昆明市第二十六中等单位庭院管线测量19件，完成世纪城房地产有限公司“世纪城”、云南博泰房地产开发有限公司“戛纳小镇”等规划红线放样307件，完成铁道部工程管理局西南分部昆明基地、新华社云南分社、昆明市康城房地产开发公司“滇池康城二期”等竣工测量166件，完成长虫山片区、野鸭湖片区等加密控制测量29件，提供地形图数据光盘1 400张，满足了昆明城市规划、建设、管理的需要。

【城市基础测绘】 2004年市勘测院大力开展城市基础测绘工作。主要有：二等水准选埋点工作：在前两年二等水准基础上继续开展昆明市往嵩明、富民、安宁、宜良等方向的二等水准布设工作。全年完成安富线、富散线、昆富线、昆嵩线等25条二等水准路线的选埋点工作，共选点埋石（含部分老点）约280个。基础控制测量：南城、西城及新机场等规划区新增补三等、四等GPS控制点90点，二等水准测量200千米。1:500基础地形图：为完成昆明大学新校址的选址，在白沙地野外数字测图约2.5平方千米，银河片区规划测量约5.6平方千米，呈贡新城政府机关用地测量约9平方千米，高新技术开发区基础地形图测量约31.6平方千米，经济技术开发区信息产业园基础地形图测量约8.9平方千米。为完成交通整治及城市管理进行地形图修补测约15.0平方千米，东三环及东连接支线沿线带状测图6平方千米。全年累计完成1:500地形图新测图32平方千米，修补测图约57平方千米。1:2 000基础地形图：为满足主城分区规划需要，上半年在长虫山、野鸭湖、郊野公园等片区新测1:2 000地形图约120平方千米，建成区利用1:500地形图缩编143平方千米，为四个区提供1:2 000数字地形图732幅。6月底完成嵩明航空城1:2 000地形图180平方千米，数字正射影像图185平方千米。8月完成南城晋城片区22平方千米。全年累计完成1:2 000地形图新测图322平方千米，缩编图143平方千米，数字正射影像图185平方千米。1:500数据入库：为规划局数据入库约50平方千米。

1:1万地形图测量：完成1:1万数字地形图测量500平方千米，南城、西城约300平方千米，主城北部增补现状图200平方千米。

【遥感应用】 为加大遥感技术应用，在市财政专项资金的支持下，市勘测院在2004年广泛开展了遥感技术和遥感卫星数据的应用，制作了大量的遥感地图供有关单位使用。全年购买了昆明市域SPOT5 2.5米卫星影像和昆明主城QUICK BIRD 0.61米卫星影像，购买了ERDAS等遥感处理软件，全年累计为昆明主城、滇池盆地、区划调整后的4个新区、嵩明小哨机场、呈贡县城、东盟会展中心、草海等区域提供遥感数据7 900平方千米。

【1987年昆明坐标系统首级控制网改扩建方案通过鉴定】 1987年昆明坐标系统首级控制网改扩建方案通过了以中国工程院院士魏子卿为主任委员的专家组论证。该扩建方案由27点组成，按B级网精度要求施测，平均基线长50千米，控制面积约3.4万平方千米，将全面建立昆明市的GPS框架网。

【专题图编制】 市勘测院本着“以人为本，构建和谐昆明”的指导思想，开发“便民系列图册”，以满足市民的地图服务需要。3月发行《昆明城区出行方便图》和《昆明城区行车指南图》，9月发行《昆明百姓生活休闲旅游图》，10月发行《昆明市百姓购房指南图》。该便民系列图册的发行受到了市民和媒体的广泛关注与好评。另外，为昆明市防洪办编制了《1:2万松华坝防洪图》，编制了《1:20万昆明市北部5区县农业综合发展示意图》、《1:8万现代新昆明图》、《1:20万昆明市市域图》、《1:2万昆明市四区行政区划调整方案工作图》等。

【单位建设】 党建方面，2004年3月17日，市勘测院启动“云岭先锋”工程，同时被确定为中共昆明市委组织部组织史办公室和昆明市规划局“云岭先锋”工程试点单位；人才建设方面，2004年市勘测院引进研究生1名、本科生1名，送到国外培训1名，参加工程硕士生培训2名，本科生2名，大专3人。本年度市勘测院被评为“建设部城市勘测工作先进单位”和“盘龙区2002～2003年人口与计划生育先进集体”，市勘测院党支部被评为“2004年度昆明市规划局先进党支部”。

【质量体系运行和质量管理】 6月完成全国甲级测绘资质换证的申报和测绘工作证的办理工作；7月完成了省测绘

局组织的全国测绘成果资料保密大检查资料上报和检查工作；8月完成了质量管理体系文件的改版工作，获得云南省“土地勘测定界”的测绘资质，并加入建设部科学技术委员会地下管线管理技术专业委员会；9月，市勘测院完成的“昆明电信GIS管线资源管线系统测绘工程”，通过云南省测绘产品质量监督验收站检查验收。

【地形图销密】 市勘测院在省测绘局科技处和省保密局的支持下，按照《保密法》规定要求，共完成东城规划84幅1:2 000地形图的销密工作，为东城规划的国际招投标提供了前期保障。

【先进人物】 王贵武获“金桥奖”；王贵武和侯至群获“建设部城市勘测先进工作者”称号；吴俐民被市委组织部评选为“昆明市优秀专家”；侯至群被选为“昆明市学术和技术带头人”；胡超滇、朱作人、谢松柏、张茂先4人获全国城市测绘资深工作者称号。

【学术成果】 侯至群著《昆明市电信管线资源普查的实践与体会》，陈艳平著《GIS数据获取中的卫星遥感数据处理》，侯至群著《1987年昆明坐标系统首级控制网改扩建方案》，易建球著《昆明1:500数字地形图在电信GIS管线资源管理系统中的应用》，丁仁军等著《浅析GIS系统软件开发的体系结构》，刘增达著《基于VBA的数字化地形图字体替换》等。

【出国培训和职工技能培训】 市勘测院为适应测绘科技的发展，大力加大技术培训工作。吴俐民申报的GPS参考站系统研究项目获国家外国专家局批准并出国学习；对职工进行了GPS定位技术、数据编辑与建库、ATLAS 3.0多媒体集成软件应用、ERDAS遥感影像处理软件应用、办公自动化等测绘新技术的培训学习，全院职工技能不断提高。有2人参加了云南省测绘局组织的“云南省房产测绘质量检查培训”，1人参加全国测绘资质管理培训，2人参加中国软件评测中心“软件测试工程师”培训并获得软件测试工程师证书。

【科技项目开发】 2004年完成了昆明市基础空间数据库开发与生产办公自动化的软件开发；完成了昆明市连续运行GPS参考站系统的土建安装和调试工作；开发了昆明市勘测院网站并投入使用；完成“昆明交通旅游多媒体地理信息系统”科研项目。

【县（区）及外协测绘】 8月完成安宁太平科技园一期1:500地形图约10平方千米全野外数字测图工程。

11月，市勘测院编制完成《元江哈尼族彝族傣族自治县地图》和《新平彝族傣族自治县地图》。

12月，完成寻甸金所工业园区规划测图1:500数字地形图12平方千米，布设了四等GPS控制点14点，一、二级GPS点及导线点164点，并通过了市规划局组织的专家组验收。

12月，市勘测院承担的蒙自1:500数字地形测量工程通过红河州建设局组织的专家验收。

12月，完成世界自然遗产“三江并流”区域三维影像图制作，面积约4 000平方千米。

（侯至群　钟高飞）

城建档案

【工程竣工档案管理】 2004年全年接收工程竣工档案8 518卷；全年完成建筑档案扫描3 062卷、市政档案目录录入335卷，引入548卷；完成管网验收202项。对重点工程、市政工程竣工档案进行了跟踪管理、审核验收及接收工作。其中，东、北郊污水处理厂工程、西郊污水管网工程、掌鸠河引水供水工程水源工程、真庆文化广场、环城东路排水管网改造工程、翠湖公园开放改造工程、动物园附属绿化工程、篆塘公园开放工程、春城路绿化改造一期工程、滇池路改造工程、万裕酒店、天恒酒店等工程竣工档案相继接收进馆，进一步丰富了馆藏，为城建档案的提供利用打下了良好基础；全年与建设单位签订“报送工程竣工档案责任书”112份，为前期业务指导及后期执法监察提供了有力保障。

对五华区建设局、官渡区建设局、西山区建设局、掌鸠河工程管理局、市政房屋开发公司、市城建综合开发公司、市土地储备交易中心、中房昆明公司、市房地产经营总公司、市建一、二、三公司、高新开发区、经济技术开发区等单位档案室进行了业务指导，进一步完善了业务工作联系网络。

【声像档案管理】 完成2003年自拍录像带DVD光盘刻录、保存工作；完成2003年下半年及2004年所拍摄照片的扫描、刻录、整理、粘贴移交工作，全年录入照片6 900余张；完成国际城市可持续发展能源市长论坛专题片《开放的昆明欢迎您》、320国道改造专题片《道路就是铺在路上的丰碑》、专题片《百年乐居》及规划局2003年大事记专题片的拍摄制作工作，并完成了昆明新城规划方案征集评审会专题片的修改刻录工作；《现代新昆明》一片获昆明市社科联社会科学优秀成果评选一等奖。文明街历史街区保护专题片为市政府申报中国保护奖做出了巨大贡献。

对城市规划、建设、管理中的重大活动及重点工程进行了跟踪拍摄及收集整理工作。如主城核心区步行系统征求意见会、昆明新区概念规划国际方案主审会、昆明二环快速系统论证会、省市领导调研现代新昆明建设、老挝副总理、澳大利亚瓦加瓦加市市长考察昆明、320国道改造工程、华山西路改扩建、昆大路改扩建、顺城街片区、龙翔街片区、东庄片区、东风广场改造等工程等，在完善了档案资料收集的同时，取得了良好的社会效应。

【库房管理】 全年完成档案分类、编目、登账、入库、上架8 476卷；完成1987～2002年规划档案案卷目录录入、建帐工作，计14 937条，接收规划档案5 780卷；接待查阅单位397家，调阅档案3 392卷；完成200平方米的库房密集架购置改造工作。

【城建档案监察】 城建档案监察大队继续加强执法力度，充分发挥监察职能，全年共对332项工程项目进行了监察；对佳华广场、滇池温泉花园酒店等重点项目进行了监察；完成了2004年426项工程项目的统计，并进行了232项工程项目的修改及计算机系统录入工作。

【城建档案编研】 完成了《昆明城市建设资料系列手册——水篇》（约15万字）上篇的修改；完成了《昆明城市建设资料系列手册——昆明历史文化建筑概览》（约10万字）基本资料收集；完成了《昆明市城建档案馆大事记（1995年～2003年）》的编撰工作。

【档案业务培训】 举办了全市工程竣工档案业务培训班，培训各建设、施工单位档案人员122名，对工程竣工档案业务知识的普及和城建档案法律、法规起到了良好的宣传作用。

（王云鸥）

·责任编辑　马颖生·

环境保护

【城市环境保护】 2003年，昆明市在全国“城考”排名位次首次进入前10名（第10名，不含国家环境保护模范城市和已经通过国家创模验收城市15个），达到了市政府提出的“城考”排名进入前10位的要求。《昆明市创建国家环境保护模范城市规划》已于10月通过省环保局及专家评审。稳步推进机动车排气污染综合防治工作。对昆明市在用公共汽车、出租车、省级机关公务用车实施抽检。完成烟尘控制区重建工作。区划调整后，五华、盘龙、西山、官渡四区及3个开发区重建烟尘控制区面积180平方千米。

【人口资源环境座谈会】 2月22日，市委、市政府召开人口资源座谈会，市委杨崇勇书记在会上指出，要树立和落实科学发展观，努力把人口资源环境工作提高到一个新水平，要突出重点，加大力度，扎实推进昆明市人口资源环境工作。

【生态环境保护】 开展自然保护区、省级风景名胜区和国家级森林公园的调查，编制完成《昆明市自然保护区综合管理研究》并通过了专家评审。为做好禽流感防治工作，2月5日，何有德副市长带领有关部门负责同志检查松华坝水源保护区，2月13～2月15日，市环保局组成2个禽类养殖场污染防治工作检查组，由曹超局长和皇甫云生副局长带队，对滇池流域及松华坝水源区部分规模禽类养殖场的基本情况、污染防治设施运行情况进行检查。完成了《昆明市饮用水源地环境保护风险与对策建议》的编制工作。

【推广农村生态卫生旱厕】 在晋宁县太史村和呈贡县中和村、胡家庄进行农村生态卫生旱厕示范，共建成农户型生态卫生旱厕及公厕近300个，取得明显效果。成立了昆明市农村生态卫生旱厕推广工作领导小组，由梁晓谷副市长任组长，市有关委、办、局和各县（市）区政府主要领导为成员，办公室设在市环保局。10月10日，市委常务副书记杨远翔调研农村生态卫生旱厕示范工作情况。12月23日，市政府召开农村生态卫生旱厕推广现场会，决定用6年时间，在全市农村地区推广普及生态卫生旱厕。

【建设项目管理】 对全市1998年以来的建设项目进行了一次全面清理。全市共清查1998～2002年建设项目2 448个和未执行环境保护“三同时”项目1 068个。认真贯彻《环境影响评价法》，加强建设项目管理，严把新建项目环保审批关，控制新污染源，全市共审批建设项目2 152项（含三产项目），项目建设总投资为142亿元，其中环保投资4亿元，环保投资比为2.8%。环境评价执行率为100%。全市建设项目“三同时”验收213项。项目投资总额为36.15亿元，其中环保投资1.76亿元，验收项目的“三同时”合格率为100%。

【工业污染防治】 截至2004年，全市共发放排污许可证1 125家。根据《云南省人民政府办公厅关于开展工业污染源全面达标排放工作的通知》要求，全市应实现工业污染源全面达标排放的企业为144家，已完成全面达标考核验收139家（其中13家企业为破产、停产，已向各地环保部门办理停产手续），占应考核企业数的96.5%。螳螂川沿岸氟化盐生产企业实现在线监控监管，市环保局加大监察力度，对违法排污的企业实施了行政处罚。

【餐饮业环境管理】 《昆明市餐饮业环境污染防治管理办法》从2004年1月1日起施行。一年来，各地环保部门严把项目审批关，查处在居民住宅楼内违规新建的餐饮企业，责令原有餐饮企业安装油烟净化装置，建设规范化隔油池，强化废弃食用油加工企业管理，维护了群众的环境权益。

【环保专项行动】 5月13日，市政府召开整治违法排污企业保障群众健康环保专项行动会议，部署全市环保专项整治行动，查处了一批典型案件，在新闻媒体上曝光了安宁天和化工厂等10家严重违反环保法律法规的企业，将其列入全市环保专项行动挂牌督办企业名录。开展学校噪声和城市环境噪声专项整治，对昆明建成区内的商业、文化娱乐、建筑施工噪声等实施了排查整治行动。检查整治对象1 600多家，对一大批社会生活噪声源实施了限期整改。环保部门在公安、卫生、监察、药监等部门的配合下，开展放射源专项清查工作。全市共清查出放射源996枚，放射装置692台套，并严格按规定对清查出来的放射源、放射装置进行管理，对废弃放射源进行了妥善处置，昆明市被云

纪念六·五世界环境日座谈会　（环保局　供稿）

南省放射源专项清查领导小组评为一等奖。开展环保专项行动，全市共出动环保执法人员11 568人次，检查企业4 084家，其中立案查处违法企业201家，结案175家。

【继续实施《滇池流域水污染防治“十五”计划》】　《滇池“十五”计划》前期工作已阶段性结束，共完成4个规划研究类课题、1份预可研、12份可研。认真履行监督管理职责，对项目承担单位进行了多次检查，编制《滇池“十五”计划》监督实施工作简报12期，对存在的问题提出了意见和建议。4月28日，市环保局召开《滇池“十五”计划》效果评价组专家咨询会，研究《滇池“十五”计划》项目效果评价工作。

【阳宗海水污染防治】　阳宗海水质稳定达标，连续3年稳定保持在Ⅱ类水质。聘请专家，组建了“阳宗海保护专家咨询小组”；继续开展内源治理、湖滨生态保护、湿地恢复及入湖主要污染物的削减工作；编制并实施了《阳宗海汤池小流域水土流失治理规划》。

【城市管理权下放及区划调整】　及时制定下发了《关于市环保局与四区环保部门职能权限责任调整的实施意见（试行）》和《四区区划局部调整中环境管理工作实施计划》对市政府下放的环保管理权做了细化，明确了交接管理工作的保障措施。4月23日，市环保局召开4区环保局局长工作座谈会，衔接市、区两级环保部门具体工作。

【环保目标责任制】　通过考核、官渡区、宜良县、石林县、五华区政府获一等奖，西山区、安宁市、盘龙区、呈贡县、晋宁县、嵩明县、富民县、禄劝县、寻甸县、东川区政府获二等奖。宜良县、西山区、官渡区、晋宁县、嵩明县、石林县环保局获一等奖，安宁市、五华区、呈贡县、富民县、禄劝县、东川区、盘龙区、寻甸县环保局获二等奖。

【信访办理】　全年收到政协委员提案、人大代表建议案69件，已办理完毕。全市环保系统共接到群众来信（含局长接待日）、电话举报（12345、12369、110联动、网络投诉）3 832件次。

【环境监测】　安宁草铺区域环境污染现状调研及空气在线监测系统的建设全部完成。建成并运转了由9个子站、一个控制中心组成的城市空气质量自动监测系统；滇池草海及外海观音山2个水质自动监测站投入正常监测，完成了阳宗海水质自动监测站站房建设及设备安装、调试工作，“世行”软贷款《中国环境技术援助项目B·C部分云南省九大高原湖泊水质监测系统能力建设子项目》进展顺利。加强了城市污水处理厂、垃圾填埋场的监测和监控工作，环境应急监测能力不断提高。

【环保宣传】　开展湖泊生态监护工作，在阳宗海沿湖乡（镇）村发放环保监督相机100台，监督阳宗海沿湖环境保护工作。组织志愿者开展“1＋1”、“1帮5”活动。拍摄农村生态卫生旱厕宣教片。配合市妇联、市文明办开展“美德进万家”系列宣传教育活动和“小公民道德建设”活动，加强家庭美德建设，营造绿色家庭。组织了“绿色学校”创建工作培训班，新建“绿色学校”7所。

【法制建设】　根据《行政许可法》的有关规定，对涉及局的各项规范性文件进行了清理，对不符合《行政区许可法》规定的内容进行了修改。同时，依法制定修改了行政许可公示制度、行政许可听证制度、行政许可监督检查制度，并将这些制度汇编成《昆明市环境保护局贯彻实施行政许可法有关试点制度》印发给各直属单位以及县区环保局。

【环保科研】　完成了《滇池水葫芦收采、处置及综合利用工程可行性研究报告》、《昆明市环保宣教中心建设工程可行性研究报告》、《蓝藻机械清除一期工程可行性研究报告》、《昆明市创建国家环保模范城市规划》、《滇池流域企业水污染物总量控制系统可行性研究报告》及昆明部分县区环境保护规划等可研报告、规划的编制工作。积极推广CWO湿式催化氧化技术，向日本出口催化剂6.8吨，并与日本大阪瓦斯株式会社达成合资协议，组建了合资公司。与上海得陇企业发展有限公司达成意向性协议，共同建设昆明市危险废物处理处置项目。

【环境信息】　昆明环保网页完成外部网站的改版工作，建立了环境信息收集管理系统，开设政务公开栏目，公开电子政务审批信息，发布环境信息800余条。

【危险废物监督管理】　6月5日，市编办批准成立昆明市危险废物监督管理所。完成医疗废物处理处置项目BOT运营招投标工作，市环保局与中标单位进行了特许经营权谈判，进行了特许经营权协议的草签。

【县（区）环保局长会】　3月12日～13日，召开2004年度昆明市环保局中心组学习活动及县（区）环保局长工作会，研究加强行风建设改进全市环保工作实施意见，部署实施“云岭先锋”工程，学习《行政许可法》。

【国家环保总局和省、市领导视察、调研】 2月18日，国家环保总局汪纪戎副局长视察滇池。4月21日，省人大代表调研滇池污染防治工作。8月11日，市委杨远翔副书记到市环保局调研贯彻“8·6”滇池治理会议精神工作情况。

【党风廉政建设】 2004年4月29日，局“云岭先锋”环保工程正式启动。在启动仪式上，局党组与各支部签订了《昆明市环保局党风廉政建设目标责任书》。7月12日～23日，机关党委组织党员干部到市环保局定点帮带扶贫点东川区拖布卡乡新店房村、树桔村，对两村经济状况进行调研，积极开展帮带扶贫工作。7月28日，机关党委召开全体党员大会，开展“立党为公、执政为民”创先争优活动。

【环境质量状况公报】 6月5日，昆明市环境保护局发布了《2003年昆明市环境状况公报》。

松华坝水库水质达标率100%；大河、柴河水库、自卫村水库、宝象河水库、海源寺、白龙潭水质达标率较上年降低，水质类别没有变化；

滇池草海、外海水质超标项目均为5项，水质类别均为劣五类。与上年比较，水质状况总体有所改善，水面景观明显好转。

阳宗海、清水海水质为Ⅱ类水，水质较上年没有变化。

牧羊河和冷水河：水质较上年没有明显变化。

盘龙江、新河：主要超标项目为8项，水质较上年没有变化。

运粮河：主要超标项目为6项，水质较上年没有变化。

船房河：水质主要超标项目为10项，水质较上年没有变化。

大青河：主要超标项目为10项，水质较上年没有变化。

宝象河：干海子水文站监测断面主要超标项目1项，水质较上年改善。

洛龙河、东大河：水质主要超标项目3项，水质较上年没有变化。

大河：主要超标项目5项，水质较上年下降。

柴河：主要超标项目6项，水质较上年没有变化。

螳螂川：主要超标项目11项，水质较上年没有明显变化。

普渡河：主要超标项目7项，水质较上年没有明显变化。

牛栏江：崔家庄断面主要超标项目3项，水质较上年下降。

金沙江：主要超标项目1项，水质较上年好转。

小江：主要超标项目2项，水质较上年好转。

城市水域功能区水质达标率为83.3%，较上年提高了8.3个百分点。

2003年，昆明市主城区大气环境质量总体达国家空气质量二级标准，向社会公布城市空气质量日报和预报365期，其中优级占10.0%；良好级占88.4%；轻微污染级天数4天，占1.1%。空气质量达标率为98.9%。与上年相比，优级天数比例下降25.2%。

二氧化硫：日平均浓度范围为0.001～0.189毫克/立方米，年平均浓度为0.045毫克/立方米，达到国家空气质量二级标准。

二氧化氮：日平均浓度范围为0.001～0.076毫克/立方米，年平均浓度0.033毫克/立方米，达到国家空气质量二级标准。

可吸入颗粒物：日平均浓度范围为0.012～0.206毫克/立方米，年平均浓度为0.085毫克/立方米，达到国家空气质量二级标准。

降水：降水pH值范围为4.00～5.41，酸雨pH平均值为4.42，酸雨频率为4.3%，酸雨频率较上年下降70.3%。

废气排放：工业烟尘排放量为9 857.77吨，较上年减少13.74%，排放达标率较上年提高44%；工业二氧化硫排放量为77 264.53吨，较上年增加15%，排放达标率较上年提高11.88%；工业粉尘排放量为7 944.29吨，较上年减少24%，排放达标率较上年提高60%。

建城区昼夜平均等效声级范围为31.4～69.6分贝（A）。平均等效声级为54.6分贝（A），较上年上升0.4分贝（A），噪声声源构成比例为：交通噪声占43%，生活声源占40.4%，其他声源占7.6%，工业声源占8.5%，施工声源占0.4%。嵩明59.2dB（A）、晋宁52.6dB（A）、禄劝64.5dB（A）、宜良54.5dB（A）、石林58.8dB（A）、富民56dB（A）、安宁51.5dB（A）、呈贡58.4dB（A）、东川57.9dB（A）。西山区、禄劝县、东川区的区域环境噪声平均等效声级较上年下降，五华区、盘龙区、官渡区、晋宁县、富民县、安宁市、呈贡县、嵩明县、宜良县、石林县的区域环境噪声平均等效声级均较上年上升。

全市交通噪声平均等效声级范围是62.2～81.4分贝（A），平均等效声级为70.5分贝（A），与上年相比没有变化；路段超标率为43.9%，较上年下降了10.6%；超70分贝干道总长为44.73km，占主要交通干道总长度的40.9%。

污水排放总量为5 070.91万吨，比上年增加10.6%，化学需氧量排放量为3 689.31吨，较上年下降13.3%；城市污水排放总量20 656.98万吨，进入城市污水处理厂集中处理的城市污水总量为13 394万吨，占废水排放总量的73.67%，城市生活污水排放总量为18 182.1万吨，生活污水处理率为

放射源清查专项行动　（环保局　供稿）

60.20%。工业固体废物产生量为854.28万吨，比上年增加8.02%，其中危险废物产生量0.63万吨，工业固体废物排放量为56.03万吨，比上年减少61.98%。

（陇　猷）

滇池保护

【滇池污染治理现场办公会】 为认真贯彻落实温家宝总理关于滇池污染治理工作的重要批示，总结滇池污染治理工作的经验，2004年3月15日，中共昆明市委、市政府召开了滇池污染治理现场办公会。会议要求各部门都要把滇池治理工作摆在突出位置，充分认识到治理好滇池是推进现代新昆明建设的前提和需要，是落实科学发展观的必然要求，是关系到昆明市可持续发展的重大问题。并提出了下步工作的重点有：一是抓紧开展《“十五”计划》项目的前期工作；二是明确责任，狠抓落实；三是加大湖滨生态带建设力度；四是加大滇池保护执法管理力度；五是构筑滇池治理投融资平台，尽快挂牌运作滇池投资有限责任公司；六是抓好《“十一五”规划》的编制工作。

【滇池污染治理工作会议】 为贯彻全国重点流域水污染防治工作现场会议精神，全面推进《滇池流域水污染防治“十五”规划》，市委、市政府于2004年8月6日召开了昆明市滇池污染治理工作会议。在会上，省委常委、市委书记杨崇勇、市委副书记、市长章振国和副市长胡星等领导作了重要讲话，要求做好滇池面源污染控制治理和湖滨生态建设工作，加快滇池污染治理的步伐。对滇池沿湖4县（区）的15个乡镇（街道办事处）辖区范围划分责任区，明确责任。以各县（区）长、乡镇长（街道办事处主任）为责任区内农村面源污染治理的第一责任人。在上述15个乡镇（街道办事处）设立滇池管理所，定编定员，责任落实到人，招聘管理员，负责全面做好辖区内入湖河道保洁、农村固体废弃物清运及处置等工作、切实控制农村的面源污染。明确湖滨生态湿地的建设任务，2004年将集中力量完成2 000亩湖滨生态带建设任务，对具备招商引资条件的，采用生态建设与适度开发相结合，通过市场化运作完成湿地建设任务。对不具备招商引资条件的，采用产业结构调整，改种芦苇、茭草、茭瓜、莲藕。由市、县（区）财政给予适当补贴，完成湿地建设任务。取缔滇池水体保护区内57家规模化畜禽养殖场，对沿湖32家度假村、单位及餐馆的生活污水排放进行严格监管。

【滇池治理、交通整治媒体恳谈会】 2004年12月21日下午，省委宣传部、昆明市委、市政府联合在兰花宾馆召开“昆明市滇池治理、交通整治工作媒体恳谈会”。杨崇勇书记在会上表示市委、市政府将坚决落实各项滇池治理措施，同时也希望全体市民的广泛参与。市委宣传部、市滇管局、市环保局联合制定了《保护治理滇池、推进现代新昆明建设宣传工作实施方案》，采取多种形式，加大对滇池管理宣传报道，让市民更多地了解、支持和参与到滇池的保护与治理中来。

【《滇池“十五”计划》项目前期工作】 《滇池流域水污染“十五”计划》共有工程类和非工程类子项目45个，2004年已基本完成项目前期工作。9项非工程类项目已全面完成（其中包括：滇池面山的确定与定位方案；滇池保护条例处罚办法；昆明城市排水条例处罚办法；滇池水体保护界桩重建项目；滇池流域产业结构调整；滇池入湖污染物动态总量与滇池流域水土流失现状遥感调查；城市规模控制政策法规研究；农村面源污染控制；滇池流域资源与环境承载力研究）；34项必须按基本建设程序上报立项审批的工程类项目，已完成30项；2项工程属“十五”期间只要求开展前期工作的项目，正在进行前期工作；4项未完成并正在开展前期工作的工程类项目有3项纳入滇池北岸水环境综合治理工程。

【《滇池“十五”计划》项目实施】 《滇池流域水污染“十五”计划》26个大项目，已结合日常工作启动实施的项目数占计划项目总数的65.4%。(1) 调查研究、规划及标准办法等非工程类项目已完成；(2) 入湖河道整治项目：已完成了采莲河整治及盘龙江上段截污工程，明通河下段（大清河）、枧槽河综合整治工程已于2004年上半年开工建设；(3) 环湖截污前期工作项目：已完成《环湖生态保护规划——环湖截污、环湖生态规划》，并完成主城片区截污（滇池北岸水环境综合治理工程）和呈贡片区截污（滇池东岸截污工程）的项目建议书编制及上报工作；(4) 部分示范项目已开展：启动了秸秆粪便资源化科技示范、农村生态旱厕示范、分散生活污水处理技术示范等3类科技示范类项目的实施工作，部分试点项目已进行了验收；(5) 农村面源污染控制项目：对农村生活污水和农业固体废弃物处理利用，推广平衡施肥27万亩；(6) 蓝藻清除及水葫芦综合利用项目，共清除蓝藻藻浆120万吨，打捞水葫芦60多万吨；(7) 草海水生生态恢复项目：草海东风坝及老干鱼塘退塘还湖项目一期工程已完成，正在开展二期工程；(8) 水土流失整治项目，完成水土流失整治183平方千米；(9) 滇池流域及面山绿化项目，完成造林1.7万亩，封山育林6.8万亩，退耕还林1.03万亩。

【滇池北岸水环境综合整治工程】 为加快滇池流域水污染治理，进一步完善昆明市城区排水系统，收集和处理排放的污水，增加污水处理能力，整治入湖河道，2004年9月3日国家发改委批复了《昆明滇池北岸水环境综合治理项目建议书》。该项目主要建设内容包括：完善市区排水管网收集系统，其中二环路以内68平方千米采用合流制排水系统，二环路以外地区采用分流制排水系统，建设相应的截污导流管网；同步改扩建现有6座污水处理厂，新建第7污水处理厂，提高现有污水处理能力和标准；对有条件的河道进行综合整治，提高其防洪能力。该项目动态总投资49.04亿元。2004年组建的工程建设管理局已全面开展工作。涉及该项目的7个专题调研和规划已完成，项目可行性研究报告已通过中咨公司中间评估，《环评报告》、《水土保持方案》编制将同步于2005年3月底完成。

【盘龙江上段截污工程】 盘龙江上段截污工程是昆明主城入滇池主要河道整治及末端截污治污工程的重要组成部分，是2004年市政府承诺为人民群众所办的10件实事之一。工程自北二环起至松华坝坝底，沿盘龙江东西两岸敷设截污干管，管线全长17千米，主要接纳盘龙江沿岸污水并输送至昆明市第五污水处理厂处理。工程总投资8 128.37万元，于2004年5月31日竣工并投入运行。

【滇池西岸截污治污工程】 滇池西岸截污治污工程是滇池环湖截污治污工程的重要组成部分，同时是高海公路改扩建保护滇池的一项重要工程措施。工程采用工程与生态措施相结合的治理方

"春城义工"志愿活动启动　（市滇管局　供稿）

案，工程起于高峣，沿滇池西岸至海口，全长25.627千米，由截污管线、污水提升泵站及生态治污系统三部分组成。工程于2003年12月17日全线开工，2004年12月截污干管的铺设约完成2 400米，北河桥梁工程已完工，征地拆迁工作已完成60%。到2004年12月底，工程共完成投资5 511万元，占总投资的54%。

【明通河下段（大清河）截污综合整治工程】　明通河下段（大清河）截污综合整治工程是《滇池流域水污染防治"十五"计划》确定的入湖河道整治项目之一。工程的实施建设对改善大清河周边环境，有效控制河道污物、解决行洪安全，加快滇池治理具有重要意义。工程由截污工程、河道整治工程、桥梁整治工程、景观绿化工程、淤泥疏挖及处置五部分组成。工程于2004年4月27日开工，计划2005年底竣工。

【枧槽河截污综合整治工程】　枧槽河截污综合整治工程是《滇池流域水污染防治"十五"计划》确定的入湖河道整治项目之一。工程是昆明城市入滇池河道"清污分流"整治工程的重要组成部分，自南过境民航路口至张家庙与明通河交汇口，河道长6.8千米，纳污面积12平方千米，服务人口65.09万人，主要内容有管道工程、河道工程、道路工程、桥涵工程、清水回补工程、景观绿化工程7大项建设内容，工程总投资为1.7684亿元（不包括征地拆迁费用）。于2004年4月28日正式开工，计划2005年底竣工。

【草海东风坝及老干鱼塘综合整治二期工程】　东风坝和老干鱼塘水域是滇池草海的重要组成部分，多年污染严重，水质恶化，生态系统遭到破坏。治理东风坝和老干鱼塘主要分为两期工程进行。二期综合整治工程投资1 600万元，主要为生态修复。工程于2004年5月28日启动，种植和恢复挺水、沉水、浮叶等15种大型水生植物1 444亩。同时，配合水生植物种植，在东风坝北岸实施人工吹填造滩8.2万立方米，计划2005年10月竣工。

【湖滨生态湿地建设详细规划编制】
为推进滇池湖滨生态湿地建设，2004年11月4日，市委常务副书记杨远翔主持召开了滇池湖滨生态湿地建设详细规划招标前期准备工作启动会，要求采取国内外招标方式遴选规划编制的承担单位，高水平地完成详细规划编制工作。市滇管局组成了工作组和工作班子，加紧进行招标的各项工作，于2004年11月15日完成了招标文件的编制。于2004年12月中旬完成了与中标候选人的商务会谈，确定清华大学为中标单位，计划2005年3月完成规划的编制工作。

【滇池防汛与蓄水】　滇池汛期水位调控的好坏，直接关系到沿湖城区、村镇及下游螳螂川两岸群众的生命财产安全。在市委、市政府及市防汛抗旱指挥部的领导下，滇管局始终把滇池防汛作为重点工作来抓，坚持做到"未雨绸缪、科学调度、统筹兼顾、相互协作"，认真做好滇池防洪、蓄水和水体置换，充分发挥滇池综合功能。2004年实施了沙河水毁河段抢险修复、西园隧道进口平板闸门更新改造和海口河局部重点地段清淤除障，确保行洪畅通。市滇池水利管理处及市西园隧道管理处在认真总结2003年滇池水量调控工作情况的基础上，编拟了2004年度滇池外海和草海水位运行控制计划，汛前制定了防洪应急预案，成立防汛抢险分队，汛期24小时备勤，以应急处理随时都可能遭遇的突发险情，做到未雨绸缪。

为做好滇池水位、水量的控制运行

大清河工地　（市滇管局　供稿）

枧槽河工地　（市滇管局　供稿）

调度，针对2003年降雨较少、蓄水不足的实际情况，严格执行水情“每日一报”制度，适时采取了合理调控水量，确保了上下游工农业生产、生活用水。

【科技示范和科技攻关】　无耕作方式种植水稻科技示范工作在滇池湖滨西山区、官渡区和晋宁县三个点同时展开，已完成第一个试验周期，试验示范面积共66亩。完成了占地面积约20亩的大清河入湖河口复合人工湿地示范工程，使建设区逐渐形成良性循环的生态系统，提高自净能力，美化入湖河口及湖滨带的生态景观，最大限度地削减污染水体中的污染物，减少入湖河道进入滇池的污染物量，同时该工程将起到对各主要入湖河口的治理示范和带动作用。国家科技部、云南省政府合作的滇池流域面源污染控制技术及滇池蓝藻水华污染控制技术研究科技攻关项目已完成，并通过了有关部门组织的验收。

【滇池渔政监督管理】　为确保滇池渔业资源的可持续利用，加大执法力度，截至2004年底共出动巡逻艇446船次，出动执法人员1 364人次，收缴各种网具1 307张，使禁渔期的偷捕率比上年同期下降了20%。同时加强水上管理，坚决取缔虾笼、绞盘等违禁渔具，共取缔虾笼30 488个、花篮5 600个、拔除竹竿、木桩74 566根，保护了滇池渔业资源，改善了滇池的水域景观。加强滇池鱼苗鱼种的投放，组织了250万尾能利用有机碎屑和底栖生物的高背鲫鱼苗和花白鲢进行投放。

【滇池管理综合行政执法】　2004年4月，昆明市滇池管理综合行政执法局挂牌成立，并在官渡、西山、晋宁、呈贡4县（区）设分局。按照省政府对昆明市开展相对集中行政处罚权的有关规定，实行综合执法，采取有力措施，进一步加大滇池及其水体保护区和主要入湖河道的执法检查力度。执法局从成立起共立案查处各类违法案件160余起，受理“12345”便民热线和群众举报70起、行政处罚罚款约60余万元，收缴偷捕船只61条，查处不法分子118人，有效地发挥了滇池管理综合行政执法的作用。

【滇池保护宣传】　加大了滇池保护宣传教育的力度，开展大量的宣传教育工作：一是做好《滇池保护条例》的普法宣传，制作大量内容丰富的资料和展板，加强市、县（区）联动，开展了送进社区、进村、进户工作，累计发放《滇池保护条例》宣传教育资料约10万份。二是通过各种渠道，利用多种形式，有计划、有步骤地开展宣传教育活动。加大对《滇池保护条例》、《昆明市城市排水管理条例》等法规和规章的宣传教育工作；开通昆明市滇池管理局网站，制作和播放滇池保护专题片和系列片，在报上刊登滇池保护专版和专栏，利用30辆出租车车身和3块大型户外广告牌进行环境保护和滇池保护的公益宣传，取得了较好的宣传效果；多次召开新闻通报会，公开滇池治理进展及资金使用情况；自2004年1月起，每月在《春城晚报》上公布昆明市六个污水处理厂运行情况，增大滇池治理工作透明度，接受公众监督。

【农村面源污染控制】　对控制沿湖农村垃圾污染，市委、市政府提出了“建机制、打基础、抓管理”的工作思路，建立“二级政府、三级管理、四级网络”管理机制，实行“群防群治”；由市、县区投资在沿湖15个乡镇（街道办事处）建立垃圾收集池（间）700个，配备清运车32辆，为农村垃圾清运及处置奠定基础；由市、县区、乡镇共同出资，每个乡镇（街道办事处）招聘管理员10～15人，使垃圾清运工作得以长效进行。2004年底，沿湖15个

昆明滇池投资有限责任公司成立　（市排水公司　供稿）

乡镇（街道办事处）已成立了滇管所，改造和新建垃圾收集池（间）340多个，配备了清运车，招聘了管理员，开展了农村垃圾的清运和河道的日常保洁工作。

对控制农村人粪尿污染，采取推广联合国推荐并在中国成功应用的一种新型的粪尿分集式生态卫生旱厕，至2004年已完成了滇池沿湖的太史村及中和村共300户农户的生态卫生旱厕试点示范工作，并取得了良好的社会效益及环境效益，既改善沿湖农村生态环境，提高群众生活质量，又减少人粪尿对滇池污染。

同时，积极开展生态农业建设，新建沼气池3.1万多口，推广农村液化气6 400户（台），推广平衡施肥55.9万亩，推广“榕风1号”秸秆还田1.02万亩，减少农业面源污染。

【生态湿地建设】 恢复与建设滇池湖滨生态湿地占地、拆迁所需费用高，实施难度大。昆明市委、市政府对此高度重视，认真贯彻无锡会议精神，更新观念，创新机制，提出了湖滨生态建设采取产业结构调整和市场化运作的新路子，对采用产业结构调整进行湖滨生态带建设的，如种植莲藕、芦苇及无耕作水稻等，由市、县区财政对农户进行补偿；对采取市场化运作进行湖滨生态带建设的，由开发商负责生态湿地建设，允许其按规划在湿地外围进行适度开发作为补偿。2004年，沿湖4县区已启动了2 000亩生态湿地建设工作，将进一步总结经验，加快湖滨生态湿地建设步伐。

同时，启动了草海生态区建设、滇池流域及面山绿化及水土流失整治项目，完成了草海及老干鱼塘综合整治，退塘还湖3.3平方千米，实施人工造滩20万平方米，种植挺水、沉水及浮叶植物1 404亩；完成了植树造林1.8万多亩、退耕还林1万余亩、封山育林及幼林抚育6.8万亩，整治水土流失253平方千米，流域森林覆盖率达50.6%，改善了实施区域的生态环境。

【昆明滇池投资有限责任公司挂牌】 为加快推进昆明市市政基础设施建设，改革投融资体制以及滇池流域水环境治理项目市场化的步伐，构建市场化运作、多元化投资的新型投融资平台，拓宽融资渠道，减少和降低政府在市政基础设施建设领域的投资和风险，昆明滇池投资有限责任公司于2004年10月15日正式挂牌成立。公司是代表政府投资，开展资本运作、资产经营的经济实体，主要经营昆明市政府授权的城市污水处理产业，并受托作为出资人代表，承担由昆明市政府确定的滇池治理项目的投资、建设和经营管理。同时开展基础性产业、高科技产业及其他产业的投资、经营和专业化资产管理。

（张立力　王　琳）

·责任编辑　马颖生·

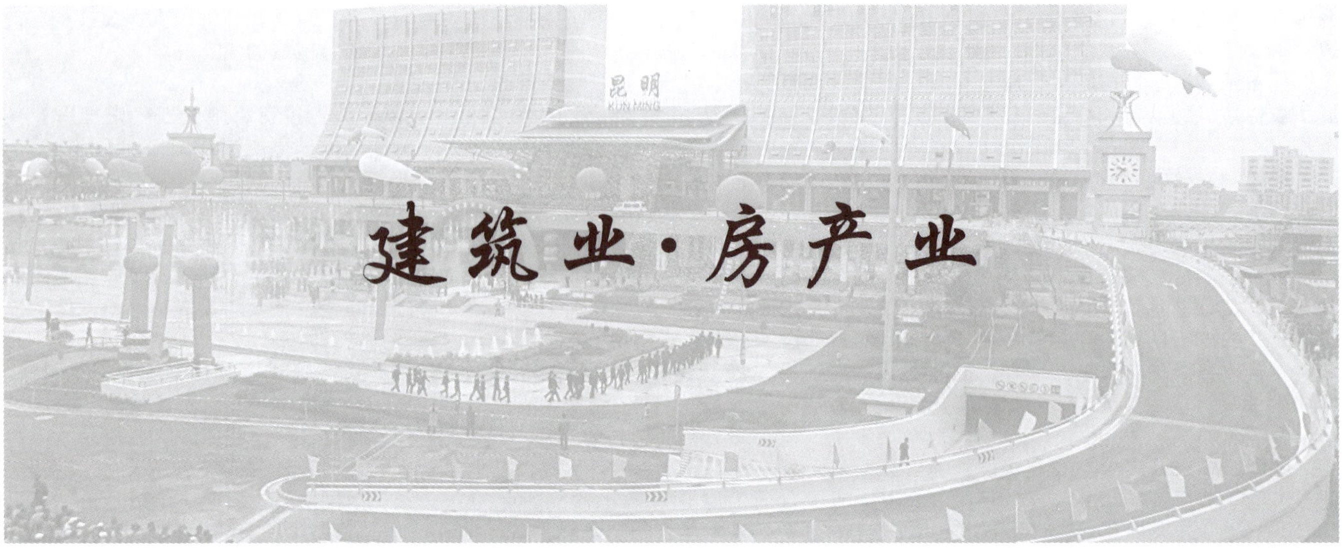

建筑业·房产业

建筑业

【建筑生产】 2004年，昆明建筑企业完成总产值265亿元。按所有制分：国有企业完成118亿元；城乡集体企业完成30亿元；其它所有制企业完成117亿元。竣工房屋建筑面积1 015万平方米；按所有制分：国有企业完成373万平方米；城乡集体企业完成218万平方米；其它所有制企业完成424万平方米。

2004年，国有建筑企业全员劳动生产率，按产值计算，年人均11 103元；按竣工面积算，年人均42.1平方米；实现增加值20亿元，实现税利4.2亿元；国有净资产总额达35亿元；动力装备率和技术装备率人均达6千瓦和10 878元；工程质量一次性验收合格率达99%。

【安全生产】 昆明市建设局始终坚持安全生产是建筑业发展永恒的主题，认真贯彻落实“安全第一，预防为主”的方针，狠抓建筑施工安全管理，安全工作取得良好成效。2004年与市属5区、8县、1市建设行政主管部门及5家市属建安企业3个开发区共23个单位签订《2004年安全生产责任书》，对95个工程项目进行了安全前提条件审查；对4 000余人进行了“一标五规范”、“特殊工种”、《安全生产法》等内容的培训。全年开工安全生产专项检查25次，查出安全隐患300余条，整改率达94.2%。昆明建筑业创建安全文明卫生达标工地126个，办理安全资质换证及新办证157份。2004年全市施工现场死亡23人。

【工程质量监督】 昆明市建设局认真贯彻国务院颁布的《建设工程质量管理条例》，大力推行建设工程质量监理制度，严把质量关，实行建设工程竣工验收备案。确保建设工程质量有效提高。2004年，办理工程质量督促项目149项，面积394.97万平方米，办理项目竣工备案82项，面积154.58万平方米。

【招标投标管理】 贯彻《中华人民共和国招标投标法》，昆明市建设项目全年报建425项，建设投资82.75亿元，应该公开招投标项目招标率达100%，公开招标率53.58%，邀请招标率46.42。严格按照公开、公平、公正的原则，加强了开标、评标、定标的管理，实行专家评标、招标人定标，政府监督和管理运行机制。交易中心完成各类交易服务266项，建筑面积324.88万平方米，不断完善昆明建筑工程交易中心住处管理计算机系统，实现了办公自动化管理和网上投标报名。

【建筑管理监察】 贯彻《中华人民共和国建筑法》，建设部、省和市关于整顿和规范建筑、房地产市场秩序的有关要求，完成对昆明市城区投资50万元以上的在建工程项目共436项的建设行政执法检查，覆盖率达98%，查处各类违法违规行为项目107项，占在建工程项目的24.5%。其中：严重违法违规项目45项，一般违规62项。

【勘察设计管理】 市建设局认真贯彻落实建设部《建筑勘察设计市场管理规定》，不断规范勘察设计单位执行强制性标准的行为，建立健全设计质量终身责任制。对88项建筑工程项目抗震设防专项审查进行了审批，组织全市优秀设计评选，完成市属45家勘察设计单位的资质年检。完成全市乙级、丙级设计院换证和增项工作，完成264个建设项目的施工图审查工作。

【建筑队伍管理】 全市现有建筑企业812家，监理企业28家。市建设局严格按《建筑企业资质管理规定》的有关要求，对全市所有各类建筑业企业559家企业资质进行了年检。召开了全市建管工作会议，表彰36个先进单位，31名建管工作者，40名先进企业工作者。全年办理外地入昆企业投标通知书130份。全年举办各类培训26期，参加培训5 400人。

【工程造价与编审预算】 市建设局加强建设工程造价信息管理和宣传，全市共发行了6期7 000余册《建设工程价格信息》，处理工程造价纠纷12起，发放预算资格证3 500多份。加强概预算的编审工作，内强素质、外树形象，全年完成收入100万元。

【建筑设计】 昆明市建筑设计研究院，在完成改制后，全年完成勘察设计项目48项，市政设计8项，可行性研究项目7项，规划设计12项，工程检测30项，建筑设计总面积137.4万平方米。

【发展推广散装水泥和商品混凝土】 认真实施《昆明市预拌商品混凝土管理办法》，坚持鼓励节约能源，降低成本，提高工程质量，改善劳动条件，减少环境污染的原则，全年销售散装水泥80万吨，散装率达38%。使用商品混凝土153万立方米，增长67%。全年征收使用单位预缴散装水泥保证金419万元，退还278余万元。

【新墙体材料革新】 市建设局紧紧围绕节能、节地、利废、护环境、改善功能的墙改目标，不断强化和深入开展墙体材料革新及建筑节能工作。以限时“禁实”工作为重点，加大“禁实”工作力度，积极落实《昆明市限时禁止使用实心黏土砖的通知》。全市新墙材生产能力12.2亿标块，产量达5.2亿标块。昆明主城区新墙材使用比例由2003年的26.3%上升到41%，禁实率达90%以上。

【建筑科技教育】 市建设局加大推广行业科技力度，注重科研成果转化为现实社会生产力，以科研促生产，以发展强科技。积极做好新型防水材料、新型轻钢结构等10大新技术的应用，加强职工教育培训，贯彻落实《云南省专业技术人员继续教育条例》举办了专业技术人员继续教育培训，共约1 000人参加。

【劳保费用行业管理】 昆明市建设局为确保国有企业的稳定、改革和发展，加大劳保费用统筹力度，在劳保费用的预收、结算返还、平衡调剂及行业企业职工养老保险等方面加大覆盖面，全年共收缴建安工程劳保金4 515.92万元，办理返退劳保金8 467.7万元。确保了企业职工养老金的来源，保障了企业在职职工养老金及时足额交纳和离退休人员养老保险金按时发放，起到了稳定社会的作用。

【国企改革】 2004年昆明市建设局积极推进国有企业深化改革工作，局系统企业除城建投资开发有限公司继续保留独有国资外，其余属竞争性行业的国有企业全部改制为有限责任公司，国有资产按规定退出。昆明市建筑设计研究院由事业单位转制为科技型企业后亦按规定组建有限责任公司。2004年以前改制为股份合作制的企业按自身的需要组建有限责任公司。深化改革的特点是做大做强，对明显弱小不适应市场竞争的国有小型企业实行兼并，切实保障国有职工的合法权益。

【再就业服务分中心】 建设局进一步深入贯彻《中共中央、国务院关于切实做好再就业工作的通知》精神，依据政策，认真做好下岗职工的安置分流和再就业工作，全年共为下岗职工办理基本生活保障金19万元；办理公益性岗位五大保险金18.8万元；确保资金按时到位，没有克扣和挪用情况。全年下岗职工出服务中心52人，包括原出服务中心人数共分流安置103人。其中：公益性岗位安置54人，企业生产自救安置49人。到12月底，全局下岗职工已全部出中心。

【建筑联合会】 昆明建筑联合会，充分发挥行业协会的职能作用，起到了纽带和桥梁作用。积极推行“春城杯”市优良工程评选。共评出“春城杯”市优工程119项，评选先进企业44家，“优秀企业家”39人，优秀项目经理47人，编印《昆明建筑业》8期4 000多册。

【便民服务中心建设局窗口】 全年共办理行政审批项目1 919件，即办件1 308件，承诺件611件，办理各种业务咨询3 729人次。窗口工作人员认真负责，服务热情周到，被评为先进窗口。

【清理拖欠工程款和民工工资】 根据国务院、省政府关于清理拖欠工程款和农民工工资的一系列要求，昆明市政府成立了清理拖欠工程款工作领导小组及办公室，召开了清欠联席会议。采取有效措施，狠抓落实，清欠工作取得了初步成效。根据2004年上半年清查统计，全市建设领域拖欠工程款16.57亿元，农民工工资6 264万元。至2005年春节，全市已清欠工程款8.18亿元，清欠民工工资6 264万元，完成了2005年春节前基本清理完拖欠农民工工资任务，确保了农民工回家过年和社会稳定。

（杨剑屏　梁俊雄）

房产管理

【直管公房出售】 2004年以来，直管公房出售进入实售和办证阶段，由于计划经济下传统的房产管理主要是按房屋的使用面积进行租金管理和修缮管理，在管理中最薄弱的就是缺乏公房的基础性数据。导致了直管公房出售后房屋的测量工作、评估工作成为售房工作的“难点”和广大购房户关心的“热点”问题。面对购房户关心的“何时能领到产权证”这一看似简单，而背后却是一项时间紧、任务重、情况复杂的系统工作问题，局党组高度重视，在领导班子一直配备不齐、人数极少的情况下，重新确定了售房工作的总思路。一是由局主管领导负责，组成了由局机关相关部门和五华、盘龙、西山、官渡四区房管局的精兵强将、业务骨干的售房办公室，首次实行“首问制”、“一告知、二办结、三上门”的服务承诺和推诿追究制；二是建立了周五协调会议制。每周五市售房办对每周工作情况进行总结，对办结统计和售房的有关问题，例如户口问题、冲抵超面积款的发票问题、有多套公房要求购买的基准价的问题等在出售公房政策中未予明确的问题，本着便民、利民的原则，作出最后的决定事项并形成会议纪要。截止11月26日，就售房中的有关问题共发会议纪要20多期；三是实行“一条龙、一站式”服务，为全面提高办事效率，方便群众，8月中旬，将售房工作搬迁到美亚大厦8楼集中办公，要求市售房办和四区房管局售房人员全部进场，同时邀请了市商业银行侨谊支行（收款银行）也到现场进行实售的收退款工作，结算后购房户3天内即可领取产权证。四是在售房工作中，局机关相关处室、市房改办、公房经营管理处、市产权交易中心、四区房管局、各房屋测量公司、收款银行等通力配合，有力出力，有钱出钱，比如昆明天宁房地产公司赞助10台电脑打印机，市房产交易中心等单位筹集资金集中力量聘请了工作人员。通过奋战，截止11月30日除少量外出的购房户因无法联系外，已完成直管公房出售的测量、评估、审核共21 308套（户），办理产权证近2万本（户），退款1.34亿元，实售收款4.45亿元。

【存量公房出售】 根据云南省政府对房改工作的部署，按照市房改办关于《昆明市出售存量公有住房有关问题通知》的规定，对全市“95”房改政策没有出售完的单位存量公有住房进行再次出售，截止10月31日核准了685个单位，10 241套单位公有存量房的出售。在省、市政府的领导下，全市住房分配货币化工作逐步开展，各单位房改工作重点转移到建立职工住房档案和住房补贴上来。2004年全年审核行政企事业单位235个，12 223人实施住房分配货币化，所需资金26 621.47万元。针对住房分配货币化工作的各种问题，召开了有关部门的政策研讨会，会同市财政局出台了《关于印发〈昆明市解决异地调动交流干部住房问题的暂行办法〉的通知》，解决了异地调动交流干部的住房问题。

企业是住房分配货币化工作重点和难点，为贯彻省、市政府关于企业住房制度改革的精神，从实际出发，分类指导，企业住房分配货币化采取因企制宜、方式自选、民主决策、稳步实施，允许企业运作多种住房分配方式。全年共审核13个单位，1 922户职工购买了单位集资自建住房。

【加强房屋产权产籍管理，搞活房地产交易市场】 为更好贯彻《昆明市房屋权属登记管理条例》，规范房产登记工作。结合“云岭先锋”工程，实行“一条龙、一站式”服务，截止12月底，预计办理商品房购销合同审验登记2.3万起，同比增长48%，成交金额78亿元，同比增长31%，成交面积278万平方米，同比增长17%；办理《商品房预售许可证》50起，预售面积217万平方米，同比增长45%；办理存量房转让4.6万起，同比增长29%，成交面积530万平方米，同比增长6.4%，成交金额74亿元，同比增长14%。其中：已购公房上市交易9 660起，同比增长58%，成交面积60万平方米，同比增长67%，成交金额9亿元，同比增长84%；办理房屋权属登记62 000起，核发房屋所有权证65 000本，同比增长28%，发证面积840万平方米，发放共有权证28 390本，同比增长178%；办理房产抵押1 733起，注销登记12 700起，发放他项权证17 300本，同比增长26%，抵押金额68亿元，同比增长0.4%；代征契税1.2亿元；代收土地收益金550万元，收取登记费678万元；完成2万余户直管公有住宅的办证工作。配合各级司法部门做好房屋查封、扣押、冻结执行工作，全年共办理协助执行工作467起。2004年8月，邀请市人大对昆明所属县（市）房管部门贯彻《昆明市房屋权属登记管理条例》的贯彻情况进行了检查。9月，与昆明市建设局联合举办了第八届主题为“爱我昆明，住在昆明”房交会。房交会期间，参加人数达20万人次，合同成交3 561套，合同金额7.4亿元，悠久的历史名城，四季如春的气候，得到了不少外地人士的青睐，地州人士购房30%，外省人士购房8%。

【拆迁安置】 根据《昆明市市与四区政府城市管理职能根据职能调整方案（试行）》方案的规定和市编委《关于市级城市管理职能下放后有关机构下放通知》精神，市房屋拆迁管理处保留3名编制，成立直管公房拆迁管理处，其余人员1分为4，随职能下放到4区。城市房屋拆迁工作，关系到国家宏观调控政策的有效贯彻落实，关系到人民群众利益和社会稳定。新成立的市直管公房拆迁管理处严格执行《国务院办公厅关于控制城镇房屋拆迁规模严格拆迁管理文件的通知》，云南省建设厅《关于认真贯彻执行控制城镇房屋拆迁规模严格拆迁管理文件的通知》，继续加强房屋拆迁管理，截止2004年共审批拆迁项目15个，拆迁面积249 595.69平方米。其中，住宅126 264.23平方米，非住宅123 331.46平方米；拆迁2 178户，其中公房占530户，私房占1 449户，单位房199户。解决拆迁遗留问题，妥善安置被拆迁人的住房。筹措628万元资金和60套房源解决东寺街、北门街、梅园巷49户被拆迁户的安置遗留问题。加强资金监管力度，全年监管拆迁补偿安置资金1.6亿元，审查同意支付7 300万元。建立拆迁听证制度，举行了4次、300多人拆迁当事人参加的听证会，受到社会的关注和群众的好评。

【规范行业管理】 随着住宅产业的发展，营造优美、舒适的让老百姓居住放心的居住环境是小区物业管理的首要工作。根据《物业管理条例》的立法精神研究制定出台了《昆明市业主大会规程实施细则（试行）》、完成了《昆明市共用部位共用设施设备维修基金管理办法》、《昆明市物业管理办法》、《昆明市物业管理招投标管理实施细则》和参与了起草《昆明市物业管理服务收费管理办法》的论证和修改工作。昆明市物业管理地方性法规的不断完善，为物业管理的健康发展建立了良好的法制环境。

为加强对行业的监督、指导和管理，五华、盘龙、官渡区、西山房产行政主管部门，相继设置了物业管理部门，开展了物业管理工作，由于机构健全，加强了物业管理行业的监管力度，有力地促进了行业的发展。一是严格资质审查，把好资质准入关；二是严格资质年审制度，2004年1～7月准入物管公司24家、年检9家、资质级42家、降级3家。并加强以业主大会、业主委员会的指导和监督。加强物业管理学习与培训，是做好物管工作与服务的一项基础工作，局历来对加强物业职工队伍自身建设，不断提高物业职工自身素质非常重视，从不同层次、不同角度，多次组织物业管理工作人员进行业务培训，为昆明市物业管理工作的良好发展创造了条件。

【局属企业改制】 坚持昆明市深化国企改革的总体思路，全面推进局属企业改制工作。一是完成了昆明市房屋开发总公司、昆明工贸物业发展公司的审计、评估、论证工作；二是昆明市金臣屋业开发经营中心已完成审批、评估，改革方案待审批后实施；三是中房集团昆明房地产开发公司、昆明市房地产科研设计经营开发公司、昆明市房屋置换有限责任公司已完成工商注册；四是已完成审计、评估、论证、社保、国资委、财政审核对接工作的有昆明天宁房地产开发经营有限责任公司、昆明民用建筑研究院、昆明市合作建房经营管理处。

【完善房产法规】 2004年紧紧围绕贯彻“三个代表”重要思想和市第八次党代会提出的“三步走”的宏伟目标，完成了房产法律的立法工作。按照《宪法》和《立法法》及建设部、省、市政府的有关法律法规，拟定了《昆明市房产管理局2004年度立法工作计划》。起草修改《昆明市城市房地产管理条例》、完成《昆明市业主大会规则实施细则（试行）》并于2004年11月1日公布实施；拟定出台了协助司法机关案件办理《昆明市房产管理局行政诉讼案件办理工作规程（试行）》的起草和《昆明市房产管理局行政复议工作办理程序》并公布实施；上报《昆明市城镇廉租住房管理办法》及《昆明市城市房屋拆迁管理实施办法》。

为全面贯彻《中华人民共和国行政许可法》，建设法制型政府，转变政府机关职能，制定了《昆明市房产管理局关于〈行政许可法〉具体实施计划方案》，对全市房管系统负责人如何贯彻实施《行政许可证法》作了全面的动员，组织全局公务员参加《行政许可法》考试，及格率达100%。根据《昆明市行政审批制度改革》要求，对涉及行政审批事项进行梳理；对上报政府规章及规范性文件进行清理。按计划有步骤地组织全局干部、职工进行普法考试，及格率达100%。

【防洪抢险】 根据2004年昆明市政府雨季城市防洪抢险救灾工作会议精神的要求，雨季城市防洪抢险工作从2004年5月1日开始至10月15日是城市直管公房防洪抢险的重点时期。为确保这段时期城市居民住户的居住安全，年初就对盘龙、五华、官渡、西山四区房管局、公房经营建设管理处做好此项工作进行了专题的具体研究和安排，坚持

24小时值班制度。要求4区房管局做好辖区内的防汛安全工作。责任到人，各区房管局长、所长为辖区第一责任人。在物资保障方面，准备资金160万元，抽水泵20台，油毛毡117卷，木材22.3立方米以及雨衣、雨鞋、急救包等；准备19辆汽车以供急用。做到了人员到位、工作到位、措施到位。

【人大建议、政协提案办理】 今年“两会”以来，共收到各级人大代表建议和政协委员提案共24件，围绕代表、委员们提出的小区物业管理、房屋拆迁安置、职工房改住房货币化、房产交易等方面的意见和建议，进行了认真调研、协调和落实，并在8月31日全部办理完毕，面商率、办复率为100%。2004年全年共收到人民群众来信195件，已办结193件，办结率为98.9%，上级部门交办件和领导批示件87件，全部办结。接待人民群众2 700余人(次)，办理局长接待日363件，全部办理并答复，办结率为100%。全年共办理市政府便民热线55件，办结率为100%。

【落实私房政策】 2004年盘龙、五华两区房管局共上报落实私房政策审批件，已办理完6件，共退赔房屋23间，建筑面积369.2平方米。其中：产权对换3户，用房3套，建筑面积162.08平方米，经济补偿2户，建筑面积122平方米，补偿金额43 795.70元，落实退赔自住原住房1户，建筑面积26.5平方米。

按照市委、市政府的要求，支持国有流通企业改革工作，对国有流通企业租用直管非公有非住宅产权进行划拨，全年办理划拨建筑面积9 471.99平方米，77处，签订划拨协议书128份。

【清收党政机关剩余公有住房】 根据市委、市政府1月6日对清房工作会议要求，与市政府机关事务管理局再次拟定了《关于进一步登记清收市级机关所属机关、事业单位闲置公有住房的通知》，为确保《中共昆明市委办公厅、昆明市人民政府办公厅关于进一步做好清收市级机关和事业单位剩余闲置公有住房工作的通知》的严肃性，此次清房根据市政府机关事务局所报的收房单位是76家，1 062套住房。截止2004年10月27日止，已收回389套，其中用于安置金碧公园拆迁户160套，金碧路改扩建安置25套，危房33套。另经清房小组同意退回国土局房屋9套，现可做廉租房分配的有162套，已交房的单位有21家，未交房的单位有55家。

【廉租住房管理】 职能下划后的有关工作，根据《昆明市市与四区政府城市管理职能根据职能调整方案（试行）》精神，廉租房管理处职能和人员下划到四区房管局。根据市政府有关会议精神，2004年9月，市房管局与市土地有关部门正式移交1 000套新建廉租房的建设任务，由于市廉租处的撤销，使安居房的办证工作无法开展，经努力在西山区房管局的支持配合下，安居房的办证工作重新启动，具备办证条件物价部门已批复结算价格的安居房住户年内可领取产权证。

【房地产信息系统和预警预报体系】 根据建设部《关于加强协作共同做好房地产市场信息系统和预警预报体系有关工作的通知》、《昆明市人民政府办公厅关于成立昆明市房地产信息预警预报系统领导小组的通知》，5月份，在市政府的主持下，成立了由市房产管理局、市建设局、市土地局等单位组成的昆明市房地产信息预警预报系统领导小组。领导小组下设办公室，具体由市房产交易中心牵头，负责日常工作，2004年10月，制定了昆明市房地产信息系统预警预报工作方案并上报建设部和市政府待批准后组织实施，房地产信息预警预报系统的建立标志着房地产信息预警预报更科学、更准确，对调节房地产市场供求关系将会发挥较大作用。

加强社会治安综合治理是全社会各部门义不容辞的责任和义务。加强出租房和流动人口的管理工作，是城市管理的重要组成部分和难点。针对出租房和流动人口管理的现状和难点，与市公安局共同制定了昆明市出租房流动人口的管理试点的工作方案，使试点工作按步骤、分阶段进行，要求试点工作以“三个代表”重要思想为指导，保护正当合法的外来流动人口正常经营行为和房屋租赁行为。通过试点工作的开展，进一步摸清了全市的租房情况，以确保社会治安和综合治理。

（陈　燕　方　玲）

·责任编辑　马颖生·

现代新昆明建设 开发区建设

现代新昆明建设
呈贡新城建设

【机　构】　昆明呈贡新城管理委员会是市政府的派出机构，代表市政府对呈贡新城的开发、建设和有关事务实行统一领导和管理，履行市政府授予的经济和社会管理职能。其主要职责是：根据市政府授权，全面组织实施呈贡新城的开发建设和招商引资工作，拟定新城招商引资、投融资及产业发展政策和优惠政策；根据“一湖四环”、“一湖四片”的城市发展总体思路和总体规划，编制新城的城市发展规划，并组织实施；负责规划、土地、环保等方面的业务受理及项目审批；组织开展呈贡新城的国际科技、经贸合作与交流，开拓国际市场，按规定处理有关涉外事务；按市场运作模式，负责呈贡新城的基础设施、公共服务设施建设；协调市级有关部门和呈贡县做好新城开发建设工作；承办市委、市政府和上级机关交办的其他事项。管委会在建设开发的第一阶段，设立以下机构：党工委、综合办公室、法制局（加挂“政策研究室”牌子）、经济发展局、规划建设局、社会事业局、审批中心，其行政级别为副县级。核定下达行政编制 45 人，事业编制 10 人。其中，主任 1 名，副主任 5 名（设常务副主任 1 名）。

【新城建设】　呈贡新城规划控制范围 160 平方千米，规划建设面积 107 平方千米。昆明呈贡新城定位是：建设成为产业特色突出、布局合理、基础设施和公共设施完善、经济社会协调发展的山水园林型现代化新城。昆明呈贡新城建设将依托日益凸现的良好投资环境，集中发展科技含量高、资源消耗低、环境污染小的现代加工制造业，构建新型工业基地；依托昆南铁路集装箱中心站建设，大力发展现代物流业，构建全省、全国和面向东南亚、南亚的区域型国际物流中心；依托部分高校搬迁项目的实施，大力发展教育事业和文化产业，构建面向东南亚、南亚的教育文化基地；依托良好的区位和资源优势，巩固和提升花卉交易中心地位，构建“亚洲花都”和面向东南亚、南亚的农产品交易中心；依托市级行政中心、会展中心的建设，改善行政服务环境，构建区域性国际商务中心。

【领导调研】　2004 年是新城建设的起步之年，新城建设面临很多困难，在各级领导的重视、关心之下，新城建设不断迈出新步伐。2004 年 4 月 21 日，昆明市委副书记王文涛到呈贡新城调研，在实地查看了昆洛路改扩建工程现场，听取了呈贡新城建设汇报后，王文涛要求管委会要根据新形势、新任务继续务实的作风和开拓创新的精神抓好各项工作，推进现代新昆明呈贡新城建设。当前要坚持科学的发展观、按照“五个统筹”的要求抓好新城控制性详细规划的编制。2004 年 4 月 29 日，省委常委、市委书记杨崇勇，市委副书记、市长章振国，市委常务副书记杨远翔，市委副书记王文涛，市委常委、市委秘书长宋黎明，市政府副市长李江、胡星等领导对呈贡新城建设进展情况进行专题调研。召开现场办公会，提出要坚定不移推进新城建设。现场办公会形成中共昆明市委《呈贡新城建设现场办公会会议纪要》。《会议纪要》对呈贡新城规划、土地报批、市级行政机关搬迁、基础设施整体投入、新城产业布局和招商引资、建立新城管委会的运作机制明确提出了意见。2004 年 7 月 12 日，省委书记白恩培、省长徐荣凯等省市领导到呈贡新城调研现代新昆明建设，对现代新昆明呈贡建设各项工作给予充分肯定。提出要落实重点项目，抓好重点工作，坚定不移推进现代新昆明建设。

【编制规划】　呈贡新城控制性详细规划和专项规划编制是 2004 年新城建设的重中之重，管委会按照高标准、高起点的要求，抓紧新城 8 个片区控制性详细规划和 10 个专项规划的编制工作，以开拓创新的精神，积极探索新的工作方式和工作机制，按照“政府搭台、规划先行、企业主体、市场运作”思路，探索政府与企业共同进行规划的新模式、新路子。通过认真筛选确定规划设计单位，共签订规划协议 16 项。控制性详细规划部分：（1）由北京大学城市设计研究所进行新城吴家营中心片区的控制性详细规划设计。（2）由北京昊鼎物流研究所及官房设计公司进行国际物流中心片区的控制性详细规划设计。（3）由加拿大 EDA 设计公司进行“亚洲花都”（斗南龙城片区）的控制性详细规划设计。（4）由昆明市规划设计院进行大冲工业片区的控制性详细规划设计。（5）由瑞士乌龙国际设计公司进行乌龙片区的控制性详细规划设计。（6）由云南省城乡规划设计院进行大渔片区的控制性详细规划设计。专项规划部分：（1）由昆明市规划设计院进行新城给水系统工程专项规划、排水系统工程专项规划、管网综合工程专项规划、竖向道路工程专项规划，由昆明市交通研究所进行城市综合交通工程专项规划。(2) 由昆明市电讯分公司与昆明市规划设计院共同进行供电系统工程专项规划和通讯系统工程专项规划。(3) 由昆明市煤气公司与昆明市规划设计院共同进行燃气系统工程专项规划。(4) 由昆明市环境科学研究院与昆明市规划设计院共同进行环境系统工程专项规划。(5) 由香港中营都市与建筑设计中心进行城市空间形态与景观工程专项规划。

为做好呈贡新城控制性详细规划和专项规划，管委会精心组织，从 2004 年 5 月开始，至 2004 年底，在不到一年的时间内完成了新城控制性详细规划和专项规划方案。2004 年 5 月，在总体规划指导下，新城规划全面进入控制性详细规划和专项规划阶段，陆续确定参与新城各片区控制性详细规划和 10 个专项规划的设计单位，并开始进行方案设计。2004 年 6 月，管委会与官房设计公司签订昆明呈贡新城“国际物流中心”控制性详细规划设计委托协议，由官房设计公司出资 600 万元编制“国际物流中心”的控制性详细规划。2004 年 9 月 7 日，北京大学景观研究所对城市景观与空间形态作设计方案汇报，对新城的城市景观、主方向及城市目标定位给予确定，形成了设计导则。2004 年 10 月 10 日，管委会和昆明国际花卉拍卖交易中心有限公司（以下称KIFA）举行昆明呈贡新城“亚洲花都”控制性详细规划设计委托协议的签字仪式，由KIFA出资 400 万元编制“亚洲花都”控制性详细规划，这是政府与企业共同合作进行规划取得的新成果。并由KIFA邀请的设计单位——加拿大 EDA 公司对设计初稿进行论证。2004 年 10 月 12 日，召开市政专项规划论证会，对新城竖向给水、排水、燃气等专项规划组织专家及各相关技术单位参与论证，确定基本设计框架。2004 年 10 月 16 日，新城管委会主办城市空间形态与景观设计方案论证会，对香港中营设计公司的初步设计方案进行论证并对进一步完善设计提出意见和建议。2004 年 10 月 27 日，新城管委会与官房集团联合召开现代新昆明呈贡新城国际物流中心规划方案评审会。北京昊鼎物流科技有限公司、香港物流协会、德国弗劳恩霍夫物流研究所 3 家设计单位提交了初步设计方案，通过专家评审组确定，北京昊鼎物流科技有限公司的方案中选，物流中心控制性详细规划以此方案为基础，深化设计。2004 年 10 月 31 日，香港中营都市与建筑设计中心对新城吴家营行政中心片区的设计方案进行汇报。2004 年 11 月 2 日，昆明国际花卉拍卖交易中心有限公司“亚洲花都”控制性详细规划工作领导小组到新城管委会作工作计划汇报。2004 年 11 月 3 日，省规划设计院对大渔片区设计进展情况做汇报。2004 年 11 月 12 日，管委会与各设计单位就新城部分片区控制性详细规划及 10 项专项规划陆续签订正式设计合同。2004 年 11 月 17 日，省规划设计院对大渔片区做设计方案汇报。2004 年 11 月 27 日，召开国际物流中心市政基础设施协调会。2004 年 11 月 29 日，新城管委会主办了新城城市电力、通讯专项规划专家论证会。2004 年 12 月 6 日，“亚洲花都”——加拿大 EDA 设计工作作工作成果汇报，提出以“花卉”为主题的规划概念，并对该区域作出经济研究报告和项目策划方案报告。2004 年 12 月 16 日、17 日，召开新城部分片区控制性详细规划中间成果论证会，各设计单位对大冲工业片区、大渔片区、吴家营中心区、国际物流中心及“亚洲花都”规划方案进行汇报，有关方面的领导、专家及相关技术人员结合新城总体规划及实际情况，对协调和深化完善各片区规划提出意见和建议。2004 年 12 月 29 日，举行新城城市综合交通专项规划及乌龙片区控制性详细规划专家论证会。至 2004 年底，基本完成新城控制性详细规划和专项规划方案，完善了呈贡的总体规划。

【招商引资】 按照规划与招商并举的招商思路，充分发挥主动性，招商工作取得新成效。营造“聚焦呈贡”氛围，做好呈贡新城的宣传推广工作。根据现代新昆明发展战略规划构想，昆明呈贡新城建设是现代新昆明建设的主战场和突破口。以招商引资为突破，精心安排，参加了 2004 年的昆明国际商品交易会，签订协议 5 个，协议引资 28.5 亿元，其中，引进外资 500 万美元。具体为：马来西亚实康集团公司投资 3 亿元的呈贡新城（30 万吨）水厂项目，云南藤博广播电视产业有限公司投资 23.85 亿元的云南亚广影视传媒中心，昆明官房企业集团投资 600 万元的昆明呈贡新城国际级物流中心，云南巨力集团有限公司投资5 000万元的巨力生产基地，云南华威废弃物资源化有限公司投资9 040万元的呈贡新城再生资源回收利用产业化示范基地，云南强力地基基础工程有限公司投资2 000万元的呈贡马金铺管桩项目生产线。由于成效突出，昆明呈贡新城管委会获得 2004 年昆交会“优秀组织奖”。

为了推广、介绍呈贡新城，管委会于 2004 年下半年分别组织人员到上海、浙江及香港地区进行宣传招商，取得较好的成果。参加了泛珠江三角洲经贸洽谈会、“广博会”、昆明（上海、浙江）经济合作项目推介会及在泰国清迈举办的“泰中国际商品交易会”。通过广泛的宣传，扩大了呈贡新城的影响力，为新城的建设发展营造出良好氛围。管委会建立了招商引资项目库工作机制，认真做好项目前期研究及项目上报工作，积极开展项目包装，共包装呈贡新城新型工业园区、斗南国际花城、呈贡新城医院、呈贡新城第一中学、昆明中国—东盟商贸港等 5 个重点招商项目，并上报省、市有关部门，已被列入省、市招商项目库。同时，力促“新加坡项目”，管委会在实践中形成共识：与新加坡的合作应该在理论上解决观念创新的问题，在实践上解决双方合作的模式问题，要着力引进新加坡成熟的国际商务网络和管理、经营城市的经验，这不仅能提升呈贡新城招商引资的质量，更重要的是提升新昆明在国际上的地位。从呈贡新城的开发情况来看，全力推动与新加坡合作的目的是：(1) 引进新加坡管理、经营城市的经验，以加快呈贡新城的国际化进程；(2) 通过新加坡这个国际平台吸引海外的资金和项目。只有走国际化道路才能提升新昆明作为一个国际化城市的地位，进一步发挥昆明在中国西部省会城市中的地缘优势、资源优势，带动经济的发展。2004 年 5 月，管委会利用有关渠道向新加坡前内阁成员、前社会发展部长庄日昆先生等介绍了现代新昆明呈贡新城建设情况，新城建设引起了新加坡方面的关注。管委会积极主动加强联络，促成在新城建设“新兴产业”项目的意向。

【项目落实】 建立责任制，推进各项工作。管委会按照市委、市政府的要求，建立了重点招商引资项目推进责任制，切实抓好新城建设中的重大项目和 2004 年昆交会上签约项目的落实工作，建立起领导跟踪责任制、专职联络员制、月报告制、项目储备制、重大项目协调制，对进入新城区的在办和在建项目，实行从招商到建设的全过程协调推进，提高签约项目的履约率和资金到位率，注重实效，抓好项目的落实、推进。经过各级的支持和管委会的努力，2004 年呈贡新城规划、建设项目入驻取得较好成绩。开工建设项目 5 个：

（1）昆洛路改扩建工作，于2003年8月27日开工建设，全长22.7千米，总投资30.1亿元，已经完成投资15.56亿元；（2）环湖公路东段工程，2003年12月举行开工仪式，正在完善有关手续，准备复工建设；（3）昆南铁路集装箱中心站工程，项目用地1 197亩，投资5亿元，2004年8月20日开工建设，已供地554亩，项目开工建设面积170亩；（4）昆明信息产业基地项目，一期建设用地已经交付；（5）云南巨力集团搬迁项目，项目占地120亩，用地手续完成。

经过洽谈已落实的项目有：市级行政中心机关搬迁及配套住宅项目，云南师范大学、云南民族大学、昆明医学院、云南省中医学院、昆明高等医学专科学校等9所高校搬迁项目和云南国际云药港、中华涂料股份有限公司搬迁、云南子弟土豆食品有限责任公司搬迁、呈贡新城自来水厂等项目；同时，中泰果蔬交易中心项目、云南诺士达集团投资项目、太平洋集团投资基础设施项目、浙江汇鑫投资基础设施项目等20多个项目正在洽谈。项目开工建设和大量项目的入驻，逐渐形成了“聚焦新城”的氛围，从而进一步推动了新城的建设。

【制度建立】 管委会按照“建设成为学习型组织、实干型集体、服务型队伍和坚强的领导集体”要求，建立起高效、务实、精干的管理机构，制定了财务管理制度、学习制度、议事制度等内部管理制度，逐步规范管委会的工作。从呈贡县各部门抽调11名干部进入管委会工作，招考公务员3名，接收转业军人2名，初步建立了管委会的工作机构，各项工作有序展开。

（呈贡新城管理委员会）

昆明国家高新技术产业开发区

【概　况】 2004年，昆明高新区及时提出加快高新区经济社会发展的“289”工程，全面和超额完成年初确定的各项工作任务和目标。实现技工贸收入158亿元，工业总产值117亿元，增加值41亿元，出口创汇2.3亿美元，税收总额9.6亿元，地方财政收入2.5496亿元，同比增长18%、20.6%、24.3%、77%、16%、19.74%。分别完成计划的102%、106%、102%、153%、101%、104%。全年总收入上亿元的企业26家，上千万的企业71家，分别比2003年增长13%、12.7%，其中，云南铜业股份有限公司成为高新区首家全年总收入上10亿元的企业。提前一年实现高新区“十五”计划发展目标，为现代新昆明建设作出积极贡献。

【产业结构】 高新区建区十多年来，已初步形成了以新材料技术、生物医药技术、环保新技术、光机电一体化技术、电子信息技术为主的具有高新技术特色的五大主导产业。高新技术特色产业基地已成为高新区提升区域经济竞争力的重要载体。

2004年高新区进一步优化产业结构，增强高新技术产业实力，按照以信息化带动工业化，以工业化促进信息化的新型工业化发展思路，建设数码高新区；以坚持高科技、高效益、可持续发展思路，建设绿色高新区；以电子信息、生物及生物医药两大产业为重点，建设和发展国家级创业中心、国家级云南软件园、国家级云南省大学科技园和云南留学人员创业园、国家级高新技术产品出口基地、昆明现代生物制药产业园、公共型保税库、生态环保科技基地、电子和汽车市场等8个重点基地。

2004年高新技术企业对技工贸收入、工业产值、增加值、出口创汇的贡献分别比2003年提高了6%、5%、3%、4%，高新技术企业对总量经济指标的贡献均在72%以上。在高新技术产业中，生物及生物医药产业在工业产值中的比重达到34%，比2003年上升2%；电子信息产业和新材料产业与2003年持平；光机电一体化和现代制造业上升7%，增长较快，已占全区工业产值的15%。2004年有16家企业被省科技厅认定为高新技术企业，区内企业承担国家级项目11项，省级项目20项，市级项目25项，企业承担项目获国家、省、市立项支持7 400万元。

【招商引资】 2004年高新区坚持招商引资在经济工作中的中心地位，将招商引资作为带动全局工作的龙头抓紧抓实。编印新的《投资指南》和《现行优惠政策》，洽谈、引进了大批技术含量高、产业拉动性强、发展前景好的企业和项目。

2004年高新区引进内资项目96个，实际到位资金20.85亿元；引进外资项目20个，合同外资2 277万美元，实际到位外资1 687万美元。截至2004年底，高新区注册企业已达1 581家，其中外资120家，外向型经济逐步扩大，经云南省科技厅认定的高新技术企业156家，占全省高新技术企业数量的80%；科技型企业占企业总数的80%以上，民营企业占企业总数的80%左右，拥有自主知识产权的产品占高新区产品总数的80%左右。2004年高新区新增注册企业348家，新增注册资本11.8亿元，成功引进美的集团、环能电力、贝森蜂窝、稀贵新材料、铭鼎药业、广电传媒集团、天盟农资连锁、谢迪五彩花卉等一批大企业、大项目进区，明显拉动了高新区的经济发展；同时高新区在上海、北京、广州、深圳、香港等国内发达地区以及美国、新加坡、泰国、俄罗斯等国家建立了招商网络，拓展了招商渠道。

【园区建设】 高新区建区以来，不断改善投资环境，以“亲商、安商、护商、富商”的理念努力营造一个最适合企业发展和人们生活居住的良好环境。已累计投入资金10多亿元，不断完善基础设施建设。2004年高新区顺利通过了国土资源部土地清理的检查验收，并在摸清土地的基础上，控制总量，盘活存量，有效利用有限的土地资源，完成二期开发的各项规划工作，投入基础及配套设施建设4 367万元，城市维护建设2 140万元，基本建设开竣工面积93万平方米，同比增长15%，达到建区以来最好水平。完成高新区3大重点公建项目：西南第一家公共型保税库一期工程竣工并投入运营；高新一中建成并于9月1日正式开学；火炬大厦主体工程完工。美的集团、贵研铂业、澳林生物、瑞升公司等一批重点工业项目相继开工。完成的道路施工项目有边干道Ⅱ标段、中干道北段（15号路～16号路段）、16号路、13号路1号支线、11号路南段等，竣工里程1 921米；新开工的道路建设项目有：16号路、13号路2号支线、中干道北段（铁路段），道路开工里程917米。

完成火炬大厦、保税库、高新一中、美的汽车生产线、商学院、八方通、云大生物、泰阁电器、垠创大厦、兴云汽车城、小屯汽车城等10多家企业的供水供电等基础设施建设，为企业的发展创造了良好的服务环境。以开展创建“一流园区环境”活动为载体，为完善供水管网，新建10号路、11号路、13号路、边干道等管线3 630米，共计投资150万元，建成北区的供水管网，确保各进区企业的用水要求；新建13号路延长线及支线、16号路的电缆排管，按设计规划完成北区供电网络；改造35千伏团钢专用供电线，确保进区企业的用电要求。

2004年高新区加大信息化建设工作力度，投入150万元建设骨干光纤网络和基础地理信息系统平台，投入近80万元用于信息服务、网站改造及办公电子设备更新，投入近400万元完成高新一中信息化建设，提高了高新区的信息化水平和工作效率。

2004年高新区加强园区综合治理，开展以灭鼠为重点，以除“四害”和卫生死角清理活动为目的的爱国卫生运动。以禽流感防治工作为契机，大力提升园区生活卫生环保质量。成立高新区社区管理办公室社会治安综合治理工作领导小组和各社区服务中心社会治安综合治理工作领导小组，制定并下发《进一步加强高新区社区社会综合治理工作方案》，初步形成了社区治安综治网络和防范体系，进一步优化了高新区园区环境。

【创新体系】　创新体系建设和创新能力培育是高新区经济持续增长的主要动力之一。建区以来，高新区始终把建立和完善区域技术创新体系作为一项重要工作来抓。到2004年底累计投资2亿多元，建设近15万平方米的项目孵化基地。先后创办国家级创业服务中心、国家级云南软件园、国家级云南省大学科技园、云南留学人员创业园、生物科技创新园、云南省新材料孵化器、生产力促进中心等一批创新创业基地。截至2004年底，共有在孵企业近500家，累计毕业近100家。2004年孵化企业实现技工贸总收入37亿元，工业总产值26亿元。创业中心再次被国家科技部确定为国家中小企业技术创新基金小额资助试点依托机构；大学科技园、留学人员创业园承担了5项国家“863”计划项目，云南留学人员创业园被共青团中央、全国青联授予“青年科技创新示范基地”称号；云南省生产力促进中心获国家级示范中心称号；生物技术专业孵化器通过国家和省市有关部门组织的评审和验收。一个以企业为主体，科技机构、大学为源头，中介服务机构为纽带的适应高新技术产业发展的技术创新体系已经建立。

2004年高新区立足于研发、孵化和技术扩散，坚持走技术创新的道路，以服务为中心，充分发挥孵化器对科技创业企业的集聚功能，全面提升在孵企业的创新能力，为省市科技成果转化、中小企业的发展、传统产业的改造和区域经济的持续稳定增长作出了积极的贡献。云南山灞图像传输科技、云南沃森生物技术、昆明云大生物技术、昆明生宝生物、昆明大东方生物、云南中科生物、云南王国食品等一大批优秀企业得以成长壮大。

【财税工作】　2004年省市对高新区原有的扶持政策提前一年停止执行，致使高新区财政收支压力过大，面对财税工作任务重、矛盾多、困难大的局面，高新区在坚持依法治税，增强财政实力，贯彻落实“加强征管、堵塞漏洞、清缴欠税”工作方针的同时，严格按政策执行，突出工作重点，确保财政收入均衡入库。2004年高新区地方财政收入完成25 496万元，在2003年较高增长速度的基础上继续保持19.7%的增长幅度，全年财政收入创历史新高，地方财政支出17 065万元，为年初预算的85.6%，比上年同期减支4.16%。

2004年高新区充分利用国家政策，利用自身的分配杠杆做好资金流向的引导，通过财政拨款、退税、补助、贴息、信用等方式，引导资金流向，调整经济结构，保证重点支出的需要，积极构建具有高新特色的公共财政体系。由于当前征地、土地开发成本的大量增加，土地出让收益远远不能满足高新区拓展发展空间和基础设施建设的资金需求，再加上受宏观调控和全国清理整顿土地市场的影响，融资贷款难度加大。为保证高新区开发建设的资金需要，高新区筹措资金2.6亿元，解决了美的项目用地、四期征地等重点工程资金需要，为高新区的基础设施建设和公建配套设施建设提供了资金保证。

高新区一方面坚持“依法征税，应收尽收，坚决不收过头税，坚决防止和制止越权减免税”的原则，增强税收调研分析和预测的科学性和前瞻性，进一步强化对重点企业、重点行业的监管，及时掌握影响收入的重大变化因素，积极应对，把握组织收入的主动权；另一方面重视税源建设和税源控管。按属地征管的原则，加大户籍管理力度，加强与工商、地税、招商等部门的信息交换与共享，有效控管税源，把符合政策规定的企业全部纳入征管，开展纳税评估及税务约谈，及时掌握税源变化，奠定坚实的税源基础，确保完成并超额完成税收目标任务。

【机构改革】　2004年高新区按照省委、市委的部署，顺利完成领导班子的各项交接工作，并结合实际，对党政领导班子成员的分工及时进行调整。为更好地为经济建设服务，高新区进一步深化干部人事制度改革，一是大胆打破区域、单位性质和干部职工身份界限，知人善任、举贤任能，拓宽用人渠道，促进人才合理使用和流动；二是建立健全人才管理和干部任用机制，形成一种“能者上，平者让，庸者下”的用人机制。根据高新区干部两年一聘的制度，及时进行了机构编制的调整和新一轮干部的聘任聘用工作。为加强招商引资工作的力度，撤销招商局成立投资促进局，撤销工委工作部，将职能并入办公室，办公室设立信访与接待处，撤销总监办，设立工程造价审核办公室，使机构和编制设置更加科学合理。机构调整后，中层正副职干部交流达15人，有5名年轻干部走上领导岗位，新一轮干部聘任聘用，进一步调动了干部职工积极性，为高新区经济社会事业的发展提供了坚强的组织人才保证。

【人才引进与培养】　高新区建区以来，按照“人才是第一资源，以才兴区”的思路，注重人才环境的营造，建立了靠事业留人、感情留人、待遇留人和政策留人的机制，激发了区内科技型企业家的创新创业热情，促进了人才的不断聚集。至2004年底，区内已聚集各类专业技术人员近2万人，其中，具有大专以上学历的占91%，硕士450人，博士98人，在申报全市学术技术带头人工作中，申报数量和质量位居全市第一，已成为昆明市乃至云南省科技人员创新创业的人才聚集地。

2004年高新区以项目特别是大项目为依托，创新人才思路，拓宽人才引进的渠道，引进高层次人才83人，其中博士17人，硕士29人，高工及以上职称38人。同时，组织46家企业参加省、市组织的“2004年度大中专毕业生供需见面会”，经过双向选择，有335名大中专毕业生到高新区办理了报到手续。在引进人才工作中，以高层次人才建设为重点，做好人才智力服务工作。完成区内17名昆明市学术技术带头人和后备人选考核；推荐申报云南省技术创新人才，推荐申报国务院政府特殊津贴、云南省政府特殊津贴人选；组织区内企业的归国留学人员申请国家人事部、云南省“归国留学人员科研专项基金”资助项目8项；推荐科技人员参加昆明市青年科技奖、昆明市有突出贡献优秀专业技术人员和昆明市第四批学术技术带头人和后备人选的评选，并取得可喜成绩。

高新区加强高素质、复合型人才培养。积极创造条件，鼓励符合条件人员参加国家外专局资助项目、东盟组织资助项目的培训，多层次培养外向型人才。同时，提供相关学习费用，鼓励干部职工参加 MPA、MBA 学位教育，提高公务员队伍素质。管委会机关有 6 人在读 MPA 学位。

【依法治区】 2004 年高新区继续广泛深入地开展法制宣传教育和依法治区工作，为高新区改革、发展、稳定创造了一个良好的法制环境。

根据《昆明市 2004 年法制宣传教育与依法治市工作计划》的要求，高新区把管委会机关各级领导干部、行政执法人员和区内直属企事业单位中层以上干部作为普法重点对象，采取各种行之有效的措施，联系实际，有针对性地开展与维护社会政治稳定，与改革开放和建立社会主义市场经济体系等紧密相关的法律、法规的宣传教育。按照市普法办 2004 年全市法制宣传教育工作计划的要求，全区公民普及的法律法规有《行政许可法》、《道路交通安全法》、《专利法》等。高新区在 2004 年的法制宣传工作中，订购了相关普法教材，做到人手一套，并形成制度。先后 2 次组织管委会机关全体工作人员和直属企事业单位中层以上干部对《行政许可法》进行培训，还特别对执法人员和涉及行政许可工作的人员进行了专门培训，并组织管委会机关全体人员参加全市的《行政许可法》考试。管委会机关及直属企事业单位共 279 人参加考试，考试合格率为 100%。同时，还联合市专利局举办了一次《专利法》宣传活动。

高新区在加强地方立法和社会主义民主与法制建设中，积极推进依法治区工作。加强城市规划、建设和管理，加强社会各项事业管理，对维护社会秩序，规范执法机关依法行政做了进一步的工作，加大了执法力度，保证了地方性法规、规章的实施。结合高新区实际，按照省、市政府的要求，对高新区内部的规范性文件进行清理，并出台一系列有助于高新区建设的政策和文件。

【社会事业】 2004 年高新区进一步落实安全生产的各项措施和制度，进一步建立和完善安全生产目标责任制，与 42 家重点单位的法人代表签订 2004 年度安全生产责任书。继续深入开展危险化学品、道路交通、公众聚集场所消防、特种设备等专项整治工作，以开展“高新火炬大厦、高新一中”两个重点建设项目的“新建、改建、扩建”安全评价为突破口，组织开展以建筑工地为重点的全区性安全生产大检查，有效地消除事故隐患。全年实现“零”伤亡，安全生产和消防安全工作顺利通过年度检查考评。

进一步完善基础教育体系的建设，中小学办学质量不断提高。高新一小经过几年的发展，取得了较好成绩，得到社会和家长的肯定；高新一中的建成不仅填补了高新区教育发展不均衡，没有中学的空白，而且也逐步完善了高新区的教育体系，为高新区今后教育事业的发展奠定了坚实的基础。

圆满完成中央政治局常委、国务院总理温家宝，中央政治局常委罗干，上海市党政代表团及以东盟会议代表团，老挝总理等到高新区视察、考察的重大接待任务；积极推行 ISO14000 国际环境质量体系建设，即将通过国家的最后检查和认证；积极引导区内企业树名牌、创名牌，组织区内企业申报“云南省名牌产品”。全年共有昆明制药、滇虹药业、云南铜业、南天电子、云南半导体器件厂共 5 家企业的 9 个产品荣获“云南名牌产品”称号。

【制度建设】 进一步完善政府采购制度、建筑市场招投标管理办法，强化领导干部离任审计、预算外资金管理、行政事业性收费和罚没收入“收缴分离、收支两条线”等制度措施，推动机关工作作风的根本转变。2004 年由财政支出的办公用品都实行了政府采购，共计采购 24 项，累计金额为 760 多万元，节约资金近 70 万元；区内各项工程建设面积为 24.39 万平方米，27 个项目进行了招投标管理，实行备案制，招标造价约为 3.78 亿元，应招标和应公开招标率均为 100%；坚持财政投资竣工结算审计制度，共审核项目 26 个，报审价9 906万元，审定价9 212万元，节约资金 693 万元；开展了 6 家单位经济责任审计和领导干部离任审计。为高新区经济社会各项事业的发展提供了根本保证。

（黄　蕊）

昆明国家经济技术开发区

【概　况】 2004 年是昆明经济技术开发区发展历程中的重要转折点。中央、省、市领导对经开区发展给予了高度重视和全方位的关心支持。温家宝总理国庆期间视察了昆明市经开区昆船集团，极大鼓舞了经开区的建设者。云南省、昆明市把加快昆明经济技术开发区发展提到了前所未有的高度，寄予了很高的期望，同时加大了关心支持力度。省、市各级领导多次到经开区调查研究、现场办公、协调关系，解决了许多在开发建设、企业发展中的实际问题和困难；省委、省政府确定建设“昆明信息产业基地”、“昆明光电子产业基地”和“出口加工区”，标志着经开区进入新的发展时期。现代新昆明建设和昆明市实施“工业强市”战略，使昆明经济技术开发区成为现代新昆明建设的产业支撑区。地位的确立，领导的重视，重点园区和重点项目的落户，为经开区的发展带来了新的发展机遇。

2004 年全区实现生产总值 22.67 亿元，同比增长 39.7%，其中工业增加值 16.45 亿元，同比增长 44.04%；完成工业总产值 40.54 亿元，同比增长 20.8%，其中外商投资企业完成 10.3 亿元，同比增长 48.9%；实现销售总收入 69.1 亿元，同比增长 34.95%，其中工业产品销售收入 45.77 亿元，同比增长 26.8%；进出口总额9 760万美元，增长 62.6%；国有及规模以上工业企业实现利润 4.5 亿元，同比增长 62.5%。全年实现财政收入 5.45 亿元，同口径比上年增长 47.7%，其中地方财政收入 1.67 亿元，同比增长 20.84%。

【三大产业园区建设】 2004 年 8 月 13 日，省委省政府在经开区召开现场办公会，做出了建设昆明信息产业基地的重大决策。2004 年 8 月 19 日，市政府召开专题会议研究贯彻落实会议精神，对基地建设具体工作做了安排部署，并成立了由王文涛常务副市长担任组长，李江副市长担任副组长，呈贡县及市土地局、规划局、建设局、信息办、投资促进局、经开区等 15 个委办局组成的信息产业基地领导小组。信息产业基地的规划由具有世界级水平的美国 IDC 设计公司中标，完成信息产业基地概念性规划编制工作。规划面积 6.7 平方千米的信息产业基地在省、市领导和各级部门的大力推动和支持下，各项工作顺利推进，规划、土地工作有条不紊地进行，3 号、4 号道路施工全面展开。积极与国内外一些知名企业和财团就项目开发、基础设施建设以及开发建设模式进行了广泛的接洽和探讨，力求在开发机制和开发模式上有所创新和突破，使“开发与引进”相结合。10 月中旬，省政府与中国兵器工业集团公司签订合作共建“昆明光电子产业基地”的协议；经开区与兵器工业集团下属企业签订了“光电子产业基地”项目入驻协议；对长城计算机集团项目跟踪洽谈。昆明出口加工区规划面积两平方千米，上报国务院审批，规划范围开展了勘测定界工作和控制性详细规划的编制工作，与昆山出口加工区签订了人员挂职、管理培训、招商引资、项目互联等合作协议。

【基础设施建设】 完成昆玉节点立交工程；完成昌宏路的大修改造，9号路、18号路等区内次干道的维修保养；完成陈旗营大沟、尚义沟、小千河、宝象河等沟渠的疏通和整治；组织完成经开区区域环境评价大纲编制工作；新建烟尘控制区5.6平方千米。

【招商引资】 招商引资力度加大，引资总额再创新高。开发区在产业用地不足、土地供需矛盾日益突出的不利情况下，不断营造“亲商、安商、富商”的投资环境，并结合昆明出口加工区、信息产业基地、光电子产业基地的规划和建设，突出抓好国内外重点行业项目的引进工作。加快现有闲置土地资源的盘活工作，妥善解决了近800亩土地的二次招商问题，提高了土地的综合利用率；积极配合完成一批国有骨干企业与国内大企业的资产整合工作；先后组织企业参加了国内10余个经贸洽谈会，组织了20余个企业商品促销工作等。引进企业及项目88个，项目协议总投资12.2亿元，比上年同期增长53.46%。其中引进外资项目7个，合同外资1 485万美元，实际利用外资432万美元，比上年同期减少22.3%，协议引进和实际利用外资分别占昆明市8.68%和6.18%，加拿大、澳大利亚、新西兰等国家和澳门特别行政区首次投资开发区。从签约项目看，大项目比上年明显增多，其中亿元以上的项目有5个。2004年注册进区的内资企业76家，内资企业注册资本9.02亿元。

【非公经济】 非公经济发展壮大，个体私营经济发展迅速。全区现有非公企业318家，占企业总数的65.2%；非公企业从业人员1.6万人，占全部从业人员的59.9%；2004年末注册资金17.8亿元，占全部注册资金的42.7%，非公企业全年完成营业收入26.53亿元，占销售总收入的38.4%。制定了扶持非公经济发展的政策，使经开区非公经济发展环境得到进一步改善。

【财政税收工作与融资】 依法加大税收征管力度。坚持依法治税，强化征管，努力提高征管质量，加强稽查力度，不断完善税源监控网络，实现税源监控的信息化管理，切实做到应收尽收。加大非税收入的收缴力度。加强行政性项目收费的管理，严格收支两条线，按时收缴行政性收费，纳入财政管理。认真贯彻落实中央、省对开发区的扶持政策。不断优化支出结构，对行政、事业单位经费支出，严格按预算控制。加强与金融机构的联系，不断探索适应开发区的融资模式，搭建规范的融资平台，拓宽融资渠道，加大融资力度，保证资金供给。在积极开展融资的同时，加强贷款项目管理，使开发区的贷款规模和财政收入保持合理的比例，有效防范和化解政府债务风险，确保财政经济平稳运行，促进开发区的社会经济快速、健康发展。

【社区管理】 直属学校进行了优化组合，开展了师风师德教育，改善了硬件条件，教学质量不断提高。昆船小学顺利通过了云南省示范小学一级二等小学的验收，云南大学洋浦校区已具规模，云南国土资源职业学院的办学条件得到进一步改善，经开区一中2004年高考上线率创历史新高，达88.1%；卫生事业进一步发展，医院环境、医疗条件得到进一步改善，有效地防止了“非典”及禽流感等疫情的发生；社会保障事业不断发展，养老、医疗、失业、工伤和生育保险基金参保扩面任务基本完成，为全面构建昆明市经开区社会保障体系奠定了较好基础；科技事业取得进步，2004年区内2户企业三个项目分别获市科技进步二等奖和三等奖，组织申报各类科技项目76个，争取到扶持资金545万元。

【法制建设】 《行政许可法》的贯彻实施是2004年管委会法制工作的重点，按照国家、省、市的有关部署，结合经开区实际，制定《昆明经济技术开发区贯彻实施行政许可法工作意见》，并先后制定5个相关制度作保障，积极推进开发区立法工作。提高了依法行政水平。

【社会治安】 加强社会治安综合治理，切实维护社会政治稳定。坚持“严防”、“严打”工作机制，严厉打击各种刑事犯罪活动，全面落实群防群治措施，杜绝了火灾、安全生产等事故和群体性事件的发生。深入做好社会矛盾调解和打击防范法轮功邪教工作，维护良好的社会治安秩序。为经济社会协调发展营造了良好的社会环境。

【建设服务型政府】 加快政府职能转变，工商、税务、质监等部门适时上门服务，积极开展整顿规范市场经济秩序、扶优治劣等工作，提高了服务质量和效率。加大人才服务力度，为产业发展提供人力资源保障。打破人才流动中部门、身份、地域、户籍等限制，为人才合理流动创造条件。出台《昆明经济技术开发区人才服务办法（试行）》，对高层次人才实施了专项补贴。主动为企业落实中央、省、市以及经开区的各项优惠政策，减免企业各种税收共计3 007.7万元，落实解决企业扶持资金501万元。建立“委领导接待日”和“领导联系企业”制度，为企业解决生产、经营、生活中的实际问题。

（昆明经济技术开发区管理委员会）

昆明滇池国家旅游度假区

【概　况】 2004年，度假区管委会调动一切积极因素，凝聚各方力量，努力扩大招商引资，全力推进经济社会发展，改革和发展出现好势头。全年共实现增加值70 134.2万元，与上年同比增长16%；财政总收入23 960万元，地方财政收入实现6 942万元，同比增长15.07%；实现税收收入5 832万元，与去年同期相比增长60.42%；招商引资实际完成投资额91 235万元，同比下降13.2%；全年实现营业收入110 450.6万元，同比增长21.8%，其中旅游及服务业总收入104 773.4万元，同比增长28.5%；全年接待游客473.6万人次，同比增长32.7%；约占全市旅游接待人次的22%。

【坚持经济与环境协调发展】 度假区始终坚持严格的社区规划和优良环境的营造，对进区项目，从立项开始就严格审核项目的容积率、层高和环保及立面的装饰，并组织专家论证，经规划部门批准后方可实施。从而使度假区初步形成规划严格、环境优良、空气新鲜、交通便利的优良社区。2004年，度假区继续紧抓基础设施建设，进一步优化投资和人居环境，改善区内道路通行能力，投资2 200万余元对观景路和兴体路进行拓宽改造。为完善滇池路美化亮化

省委书记白恩培、省长徐荣凯视察度假区　（郝万平　供稿）

工程，度假区投资25万元，建设5座设计新颖时尚的公共汽车站台。与此同时，加强对进区投资项目的服务，全面促进进区项目的开发建设。2004年全区实现固定资产投资95 063万元。区内新建项目10个，2003年续建项目21个，其中部分项目已基本建成或处于收尾阶段。在促进进区项目建设时，度假区始终注重环保工作，做到每一个进区建设项目均办理环保手续，并在建成区内建立烟尘控制和噪声达标区。继续保持度假区环境的优良品质。

2004年，度假区的项目开发建设继续呈现良好发展态势，大连万达综合性旅游度假项目、滇池春天温泉会馆、德国奔驰汽车昆明专卖店、时尚滇池、袁晓岑艺术馆、度假区综合服务中心二期工程、云南民族村、“滇池大舞台”等一批项目的相继开工和建成，为度假区树立了良好的品牌形象，度假区成为优美的旅游观光、度假居住场所。

【招商引资】　2004年，由于国家实行更为严格的土地保护政策，规定经营性土地将一律纳入土地交易中心进行招拍挂，给以旅游为主导产业的度假区招商引资工作带来新的挑战。度假区管委会在严格遵守国家土地政策的同时，积极研究新情况、新形势下的招商引资工作，有针对性的拓展招商引资渠道，排除各种困难，力争项目进区落户，以促进全区经济可持续发展。2004年，共引进项目10个，其中外资项目3个，投资3 013.5万美元；内资项目7个，投资38 350万元；总投资63 362.05万元，实际到位资金71 972万元。外商投资企业实际到位外资562万美元，完成固定资产投资3 357万美元。度假区与昆明市土地交易中心共同完成“老年公寓”101.52亩和“港龙垂钓中心”31.76亩两宗土地的挂牌交易工作，并取得较好的社会效益和经济效益。

在2004年昆交会上，度假区与外商签订了投资建设宇宙游乐园等项目的投资协议，使度假区参与性娱乐功能更加完善，开发档次得以提升。

【国有企业改革】　按照市委、市政府关于国有企业改革工作部署，度假区大力推进国企改革的进程。在区直属的7家国有企业中，格兰特游艇有限公司、兴海绿化有限公司、聚龙安检实业有限公司已完成改制工作。云南民族村、海埂游乐有限公司资产评估和相关审计工作已经完成，正在进行面向全社会引进战略投资者的包装及招商工作。度假区管委会领导班子高度重视推进国家4A级景区云南民族村的改革工作。3月，召开云南民族村深化改革与建设发展工作会议，就进一步深化民族村产权制度改革进行动员。6月，举行深化国企产权制度改革培训班暨座谈会，聘请省、市体制改革、社会保险及财政方面的领导和专家，对直属企业的经营班子进行培训。7月，经过招标，由云南天赢会计师事务所对云南民族村的资产进行全面评估。8月，召开云南民族村改革论证会，就民族村改革构想广泛征求领导、专家意见，并决定委托省经研中心起草云南民族村改革方案的原则及发展思路。9月初，昆明市政府专门召开云南民族村改革工作会议，初步明确云南民族村改革方案的原则要求。根据市政府分管领导要求，云南民族村的改革工作由市国资委负责，管委会积极配合。为尽快引进战略合作者，使云南民族村的改革工作有重大突破，2004年8月以来，度假区管委会与昆明市社保局进行多轮协商，由度假区财政垫资3 574万元，对民族村213名老海埂职工实行过渡性退休，并移交市社保局实行社会化管理。与此同时，度假区针对2003年民族村游客减少、收入下滑的问题，切实加强了营销和内部管理，利用少数民族传统节庆“泼水节”和“火把节”大力开展营销活动。“五一”长假前又及时推出50元年票，受到广大市民欢迎，使民族村2004年效益迅速回升。2004年，云南民族村销售年票68 288张，收入342万元。接待游客总数115.67万人次，较2002年同期增加82.7%，门票及经营性收入4 166.6万元，较2002年同比增长17%，实现经营性税前利润841.17万元，较2002年同比增长177.9%。实现'99世博会以来的最高收入，也是目前国内收益较好的主题公园之一。

【财政预算管理及税务征收】　2004年度假区严格执行管委会全会审议通过的财政预算，安排全年开发建设资金。对每一项预算支出都按财务规范要求办理，杜绝乱花钱现象。同时，厉行节约，紧缩办公经费，加强会计核算工作，使财政资金得到合理运用。在加强财政预算管理的同时，严格执行税收征管制度，一方面以优质服务涵养现有的税源，另一方面，采取积极主动的政策，不断开发和扩充新税源。2004年实现地方财政收入6 942万元，同比增长15.07%，其中税收收入5 832万元，同比增长60.42%。在财政增收的情况下，度假区还支援省、市教育事业发展。支持全市高中阶段改革资金1 000万元；支持昆明市中小学幼儿教师奖励基金会15万元；支持迪庆州香格里拉县尼西乡建设希望小学（尼西乡中心完小）70万元；支持禄劝贫困县105万元；支持临沧撤地建市发展教育资金15万元。

【发展战略研究】　度假区管委会委托国务院发展研究中心发展战略与区域经济研究部进行度假区发展战略研究。经过7位博士专家的实地调研，广泛座谈，反复论证，几易其稿，于2004年10月形成《昆明滇池国家旅游度假区

昆明市政府领导与度假区管委会领导在昆交会度假区展馆　（郝万平　供稿）

发展战略研究》报告，并于11月9日召开专家论证会。该报告对度假区的发展进行了全面、深入细致地分析，主要内容分为8个部分：（1）度假区的发展历史、现状与经验总结；（2）度假区发展的外部和内部条件分析；（3）度假区与周边地区发展关系的研究；（4）旅游度假市场需求分析；（5）国内外旅游度假区开发模式与发展趋势；（6）度假区发展定位与发展战略；（7）重点旅游产品开发及策划；（8）政策建议及措施。该报告紧紧围绕现代新昆明建设，站在未来数十年可持续发展的高度，提出将度假区打造成现代新昆明"第三空间"和建设"1个胜地＋5个基地"的战略发展思路，即"世界级的康体休闲度假胜地"加"独特的民族文化旅游度假基地"、"国际级的高原体育训练基地"、"一流的康体休闲基地"、"西部会展特色基地"和"现代新昆明的总部经济基地"。

【社区管理与服务】　在全力促进经济发展的同时，度假区管委会2004年共投入资金559.4万元，促进社区发展。其中，60万元用于疾病预防、公共卫生及文化管理，196万元用于社会治安管理，210万元用于区内基础设施的维护，93.4万元用于社区市容市貌管理。2004年初，度假区大力抓好辖区内的禽流感防治工作，把好每一道关口，坚决把疫情防堵在大门之外，圆满完成禽流感防治任务。切实有效地开展爱国卫生、社会治安综合治理工作，并对区内滇池温泉花园酒店等6家爱国卫生先进单位和云南民族村等4家社会治安综合治理先进单位进行表彰。先后3次有针对性地对区内50余家单位进行食品卫生安全专项检查，确保广大旅游者和社区人民的饮食安全。2004年，度假区按省市部署，加强安全生产的检查力度，特别是针对3个"黄金周"对全区旅游企业和公共单位、建筑工地进行安全生产大检查，并建立督察制度，确保区内全年未发生一起安全生产事故。

【社会治安综合治理】　度假区公安分局、工商分局、监察大队等行政执法部门联合行动，加大执法管理力度，对七公里一带及老海埂路口进行综合治理，清理各种非法营运车辆，取缔占道经营摊点。各职能部门在执法过程中，坚持依法行政、文明执法，使社会管理水平进一步提高。按市局统一部署，公安分局针对度假区社会治安状况，开展多次专项治理。2004年，共立各类刑事案件126起。破获和协破刑事案件44起，综合破案率为32%。共立治安案件37起，查处治安案件36起，治安处罚35人。抓获作案人员36人，网上逃犯5人，收缴仿真枪支100余支、管制刀具2件，没收赌资2 095元，收缴罚款6 700元。调解各种纠纷219起，完成警卫任务39次，出动警力1 088人次，有效维护了度假区的治安秩序。

【党建工作与精神文明建设】　度假区社会主义精神文明建设和思想道德建设在取得较大发展的基础上，又有较大进步。2004年，度假区管委会在获得区级"文明单位"称号的基础上，积极创建市级"文明单位"，于11月通过市级评审单位验收，获"昆明市文明单位"称号。2004年年初，度假区工委积极贯彻落实"云岭先锋"工程各项要求，不断加强党建工作，把抓好各级党组织和党员、干部、职工深入学习贯彻"三个代表"重要思想，建设学习型领导班子工作作为首要任务来抓。在全区组织实施了创建"党员示范窗口"、"党员先锋岗"活动，度假区共青团组织结合"云岭先锋"工程在区属单位创建3个春城示范岗。同时，结合在全党即将开展的共产党员保先教育活动，深入基层开展调研工作。此外，度假区继2003年投资70万元建成香格里拉县尼西乡中心完小后，又采取新的帮扶举措，即帮助香格里拉县策划并实施迪庆2004年6月举行的传统赛马节开幕式演出，受到藏族群众的欢迎和好评。同时还与香格里拉县互派4名干部到对方挂职锻炼。

（郝万平）

·责任编辑　赵　平·

会展业

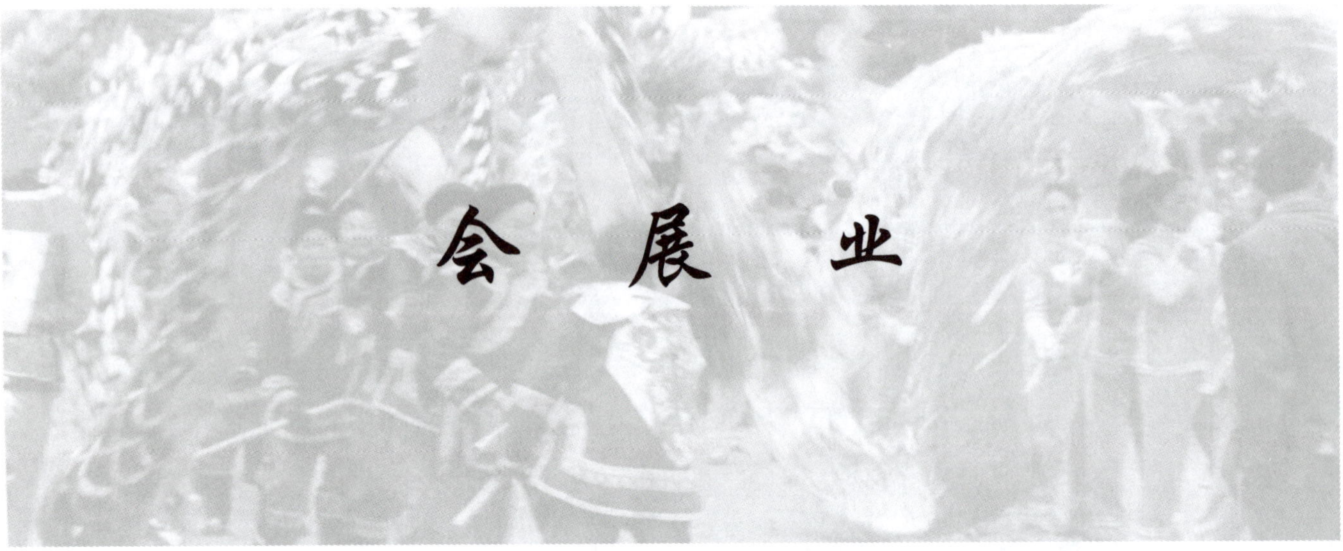

综　述

【昆明会展业的界定】　2005年初，由中国国际贸易促进委员会编写的“中国会展经济发展报告”，论述的主要对象为展览与会议两个方面，这也是西方国家通常使用的会展业概念。昆明市依据城市自身特点，其会展概念涵盖了“节、会、展、演、赛”。

节，是节庆（节事）活动的简称。中国的节庆，源远流长，节庆文化博大精深、丰富多彩。云南是民族文化大省，民族节庆独树一帜。2005年1月，在北京举行了首届中国节庆活动国际论坛，在国际节庆协会（CEO）的指导下，认同了节庆活动在中国会展业中的地位和作用，掀开了中国节庆与世界接轨的新篇章。

会，是会议的简称。会议作为全球会展业最先关注的重要组成部分，其产业的成熟度已相当高。按会议性质可分为商务型会议及公共部门会议，按购买者的盈利性划分，可区分为盈利性会议及非盈利性会议。

展，是展览的简称。展览业是国际会展业的主体，西方经济发达国家一直是全球展览业的领跑者。中国展览业近年来发展迅猛，展览场馆的数量已接近和超过世界展览业大国——德国。但品牌展览会数量及展览业收入与西方国家仍有较大差距。

演，是演业活动的简称，把演出活动纳入会展业的发展范畴，这在全国都还较少。从昆明的特点出发，充分发挥文化优势，把文化产业与会展产业结合起来发展，这是昆明会展业的特点。

赛，是各种赛事的简称。各种赛事中，体育赛事的数量和种类最多。利用昆明的气候、海拔、设施等诸多有利因素，开发特色体育赛事，无疑成为了昆明会展业在全国的一个亮点。

【会展设施】　会议设施。至2004年末，昆明市可供千人以上集会的场所有30多处。可供接待会议的各类会议厅、室达800余个，总座位数达8万个。其中，可举行600人以上会议的大型会议厅（堂）10个，座位数1.5万个；可举行300～600人会议的会议厅（室）50个，座位数1.7万个；可举行80～300人会议的会议室180个，座位数2.5万个；可举行80人以下会议的会议室500个，座位数2万个。在会议设施中，可提供同声翻译设备及多媒体演示等设备的专用会议厅（室）有15个，座位数3 000个；可提供电视电话会议服务的专用会议厅（室）有15个，座位数1 000个。

展览设施。至2004年末，昆明市可供举办综合性和专业性各类展览的专用设施主要有昆明国际会展中心和云南省科技馆。室内展厅面积75 000平方米，可搭建标准展位5 000个。

演出设施。至2004年末，昆明市拥有专业演出场馆20个，总座位数为1万多个；可供演出用的体育场馆5个，可容纳观众12万人；可供商业性演出的社会其他场馆100多个，可容纳观众近3万人。

体育设施。至2004年末，全市可供国际比赛的国内一流足球赛场2个（拓东体育场、市体育场），足球训练基地2个（海埂国家基地、红塔体育训练中心）；设施设备较完善的网球赛场共有160多块；已投入运作的高尔夫球场5个。此外，保龄球、游泳等体育娱乐设施也具有相当规模。

【会展概况】　2004年，昆明地区举办了各类大型节庆活动共20项，参观总人数超过100万人（次），在群众中产生了广泛的影响。其中主要的有：首届昆明冬季花卉节、2004昆明百龙闹春系列活动、农历正月初九金殿春游活动、秋千节、山歌节、第二届春天杯民族风格赛装节、2004年青龙火把节、第二届昆明酒吧文化节等。

2004年，按具有一定规模（参会人员100人以上），产生一定经营性收入的会议统计估算，昆明市共举办各类会议约3 000个，2004年昆明市接待海内外游客1 750万人（次），按其中1/5来昆参加各类会展，在昆停留3天，日均消费300元估算，产生国民经济收入31.5亿元；2004年昆明市的会议呈现出三大特点：国际性会议增多；会议的规格进一步提升；会议的多元化趋势逐渐加强。

2004年，昆明市举办各类商业性展览59个，其中国际性展览6个，全国性展览13个，地方性展览40个，直接经济收入约3 000万元，就已掌握的昆明进出口商品交易会（成交额20亿美元）、世界马铃薯大会（成交额6 900万美元）、第52届中国国际医疗器械秋季博览会（成交额超过20亿元人民币）来看，2004年昆明市举办的展览总交易额估计超过250亿元。

2004年，昆明市举办各类演出约20项，近100余场，按平均每场观众人数500人，票价50元估算，观众达100

万人（次），直接经济收入约5 000万元。涌现出一批艺术精品，推动了云南建设民族文化大省的战略实施。

昆明市委、市政府从尊重文学艺术创作规律出发，积极根据云南省委、省政府“文化资源的价值化——文化价值的资本化——文化资源的产品化——文化产品的品牌化——产品价值的放大化”的文化产业发展路子，全力打造文艺精品品牌。主要领导带头参与塑造“舞蹈云南”、“文学云南”、“音乐云南”、“影视云南”等文化形象，热忱帮助解决《云南映象》在全国宣传推广、走入市场方面的难题，《云南映像》在2004年中国专业舞蹈最高奖项——第四届中国舞蹈“荷花奖”的比赛中一举赢得十项大奖中之五项奖项：舞蹈诗金奖、最佳编导奖、最佳女主角奖、最佳服装设计奖、优秀表演（打鼓设计）奖；着力扶持的京剧《凤氏彝兰》获得第七届中国艺术节“文华大奖”和“文华奖”的剧作奖、导演奖、表演奖，话剧《打工棚》获“文华奖”的新剧目奖、导演奖、表演奖和此次艺术节观众最喜爱的剧目奖、演员奖。

同时，刘晓耕、万里、蒋明初等知名词曲作家深入民间采风创作，所创作的《一窝雀》、《打秧鼓》、《踩着云》等作品把云南民族特点和时代音乐元素完美结合，使歌手在第十一届全国青年歌手电视大奖赛中脱颖而出，获得优异的成绩。

2004年昆明举办的大型赛事共有20项，主要有：第二届昆明东川泥石流汽车穿越拉力（越野）赛、嵩明县第三届“灵云杯”龙狮大赛、“康骏杯”全国定向竞标赛全国学生定向锦标赛、全国青年跆拳道锦标赛、西部地区体育舞蹈公开赛、2004玉溪杯高尔夫邀请赛、中美商界名人高尔夫球邀请赛、红梅杯全国保龄球锦标赛等，其中第二届昆明东川泥石流汽车穿越拉力（越野）赛等有关活动属于昆明地方的自创活动，“康骏杯”全国定向竞标赛全国学生定向锦标赛等活动属于昆明争办的活动。

节　庆

【新昆明新形象大型城市形象推广评选活动】 为配合“国际城市可持续发展市长论坛”的召开，由市规划局、市建设局、市城市管理局、市园林绿化局、市文化局、市总工会、团市委、市妇联共同主办，市大型会展活动办公室、云南诚年文化传媒有限公司承办的“新昆明新形象大型城市形象推广评选活动”于2004年10月10日至12月31日在昆明举办。活动历时近3个月，期间尽可能对社会资源进行了动员和组织。它既是对省委、省政府提出的建设现代新昆明，“住在昆明”战略决策的响应，也是对近期市委、市政府提出的塑造昆明精神倡议的具体行动响应，同时，活动的举办也成为“精彩云南”宣传季的一个亮点。

活动通过政府有关部门的组织协调，各级机关、社会团体、学校、企业、部队都广泛动员起来，积极参与了评选项目的推荐、投票。在形象大使和未来之星的推荐和报名中，年龄跨度从16岁到92岁，职业基本涵盖了社会的方方面面，有政府公务员、企业家、军人、医生、教师、学生、科技工作者等等，报名、推荐方式有父母推荐子女、子女推荐父母、母女同时报名，也有单位领导亲自到组委会推荐员工等各式各样的方式。活动期间，十大亮点、十佳小区和形象大使三项活动共收到30余万次的选票，初步估算有近百万市民参与到这4项评选活动中来。通过市民的广泛参与，活动顺利评选出市民心中的城市亮点、最佳住宅、形象大使和未来之星各10名，形成了全民关心、全民参与、大传播、大影响、大效应的良好局面。值得一提的是，城市亮点、形象大使及未来之星的评选在昆明都还属首次，最佳住宅的评选也是第一次在全昆明市小区的大范围内进行评选，但4个首次都取得了较大的成功。

此次活动的内容充分体现了创新性和可行性，具有丰富、新颖、全面、合理等特点，对时代和城市等大背景进行充分分析，以复合的思维和手段对资源进行组合，全程都邀请了新闻单位的协助、支持，形成了活动广泛的社会关注度及参与度。活动的成功举办，突出了昆明市民热爱昆明、关心昆明的良好社会氛围，并进一步熏陶了昆明浓重的归属感，使市民在一次轻松、热闹、欢快的气氛下，对昆明又有了更多、更深的认识。

【第二届昆明春天杯民族风格赛装大赛】

由昆明市人民政府主办，各县（市）区人民政府、市级国家机关工委、市教育局、省服装行业协会承办的第二届“昆明春天杯”民族风格时装大赛，从2004年4月15日开始，经过初赛、复赛和决赛三个阶段，历时近一个月，于5月4日成功的拉下帷幕。

参加此次大赛的有来自北京、上海、浙江、四川、广州、武汉等省、市的服装设计单位、院校、服装企业的参赛者，有昆明市各县（市）区人民政府及昆明市市级机关工委等机关单位，还有昆明地区服装生产、销售专业企业及个人等，共有6 000余套服装作品参加了时装大赛。大赛参赛项目共有：青少年组生活装、青年组职业装、生活装和中老年组生活装4个类别，有64个系列作品共297套服装获奖。

此次大赛充分展示了昆明独特的民族风情和艳丽的民族服装，为积极倡导更多民族服装走进生活提供了广阔的空间，也为企业开发、生产及销售民族风格时装提供了丰富的优秀资源和发展的广阔平台。外地参赛者观看完整场比赛后，感慨颇多，为云南民族服装服饰文化的异彩纷呈、丰富多彩的民族元素所震撼。在短暂的赛期里，《云南印象》剧组等单位的参赛作品就接到了意向性订单，尽管数量不多，但标志着民族风格时装正逐步向市场化、产业化方向迈进。同时此次活动也为继续营销昆明城市品牌，促进地方经济发展做出了贡献。

发展与民族有关的文化、经济产业成为了昆明的亮点、热点。2004年昆明的社会消费品零售总额为370.5亿元，有着广阔的消费市场空间，同时，昆明又是旅游强省，全市接待海内外游客1 750亿万人（次），昆明作为流通、消费的中心，组织“昆明春天杯”民族风格时装大赛是昆明依托自身优势，创地方品牌，走特色之路的成功节庆经济项目。

会　议

【国际城市可持续能源发展市长论坛】

由建设部和中国工程院共同举办的“国际城市可持续发展市长论坛”于2004年11月10～11日在昆明召开。会议主题为“城市快速公交系统和建筑节能”，国内外城市28位市长和市长代表以及有关专家120人云集昆明，就国内外一些城市在解决城市交通拥堵、快速公交系统建立、建筑节能标准的制定与监管实施等方面交流经验，探求解决的办法。

中共云南省委副书记、省长徐荣凯到会并致欢迎词。全国政协副主席、中国工程院院长徐匡迪作了《树立科学发展观，促进可持续城市能源发展》的专题发言，建设部副部长黄卫到会作了主旨发言，与会的哥伦比亚波哥大市前市长恩里克·潘纳罗萨、上海市市长代表洪浩、昆明市市长章振国、成都市市长代表张学爱、苏黎世市市长埃尔玛·莱德伯格等也都在会上作了相关的专题发言。徐匡迪院长评价说，此次论坛将为中国城市能源可持续发展产生重要影响。

作为昆明市2004年城市规划建设方面的最高级别会议，国际城市可持续发展市长论坛留给昆明许多可贵的经验和指导思想，利于昆明进一步合理发展城市规划，提高建筑节能水平，促进昆明的城市可持续发展。

【2004世界烟草研讨会】 2004年11月16日在昆明国际会展中心举办的“2004世界烟草研讨会”是由《世界烟草》杂志（DMG）和中国烟草总公司（CNTC）、国家烟草专卖局（STMA）、云南省人民政府联合主办的，首次在中国内地举办的世界烟草业盛会。帝国、墨菲等国际烟草巨头和来自世界各地150多家烟草企业聚首昆明，就世界范围的烟草供应、包装机械、技术工艺、销售网络等做了广泛而深入的交流，在研讨会上，来自世界各国的烟草业知名专家、学者让与会者听到了行业最新的论文以及对行业发展的精彩论断。中国的行业代表也在会上向世界展示了中国对于世界烟草行业的认识。会议一方面为全球烟草企业打开世界最大的烟草市场——中国创造了一个交流的平台，也为中国乃至亚太地区的烟草业打开世界市场提供了一个窗户。

会议同期还举办了第三届世界烟草博览会，规模远远超过了在香港举办的前两届，此次博览会共有150多家专业公司展出了他们的产品和服务，前来参观的人数约1万人，远远超过了前两次《世界烟草》在香港举办的博览会；同时，博览会始终人气旺盛，即使在最后一天企业开始撤展时，依然有很多人来参观，这都是以往博览会所没有的事情。博览会所涉及的行业产品和服务涵盖了烟草行业的方方面面，包括烟叶、烟草包装、机械、化学制剂、检测和实验设备、材料、滤嘴、香烟、雪茄和烟丝等等。与如此多的世界烟草企业进行面对面的交流，对于中国烟草的成长发展以及让世界更好地了解中国烟草行业都是一个难得的良机，也为昆明市的烟草企业收集行业发展的第一手资料、信息提供了绝好的机会。

展　览

【2004昆明进出口商品交易会】 2004年中国昆明进出口商品交易会6月6日开幕，全国政协副主席李兆焯、老挝人民民主共和国副总理波松等有关领导及嘉宾出席了开幕式。交易会前称为“昆明出口商品交易会”，并已成功举办多届。此次交易会共有包括250多家海外企业在内的1 300多家企业参展，其中，国内有24个省区市组团参展。安排展位共1 450个，并首次设立南亚馆，共20个展位。东盟馆展位达到242个，其中“越南馆”展位达到100个，是历届昆交会越南参展企业规模最大的一次，“面向东南亚、南亚，突出区位优势”和“取消综合馆，设立与国际接轨的九大专业馆和四大专题馆，突出专业特色”成为展会最突出的两大亮点。估计，东盟10国和南亚国家参展人数超过4 000人。昆交会期间，其他有关活动还有：越南胡志明市与云南省贸促会在昆举办“云南——胡志明市贸易洽谈会”；泰国工业部、泰国投资委与云南省有关单位在昆举办“中国（云南）——泰国投资洽谈会”。此外，还举办了中越、中老、中缅、经贸合作座谈会和马来西亚经贸情况说明会。

此次交易会外经贸业务成交总额20.66亿美元，中国国内经济技术合作协议总金额达300.7亿元人民币，签约利用外资项目40项，协议利用外资10亿美元。由于昆交会面向东盟的特点逐渐显现，此次昆交会中国与东盟国家进出口成交4.3亿美元，占进出口成交总额的近五成。昆交会外经贸业务成交总额中，进出口成交9.4亿美元，其中一般贸易成交7.46亿美元，边境贸易进出口成交1.93亿美元。此次交易会上出口成交主要国家有日本、德国、韩国、缅甸、越南等，美国、加拿大、意大利、澳大利亚等为进口主要国家。黄磷、硫酸等化工原料，松茸、茶叶等农副产品，锡、铅、锌、锗等有色金属为出口成交主要产品。矿石、钢材、机械、医疗器械等则为进口重要商品。

【第52届中国国际医疗器械博览会】 2004年11月1～5日，第52届中国国际医疗器械秋季博览会在昆明举办。博览会设标准展位3 000多个，展出规模超过6万平方米，比上届展会增加近一成，为历届展会之首。此次大会共有45个展团参展，分别由包括台湾在内的各省、自治区、直辖市与计划单列市、卫生部、中科院、中国航天工业总公司、中国核工业总公司、中国船舶工业总公司、中国新兴公司、部分国际著名医疗器械公司和医用车辆厂商等组成，大约有近2 000家企业参展。由于云南省与众多东南亚国家毗邻的地理优势，此次博览会特别注重了对于周边缅甸、越南、泰国、老挝等国家的宣传。在展会现场，众多海外客商也成为了此次博览会的一道风景线。由于参展和观展客商达到了12万人（次）以上，昆

中国昆明第五届世界马铃薯大会　（市会展办　供稿）

2004昆明东川泥石流汽车穿越赛　（市会展办　供稿）

明的星级酒店在博览会期间出现了全线爆满的情况，创造了自'99世博会以来昆明市宾馆旅游业入住率的又一高峰。自1998年以来，医博会三度花落春城，并且越办越好，昆明市也得以见证了中国医疗器械工业和中国国际医疗器械博览会不断走向辉煌的过程。

【首届昆明文化产业博览会】 2004年12月18～20日，首届昆明文化产业博览会在昆明国际会展中心举行。首届昆明文化产业博览会由昆明市委、市政府主办，昆明市文产办、昆明市文化局承办，省文产办、云南大学文化产业研究所、云南大学出版社、市政府会展办、市旅游局、市广电局、昆明国际会展中心等单位联合协办。文博会以文化产业为主线，围绕文化市场的项目投资、资源重组、艺术生产、产品推介、项目展洽以及市场营销等，集中展介引资文化项目，展销各类文化产品，展示民间工艺制作，展演文化艺术节目。此次博览会共设展位360个，包括有来自北京、上海、天津、安徽、福建等地的50多家文化企业和云南省各地州的文化企业，涵盖了广播影视、文化旅游、艺术创作演艺、体育服务、会展文博、民族民间艺术品创作、现代传媒、艺术教育培训、文化信息服务等文化产业的九大门类。此次博览会由博览、论坛、交易、活动等4个部分组成，是9大类文化产业的首次集中展示，并推出了125个文化产业招商项目。此次文博会民营企业与文化个体户占有相当大的比例。传媒、影视、信息等新兴产业继续崭露头角，而传统的娱乐、演艺、音像、图书等产业风采依旧，民间工艺、文化旅游、体育健身、艺术培训等产业也显示出勃勃生机。

在文博会期间，除了常规的展览以外，还有数个重量级的活动融入其中。例如：评选“昆明十大文化企业”；展示2004年优秀文艺作品；举行“昆明历史文化知识读本”（暂名）首发式；评选表彰昆明城市形象广告语；组建媒介联合体；组织专程文化旅游活动；邀请名家、明星进行现场签名售书和专辑活动；特色宣传；文物及民族民间工艺品展拍等。且除了静态展示活动外，还举办了数项动态展示活动，让普通老百姓直接参与或是最直观地观赏专业和业余团队的演出，使文博会真正成为一次吸引众多眼球关注的文化产业盛会。

【2004昆明房地产交易会】 9月18～24日，由昆明市政府主办的“2004昆明房地产交易会”在昆明国际会展中心举办，此次房交会推出60多个新盘，参观者达20万人（次），合同成交3 561套，合同金额7.4亿元，意向认定2 489套，意向认定金额5.8亿元，其中地州消费者购房数占30%，省外消费者购房数占8%，展出楼盘数和参观人数均创下历届房交会之最。

纵观历届昆明房交会，房地产企业的参展数量起伏不大，相对稳定；而相关产业的参展数量却从1998年的7家增至此次的60余家，翻了整整近10倍。且很多企业的展位面积不断扩大、布展水平不断提高、促销方式推陈出新，涉及的行业也从最初单一的家装公司延伸到卫浴洁具、厨房设备、涂料、瓷砖、木材、家具等，门类齐全，款式多样，配套完善，只要是与家庭装修有关的产品，消费者都得以全方位了解。

此次房交会着重推介本土优秀、诚信的装饰品牌，倡导建材行业的新技术、新科技和新产品，打造云南自己的家居品牌，全面展示行业高新技术的最新成果。为此，地产相关产业包括家装设计、卫浴洁具、整体橱柜、工艺玻璃、油漆涂料、家用电器、地板、楼梯门窗等在内的新成果、新产品，昭示着云南住宅产业科技化、信息化势不可挡的浪潮。

【第五届世界马铃薯大会】 2004年3月25～30日，在昆明国际会展中心举办了第五届世界马铃薯大会。世界马铃薯大会是由总部设在加拿大的世界马铃薯大会联合公司举办的，每三年举办一次，以促进全球马铃薯育种、生产、加工、贸易的交流为主要目的，前4届分别在加拿大、英国、南非和荷兰举行。

大会主题为：马铃薯在亚洲——重要的食品，巨大的市场。会议采取学术交流、经贸展洽、田野考察相结合的形式，举办了5场专题报告会，主题分别为“全球马铃薯现状和机遇”、“马铃薯资源开发”、“马铃薯可持续发展”等，同时还展示了180多个国内外特色马铃薯品种。此次大会共签订了58项涉及马铃薯产业科技合作、投资、加工等领域的协议和合同，总金额达6 900万美元。1 200多名国内外代表在马铃薯生产、加工、科研等方面进行了洽谈交流。24个国家的700多家企业和组织集中展示了各自在马铃薯科研、生产、加工、贸易等领域的最新成果；40多名代表围绕马铃薯在各个区域的现状、机遇和发展等主题进行了学术交流。世界马铃薯大会董事局主席劳埃德·帕尔玛说，此次大会是历届马铃薯大会中举办得最好、最成功的一次，大会签订了一批合作协议和合同，这将让各国在马铃薯领域里的合作更加紧密，马铃薯事业也将获得更大发展。云南省副省长孔垂柱说，此次大会为世界各国在马铃薯领域开展交流与合作提供了一个直接对话的机会，加深了相互间的了解，增进了友谊，为今后交流与合作打下了基础。大会主办者还专门安排了“中国日”，让世界各国更多地了解了中国马铃薯产业现状。

此次大会还倡议在世界马铃薯中心建立全球马铃薯基因库，以保护马铃薯品种多样性。马铃薯目前是世界第四重要的粮食作物，全世界有100多个国家栽种马铃薯，它还是食品加工业的重要原料，马铃薯已在构筑世界食品安全中充当了重要角色。出席世界马铃薯大会的各国代表表决认为，世界马铃薯中心保存的马铃薯基因资源，是宝贵的世界资源，而且是为人类未来发展所保存的。故倡议世界马铃薯中心为了全人类的利益，建立全球马铃薯基因库，应通过有关基金会，支持国有及私营部门投资保护世界马铃薯中心收集到的马铃薯多样性品种。

赛　事

【第二届昆明东川泥石流汽车穿越拉力（越野）赛】　由昆明市政府、云南日报社、云南电视台、云南人民广播电视台主办，昆明市体育局、云南大江旅游漂流公司和云南雄风汽车摩托车运动俱乐部共同承办的昆明东川泥石流汽车穿越拉力（越野）赛于2004年2月23～27日在东川顺利举办。此次大赛共有昆明驼峰、峰鸟、陆战、野牛、平野等省内外多个车队的150余名赛车手参赛。

此次活动的成功举办，充分展示了昆明东川得天独厚的泥石流特殊的地质地貌旅游资源，围绕营销昆明的目标，创造了新的都市旅游品牌，同时，拓展了当地群众的信息，开拓了地方政府和群众的思想观念，一定程度上实现了营销昆明的目的。

【“康骏杯”全国定向竞标赛全国学生定向锦标赛】　2004年1月29日至2月2日，由中国定向运动会、国家体育总局、国家教育部、国家测绘局主办，安宁市政府、昆明康俊体育有限公司共同承办的“康骏杯”全国定向竞标赛全国学生定向锦标赛在安宁市取得圆满成功。

此次大赛有来自香港、北京、上海、天津、黑龙江、河北、河南、湖南、湖北、广西、云南等地区及清华、湖大、浙大、香港的百余所大学的运动员及裁判员、定向运动观摩者等141支队伍共1 200余人云集温泉，创下了全国定向运动赛参赛队和参赛人数的历届之最。赛事期间，据资料显示：当月增加过夜客人1.1万个；当月平均客房入住率达47%，同比增长18个百分点；当月增加旅游综合收入达82万元，同比增长了23.2%；各宾馆、酒店生意十分火爆，同时带动了景区内的餐饮、娱乐和购物，对促进当地经济发展起到了积极作用。2004年是中国开展定向运动的20周年纪念年，通过举办“康骏杯”全国定向竞标赛全国学生定向锦标赛，进一步证明了昆明具有举办国际、国内定向赛的综合条件，开创了云南定向运动的先河，使昆明成为海内外户外爱好者的理想天堂。

（市会展办）

·责任编辑　方玉红·

信息产业

【信息产业发展势头良好】 “十五”期间，全市信息产业得到较快发展。电子信息设备制造业发展平稳，主要产品有金融电子化设备、太阳能光伏器件、物流自动化设备、微型计算机及外部设备、电子元器件、红外夜视产品等；软件业已形成了一定基础，软件服务和产品覆盖了政府、金融、教育、卫生、社保、交通、电力等诸多领域；信息服务业得到迅速发展，电信信息服务、电子数据交换（EDI）、互联网络服务、系统集成服务、多媒体技术应用服务发展迅速；信息产业人才队伍不断壮大，形成了一批从事产品制造、信息服务、软件开发、系统集成、咨询服务的管理和技术人才；信息网络基础设施已初具规模，基本建成由固定电信网、广播电视网和移动通信网为主的，在规模、容量、技术等方面居于领先水平的信息网络基础设施；企业信息化和社区信息化建设步伐不断加快，信息产业在国民经济中的地位稳步提升。

2004年统计内的昆明市信息产业销售总收入约100亿元，其中，电子信息产业实现销售收入48.74亿元，信息产品设备制造业实现销售收入32.69亿元，软件及系统集成业实现销售收入16.05亿元，电信业销售收入约39.1亿元，从业人员年平均人数约1.37万人（不含电信业）。截止2004年底，昆明市通过认证的软件企业近60家，通过CMM评估的企业15家。部分企业已成为云南省科技含量高、拥有自主知识产权的信息产业骨干企业。

在信息设备制造业方面，云南南天电子信息产业股份有限公司的主流产品仍保持着全国金融电子设备制造行业中最大的市场占有率，新研发产品具有良好的市场前景和核心竞争力。以昆明物理所、北方光学集团和云南半导体器件厂等为代表的光电企业推出了光电子功能材料、硅电池、光电探测器和红外热成像系统、微光夜视仪、光学仪器等光电子产品，初具产业化规模，在全国同行业中具有一定的领先优势。云南爱迪科技有限公司、云南金利科技发展有限公司生产的地方品牌PC机及笔记本电脑销售增长较快，并开始走出省外，市场辐射至东南亚周边国家。外商独资企业云南特灵达新时技术有限公司业绩增长迅速，2004年该公司产品和服务收入突破2亿元。

行业应用软件增长较快，为软件业快速发展奠定了良好基础。以烟草、金融、电力、医疗、旅游、汽车、物流、地理信息等为代表的行业软件在各自的行业领域内业绩平稳增长。软件外包初显成效，多家软件企业先后与国内外企业签订了软件外包合同。

IT教育培训、咨询服务业也呈现出良好的发展势头，涌现出一批省内知名的民营IT教育培训企业，在培训中、高级IT人才方面做出了积极的贡献。电信服务业通过提供多方位的增值电信业务，业务范围进一步扩大，业务量平稳增长。

【大力支持信息产业基地建设】 结合《昆明市信息产业“十一五”发展规划》（草案），积极配合省、市相关部门，做好昆明市信息产业基地规划编制等各项工作。大力开展招商引资，与英特尔、IBM、联想、用友等国内外知名企业保持动态联系并积极宣传昆明信息产业基地建设规划、发展思路、建设进度、优惠政策等，鼓励和推荐知名企业进驻基地。进行专门调研并与区内外企业广泛沟通交流，进一步研究搞好基地建设及推动产业发展相关政策及措施。积极申请财政扶持资金，做好基地建设配套服务工作。

【扶持骨干企业产品产业化】 为促进信息产业上规模、上档次，昆明市从IT企业中筛选有特色、具有自主知识产权、市场潜力大、综合竞争力强的产品和技术给予重点扶持。为鼓励和扶持企业及优秀、特色产品走产业化发展的道路积累了一定的经验。同时，积极为企业服务，争取国家、省及有关部门对信息企业的支持，分别向省发改委、省科技厅等省属部门推荐了一批企业并获得产业化扶持资金。此外，积极推荐一批企业获得市科技局、市投资促进局等市属部门的中小企业创新资金及产品市场推广资金。

【企业信息化推进工作向纵深发展】 自全面启动企业信息化建设示范工程以来，在政府部门和企业的共同努力下，企业信息化工作顺利推进。昆明电缆股份有限公司等5家示范企业根据“统一规划，分步实施，按进度投入”的原则，严格按照项目合同的相关规定和要求进行企业信息化建设，已分别完成整体或阶段工程验收。通过实施企业信息化建设示范工程，进一步优化了企业的资源配置，提升了企业在经营、管理、研发和生产等方面的科学化、现代化水平，加快了企业的技术创新、管理创新和体制创新，提高了企业的管理水平和经济效益，进而从整体上增强了企业的综合竞争力。

【积极组织参与各类高科技会展活动】 应台北市电脑公会邀请，组织昆明市信息产业管理人员、专业技术人员、IT企业负责人赴台交流考察，加强了两岸信息产业界的联系与沟通。已同台北市电脑公会结成友好合作联盟，与台湾旺宏集团、台湾羽冠电脑公司等多家著名台企多次洽谈在昆投资及项目合作等相关事宜。

组织昆明市优秀企业参加第十二届广州博览会。在泛珠三角城市电子政务展中，对昆明市电子政务建设的总体情况和昆明城市信息化建设所取得的成果进行了展示，同时把昆明市信息产业基地建设的情况也进行了宣传，诚邀各地的信息产业企业到昆明投资，共同推动昆明市信息产业的发展。组团参加了深圳第六届“高交会”，在学习先进地区经验和技术的同时，加大了对外宣传及招商引资力度。

作为承办单位，组织召开了“第十届联合国际计算机会议”，全面介绍了昆明市信息化建设及信息产业发展情况，邀请到会的港、澳、台及国内知名专家学者召开专题座谈会，共同对昆明市信息产业发展进行会诊，与会专家提出的大量宝贵意见和建议，对促进昆明市信息产业发展起到积极的推动作用。

【推进信息化重点工程建设】 根据昆明市《党政机关电子政务二期工程建设总体实施方案及经费概算》，组织推进重点项目建设。全市党政机关信息化建设重点工程预算安排3 490万元，其中含26个重点工程项目，建设经费预算安排2 990万元，机动经费500万元。市信息办作为市级财政国库支付改革试点单位，按照国库管理制度改革及信息化建设专项资金国库集中支付相关制度，协调市财政和项目建设单位，顺利完成资金的国库直接支付工作。通过统筹管理和重点推进，全市电子政务二期工程、“金盾工程”、“金保工程”、城市空间基础地理信息资源库、市档案资源库、市环保污染源管理控制系统、教育资源库、市民政低保信息系统等一大批信息化重点建设项目顺利启动和完成，有序推进了昆明市国民经济和社会信息化建设进程。

【项目审批管理】 不断加强对项目及其审批的统筹领导和管理，对全市信息化建设项目和信息化设备购置申请进行认真的审查和研究，提高信息化建设项目的投资效益和质量。对各单位所建设的项目和所购置设备，进行详细的备案和统计，准确地掌握了2004年全市信息化建设的总体情况和各单位购置和拥有信息化设备的实际情况，为今后信息化建设以及专项资金的安排决策提供了依据。安排布置了全市信息化建设项目立项计划申报工作，根据各单位申报项目及需求情况，组织对所申报项目建设方案及资金需求进行了论证和预算，并对项目建设及资金安排概算提出意见和建议，待信息化领导小组审定后组织实施。

结合昆明市财政国库集中支付办法的推行，起草了昆明市信息化建设专项资金管理办法，组织各相关单位严格按照规定执行。作为监管单位，参与政府采购工作中各种采购方式的政府采购工作，对项目建设进行监督、验收，确保政府采购工作和项目建设的有序进行。

【电子政务建设】 根据《昆明市党政机关电子政务二期工程总体实施方案》，通过近一年全市各级各部门的共同努力，除个别项目外，电子政务二期工程的各建设项目和软件开发工作基本完成，大部分建设项目已通过验收或初步验收，部分软件开发建设项目已投入运行并取得了良好的应用效果。

按照省电子政务建设要求，完成全市14个县（市）区的视频会议室、电子政务中心机房以及电子政务通信光纤建设的前期准备工作，依托于市电子政务中心系统，向县（市）区和市级有关单位提供网站虚拟空间服务，组建了一批信息服务和信息发布系统，建成并不断完善市级各办公厅机关办公OA系统、昆明市电子政务门户系统、电子政务公众信息服务网站系统、公文传输交换处理信息系统；新建并优化全市电子公文签章系统、行政审批业务管理信息系统、行政审批电子签批系统、政府采购管理信息系统、两会建议提案办理等应用系统以及相关设备的采购安装；完善市委、市政府两个大院综合布线系统，完成市电子政务中心机房的改建工程。

将全市党政机关电子邮件公文传输交换系统完全升级改造为基于消息中间件技术的电子政务数据交换系统，建成了基于XML标准的数据交换平台，实现基于中间件技术的消息异步传输机制，制定了全市电子政务统一规范的数据交换接口标准，大大提高昆明市电子政务系统的数据交换稳定性和适用性。

根据昆明市行政审批制度改革要求和业务规范，完成电子化行政审批软件开发工作。配合市行政审批制度改革工作领导小组完成了422项行政审批项目的清理，并全部通过电子政务网络实现了电子化审批管理，同时将以上行政审批事项的办事指南、工作流程、服务承诺等信息全部上网发布，提供网上咨询、申报和表格下载填报，从根本上提高了行政审批工作的科学性，进一步促进了政府职能转变，改进了管理方式，提高了行政效率。

【“数字昆明”建设】 组织协调市级各相关部门考察调研，制定“数字昆明”总体设计和建设规划编制方案，通过政府采购，确定了规划编制方案，启动了规划编制工作，为“数字昆明”建设做好准备。为保障“数字昆明”建设，市政府决定成立昆明市信息资源与网络管理中心，统筹管理全市性、基础性信息资源。统筹规划和建设全市基础地理信息标准、数据共享和交换平台、GIS业务构建系统和空间基础数据的建设，为“数字昆明”建设奠定扎实的基础。市信息办在市规划局与市国土资源局空间基础地理信息资源基础上，已经完成建成区内各类比例尺的空间基础地理信息成果并实现入库管理，为下一步各部门专业GIS应用系统统一提供服务，为实现昆明主城区及全市辖区内规划管理、城市管理、地籍信息、地下管网、公安管理、城市建设、道路管网等的电子化、数字化、网络化管理奠定了基础。作为“数字昆明”建设的重要内容，昆明城市基础地理信息资源库被建设部评价为“较早实现城市基础地理信息数据在应用系统的共享，在全国处于领先水平”；在该系统空间地理信息数据基础上，市公安局开发的警务地理信息系统被列为公安部的试点，昆明警务地理信息数据标准作为公安部标准将在全国推广应用；市国土局被国土资源部列为全国地市级电子政务建设试点。

作为“数字昆明”应用系统建设的重点，五华区政府启动了五华“数字城管快车”试点项目，经组织专家对项目建设进行调研论证，项目已投入建设，市政府专门成立了项目协调建设领导小组，确保系统的建设、应用等工作顺利进行，为提升城市管理水平和能力、实现城市管理精细化进行探索。

【电子商务】 按照“营销昆明”电子

商务平台总体发展思路和建设方案，充分借鉴和总结发达地区发展电子商务的思路和经验。在行业性电子商务发展方面，重点推进医药采购电子商务，组织建设了昆明市医疗机构医药交易监管网，开发纠风、卫生、药监、医保、物价等主管职能部门监管软件并与医药电子商务平台对接，实现各职能部门通过网络对医疗机构药品集中招标采购工作的监督管理，确保昆明市医疗器械与药品交易电子商务平台的正常运营，保障了昆明市医药电子商务发展工作的有序推进。

【市政务公众信息服务网】 把市政务公众信息服务网改版建设作为市电子政务二期工程的重点项目之一，在学习、调研的基础上，确定市政务公众信息服务网改版建设思路。配合市级各部门，积极开展以“落实科学发展观，塑造昆明发展精神，加快建设现代新昆明”为主题的网上征文、网上民主评议机关作风、两会专题、首届昆明文化产业博览会网上宣传、《昆明市高层次人才库》网站建设、增设医保信息查询、居民出行调查、现代新昆明建设、GMS政务专题等栏目，为推动电子政务应用起到了良好的作用。

【人才培训】 市信息办是国家首批十个“全国信息技术人才培养基地”之一，是云南省一个重要的电子政务培训基地。为加快推进政务信息化建设，全面提高昆明市公务员干部队伍的信息化应用水平，市信息办会同相关部门，按照“以需求为导向，以应用促进发展”的原则，继续在全市范围内开展公务员信息技术应用培训。培训工作历时3个月，参加培训的学员共计760人次。通过多方位的系统培训，昆明市党政机关公务员运用现代化手段处理政务的能力和水平得到明显提高，为政务信息化推进工作打下了坚实的基础。按照市委组织部的安排，由市信息办组织专家教授撰写近30万字的《电子政务教程》一书已定稿，2005年出版。

（段惠莲）

邮　　政

【概　况】 2004年昆明市邮政局下辖盘龙、五华、西山、官渡、东川区邮政局和安宁市邮政局及呈贡、富民、晋宁、宜良、石林、嵩明、禄劝、寻甸8个县邮政局。共有354个邮政营业局（所）（其中：农村支局共有160个，电子化局所122个，代办所116个）；投递站11个、速递投递站3个，新增金安、金牛社区邮政所。2004年共有403处信报（箱）群，有用户信箱1 123个。邮政信箱（筒）932个，有44 112个信报箱格口。2004年，机构设置为：办公室、计划财务部、人力资源部、安全视检部（下设视察室、审计室和护运中心）、市场业务部（含电信业务部）、党群工作部（含纪检监察室、离退休管理中心、后勤服务中心）、工会、团委、营销中心、信息技术中心、投递局（下设综合部、配送中心、速递公司、报刊经营公司、投递中心、11185客户服务中心）、储汇局、机要通信局、集邮公司、商函广告公司、捷信达公司。

2004年昆明市邮政局以“效益优先、规范管理、强化经营、推进发展，为昆明邮政效益年再创佳绩而努力”为主题，按照“以效益优先为前提，建设现代新昆明为契机，强化窗口经营，推进整体营销，突出规范管理，倡导诚信服务，提升企业文化，进一步提高企业经济运行的质量和效益，增强企业综合竞争力，努力推进昆明邮政持续快速发展”的工作思路，以经济效益为中心，进行业务结构调整，稳固发展传统支撑业务，努力发展高效和长效业务，全面开展基础管理综合整治和专项整治工作，进一步完善各项管理制度，基本解决了各种遗留问题，是近几年来资金运行情况最好的一年。各项经营、管理和服务工作都取得了一定的成绩，开创企业发展的新局面，为昆明邮政的可持续发展打下一定的基础，为全省邮政的发展做出了积极的贡献。

【经济运行情况】 进一步提高全局干部、职工思想认识，树立科学的发展观和正确的效益观，营造抓效益、促发展的良好氛围。突出效益优先，强化窗口营销。以创新的手段，优化业务结构，调整经营策略，全面加强了窗口经营工作，认真制定和实施业务发展奖励政策，极大地调动了窗口营业人员的工作积极性。窗口经营水平有显著提高，窗口营销成绩显著，窗口服务质量和服务水平有较大的提高。在窗口业务发展中，快递包裹业务、汇兑四新业务、储蓄业务、代办代收等业务得到较快的发展，这些业务的发展有力拉动了传统业务的稳步增长，为全局业务收入和任务的完成奠定了坚实的基础。窗口营销工作的不断推进，使邮政局的业务结构得到了进一步的调整，收入质量明显提高。2004年，全局业务收入完成24 611万元，比上年同期增长8.76%。业务总量完成24 935万元，比上年同期增长5.3%。

【函　件】 积极发展封、片、卡业务，企业拜年卡和贺年（有奖）明信片业务取得了一定的成效。通过细分市场，准确定位，积极开展劳动竞赛。针对通信公司、政府、公安、海关、学校等重点客户，加大了贺年（有奖）明信片销售及企业拜年卡的揽收工作。2004年共发展封、片、卡150万枚，实现业务收入212万元，同比增长79.39%。销售贺年（有奖）明信片18.4万枚，揽收企业拜年卡29.6万枚，实现业务收入56.67万元，同比增长67.76%，超额完成了2005年企业拜年卡的承揽任务。

【特快专递】 2004年特快专递业务继续保持较好的发展势头，完成收入3 627.92万元，同比增长16.34%。认真做好2004年高（中）考录取通知书特快专递业务，处理录取通知书14.27万件。顺利完成省内6条特快专递快速邮路昆明局收、投及市内运输的组网及实施工作。按照省局“全夜航”方案，认真做好落实工作，开办了到全国部分省区特快专递24小时限时递及同城2小时限时递业务。不断加强和巩固对固定揽收客户的营销力度，稳定挖掘其发展业务，至2004年底速递公司的固定客户已接近2 000家。调整内部结构，将速递公司3个投递站的大、中客户归并集中管理。大力开发同城单证照及其他新型速递业务，其中身份证业务采取了进驻服务的方式，月寄递量已由原来每月20～30件发展到每月600余件，全年累计寄递5 000余件。

【国际邮政】 紧紧抓住昆明市加快对外开放的机遇，加强国际邮政业务的市场研究和发展工作。以昆明地区“昆交会”、“旅交会”等国际大型活动为切入点，加强与各行业的联系，利用国际函件资费调整的优势，突出发展国际及港澳函件、印刷品及特快专递业务。进一步加强营业员国际邮政业务的培训，提高营业人员办理业务的能力。在不断提高服务水平的基础上，组织人员深入社区、写字楼等积极宣传并开展上门服务，收到明显的效果。2004年完成国际邮政业务收入682万元，同比增长25.14%。

【包　件】 加强窗口业务宣传，积极开展窗口“多说一句话”的营销活动，实施有利于业务发展的激励配套政策，包件业务，特别是快递包裹业务发展迅速。2004年全局包件业务实现收入1 809万元，同比增长14.51%，完成年计划的114.68%，其中，快递包裹实现收入995万元，同比增长47.6%，占包件收入比重的55.03%。为促进包件业务的发展，积极进校园、进军营开展大专院校毕业生、退伍军人包裹的收寄工作。在退伍兵包裹的收寄中还积极发展储蓄、汇兑、报刊销售等业务。

【报刊发行】 以市场为导向，推行“买断包销”、“以赠促订”、“捆绑销售”等营销方式，实施“331”工程。重点做好党报党刊、新华社系列报刊、重点畅销报刊以及省内出版邮发报刊的订阅和发行。在各单位效益下滑、经费压缩、机构撤并等导致大用户流转额下降了450万元的情况下，截止年底，全局一次性收订流转额约7 000多万元，同比增长2.23%。积极组织配送党报进报刊亭销售工作，共配送《人民日报》、《光明日报》、《云南日报》等党报1.64万份进报刊亭。加大与报刊社的合作，与《人生与伴侣》、《特别关注》刊社的合作迈上了新的台阶，其中《人生与伴侣》的原二渠道全部转向邮局要数。抓住“欧洲杯”、“亚洲杯”、“奥运会”等时机，积极做好《体坛周报》等体育类报刊的销售。认真做好教材配送工作，实现教材配送达到了100%的要求。

【代办业务】 继续发展CDMA业务。2004年全局共销售CDMA手机4 020台，从联通结算回话费441.5万元，占代办电信收入的77.43%。积极开发，代办联通、铁通和移动公司等话费的代收业务，2004年完成代收话费24万笔，金额达1 731万元。充分利用邮政综合平台的优势，加强代发工资业务，发展代收电费、代收体彩奖金等各种代收业务。代理保险业务通过强化网点销售能力、强化员工培训，细化进度任务等办法，确定重点合作伙伴和重点业务，采取有效的激励措施，召开经验交流会，推广先进经验，提高员工素质和销售技能，代理保险业务有了较快的增长。4月份在与新华人寿公司联合召开业务表彰及工作布置会后，当月销售新华寿险额达185.8万元，创单险险种代理量的新高。加快泰康人寿“千里马”产品的销售，将经营发展责任落实到各局的分管领导，确定有基础的15个网点为销售泰康新产品的重点网点，在10个县区局与泰康公司实施一对一的培训工作，短时期内掀起了业务发展高潮，仅2个月就销售“千里马”保险150万元。2004年全年实现代理保费3 214万元，同比增长129%，代理保险业务一直走在全省邮政前列。

【集　邮】 以个性化业务发展为重点，积极发展个性化邮票和企业形象年册。2004年个性化邮票和企业形象年册制作取得可喜成绩，全局共制作个性化邮票12.51万版，同比增长77.25%，占全省邮政制作量的36.2%。积极开发企业形象年册，2004年制作企业形象年册2.21万册，同比增长497.26%，占全省制作量的39.1%。全局个性化邮票和企业形象年册开发总量排全省前列。

【金融业务】 加大邮储余额规模发展力度。2004年累计余额净增5.21亿元，同比增长41.4%，完成年计划的145.25%，完成储蓄业务收入7 097万元，同比增长17.43%，创历史最好水平。在储蓄业务的发展中，根据市场需求情况，及时调整ATM机的布放，增加发卡量，累计发卡16万张，同比增长32.36%，拉动了活期储蓄余额的发展。积极拓展POS市场，与100余家商户签订了刷绿卡打折协议。POS业务得到进一步发展。积极开展“多说一句话”的窗口营销活动，开展经验交流，现场观摩学习，大力发展汇兑“四新”业务，“四新”业务得到了迅速发展。汇兑业务累计实现收入1 373万元，同比增长3.63%，扭转了汇兑业务几年来收入下降的趋势，首次实现正增长。

【11185业务】 进一步整合资源，强化“11185”客户服务中心的经营职能，将客户服务中心从市场业务部划归投递局。把速递业务的揽收号码统一为“11185”，并成立机动小组，专门负责由11185客户服务中心派单的上门揽收、投递、配送等业务，充分发挥“11185”窗口的作用，加快飞机票、火车票代售等业务的发展。2004年，“11185”客户服务中心累计话务量达到32万个。做好名址信息库的建库工作，新增名址信息36万条。

【营销工作】 进一步整合营销资源和完善营销体系，在区局和部分专业局建立以专职营销为主的营销队伍。以效益优先为原则，积极发展高效、长效业务，加强营销基础管理工作，专业营销工作再创新效益。2004年，营销中心实现营销业绩2 362.91万元，比上年增长6.17%。

专业营销工作中，在继续发展超市类《中邮广告》的基础上，将业务发展到医药、餐饮等行业；积极发展个性化业务，到年末开发个性化邮票12.51万版。成功为昆明经济开发区、昆明理工大学、全省首届环保论坛大会、官渡区农村信用社等制作了个性化邮票及个性化集邮宣传册等；利用CRM系统（大客户管理系统）做好大客户信息收集、整理、建档工作，CRM系统的试运行已取得初步成效，为全省范围的应用推广打下良好的基础；规范了项目、业绩、信息、财务审核、统计分析等营销管理工作，完善考核办法，在客户经理的绩效考核中纳入营销项目毛利率、缴款率等指标，使专业营销考核体系不断趋于科学化、合理化。

【经营市场管理】 开展对学校周边小卖部销售非标信封和违规销售邮票的查处。对违规经营的7家快递公司进行打击，依法维护了邮政的专营权。进一步规范合同管理，合同审检率达100%。认真落实“三个100%”的审计任务，对零星维修工程进行全面审计，综合检审率为16%。对各经营单位的用户欠费和成本挂账情况进行清理调查。开展包件、速递、物流、三项业务效益、货币资金重大流向与管理的审计调研，固定资产和在建工程清理盘活的审计调研工作。对各县（市）区局等单位的收支预算执行、会计数据真实性资金管理进行会计检查。

【基础管理综合整治】 制订全区业务基础管理考核、营业员操作手册、投递员工作流程、资金管理规程、设备管理及维修等办法。对“邮件流”和“资金流”分别进行了自查整改，对120多个营业支局（所）、投递站的业务基础管理工作进行检查。通过分阶段的自查，复查和整改，业务基础管理工作得到明显提高；“邮件流”和“资金流”相关的各项基础管理资料得到了恢复、建立和完善；健全和完善各项监控、检查和考核制度。规章制度的执行得到了进一步加强和落实，业务基础管理综合整治取得初步成果。

【经营秩序和服务质量专项整治】 认真贯彻、落实国家局、省局关于集中开展违规经营和服务质量等问题专项整治工作的精神，制定开展整治违规经营和服务质量等问题的实施意见，积极开展集邮、速递、函包、储汇邮政服务质量、民主评议行风、安全保卫等各项整治工作。制定了《昆明市邮政局集邮业务规范管理工作方案》，规范集邮业务的经营管理，按照国家局“四杜绝一遏制”专项整治的目标要求，规范特快专递及大宗包裹客户的管理；加强储蓄业务发展的规范管理，坚决制止强迫用户使用汇款回执业务的违规行为，制定监督检查办法，向社会公布服务监督电话，严格金融业务处理过程，强化金融内控制度，建立完善的检查机制，定期或不定期对所属机构网点进行检查。加强内控、监控岗位和储蓄业务档案的管理，严格执行各项金融制度规章制度，保证了储蓄业务持续、健康发展；加大营业和投递两大窗口的服务水平、提高服务质量，进一步完善各项业务规章制度和操作流程，确立服务服务质量和管理目标，强化营业、投递窗口的基础资料和业务台账和各类业务登记簿的标准化管理，强化邮政通信全程时限管理，推行标准化建设工作。各单位全面落实专项整治的各项措施，切实抓好各项监督检查工作，加大监督检查力度，通过整治，服务质量明显提高，2004年全局各项通信质量指标达到省局的质量考核标准，在国家局三次服务质量用户满意度考核中，市邮政局分别得了93.61分、95.52分、94.99分。

【邮储统版工作】　按照省局的统一安排，精心组织，认真做好邮储统版的各项业务和技术工作；积极开展业务培训，邮储统版培训面和合格率都达到100%，确保了邮储统版的上线运行。在此期间，局领导深入一线，认真了解工作，制定业务规定和管理办法，及时解决存在的问题，确保了邮储统版上线工作的顺利进行，受到了省局的表彰。

【表彰先进】　在全区开展了2002～2003年度先进集体、先进班组（部门）、先进个人的评比表彰活动。经全区各单位的认真组织、竞赛委员会审定，10个县区局、12个班组、13个部门和来自全区各生产、经营、管理岗位的101名员工受到了表彰。在评选出的先进个人中，10人被授予“2002～2003年度先进生产（工作）者标兵”荣誉称号。坚持在全区开展评选“十佳”业务发展标兵、业务发展先进个人活动，推荐参加全省“实现经营性扭亏做出突出贡献的集体和个人”的表彰活动，市邮政局5个基层县区局被评为先进集体，7个部门、班组被评为全省先进部门、班组，15位职工被评为全省邮政系统先进个人。

【文明行业创建】　积极开展创建文明行业工作，通过昆明市精神文明建设指导委员会考评验收，经省精神文明建设指导委员会审核批准，昆明市邮政局荣获市级文明行业称号。认真落实昆明市委、市政府2004年民主评议机关作风和行风评议工作，在2004年民主评议机关作风和行风评议工作中，市邮政局名列参评的三个企业单位榜首，获得84.21分的好成绩。加强员工思想政治工作，充分了解掌握员工思想状况，有针对性地开展员工思想政治工作，创建和谐的企业氛围。

【劳动竞赛】　积极开展了CDMA销售、邮政绿卡刷卡、代理保险业务发展等劳动竞赛。为确保全年各项经营生产任务的完成，四季度在全局开展“奋战90天、业务发展劳动竞赛”活动，以包件、特快专递、储蓄、汇兑等传统业务和邮政贺年（有奖）明信片、企业拜年卡、个性化邮票、企业形象礼品册的揽收及制作、代理保险业务的发展等为竞赛内容，在全局上下掀起了轰轰烈烈的竞赛活动，为完成全年目标任务起到了积极的推动作用。

（周哲源）

电　信

【概　况】　2004年是昆明电信发展史上具有里程碑意义的一年，分公司以全面实现重组上市为目标，向着以价值管理为核心的现代企业运营方向转变，朝着建设世界级现代电信公司的目标迈出了关键的一步。2004年，在市委、市政府的关心和帮助下，在集团公司、省公司的正确领导下，全体员工在公司“04打好翻身仗”奋斗目标的指导下，认真实践“以市场为导向、以客户为中心、以效益为目标”的新型企业运作模式，抓住机遇，加快发展，进一步深化改革、强化管理、改善服务，为促进地方经济发展、社会进步和实现国有资产保值增值做出了新的贡献。

2004年，分公司业务和收入稳步增长，宽带、无线市话和“满天星”业务成为拉动全年收入增长的主要因素；国内长途通话量止跌回升，增值业务占主营业务收入中的比重逐步增大，主要财务指标达到或超过省公司下达的绩效考核指标，基本完成省公司下达的各项业绩指标，企业实力得到进一步增强。

2004年围绕“三·一五诚信八维权”的主题，分公司向社会公布了315项服务保障和服务承诺。

【小灵通大型公益晚会】　2004年元月1日，3 000余名小灵通用户受邀在昆明的露天大舞台——金马碧鸡广场度过了一个难忘的元旦。这台名为“激情昆明”的大型公益晚会由昆明电信举办。晚会结合“灵通伴我行”活动主题及电信用户群特点以篇章形式展开。

【领导视察】　2004年，中国电信集团公司副总经理李平一行莅临分公司检查指导工作。期间，李平就一些关键性问题提出了指导性意见。

5月27日，集团公司总监梁志平一行至分公司大客户部进行调研。调研组了解了分公司本地网大客户经营情况和管理模式，了解了新视通、全球眼等新业务的推广情况和部分集团型项目在昆明本地的发展经营情况。

7月8日，常务副市长王文涛莅临分公司检查指导工作。在分公司总经理班子的陪同下，王文涛一行参观了网管监控中心。分公司总经理王建明代表公司做了工作汇报，并就希望市政府帮助解决的问题向王文涛等作了说明。

8月25日，集团公司副总孙康敏一行到分公司检查指导工作。在充分肯定分公司T43系统的同时，孙康敏号召全体干部员工树雄心、立斗志、迎难而上。

9月13日，集团公司副总经理杨杰利用在昆参加“大湄公河次区域信息高速公路高官会”的间隙莅临分公司检查指导工作。期间，杨杰视察了建设中的第二枢纽工程、10 000主动营销平台、网络监控中心、GIS系统和T43系统的运用情况。在听取了汇报后，杨杰表示云南电信和昆明电信的改革发展取得了很好的成绩，培养了较强的市场意识。

10月22日，集团公司副总经理李平一行莅临分公司检查指导工作。在听取了工作汇报后，李平对云南电信和昆明电信的经营发展工作提出了建议和要求。

11月15日，市委常委、市委副书记王君正到分公司视察，对昆明电信近年来所做的工作给予高度评价，并希望昆明电信在新昆明建设及经济发展中发挥更大的作用。

11月24日，上任不久的中国电信集团公司总经理王晓初一行到分公司检查指导工作。分别视察了中心营业厅、大客户部和网管监控中心。

【三年奋斗目标】 2004年，分公司总经理王建明在公司党建思建、党风廉政建设工作会上首次提出了“04打好翻身仗，05发展见成效，06大步上台阶”的三年奋斗目标。这一目标勾画出昆明电信未来三年的发展蓝图，为正处于巨大市场竞争和改革压力下的干部员工理清了思路，明确了方向。

【昆（明）拉（萨）光缆传输系统建成开通】 2004年2月27日，中国电信集团公司在昆明举行仪式，宣布昆明至拉萨光缆传输系统建成开通。昆明至拉萨光缆传输系统工程的建成，结束了多年来进藏光缆只有惟一的兰州——西宁——拉萨光缆路由的单一局面，完善了中国电信的网络结构，强化了通信安全，对促进滇藏地区的经济发展与文化交流，具有深远意义。昆拉光缆传输系统工程自昆明经大理、丽江、香格里拉、盐井、昌都、那曲等地到达拉萨，光缆线路全长2 575.3公里。

【大客户部荣获“营销服务优秀团队”奖】 凭借良好的业绩和扎实的日常管理，昆明电信大客户部在全国500多家本地网评选中脱颖而出，荣获中国电信集团公司2004年度“大客户营销服务优秀团队”奖，该部门党政军分部经理周伟同时荣获“优秀大客户经理”奖。

【与省第二女监共建文明单位】 2004年3月4日，分公司与省第二女子监狱举行共建文明单位签字仪式。当天下午，由分公司赠送的12部201“亲情电话”免费安装在第二女子监狱下属的6个狱区中。

【“云岭先锋”工程】 2004年，分公司召开“云岭先锋”工程启动大会，全面安排部署实施“云岭先锋”工程工作。市委企业工委副书记刘淑雯、组织处处长罗华维出席会议并代表市委工委对大会的召开表示祝贺。“云岭先锋”工程启动后，分公司以“建设新电信、奉献新力量、展示新形象、塑造新党员”为主题，以争创“红旗党支部”为载体，开展“做改革先锋、当技术能手、比工作业绩、争创标兵”比学赶超活动，推进党的基层建设。并实行“党员挂牌上岗”制，开展“流动红旗”和党员光荣榜竞赛活动。“流动红旗”和党员光荣榜竞赛活动每月评选1次，竞赛成绩突出的支部和党员，将纳入“七一”先进支部和优秀党员评比奖励表彰范围。为开展好“云岭先锋”工程活动，分公司还内聘了35名“云岭先锋”工程监督员，以加强实施监督，帮助改进完善。

【中心营业厅延长营业时间】 为方便用户查询办理业务，分公司中心营业厅从3月21日起，将每天的营业时间延长至8：00～21：00，且无节假日之分。

【“易付通”交费卡业务】 2004年，分公司推出“易付通”交费卡业务，为固定电话和小灵通用户增添了一种新型、快捷的付费方式。

【技能认证】 为满足中国电信企业改革发展的需要，集团公司出台《中国电信集团岗位技能认证管理办法（试行）》和《关于开展社区经理等四类岗位技能认证、深化持证上岗工作有关问题的通知》，决定在2004年年内对社区经理、大客户经理、网络监控管理、综合设备维护四类岗位进行岗位技能认证。分公司在省公司的统一部署和领导下，积极组织开展岗位技能认证工作。

【服务满意度调查】 2004年，云南省消费者委员会对全省6家运营商进行了服务满意调查，调查结果显示：昆明电信在服务热线方面满意和基本满意率占93%（移动为95%）；在营业服务方面满意和基本满意方面占86%；在固话通信质量方面满意和基本满意的占92%（铁通为89%）；在宽带服务质量方面满意和基本满意的占95%（联通为90%、铁通为86%、网通为93%）；在总体满意度方面为90%（移动为92%）。

【云南省电信有限公司揭牌】 2004年7月12日，云南省电信公司在成立四周年之际正式举行云南省电信有限公司成立揭牌仪式。云南省电信有限公司的成立，标志着云南电信在深化改革、强化管理、加快发展方面迈出了实质性的步伐，并成功实现了在境外上市。云南省电信有限公司昆明市分公司也在同一天挂牌成立。

【行风评议】 为贯彻落实省政府办公厅、省纠风办、省通信管理局有关2004年开展民主评议行风工作和昆明市委办公厅、市纠风办民主评议机关作风工作的部署和要求，分公司成立了民主评议行风工作领导小组和办公室，出台了《云南省电信有限公司昆明市分公司开展民主评议行风工作的实施意见》，采取了一系列行之有效的措施，全面促进了昆明电信经营发展和服务质量的不断提高。

【荣获全国“守合同重信用”企业称号】 2004年，分公司通过国家工商行政管理总局的严格审查和筛选，成为全国3 000余家“守合同重信用”企业中的一员。

【201假日百分卡】 为迎接中秋、国庆佳节的到来，分公司推出了“201假日百分卡”。使用该卡可任意拨打本地电话、国内长途电话共计100分钟（含特服号）。

【更换铸铁窨井盖】 近年来，电信铸铁窨井盖大量被盗，在使分公司蒙受巨大经济损失的同时，也给电信生产安全和人民群众的生命安全带来了极大隐患。为防止盗窃、保障人民群众的出行安全，8月上旬，分公司开始分批对昆明市四区范围内的1万多个铸铁窨井盖进行更换，并预计在2005年内完成所有更换工作。所更换的窨井盖为水泥复合性材质，其最大的优点是没有任何回收价值。

【“网际飞音”项目获省科技进步三等奖】 分公司组织申报的《多功能多媒体播放平台》（又称“网际飞音”）项目，经云南省科技奖励专业评审委员会评审、云南省科技奖励委员会审定，荣获云南省人民政府颁发的2003年度云南省科学技术进步类三等奖。在云南省人民政府颁发的2003年度省科学技术奖自然科学类和科学技术类全部奖项中，分公司是惟一获此殊荣的通信运营企业。

【营服区域及架构调整】 分公司12月15日召开电视电话会议，宣布营服区域及架构调整方案。调整后的营服区域加大了对公众客户服务营销的“贴近度”，使人力资源得以高效利用，进一步提高了市场响应速度，增强了市场竞争力。

【“昆明热线”推出黄金会员服务】 “昆明热线”正式推出黄金会员服务。上网用户只需登陆http：//pay．km169．

net注册升级后便可成为“昆明热线”黄金会员。注册成为黄金会员后，除了可享受包括收费邮箱服务、在线音乐试听、在线电影欣赏在内的一系列服务外，还可享受“网络U盘”等新服务。

【营销服务流动站】 为拓展昆明电信服务广度，提升企业形象，分公司组建了客户服务流动站，并先后在云南大学、昆明大学、昆明理工大学、云南民族大学、云南财贸学院、云南师范大学等众多高校中开展宣传促销活动。服务站还根据自身特点，先后制定了一系列管理办法，并按照相应职责，进驻昆明各小区为电信用户提供包括业务受理、话费收取、业务咨询在内的一系列服务。

【推出“话吧”业务】 为方便市民及外地游客，分公司在5月份推出了“话吧”业务。“话吧”又称为智能公话，是一种在线式集中计费的预付费公用电话业务，采用的是全新的智能网技术，由系统平台集中在线计费。与老的公话业务相比，具有计费准确透明、方便管理等特点。

【IPAS小灵通网络扩容】 2004年，通过五期工程的顺利验收及六期、七期扩容，昆明电信IPAS小灵通核心网络容量增至100万线，并配合室内综合覆盖系统建设的不断推进，小灵通来话接通率已达到集团公司的“良好”指标，标志着昆明IPAS小灵通网络建设步入了一个新台阶。2004年6月27日，云南首家小灵通专卖店在昆师路开业。

（顾　隽）

·责任编辑　字应军·

非公经济·乡镇企业

非公有制经济

【概　况】　2004年，昆明市认真贯彻落实党中央和省委、省政府以及市委、市政府发展非公经济的各项方针、政策，解放思想，强化措施，改善环境，全面推进非公经济的快速发展。至2004年底，全市共有个体工商户15.82万户，同比增长5.45%；从业人员40.48万人，同比增长25.3%；注册资金39.41亿元，同比增长14.9%。私营企业2.37万户，同比增长14.4%；从业人员17.95万人，同比增长30.1%；注册资(本)金229.87亿元，同比增长18.7%。外商及港澳台投资企业497户，投资总额222 653.84万美元，注册资本119 031.44万美元，累计实出资金68 912.03万美元。全市个私经济完成社会消费品零售总额236.8亿元，同比增长27.6%；全年非公经济上缴税金27.33亿元，同比增长53.89%。涌现出了一批具有较大规模和较强竞争力的骨干企业和企业集团，除少数垄断行业外，非公经济经营领域已向制造业、文化教育、科技、基础设施、信息、社区服务等行业扩展，部分企业已在生物制药、绿色产品、花卉、科技产品、服装生产、化工、建材加工及国际贸易等领域占有相当地位，非公经济已成为昆明市最具活力和潜力的经济增长点。2004年，全市非公经济实现增加值428.48亿元，占全市生产总值的45.5%，非公经济在财税增长、城乡居民增收和就业渠道拓宽等方面发挥了越来越重要的作用。

【树立大力发展非公经济的思想】　市委、市政府把解放思想、更新观念作为促进非公经济发展的重要突破口，采取中心组学习、专题讲座、文件学习、理论探讨等多种形式，在全市上下开展了“查找思想观念和精神状态方面的差距、查找促进非公经济发展方面存在的差距、查找改革方面的差距、查找解决实际问题方面的差距”的学习教育活动。

2004年市县两级党委、政府分期分批组织各级领导干部赴上海、浙江等发达地区进行考察和学习培训，实地考察发达地区发展非公经济的做法和经验。利用报刊、广播、电视、网络等媒体，广泛宣传发展非公经济的政策，将市级47个部门加快发展非公经济实施意见汇编成册，印制5 000册免费下发给基层、非公企业和有关单位，加强对发展非公经济的省委5号文件和市委6号精神的宣传贯彻工作，并大力宣传报道发展非公经济的先进经验和各类典型。

【项目推介与招商引资】　以现代新昆明建设为契机，建立了市级领导重大项目协调推进制度，对外以东盟各国、日韩等国家和地区为重点，每位市级领导对口联系一至两个国家和地区的主要华人社团、商会、企业；对内定点联系沿海城市，组织做好项目推进工作，形成了市委主要领导亲自挂帅、市级几套班子齐抓共管，各部门分工负责抓落实，上下联动抓项目的格局。精选了77个重点项目向海内外推出，总投资141亿元。由市委、市政府领导亲率招商团赴越南河内、广宁5省，吉隆坡、雅加达，以及香港、东莞、上海、温州、绍兴等地举行专场推介活动。2004年全市新批外商投资企业104户，同比增长79.3%；累计合同利用外资17 442万美元，同比增长13%；实际利用外资6 228万美元，占全省实际利用外资的43.1%。全市组织实施国内经济合作项目467项，项目协议投资额545亿元，实际到位资金62亿元。目前世界500强企业已有沃尔玛、可口可乐、麦当劳、肯德基、波音公司、家乐福等一批跨国公司来昆明投资兴业。香港百江、四川新希望、四川禾嘉、大连万达、广东美的、浙江之江等一批国内知名民营企业也纷纷来昆发展。

【政策引导、资金扶持】　为解决非公企业融资难问题，市委、市政府采取切实有效措施，加大融资力度：一是加大财政投入。启动了非公经济专项扶持基金，按照《昆明市非公有制经济发展专项资金暂行管理办法》的规定和程序，对各县(市)区和三个开发(度假)区非公企业部门推荐上报的35个企业的35个项目进行了认真审核和重点考察，对14户非公企业的14个项目给予了资金扶持，共安排扶持资金220万元。全市其他专项资金，也将非公企业纳入扶持范围，与公有制企业享受同等待遇，进行积极扶持。昆明市科技创新基金立项支持60个项目，其中非公科技企业49个，占81.7%，投入资金1 200万元，占80%。昆明市新型工业化发展资金对9户非公工业企业的技术改造项目进行了贷款贴息的扶持，扶持金额达952万元。二是建立和完善为非公企业进行融资担保服务机构，加强市、区县两级担保机构建设。指导有条件的县(市)区组建政策性担保机构或商业性担保有限公司；支持社会团体、行业协会、自然人等牵头出资组建多元化、多层次、多类型的担保机构；鼓励非公企业开展互助性融资担保，广辟融资渠道，不断提高担保能力，扩大担保覆盖面。2004年全市7家担保公司共担保企业649户，担保贷款总额达6.4亿元，为解决非公经济融资难发挥了积极的作用。三是搭建银企交流平台，积极推动银行等金融机构对非公企业的资金支持。抓住国家发改委和广东发展银行将昆明市列为“中小企业融资发展计划”试点城市的机遇，组织实施“广发民营100”融资活动，先后优选120户中小企业向广发昆明分行推荐，并与广发昆明分行召开了“广发民营业100授信仪式暨银企座谈会”，会上广发昆明分行对云南南磷集团、昆明金龙百货有限公司等50余户单户授信额度在千万元以上的非公企业举行了17.99亿元的授信仪式。四是鼓励非公经济参与国有企业改革，实现经济结构战略性重组。主要采取鼓励、支持非公企业收购、兼并、参股、控股等多种形式，参与国有企业和集体企业的改革，及时协调解决存在的困难和问题，不断拓展非公经济的发展空间。

【转变职能、强化服务】 1. 坚持市级领导联系非公企业制度。全市40位市级领导分别联系120家企业，与企业结对子。通过定期深入企业、召开市级领导联系企业座谈会等方式，了解企业发展情况，及时为企业协调解决发展中遇到的困难和问题。2. 建立责任制度。为把任务落到实处，建立了年度责任目标考核制度，市政府分别与县、区政府签订目标责任书，明确各自的目标责任，到年终进行考核确定奖惩。3. 转变作风，提高办事效率，优化政务环境。进一步开放投资领域和改善投资方式，推行“注册资本分期到位制”，建立行政审批“绿色通道”，组建新的外商投资和便民服务中心。结合贯彻落实省委5号文件精神，认真贯彻执行《行政许可法》，简化审批手续和程序，对某些行政审批事项该取消的坚决取消，该改为备案制的均改为备案制。到2004年底，全市先后取消行政审批三批150项，取消率达66%，为“亲商、重商、护商、安商”营造了良好的氛围。同时在全市范围内开展了整改活动，对行政不作为行为进行了严肃查处。4. 加强对非公企业的协调服务工作。及时帮助和协调解决非公企业发展中遇到的用地难、煤电油运紧张、资金短缺、落户难等问题和困难，使非公办成为“非公企业的家”。5. 切实维护非公企业的合法权益。凡对挂牌企业行使检查、考核等行政行为，必须办理相关手续并得到监察部门的审核批准，减少或杜绝了“四乱”现象。西山区出台了20条重点企业保护政策，对114户税收超50万元的企业实行挂牌保护。昆明市维护非公有制经济合法权益委员会、非公有制经济投诉中心采取查办、督办、跟踪反馈、发函等形式，及时依法处理非公经济发展中的投诉案件，全年共受理投诉件32件，基本做到件件有回复，有效地保护了企业的合法权益。

（赵志良）

乡镇企业

【概　况】 2004年全市乡镇企业围绕“工业强市”的发展战略，以科学发展观为指导，克服煤、电、运输、资金、土地等不利因素的影响，以推进乡镇企业机制和体制创新为出发点，以加快企业发展、促进农民增收为着力点，以发展特色优势农副产品加工业和农业龙头企业为重点，使全市乡镇企业持续、健康、稳定发展。

各项主要经济指标全面完成年初计划，并保持了两位数以上的稳定增长。2004年全市有乡镇企业125 350户；从业人员705 815人，比上年增长7.04%；完成增加值161.1亿元，比上年增长15.47%；完成现价工业总产值341.4亿元，比上年增长16.94%；完成工业增加值52.2亿元，比上年增长19.45%；实交税金19.9亿元，比上年增长15.13%；实现营业收入1 318.5亿元，比上年增长16.4%，实现利税总额81.1亿元，比上年增长14.57%，固定资产原值305.2亿元，比上年增长14.2%。乡镇企业实现增加值占全市生产总值的17.1%，完成乡镇工业增加值占全市工业增加值的14.4%，实缴税金占全市财政收入的10.76%，从业人员占全市乡村劳动力资源的36%，人均从乡镇企业获得的工资性收入占农民人均纯收入的38.6%。乡镇企业已成为昆明市农民增收和转移农村剩余劳动力的重要途径，推动农村经济结构调整促进农村社会进步的重要力量，县域经济发展和地方财政收入的重要依托。

【固定资产投资】 固定资产投资继续稳步增长，再创历史新高，比历史最好水平的2003年增加22%以上，达到34.2亿元。新上、续建和技改项目838个，新开工项目772个，投产项目727个。资金来源为自筹资金23.3亿元，引进资金3.3亿元（含外资7 654万元），银行支持贷款3.1亿元，其他资金4.5亿元，本年新增固定资产41.7亿元。按国民经济行业分，涉农项目32个，当年完成投资9 764万元；采矿业项目82个，当年完成投资19 614万元；制造业项目381个，当年完成投资133 730万元；建筑业项目22个，当年完成投资14 838万元；交通运输业项目27个，当年完成投资10 746万元；批发零售业项目130个，当年完成投资97 792万元；其他行业项目164个，当年完成投资55 657万元。项目投向主要增长在制造业上，反映了“工业强市”战略的实施有了初步的成效。本年乡镇企业与外商合资合作新签协议项目2个，协议投资额270万美元，实际投资额169万美元；与港澳台商新签协议项目2个，协议投资额70万美元，实际投资额77万美元；省外实际投资5 994万元。

【基本实现民营化】 2004年全市乡镇企业已基本实现民营化，非公经济成为了乡镇企业发展的主体和主要力量。全市非公企业124 874户，占全市乡镇企业总数的99.6%；从业人员663 725人，占乡镇企业全部从业人员的94%；非公经济实现增加值1 546 063万元，占全市乡镇企业增加值的96%，营业收入12 802 553万元，占全市乡镇企业营业收入的97%；实交税金188 038万元，占全市乡镇企业实交税金的95%；固定资产原值2 846 463万元，占全市乡镇企业固定资产原值的93%。乡镇企业在进行自身产权制度改革和逐步建立、完善公司法人治理结构的基础上，积极参与国有企业改革。2004年全市乡镇企业吸纳城镇下岗失业人员19 944人，比上年多吸纳了4 185人，共有97户乡镇企业参与国企改革。

【产业结构调整】 2004年，乡镇企业的产业结构调整一方面与农业产业化经营相结合，另一方面围绕“工业强市”战略，增强工业的主导作用。乡镇企业一、二、三产业比重为0.5:41.4:58.1，第三产业实现增加值93.64亿元，占全市三产业的22.2%。从事农、林、牧及农副产品加工的企业达6 247个，从业人员52 246人，实现销售收入26.29亿元，实现增加值13.13亿元，其中，规模以上企业77户，从业人员10 364人，实现销售收入9.2亿元，实现增加值2.72亿元。工业企业17 053户，从业人员年平均数240 682人，实现增加值521 642万元，应交增值税2 869 262万元，其中，规模以上工业企业452个，从业人员年平均数53 704人，实现增加值151 305万元，应交增值税23 833万元。

【园区建设】 经过2003年的整顿，全市乡镇企业园区由23个减少到2004年底的13个。年底园区内实有企业13 001个，从业人员64 385人，实现增加值162 374万元，上交税金18 641万元。协议利用外资（含港澳台资）258万美元，实际利用外资（含港澳台资）325万美元，累计利用外资（含港澳台资）1 294万美元，出口交货值5 398万元，累计固定资产投资12 514万元。

【煤炭工作】 2004年昆明市乡镇煤炭工业坚持“安全第一，预防为主”的方针，创新监管机制，加强煤炭行业管理，煤矿安全生产状况逐步好转。全市地方乡镇煤矿共生产原煤238万吨（含先锋煤业公司），比上年同期的187万吨增长27.2%。生产焦炭14.09万吨，比上年同期的11.66万吨增长20.84%，共发生事故11起，死亡12人，杜绝了2人以上的重大事故。与上年同期相比，死亡人数减少3人，同比下降33.33%。原煤百万吨死亡率为5，比上年同比下降3。

2004年成立了昆明市深化煤矿安全专项整治领导小组和关闭非法煤矿矿井办公室，以《云南省小煤矿安全生产基本条件》及煤矿安全操作规程为整治标准，按照“四个一律关闭”关死、关实非法煤矿，并杜绝了已关闭的矿井死灰复燃、以停代关、明停暗开等现象。84对煤矿参加安全评价，77对达到B类标准，占参评总数的94%。安排30万元财政补贴资金积极引导具备条件的5对煤矿推广先进的壁式采煤工作面。

昆明市煤炭供需缺口增大导致许多企业申办煤炭经营资格证，昆明市遵照条件要求，严格办证程序，管理与服务并重，整顿和规范煤炭经营秩序，促进合法经营，保证煤炭供需平衡。

昆明市煤矿安全培训中心积极和云南省煤炭职业能源技术学院合作，开办为期三年的采煤中专函授班，共组织85名煤炭行业管理人员，煤矿矿长、副矿长、安全技术管理人员参加学习。并组织举办通风工、绞车工、爆破工、瓦检工、电钳工、安全员等特殊工种的培训班12期，培训学员611人。深入矿山及其井、坑，组织职工学习《煤炭法》、《煤矿安全规程》、《安全生产法》、《矿长法》、《矿产资源法》及煤矿安全自救方面的知识，并结合现场实际示范、操作、讲解，丰富了矿工的安全知识和技能。积极开展“安全月”活动，举办“安康杯安全知识竞赛”、煤矿安全专题文艺演出等活动。

【安全生产】 2004年全市乡镇企业坚持“安全第一，预防为主”的方针，把安全生产和发展经济结合起来，立足防治，明确重点。全市乡镇企业职工伤亡事故共发生14起，死亡15人，没有发生一次性死亡3人以上的重特大事故。事故重点发生在化工、建筑建材、矿山等行业。与上年同期相比持平。

按照市政府与乡镇企业局签订的《安全生产责任书》，结合实际，突出事故发案控制率、安全检查台帐记录、安全资金投入等指标，重新细化和提高考评分值，制定出切实可行的方案，层层分解、层层落实，同时安排专项安全生产奖金预算，严格考评后，决定奖惩。突出抓好各县（市）区安全生产先进典型单位创建工作，引导工业建立健全规章制度和操作规程，开展安全生产宣传教育培训，加强现场管理和改进生产工艺，提高企业安全生产水平。涌现出寻甸县三月三水泥厂矿山、富康木业、康发集团、一条龙经贸有限公司机械化采石场等一批先进安全生产示范企业。

组织开展今冬明春、“两节”、“五·一”黄金周、“六月安全月”、汛期安全、“十一”黄金周6次安全大检查，突出矿山汛期、大型商场防火、加油站、液化气、危险化学品、易燃易爆等事故多发行业，认真排查危险源，建档报送，按照“监管与治理”相结合的原则，根据检查情况，分别制定立即整改、限期整改、停产整改，甚至强制关闭和取缔等整治方案，抓住源头，杜绝隐患。全市乡镇企业系统共开展各类安全大检查6次，检查企业3 396家/次，查出隐患4 295条，现场整改2 156条，限期整改2 022条，取缔企业54家。

深化非煤矿山专项整治工作。坚决取缔并关闭无证非法开采和证照不全、不具备基本安全生产条件的矿山，杜绝了露天非煤矿山“神仙土”式开采和挖底开采的方式，事故起数和伤亡人数明显下降，矿长、安全员、特种作业人员持证率大大提高。全市共通过市级验收1 149家（露天矿山1 076家，硐采矿山73家），限期整改145家，关闭不具备基本安全生产条件212家。

【科教兴企】 2004年继续加大对企业的科研开发、技术改造的支持力度。年底已建立技术创新中心和研发机构12个，企业中具有大专及以上文化程度34 990人，中专及技校文化程度205 354人。

【主要产品产量和商品出口】 2004年全市乡镇企业的主要产品产量中以农产品为原料的产品产量有较大增长。生产铁矿石原矿100万吨，锰矿石原矿3.8万吨，铜原矿30.5万吨，铅锌原矿6.4万吨，大理石荒料8.7万立方米，石料2 451万立方米，沙和河沙688万吨，磷矿341.4万吨，发电11 907万千瓦/小时，粮食加工91.9万吨，粮食制品7.2万吨，食品植物油1.7万吨，食糖4 809吨，肉制品9 921吨，乳制品6.7万吨，果制品4 930吨，蔬菜制品2 388吨，酒类19.4万吨，软饮料10.8万吨，精制茶1 962吨，桑蚕丝60吨，配混合饲料51.5万吨，机制纸及纸板10.1万吨，焦炭14.9万吨，黄磷2.4万吨，磷肥30万吨，塑料制品8.7万吨，水泥306万吨，水泥预制构件43.6万立方米，砖16.5亿块，钢2.5万吨，生铁34万吨，铁合金4.7万吨，钢材9.9万吨，中小农具764万件，工艺美术品1 425万元。

2004年全市有32户出口创汇企业，年底从业人员5 972人，出口交货值77 694万元，其中直接出口67 962万元，自营出口29 810万元。年出口交货值500万元以上的企业15个，年底从业人员3 291人，出口交货值60 164万元。出口产品交货值按产品类别分类为化工类34 912万元，机械类6 584万元，轻工类6 036万元，食品类18 303万元，纺织服装类28万元，工艺品类2 802万元，其他类9 029万元。企业数虽较上年有所减少，但出口交货值比上年增加42.9%；年出口交货值500万元以上的企业数增加了1倍多，出口交货值增长了3.7倍。出口产品结构中，除轻工类、纺织服装类的出口交货值比去年有较大下降外，其余的均比上年增长60%以上，其中机械类比上年增长1.8倍，成为新的增长点。

【机构改革】 2004年6月18日昆明市机构编制委员会下发《关于印发〈昆明市人民政府部分机构调整实施意见〉的通知》，撤销乡镇企业局建制，人、财、物并入市经济委员会。市经济委员会加挂市乡镇企业局牌子。

（王冰梅）

·责任编辑 李 萍·

财政·税务

综　　述

【概　况】　2004年，全市各级政府和财税部门加强收入管理，强化财政监管，优化支出结构，深化财政体制改革，不断提高财政运行质量，超额完成2004年人代会确定的财政收支任务。全市财政总收入完成1 849 292万元，比2003年增长36.8%，其中，全市地方财政收入完成856 414万元，比2003年增长36.1%；地方财政支出完成1 048 440万元，为预算的90.9%；全市地方一般预算收入完成725 730万元，比2003年增长20.7%；全市地方基金预算收入完成130 684万元，比2003年增长360.6%。

【组织财政收入】　2004年，全市各级政府认真贯彻落实省委、省政府关于财政经济工作的总体部署，把财政工作作为工作的第一要务，加强对财政收入工作的组织和领导。在牢牢抓住“两烟”、电力、冶金、医药、机电等支柱财源的基础上，按照依法理财、依法治税的要求和“加强征管、堵塞漏洞、惩治腐败、清缴欠税”的税收工作方针，切实加强税收监管，加大稽查和清欠力度；各级财税部门坚持执法为民的宗旨，严格依法治税，加强征管基础工作，认真落实各项税收政策，通过有效监控重点税源，建立重点税源分析体系，推行重点税源稽核体系等方面的措施，使税收收入实现大幅增长。2004年全市烟草、电力、钢铁等支柱产业效益稳步提高，特别是昆明卷烟厂调整产品结构，大幅度提高了单箱税利；固定资产投资的快速增长对经济的拉动效应显著；房地产供需两旺，交易明显增加；城镇居民收入继续增加，消费品市场平稳运行，这些有利因素，带动了增值税、企业所得税、营业税、城建税、个人所得税等主体税种的明显增长。进一步加大对非税收入的征收力度。在非税收入方面，强化征管，严格执行“收支两条线”管理，规范土地管理，全市非税收入迅猛增长，为保证现代新昆明建设的顺利进行提供了有力保障，推动了昆明市经济社会健康、快速的发展。

【优化支出结构】　在财政收支矛盾突出的情况和现代新昆明建设全面启动的情况下，全市财税部门，科学确定支出保障顺序，做到有保有压、统筹平衡，使财政支出结构更加优化。在优先保障人员支出和机构正常运转的基础上，确保了重点支出的需要。一是财政支农资金稳步增长，加大对农村优势产业项目和龙头企业的扶持，推动对农村扶贫、农业综合开发的进程，促进实体性涉农合作经济组织发展，保证优质水稻良种直接补贴的落实到位；特别是在防治高致病性禽流感时期，多渠道筹集专项资金用于禽流感防治和强制扑杀补偿等，为积极防治禽流感提供资金保证。二是加大对城乡社会保障的投入。将社会保障所需资金列入保障重点，足额安排、及时拨付，并安排专项资金，促进就业

秦光荣副省长到财政局看望干部职工　（市财政局　供稿）

昆明市财税知识竞赛决赛现场　（胡厚德　摄）

与再就业工作的开展，保证了“两个确保”和城市“低保”，并及时对泥石流滑坡搬迁的农户给予补偿。三是推动社会事业发展。及时安排教育支出、科技三项费、文化产业发展资金、卫生医疗资金，促进全市科教文卫的健康发展，加大对公检法司的经费投入，改善政法部门的工作装备和办案条件，增强社会治安综合治理的能力，维护社会稳定。四是采取多渠道融资的方式，千方百计筹措资金，保证新昆明重点工程的顺利实施，并将政府偿债支出列入刚性支出预算范围，维护政府的良好信誉。五是稳步充实国企改革准备金，促进新型工业化发展和国企改革。

【完善财政管理机制】　2004年，结合四区区划调整，市级财政及时调整和完善市对县（市）区的财政管理体制。按照属地征收的原则，更进一步明确划分市、县（市）两级财政的收支范围和税收分享比例，将两级财政的利益紧密联系起来，简化了结算事项，明晰税收征管关系，降低税收征管成本。在原有试点的基础上，市本级全面推行部门预算。进一步细化预算管理，强化预算刚性，增加预算支出的透明度。推动国库集中支付改革，进一步规范行政事业单位在编人员工资支出和纳入政府采购的设备购置费、机动车（船）保险费的财政直接支付，在市司法局等9个部门及其所属58个单位试行国库集中支付改革。加大政府采购改革力度。严格执行政府采购预算，按采购合同拨付资金；在积极做好货物采购的基础上，服务采购取得突破。加强会计监督与管理，开展会计诚信建设，强化财政资金监管。对全市财政性资金、重点工程建设资金和专项资金开展自查自纠及重点检查抽查；并开展对市本级党政机关事业单位经营性资产清理和对新昆明重点建设项目资金进行专项审计。积极配合农村税费改革，专门制定财税配套方案，设立专项工作经费。继续深化“收支两条线管理”，发挥票据的监控作用。

【提高征管效率和服务质量】　年内，全市税务部门以《征管法》及其实施细则为依据，在各项规章制度的基础上，按照税收法律行政法规的规定，根据税收业务流程，基本建成具有操作性、实用性和规范性的征管制度体系。建立健全有关纳税人申报、征管户籍、欠税和税款审批缓缴、征管档案资料、一般纳税人变动等管理办法。规范征管体系，不断完善执法责任制和过错追究制，落实岗位目标责任制等一系列规章制度。不断优化纳税服务继续完善政策管理，健全监督制约机制，进一步规范税收执法权的管理监督，理顺监督职能，初步建立对税收执法权力运行的监督机制。在工作中，根据全面、规范、便捷、经济的纳税服务原则，制定纳税服务的具体内容、服务标准和工作方式，简化办税流程、环节和手续，着力提高办税质量和效率。在《昆明市人民政府关于调整和完善市对县（市）区分税制财政管理体制的意见》颁布后，财税部门认真贯彻落实昆明市委、市政府四区行政区划局部调整和实施分税制财政管理体制的精神，制定出具体的实施办法，并按照实现属地管理，切实解决交叉管理、争抢税源而影响税收执法环境的问题。按照实事求是、适当集中、增加调控、局部调整的原则，实现征管机构的顺利调整，确保工作平稳过渡和征管机构对分税制财政体制的有效支持。完成户籍调查，采集变动纳税人相关信息和数据录入，做好管户移交、稽核及防伪税控系统的重新发行和变更处理等相关工作，保证全市新的财税体制准时有序无误的实施。在三项改革试点工作方面，全市税务系统认真贯彻中央农村税费改革政策、顺利完成了农村税费改革主体改革工作任务；将“五费统征”试点工作取得的成效深入推进，顺利完成社会保险费统一征收试点工作任务；继续推行有奖定额发票，积极推进货物运输业税收管理和发票管理改革。

【队伍建设】　2004年，全市财税部门把增强领导班子的凝聚力、战斗力和提高干部队伍素质作为队伍建设的一项长期重要的内容认真抓落实。加强领导班子建设，坚持理论学习，落实民主集中制，改进作风，认真组织学习《江泽民论党风廉政建设和反腐败斗争》论述、《党政领导干部选拔任用工作条例》以及昆明市委关于转发省委组织部《关于开展好“四个一”学习活动》等内容，收到良好效果，促进了班子凝聚力和战斗力的提高。同时，加强基层班子建设，按照《党政领导干部选拔任用工作条例》的规定，选拔领导干部严格按规定程序进行，广泛听取意见，民主推荐、组织考察，听取地方党委、政府意见，坚持考察预告和任前公示制度，坚持把监察工作贯穿于选拔干部工作的始终。在强化干部队伍的教育培训方面实现多元化，不断创新学习方法，拓宽学习渠道，加强了岗位技能培训、任职培训、初任培训、专门业务培训和更新知识培训。在培训方式、组织、管理、质量上体现出新、特、实、好4个特点，营造出浓厚的学习氛围，提高干部队伍政治业务素质，增强队伍的责任感，保证工作的质量和效率。继续加强党风廉政建设、警示教育力度和内部审计工作，通过建立领导班子考核制度，落实领导干部离任审计制度，同时强化内部管理，进一步规范财务管理，促进干部队伍的廉洁自律，团结干事、奋发向上的氛围不断提升。使机关作风有了明显改进。

（张文治）

财　政

【概　况】　2004年，全市各级财政部门认真执行市委、市政府制定的方针政策，把发展作为财政工作的第一要务，紧紧围绕建设现代新昆明的战略目标，强化税收征管，优化支出结构，努力增收节支，积极推进财政改革，踏实、创新工作，圆满完成了市十一届人大五次会议确定的财政收支任务，全市财政总收入和地方财政收入增幅创1984年以来新高，财政改革和发展迈出了新步伐。

【财政收入】　据快报反映（下同），全市财政总收入完成1 849 292万元，为预算的128.8%，同比（下同）增长36.8%。地方财政收入完成856 414万元，为预算的126%，增长36.1%。上划中央“两税”收入完成992 878万元，增长37.5%。

市级财政总收入完成1 168 296万元，为预算的141.1%，增长47.8%。地方财政收入完成437 695万元，为预算的141.4%，增长51.7%。上划中央“两税”收入完成730 601万元，增长45.5%。

【财政支出】　全市地方财政支出完成1 048 440万元，为预算的90.9%。市级地方财政支出完成476 282万元，为预算的92.9%。

【鼓励增收】　2004年，各级政府认真贯彻落实省委、省政府和市委关于财政经济工作的总体部署，切实加强对财税工作的领导，狠抓责任落实。市政府与各县（市）区政府签订“鼓励增收、确保平衡”目标责任书，实行财政收支平衡考核奖励办法，充分调动了各级政府组织收入的积极性，县（区）级财政收入稳步增长。

【完善财政管理体制】　2004年，根据2001年《云南省对地州市财政管理体制方案》和《云南省与地州市所得税收入分享改革方案》的精神，结合昆明市实际，市政府出台《昆明市对各县（市）区和开发（度假）区所得税返还方案》，在保证分税制财政管理体制基本稳定的前提下，进一步规范市与县（市）区政府间的分配关系，缓解了县区之间财力不平衡的突出矛盾。

结合四区区划调整，及时调整和完善市对县（市）区的财政管理体制，按照属地征收的原则，更进一步明确划分市、县（市）两级财政的收支范围和税收分享比例，将两级财政的利益紧密联系起来，简化了结算事项，明晰了税收征管关系，也将进一步降低税收征管成本。

【抓好支柱产业】　2004年，市财政局牢牢抓住“两烟”、电力、冶金、医药、机电等支柱产业，营造发展环境、优化产品结构、考核税利目标，烟草、电力、钢铁等支柱产业效益稳步提高，特别是昆明卷烟厂调整产品结构，大幅度提高了单箱税利，使优质项目和优势产业成为财政收入的增长点，发挥了支柱财源巩固财政收入的作用。

【加强税收征管】　全市各级财税部门严格依法治税，加强对重点税源和纳税大户进行服务，强化对个体、私营企业等非公经济的税收征管，堵塞税收流失的漏洞。加大稽查和清欠力度，加强营业税、所得税等主体税种的征收；餐饮业继续实行有奖发票管理，促进了餐饮行业营业税的较快增收。严格执行“收支两条线”管理，扩大非税收入纳入预算管理的范围；规范土地管理，非税收入增长迅速，土地有偿使用收入超收10亿元。

【加大对“三农”的扶持】　2004年，市财政支农资金稳步增长，安排支农资金28 514万元，主要用于扶持优势产业项目和龙头企业、农村扶贫、农业综合开发、促进实体性涉农合作经济组织发展、优质水稻良种直接补贴，筹集专项资金用于禽流感防治和强制扑杀补偿等，促进了农村经济社会稳定健康发展。

【加大对城乡社会保障的投入】　全年，昆明市财政局筹集下岗职工生活费和再就业资金26 391万元；筹集企业离退休人员养老金84 890万元；筹集城市最低生活保障资金9 544万元；筹集救灾救济资金1 561万元，解决11.7万受灾群众的生活困难，对泥石流滑坡需搬迁的1 461户农民给予补偿。

【加大对社会事业发展投入】　年内，市财政局安排教育支出27 569万元；安排科技三项费9 363万元；安排文化产业发展资金3 000万元；安排卫生医疗资金13 181万元，主要用于医疗设备购置、突发公共卫生应急事件处理、传染病防治防疫和农村改水改厕；安排公检法司支出39 868万元，增加及改善政法部门的工作装备和办案条件，增强社会治安综合治理的能力，维护了社会稳定。

【支持重点工程建设】　市财政局在争取中央和省支持的同时，多方位、多渠道筹措资金，努力引导和扩大投资，积极争取国债资金、国际金融机构和外国政府贷款。2004年，安排贷款贴息资金1.7亿元，当年办理国内银行贷款33.2亿元，保证了官南路立交桥、滇池路改扩建等33项新昆明重点工程的顺利实施。

【促进新型工业化发展和国企改革】　2004年，安排新型工业化发展资金6 500万元，扶持高新技术产业发展，促进企业产品结构调整；安排国企改革准备金9 500万元，有效弥补了国企改革成本缺口，三年深化国企改革任务目标基本完成。

【全面推行部门预算】　年内，市财政局在原有试点的基础上，市本级全面推行部门预算。进一步细化了预算管理，强化了预算刚性，增加了预算支出的透明度。继续控制会议费、招待费、一般性出国考察培训经费等支出，力求预算安排精打细算、科学合理；严厉查处各种违反规定乱花钱行为，最大限度地减少财政资金的损失和浪费，确保重点支出需要。

【实施“金财工程”】　2004年，昆明市财政局被云南省财政厅列为“金财工程”试点单位，按照“金财工程”总体规划和“五统一”的原则，以部门预算、指标管理、国库集中支付改革为核心的预算执行管理信息系统试点正在全面推行。

【加大政府采购改革力度】　市财政局制定了《昆明市市级机关事业单位政府采购实施办法》，实行监管与采购分离，财政、监察、审计、采购中心等部门各司其职，公证部门全程公证；严格执行政府采购预算，按采购合同拨付资金；在积极做好货物采购的基础上，服务采购取得了突破。

【实行国库集中收付制】　在市级行政事业单位已建立工资专户的基础上，实行财政委托银行建立个人工资账户、统一对个人直接发放工资；做好会计核算中心与国库集中支付制度改革的过渡和衔接工作，推动国库集中收付制度改革，2004年积极推动国库集中支付改革。进一步规范行政事业单位在编人员工资支出和纳入政府采购的设备购置费、机动车（船）保险费的财政直接支付，在市司法局等9个部门及其所属58个单位试行了国库集中支付改革。

【农村税费改革】 抓好调查测算、制定试点方案以及落实相关配套政策等工作，制定了农村税费改革实施方案。各级政府和部门精心组织，认真调研，制定了昆明市涉及80万户300多万农民的农村税费改革实施方案。积极搞好农村税费改革，全市计税土地面积及农业税落实到户，农户签字认可率达99%；农民人均减负27.56元，亩均减负35.36元，总体减负率为61%。

【防范财政风险】 市财政局为了增强防范财政风险意识，积极探索建立债务预警监测机制，严格新增债务审批程序，积极稳妥处置好历史债务。一是积极研究有计划、有步骤地消化政府债务的有效办法，认真做好《防范财政风险课题》研究；二是坚持量力而行搞建设原则，防止超越财力上项目，严格新增债务审批程序，避免形成新的包袱；三是完善政府债务管理制度，落实偿债责任，加强政府债务归口管理，切实监督债务资金的使用及偿还状况；四是强化财政偿债机制，以年度预算安排、财政结余资金等形式建立财政偿债资金，专项用于政府债务的偿还。

【开展财政投资评审及效绩评价】 2004年4月，成立财政投资评审中心（内部处室），开展政府性投资项目评审工作，审减资金920万元，资金节约率达17.45%，通过评审为科学合理编制预算提供了依据，从源头上节约了财政资金。对昆明烟草机械公司、昆明电缆股份公司、昆明电机有限责任公司、昆明中北交通旅游有限责任公司、昆明黄龙山饲料工贸股份有限公司、昆明市第三农场、国营跑马山实业公司、云南变压器有限责任公司、云南宏华实业股份有限责任公司等9户国有企业开展了2003年度效绩评价工作，为进一步深入开展效绩评价积累了经验。

【清理经营性资产】 2004年，按照市委办公厅、市政府办公厅《关于开展昆明市党政机关事业单位经营资产清理工作的通知》精神，在市本级党政机关事业单位开展经营性资产清理工作，进一步加强和规范了行政事业单位经营资产的管理。

【提升会计人员资质】 年内，组织全市会计人员资格考试和职称考试，对旅游行业会计从业人员进行专项培训，启动全市会计信息库建设，会计人才交流和信息服务平台初步形成。

【财政宣传】 市财政局充分利用报刊、电视等媒体，宣传各种财政新政策、新动态；办好《昆明市财政工作动态》和《昆明财经》等自办刊物，宣传相关法规，交流工作经验；及时将重要文件汇编成册；社会各界增强了对财政工作的理解和支持。

（郭绍华）

国　税

【国税收入实现较快增长】 2004年，国税税收收入是1994年以来与同期相比增速最快、增收最多的一年。全市国税收入累计完成135.06亿元（不含海关代征），比2003年同期增长33.31%，增收33.74亿元，完成省局计划的121.57%（不含免抵、不含海关代征）。其中"两税"收入完成117.36亿元，比2003年同期增长35.66%，增收30.85亿元，完成省局计划的123.22%（不含免抵、不含海关代征）。2004年，全市国税收入继续实现了快速的增长，税收规模不断扩大，继2003年收入突破100亿后，2004年再次突破了135亿大关，并跃居全省第一。实现了中央、地方全面增长，全市、市级、市本级同步增收，卷烟和其他协调增收的良好态势。

昆明市国税局为组织税收收入严格执行组织收入原则和税收政策，大力提高征管质量和效益。重点是加强重点税源分析体系，深化管理，初步实现重点税源从数据采集向数据分析利用的转变。建立五项分析监控指标，利用企业生产、经营、纳税情况，按月进行分析，在税源的分析、预测上更趋科学、客观。推行重点税源稽核体系，强化责任意识，通过对全市的重点税源报表进行跨年度稽核，对发现的问题及时反馈到各局加以落实和改进，逐步提升重点税源数据的质量。

【积极推进依法治税工作】 2004年，市国税局建立对税收执法行为各环节事前、事中、事后的日常监督机制，依法治税水平不断提高。一是严格遵循依法征税，应收尽收，坚决不收过头税，坚决防止和制止越权减免税的组织收入原则。二是严格按照法定权限与程序执行各项税收法律法规和政策。三是认真贯彻实施行政许可法，认真清理税务行政许可文件和实施主体，清理市局制定的规范性文件，按照"一窗式"的要求，将行政许可事项在办税服务厅集中办理。制定、执行税收规范性文件备案审

国家税务总局谢旭人局长视察市国税局　（孙莉　摄）

查制度，建立行政执法与刑事执法衔接的工作机制，开展执法资格认证工作。四是加强缓缴税款审批管理，加大清缴欠税力度，共清理以前年度欠税40 066万元。五是深入开展税收执法检查，对汽车市场、家具行业、高校教育出版社代理图书以及实行“一窗式”管理之前增值税缴纳情况、货物运输业、房地产业、医药购销企业等进行专项检查工作，查补金额501.93万元。六是加强税收秩序专项整治，对伪造、倒卖和虚开增值税专用发票、免抵退税领域的骗税行为、做假账偷逃税款的涉税违法犯罪进行严厉打击。2004年，全市共检查纳税户15 041户，查补税款、罚款、滞纳金5 804.79万元。七是完成2003年度增值税一般纳税人资格检查、审验工作，符合条件继续认定的8 543户，不符合条件予以取消的242户。八是认真落实税务行政处罚听证和重大税务案件集体审理等制度，制订重大案件审理工作规程，加强税务行政复议和应诉工作。全年无税务行政应诉案件，受理听证、复议案件各1件。九是加强税法宣传普及工作，开展第13个税收宣传月活动。十是完善协税护税网络。

【全面落实税收优惠政策】 2004年，市国税局严格执行政策，健全制度，完善管理，依法行政的能力不断加强。一是继续认真落实云南省加快发展非公经济的政策及省局调整起征点的规定。2004年，共减免非公企业所得税216户。二是认真贯彻民政福利企业、废旧物资购销凭证抵扣、农产品增值税抵扣管理规定，适时进行专项检查。三是认真贯彻执行高新企业、西部大开发、省外来滇投资企业、国产设备投资抵免企业所得税、技术开发费增长达到规定比例抵扣应纳税所得额等税收优惠政策。四是认真落实下岗失业人员再就业等税收优惠政策。五是认真贯彻新的出口退税各项政策措施，加强退税单证管理，积极审批办理出口退（免）税48 537万元。除属于2003年以前应免抵未免抵的“陈欠”21 289万元外，“老账”已全部还清。做到了“新账不欠、老账还清”。六是圆满完成增值税减免税普查工作，享受减免的有39 368户，涉及减免税税额共计138 541万元。七是开展昆明市国税系统首次企业所得税减免税优惠政策检查，2002年1月～2004年9月，享受企业所得税税收优惠政策的企业有430户。

【加强税收征管】 市国税局年内加强征管基础，建立健全征收管理制度，依法管理的水平不断提高。一是召开全市征管工作会议，部署和落实加强征管的各项措施。根据税收业务流程，基本建成具有操作性、实用性和规范性的征管制度体系，建立完善有关纳税申报、征管户籍、税源管理、欠税和税款缓缴审批、征管档案资料、一般纳税人变动等管理办法，制定纳税评估工作、核定征收所得税工作、所得税减免管理、征管质量控管等制度，与地税局联合制定工作协作试行办法、纳税信用等级评定管理实施办法，积极做好工商登记和税务登记信息交换与共享，逐步形成加强税收征管的合力。二是完善“一窗式”管理，推行“一户式”管理，“一窗一人一机”模式推行到位，对“四小票”和税务机关代开增值税专用发票抵扣实行清单管理，并依托信息化手段加强稽核比对，加强发票管理工作，建立增值税失控发票快速反应机制，实行纳税辅导期制度，加强新办商贸企业增值税管理。三是完成7 352户企业所得税汇算清缴工作，加强核定征收企业所得税的管理，完善税前扣除政策的执行管理，审核出不予税前扣除金额3 330万元，加强储蓄存款利息个人所得税的统计分析。四是应用推广涉外税务审计规程，积极开展反避税调查与情报交换工作，做好审核评税和申办税务注销手续企业的清算检查，强化涉外税收管理。五是改进纳税服务，加强咨询辅导，实施涉税事项“一站式”服务，清理简并报表资料，切实方便纳税人。六是认真做好车购税人员划转和业务移交工作，完成52名接收划转录用人员的业务培训，确保车购税划转工作的平衡过渡。七是制定《昆明市国家税务局行政区划调整及分税制财政体制实施方案》，对4个城区局进行机构、人员和征管资源局的调整，确保工作平稳过渡和征管机构对分税制财政管理体制的有效支持。

【税收信息化建设】 年内，市国税局稳步推进税收信息化建设和征管改革，有力地促进了税收收入的增长及征管质量和效率的提高。一是所有税种、所有纳税人纳入征管信息系统（CTAIS）管理，各税种的管理不断完善，户籍管理监控功能逐步加强，申报征收监控质量稳步提高。扩大金税工程防伪税控系统覆盖面，一般纳税人已全部纳入防伪税控系统，实现对重点税源企业的信息化管理。二是不断完善银行储蓄扣税、银行网点申报等多元化申报方式，一般纳税人增值税介质申报系统进入试点，商贸企业增值税评估信息管理系统和延期缴纳税款审批管理系统投入运行，实现纳税人信息资料“一户式”储存。切实抓好计算机网络安全与信息安全管理，确保信息化各项工作的顺利开展，提升信息运用水平。三是召开全市推行综合征管软件工作动员会，对推综前期准备工作作了安排部署，明确了昆明市推综工作依法规范、简化高效、有效协调、同步实施的四个原则，完成实施方案、技术支撑、系统培训等工作。

【干部队伍建设】 2004年，市国税局加强“三个文明建设”，强化“两权”监督制约，干部队伍素质不断提高，一支适应国税管理现代化要求的复合型干部队伍基本形成。一是领导班子建设得到加强。完成了6个局领导班子的配备，对缺职局中的2个局班子组织进行推荐考察工作，提拔7人充实到县（市）局班子，对18名任职试用期满的领导干部进行考察，并转正任职。二是认真落实党组中心学习组学习制度，开好每年一次的民主生活会，通过加强学习、落实民主集中制，各级领导班子思想统一，领导能力明显增强。三是创新培训机制，尝试培训项目管理，加强了岗位技能培训、任职培训、初任培训、专门业务培训和更新知识培训。年内，全市共举办各类培训班196期，培训人数达10 994人次。四是加强精神文明创建工作，全系统新创建不同级别和不同层次的文明单位、先进集体共25个。五是党风廉政建设和作风建设收效明显。认真开展“勤政为民，廉洁务实”教育活动，实施党风廉政建设目标管理考核制度，严格执行党内监督条例和纪律处分条例，强化了对权力的监督制约。六是认真贯彻落实“云岭先锋”工程，加强党组织和党员的管理。制定了《昆明市国家税务局机关党委实施“云岭先锋”工程，开展创先争优活动的实施方案》。发挥基层党组织的战斗堡垒作用和党员的先锋模范作用，大力推进党的基层组织建设。

【转变管理理念和工作作风】 市国税局一是管理方式从粗放转变为有目标、有措施、有检查、有落实的过程控制方式。促使工作效率和质量逐步提高，各级领导思想观念转变，探索、学习、引进先进的管理理念和管理方式，项目管理、过程追踪、质量考核的观念和方式广为应用。全年工作任务繁多，责任重大，各级领导班子在制定工作计划和方案时，统筹兼顾、突出重点，保证了方

税务干部深入纳税户了解税收情况　（孙莉　摄）

案的针对性和可操作性，体现了民主决策和科学决策，驾驭复杂局面、应对矛盾困难、实现工作目标的组织领导能力明显提高。二是“以事为主，对工作负责”的观念落实到全市国税系统干部职工的行动之中。全市国税系统干部职工工作热情高涨，学习观念增强，从工作出发考虑问题，工作态度和质量有很大提高。发现和培养了大批人才，机关和基层干部交流有力地推动了工作开展。上下协作精神加强，协调能力得到进一步提升。三是形成和巩固了注重过程、追求实效的工作作风。每项工作的落实，都尽可能有明确的质量要求、时间限制，有严格的检查、考核程序，有有效的奖励惩罚机制。对征管基础、工作标准、存在问题、努力方向有了清楚的认识和理解。四是目标管理考核激发了干好工作的热情和才智。对目标识别更加清晰明确。围绕年初党组提出的工作目标，在制定工作计划和方案时，结合实际，统筹兼顾，突出重点，保证了方案的针对性和可操作性。实现目标的措施逐步细化、有力，管理观念、工作方式有较大转变；目标实现显著有效。工作态度和质量有很大提高。目标识别上，辨证地看待问题、分析问题的能力有了提高。五是树立“四个观念”强化纳税服务。树立税收经济观。坚持经济决定税收的观念，在实际工作中，以积极的态度处理好宏观调控和微观服务的关系，注重对经济增长点的培养，实现税收与经济的协调发展，实现税收管理理念的创新。树立税收服务观。树立“依法治税、应收尽收，坚决不收过头税，坚决防止和制止越权减免税”的观念，摒弃“重征管，轻服务”的思维定式，将纳税人满意度作为评价各项工作实绩和效果的最基本、最重要的指标，不断营造依法纳税、诚信纳税的税收环境。树立税收信息观。以推进和实现现代化征收管理为依托，与纳税人建立起一种安全、便捷、高效的联系方式，实现和纳税人零距离的接触，提高服务水平和服务效率。树立税收标准观。树立高标准，严要求，创一流水平的理念。

（陈玉惠）

地　税

【地方税收收入】　2004年，为确保完成省地税局和市政府下达的地方税收入任务，为全市经济社会发展和建设现代新昆明提供充实的财政资金支持，市地税局一是牢固树立科学发展观和正确政绩观，科学把握组织收入与地方经济发展之间的客观规律，确定基本增长依靠经济发展，弥补减收依靠税收征管的收入思路，变压力为动力，加强组织领导，精心部署运筹；二是加强收入计划管理，分税种（险种）、分月份层层下达收入任务，落实收入责任，统筹兼顾各级次收入指标，实行收入目标管理考核和定点分片联系制度，按月通报收入情况，召开片区工作会议，定期分析研究收入形势，确保了收入的均衡、及时入库；三是加强税（费）源监控，对各主体税种（险种）、纳税（缴费）大户、欠税（费）大户、重点工程、重大项目等实行实时动态监控管理，形成分级次、分税种（险种）、分行业的网络监控体系，确保了重点税（费）源收入及时征缴入库；四是加强督促检查，局领导班子成员深入基层进行调查研究，及时发现和解决收入工作中存在的困难和问题，积极向上级部门汇报请示，促进了组织收入工作的顺利开展。全年共组织各项地方税收51.92亿元，比2003年增长13%，增收5.96亿元，是近几年来收入增幅最高的一年，其中：工商税

国家税务总局谢旭人局长到基层地税机关检查工作　（市地税局　供稿）

市地税局局长张红霞深入企业调研　（市地税局　供稿）

收46.64亿元，农业税收5.28亿元。

【社保费统一征收】　2004年，市地税局继续重点推进省、市政府安排部署的社会保险费统一征收试点工作，巩固和深化统征试点工作成效。一是细化管理，层层落实征费工作职责，把征费工作职责分解到征管一线专管员，进一步完善税费征管同步运行机制；二是夯实基础，在全省率先实行失业保险费应征数据地税核定，保证了核定数据的真实、准确和完整；三是突出重点，做好扩面工作，强化清欠措施，全年共清理回收欠费20 477万元，同比增长33.4%；四是攻克难点，集中人力、物力和财力，加班加点，夜以继日，连续作战，顺利完成社保费征管信息新系统开发的需求调研、基础数据清理整合和软件操作业务培训，确保了征管新系统成功上线试运行，实现全市“五费统征”数据集中，极大地提升了工作质量和效率，受到省地税局和市政府领导的充分肯定和高度赞扬。全年共征收社会保险费22.92亿元，比2003年同比增长34.6%，增收5.9亿元，圆满完成统征试点工作任务。

【依法治税】　年内，市地税局认真贯彻执行《税收征管法》及其《实施细则》，《行政许可法》；印发《地方税务行政许可公告》，对涉及地方税务许可的5个事项、法律依据、实施程序、办理期限等进行公告；认真开展税收行政执法检查，完成全市184 609户纳税户的经济普查工作；强化税收执法检查，深入整顿和规范地方税收秩序，开展对房地产业和交通运输业的税收专项检查，加大重点稽查和打击制售假发票违法行为的力度，共对37 498户纳税户实施税务稽查和纳税检查，依法查补各项税费14 263万元，有3名稽查干部因与有关部门一道成功查处某重大案件，受到中纪委和省纪委的通报表彰与嘉奖；查处发票违法案件51件，收缴假发票18 469份（套），9名涉案人员被移送司法机关处理。

【落实税收政策】　2004年，市地税局完善旅游行业最低营销价标准及返还佣金税收、小规模企业所得税核定征收征管、所得税税前扣除政策、印花税核定征收、契税代征、土地增值税等管理措施，开展磷矿石资源税、教育税收政策、营业税税目注释修订和减免税政策执行情况的调研工作，强化对各地方税种的管理；认真贯彻落实各项税收优惠政策，全年共计办理减免税20 924万元，办理农业税社会性和灾歉性减免等2 304万元，促进了下岗职工再就业、非公企业、外来投资和国家扶持类产业的发展，让广大农户享受到了国家涉农优惠政策。安宁市地税局获“全国2004年再就业先进工作单位”殊荣，受到国务院的表彰奖励。

【涉外税收管理】　2004年，市地税局认真贯彻落实各项涉外地方税收政策，不断强化涉外税收征管措施，切实加大宣传和培训力度，积极稳妥地做好因区划调整撤销涉外分局后组织涉外地方税收入的工作，全年共征收涉外地方税收22 956万元，同比增长21.08%，增收3 998万元。

【农村税费改革】　2004年，市地税局继续加大力度，认真贯彻中央农村税费改革政策、顺利完成农村税费改革主体改革工作任务。按照中央1号文件精神，执行农业税税率下调1个百分点政策，官渡区、东川区和安宁市免征农业税，全市做到了“村村减负，户户受益”。改革前全市农民负担13 231万元，改革后负担5 163万元，总体减负8 068万元，减负率达61%，农民人均负担

地税干部积极开展岗位练兵活动　（市地税局　供稿）

由45.33元降为17.77元，亩均负担由58.23元降为22.87元，亩均减负35.36元。改革受到广大农民群众的拥护，全市没有出现1户农民对地税工作进行上访和信访。参加农村税费改革的市地税局和12个县（市）区地税局均被市委、市政府评为“农村税费改革试点工作主体改革先进集体”，17名地税干部被评为省、市级先进个人。

【征收水资源费】 按照省政府和省地税局的部署，市地税局从2004年7月1日起，受水行政主管部门委托，全面承担起对在滇电力企业征收水资源使用费的工作职责。对此市地税局高度重视，深入全市52户电力企业全面调查摸底，召开全市地税水资源费征收工作会议，加大宣传和协调工作力度，在时间紧、任务重、工作量大的情况下，抓紧抓实各项组织费款入库措施，确保水资源费征收工作顺利启动和平稳实施，半年内共计征收水资源费228万元，圆满完成上级交赋的征收工作任务。

【发票管理】 市地税局在发票管理方面，一是继续推行餐饮业有奖定额发票，全年共组织餐饮业税收12 945万元，比2003年同比增长21%，增收2 232万元；二是积极推进货物运输业税收管理，认真做好货物运输户的认定工作，规范自开票和代开票行为，并与国税部门配合认真清理检查了全市货物运输发票的购用行为；三是积极开展税控收款机的推广试点工作，在建筑、房地产业和广告、照相、餐饮等服务行业推广使用税控收款机4 019台，并积极筹划发票摇奖准备工作，为全面推行税控收款机积累了经验，奠定了基础。

【地方税收征管】 全市地税系统健全完善延缓缴监控管理制度；开展纳税信用等级评定工作，确定评定对象、比例、重点、内容、管理和考核办法；认真做好推行税收执法责任制的各项准备工作；大力推行征管基础资料“一户式”管理取得较好的效果；加强与工商、国税部门的沟通协作，建立工商登记信息和税务登记信息的交换与共享制度；加强征管质量检查考核，在全省地税系统征管“六率”（登记率、申报率、入库率、欠税增减率、滞纳金加收率、处罚率）考核中，被抽查的晋宁县局被评为全省二等奖。

【优化税收服务】 一是加大税法宣传力度，共召开税企座谈会3次，举办税收政策辅导培训103期，27 532人次的纳税人参加培训，编印发放数万册《纳税手册》、《工资、薪金个人所得税计算》等宣传册，与国税和财政、劳动保障部门共同举办大型税收宣传日和“五险统征”宣传日活动；二是大力推行“一站式”服务，进一步简化办税手续，充分发挥便民服务窗口作用；继五华、西山区局先行试点后，官渡、盘龙、禄劝等基层征收单位也推行了多元化申报，全市全年共有16 004户纳税户实现简易申报，1 781户纳税户（缴费户）实现网上申报，1 932户纳税户实现语音申报，为广大纳税户和缴费户提供了优质、便捷的纳税和缴费服务。

【信息化建设】 一是为全面加快地税信息化建设步伐和提升社会保险费征管工作水平，市地税局按照国家税务总局和省地税局关于税务信息化建设的总体规划和开发要求，在认真学习先进省市成功经验的基础上，经报省地税局和市政府批准，投入大量资金和人力、物力，按照高层次、高标准、高水平的要求，完成目前处于全国先进水平的基于B/S模式，即数据大集中管理模式的社会保险费征管信息系统的开发任务，该系统已于2005年1月1日成功上线试运行；二是开发全市地税系统内网电子邮件系统，为系统内行政办公和业务开展提供安全、便捷的通道；三是全面推广应用ATS农税征管系统软件，全市近80万农户、10万多契税纳税人的征管信息纳入计算机管理；四是开发税控收款机专用发票摇奖软件，完成区划调整的数据迁移工作，修改车船使用税征管软件，为岗位练兵活动计算机考试提供技术支持；五是拓展《云南地税征管信息系统》各功能模块的延伸使用，进一步发挥该系统对税收业务工作的支持作用；六是在全市县级以上地税机关推广使用国家税务总局的ODPS公文处理系统；七是各基层地税局按照市局的总体部署，加大本单位信息化建设基础设备设施的投入，官渡区局在全省地税系统率先实现县级局数据集中；五华、西山区局进一步巩固和扩大多元化申报范围及种类；盘龙区局等其他各局正在积极探索多元化申报。

【区划调整】 按照市委、市政府的部署，市地税局于2004年8月1日全面启动四城区行政区划调整相关工作。一是成立区划调整工作领导小组及办公室，制定工作方案及实施细则，明确相关纪律规定，层层召开动员大会；二是及时发布通告和通知书，举行新闻座谈会，做好对社会各界和征管户的宣传工作；三是调整税收征管户9.5万户，清理、核对社会保险费缴费户1.3万户，对39万辆机动车车船使用税按属地原则划归市局直征分局和四个区局征收管理，于12月22日举行行政区划调整签字仪式；四是合并市局原一、二、三分局，组建市局直属征收分局，启动涉外税政处的管理职能；四区范围内划入划出基层机构12个，涉及调整的227名人员全部到位；五是对涉及区划调整的资产、债务进行全面清查、盘点、对账、登记造册及移交，各项准备工作全

地税干部深入农村进行农村税费改革政策宣传　（市地税局　供稿）

面就绪，确保从2005年1月1日起按新的行政区划进行地方税费征管。

【岗位大练兵】 市地税局按照省地税局的部署，2004年在全市地税系统组织开展岗位大练兵活动。经过历时10个月的岗位大练兵，全市地税系统共组织各类培训73 103课时，组织各类测验和模拟考试132次，有1 419名干部参加考试竞赛，共产生136名县级业务标兵、80名市级业务标兵、31名省级业务标兵，省级标兵总数和考试平均分数均列全省地税系统第一名，并获得省局团体赛第二名，有5人被省地税局评为岗位练兵工作先进个人，市地税局被评为练兵活动优秀组织一等奖，实现了市地税局干部业务培训工作历史上的新突破。

【创建“六好”】 市地税局2004年在全市地税系统组织开展以“领导班子好、队伍素质好、管理机制好、执法质量好、社会形象好和党风廉政建设好”为主题的“六好”创建活动，认真抓好组织领导和督促指导，保证创建活动的深入热烈开展；深入推进精神文明建设，大力实施“云岭先锋工程”和“巾帼建功”活动，深入开展“为人民服务、树行业新风”活动，掀起了创文明行业的热潮，全系统各单位全年共获得国家级“先进单位”2个、省级“文明单位”6个、省级“先进单位”3个。

【干部队伍建设】 市地税局高度注重领导班子自身建设，抓好中心理论学习，认真落实民主集中制，切实改进作风，市局班子的凝聚力和战斗力进一步增强。加强基层班子建设，根据行政区划调整后四城区局业务工作量加大的实际需要，充实和加强了四区局领导班子；根据基层班子建设要求和需要，对部分基层班子进行届中考察，进一步改善和优化基层班子的结构，基层班子解决自身问题的能力得到提高；对18名副科级以上领导干部进行任前考察，对15名领导干部进行考核、公示，选拔推荐20名年轻干部到地州挂职锻炼，加大机关和基层领导干部的交流轮岗力度。切实加强党风廉政建设，加大警示教育力度，内部审计工作得到进一步加强。认真开展民主评议机关作风，进一步树立地税机关良好形象。

【内部管理】 市地税局在年内完善固定资产、经费、物资采购、基本建设财务管理、会计电算化等制度，开展全系统财务检查，强化固定资产管理各项措施，推进机关财务管理由事务型向管理型、监督型的转变；着力抓好各项重点工作和重大事项的紧急事故应急预案制度的建立；开展“局长接待日”工作，切实做好群体性事件应急处理和群众信访工作；加强消防和安全管理，进一步美化办公地点环境和改善办公条件。

【税务理论研究】 切实加强地方税务理论研究工作，设立昆明市地方税务研究会办公室，成立3个基层地方税务研究分会，编印《2004昆明地税》一书，在全省优秀地方税收成果评比中，市地税局推荐的税收论文有2篇获二等奖、1篇获三等奖、6篇获四等奖。

（黄跃初　杨　昆）

·责任编辑　吴振华·

商 业

商业贸易

【组建商务局】 为顺应加入WTO的要求，综合考虑建立统一大市场、内外贸一体化的实际需要，昆明市商务局于2004年7月顺利组建。根据《昆明市人民政府部分机构调整实施意见》和《昆明市人民政府办公厅关于印发〈昆明市商务局职能配置、内设机构和人员编制规定〉的通知》精神，昆明市商务局在组建中先合事，后合人，坚持“两融、三互、四促进”，即：加快与相关部门间的业务融合，增进内部各处室间的工作融合，互相学习、互相信任、互相支持，促进团结、促进建设、促进工作、促进经济社会的发展，达到了开好头起好步的目的，为建设学习型、实干型、服务型的新机关，推动昆明市商务经济建设搭建好了平台。

新组建的昆明市商务局是主管全市内外贸易、对外经济技术合作和外商投资工作的市政府工作部门。其主要职能是：贯彻落实国家和云南省的各项发展战略、方针和政策，研究拟定促进全市内外贸发展的地方性法规，指导和管理全市进出口、服务贸易、技术贸易、加工贸易以及国内贸易等各项工作，建立全市进出口公平贸易预警机制；分析研究全市外商投资情况，协调指导全市利用外资工作，提升利用外资规模和水平；研究全市对外经济技术合作工作发展规划，指导境外投资、对外工程承包、劳务合作等各项外经工作的开展；研究全市现代流通业的发展规划，指导商务企业改革和流通产业结构调整，促进现代流通方式发展；规范市场运行和流通秩序；拟订全市商业网点规划；负责全市畜禽定点屠宰监督管理。

【消费市场运行概况】 2004年，全市社会消费品零售总额持续稳步增长，市场繁荣活跃。据统计，1～12月份，实现社会消费品零售总额370.46亿元，同比增长12.8%。累计增幅除1至8月增长11.9%外，均保持在12%以上。如下图：

其特点是：(1) 个体私营经济增长快速。个体私营经济实现社会消费品零售总额236.85亿元，同比增长27.6%，个体私营零售贸易额占全市零售贸易额的63.93%，继续主导着社会消费品市场。如下图：

(2) 城市市场增速保持快于县及县以下市场。城市市场实现社会消费品零售总额325.96亿元，同比增长13.1%；县级市场实现社会消费品零售总额18.46亿元，同比增长20.5%；县以下市场实现社会消费品零售总额26.04亿元，同比增长5.2%。

(3) 批发零售贸易业、餐饮业等主要行业呈持续平稳增长势头。批发零售贸易业实现社会消费品零售总额287.47亿元，同比增长11.4%；餐饮业实现社会消费品零售总额72.37亿元，同比增长14.0%。

(4) 国有及国有控股市场持续下降，实现社会消费品零售总额29.84亿元，同比下降34.2%。

【国企改革】 国有商务企业产权制度改革改制工作起步平稳，推进有力，成

2003年度、2004年度社会消费品零售总额对比图 (单位：亿元)

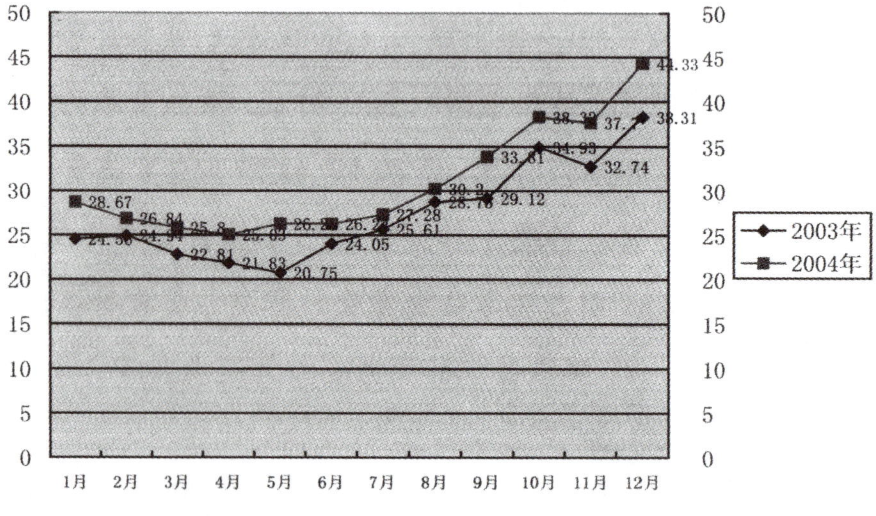

2004年度社会消费品零售总额份额图（按经济成分划分）　（单位：亿元）

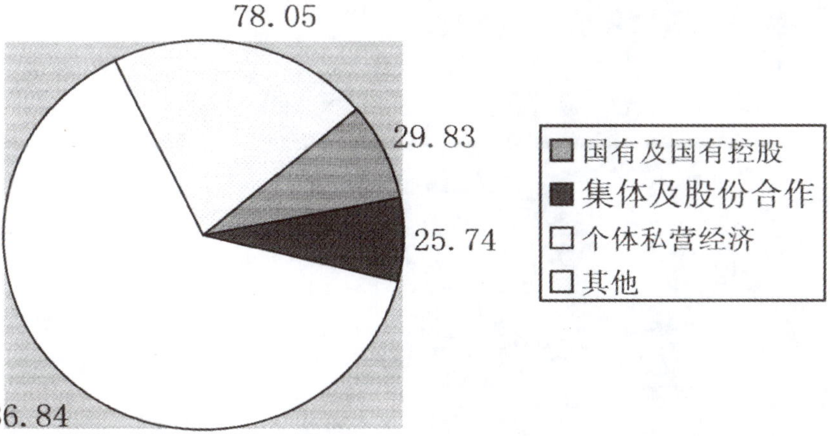

绩显著，取得实质性突破。2004年完成17户，占考核计划任务19户的89.47%。3年累计完成26户，占考核计划数32户的83.87%。改制企业总资产评估值25.74亿元，总负债评估值17.21亿元，净资产评估值8.53亿元，收回国有净资产1.54亿元，国有资产从商务行业退出取得实质性进展。国有商务企业改革改制涉及在职职工5 627人，其中办理内部退养1 515人，占26.92%；转换身份1 784人，占31.70%；与新企业重新签订劳动合同890人，占15.82%。妥善安置离退休人员10 104人，核定应发放经济补偿金6 514.3万元。年内，对32位经理（厂长）进行离任审计。组织企业改革改制经营团队的民主测评和资格认证25户319人，为深化国企改革提供了思想、组织和政治保障。

【再就业工作】　2004年，市商务系统在深化改制过程中关心职工生活，维护企业稳定，全年共走访慰问特困职工342人，发送慰问金8万元；下岗职工出再就业中心62名，安排公益性岗位24名；发放再就业中心人员基本生活费347万元；发放最低生活保障金502名计85.84万元。

【生猪定点屠宰监督管理】　2004年，在贯彻实施《昆明市生猪定点屠宰管理规定》的基础上，进一步规范了活禽交易，保证食品安全。草拟了《关于规范昆明市活畜定点和交易实施办法》、《昆明市畜禽屠宰管理条例》，对外公示了《昆明市主城区畜禽定点屠宰厂（场）行政审批告知承诺书》、《畜禽屠宰昆明市主城区畜禽定点屠宰厂（场）设置行政审批程序》。组织工商、动检、卫生、环保对11家屠宰场进行年检工作。根据国家商务部及省商务厅《关于全面开展生猪定点屠宰厂（场）基本情况调查的通知》精神，开展了对生猪定点屠宰集中整治的专项工作。协助指导官渡区“定点办”、西山区经贸局打击私屠滥宰违法行为，依法没收未经检疫的非定点屠宰生猪（及其产品）。完成盘龙、五华、西山、官渡四区新区划调整涉及的生猪定点屠宰场的交接协调工作。针对肉产品市场价格不断上涨，屠宰量有所下降的情况，对定点屠宰场和部分农贸市场进行突击性检查，采取应急措施，积极组织市场货源，确保上市生猪产品的质量，确保满足“五一”、“中秋”、“国庆”消费市场的供应。全市40个生猪定点屠宰厂（场）全年共屠宰生猪206.1万头，检出病害猪6 584头，其中主城区11个生猪定点屠宰厂（场）共屠宰生猪167.6万头，检出病害猪5 641头。

【节日市场监测】　按照商务部、假日办的要求，进一步加强对2004年“春节”、“五一”、“国庆”黄金周市场运行状况及肉、菜等重要商品的市场监测，对价格走势进行分析，为调控决策提供依据，保证市场供应。黄金周市场销售良好，据西南、百大、樱花、仟村、百盛、金龙、家乐福、红联、盛兴9家大中型商场情况统计，“春节”黄金周商品销售同比增长22.85%。“五一”黄金周实现销售同比增长32.92%。昆百大、樱花购物中心、柏联百盛购物广场、仟村、家乐福、盛兴超市、红联超市等7家大中型商场超市和昆明饮食股份有限公司等重点餐饮企业“十一”黄金周累计实现销售额4 096万元，同比增长7.67%，畅销产品以家电、服饰、日用百货、生活必需品为主。

【“菜篮子”与“食品放心”工程】　为保证老百姓吃上放心蔬菜，配合推动全市“菜篮子”工程与“食品放心”工程建设，开展对大型超市蔬菜农残超标整治和蔬菜产品质量安全专项整治工作，确保蔬菜质量安全。积极开展昆明市食品安全宣传周活动。委托农业部农产品质量监督检验测试中心（昆明）对家乐福白云店、普尔斯马特北辰店、沃尔玛大观店、盛兴龙泉店、好又多喜相逢店、北红联、柏联百盛超市、方华永昌连锁店等8大超市进行了蔬菜农残情况

昆明市商务企业座谈会　（市商务局　供稿）

2004年商贸工作会议　（市商务局　供稿）

抽测，并对蔬菜质量问题进行监控。重点抽测检验大白菜、菜豌豆、黄瓜等24个样品的甲胺磷、乙酰甲胺磷、氧化乐果三个指标。综合检验结果，蔬菜农药残留抽签超标率为9.26%，比全国平均超标率11.1%低1.84个百分点。

【行业管理】　一是行会建设。2004年2月9日完成了昆明市旅店行业协会的组建工作；昆明供应商行业协会于2004年10月28日正式挂牌；昆明焙烤行业协会运转正常，作用明显。建立行会并通过行会约定自律协调机制和内部仲裁机制，维护公平竞争，维护市场秩序，促进行业管理。二是对昆明市5 000平方米以上的市场和商场进行调查和统计，做好昆明地区向商务部推荐的“重点监测企业”的基础工作。三是宣传贯彻国家商务部等9部委《关于清理在市场经济活动中实行地区封锁规定的通知》和《关于开展酒类市场专项整治活动的通知》精神，提出了工作意见，切实加强对昆明地区实行地区封锁规定的清理和昆明地区酒类市场专项整治工作。四是加强典当、拍卖等特殊行业的管理，根据《中华人民共和国公司法》、《典当行管理办法》、《中华人民共和国拍卖法》、《云南省拍卖业管理暂行办法》、《昆明市行政审批告知承诺制度试行办法》等法律法规，制定公告“昆明市商务局关于典当行备案告知承诺书”和“昆明市商务局关于拍卖企业备案告知承诺书”，为进一步规范昆明地区典当、拍卖行业备案工作，维护典当、拍卖行业经济秩序，保护典当、拍卖企业的合法权益，促进典当、拍卖行业的健康发展起到积极作用。完成昆明地区57户拍卖和典当企业年度年检备案工作。

【参会参展】　2004年，市商务局成功举办“首届中国（昆明）焙烤糖制品展览会”，积极组织昆明市有关企业参加“2004年春季全国库存商品及闲置物资交易会”，“广州博览会”，参加在昆明举办的“中国中学生营养节”，“第五届中国昆明国际文化旅游购物节”，扩大昆明地产商品的影响力。

【商业规划】　《昆明城市商业网点规划》（2002——2010），2004年4月经昆明市人民政府正式批准出台实施。各县（市）区商业网点规划按照国家商务部要求，已着手进行，计划两年内完成，为依法建设商业网点提供了有力保障。

【商业网点建设】　年内健全了“昆明市政府商业网点办公室审批新建、新办大型商业网点服务承诺制度”，进一步规范市场审批程序，全年审批各类市场3个，截止2004年底，全市各类市场累计达618个。为5个地区解决部分市场建设资金。办理直管公房非住宅商业网点划拨16 252平方米。对金碧路拆迁遗留问题，昆明火车站和高山铺片区、文明街片区商业网点拆迁进行了有效协调。

【安全稳定】　2004年，市商务局实施“三安四常”工作方针（即：责任保安、科技兴安、机制促安、警钟常敲、检查常搞、队伍常训、设备常添）。层层签订《安全协议书》，安全工作责任“横向到边、纵向到底”。召开安全稳定会议12次，组织大规模检查和专项检查12次，整改安全隐患13项。为解决职工实际困难，化解矛盾，维护稳定，共接待上访群众18起1 000多人次，受理“12345”政府热线交办件23件次，处理群众信访211件次。充分利用6月份“安全月”和“安康杯”竞赛活动的契机，开展喜闻乐见的群众活动，强化职工的安全意识。加强对重点单位及要害部位的监管，加强工作的针对性和有效性。强化日常检查，把事故隐患消灭在萌芽状态。全行业未发生重大安全责任问题，连续7年无责任亡人事故，被评为“昆明市安全生产”一等奖。

【防治“禽流感”】　年内，昆明、呈贡县等地发生高致病性禽流感和疑似禽流感疫情，商务行业受灾严重，但政府、企业十分重视。行动果断，高度负责，密切配合有关部门，采取一系列果断措施，有效地控制了疫情的蔓延，为全市扑灭高致病性禽流感疫情做出了积极贡献。建立市场准入制度和市场重要商品监测制度，组建三宝、华曦、向化3个禽类定点宰杀场，实行“一鸡一环一袋”管理，共宰杀各类活禽469 325只。禽流感期间，11家定点屠宰点共宰杀生猪623 693头，确保了肉类食品的市场供应。按照“统一检疫、统一收购、统一宰杀（牲）、统一标识、统一冷藏”的原则，疏导滞压禽类，3家特许收购企业收购活禽共计243 450千克，3家指定冷冻冷藏企业共收储白条禽185.5吨，为昆明市疏导活禽滞压问题起到了重要的作用，最大限度地减少了灾民的损失。

【挂钩帮带扶贫】　按照全市扶贫开发工作的统一部署及要求，商务局机关担负禄劝彝族苗族自治县照块、皎平两个贫困村的扶贫。局里成立了扶贫工作领导小组，把定点挂钩帮带扶贫任务，分解到相关处（室），做到组织到位、责任到位。经过调研、走访、慰问，摸准摸实了村情，与乡、村干部一起分析研究脱贫思路，制定扶贫开发、脱贫致富方案。局长带头，经常深入扶贫点联系解决群众的生产生活和交通等方面的问题，为两个村解决市场建设资金各10万元。

【困难与问题】　2004年，全市消费仍

杨年年主任到禄劝县汤郎乡考察玫瑰茄种植情况　（市供销社　供稿）

处于较低水平，对GDP增长的拉动有限。内贸市场有待得到进一步拓展和规范。企业“走出去”的竞争力较弱。商业网点建设布局不够合理。市场流通整体运行环境有待改善。

（王选政）

供销合作

【主要经济指标完成情况】　2004年，昆明市供销合作社以企业改革改制为突破口，以提高企业经济效益为核心，扭亏增盈为重点，用科学的发展观指导各项工作，全面推进供销合作社改革与发展，扭亏增盈成效显著，圆满完成全年的各项目标和任务。2004年，全系统商品购进总额13.8亿元，销售总额14.7亿元，分别增长28.3%和27.9%。其中，市属公司购销分别是4.9亿元和5.3亿元，增长29.9%和29.0%；县（市）区供销社分别是8.9亿元和9.3亿元，购销增长27.4%和27.3%。

全系统继续抓好农资供应，牢固树立为“三农”服务的思想，较好地为农业生产和农村经济服务。市农资有限公司与县（市）区供销社积极配合有关部门，加大农资市场的整顿管理力度，规范进货渠道，杜绝假冒伪劣，强化服务意识，搞好优质服务，保护农民的根本利益，充分发挥农资供应的主渠道作用，确保春耕生产的农资供应。全年销售给农民的农资商品4.7亿元，同比增长4.7%。其中化肥销售41.9万吨，比2003年的40.1万吨增长4.4%；农药4 012吨，下降7.8%；农膜2 130吨，增长55.6%。

【完成利润目标】　市供销社为了使各项目标任务落到实处，实现全系统126万元利润的总目标，于2004年年初召开了五届十五次理事（扩大）会议，要求各县（市）区供销社、市属各公司高度重视扭亏增盈工作，把扭亏增盈工作作为供销社系统的中心工作抓紧抓好。同时，把全系统利润总目标分解到12个县（市）区供销社和7家直属公司，并签订责任书，落实目标责任人。由于目标明确，措施得力，责任到人，全系统扭亏增盈工作取得明显成效，全面完成利润目标任务。

2004年，全系统汇总实现利润为138万元，比2003年的136万元增加2万元，增加幅度为1.5%，超额完成目标计划。县（市）区供销社好于市属公司，县（市）区供销社为296万元，比2003年的161万元增盈135万元，增盈幅度为83.9%。嵩明县供销社实现利润31万元，官渡区供销社实现利润169万元，超额完成目标任务；安宁市供销社实现利润36万元，市农资有限公司实现利润60万元。

【净化农资市场】　昆明市供销社积极配合市工商行政管理局、市农业局、市质量技术监督管理局加大了对农资市场的整顿、管理力度，净化了农资市场，杜绝了假冒伪劣商品，保护了农民利益不受损害。2004年4月18日、9月18日分别在宜良县汤池镇和呈贡县联合开展农资市场打假护农专项整治大型宣传咨询活动，中央、省、市新闻媒体进行了现场跟踪采访报道，发放宣传资料5万多份，对坑农害农十大案件进行曝光，深受广大农民群众欢迎。

【探索新的经营模式】　东川、嵩明、石林、宜良、富民、安宁已实施了县域农资连锁经营，实行统一采购、统一配送、统一标识、统一经营方式、统一服务规范和统一销售价格。组织好化肥淡季储备及用肥旺季的调运工作，确保农业生产需求。通过淡季储备、旺季销

由供销社牵头成立的小新街乡无公害蔬菜生产协会挂牌　（市供销社　供稿）

售、增设网点、延长时间、送肥到村、供肥到户、开展优质服务等措施，充分利用自身信誉、仓储、质量、网络的优势，积极主动地为农民提供方便，更好地为“三农”服务。2004年，市供销社强化传统经营业务，克服困难，发挥优势，在服务“三农”中找位置。按继续巩固资产经营，恢复扩大商品经营和农村市场不放，城镇市场挤占，废旧市场抢占的工作思路，在农村商品流通中求发展，继续发挥供销社在农村市场的主导作用。

【巩固再生资源市场】　年内，为了推动经济增长、市供销社系统再生资源总公司废旧物资交易市场的建立，有效地遏制了销赃、收赃违法行为，规范了废旧物资交易，净化了社会环境，稳定了社会治安秩序，同时成为供销社系统新的经济增长点。废旧物资购进5.3亿元，占总购进的38.7%，同比增长105.4%。市供销社在市再生资源总公司和官渡区、西山区供销社占地面积285亩的8个废旧物资交易市场得到不断巩固和发展的基础上，积极与安宁市政府及有关部门协调，促成安宁市供销社新办的一个占地37亩的废旧物资交易市场，并于7月23日正式开业；晋宁县废旧物资交易也取得了显著成效；东川区废旧物资交易市场在市供销社的努力协调下，得到了东川区政府的大力支持，正在积极筹建中。

【规范烟花爆竹市场】　烟花爆竹在广大农村城镇有着广阔的市场，历史上一直由供销社经营，2004年国家六部委再次授予供销社烟花爆竹主营权。在公安、安监、工商、技监等部门的支持配合下，对全市烟花爆竹市场进行了清理整顿。供销社按照有关规定，规范昆明市烟花爆竹经营，投资改造烟花爆竹专用仓库，对进货、运输、销售等环节按规范操作，既保证了供应，又保证了安全。全年实现销售599万元，同比持平。其中富民县、东川区、呈贡县销售额大幅度增长。官渡区、西山区、石林县、宜良县平稳增长。

【新办日用消费品超市】　2004年，市供销社把日用消费品销往农村市场，用现代流通方式改造传统经营模式，适应农村经济增长及农民日益增长的物质需求。具体采取了一系列措施：兴办农村便民超市、自选商店，以全新的服务方式吸引广大消费者，巩固和开拓农村市场。寻甸县供销社在凤仪、倘甸、先锋、柯渡、塘子、鸡街；嵩明县供销社在小街、小新街、杨林；宜良县供销社在南羊、狗街、马街；西山区供销社在东风、海联兴办的15个农村便民超市、自选商店收到明显效果，销售额大幅度增长。如南羊超市的建立改变了以往设施陈旧，门庭冷落的境况，基层供销社面貌焕然一新，充满现代商业气息。每逢集日，到超市购物的农民朋友人头攒动，络绎不绝。2004年5月23日，超市开业当日就销售商品1.57万元。自开业以来销售额逐月上升，7个月时间完成商品销售总额101万元，是上年同期实行门店柜组承包经营时的2.5倍，实现毛利13.5万元。超市创办的成功，使基层社开始走出困境，干部职工们看到了供销社的希望，增强了信心。下一步计划依托购销店发展村级便利店，形成以超市为中心，辐射周围便利店的乡域日用消费品连锁网络，并以此为突破口，谋求供销社的更大发展。

新的经营方式改变了供销社小而散的经营模式，保证了商品的质量，增加了品种，降低了价格，方便了群众，赢得了市场，扩大了市场占有率，提高了经济效益，发挥了供销社在农村流通中的主力军作用。

【建立农村合作经济组织】　市供销社在总结宜良县洋葱专业合作社取得成功经验的基础上，指导县（市）区积极兴办各类农村合作经济组织，解决好为农业生产服务及农民卖农产品难的问题，推进农村专业合作社的建设。2004年，石林县维则供销社成立玉米专业合作社，收购玉米14 000吨，支付给农民现金1 750多万元。同时，农民还可以用玉米到供销社换购化肥、农膜和日用消费品。嵩明县小新街供销社成立无公害蔬菜生产协会，吸收农民会员，为农民会员和农户销售蔬菜，将蔬菜销往广州、深圳等地，带动了农户蔬菜生产的积极性。

西山区供销社在总结东风供销社种植食用玫瑰的基础上，得到市创新办大力支持，投入扶持资金25万元，在西山区团结乡新建300亩食用玫瑰示范园，带动农户种植。计划用2～3年的时间发展到1 000亩，并筹划组建西山区食用玫瑰协会。谷律供销社充分利用山区出产花椒的优势，2004年，收购花椒11吨，加工生产优质、绿色花椒油礼品盒12 500份，解决了当地少数民族群众卖花椒难的问题。为扶持花椒种植加工产业，谷律供销社正着手筹建花椒生产协会。安宁天业植物油有限公司大量收购油菜籽，为农民增收和产业结构调整找到切入点，取得良好的经济和社会效益。嵩明县供销社酿造厂通过改制后，商品质量和经济效益得到显著提高。

通过企业改制，呈贡县京福酿造有限公司2004年4月至12月，共销售各类酱油1 260吨，比上年同期增加366吨，销售收入完成204万元，比上年同期增加101万元；利润在消化了1～4月亏损近5万元基础上，年末实现利润1万元；11月8日，日本酱菜和酿造协会慕名到厂参观考察，并给予了高度评价。企业通过改制，不断加强和改进企业管理，逐步向规范化管理迈进，2004年12月29日，公司对现有股东实行“全员竞聘，发挥特长，各择其位，竞争上岗”，通过双向评聘，职工竞争上岗，提高了公司的效益和职工的危机意识。

【组建行业协会】　2004年，在市供销社组建行业协会努力下先后成立了昆明烟花爆竹行业协会、昆明市禽蛋流通行业协会、昆明农资流通行业协会、昆明再生资源行业协会。

【企业改制工作】　根据市政府昆政发《昆明市人民政府关于加快供销合作社改革与发展的意见》精神，市供销社党委、理事会为加强对改制工作的领导，加强对市社直属企业和县（市）区供销社改制的指导、协调、督促和检查，确保改制任务顺利完成，企业改革改制整体推进。2004年全系统共完成25户企业改制。

为了使改制工作进展顺利，市社举办了两期企业改制培训班，县（市）区直属企业和基层供销社共176人参加了培训。市社还帮助协调解决好市属公司拖欠长城公司的债务，认真抓好直管公房产权划拨的协调工作，为市属公司改制创造了一定的条件。禄劝县供销社在当地县委、县政府的支持下，筹措资金，积极兑现社员股金，受到有关部门的好评，为推进禄劝县的改制工作提供了支持。

（吴　彦）

粮　油

【贯彻《粮食流通管理条例》】　2004年5月26日，为加强粮油市场监管国务院公布并施行的《粮食流通管理条例》，赋予了粮食行政管理部门粮食市场监管的新职责。为履行好新职能，市粮食局及时掌握市场行情，采取有效措施，稳定粮食市场价格。一是加强粮食市场供应的监测、监管、分析粮食供求状况及市场趋势；二是建立粮油价格信息制度，及时对粮食商品的供求及价格进行监测分析，三是对粮食市场价格开展检查。根据省粮食局和省工商局“关于云南省清理整顿粮食市场秩序工作实施方案”的部署。9月中旬起，市粮食局与市工商部门密切配合，在全市范围内开展了为期一个月的清理和整顿粮食秩序的工作。重点查处哄抬价格，牟取暴利等违法行为，维护了粮食市场的规范有序。

【加强和改善粮食宏观调控】 2004年，为确保全市粮食安全，为加强粮食总量平衡及供求形势分析，研究提出宏观调控的建议及措施并全力保证实施。2003年下半年及2004年第一季度，全国粮食供求拐点到来，粮食供求关系发生变化。粮价上涨过快，涨幅在30%以上。根据粮食供求状况出现的新情况和新问题，市粮食局加强信息管理，密切关注国际、国内粮食市场动态，加强对粮食需求、库存、价格以及相关突发情况的监测、动态分析。向市政府第46次市政府常务会作了《关于做好当前粮食市场供应工作确保我市粮食安全》的汇报，提出应对粮价波动确保粮食安全的措施，为政府宏观调控决策提供了可靠依据。根据市政府的决定，市粮食局立即与财政、农发行等部门协调，部署了全市粮油购销、加工和供应等一系列具体工作。首先是在全国运力紧张的情况下，努力购入粮食充实库存，确保昆明市场的销售，截至12月底，共购入粮油（含本地收购）51 314万千克；油脂4 788万千克。共销售粮食56 454万千克；其次是紧急动用500万千克储备粮加工成优质大米，按低于市场价0.3元/千克进行销售，有效地平抑了粮价，稳定了市场。为确保购粮和调运任务的完成，市局调动精兵强将组成粮食采购小组分赴吉林、黑龙江等省一次性地订购了6 400万千克优质粮食，市属粮食购销企业还先后派出数十人的调粮人员驻守东北督促粮食调运，保证了粮食调运工作的圆满完成。从而保证了全市粮食市场和价格的基本稳定。

为落实省政府粮食安全和应急措施的有关指示，云南省下达昆明市进口粮食配额指标10万吨。5月17日至28日在廖晓珊副市长率领下，市局及粮食购销企业法人代表组成考察团到泰国、柬埔寨、越南等国进行考察，对东南亚的粮食种植、市场销售和出口等情况进行了详尽的调查了解，并与泰国正大、汇川等企业，柬埔寨、越南的几家大公司签订了部分粮食购销合同及协议，同时积极组织调运。

【制定粮食应急预案】 昆明是云南的省会，属粮食主销区，70%以上的粮食须从市外调入。由于粮食供求关系的变化，加之近年来处理老粮库存，退耕还林供应及陈化粮销售等因素影响，全市粮食安全形势较为严峻，需建立健全粮食预警监测机制。昆明市场的稳定，事关全省大局。为确保全市粮食安全和社会稳定，市局按要求及时草拟了《昆明市粮食安全预警应急预案》上报市政府，2004年6月，经市政府批准印发了该预案。《预案》结合全市实际，针对粮食安全影响的程度不同，区分了紧张、紧急、特急三种不同状态的预警类型，着眼于防范市场风险，制定了粮食应急时，调运、加工、销售一条龙可操作的快速反应机制。做到组织、人员、措施“三落实”，确保紧急情况时，责任落实、工作到位。同时，市粮食局加大了对粮食价格、市场动态监测力度，在凉亭、五里多市场及12个县（市）区建立粮食价格监测点，实行价格的日报和每周分析制度，定期向市委、市政府报告，特殊情况及时报告。

【积极购销，保障供应】 全市实行粮食“一取消、三放开”（取消粮食定购、放开粮食收购、放开粮食市场、放开粮食价格）后，粮食部门全面进入了粮食购销市场化的格局。市粮食局要求全体粮食系统干部、职工要适应改革新形势，牢固树立市场经济意识，积极主动地参与市场竞争，千方百计地掌握粮源积极促进粮食销售。至12月底，共购入粮油（含本地收购）51 314万千克，油脂4 788万千克。其中，本市农村收购粮食6 650万千克，市外购入粮食44 664万千克。销售粮食56 454万千克，油脂5 121万千克。至2004年底，全市粮食总库存（不含中央储备粮）贸易粮26 295万千克，粮食库存有省级储备2 039万千克，市级储备粮9 558万千克，县级储备粮7 902万千克，商品粮6 796万千克。

【储备粮管理体系建设】 储备粮油是各级政府保证粮食安全的一个重要手段，为确保储备粮油存得住、管得好、调得动、用得上，按市局的统一安排，应完善储备粮体系建设。各仓储企业发扬了“宁流千滴汗，不坏一粒粮”的光荣传统，严格执行《昆明市市级储备粮油库存管理办法》和“一符四无”粮仓标准，认真探索科学储粮的新路子、新方法，大力倡导科学储粮绿色储粮，积极推广“双低”、“三低”储粮技术、“二线智能模块测温系统”，将科学技术与储粮实践紧密联系在一起。至2004年底，全市实现“四无”粮食37 770万千克，比例为98.9%；油脂583万千克，比例为100%。科学储粮28 097万千克，比例为73.6%。市级储备粮管理体系逐步向规范化和科学化迈进。同时，为保证储备粮食的保质保值，市局严格执行储备粮油轮换的管理办法，圆满完成全年轮换任务。截至12月底，共轮出市级储备粮8 472万千克，轮入6 704万千克；轮出中央储备粮1 777万千克，轮入1 777万千克；轮出省级储备粮164万千克，轮入省级储备粮164万千克；新增省级储备粮700万千克。

【国有粮食企业改革】 2004年是深化国企改革力度最大的一年，市粮食局按照国务院《关于进一步深化粮食流通体制改革的决定》、省委《关于深化国有企业改革的若干意见》和《中共昆明市委、昆明市人民政府关于进一步深化国有企业改革的若干意见》要求，切切实实地抓好抓实全市国有粮食企业的改革、改制工作。结合昆明市的实际，市粮食局上报了《昆明市粮食局关于今年继续推进国有粮食企业改革的构想和建议》的改革方案，经市改革领导小组批准后，确定了市属企业的改制模式。

为确保2004年内完成粮食企业的改革目标，市局抽调机关工作人员组成3个指导小组，深入基层，耐心细致指导督促企业的改革改制工作，有效推动粮食企业改革进程。改革前，全市国有独立核算粮食企业72户，其中粮食购销企业56户，附营业务企业16户；至2004年底，已完成改革改制的企业53户，其中粮食购销企业37户，附营业务企业16户，正在改革改制的企业15户，还未进入改革改制的企业4户。市属6户直属企业、10户独立核算单位已全面进入改制程序，其中第四直属库、粮油储运公司改制为国有独资粮食购销企业，昆明面粉厂、黄龙山饲料公司、粮油物资公司、丰和粮油食品公司国有资产全部退出，改制为民营企业；12个县（市）区有9户已全面进入改制，各县（市）区保留1户国有独资或国有控股的粮食购销公司，其他企业按实际情况实行拍卖、租赁、国有资产退出等方式进行改制。各企业改制工作已进入终审批复程序。

市粮食局进一步落实各项配套政策和措施，加大工作力度，妥善解决好“三老”（老粮、老账、老人）问题，加快了国有粮食企业改革步伐。截至9月底，改制企业安置职工4 045人，其中内退864人，终止、解除劳动合同1 021人，职工身份转换2 160人。至2004年底，在岗职工2 356人，与改制前职工人数5 060人相比减员2 704人，其中粮食购销企业减员1 084人，附营业务企业减员1 620人。整个改制过程中，未出现大的群访、上访现象，有效维护了系统内部稳定和社会稳定。

【扭亏增盈】　2004年初，市粮食局与所属各企业和各县（市）区粮食局签订了扭亏增盈目标责任书。主要考核指标为：完成利润1 312万元，其中，市属企业利润1 124万元，县（市）区利润188万元；实现销售收入13亿元，其中，市属企业7.7亿元，县（市）区5.3亿元。到年底全市粮食企业划开因政策性和改制等因素影响的当年盈亏的老账7 327万元，全市粮食企业当年实现利润应为7 368万元，完成省级下达的考核指标任务。

【机构调整和人事任命】　根据市机构编制委员会《昆明市人民政府部分机构调整实施意见》要求，“对应省粮食局的设置，市粮食局划归市发展和改革委员会管理，保留其正县级行政级别”。年内中共昆明市委任命瞿勇为中共昆明市发展和改革委员会党组成员兼市粮食局党委书记。昆明市人民政府任命瞿勇为昆明市发展和改革委员会副主任，兼任昆明市粮食局局长。

（谷雁冰）

·责任编辑　吴振华·

烟　草

卷　烟

【概　况】　昆明卷烟厂创建于1922年，是中国卷烟工业四大重点骨干企业。

昆明卷烟厂牢固树立科学发展观和危机意识，持续深化“全员营销”、“严细实”、质量“零缺陷”管理和学习型企业建设，以和谐昆烟为主线，加大品牌扩张力度，加快联合重组步伐，三个文明建设协调发展，2004年实现税利88.38亿元，税利总额连续4年保持20%的增长，在全国500强企业中排名183位，荣列全国纳税百强企业第十位，稳固了卷烟制造业“全国工业重点行业效益十佳企业”三强的地位，被国家九部委授予首批全国“创建学习型组织、争做知识型职工示范单位”，成为全国烟草行业和云南省惟一获此殊荣的企业。

【主要指标完成情况】　2004年，昆明卷烟厂累计生产卷烟112.2万箱，其中，生产内销卷烟110.7万箱，较2003年同比一、二类卷烟又增21.02%；累计销售卷烟111.73万箱，实现销售收入113.11亿元，较2003年的98.85亿元增长14.43%。2004年实现工业总产值（现价）115.87亿元，较2003年的102.51亿元增长13.03%；实现税利88.38亿元，较2003年的72.06亿元净增16.32亿元，增长22.65%，其中：实现税金63.72亿元，同比增长18.97%；实现利润24.66亿元，同比增长33.30%；单箱税利达到8 018元，同比增长24.24%。为国家财政积累和地方经济建设作出了积极贡献。

【明确发展定位】　2004年，围绕国家烟草专卖局“大企业、大品牌、大市场”的发展目标，昆明卷烟厂进一步明确管理、品牌、市场、计划、资产、技术、人才、文化“八个发展定位”，充分发挥比较优势，重点突出品牌集中度和联合重组管理，走外向集约型发展之路。通过制定发展规划、提升学习能力、调整组织结构、理顺管理体制、推进技术创新、追求卓越质量、拓展市场空间、构建战略联盟、优化资源配置、筹划重大技改等举措，形成从分析、规划、实施到评估的战略管理过程，工作前瞻性、客观性和科学性不断增强，企业核心竞争力不断提升。“云烟”、“红山茶”、“茶花”、“春城”、“香格里拉”5个牌号进入了《中国卷烟百牌号目录》，春城卷烟厂已正式与昆明卷的烟厂顺利合并重组成为昆明卷烟厂分厂，紧密型联合的山西昆明烟草有限责任公司和内蒙古昆明卷烟有限责任公司发展态势良好。2004年，山西昆明烟草有限责任公司生产卷烟25万箱，销售卷烟25.5万箱，实现税利5.95亿元，同比增长12%；内蒙古昆明卷烟有限责任公司生产卷烟24万箱，销售卷烟24.14万箱，实现税利7.70亿元，同比增长40%；昆明卷烟厂分厂生产卷烟20万箱，销售卷烟20万箱，实现税利5.40亿元，同比增长28.57%，做到了当地政府、经营者和企业职工“三个满意”，昆烟综合实力和可持续发展能力得到进一步增强。

【提高品牌集中度】　年内，按照国家局整合压缩牌号“三个一批”的要求，昆烟整体规划，统筹布局，围绕“做精云烟、做强红山茶、做大春城、做响香格里拉”的品牌战略，认真梳理牌号、整合压缩规格，加大产品结构调整力度，做大全国性品牌，稳步收缩区域性品牌，积极构筑具有鲜明企业特征和清晰价值个性的名优品牌。加快产品结构调整。成立专门课题组，对现有品牌的市场状况、竞争环境、生产保障、发展前景进行成长性和竞争力综合分析，丰富品牌内涵，提炼品牌个性。全年在产牌号7个、规格33个，较2003年同比规格减少6个。结构最高、获利能力最大、竞争能力最强的主打品牌“云烟”发展态势良好，规模已达55万箱，同比增长46.24%。“云烟”、“红山茶”和“春城”三大支柱品牌集中度已达90.06%；加大品牌扩张力度，2004年先后与10家烟厂签订年度联营协议（合同），制作《昆烟品牌手册》，以《昆烟品牌联营管理规定》为保证，逐步理顺与规范联营管理接口和流程。全年共完成联营生产59.58万箱，其中昆烟品牌54.48万箱，“春城”和“红山茶”已成为联营主导品牌，“红山茶”扩张量位居全国名优烟第二位，企业品牌市场规模已突破160万箱，远远超过历史最高水平，层次更趋合理，品牌更为集中，为企业成长注入了新的活力。

【增强管理执行力】　年内，昆明卷烟厂按照“市场、效益”原则，企业本着“相互尊重、优势互补、共谋发展“理念，以资产、品牌、采购、销售“四统一”为标准，优化资源、整合要素、再造流程，统一品牌发展规划、统一产品质量标准、统一工艺技术标准、统一原辅材料质量标准，统一营销宣传策略，促进资源有效利用与合理配置，管理效能得到进一步提升。

【健全完善制度】　2004年，昆明卷烟厂为适应发展形势变化，企业进一步调整和明确了领导班子分工，完善了党政联席会、党委会、职代会分团长会等决策和议事规则，定期召开每周一次行政办公会、每月一次政工办公会、每季度一次经济运行分析会，相继成立与调整了企业发展战略、企业宣传策划等14个领导小组，合并组建技改、人力资源、党群3个新部门，制订或修订出台近30项规章制度，规范管理，以督办制全过程督促各项举措在限期内逐一落实，全年共立项督办32件，并全部办结，在各个部门的共同努力下，企业决策更为科学，执行更为有力，生产经营运转更加顺畅。

【技术创新】　昆明卷烟厂紧紧围绕《中国卷烟科技发展纲要》，坚持“中式卷烟”发展方向，发挥国家级技术中心的优势，努力创建企业自主研发体系，积极筹建博士后流动站，成立企业外聘专家顾问组，与国内外相关院所建立长期合作关系，集成各种技术资源，做到市场、科研、生产三结合。强化基础研究与应用技术研究。以降焦减害和改进制丝工艺为出发点，应用集分组、柔性和功能性加工为一体的精细加工技术，突出原料、配方、工艺、文化特色，所有产品焦油量均控制在15mg以下。首次承担并完成的国家局科技项目“生化技术在烟草工业中的应用”，填补了国内烟草生化技术应用领域的空白，并成功应用于昆明卷烟厂高档产品之中。开展针对烤烟品种、烟叶质量与环境关系及烟叶安全性研究，按期配合完成国家局“全国烟叶主要化学成分合作分析”年度工作计划。以多项具有自主知识产权核心技术为支撑的“云烟系列产品开发研制”取得重大突破，并在此基础上成功推出高端卷烟产品云烟（印象·棕）。全年科技成果共获云南中烟工业公司特等奖一项，二等奖三项，云南省科技技术进步三等奖两项。

【技改工程】　2004年，昆明卷烟厂遵循行业做大企业、做大品牌发展思路，针对生产格局较为分散、技改步伐相对滞后的现状，企业领导班子充分酝酿，反复比选，达成共识，在上级部门的充分肯定和大力支持下，企业新征用地1 177.2亩实施重大技改。预计2008年技改完成后，昆烟新厂区将形成150万箱的生产能力，企业综合实力将有质的提高。

【信息化建设】　2004年，在信息化建设方面，昆明卷烟厂顺利通过国家局“生产经营决策管理信息系统”试点验收工作，圆满完成整体国内领先、部分国际先进的国家局“烟草863计算机集成项目”子项目“昆明卷烟厂生产执行系统”。加强基础数据的采集与统计分析，简化工作流程，快捷传递信息，努力实现系统集成、信息共享，全力打造“数字昆烟”。

【资金运营】　年内，昆烟企业进一步加强对节能降耗的督促考核，通过严密计划、监控过程、严控费用、监督资金运营等措施，推行全面预算管理，确保财务收支平衡，提高成本控制力，促进企业改善管理。抓好财务管理体制建设。按照产权清晰、权责明确的原则，理顺与重组企业、三产的投资关系，对重组企业进行认真资产核实，以维护重组各方的合法权益。认真制定贯彻执行《会计基础工作规范》，狠抓财经秩序整顿复查，对各方面反馈回的738条信息准确复核、及时落实，完成全年应收货款，平均货款回收期加快了一倍。

【加强财务基础工作】　昆明卷烟厂2004年公开招聘、选拔50名专兼职核算员并完成了相应考试，充实到基层，确保了财务管理的有效性、及时性、准确性和规范性；深挖增收节支潜力。强化内审监督，以预防为主，事前控制，规范价格管理，坚持推行比价采购和招标管理，降低资金占用和库存。累计节支1.6亿元，通过招标节约资金860万元（工程招标部分），降低率为18.56%，备件库存1.15亿元，同比下降1 136万元，1～11月辅料采购同比节约9 861.5万元，完成财务审计项目11项，审核合同和工程结算851项，审核金额3.565亿元，审减金额3 018万元，审减率为8.47%。在保持企业较快增长的同时，全年实现投资收益2 752万元，比2003年增加762万元。

【学习型企业建设】　2004年，昆明卷烟厂紧紧围绕领导人才、企业经营管理人才和专业技术技能人才“三支队伍”建设，积极推进学习型组织建设，实施人才工作五年规划，归口管理，建立企业人才库，科学匹配职工知识架构。深入开展素质教育。规范政治和业务学习制度，细化培训，采取院校进修与岗位自学、基础教育与应用技能、定期培训与专题讲座相结合，提高干部职工学习力和企业应变力。全年共有84名职工接受了研究生学历教育，首批共有126名职工经过培训，顺利通过全国成人高考进入云南大学接受本科教育；加大人员互派力度。除长期派驻的8名管理人员外，全年昆烟向重组企业派出干部、技术骨干57名，同时40名重组企业管理、技术和业务人员到昆明卷烟厂学习交流，促进了与联合重组企业间管理思想、观念和文化的内在融合；完善激励机制。加快劳动、人事、分配制度改革，加大“公开平等与竞争择优”力度，选人用人看主流、看本质、看潜力，拓展覆盖面、畅通渠道，全面推行管理、业务岗位竞聘，完善末位调整制度，营造竞争氛围，为职工展现才华提供更大平台。全年共组织7次管理与业务岗位公开竞聘，选拔、任命和调整中层干部110名，公开选拔聘用业务员65名，努力做到用事业造就人才，用环境凝聚人才，用制度保护人才，用待遇留住人才。

【市场营销】　面对计划与市场的供需矛盾，昆明卷烟厂进一步深入贯彻“全员营销”理念，开展互动式管理，加强内部管理和计划、发货、市场的需求互动，以市场为导向统一思想、统一行动。强化深度分销。以“确保重点，兼顾一般，上调结构，提升毛利，强化渠道，服务终端”为指导，按照适度从紧的原则，实施“拓市升价、稳量保价、量随价走、打好三差”的运作策略，推行精准营销，不断提高顾客满意度，确保市场稳定和销售顺利完成；严格经济责任制。细化销量、结构、价位和货款回收等业务指标，严格考核，加强计划衔接、提报、发运、售中和售后的控制监督力度，提高营销工作质量；建立战略伙伴关系。立足“大市场、大流通、大品牌、大网络”的长远目标，诚信服务，与大连、北京、吉林、福建、江苏等一批重点客户建立联盟，打牢基础，市场呈现出覆盖面扩大、品牌集中度提高、结构改进、价位平稳、毛利攀升的可喜局面。

【烟草原料】　年内，昆明卷烟厂为确保品牌规模迅速扩张后原料的有效供给，从战略高度统筹原料工作，以诚信服务、精诚合作、共同发展为指导，切实做好烟叶购进和基地建设。提高烟叶购进质量。兑现《诚信服务承诺书》，

中国共产主义青年团昆明卷烟厂第九次代表大会 （罗昆云 摄）

计划内烟叶购进60天内顺利完成全年任务，在进度加快的同时，烟叶质量、等级与购进秩序都比往年有进一步提高；拓宽烟叶使用范围。应用分组整理、配打混烤等先进工艺，提高烟叶利用效率，有1.7万担以往难以使用的烟叶得到合理应用。细化指标、分解流程、认真养护，实现了烟叶霉变、压油损耗低于0.9%的质量目标。新建了2.5万平方米的烟叶仓库，提高质量保障能力。应用信息系统完成全年购进烟叶数据信息录入，为工艺配方提供综合分析信息，并指导来年生产。

【构建原料战略联盟】 2004年，昆明卷烟厂为满足特色品牌叶组配方的需要，本着平等互利、共同发展的原则，在云南中烟工业公司的支持和帮助下，2004年企业在福建建立了两个烟叶基地县，在贵州建立20万担的烟叶供应基地，省内确定以昆明为主，保山、文山、大理和临沧等地为辅的烤烟基地。全年实际采购烤烟162万担，综合等级合格率达85.28%，同比提高3.1%，全年烟叶总库存共计256万担，其中上等烟叶比例占49.81%，上中等烟叶比例96.08%，企业发展基础进一步稳固。

【质量管理】 昆明卷烟厂牢固树立服务市场意识，以ISO9001国际质量认证体系为基准，追求产品质量和工作质量“零缺陷”，增强质量保证能力。强化生产管理和质检监控力度。预防与监督并重，突出以重点牌号、重点工序、薄弱环节、设备自动检测与机台自检为主的现场控制方式，由过程控制逐步向参数精确控制转变。严格工艺技术标准，整合生产要素、规范生产管理、提高生产应对速度，做到生产布局合理化、计划管理科学化、工作程序闭环化。企业质量综合得分97.14分，同比上升0.48分，优等品率97.20%，同比上升22.37%，行检、抽检和商检合格率均为100%，再次获“全国质量管理先进企业”称号。

【设备管理】 昆明卷烟厂以“创造工艺环境，保证工艺条件”为目标，以“三级点检、轮修、轮保”为重点，利用计算机动态收集设备运行数据指导设备改进和维修，调配整合设备资源，降低设备故障停机率，持续挖掘设备潜力。2004年设备有效作业率平均为85.8%，设备完好率为100%。与此同时，技术队伍不断成长，在云南省烟草系统首届“云烟杯”职业维修技能竞赛中，昆烟勇夺两个第一，有3名选手入围参加全国“中华杯”维修技能决赛，并取得了第二、第四、第五名的优秀成绩。

【安全生产】 昆明卷烟厂抓紧完善安全工作长效机制，全面落实《国务院关于进一步加强安全生产工作的决定》，按照“谁主管，谁负责”的原则，坚持安全工作“一票否决”制，加强培训，保证投入，切实把安全责任落实到各个环节。以消防安全为中心，突出生产、交通和治安安全三个重点，深入开展安全专项整治，加大薄弱环节工作力度，及时整改安全隐患，堵塞漏洞、不留死角，真正做到预防为主，打防结合。全年共组织1 456人参加的消防培训6次，组织安全知识学习培训1 336人次，共组织防火安全、片区安全等各类检查活动4 529次，完成全部特种设备的登记注册工作及全厂特种作业240人年度检审换证，污染排放完全达标。企业全年无重大火灾事故、无重大爆炸、无自然灾害事故、无责任工伤事故、无重大刑事案件和影响社会稳定事件发生，千人负伤率为0，重大事故隐患整改率为100%，在云南中烟工业公司2004年度安全工作考核中，昆烟以99.7分荣列全省卷烟工业企业第一名。

【政治文明建设】 年内，昆烟企业不断加强领导班子建设，持续提高领导干部科学判断形势、应对市场和驾驭全局的能力；加强党风廉政建设，打造勤政廉政高效的党员干部队伍；持续完善集体决策机制，抓好“三会一课”，广开监督渠道，坚持厂务公开，努力做到方式透明、通报及时、信息准确，确保职工群众民主选举、民主决策、民主管理和民主监督权利的贯彻落实。

【精神文明建设】 昆烟企业建成内容翔实的昆烟展厅，成为对内宣传教育的新基地、对外展示形象的新窗口；工会工作坚持党的“依靠”方针，以维护职工合法权益为重点，以创建学习型企业为契机，深入开展群众性经济技术创新、职工思想教育、全厂性重大文体比赛等活动，充分发挥了工会的桥梁和纽带作用；共青团成功召开第九次团代会，完成团委换届工作，首次推出昆烟“十佳”青年岗位能手评选活动；离退休管理工作再上台阶，“三自管理”模式被推荐到全国老干工作会上作先进经验交流，代表企业参加省市文体比赛荣获市级以上奖励29项，成为昆明的又一个文化品牌。同时，昆烟还积极支持社会公益事业，2004年扶贫、助学、救灾等共赞助和捐资500万元，企业继续保持了国家及省级“精神文明建设先进单位”称号。

【后勤服务】 2004年，昆烟企业的“三产”和后勤以服务和效益为中心，以敬业和创新为工作重点，逐步理顺管理体制，自我发展能力有了进一步提高。九九集团公司完成了公司的整体搬迁，严格按照《国家烟草专卖局关于清理在关联企业参股入股问题的通知》要求，基本完成了包括厂领导在内的共

298名规定退股人员的股份清退工作，完成了资产评估工作，全年实现利润4 500万元，投股权比例，职工持股会可分配利润3 380万元；石林天合烟叶复烤有限公司实现税利2 500万元；九九物业公司树立服务企业、服务职工、服务业主意识，全年实现总收入3 300万元；天恒、天平两个酒店进一步加强管理，提高服务质量，经营利润同比有所增长；完成新建住院大楼及旧楼改造工程，与云南省第一人民医院合作成立红云医院，新建了具有现代气息的厂大门，全年共完成厂区维修改造91项。昆明卷烟厂职工全面享有劳动、生活、医疗和其他社会保障，公积金缴纳比例提高到10%，职工工作和生活质量得到较大改善。

（张红云）

专　　卖

【概　况】　2004年是昆明烟草深化改革，全面发展的崭新一年，也是夺取历史性突破、实现跨越式发展的不平凡的一年。昆明市烟草专卖局（公司）以“三个代表”重要思想和十六大精神为指导，认真贯彻全国、全省烟草工作会议精神，顺应行业改革，立足“两烟”工程，全体员工和衷共济、无私奉献，圆满完成生产经营任务，全面提升管理水平，各项工作逐步走上了良性发展轨道。

各项指标完成情况如下：

1. 效益指标创下历史新高　全系统预计实现“两烟”销售收入39.7亿元，较2003年的35.8亿元增加3.9亿元，增长10.89%。

预计实现利税10.10亿元，较2003年的7.90亿元增加2.20亿元，增长28%。其中：税金3.90亿元利润6.20亿元。公司本部实现税利2.65亿元。

【卷烟销售增长势头强劲】　预计累计销售卷烟92.5亿支，比2003年的85亿支增长8.8%。其中：一、二类卷烟比例30.5%，同比增长3.2个百分点。

预计实现单箱销售收入11 262元（含税），较2003年的9 598元增长17.3%。

单箱毛利2 352元，较2003年的1 412元增长66.5%。

全年全地区综合毛利率20.88%，同比增长7.2个百分点。

【烤烟生产呈现良好态势】　完成种植面积63万亩，签订烤烟生产、收购合同21.42万份。

收购烤烟161.9万担，占计划的99.96%，其中上等烟73.9万担，占45.7%。

收购均价达到11.5元/公斤，比2003年的10.18元/公斤增加了1.32元，增幅达到13%。

【烟草种植】　2004年市烟草专卖局（司）以质量为中心，切实提高烤烟生产水平和效益突出了一个快字，移栽进度快，移栽周期短。谷雨节令栽烟33.54万亩，占53.2%，立夏栽烟29.21万亩，占46.4%。水浇地工程进度快。投入水浇地建设资金3 592万元，同比增加53.8%，新建小水窖2 001个。

收购进度快。全面实现入库预检制，从8月15日开磅，到10月20日全部完成收购任务，比2003年缩短5天。做到了两个创新。

一是育苗技术的创新。推广高茎壮苗大田深栽技术，漂浮育苗出现集约化、规模化、商品化的发展趋势，出苗率超过93%，壮苗率达到87%以上。二是生产方式的创新。运用示范、鼓励、扶持等方法，提高科技户和专业户种烟积极性。2004年全市烟草实现了三个提高。

一是种植水平的提高，轮作面积达到40.9万亩，占种植面积的65%；30亩以上连片面积57.3万亩，占种植面积91%。

二是烘烤水平的提高。新建烤房2 740座，改建烤房1 051座。

三是收购水平的提高。烟叶二次验级入库合格率为82.65%，比2003年提高近10个百分点。

【专卖管理】　截至2004年11月底，共出动专项打假24 488人次。

查获各类案件3 688起，其中制假售假案件1 003起，烟叶案件149起，走私案件412起。

捣毁制假窝点110个，收缴制假设备72台（套），查获假冒卷烟7 390件，走私卷烟323件，没收烟叶156吨，登记保存非渠道流通卷烟12 132件，上缴罚没款1 226万元。

销毁制假烟机68台，销毁假烟6 351件。

查获10万元以上大案要案59起，查获卷烟5 941件，案值1 510万元。

2004年，市烟草专卖局（司）加大专卖管理力度，维护“两烟”市场秩序。

落实专卖管理职能，促进两烟秩序进一步好转。

继续开展整顿和规范市场经济秩序和专项治理卷烟体外循环。成立领导小组，开展专项整顿，有效杜绝了网外销售、卖大户、变相卖大户、虚假客户、拆单分摊、低于统一批发价倒卖卷烟等违规行为。

依靠各级政府的支持，加强和公安、工商等相关执法部门的配合，加大打击假、私、非卷烟和端窝打点的力度，有效促进了昆明市两烟秩序的进一步好转。

昆明卷烟厂三车间（薄片生产线）　（罗昆云　摄）

提升专卖管理水平，实现市场监管与服务的有机结合。

以“强化服务，提高素质，树立形象”为指导，通过强化三种意识，展示三大形象，实现三个提升，积极探索诚信经营、诚信服务管理的新途径。开展《行政许可法》宣传活动，举办《行政许可法》培训暨知识竞赛。按照“合理布局、总量控制、留有余地”的原则，完成全市1.16万户合法零售户的换证、办证工作。年内还召开专卖零售许可证合理布局听证会，新办《烟草专卖零售许可证》519份。

【抓好四项落实】　一是政策宣传落实到位。加大对烟叶生产的有关扶持政策和价格政策的宣传力度。

二是合同签订落实到位。63万亩的种植面积100%签订了合同；三是科技措施落实到位。继续推广烤烟测土配方施肥技术，加大优质烟示范力度，全市优质烟示范面积达10.86万亩，占总面积的17.3%；四是收购秩序落实到位。全面推行收购预检制，加大专卖执法力度，全市收购秩序井然，烟叶流通秩序较好。

【全面实施网建巩固提升工程】　2004年，市烟草局（司）在全面实施网建巩固提升工作，以客户为中心在以下几方面突出：

1.明确工作目标，实施一个工程按照国家局、省局“电话订货、网上配货、电子结算、现代物流”的总体要求，围绕“集约经营、量化管理、规范专销、共同发展”的经营理念，全面实施网建巩固提升工程。建成电话订货、客户服务、大客户服务、市场营销、物流配送、电子结算、专卖稽查服务七大中心，提前实现电话订货、物流配送、电子结算3个“百分百”的工作目标，得到上级与同行的充分肯定。2.IT技术支撑，完善五个系统，按照统一平台、统一数据库、统一网络的要求，加快卷烟经营决策管理系统、办公自动化系统和电子商务系统的建设和实施，实现所有平台的连接与信息共享，使信息管理步入科学化、规范化轨道。积极配合国家局完成了“一号工程”的升级和扫码系统的改造。完成烤烟MIS系统生产管理模块和物资资金模块推广使用工作。

【实现资本增值盈利】　2004年，财会基础工作得到加强，资产管理步入正轨，认真组织实施“财经秩序专项整顿工作”，自查自纠取得阶段性成果，促进了各级公司财务管理和会计核算基础工作。

初步建立了预算管理制度和控制体系，全面启动了合同管理和固定资产审批制度，大宗物资采购实现了招投标或比价采购。围绕财务收支和投资管理，加大审计监督力度。

加强财务审计，完善资金及合同审批权限管理，规范重点资金、项目、凭证、岗位的审计程序和审计监督工作。

全年共进行财务审计项目31项，审核合同和工程结项，审核金额1.63亿元，审减金额672万元，审减率为4.12%。

【加强党建工作】　年内，围绕中心工作，组织党员、干部认真学习了“三个代表”重要思想和党的十六届四中全会等文件学习材料。加强党的组织建设，全年吸收新党员17名，转正4名。

从落实“三项制度”入手，大力开展“云岭先锋”工程活动，实行党员挂牌上岗。依法治企，坚持局（司）务公开制度，促进民主管理。

充分发挥工会的桥梁纽带作用，开展劳动竞赛知识竞赛和全民健身活动，组织职工进行了体检和疗养。加强对共青团的领导，完成共青团的组建工作，为共青团工作的充分活跃和健康发展引路导航。

【深化改革干部人事制度】　2004年，市烟草专卖局（司）加大劳动、人事、分配制度的改革力度，引入劳务派遣制和竞聘上岗制。改革干部管理制度，在部分领域打破身份限制，拓宽选人用人渠道，科学配备管理人员，实行动态管理。全年共选拔、任用、调整、聘任中层干部39名。同时不断引入激励机制，实现职工收入水平合理增长。全系统在编职工年人均收入55 159元，月人均收入4 596元，同比增长10%。

建立各项规章制度和管理性文件496份。加大催办督办力度，落实各项工作35项。精简会议，改进文风，严肃下基层工作纪律，倡导求真务实的风气。

树立公司良好的形象，累计编撰简报45期，上报政务信息53篇，得到领导和同行的赞誉。

【安全生产常抓不懈】　以消防工作为中心，以交通安全、社会治安综合治理为重点，加强制度建设，建立预警和应急机制。增加安全投入，配置灭火器材，安装弱点防雷保护等设备。同时强化宣传教育，组织开展义务消防员培训、演练113人次。开展了《道路交通安全法》知识竞赛和“百日行车”安全活动。按期进行安全检查，对存在的安全问题和隐患及时进行查处和整改。全年实现无火灾、交通和社会治安事故的发生。

【后勤工作进展顺利】　2004年，以“服务公司、保障有力、团结协作”为宗旨，及时顺利地完成了物流中心、电子结算中心、稽查服务中心、分拣车间的改造安装装修等工程，为网建工程的顺利进行提供了有力保障。完成了新办公大楼的前期准备工作，目前已进入施工阶段。加强公司后勤管理，尽力解决职工后顾之忧。

同时控制接待费用全年共计支出接待费用300万元（按规定可支出1 005万元），占可支出费用的33%。

（市烟草专卖局（公司）办公室）

·责任编辑　吴振华·

金　　融

综　　述

【存　款】 12月末，全市金融机构本外币合计各项存款2 222.06亿元，金融机构人民币各项存款余额为2 162.37亿元，比年初增加367.95亿元，增长20.51%，其中：企业存款增幅高于2002年和2003年的同期水平。12月末，企业存款余额为960.14亿元，比年初增加221.2亿元，增长29.93%；储蓄存款适度增长，稳定性有所提高。12月末，储蓄存款余额为826.11亿元，比年初增加117.58亿元，增长16.59%，在新增储蓄存款中，定期占比达50.11%，比上半年高5.58个百分点。

【贷　款】 12月末，全市金融机构本外币合计各项贷款余额（含国家开发银行贷款）1 825.25亿元，比年初增加252.31亿元，增长16.04%；全市金融机构人民币各项贷款余额（含国家开发银行贷款）1 776.23亿元，比年初增加272.75亿元，增长18.14%。其中：工业短期贷款快速增长，12月末，工业短期贷款余额为219.9亿元，比年初增加28.36亿元，增长14.81%；私营企业及个体贷款快速增长，12月末余额达6.51亿元，同比增长170.12%，比上年同期多增3.46亿元；中长期贷款也保持较高增长，12月末，中长期贷款余额为721.11亿元，比年初增加151.56亿元，增长26.61%；个人消费贷款快速发展，12月末，个人消费贷款余额为186.91亿元，比年初增加56.94亿元，增长43.81%，新增个人消费贷款占了全省个人消费贷款的63.52%。

【外汇存贷款】 12月末，全市金融机构外汇各项存款7.21亿美元，比年初减少2.6亿美元，下降26.38%。各项外汇贷款余额为5.92亿美元，比年初减少2.25亿美元，下降27.52%，出现“双降”。

【现　金】 12月末，昆明市金融机构累计现金收入3 748.77亿元，累计现金支出511.46亿元；收支相抵累计净回笼现金141.77亿元，比上年同期多回笼现金25.24亿元。昆明地区现金出现较大回笼，主要是工资、奖金和行政企事业管理费支出大量减少，服务行业和税款收入较快增加所致。

【信贷结构调整】 一年来，全市金融机构围绕国家金融宏观调控政策，积极优化贷款投向，调整信贷结构。人民银行积极运用货币信贷工具做好“窗口”指导工作。12月末，全省人民银行累计对各类金融机构发放再贷款52.91亿元，其中：发放短期再贷款3.68亿元；对农村信用社累计发放支农再贷款31.2亿元。累计办理再贴现0.29亿元。合理引导农村信用社信贷投向，增强农村信用社信贷支农力度。全市金融机构一年来加强对钢铁、电解铝、水泥、电石、铁合金、房地产等信贷业务的管理，取得了较好效果，12月末，昆明市钢铁、水泥、电解铝、铁合金、电石、房地产等6个行业银行贷款余额比6月末减少10.30亿元，下降8.81%。同时，积极落实各项信贷政策，积极推进国家助学贷款和下岗失业人员小额担保贷款，推动云南省消费信贷业务的稳定发展。12月末，全省国家助学贷款余额为18 614.68万元，比年初增加3 620.29万元，增长24.1%；全省下岗失业人员小额担保贷款余额8 291.6万元，比年初增加4 258万元，增长105.56%；全省商业银行自营房地产信贷业务贷款余额为404.48亿元，其中个人住房贷款占61.5%，自营房地产信贷业务较年初增加87.32亿元；全省消费贷款余额374.44亿元，比年初净增89.1亿元，增长31.23%。

【金融服务】 全市金融机构服务水平进一步提高，科技创新步伐和电子化建设进程进一步加快，完成了昆明市大额支付系统建设的各项推广应用及系统的换版工作。银行卡联网通用覆盖面进一步扩大，用卡环境改善，新一代网上银行业务不断推进，以建设跨公共支付清算平台为基础，建设并启动了“金融跨行通”和“百姓缴费通”，它既为整合银行柜面、网络等资料，提高银行资源的利用率，为企业、银行拓展自己的特色业务，树立自己的服务品牌提供了一个良好的支付结算服务平台，又为广大客户和消费者提供了一个更方便、更快捷、更安全的资金环境。新的金融产品不断推出，特别是近年来，个人金融业务已成为各银行业务拓展的热点，为客户提供了从贷款发放、理财服务到个人消费结算等多方面的金融服务，受到广大消费者的欢迎。国库基础核算准确、及时，国库资金防范和事后监督加强。

（郑　滨）

【银行业基本情况】 截至2004年12月末，辖内股份制商业银行昆明分行及昆明市商业银行共有持证机构185个；各项存款762.4亿元，比年初增加157.15亿元；各项贷款490.82亿元，比年初增87.45亿元，其中：不良贷款26.95亿元，不良率5.49%，分别比年初减少25.95亿元、7.62个百分点，实现了不良贷款“双降”。

【突出现场检查，防范金融风险】2004年，云南银监局突出现场检查工作，深入了解被监管机构的经营状况，督促其及时采取措施防范和化解金融风险。全年对辖内股份制商业银行昆明分行及昆明市商业银行选取31个机构进行了现场检查，共投入检查工作日517天，查出问题40余个，对部分银行执行宏观调控政策不力、对小规模高能耗企业发放贷款等问题及时提出了整改建议；同时，针对股份制商业银行重视存款资源，忽视贷款管理的现象提出监管建议，督促其严格执行贷款“三查制度”，积极防范风险。其中，对信贷资金流向钢铁、电解铝、水泥等行业情况，对农业、中小企业、消费以及增加就业等方面的贷款支持情况进行现场检查，发现存在所放贷款支持的钢铁项目规模小、信贷管理薄弱等方面的问题，提出了整改建议和要求；对固定资产在建、拟建项目贷款实施检查，对存在风险情况进行分析并做了风险提示；对昆明市商业银行涉及“德隆事件”的有关情况进行现场检查，查清了德隆系在昆明市商业银行的融资情况。

【加强非现场监管，促进银行业稳健运行】 1. 促进商业银行实施贷款五级分类，提高信贷资产质量。要求被监管行将贷款五级分类贯穿于信贷管理工作的全过程，贷前、贷时及贷后严格按照贷款五级分类制度考核，注重第一还款来源。2. 召开行长联席会议，在监管者与被监管者之间建立政策导向、业务交流和信息沟通的平台，规范商业银行的行为，维护金融秩序，促进银行业稳健运行。3. 加强机构管理，严格市场准入。补审或审核同意设立分支行机构筹建及开业9家，其中分行筹建1家（中国民生银行昆明分行）；积极支持昆明市商业银行改善营业环境；对不符合准入条件或机构管理中的违规行为依法进行处理。4. 加强高管人员管理。按照“资格监管与行为监管并重”原则，对股份制商业银行及昆明市商业银行高级管理人员任职资格进行严格的管理，全年共审批任职资格45人（次），其中核准资格35人（次），同意备案资格10人（次）；实施高管人员约见谈话，全年共实施高管人员任职资格谈话54人（次）；建立高管人员电子档案库，对高管人员实施动态、终身考核。5. 加强业务准入管理。积极支持股份制商业银行分支机构开办上级行授权的新业务，积极支持昆明市商业银行申办新业务。对风险难以控制或不符合国家有关法规的新业务不同意市场准入。如不同意昆明市商业银行办理银行承兑汇票质押拆分业务、不同意广东发展银行昆明分行办理个人理财业务、不同意深圳发展银行昆明分行开办“聚汇宝”个人外汇理财产品业务。6. 重大监管事项——认真部署，积极应对，有效控制“德隆风险”对昆明市商业银行的影响。针对“德隆事件”可能严重影响昆明市商业银行安全营运的情况，通过采取各种有力措施，最大限度地降低风险：约见谈话，弄清德隆系企业与昆明市商业银行的权益关系；及时向政府报告，争取政策支持，采取联合行动，实施有力、有节的监管措施；制定紧急处置方案，建立起两道“防火墙”，防止股权丧失；积极推进股权处置工作，多方协调，保全资产，控制风险，维护稳定。

（云南银监局办公室）

【保险业务经营】 2004年全市保费收入28.84亿元，保费规模占全省总保费74.22亿元的39%，列全省十六个州市第一位。保险深度3.0%，保险密度565元。保险总资产92.02亿元，上缴地方营业税金及附加0.56亿元。

【保险市场特点】 1. 车险拉动了财产险业务的总体增长。2004年全市财产保费收入9.8亿元，增长率为6%，总体保持了平稳的增长速度。这主要得益于昆明市经济的快速发展，特别是汽车消费的增长和车险条款费率管理制度的市场化改革，经过一年多时间的实践，已显成效。2004年昆明车险保费增收1.43亿元，增长率达到25%，拉动了财产险的总体增速。2. 人身险业务增速回落。2004年各寿险公司加强了业务结构的调整，优化险种质量，趸缴业务减少，新单业务、期缴业务比例提高，业务结构和产品结构均有明显改善。5家寿险公司除国寿、太保寿两大寿险公司出现业务负增长外，平安寿、泰康、新华公司的业务都保持了较快的增长速度。由于国寿、太保寿险占市场份额的60%以上，两公司的负增长使全市人身险业务负增长10.2%。国寿、太保寿险通过2004年的调整，为2005年的持续发展打下了良好的基础。3. 人身意外险业务发展加快。2004年昆明市场共收入意外险保费1.1亿元，同比增长52.5%。其中财产险公司意外险保费0.51亿元，比上年增长70%，寿险公司意外险保费0.58万元，比上年增长14%。财产险公司与寿险公司的市场份额分别为47%和53%。

【保险市场主体】 2004年昆明保险市场新增加了永安、大地两家财产险公司、1家出口信用保险公司，使昆明市场上的保险公司达到了13家公司，其中有7家财产险公司、5家寿险公司、1家出口信用保险公司。年末，昆明市场上有19家保险中介公司。其中：保险代理公司9家、保险经纪公司8家，保险公估公司2家，同时还有在昆设立办事处、业务部的一些保险中介机构活跃在昆明保险市场上。保险主体的增加，使竞争更加充分，市场更加活跃。昆明市有保险营销员6 776人，持证率为60.95%，持证比例同比提高了12个百分点，营销队伍建设得到加强。

【保险功能有效发挥】 1. 积极发挥经济补偿作用。2004年，全市保险业共承担风险保障1.24万亿元，支付赔款与给付6.93亿元，同比增长8.79%。其中，财产险赔款5.35亿元，人身险赔款与给付1.58亿元。在稳定人民群众生活、为政府分忧解难方面发挥了积极作用。2. 充分体现社会管理功能。开展烤烟等农业保险，积极服务“三农”。注重发展政府关心、社会影响大的学平险、煤意险、律师执业责任险等业务。配合医疗保障体系改革工作，为城镇职工提供补充医疗保险保障服务。各公司还积极为重大社会活动提供保险，主动承担社会责任。3. 促进县域保险市场发展。按照省政府加快发展县域和农村保险的工作要求，积极探索农村保险发展模式。加快县级和农村市场网点设置和业务拓展，为保险业在更广领域、更深层次服务县域经济发展创造条件。4. 支持外向型经济发展。中国出口信用保险公司云南分公司开业后，积极开展短期出口信用险业务，为企业出口创汇提供保险保障，促进了对外贸易的发展。

【不断深化保险改革】 保险公司全面完成股份制改革，管理基础不断夯实，竞争能力得到提升。国有股份制公司思想观念和经营机制逐步转变，加快了用人制度和薪酬体制改革步伐，公司股份制改革成果得到巩固和发展。其他股份制公司结合自身实际，锐意改革。新华人寿公司营销体制改革试点工作取得突破性进展，成立了全国第一家专属代理公司。

【有力推进保险发展措施】 1. 规划研究引导发展。云南保监局在深入调研基础上，制定了《云南省保险业发展规划》，明确了今后5年保险业发展的指导思想、目标任务和政策措施，进一步引导和推动保险业健康发展。完成云南省城镇居民保险需求调查的分析论证工作，为研究制定发展措施、创新产品和服务提供了依据。2. 改善监管支持发展。云南保监局认真贯彻实施《行政许可法》，研究制定了审批工作实施规程，审批效率明显提高；加快分支机构的审批，支持营销服务部建设；继续简化产品备案审批手续，支持新产品推广；推动保险公司与中介机构的业务合作，与银监局联合下发《进一步加强银保业务合作的指导意见》，创造条件加快保险业的发展；推动保险行业协会改革，在全国率先实行向社会公开招聘秘书长；推动保险从业资格考试改革，在西部地区率先实现保险代理人电子化考试。3. 沟通协调支持发展。云南保监局多次向省委、省政府汇报保险工作，省政府领导就保险工作作了10余次批示和指示。主动协调新闻媒体加强正面宣传，防止炒作，为加快保险业的发展创造良好的舆论环境。

（丁江萍）

【云南证券上市公司】 截止2004年底，云南共有上市公司22家（其中位于昆明的共11家上市公司），共发行22只A股股票和1只H股股票，上市公司数约占全国公司总数1 386家的1.59%。云南22家上市公司总共实际募集资金87.09亿元（其中，首发63.596亿元，配股14.25亿元，增发5.25亿元，可转债3.995亿元）；2004年云南3家企业发行上市A股共1.31亿股，募集资金8.274亿元；在资本市场上的总融资金额约占全国总融资金额的0.70%。截止年底，云南22家上市公司总股本50.39亿股，流通股18.15亿股；总市值367.25亿元，流通市值129.02亿元。以上指标占全国比例均不足1%。

【证券期货经营机构】 2004年底，全省共有2家证券公司、35个证券营业部（占全国比例1.15%）和22个证券服务部、3家期货经纪公司及1家证券投资咨询机构。其中2家证券公司、3家期货经纪公司全部位于昆明，还有28个证券营业部（占全省80%）和4个证券服务部位于昆明，全省证券期货主要集中于昆明。

【证券期货经营业绩】 年末全省证券经营机构累计总成交金额893.10亿元，同比下降3.9%，其中：A股、基金累计成交715.49亿元，同比上升33.4%，B股累计成交3.03亿元，同比下降43.4%。网上交易量179.37亿元，同比上升67.7%，保证金余额16.65亿元，同比下降21%。股票托管市值为87亿元，同比下降26%。累计开户数561 746户，占全国同期的0.78%。各期货经纪公司累计完成交易1 148亿元，同比增长24.8%，保证金余额1.7亿元，同比增长16%。

【企业上市融资有突破】 2004年，全国新增上市公司106家，发行新股或再融资共筹集资金达1 323亿元（其中首发490亿元）。云南省企业上市融资继2003年获得突破后，2004年继续取得较大发展，2004年，3家公司首次发行A股13 100万股，共募集资金8.274亿元，云南新增上市公司家数和融资额占全国比例分别为2.8%和1.7%。4月，驰宏锌锗以每股5.72元发行7 000万股A股股票，募集资金3.84亿元；5月，文山电力以每股8.2元发行3 600万A股，募集资金2.8亿元；8月，丽江旅游以每股6.9元发行股票2 500万A股，实际募集资金1.6亿元，并成为云南首家在中小企业板上市的公司。文山电力和丽江旅游的成功上市填补了云南作为电力大省和旅游大省没有相关上市公司的空白，驰宏锌锗的成功上市继续壮大了云南矿产资源类上市公司队伍。但2004年3家新增上市公司中无昆明企业。

截止2004年底，云南盐化申请首发A股股票已通过发审委的核准，正在等待上市发行；昆钢股份公司海外上市已获得证监会批复同意，正在香港联交所等待发行；名流置业正在申请增发1.2亿A股。云南地矿资源、云南罗平锌电、昆明世博园、云南绿大地等4家拟上市公司正在申请首次公开发行股票。目前，仅剩云南路桥1家拟上市公司。

【上市公司运行特点】 1. 总体经营业绩大幅提升，规范运作水平有所提高；资源类上市公司达11家，占全省上市公司总数的一半，主要分布在有色金属或非金属矿产品资源、生物医药资源、水电资源、旅游资源和化工资源行业。2004年前三季度，上述11家公司的主营业务收入、净利润比上年同期实现大幅增长，特别是有色金属和非金属矿产品类公司的增长幅度较大，拉动全省22家上市公司合计主营业务收入、净利润同比增长47.7%和75.2%，高于全国平均增长水平；2. 历史遗留问题明显改善，重点问题将逐步解决，重点清理了违规担保和经营性资金占用，进一步规范了控制权转移公司的行为；3. 公司总体运行平稳，突发风险得到有效控制和化解。

【云南证券历史形成的风险得到充分化解】 云证风险处置是在省政府及证监会领导下，通过新设一家证券公司（太平洋证券），由该公司弥补云南证券客户交易结算资金缺口，负责安置云南证券全部员工和客户，平稳化解了风险。从2004年4月2日托管工作开始，至8月27日云南证券下属11家营业部已分批全部完成关闭工作，顺利停止证券业务，迁移了11万客户和25亿元客户资产，226名员工已安置，1.65亿元客户交易结算资金缺口已弥补，主要风险已经处置完毕。云南证券的关闭清算工作从7月开始启动，目前完成了证券相关业务清理主要工作。在整个风险处置中，方案的设计和实施都非常成功，顺利实现了政府以较低的成本处置风险，维护社会稳定、市场稳定、客户稳定、员工稳定的既定工作目标，得到国务院有关领导的肯定。

（中国证监委云南监管局办公室）

中国工商银行
云南省分行营业部

【各项存款总量增长】 本外币各项存款总额440.76亿元，比年初增加27.69亿元；人民币各项存款总额430.72亿元，比年初增加27.92亿元。

【各项贷款均衡增长】 本外币贷款余额315.05亿元，比年初增加14.89亿元；人民币贷款余额299.17亿元，比年初增加17.13亿元。

【利　润】 全辖实现经营利润7.1亿元，同比增加7 513万元，经营利润首次突破7亿元，全辖290家支行全部实现经营利润盈利。

营业部获文明单位称号授牌仪式 （省工商行营业部 供稿）

【质量攻坚成效显著】 五级分类后三类不良贷款比年初减少6.2亿元，不良贷款占比11.32%，比年初下降2.63个百分点，实现了不良贷款余额和占比双降的目标，资产质量主要指标超额完成了省分行下达的控制数。

【中间业务突破1亿元】 全年实现中间业务收入**1.02**亿元，同比增加2 753万元，中间业务首次突破1亿元。

【加强内控外防管理】 进一步加强案件查处和防范工作，贯彻落实党风廉政建设责任制，抓好安全保卫工作，深入开展“扫雷工程”活动，加强结算管理，加大会计检查力度，检查员集中制、总会计委派制改革全面完成，全辖经营管理水平和案件防范能力得到进一步提高，全年实现安全经营无重大事故。

【完善激励机制】 为促进各项业务稳步增长，充分调动全辖员工的积极性，及时调整策略，进一步加大考核奖励力度，建立健全存贷营销激励机制，对清收转化不良贷款和积欠利息特别突出的，以及存贷款营销工作业绩突出的支行和个人实行奖励。改革经营性费用的分配和管理办法，逐步打破费用的基数效应，与业绩挂钩，按照零基数预算法要求，以各支行的收入水平、盈利能力、收息率、新业务拓展、绩效排名等指标来分配兑现经营费用，加大经营费用与经营业绩的挂钩力度，调动各支行增收节支、挖潜增效的积极性；在绩效考核分配中，认真听取基层意见，不断进行调研，切实改进绩效分配办法，建立以贡献定薪酬，按绩效拿效益的分配机制。对在年末期间不良贷款清收、利润和增加中间业务收入有特殊贡献的部门、支行和相关人员进行表彰奖励，对完成任务差、措施不力的给予批评和处罚。

【发展个人金融业务】 牢固树立“大个金”的观念，正确认识储蓄存款的基础作用，突出旺季营销，大力发展个人结算、个人消费、个人理财等业务，个人理财中心核心竞争力项目推广成效显著，理财金账户、金融家等品牌的影响力扩大，增强了个人金融市场的竞争力。12月末，新增亿元所16个，全辖亿元所达109个，储蓄存款同业市场存量、增量占比保持第一位，其中，北京路储蓄所储蓄存款余额突破5亿元大关，成为全省工商银行系统第一大储蓄所。

【调整信贷结构】 根据国家对产业结构和金融信贷政策的调整，营业部适时调整工作重心，准确把握营销目标，深度拓展优质信贷市场，及时了解地方经济发展的新动向和新思路，掌握重点优质行业企业的融资需求，有目标、有重点地选取一些有潜力重点客户和项目进行公关营销，实施个性化、差异化金融服务；进一步加大对电力、公路、民航等重大基础设施项目、优势加工企业技术改造项目及文化传媒、卫生医疗、教育等新兴市场的营销力度，新增流动资金贷款主要投向交通、矿产资源、投资开发、商业零售、新闻媒体、学校等行业；切实加强新增及存量贷款的管理，严格按照上级行下达的信贷退出计划，加快实施信贷退出，遏制存量劣变；优化信贷业务品种结构，发展多边信贷业务，争做银团贷款牵头行，扩大票据贴现、承兑、保函等非融资信贷业务，实现了信贷结构调整基础上的总量适度增长。全年办理票据融资32.3亿元，项目贷款占中长期贷款比例提高到38.96%；1999年以来新发放贷款不良率仅为0.86%，比总行控制线2%低1.14个百分点。

营业部做户外业务宣传营销 （省工商行营业部 供稿）

【个人住房及消费信贷】　加强与政府、房管部门及企业的联系，及时掌握政府城市规划政策等方面的变化及地产市场动态，捕捉信息，进一步加强与具备开发资质、综合实力强、项目定位准确的房地产开发企业合作。紧紧跟踪上年投入贷款的项目进展情况，牢牢抓住个人住房按揭资源，及时发放个人住房贷款，先后与26个项目建立按揭合作关系。关注昆明地区企事业单位集资建房动态，寻求个人住房贷款新的增长点。消费信贷在防范风险的前提下，积极营销个人汽车贷款、个人质押贷款、个人综合消费贷款、个人小额短期信用贷款等业务品种，切实做到营销和清收“两手抓”；健全个人消费信贷的组织机构，落实人员和措施，积极营销。年末，个人住房贷款及个人消费贷款余额达42.6亿元。

【清收处置不良贷款】　加大不良贷款清收处置力度，对100万元以上法人客户不良贷款实行精细化管理，制定清收方案，明确时间进度；积极推进风险资产专业化处置、集约化经营和扁平化管理，成立风险资产处置中心，对不良贷款超过1亿元和不良率超过20%的7家支行的不良贷款及抵贷资产进行专业化统一处置，对7家支行配备专职清收副行长，设立风险资产管理科，明确部领导、各处室和各支行共同挂钩清收责任制；主攻不良贷款余额在3 000万元以上的不良贷款大户，综合运用现金清收、还款免息、以物抵贷、诉讼清收等常规手段，探索债权转让、打包处置之路。全年清收处置不良资产数量创历史最好水平，达到9.7亿元。

【国际业务】　加大走访重点客户的力度，对国际结算优质客户实行分层次服务，大力推广打包贷款、出口押汇等传统融资产品，积极营销进口押汇产品，加强外汇资金业务的营销，特别是加大结售汇、代客外汇买卖的重点营销，加强外商投资企业的跟踪服务，积极争取外商投资企业的外汇业务。年末，国际结算量达7.06亿美元，结售汇达3.24亿美元。

【中间业务和新兴业务】　依靠业务创新和科技创新，增强结算类、银行卡类、代理类等中间业务的发展后劲，先后完成了省市“五保统征”系统、财政行政事业收费系统和代售保险等系统的开发工作，充分发挥科技在现金管理、支付结算代理、企业网上银行和投资银行等一批高技术含量业务方面的优势，制定中间业务收入考核奖励办法，稳步推进银保、银证和银行同业合作，代理保险销售8 560万元，代理发行国债17.16亿元，代理基金销售4.28亿元，理财金账户新增4 242户，有力促进了中间业务的发展。以科技服务平台为支撑，举办大型企业电子银行演示会，深入大系统、大客户开展现场演示营销，开展路演活动和金融家大型促销活动，积极向企业高层领导和财务人员推介个人网上银行产品，全年新增企业网上银行客户321户、个人网上银行客户2.7万户，分别比上年多增237户和1.76万户，成功开办网上代发工资业务，网上银行集约化经营取得新进展。对牡丹支行实行专业化经营，突出主办银行卡职能，增强了牡丹支行在昆明地区的市场竞争力。

【打造科技服务平台】　积极适应数据集中以及南北数据中心整合的新形势，加强科技管理，圆满完成NOVA1.2、1.3、1.4版本的投产工作及全辖办公自动化系统的网络提速工作，开发完成理财金账户查询、牡丹卡历史明细查询、业务比赛系统等软件，对财政、保险等中间代理业务软件进行维护升级，为开办各项业务提供了技术保障。

【安全保卫工作】　继续贯彻总行“减库、减人、减枪，管少、管好”的十字方针和省分行安全保卫工作会议精神，积极探索安全保卫工作的新途径。针对近年严峻的治安形势，立足安防教育与防范常识学习相结合、与日常管理相结合、与“扫雷工程”相结合、与预案演练相结合，加大安防教育力度，不断提高全员的安防意识。始终坚持不间断的安全检查，将检查重点放在存在问题的整改、技防设备及守押改革的管理上，全年组织了5次专项安全大检查，检查29家支行，共87次，检查网点435个、报警监控设备274套、制式防盗门171道、ATM机181台、灭火器749个；检查执勤保安、经警295人（次）。全面推进守押社会化和寄库代押工作，守押社会化支行由上年的22家增至29家，全辖实现了守押体制改革目标。不断完善安全防范设施及装备，对电视监控系统实施改造，大大提升了物防、技防的科技水平，全辖172个网点电视监控设备均100%数字化达标。

【干部队伍建设】　根据现代商业银行经营管理的需要，坚持公开、公平、竞争、择优的原则，公开选拔、充实调整部分支行领导班子，新充实5名支行副行长、2名总会计，使支行领导班子知识结构、年龄结构更趋合理；做好年轻干部的挂职交流，选送8名干部到地州分行任支行行长助理，锻炼和储备人才；全年组织公开招聘考试3次，招聘了信贷业务、资产风险、国际业务、会计结算、公司业务、办公室等业务人员22人，逐步形成领导干部公开选拔，员工公开招聘的良好选人用人环境。建立健全柜面用工制度，强化劳动合同和柜员合同工管理，深化用工制度改革，确保各项业务的正常开展。进一步整合机构网点，开辟新的效益增长点，整合网点27个，全辖机构网点规模从年初的179个减少为172个。在全辖29家支行建立员工业余学校，全年共举办各类培训班267期，培训达1.13万人（次）。

（文成举　潘俊霖）

中国农业银行云南省分行营业部

【存　款】　各项存款增势迅猛，增量创历史新高。截止2004年末，各项存款达242.11亿元，较年初增加48.18亿元，同比多增28.91亿元，完成分行计划任务的205.89%，增量创历史新高。其中：储蓄存款余额126.24亿元，较年初增加16.64亿元，同比多增3.29亿元，完成全年计划任务的113.2%；对公存款余额115.87亿元，较年初增加31.54亿元，同比多增22.75亿元，完成全年计划任务的362.5%。

【贷　款】　贷款投放成效显著，投向更趋合理。人民币各项贷款余额211.12亿元，较年初净增54.77亿元，同比多增34.12亿元。新增贷款主要投向总、分行确定的重点优良客户。

【中间业务】　各项新业务实现稳步发展。全年代理保费8 063万元，列全省农行第一名。代理销售基金1.4亿元，完成计划的148.9%，列全省农行第一名。国际业务结算量达1.45亿美元，同比增加1.15亿美元，完成计划的180.88%。票据业务实现飞跃，全年票据承兑金额达6.2亿元；票据贴现金额达4.76亿元，利息收入691万元；票据转贴现金额达15.8亿元。

【资产质量】　不良贷款分账经营成效明显，“双降”、“双控”任务圆满完成。全年共清收“两呆”贷款本息4.11亿元，完成年计划的145.17%；盘活不良贷款本息2.99亿元，完成年计划的121.62%。

【利　润】　经营效益创历史最好水平，中间业务收入大幅增长。全年实现考核利润2.83亿元，同比多增1.24亿元，完成分行下达年度计划的118%。全辖控费节支成效显著，费用控制计划圆满完成。

【市场营销】　1. 深入细分市场，提升经营层次。在对昆明乃至全省重点行业、重点客户的基本情况、银企合作情况、发展前景等进行全面、细致的摸底和深入分析的基础上，着力提高营业部自身营销能力，将大客户营销直接纳入营业部营销平台，初步建立起职责明确、配合默契、协调运转的三级联动营销体系，并初步建立一支由营业部领导、前台部门、支行行长及客户部门成员组成的素质较高的客户经理队伍。2. 激发营销活力，优化客户结构。营业部进一步理顺了营销体系，提出了以分行为龙头，以营业部及支行为补充，以客户经理为纽带的三级营销联动体系；完善营销激励机制，制定了对优良客户及重点客户营销的立项奖励办法，通过引入模拟利润考核，根据营销的实际贡献进行奖励；制定了存量客户维护细则；对目标客户试行项目招标，组织营销团队，充分地调动全辖营销工作的积极性。3. 把握调控机遇，公司类贷款客户优中选优。通过加大对系统性、集团性客户和重点项目的营销力度，使新增贷款主要投向烟草、交通、能源、城市基础建设等优势行业中的优良客户，成功地拓展或深度开发了云南省交通厅、云南铜业集团、云南省电信公司、云南省电力公司、昆明市自来水公司、云南省烟草公司等一批黄金客户。4. 突出营销重点，机构业务领域逐渐拓宽。机构类业务围绕政府机关等优良系统客户的开发、维护为重点，积极扩大与省市政府厅局级单位的合作范围，继续挖掘与省市教育、卫生行业的合作潜力，不断拓宽与金融同业的合作领域，利用优势互补，促进共同发展。

【农业信贷】　创新农贷观念，认真落实农总行与云南省政府签署金融服务“三农”云南行动计划合作协议，树立大农贷观念，积极支持春耕生产工作，加大农贷类客户的营销力度，认真做好新时期的扶贫贷款工作，积极支持农村城镇化建设和县域经济发展。截止到年末，全辖农业贷款余额达76.24亿元，全年净增21.06亿元，增长38.15%；涉农贷款85.4亿元，扶贫贷款余额5.72亿元，比年初净增1.95亿元。

【个人业务】　以“迎新春”和“储蓄存款百日竞赛活动”、“争做服务明星，满意在农行”主题竞赛等为契机，抓住服务这一源头，加大综合柜员制的推行力度，加大对员工的技能培训和优质文明服务的教育，全辖金融服务水平明显提高，全年储蓄存款净增16.64亿元。个人信贷业务快速发展。在狠抓个人贷款营销工作，完善产品功能的同时，加强业务的管理，尤其是对汽车消费贷款业务的管理，加大与担保公司合作的广度和深度，促进个人信贷业务健康、快速发展，截至到年末，营业部个人信贷余额达11.77亿元，较年初增长3.62亿元。

【金融创新】　成功开发了烟草卷烟销售电子结算系统，截止年末，共发放“烟草卡”1.2万张，交易额达14.21亿元，交易手续费达142.1万元，使昆明卷烟资金、销售资金清算全部集中到农行；在认真组织培训、严格制定管理办法和激励措施的基础上，推动票据业务的快速发展，票据的承兑、贴现、转贴现额不仅实现了量上的飞跃，而且还实现了全年票据业务零风险、零垫款的目标；不断扩大与金融同业的业务合作范围，与昆明市商业银行签订了全面合作协议，资产回购业务量达3.9亿元；网银业务呈蓬勃发展之势，全年累计交易额达33.8亿元，比年初翻了10倍，交易量和落地业务已跃居全省农行第一；国际业务取得进展，推出了外汇结构性存款，销售额达75.5万美元，开展了预付款保函业务，出口退税托管账户质押贷款和信用证项下出口押汇等业务，增强了为客户提供国际金融服务的能力，同业竞争能力有所提高。成功地开发出真正意义上的“移动银行”，通过无线终端延伸服务，为客户营销和服务开辟一条新途径。

【强化内部控制】　①加强会计基础管理，排查风险点，全面推广安全认证卡，通过加强授权管理、密码管理、印押证管理、柜员休假、离职管理等，进一步强化了风险防范意识，抗风险能力有所提高。②以强化风险控制为核心，建立和完善内控机制，有效防范和化解了经营风险。全年22家支行开展了自律监管，对自律监管的情况进行了三次审计，开展业务经营指标真实性暨自查自纠活动的后续审计，认真开展对县支行内部控制综合评价和经营行行长任期责任与离任审计工作，充分发挥第三道防线的再监督职能作用。③安全保卫重点围绕提高全方位防范能力和有效防范各类案件、事故的发生，坚持不间断的开展安全检查，增加物防、技防投入，认真组织防暴预案演练420余次；保持中心库集中高效的运作优势，确保全年无重大安全事故发生。④严把客户准入关，新增信贷质量大幅提升。把严格信用等级评定和授信管理作为调整信贷结构，有效防范信贷风险的第一关，同时严格信贷审查，提高审查效率，增强了贷款的合法合规性审查，从源头上防范和控制信贷风险，全年新发放贷款中有90%投向了总、分行重点优良客户，信贷资产质量得到提高。⑤加大主动退出力度，强化潜在风险客户退出。通过拟订措施、督促落实，对已失去产业优势、无前景、效益差的企业和高风险项目，利用多种手段择机退出。全年共退出潜在风险客户463户。⑥落实贷后管理责任，积极维护信贷资产安全。明确管理职责，重视动态监测，密切在线监测，做好风险预警管理，信贷风险得到及时发现和控制，维护了信贷资产安全。全辖信贷客户整体质量有所提高，A级客户贷款余额占比提高，B、C级淘汰客户贷款余额逐年下降。

【不良资产分账经营】　营业部构建起以城区清收支行为主，9个县（区）专业清收机构为辅，机构专设，人员专责，岗位落实，责任到人的分账经营新格局。研究制定新的不良资产分账经营考核办法，建立了不良资产分账经营的争先创优机制。创新清收盘活机制和手段，灵活运用指标清收、转债盘活、以资抵债、拍卖处置、抵债返租、依法清收等手段，大力清收盘活不良资产。同时，强化不良贷款监测、管理及分析，维护农行债权。对不良贷款大户进行排队监控，建立了不良贷款监测考核制度和专题检查报告制度。

【规划营业机构】　加大调整力度，整合网点资源。按照精简高效和集约经营的原则，对全辖营业机构进行通盘考虑，整体规划。对营业网点进行实地勘察，经效益评估、论证后，制定了《网点建设三年规划》，实施精品网点建设工程，提升网点服务功能，成立了翻牌支行10个，全面提高网点竞争能力。

（赵宏宾）

中国建设银行昆明地区机构

【存　款】　截止年末，本外币全口径存款余额400.72亿元，较上年增长15.97%。其中：企业存款195.94亿元，储蓄存款146.67亿元，分别比上年增长18.54%和12.84%。昆明地区各机构2004年一般性存款新增47.37亿元，占全行新增的58.34%，比2003年提高33.76个百分点。其中，企业存款新增30.65亿元，占全行新增额的65.48%。

【贷　款】　本外币各项贷款余额238.99亿元，比年初增长9.04%，还原剥离、核呆等因素后，实际增长26.51亿元，增长12.48%。五级分类不良贷款比年初下降14.27亿元；不良率1.58%，比年初降低6.56个百分点。

【利　润】　全年实现中间业务收入6 904.01万元，实现经营利润4.2亿元，同比增盈3.18亿元。

【支持地方经济建设】　2004年，建行昆明地区机构按照国家宏观经济调控政策要求，以结构调整和优化资源配置为重点，严格执行"区别对待，有保有压"的方针，一方面，认真清理盲目投资、低水平重复建设项目，对宏观调控限制支持的水泥、电解铝等行业贷款严格信贷准入，做好劣质行业和客户的退出工作，有力支持了地方经济的良性调整与发展。另一方面，充分抓住昆明市经济金融形势持续向好的有利时机，积极履行与省、市政府签订的金融合作协议，对符合国家和地方产业政策，符合市场准入条件的行业继续给予大力支持，对基本建设贷款、技术改造贷款和个人类贷款重点进行扶持，新增贷款主要集中于电力、城建、交通等优势行业和个人金融类贷款，较好地满足了昆明市地方经济发展的需求。截止12月末，建行昆明地区机构个人住房贷款新增17.8亿元，占全行新增比重87.73%，在昆明市金融同业中处于领先地位；个人消费贷款新增4.24亿元，占全行新增比重52.48%。此外，积极支持现代新昆明的建设，接受昆明市政府融资公司和职能部门委托，组织完成具体财务顾问方案8个，涉及环湖公路东段及截污工程项目、呈贡大学城、银河大道等项目，配合政府完成了云南省首个BOT基础设施项目融资，《政府顾问协议》合作取得良好效果。同时，在贷款具体投放过程中，加强行业规划和营销指引，努力捕捉重点项目建设信息，初步建立起行业管理信息库，为营销优质重点行业奠定基础；加大牵头营销和高层营销力度，积极介入优质项目早期建设，稳步推进与政府机构的合作，不断巩固和拓展绩优客户；全面提高客户评级、授信覆盖面，在有效防范风险的前提下，有针对性地为客户提供优质高效服务，为促进地方经济建设的发展做出了应有的贡献。

【业务拓展和产品创新】　2004年，建行昆明地区机构坚持以发展为主题，以细分市场为基础，以加强营销为突破口，努力促进存款业务稳步增长。从抓结算量、抓资金沉淀和抓贷款返存率入手，整体联动，重点营销，对外充分发挥建行资金结算网络功能，为电力、交通等重点客户组建现金管理系统，并开通法人账户透支服务，有效保证了重点客户资金在建行的归集量；对内深入开展企业存款"增日均、增时点、增基本账户"劳动竞赛活动，并适时深化提出增份额、增有效益账户的活动内涵，加大了对存款时点余额的考核，推动企业存款业务高速发展。高度重视个人银行业务的战略地位，抓住个人银行业务特点，不失时机地开展"建行与您同行"、"建行理财乐当家"等市场营销活动，金卡、个人理财、代销基金等新产品进一步推广应用，首家推出的"汇得盈"、"汇如意"等个人外汇金融产品被客户广泛接纳。ATM功能拓展和自助终端、现金循环机的推广使用，有效增强了建行产品竞争力和对市场的冲击力，储蓄存款新增再创历史新高。加强中间业务综合管理和培训力度，按月通报计划执行情况，落实考核激励机制，首次取得了代理昆明市级财政授权支付代理行资格，代理财政、代理保险等业务取得长足发展；出台产品服务价格差别化收费方案，稳妥推进储蓄卡年费收取工作，千方百计增加中间业务收入。加快产品创新和应用，网上银行、手机银行和CALL CENTER等电子服务渠道不断完善。围绕"贷记卡为主，准贷记卡为辅"的发展思路，依托重点客户，推进交叉营销，昆明地区机构全年发卡量超额完成任务。出口信用保险融资、备用信用证担保项下的人民币贷款等新产品不断推广，昆明地区机构全年国际结算量完成27 734万元，占全省建行结算总量的66%，外汇业务实现历史性突破和飞跃式发展。

【深化机构改革】　2004年，为积极推进扁平化管理，建立符合股份制改造发展需要的组织机构体系，建行云南省分行正式实施昆明地区机构扁平化管理改革。首先，积极调整和优化昆明地区机构布局，分别设立服务于电力行业、航空铁路行业、公路交通行业以及经办财政业务、经办石化和城建业务、经办政策性房改业务的6个专业性行部，同时缩小原城东、城南、城西和城北支行的管理幅度，将昆明地区"七行一部"整合为"十一行一部"。其次，在省分行成立重要客户经营部和昆明地区个人金融服务中心，单设国际业务部和信用卡中心，进一步加大省分行垂直管理与直接营销的力度，有效形成了重要客户专职营销，重点行业专业化服务，后台管理进一步上移和集中，城区支行重在经营的总体经营与管理格局，进一步增强了中心城市行的综合竞争力。第三，及时跟踪和完善相关改革配套措施，把昆明地区各行机构、人事、党政工团等管理职能集中到省分行本部，并实行昆明地区机构报表集中统一归口管理，建立信息平台，进一步提升省分行直接面对市场、直接营销客户的能力和专业化服务的规格、水平，确保昆明地区经营机构精简、高效运转。继续做好昆明地区网点调整工作，2004年批复升格网点型支行47个，占全行升格机构数的71.2%，搬迁网点5个，改造网点18个，进一步优化了昆明地区机构网点的布局规划。

【资产质量保持优良】　2004年，建行昆明地区机构以压缩不良贷款为重点，深入开展"降不良、防案件、抓管理、促发展"攻坚战，并明确目标，严格考核，落实责任，确保"攻坚战"顺利推进。提前将压缩任务逐级分解下达到经办行，落实具体项目、责任人员和实施进度，确保横向将计划指标纳入经营行岗位绩效考核，纵向将计划指标纳入经营计划逐级考核，促使压缩任务计划、实施、考核同步进行，责任到位。在此基础上，加大"双呆"贷款的现金回收力度，加快抵债资产的收取处置和呆账资产核销的申报进度，全面开展存量不良资产的摸底调查，逐个摸清情况，采取具体措施，促使各项不良资产均衡有效压缩。与此同时，继续深化和推进贷款核准制，严格信贷审批权限，合理进行信贷业务再转授权，全面规范审批流程操作，加强新增贷款风险防范与控制，切实控制好新增贷款质量。全面加强内控体系建设，重新构建了既满足ISO9000质量管理体系国际标准，又符合人行内控指标的风险管理平台体系。全面推行会计主管委派制，完善会计管理和风险控制方式，加大会计专项检查力度，会计统计信息披露质量有效提高。深入开展有章不循、违章操作专项治理工作，从源头上预防案件和违规事件发生，案件防查工作取得良好效果，风险控制能力进一步增强。

【股份制改革】 2004年是建设银行股份制改造关键的一年，昆明地区各行严格按照既定的改革目标和推进计划，周密部署、细化措施、分解计划、落实任务，全力以赴做好股改的各项任务。努力抓好房屋、土地产权权属完善工作，并顺利通过了省国土资源厅的相关审核；认真做好资产界面清理、核实等工作，并经毕马威中介机构审核确认；完成了股份公司分立公告的组织、培训、答疑和应急准备等工作，分立公告期间，各项业务进展顺利，未发生影响经营的重大事项。在此基础上，克服时间紧、任务重的困难，集中力量，认真做好可疑类贷款剥离和委托性住房金融业务并账等工作；通力协作，高效率地完成了业务人员培训和应用系统改造，确保新“金融企业会计制度”的顺利推进和重组分立建账工作的按时完成。此外，在不断推进股份制改造步伐的同时，积极做好股改上市有关理论准备，及时转变观念，加强人员培训，在观念上、自身素质和经营行为上，尽快适应股份制改造的要求，推进股份制改造的步伐。2004年9月17日，中国建设银行股份有限公司正式成立，全行股份制改革试点工作取得阶段性成果。

（杨　信）

中国银行昆明地区机构

【存　款】 截止2004年末，中国银行昆明地区11家直属机构各项人民币存款合计1 327 520万元，比年初增加236 972万元。外币各项存款合计24 193万美元，比年初减少4 389万美元。

【贷　款】 截止2004年末，中国银行云南省分行昆明地区各机构网点各项人民币贷款合计为681 426万元，比年初增加90 639万元。

【中间业务】 采取有效措施，推动中间业务发展。通过大力推广代客外汇买卖、“外汇宝”、“汇聚宝”和人民币远期结售汇等产品，进一步巩固了资金业务的品牌优势，有效扩大了业务量；以中银欧元国际卡、中银信用卡发行为契机，以营销和服务为手段，积极拓展银行卡业务；继续加大与保险公司、基金公司的合作力度，加快新产品、新业务的开发创新，以电话银行、网上银行为依托，大力促进代理业务发展。

截至2004年末，全辖个人实盘外汇买卖交易额达72 840.07万美元；销售“汇聚宝”8期，折合6 327.02万美元；票据业务交易量全年累计实现414 725万元。

【资产质量】 截止2004年末，中国银行昆明地区机构不良贷款本外币不良率为2.89%。

【利　润】 截止2004年末，昆明地区各机构网点营业利润本外币合计22 417.17万元。

【做好股改上市前的各项准备工作】 2004年是中国银行全面推进股份制改革，积极为上市夯实基础的关键一年。为此，中国银行昆明地区各机构严格按照省分行的安排部署，认真做好股改上市前的各项准备工作：1. 加强股改宣传工作。针对广大干部员工对股改工作不甚了解的实际，利用开会、培训等机会向干部员工进行宣传，使全行员工对改革的性质、必要性、意义、程序以及股改对员工的要求有了全面、深入的了解，增强了加强学习、提高素质及做好工作的主动性。2. 本着实事求是、依法合规的原则，做好不良资产的核销、剥离、划转工作，加大现金清收力度，全力卸下历史包袱，为2005年的轻装上阵做好准备。3. 本着求真务实、对历史负责、对将来负责的态度，积极稳妥地展开了股改资产尽职调查工作。重点对账外账户、账外资产、账外资金、授信资产和“小金库”等进行了核查。确保会计信息的真实、完整，广大干部员工依法合规经营意识明显提高，各项股改成果得到了有效巩固。4. 做好非授信资产的清理，做实各项清产核资工作。组织专人对全辖非授信资产进行全面彻底的清理、核实，在尽职调查的基础上，对实物资产的权属关系进行了逐一确认；同时积极配合总行外聘中介公司对全辖所有资产负债项目进行了评估。5. 认真开展股改不良资产处置责任追究工作，确保处置工作依法合规。

【拓展业务】 加大负债业务拓展力度，提高资金自给能力，结合公司、零售业务各自的特点，分阶段分解存款指标，制定营销方案，并加强考核督促。公司业务方面，加强联动营销，根据省分行客户经理小组与昆明地区各直属支行定点挂钩的联系制度，各支行建立了以客户经理为主，兼职客户经理为辅，全员参与的公关队伍，定期不定期走访客户，通过召开银企联谊会，密切往来，建立信任度，稳定了客户，扩大了市场；认真分析客户需求，积极推广“对公网上银行系统”、“网上汇划系统”等新兴产品，不断增强竞争力；认真落实省分行“巩固存量，狠抓增量”的营销战略，保证了存款的稳定性。零售业务方面，加快“中银理财”建设，通过建立理财中心、理财通道、VIP通道、个人网上银行等渠道，改善对客户的服务；同时结合省分行开展的多种专题营销和竞赛活动，确保了储蓄存款阶段性目标的完成，增强市场竞争力。

积极拓展优质资产业务，加快客户结构调整。坚决贯彻国家宏观经济政策和总行授信政策，紧密结合昆明地区经济发展的形势，正确处理业务发展和风险管理的关系，积极拓展优质资产业务。公司贷款坚持政策导向，按照“有所为、有所不为”的指导思想，对现有客户进行分类管理，改善了客户结构，提高了资产质量。首先，在抓好对原有优质客户服务的基础上，不断扩大和加强业务合作。以授信业务为龙头，为一批重点客户提供了多项金融服务，巩固了银企关系。其次，选准方向，重点突破，积极争取优质客户。一方面对国家大力扶持、发展前景看好的水电、通讯、交通、运输等行业积极介入，争揽了一批行业内的龙头企业；另一方面严格控制对政策限制、行业风险较大的过热行业的授信投入，优化了资产结构。零售贷款则不断完善尽职调查审批制度，健全零售业务风险管理体系，加大对消费信贷的核查力度，促进了业务的健康发展。

【推进业务流程整合】 昆明地区各直属支行从维护稳定大局，保持业务持续健康发展出发，坚决贯彻落实省分行机构改革要求，加强对业务流程整合工作的组织领导，分别成立了领导小组，制定业务流程整合方案。为使改革工作顺利开展，各支行进行了深入的动员，采取分层次召开座谈会的形式，宣传实施改革的重要性和必要性，做好员工的思想工作，使大家明白“只有改革才能发展”的道理，做到自觉服从大局，参与、支持改革。同时借改革之机，加快干部选拔培养步伐，多次组织基层干部职位的公开竞聘，对部门进行定编、定岗、定责，初步建立起经营性支行的组织架构，进一步完善了管理措施，为企业的发展创造了更加宽松的环境，既留住了人才，挖掘了人才潜能，又调动了职工的积极性。

【强化管理防范风险】 1. 从抓好规章制度落实入手，加强检查监督，强化管理，确保依法合规经营。针对实施扁平化管理后经营行的特点，强化对重要部门、岗位的监督检查。严格对授权卡、重空及事中、事后的监督管理，突出对信贷业务、承兑汇票、信用卡、信用证、会计联行、大额存单、密押、印章、上门收款等高风险业务和重点要害部门的检查、监督，认真开展了业务自查，建立起部门内部自我约束、部门之间相互制约、上下级之间有效控制机制，使各项制度得到了有效落实，管理水平有了进一步提高。2. 加强财务管理。根据省分行业务流程整合要求，各直属支行从适应业务发展需要出发，加大财务管理力度，强化成本管理和考核，完善财务开支审批、大宗物资集中采购制度建设，认真推行分部门核算，在各管理层形成了算成本账，算收益账的习惯，有效地控制了专项费用的使用报批，挖潜增效，提高了经营效益。3. 加强风险防范。首先是在业务发展上严格把好四关，即政策关、分析关、风险关、效益关。对授信业务适时进行监控，严格控制新的不良贷款产生，重点抓好公司、零售贷款业务的风险防范，改善管理审批环节，完善落实抵押手续，调整业务主攻方向，从源头上把好风险控制关。其次是认真开展省分行组织的“警示教育、落实制度”活动，采取各种形式，教育员工提高案件防范意识，组织员工观看法制教育片，传达有关案情通报，落实加强基层网点管理的四项制度，对风险较大的会计出纳实施重点检查，建立每日必查四项登记，对贷款、存款、电脑等系统强化了安全检查和防范。再次是加强“三防一保”工作。加强员工爱岗敬业、职业道德教育，通过召开会议组织员工学习业务知识，通报案情，表彰先进，鞭策后进，开办专题讲座等多种形式，打牢员工防案的思想基础。同时，在各网点加强硬件设施建设，提高了硬件设施的安全使用率。

（马文音）

交通银行昆明分行

【存　款】 截止12月31日，交通银行昆明分行人民币存款余额达到151.5亿元，较年初增加17.9亿元，完成总行年度计划的110.8%。人民币日平均存款余额141.7亿元，较年初增加18.1亿元，完成总行年度计划的160%。储蓄存款余额突破50亿元，较年初净增4.1亿元，完成总行年度计划的69%。

【贷　款】 人民币贷款余额82.5亿元，在剔除相关因素的情况下，实际较年初增加9.1亿元。按五级分类划分的本外币不良贷款余额较年初减少26.3亿元。不良贷款占比较年初下降23.73个百分点。余额及占比均超额完成总行下达的计划指标。

【国际业务】 全行累计完成国际结算20075万美元，同比多完成4855万美元，完成总行计划的100.4%。外汇宝业务量达到4.5亿美元，较上年增加1.5亿美元，完成总行年度计划153%。

【利　润】 全年累计实现拨备后利润9326万元，完成总行年度计划的138%。

【调整信贷结构和收入结构】 自觉服从央行的宏观调控，按总行的要求控制好贷款发放节奏，一方面把有限的贷款规模用足、用好，一方面抓紧做好国家严格控制的行业中盲目投资、低水平重复建设的贷款减持和退出工作；加大高位切入的力度，提高市场营销的成效；加大中间业务工作力度。建立了中间业务联席会议制度，明确各职能部门在中间业务拓展与管理中的职责，以及中间业务收入的考核办法，对中间业务产品进行全面清理。中间代理业务不断发展，代收范围及规模不断扩大；加强资金管理与调度，运用利率杠杆，在保持合理流动性的同时，进一步提高资金使用效益。全年通过加大资金运作，实现利息收入2 642万元，获取利差收入959.6万元，占全行利润总额的7.93%；强化信贷审查和风险防范，积极调整资产结构。全年共审查项目399笔，额度186.01亿元，优先支持了电力、电信、交通、冶金、高等教育和城市水气供应等行业。截止年末，正常类贷款占比73.29%，较上年末提高了15.54个百分点。

【私人金融业务】 1. 以业务创新推进私金业务发展，增强私金产品的内涵竞争力：推出个人外汇理财产品“得利宝”，开通“银信通”业务，开办“婚庆卡”业务，扩大代收费的范围，丰富了交行私金业务产品的种类，在储蓄存款出现分流的情况下，增强了存款的稳定性；配合中国银联昆明分公司，开通了“银联柜面通”业务，实现POS终端跨行查询、取款、代收业务及转入行转账业务；重新整合太平洋卡“缴费宝”签约代扣业务功能，实现水、电、煤气、固定电话费、学费、保费等与居民生活息息相关费用的银行代扣，极大方便了太平洋卡持卡人，缓解与分流柜面现金缴费的压力；全面开办ATM外卡收单业务，实现了境外信用卡的ATM账户查询及人民币取现业务，给境外持卡人赴昆旅游提供了一个安全、便捷的支付环境；引入低柜服务的概念，制定低柜服务工作指导意见，并在西区支行进行试点。2. 加大宣传的频率和密度，通过形式多样的宣传方式，提高宣传的针对性：利用“五·一”、“十·一”黄金周，重点加大对新产品宣传力度。如“五·一”黄金周，开展了以“太平洋卡与您相约缤纷五月”为主题的太平洋卡业务功能系列宣传活动，提升了太平洋卡的社会认知度；开展系列抽奖活动，吸引客户办理新业务。如围绕太平洋卡“消费宝”业务，推出了“刷太平洋卡，度快乐时光”消费积分抽奖活动、“一心系交行，互动见真情”行员刷卡消费抽奖活动；围绕太平洋婚庆卡，推出了“一卡庆百年永恒，一心系交银理财”太平洋婚庆卡消费积分抽奖活动等。3. 个人消费贷款业务快速发展，风险控制良好：贷款总量增长较快，业务运行态势良好。截止12月31日，个人贷款在昆明市同业市场的占比较年初提高2个百分点，个贷增量占昆明市个贷新增总量的10.7%；投放明确，重点突出，继续保持“消费类贷款为主，经营类贷款为辅；重点品种优先发展，其他品种适当补充”的良好个人贷款结构；把握贷款源头风险，保持个贷资产质量优良；创新业务品种和操作模式，注重不同客户对个贷业务多样化和个性化的需求，在同业率先开办了个人住房转按揭贷款业务，大大提高了分行个贷业务的竞争力和影响力。

【不良资产清收工作取得积极进展】 风险关口前移，严防新的不良贷款产生。对所有正常类贷款进行了认真排查，筛选出20户企业列入重点监控名单，保证企业经营状况一旦发生不良变化，分行可以第一时间采取应对措施；以现金收回为主线，制定清收盘活方案和策略，一户一策，清收效果显著；认真负责地做好非信贷资产的清收工作；完成了分行公司脱钩工作的后续事宜。

【电子化建设】 2004年分行顺利完成了省辖行综合业务处理系统上线工作，规范的业务操作处理，为提高业务处理、数据统计的效率和准确性，进一步加强完善内部控制提供了保障；顺利完成省辖行综合业务处理系统账务拆分工作；按照总行的统一布置，做好大集中核心账务系统上线前的各项准备工作。

【内控管理及制度建设】 进一步抓好整章建制工作。年内制定下发了《交通银行昆明分行基层营业网点岗位安全职责》等20余项规章制度，建立以柜面内部控制制度执行情况为主要内容的季度联合检查制度，有针对性地制定联合检查操作流程，基层网点的柜台业务内控状况得到进一步的改善；稽核的深度和广度有进一步提高，更加重视非现场稽核与现场稽核的有机结合；利用高科技手段，加强内控管理，对市区营业网点电视监控报警系统进行数字化、网络化改造；坚持日常安全检查与重大节日安全检查并举，确保一方平安。

（姚　勇）

昆明市商业银行

【存　款】 截止年末，全行本外币全口径存款余额156.56亿元，比年初新增13.44亿元。

【贷　款】 本外币各项贷款余额95.27亿元，比年初新增18.25亿元。

【利　润】 实现账面利润8 259万元，比上年增加2 962万元，增长55.92%。

【成功化解市场压力】 2004年初，由于受到外部市场环境变化的影响，市商行遇到了较大的压力，业务发展速度趋缓。在这样严峻的局势下，市商行坚持“高度重视、行动一致、果断有力、适时适度”的原则，贯彻以发展求稳定的工作思路，积极应对环境变化，冷静处理问题，风险和危机处理工作获得了显著成效，市场地位得到巩固：市场排名情况保持不变，全行人民币存款和贷款在昆明辖域内银行中的排名均保持在第六位，在股份制商业银行中排名第一位；盈利计划完成较好，账面利润同比增长55.92%；业务经营计划得到良好实施，年末一般性存款、贷款总额分别为153.65亿元、95.27亿元，增幅分别达23.99%和24.73%；不良资产比率得到控制。

【各项业务稳健发展】 ①精心组织、自上而下调动一切资源，开展积极、广泛、有效的吸存、增存工作。在2004年上半年工作会议后，市商行积极克服突发事件造成的影响，重新校正了工作重心，对经营计划目标进行逐月分解和落实，全面调动广大员工的积极性，有效促进了业务发展。7～12月存款净增36.2亿元，外部环境对存款的影响基本消除，市场和客户的信心得到恢复。②支持地方经济发展，适度增加信贷投放。2004年市商行积极参与基础设施项目、城市建设项目、重大工业项目的建设，有压有保地投放信贷资金，有力支持了地方经济发展。新增贷款主要投向了公路建设、城市基础设施建设、电力、城市供水、广播电视网络和教育产业，重点支持了乡乡通油路、东风路下穿、管网改造、广电及电力系统改造等市政基础设施建设项目，并有选择地支持和培育了一批经营状况良好，工艺技术先进，产品有市场的优质企业，巩固和扩大了市场份额，促进了企业贷款稳定增长和结构优化。全年累计向市场投放贷款129.60亿元，年末存贷款比例61.94%，日均存贷款比例为69.43%，保持了适度的增长。③大力发展票据等优势业务。2004年，市商行发起并组织召开了“昆明地区票据市场业务研讨会”，加强了与金融同业及企业的交流和合作，在同业间建立了互惠互利的合作关系。同时，按照“制度先于业务，程序先于操作”的原则，围绕提高“综合贡献度”这一中心，加强了票据业务的内控制度与风险管理。2004年，市商行票据业务占据了昆明地区市场份额的20.46%，继续保持同行业领先地位。

【个人金融业务】 实行主管领导负责制，各级主管行领导亲自抓个金工作的开展，定期开展业务分析；实行客户经理制、综合柜员制、大堂经理制等管理办法，加强部门、支行之间的联合营销，促进了业务发展和金融服务水平的提高；进一步完善服务礼仪规范，改善环境。对员工行为手册进行修定，从岗位和工作细节着手，规范服务行为；对营业场所的功能布局、装修、装饰进行了统一规范，增加自助机具，全年新增POS机91台、ATM机24台。建立并实施服务检查制度，按季度开展流动红旗评比检查，提升了基层窗口服务质量；广泛宣传，大力营销。开展“个人金融产品宣传日”、“消费刷卡抽奖”等系列活动，并利用各种宣传媒介，提升产品和服务的知名度；在财务资源分配上合理调配、适当倾斜，增加前台柜员和客户经理的收入，较好地激发了一线人员工作的积极性和主动性。

【创新产品服务】 2004年市商行积极推出个性化、差异化产品，为客户提供全方位、多层次金融服务。完成了国债销售的计算机管理，推出代收机动车辆养路费、代理销售保险、代理销售基金、住房公积金置换组合贷款、个人寿险保单质押贷款等金融业务，既方便了广大市民的金融生活，也为下一步实施面向高中端客户差别化、个性化的理财服务奠定了基础。在银行卡业务方面，不仅正式加入国际“万事达”组织，还推出了全国第一张可在卡面印制纪念日期的“春城宝贝卡”系列产品，对市场形成了一定的冲击力，成为独具魅力，具有一定市场竞争力的特色产品。

【调整优化资源配置】 ①充分运用一级法人地位、信息、技术、网点、客户等资源，努力组织收入来源。全行积极树立效益观念，调整收入结构，控制收入风险，走效益和质量协调发展的道路。立足挖潜，克服盲目发展和急于求成倾向，注重盘活和清收，严格支出管理，加强科学预算，从存量和管理要效益。对包袱消化和业务经营制定规划，对业务发展进行阶段性安排。在巩固和拓展传统结算、收付、汇兑等业务的基础上，着力发展结算类和代理类中间业务产品，进一步丰富和完善中间业务。全年债券投资余额达34.55亿元，可融资债券余额达31.19亿元，债券业务全年收益11 327万元，国债利息收入6 174万元。②按照“调整优化机构，提高管理效率”的原则，进一步优化网点区域布局。有计划、分步骤地实施机构布局和功能调整，加大对集约度水平高的支行资源配置的支持力度，对经营规模小、经营效益差、无发展潜力的机构进行撤并，“退出”了部分低产出的业务。截止12月31日，市商行对8个营业网点进行了撤迁、更名，2个网点升格，17个网点进行了装修改造。③进一步完善财务管理，强化预算约束和成本控制。制定并实施了新的财务管理制度，加大了集中控制的力度，明确每一级的财务管理权利和相应责任，强化预算约束和成本控制，促进了财务管理的规范化。创新机制、精细管理，兼顾风险和收益、兼顾长期和短期，充分合理地调度和优化资源，确保业务发展的重点，集中有限资源，向重点客户、重点区域、重点产品配置，向科技开发、机具购置以及网点改造项目倾斜，缓解了资金供求矛盾，保障了业务发展。

【强化内控建设管理】　①加强制度建设，以风险控制为核心，以信贷、财务、会计等业务的管理和操作为主，拟订并实施了一系列规章制度和操作办法。②贯彻《商业银行授信工作尽职指引》，坚持业务增长与风险控制相适应、风险成本与风险收入相匹配的基本原则，从自身的风险管理现状入手，进一步完善风险管理组织构架、流程控制、决策模型，积极推进五级分类工作，开展在建和拟建项目固定资产贷款的全面清理工作。③消化存量，控制新增，积极提高资产质量。一方面通过控制新增贷款投向，严格展期和借新还旧审批，强化责任约束，遏制新增不良贷款；另一方面利用各种手段追收不良贷款，加大收息力度，消化存量，增加现金流，全年累计处置盘活不良资产9.06亿元。④进一步增加资产准备，提高抵御信贷风险的能力。全年计提资产准备0.19亿元，呆账准备金余额由上年同期的0.94亿元提高到1.12亿元；贷款拨备覆盖率8.76%，比上年同期提高1.63个百分点。⑤强化会计、稽核的监督制约作用，提高业务经营的稽核检查频率。全面推行了综合柜员制，通过对财务、会计、现金、账户管理的专项和常规稽核、履职和离任稽核等，提高会计核算质量，及时发现和整改财务管理、会计管理中的薄弱环节，狠抓各项规章制度的落实，从思想教育、制度完善和管理手段上严防基层机构出现有章不循、违章操作、查处不力的现象，全年共查处经济案件和违规违纪行为3件，共处理违规违纪人员和责任人4人。⑥继续加强“安防”工作。完成了支行监控改造、总行办公大楼消防系统维护，积极消除各类不安全因素，加强了重点部位、重点环节、重点机构和人员、重点区域的安全防范，实现安全经营。

（周　玮）

昆明市农村信用合作社联社

【存款增量和增幅创历史新高】　2004年末，全市农村信用社各项存款余额171.49亿元，比年初增加38.2亿元，增幅达28.66%，存款增量和增幅均创历史新高，存款余额占全省农村信用社存款余额的31%，在昆明市金融机构中名列第四。

【贷　款】　2004年末，全市农村信用社各项贷款余额达到100.71亿元，比年初增加10亿元，增幅达11.02%。其中，农户及农业经济组织贷款余额占各项贷款余额的32.6%，农业贷款占全市金融机构农业贷款余额的83.5%，发挥着支持“三农”发展的主力军作用。

【中间业务实现新的突破】　全年债券交易量达到508.3亿元，同比增加300亿元，增幅达151.5%，在全国银行间市场综合排名第八十九位，进入了全国银行间市场百强行列；全年票据转贴现、债券投资、系统内调剂资金及银行间市场逆回购等中间业务总收益达1.03亿元，同比增加2 527.5万元，增幅达32.7%。

【利润创历史新高】　全市信用社全年总收入78 637万元，总支出74 584万元，实现利润4 053万元，盈余157个社，亏损1个社，减亏68万元，盈余金额创历史新高。

【改善资产质量】　通过抓好不良资产管理及清收盘活处置指导工作；报请省银行业协会对使用各种手段逃废、诈骗信用社贷款的102户企业，在金融系统内进行联合制裁；做好不良贷款的跟踪监测分析，督促不良贷款清收工作，实现了不良贷款的“双降”。至2004年12月末，全市信用社不良贷款占比为16.47%，较年初下降2.71个百分点，绝对额较年初下降8 101万元，降幅为4.66%。

【服务现代新昆明建设】　结合“建设新昆明”项目的启动，部分县区联社积极参与，有侧重地选择一些高新现代农业、公路基础设施、生态资源保护、经济开发园区等好的项目予以支持；市联社与国家开发银行云南省分行签订了“联合贷款合作协议”，并采取社团贷款方式向昆明市交通投资有限公司、昆明市城建投资有限公司发放贷款共计8.92亿元，积极支持昆明市交通和市政基础设施建设。

【新一代核心业务系统平稳上线运行】　2004年7月15日成功上线运行的“昆明市农村信用社新一代核心业务系统”，是昆明市农村信用社成立以来推出的内容最全、构架最新、技术含量最高的一代核心业务系统，该系统以银行大会计一本账、综合柜员制为设计指导思想，以客户为中心，账务核算为核心，构建适应未来业务发展趋势的综合业务处理平台。该系统的成功上线运行，标志着农村信用社与商业银行电子化水平差距的缩小，同时增强了为“三农”服务的实力和业务拓展的能力。

【成立资金清算中心】　市联社依托新业务系统平台，及时成立了清算中心，制定了科学、规范的清算办法和管理制度，规范业务处理流程。清算中心的成立，改变了原有的清算业务从数据采集到汇总处理均为手工或半手工方式，业务数据处理不及时，制约业务发展，资金安全存在一定隐患的状况，为全市信用社提供了高效优质的资金清算及结算服务，提高了资金运用效率。

【内控制度建设】　加强风险监控，促进全市农村信用社各项业务持续、稳定、健康发展。一年来，市联社稽核部门组织了对辖内30家信用社的全面稽核，组织离任稽核39人（次）、专项稽核37项（次），发现存在问题184个，违规问题51个，处罚违规责任人84人，纠正违规金额946万元，提出稽核意见177条。整章建制工作不断推进。1．通过及时拟定《昆明市农村信用社银行承兑汇票管理办法》及相关操作合同文本；对拟定新的借款合同及对应的担保合同文本；拟定下发《昆明市农村信用社汽车贷款管理办法》；拟定《关于与投融资担保机构合作办理贷款的指导意见》，切实加强了信贷管理；2．修改完善了《昆明市农村信用社系统内资金管理办法》和《昆明市农村信用联社银行承兑汇票贴现、再贴现、转贴现管理办法（暂行）》，规范了经营，完善了系统内票据转贴现的审批手续，控制了风险，使业务发展走上了规范化道路。

【安全保卫】　增强安全防范手段，全年安全设施共投入718.4万元，85%的网点完成了改造，89%的网点已实现同公安“110”报警系统联网，安全防范能力大大提高；通过定期学习、防暴演练、射击训练、消防演练和严格检查处罚，强化职工安防意识；调整金库设置，规范押运工作，确保了金库及押运安全。部分县区组建成立了护运中心，兼为工行、建行押运服务，也促进了自身工作质量提高。

【做好改革前准备工作】　①根据中央和省政府要求，起草了《昆明市深化农村信用社改革方案》，经市政府常务会议讨论通过并上报；②开展了拟新设立的五华、盘龙联社的调查摸底工作；③狠抓增资扩股工作，全年共新增股金3.5亿元，全市资本充足率达7.12%，为深化改革打下了良好的基础；④配合省改革办举行了“合作金融宣传日”活动，为改革营造了良好的舆论环境；⑤认真部署申请专项中央票据资金工作。

（滕庆华）

中国人民财产保险股份有限公司昆明市分公司

【业　绩】　2004年，人保财险昆明市公司共实现保费收入50 200万元，完成已赚净保费47 885万元，实现年计划任务的104.6%。市分公司总资产21 431万元，全年上缴营业税金2 608.4万元。

【意外险业务迅猛增长】　2004年，昆明市分公司完成意外险保费收入4 017万元，完成年计划任务的118%，突破4 000万元的奋斗目标，在昆明意外险市场独树一帜。

在煤意险、旅游乘客险、建筑施工意外险、公旅险等大项目上取得重大突破，形成服务社会的独特业务特色。8个新开发险种保费全部实现零突破，成为意外险业务新的增长点。为加强对意外险业务的管理，市分公司成立专业化的意外险理赔查勘小组，实施专业化查勘定损；建立意外险理赔标准工作流程和内部流转时间承诺控制制度；建立意外险业务理赔标准和检查制度；建立意外险理赔工作考核奖励制度，调动员工积极性，提高员工责任心。

【承保昆明律师执业责任保险】　12月17日，经过一年多的磋商和谈判，市分公司与昆明市司法局和律师协会共同签订昆明市律师执业责任保险统保协议，这是云南省首次投保律师执业责任保险，填补云南在律师执业责任保险上的空白，为昆明市109家律师事务所和830名执业律师提供全面专业的保险保障。

【出租车实行专营】　经过内部竞标，市分公司靖国营业部取得出租车专营资格，成为市分公司第一家车险业务专营公司。2004年，靖国营业部共承保出租车3 260辆，实现保费收入1 284万元，接报案日均9起，车均赔款1 534元，实现出租车经营的扭亏为盈。

【优化整合内部资源】　为更好地服务客户，进一步对基层公司实施有效监控，降低管理成本，提高管理效率，优化整合内部资源，经云南保监局批准，撤销市分公司长春营业部、新迎营业部、高新营业部3个营业机构。长春营业部并入盘龙支公司，新迎营业部并入官渡支公司，高新营业部并入西山支公司。在3家公司撤并工作中，周密计划，精心准备，认真实施，保证理赔、承保工作无缝衔接，服务工作不脱节。经过撤并，人保财险昆明市分公司在全辖县级支公司（营业部）由原来的29个精简为26个。

【“三个中心”建设初显成效】　在总、省公司2004年“三个中心”建设和运行预检查后，市分公司针对存在的主要问题，进行认真的反思，及时统一全辖思想认识，坚定信心，克服困难，紧紧抓住整改重点，确保整改到位。承保、理赔和财务的实务处理及风险监控平台数据质量、流程操作等基础工作都已明显改善，基本达到建设目的：“标准化、统一性、集中性”，逐步发挥和显现“三个中心”在优化业务流程、强化风险管控、提升盈利能力、增强核心竞争力等方面的功能和作用。

【开展“数据质量年”活动】　2004年是人保公司的“数据质量年”，市分公司高度重视数据系统建设，积极查找数据管理与系统运行方面存在问题，分析产生原因，研究解决办法，制定整改方案：成立由总经理挂帅的领导小组，抽调专门力量，组成数据清理工作小组，开展数据质量清查工作；完善相关管理制度，加强对业务数据的检查、管理和监控，定期进行清理整顿，从源头上控制假保费、假利润、假赔案、假数据等虚假行为，数据质量有了明显提高。

【客户服务水平和服务质量明显提升】　①95518服务专线增速扩容，从根本上解决报案难问题。2004年，市分公司全部更换95518老化硬件设备，对专线系统进行升级扩容改造，专线坐席从13个增加到22个，信息员从22名增加到40名，确保95518线路畅通。2004年，95518专线总话务量为667 816次，客户回访73 825件。②获优质服务金奖。2004年，在全国人保系统百城95518服务竞赛活动中，分公司从125个参赛分公司中脱颖而出，荣获全国优质服务金奖，受到总公司的表彰并在全国交流经验。③在10月中国国家质量监督检验总局、中国质量万里行促进会对昆明市131个企业售后服务、窗口服务进行明察暗访中，市分公司95518专线及客户服务工作获得好评，并获证书。

【信息宣传工作】　①内部信息网站改版工作顺利完成。通过改版，完善、新增3个功能模块。截止2004年12月底，内部网站的访问量突破207 000人（次），日均访问量超过350人（次）。②召开新闻座谈会，坦诚交流沟通。市分公司先后多次召开新闻座谈会、重大赔款兑现会和保险领域经济犯罪情况通报会，就新闻媒体和社会关注的索赔难、出租车专营、修理厂骗赔等问题进行正面通报，坦承公司自身存在问题，向社会公布公司推出的应对举措，为客户咨询和投诉创造良好舆论氛围。③强化新闻媒体宣传报道。在《春城晚报》、《都市时报》、云南电视台、云南交通广播电台等媒体进行全方位、多层次宣传。与省交警总队《车与人》杂志合办保险专栏，开辟宣传阵地。④组织参与各类大型宣传活动，提升公司知名度。在金马碧鸡广场开展主题为“昆明人保与你同行”、“拨通95518保险服务送到家”大型宣传咨询服务活动，进一步加深广大群众对95518的了解和认知度，提升95518在社会上的知名度；参与行业协会组织的云南省第三届科普周宣传活动，积极宣传公司经营险种和形象。

【队伍建设】　①按照领导班子深入学、党员干部重点学、广大党员普遍学的要求，组织好全市系统干部职工认真学习领会党的十六大、十六届四中全会精神。②在全市系统开展求真务实学习教育活动，牢固树立和认真落实保险业科学发展观。③建立“能者上、平者让、庸者下”的人才选拔机制，大胆使用德才兼备、实绩突出、群众公认的优秀人才。在对29个基层公司的领导班子进行全面考核的基础上，对12个支公司领导班子进行调整和充实，提拔副总经理2人主持工作，调整、配备副总经理11人，提拔总经理助理2人，撤换总经理2人、副总经理2人，实现了人力资源的合理配置。④加大培训力度。启动机关员工业务知识培训计划，利用“双休日”对机关全体员工进行为期6期的培训，培训内容涉及“三个中心”建设、应用系统知识、意外险产品概况、团险营销管理、财务知识、再保险实务、法律知识等，针对性和实用性很强，起到拓展员工知识面，改善知识结构作用。⑤采取“以考促学”方法，提高员工技能和综合素质。在全国计算机应用等级考试中，机关有34人取得全国计算机B—级合格证书。

（张维勇　杨子荣）

中国人寿保险股份有限公司昆明分公司

【业　绩】　至12月底，中国人寿保险股份有限公司昆明分公司总保费收入54 764万元，其中：长险首年期交保费增长率230.96%，增长率在全国80个大中城市中排名第一；风险型保费增长率64.11%，增长率在全国80个大中城市中排名第三；意外险保费增长率12.71%，增长率在全国80个大中城市中排名第三十二位。

【结构调整取得成效】　创造良好的经营效益，是企业可持续发展的关键。2004年，昆明分公司围绕全年经营目标，坚持“在发展中调整结构，在结构调整中促进发展”的工作思路，加大了风险型、新单期交业务和创费水平较高、经营效益较好的业务的销售力度，坚定不移地走可持续发展的道路。从政策激励的导向上、费用措施的支持上、展业技巧的培训上，全力加大工作力度，为广大营销员搭建好销售平台，以计划引导、考核利导、推动宣导、跟踪督导的做法，推动期交业务的不断增长，开展了一季度“鸿鑫保险推动奖励方案”、二季度“个险新单期交业务竞赛方案”、三季度“勇夺国寿杯，红包倍倍送”个险新单期交业务竞赛方案、四季度“组织发展推动方案”、“回归原点，全力冲刺”个险竞赛方案、风险型业务竞赛奖励方案及“奋战100天”业务推动案等，在企划活动中，制定了一系列积极的财务政策和激励措施，着力优化和调整业务结构，把发展效益型险种和期交业务作为业务发展的重点。同时，多渠道拓展意外险业务，加大了对意外险的奖励力度，以建工险、爆破险、团意险等为突破口，把学平险、旅游险等作为重点来抓，加强了与民航、交通、旅游、教育等行业和部门的合作与联系，团险渠道的意外险保费在9月份就提前超额完成了全年任务。

【个险业务】　认真落实《基本法》和各项营销管理制度，对业务员系列、主管系列人员，严格按照《基本法》的考核原则，实施了升降级制度，强化对营销队伍的考核、激励和管理，促进其自我经营、自我管理、自我发展，更好地发挥制度的激励作用；实现了AMIS系统集中管理，做到了统一考核、统一佣金和津贴标准，实现了全公司24个营业单位的佣金统一计算；创新销售模式，引入“客户联谊会”，全方位、多角度、广渠道地开展宣传推介活动，积极引导和提高客户的保险意识，与客户共同建立一种健康、规范的供需关系，提高销售上的技术和服务含量，收到了显著的效果。基层公司一鼓作气地把客户联谊会开到社区、工厂、学校和农村，形成了上下互应，整体联动的效应。

【团险业务】　深入市场，加强调研，实施大客户战略。成立了大单业务公关工作领导小组，形成上下两级公司联动，通力协作的工作局面；学平险工作早安排、早落实、早布置，借助社会和学校的力量加强宣传，通过与教育部门及学校的密切配合，进一步扩大承保面，与市教育局、市“基金会”联合制定了学生安全保险工作实施（试行）办法，召开了“学平险工作会议”、“省属在昆大、中专学校学平险工作会议”，规范了销售行为，强化了服务意识；加大对学平险基本险的保障力度，实现满足市场需求与利润双赢的局面；在充分了解企业特点、员工构成、经营状况和保险需求等基础上，为客户量体裁衣，制作计划书，以特色化的服务为业务发展提供了便利。

【中介业务】　加强市级代理关系的建立，为基层公司展业创造有利条件，并按不同的代理渠道协调县支公司一一对应各代理支行，做到上、下、横向代理信息的及时传达，开通了总公司与工商银行总行共同研究开发的新型柜面销售模式；加强队伍建设，突出代理特色的培训。目前，各县（市）区公司均有了相应的中介专管员队伍，现有人员70名；制定业务推动企划，为基层在业务启动时创造有利条件。

【改革取得重大突破】　1. 对城区7家营销支公司进行重组，将团险部、中介部32名外勤人员进行分流，让团险部和中介部单纯履行其机关管理职能，完善专业化经营思路，提升公司的经营运作效率，发挥了中国人寿的整体优势；2. 落实省公司员工收入分配办法，实施分配制度的改革，极大地调动了广大员工的展业热情和工作干劲，有力地推动了业务发展；3. 推进人力资源制度改革，机关各部室14个领导岗位公开竞聘，员工岗位进行双向选择，大大激发了员工的工作积极性和责任感，增强了危机感，完善了竞争机制，形成了员工能上能下，能进能出，充满生机的用人制度；4. 加强对新建营销服务部的管理，确保营销服务向乡镇延伸。2003年分公司相继在城区和部分县建立了28个营销服务部，给公司业务发展拓展了新的空间。2004年，对这些营销服务部业务经营情况进行检查验收，为新开设的营销服务部解决了实际问题，调动了员工工作积极性。

【经营管理迈出新步伐】　整顿机关工作作风，提高办事效率。根据调查研究中了解到的大量事实，进行深刻的分析阐述，指出问题的症结，引起机关干部员工的重视，引发了他们对自身存在问题的审视和思考。经过一段时间的落实追踪，机关工作效率明显提高，服务意识增强；加强财务管理，严格财务制度。严把核算关，坚持“一支笔”当家理财制度，狠抓开源节流，增收节支，严格控制费用支出，减少不必要的开支，使管理更具科学性、稳定性；强化集中统一管理。进一步加强业务中心、财务中心、客户服务中心的建设，切实规范管理流程和实务操作，严格执行《寿险实务》、《核保手册》等相关规定，狠抓核保核赔质量管理，切实把好业务进口、出口关，加强业务、财务单证和档案管理，积极认真负责地开展CBPS数据清理工作；全面提升服务品质。强化基层客户服务前台建设，建立了一系列客户服务制度和办法，认真落实客户回访制度，广泛推行承诺服务、限时结案、送赔上门等优质服务制度，开展了多种形式的文明优质服务创建活动。此外，通过加强对代理人队伍的管理和督察、加强销售活动管理、加强产品宣传管理、加强承保理赔管理和服务等工作，健全和完善了公司的诚信体系建设；强化内控监督，防范经营风险。开展遵纪守法教育，正本清源，加大了案件的查处力度，对基建工程、大宗物品采购、车辆处置等事项，在事前、事中、事后进行全方位的监督。把效能监察工作作为反腐败、预防违纪违规、职务犯罪的重要内容来抓，不断强化责任意识，杜绝漏洞，防患于未然；开展整规工作，进一步规范管理，合规经营，提高服务质量，严防和杜绝各种违规违纪行为的发生，确保业务健康发展，以良好的经营业绩和较高的管理水平为公司股份制改革奠定基础。

【稳步推进队伍建设】　出台了《2004年度领导班子成员考核办法》，加大了对各基层公司领导班子的考核力度，把各公司业务发展、经营成果和目标完成情况作为考核、任用“一把手”和班子成员的主要指标；调整充实基层公司领导班子，注意加强后备干部的选拔和培养工作，从城区公司抽调干部下派交流到县区公司，并从营销队伍中选拔干部，加强充实基层领导力量，为推进各项工作提供了组织保证，收到了良好效果；围绕业务发展，加大队伍培训力度，年内共举办各类培训班39个，参训人数10 955人（次），3 000余人（次）参加了中介代理培训。至年底，市分公司有代理人2 218人，持证人数1 436人，持证率64.74%，有效地提高了员工的职业技能和队伍的整体素质。

（冯雁云）

中国太平洋财产保险股份有限公司云南分公司

【业　绩】　2004年，分公司全辖完成总保费收入28 482.65万元，同比增长17.71%。其中：企财险保费收入6 279.77万元，同比增长5.46%；机动车险保费收入18 352.8万元，同比增长24.32%；其他非水险业务（企财险除外）保费收入1 668.93万元，与上年同期相比基本持平；水险业务保费收入1 842.2万元，同比下降7.49%；人意险保费收入1 173.8万元，同比增长143.68%。

【赔款支出及利润】　赔款总支出10 288.77万元；综合赔付率36.12%。完成利润2 540万元。

【科学调整车险费率】　车险业务作为财产保险公司最为重要的险种，其经营的好坏，对于扩大规模、提高效益、稳定队伍、树立良好企业社会形象等，都起着举足轻重的作用。在全面分析了2003年末和2004年初的车险市场及太平洋财产保险云南分公司整体经营状况之后，分公司党委、总经理室及精算工作人员抓住车险费率偏低这一影响经营效益的主要问题，经过科学分析，以精算结果为依据，拟定了兼顾公司经营要求和适应市场的费率调整方案，于2月初获得批准，于2月16日开始执行。科学的定价不仅得到业务一线的认可，也得到了市场的认可，业务迅速进入良性轨道，全公司车险业务收入由一季度的平均每月700万元，上升到二季度的平均每月1 400万元，并持续增长，同时，车险简单赔付率、满期赔付率、财务费用水平等各项指标开始逐步好转，最终实现6月末的恢复性增长目标，为年末的经营成果奠定了基础。车险费率的调整，对于扭转年初经营工作被动局面起到了至关重要的作用。

【监控管理】　2004年的管理呈现出的最大特点就是：使用科学的考核办法，让数据说话，依据精算结果，在认真分析市场和业务发展趋势的基础上，对业务经营管理工作进行超前、大胆的适时调控。分公司总经理室明确了经营结果与费用率指标挂钩的政策，依据相关经营指标的变动情况，适时调整业务费用政策，支持和促进全辖业务健康发展。一年中，经过精算分析和预测，分公司总经理室先后于3月、6月、9月、11月四次调整了分支机构的车险业务费用率，有效地促进和支持了各地业务的良性发展和业务结构的调整。

【完善“两核”体系】　在2003年的经验基础上，分公司采取了一系列措施，不断改进、调整、完善“两核”工作流程和运作方式，保证和支持全辖业务顺利承保和理赔。车险费率调整后，总公司对太平洋财产保险云南分公司的核保政策开始逐步调整，对符合条件的业务承保进一步减少核保时间和环节，工作的流程和运作方式进一步改进，工作效率有了明显提高，从业务管理的运转体系方面，给业务发展以强有力的保证和支持，也为广大客户提供了更为便利和满意的承保服务。

【拓展非车险各类业务】　解决车险业务发展问题的同时，分公司丝毫不放松非车险各类业务的拓展，分公司及各分支机构的非车险大项目业务继续巩固并有所增加。至年末，企财险业务同比增长5.46%，企财险外的其他非水险业务同比与上年持平，人意险业务同比增长143.68%。

【大项目业务有新突破】　在巩固原有客户的基础上，又先后在省国税局、联通公司、昆明铁路局、民航云南空管局等统保大项目业务招标中成功中标，这对于增强员工信心、打造公司社会形象、优化业务结构、改善太平洋财产保险云南分公司财务状况等方面都起到了积极的作用。

【降低经营成本】　为增强公司产品的竞争力，分公司进一步加强了财务管理，压缩行政费用，使产品的附加价值有效提升。一年来，分公司加强了办公用品、低耗品、电脑耗材等集中采购管理的力度，严格执行集团、总公司集中采购管理办法的规定，杜绝超标采购；对分支机构的机动车辆进行清退和处置后，分公司本部压缩出车辆4台，配置给分支机构；重申和严格执行行政、公务用车管理办法；制定了公司内部会议、培训、接待工作管理规定；完善了同城机构财务集中管理制度等，从多方面尽可能地减少非业务性支出。

【整合人力资源】　2004年是优化管理，大幅调整公司内部结构的一年。从年初开始，分公司持续精简管理人员，减少内部工作环节，进一步提高了全公司管理运作效率。上半年，分公司对部分管理职能部门进行撤并，对其工作职能和人员进行了调整；按总公司要求，成立了独立调查办公室；压缩减少部份返聘人员；把部分后勤人员调整充实到业务部门和在昆机构。

【严格内控机制】　2004年，分公司组织了对新建机构、营销部的稽核检查工作；参与总公司及大区特派办对分公司和部分中心支公司的稽核检查，对上级提出的稽核意见及时督促整改落实；组织财务账户的清理；组织单证的检查、清理；组织印章的清理、清收及规范管理工作；完善和加强了应收保费的清理和管控工作；成立数据管理领导小组，组织信息数据的清理；建立理赔定损、核损分离的组织架构等。通过上述一系列工作的开展和实施，从源头上抓好各个环节的风险防范，确保公司经营的稳健和安全。

（冷少萍）

中国太平洋人寿保险股份有限公司云南分公司

【业　绩】　2004年，中国太平洋人寿保险股份有限公司云南分公司累计完成总保费48 746.7万元，全年为18 568名客户支付了6 372.03万元的赔款和给付金，充分发挥了社会保障功能。

【业务稳步发展】　面对2004年外部市场复杂多变的激烈竞争态势，太平洋寿险云南分公司个险、团险、银行保险从夯实基础、壮大团队、发展渠道方面稳步发展，通过整合各类资源，强化内部风险管控，业绩稳步增长，公司效益明显增加。

2004年以来，分公司的个险团队稳健成长，管理架构进一步合理化，加大追踪力度，确保考核的合理与科学，加强组织发展建设和企划支援对业务发展的辅助作用，使个险工作推进力度和速度明显增强，促进了业务平台和队伍规模稳步增长；在团险方向，有重点、有步骤地加强团体大项目、行业客户的展业攻关力度，加强团队建设，创新工作举措，继续坚持规范化、专业化、精细化的团队“三化”建设，提高了团险直销队伍的质量，增强了团险发展后劲；银行保险方向，在2002、2003年银行保险蓬勃发展的基础上，2004年进一步拓展渠道优势，打基础、调结构，努力探索银行邮政保险业务的可持续发展。总体来讲，2004年的业务发展体现出险种结构更趋合理、结构调整成效显著、各销售渠道齐头并进、业绩稳步增长的良好发展态势，也为新一年的奋斗目标打下了较好的基础。

【提升保险服务品质】　一直以来，分公司党委、总经理室都把客户服务水平作为决定公司市场竞争能力的关键因素。分公司把“狠抓基础，内强素质，外树形象”作为2004年客户服务工作的阶段目标：以“PDCA”技能达标和薪酬、考核为主线，确保学习效果，全面提升员工知识与技能，推动工作效率和服务质量的提升；以“迎春杯”开门红业务技能大比武为契机，营造你争我赶的竞争氛围，促进全员业务处理速度与客户服务水平的提高；在全省推广银行代扣转账业务，实行严格的收据送达跟踪检查制度，顺利切换客户专员系统，保证了续期任务的顺利达成；提高信息技术对客户服务的支持力度，如营业厅触摸查询屏的维护、利用，电子商务服务与管理，确保业务系统正常运行等；实施52个城市太平洋急难救助计划，通过创新性地继续做好电子商务网站、95500全国统一客户服务电话、24小时值班报案服务、全年无休营业服务、即时理赔承诺服务、太平洋寿险关爱使者特色服务、客户体检服务、业务员品质监督、短信业务、保险宣传咨询、客户问卷调查等一系列服务及多种附加值服务，使公司提供的保险服务更加贴近市场，贴近客户。

太保寿险云南分公司总经理姚向东到昆明电视台“直播昆明”栏目就“11·21”空难作保险访谈

（太保寿险云南分公司　供稿）

【完备产品体系】　2004年分公司开办险种100多个，覆盖人寿保险、年金保险、健康保险、意外伤害保险等多个领域，继续保持了太平洋寿险产品“自助餐”式的产品组合销售特色，同时日益丰富的保险产品使得“一揽子”保险计划的金融保险服务更趋完善。如10月29日央行加息后，太平洋寿险公司及时向市场推出了最新分红型保险产品——“红利发”，顺应了市场需求，保障较原有产品更高，具有收益稳定同时又能分享投资的特性；太平洋寿险的39款意外伤害保险既可个人单独购买，也可以团队集体购买，还可以家庭为单位进行购买，在全国52个城市免费享有急难救助服务。

【发挥保险“社会稳定器”作用】　太平洋寿险云南分公司进一步加强部门之间的协调配合，并在处理紧急事件中逐步发挥出合力优势。如“11·21”包头空难发生后，按照分公司立即启动的紧急预案，分公司各部门积极配合，共同完成了整个事件的调查、理赔、再调查、现场理赔、对外宣传等全过程的处理，在不到24小时内就向东航云南公司罹难机组人员赔付了90万元保险金，在后续调查中核实了机组人员在分公司购买个人商业保险的情况后，向家属进行了赔付。同时，昆明各大媒体都播出了相关新闻和访谈节目，为公司形象的树立起到了积极作用。

太平洋寿险云南分公司在自身发展壮大的同时不忘回馈社会，多次出资为省、市两会、保山市隆阳区人大参会代表在会议期间提供人身意外伤害保险；7月，出资为“第三届云南省青少年英语口语大赛”5 200余名参赛选手提供总保额5 200余万元的人身意外伤害保险，并因此荣获大赛“贡献奖”奖项；8月，丽江市境内普降大暴雨，给局部地区造成了罕见的特大洪涝、泥石流和山体滑坡灾害，太保寿险丽江中心支公司向灾区捐款人民币24 320元；8月，出资为“银龄行动”赴滇的22名苏州老年志愿者承保人身意外伤害保险，承保金额共计 132 万元；自 1996 年以来就与昆明市见义勇为工作部门签订了为昆明市见义勇为勇士提供保险保障的《人身意外伤害保险》合同，连续 11 年为见义勇为、救助他人而遭受歹徒报复致伤、致残、身故，经市政府正式命名的见义勇为先进分子承保，截止 2004 年底，分公司已累计给付该项保险金 729 500元，赔付率为 933.2%。

【强化风险管控】　分公司初步建立起以常规稽核、专项稽核为纽带，以日常稽核、专项稽核为主，及时发现存在风险隐患，提出解决办法，追踪整改效果，充分发挥“两核”体系在控制风险中的作用，加强财务集中化管理，严格单证领用、核销制度，加强印章管理的风险控制体系，严肃纪律、严格考核、加大奖惩力度，确保各个环节执行力的到位。年内，分公司党委、总经理室多次率队对各个机构进行巡回检查，及时发现和解决各级机构存在的问题，使风险防范于未然。

（彭　怡）

中国平安人寿保险股份有限公司云南分公司

【业　绩】　2004 年 6 月 24 日，中国平安保险集团首次公开发行股票，在香港联合交易所正式挂牌交易。

2004 年，是平安人寿进入云南的第十个年头，平安集团上市后，进一步推动了云南平安的发展，同年 12 月，中国平安人寿昆明分公司正式更名为云南分公司。截止 2004 年 12 月，平安人寿云南分公司在全省范围内共拥有员工 2 500余人，客户达327 355位。2004 年全年共实现保费收入 7.93 亿元，同比增长 28.57%，昆明市寿险市场占有率达 39.77%，居市场第一，云南省寿险市场占有率达 17.24%，居市场第二。全年共计承担风险保额235 700万元，理赔给付件数18 663件，金额达3 363万元，生存给付件数52 735件，金额达 7 557元。

【产　品】　平安人寿从传统的储蓄型、分红型、保障型产品，到非传统的投资型保险，建立起了完整的产品系列，险种齐全，满足了客户个性化的需求。2004 年，平安人寿又新推出了一系列满足市场需要的新产品，主要产品如下：1 月，中国平安全新推出附加住院医疗险系列产品及配套保险组合——附加住院收入保障保险、附加住院费用医疗保险、附加住院手术费用医疗保险以及附加重大疾病住院收入保障保险，具有保障更全面、组合更灵活、住院医疗期间可以同时实现“费用有补偿，住院有收入”的特点。4 月，中国平安针对客户的特点，根据不同家庭成员的保险需求，以平安广受欢迎的四大主力产品为依托，全新组合推出了“幸福四重奏”家庭综合保障计划——“平安意外综合保障计划”、“平安健康医疗保障计划”、“平安子女幸福成长计划”、“平安年金养老保险计划”四项产品组合，全面覆盖意外、健康、子女养育、养老等保障功能。6 月，平安推出“聚宝盆”银保产品，在银行柜面限时限量发售。这款固定收益两全保险产品，具有收益稳定，意外身故双倍返还等优点，对客户来说投资、保障两不误。7 月，中国平安智富人生万能寿险在昆明隆重上市。该产品在具有弹性的保费缴纳和弹性的保障的同时，还有投资保底、灵活理财、公开透明的特性，使它成为客户稳健投资的上佳选择。

【服　务】　中国平安拥有中国金融企业中真正整合的综合金融服务平台，实现了公司战略、企业文化、品牌传播、IT 技术、人力资源、资产管理、计划管理和风险控制等集中统一，为个人客户和企业客户提供系列的个性化产品和服务。中国平安建设了以电话中心和互联网为核心，依托门店服务中心和专业业务员队伍的 3A（Anytime Anywhere Anyway）服务模式，为客户提供全国通赔、定点医院、门店“一柜通”等差异化的服务。还在业内率先推出了许多增值服务，如海内外急难救助服务、保单迁移、保单贷款、生命尊严提前给付、客户服务节等。2004 年 7 ~ 10 月，云南分公司举行“我心中的平安校园”全国少儿征文比赛，以“预防校园侵害，创建平安校园”为主题，昆明地区各中小学学生积极参加了本次活动，获得一等奖的选手还被选送到北京参加夏令营活动。10 月，中国平安人寿在全国范围内以统一的有奖竞赛的活动形式，以“真诚全面呵护，旨在沟通无限”为活动主题，由平安的业务人员对需要核对资料的客户进行大规模的回访，帮助客户对自己的客户信息进行更新维护，并对回访成功的客户进行抽奖活动。

【公益活动】　2004 年 3 月，中国平安与中国红十字总会签署协议，由中国平安向 2003 ~ 2006 年的所有造血干细胞捐献者赠送一年期重大疾病和意外伤害保险，重大疾病保额为 5 万元/人，意外伤害保额为 30 万元/人。4 月 5 日，在云南省红十字会救灾备灾中心，举行了向中华骨髓库（中国造血干细胞捐献者资料库）捐赠造血干细胞第一人胡玉高赠送保险仪式。4 月，平安在云南地区开展“少儿平安行动”，此项活动旨在提升少年儿童安全自护意识和能力，并推动全社会共同关注青少年身心健康、平安成长。作为一项全年开展的活动，2004 年的少儿平安行动依次开展了“六个一”活动：唱平安歌；征集“平安校园”警句，倡导“平安校园”文化；举办“平安校园”知识竞赛；举办“平安校园”自护训练营，举办“平安校园”征文比赛等丰富多彩的活动。6 月，对丘北县平安希望小学进行爱心捐物活动。9 月，在云南省总工会 2004 年“寒窗助学”资助仪式上，分公司向 100 名贫困学生每人赠送了保额 1 万元的意外伤害保险。9 月，平安曲靖中心支公司组织员工进行无偿献血活动。从 2002 年开始，分公司积极响应总公司号召，每年都举行爱心献血活动，至 2004 年底，已组织近 300 名员工参加了无偿献血活动，献血量约56 000毫升。

（孙小涛）

·责任编辑　方玉红·

对外贸易

【外贸进出口】 2004年，全市对外贸易高速增长。昆明地区外贸进出口总额达261 462万美元，同比增长46.91%。其中，出口138 396万美元，同比增长37.61%；进口123 066万美元，同比增长59.0%。昆明市属外贸进出口总额达60 644万美元，同比增长39.01%，完成省政府下达任务指标（40 396.4万美元）的150.1%，一年连跨5亿美元、6亿美元两个台阶。其中，出口46 405万美元，同比增长65.79%，完成省政府下达任务指标（26 836.7万美元）的172.9%。昆明市属外贸进出口总额及出口额增幅均高于全省、全国平均水平，居全省各地州之首，超额完成省里下达的任务计划。

【外贸队伍扩大】 外贸队伍不断壮大，至2004年年底，昆明市累计有750多家国有、集体、民营企业具有进出口经营权，其中当年有进出口实绩的企业467家。并形成国有、外资、民营为主，多种形式参与的队伍构架。民营企业发展迅猛，有进出口实绩的190家（不含外资企业），出口额17 824万美元，占市属外贸出口总额的38.4%。民营企业在企业数量、出口规模上都成为拉动昆明市对外贸易增长的龙头。外贸企业结构进一步合理。

2004年昆明市属各类企业进出口比重表

单位：万美元

区分 / 企业	进出口企业		进出口		出口		进口	
	户数	比重%	总额	比重%	总额	比重%	总额	比重%
国有集体	91	19.5	16 530	27.3	13 503	29.1	3 027	21.3
民营	190	40.7	20 404	33.6	17 824	38.4	2 580	18.1
外资	186	39.8	23 710	39.1	15 078	32.5	8 632	60.6
合计	467	100	60 644	100	46 405	100	14 239	100

【进出口主市场】 香港、东南亚仍是出口主市场。在外贸市场结构中，对亚洲的出口呈现高速增长，亚洲是昆明的主要外贸出口市场。昆明地区对亚洲出口106 107万美元，同比增长137.8%，对亚洲出口占出口总额的78%，另外出口北美洲9%，出口欧洲8%，出口大洋洲3%，出口非洲和拉丁美洲各1%。对亚洲出口中23.2%出口香港，15.8%出口日本，40.7%出口东南亚国家。在东南亚，主要销往国分别为：越南12 419万美元，同比增长69%；泰国10 508万美元，同比增长54%；缅甸7 350万美元，同比下降23.7%。

进口主要是印度尼西亚，5 028万美元，同比增长9.8%；新加坡1 836万美元，同比增长39.2%；泰国1 253万美元，同比增长190%，贸易顺差9 255万美元；越南270万美元，同比增长542.9%，贸易顺差12 149万美元；缅甸89万美元，同比增长12.7%，贸易顺差7 261万美元。

2004年昆明地区出口商品主要销往国家（地区）表

单位：万美元

排名	国家（地区）	出口额	比上年增减（%）
1	香港	24 616.8	52.79
2	日本	16 764.9	54.87
3	越南	12 419	69
4	泰国	10 508	54
5	缅甸	7 350	－23.7

昆明对主要国家或地区出口比重图

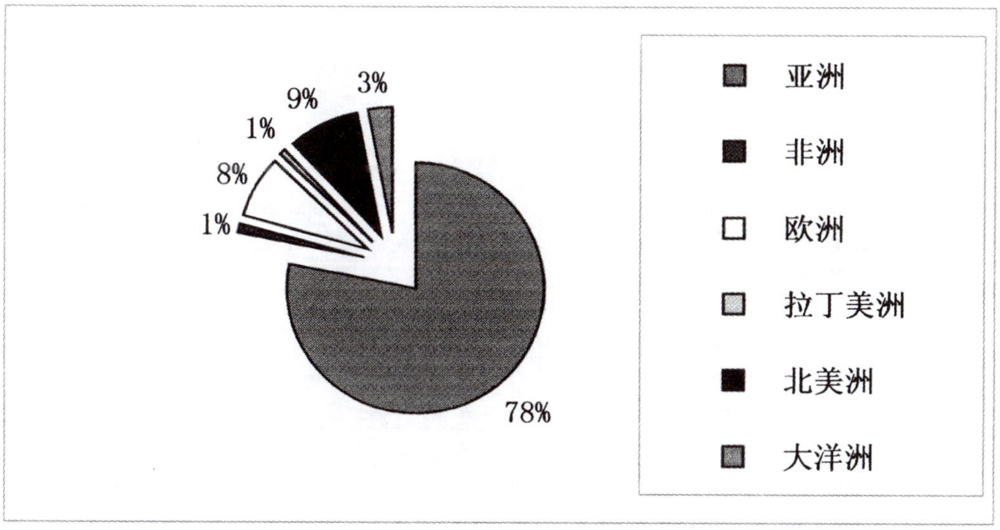

【出口商品结构】 全市对外贸易显现出进出口商品结构进一步优化的局面。2004年昆明地区初级产品出口2.5亿美元，同比增长11.7%；工业制成品出口11.34亿美元，同比增长45.1%，工业制成品出口增幅比初级产品出口增幅高33.4个百分点。工业制成品出口占出口总额的81.9%。高新技术产品出口2.61亿美元，同比增长23%；机电产品出口4.22亿美元，同比增长13.3%。

昆明地区大类商品出口比重图

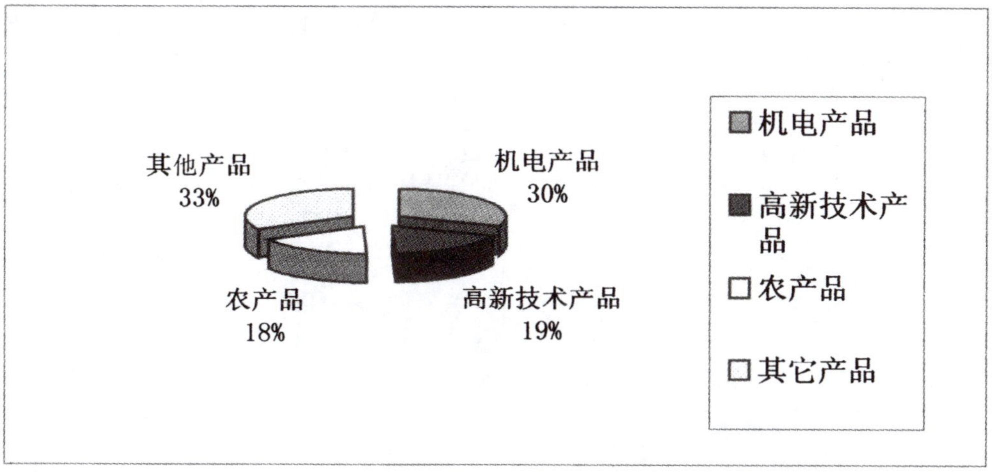

【昆交会外贸成果】 2004年昆交会上，昆明市共签订外资项目17个，合同外资57 727万美元，比2003年增长68.06%。实现出口成交7 256万美元，同比增长10.5%，其中，出口6 741万美元，同比增长10.6%，进口515万美元，同比略有增长。

【奖励出口大户】 昆明市人民政府对2004年度出口先进企业、外贸工作先进部门给予了重奖。云南南磷集团进出口有限公司、昆明暨广顺工贸有限公司、云南物产进出口股份有限公司、昆明远星钻石工艺有限公司等21家外贸企业被评为外贸出口先进企业，受到了表彰奖励。奖励出口企业出口实绩三等奖4名，二等奖3名，一等奖2名，云南南磷集团进出口有限公司获得特等奖。奖励出口企业出口增量三等奖4名，二等奖3名，一等奖2名，昆明暨广顺工贸有限公司获得特等奖。五华区、官渡区、西山区分别获得县（市）区、开发区出口实绩一、二、三等奖励。官渡区、五华区、高新区分别获得县（市）区、开发区出口增幅一、二、三等奖励。

【贸易运行】 2004年的贸易运行呈现以下特点：1. 国际市场原材料价格大幅上涨，拉动进出口总量增长。2004年国际市场原材料价格普遍上涨，昆明市大宗出口商品磷化工品、冶金、化肥等与上年比，出口量变动不大，但价格比2003年同期大幅上涨，如国际市场黄磷每吨平均价格同比上涨200多美元。2004年黄磷出口量比2003年少5 767吨，出口额却比上年增长19.6%。进口的铁矿砂等也是如此。这也是外贸高速增长的一个重要原因。

2. 贸易方式有所改进。2004年昆明地区一般贸易进出口22亿美元，同比增长45%；加工贸易完成3.84亿美

2004 年企业出口实绩、出口增量前 10 名排名表

企业名称	上年出口（万美元）	当年出口			绝对值增量		
		数量（万美元）	名次	奖励金额（万元人民币）	数量（万美元）	名次	奖励金额（万元人民币）
云南南磷集团进出口有限公司	3 225	5 478	1	5	2 253	2	4
昆明暨广顺工贸有限责任公司	663	3 305	2	4	2 642	1	5
云南物产进出口股份有限公司	842	2 638	3	4	1 796	3	4
昆明远星钻石工艺有限公司	1 926	2 110	4	3			
昆明铁路局进出口公司	366	2 102	5	3	1 736	4	3
昆明信威食品有限公司	1 109	2 057	6	3	948	5	3
云南兴化经贸有限责任公司	969	1 731	7	2	762	6	3
昆明芬美意香料有限公司	1 122	1 604	8	2			
昆明马龙化工有限公司	811	1 477	9	2	666	8	2
昆明乾润设备进出口有限公司	676	1 213	10	2			
昆明新欣兴商贸有限公司	0	667			667	7	2
昆明明晨进出口有限公司	438	1 084			646	9	2
昆明欧海科技开发有限公司	461	1 064			603	10	2

元，同比增长 73%，加工贸易增长明显，增幅比一般贸易高 28 个百分点，但仅占出口 14.7%。远远低于全国 50%的平均水平。

3．实施市场多元化战略成效显著。主动进军国际市场的意识在越来越多的企业中得以体现，通过组织参加国际展览、提供国际市场信息、组织对口洽谈等多种方式，积极引导和帮助企业拓展国际市场。2004 年随着东盟“10 + 1”进程的推进，亚洲成为昆明市外贸增长最快的市场。其中，对东盟 10 国出口 4.3 亿美元，同比增长 22%，从 10 国进口 8 682 万美元，同比增长 30.5%；欧洲为昆明地区第二大贸易市场，北美洲为昆明地区第三大贸易市场。通过对出口过百万美元的 25 户外资企业进行分析，平均每户产品均出口到了 6 个国家和地区。

4．政策落实到位、措施得当。认真贯彻落实市委、市政府对外开放的各项方针政策，进一步加强出口商品基地建设、抓住机遇，充分发挥区位优势，立足东南亚，开拓市场、广交朋友，互利互惠、共谋发展。在省商务厅的指导帮助下，充分用好中央对西部开发的各项方针政策，为昆明市企业开拓国际市场创造条件。省商务厅领导年中对昆明市外贸增速放缓提出意见、建议。对此，市委、市政府高度重视，部署开展调研、采取措施，抓重点出口企业、重点出口商品，加强与海关、商检、外管、铁路、电力货运等部门的联系，尽力为企业疏通渠道，促进贸易流通速度，挖潜力，指导、扶持民营、集体企业开拓国际市场，参加国内外贸易展洽，促使进出口贸易得到发展。

农产品出口签字仪式　（市商务局　供稿）

5．市属外贸进口下滑的趋势得到有效抑制。具体表现为上半年进口出现了较大幅度的滑坡，同比下降 32.73%，下半年市属外资企业、外商投资企业进口出现了恢复性增长，全市实现进口 15 635万美元，略低于 2003 年同期 8.9 个百分点。

6．对外贸易总体规模不大，贸易方式单一，产品结构尚不合理。利用外资总量低，规模小，综合竞争力以及抗风险能力较弱，对全市经济的拉动作用有限。区位优势资源优势未得到充分发挥，投资及贸易环境还有待进一步改善。缺乏对资源型产品的深加工，大宗资源型产品出口附加值低，高新技术产品出口仅有 2.6 亿元。一些不确定的因素有可能影响外贸发展：一是中国加入 WTO 已进入了后过渡期，对部分保护性行业的逐步放开一方面有利于进出口总额的增长，但同时也会对自身某些行业形成一定的冲击。二是中国——东盟自由贸易区构架的确立，对与周边国家开展深层次合作带来了很好的机遇，同时也对昆明市现行的政府管理模式以及企业运作方式构成了冲击。三是面对国家西部开发战略、泛珠江三角9+2合作等均等的机会，如何抢占先机，不被边缘化也是一个全新的课题。

（王选政）

招商投资

【利用外资】 2004年云南省下达合同利用外资16 000万美元，昆明市下达合同利用外资17 000万美元，云南省下达实际利用外资6 000万美元，昆明市下达实际利用外资6 200万美元，任务艰巨。在市委市政府的领导下，经过全市外经贸系统干部职工的不懈努力，圆满完成了利用外资任务。

2004年，全市共审批外商投资项目104个，同比增长79.3%。合同利用外资17 442万美元，同比增长13%，完成省政府下达任务指标的108.9%，完成市政府下达任务指标的102.6%。实际利用外资6 228万美元，同比增长21%，完成省政府下达任务指标的103.8%，完成市政府下达任务指标的100.5%。实际利用外资占云南省实际利用外资的43.1%。合同利用外资、实际利用外资两项指标均超额完成了省、市下达的任务，创造了自2000年以来的最好成绩。

【对外经济技术合作】 2004年对外经济技术合作取得新进展。审核转报境外投资办厂项目5个，审核转报外经企业经营权1家（昆房集团），总投资262.85万美元。对外投资项目主要集中在越南和老挝，经营业务是汽车销售、组装和修理轻型汽车，开展汽车、摩托车零配件、机器设备进出口贸易业务及玻璃钢瓦生产和广告业务。对外工程承包一项，合同金额484.5万美元，该项目为昆明官房集团承建泰国清迈市政府大楼工程。对外劳务输出45人。草拟了《昆明市外经发展基金》和《昆明市外经奖励暂行规定》。

【涉外税收】 年内，全市投资环境不断得到改善，涉外税收稳步增长。2004年，昆明市实现涉外税收71 153万元，同比增长19.23%。其中，国税实现48 594万元，同比增长18.37%，地税实现22 959万元，同比增长21.10%。

国税中，增值税、消费税共计38 243万元，同比增长16.73%。其中消费税同比增长58.72%；企业所得税10 351万元，同比增长24.89%。增值税、消费税、企业所得税均实现两位数的增长。数据表明，尽管2004年昆明遭受“禽流感”和电力供应不足的不利影响，但组织得当，服务到家，外商投资企业经营业绩仍取得可喜成绩。

地税中，营业税14 959万元，个人所得税5 445万元，城市房地产税2 018万元，均实现两位数的增长。地税营业税中，房地产营业税、住宿营业税、文体娱乐营业税同比分别增长27.66%，38.29%，31.98%。数据表明，到昆投资的外商不断增加，外商投资企业购买办公、住宅用房等消费也不断增加，有效地拉动了社会消费。

【外商投资服务】 2004年，投资服务又上新台阶：①开展昆明市重点保护外商投资企业的评选工作，政府有关部门对入选的企业给予一定的政策优惠。②继续发挥领导联系制，做好外商投资企业的服务协调以及投诉受理工作。协调解决了普遍反映的枯水季节限电用电问题；受理了企业所反映的道路改善、社会治安、社会保险、司法判决、用地等问题或投诉，让企业满意。③以培代训。完成了部分县（市）区的同志到市里学习外资企业的审批、年检工作，帮助其解决业务上的困难。④做好招商引资中介人的奖励审核申报工作。审核申报了昆明公交总公司、昆明群星制药厂等6户单位中介人，祁斌、晏丽荣等13位个人中介人的奖励申请。⑤组织三次外商投资企业座谈会，一次外商投资企业恳谈会，听取企业对投资环境等方面的意见和建议，对所涉及的有关问题联系相关单位帮助解决或给予答复。⑥发挥外商投资企业工会联合会的作用。组织下属外商投资企业参加“包户帮困”、“寒窗助学”送温暖活动；“安康杯”知识竞赛活动；“双爱双评”活动；先进单位和优秀经理、职工，模范职工之家、模范职工小家、优秀工会工作者、优秀工会积极分子、荣誉工会积极分子、市劳模的评选工作。⑦办理联合年检332户，年检率98.5%。办理外商投资企业摩托车购置审批20辆，审核外商投资企业汽车入城通行证300个。办理出口退税396件，办结率100%。办理外商投资企业注销6件，办理减资变更20件。⑧推进电子政务审批工作，便民服务中心商务局窗口受理接办审批件1 047件。其中，即办件758件，承办件289件，办结率100%。接待外商投资者咨询解答400人次。⑨联系省外商投资企业协会，组织部分外商投资企业参加了全省外商优秀企业、十大出口企业、十大高利税企业、十大高营业额企业、省名优产品的评选活动。昆明市人民政府对外开放工作领导小组办公室表彰了昆明信威食品有限公司、昆明皮勒米钻石加工有限公司等10家外商投资先进企业，昆明市尊华经贸有限公司等5家外经先进企业。并对香港独资企业，云南特灵达新时技术有限公司2003~2004年度销售收入4.1亿元，纳税1 600多万元，给予了特别奖励。

【投资运行】 2004年新审批外商投资企业104户，新批合同外资17 594.9万美元（含退资部分）。其中第一产业15户，1 767.1万美元；第二产业51户，7 623.4万美元；第三产业38户，8 204.4万美元。协议外资在20万美元以下的47户，21－100万美元的24户，101－500万美元的24户，501－1 000万美元的4户，1 001万美元以上的5户。投资农业（A）的15户，投资制造业（C）的39户，投资科学研究、地质勘查业（M）的12户，投资租赁、商业服务业（L）的12户，投资住宿、餐饮服务业（I）的10户，投资文化、体育、休闲健身和娱乐业（R）的5户，投资居民服务和其他服务业（O）的4户，投资其他行业的7户。投资地分别来源于香港、美洲、澳洲、欧洲、台湾及其他地区，其中香港居第一位。数据表明：一是投资农业的项目增加，是上年度的4倍。二是投资第二产业的达到51户，占49.04%，是一个重要的亮点，有利于推动工业强市战略。三是投资额在20万美元以下的47户，占45.19%，小项目投资比例过大，几乎占了半壁江山，单个企业投资额过低，很难产生规模效应，也缺乏抵御风险的能力，这是多年来很多外商投资企业进得来，立不住，长不大的主要原因之一。

【外资企业年检工作】 截至2003年底，昆明市共审批外商投资企业1 017户，注销、中/终止544户。2004年度外商投资企业的联合年检，应参加年检企业473户，实际报检企业332户，参检率70.8%，年检通过率98.5%。参检企业中，合资企业171户，占51.5%，独资企业143户，占43.07%，合作企业18户，占5.43%；筹建中的51户，占15.36%，投产开业的270户，占81.33%，停业的11户，占3.31%。本年度参检企业实际到位外资2 719.54万美元，占本年度应到外资6 443.88万美元的42.2%。参检企业累计实现销售（营业）收入537 645.22万元，同比增长50.9%；上缴税收26 079.81万元，同比增长26.17%；本年检年度利润总额达到12 754.14万元，外资企业亏损率降到60%以内。与连续多年整体亏损及亏损面很大的情况相比，有了突破性变化，说明市政府一再努力改善昆明市投资环境的工作已初见成效，大部分企业已经进入良性发展阶段。经营业绩突出的有房地产、生物制药、光学仪器、烟草配套、市场零售等行业。但花卉、蔬菜种植、加工、食品加工，木制品制造，餐饮行业虽然投资热情高，投产后亏损面也很高。外商投资企业的成活率不高，仅占46.5%。外资企业亏损面仍然较大，发展不平衡，部分企业连年亏损，早已资不抵债，个别行业全面亏损。赢利企业主要集中在优势行业和规模企业上。小企业因资金、市场、信息、管理、产品开发、投资周期等原因，竞争力弱，市场开拓能力差，效益低下的问题而导致亏损。

（王选政）

经贸合作

【利用内资】 2004年全市组织实施国内经济合作项目423项，项目协议投资额545亿元，同比增长58%；实际引进市外到位资金62亿元，同比增长27.7%。其中，实际引进省外到位资金42.5亿元。

2004年组织实施的423项国内经济合作项目，涉及一、二、三产业，其中，第二、三产业所占比重较大，分别占实施项目的43%和42%。国内经济合作项目具有以下特点：①投资领域日趋广阔。2004年实施项目的投资涉及城市基础设施建设、能源、矿产、生物、旅游资源开发、机械、化工、建材、医药、房地产、食品加工、养殖、商业、教育、卫生等多个门类60个行业，同比增加13%。②大项目比重上升幅度较大。2004年全市实施的国内合作项目中，投资超过1亿元的项目41个，项目协议投资额418亿元，同比增长46%；投资1亿～9亿元的项目28个，项目投资协议额67亿元，同比增长12%；投资10亿～45亿元的项目13个，项目投资协议额351.5亿元，同比增长30%。③外来投资中，独资项目所占比重较大。2004年实施市外独资项目335项，占项目总数的72%，项目协议投资额409亿元，实际到位投资74亿元。④项目实施对全市的固定资产投资拉动较大。全年实施第二产业类合作项目占项目总数的43%，项目协议投资额达230亿元，实际引进市外资金37亿元，其中省外到位资金19亿元，同比增长47%。这些项目的实施，必将对全市固定资产的投入有较大的拉动作用。⑤国内著名大企业、大集团到昆投资发展力度加大。2004年，中国华电集团、国电集团、上海新工联集团、大连万达、广东美的企业集团、四川新希望集团、四川禾嘉集团、浙江康恩贝集团等均已进入昆明投资。对昆明市的扩大开放和招商引资工作产生了较好的社会影响。

【昆交会招商引资】 2004年，市投资促进局在做好项目储备工作的基础上，通过“请进来”洽谈和“走出去”招商相结合以及网上招商、小分队招商的办法，组织各县（市）区及各委办局积极开展招商引资工作。2004年昆交会招商引资工作实现了新的突破。全市利用外资项目签约17项，合同利用外资5.7727亿美元，同比增长68%；签订国内合作项目51项、协议引进市外资金160.7亿元，同比增长2%。

【区域合作】 2004年，在大力招商引资的同时，积极组织本地企业、政府部门实施昆迪合作项目58项，投资总额达629万元。先后组织200多人次、150多个产品参加了广州博览会、泛珠江经贸洽谈会、厦洽会、重庆投资洽谈会暨三峡旅游节、成都西部国际博览会等，在参会参展中，进一步突出宣传现代新昆明建设发展规划，达成了一批商品供销合同（协议）和经济合作意向协议。

2004年先后与南宁、广州缔结为友好城市。参加了在广州召开的泛珠三角省会城市市长论坛，进一步推动了昆明与“泛珠三角”经济区各展所长、优势互补，形成了合理的产业布局，共同发展、共同繁荣。

【外地驻昆机构和来昆投资企业的管理服务】 2004年，针对外来投资企业和驻昆机构需政府协调解决事宜不断增多的情况，市投资促进局进一步做好外来投资商在昆投资的服务工作，努力改善投资环境，为外来投资企业和外地驻昆机构解决了大量生产、经营和工作中的实际问题。2004年共受理各类投诉18件，涉及企业22家、涉及部门43个，办结率为40%。年内还组织召开了外地驻昆机构和企业座谈会、培训、考察及联谊活动共8次，互通信息，反映问题，为新昆明建设献计献策，鼓励更多企业到昆明投资。通过这些活动，起到了外来投资企业与社会各界交往的桥梁纽带作用。

2004年召开了外地驻昆机构管理协会第二届会员大会，增补了副会长单位、理事单位。组织外地驻昆机构开展扶贫支教和向瑞丽市遭受洪涝灾区的捐赠活动，在团结会员、服务会员和扩大会员间相互交流中发挥了积极作用。牢固树立全心全意为人民服务的思想，继续做好便民中心“窗口”工作。至2004年底，共设立各级政府驻昆明办事处121家，其中省外23家、省内98家。2004年新办理外地驻昆设立办事处、代表处、联络处209个，办理外来投资认证企业78家，外地驻昆机构年检换证262个。

【围绕现代新昆明建设创新工作机制】 2003年，省委省政府、市委市政府作出了建设现代新昆明的重要战略部署后，将招商引资工作列为各级、各部门的重要工作来抓，着重开展了以下工作：①对14个县（市）区的120个重点招商引资项目的生产、经营情况以及存在的问题进行了专题调研，为市政府改善投资环境，出台相关政策提供了决策依据。整理汇编了《昆明市招商引资政策汇编》。②先后组织代表团参加了“中国云南与越南河内、老街、广宁等5省市经贸合作协商会”、在吉隆坡、雅加达举办了“昆明市经济合作项目推介会”。分别在香港、东莞、上海、浙江等地举行了大型招商引资项目推介会。通过这些活动，宣传了现代新昆明建设，吸引了一批国内外企业到昆明投资。昆明市企业与香港企业共签订6个经济合作项目，项目投资总额10 613万美元，协议利用外资10 175万美元；签订国内经济合作项目14项，协议总金额55.782亿元，协议引进上海、浙江资金51.0337亿元。③开展了重大合作项目领导联系推进制度工作，对重点和重大投资项目实行全方位、全过程的跟踪管理服务。④对各县区、三个开发区的招商引资目标进行了分解，制订了具体考核奖励办法，进一步激发

检验检疫部门销毁340吨非法入境动物副产品 （邢谷登 摄）

了全市各级各部门开展招商引资工作的积极性和主动性。对绩效评价体系的建立进行了实践和探索。⑤在沿用"网上招商"、"请进来招商"、利用昆交会招商的基础上试行了"小分队上门招商"、"委托招商"、"以商招商"、"以情招商"等招商方式，效果明显。

【组建昆明市投资促进局】 为适应现代新昆明建设对招商引资工作的需要，市委市政府决定撤销昆明市人民政府外商投资办公室、昆明市人民政府经济技术协作办公室，组建昆明市投资促进局，主管全市投资促进、招商引资工作。内设：办公室、综合调研处、国际合作处、国内合作处、项目与督办处、联络服务处6个职能处室，并设机关党委（人事处）和纪检、监察机构。

（吴瑞菁）

出入境检验检疫

【概　况】 2004年，云南出入境检验检疫局在全面推进"构筑云南边陲安全卫生检验检疫屏障"建设，卓有成效地组织开展各项工作，特别是在面对境外暴发高致病性禽流感重大疫情的特殊时期和检验检疫工作面临的新形势下，积极稳妥地应对各种突发事件，打好了"两大战役"（抗击禽流感战役和打击非法入境动物产品的战役），呈现出"五大亮点"（推进"屏障建设"，课题研究取得实质进展；深化体制改革，政企分开取得初步成效；加强基础建设，HIV检出率继续保持全国领先水平；干部人事制度改革取得新进展；打造云南检验检疫文化取得较好成绩），实现了两大转折（一是统一了收费标准，规范了收费行为。二是完成了所属事业单位独立法人资格注册登记工作。）1～12月，全省共检验检疫出入境货物80 755批次，与2003年相比上升13.66%；货值215 745万美元，与2003年相比上升19.88%；出入境人员396.73万人次，交通工具28.7万辆（架、艘、节）次。签发普惠制证书4 989份、一般原产地证书3 262份。完成外商财产鉴定59批。检出不合格进出口商品89批、货值793万美元。检出植物有害生物4 048次数，其中危险性病虫害167次数，有害生物检出率为11.6%，疫情检出率为0.48%。对13.15万人次进行了传染病监测，共检出各类传染病2 658例，其中艾滋病病毒感染者308例；对9.55万人进行了预防接种。

【抗击禽流感】 2004年春，东南亚部分国家及国内部分地区相继发生高致病性禽流感疫情。面对国内外复杂而严峻的疫情形势，镇守口岸一线的云南出入境检验检疫局，挺身向前，及时启动《云南边境口岸防止危险性动物疫病传入的应急措施》的防治预案。从省局到各分支局、办事处都成立了以主要领导为第一责任人的防治工作领导小组，加强了对各分支局禽流感防治工作的督查指导；充分依靠和发挥"云南边陲安全卫生检验检疫屏障"的作用；紧急投入防疫经费60余万元，购买了相关防疫物资和防护用品送到口岸一线，并及时检查指导一线消毒和药品、器械准备工作落实情况；根据疫情防治工作需要，调配人员参与一线防疫抢险；认真履行云南省防治高致病性禽流感指挥部监管检疫组组长单位的职责，先后派出26人次牵头或参加高致病性禽流感防治工作检查组到全省各地、州、市进行防治和督查工作；加强与省质监局以及海关、公安、工商等部门协调配合，共出动执法人员194名，检查各类肉品冷冻库90个，检查的范围覆盖了全省16个地、州、市，做到不留死角。通过采取多项有力措施，有效地将疫情防控在国门之外。

【查处和销毁非法入境动物产品】 2004年7月，云南中缅边境和其他边境口岸非法入境动物产品案件不断发生，云南检验检疫局迅速在云南省内重点地区开展了严厉打击非法入境动物产品违法活动的专项斗争，经过3个月的艰苦奋战，相继在昆明、瑞丽、打洛、富宁、河口查处了24起从中缅、中越边境非法入境的动物产品案件，共查获来自巴西、加拿大、爱尔兰、土耳其、越南、泰国等疫区国家的牛、鸡、鹅的副产品1 265.56吨，其中公开销毁1 205.56吨，退运出境60吨，有效遏制了非法入境动物产品从境外进入云南的势头。特别是8月31日云南局在昆明举行了声势浩大的340吨非法入境动物产品公开销毁仪式，省人大、省政府、省军区、市政府的有关领导和昆明海关、省农业厅、工商局、省公安边防总队等单位的负责人及工作人员共300余人参加。新华社、中央电视台、云南电视台、云南日报等10余家新闻媒体到现场进行了采访报道，在社会上产生了广泛影响，形成了对违法行为进行坚决打击的高压态势。

【为"昆明国际花卉展"成功举办保驾护航】 9月，"2004中国昆明国际花卉展"在昆明举办，本届花展共有58家中外花卉企业参展。包括来自荷兰、日本、法国、新西兰、澳大利亚、美国、韩国、德国、越南、马来西亚等国家的花卉企业，展位数达130个，贸易成交达1.7亿元，是历届国际花卉展规模和成交量最大的一次。为确保此次花卉展的成功举办，云南检验检疫局以做好进境参展花卉和种苗展前、展中和展后的检疫及监管工作作为工作重点，成立了工作小组，提前制定相关检疫要求，准备检疫工具，安排除害处理人员。货物抵达后，在第一时间实施检疫，发现问题及时处理，确保花卉能尽快安全进入场馆布展；展览期间，检验检疫人员驻展监管巡查，确保进境花卉、种苗不流失。据统计，花展期间，共检疫进境花卉和种苗10余批、180多件（盆）、2万多枝。查获红蜘蛛、蓟马、叶甲、弹尾目害虫和滑刃线虫、茎线虫等多种有害生物，都在展前进行了熏蒸、药剂浸泡等除害处理。展览结束后，检验检疫人员对所有进口参展的花卉集中进行了销毁处理。

【出境鲜切花检疫工作】 云南成为中国最大的鲜切花生产和出口基地后，云南局依靠科技手段，实施分类管理，提高了效率，降低了企业成本，推动花卉生产，扩大花卉出口，受到了政府和企业的一致好评，在2004年云南省花卉工作会议上被授予“全省花卉工作先进单位”称号。全年共检验检疫出境鲜切花、种苗5 634批次，1.421亿枝（株），货值906万美元。共检出红蜘蛛、蓟马、康乃馨叶枯病等疫情215批次，检出率为0.38%。

【进境原木检疫】 2004年云南进境原木4 082批次、162万立方米、货值1.3亿美元，云南检验检疫局检疫截获有害生物420批，有小蠹虫、天牛、谷盗、粉蠹、吉丁虫、树皮象、叩头虫等70余种，其中在缅甸进境原木上发现国家禁止传入害虫双钩异翅长蠹5批次。

【“大通关”成效显著】 推进“大通关”战略进程，积极探索适应云南实际的检验检疫监督管理模式，促进监管模式的转变。针对卷烟出口政策性、计划性及审批性很强以及对检验检疫周期要求高的特点，结合企业和工作实际进行调研，先后走访了昆明烟厂、玉溪烟厂，选定试点企业，开展分类管理、快速核放的试点工作。从开始试点到2004年底为止，玉溪烟厂出口卷烟95批，其中72批是按分类管理的过程监管快速核放的要求给予放行。通过探索，初步建立起了以三电工程加批次管理为基础，分类管理为平台，结合产品特性建立了指定项目（安全、卫生）年度检测+过程监督检验+分批抽样检验的检验监管模式，同时，将生产企业质量自控工作和日常检验监督及过程控制的把关等有机地结合起来，形成了一套全方位全过程的系统把关机制，实现了提速、减负、增效的目的。过去每出口一批卷烟，需要5~7个工作日。而实行快速核放后，从报检到领取通关单证只需半个工作日，节省了企业人力、物力和财力，赢得了商机，适应了外贸发展和“大通关”的需要。云南生产出口大锡和焊锡的企业有6家，年出口金额约6 000万美元。云南局对这些企业的监督管理由过去的批批检验逐步过渡到分类管理，并确定具备条件的云南锡业集团有限公司作为试点实行快速核放，检验检疫效率得到了明显提高，也使企业根据市场情况从容安排生产和销售，经济效益得到了提升。目前，上述6家企业在该局的帮助下已有5家通过了ISO9000质量体系认证，其中4家企业纳入一类管理，2家纳入二类管理。对进出口机电产品实施动态分类检验监管。在出口机电产品的检验监管中，采用过程检验模式，严格检验把关，提前消除质量隐患，确保了整机质量，适应了“大通关”和“三电工程”的要求。

【HIV检出率继续保持全国领先水平】 在屏障建设理论的指导下，云南局重点对人才、技术、物资进行结构调整，加强以初筛实验室和确认实验室为主的艾滋病实验室体系建设，整合全省系统资源，发挥整体优势，从根本上提高检测水平和艾滋病检出率，为切实有效地做好云南口岸艾滋病的防治工作，在全省艾滋病的防治工作中发挥应有重要作用奠定了坚实的基础。2004年，云南局检出HIV308例，占全国质检系统检出总数的57%。

【创建文明单位】 2004年，云南局积极参加地方精神文明建设和文明单位、文明窗口的创建活动，省局获市级“文明单位”称号；云南国际旅行卫生保健中心获国家质检总局“青年文明号”称号。

（李伟东　孙根娣）

昆明海关

【概　况】 昆明海关直属国务院海关总署领导，为正厅局级海关。至2004年底，昆明海关在职干部、职工1 100多人，内设17个局、处、室和服务中心；所属27个隶属海关、缉私分局、办事处。昆明海关的主要业务工作是：对铁路、公路、航空、小型船舶等运输工具和转关运输货物进行监管；对边境贸易进出境货物和旅客行李、邮递物品以及边民互市进出口物品进行监管；征收进出口关税、进口环节税；查缉以毒品为主的各类走私违法活动；对进出口贸易进行海关统计；对经济相对发达地区的保税业务进行管理等。

2004年，昆明海关按照海关工作十六字方针和队伍建设十二字要求，坚持队伍建设和业务建设并重、坚持夯实基础和改革创新并重、坚持从严治关和奖惩激励并重、坚持内强素质和外塑形象并重，全面加强队伍建设，不断提高业务能力和执法水平，各项工作取得不断进步。2004年全年共征收关税4.53亿元；监管进出境货物410.5万吨，货值17.6亿美元；监管进出境旅客352.6万人次；侦查立案案件355起，侦查立案案值2 107.4万元人民币。

【税收管理】 昆明海关坚持综合治税，立足于应收尽收、应征尽征、应补尽补，努力实现税收“质”与“量”并举的双赢目标。昆明海关初步建立了税收预警、预测机制，通过整合风险管理平台和税收分析监控系统数据，对关区税收进度、价格水平、审价补税、税收入库等关区主要税收指标进行监控和分析，并及时发布税收分析报告；规范和完善了减免税货物后续管理协作配合机制。通过建立以基础数据、风险预测和常规核查相结合为基础的定期定量核查制度，加大了减免税中期核查力度，提高了减免税设备后续管理水平；充分发挥“关税分析监控系统”作用，指导关区加强税收征管，堵塞漏洞，提高税收征管质量。全年征税入库4.53亿元，比2003年多收0.90亿元，提前7天完成全年4.1亿元的税收计划，同比增长24.70%。

【打击走私】 2004年，昆明海关紧紧依靠各地党政领导，加强与有关部门的协作配合，综合运用行政执法和刑事执法两种手段，打击重点地区、重点渠道和重点商品的走私违法犯罪活动，重点打击以毒品走私为主的犯罪活动。针对毒品走私的严峻形势，昆明海关加强对毒品走私犯罪活动规律和特点的调查研究，抓好重点，强化专案经管，进一步拓宽办案思路，创新侦查手段方式，努力提高打击命中率和办案质量。全年通过自侦、协查和联合办案等方式共查获各类毒品案件82起，缴获各类毒品266千克，抓获犯罪嫌疑人109名。认真开展专项行动，先后开展了打击价格瞒骗、打击汽车走私、动物产品走私等专项行动，取得了明显成绩。对由于历史原因形成的云南部分边境地区外籍机动车管理不规范的实际，坚决按海关总署的指示精神，积极向省政府建言献策，制定下发了《关于加强和规范边境地区外商自用车辆和出入境车辆管理工作的通知》，对边境地区外籍机动车辆进行了全面的清理和整治。对前段时间冻产品走私突出的情况，昆明海关认真落实温家宝总理在《不法商贩在云南瑞丽口岸大量走私外国疫区动物产品》的批示精神，严厉打击动物产品走私，全年查获动物产品走私案件21起，查扣冻产品600余吨，案值900余万元。强化调查部门的稽查职能和缉私部门的办案职能。继续发挥稽查先导作用，不断规范企业进出口行为，全年共稽查企业106家，稽查补税392万元。

【物流监控】 2004年，昆明海关创新查验机制和监管方式，将监管工作前推后移，把监管时空延伸到仓储、装卸、运输环节，全面掌握物流动态，彻底改变了查验率高、查获率低的问题，查验率由2003年同期的61%下降为5.28%；查获率由2003年同期的0.37%上升为5.93%；规范了边境小额贸易、边民互市管理，自行开发并投入使用了关区边民互市数据管理系统，将关区边境小额贸易全部纳入H2000数据系统管理，实行了与一般贸易在同一系统平台规范操作。同时认真落实在陇川章凤召开的边境口岸规范管理现场会议精神，进一步明确、规范和严密了对指定通道和非指定通道的管理；全面规范了关区舱单管理。昆明海关所有业务现场针对海运、铁路、公路、空运及邮运5种运输方式的进出口货物，均实现了进口舱单和出口清洁舱单管理，成为全国海关首个5种运输方式下全面实行舱单管理的关区；清理整顿报关市场，规范企业行为，对专业市场实施全面清理整顿，完善报关企业和报关员的考核管理。实施报关员违规或差错行为的企业连带责任追究制度，逐步在报关市场建立起规范、畅通的运行机制。全年监管进出口货物410.5万吨，进出口总值17.6亿美元，增长19.4%和29.1%，创历史最高水平。监管进出境人员352.6万人次，增长14.4%。

【海关统计】 昆明海关进一步加强对重点行业、重点商品进出口的监测、预测分析；针对重点问题组织力量进行联合调研，加大分析力度，提高服务层次和水平。以数据质量为要点，加强了统计数据质量管理，建立了数据质量量化考核及通报制度；抓住云南外经贸活动中的热点和特点，做好统计分析和监测预警工作。结合云南外贸特点，并抓住烤烟、咖啡、摩托车、中泰果蔬和双边贸易等热点展开统计分析工作，为省委、省政府领导和相关部门科学决策提供了良好的预警检测作用，有力地发挥了统计服务经济职能。

【通关作业改革】 2004年昆明海关积极参与云南省“大通关”调研，基本摸清云南口岸的大通关情况，找出阻碍口岸大通关效率的主要原因，同时加强与口岸各部门的联系配合，分清责任，化解矛盾，口岸各部门普遍接受了大通关的观念，部门相互合作的意识大大增强。同时，积极从自身查找影响通关效率的原因，通过进一步对关区各个业务现场的通关效率的分析评估、跟踪监控、督促整改，昆明海关平均进出口通关速度由2003年的6.2天下降到1.77天；当天放行率达到出口66%，进口90%。积极加强与企业、银行等部门的沟通，深入现场，送政策上门，及时帮助企业和业务现场解决在支付中的各种困难和问题，提供优质服务，让企业了解、支持进而达到主动参与网上支付业务工作。至2004年底，网上已有3家银行正式签订了3方协议，34家企业签订了4方协议，9家企业开展了该项业务。全年共完成网上支付税款748笔，2 257万元，较2003年同期分别增长了4倍和225倍。充分运用风险平台的强大功能，紧紧围绕重点敏感商品和行业开展风险分析，及时发布风险预警信息，有效地提高了关区的防控风险能力。同时实行不同通关模式，不断完善对企业的分类管理，体现守法便利原则。利用各类企业座谈会机会，广泛宣传海关对进出口企业实施分类管理的有关政策及意义，“守法便利，失信惩戒”的理念得到企业和社会的广泛接受。通过对企业实行分类管理，使A类企业充分享受到便捷通关的实惠，从而带动了其他企业诚信守法经营的积极性和主动性。发挥海关科技应用的基础性和先导性作用，简化手续、减少环节，以科技促进通关效率的全面提速。提前两个半月完成了关区23个点、51个业务现场H2000系统的切换工作，并及时研究和处理运行中的各类业务和技术问题，参与编撰了海关总署《H2000系统问答集》。系统切换以来运行平稳，口岸通关顺畅，企业反映良好，100%的报关单均通过该系统正常流转。

（乔 晶）

·责任编辑 吴振华·

旅游·风景区

旅　游

【综　述】　昆明市旅游行业在市委和市政府的正确领导下，在省旅游局的具体指导下，昆明旅游经济逐渐复苏。但由于年初国内出现非典病例，部分地区出现禽流感疫情，昆明地区受到传染，成为禽流感疫区，使得正处于恢复期的昆明旅游业再次受到冲击。全市旅游行业团结一心，严防禽流感疫情的扩散，积极做好禽流感的防治工作，共谋旅游业的发展，振奋精神、求真务实、开拓创新，经过全市旅游行业干部、职工和全市各相关部门的努力，2004 年，全市累计接待海外旅游者 49.33 万人次，同比增长 15.6%，完成年计划数的 104.9%；旅游外汇收入 1.31 亿美元，同比增长 15.4%，完成年计划数的 104.8%；接待国内旅游者1 707.76万人次，同比增长 10.2%，完成年计划数的 100.5%；国内旅游收入 126.61 亿元人民币，同比增长 16.1%，完成年计划数的 105.5%；旅游总收入 137.5 亿元人民币，同比增长 16.1%，完成年计划数的 105.8%。2004 年，全市宾馆饭店平均房价 244.76 元，同比增长 58.5%，实现利润与 2003 年同期相比有较大增幅；旅行社共接待团队数量达57 431个，营业收入 12.94 亿元，比 2003 年同期分别增长 47% 和 57%；全市 7 个 A 级景区共接待游客人数 742 万人次，实现门票收入 3.71 亿元，分别比 2003 年同期增长 25% 和 27%，为昆明市旅游业的恢复与振兴打下了良好的基础。

【旅行社】　2004 年昆明市共有国内旅行社 193 户，新增 1 户；参加年检的旅行社有 186 户，未参加年检的旅行社有 5 户，参检率 97.38%。参加年检的旅行社中有 169 户通过年检，占全市旅行社总数的 88.48%；有 8 户国内旅行社暂缓通过年检，占全市旅行社总数的 4.19%；有 14 户旅行社不予通过年检，占全市旅行社总数的 7.32%。

2004 年昆明市旅行社资产总额为 224 975 920.32 元，其中固定资产 43 033 299.06元，流动资产 158 860 371.84 元；负债总额为136 195 664.32元，所有者权益为 88 673 686.89 元；注册资本为 98 197 069元。

2004 年度全市国内旅行社旅游收入总额为 732 067 895.04 元，同比增长 31.04%；旅游利润总额4 037 442.22元，同比减少 4.46%；实际缴纳税金 5 273 394.5元，同比增长 85.96%；全年旅行社促销费用588 453.91元，同比减少 21%；国内组织旅游人次 168 216 人次，同比增长 4.7%；国内组织旅游人天数为 711 695 人天，同比增长 4.16%；国内接待旅游人次 562 203 人次，同比增长 25%；国内接待人天数 2 764 903人天，同比增长 25.68%。

【宾馆酒店】　2004 年昆明市拥有星级饭店 111 家，其中五星级饭店 6 家，四星级饭店 16 家，三星级饭店 29 家，二星级饭店 54 家，一星级饭店 6 家。全市旅游饭店营业收入总额 9.89 亿元，同比增长 2.59%；其中客房收入 5.28 亿元，同比增长 10%。

2004 年全市旅游饭店平均客房出租率为 46.19%，同比下降 7.21%，其中五星级客房出租率为 56.34%，同比增长 1.76%；四星级客房出租率为 48.46%，同比下降 7.87%；三星级客房出租率为 49.09%；同比下降 7.14%；二星级客房出租率为 41.15%，同比下降 9.51%；一星级客房出租率为 62.23%，同比增长 26.49%。

2004 年全市旅游饭店年平均房价 208.95 元，同比增加 54.53 元，增幅为 35.31%，宾馆饭店房价提升明显。

【景区景点建设】　按照规划先行、建设精品的原则，积极开发生态旅游和文化旅游产品。其中，以丹霞地貌景观为特色的禄劝秘乐谷景区完成总体规划，景区内游路和接待服务设施基本完成，成为昆明市又一重要的生态旅游景区；轿子山开发继续向前推进，制约旅游开发的省级自然保护区规划调整已基本完成，为下一步的旅游开发奠定了基础。下坪子接待服务区建设完成主体工程，旅游厕所、住宿设施和停车场建设基本完成；为纪念郑和下西洋 600 周年，积极推动滇池郑和宝船项目的立项和建设；寻甸钟灵山农业生态观光园完成一期开发，并正式接待游客。呈贡晨农农业科技示范园已完成总体规划，正进行园区建设，2005 年可正式对外接待游客。为填补昆明市工业旅游的空白，重点开发了具有昆明自身优势的昆明卷烟厂和昆明钢铁企业集团工业旅游项目，已经完成对两家企业旅游线路的踏勘，正在对项目线路进行包装和策划。

石林风景区继成为国家地质公园后，又成功申报成为世界地质公园，使昆明市旅游景区真正具有了世界级品牌。宜良岩泉寺景区成功申报成为国家 2A 级旅游区，云南民族村启动改制方案，九乡风景区完成与世博集团增资扩股的第一阶段工作。

2004年昆明市旅游业招商引资工作成效显著，一批大项目相继签约，协议投资金额近20亿元人民币。其中，云南天时房地产有限公司投资5.4亿元开发寻甸北大营草原康体旅游项目；云南丹彤集团投资6 000万元开发寻甸塘子商务温泉旅游项目；云南开元房地产有限公司投资4.9亿元建设石林山寨；云南雄风汽车有限公司投资4.9亿元开发嵩明赛车城项目；宜良阳宗海度假区由香港柏联集团委托管理，新增五星级商务温泉度假酒店，开发休闲度假旅游项目；上海企业投资整体开发石林旅游服务区。

【行业管理】 2004年昆明市旅游局完成了《最佳旅游城市评比指南》分析报告；拟订并修改了《昆明旅游联合会方案》；编印了《旅游行业标准化资料汇编》（二）；指导购物协会起草并试行《昆明旅游购物协会服务质量规范及评定标准》；指导旅游餐饮协会起草《昆明旅游餐饮服务质量规范》；完成25家星级饭店的复核工作，初评3家星级饭店；部署安排星级饭店星级牌换牌工作；完成对所有星级饭店预防“艾滋病”，装放安全套的布置、检查工作；完成116家星级饭店企业体制状况调查；指导县（市）区旅游行政管理部门开展旅行社初审工作；完成199家国内旅行社业务年检工作及企业体制状况调查；受理完成了19家国内旅行社的变更工作；完成了3 929名导游人员年度审核工作；授予10家旅游汽车公司“旅游汽车驾驶员服务质量培训优秀组织奖”；圆满完成迎接国家旅游局对昆明市导游工作进行的检查；完成了四区区划调整后旅行社、星级饭店名录对接与调整；积极动员旅游行会在企业中开展“重合同，守信用”活动；组织完成省旅游局“先进集体和个人评比”的上报工作；指导风光国旅进行深化改制工作；继续深化导游管理公司化工作。

2004年昆明市旅游局针对年初出现的高致病性禽流感疫情，紧急召集各旅游行业协会，对全市重点旅游企业和旅游从业人员进行宣传教育和检查。同时，成立了旅游行业防控领导机构，制订了防控方案并组织落实，有效杜绝了禽流感病例在全市旅游行业内的发生。面对节庆活动及“黄金周”期间客流集中，接待量大的特点，对宾馆饭店、景区点、旅行社以及全市重点文物保护单位开展安全生产及消防安全大检查，消除安全隐患。6月与14个县（市）区旅游局、6个行业协会签订安全生产责任书。对全市旅游安全目标责任进行分解，逐级明确职责，并强化各旅游行业协会自我管理能力。针对旅游汽车交通意外事故造成的不良影响，市旅游局要求旅游汽车行会并督查各旅游汽车公司，从各环节严查旅游汽车公司经营活动，确保安全。面对交通法规新形势，协助培训全市旅游汽车驾驶员，让参陪人员明确服务标准规范。

【旅游投诉受理】 昆明市旅游监察大队、质监所认真坚持24小时值班制度，开通三套投诉机制，即：110旅游联动系统、120社会服务联动和“96927、3164961、3164995”旅游投诉热线，保证110联动和紧急救援电话的通畅无阻。2004年全年，共受理旅游投诉18起，其中接待上门投诉5起，信件投诉13起，受理游客一般性投诉及咨询电话1 300余起，协调理赔金额28 660元，使游客的合法权益得到充分的保障。与2003年同期相比，旅游投诉下降了18%，主要原因是监察大队、质监所对市场整治工作常抓不懈，对各旅游企业严要求，防患于未然，同时，游客的法律意识和自我保护意识也逐步加强。同时，监察大队、质监所认真做好110、120社会服务联动工作，保证接警及时、出警及时，较好地达到了保护游客利益、维护社会治安的目的。

【整治非法和不规范经营】 按照全年旅游市场整治方案，监察大队、质监所认真开展旅游市场检查工作，严厉打击“黑社”、“黑车”、“黑导”；严厉打击旅行社虚假广告的欺诈行为和超范围经营旅游业务的行为；严厉打击以非法手段从事旅游经营、扰乱旅游市场经济秩序的行为。旅游市场整治工作主要是专项整治和综合整治相结合，充分发挥市旅游产业领导小组各成员单位的作用，以联合执法为重点，形成政府主导、部门配合、行业为主体、企业为基础的工作格局。2004年，联合执法行动达到2 850人次，检查旅行社1 200家次、宾馆饭店1 869家次、旅游景区景点250次、旅游购物消费场所246家次；检查旅游团队5 080个、旅行社司陪人员7 200人次、旅游营运车辆4 600辆次；查处旅游行政案件94起，罚款金额125 000元；联合交通、公安等部门检查旅游团队用车2 100辆次，查处非法经营旅游客运服务的车辆60辆，处罚车辆经营者和驾驶员60人；查处扰乱旅游市场秩序、非法揽客、宣传促销的旅行社外联人员212人；查处24个非法经营旅游业务的单位和个人。通过一系列的市场整治工作，规范了旅游市场秩序，保护了旅游者和旅游经营者的合法权益。

【对重点地区实行市场监控】 针对旅游窗口人多繁杂，市场秩序较为复杂的情况，监察大队、质监所在昆明国际航空港、昆明火车站等重点区域联合公安、工商、城市管理、交通等部门成立综合执法机构，设立工作站，查处区域内非法从事旅游业务的“黑点”，对旅游从业人员进行清查，对违规经营旅游业务的旅行社外联人员给予查处，规范了昆明机场、火车站的旅游市场秩序，维护了昆明市旅游窗口单位良好的旅游形象。

同时，进行专项整治，整顿“一日游”市场秩序和旅游汽车客运行为，联合公安、交通等部门，查处未经主管部门的核准发放营（准）运证（牌）的车辆非法从事旅游客运，以及危及客运安全的报废车辆运营、带“病”运营、超载运营行为；打击在飞机场、火车站等游客集散地争夺地盘、抢拉游客和敲诈勒索等行为；取缔“一日游”市场中的“黑车”、“野导”，依法查处私拉游客、低价招徕、上车加价、强迫购物就餐、变更行程承诺、中途甩客扣人等非法经营行为。通过联合专项整治，极大地规范了“一日游”市场秩序。

【旅游行业普法教育】 2004年是实施“四五”普法和“三五”依法治市的最后一年，按照市委、市政府普法与依法治市的工作要求，为全面提高旅游从业人员的法律意识，从根本上保证旅游从业人员知法、懂法、守法，规范旅游经营行为，监察大队、质监所根据市旅游局的工作布置，制订了针对全市旅游从业人员的普法教育计划，并专门编印了《旅游法规汇编》（三）。其中包括相关法律法规17个、部门规章15个以及相关部门的规范性文件和管理规定8个，这些内容都是与旅游管理和经营者的权利义务密切相关的；对全市所有旅游企业的从业人员进行全面的旅游相关法律、法规以及规章的培训，监察大队、质监所采用与旅游企业的定点联系制度把《旅游法规汇编》（三）送到每一个旅游企业，保证了旅行社、星级宾馆饭店、旅游汽车公司、旅游购物商店、旅游餐饮企业和导游管理公司的旅游从业人员人手一册法规汇编，人人都有学习资料。普法学习以定期或不定期的方式进行，请市局领导、有关专家学者、法律顾问授课，并于年终对所培训的内容进行全面考核，将考试成绩作为旅游企业年检的重要测评标准。通过加大普法教育力度，在旅游行业内形成依法经营、诚信服务的风气，形成依法治旅、行业自律，共同树立和维护昆明市旅游诚信形象。

【转变工作职能】 2004年昆明市旅游监察大队、质监所积极转变工作职能，加强旅游质监网络和执法队伍的建设。2004年以来，面对新情况、新问题，监察大队、质监所在实际工作中不断总结经验，积极转变工作职能和角色，由以往的对旅游企业进行监督检查向为企业服务转变。进一步建立健全和完善旅行社、宾馆饭店质监员定点联系负责制。监察大队、质监所工作职能和角色的转变，受到了企业的普遍欢迎，使企业能够及时得到旅游政策、法规的指导和帮助，有助于突发事件的解决，帮助旅行社在旅游旺季解决实际困难，在实际工作中确实收到了良好的效果。

2004年市旅游监察大队、质监所进一步加强县（市）区旅游监察中队的建设工作。石林、宜良、安宁、呈贡、禄劝、寻甸和滇池国家级旅游度假区旅游监察中队都相继成立并开始开展工作，其他县（市）区也将逐步成立旅游监察中队，第二个旅游质监网络初具雏形。旅游监察中队，是监察大队、质监所行政执法工作强有力的补充，使旅游市场的规范整治工作更有效率。

【宣传培训】 2004年昆明市旅游局深入贯彻落实党的“十六大”、昆明市第八次党代会及市第二次纪委全会精神，制定了《市旅游纠风目标责任书》、《党风廉政目标责任书》、《云岭先锋工程活动目标责任书》并督促实施，积极创建昆明市旅游局文明单位和文明行业工作；开展各种形式的精神文明创建活动，如开展“共铸诚信、诚信昆明从我做起”、“旅游购物无假货”、“重合同、守信用旅游企业评比”、“旅游行业青年文明号评选”活动，其中石林风景区导游组被评为全国“青年文明号”；开展创建文明风景旅游区活动，和金、银牌导游讲解比赛，餐饮烹饪比赛等活动，授予10名导游“优秀之星”称号。市旅游局获得了精神文明单位及文明行业荣誉称号。开展“勤政廉洁、求真务实教育月”活动。同时，加强社会监督工作，充分发挥社会监督员的积极作用，有效促进了旅游市场秩序治理整顿和行风建设工作。

2004年昆明市旅游局加大对旅游执法人员的教育培训力度。各级旅游管理部门在着力抓好日常业务素质提高，拓宽干部职工知识的基础上，针对行政许可法的贯彻实施，进行了自上而下的教育培训工作，市旅游局参训率达80%以上，及格率和优秀率100%。

按照省、市关于建设学习型领导班子的部署及要求，市旅游局邀请旅游经济博士、规划专家、省旅游局局长罗明义教授进行旅游产业开发、市场营销等方面的专题讲座，通过讲座，找出昆明市旅游工作的不足和差距。常规教育培训及取证工作进展顺利。2004年共进行导游年检培训考试9期3 292人，全国导游资格培训1 866人，培训宾馆酒店经理180人，景区（点）导游149人，培训旅游车司机4期1 848余人。另外市旅游局与国家展望计划办公室合作，首次对全市210家农家乐业主进行了培训。为响应昆明市创建语言文字国家一类城市，开展普通话及规范汉字运用的培训工作，饭店行业及导游人员就有1 168人参加普通话培训测试，并都取得三级甲等以上合格证书。基本完成了年初确定的培训计划指标。

【市场营销】 2004年昆明市旅游局认真策划年度旅游主题促销活动和旅游宣传，充分发挥媒体宣传作用，开展多层次、多形式的宣传促销。积极加强与各媒体单位的联系与合作，充分依托省市新闻媒体，签订紧密合作协议，开辟专版专栏，及时全面对昆明旅游进行全方位、多层次、多形式的宣传报道。组织国家、省、市及新闻媒体及14个县（市）区旅游行政管理部门负责人共计近百人，于元月1日在轿子山举行“2004百姓生活游昆明地区系列活动启动仪式”。积极配合三个黄金周的宣传，完成了《假日旅游》专刊的编印发行工作，多形式地推介昆明旅游“两地、三都”品牌和旅游产品。加强各县（市）区旅游的宣传促销力度，联合《昆明日报》、《春城晚报》两家协议媒体和省、市电视台及《云南日报》、《都市时报》等主流媒体，从5月中旬开始，对全市14个县（市）区的旅游景区景点和旅游线路进行深入采访报道，促进昆明周边一日游休闲生态度假客源市场的开拓。在《中国青年报》、《中国政协报》、《中国旅游通讯》、《今日信息报》、《香港文汇报》、《云南日报》、《春城晚报》等报刊做昆明旅游形象宣传和“提质增效”工作专版，促进昆明旅游业健康发展。

同时，积极开拓国内外旅游市场。认真完成了“2004国内旅游交易会”昆明市旅游企业组展、参展工作，充分利用国内旅交会的平台，促销昆明旅游产品。参加了玉溪市、曲靖市的旅游线路和区域合作洽谈，配合对元江县、沾益县的旅游景点和旅游产品进行宣传促销。配合东川区政府、市环保局、市摄影家协会组织开展“白土地”旅游环保摄影大赛和展览工作。组织市旅游局机关、行会和部分旅游企业代表，参加4月在四川绵阳召开的西部地区旅游经济协作区城市旅游局长年会，增强昆明旅游中心城市的辐射作用。7月，组织各县（市）区旅游行政管理部门和旅游企业赴大理、丽江、迪庆进行学习考察，借鉴各地旅游产品开发和宣传促销的有益经验，探索适应昆明地区旅游发展的新方法和途径。按照全市旅游工作会确定的加强海外宣传促销的工作思路，3月上旬，开展昆明市赴澳大利亚、新西兰旅游宣传促销考察团的组织和实施工作；6月下旬，配合省旅游局组织昆明地区部分旅游企业参加了在日本、韩国举行的旅游推介会和其他宣传促销活动，顺利完成宣传促销和考察任务。

市旅游局整合市级有关部门和各县（市）区活动方案，策划编制了《2004第五届中国昆明国际文化旅游节昆明主会场系列活动实施方案》。充分利用媒体和旅游企业宣传促销的有效手段，通过多种形式对昆明花卉节、民族风格时装赛、龙狮闹春城、汽车越野赛等4项活动进行了大量有实效的宣传促销，媒体共发稿一百多篇（条、幅、组），在海内外产生了积极反响。为树立昆明旅游“两地、三都”的良好形象，配合策划开展了花卉花艺赛和百龙闹春城活动，丰富了昆明市民的节日文化生活，吸引了众多海内外旅游者。积极参与策划和组织“第二届昆明春天杯民族风格时装大赛”活动。配合东川区政府和承办企业及媒体，策划和组织实施东川泥石流汽车穿越（场地）拉力赛。9月18日，与市体育局联合主办“首届中国昆明户外运动大会”，举行了户外露营音乐大会、四驱车比赛、山地自行车比赛等活动。9月27日，与市文化局、市导游协会联合策划、组织举办“昆明市纪念世界旅游日。

【假日旅游】 假日旅游协调领导小组在2004年节前召开专门会议，研究、制定了“黄金周”假日旅游实施方案，提早启动各项准备工作，对“一室四中心”的各项工作进行了部署和安排。重视假日旅游安全工作和旅游市场治理整顿工作。节前联合公安、消防、技术质量监督等部门对景区（点）进行检查，节中又组织相关部门对旅游接待中的安全工作进行专项检查，要求各旅游企业按照安全责任制认真开展自检自查。做好假日值班工作。黄金周期间，各级旅游行政管理部门和有关单位坚持值班制度，市旅游监察大队坚持24小时值班并与110、120电话联动，为做好黄金周各项工作提供了组织保障。做好假日旅游统计预报工作。充分发挥市假日办新闻中心的作用，确保落实“黄金周”各项宣传任务。认真做好黄金周客流高峰期旅游团队机、车票的协调、调度及节日期间旅游投诉受理工作。

【旅游热线推介】

花都园林浪漫游

世博园——金殿——黑龙潭——植物园；圆通山——圆通寺——翠湖公园

历史文化民族风情游

大观楼——西山—云南民族村；近日楼——金马碧鸡坊——真庆文化广场——昆明市博物馆——官渡古镇

自然景观一日游

九乡——石林

康体休闲生态一日游

筇竹寺——郊野公园——团结乡滑草场；呈贡斗南花市——乡村高尔夫球场——春城湖畔高尔夫球场

都市欢乐购物游

近日楼——金马碧鸡坊——顺城街商业区——景星花鸟市场；近日楼——金马碧鸡坊——螺蛳湾批发市场——尚义花市——七彩云南

都市逍遥美食游

北大门美食娱乐街；世博吉鑫“宴舞”、翠湖休闲娱乐区

精品旅游线路

一、东川

1、红土情梦幻画中游。2、泥石流奇观探秘之旅

二、寻甸绿色生态之旅

1、国家级森林公园钟灵山—登山寻秘。古寺残橼、塔林赫然。2、凤龙湾景区—溪流寻幽。听瀑布群虎啸龙吟，看苗姑歌舞别具风采。3、牛栏江休闲漂流—戏水寻趣，饱览农家田园风光。4、万亩草原北大营—纵马寻情，领略回归自然的神韵，体验绿色生态之旅。5、清水海—碧波荡漾，舒展胸襟，感受自然。

三、晋宁

1、郑和故里一日游。2、盘龙古寺一日游。3、柏柳庄丽荷生态园一日游。4、双河乡核桃园彝家乐一日游

四、富民

1、富民休闲度假游

白花山庄、明熙苑度假山庄、伽峰山庄乡村营地、龙腾苑度假山庄

2、乡村自然生态游

永定马场、乡村果园生态游

3、主要线路推荐

①昆明—安宁温泉—安宁青龙峡—富民螳螂川峡谷—富民各景区点—西山区仙桥洞景区—昆明自然生态游

②昆明—宜良各景点—禄劝—武定狮山—昆明

五、安宁

1、自然生态温泉旅游。2、休闲生态观光旅游；青龙峡风景区、玉龙湾东南亚文化影视城、三炷香公园

3、线路推介

(1) 一日游线路

A线：昆明—玉龙湾影视基地—安宁城区—安宁温泉—昆明

B线：昆明—安宁城区—温泉青龙峡—富民—昆明

(2) 二日游线路

昆明—玉龙湾影视基地—安宁城区—温泉—青龙峡—富民—昆明

六、禄劝

轿子雪山奇观生态探秘之旅；禄劝冬瓜河二日游；禄劝大白水瀑布户外二日游

七、盘龙区

真庆文化广场

八、呈贡县

1、一日游线路推荐

昆明—斗南花街—三台山公园—果园—昆明；昆明—斗南花街—三台山公园—梁王山旅游区—昆明；昆明—斗南花街—三台山公园—七彩云南—昆明；昆明—乡村高尔夫—七彩云南—昆明

2、二日游旅游线路推荐

昆明—三台山公园—万溪冲农家乐

万溪冲—斗南花街—昆明；昆明—斗南花街—三台山公园—梁王山旅游区(土林孔雀岛天鹅湖)；梁山旅游区—山观三海—昆明

九、官渡区

1、历史古镇一日游；2、生态农业一日游

十、昆明市旅游精品线路推荐

石林—九乡喀斯特地貌游；西山—民族村—大观楼民族风情游；金殿—世博园—黑龙潭精品园艺游；陆军讲武堂—东西寺塔文化街—金马碧鸡坊—真庆文化广场历史文化游；安宁温泉—青龙峡康体休闲游；团结乡—卧云山农业生态游；官渡古镇—斗南花卉市场文物赏花休闲游

（叶　莹）

石林风景名胜区

【旅游业持续稳步发展】　2004年在石林县委、县政府的正确领导和省、市上级有关部门的指导帮助下，石林风景名胜区全体干部职工解放思想、开拓创新、求真务实，按照县委、政府提出的旅游工作目标和要求，结合景区工作实际，认真落实各项工作措施，齐心协力，勤奋工作，全年接待游客210万人次，比2003年增长40%，其中国内游客194.3万人次，海外游客15.8万人次，分别比2003年同期增长41%和32%，取得了’99世博会以来的历史最好成绩。旅游局全年创收1.67亿元，其中门票直接收入1.63亿元，分别比2003年同期增长42%和45%，全县旅游综合总收入4.5亿元。

【打造世界品牌】　石林风景名胜区于2004年2月13日顺利通过了联合国教科文组织的专家评审，入选第一批世界地质公园，顺利拿到了第一张世界名片。同时成立了世界遗产申报专家组，完成了石林申报世界自然遗产中文文本的编制，积极推动石林申报世界自然遗产进程。自2003年石林风景区ISO9000质量管理体系、ISO14000环境管理体系和OHSMS18000职业健康安全管理体系获得国际管理标准体系认证后，为保持“三标一体”的持续性和有效性，“贯标办”对管理手册、程序文件和各处室的作业指导书进行了修订，全年进行了两次内部审核，持续改进各项工作，保障了2004年11月份顺利通过外方的第二次监督审核。

【强化资源保护】　首先是认真抓好了各项规划的修编及编制，修编完成了《石林风景名胜区总体规划》，通过了省政府审定并上报建设部审批；完成了《长湖保护性开发规划》、《大叠水保护性规划》和《石林旅游发展规划》的编制，待论证评审，《石林生态建设规划》正积极编制中。其次是进一步加强了三级资源保护网络的建设，完善资源保护的规章制度，层层将责任落实到每一个人。积极配合有关单位对保护区内村民私挖乱采铁矿石的行为进行了严厉打击，取缔关闭了无证采石场（点），使石林旅游资源得到了有效保护。三是结合旅游安全检查，完成了景区内各项服务设施的修缮和改造工程，实施了石林

世界地质公园标志石的移置工程，长塘子景观水库工程完成蓄水，完成石林游客接待中心基础工程、完成阿诗玛文化生态园效果设计，为实现石林旅游业的可持续发展奠定了基础。

【加强生态建设】 为改善景区生态环境和旅游环境，使其符合申报世界自然遗产的要求，2004 年，石林景区加强绿化美化工作，完成了冬末春初的植树造林和三场绿化、生态园的管养等工作，做好了景区花草树木的养护管理、抗旱保苗、病虫害防治等一系列工作。在乃古石林至石林火车站种植了火把果 2.5 万株，完成了石林乡土树种旅游景观大道建设，种植高大乔木 40 株、其他苗木 2 万株，景区种植草花 13.6 万盆，乡土树种的群落式绿化已得到进一步使用。加大了环境卫生整治，严格执行“十分钟保洁制度”，积极清理卫生死角，景区垃圾做到日产日清，全年共清运垃圾 3 600 吨。加强了湖池、噪声、大气、污水的管理和处理，统一收回有毒有害固体废弃物，防止二次污染。落实“门前四包责任制”，整治违反景区规划设计、有损景容的行为，为游客提供了整洁的旅游环境。

【加强综合治理】 全面落实创建安全文明小区、无毒社区等各项目标责任制，完善各项管理规章制度；加强景区流动人口管理，认真开展“四防”安全检查，加大景区巡逻密度，延长巡逻时间；完善治安防范网络，实行区域划片责任承包制，转静态管理为动态管理；与景区各单位签订了综治目标责任书和旅游安全生产责任书，签订率 100%，并对照监督实施；定期召开景区安全生产工作例会，定期对景区的游览设施、游路、车辆、索道等进行安全检查，发现问题及时整改；积极开展“诚信石林，从我做起”活动，与景区各单位、各经营户签订了《诚信服务责任书》，加大市场检查和监管力度，及时、妥善、高效地处理游客投诉。全年接到游客一般投诉 7 起，处理投诉不出景区，游客满意率达 100%，投诉率控制在十万分之一以下。治安案件共 2 件，控制在考核目标范围内，没有发生旅游安全责任事故。

【经营石林】 按照县委、县政府提出的经营石林、发展大旅游的要求，创造性地开展了 2004 年的工作：一是积极宣传，准备把景区资源的经营权引向市场化运作，进行长湖、大叠水保护性规划编制，为下一步实施两权分离打下了基础；二是积极推进石林旅游服务区中区的开发建设，与上海云海实业股份有限公司就整体开发中区签订了正式协议。积极配合完成了昆（明）石（林）公路、九（乡）石（林）阿（庐古洞）旅游专线交汇处的基础工程，西（桥）石（林）公路交会处环岛正在建设；三是组建了石林旅游会员卡营销队伍；四是承办了在北京召开的“第一届世界地质公园大会”、在昆明召开的“中国世界遗产生物多样性保护国际研讨会”和在石林召开的“中国景区与媒体及旅游业联合会 2004 年会”，积极组织人员参加了在苏州召开的“第二十八届世界遗产大会”，利用这些学术会议较好地为石林作了宣传；五是充分利用《光明日报》、《中国旅游报》、《云南日报》、《春城晚报》、《生活新报》、《都市时报》、中央电视台、云南电视台、昆明电视台等媒体进行宣传，以“云南石林阿诗玛艺术团”代表云南参加香港“2004 年泰航空新春国际汇演之夜”、配合 2004 年“环球小姐”大赛中国赛区总决赛参赛佳丽石林旅游等活动对外宣传石林，扩大了石林的影响，经营石林取得明显成效。

（钟文佑）

九乡风景区

【景区简介】 国家重点风景名胜区、国家 AAAA 级旅游区、国际洞穴协会会员九乡风景区，总面积为 277.8 平方公里，位于昆明市宜良县九乡彝族回族乡境内，距昆明 90 公里，距石林风景名胜区 28 公里。九乡风景名胜区是以溶洞景观为主体，并融洞外自然风光、人文景观、民族风情为一体的综合性风景名胜区，拥有上百座大、小溶洞，为国内规模最大、数量最多、溶洞景观最奇特的洞穴群落体系。九乡风景名胜区共有 6 大景区，即：已建成开放的叠虹桥景区和拟将建设的三脚洞景区、大沙坝景区、明月湖景区（即柴石滩水库）、阿路龙景区、马蹄河景区。

九乡风景区地处彝族、回族、苗族聚居的山区，气候温凉，冬无严寒，夏无酷暑。平均气温 14.6℃。九乡风景区内峰峦连绵，河流纵横，林木茂盛，属典型的岩溶地貌。景区境内有多条河流通过，其中径流面积 100 平方公里的河流就有南盘江水系、麦田河水系及獐子坝河水系。九乡溶洞群位于滇东牛首山西翼北。洞群发育于距今六亿年前古老的震旦纪灯影组浅海沉积的灰白色含硅质带的白云岩中，以硬、脆、碎的物理属性而著称。九乡溶洞有雄、险、奇、秀等特点，具体有 5 个方面：数量多，计有大小溶洞上百座，被称为溶洞之乡，成群连片；体量宏大，雄伟壮观；类型齐全，几乎集中了省内所有溶洞风景区的景观类型；钟乳石千姿百态，无奇不有；溶洞各有特点：卧龙洞空旷雄伟、幽深苍茫；神女宫尺度宜人、层次丰富；白象洞空阔宏大；老枯坑是垂直溶蚀和水平溶蚀相结合的典型，科考价值大；三脚洞气魄雄浑、粗犷、空阔、幽深；大沙坝溶洞在半山坡密林中，洞中钟乳石密集饱满，琳琅满目，形象生动。景区内植被覆盖率高，品种亦较多，云南松、华山松等针叶林和栎木、樟木等阔叶林混生，青翠葱郁的林木植被与绿水苍崖峭立，溶洞风姿相映成趣，为该风景区的总体风貌。整个风景区内苍崖峭立，峡谷幽深；松涛呼啸，精禽鸣唱；流水低吟，瀑布轰鸣，显示出大自然的野趣和清新。

此外，景区还是古人类居住遗址：经国家文物部门批准正式抢救性发掘的张口洞遗址，系一万年～五万年前甚至更早的旧石器时代穴居遗址，是云南省古人类的发祥地之一，有关各方拟在此建云南省第一个洞穴博物馆。彝族先民崖刻：九乡彝族先民崖刻达 80 余块，其创作年代约在 2000 年前的秦汉时代，在云南省内系首次发现，具有多方面的功能和研究价值。

【年度概况】 2004 年，景区共接待游客 523 509 人次，比 2003 年同期的 399 050人次增长 124 459 人次，增长率为 31.19%。从季度情况看，第一季度接待游客96 982人次，比 2003 年同期的 116 249人次减少 19 267 人次，下降了 16.57%，第二季度接待游客 132 126 人次，比 2003 年同期的39 876人次增长了 92 250人次，增长率为 231.3%，第三季度接待游客 163 957 人次，比 2003 年同期的 130 290 人次增长了 33 667 人次，增长率为 25.84%，第四季度接待游客 130 444人次，比 2003 年同期的 112 646 人次增长了17 798人次，增长率为 15.8%。比游客接待最多的 2002 年增长 10 万人次，再创客流量和经济效益历史新高。景区开放至 2004 年，累计接待海内外游客 430 余万人次，经济总收入 1.5 亿余元，上缴国家税金1 600余万元，经济效益取得了突飞猛进的成就。对宜良的经济社会，尤其是第三产业的发展起到积极的促进作用，受到国务院、省、市、县各级政府和部门的充分肯定。

（九乡风景名胜区旅游开发总公司）

·责任编辑　字应军·

科学研究

科学技术

【科技计划】　紧扣市委、市政府确定的战略目标和重点任务，以科技促进工业强市和解决三农问题为重点。2004年昆明市科技局共组织实施科技计划项目17项、50个课题，总经费5 196万元，其中市科技三项费投入1 260万元，项目承担单位自筹3 456万元。搭建了以5个重大科技专项和10个分类科技计划为主的昆明市科技计划体系。积极争取国家科技部、省科技厅的支持，全年共争取国家科技部和科技厅支持项目48个，经费达到2 400万元。

【工业科技】　通过重点实施电子信息、光机电一体化、新材料及化工新技术、环保及能源4大重点高新技术领域的创新，加强产、学、研结合，实施科技攻关，一批高新技术企业茁壮成长。应用高新技术对传统产业改造升级取得新的进步。在全市2004年40个工业及技术改造重点建设项目中，技术来源于市级科技计划研发成果的16项，占技术改造重点建设项目的40%。

【高新技术产业发展】　2004年，昆明全地区高新技术企业达到了204家，占全省高新技术企业总数的75.83%。全市高新技术工业总产值、销售收入和高新技术产品产值分别突破143亿元、145亿元和100.5亿元，比上年约分别增长10%、11%和11%。

【国家制造业信息化试点城市】　以"制造业信息化工程"专项为带动，全市制造业信息化水平得到了进一步提升。到2004年底，全市49个企事业单位实施了66个计算机辅助设计及制造技术应用示范推广项目，机械制造业的大多数企业实现了产品设计计算机化，CAD普及率和覆盖率均已达到98%以上，企业设计新产品的周期平均缩短了50～60%，单位时间新产品开发数成倍增长，企业的市场竞争力有了明显增强。

【农业科技】　农业科技计划项目产生的科研成果，成为全市农业技术推广的主要来源。市科技计划支持的杂交粳稻新组合"滇杂33"通过省级鉴定，推广种植增产效果显著，每亩可为农民增收140～200元；农业科技创新促进了农业龙头企业综合实力的提升。到2004年，市级科技计划项目和科技型中小企业技术创新基金列项扶持的农业龙头企业有24户，带动农户18万户；注重集成创新，发展优势、特色产业。省市联合扶持的宜良"350万只无公害鸭产业化示范项目"，为宜良传统支柱产业的提质增效注入了科技动力，宜良鸭产业的发展对全县GDP的贡献率提高近2个百分点。

【社会发展项目】　在市科技重点计划支持下，心血管超声、妇产临床和临床疾病分子生物学等重点实验室的建设和作用取得了新的进展；HIV—1母婴传播阻断的临床研究、"复方三黄散"和"六二六戒毒药"的研发等使昆明市在艾滋病等重大疾病的防治和新药研究开发方面取得新成效；结合现代新昆明滇池环湖生态和湿地系统建设，组织实施了污染水体净化水生植物筛选及培育技术研究；积极争取国家863重大科技专项"水污染控制技术与治理工程"；积极支持"催化湿式氧化高浓度难降解工业有机废水处理装置"及催化剂开发，为滇池流域污水治理攻克了一个技术难题。同时，积极支持城市交通、治安、流动人口管理实施信息化、智能化技术，科技为强警做出了贡献。

【科技合作】　2004年昆明市政府与北京理工大学等7所院校签订了科技合作协议，开展科技合作项目16项。五华科技园二次创业规划研究工作将按期结题。市科技局积极落实和推进市政府与北京理工大学合作共建昆明高新五华科技园创新中心建设协议，搭建科技合作的实体平台。五华科技园与北京理工科技园科技发展有限公司共同组建了昆明北理工科技孵化器管理公司，入孵企业已达9家。

【863软件专业孵化器】　在国家863计划计算机软硬件技术重大专项和市重点科技计划的共同支持下，《国家863软件专业孵化器昆明基地建设规划和实施方案》编制、863昆明基地一期工程基础设施建设及环境支撑软件的安装、调试已完成。"中国软件评测中心昆明分中心"的筹建工作进展顺利，组建了专业测试工程师队伍，开展了近百项软件类项目的评审及验收测试。为确保863孵化器建设的按时完成，昆明市成立了由分管副市长任组长的"国家863软件专业孵化器昆明基地建设领导小组"，进一步理顺孵化器建设承载企业的内部关系，改革运行体制和机制，完善法人治理结构，落实责任制，为863昆明基

地建设提供组织保障。

【学术技术带头人】 围绕昆明实现全面、协调、可持续发展的重点领域，市科技局开展了第四批中青年学术和技术带头人及其后备人选的选拔工作。通过合理确定选拔人数，采取限额推荐、差额评审的方法，评审出第四批学术和技术带头人13名、后备人选32名，使带头人和后备人选的比例逐渐趋于合理。至此全市有学术和技术带头人69名，后备人选94名。在注重选拔的同时，把能力提升作为人才资源开发的主体和重点，支持他们参加国内外学术交流，并注重科技项目和学技术带头人的结合，全年由学技术带头人承担的项目(课题)有21项，占总项目(课题)的19%。

【中小企业创新基金】 根据“技术支撑、效益优先、引导为主、联动扶持”的标准，市科技局从受理申报的187个项目中确定2004年科技型中小企业技术创新基金项目60项，总经费22 399万元。预计在项目实施期内，将累计完成销售收入12亿元；利税2.1亿元；上缴税金8 658万元；累计创汇5 584万美元；新增就业2 413人。2004年全地区民营科技企业共有1 715个，其中经认定的高新技术企业有82个，占全地区高新技术企业总数的41.4%。

【科学技术奖励】 2004年昆明市科学技术奖评审出技术创新性突出，推动科技进步作用明显，经济、社会和生态效益显著的55个获奖项目。评审过程中，注意了对异议的处理，维护了科学技术奖的公开、公平、公正及其权威性。55个获奖项目均在实践中应用并取得显著的效果，生产性项目累计实现销售收入79 802万元、销售利税11 758万元。

【全国专利工作试点城市】 2004年，经国家知识产权局同意，昆明市被列为全国专利工作试点城市。为保证试点工作顺利开展，昆明市成立了全国专利工作试点城市领导小组；拟定了《昆明市开展全国专利工作试点城市工作方案》；确定了35家试点单位和企业，组织实施了一批专利试点项目；印发了《昆明市关于加强专利工作，促进技术创新的若干意见》；调整和充实了市知识产权联席会议制度；加大了专利行政执法力度，出台了《昆明市知识产权专项行动方案》；成功举办了以“知识产权在昆明”为主题的研讨会。昆明市在全国率先将《专利法》纳入全民普法教育，编写了《2004年全民普法教育读本》。通过一系列的推进工作，极大调动了各方面开展原始技术创新的积极性，全市专利意识不断增强，专利申请量和授权量均获得明显增长。

国家知识产权局为进一步深化知识产权试点、示范工作，在总结近年来专利试点示范工作经验和广泛征求各地方知识产权局意见的基础上，印发了《关于印发<国家知识产权局关于知识产权试点示范工作的指导意见>的通知》和《关于国家知识产权试点示范城市若干事项的通知》。根据两个文件精神，昆明市专利试点城市转为“国家知识产权试点城市”。

【知识产权和专利】 2004年，全市专利申请量为1 558件，比上年增长5.6%，授权量为1 069件，比上年增长17.5%。其中，发明专利372件，实用新型409件，外观设计288件。自《专利法》颁布近20年来昆明市专利申请量累计已达14 981件，在西部居第四位。其中，发明专利3 291件，实用新型7 595件，外观设计4 095件；专利授权量累计达10 733件，在全国27个省会城市中排名第十一位，其中，发明专利2 365件，实用新型5 439件，外观设计2 929件。昆明平均每10万人口中拥有专利214件，在西部城市中居第二位。

【科技计划管理】 以科技计划管理体制改革为重点，市科技局不断创新管理机制、完善管理制度。按照“照章管理、明确职责、严格程序、管理公开、精简高效”的原则，相继出台了《昆明市科技计划项目管理暂行办法》和《昆明市科技计划项目评估暂行办法》，实现科技项目评估、立项、验收三分离。加大科技项目预研、储备，建立科技计划项目库和科技专家库，科技管理体制进一步完善。

【“两法两条例”执法检查】 2004年，云南省行政执法检查组对昆明市贯彻科技“两法两条例”(《中华人民共和国科学技术进步法》、《中华人民共和国科学技术普及法》、《云南省科学技术进步条例》和《云南省科学技术普及条例》)的情况进行了执法检查，市科技局与市政府法制办共同组织各县(市)区和有关部门开展自检自查工作，也对本部门在贯彻科技“两法两条例”、推进全市科技工作的情况进行了认真的自检自查。省检查组听取了副市长王奇英《昆明市关于贯彻科技“两法两条例”的情况汇报》，实地检查了昆明市县(市)区、高新开发区、企业、医院、科研单位等贯彻落实科技“两法两条例”的情况，与科技管理部门、县(市)区领导、企业家等进行座谈，对昆明市贯彻落实科技“两法两条例”的情况给予了充分肯定，同时也指出了不足之处。

【县(市)区科技创先】 2004年昆明县(市)区科技管理部门科技创先工作有了新的进展。五华区、官渡区、盘龙区、嵩明县和石林县通过国家科技进步县(区)考核，其中五华区、官渡区被评定为国家科技进步先进县(区)；五华区还通过逐级评审进入了国家科技部第一批全国科技工作试点县(市)的行列。

【县(市)区党政一把手科技进步目标考核】 在认真总结以往工作经验和广泛听取县(市)区科技局意见的基础上，2004年昆明市委组织部、市科技局联合下发了《关于印发<昆明市县(市)区党政一把手科技进步目标责任制考核实施办法>的通知》。通过开展考核，各县(市)区党政领导更加重视科技工作，把科技工作纳入党委政府的重要议事日程，大多数县(市)区科技三项费和科普经费有了保障，科技管理机构和人员编制得到落实，切实解决科技进步和创新的相关问题，组织协调抓好科技项目和科技素质工程在本区域内的实施，产生了积极的效果。

【科技会展与科技招商】 2004年内市科技局共组织116个科技项目参加了深圳高交会、昆交会、专利博览会、发明展览会等9个会展。参展项目共计实现技贸额4 536万元，分别获得特别金奖2项、金奖8项，银奖5项、铜奖6项、国家发明创造奖1项、优秀产品奖1项。支持云南高科公司在技术引进的基础上再进行技术创新，通过科技招商，组建了合资的云南高科环境保护工程有限公司，日方投资5 000万日元已到位。

【科技宣传】 在纪念邓小平诞辰100周年之际，《科技日报》上发表了市委书记杨崇勇《推进科技进步与创新，为建设现代新昆明提供有力支撑》、市长章振国《科技为昆明经济社会发展带来了无限生机和活力》两篇感受第一生产力的署名文章；市科技局在各种新闻媒体上，大力宣传国家的科技工作方针、政策，普及科学知识；全年出版《昆明科技动态》35 期、《昆明科技工作简报》12 期。

【科普工作】 在科普联席会议制度的组织协调下，各成员单位共同推进，进一步形成全社会积极参与科普事业的大格局。围绕如何提高农民科学素养，实现农业增效、农民增收，以及高致病性禽流感等社会难点、热点问题，市科技局通过开展科技培训、举办科普讲座、放映科普电影、编印科技文库等科普工作，极大地提高了广大干部、农民、企业职工、青少年的科学素养和科技知识。全年共编印了《小康科技文库》第二辑 4 万册，累计发行各种科普图书 19 种68 756册、科普期刊 9 种196 812册、科普（技）音像制品 324 种、科技类报纸65 112份，电台和电视台播放科普（技）节目8 794小时，举办各种科普讲座10 522次、科普展览17 420次，科技夏令营 61 次，青少年科技竞赛 423 次，科普国际交流 1 次，开展各类科普（技）咨询活动4 420次64 919人次，发放科普（技）资料及读物 79.3 万份。同时，在有关县（市）区建立和巩固了一批科技培训基地、科普示范基地、科普教育基地、科普文明示范村和科普宣传长廊。

【科技活动周】 为贯彻落实科技部《关于举办 2004 年科技活动周的通知》，昆明市于 5 月 15 ~ 21 日成功举办了以“科技以人为本，全面建设小康”为主题的 2004 年科技活动周。市科普联席会议动员和组织社会各方面力量，在全市各级有关部门和单位的共同努力下，在全市各城市社区、县、乡开展了一系列生动活泼、形式多样、丰富多彩的科技宣传活动，提高了广大干部群众的科技意识，激励了公众爱科学、学科学、用科学的热情，在全社会掀起了弘扬科学精神、传播科学思想、倡导科学方法、普及科技知识的热潮。

盘龙区、五华区两个分会场分别举行了大型科普文艺演出和各种科技宣传活动、咨询活动，组织有关部门、各街道办事处、驻区公共单位及科技企业100余家，开展了环境保护与滇池保护宣传、医疗卫生保健与优生优育知识宣传、IT 产品展示、专家义诊、智力开发等活动，向群众广泛宣传科普科技知识，宣传科技进步对经济发展和社会进步的推动作用。在活动周期间，五华、盘龙两区各办事处在辖区范围内也相继开展了大规模的科技宣传。官渡、西山、呈贡、宜良等 12 个县（市）区也相继组织了科技活动周启动仪式。

【科技管理机关建设】 2004 年昆明市科技局及各县（市）区科技管理部门，把改进机关工作作风与认真实施“云岭先锋”工程、积极开展“三观”教育、建设学习型组织和学习型领导班子活动有机结合，进一步强化“立党为公、执政为民”的宗旨意识。开门整风，抓好民主评议机关作风工作，机关工作作风有了切实转变。市科技局在 2004 年民主评议市级机关作风工作中列 42 个市级行政执法机关和行政审批部门的第四位；党风廉政建设工作被评为一等奖；还被评为全省科技管理系统先进集体，受到嘉奖。

【2004 年昆明市科学技术奖奖励项目】

一、突出贡献类（空缺）

二、国际科学技术合作类（空缺）

三、科学技术进步类（55 项）

奖励等级	奖励项目	完成单位
一等奖（2 项）	H 级绝缘赛格迈、Reliatran 干式变压器	昆明赛格迈电气有限公司
	黑龙潭梅园梅花品种鉴定、引种、繁殖及栽培管理研究	昆明市黑龙潭公园
二等奖（9 项）	昆明城市交通综合管理对策研究	昆明理工大学、昆明市建设局、昆明市城市交通研究所、云南省昆明市公安局交通警察支队
	KY1 型嵌入式网络远程测控系统	昆明千年电子技术有限公司
	烟草工业废水处理成中水回用工艺设计及应用	昆明卷烟厂、昆明景辉排水工程设计有限公司
	SQ3A 型曲刃水平滚刀式切丝机	昆明烟机集团二机有限公司
	农用光合细菌大规模培养及其运用	昆明汇佳生物工程有限公司
	昆明市烟草品种区域化合理布局研究	云南省烟草昆明市公司
	彩色心肌组织多普勒节段运动定量技术的研制与临床应用	昆明市延安医院、昆明市心血管超声重点实验室
	新生儿重症高胆红素血症外周动静脉同步换血法运用研究	昆明市妇幼保健院
	对放置皮下埋植避孕剂妇女月经模式影响的前瞻性研究	云南省计划生育技术科学研究所
三等奖（44 项）	略	略

（成小兵、赵　佳）

科学技术协会

【基础设施和基本能力建设】 2004年市科协针对科协工作中基础设施建设欠缺，科协系统工作人员能力不足等薄弱环节，重点从这两方面抓落实工作。首先，筹集20多万元资金与省科协资金配套，为14个县（市）区科协配备了电脑设备，并与因特网连接，改善了科协系统在信息传送、资源共享等方面的工作条件，为提高各县（市）区科协的科普工作能力和科普创新能力，创造了较好的物质条件；其次，有针对性地开展了科协机关、事业单位及市属各县（市）区科协骨干工作人员的业务培训，包括市级学会干部班培训、计算机操作技术培训和45岁以下中青年干部的实用英语培训，以及《昆明科普网》暨《昆明科技》通讯员培训班；2004年市科协还组织了全市科协系统骨干人员分3批前往科普工作先进地区进行参观学习、实地考察。通过这些举措，全市科协系统的基础设施得到改善，基本能力有了提高。

【科普宣传】 市科协按照科普法的要求及省科协的统一部署，精心组织和开展每年的“全国科技周”、“6·29科普活动日”等大型科普宣传活动。2004年5月的“全国科技周”，活动主题是“科技与人为本，全面建设小康”；“6·29科普活动日”的主题是“科学普及——你我共参与”。省、市领导和广大群众一起参与这些活动，推动了科普工作的发展。

结合“6·29科普活动日”，市科协组织的科普志愿者队伍也开始了“科技下乡”、“科普进社区”活动，103个学会（协会、研究会）参与，开展科普宣传208次，制作科普展板2 025块，展出总长度4 645米；举办科普文化演出10场，放映科普节目49部，开放12个科普教育基地，吸引了近百万群众参加活动。

另外，市科协直属昆明科普中心出版发行的《昆明科技》作为全市惟一的一份专业科普宣传刊物（内部发行），经全面改版后，全年发行12期近5万册，分送到全市各县（市）区居民社区、乡镇供广大群众阅读。

2004年“昆明科普网”共有近48万人次点击上网。《昆明科技》和“昆明科普网”这两道科普窗口对促进昆明市科学技术普及、提高人口素质产生着重要的作用。

【学术交流】 2004年5月，市科协主办了“全国地方科协第十八届国际部联络网会”，会议在如何发挥地方科协作用，促进当地人才到国外交流、培训，进行深造与提高方面交流了成功的经验，对促进昆明市科协进修生选派工作的发展有重要的意义。

8月，市科协成功举办了“第十届海峡两岸休闲农业发展学术研讨会”，台海两岸专家187人到会，收到355篇论文。昆明市有关部门、企业的领导和专家出席了会议。本次研讨会在发展昆明的休闲农业产业、改善农业产业结构增加农村居民收入等方面产生了积极的推动作用。

11月，承办了“第十届联合国际计算机大会”，与会代表200多人，其中来自法国、英国、澳大利亚以及香港特区的学者50多人。中科院院士倪光南、澳大利亚比尔·卡利教授、北航大副院长怀进鹏教授等17名特邀报告人，作了《中国面临的机遇与挑战》等报告。大会收到论文365篇，反映了IT领域的最新成果和前沿技术。

【实用技术培训】 2004年，市科协主管的农函大在市属9个县（市）区76个乡镇办班228个，培训结业学员13 917人，比原计划超额完成近4 000人。农函大培训还延伸到思茅、文山、德宏、怒江等地，市科协因此荣获省级办学“先进集体”称号；全年开展农村实用技术培训3 289期，培训37万人，为提高农村人口素质和推动农村经济发做出了应有的贡献。

【青少年科普活动】 2004年，市科协组织和开展的“第十九届青少年创新大赛”，有385件作品获奖，组织开展活动成效显著的9家单位获得表彰，32所学校被评为科普教育示范学校；市科协组织的科学家与中小学生“大手拉小手”走进县（市）区活动，2004年完成了在东川、寻甸的活动；在市科协积极努力下，恢复了昆明地区的中学生学科“奥林匹克”竞赛活动，取得显著成绩，化学学科参加全国冬令营全国决赛，取得了2金、2银的历史最好成绩。

【人才选拔和培育】 2004年配合市委组织部开展的人才选拔与培育工作，市科协运用自己长年积累的人才工作经验和方法，做了大量的工作。第八届自然科学优秀论文评审中收到符合要求的论文5 960篇，评出一等优秀论文12篇、二等54篇，三等119篇。本届获奖的优秀论文第一作者年龄在45岁以下，中青年科技工作者获奖论文146篇；在送派出国进修生方面，尽管存在诸多困难，2004年仍完成了到日本、德国的7名研修生选送；“首届青年科技奖”是纳入市委组织部人才工作范围的一项具体内容。经过各县（市）区征集、初审及市科协组织专家委员会评审，最终对9名优秀青年科技人才进行了表彰。这一系列的工作有力地促进了科技人才的发展，激发了广大科技工作者参与新昆明建设的积极性和创造性。

（李小昆　石正华）

防震减灾

【地震活动】 2004年，昆明地区地震活动比往年平静，全省发生两次5级地震，即8月10日昭通鲁甸5.6级地震、10月15日保山5.0级地震，全省无6.0级以上地震发生。昆明地区全年发生的地震仅有4次3.0级地震，其中1次有感。昆明地区的地震活动水平亦处于较正常状况。市防震减灾局在8月10日昭通鲁甸5.6级地震前8天召开了震情会商会，作出了较准确的短期预报，并以《震情汇报》的书面汇报材料向市委、市政府和省地震局做了报告。全年先后召开紧急会商会4次和年中、年度2次会议，会后以《震情汇报》的形式向市委市政府和省局以及有关领导报告，共报送6期《震情汇报》材料。

【地震监测设施建设】 2004年昆明市加强地震监测基础设施建设，重点实施数字化监测仪器、设备的安装、调试和试运行工作。为进一步加强和最大限度地捕捉地震前兆信息，尤其是大震前的地震宏观异常变化信息，市防震减灾局经请示市政府同意后，逐步在全市乡镇建立了昆明市乡镇防震减灾地震宏观信息联络员队伍。市政府在经费较为紧张的条件下，安排了专项经费支持，使昆明市基本完成了省局“三网一体”的要求，为昆明市监视、跟踪、预报未来大震的发生奠定了坚实的基础。全市在数字化监测台网改造、建设方面，重点实施了东川、富民、禄劝掌鸠河水库、西山4个县区的台站建设、改造。为实现观测数据和资料的适时传递，给全市县区局增配了计算机服务器，同时研制了地震信息速报软件处理系统，实现了市县两级防震减灾人员可同时知晓发生在昆明市及邻近地区3级以上地震参数的目标。在9～10月内，全市新增和完成了八方位电磁波仪5套的安装，并形成了一盘棋的观测网络，有效加强了地震监测的手段和能力。省地震局在昆明市东川区增配了“中国南北地震带地震活动监测研究”项目二氧化碳观测，此观测项目在昭通5.6级地震前曾出现异常变化反应。通过2003年、2004年的逐步增配、安装、调试，数字化监测设备已基本投入正式运行（西山区仍在建设当中）。大多数数字化监测手段经过一年时间的观测运行后，效果明显。

【地震监测预报】 面对全省地震形势，市防震减灾局对震情工作高度重视，增配了业务技术人员充实到预报处和分析预报中心，局领导带头，每周安排1名局领导轮流带班，处室业务人员坚持24小时震情值班，不断加强日常跟踪监视。各县（市）、区严格按照规范要求，完成地震监测、观测任务，做到数据准确、及时、连续和可靠。一旦出现异常，及时汇报，随时跟踪震情，上下联络畅通。除做好日常各县（市）、区台站观测数据收集处理分析外，市防震减灾局还对出现的异常情况，及时召开会议，分析研究。2004年昆明市防震减灾局上报的《昆明市2004年度云南省地震趋势研究报告》，对昆明地区作出中期地震预报，报告提出：“昆明地区发生6级以上地震的可能性较小，但有可能发生3级左右地震的危险”。经验证这一判断是正确的。

【地震应急】 2004年，昆明市没有发生破坏性地震。全年共处理宏观异常4起，即：5月以后大观楼出现蛇群异常；大板桥出现水母异常；东二环路出现蜂群异常；嵩明县水库出现混浊异常。接到异常报告后，市防震减灾局领导立即带队前往调查落实。通过分析研究，对前3起异常做了否定。在8月7日接到嵩明县防震减灾局关于杨林罗良水库发混的情况报告后，局长蔺建平亲自带队与省局专家、嵩明防震减灾局共同组成联合调查组，携带有关仪器赶到实地，进行调查了解。经实地调查、核实分析，初步确定为一起地震宏观异常，3天后的8月10日昭通发生5.6级地震。

为进一步提高昆明市的地震应急能力，市防震减灾局利用滇东地震预报协作区召开协作区震情趋势会商会的同时，组织市县两级防震减灾人员对邻近地州的地震预报协作区单位进行了考察学习，使昆明市防震减灾干部职工进一步了解地震应急经验，增强了对地震应急工作的感性认识，加强了同周边兄弟单位地震预报协作的交流和沟通，为更好地监视地震震情起到了积极作用。

【震灾防御及科研工作】 2004年在搞好地震监测预报的基础上，市防震减灾局狠抓震害综合防御工作，进一步完善《昆明市抗震设防要求及地震安全性评价管理规定》（送审稿）。该送审稿正由市法制局向市级有关部门进行征求意见。

寻甸先锋褐煤资源开发利用项目地震地质研究报告在2003年的基础上，继续开展地震地质安全、资源储量、品质、开发应用前景可行性论证。

配合市行政许可清理工作领导小组和市法制办清理完成了市防震减灾局行政审批事项，完善了窗口工作制度和搬迁工作。与规划局相关处室起草协调“抗震设防要求行政审批项目管理协议”，建立联合审批制度，建立《防震选址行政审批联系函》。

完成市政府交办的“昆明市行政中心”的选址和论证工作、《小哨—嵩明国际航空城地震及地震地质灾害研究报告》研究项目，并对地震地质灾害科目进行了选址论证前期的准备工作。

按照中国地震局“十五”重点项目计划安排的要求，2004年市防震减灾局配合省局全面启动实施了“昆明市活断层探测与地震危险性评价”、“昆明高（超高）层建筑地震中近场强震响应研究”和“昆明地震动（烈度）速报台网建设”3个重大科研课题的研究工作。

【灾害救援工作体系建设】 根据云南省地震局关于恢复无线电台应急通信的要求，2004年市防震减灾局在经费非常紧张的情况下购买了两部车载无线电台、一部基地电台，全面恢复了与省地震无线电台的通信联络。为了保证灾害救援工作的有序进行，2004年市防震减灾局对全市县（市）区防震减灾系统进行了一次《地震紧急预案》检查。通过检查，对部分县区已经不适应地震应急的预案，提出了整改意见。全市所有防震减灾局、办的《地震应急预案》都进行了完善或重新修订。在此基础上，还根据云南省人民政府办公厅关于建设地震灾害应急数据库的通知精神，市防震减灾局已就昆明市地震灾害应急数据库的建设形成方案报市政府，待批复后即全面开展。

【队伍建设】 昆明市防震减灾局重视防震减灾工作干部队伍业务素质建设，多次选派干部到防震减灾工作开展较好的地区考察学习；利用新设备安装调试机会，请专家、技术人员到现场讲课；全年举办两期计算机操作知识和地震分析预报软件Mapsis应用培训班，不断提高全市防震减灾系统干部队伍业务水平，促进地震分析预报手段和质量的提高。

积极开展学法用法活动，不断提高依法行政水平，市防震减灾局为每个干部职工购买了公务员依法行政读本和干部法律知识读本和新宪法，并安排每周五用半天时间对《行政许可法》和新宪法进行培训学习。在全局开展了国家公务员行为规范的培训，有效促进了公务员素质的提高。

【防震减灾宣传】 在防震减灾宣传中，市防震减灾局始终坚持“主动、慎重、科学、有效”的原则，加强对广大市民进行防震减灾法律法规和防震减灾科普知识的宣传教育，注重广泛宣传与重点宣传相结合，城市、农村、学校、工厂与科学教育相结合。充分利用广播、电视、报刊等新闻媒体，采取多种切实有效的方法，抓住时机，大力宣传《防震减灾法》和地震科学知识。通过宣传教育，使广大市民初步掌握必要的防震避震、自救互救等基本知识和技能，增强对地震谣传的鉴别能力和地震的心理承受能力。在2004年全省“11·6”防震抗震宣传周活动中，昆明市举办了形式多样、内容丰富的普法和科普宣传活动，全市共发放宣传资料十余种，宣传材料7万多份（册），悬挂标语39幅，展板、挂图宣传356块（面），上街宣传33次，投入人力340多人次，取得较好的实效。

【扶贫工作】 市防震减灾局于2003年12月和市政府签订了挂钩扶贫目标责任书，随后成立了以局长蔺建平为组长的扶贫开发领导小组。2004年，市防震减灾局扶贫领导小组成员先后6次下到挂钩村委会调查研究，了解土壤、气候特点，并多次到农科院、林科院找专家咨询，最后决定帮扶贫村发展花椒、核桃干果林木，每年用不少于2万元的经费投入帮助挂钩扶贫点哨上、白龙两个村委会发展200亩花椒、核桃。2004年的200亩花椒、核桃都已栽种完毕，成活率在95%以上，长势良好。市防震减灾局党员干部还先后3次捐款捐物送到扶贫点看望老党员、孤寡老人和困难群众。

（缪照和）

气　象

【天气气候评述】　2004年昆明年平均气温较历年平均偏高，较2003年偏低，是1998年以来气温最低的一年。年平均降雨量较历年正常稍多，较2003年偏多。1～3月气温偏高，是1993年以来持续的第十二个“暖冬”，但气温波动较大，1月，部分地区出现历史罕见的冰雹天气，2月全区出现了降雪，3月东部县区出现了轻度“倒春寒”，春旱一度较重。4月雨水特多，缓解了前期春旱。全区雨季于5月18日开始，初夏旱不明显。主汛期降雨量正常，未发生抽扬低温冷害，但局部地区仍有暴雨、雷暴、冰雹等灾害性天气发生，并造成泥石流、山体滑坡等地质灾害。全区雨季于9月底至10月初结束，较历史同期偏早。秋冬季气温正常、降雨偏少。

【气温变化】　昆明2004年年平均气温为15.6℃，比历史同期平均值偏高0.8℃。各县（市）区气温与历史同期相比大致属正常，东川偏低0.6℃，禄劝、晋宁、西山偏低0.1～0.3℃，嵩明、宜良、呈贡、安宁、寻甸偏高0.1～0.3℃，石林偏高0.6℃。与2003年相比全区气温均偏低，昆明偏低0.9℃，禄劝、安宁、东川、寻甸偏低在1.0℃及以上（禄劝大幅偏低－1.7℃与禄劝气象站迁址有关），其余地区偏低在0.5℃至1.0℃之间。

2004年昆明地区年平均气温与2003年和历史同期比较

	昆明	禄劝	富民	嵩明	宜良	石林	呈贡	晋宁	安宁	西山	东川	寻甸
2004年（℃）	15.6	15.4	15.7	14.3	16.5	16.3	15.0	14.7	15.0	12.1	19.5	14.7
比历史同期（℃）	0.8	－0.1	0.0	0.3	0.3	0.6	0.1	－0.3	0.1	－0.3	－0.6	0.2
比2003年（℃）	－0.9	－1.7	－0.9	－0.8	－0.9	－0.8	－0.9	－0.8	－1.0	－0.8	－1.0	－1.0

2004年是昆明市气候偏暖期内的一个相对低温年。昆明年平均气温15.6℃，较2003年的年平均气温有较大下降，是自1998年以来的最低值。年内除1～3月及8月气温偏高外，其余月份气温正常至偏低，特别是4～6月全区连续3个月月平均气温均低于各自历史同期平均值，部分县区全年有5～6个月气温低于历史同期平均值，这在气候偏暖期内是较为罕见的。从近30年的气温滑动平均值来看，昆明2004年的气温滑动平均值为15.2℃，高于历年平均值14.9℃，且较昆明2003年的气温滑动平均值仍略有上升，表明目前昆明的气候仍处于偏暖期内，历史上1997年和2000年也是气候偏暖期内的低温年。

1～3月气温持续偏高，特别是3月气温特高，是自1993年以来的第十二个持续的“暖冬”年。但气温波动也较大，2月上旬全区出现大雨（雪），3月上旬东部地区出现“倒春寒”天气。

初夏4～6月全区气温均偏低，其中4月上中旬出现持续阴雨天气，全区气温特低，5～6月气温偏低。

7～9月全区气温正常至偏高，7月气温正常，8月全区气温偏高，大春生长期无抽扬低温冷害天气发生，9月气温稍高。

秋冬季10～12月全区气温正常至偏低，其中10月上旬冷空气活动频繁，全月大部地区气温偏低，11～12月气温正常。

【降雨量分布】　2004年昆明市降雨量西山最多达1 377毫米，东川最少为674毫米，其余各县（市）区降雨量在874～1 096毫米之间，昆明年降雨量为1 096毫米。

与历年平均相比，2004年昆明市全区降雨量除东川偏少、宜良稍偏少外，其余地区降雨量均属正常至偏多。禄劝、石林、寻甸降雨量属正常，昆明、嵩明、呈贡、安宁降雨量较历年平均偏多在50～100毫米以内，偏多幅度在5～10%之间，富民、晋宁、西山降雨量偏多在100毫米以上，偏多幅度在10%以上。与偏旱的2003年相比全区降雨量均偏多，石林、东川、寻甸偏多在100毫米以内，嵩明、宜良、晋宁、安宁偏多在100～200毫米之间，昆明、禄劝、呈贡偏多在200～300毫米之间，富民、西山偏多在300毫米以上。

2004年昆明地区年降雨量与2003年和历史同期比较

	昆明	禄劝	富民	嵩明	宜良	石林	呈贡	晋宁	安宁	西山	东川	寻甸
2004年（毫米）	1 096	975	1 022	1 072	876	948	874	1 050	954	1 377	674	1 024
比2003年（毫米）	259	210	327	139	153	54	224	150	181	445	60	62
比历史同期（毫米）	90	7	156	79	－23	－3	54	147	55	189	－51	－1

冬季1月上旬出现罕见的降雹天气，2月上旬全区出现大雪，降雨（雪）量偏多。

3月全区仅有少量降雨，加之气温特高、风速较大，春旱较重。

4月上中旬出现持续降雨过程，大部地区降雨量破1951年以来历史同期记录，前期旱情得到缓解。

全区雨季于5月18日始，较历年同期属偏早。5月全区降雨属正常至偏多。

主汛期全区降雨较历年平均属正常，局部地区仍出现了洪涝、泥石流、山体滑坡等气象灾害及其引发的地质灾害。

9月上中旬出现连阴雨天气，但降雨量不大，26日晨城区遭大暴雨突袭。

全区雨季于9月底至10月上旬相继结束，较常年提早了10～20天。

秋冬季10～12月全区降雨持续偏少。

【日照时数】 2004年昆明总日照时数为2 104小时，各县（市、区）中呈贡的日照时数最多，为2 210小时，西山区最少，为1 746小时。与2003年相比，除禄劝偏多207小时外，其余地区日照时数均偏少，其中昆明偏少192小时，其他地区偏少在130～352小时之间。与历史同期相比，全区日照时数均偏少，其中呈贡、安宁正常稍少，昆明偏少93小时，偏少幅度为4%，其余县区偏少在118～350小时之间，禄劝、寻甸偏少幅度最大，均为16%。

在时间分布上，1～3月全区日照时数正常稍少；4～5月由于阴雨天气过程较多、雨季开始正常稍早，全区日照均偏少。主汛期6～8月日照东北部地区的禄劝、富民、嵩明、东川、寻甸偏少，其余地区正常。9月上中旬出现连阴雨天气、10月上旬冷空气活动过程较多，9～10月全区日照正常稍少。11～12月除昆明、禄劝日照偏少外，其余地区日照正常。

2004年昆明地区年日照时数与2003年和历史同期比较

	昆明	禄劝	富民	嵩明	宜良	石林	呈贡	晋宁	安宁	西山	东川	寻甸
2004年（小时）	2 104	1 817	1 907	1 784	2 055	1 945	2 210	2 122	2 025	1 746	2 020	1 779
比2003年（小时）	－192	207	－274	－352	－170	－168	－217	－252	－189	－130	－175	－325
比历史同期（小时）	－93	－350	－281	－139	－118	－248	－3	－250	－22	－185	－239	－340

【天气事件】 1月9日城区出现罕见冰雹天气

1月8日夜至9日晨，昆明市全区普降小雨，部分地区伴有雷暴和冰雹。9日午后对流活动逐步增强，14时后昆明、嵩明、西山等地相继出现了较强的冰雹和雷暴天气。此次降雹天气的最大冰雹出现在昆明，最大直径为25毫米、重2克，是自上世纪90年代以来最大的一次。1月10日以后天气转好。

2004年1月9日昆明地区降雹情况表

站点名	降雹时间	最大冰雹直径	冰雹重量
昆明	14时28分至14时35分	25毫米	2克
安宁	14时11分至14时25分	4毫米	略
太华山	14时22分至14时27分	8毫米	略
嵩明	14时50分至14时51分	6毫米	略
呈贡	15时52分至15时54分	3毫米	略
晋宁	17时03分	2毫米	略

此次降雹天气形成的主要原因有两点，一是由于前期气温持续偏高，二是1月8～9日南支槽东移过境带来较丰沛的水汽，并形成了较强的对流。突降的冰雹在市区造成短时的交通混乱，昆明机场航班起降一度受阻，部分基建设施受损，个别人员受伤。由于较大的冰雹主要出现在城区附近，对农作物和花卉的影响不大。降雹天气还使全区均出现小到中雨，昆明、晋宁、安宁、寻甸出现大雨（日雨量≥25毫米），对于缓解冬季旱情，增加土壤含水量、降低森林火险等级极为有利。

2004年1月9日昆明地区降水量

单位：毫米

昆明	禄劝	富民	嵩明	宜良	石林	呈贡	晋宁	安宁	西山	东川	寻甸
25.5	17.4	24.5	19.9	22.4	13.3	21.4	33.4	29.1	23.6	4.8	26.2

继1月9日的降雹天气后，1月27日昆明市又出现一次降雨过程，部分地区出现降雹或米雪，但此次过程大部地区降水量较小，冰雹的直径及影响范围也较小。

2月上旬全区降大雪

受北方冷空气和孟加拉湾南支槽带来的暖湿气流的共同影响，2月7日昆明市全区出现降雪天气。东部县区及城区降雪从7日凌晨开始，禄劝、富民、晋宁、安宁等地从7日上午由降雨转为降雪。昆明、嵩明、宜良、安宁、西山、寻甸等地出现了大雪（日降雪量超过5毫米）。此次降雪过程以东川和寻甸的降水量最大，均超过20毫米，昆明、禄劝、富民、嵩明、宜良、晋宁、安宁、西山的降水量在10～20毫米之间，石林、呈贡的降水量在10毫米以下。从最大积雪深度来看，降雪最强的地方出现在东北部的寻甸、嵩明和西山，积雪深度均在10厘米以上（部分高寒山区积雪更厚），昆明、石林的积雪分别为9厘米和3厘米，其余县区只有微量积雪或无积雪。7日夜间至8日上午部分县区仍有零星降雨或降雪，8日下午全区转为多云天气。

2004年2月7日昆明地区降雪情况表

站名	昆明	禄劝	富民	嵩明	宜良	石林	呈贡	晋宁	安宁	西山	东川	寻甸
日平均气温（℃）	1.8	2.5	2.8	－0.8	1.4	1.1	0.6	2.1	1.9	－1.6	1.3	－0.6
最低气温（℃）	0.5	－0.1	－1.0	－2.5	1.6	0.6	－1.6	－2.0	－1.1	－2.5	1.2	－2.2
降水量（毫米）	12.6	11.5	15.8	15.5	11.6	9.7	9.4	11.0	10.0	17.5	20.8	22.2
最大积雪深度（厘米）	9	无	无	13	无	0	3	无	无	12	1	18

此次降雨（雪）过程对缓解昆明市冬季旱情、清洁净化空气、增加土壤含水量、抑制病虫害的生长、降低森林火险等级极为有利。但降雪天气对交通造成一定影响，昆曲高速公路被迫关闭，昆石高速公路和石安公路也实行管制通行，部分地区花卉和小春作物受到冻害，导致小麦空秕率增加、油菜苔蔓期延长、蚕豆花荚发生冷冻害并影响其结实和产量。

3月上旬东部地区出现“倒春寒”

3月上旬北方冷空气活动较为频繁，昆明市气温波动较大。继3月3日出现一次明显的降温过程之后，6～8日全区又出现持续3天的阴冷天气，其中又以3月7日气温最低，大部县区均出现了降雨，但降雨量均不大。9日以后阴雨天气结束，气温迅速回升。此次阴冷天气过程使昆明的气温较前期骤降，6～8日连续3天的日平均气温小于10℃。在东部的寻甸、石林等地则出现了中轻度的“倒春寒”天气。降雨天气对于降低森林火险较为有利，但低温持续时间较长，对小麦的开花授粉和蚕豆的鼓粒有一定的影响。

由于2月上旬和3月上旬昆明市分别出现降大雪和强降温天气，低温冷害对小春作物的生长产生了严重影响，使得一些地区小春作物减产。2004年低温冷害的强度和影响范围均为最近10年来第二个严重年，仅次于1996年，比2000年的“倒春寒”影响偏重。

2004年3月6～8日昆明地区气温、降水量情况表

单位：气温℃，降水量毫米

项目＼地名		昆明	禄劝	富民	嵩明	宜良	石林	呈贡	晋宁	安宁	西山	东川	寻甸
3月6日	平均气温	7.5	10.0	9.9	5.5	8.3	7.7	7.5	8.4	8.5	3.9	11.0	5.7
	最低气温	6.1	8.6	8.1	4.8	7.2	6.5	5.8	7.2	6.7	2.8	10.2	4.8
	降水量	0.0	无	无	1.0	1.2	无	无	0.0	0.0	3.8	0.0	1.0
3月7日	平均气温	7.0	10.0	9.6	5.4	7.4	7.1	6.8	7.8	8.0	3.9	10.3	5.6
	最低气温	5.8	9.1	8.5	4.3	6.5	6.1	5.4	7.1	6.5	2.2	8.2	4.3
	降水量	0.2	无	无	2.4	1.2	0.6	0.0	0.0	0.0	2.0	无	1.8
3月8日	平均气温	8.7	11.5	11.1	7.3	9.2	8.6	8.0	8.5	9.5	5.4	12.9	7.2
	最低气温	7.0	8.7	9.2	5.5	7.9	7.0	6.6	7.0	7.7	4.5	10.2	5.8
	降水量	1.0	0.4	无	1.2	0.2	0.3	0.1	0.0	0.2	1.3	无	0.7

3月全区气温特高、降雨特少，春旱较重

由于2004年3月中下旬中高纬以纬向环流为主，乌拉尔山高压脊较常年偏弱，而南方副热带高压较常年偏强偏西，使得3月中下旬全区以晴好天气为主，气温特高，3月10日昆明日最高气温达28.2℃，突破历史同期的最高值。整个3月全区气温特高、降雨则特少，月平均气温为16.2℃，较常年偏高了3.0℃，是自1951年有气象记录以来仅次于1999年的历史同期第二高，全月仅有1毫米降雨，部分地区全月仅有微量降雨。由于2003年昆明市降雨较常年偏少，雨季结束较早，库塘蓄水不足，2004年3月中下旬较长时间的高温少雨、蒸发量大，加之又进入春季大风季节，使昆明市的春旱逐步加重，森林防火形势一度较为严峻，城市供水较为紧张，城区部分较高地区出现长时期断水现象。

昆明地区2004年3月气温和降雨量与历史同期比较

	昆明	禄劝	富民	嵩明	宜良	石林	呈贡	晋宁	安宁	西山	东川	寻甸
三月平均气温（℃）	16.2	16.8	16.4	14.3	16.5	16.7	15.3	14.6	15.5	13.3	20.9	14.8
比历史同期（℃）	3.0	3.2	2.5	2.2	2.1	2.3	1.8	0.8	1.9	1.8	0.8	1.5
三月降雨量（毫米）	1.0	0.0	0.0	5.0	4.0	4.0	1.0	4.0	5.0	9.0	1.0	4.0
比历史同期（毫米）	-15.5	-12.1	-15.8	-10.4	-13.9	-15.3	-14.8	-12.5	-10.6	-10.8	-12.3	-11.1
距平百分率（%）	-93.9	-100.0	-100.0	-67.6	-77.6	-79.3	-93.7	-75.8	-68.0	-54.5	-92.5	-73.5

4月全区降雨特多，气温偏低

进入4月后，孟加拉湾一带的低压云系异常发展，同时南支槽较为活跃，致使昆明市出现了持续的降雨天气，全区降雨量异常偏多。主要的降雨过程出现在4月上中旬，其中2~4日全区小到中雨局部大雨、8日全区小到中雨、15日全区中到大雨，下旬全区以晴好为天气为主。4月昆明的降雨日数（日降雨量≥0.1毫米）达14天，全月降雨量达122毫米，较历史同期平均值22毫米偏多了近5倍，突破1951年以来的历史记录。各县（市）、区降雨量也较各自历史同期平均偏多了2~4倍，除石林外，其余县（市）、区降雨量均突破了各自4月有气象记录以来的历史最高值。全区气温则属偏低至特低，昆明4月月平均气温为16.0℃，较历史同期偏低0.6℃，其余各县（市）、区较历史同期偏低均在1℃以上。

4月降雨特多，是2004年的一个显著气候特点，对于缓解前期春旱、降低森林火险等级、增加库塘蓄水量，改善城区供水紧张状况有利。在农业上，4月的降雨大大提高了旱地土壤墒情，有利于烤烟的及时移栽和大春作物的提早或适时栽播，也基本解除了越冬经济果树、林木的冬春旱情，有助于提高夏秋水果产量。

2004年4月昆明地区气温和降雨量与历史同期比较

项目＼地名	昆明	禄劝	富民	嵩明	宜良	石林	呈贡	晋宁	安宁	西山	东川	寻甸
月平均气温（℃）	16.0	15.6	16.4	14.8	17.6	17.2	15.4	15.4	15.4	12.2	20.1	15.1
比历史同期（℃）	-0.6	-1.7	-1.4	-1.0	-1.5	-0.9	-1.5	-1.7	-1.4	-2.0	-3.4	-1.6
月降雨量（毫米）	122	99	112	90	91	93	127	129	119	138	73	90
比历史同期（毫米）	100	79	91	68	67	62	102	102	96	111	52	63

雨季于5月中旬末开始，较历年属正常稍早

继4月上中旬出现持续的降雨过程之后，4月下旬至5月上旬昆明市以晴好天气为主。5月中旬以后，孟加拉湾低压云系再度发展并北抬，从5月12日起昆明市开始出现多云间阴的天气，局部地区有小雨。5月18~20日受北方南下的弱冷空气和孟加拉湾暖湿气流的共同影响，全区出现了持续3天的降雨天气，其中18～19日全区中到大雨，20日为小到中雨。2004年昆明地区的雨季从5月18日开始，较常年提早了5天左右。由于冷空气活动较弱，5月末出现持续的低温连阴雨天气。全区大部地区5月雨量较历史同期正常至偏多，气温则正常至稍低。

昆明雨季开始的多年平均日期是5月23日。自1998年以来，昆明市的雨季开始已连续7年偏早，这种情况自1951年有气象记录以来，在昆明市的气候史上尚未出现。

2004年5月昆明地区气温和降雨量与历史同期比较

项目＼地名	昆明	禄劝	富民	嵩明	宜良	石林	呈贡	晋宁	安宁	西山	东川	寻甸
月平均气温（℃）	18.9	19.2	19.9	18.0	20.4	19.8	18.3	18.3	18.6	14.7	22.7	18.2
比历史同期（℃）	－0.2	－1.3	－0.9	－0.6	－0.9	－0.5	－0.8	－0.8	－0.7	－1.1	－1.9	－0.7
月降雨量（毫米）	111	79	87	105	89	76	74	105	80	114	92	87
比历史同期（毫米）	23	5	15	20	11	－19	－2	25	3	16	19	－5

主汛期降雨正常，无低温冷害天气发生

2004年6～8月主汛期昆明总降雨量为578毫米，较常年平均属正常，各县（市）、区降雨以东川最少，为340毫米，西山区最多，为800毫米。与历史同期相比，除宜良、东川和寻甸偏少外，其余大部地区均属正常或偏多。但降雨的时空分布不均，6月大部地区降雨偏少，7月偏多，8月偏少，6月下旬、7月上旬和8月下旬是降雨的高峰时段。局部地区单点暴雨、雷暴、冰雹等灾害性天气发生较频繁，并引发了泥石流、山体滑坡等地质灾害，造成部分乡镇的经济、农作物受到损失。7月1日富民者北、罗免等乡镇遭受罕见的暴雨夹杂冰雹袭击，持续时间达50分钟，农作物损失较大。7月9日富民散旦、大营等地出现大暴雨，造成公路塌方，河道沟渠倒塌，部分农作物受损。8月26日嵩明由于连降大到暴雨造成大量农作物被淹，水库坝塘告急，部分山体出现滑坡，2 000多群众被紧急转移。

2004年主汛期昆明地区降雨量及历史同期比较

项目＼地名	昆明	禄劝	富民	嵩明	宜良	石林	呈贡	晋宁	安宁	西山	东川	寻甸
降雨量（毫米）	578	624	649	631	398	529	486	560	579	800	340	488
比历史同期（毫米）	－14	49	142	55	－110	0	23	46	50	113	－52	－101
距平百分率（%）	－3	8	28	10	－22	0	5	9	9	16	－14	－17

主汛期期间6月上中旬冷空气活动较频繁，阴冷天气较多，致使6月全区大部地区气温正常至偏低。6月下旬以后气温逐步恢复正常，6月下旬末至7月初出现了一个高温时段，其中7月1日昆明日平均气温为24.4℃，最高气温为29.7℃，均为2004年的最高值。7月全区气温正常，8月气温偏高，在农作物生长的关键期内没有明显的低温冷害天气发生。

2004年主汛期降雨量属正常，使得大春作物在生长期未出现严重的旱情。7～8月全区气温正常至偏高，在水稻抽穗扬花期无低温冷害的影响，6月下旬和8月中下旬出现了两段光照好、气温高的时段，对大春作物的营养生长和产量形成十分有利。但前期大春作物营养生长阶段（5月中旬～6月上旬）全区平均气温长时间持续偏低、雨量偏多、日照偏少；盛夏高温期（7月上旬～8月上旬）平均气温稍偏低，导致热量条件稍差，使大春作物的增产幅度受到制约。全区平均玉米单产增产，但因光热总量比上年偏少突出，水稻单产减产。对烤烟生长而言，烤烟大田期无干旱、低温影响，烟叶成熟期光照条件属中等稍好年份，尤其是8月中下旬气温偏高、日照偏多幅度大，很有利于烤烟成熟和烟质提高。但7月中旬、8月上旬日照较常年明显偏少、雨量偏多、气温波动较大。总体而言2004年烤烟单产比2003年（受夏旱影响较大）明显增产，烤烟品质属中上等年份。

9月上中旬全区出现连阴雨，下旬城区遭大暴雨突袭

进入9月后，冷空气活动较为活

跃，9月上中旬全区以阴或阴间多云天气为主，气温正常至偏低，降雨偏少，日照较少，有两次较强冷空气活动，分别出现在7~8日及13日，全区出现了小到中雨、局部大雨。9月6~13日的8天中，昆明累计降雨量为37.8毫米，累计日照时数仅10.5小时，达到气候学上的秋季连阴雨的标准。9月上中旬的连阴雨天气，光温水等条件配合不当，对大春作物的光合积累和灌浆速度产生了不利影响。

受副热带高压外围不稳定气流和弱冷空气的共同影响，9月25日夜间至26日凌晨，昆明市的大部分县（市）、区出现了强降雨天气，这场降雨强度最强的时段出现在夜间12~02时，其中又以城区的降雨量最大，为100.8毫米，达到大暴雨，这也是2004年全区最大的一场降雨，从昆明日降雨量的历史记录上来看，这场降雨是自1951年以来排名第五的大暴雨，造成了市区部分地区出现积水、房屋被淹、交通受阻。26日08时以后全区的降雨逐步停止。各县（市）、区中宜良、西山、寻甸也出现了暴雨，嵩明、石林、呈贡为大雨，其余地区除东川外均降了小到中雨。9月全区气温正常至偏高，降雨分布不均，北部地区偏少，其余地区正常至偏多。

2004年9月26日昆明地区降雨量

项目＼地名	昆明	禄劝	富民	嵩明	宜良	石林	呈贡	晋宁	安宁	西山	东川	寻甸
降雨量（毫米）	100.8	20.7	31.2	46.7	77.9	26.8	34.0	35.8	19.8	63.0	0.0	92.6

2004年9月昆明地区气温和降雨及与历史同期比较

项目＼地名	昆明	禄劝	富民	嵩明	宜良	石林	呈贡	晋宁	安宁	西山	东川	寻甸
月平均气温（℃）	18.8	18.6	19.0	17.7	19.9	19.5	18.1	17.7	18.2	14.8	22.4	18.1
比历史同期（℃）	1.1	-0.4	0.2	0.5	0.4	0.9	0.5	0.1	0.3	0.0	-0.1	0.7
月降雨量（毫米）	191	85	77	114	148	114	109	153	85	194	58	212
比历史同期（毫米）	69	-42	-31	-20	36	-4	20	50	-19	36	-40	52

全区雨季结束偏早

随着9月26日大暴雨过程的结束，2004年昆明地区的气候也逐步向干季转换。昆明的雨季于9月29日结束，全区大部县区雨季也在9月底结束，富民、石林、西山的雨季在10月上旬结束，较常年提早了10至20天。整个汛期期间（5~10月）全区共发生大到暴雨（日雨量≥25毫米）以上共95站次，较偏旱的2003年同期持平，其中西山区发生的大到暴雨最多，达15站次，在时间分布上7月全区发生的大到暴雨最多，达27站次。总体而言，2004年汛期全区旱涝灾害属一般年份，库塘蓄水较为充足。

2004年5~10月昆明地区大到暴雨次数

	昆明	禄劝	富民	嵩明	宜良	石林	呈贡	晋宁	安宁	西山	东川	寻甸	合计
5月	2	0	1	1	1	0	1	1	1	2	1	1	12
6月	2	2	3	2	0	2	1	1	2	1	2	2	20
7月	2	2	4	2	2	2	2	4	2	5	0	0	27
8月	2	0	0	4	1	2	1	3	2	5	0	2	22
9月	1	0	1	1	1	2	1	1	0	2	0	2	12
10月	0	0	0	1	1	0	0	0	0	0	0	0	2
合计	9	4	9	11	6	8	6	10	7	15	3	7	95

10~11月气温正常，降雨偏少

2004年10月昆明市气温正常至略偏低，降雨偏少，上中旬冷空气活动较频繁，5~6日、11~12日分别有一次冷空气活动，前一次过程全区出现了小到中雨，后一次则以降温为主，降雨不明显，15~18日受南支槽影响出现了一次降雨过程，但除禄劝、嵩明、宜良、石林、寻甸外其余地区降雨都不大，下旬全区以晴到多云的天气为主。全区10月气温正常至偏低，降雨偏少。

11月上旬以晴好天气为主，气温

正常至偏高，降雨特少，日照较为充足。中旬前期仍持续晴好天气，15～17日受较强冷空气影响出现阴冷天气，但降雨不明显，中旬全区气温正常，降雨仍偏少。下旬以多云天气为主，月末29～30日有1次南支槽活动过程，全区出现小雨。11月全区气温正常至偏高，降雨偏少。昆明初霜出现在11月7日，较常年属正常。

由于昆明市2004年雨季结束较常年偏早，10～11月降雨偏少，使后期的冬春旱情偏重，来年春季供水形势严峻。在农业生产上，10月降雨偏少有利于大春作物的收晒，10月中旬部分地区下了透雨，对改善土壤墒情和小春作物按节令适时播种提供了水分条件。11月的晴好天气对小麦的蹲苗较为有利，但降雨偏少对蚕豆分枝不利。

2004年10～11月昆明地区气温、降雨及与历史同期比较

项目 \ 地名		昆明	禄劝	富民	嵩明	宜良	石林	呈贡	晋宁	安宁	西山	东川	寻甸
10月	平均气温（℃）	15.7	15.4	16.0	14.2	16.4	15.9	14.8	14.6	15.0	11.8	18.7	14.6
	比历史同期（℃）	0.5	－0.9	－0.4	－0.2	－0.4	－0.2	－0.2	－0.6	－0.1	－0.5	－0.6	0.1
	降水量（毫米）	21	38	29	50	69	62	19	23	18	41	57	38
	比历史同期（毫米）	－66	－52	－41	－30	－11	－11	－53	－53	－56	－65	－14	－46
11月	平均气温（℃）	12.3	11.4	11.7	10.8	13.2	13.2	11.7	11.4	11.2	8.9	15.7	10.9
	比历史同期（℃）	0.7	－0.4	－0.6	0.5	0.5	1.0	0.4	－0.1	0.2	－0.1	－0.3	0.3
	降水量（毫米）	16	17	17	19	24	25	18	26	25	28	22	27
	比历史同期（毫米）	－23	－16	－16	－21	－17	－19	－19	－16	－11	－22	－7	－11

12月气温正常，降雨偏少

12月全区气温正常，降雨偏少。上旬后期受冷空气影响昆明市出现持续6天的阴或阴间多云的天气，但降雨不明显，中旬17日受南支槽影响全区出现了一次小雨过程。月末30～31日受入冬以来最强的一次冷空气侵袭，出现了一次寒潮天气过程，12月31日昆明日平均气温、日极端最高气温和日极端最低气温各自为0.6℃、1.8℃和－0.5℃。

2004年12月昆明地区月气温、降雨及与历史同期比较

项目 \ 地名	昆明	禄劝	富民	嵩明	宜良	石林	呈贡	晋宁	安宁	西山	东川	寻甸
月平均气温（℃）	8.7	7.8	8.1	7.5	9.1	9.4	8.0	7.5	7.6	5.7	13.6	7.6
比历史同期（℃）	0.4	－0.3	－0.5	0.4	0.1	0.6	－0.2	－0.8	0.0	－0.6	0.8	0.2
降水量（毫米）	8	4	5	3	4	1	3	0	2	7	2	8
比历史同期（毫米）	－5	－6	－7	－10	－10	－14	－9	－14	－9	－11	－6	－3

【气象决策服务】 为了提供更加准确及时的预报服务，市气象局在原有的《昆明地区气象情况反映》、《昆明地区短期气候预测》、《昆明地区中短期天气预报》等预报服务材料的基础上，2004年新增了《昆明地区天气快报》，为政府及其相关部门的决策提供了准确及时的预报服务材料，对避免和减轻重要天气过程造成的灾害起到了积极的作用。

在短期气候预测中，针对小春作物生长和大春作物播种期间的气候特点、4月降雨异常、雨季开始及汛期气候趋势、7月上旬连阴雨等气候情况对昆明市工、农业生产可能产生的影响作出了分析，向政府及有关部门提供及时的预测预报和气象情况反映；同时还准确预测了冬季气温趋势、1～4月降雨、倒春寒、夏季低温、秋季连阴雨等关键期天气；年降雨、主汛期降雨趋势预测基本正确。

在短期预报中，雨季开始以后，市气象局每日向政府农业处、秘书处、政府值班室、市委六处及水利局、防汛办、滇管局等单位提供雨情服务。2004年出现的几次全区性大至暴雨天气过程（7月10日、7月20日、8月26~27日）均在24小时短期预报中作出了准确预测，并及时通知政府和有关部门。遇有“三性”天气，如罕见冰雹、突降大雪、强降温等都及时在《昆明地区气象情况反映》、《昆明地区天气快报》中及时报告，并做好跟踪服务。及时准确的预测预报为政府决策提供了可靠的依据。

【防灾、减灾服务】 2004年昆明市雨量分布极不均衡，全市部分地区干旱严重，水库蓄水严重不足。宝象河水库的水位在4月份已降到了历史最低点，严重影响了居民生活用水。为确保城市生活、生产供水，由市气象局组织实施了宝象河等水库人工增雨工作。在市人影中心、官渡区水务局、气象局以及宝象河水库全体人员的紧密配合下，由有丰富人工增雨作业经验的李华指挥，经过198天的艰苦工作，共作业120次，发射火箭弹375枚，取得了良好的效果。在整个增雨作业期间出现中到大雨以上的天气21次，水库净增加了1 500多万方水量，缓解了旱情，达到了预期的目的。

由于2004年反常的气候特点，整个昆明及周边地区都连续发生冰雹灾害，昆明市冰雹灾情尤为严重。为将昆明的冰雹灾害损失降到了最小，全市共设人工防雹点40个，作业601次，发射火箭弹7 962枚，保护烤烟14多万亩，粮食40多万亩。

【气象公益服务】 为了让广大市民及来昆旅游人士能够得到及时的天气信息，便于安排工作生活及行程，市气象局每天通过网络向《云南信息报》、《生活新报》、《都市时报》、昆明电台阳光频率4家公众媒体提供24小时短期预报，36小时白天夜间分时段天气预报，6日滚动中期天气预报，24小时全国预报，48小时全国预报，云南地州天气预报，云南主要风景区预报，昆明市城市环境预报8类共23份预报产品。同时昆明电视台所有频道都开播了影视气象节目，每天6个频道、7套节目、12次滚动播出，内容丰富，有区县天气预报、生活气象、旅游气象、气象导游、小区预报等多种形式。2月20日还开通了手机短信气象服务，每天下午3:30定时制作发布手机短期天气预报。形式多样的公益气象服务深入细致贴近群众生活，受到广大观众及市民的欢迎和认可。

【专业气象服务】 市气象局坚持以用户需求为导向，以用户的满意度作为评价专业气象服务优劣的标准，在春节、“五一”、“十一”黄金周、昆明国际旅游节期间，及时发布了有关的气候背景和天气预报。为配合昆明新机场建设，还专门在嵩明军马场建立了10米高的六要素自动气象站和人工观测网点，已进行数据采集、分析处理等前期工作。在全市气象探测职工的共同努力下，2004年全市的气象业务测报质量保持了较高水平，昆明站地面组4人250班无错，被省局业务处通报“百班无错”的有14个；探空组9人100班无错。农业气象观测错情率为0.0‰，有1人获2004年全国农气测报250个班无错奖，并被授予了“全国质量优秀测报员”称号。

【光纤宽带网建设】 气象系统光纤宽带网建设是2004年气象现代化建设的重头戏。2004年下半年云南省气象系统光纤宽带网建设过程中，市气象局网络工作人员和业务处投入了大量的时间和人力，完成了安排的网络安装工作，实现气象数据和语音通信，正进行全市远程可视会商系统建设调研工作。

【棋盘山天气雷达应用】 棋盘山天气雷达站2004年严格执行中国气象局以及云南省气象局有关通知和规定，开展多普勒天气雷达全天时连续立体扫描观测，按时向中国局及省、市气象台，昆明市各县气象局，以及周边地、州、县气象局发送有关雷达产品资料，资料发送率均在98%以上；雷达通信系统故障率低于0.4%；刻录雷达观测资料981盘，共计667GB；雷达开机高压时间3 484小时，达到了省局目标管理要求。从7月21日开始，雷达站值班员24小时轮班，严密监视40个雷达责任区出现的强对流灾害性天气，及时为责任区通报强天气回波实况和雷达产品预警分析，提供服务达1 698次。其中昆明地区1 276次，玉溪地区122次，楚雄州220次，红河州46次，曲靖地区33次，昭通地区3次，受到雷达责任区内的有关地州县气象局欢迎和好评。

【电子政务及信息化工作】 2004年市气象局在因特网上开通了昆明市气象局的电子政务网站 www.kmqx.gov.cn，在网站上公布了市气象局行政审批事项的程序、表格，保障了群众的知情权，方便群众办理各项审批。按中国气象局及省气象局的要求，对云南省兴农信息网昆明分中心进行维护更新，并指导下属各县局对各自的农网分中心进行维护更新。

【拓展领域】 2004年市气象局改变观念，以气象阵地为基础，向与气象有关边缘领域进行拓展，取得了较好的成绩。

争取水利、水文部门的支持，建立了由137个雨站点组成的全市面雨量雨情观测网，整合资源，实现气象、水利和水文资料共享，为政府提供适时服务。与市国土资源局配合，开展由气象条件而引起的地质灾害预警服务工作，已经立项的《昆明地区气象灾害库》课题工作进展顺利，主要资料的收集工作已基本完成。向滇池污染进行拓展，参加了国家973滇池治理课题。与电信部门合格，积极开展应用气象手机短信服务工作。

【科研工作】 2004年市气象局共承担各级各部门的科研合作课题9项，其中《云南干旱遥感监测信息系统》课题获云南省科技进步三等奖；《日光温室小气候效应的研究及应用》项目获昆明市科技进步三等奖和官渡区科技进步二等奖；市科技局支持立项的《昆明市农业与气象数字化服务研究》课题，属于市气象局原创性开发应用，在实际应用中取得了很好的效果，2004年在市科技局组织验收和鉴定时，受到专家的高度评价，市科技成果奖励办决定推荐该项目参加全省科技进步奖评选。雷达站自己研究开发的“网络软件雷达”系统，科技含量高，实现了多普勒雷达的所有功能，给各县局一套软件，就相当于给县局安装了一部雷达。该软件已在滇中多个县应用并取得了明显的经济和社会效益。市气象局注重科技成果的转化，研究开发的各项成果，大多已投入应用，较好地解决了科技成果投入应用难的瓶颈，架通了气象科技面向实际应用的桥梁。在做好业务工作的同时，科技工作者对业务工作进行总结和提炼，发表科研成果论文十余篇，在多个气象核心刊物上发表。

为积极配合县气象局“人工降雨、人工防雹”工作，雷达站组织开发完善《多普勒天气雷达资料应用系统》，在拓展服务和资料分发上添加了多项功能，实现了多普勒天气雷达的完全应用，提高了灾害性天气的监测预警、临近预报服务的及时性和准确性。对此，中国气象局许小峰副局长及监测网络司周恒副司长在进行工作检查时，对棋盘山天气雷达站自行研制开发的新版多普勒天气雷达用户终端应用系统的投入使用大加赞赏，给予了高度评价。

【气象法律法规宣传学习】 2004年3·23气象日，市气象局在《昆明日报》上专版宣传各项气象业务及法律法规，向广大人民群众普及气象法律法规常识，受到社会各界好评。组织全局干部职工对《新宪法修正案》、《行政许可法》、《道路交通安全法》、《气象法》、《人工影响天气条例》、《云南省气象条例》等法律法规进行了深入学习并进行了两次普法考试，通过学习全局职工的法律素养得到了很大的提高。

【气象行政执法】 按照省气象局的计划要求，市气象局于2004年9月成立了云南省昆明市气象行政执法支队，正式开始了气象行政执法。2004年共对12家违反气象行政法律法规的单位进行了执法，其中涉及防雷的单位10家，涉及施放气球单位的2家，正式立案的单位1家。通过气象行政执法让这些单位认识到自身存在的错误，上述单位大多配合市气象局的行政执法，接受相应处理。正式立案的1起行政执法案件正在有条不紊的办理中。

继续对进行施放气球活动的公司进行培训，并在《云南信息报》等多家媒体向社会公布施放气球监督电话，随着执法工作的不断开展，进一步理顺了昆明空飘市场。

【防雷工作】 在继续与市政府有关部门如建设、公安、安监、经委、技监等保持良好沟通的基础上，市气象局狠抓2~5月检测黄金时段，采取发文件、发通知、上门宣传、洽谈等方法，责任到人、任务到人，使得常规检测覆盖面进一步扩大，易燃易爆场所检测略有突破。截止11月底，受检单位673家，完成新建建（构）筑物图纸审核290个，完成施工监督及竣工验收项目77个。

（姚 愚 刘 祎）

社会科学

【年度课题立项招标】 2004年年初，市社科联面向社会发布了年度社科规划课题指南征集通知，共收到申报课题79个，经市学术委员会审定，立入规划研究课题37个并下达各课题组。各课题组认真按照课题管理规定和课题申报内容、结构、时间展开研究，现全部课题研究进展顺利，将按规定时间评审、验收。

【完成研究课题】 2004年市委、市政府主要领导批示给市社科院抓紧研究的课题已全面完成，主要是“昆明2004年经济社会发展蓝皮书”、“十一五昆明国民经济发展若干问题”、“十一五”昆明社会发展若干问题研究。组织有关部门完成了北部5县区（富民、禄劝、嵩明、寻甸、东川）经济发展专题调研，形成了调研报告提交市委常委会议研究，为市委、市政府和北部5县区制定经济发展政策提供了科学依据。

完成了省委宣传部布置的纪念邓小平诞辰一百周年纪念文稿，完成了《五华区区划调整后产业布局》研究；开展了《昆明设施农业》研究，形成了阶段成果。

【评审验收2003年度招标立项课题】 2003年度面向社会公开招标立项研究课题为25项，按照课题管理规定，科研部适时进行严格的阶段性督促检查和研究动态的指导，促进各课题组顺利按时按质完成研究任务。在全部研究的课题中，已评审验收了20项，其余5项进入结题阶段。

【举办第二届中韩民族造型艺术展暨学术交流会议】 经市委、省文化厅、国家文化部批准，昆明市社科联、社科院和韩国亚细亚民族造型学会于2004年8月14~22日在昆明市博物馆和佳新酒店主办了第二届中韩民族造型艺术展览暨学术交流会议。邀请了省人大常委会、省委宣传部、省委外宣办、市委、市政府领导和市级有关部门领导出席了开幕式。昆明市社科界专家学者、社科学会会员、文化系统干部、职工、大专院校师生300余人，韩方专家学者、政府官员22人参加了开幕式，同时，特邀的民族民间歌舞队、秧老鼓队作了精彩表演，气氛热烈隆重。开幕式后，省、市领导及参会人员、群众参观了中韩双方展品和民间工艺大师，著名匠人的传统工艺现场演示活动。

中韩民族造型艺术参展作品200余件。中方展品为百幅筇竹寺五百罗汉照片。韩方展品为传统宫廷服、文武官服、刺绣、螺钿、褚纸、传统针线、传统乐器、面具等129件。会上，中国民间工艺师和韩国著名匠人进行了传统工艺的现场演示。中方工艺师演示了竹雕、刺绣、毡染、菱角编、飘画、拳书、生态画、土陶、微雕、剪影等传统工艺。韩方匠人演示了传统纺织、民画、刺绣、染色、酿酒、螺钿、木器等工艺。双方民间工艺师和匠人就共同的民族文化元素、不同的文化背景、文化特征、工艺手法进行了交流和切磋。

中韩民族造型艺术学术交流会于8月14~16日在佳新酒店举行，中韩专家、学者32人和特邀出席会议人员共50余人参会。双方学者就民族传统纺织、染织、服饰、刺绣、银饰、吉祥物、雕刻、制陶、乐器、竹文化、青铜器制作等方面进行了学术交流和研讨。中方参加学术交流的中国顶级青铜文化专家易学钟，省社会科学院研究员国务院津贴专家郭净、云南艺术学院民族服饰专家孙琦等人在会上发表了学术演讲。韩国亚细亚民族造型学会名誉会长金英淑教授、现任会长李昌炅教授、京畿道文化财团专门委员会朴允美教授等14位韩方学者发表了自己的研究成果。中方学者的藏传佛教面具仪工的宗教意义、滇王庙的结构功能与礼仪功能、纳西族东巴造纸工艺等引起了韩国专家的高度重视。

会议期间，随团来昆的韩国京畿道议会书记官徐廷文与云南省社会科学界联合会、省社科院、云南民族大学、昆明市社科联、社科院、昆明市博物馆有关领导和学者进行了座谈，详细了解了云南文化产业发展情况及文化产业政策。

中方学者和参加座谈的领导也详细询问了韩国特别是京畿道在民族文化传承与发展方面的情况和经验。

在昆期间徐廷文等政府官员和中韩双方专家学者、工艺大师、匠人、艺人还重点考察了省博物馆、省民族博物馆、省民族大学博物馆、省图书馆、省美术馆和石林、筇竹寺等文化旅游设施。

这次展览暨学术交流会，对拓宽两国人民相互理解和交流的渠道，增进友谊，开展双方学术交流和科技、经贸合作都有明显的促进作用。

【昆明市第六届社会科学优秀成果评奖】

2004年市社科联按照《昆明市社会科学优秀成果评奖办法》规定，开展了昆明市第六届社会科学优秀成果评奖活动。经组织申报，对符合申报资格的206项申报成果进行了学科组初评和市评委会终评。经过两级评委反复认真评审，共评出65项优秀成果。其中：一等奖4项（音像类1项、论文类3项）；二等奖14项（著作类2项、论文类12项）；三等奖47项（著作类4项、音像类2项、论文类41项）。经媒体向社会公示1个月后无争议，市委、市政府于2004年10月15日召开了表彰大会，市委副书记王君正代表市委作了重要讲话，副市长王奇英宣读了《昆明市人民政府关于表彰本市第六届社会科学优秀成果获奖单位和个人的决定》，对获奖单位和个人颁发了证书和奖金。

【昆明市第六届社会科学优秀成果获奖名单】

成果题目	作者或主编、副主编
一等奖（4项）	
著作类：空缺	
音像类（1项）：	
《现代新昆明》	荆　云、袁雪夫、刘小凡、王云鸥、周　舟、杨　勇
论文类（3项）：	
《产业结构与城市建设关系研究报告》	陈松群
《晋宁文化遗产的保护和开发利用》	林爽爽、邓世平、李安民、胡鼎新、李东明、叶　铸、刘小海
《云南4个民族20年跨文化心理研究》——议青少年品格的发展	张世富
二等奖（14项）	
著作类（2项）：	
《构图中的数与分割》	彭善秀
《研究性学习（解读与实施）》——研究性学习课题与科学教学中的研究性学习	刘岭南
音像类：空缺	
论文类（12项）：	
《美学：从意识形态独白走向对话》	詹七一
《西山区旅游发展规划》	昆明大学旅游系
《小学自然现代教育信息技术方法模式研究》	钟　兴、张宜朗、朱永江
《陈独秀后期思想研究》	徐　波、王开珍
《社会文化对城市流动人口高危行为的影响》——以昆明为例	吴瑛、杨敏、陈俊、陈于
《昆明市工业经济综合实力对比及发展思路研究》	吕　志、李艳红、刘智辉、武海芳、宋　琳、柯　源
《昆明市高中阶段教育发展规模研究》	王福森、张建新、黎恩厚、邓　宁
《健全和完善社会保障体系，建好昆明经济发展和社会进步的“安全网”》	杨　丽、张天屏、李素荣、何云虹、徐维熹
《论政府审计风险的成因及其防范》	张顺朝
《昆明市农村“两委”关系现状及对策研究》	王　昆、王　林、彭群方
《社会阶层构成变化对统一战线影响研究》	张中宁、闻国祥、尹　蕊、贾天鹏
《国土资源管理档案“数字化”研究》	昆明市国土资源局
三等奖（47项）	
著作类（4项）：	
《一座古城的图像记录》	龙东林
《昆明民族民间造型艺术》	秦桂珍、王希信、钟宽洪
《软件产业：西部新经济增长点》——建设昆明国家软件产业基地对策研究	陈　浩、段惠莲
《昆明体育志》	张伟岱、陈　琦、和少柏、廖昌辉
音像类（2项）：	
《梯田边的孩子》	周岳军、李　宁、马晓梅

《一场特殊的战斗》——昆明市五华区防治非典行动实战演习纪实	五华区委宣传部
论文类（41 项）：	
《加入 WTO 与昆明饭店业的发展研究》	黄继元、叶　莹
《昆明市城郊现代农业发展问题研究》	昆明市城郊现代农业发展问题研究课题组
《夯实会展业基础　促进经济发展》	温泽民
《昆明市民间投资问题与对策研究》	赵昆生、李宪华、黄海风
《对昆明全面建设小康社会的几点思考》	龙东林
《昆明市科技综合统计指标体系研究》	李德炎、史秀芬、詹绍洪、蒋朝晖、张　弥、汤　杰
《提质增效促发展，打造旅游精品牌》——昆明市旅游业满意度课题报告	吕　志、王济文、宗继凤、蔡有芬
《初中学生心理素质教育实验研究报告》	贺国春、杨恩阼、刘　宾、姜　萍
《昆明市公安工作应对入世挑战的对策研究》	田云翔、吴　炯、徐　波、魏　巍、郭鹞翎、雷新民
《昆明市领导干部任期经济责任审计研究》	储强明、段　云、马为麟、蒋　伟
《防线在哪里》——对 107 个少年犯调查的思考	曾汝弟
《昆明市人大行使选举任免权研究》	杨　芳、岳　进、段跃红、刘正才
《深化劳动价值论认识的几点思考》	杨兆文
《禄劝彝族苗族自治县农业机械化发展战略研究》	张文举
《关于繁荣发展昆明市社会科学事业的调研与思考》	沈　德
《对社会保障与小康社会的思考》	李素荣
《提高志书学术性之管见》	廖国强
《昆明市外商投资企业党建工作调查》	龚志兴
《昆明市乡镇集体企业产权制度改革研究》	丁宝荣、杨振光
《嵩明县农业产业结构调整研究》	李　林
《注重人伦道德　重构人文精神》	谢念亲
《关于创建昆明无毒社区的研究》	昆明市警察学会
《新时期昆明人口控制与计划生育工作机制创新研究》	昆明市计划生育委员会
《西山区农民向市民转变过程中的素质教育研究》	李太明、彭　昭、李　燕
《发挥“注提”优势，提高中、低年级的写作能力》	吴晓琴、曹晓清、周　卓、黄新娜、李　琳、石梦媛
《与时俱进，开拓创新，建立信息导侦打击预防刑事犯罪新机制》	王培信、梁永刚
《电子政务与“数字档案馆”》	闻　达
《学习贯彻“三个代表”重要思想，正确处理影响社会稳定的人民内部矛盾》	田云翔
《对加强和提高党的政治权威的思考》	韩秀红
《列宁、毛泽东、邓小平学习和利用资本主义思想比较研究》	缪　雨
《运用现代教育技术　培养学生语文综合能力》——实验研究报告	杨丽芬、赵红坚、陈李芬、陈兆麟、刘　涛
《网络环境下实现高校德育内容创新探析》	马　宁
《情感、态度与责任》	闫东红
《以德治国与家庭教育》	陶　靖
《昆明市中学教师教育科研状况的调查分析与思考》	段若荧
《口语交际教学策略研究》	陈　洁
《昆明市农村思想政治工作调查研究》	任继尧、张敬峰、杨绍斌、刘德鹏
《提高思想政治工作者素质是做好思想政治工作的保证》	马江南

《探索中的反思与对策》	乐　萌
《建构主义学习环境下的心理健康教学设计》	彭华军
《深入学习贯彻“三个代表”重要思想在建设新昆明中加快文化建设和文化体制改革》	周　忻

【积极参与组织招商引资】　为响应、贯彻市委、市政府提出的调动一切积极因素，加大招商引资力度，为建设现代新昆明服务的号召，市社科联经省社科联反复与广东省社科联磋商，拟定了组织粤、港、澳民营企业家到昆明考察投资项目和环境的请示及工作方案上报市委、市政府，经市委分管领导同意并专门召开了市级有关部门、三个开发区、6个县区主要领导参加的招商引资项目协调会议。按照市委、市政府领导的指示和召开协调会议确定的原则，粤、港、澳民营企业家44人于2004年4月8～11日共4天到昆考察了昆明投资项目和投资环境。4月9日市政府召开了项目介绍会，副市长雷晓明代表市委、市政府介绍了昆明的招商引资政策和经济、社会发展情况。市外商投资局、市经济协作办公室、三个开发区、市旅游局、五华、盘龙、官渡、西山、宜良、石林6个县区作了招商引资项目介绍。按照接待事项和考察方案，考察团分2个组先后考察了高新技术产业开发区，经济技术开发区、滇池旅游度假区、五华、盘龙、官渡、西山、石林5个县区的投资项目和投资环境。在各地项目介绍和考察中，考察团对昆明市的投资政策、交通、通讯、城市基础设施，旅游度假、景区景点、房地产、医药、生物制药、光电子、破产企业拍卖、新兴产业培植、进出口贸易加工基地、数字化园区、科技创新园区、大板桥镇横山工业基地、酒店转让、花卉种植、无公害蔬菜开发等项目进行了考察参观。投资者对开发旅游景区，进一步开发历史文化名镇官渡镇，购买经营酒店，旧城改造、收购破产企业经营和投资无公害蔬菜，房地产开发等项目表示出浓厚兴趣，并分别与当地部门就相关项目进一步洽谈达成了约定。

【完成《中国历史文化名城——昆明》课题】　大型多媒体《中国历史文化名城——昆明》是市委，市政府下达研究的重大课题，经两年认真、全面、系统的研究，大型多媒体《中国历史文化名城——昆明》课题评审会于7月16日在市委办公大楼四楼举行。由省人大常委会秘书长沈安波研究员、省文化厅副厅长范建华研究员、省社科院副院长杨福泉研究员、省社科联党组书记袁显亮、省民族博物馆馆长谢沫华研究员、《学术与探索》主编袁国友、云南信息港总工程师副总经理林杨、昆明热线总经理严妍共8人组成的专家组，对课题组提交的《成果制作报告》和多媒体成果进行了评审。昆明市社科院以近2年时间认真组织了此项课题的研究和开发，广泛吸收了国内外对昆明历史研究的最新科研成果和科研信息，采用了昆明不同历史时期文化的历史照片和相关照片2 100余幅，收录了各类研究文献资料20余万字，有关昆明历史文化事件的影视资料90分钟，音乐资料27首，形成共计1 650兆的多媒体软件集成。该多媒体软件集声、光、电、乐为一体，实现了历史文化名城信息与现代传播手段的有机结合，是一件难得的社会科学学术研究和昆明历史文化名城知识宣传普及的重大成果，无论在内容上还是在技术上都处在国内城市文化研究的领先地位。

【召开人才强市战略与现代新昆明建设研讨会】　为进一步贯彻落实中共中央、国务院关于进一步加强人才工作的决定，由市政协主办，市社科院协办的“人才强市战略与现代新昆明建设研讨会”于2004年6月15日在昆明举行。本次研讨会受到云南省政协和昆明市委、市政府的高度重视，得到了省市有关方面的大力支持。云南省委常委、昆明市委书记杨崇勇，云南省政协副主席孟继尧出席了研讨会开幕式。昆明市委副书记、市长章振国，昆明市委副书记杨远翔到会作了重要讲话。出席会议的有中共中央政策研究室《学习与研究》杂志社社长倪力亚、国家人事部中国人事科学研究院副院长吴德贵等国内知名专家，宁波市政协副主席陈云金、上海市长宁区政协副主席徐剑萍、云南省浙江企业联合会会长何永贯等部分兄弟省市的专家和领导，省部分高校、研究部门的专家，市级有关部门、研究部门、部分县区和企业的专家和代表共120多人出席了会议。中国科学院昆明物理研究所院士、省科协主席苏君红应邀出席会议并作了大会发言。会议共收到论文30多篇，经研讨会学术评审组认真、细致的评审，其中《明确人才竞争目标、培育人才竞争优势》等论文分别获得一、二、三等奖及优秀奖。

参会的学者紧紧围绕“人才强市战略与现代新昆明建设”这一主题，就进一步落实“党管人才”的原则以及人才观念更新、人才体制创新、营造有利于人才脱颖而出和人尽其才的良好环境、少数民族地区的人才资源开发与人才培养引进等重要内容，从不同的角度、行业和层次撰写论文大会发言交流，提出了许多很有价值的建议。

【《昆明社会科学》编辑】　市社科联、社科院主办的《昆明社会科学》理论学术刊物以邓小平理论和“三个代表”重要思想为指导，坚持以科学的理论武装人和正确的宣传导向，围绕市委、市政府的中心工作，紧密结合昆明市经济、政治、文化建设和全面建设小康社会，建设现代新昆明战略决策，2004年《昆明社会科学》期刊，以倡导科学思维，推动理论创新、联系省情市情、探索实践规律为宗旨，内容涉及政治、经济、历史、文化、法律、行政学、管理学、人类学、社会学、文学理论等多个学科。全年共出版发行6期（双月刊），刊登论文135篇，文字总量120万字。《昆明社会科学》2004年在人大报刊复印资料中2篇文章被全文转载，5篇被列为索引，刊物质量有了较大提高。

【社科学会工作】　2004年全市社科各学会紧紧围绕市委、市政府和挂靠单位的中心工作，以邓小平理论和“三个代表”重要思想为指导，认真学习贯彻党的十六大、十六届三中、四中全会精神，全面贯彻落实中央、省委关于繁荣发展哲学社会科学的意见，以改革开放和现代新昆明建设中的难点、热点问题，团结和依靠广大社科工作者，发挥多学科优势，深入开展课题研究，科普宣传、咨询服务活动，为物质文明、政治文明、精神文明建设和繁荣发展哲学社会科学事业作出了贡献。

据不完全统计，2004年全市社科各学会完成课题调研任务40余个，形成调研报告100余篇，为行业和挂靠单位解决实际问题提供了科学决策依据。中标立项研究市规划课题8个。社科工作者调研撰写学术、理论文章260余篇，在市级以上各类综合或专业性报刊上发表。召开理论研讨活动70多次。特别是2004年4月市社科联和市民族理论研究会联合举办的“昆明市社科学会散杂居地区少数民族理论研讨会”、10月举办的“昆明市社科学会农村社会保障工作研讨会”、12月举办的“昆明市社科学会农村商品流通工作研讨会”，3次研讨会主题明确，内容丰富，参加研讨会的学会达109个次，专家学者达219人次，发表论文21篇，向市政府和主管部门提出建议53条。

社科学会在社会发展的各项工作中，结合自身学科特点，通过有专题的知识竞赛，上街摆摊设点，开展咨询服务、办讲座和培训班、到外地同类学会考察交流、开展专题调研等形式，以理论、政策、法律、企业改革、教育体制改革、文化体制改革、社会稳定、“三农”工作中的热点、难点问题为主要内容开展咨询服务和普及科学知识。据不完全统计，2004年各学会和社科工作者，撰写论文500余篇，举办各类培训班140多次，报告会、专题讲座100多场，知识竞赛10次，成果展览8次，广泛宣传普及了社会科学知识，为繁荣发展昆明市社会科学事业作出了贡献。

（沈　德）

·责任编辑　曾秋月·

教育·文化

教　　育

【概　况】　2004 年昆明全市有幼儿园 445 所、学前班1 848个，在园在班儿童 13.47 万人，较上年增加 1.39 万人；小学1 526所、教学点 561 个，在校学生 45.85 万人，较上年增加 3.11 万人；初中 272 所（含完中初中部和九年一贯制学校），在校学生 19.17 万人，较上年增加 700 人；普通高中 81 所，在校学生 6.4 万人，较上年增加5 000人；职高（职业中专）32 所，在校生 1.72 万人，较上年减少2 400人；市属普通中专 4 所，在校学生 0.99 万人，较上年增加 4 400人；市属技校 3 所，在校生 0.2 万人；市属高校 2 所，在校学生 1.434 万人，较上年增加 940 人。全市小学招生 8.0858 万人，毕业 6.6095 万人；初中招生 6.5016 万人，毕业 6.2725 万人；高中招生 2.7 万人，毕业 1.6296 万人。

全市有正式成立的民办中小学 151 所，教学班1 589个，在校生 6.7306 万人，其中小学 1 176 班，在校小学生 5.1490 万人；初中 283 班，在校初中生 1.1050 万人；高中 130 班，在校高中生 4 766人。有专任教师4 192人，教师学历合格的有4 022人，教师学历合格率达到 96%。另有民办幼儿园 210 所，在园幼儿 2.2507 万人。

全市有省一级高完中 15 所，一级初中 18 所，一级小学 43 所，一级幼儿园 61 个；国家级重点职业学校 6 所，省部级重点职业学校 4 所，省级示范职业学校 3 所。

全市有中小学教职工 4.4559 万人，其中专任教师 3.9023 万人。教师的学历合格率分别是：小学 97.26%、初中 97.81%、高中 91.33%。小学教师中，大专和大专以上学历占 53.46%；初中教师中，本科和本科以上学历占 46.36%。

【巩固义务教育成果】　2004 年市教育局召开了全市农村教育改革与发展工作会议，印发了《昆明市关于加快农村教育改革与发展的意见》，以农村、民族地区教育为重点，全面提高“两基”（基本普及九年义务教育，基本扫除青壮年文盲）质量和水平，义务教育成果得到进一步巩固提高。明确在农村地区实施六大工程，即：初中建设工程、农村寄宿制学校建设工程、农村中小学现代远程教育工程、农村教师队伍建设工程、职业技术培训工程、提高教育教学质量工程。在改善办学条件、提高管理水平、加强师资水平等方面对农村学校给予支持和政策倾斜，进一步提高农村教育发展水平，缩小城乡差距。

以理顺农村义务教育管理体制为契机，改善办学条件，调整农村中小学布局。结合排除农村中小学危房，以县为主，打破乡、村界限，收缩一师一校点和村小，增加寄宿制学校。至 2004 年 3 月已超额完成市委、市政府 2001 年确定的三年排除 25.8 万平方米农村中小学危房的任务，排危面积达到 32.9 万平方米。收缩和撤并一师一校点 104 个，新建寄宿制学校 30 所。2004 年，幼儿园入园率 60.16%，小学入学率 99.53%，初中毛入学率 103.98%，小学、初中辍学率分别控制在 0.1%、0.97%；普通高中招生增长 12.5%，均已达到或超过省下达的指标。

【扶持贫困学生】　2004 年加大了对贫困、民族学生的扶持力度。城乡贫困学生和流动人口贫困家庭子女享受“三免费”教育是市政府 2004 年为群众办的十件实事之一，为此，市教育局安排 621.5 万元作为“三免费”教育专款，初中人均补助 270 元、小学人均补助 160 元，让25 000名贫困中小学生享受到“三免费”教育。为使救助工作形成长效机制，拟定了《昆明市贫困学生救助办法》，指导、督促各县（市）区教育部门认真做好指标分解和资金下拨工作，保证“三免费”经费及时、足额发放到学生。

市教育局还认真贯彻落实市政府《关于做好昆明市进城务工就业农民子女义务教育工作的实施意见》，凡持有 IC 卡暂住证、房产或租房证、流动人口婚育证、外来人员就业证的进城务工就业农民子女，享受与当地居民子女同等的义务教育。2004 年秋季，全市共安排44 647名进城务工农民子女到公办学校就读，对四证齐全的减免借读费，特别困难的按《昆明市贫困学生救助办法》统筹救助。认真贯彻执行省人民政府的《云南省独生子女奖励暂行规定》和《昆明市贯彻〈云南省农业人口独生子女奖励暂行规定〉实施办法》，高度重视农业人口独生子女“一优三免”工作。2004 年，全市申报省内高考加分 901 人，落实中考加分3 324人；义务教育阶段享受农业人口独生子女“三免费”教育的小学生为22 205人，初中生为12 969人。

【加强教育督导】　2004 年市教育局积极推动县级人民政府建立健全教育督导机构，加强教育督导队伍建设。14个

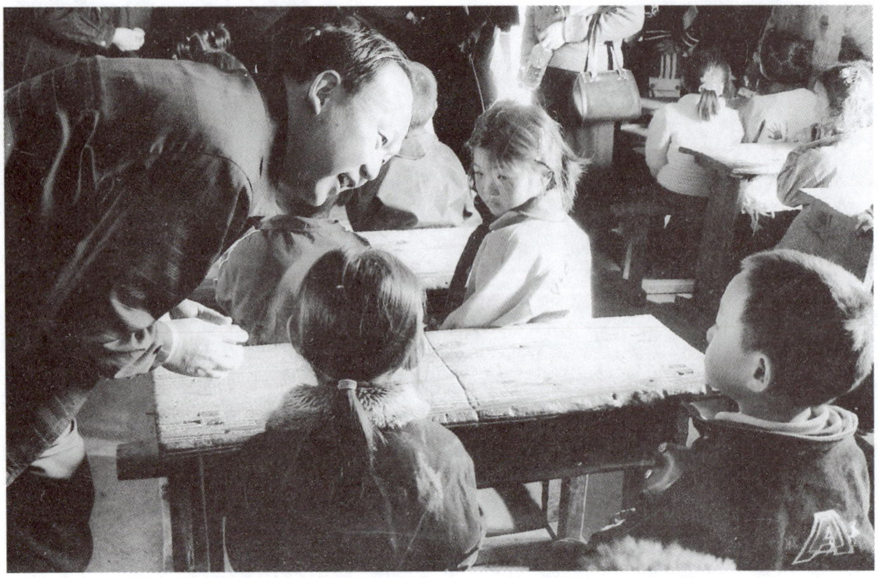

市教育局领导赴山区小学看望学生　（市教育局　供稿）

县（市）区均按规定建立了督导机构，配备了专职督导人员；11 个县（市）区聘任了县督学和特聘督学。对 139 所中小学进行了督导评估和等级学校评价，有效地促进学校规范化管理和依法治校、依法治教的进程。对全市 14 个县（市）区开展了"两基"巩固提高复查年审、教育专项经费到位情况督导检查和中小学常规管理督导检查工作。

【发展高中阶段教育】 2004 年昆明市出台了《中共昆明市委、昆明市人民政府关于加快我市高中阶段教育改革与发展的意见》，召开全市高中阶段教育改革与发展工作会议。全市努力扩大高中阶段教育总规模，普通高中招生 2.7 万人，比上年增加 3 000 人，增幅为 12.5%。其中，优质普高招生 1.0488 万人，比上年增加 50 多个班，占普高招生总数的 39%，比上年提高 8 个百分点。按照做大一批、提升一批、新建改扩建一批的思路，市教育局积极推进高中阶段教育重点项目建设，整合高中阶段教育资源。昆二十六中、昆十五中、昆二十二中、昆八中、昆二十九中、师大五华实验学校、石林实验中学及昆明市艺术学校、昆明市农校、农牧学校、农科所等一批职业学校进行了深层次改革，获得更大的发展空间。在数量发展的同时，注重质量提高，制定了《进一步加强高中学校教育教学质量管理的意见》、《昆明市普通高中教育质量综合评价方案》、《昆明市中等职业学校教育教学年度质量监控评估方案》、《中等职业学校实行弹性学制和学分制改革方案》。全市高考报考人数达18 103人，占全省报考人数的 12.39%，600 分以上人数由上年的 24 人增加到 122 人，占全省的 28.9%，增幅为全省第一；高考上线率 61.68%，较上年提高 2.59%。

【职业教育】 2004 年全市各类中等职业学校共招生21 635人，招生人数与普高招生人数之比达到 0.8∶1。全市创建农村成人文化技术学校 8 所，开展农民实用技术培训达 49.05 万人次。同时，紧紧围绕现代新昆明建设对技术人才的需求，根据经济结构调整和市场的需要，调整专业结构，坚决停办在低层次重复设置、市场需求已饱和的专业，将原有 58 个专业调减到 40 个，支持和鼓励建立与地方经济社会发展相适应的新专业。积极推进职业学校综合课程改革，沟通职业教育与普通教育、中等职业教育与高等职业教育之间的联系，开创了职业教育纵横双向发展的新局面。

【创建示范学校】 2004 年，师大附中、昆一中晋升一级一等行列，全市共有 3 所一级一等学校，占全省的 50%。省民族中学、石林一中创建为一级三等完全中学。市财经商贸学校、市二职中专、安宁市职业高级中学、市农业学校、市卫生学校顺利通过国家级重点职业学校评估验收，被教育部认定为新调整后的首批国家级重点职业学校，形成昆明市职业教育的骨干力量。西山区职业高级中学被认定为省级师范职业学校。盘龙职中、宜良职中通过市级评估验收，等待省教育厅评估认定。

【扶持发展民办教育】 2004 年全市新增民办高中 4 所，招收公费学位生 568 人，市财政安排专款对招收公费学位生的民办学校按新生实际报到人数核拨部分生均教育费。昆明高新技术开发区与师大附中联合办学，新建的师大附中高新一中于 9 月份建成，招生 7 个班。一批国有民办、民办公助、民办学校招生势头较好，北大附中云南实验学校招生 14 个班、滇池中学招生 7 个班、云大附中招生 6 个班、师大二附中招生 6 个班、新华电脑职业学校招生 8 个班，光华学校、南洋学校等一批民办学校高中招生人数也有较大幅度增长。市农业学校发挥国家级中等职业学校的示范作用，与东川、寻甸、禄劝、石林、嵩明等县（区）职业中学联合办学；昆明市第一职业中专与新加坡、德国联合办学，第二职业中专与美国维森公司合作，市旅游职中与日本富商友协合作、云南国土资源职业学院与上海现代职业技术学校联合办学，走出了积极探索职教发展的新途径。

【德育工作】 2004 年昆明学校德育工作中，深入贯彻实施《中共中央、国务院关于进一步加强和改进未成年人思想道德建设的若干意见》和《昆明市关于加强和改进中小学德育工作的意见》，建立市、县（市）区、校三级德育工作管理体系，抓好德育骨干队伍建设。加强了中小学法制教育工作，规范法制副校长的聘任、管理，加强学生基本道德规范和良好行为习惯的培养，做好后进生的帮教工作。以促进人的全面发展为目标，以教育学生学会做人为根本任务，以爱国主义为核心，开展民族精神教育，举办教师"弘扬民族精神，传承中华美德"讲故事比赛、知识竞赛，开展培育和塑造昆明精神大讨论、征文活动。初步完成昆明青少年社会实践营地的建设，举办了 10 期中小学生安全教育培训，共培训学生 3 000 人。在县（市）区确定 20 所学校开展心理健康教育试点工作，开设学校心理咨询室，举办心理健康教育讲座，并在"昆明教育信息港"、《教育周刊》开设心理健康教育信箱、专栏，开展心理咨询和心理健康教育。

【课程改革】 2004 年全市中小学在全省率先整体进入新课程改革，以新课程试验全面推广为契机，加强教育科研的指导性、针对性，积极探索中小学评价制度和评价方法改革的新途径，加强教学质量监控，规范课题管理，促进科研

市教育局领导赴山区看望学生　（市教育局　供稿）

成果转化。市教育局制定了《昆明市九年义务教育学业评价改革方案》、《农村示范初中评估方案》，加强对义务教育的质量监控，促进教学方式转变和课堂教学优化，提高义务教育阶段教育教学质量。以加强培训和组织教学竞赛的方式为载体，提高学科教学研究水平，切实加强对教学的指导。通过"精品课"、"示范课"的研讨，改变教师教育观念和学生的学习方式，提高课堂教学质量。组织了昆明市中小学新课程课堂教学展示研讨会，推出32节精品教学课，并邀请省市专家进行指导。为保证东川、晋宁、富民、禄劝4个县区顺利进入课改试验，组织6 400多名教师参加了新实验区课改年级教师上岗前培训。全市中考报考率比上年增加12%，及格率为59.4%，比上年提高2.3%，优秀率为19.6%，比上年提高6.5%。

【教育信息化建设】　2004年，昆明各校加强计算机多媒体教育及计算机网络教室建设，学生数与计算机数的比例达到30:1。在12个县（市）区内为乡镇中小学建设远程教育卫星地面接收站（点）220座；完成国家教育部现代远程教育工程试点示范项目的建设工作，建立远程卫星接收站（点）36个，光盘播放点195个，网络教室5个。建立并形成以"中小学信息技术教育室"为核心的现代远程教育卫星接收技术与应用项目支撑网，对全市现有的464个卫星接收站（点）和300个光盘播放点进行技术支持和应用指导。80所中小学接入教育城域网。"昆明教育信息港"网站运行正常，为全市教育战线及社会公众提供教育信息和网络教学，共享优质教育资源。

【体育、美育、卫生及安全工作】　2004年市教育局认真组织实施《学生体质健康标准》，广泛开展群众性健身运动，全市学生体质健康标准检测率达41.7%，超过省定指标。组织全市中小学生田径运动会，参加了全省大中学生定向精英赛。全市农村完小以上学校体育设施按省配目录二类标准平均达到87.1%。成立了昆明市学生营养与健康促进会，成功举办了中国学生营养健康节，在青少年儿童及家长中倡导"绿色、营养、健康、智慧"的健康理念。加强学校食品卫生工作，对"小饭桌"进行专项治理。提高体育课和艺术教育课开课率和教学质量，加强学生课外文体活动。加强学生心理健康教育，广泛开展预防艾滋病和毒品预防教育。开展国防教育，推动学生军训工作规范化。加强学校安全工作，开展中小学和幼儿园安全隐患整治工作，避免发生重大安全事故，维护学校正常教学秩序。

【师德师风建设】　结合实施"云岭先锋"工程，市教育局印发了《关于实施"云岭先锋"工程切实加强师德师风建设的通知》和《昆明市教师十不准》，明确提出以党风促校风、教风和行风建设，以党员的实际行动带动教职工，切实加强师德师风建设，开展"三听"活动，广泛听取学生、学生家长和社会对师德师风建设的意见建议，认真开展自检自查，制定整改措施。全市教育系统组织学习2 481次，进行"三听"活动人数达到4.3万人次，收集到意见和建议1.2万余条，制定整改措施4 184项。召开全市师德师风建设新闻通报会，公开曝光并严肃处理有悖于师德师风的事件，树立昆明教育新形象。根据调查问卷，家长及学生对绝大多数教师的师德师风给予了充分的肯定，满意率达90%以上。

【学校人事制度改革】　全市教育系统从2003年6月正式实施教职工聘用合同制后，教办学校共有43 571名教职工签订了聘用合同，其中有固定期限的5 297人，无固定期限的38 274人。办理提前退休手续1 261人，办理内部退养33人，辞职辞退102人，下岗待聘29人，转岗244人，为优化教师队伍结构创造条件。开通了经常性的高中阶段教师资格认定"绿色通道"，利用现代化手段对教师资格认定实行网上受理，为申请教师资格的人员提供简便、快捷、高效的服务，办理高中教师资格3 233人，其中面向社会认定教师资格183人。积极筹建"昆明市人才服务中心教育分中心"，建立人才合理流动机制。

【教师培养培训】　2004年，市教育局积极探索人才选拔和培养新机制，出台了《关于组建昆明市首批名师工作室试点工作的实施意见》，在盘龙、五华、官渡、西山四区和昆一中、昆三中组建了6个以知名教师命名的"名师工作室"，共有60多位骨干教师在名师的指导下进行学习进修和教学研究。组织郊县区110名学校干部，318名教师到主城区学校挂职锻炼和学习进修。选派19位骨干教师前往上海格致中学、金陵中学、黄埔学校等10所优质学校与上海名师结对，跟班学习。

【解决教职工住房困难】　2004年市教育局积极探索新的思路和办法，帮助教职工解决住房困难的问题，组织开展城区学校教职工集体购买商品房的工作，降低购房价格，使教职工得到实惠。2004年9月6日北仓园丁小区578套住房建成并交付使用。北市区金星园丁小区二期工程、南市区滇池路幸福花园、西市区人民西路新知花园、丹霞路花园4个教师住宅项目，共计2 000套24万平方米教师住房，进入施工阶段。

【勤工俭学】　2004年市教育系统积极推进学生劳动实践基地建设和农村寄宿

制学校种养殖基地的建设，中小学勤工俭学、校办产业进一步发展，在校生生均收入达到130元，实现利润总额8 000万元。全市中小学开展勤工俭学的学校1 817所，开展面达到98%，农村中小以种植、养殖为主要形式开展勤工俭学生产实践活动面达到80%，全市勤工俭学收入用于补助教育经费总额为8 239万元。

【规范教育收费】 2004年昆明市规范教育收费，重点抓好六个方面的工作：一是全面实施教育收费公示制度；二是严格规范义务教育阶段收费标准，在全市义务教育阶段推行“一费制”；三是严格执行高中“三限制”政策和规范初中借读费收费标准；四是严禁学校自立名目擅自收费或擅自提高标准收费，严禁义务教育阶段的公办学校以举办“实验班”、“重点班”、“特色班”等名义另行收费；五是严格控制中小学代收费，禁止搭车收费和各种形式的摊派；六是加强资金管理，严禁截留、挪用、挤占和平调学校收费收入。市教育局联合市纠风办、市发改委组成专项检查工作组，开展春季教育收费专项检查，对764所中小学、幼儿园进行了检查，及时清退违规收费13.1956万元。秋季开学后，14个县（市）区再次组成98个检查小组，检查了中学181所、小学493所、幼儿园89个、职业学校12所，受理举报21项，及时清退违规收费2.338万元。为加大监督力度，市教育局在报刊、网络上公布热线电话及投诉信箱，并聘请了19名市教育系统党风廉政建设义务督查员进行明察暗访。共受理举报信件和上级批转的信件140件、举报电话233个、人员来访25次。对确有违规收费行为的，均一一进行调查，及时处理，得到社会各界的充分肯定。

【机关建设】 2004年市教育局进一步加强机关作风建设，牢固树立服务意识，建立“服务承诺制度”，积极打造规范化、服务型机关。加快行政审批制度改革，精简行政审批事项，明晰行政职能，简化审批程序，缩短审批时限。坚持依法廉洁行政、推进政务公开、提高工作效能、改善服务态度、规范政务运行秩序。成立了行政复议领导小组，建立健全行政效能监察制度。组织开展“学习创新，执政为民”的创先争优主题活动，设立“云岭先锋服务示范岗”，实行机关工作人员挂牌上岗制度等，使机关工作职能、工作方式、工作作风均有了较大转变。

【做好区划调整工作】 2004年市教育局贯彻落实市委、市政府关于盘龙、五华、西山、官渡4区行政区划调整的决定，精心组织实施4区中小学、幼儿园等教育机构划转移交工作。在4区区委、区政府和市、区两级教育、财政、人事、编制、民政等部门的配合和支持下，圆满完成教育资源区划调整的各项任务。2004年8月20日，举行了区教育资源交接签字仪式，9月1日起按照新的区划交由区管理。

【分离企业办学校职能】 市教育局坚持基础教育“地方负责，分级管理”的原则，结合基础教育办学体制改革和中小学布局结构调整，采取“分类指导，先易后难，市区先行，分步实施”的工作方针，通过整体移交、企业自办内部分离、共建共管等分离方式做好分离企业办学校职能工作。完成分离120所企业办学校的工作。

【积极筹建昆明学院】 按照市委、市政府的安排部署，市教育局积极推进高等教育改革，参与昆明师专、昆明大学合并升本成立昆明学院的筹建工作。2004年5月，教育部高校设置评委同意两校合并升本筹建昆明学院。6月，省教育厅同意2004年秋季学期以昆明学院的名义招收本科师范类、数学、高职类、机械设计制造专业新生各80人，共计招生320人。

【语言文字工作取得突破性进展】 2004年市教育局建立有效机制，加强语言文字规范标准建设，基本形成覆盖全市的机构网络和与之相配套的市、县（市）区、街道和乡镇的管理格局和运行机制。推动城市语言文字工作评估，6月，昆明市一类城市语言文字达标工作通过教育部、国家语委的评估验收。全市普通话培训测试各级各类人员超过15 000人次，评估认定355所中小学、幼儿园、职业学校实现普通话校园语言达标。认真组织第七届推广普通话宣传周活动。实施语言文字规范管理，严格执行测试操作实施规程和等级标准，测试质量、数量稳步提高，并在“昆明教育信息港”开通昆明市语言文字网站，实现普通话测试培训网上查询、网上报名。

【对口支援工作】 2004年市教育局继续做好与昭通、迪庆的对口支援工作，为迪庆州提供95万元对口支援资金，帮助迪庆州建立失学儿童救助基金，解决5个学校建设项目资金问题。昆明40所中小学对口帮助受援学校提高管理和教学水平。昆一中免费为迪庆州招收10名高中生。组织主城区6所一级完中对口支援10所郊县区第一中学。增加了昆铁三中、省民族中学、昆十四中3所学校分别对口支援禄劝、寻甸和石林县的民族中学。

（朱　源）

文　化

【昆明市深化文化体制改革，加快文化产业发展动员大会】 8月19日，市委、市政府召开了“昆明市深化文化体制改革，加快文化产业发展动员大会”，省委副书记丹增、省委常委、市委书记杨崇勇作重要讲话，市委副书记王君正主持大会并提出贯彻要求。会上还印发了《中共昆明市委、昆明市人民政府关于深化文化体制改革、加快文化产业发展的实施意见》。会议的召开体现了市委、市政府对昆明市文化建设工作的高度重视和对文化建设所取得成绩的充分肯定。

【举办首届昆明文化产业博览会】 “首届昆明文化产业博览会”由市委、市政府主办，市文化局与市文产办承办，于2004年12月18~20日在昆明国际会展中心举行。首届“文博会”吸引了国内外300多家文化企业参展，展位数达360多个，共签约45个项目，签约金额达11.58亿元。各类风格独特的展位、丰富多彩的活动，吸引了国内外观众9.2万人到会参观，体现出参展规模大、活动亮点多、签约项目广的特点，展现了一幅“文化盛会，百姓节日”的美丽画卷，促进和推动了昆明文化产业的发展，实现了经济效益和社会效益的双丰收。

【市电影公司成功改制】 全省和全市文化体制改革试点单位——昆明市电影公司于2004年9月23日改制为“昆明影业有限责任公司”，正式挂牌。改制实现了“三大突破”：一是全国首家文化事业单位一步到位改为民营企业；二是由经营者、经营班子、骨干群体、职工出资购买股份，收回国有资产793.17万元，并一次性现金足额上交市财政局，实现了国有资产全部退出；三是在改制工作中实现零上访的目标。改制中，共办理了32人退休手续，合计享受各类政策的人员达228人，充分保证了职工的福利待遇和自身权益，使改制工作快速、稳步推进，为改制后的企业减轻了压力、负担，为公司今后发展搭建了可持续发展平台。

【影剧院整合】 2004年新昆明影城继续与香港云通公司合资经营。春城剧院和长春剧院合并，实行两块牌子一套班子，减少了行政管理人员，实现了资源重组，经营收入大幅增长。以昆明剧院为基础组建的昆明演艺总公司，以市场为导向，以“三贴近”为目标，不断拓展演艺市场，取得了良好的经济效益和社会效益。2004年市文化局投资600万元对昆明剧院进行装修改造，打造现代演艺中心，为各演出团体和人民群众提供了一个良好的演出和享受高雅艺术的场所。装修后的昆明剧院于6月18日正式投入使用。

【社会文化活动】 2004年市文化局组织和举办了“昆明市2004年春节龙狮展演活动”、“首届建设现代新昆明社区文艺展演”、庆祝建国55周年“祖国万岁”歌咏比赛等大型文化活动，极大丰富了人民群众的文化生活。全市各县（市）区乡镇、办事处和社区长年活跃的1 343支花灯、歌舞、器乐、戏剧、合唱等业余文艺团队，参加人员近4万人，极大地丰富了城乡文化生活。在推进农村电影“2131工程”中，每年组织百家放映单位、筹集经费百万余元，确定放映点5 000多个，放映电影21 409场，观众达449万人次。各级博物馆、纪念馆等充分发挥爱国主义教育基地的作用，免费向未成年人开放，为青少年健康成长提供了良好的活动场所和优质服务。

【获奖作品及个人】 2004年昆明市各艺术团体坚持“三贴近”原则，按照“一手抓精品，一手抓市场”的创作思路，各项艺术成果和各类专业艺术人才在省市的各项评比中多次获奖、成绩斐然。《一窝雀》、《打秧鼓》、《火塘调》、《爱做梦的高原》等一批优秀歌曲在全国的各类评选大赛中荣获佳绩；滇剧《陈圆圆与吴三桂》、云南民族交响乐《彩云音诗》、大型民族歌舞《阳光大地》在昆明市“茶花奖”戏曲、音乐和歌舞类的评选中均获金奖。同时，《吴三桂与陈圆圆》、《彩云音诗》（之二）还双双荣获全省新剧（节）目展演银奖。少儿舞蹈《阿尼与小羊》在全国首届青少年舞蹈大赛中获金奖；《比比高》在全国群星奖大赛中荣获群星奖。全市5家专业剧团全年共演出446场，观众达50多万人（次），演出收入达193万元。市艺术研究所一级编剧黄自廉荣获“昆明市突出贡献专家”称号，市滇剧团演员王润梅获云南省青年表演艺术家称号。

【发展文化市场】 2004年昆明市、县（市）区两级文化部门在专业艺术、社会文化、文化产业等方面积极创新，大胆探索，为文化工作带来了新的亮点。由市儿童艺术剧团和云南蒲公英文化演出有限公司合作推出的云南方言喜剧《支花篮》，采取了由文化部门引导，国办专业艺术表演团体与民办文化演出公司联手合作开发，全方位市场运作。该剧公演40场，经济收入达120余万元，为专业艺术团体的生存、发展和艺术创作，积累了经验。在群众文化活动中，积极探索群众文化活动市场运作的思路，在“昆明民族民间传统工艺品展”、“昆明市民族民间鼓舞大赛”活动中，尝试与民营企业进行了合作，通过与企业的引资合作，迈出了社会文化活动引资的可喜一步。同时，各县（市）区也结合实际，突出自身特点，创造性地开展工作。西山区电影进校园受到文化部表彰、五华区“电脑节”、盘龙区“盘江艺术节”、石林县彝族火把节成为各自的文化品牌，官渡区文物保护以及禄劝、寻甸的红色文化旅游等，特色鲜明，成效显著。

【文化交流】 在“2004年云南文化产业上海推介周”上，市文化局和上海市音乐家协会签署了共同举办“中国昆明国际聂耳音乐节”的合作计划；昆明新华书店连锁有限公司与广东音像城电子商务有限公司、北京大恒电子音像出版社、中央音乐学院环球音像出版社签署协议，共同合资4 500万元，建设“昆明音像城”，积极打造昆明音像出版业的“龙头”企业。

2004年市文化局组织参加了泛珠江三角洲省会城市文艺展演；并先后组织市民族歌舞团赴泰国和马来西亚、吉鑫宴舞艺术团赴缅甸和澳门、昆明彩虹杂技团赴越南、昆明市红叶少儿合唱团赴香港等地演出，在国外和港澳地区展现了云南和昆明的民族文化艺术，扩大了影响、宣传了昆明。

【扶持文化企业】 在首届昆明文化产业博览会上，昆明风驰传媒有限公司、云南吉鑫宴舞演艺有限公司、云南山林文化发展有限公司、昆明新华书店连锁有限公司、云南民族村、昆明新知图书城有限公司、云南中天物流有限公司（新闻路图书批发市场）、云南艺丰科技工程有限公司、昆明影业有限责任公司、云南纵横时代传媒有限公司等10家企业荣获“昆明十大文化企业”称号；昆明市福保文化城有限公司、昆明真庆观文化旅游开发经营有限公司、昆明开心蒙太奇文化传播有限公司、昆明怡畅广告策划有限公司、昆明温莎娱乐有限公司、昆明兰花娱乐有限责任公司、昆明演艺总公司、云南蒲公英文化传播有限公司等8家企业荣获“成长型文化企业”称号。同时，积极扶持、培育了一批民营文化企业，在2004中国文化产业论坛上，云南山林文化发展有限公司被评为“2004中国文化产业十佳创新型企业”，云南吉鑫过桥米线餐饮有限公司和昆明影业有限责任公司被评为“2004中国文化产业十佳成长型企业”。

【管理和审批权限下放】 2004年市文化局认真贯彻省、市政府关于城市管理权限实行属地管理的要求，进一步理顺市、区文化市场管理体制，促进昆明市文化市场健康、规范、有序地发展。在广泛听取各区文化（体）局和征求省文化厅的意见和建议的基础上，经过3次局务会讨论和邀请省、市人大代表、政协委员和市民代表进行听证，组织起草了《昆明市文化局关于将文化市场行政审批和管理权限下放四区文化局的实施方案》。经市政府批准，于2004年7月正式将文化市场行政审批和管理权限下放四城区，进一步理顺了市、区文化市场管理体制。管理和审批权限下放后，市文化局积极转变职能，实现了由办文化向管文化、由管微观向管宏观的转变，积极培育文化市场，开发文化项目，加大文化招商引资力度，挖掘和培养本土文化人才，为昆明市的文化企事业单位和优秀文化人才提供更加良好的服务和支持。

2004年设在便民服务中心的市文化局服务窗口共办结各类行政审批和审核换证1 330件，认真办理各类群众举报，共办结群众电话举报818件、市政府便民服务热线交办投诉件51件、群众信件举报33件，受到了文化经营户的认可和广大人民群众的夸奖。经市文明委考核，2004年，全系统被评为昆明市文明行业。

【文化市场管理】　市文化局在做好文化市场日常管理的同时，2004年继续深入持久开展“扫黄”“打非”专项治理工作，对网吧、电子游戏室、歌舞娱乐场所等文化娱乐场所的违法、违规经营现象进行专项整治。全年共出动文化执法人员1 930人次、车辆833台次，收缴非法书刊4.8万余册、非法音像制品24.9万余盘（片），收缴违规电子游戏电路板338块、电子游戏机188台、电脑软件3 000盘（片），罚款21.5万元。在打击非法印刷制品危害社会和违法、违规经营扰乱文化市场的同时，切实保护了合法经营单位和个人的切身利益，营造了一个良好的文化市场环境。

【六件实事全面完成】　市文化局2004年年初提出的“六件实事”：积极支持县（市）区“两馆一站”建设；开展评选“昆明十大文化企业”；开展“网吧”和歌舞娱乐场所专项整治工作；建立优秀艺术作品和优秀人才奖励机制；举办“昆明文化产业博览会”；装修改造昆明剧院；完成昆明市艺术生产基地年内投资等，至年底已全面完成。

（市文化局）

文学艺术

【《滇池》杂志】　2004年《滇池》杂志正常出版文学月刊12期，刊发中篇小说8部，短篇小说60篇，散文85篇，评论13篇，纪实文学1部，小小说3篇。11月，《滇池》杂志与昆明铁路局文联联合举办以昆明精神为题的诗歌朗诵会，会上朗诵了50多名诗人的作品。《滇池》文学奖获奖作品7篇，分别为：中篇小说《1972：等待处决》、短篇小说《少年三德的目光》、《风花雪月的故事》、《逃兵王甫》、散文《碧罗雪山之旅》、诗句《春天到了》。

【作家协会】　2004年昆明市作家协会协助市文联举办北欧奈舍——中国昆明诗歌周，来自北欧及国内部分著名诗人80余人次参加活动。协助文联举办“云南八地州文联工作会”及“本土文学研讨会”，参加人数60人。协助文学院出版“滇池”文学丛书第三集共20本。2月份，市作协会员在安宁举行新春诗歌创作朗诵会，参加人数25人。

昆明作家为昆明图书馆捐书，馆内设立昆明作家专柜。市作家协会与呈贡县文联在呈贡联合召开“新昆明建设生态农业文学笔会”；12月在安宁举办散文创作研讨会。

市作家协会会员雷平阳获中国作协《诗刊》全国华文青年诗人奖；张庆国、雷平阳获第二届“茶花奖”文学金奖，李霁宇获银奖，陈约红、存文学获铜奖。李霁宇散文《马帮与驼铃》由百花文艺出版社出版；何群小说《当危险来临的时候》由北京少儿出版社出版；张楷模杂文《昆明小吃》由云南民族出版社出版；章洁廉散文《心灵火花》由中国文联出版社出版；肖荣散文《良缘美谊》由中国世界语出版社出版；黄国良散文《秋夜星光》由云南美术出版社出版；刘振国诗歌《生命叠起的绿色花环》由中国文艺出版社出版。

【美术家协会】　在2004年“第十届全国美术作品展”中，昆明美协共有9人12件美术作品入选，3人3件作品获奖，分别是王鹏程的国画《浴雨》、姚建华的水彩画《镜头前的小女孩》、裴文璐的年画《康巴节》。

为庆祝中华人民共和国成立55周年，云南省美术作品展于7月14~24日在云南美术馆、云南省博物馆和昆明市博物馆3地同时开展并分两轮展出，这是云南省历史上最大规模的美术作品展。市美协83件作品入选，21件作品获奖。

10月27日至11月2日由市文联、市文化局联合举办的《国庆五十五周年昆明美术作品展》，在市博物馆展出，171件作品参展。

在昆明市第二届优秀文艺创作“茶花奖”上获奖的人员及作品有：陈尤生的雕塑《更夫》（金奖）、姚建华的水彩《小杂货店》（银奖）、杨剑波的油画《小河十月》（银奖）、郑源的油画《风景》、吕敏的版画《花语》、段智敏的版画《童年的梦》（铜奖）。

“昆明老年美术作品展”于2月15~19日在云南美术馆举办，69位老年画家的198幅作品参展。

3月6日至4月6日，纪念“三·八”国际妇女节“女性的艺术表达”美术作品展，在云南民族博物馆展出云南省部分女画家的百余幅作品。

由昆明市公安局、昆明市文联、昆明市见义勇为基金会联合举办“见义勇为捐画义卖”活动，于2月20日至24日在云南博物馆展出义卖，48位画家的57件绘画作品，37位书法家的58件书法作品全部售出，义卖金额61 600元，全部捐赠给昆明市“见义勇为”奖励基金会。昆明美协、九龙珠宝城、云南路通广告公司联合组织的捐画助学“春风行动”美术作品义卖活动，资助云南省中甸、宣威、鲁甸等地贫困学生149人，发放经费45 000多元。

8月25日至9月5日由昆明美协、昆明市博物馆等主办的“首届昆明少儿画展”在昆明市博物馆展出。

市美术家协会会员周云乔的《山水画集》、陈先居的《牡丹画集》、陈永瑞的《山水画集》、张红源的《滇域探秘》、黄丽中的《山水画集》均由云南美术出版社出版。

【书法家协会】　在2004年的“三下乡”活动中，市书法家协会共有50余人次参加，免费为群众书写春联和书法作品。市书协会员14人参加了由市老干书协、官渡区老干书画组、第三农场举办的笔会。书协副主席宋琼、王家宁应邀到昆明市青少年宫为《国防在我心中》书法展评展、评奖。市书法家协会举办了《庆祝建国五十五周年和纪念邓小平诞辰一百周年书法展》，有113件精美作品参展。第二届“茶花奖”评选中，市书协会员王家宁、刘文全、乔明、王献生、侯德、李书芳分别获金、银、铜奖。市书协会员赵翼荣撰写的《初中写字教程》一套4本，被省教委审定为中学课本。宋琼《宋琼书法集》、董克让《董克让书集》、张诚编辑的《书法散论》均在2004年出版。张明录、刘文全、乔明、殷宗祥、侯德获云南省文学艺术基金奖。王家宁、乔明、殷宗祥、宋琼、赵翼荣等10人分获彩云奖金银铜奖。市书协14人的作品入选全国刻字展。市书协副主席沈健被收入《世界教科文卫组织大中华区专家年鉴》。

【摄影家协会】　2004年市摄影家协会举办了第二届“云南红”杯摄影艺术大奖赛；第二届“大观荷花”杯摄影比赛；第二届圆通樱花摄影比赛；第三届“残疾人在祖国怀抱中”摄影比赛。

组织会员20余人到东川红土地进行了3次采风活动；组织会员40余人到弥勒云南红基地进行两次创作活动；组织20余位作者到元谋土林进行采风创作活动；组织会员30余人到元阳进行3次创作活动；组织20余人到香格里拉进行两次创作活动；组织会员十余人到罗平进行采风。

在对外交流活动中，接待了日本写真联盟名古屋本部赴滇创作团一行20余人，并在省科技馆举行摄影交流活动；先后两次派人到重庆、贵阳参加五省（区）老年摄影展，并接待了3市老年摄影代表团30余人到昆明办展。

会员马耀民的《彩云行》获“茶花奖”摄影类金奖。

【音乐家协会】 2004年昆明音乐家协会民乐分会，完成了8场有影响的民族乐器专场音乐会，受到好评。成功举办了昆明地区首届“聂耳杯”青少年音乐艺术大赛，包括键盘类、民乐类等，参赛人数达300人。

2004年成立了昆明音乐家协会爱乐分会、音乐家协会对外交流中心、音乐家协会青少年吹奏乐分会。举办了云南省首届“星臣杯”吉他大奖赛。在大理、蒙自、开远、个旧、楚雄等地开办了音乐培训教育。与昆明五华乐器总汇共同举办了全国第十一届，云南省第二届青少年“星海杯”钢琴选拔大奖赛。配合昆明市首届“文博会”，成功举办了昆明市首届“企业文化高峰论坛”及企业歌曲大赛。与北京彩云云南文化有限公司协办了世界名琴、名曲、名人音乐会。电子琴分会举办了云南省第四届“希望杯”电子琴大赛和云南省第三届“卡西欧杯”电子琴比赛。总参赛人数达700多人。

【曲艺家协会】 2004年市曲艺家协会举办了昆明市全面建设小康社会曲艺、小品、小戏创作节目展演活动，61件作品分赴14个县（市）区和工人文化宫、部队进行表演，最终《希望在身边》等3个节目荣获一等奖，《故乡之恋》等6个节目获二等奖，《除夕宴》等9个节目获三等奖。举办了昆明市曲艺、小品创作研讨改稿班。编辑出版了《昆明市曲艺、小品作品选》一书。成立了昆明市曲艺团。组织会员20余人前往晋宁、嵩明、寻甸等地进行为期8天的采风活动。组织获奖曲艺节目到部队、农村等地进行多场慰问演出。

【戏剧家协会】 2004年昆明市戏剧家协会组织承办了昆明市滇剧、花灯演唱大赛；参加昆明市第二届优秀文艺创作“茶花奖”评奖，1人获金奖，2人获银奖；会刊《叶笛》杂志正常出版，举办讲座12期。

【舞蹈家协会】 2004年市舞蹈家协会组织了“舞蹈生态环境保护”讲座，邀请中国艺术研究院研究员、博士生导师华筠前来授课；组织部分会员观摩了“新剧目展演”；成立了群众舞蹈团体“枫叶艺术团”；主席马文静帮助昆明市红领巾少儿艺术团，创作排练的儿童舞蹈“阿尼和小羊”，获“首届中国少儿舞蹈大赛”金奖。由马文静创作排练的杂技“钻圈”获省文艺基金会金奖。马文静还帮助文山州创作了歌舞晚会《鼓舞七乡》。和临沧共同创作了撤地建市大型文艺演出《山魂鼓魄》。

【民间文艺家协会】 2004年1月22日至26日春节期间，昆明市民间文艺家协会组织了十多支民间文艺表演团队进行“西山玉兰园春节大展演”活动；组织电视台拍摄了剪纸艺术家张月仙、竹雕艺术家庄荣等专题片；编撰大型图文画册《昆明人风俗篇》；与五华区民协联合拍摄了省民族民间舞蹈艺人杨美淮专辑《新乡城亲家》；积极参加了由市社科联主办的“第二届中韩民族造型艺术展暨学术研讨会”，并进行了现场表演；国庆期间，协会组织部分艺人到安宁与当地艺人进行交流活动；举办了“昆明市第三届民间文艺调演”，有70个团队100多个节目参赛；在昆明市第二届优秀文艺创作“茶花奖”评奖中，罗新元的《昆明舌口瓢画造型艺术的深层含义探微》获奖；在昆明市首届“文博会”上，市民协组织十余位民间艺人到现场进行表演，艺人们制作的手工艺品深受客户喜爱，部分民族服装已达成合作协议；中国文联出版社出版的《中国民间文艺家大辞典》6月出版发行，30名昆明民间文艺家入编。

【儿童文学研究会】 2004年昆明市儿童文学研究会完成“滇池丛书”儿童文学卷《多梦的季节》的编辑组稿工作。这本书是从昆明市十余位老、中、青儿童文学作家近年来在全国儿童文学刊物上发表的儿童文学作品中，精选出的数十篇儿童小说、散文、童话等力作汇编成集。该书题材丰富，艺术风格多姿多彩，儿童情趣浓郁。2004年8月昆明儿研会承办了全国少儿报刊工作者协会文学专业委员会2004年年会暨“关注未成年人，守望童心世界”研讨会。来自北京《儿童文学》、《漫画大王》，上海《少年日报》、《童话故事城堡》，浙江《少年儿童故事报》、《小学生时代》，江苏《少年文艺》，河南《故事世界》，内蒙《中外童话画刊》的主编、副主编及云南、昆明的儿童文学作家、儿童文学工作者30余人参加了会议。会后，昆明儿研会、《春城少年》编辑部组织与会者分赴大理、丽江、泸沽湖、西双版纳等地采风。

2004年，市儿童文学研究会编辑出版《春城少年》6期，其中与中小学联合办刊4期。捐赠三峡库区和南水北调工程移民区的百所学校《春城少年》每期100册；捐赠新疆、内蒙、青海及延边地区12家少数民族少儿出版社《春城少年》每期各1册；并向景谷、景东等贫困地区捐赠《春城少年》。

会员陈约红《太阳的孩子》获全国少儿电视优秀奖；康复昆的儿童广播剧《雪山上的爸爸》获云南省政府创作基金二等奖；余雷《汪汪叫的兔子》获《儿童文学》擂台赛优秀奖；汤萍《魔书》获“茶花奖”银奖；陈约红《竹娃娃》获“茶花奖”铜奖；辛勤《心林灵的航标》获“茶花奖”铜奖。2004年12月召开了昆明儿童文学创作研讨会，对昆明儿童文学的创作方向、新作者培养等工作进行研讨。

（李永坤　张维新）

档　案

【全市档案工作会议】 2004年昆明市档案工作会议于2月12日在昆明市档案局（馆）召开。云南省档案局（馆）副局（馆）长余俊科、市政府秘书长李峰、市人大教科文卫委主任王光楚、市政协副主席庄毓文、市档案局（馆）长李蔚及市城建档案馆、十四个县（市）、区档案局（馆）长、市级机关、企、事业单位和开发区档案部门负责人及档案工作者200余人出席会议。会议由市档案局（馆）副局（馆）长洪世华主持。李峰在会上作了重要讲话，充分肯定了2003年全市档案工作取得的成绩，对2004年全市档案工作提出了希望和要求。市档案局（馆）副局（馆）长傅建屏传达了全省档案工作暨表彰先进会议精神。昆明市档案局（馆）长李蔚在会上作题为《加快档案信息化建设和服务机制创新步伐，为建设现代化新昆明作贡献》的工作报告。报告总结了2003年全市的档案工作，提出了2004年全市档案工作的任务和要求：1. 保持档案事业的发展与经济社会的发展相协调；2. 强化档案行政管理工作；3. 加快档案信息化建设步伐，提高档案现代化管理水平；4. 创新档案服务机制，拓展档案服务范围；5. 加强档案基础业务建设、确保档案安全；6. 积极支持学会的工作；7. 积极做好档案事业发展“八个一”工程规划；8. 认真组织好“创优争先”活动；9. 塑造“学习型、创新型、实干型、服务型”的新

昆明市档案工作会议　（市档案局　供稿）

形象，培养一支高素质的档案干部队伍。

【档案法制建设】 举办《档案法》宣传周活动，散发各种宣传资料，增强社会档案意识，收到良好的效果；为迎接国家档案局的行政执法检查，在全市进行了档案执法自检自查工作，各县（市）区、33个市级单位上报了自查报告。2004年11月26日、27日，昆明市档案局（馆）、石林县档案局（馆）、昆明卷烟厂综合档案室，分别接受了国家档案局档案行政执法检查组的检查，检查组一行对受检单位的工作给予了肯定，并指出其今后努力的方向；按照《行政许可法》的有关规定，对现行档案地方法规、政府规章及其规范性文件进行了清理；组织全市1 659名专兼职档案人员参加全省档案法律法规知识考试，增强了档案工作者的法律意识，提高了依法治档、依法行政的自觉性。

【档案业务指导管理】 2004年市档案局（馆）对全市17个公证处公证档案进行检查指导；与破产企业办公室联合下发破产企业档案处置的有关文件，联合市经委、市机械行业协会、轻纺行业协会等部门对17家破产企业档案处置工作进行检查；拟发《关于昆明市五华、盘龙、官渡、西山4区行政区划调整档案处置工作的意见》和《关于昆明市区划调整中4区档案局（馆）工作意见》，对区划调整中档案的归属、移交范围、移交时限等问题作了具体规定，并指导4个区档案局（馆）开展区划调整档案处置的一系列工作；做好防治非典型性肺炎、禽流感工作文件材料收集、归档的业务指导，确保了档案的完整与安全；推进农村税费改革试点档案工作，与市农村税费改革领导小组办公室联合转发《云南省农村税费改革试点档案管理办法（试行）》，印发昆明市《关于对贯彻实施〈云南省农村税费改革试点档案管理办法（试行）〉的补充意见》，以石林县为试点，召开全市税改档案现场会暨培训会，全面展开昆明市税改档案管理工作；完成社区档案管理试点工作；对2003年度文件归档整理工作进行了年检，并对8个机关单位进行了档案目标管理考核。

【档案基础业务】 2004年市档案局（馆）加大了档案的接收、征集力度，不断丰富馆藏。全年市档案馆接收市委、市政府办公厅、市人大等单位移交的现行文件377份；接收文书档案6 328卷，会计档案646卷（盒）；征集到档案史料232件（张）。各县（市）、区共收集到现行文件2 865件，接收档案67 327卷（册）。同时，做好档案的保护工作，修复抢救破损档案。对新接收进馆的6 974卷档案及时进行冷冻消毒杀虫；完成投放14 490袋档案防毒、驱杀虫药剂；购置安装档案真空消毒杀虫机，对405卷度量衡档案进行真空消毒杀虫；对新接收的“三讲办”1 053卷档案进行整理、编目、排列上架。

【拓展档案服务】 2004年市档案馆充分发挥其社会功能，为社会积极提供档案信息服务。进行深层次开发利用档案，制定编研课题计划，向市社科联申报“护国运动史料收集、整理与分析”的课题，进行馆藏名人手迹汇编。实施档案服务机制创新举措，继续完善现行公开文件查阅中心的工作，开展档案寄存、档案鉴定整理、档案信息服务、档案数字化加工、档案抢救与保护工作，拓展档案馆的服务功能和服务领域，充分发挥档案效益，为社会各界提供社会化档案服务。2004年，市档案馆对云南中立会计师事务所、昆明市旅游商务结

市档案局爱国主义教育基地向社会开放　（市档案局　供稿）

市档案局信息化建设工作取得成绩　（市档案局　供稿）

算公司两单位开展寄存档案1 975卷。市档案馆2004年向社会开放第四批档案，共23个全宗、45个目、11 365卷档案。全年接待现行文件利用者455人次，复印1 532页，接待电话、信、函等查阅者216人次；接待查档案者1 085人次，提供档案3 326卷，复印档案3 076页。各县（市）、区共接待档案利用者13 129人次，提供档案34 059卷（件），复印档案6 246页。为群众了解党和政府的方针、政策，领导资政决策，经济建设、工作查考等积极提供档案信息。

【档案现代化建设】　“昆明市档案信息资源数据库”建设项目是昆明市电子政务二期工程5个信息资源库建设之一。2004年市档案局（馆）完成了此项目的立项审批工作，争取资金100万元进行项目建设，增添一批先进设备，完成了中心机房装修和项目工程建设任务，被评为“2003年度信息化建设先进单位”。成立了档案数字化加工中心，扫描档案18万页，规范整理档案600余卷；条目著录37万条，使市档案馆著录档案条目总数达164万余条，为“昆明市档案信息资源数据库”建设打下了良好的基础；进行软件开发、系统安装等一系列工作，更新、拓宽档案管理局域网络，保障了档案查询和档案现代化管理工作的正常进行；建立电子政务网络档案管理系统平台，为连接电子政务网做好准备；进行昆明市档案局（馆）网站的改版，新增档案条目、档案查询和现行公开文件查询服务等，在页面新颖、形式多样和内容丰富等方面下功夫，收到良好的效果。组织10家机关单位进行电子政务网档案管理客户端应用软件的试点工作，为规范市级机关档案数据的标准、接口、格式的统一和搭建电子政务网络档案管理系统平台奠定了基础。

官渡区、五华区、盘龙区、晋宁县、安宁市完成著录档案共计99万余条。

【爱国主义教育基地建设】　2004年完成了市馆爱国主义教育基地的更新改版、展厅装修等工作。争取到政府支持，投资25万元，挖掘馆藏，撷取精粹，收集资料照片400余张、实物档案100余份，整合设计出32个内容、140块展版，为基地建设注入了新的生机与活力。11月开放以来，接待省内外档案工作考察团、大专院校师生及社会各界人士200余人次。石林、安宁、嵩明、富民等县（市）档案馆爱国主义教育基地，共接待参观者1 657人次。档案馆充分发挥了社会教育功能和文化功能，人们受到了爱国主义及人文精神教育。市档案局（馆）积极挖掘馆藏珍品，制作了9块展示档案中深厚文化底蕴的展版，参加首届文博会，受到了观众的热情关注，档案工作更加融入社会，档案更贴近百姓生活。

【档案培训】　2004年市档案局（馆）对全市档案干部加强培训教育，提高队伍的素质。对117名档案人员进行档案专业基础课程培训；在石林县、五华区、林业局、市委组织部等县、区、部门分别进行专题培训档案人员460人；五华、盘龙、富民等8个县（市）、区采取以会代训的形式，相继培训档案人员970人；2004年全市共有1人晋升为档案系列研究馆员、2人晋升为副研究馆员、8人晋升为馆员、7人晋升为助理馆员，高中级职称人员比例的增加，提高了全市档案干部队伍的业务素质，促进了档案科研、学术活动的开展。

【档案系统先进评比】　2004年市档案局与市人事局联合组织全市档案系统开展评比先进活动，共评选出先进集体34个，关心档案工作的好领导22名和先进工作者94名，为广大档案工作者树立了爱档敬业的学习榜样。

【档案学会工作】　2004年3月12日召开了昆明市档案学会年会，理事长李蔚作《2003年昆明市档案学会工作总结和2004年学会工作计划》，部署全年学会工作；副理事长洪世华作《关于昆明市第四届档案学会人事变动说明》。一年来，学会围绕全市档案中心工作，积极开展工作和各项学术研讨活动，完成《昆明档案》1～4期的组稿、编辑工作，对《昆明档案》封面进行更新设计，对内容进行调整充实，全年发行3 200册，并与22家省内外刊物进行交流；组织全市档案系统18篇论文及音像作品参加昆明市第六届社会科学优秀成果评奖工作，获一等奖1名、三等奖1名，档案学会获组织奖；组织完成“2004年第五届昆明市档案学科优秀成果”评选工作，共收到论文50篇，评出二等奖励3名、三等奖5名、优秀论文38篇，市档案局、东川区档案局和寻甸县档案局荣获组织奖；协助云南省档案学会在昆明举办“2004年全省档案学术研讨会”，全省地、州、市档案人员200多人参会，共组织全市30余篇论文参加评选，有1人在大会上交流、2人荣获二等奖、2人荣获三等奖，市档案学会荣获组织奖；为开阔视野，拓宽思路，昆明市档案学会于2004年6月组织会员60余人，分别到华东五市和新疆考察学习；11月又组织学会会员27人赴新加坡、马来西亚、泰国等地的档案馆进行考察学习，通过学习考察，使档案工作者学到了许多先进的经验和管理模式等。

（俞菊美）

文物及博物馆

禄劝县大松树乡新石器石棺墓葬发掘现场　（市博物馆　供稿）

【文物保护宣传】　2004年5月18日，市文物办利用纪念第二十八个“国际博物馆日”宣传活动之机，在昆明市博物馆组织开展了一次大规模的文物法规宣传活动，向社会免费开放展厅，举行文物知识展板宣传、免费提供文物法规咨询和文物鉴定等活动，同时将新印制的2 000多册《文物保护法实施条例》免费向群众发放。这次宣传活动吸引了大批的群众参观、咨询，收到了良好的社会效益。

【文物保护单位推荐申报】　2004年国家文物局组织进行第六批国家级文物保护单位的申报、评审工作。昆明市共有11个项目参与申报，分别是真庆观、人民胜利堂、云南贡院、西南联大旧址、东、西寺塔、官渡土主庙法定寺、石龙坝水电站、马哈只墓、曹溪寺、王仁求碑和连然文庙。市文化局于7月初召集有关县（市）区文管所，安排布置申报事宜。9月22日，在省文物局组织的专家评审会上，除个别项目外，其余均获得了专家组的认可。

【《昆明市文物保护条例》正式实施】　为深入实施新修订的《文物保护法》，加大昆明市文物保护的工作力度，根据市人大、市政府的要求，从2003年初起市文物办即牵头组织进行《昆明市文物保护管理条例》的起草工作。在市人大、市政府法制办等有关单位和人员积极支持、紧密配合下，《条例（草案）》九易其稿，定稿后于2004年初提交市政协协商、报市人大审议。2004年3月30日，《昆明市文物保护条例》在昆明市第十一届人民代表大会常务委员会第二十次会议上获准通过，并于2004年5月28日经云南省第十届人民代表大会常务委员会第九次会议批准，予以公布，自2004年10月1日起施行。

【昆明市文物博物馆协会成立】　为加强全市各类、各级文博单位的联系与沟通，整合优势，促进全行业的共同发展，结合昆明市文物工作实际，市文物办自2003年下半年开始筹备“昆明市文物博物馆协会”。在市委、市政府的关心支持下，市文博协会的筹备工作进展顺利，于2004年11月6日上午在兰花宾馆举行了成立大会。市文博协会是一个以管理、协调和服务为主的行业性社会团体组织，协会的成立，将有利于增强广大人民群众的文物保护意识，壮大保护文物的力量，争取社会力量加入到文物保护工作中来，同时会员单位或个人能通过这一平台广交朋友、互通有无，逐步形成国家保护为主和全社会参与的文物保护工作新体制，对于规范文博行业的管理，使之健康有序、平稳运行将起到积极的推动作用。协会的成立同时也是在建设发展现代新昆明的大背景下，为全市民众提供的一个共同参与发掘历史积淀、文化内涵、城市精神，相互学习、交流探讨的场所。

【文物维修】　2004年，为加强昆明市文物保护的力度，坚持“保护为主、抢救第一、合理利用、加强管理”的文物工作方针，市文物办有计划、有重点地安排资金，指导并监督各县（市）区和直属单位做好文物维修工作，严格按照“不改变文物原状”的文物维修原则确定维修方案，实施维修工程。一年来，指导完成了西山区惠家大院，官渡区梁思成、林薇茵故居的维修工程；组织了聂耳墓门头设计方案的设计招标和评审工作；组织完成了升庵祠楹联（匾额）的制作和罗汉堂维修邀标工作；审核通过了北门书屋保护范围内建筑的维修方案。年内还协助民革昆明市委完成了李公朴殉难处纪念碑的迁址工作；积极协助五华区做好“大德寺双塔”的维修工作；参与文明街片区改造方案的论证会，并从文物保护的角度提出相应的修改意见。

附：

昆明市全国重点文物保护单位

（共7项）

名称	所在地	公布时间
地藏寺经幢	拓东路71号（市博物馆内）	1982年2月
太和宫经殿	金殿公园内	1982年2月
云南陆军讲武堂旧址	翠湖西路22号	1988年1月
聂耳墓	西山公园太华寺与三清阁之间的山坡上	1988年1月
金刚塔	官渡区官渡镇	1996年11月
石寨山古墓群	晋宁县	2001年1月
筇竹寺五百罗汉	筇竹寺	2001年1月

【考古调查及发掘清理】 随着新昆明建设速度的加快，配合基本建设的考古发掘工作量也急速增加。在这种新形势下，市文物办始终以《文物保护法》为指针，贯彻“保护为主，抢救第一，合理利用，加强管理”的文物工作方针，组织开展昆明地区的考古调查和考古发掘工作。2004年5月，市博物馆与四川省凉山州博物馆合作，对金沙江沿岸及金沙江支流汇入口进行考古调查，以摸清金沙江区域的考古文化形态，为昆明地区的考古文化研究工作打开一个突破口。6～8月，市博物馆主持对金沙江流域的禄劝县地下文物进行了为期1个多月的文物资源调查工作，这是多年来市级考古工作队伍对县（市）区文物资源进行的最详尽的一次调查，不仅获取了大量的第一手资料，而且也首次发现了多处较为珍贵的文物。8～9月，主持对宜良县竹山乡及狗街镇高古马村进行了考古调查；对金沙江流域的东川区木树兰、玉碑地遗址进行了复查；赴宜良县和东川区进行选点考古调查工作。市博物馆还主持对2003年呈贡小松山出土的文物和九乡张口洞省市两极联合考古出土的文物进行了修复整理；对安宁一座明代千户砖室墓进行了清理；对昆明市东三环公路的建设、东城区主干道建设工地地下文物被毁情况进行了调查。7～8月，到西昌的凉山州博物馆考察，对德昌黄水大石墓发掘现场进行了实地参观学习。

【公共文化设施向特殊社会群体免费开放】 为贯彻落实《文化部、国家文物局关于公共文化设施向未成年人等社会群体免费开放的通知》，从2004年5月1日起，昆明市博物馆、云南陆军讲武堂文管所、聂耳墓文管所、升庵祠文管所等市属文博系统公共文化设施向未成年人（集体）、65岁以上老年人、现役军人、残疾人、下岗工人等实行免费开放。

【“流动博物馆”】 为了进一步解放思想，转变观念，更好地发挥博物馆宣传教育的功能，昆明市博物馆于2004年下半年开始策划“流动博物馆”活动。“流动博物馆”是博物馆精华的浓缩，开展流动博物馆活动，是博物馆变被动为主动，融入社会，贴近生活、贴近群众，让更多的人认知博物馆、走进博物馆的有效途径。11月18日，市博物馆赴寻甸县联合乡开展了首次“流动博物馆”活动。活动当天，利用实物和活动展板，向1 500人次以上的教师、学生和农民宣讲了文物知识和博物馆知识，受到广大师生和农民朋友的热烈欢迎。

【张建中艺术作品展】 由中共云南省委宣传部、云南省文化厅、云南省文联、云南艺术学院、昆明市文化局主办，云南省文史研究馆、云南画院、云南美术出版社协办，云南艺术学院美术馆、昆明市博物馆承办的“张建中艺术作品展”于2004年6月25至7月3日在昆明市博物馆举行。开展仪式上，省委常委、省委宣传部部长晏友琼，原省人大领导尹俊、张宝山，省文化厅厅长贺光曙等领导莅临祝贺，并为开展仪式剪彩，社会各界群众1 000余人参加了开展仪式。

张建中是已故的云南省著名画家，前云南艺术学院院长。本次展览集中展出了张建中各个时期、各种风格的画作106幅。

【云南省美术作品展】 为了选送优秀作品参加庆祝建国55周年全国美术作品展，由云南美术家协会主办的“云南省美术作品展”于7月14～19日在昆明市博物馆举行，共展出了选送全国参评的作品115件，为建国以来云南省规模最大、作品最多的一次展览。本次展览最大的特点是作品新颖、作者年轻，女性作者的参与人数也较以往多。

【伟人风采——纪念邓小平同志诞辰100周年图片摄影展】 8月22日是邓小平同志诞辰100周年纪念日。云南省新闻出版局、中共昆明市委宣传部、中国新闻社云南分社联合主办了“伟人风采——纪念邓小平同志诞辰100周年图片摄影展”。本次展览于8月19～22日在昆明市博物馆隆重展出，展览受到了社会各界的广泛关注，观者踊跃，盛况空前，4天时间共接待观众近4万人次。

【首届昆明少儿画展】 昆明市博物馆、昆明市美术家协会和老木艺术品公司于8月25日至9月5日在昆明市博物馆联合举办了“首届昆明少儿画展”。本次展览共展出了近300幅少儿画作品，这些作品题材丰富，格调高雅，风格各异，展示了少年儿童活跃的思维和丰富的想像力，充分体现了少年儿童的童真、童趣，而且这些作品都进行了精心的装裱、装框，整个展览显得比较规范，在一定程度上代表了昆明地区少儿绘画的水平。“首届昆明幼儿画展”为博物馆第一次独立收集展品、布展、策划的展览，也是博物馆展览工作一次新的尝试。

【中韩造型艺术展】 为加深中韩两国人民的友谊，促进两国传统文化的交流，昆明市社会科学院与韩国亚洲民族造型学会于8月14～16日在昆明联合举办“中韩造型艺术展暨学术研讨会”，作为研讨会内容之一的“中韩造型艺术展”也同时在昆明市博物馆举行。共展出韩方的传统宫廷服、文武官服、刺绣、面具等展品120余件。展

伟人丰采——邓小平诞辰百年摄影展　（市博物馆　供稿）

首届昆明少儿画展　（市博物馆　供稿）

览期间中韩双方的民间艺人、工匠还现场进行了民俗表演、手工艺制作等交流活动。

【其他展览】　2004年内，昆明市博物馆还先后承办了“抗战时期老昆明照片展”、“昆明市民族民间工艺品展”、“最高仿古瓷器展”、“电力职工摄影展”、“昆明市美术作品展”等具有一定质量和影响力的展览，昆明市博物馆全年共举办展览17项，接待海内外观众近22万人次，扭转了2003年因“非典”导致的展览数和观众人数下滑的不利局面。

（班　文）

·责任编辑　曾秋月·

新闻媒体

广播电视

【宣传工作】 2004年，昆明市广电系统按照“三贴近”的原则，不断加强和改进新时期宣传工作，既积极全面，又准确深入，有高度、有深度、有力度，增强了宣传的针对性、时效性和吸引力、感染力。

宣传报道不断改进。2004年初，市广电局下发了《昆明市广播电视系统2004年宣传工作安排意见》，对市广电系统的宣传工作加强了指导和引导，进行了具体的安排和部署。全市各播出机构始终把“三个代表”重要思想和党的十六大、十六届四中全会精神及加快推进现代新昆明建设、全面建设小康社会的宣传作为头等大事摆在最突出位置，认真制定周密详细的宣传计划，采取多种多样的宣传形式和手段，多层次、多侧面、多角度，深入持久地进行宣传，内容丰富多彩，形式灵活多样。对经济工作、重点工程建设、国企改革、“三农”工作和防治“禽流感”等事关全市大局的宣传报道，推出了一批有质量、有分量、有氛围、有声势、有影响、有效果的节目。制定下发了《昆明市广播电视系统加强和改进未成年人思想道德建设的意见》，组织了对未成年人思想道德建设的大力宣传，收到好的效果。

节目创优不断提高。2004年度的“昆明市广播电视政府奖”共评出85件获奖节目，其中一等奖15件，二等奖26件，三等奖44件。奖项类别分为：广播新闻节目16件、广播社教节目8件、电视新闻节目25件、电视社教节目12件、播音主持节目18件、广播电视文艺6件。

宣传管理逐步规范。市广电局认真贯彻落实国家广电总局17号令，并结合实际，制定下发了《昆明市广播电视局贯彻落实〈广播电视广告播放暂行办法〉的实施意见》。全市各播出机构按照广告播出的有关规定，扎实有效地对广告播出进行了整治，严格了广告播出的管理，进一步规范了广告播出行为。认真学习贯彻“昆明市深化文化体制改革、发展文化产业动员大会”精神，并结合实际，采取两条措施：一是立即停止过去管得过多、管得过死和包办过多的对市电台、电视台在人、财、物等方面行政审批事项，让“两台”集中精力抓改革、抓宣传、抓节目；二是撤销人工监听监看广播电视节目领导小组，加强了技术监听监看，做到责权落实，促进和提高了办台的水平。

由市广电局和市广电学会主办的内部刊物《昆明广播电视》，内容丰富，针对性强，为广大广播电视工作者搭建了一个相互交流、探讨理论的平台。参与组织了昆明市首届“十佳新闻工作者”的评选活动，市广电系统有6人获“十佳”殊荣。电视剧制作中心通过吸收民间资本拍摄的历史题材电视剧《谁主沉浮》已顺利完成了后期制作，并报经中央电视台审片，有望近期内在央视播出。

【安全播出】 2004年市广电局始终把安全工作摆在十分重要的位置，严肃对待，落实责任，常抓不懈，通过采取强有力的措施，确保了党和政府的声音安全优质地传入千家万户。

确保播出传输安全。2004年，“法轮功”分子对广播电视攻击破坏不断加剧，安全播出传输的形势十分严峻。为此，市广电局严格按照国家广电总局和省广电局的要求，在省广电局安全播出指挥部的领导下，与省、市610办密切配合、协调工作，把安全播出传输作为各项工作的重中之重，同心协力，全力以赴，沉着应对，严防死守，加强了对敏感日、重点时段和重要时期的安全防范，坚持24小时值班制度，启动了紧急情况下的应对预案。由于制度健全，措施有力，防范到位，调度得当，确保了安全播出传输万无一失，实现了播出传输全年无事故发生。

制定突发公共事件应急预案。按照市政府的要求，为及时控制和消除突发公共事件对广播电视造成的影响，保证辖区内广播电视安全，确保社会稳定，市广电局构建了以预防为主的长效管理机制，制定了《昆明市广播电视局突发公共事件应急预案》，通过建立和完善应急保障体系，明确了工作原则、适应范围、组织指挥体系及职责、监测报告与预警、情况预想等，增强了防范意识，提高了快速反应、应急处理和妥善处理好突发公共事件的能力。

【事业建设】 2004年，市广电局加大了事业建设力度，加快了事业建设步伐，事业建设成效明显，呈现出了良好的发展局面。

扎实推进“村村通”建设。2004年市政府继续将200座30户以上自然村“村村通”建设列为为群众办的十件实事之一，在寻甸、禄劝、晋宁、安宁、东川等县（市）区边远贫困农村开展建设，解决贫困地区农村群众收听、收看广播电视难的问题。市广电局及时成立

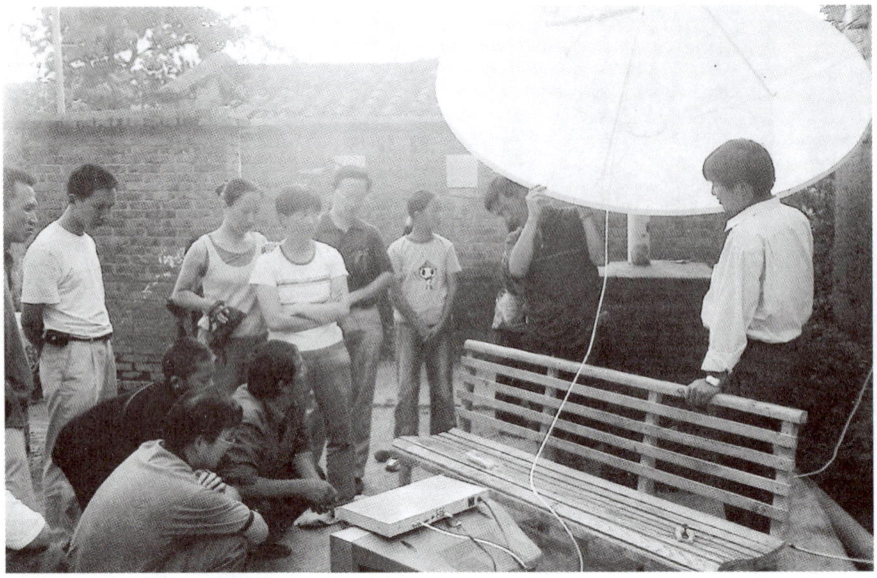

调试广播电视接收电线　（市广电局　供稿）

了领导小组，制定了具体的建设方案，组织专门力量，抓工程质量、抓工程进度，克服种种困难，扎实工作，抓紧建设，200座“村村通”工程建设任务已全部按期完成。

扎实推进事业建设快速发展。市广电局对昆明电台节目下传覆盖工程方案进行了周密的论证；开展了昆明市新闻舆论监督硬盘监播系统的技术论证及前期建设工作；对网络安全监测系统进行了升级改造，调整了监测点；组织进行了技术年检及评比工作；完成了接收亚洲2号卫星转播节目全部改为在亚洲3S卫星上接收的工作；对寻甸县广播电视租用电信光缆实现广电节目下传乡镇的技术论证；对航空频率进行了清理整治；与市无线电委员会一道对昆明市辖区内无线小广播进行调查、清理和整顿。

扎实推进网络整合工作。按照省、市要求，市广电局参加组建“云南广播电视信息传输网络股份有限公司”的工作，认真履行职责，投入了大量精力。

【行业管理】　2004年，市广电局结合《行政许可法》，进一步加强了行业管理，规范了行政行为，提高了依法行政的能力和水平，广播电视行业管理工作成效明显。

按照市政府的要求，市广电局对行政审批和行政执法工作进行了清理、检查和调整；将“接收卫星传送的境内电视节目许可证”行政审批权下放到了安宁和东川广电局，并深入下去进行对接和面对面指导；制定下发了《昆明市广播电视局关于进一步明确和调整审批、审核、备案事项的通知》；为接受群众监督，实行了便民窗口告知承诺制、便民窗口首席代表制，行政审批更加公平、公正、公开和规范、透明；进行了行政复议的自检自查，全年没有发生一例行政复议案件。为了进一步转变职能，提高办事效率和依法行政的能力，规范局机关内部运行秩序，制定了《昆明市广播电视局工作规则》。

加强了卫星地面接收设施的管理。2004年两次组织有关人员进行了专项检查；全年共办理境内卫星电视节目许可证的审批、年检和境外卫星电视节目许可证初审共188个；对全市播出机构进行了年检及核发许可证；对市电台拟开办第三套节目进行了指导、论证、审核和上报；对全市广播电视职能转变情况进行了检查，并就县（市）区是否保留独立频道问题开展了调研；参与了对全市电子显示屏的管理工作。全市广播电视护线工作线长、点多、面广，护线队员冒严寒、顶烈日，克服困难，连续作战，顽强拼搏，出色地完成了各项任务。全年共接警105次，出动护线巡逻车416台（次）、巡逻人员2 720人次，查处案件135起、非法施工队10个，完成了“两会”、节假日、“敏感日”等重点时段的广播电视设施的安全巡护工作，为昆明市安全播出传输发挥了重要作用。

【业务知识培训】　2004年市广电局在局机关组织开展了“三项教育活动”的同时，下发了《关于在全市广电系统深入开展“三项教育活动”的实施意见》，并组织各县（市）区广电局的新闻采编播人员共72人，参加了昆明市新闻战线“三项教育活动”骨干培训班；对机关人员进行《行政许可法》培训，采取分批送培和集中学习、个人自学、聘请专家授课的办法，并对机关工作人员进行了考试，检验了学习成果；组织广电产业有关知识的学习和培训，为市广电系统产业化发展奠定了理论基础；组织系统内的企事业单位专业技术人员进行WTO与涉外知识的培训，共有520余人参加；按照国家广电总局《关于广播电视编辑、记者、播音员、主持人执业资格审核认定通知》的要求，上报核准记者资格认定，161人取得总局重新颁发的《记者证》。

（祝小茂）

昆明人民广播电台

【基本情况】　2004年，昆明人民广播电台一套节目（阳光频率）和二套节目（都市调频）共播出节目17 232小时，派出采访记者1 286人次，采写消息、专题、录音报道等各类体裁的稿件1 930篇（组），播出稿件46 000余篇，文艺类节目3 500组，策划、主办、协办各类文化（公益）活动80多个（台）。

【新闻宣传】　在2004年全年的新闻宣传工作中，昆明人民广播电台围绕市委、市政府的中心工作，牢牢把握正确的舆论导向，认真组织，精心策划，合理编排，较好地完成了市第八次党代会、建设现代新昆明系列报道及昆明精神大讨论、“云岭先锋”工程、防治禽流感、四区区划调整、掌鸠河引水供水工程建设等一系列重大宣传报道任务。在新闻报道中，电台始终坚持以正面宣传为主，做到听招呼，守纪律，严把关，不添乱，基调稳。在处理涉及重大政治问题、社会敏感问题以及突发事件、重大疾病、食物中毒等事关社会稳定事件的宣传报道中没有出现任何事故和差错。

为配合现代新昆明建设宣传，电台派出多路记者，参与了由市委宣传部统一组织的市级媒体赴县区采访报道，开设了《落实市第八次党代会精神，建设现代新昆明》专栏，播发反映县、（市）、区建设成就的录音专题、消息；为配合昆明精神大讨论，开设了《昆明精神大家谈》专栏，邀请社科专家、理论学者、各界代表，从不同角度，对“昆明精神”的内涵实质作了阐述；配合“云岭先锋”工程，开设了《云岭先锋》专栏；配合建国55周年成就宣传，推出了《精彩云南，闪亮昆明》专栏。这些专题报道和特别专栏以独特的新闻视角、深入细致的采访、灵活的表现形式和贴近大众的风格受到听众和业内专家好评，提高了新闻节目的影响力和表现力。

2004年春天，昆明市多个县（市）、区爆发禽流感疫情。电台一方面密切关注疫情动态，及时发布相关信息，一方面派出记者，深入疫区，对禽流感发生地疫情处置情况、对省市部门采取的一系列防治措施、对防治禽流感工作中涌现出的先进典型作了采访报道，并在节目中陆续编发了一批关于预防禽流感的科普知识，帮助市民正确认识禽流感并做好自我防护，为夺取防治禽流感斗争的胜利做出了积极贡献。

昆明人民广播电台通过精心组织、周密策划，与市民主评议机关作风领导小组办公室和有关委办局合作，推出了“昆明市民主评议机关作风”热线访谈直播节目，搭建了市级机关领导与市民沟通交流的平台，把对党政机关工作的知情权、评议权和监督权还给群众，对于政务公开和机关作风建设起到了积极的促进作用。

另外，昆明人民广播电台对与城市居民有着密切联系的现代新昆明建设以及三农问题、农村税费改革等问题都作了充分、及时、准确的宣传报道。

【节目策划和创新】　昆明人民广播电台在坚持正确舆论导向的前提下，遵循贴近实际、贴近生活、贴近群众的“三贴近”原则，不断根据听众市场的发展变化推陈出新，充实丰富广播节目。

新闻节目中会议报道和一般性成就宣传内容被压缩，社会新闻、带响新闻、记者口播报道分量明显加大；专题节目题材深度有所拓展，音响效果更加丰富，广播特点更加突出，节目向精品化方向推进。电台新闻中心与市政府12345便民热线办公室合作，在《整点新闻》中开设了反映市民心声、关注城市热点问题的《城市报道》，记者走上街头，把话筒对准普通市民，倾听他们对旧城改造、占道经营、乱贴小广告、噪声扰民等城市管理工作和落实老年人优待政策、消费者权益保护等各种热点问题的意见和建议。《城市报道》说百姓话，讲身边事，内容生动，形式活泼，受到听众的好评。

阳光频率以节目质量为核心积极探索节目对象化和专业化发展的改革，按照人无我有的节目创新思路，不断创新节目，开发新的听众群体。推出都市时尚女性节目《漂亮女人》，并成功举行《漂亮女人》节目推广活动。与“生命线”传媒合作，新推《体坛百分百》节目，引入传媒公司参与节目策划运作。《亲亲宝贝》节目与企业合作在2004年上半年坚持每月推出一期户外“好娃娃”育儿课堂，使节目更加贴近群众。另外，《亲亲宝贝》还在各大幼儿园推出“好娃娃儿歌大赛”、“好娃娃运动会”等活动。

都市调频从2004年年初就力推新节目。娱乐节目《一点关系》、音乐节目《音乐周刊》、谈话节目《嘉阳说吧》及人才就业专题《人才就业广播网》一经推出就受到听众的好评。深受听众欢迎的老品牌《快乐冲浪》则进行了第14次改版。《102.8旅游特快》以更新、更快的形式和更丰富的内容奠定了旅游节目在都市调频的重要地位，并代表电台参加了由全国17个省市电台联合制作推出的“汇聚华夏文明，展示世界遗产——中国世界遗产巡礼”广播节目空中大联播。《亚洲新干线》主持人禾琦以专业的韩国音乐文化节目制作，成为中国青年代表团第一批赴韩交流的成员之一，访问了韩国。8月份，外宣节目《走进昆明》播出的《两个老昆明的旅行人生》荣获中国广播电视新闻2003年度（第七届）中国彩虹奖对外广播节目评选栏目三等奖。

与此同时，阳光频率和都市调频两套节目都把形象推广作为重要工作来抓，通过参与策划、主办、联办、协办一系列文化（公益）活动来打造和提升频率的品牌形象。2004年暑假，为了让未成年人远离色情、暴力、封建迷信和伪科学等“精神鸦片”，呼吁社会为孩子们创造一个绿色的成长空间，阳光频率组织发起“给孩子一本好书”暑假系列活动。整个活动共推出“影响我成长的书”征文、“寄语孩子，书写爱心”捐书活动、“与主持人一起读”听友见面会和“暑假读书竞赛”4大系列活动，在社会引起较大反响。活动结束时，主持人与华山东路派出所的民警们和来自社会各界的捐书代表一起到云南省未成年犯管教所，向学员赠送书籍，用爱心回馈社会。在由国家广电总局、中央人民广播电台、中国广电学会等主办的“金号奖”评选活动中，都市调频组织、选拔、推荐的歌手张彬荣获全国听众喜爱的歌手“金号奖”十大金榜歌手提名奖。都市调频在云南艺术剧院成功举办“激情102.8——金号奖得主张彬与都市调频”大型个人演唱会，在把云南歌手推向全国，为发展云南文化产业尽力的同时，也使都市调频形象得到提升。

【电台网络版开通】　2004年9月15日，昆明人民广播电台网络版开通试运行。根据台务会确定的“立足本台、加强合作、循序渐进、稳步推进”的网络版建设原则，参与筹建工作的全体工作人员精心策划、合理安排、精打细算，项目投资控制在预算内。在节目传播方面，仅网上实时广播，就使电台节目突破地域和时空限制，昆明电台的声音通过互联网传到世界各地。网络版开通仅两个月，访问量已达近2万人次，平均日访问量达300多人次。

在市委、市政府的支持和市广电局的统领、协调下，“昆明人民广播电台节目下传覆盖各县（市）区工程”正式启动。

【人员获奖】　2004年昆明电台高级记者罗飞跃、节目主持人一级播音员曾克荣获首届“昆明市十佳新闻工作者”称号，节目主持人、主任编辑杨薇获提名奖，11月10日受到中共昆明市委宣传部、昆明市新闻工作者协会、昆明市新闻学会的表彰奖励。

阳光频率节目总监罗飙被云南省人事厅、云南省广播电视局评为“云南省广播电视系统先进个人”并记二等功。

高级记者梁永实遴选为昆明市首批“优秀专家”，并被纳入“高层次人才库”管理。

主任记者杜小兵入选为昆明市第四批中青年学术带头人后备人选。

【节目创优】　2004年，昆明人民广播电台选送的新闻、社教、文艺、播音（主持）、广告、学术论文作品获国家级政府奖1件、专项奖1件、省级政府（新闻）奖19件、市级政府（新闻）奖34件。

据央视索福瑞媒介研究及新生代市场监测机构最新一期收听率调查，阳光频率和都市调频收听率名列昆明市同城同类媒体前茅。

2004年7月15日是昆明人民广播电台建台15周年的日子，在建台15周年之际，昆明电台出版了《收藏阳光》和《走进昆明》两本书。《收藏阳光》一书收集了昆明电台146件省级以上获奖作品。《走进昆明》是昆明人民广播电台与中国国际广播电台华语台联合开办的一档广播专栏节目，节目向海外听众介绍昆明经济、社会、文化和旅游各方面的成就与优势，共53期。

（杨明毅）

昆明电视台

【概　况】　2004年度，昆明电视台新闻宣传工作成绩突出，舆论引导作用明显增强，赢得了社会的普遍赞誉和广大观众的信任；新的节目生产评估机制运行良好，节目质量普遍提高，77件作品分别获得国家和省市政府奖；李梅、吕永平和周岳军被评为“昆明市十佳新闻工作者”，李金程、方嘉珂和王慧荣获首届“昆明市十佳新闻工作者”提名奖。重视技术创新、开发与建设，设备设施明显改善；广告经营创收在艰难中前进。截止2004年12月31日，全台实现总收入9 189万元，比2003年增长9.42%。其中，广告经营创收8 400万元，占总收入的91.41%；其他收入789万元，占总收入的8.59%。现有资产总额25 401万元，比2003年同期增长13.47%；净资产总额17 432万元，比2003年同期增长10.64%；资产负债率31.37%，比两台合并时的44.1%下降了12.73个百分点。

【宣传报道“云岭先锋”工程】　2004年，为了配合“云岭先锋”工程的启动、实施与推广，昆明电视台先后推出了《云岭先锋在五华》、《云岭先锋在嵩明》等8组系列报道，浓墨重彩地宣传“党组织带头学习讲政治、带头干事谋发展、带头创新建佳绩、带头服务比奉献、带头自律树形象”的好典型，为全市“云岭先锋”工程的推进营造了良好的舆论氛围。

【《晚间·关注》栏目连获全国大奖】　2004年5月，昆明电视台《晚间·关注》栏目获得2003年度中国广播电视学会城市电视新闻节目十佳栏目奖。8月，“全国电视百佳栏目”开展评选活动，此次百佳栏目的评选未采用常规的专家评审方式，而是采用央视—索福瑞媒介研究有限公司根据收视率和市场份额调查的统计排名，排出百佳入选栏目。《晚间·关注》在百佳中名列前三十强（前三十名栏目未计排名顺序），从而与鼎鼎有名的央视《焦点访谈》、《讲述》、《非常6+1》等共同成为中国最受老百姓欢迎的电视节目。8月24日，2004年中国国际广播影视博览会在北京拉开帷幕，会上公布了全国37家电视台表现优异的100个电视栏目，《晚间·关注》喜获百佳电视栏目奖。11月18日，2003年度中国广播电视新闻奖“十佳栏目”奖颁奖晚会及新闻发布会在武汉召开，昆明电视台的《晚间·关注》与中央电视台的《焦点访谈》等10个栏目被评为全国“十佳栏目”奖，是获此奖项的惟一一家省会城市电视台。中国广播电视新闻奖是中国广播电视领域的最高奖项，《晚间·关注》的获奖，为经济欠发达地区的广电节目创优走出了一条新路。

【开办新栏目《盛世典藏》】　2004年8月20日，昆明电视台新开办了新栏目《盛世典藏》，它是一档集艺术品收藏、鉴赏、拍卖为一体的专业化电视节目，包括日常版和电视现场直播拍卖会两个版块，在二套播出。日常版对拍品情况及相关知识作详尽介绍，首播：周五20：25～20：45、周六20：25～20：45，重播：周六17：00～17：20、周日17：00～17：20。电视现场直播拍卖会每月举行1次，长度为60分钟，播出时间为每月月中的一个周日下午18：00至19：00，首次电视现场直播拍卖会于9月19日播出。2004年度，该栏目共举办了5场电视现场直播拍卖会，对500件藏品进行了拍卖，藏品来自海外及全国各地，有90%的藏品成功成交，成交额200多万元。《盛世典藏》栏目开办的电视现场直播拍卖会在全国尚属首创。

【“现代新昆明”建设报道】　为了营造更加有利于“现代新昆明”建设的舆论氛围，昆明电视台以系列报道方式展示了滇池污染治理的变化、呈贡新城建设的蓝图、昆明主城拆迁改造的效果、四城区区划调整的意义、官南立交桥等一批重点工程项目的进展情况，全方位、多角度反映了“现代新昆明”建设取得的新成就。组织记者异地采访，重点报道了省内十多个地州（市）具有鲜明特色的改革举措与成果，为昆明市的建设和发展提供了有益经验。

【“两会”新闻报道】　2004年，在昆明市“两会”的新闻报道中，电视台除认真做好对会议进程的报道外，还紧紧抓住市政府提出的为市民办“十件实事”的问题，推出了系列报道。组织调查式的采访，征求市民对2003年“十件实事”完成情况的意见、对2004年“十件实事”的希望，以及对政府为民办实事的评价。

【部门整合】　2004年度，昆明电视台进一步加大改革和创新力度，继续推进频道和节目改革，以满足观众的精神文化需求。台里按照事业管理和企业管理分离的原则，将原有21个部门进行切块归口整合为16个部门，进一步界定了各自的职能，并在栏目制作中心、大型节目部、技术服务中心、广告节目营销中心等部门推行企业化管理方式，以部门为基本单元，实行分级核算、分级负责、分级管理，初步形成了以新闻宣传为主的事业板块和以广告节目营销为主的经营板块，奠定了深化体制机制改革的新的组织架构。与此同时，台里对6个频道进行了专业化整合与重新定位，并结合广告市场的经营变化，调整各频道标识及播出频点。对栏目进行大幅调整和改版，大量压缩自制栏目数量，使栏目从原有的60多个减少为18个，凸显大板块、杂志化的栏目样式。开展了以栏目设置、跟踪考评、末位淘汰为主的栏目全程动态化调控管理，每月对自制栏目所得评分进行了一次排位，每季度推出新栏目，淘汰总评末位的栏目，强化了频道特色与品牌效应。特别是在台内进行的每年两次优秀节目评奖活动，大大提高了节目制作人员的创优意识和节目质量意识，节目质量有了进一步提高。

【人力资源优化配置】　2004年度，昆明电视台制定了《中共昆明电视台委员会关于评选“昆明电视台最佳工作者”的决定》、《中共昆明电视台委员会关于进一步加强人才工作的意见》等相关规定，使全台在干部的选拔配备上和人才培养上更加合理和完善。结合部门整合，实施了第二轮中层干部考核聘任和职工双向选择工作，并结合实际，制定提前退休人员的有关政策待遇和人员分流政策；对待聘人员实行集中管理，采取多种形式促进落聘人员固定岗位和流动岗位的安置。在进一步深化分配制度改革中，实行档案工资与实际工资相分离。为充分调动全台职工的积极性、主动性和创造性，自2004年2月份开始，打破原有工资分配办法，出台了《昆明电视台2004年分配制度》和《昆明电视台工作人员岗位量化薪酬考核实施办法》，坚持“定编核岗，定岗定职；定责定薪，薪酬控制；不同岗位，不同薪酬；同一岗位，量化获薪；多劳多得，优劳多酬”的分配原则，实行档案工资与实际薪酬相分离，建立新的岗位薪酬制，根据各岗位的工作职责、任务和责任大小据此确定岗位报酬，突出岗位特点和业绩的薪点工资制分配办法，调动了职工的积极性。

【制片人制运作模式】 2004年度，昆明电视台组建了栏目制作中心，以栏目（项目）组为节目创新的基本单元，实行栏目（项目）制片人制的运作模式。制定了《昆明电视台节（栏）目收购实施办法》，成立了台编委会节目评定收购小组，按照严格的节目评定标准，分四个档次，评定收购社教类节目和台立项制作的专题节目。“等级评定，台内收购”的节目生产制作方式已取得了一定的经验和成效，为节（栏）目最终实现制播分离打下了良好基础。

【综艺节目分类管理】 综艺节目按照指令性计划项目和非指令性项目区别对待，分类管理。指令性计划项目实行经费包干，自主项目实行市场化运作。在2004年，举办了2004年新春音乐会、春节联欢晚会，并与广州、成都等省会城市电视台联合录制了大型春节联欢晚会《姹紫嫣红中国年》、《鱼水情》八一晚会、《春天的歌》——纪念邓小平诞辰100周年文艺晚会、《神秘之旅》师宗文化艺术节、《网络歌手》大赛颁奖晚会、《云岭先锋颂》电视晚会和“昆明市第二届茶花奖电视颁奖晚会”等各类文艺晚会；组织了第十二届“美在花城”广告新星大赛昆明赛区的赛事和昆明地区的超级模特比赛。组织、举办了《东寺街·西寺巷》（前传）演员选拔大赛，报名参赛人员达800多人，较好地营造了《东剧》（前传）的影响力。项目运作既丰富了荧屏，也带来了观念的转变和工作方式的变化。

【调整体育频道】 开办体育频道，是昆明电视台改革发展战略中的重要举措之一。2004年，电视台对体育频道的节目资源及其节目构成比例进行了大幅调整，拓宽了节目来源渠道，以定期的篮球、足球、网球、拳击、高尔夫、赛车、橄榄球、户外运动等体育栏目和部分体育资讯、体育电视杂志类型的栏目为框架，根据购买赛事的情况开设了丰富的赛事直播时段，拓宽了频道的受众面，同时，结合节目与市场运作，开办了《足球射门》互动游戏节目，频道整体形象得到提升。

2004年昆明电视台获奖情况

序号	授奖日期	授奖单位	内　　容
1	2004.03	中国广播电视学会	《瘦马御史》节目荣获中国广播电视学会2003（年度）电视戏曲节目“兰花奖”电视剧类二等奖
2	2004.04	国家广播电影电视总局	《瘦马御史》荣获第二十三届（2002年度）全国电视剧“飞天奖”戏曲电视连续剧三等奖
3	2004.04	中国广播电视学会	《一个面包+一个特价=一夜的守候》节目荣获2003年中国广播电视学会城市电视新闻节目长消息二等奖
4	2004.04	中国广播电视学会城市广播电视（电视新闻）研委会	《这样的食物谁在吃》节目荣获2003年度中国广播电视学会城市电视新闻节目短消息类三等奖
5	2004.04	中国广播电视学会城市广播电视（电视新闻）研委会	王怀广的论文《城市台如何直面WTO》荣获中国广播电视学会城市台2002年度电视新闻理论评比二等奖
6	2004.04	2004中国国际广播影视博览会组委会	《晚间·关注》栏目被评为“全国电视百佳栏目”
7	2004.05	中国广播电视学会	《晚间·关注》（一、二）节目荣获中国广播电视学会2003年度电视新闻节目十佳栏目奖
8	2004.05	中国广播电视学会城市广播电视（电视新闻）研委会	《老农印名片　只为搞营销》节目荣获2003年度中国广播电视学会城市电视新闻节目长消息类三等奖
9	2004.05	中国广播电视学会城市广播电视（电视新闻）研委会	《“皇马”昆明行》节目荣获2003年度中国广播电视学会城市电视新闻节目连续/系列类三等奖
10	2004.08	中国昆明进出口商品交易会昆明交易分团	2004中国昆明进出口商品交易会优秀宣传报道奖
11	2004.08	首届民族民间文化博览会2004年楚雄彝族火把节组委会	《中国彝族太阳女歌手选拔大赛》荣获首届云南民族民间文化博览会暨2004年楚雄彝族火把节系列活动优秀组织奖
12	2004.11	国家广播电影电视总局	《晚间·关注》荣获中国广播电视新闻奖2003年度电视新闻奖十佳新闻栏目奖

【节目安全播出】 按照《昆明电视台确保舆论导向正确播出安全责任书》的要求，电视台相关部门负责人均与要害岗位责任人签订了安全工作责任书，层层落实安全工作；有关部门严把节目的政治关和质量关，严格执行台“三审”制度，坚持影视剧节目的重播重审制度；进一步强化了技术保障措施，全面落实大楼安全保卫措施；重新调整了台保密工作领导小组成员，强化对保密要害部位的摸底、登记和管理，杜绝了失泄密事件发生；认真抓好用车安全和用电安全，行政安全管理成效显著。2004年，在现场直播节目达300多场（次）的情况下，全台节目播出实现了6个频道无安全播出责任事故发生，台外无停播、台内停播率为5.64秒/百小时的好成绩，创历史最高纪录，达到国家甲级播出水平。

【“昆明电视台网站”开通】 自2003年6月开始，昆明电视台就积极开展互联网“昆明电视台网站”的建设工作。2004年3月16日，“昆明电视台网站”开通，利用10兆宽带光纤进行传输，拥有独立的服务器3台，除首页外，开通的二级、三级页面达数十个。网站专门开设了《视听在线》等网络视频节目，把昆明电视台的新闻栏目和影视剧等视频资料提供给网友，便于网友查询和收看。网站设有流量统计系统，对于节目的点击率可以进行统计。2004年度，“昆明电视台网站”点击率最高的节目是《东寺街·西寺巷》。网站制定了“供稿管理办法”、“BBS论坛管理办法”和“网站安全应急预案”，保证了网站安全高效运行。

【技术设备更新】 2004年度，昆明电视台投资近3 000万元，对技术设备进行了改造、更新，进一步增强了技术制作、服务和协调能力，技术支撑条件明显改善。完成了全数字新闻直播演播厅、非线性编辑网络系统两大项目的建设任务，并先后投入使用；完成了广告部设备数字化改造项目，建成云南省第一块高像素室外全彩色大屏幕；取得了地面数字无线电视传输系统“样板村”项目试点工作成功；硬盘播出系统初步具备了并播条件。

【节目营销与广告拓展】 2004年，昆明电视台以服务质量为核心，通过不断开拓多元化经营，加强对广告经营的集中统一管理，严格广告结算和管理制度，面向市场，创新广告经营机制，着力拓展广告业务市场的广度和深度，充分挖掘市场潜力，使节目营销与广告经营空间得到了新的拓展。以代理制为核心，逐步向规范化、专业化发展。为适应市场竞争的需求，广告节目营销中心设立了客户推广策划部，并借鉴其他城市媒体的成功经验，实行了广告代理制，选取5家在昆明地区规模较大、拥有稳定客户资源的广告公司、作为2004年昆明电视台本地一级广告代理公司，经过近一年的运作，广告代理制带来了广告收入增加、广告品牌丰富等变化，回款也较快。在电视业竞争日益加剧的新形势下，昆明电视台进行了有计划的营销推广活动，并对《壹剧场》、《我剧场》、《影视频道》、《影视互动站》、《欢乐家庭》等平台进行了一系列品牌推广，收到了良好的效果。同时，通过电视栏目、昆视网站、报纸版面等方式，着力打造观众推广的互动平台——《影视互动站》，走出了一条推广活动与客户结合的道路。开发了活动冠名、活动片花等广告形式，同时配以报纸、公交车身、电台等媒体的整合推广，为客户提供了一个跨媒体、多形式、大密度的推广平台，吸引了多家过去不在电视投放广告的客户。

（陈 洁 李志荣）

广电网络中心

【网络收入首破亿元】 2004年，昆明市广播电视网络中心在上级部门的关心支持下，中心领导及全体职工开拓进取，团结干事，以顽强的进取精神，多方开发网络资源，积极拓宽市场渠道，全年累计完成网络收入总额10 148万元，上缴国家税金393.2万元，创造了较好的经济效益和社会效益，为昆明市广播电视事业的发展作出了实实在在的贡献。

【完成资产评估】 为适应国家文化体制改革，促进全省广播电视事业的发展，市广电网络中心按省委、省政府的指示精神，积极参加“云南省广播电视信息传输网络股份有限公司”的组建工作，投入大量的人力、物力，对现有资产进行了清核，按时完成了网络资产的评估工作。经过认证，昆明市的入股资本占公司总股本的23.32%（其中10个县（市）区占5.21%，网络中心占18.11%），为“云南省广播电视信息传输网络股份有限公司”的第一大股东。

【“家庭影院CHC”落户昆明】 7月22日，网络中心与华城电影电视数字节目有限公司签订了“家庭影院CHC”落户昆明的合作协议。双方表示将以“内容最好的影院、座位最多的影院、空间最大的影院、票价最低的影院”为服务理念，为昆明广大电视用户提供个性化选择、欣赏电影的新模式和开创电影新生活。

华城公司将全天24小时开机，每年投入365部中、外电影故事片（平均每天一部新片）给昆明观众。昆明广电网络中心于8月份正式播出。此外，市广电网络中心还与中央数字电视节目有限公司签订了《数字付费电视业务合作协议书》，播出娱乐、体育、教育、卫生、时装、戏曲、财经等多套风格不同的节目。昆明地区的有线电视用户只需办理数字机顶盒入户手续，即可收看内容丰富的数字电视节目。

【学习培训】 2004年市广电网络中心组织中层干部及全体党员认真学习“十六”大以来党中央关于体制创新、制度创新、管理创新的重要论述，明确广播电视行业面临的形势与任务。选送23名技术骨干参加恩科网络认证工程师培训。与有关部门联合举办了4期光缆建设维护培训，4期数字电视维护培训。260多名职工先后参加了培训，经过考试，27名取得数字电视维护上岗证，17名取得光缆建设维护资格证。

【网络建设】 根据国家广电总局市、县、区光缆建设500户一个光节点的要求，市网络中心对整个昆明地区的光缆建设进行了总体规划布局，严格按照新的工艺、技术标准建设网络。在市区联网方面，2004年完成了中环路、颐园小区、马街、世博园等10个片区的光缆接交箱安装及主干光缆架设。在与四城区以外的郊县市区联网方面，完成了禄劝至东川、呈贡至宜良、宜良至石林、晋宁至玉溪等县（市）区的主干光缆环网建设。各县区光缆开通后，昆明市所有县区的节点都可以成环自愈保护。在乡镇联网方面，建成开通了团结乡、双哨乡、大阪桥等3个乡镇覆盖各自然村的光节点，小哨、小河、散旦、厂口、谷律等乡镇的联网也正在建设施工中。乡镇联网建设完成后，昆明四城区所有乡镇及自然村都将被昆明广电网络中心的光缆覆盖。至11月底止，按新的规划标准建设光缆922.6公里，完成光纤专线44条，熔接光缆56 805芯，新开通光机343台，安装光缆接交箱165个，为网络双向化和数字电视普及奠定了坚实的基础。

【数字电视升级扩容】 2004年市网络中心在数字电视一期基础上，进行了二期升级扩容：新增8个卫星地面接收站，保证数字信源的获取；配置数字监控系统，为数据机房、数字电视的正常运转提供保障；完成加密系统配置工作和用户管理系统阶段性调试，为数字电视用户管理提供了可靠保障。根据国家广电总局数字电视发展、普及要求，结合昆明市实际，制定了《昆明市数字电视总体发展规划》，按规划方案，至2008年，将完成五华、盘龙、西山、官渡4城区数字电视的整体转移。

【业务拓展】 2004年市广电网络中心利用有线电视网络，成功开发了IP宽带城域网、ATM城域网、数字电视等项目。为配合这些项目的扩大发展，新建了海口、马街、金宅、护国等7个前端机房，改造了原有的5个机房。完成了以网络中心机房为核心，各县（市）区为骨干节点，环绕、覆盖整个昆明市辖区的IP城域网扩容。开通了省人保网、国防动员网、省交警指挥中心等数据专线45条，新增有线电视用户5万户，Internet上网用户达850户，数字电视用户近3 000户。

【提高服务质量】 2004年市广电网络中心为了提高服务质量，首先改进现有设施，在前端系统使用现阶段国际国内先进的设备器材，以保证电视信号的最佳接收和传输；其次合理规划网络布局，改造了140个片区的二、三级老网，使4.1万用户的收视效果得到了提高；其三是增加节目频道，以节目内容的多样化、专业化来满足各类用户不同的收视需求，模拟频道已传输节目45套、数字电视传输节目76套。其四是对各服务窗口加强管理，严格按制度考核，要求充分尊重用户的意愿，维护客户的利益，保持良好的工作作风。严格的制度和扎实的工作，使网络中心实现了全年366 589小时的优质传播，年内停播率仅为0.73秒/百小时，用户报修率为3‰，当日事故处理率达到98.5%以上，获得了昆明地区广大用户的认可和好评。

【网络传输安全防范】 为保证网络传输安全，市网络中心有关部门严格执行24小时值班制度，在重点时段、重点区域和敏感时期，中心领导亲自带班，组织人员加强执守、监控和巡线巡查。为杜绝安全隐患，累计组织巡查光缆3 502公里，巡检光机电杆108次，巡检分前端38次，抽测光机118台，更换消防器材80多具。由于各项安全措施到位，2004年度内确保了春节、国庆、“两会”及奥运会期间的安全优质传输，模拟信号系统和数字电视系统都较好地完成了全年的安全播出传输任务。

（昆明市广播电视网络中心）

昆明日报

【总收入首破亿元】 2004年昆明日报社面对严峻的竞争形势，牢固树立经营报纸的意识，强化经营管理，努力壮大经济实力。报社对作为报业经济支柱的广告经营策略进行了适时的调整，以创新的工作拓展广告经营的新局面。《都市时报》采取和广告公司利益共享，风险共担的政策，积极寻找合作伙伴，先后对外招标承包医疗、药品、人才、旅游、二手房、二手车、婚介广告；实行巨额风险抵押金制，淘汰了不具实力的商人，把中标者和《都市时报》捆在一起共生死，调动了各方积极性；加大了对广告欠款追缴的措施和力度，收到显著成效。《昆明日报》通过强化管理、规范价格、严格奖惩、创新工作机制、实行广告与发行的联动、开拓市场等多方努力，终于遏制住连续几年广告收入下滑的局面，首次完成报社下达的年度计划。总收入突破亿元大关，达到11 309万元。

【整合版面】 《昆明日报》在2003年改版走市场取得初步成功的基础上，进一步调整整合版面，根据内容属性将报纸版面划分为新闻、经济新闻、文体3大版块，成立了3个中心。新闻、文体两个中心实行采编一体化管理的方式，经济新闻中心实行采、编、经营一体化的管理方式，切实将政治把关、质量管理、经营管理的责任落到实处。3月22日，文体中心的《动静》版块刊出，4月6日经济中心的《新经济》版块出世，《昆明日报》分版块运行的模式正式形成。

【机构调整】 按照中央加快文化产业发展和文化体制改革的要求，《昆明日报》在2003年体制改革方案的基础上，2004年又根据形势的发展对体制改革方案进行再次修改并上报市委。在市委批复改革方案前，结合报社发展的实际，按照新闻宣传的需要，对机构、人员、分配制度等方面进行了较大的调整，设立了机关党委、编委办公室、新闻中心、经济新闻中心、文体新闻中心、摄影部、外宣部、周刊部、新闻研究室、激光照排室、发行部、广告部、印刷厂13个部室，指定了各部门的临时负责人，进一步明确了工作职责，理顺了工作关系。并对人员进行调整、优化组合。进一步调整完善了以质计分的绩效分配办法，将分配的重心向一线、向采编部门倾斜，激励采编人员多出好稿、好版面，以提高报纸的质量，增强报纸的竞争能力。

【栏目设置】 2004年的《昆明日报》为对开16版日报，周一、周二、周三、周五出版12版，周四出版16版，周六、周日出版8版。

1～4版为新闻版块，设有要闻版、时政新闻版、国际、国内新闻版、社会新闻版，专栏有“理论”、“焦点”、“视点”、“重案”、“纪录”、“时评”。5～8版为文体新闻的“动静”版块，设文娱新闻版、体育新闻版和“她”、“城市脉动”、“文艺”、“晚霞”、“玩赏”、“旧闻”、“读图”、“新知”等专栏。9～12版为经济新闻版块，9版为综合经济新闻版、10～12版设“实用经济新闻”、“专题新闻”和专栏“彩云之旅”、“健康生活”。13～16版周四为“卫生周刊”。

【新闻宣传报道】 按照“三贴近”的要求，围绕市委、市政府的中心工作，围绕人民群众关心的热点、难点问题，2004年的《昆明日报》全面集中宣传现代新昆明建设，宣传昆明市的两个文明建设。在2003年尝试党报走市场取得成功经验的前提下，更进一步强化报纸的新闻性、服务性和信息性，在政策解读、理论引导、深度报道市委、市政府的重大决策和举措方面进行了不懈的努力和多方面的尝试，不断增强和凸现党报的权威性。

2004年《昆明日报》在宣传报道中重点抓了三方面的工作，一是在新闻宣传中强化时政新闻与舆论监督，加强新闻策划，挖掘深度报道，凸现党报特色。如记者暗访机关作风、搜寻东川驼峰坠机遗骸、已售直管公房产权证迟迟不发等的系列报道，在读者中引起了强烈的反响。二是文体新闻和副刊专栏坚持服务读者的原则，注重与本地有关的娱乐新闻报道，着力突出本土特色、突出党报文娱、体育报道和副刊专栏的特质，并形成了自己的风格，很受读者的欢迎。三是经济新闻宣传采取“一县一策，灵活机动，全心全意、全方位为县区服务的政策”，为县区和企事业单位包装策划了如滇池治理、昆明规划、昆明交通、春城房产、体验富民等等一系列专题、专版、系列报道，得到了广泛的认可并取得显著的经济效益。

【“现代新昆明”建设宣传报道】　大力推进现代新昆明建设是市委、市政府的中心工作，《昆明日报》从市委、市政府的决策、规划、立项、重点工程的建设等进行全面、全程的报道，用新昆明建设中取得的新进展、新成就鼓舞人，积极营造新昆明建设招商引资的良好舆论氛围。主要报道有：1月5日一版头条《坚定不移推进现代新昆明建设》；3月25日《西市区概念规划出炉》；4月1日《双向八车道直奔滇池》；4月22日《100亿资金到位现代新昆明》、《禾嘉“相中”呈贡新城》；《未来五华浮出水面》；5月11日《18个新昆明建设项目启动》；7月12日《重点工程撑起现代新昆明》；8月20日《请你来说“昆明精神”》；10月23日《昆明向东：一座新城崛起》；10月24日《新昆明建设完成投资30亿》。

【交通整治报道】　2004年市委、市政府将交通整治作为工作的重点来抓。围绕这一工作重点，《昆明日报》从多方面进行报道，为政府的整治工作鼓与呼，抨击不文明的交通现象。有：1月5日《直击上下班错峰第一天——城区交通高峰变扁》；3月3日《这个路口太乱啦》；3月4日《这个路口太乱啦引起有关部门的重视——两种方法解决问题》；6月4日起发昆明交通现象扫描之一至四《开车打电话要被重罚》、《别忘了上车就系安全带》、《乱走路最高罚50元》、《乱停车不仅重罚还扣证》；9月15日《昆明“高压”整治40路》；12月1日《今日起：昆明交通大整治》；12月2日《完善的公交系统是昆明选择》；12月31日《大观收费站明天说再见》。

【行风评议活动报道】　围绕市委市政府开展的行风评议活动，《昆明日报》进行了全程的追踪报道：1月15日《机关作风如何　千人评议有果》并配评论员文章《改进机关作风，让群众打分，让群众满意》；2月4日《市城管局七项措施直面倒数第一》。10月10日开始，记者深入机关、部门和一些窗口单位暗访的第一目击实录和现场抓拍的照片，连续4天在《时政》版上以《记者暗访机关作风建设》为题，对一些部门和窗口单位存在的问题和现象进行了图文并茂、有理有据的客观报道，并配发编者按和正确对待舆论监督的言论，从加强机关作风建设与提高执政能力的高度，论述了这次暗访机关作风建设的目的和意义，对进一步抓好机关作风建设具有一定的促进作用。整组报道有深度、有力度，并在适时、适度上把握得较好，充分体现了党报在舆论监督中的作用。

【“两会”报道】　2004年的两会报道，报社在版面安排、策划、设计和栏目设置上都做了精心的研究和部署，除对会议作常规性的报道外，还开设“两会连线”、“两会热点关注”、“聚焦两会”、“代表倡议”和“委员提议”等小专栏，主题鲜明、中心突出地围绕两会代表就《政府工作报告》和全面建设小康社会、大力推进现代新昆明建设的讨论，以全新的视觉采写了一篇篇角度新、有影响、贴近群众的报道。为配合做好两会的宣传报道，《昆明日报》从1月就推出了系列评论员文章，以深入学习贯彻市第八次党代会精神和市委工作会议精神为主题，从“坚定不移推进现代新昆明建设”、“加快发展县域经济”、“全面建设小康社会、工业强市筑牢昆明经济的脊梁”等7个方面进行述评，为昆明市全面建设小康社会和加快现代新昆明建设步伐营造了较好的舆论氛围，也体现和增强了报纸的权威性和可读性。

【文化产业相关报道】　为贯彻落实中央提出要加快文化体制改革和文化产业发展的蓝图，《昆明日报》围绕实现市委、市政府把文化产业发展作为现代新昆明建设和新的经济增长点，全面提升昆明参与国际竞争力的战略目标，精心策划、重点安排，全力做好文化产业的宣传报道。2月20日《丹增在昆明调研时指出：昆明要舞起文化体制改革和文化产业发展的龙头》；8月20日《昆明重点扶持九大文化产业》；10月25日《云南文产上海一炮走红，30分钟引资62亿》；11月3日《昆明文产抢滩成功》；12月19日《9.18亿巨资注入昆明文化产业》；12月21日《首届文博会成交11亿》等文，对文化体制改革和文化产业的发展做了全面的报道。

【城管职能下放和四区区划调整报道】将城管职能下放四区，四区行政区划的调整，是2004年市委、市政府创新工作机制、全面推进现代新昆明建设和加快经济全面发展步伐的重大决策和举措，为此《昆明日报》早计划、早安排，并进行了精心、全面的策划。4月24日《四十一项城管职能下放四区》；4月26日本报独家授权发布调整方案，二版一个整版《昆明市与四区城市管理职能权限责任调整方案》；4月30日《城管重心这样下移》；5月15日《放权后城市三级管》；7月23日《昆明市四区行政区划调整正式实施》；7月27日《区划调整后四区户口一视同仁》；7月27日《四区委书记谈区划》；8月18日《30个基层政权管理走新轨》等等，用大量的版面和篇幅进行报道，有力地配合了相关工作的顺利推进。

【难点问题报道】　《昆明日报》采用追踪报道、深度报道的形式，突出、强化报纸的舆论监督作用，很多有分量的以帮助职能部门找盲点、解决问题为目的的舆论监督报道引起了市委、市政府领导的重视，促成了许多问题的解决。如2月9日《吃人窨井谁来盖》；2月12日《两个窨井盖惊动市长》；3月14日《工地成了垃圾场》；4月20日追踪报道《铲除陈年垃圾》；4月6日《25吨医疗垃圾让人愁》；4月8日《政府部门协调，医疗垃圾开始清运——垃圾逼出来的办法》；5月17日《金马坊成了停车场?》；5月20日追踪报道《两个婆婆管不好个广场》；5月21日《市长直问广场乱停车》等。特别是2月15日开始刊登的“昆明街头十大顽症”的系列报道，从占道经营、垃圾、“马路杀手”、网吧、黑车载客、小广告当街发、单车丢失等方面对城市存在的问题进行了全面的报道，每一篇报道都配发随评，使整个报道既有对现象的报道，又有对发生这些现象的原因的分析，既是舆论监督，也起到了舆论引导的作用。

【都市时报】　2004年《都市时报》实现了跨越式的大发展，实现了年初提出的奋斗目标，即报纸发行量过20万份，总收入达到1个亿。

在版面的构架上为解决长期以来困扰A叠广告与新闻冲突的问题，版面进行了改革和优化。A叠扩为32版，本地、经济新闻在1～16版，国内国际新闻在17～32版，彻底打开制约A叠的瓶颈。作为“试验田”的《百姓热线》取得了成功，引起极大关注，“结伴上大学”、“向贫困地区小学生捐玩具”等多个策划社会反响良好，特别是“结伴上大学”已成为时报的新品牌。2月初，对C叠、D叠进行大刀阔斧的整合，成立营销中心，其下属各周刊运作日趋成熟，《车周刊》、《地产周刊》、《发现周刊》继续领军，《吃周刊》、《玩周刊》一家独大，《商周刊》、《E周刊》态势良好。随着7月21日《服务宝典》面世，各个周刊精彩纷呈、效益显著。在《奥运快报》出版期间，文体新闻中心试行全员采编分离制，取得明显成效。

在提升报纸的品味和格调方面，2004年《都市时报》取得了明显突破。首先是强化新闻策划，以策划会、谈稿会、编前会实现对整个采编流程的绝对控制，提升报道质量。马加爵案的报道布置严密、万里追踪，在马加爵押解回昆当日以16个版强势报道，创了《时报》史上最高印数21.6万份的记录；《县长衙内疯狂摧妻》、《曲靖发现侵华日军地图》、《俄罗斯老太云南寻心上人》、《昆明黑心血旺大揭秘》等独家新闻在全社会产生强烈反响，被国内媒体纷纷转载；精心策划、深入采写的马骅系列、《禽流感疫情》、《3·15维权专题》、《平安假日特刊》、《时报助你讨工钱》为新闻竞争立下功勋；《进医院40分钟无人救治》、《公交车溅水行人》、《交通陋习黑镜头》、《镊子帮群贼横行东站》等报道，引起了极大社会反响，体现了舆论监督的强大威力，提升了《时报》在读者中的品味和口碑。其次是办活动。2004年《都市时报》举办了浪漫擂台、昆明首届美食娱乐狂欢节、大型主题人才招聘会、“春城宝贝秀”活动，“少儿厨艺大赛”；协办“2004环球中国小姐总决赛”等，活动取得了较好的社会效益和经济效益。房交会特刊魅力昆明、昆明首届美食娱乐狂欢节特刊、五一黄金周特刊、十一昆明消费手册、欧洲杯足球赛特刊等，构思新颖、图文并茂、内容丰富，印刷精美，获得了商家和读者的一致好评。都市时报联FAN所，已有36个明星部落，1 000多名会员；“读书会”有近2 000名会员，培养了一大批素质较高的忠实读者。在不断提高自身形象的同时，开展了一系列品牌推广活动，其中包括中国广告节参展、参加昆明首届文化产业博览会、车身广告发布等活动。10月份的成都中国广告节上，《都市时报》是云南唯一参展的媒体。云南大学、云南民族大学、昆明理工大学、云南师范大学分别选中时报作为实习基地，这在云南新闻媒体中绝无仅有。

（孙丽玲）

·责任编辑　曾秋月·

卫生·体育

卫　生

【概　况】　2004年，昆明地区有各级各类卫生事业机构2 074个，床位27 104张，人员38 795人。其中卫技人员31 668人，其他技术人员1 904人，管理人员2 059人，工勤人员3 207人。

云南省卫生厅属15个机构，床位6 018张，占昆明地区总床位的22.2%，总人数10 060人，占昆明地区卫生机构总人数的25.9%，其中卫生技术人员7 993人，占25.2%，管理人员555人，工勤人员865人。

昆明市卫生局属17个机构，床位3 559张，占昆明地区总床位的13.1%，总人数5 595人，其中卫技人员4 524人。

昆明地区平均每千人口有床位5.4张（医院病床4.3张），市辖区为8.6张，县为2.7张；卫生技术人员6.3人（市辖区为11.1人，县为2.4人）；医生2.8人（市辖区4.9人、县1.2人），注册护士2.2人（市辖区4.1，县0.7）。

2004年昆明地区2 072个机构中，有医院197个（其中综合医院142个，中医医院18个，中西医结合医院2个，民族医院1个，专科医院34个）；乡（镇）卫生院137个；疗养院8个；门诊部65个；诊所、卫生保健所、医务室1 572个；专科防治所、站4个；疾病预防控制机构18个；妇幼保健机构19个；卫生监督机构14个；医学科研机构7个；其他卫生事业机构33个。全部卫生事业机构按经济类型分为：国有533个，占25.7%；集体41个，占2%；联营52个，占2.5%；私营1 413个，占68.2%；其他33个，占1.6%。

2004年，昆明地区有医疗卫生床位27 104张，其中，医院床位21 757张，占总床位的80.3%。其中100张床位以下的有137个医院，100～200张床位的有32个医院，200～400张床位的有14个医院，400～800张床位的有11个医院，800张以上床位的有8个医院。137个农村卫生院有床位2 377张，占昆明地区总床位的8.9%；疗养院床位1 588张，占5.9%。在全部床位中，国有机构有23 956张，占88.4%；集体、联营、私营有1 609张，占5.9%，其余机构1 539张，占5.7%。

2004年昆明地区医疗卫生机构总人数为38 795人，其中医院有26 933人，占总人数的69.4%；农村卫生院有2 210人，占5.7%；疗养院有548人，占1.4%；门诊部、诊所、医务室5 104人，占13.2%；疾病预防控制机构1 352人，占3.5%；妇幼保健机构1 046人，占2.7%；其余机构1 602人，占4.1%。在38 795总人数中，国有机构有31 561人，占81.4%；集体及联营机构有1 455人，占3.8%；私营机构有4 222人，占10.9%；其他机构1 557人，占4%。

2004年，昆明地区各级各类医疗机构共诊疗1 394.78万人次（门诊1 243.04万人次，急诊100.38万人次，门、急诊占总诊疗人次的96.3%）。其中，197个医院共诊疗1 045.20万人次（门诊921.27万人次，急诊86.20万人次，门、急诊占总诊疗人次的96.4%）。全年收治住院47.04万人次。住院手术12.6万人次，危重病人抢救97 471人次，抢救成功率94.22%。出院者平均住院日11.54天。

卫生部门所属的52个医院共诊疗769.4万人次，占昆明地区总诊疗人次的55.2%，门、急诊占总诊疗人次的97.6%。收治住院30.62万人次，占昆明地区收治病人总数的65.1%。住院危重病人抢救8.6万人次，抢救成功率为95%。手术9.9万人次。平均开放病床16 110张，占昆明地区的70.5%。出院者平均住院日为13.4天，病床周转23.3次，病床使用率90.2%。

137个农村乡（镇）卫生院全年共诊疗193.2万人次，其中门、急诊189.1万人次，占总诊疗的97.9%；平均开放病床2 322张，收治住院6.58万人次。全年平均病床周转28.9次，病床使用率为38.8%，出院者平均住院日4.4天。

（顾　凝）

【公共卫生体系建设】　2003年以来，昆明市实施疾病预防控制体系和医疗救治体系建设项目27个，总投资达8 800万元。市疾病预防控制中心及宜良、呈贡、东川、寻甸疾控中心列入国债项目，全面投入建设；市政府把建立市突发公共卫生事件应急指挥中心列为2004年10件实事之一，与市疾控中心国债项目同步建设；其余10个县（市）区医疾控中心已列入省级专项建设项目；在五华、盘龙两城区以外的12个县（市）区医院启动了感染科（传染病区）建设项目。2004年1月，正式启动了以传染病报告为基础的疫情网络直报系统，提高了疫情报告的及时性、准确性，降低了漏报率。市政府批准市卫生局成立了“卫生应急办公室”，市级和14个县（市）区分别组建成立了卫生应急队伍，全面开展人员培训，并组织开展了两次大规模的应急演练。全年共

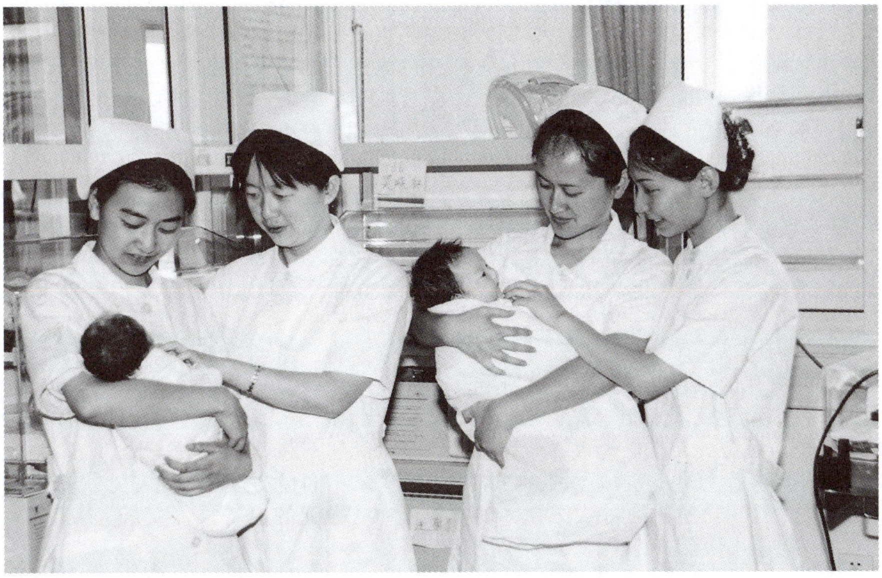
医务人员精心护理婴儿　（市卫生局　供稿）

处理相关突发事件81起，完成各类卫生保障任务40余次。

【重大疾病防治】 2004年全市加强了以防治非典、禽流感、艾滋病、结核病、鼠疫、霍乱、肝炎等为重点的传染病防治工作，传染病发病率得到了有效控制，没有发生重大传染病暴发流行。年初，昆明市6个县（市）区相继暴发高致病性禽流感疫情，形势十分严峻。各级党委、政府高度重视，有关部门密切配合，积极开展防控工作。各级卫生部门及时启动应急机制，组织专业队伍深入疫区疫点，加强了卫生消毒、疫情监测等预防控制措施。通过全市共同努力，实现了2月份遏制疫情蔓延，3月份扑灭疫情，有效地防止了禽流感向人间传播。

云南省防治艾滋病“一办法六工程”出台后，市政府制定了《昆明市预防控制艾滋病工作实施意见》。市委、市政府两次召开全市防治艾滋病工作会议，明确了全面加强艾滋病防治的总体要求和主要任务。制定下发了《昆明市预防控制艾滋病工作实施意见》、《昆明市推广使用安全套防治艾滋病工程实施方案》、《昆明市海洛因成瘾者社区药物维持试点工作实施方案》、《昆明市重点人群艾滋病筛查方案》等一系列文件，积极组织落实各项防治工作措施。全市大力开展全民艾滋病防治知识宣传教育活动，积极开展推广使用安全套防治艾滋病工程，卫生部门加强了人员培训，成立了市级专家组，在昆明市第三人民医院建立了全国首家艾滋病诊疗中心，累计已收治艾滋病病人594例；加强艾滋病疫情监测，健全监测网络，扩大监测面，卫生、公安、司法、监狱等有关部门、单位密切配合，完成重点人群监测7.2万人。昆明地区自1987年发现首例HIV感染者以来，至2004年底，累计报告HIV感染者3 251例。

【妇幼卫生工作】 加强母婴保健工作监督管理，制定了《出生医学证明》与妇幼保健联动管理办法，推行以居住地为主的妇幼保健管理服务。在东川区、寻甸县、禄劝县继续实施“降低孕产妇死亡和消除新生儿破伤风项目”，完成了项目年度目标任务。巩固三级妇幼保健网络，强化干预措施，对263名危急孕产妇和5 460名危重患儿及时进行了抢救；市县两级使用贫困孕产妇救助资金52.9万元，对2 112名贫困孕产妇实施经济救助。2004年，全市婴儿死亡率为12.18‰，比2003年降低2.36个千分点；孕产妇死亡率为47.76/10万，较上年下降了3.99个十万分点。

【新型农村合作医疗试点】 自2003年8月安宁市、寻甸县新型农村合作医疗试点正式启动试点工作以来，截止2004年底，两个县市53.5万参合农民中，共有30.88万人次得到了门诊减免和住院报销，其中门诊减免28.44万人次，累计减免金额165.18万元；住院报销2.44万人次，累计报销金额1 137.05万元，两项合计报销总金额为1 302.23万元，占合作医疗资金总额的87.77%。同时，为参合农民开展了免费健康体检，共体检33.3万人次，支付经费64万元。充分体现了这是一项为农民群众办实事的“民心工程”、“德政工程”。2004年9月，启动了新一轮集资工作，安宁市除按照人均4元落实合作医疗补助资金外，市乡两级政府又分别按照人均10元的标准安排补助资金，筹资标准从人均30元提高到了人均50元，加大了抗风险能力，提高了农民受益程度；寻甸县还拨付了33 040元资金，资助农村独生子女参加新一轮合作医疗筹资。

【城镇医疗卫生体制改革】 市卫生局制定了《关于鼓励非公经济发展医疗卫生事业的实施意见》。在五华区保健医院、昆明市城南医院、云南省建工医院进行了股份制医院改制试点。实施《昆明市区域卫生规划》，引导卫生资源优化配置。在五华、盘龙、官渡、西山4区行政区划调整中，加强协调指导，顺利完成了4区卫生管理职能的移交工作。至2004年底，全市已完成了41家国有企业自办医院的分离工作，实行了资源整合、资产重组，股份制改造、整体移交地方、自主经营、联合办院等多种形式。推进卫生事业单位人事分配制度改革，市属医疗卫生单位于2004年6月30前已全面完成全员聘用，14个县（市）区卫生单位已于12月底前全部完成。巩固发展社区卫生服务，强化社区卫生基本医疗和预防保健功能，全市社区卫生服务机构发展到163个，覆盖人口达到174万人，建立了20个社区卫生服务示范点，有69个社区卫生机构取得医保定点医疗机构资格，2 123名医务人员进入社区卫生服务领域。自1998年启动社区卫生服务工作以来，全市社区门诊人次累计达582万，2004年平均每人次诊疗费仅为36.98元。同时，积极推进“六位一体”的综合卫生服务，取得了较好的社会经济效益。

【医疗工作】 市卫生局组建成立了“昆明市医疗护理质量管理办公室”，抽调医疗、护理、医院感染监控、血液管理、信息管理等专家，拟定了《昆明市医疗质量管理方案》、《医疗质量控制标准》、《医院感染管理工作规范》、《护理质量考核标准》、《护理文书书写规范实施细则》等文件。经云南省卫生厅考核评审，昆明市已圆满完成第一批5个省级重点中医专科（专病）建设目标任务，并申报了第二批7个省级重点中医专科（专病）建设项目。无偿献血工作得到了广大市民、社会青年、大中专学生、军人的积极响应，全市无偿献血占临床用血的比例上升到90%，保障了医疗急救用血，昆明市被评为全省无偿献血工作先进市。

【卫生执法监督】　通过实施“食品放心工程”，全面推行食品卫生监督量化分级管理制度，食品卫生安全状况有了较大改善，2004年食物中毒事件较往年明显减少。开展了乡镇企业、农村个体工商户职业病监督检查，对存在问题的157家水泥、化工企业责令进行整改；对10家重点职业危害企业加强了监测；卫生、环保等部门共同开展了放射源专项整治工作。加强医疗执业准入、医疗质量、医疗收费等监管，整顿和规范医疗行业秩序，在全市范围内组织开展了5次大规模打击非法行医、清理整治医疗服务市场的集中统一行动，共检查医疗机构1 852家次，行政处罚189家，责令整改158家，取缔无证行医1 012家次，没收药品1 103箱（件），标值约40万元。组织开展了医院感染控制和消毒隔离、传染病防治、医疗美容服务、医疗废物安全管理、非法采供血液和单采血浆、医疗收费等专项检查整治等活动，进一步规范医疗执业行为。

【队伍建设与卫生科技工作】　2004年，市级投入卫生科研及技术发展经费251.6万元、人才培养经费34.95万元、重点实验室建设经费69万元、重点学科建设经费84万元，科技发展项目经费38.2万元，为卫生科技发展提供了有力的支持和保障。

市卫生系统现有市级中青年学术和技术带头人14名，后备人选10名，有40名专家列为“昆明市优秀专家”，进入市级高层次人才库。以市延安医院心脏移植、心肺联合移植为代表的一大批新业务、新技术的开展，带动全市医疗技术水平上了一个新台阶。昆明市卫生学校通过国家级重点中专评审，并挂牌成为昆明医学院教学点。通过省级评审，昆明市已建成云南省心胸外科研究中心（市延安医院）、云南省儿童疾病研究中心（市儿童医院）、云南省新生儿急救研究中心（市儿童医院）、云南省针灸临床研究中心（市中医医院）、云南省妇科内窥镜研究室（市妇幼保健院）等5家省级医疗研究机构。市卫生系统2003年度的21个立项科研项目均已结题，获得省科技进步奖2项，获市科技进步奖16项。在2004年昆明市公布的56项科技奖励项目中，卫生系统获得21项，占28.6%。

【行业行风建设】　昆明市卫生系统把2004年作为“行业作风建设年”，以实施“云岭先锋”工程为契机，紧紧围绕改善服务态度、提高服务质量、控制医药费用、减轻群众负担，狠刹“红包”、回扣、开单提成、乱收费等重点问题，卫生行风有了较大改善。一是制定了《加强卫生系统精神文明建设和行业作风建设，创建人民群众满意医院的实施方案》，建立行风分析制度。市卫生局被省卫生厅评为2004年全省卫生行风建设先进集体，被市纪委、市监察局评为纠风工作先进集体。二是加强医德医风教育，编印下发了《昆明市医务人员职业道德守则》，并组织了学习教育和检查考核；市卫生系统184名专家主任联名向全市医务人员发出倡议，向社会公开承诺“拒绝红包、提成、回扣，维护医学圣洁”。三是明确行业纪律，加大督查力度，制定严规铁纪，公布了昆明市医疗卫生行业“八个不准”、行风建设“六条禁令”。四是努力解决“看病贵”的问题，在开展药品、耗材集中招标采购的基础上，推出“降低药价、让利于民”的举措，累计让利达900余万元。五是规范医疗收费和价格管理，建立完善了收费项目和价格公示制度、住院费用“一日清单”制度、医药费用院科两级审签制度、医疗收费投诉制度。六是建立医患沟通机制，推行出院病人回访制，多渠道、多方式收集患者对医院的意见和建议。七是建立完善弱势群体的医疗救助机制，把“关爱医院”扩大到市县两级24家医院，对全市所有特困职工减免门诊、住院费用；组织市级医院专家到困难企业开展“献爱心、送健康”活动。八是加大宣传力度，组织开展了全市卫生系统“十佳医生”、“十佳护士”的评选活动，通过新闻媒体，面向社会宣传介绍卫生行业的新风尚、新气象，增进全社会对卫生工作的理解和支持。

（李　震）

红十字会

【荣获奖励】　2004年10月，昆明市红十字会常务副会长阮姮被中国红十字会总会评为全国10位先进工作者之一，享受省部级劳模待遇，参加了中国红十字会第八次全国会员代表大会，并在大会上当选为中国红十字会理事，得到了胡锦涛、温家宝等党和国家领导人的亲切接见；阮姮连续9年被市政协评为先进个人。12月，市红十字会被省红十字会和省人事厅评为集体二等功。

【募捐援助工作】　2004年7～9月，昆明市发生洪涝灾害，给群众的生命财产造成极大的损失。昆明市红十字会根据省红十字会的通知，及时向四城区和直属团体会员单位红十字会转发了《云南省红十字会关于为灾区紧急募捐的通知》，动员广大市民、单位积极参与募捐，共接收捐款202 330.8元、棉被582床、枕头400个、衣物10 464件、方便面200件，有力地发挥了政府的助手作用。德宏州陇川、盈江县遭受洪涝、泥石流灾害，昆明市红十字会筹集了10吨大米送到灾区，对106名傈僳族及52户傣族灾民实行了定点救助。11月，向富民和石林两县分发了价值10万元的大米；向禄劝县翠华乡灾民分发了价值5 000余元的棉被。

【卫生救护培训】　2004年昆明市红十字会组织了23名教师参加了省红十字会组织的师资培训，结合昆明地区实际情况，在教学中，加入了性病、艾滋病预防、非典防治与行车安全等知识，深受欢迎。

【无偿献血宣传】　2004年市红十字会在《献血法》颁布实施六周年纪念活动宣传中，与市卫生局配合在东风广场、昆百大忠爱坊、大观商业城、百汇商业广场举行了以“献血，赠送生命的礼物。谢谢你们”为主题的大型宣传活动，发放无偿献血宣传资料3万余份，小礼品5千余份，书签5千张；350余人次参与无偿献血，采血9万余毫升。2004年昆明市67人获无偿献血奉献奖，昆明市被云南省卫生厅、省红十字会和驻滇部队联合表彰为无偿献血先进城市。

【开展“红十字博爱送万家”活动】　2004年元旦、春节期间，市红十字会到市交通指挥中心，开展慰问市交通支队干警活动；与市卫生局联合对昆明市皮肤病防治院螺丝塘病区麻风病休养员进行慰问，为病区休养员们提供了价值2万余元的物资及1万元慰问金。春节前，将价值31万元的慰问物资分配到各县区红十字会。

【艾滋病预防知识宣传】　“阳光家园”是云南省红十字会与澳大利亚红十字会合作项目，由市红十字会负责实施具体工作，项目以实施艾滋病防治关怀工作为主体，通过同伴教育方式，为艾滋病毒感染者、吸毒戒断者等弱势群体重返正常的社会生活提供心理支持、技能培训，探索一种以社区为基础的关怀机制。2004年全年开展各种培训班及讲座82期、培训学员1 620人次，83人通过电话接受心理咨询；在社区开展了艾滋病感染者家庭关怀护理培训班；与铁路局疾病控制中心合作进行了对静脉注射吸毒者基线调查，开展了同伴教育、行为干预、减少伤害等工作。10月18日，全国人大副委员长蒋正华视察了“阳光家园”，对“阳光家园”项目工作给予了充分的肯定，并题写“做好帮扶工作，巩固戒毒成绩”；中国红十字会总会江亦曼书记和红十字国际委员会、红十字会与红新月国际联合会官员先后到“阳光家园”视察指导工作。市红十字会还与市妇联、市综合治理办公室、市公安局、市司法局、市文化局、市卫生局6个委办局联合发文开展“不让艾滋病进我家”系列活动。

【红十字青少年工作】 2004年市红十字会组织红十字青少年一行13人，参加了由上海市红十字会承办的八省市（地）红十字青少年夏令营活动；参加云南省红十字会举办的纪念中国红十字会成立100周年暨云南省分会成立90周年红十字知识电视大赛，荣获第一名；在市教育局的配合下，完成了云南/香港红十字会备灾救灾培训项目，在所属8个县（区）针对中小学生开展了红十字会基础知识、地震逃生、火灾逃生、灾害现场卫生救护等知识的培训，培训学生8 680名。

（张　贵）

体　育

【举办全国定向锦标赛】 1月30日，“全国定向锦标赛”在昆明市安宁笔架山举办。此次赛事由国家体育总局、国家教育部、国家测绘局主办，安宁市政府、昆明康骏体育运动有限公司承办。2004年是中国开展定向运动20周年纪念年，来自北京、广东、广西、河北、湖南、湖北、江苏、上海、四川、香港、云南等地体育、教育、测绘及行业体协、解放军的141支代表队1 100多人报名参赛，比赛为期4天，参赛队和参赛人数创下历届全国定向运动赛之最。

【北京体育大学在昆明设立函授站】 2004年2月2日，我国惟一的体育重点高校——北京体育大学，在昆明市体育学校挂牌成立函授站，同时北京体育大学与昆明市体育学校联办体育专业本科、专科，并举行了开学典礼。

云南省、昆明市、北体大有关人员出席了挂牌仪式和开学典礼。这是北体大在西南地区开办的第一个本科、专科函授站，将对云南的体育教学、体育人才、科学训练起到积极的作用，为云南多出人才、快出人才，实现“三星计划”起到推动作用。

【举办第二届社区运动会】 2004年1月7~9日，昆明第二届社区健身运动会在市体育中心、西山区碧鸡广场、昆明医学院举行。来自五华区、盘龙区、西山区、安宁市、东川区的28个街道办事处692名运动员参加三人篮球、健身路径、桥牌、双抠、跳大绳、健美操6个竞赛项目比赛，各项目均录取前六名颁奖。本届比赛还举行了隆重的开幕式、颁奖仪式。

【举办“昆明东川泥石流汽车穿越场地拉力越野赛”】 2004年1月23~27日，昆明市体育局与有关单位共同承办了“昆明东川泥石流汽车穿越场地拉力越野赛”。这次比赛是为宣传东川、提升东川旅游业而举办，比赛由市政府、《云南日报》社、云南电视台、云南人民广播电台主办，东川区政府、市旅游局、云南雄风集团、云南大江漂流公司等13个单位承办，昆明驼峰、蜂鸟、陆战、野牛、平野、天羽、中天房车、红舰、铁马、景风、车友等11家汽车俱乐部参与协办。利用传统佳节——春节举行如此规模汽车赛，在省内尚属首次。

【昆明市中、小学生田径运动会】 2004年4月21~24日由昆明市教育局、昆明市体育局主办的一年一度的昆明市中、小学生春季田径运动会，共有14个县（市）区和直属学校代表队共15支队伍组队参加。经过4天比赛，共有男、女3个组别近900人参加激烈的角逐。3个组别的第一名分别是：高中组安宁市代表队；初中组官渡区代表队；小学组五华区代表队。13人次破昆明市中、小学生纪录；中学组10余人次达二级运动员标准；小学组20余人次达三级运动员标准；14个县（市）、区及直属学校代表队均获体育道德风尚奖。与2003年运动会相比，比赛成绩有显著提高。

【参加第二届全国亿万妇女健身活动展示大会】 2004年5月14~18日，第二届全国亿万妇女健身活动展示大会在湖北省武汉市举行。受省妇联、省体育局委托，昆明市石林县和市体育舞蹈协会选手代表云南省参加比赛，石林县彝族健身操荣获最佳推广奖，交谊舞获得2个第八名。

【举办“西部地区体育舞蹈公开赛”】 2004年“中国昆明国际文化旅游节”西部地区体育舞蹈公开赛于4月16~18日在市体育馆举行。本次比赛由昆明市体育局主办，市体育舞蹈协会承办。共有1 600余人、31个代表队、7个省市的运动员报名参加比赛。比赛共设61个级别，项目有拉丁舞、摩登舞、交谊舞的团体赛、个人赛，各项目级别均取前六名给予奖励。

【昆明市老年人体育协会成立二十周年纪念大会】 2004年6月16日下午昆明市老年体协成立20周年庆祝大会在昆明市体育馆举行。昆明市老年体育事业，得到了市委、市政府的大力支持和关心，老年体育活动已成为全民健身的一项重要内容。大会总结了昆明市老年人体育20年取得的辉煌成就，编印了市老年人体协成立20年纪念画册，表彰了基层老年人体协先进集体22家、先进个人72人，进行了全民健身活动展示。市委书记杨崇勇、市长章振国、副书记杨远翔等领导出席纪念庆典大会。

【举办昆明市第五届农民运动会】 2004年5月26~29日，昆明市第五届农民运动会在晋宁县举行，昆明市14个县市区派出代表团队参加。大会设田径、游泳、象棋、武术、民兵三项、舞龙、自行车载重、钓鱼8个竞赛项目，629名运动员、领队、教练参加，整个运动会规模1 000余人。市第五届农民运动会由市农业局、市体育局、市乡镇企业局共同主办，市政府拨给运动会专项经费60万元。本届运动会设总团体前六名，各单项设团体总分及单项团体奖，个人名次发奖牌及奖金，团体发奖杯。12个县市区获体育道德风尚奖，100名运动员和裁判员获体育道德个人奖。本届运动会是昆明历史上规模最大、参与人数最多的一届农民体育盛会。

【参加全国第五届农民运动会】 第五届全国农民运动会，2004年10月18~24日在江西省宜春市举行。受云南省农业厅、云南省体育局委托，昆明农民自行车队一行8人代表云南省参加此届农运会自行车载重项目比赛。这届比赛有辽宁、甘肃、宁夏、贵州、河南、北京、上海、湖南、青海、安徽、福建、云南、广西、河北、山西、天津、江苏、湖北、江西19个省、区、直辖市代表队参赛。昆明市农民自行车代表队不畏强手，顽强拼搏，夺得了3个第一名、3个第二名、2个第三名、1个第四名、2个第五名、1个第七名、1个第八名的较好成绩，实现历史性突破，圆满地完成了省农业厅、省体育局交给的参赛任务。

【举办首届健身气功培训班】 2004年7月，为贯彻执行国家体育总局推广健身气功的指示，昆明市体育局在安宁温泉银鹰山庄举办4种健身气功辅导员培训班，昆明市14个县市区各派4人参加培训，健身气功（六字节、八段锦、易经经、五禽戏4种气功）由国家体育总局向全国创编并在全国推广，昆明市为此举办了这一期学习班，以便在全市推广健身气功。

【四个社区被评为“全国体育先进社区”】 2004年，昆明市4个社区被评为第三批全国体育先进社区，这些社区分别是五华区莲华办事处、西站办事处、盘龙区珠玑办事处，昆明理工大社区。

【参加省第六届农运会，首次夺得金牌数第一】 7月10～15日云南省第六届农民运动会在思茅市举行。本届运动会设田径、游泳、自行车负重、舞龙、象棋、武术、民兵军事三项、钓鱼8个竞赛项目。昆明代表团参加了全部项目的比赛。代表团由副市长梁晓谷、王奇英为团长，市农业局，市体育局共同组建昆明市农民体育代表团100余人参加。昆明市代表团共获得金牌24块，银牌23块，铜牌11块，总分386分，首次获金牌数第一，圆满完成市委、市政府交给的参赛并取得好成绩的任务。

全国第五届农民运动会自行车比赛昆明运动员成绩表

男、女团体总分第二名（230分）；男子团体第一名（148分）；女子团体第四名（82分）

项　　目	姓　　名	名次	成绩
男子65公斤30公里个人计时赛	姜坤	第一名	56′16″7
男子65公斤20公里个人计时赛	陈武	第一名	36′44″3
男子50公斤40公里个人计时赛	姜坤	第二名	1：12′34″3
4×20公里接力赛	陈武、陈丽娟、姜坤、马能美	第二名	2：26′39″4
女子40公斤20公里个人计时赛	陈丽娟	第三名	41′35″4
女子30公斤30公里个人计时赛	马能美	第三名	1：02′55″7
4×10公里接力赛	李飞、陈丽娟、姜坤、马能美	第五名	1：13′18″0
女子30公斤40公里个人计时赛	马能美	第五名	1：26′18″4
男子50公斤30公里个人计时赛	李飞	第七名	56′40″4
女子40公斤30公里个人计时赛	陈丽娟	第八名	1：07′22″6

【承办“红梅杯”全国保龄球锦标赛】 2004年“红梅杯”全国保龄球锦标赛于9月13～19日在昆明市红塔体育中心保龄球馆举行。此次比赛由国家体育总局小球运动管理中心、中国保龄球协会主办；昆明市体育局、红塔集团、市保龄球协会承办；红塔体育中心、云南电视台协办。参加比赛的有浙江、北京中南海、广州、中国电力、珠海、上海、佛山、安徽、四川、海南、湖北、吉林、江苏、宁夏中山、深圳、山西、黑龙江、云南、昆明红梅等20支队伍共220名男女运动员参赛。

【举办首届户外运动大会】 由市体育局、市体育总会主办，昆明登山旅游探险协会、昆明山野旅行社承办的首届昆明市户外运动大会于2004年9月18～19日在金碧广场及海埂公园举行。18日下午在金马碧鸡广场举行开幕式，副市长王奇英参加了开幕式。本次户外运动大会进行了户外露营、攀岩、登山、汽车场地山地自行车攀爬等户外运动比赛。

【首届电子竞技大赛】 电子竞技2003年被国家体育总局列为第99个运动项目。昆明市首届电子竞技比赛于9月18～23日分别在联通网苑、热点网络超市、F1网络时空同时进行。本次比赛由昆明市体育局、昆明体育总会主办，昆明市熊发科技信息有限公司承办，有269名运动员报名参加比赛。比赛设反恐精英团体赛、魔兽争霸Ⅲ——冰封王座、星际争霸3个项目，竞赛实行双败淘汰赛。第一阶段3个分赛区决出每组前四名，第二阶段集中在东寺街联通网络进行总决赛，每组前四名给予奖励。比赛还选拔出昆明市电子竞技代表队参加云南省电子竞技大奖赛。

【承办全国青年跆拳道锦标赛】 9月23～30日“老城杯”全国青年跆拳道锦标赛在昆明红塔体育中心举行。此次比赛由国家体育总局竞技运动管理中心主办；云南省体育局、昆明市体育局、昆明市跆拳道协会承办；风驰传媒、云南华地王朝大酒店协办。解放军、武警总队、上海体院、武汉体院、新疆建设兵团、内蒙古、黑龙江、北京、福建、山东、河北、河南、山西、陕西、宁夏、甘肃、湖南、浙江、广东、广西、贵州、四川、香港、江西、湖北等39个代表队308名运动员参加了比赛。

【参加第十三届雅典残奥会】 2004年9月18～28日第十三届残疾人奥运会在希腊雅典举行。昆明市共有6人入选中国残奥体育代表团，共获得金牌1枚，银牌3枚，铜牌2枚，第四名1个，第六名1个，第七名1个，团体第五名1个，团体第七名1个，破世界记录1项的可喜成绩。

【参加省射弩、陀螺锦标赛】 11月27～30日，2004年云南省少数民族传统体育射弩、陀螺锦标赛在思茅景谷县举行。全省16个地州都派队参加。昆明市民委、市体育局共同组织射弩队参赛，赵殿华、和少伯任领队，何伟翔任教练。本届比赛设民族传统弩和现代弩2项，昆明代表队荣获民族传统弩混合团体第五名，团体第七名，李晓黎获得现代弩立、跪姿全能3块金牌，高兴亮获民族传统弩立姿全能2块金牌、跪姿第四名，马玲获得现代弩跪姿第二名，马良仙获民族传统弩跪姿第八名。

【体育各协会活动】 2004年敬老节，市老年人体育协会举办了昆明市中老年人气排球邀请赛；体育舞蹈协会在旅游节期间主办了西部地区体育舞蹈公开赛；保龄球协会承办了2004年“红梅杯”全国保龄球锦标赛；篮球协会承办了中俄篮球对抗赛、中澳篮球对抗赛，并主办了多次市级比赛；跆拳道协会承办了2004年“志诚杯”全国跆拳道青年锦标赛；射击协会承办了2004年全国职工射击射弩比赛；武术协会举办了第五届昆明市武术运动会，还组队参加了全国传统武术锦标赛，获得了5个一等奖；冬泳协会组织了有近200人参加的“欢度中秋、横渡抚仙湖”的冬泳畅游活动，并于8月份组队参加了在桂林举行的全国第八届漓江游活动；信鸽协会举办了“飞越巅峰，挑战极限”信鸽首次放飞拉萨邀请赛，这次放飞拉萨的比赛在全国来说是首开先河，为信鸽在高海拔地区的放飞积累了宝贵的经验；航空运动协会组队参加了中国滨州国际热气球锦标赛，在有11支国内队伍、5支国外队伍参赛的情况下，协会会员刘勇在此次比赛中取得了第一名的好成绩；钓鱼、象棋等协会多次举办高级比赛，取得了良好的社会效果；由登山探险协会承办、胖轮胎山地自行车运动俱乐部、平野汽车运动俱乐部、红点攀岩俱乐部协办的户外运动大会顺利结束。

（张伟岱）

·责任编辑　曾秋月·

人民生活

【市民收入与支出】　据对昆明市县(市)区990户城镇居民家庭的抽样调查(下同)显示：2004年昆明市城镇居民家庭人均可支配收入为753.82元，比上年同期增长14.2%。扣除物价上涨因素后，实际增长7.2%，其主要原因是：国有、集体企业经济效益不断提高，职工收入相应增加；国家机关、事业单位职工及离退休人员提高了补贴金额，使收入增长较快；个体经营者收入及居民家庭的出租房屋租金、财产性收入、及其他转移性收入都有不同程度的增长。这些因素促成了居民家庭收入较快增长，达到近5年的最高水平。在收入增长的同时，居民家庭月人均消费性支出也比上年同期增长11.3%。达585.42元，扣除物价上涨因素后，实际增长4.5%。

【市民食品消费】　居民家庭用于食品的消费支出月人均为252.42元，比上年同期增长6.9%。扣除物价上涨因素后实际下降7.0%。居民月人均对主要食品的购买量分别为：粮食6.53千克、肉类2.35千克、禽类0.64千克、蛋类0.73千克；食品价格上涨过快，直接影响居民食品消费。

【市民衣着消费】　城镇居民的衣着消费已是绚丽多彩，消费的多样化、时装化、个性化越来越受到人们的关注。穿戴讲究款式、色彩搭配，突出气质、追求品牌等特征日趋明显。尤其是在中青年人中，追赶潮流，展示个性，体现风貌已成时尚。全年居民月人均用于衣着的消费支出51.61元，比上年同期增长12.9%。

【家庭设备用品消费】　目前，居民家用设备的品种不断增多，功能更加齐全，售价持续走低，需求相对平稳。而对家用电器中的新品：如微波炉、电磁炉等新型家用电器的购买较为活跃。居民家庭用于设备用品及服务的支出月人均为21.73元，比上年同期增长2.6%。

【市民医疗保健消费】　在人们生活质量不断改善的同时，居民对自身的健康更加重视，健康已和日常生活紧密相连。花钱买健康已成为居民生活的必须。各类医疗保健用品及医疗服务纷纷进入居民家庭，并不断被人们所接受。2004年国家先后调整医药价格，使居民家庭用于医疗保健类的支出月人均为58.37元，比上年同期增长9.8%，增幅减缓。

【市民交通和通讯】　如今购买家用汽车已成为居民家庭的新时尚，随之而来的交通拥堵日益突出。近年来，昆明市采取了新建、扩建、改建城区道路，扩大城市面积，大力发展城市公共交通等措施，使昆明的交通状况大为改观。同时，居民家庭的交通工具已大为改善。年末，平均每百户居民家庭拥有家用小汽车6.9辆，摩托车11.6辆。

近年来，昆明的电信通讯事业也得到了迅猛的发展，各种公用电话遍及大街小巷，移动电话也在普通居民中迅速普及，极大地方便了人们的信息交流。2004年平均每百户居民家庭已拥有普通电话87.5部，移动电话111.26部。居民家庭月人均用于交通和通讯方面的支出为77.57元，比上年同期增长41.2%。

【市民教育文化娱乐及服务】　在人们物质生活不断改善的同时，精神文化生活也已成为居民生活不可缺少的重要组成部分。一方面，能够满足不同年龄、层次消费的各种娱乐设施比比皆是，形式不断变化、真可谓文化生活丰富多彩。另一方面，教育部门规范了教育收费，加大了对教育乱收费的处罚力度，并已初见成效。使居民用于教育、娱乐文化服务方面的支出月人均为60.88元，比上年同期下降4.3%。

【市民居住水平及消费】　在住房配给制度改革不断深入的今天，住房的商品化加速了房地产业的迅速发展，近几年来，新建的居民住宅小区不断涌现，使居民的居住条件大为改善。2004年，城镇居民平均每人用于居住方面的消费月人均为48.39元，比上年同期增长28.8%。与此同时，居民的居住条件大为改善，目前居民人均房屋使用面积已达21.74平方米，68.12%居民购买了房改房，5.53%居民购买了商品房。97.96%的居民已独用自来水，50.04%的居民使用管道燃气，36.58%的居民使用液化石油气。

【低收入居民生活现状】　在被调查的990户城市居民家庭中，占10%的最低收入户，2004年人月均可支配收为246.80元，与平均水平的753.82元相比少507.02元，仅是平均水平的32.7%，扣除物价上涨因素实际月人均可支配收入只有231.74元，消费支出月人均250.04元，扣除物价上涨因素后，实际只有234.78元。

在最低收入居民家庭中，人月均可支配收入246.08元里，有154.08元要用于食品开支，占可支配收入的59.7%，居住类支出为26.35元，占10.7%，这些家庭仅吃、住两项最必须，最基本的支出就占了可支配收入的70.4%；而穿衣、医疗这两项生活必不可少的开支又占了可支配收入的11.6%，在他们的消费支出中，食品占了绝大部分，生活处于温饱阶段，对于当今提高生活水平的享受型消费，他们不敢奢望。量入为出、省吃俭用、计划开支是低收入居民家庭消费的法宝。

【物价上涨对低收入居民的影响】 由于食品类价格上涨过快，使城镇居民在食品消费上月人均要多支出32.73元。对于绝大多数家庭来讲影响不大，而对低收入家庭中的困难户来讲，影响就很大。对最低收入居民家庭来说，月人均在食品消费中要多支出19.98元，占可支配收入的8.1%。

（李　苇）

【农民人均纯收入】 2004年昆明市农民人均纯收入达2 909元，增幅高达12.7%，扣除物价因素实际增幅6.4%，均创历史最好水平。

农村居民家庭总收入人均4 540元，同比增14.9%。其中：工资性收入人均687元，同比增18.5%；家庭经营收入人均3 333元，同比增9.9%；财产性收入人均374元，同比增80.7%；转移性收入人均145元，同比增10.7%。

据调查，农民收入大幅增长的因素，从结构来源分析看主要有以下几方面：

①工资性收入主要是乡村干部、教师以及行政事业单位政策性增加工资，加之各地加大对劳动力转移外出务工工资兑现的监管力度，增幅最多的是劳动力在本乡地域内劳动得到的收入，增长35.4%。

②家庭经营收入中，第一产业收入2 685.88元，同比增长6.1%。其中：出售农产品收入高达1 662.18元，同比增长11.2%，出售粮食每千克1.45元，千克价提高0.33元，增长29.5%；牧业产品收入943.32元，增幅不明显，主要是年初受禽流感影响，家禽和蛋类都明显减少，只有家畜增6.1%；烤烟收入人均收入290.46元，同比增长24.8%（现金收入281.43元，同比增长39.3%），千克价提高了2.2元；蔬菜518.63元，同比增长23.7%；花卉49.73元，同比增长64.1%。第二产业收入106.5元，同比增长8.7%，主要是工业收入增幅较快达42.8%。第三产业收入540.84元，增幅34.0%。

③财产性收入中，集体分配股息和红利，土地征用补偿仍然是农村居民的主要收入来源，分别增长1.2倍和1.5倍。农村股份合作体制正逐步完善。国家土地资源的合理开发利用也遵守《土地法》等相关法律法规进行，农村居民土地被征用也能得到合理补偿费。

④转移性收入中，主要是在外人口带回和寄回的收入增加，增长10.7%。

据调查，全市农民人均税费支出28.56元，同比减幅为22.9%。减幅最大的是第一产业税，减幅为46.0%。

【农村居民收入大幅增加】 据调查，全市农村居民人均总支出2 249.92元，同比增长17.0%。主要是：

①家庭经营费用支出1 418.34元，同比增长18.9%。受市场物价的拉动，一、二、三产业的生产、经营活动成本费用都呈现强势增幅。②第一产业生产费用1 145.73元，同比增长11.1%。其中：农业生产费用470.58元，同比增长27.1%；林业生产费用9.18元，同比增长2.4倍；牧业生产费用662.71元，同比增长4.0%；渔业生产费用同比增长1.8倍；③第二产业生产费用44.75元，同比增长47.4%。④第三产业生产费用227.85元，同比增长74.1%。主要是交通运输和批零贸易餐饮业生产成本增加，分别增长41.4%和2倍。

【农民生活消费支出】 生活消费支出2 392.42元，同比增长10.9%。随着收入的增加，农村居民的生活水平和质量进一步提高。具体表现在：食品消费支出同比增长7.4%，农村居民恩格尔系数42.8%，比上年下降了1.4个百分点；购买衣着消费支出121.27元，同比增长23.5%；居住消费支出456.66元，同比减11.9%，主要是居住消费品减29.5%。但家庭设备及用品消费却增长63.4%；交通和通讯消费支出201.12元，同比增长98%；文化教育、娱乐消费支出237.37元，同比增长17.4%；医疗保健消费支出181.26元，同比增长9.3%；家庭其他商品和服务消费支出7.9%。

【农村居住条件和生活水平有所提高】 人均住房面积33.06平方米，同比增长14.8%。二是年末主要耐用消费品拥有（每百户）均比上年呈现增长势头：大型家具220件，洗衣机45.7台，电风扇17.5台，电冰箱10.9台，空调机0.4台，抽油烟机7.3台，吸尘器1.1台，微波炉3.7台，热水器19.8台，自行车76.4辆，摩托车17.2辆，生活用汽车1.7辆，电话机35.5部，移动电话43.5部，彩色电视机84.7台，黑白电视机21.8台，录像机4.7台，摄像机1.2台，影碟机54.3台，组合音响23.5台，收录机17.0台，照相机8.7架，家用计算机2.3台。

（关学智）

人口与计划生育

【圆满完成人口与计划生育各项指标任务】 2004年，昆明市人口与计划生育工作取得开创性、突破性的进展。以“奖优免补”奖励政策为主的利益导向机制初步建立，以属地管理责任为主的流动人口计生管理机制逐步完善，基层基础工作得到加强，优质服务水平进一步提高。省政府下达的各项指标任务全面圆满完成，昆明市获2004年全省目标责任考核一等奖第一名。基本指标完成情况为：

人口出生率：省政府下达控制在14‰以内，实际为8.16‰，比上年同期下降0.05个千分点，完成任务。

计划生育率：省计生委下达95%以上，实际为98.72%，比上年同期上升0.91%，完成任务。

《独生子女父母光荣证》领证率：省政府要求全市农业人口当年领取《独生子女父母光荣证》的户数占农业人口一孩户数的30%。截至9月底，全市共有农业人口一孩家庭242 650户，累计农业人口领取《独生子女父母光荣证》103 905户，其中6月1日以来领证27 335户，领证率达42.82%。

根据计生部门统计，2004年全市共出生41 062人，其中一孩出生25 239人，二孩出生15 691人；死亡23 204人，死亡率4.61‰，同比下降0.03个千分点；自然增长17 858人，人口自然增长率3.55‰，同比下降0.01个千分点；综合节育率89.25%，同比上升0.55个百分点；三术率（男性绝育术、女性绝育术、放环）77.01%，同比上升0.47个百分点；施行计划生育手术567 810例。在死亡率下降的情况下，继续保持了“三升三降”的人口与计划生育工作平稳发展态势。

【市委、市政府召开人口资源环境工作座谈会】 2月22日，市委、市政府召开全市人口资源环境工作座谈会。市委常委，市人大、市政府、市政协有关领导，市人口与计划生育工作领导小组全体成员，14县（市）区党政主要领导，县（市）区政府分管计生、环保、国土资源、水利工作的领导，各县（市）区计生局、国土资源局、环保局、水务局主要领导及新闻单位近250人参加了会议。杨崇勇书记在讲话中指出：人口资源环境工作是一项事关国民经济和社会发展全局的重要工作。过去的一年，昆明市的人口资源环境工作成绩显著，圆满完成了省下达的人口与计划生育各项指标任务，保持和稳定了人口的低生育、低增长，人口素质不断提高。杨崇勇书记强调指出，2004年人口与计划生育工作要继续把控制人口增长，优化人口结构，提高出生人口素质作为主要任务，要在全市全面实施“奖、优、免、补”奖励政策，加快建立计划生育利益导向机制。同时，要进一步加强流动人口计划生育管理和服务，积极探索流动人口计划生育管理机制；要健全完善“属地管理、单位负责、居民自治、社区服务”的城市计划生育管理体制；要建立计划生育信息化管理系统，加快推进人口与计划生育管理服务的现代化。市长章振国主持会议并作了总结讲话，对如何贯彻本次会议精神提出了要求：要认真抓好会议精神的传达学习；要抓紧各项措施的落实；要明确责任，形成人口资源环境工作分工负责、齐抓共管的工作机制。市政府王奇英副市长通报了2003年度人口与计划生育目标管理考核结果，并代表市政府与14个县（市）区政府签订了2004年人口与计划生育目标管理责任书；胡星副市长通报了2003年度环保和国土资源工作目标管理考核结果，并代表市政府与14个县（市）区政府签订了2004年环保工作和国土资源工作目标管理责任书。

座谈会上，市政府向各县（市）区兑现了2003年度人口与计划生育工作、环境保护工作、国土资源工作目标责任奖。市计生委、市环保局、安宁市政府、西山区政府分别就全市计生、环保、国土资源、水利工作等作了汇报和交流。

【全面实施农业人口独生子女家庭“奖优免补”奖励规定】 2003年7月3日，云南省政府出台了《云南省农业人口独生子女奖励政策暂行规定》，并在41个县（市）区试点，昆明市东川区、寻甸县被列为试点。2004年5月，省政府在试点的基础上，总结了41个试点县（市）区的工作经验，将国家人口计生委在云南的试点“奖励扶助”和“少生快富”两项工程整合为“奖优免补”奖励政策，出台了《云南省农业人口独生子女家庭奖励规定》和《云南省农业人口独生子女奖励规定实施细则》，从2004年6月1日起，在全省范围内全面施行。市委、市政府统一思想，提高认识，把“奖优免补”奖励政策的落实，作为落实科学发展观，正确政绩观和群众观的具体行动。市政府成立了以市长为组长，分管副市长为副组长，市计生委、财政局、教育局、农业局、科技局、扶贫办、监察局、档案局组成的“昆明市农业人口独生子女家庭奖励协调工作领导小组”，明确职责，齐心协力开展工作，建立“大三权”和“小三权”工作制度、监督检查制度、责任追究制度和信访工作责任制度，强化责任，保证了工作的正常运转。按照省计生委“客观、公开、公正、公平、及时、准确”12字工作要求，严格审批，公开办事程序和办事结果，保证“奖优免补”各项工作落实到位。教育、财政、计生、公安、监察、档案等部门密切合作，齐抓共管，共同把“奖优免补”政策落到实处。章振国市长两次召开市政府常务会议，听取市计生委的工作汇报，专题研究昆明市“奖优免补”工作，市本级财政投入2 850万元，其中，“奖优免补”专项经费1 238万元。分管副市长定期听取工作汇报，及时协调解决工作中的困难和问题。由市政府统一采购电脑和“奖优免补”档案专柜配发到14个县（市）区计生局和全市各乡（镇）计生办，改善和提供信息化管理服务的硬件条件，统一信息管理，提高办事效率，同时要求市档案局指导做好“奖优免补”工作中产生的资料，按立卷要求归档保管。全市各县（市）区党委政府根据市政府的要求，均成立了以主要领导为组长的组织机构，设立“奖优免补”资金专户，明确了工作职责，层层签订工作目标责任书，切实加强对“奖优免补”工作的领导。

截止2004年底，全市共有农业人口一孩家庭236 905户，累计领取《独生子女父母光荣证》104 755户，领证率达44%（全省平均领证率为26%）。符合一次性奖励22 470户，已全部兑现；申报省内高考加分901人（占全省1 223人的73.67%），落实中考加分3 324人（占全省5 169人的63.31%）；享受教育“三免费”小学生22 233人（占全省89 418人的24.86%），初中生12 713人（占全省31 692人的40.11%）；符合养老生活补助4 091人（占全省49 617人的8.25%），已全部兑现。“奖优免补”工作的全面落实，实现了从“处罚多生”到“奖励少生”的历史性转变，开创了人口与计划生育工作的新局面。

【宣传教育工作】 1月7日，市委宣传部在呈贡县斗南镇开展全市“三下乡”宣传咨询服务活动，市计生委组成宣传服务队参加了“三下乡”活动。活动中共免费发放有关计划生育政策法规宣传单5 000份，计生科普知识折页800份，年历1 000幅，免费发放价值14 000元的避孕药具，向斗南镇赠送价值9 000元的避孕药具，为130余人提供政策法规和生殖保健咨询、义诊，受到群众的欢迎。国家人口计生委王国强副主任在省、市、县领导的陪同下来到宣传服务点，看望慰问了参加宣传的同志，肯定了宣传服务活动的形式和市计生委制作的贴近农村生活的年历。

【宣传贯彻“奖优免补”奖励政策】 全市通过开展全民性的宣传教育活动，充分利用广播、电视、报刊、宣传栏、黑板报、宣传标语口号、文艺演出、演讲比赛等群众喜闻乐见的宣传方式，广泛深入地开展“奖优免补”奖励政策宣传，把“奖优免补”奖励政策送进农户家。抓好“5.29”纪念日，“7.11”人口日，婚育新风进万家评估等宣传活动。充分发挥计生协会会员的宣传作用，要求全市86万会员认真学习宣传“奖优免补”奖励政策，协助计生行政部门做好宣传群众，发动群众，服务群众的工作，把党和政府的温暖送给广大群众，真正做到家喻户晓，人人皆知。

【开展纪念“世界人口日”宣传活动】 7月11日，昆明市举行纪念第15个“世界人口日”宣传活动。通过展出关爱女孩的展板、文艺演出、政策法规咨询、生殖健康和推广使用安全套防治艾滋病知识咨询服务，免费发放宣传资料和避孕药具等多种形式，宣传贯彻国际人发大会行动纲领在人口和计划生育事业上所取得的成就，宣传保护妇女儿童合法权益的法律法规，宣传《云南省农业人口独生子女家庭奖励规定》，宣传男女平等、生男生女一样好、女孩也是传后人等新型婚育观念以及预防艾滋病等生殖保健科普知识，努力营造男女平等的社会新风和有利于人口与计划生育事业持续、健康、稳定发展的良好的社会舆论环境，让全社会都能关心支持人口和计划生育工作。活动中省、市、区各级妇科、儿科、泌尿科专家共为群众免费咨询、健康体检500余人，形式多样的宣传服务引来众多群众的热情参与。

【开展“男性健康日”系列宣传活动】 10月12～14日，全国男性健康宣传教育试点社区工作研讨会在昆明召开。盘龙区尚义街社区和五华区教场中路社区作为全国男性健康宣传教育试点社区参加了研讨会，教场中路社区在会上作了经验交流。中国人口文化促进会的领导和来自全国20多个城市的100多名与会人员对教场中路社区男性健康宣传教育工作进行了参观考察。10月28日，是全国第五个“男性健康日”，昆明市围绕“关注男性健康，提高生活质量”为主题开展形式多样的宣传活动，通过开展丰富多彩的群众性宣传和服务工作，吸引男性群众参加并唤起男性参与计划生育的责任，促进家庭文明、幸福与进步。

【加强流动人口计划生育管理和服务】 流动人口计划生育管理一直是昆明市计划生育工作的重点和难点。市计生委与市房管局联合下发了《关于加强住宅小区计划生育工作的通知》，明确房管部门、物业小区和计划生育部门在小区计划生育工作中的职责，加强了住宅小区的计划生育管理；市政府出台了《关于做好流动人口计划生育管理和服务工作的意见》，坚持“以现居住地管理为主”的原则，将流动人口计划生育管理纳入现居住地管理，依托社区，落实综合管理机制，逐步实现流动人口与常住人口同宣传、同管理、同服务；市计生委与计生协会联合下发了《关于建立流动人口计划生育协会组织的通知》，2004年新建立各级协会组织27家；市计生委下发了《关于认真做好流动人口计划生育信息化建设工作的通知》，分3批安装流动人口管理服务软件，已安装178个点，录入信息71 827条。“全国流动人口计划生育信息交换平台”运转基本正常，已提交流入信息1 448条，接收流出信息236条；市流动人口计划生育监察站开展流动人口清查35次，加强了对流动人口的日常管理和监督；为育龄流动人口广泛开展生殖健康服务，免费施行计划生育手术106例。

【计生协会工作】 截止2004年底，全市共建各级计生协会组织2 331个，会员小组27 199个，会员联系户215 708户，会员之家3 408个，会员789 475人，占全市总人口的16.6%。2004年市计生协会完成了换届工作，并开展各项工作：以“云岭先锋”活动为契机，开展基层整建“回头看”活动，加强了计生协会自身建设；进一步扩大、巩固了流动人口计生协会组织，已有3个省5个城市依托商会成立了外来人口计生协会组织，并积极开展工作；指导盘龙区、西山区认真开展中国计生协“预防性病艾滋病健康教育”项目和青少年生殖健康项目；市计生协会志愿者宣传队自编、自演10个文艺节目先后到禄劝、西山、嵩明、宜良、寻甸、官渡等县（区）宣传“奖优免补”政策，深受群众欢迎。

【加强基层基础工作，提升优质服务水平】 按照《计划生育技术服务管理条例》，切实加强计划生育技术服务网络建设，开展优质服务，依法严肃查处违法违规的计划生育技术服务机构和无证上岗的技术服务人员，规范管理计划生育技术服务市场。全市637名计生技术服务人员参加了全省组织的统一考试，不断提高了技术服务队伍素质。同时进一步加强对省级、市级优质服务试点县的指导，召开全市优质服务专题会议，并按照六个好的要求，在全市范围内开展计划生育优质服务达标活动，对3个县服务站、12个乡服务所进行改扩建，落实了禄劝、东川、寻甸、晋宁等县（区）的乡镇计生服务所人员编制。严格标准认真开展病残儿鉴定及手术并发症鉴定工作，全年共鉴定518例。

【开展推广使用安全套防治艾滋病工程】 为认真贯彻《云南省艾滋病防治办法》、《云南省政府办公厅关于实施艾滋病防治六项工程的通知》精神，由市计生委、市卫生、旅游、公安、药监、工商、教育、文化、城管部门成立了昆明市推广使用安全套防治艾滋病工程工作组，制定印发了《昆明市推广使用安全套防治艾滋病工程实施方案》，形成政府领导、计生负责、部门协助、业主落实的工作机制。市计生委安排布置全市计生系统推广使用安全套防治艾滋病工程工作，与14县（市）区计生局及部分宾馆、饭店等重点场所负责人签订目标管理责任书，制定《昆明市推广使用安全套防治艾滋病工程工作培训计划》，印发以推广使用安全套防治艾滋病为主要内容的《人口墙报》10 000份、宣传册2万份，VCD光盘5 000盘，抽调人员深入到宾馆、饭店宣传有关知识。市计生药具站开发了“非洲菊”品牌安全套，设置自动售套机815台，在375家星级宾馆、旅社、招待所摆放了安全套。市计生委还举办师资培训班4期，各县（市）区举办培训班100余期，平均每天销售安全套2 000支以上，至12月底已售出50余万支，为防治艾滋病做出了应有的贡献。

【成立昆明市人口学会】 1月15日，市计生委召开昆明市人口学会成立大会，选举产生了第一届理事会理事68名、常务理事26名，会议通过了《昆明市人口学会章程》。围绕现代新昆明建设中的重大人口发展战略问题及昆明市人口与计划生育工作当前急需解决的重大理论和实践问题，确定了《昆明市人口发展战略研究方案》，提出了人口发展战略研究主要分为三大重点课题和12个子课题，课题组长由王奇英副市长担任，副组长由市科技局、计生委、社科院的主要领导担任。三大重点课题的内容：昆明人口现状及发展趋势研究，昆明人口与经济社会资源环境相协调发展研究，昆明人口与计划生育工作改革与发展研究。同时结合昆明市人口和计划生育工作的热点、难点问题积极开展研究，为市委、市政府在计划生育工作中的科学决策提供理论支持和依据。

【举办“争做新时期最可爱的人”主题演讲比赛】 为纪念《中华人民共和国人口与计划生育法》、《云南省计划生育条例》实施两周年，讴歌昆明市计生系统在贯彻执行《人口与计划生育法》及开展“云岭先锋”工程活动中涌现出来的先进集体和个人的事迹。市计生委、市计生协于9月1日举办争做“新时期最可爱的人”主题演讲比赛。全市各县（市）区和昆明铁路局、昆明钢铁集团公司共16支代表队31名选手参加了决赛。经过评委们认真的评选，最后评出一等奖2名，二等奖6名，三等奖7名，优秀奖16名，评选出优秀组织奖6个，组织奖10个。通过举办争做“新时期最可爱的人”主题演讲比赛，进一步宣传了计划生育基本国策和有关法律法规知识，树立了计划生育工作的良好形象，锻炼了计生干部队伍，丰富了群众的生育文化活动，使计划生育宣传更加贴近实际、贴近群众、贴近生活，进一步促进婚育新风进万家活动的深入开展。

【计生委举办建委20周年座谈会】 12月28日，市计生委召开纪念建委20周年座谈会。省计生协会、省人口计生委、市人大、市政府、市政协、市计生协会、市人大教科委、市政协科教文卫体委、市计生委等有关领导出席会议，市计生委历任主任、副主任、市人口与计划生育工作领导小组成员单位的负责同志、14县（市）区计生局历任局长和现任副局长、书记等共300余人参加了座谈会。市计生委副主任赵世明主持会议。市计生委主任杨文慧汇报了20年来昆明市人口与计划生育工作的发展历程和取得的主要成就。

市政府王奇英副市长在会上做了重要指示：全市计生系统要依靠科学技术，提高服务水平，进一步建立利益导向机制。同时要针对计划生育方面新的突出问题采取有效措施，进行综合治理。要坚持以“三个代表”重要思想为指导，与时俱进，以人为本，以人的全面发展为中心，大力开展优质服务，进一步改进作风，创新方法，使人口和计划生育事业真正成为造福于人民群众的伟大事业。

【省政协调研组到昆明市调研农业人口独生子女家庭奖励工作落实情况】 8月10~15日，由云南省政协人口资源环境委员会副主任陈耀光为组长、省人口计生委副主任和耀云为副组长的省政协调研组，在市政协副主席陆玉珍、政协科教文卫体委主任任达仙、市计生委主任杨文慧的陪同下对昆明市贯彻落实《云南省农业人口独生子女家庭奖励规定》情况进行调研。调查组深入到呈贡、宜良、晋宁等县的5个乡（镇）、9个村委会，通过听（听取县、乡、村各级汇报）、查（查看台帐和档案）、访（到农户家中访问）、谈（召开8个座谈会，近200名干部群众参加）等方式，认真检查了奖励工作的落实和进展情况，广泛听取干部群众的意见和要求。在调研反馈会议上调研组充分肯定了昆明市贯彻执行“奖优免补”政策工作中总体工作进展顺利，成效显著，认识到位、协调到位、宣传培训到位、措施到位、工作到位、兑现及时，取得了好成绩。市政府王奇英副市长表示：昆明市要按照省委、省政府的要求，认真全面地落实《云南省农业人口独生子女家庭奖励规定》，努力把这项顺民心、合民意的惠民政策办好、办实。

【中央督查组到昆明市督查人口与计划生育工作】 11月9日，以国家人口计生委王国强副主任为组长的中办、国办和国家人口计生委联合调查组对昆明市贯彻落实《中共中央国务院关于加强人口与计划生育工作稳定低生育水平的决定》情况进行督查。分别在宜良县、西山区听取了市、区、乡和村的人口与计划生育工作情况汇报，并与各级领导、基层计生干部和彝族、白族群众代表就“奖优免补”、流动人口的管理与服务等工作进行了座谈，了解基层计生工作的困难和问题。王副主任对昆明市人口和计划生育工作给予了充分肯定，认为昆明市委、市政府高度重视，真正做到一把手亲自抓负总责，使《决定》精神得到很好的贯彻落实，走在了全省的前列。针对新时期人口计划生育工作出现的新情况和新问题，昆明市能进行认真地调查研究，确定工作目标，提出工作思路，制定工作措施，在加强基层基础建设、流动人口计生管理与服务、与相关部门配合综合治理人口问题、开展“奖优免补”工作等方面取得好的成绩，创造好的经验，较好的实现了计划生育工作思路和工作方法的转变。对于今后的工作中央督查组提出了希望和要求，一是要充分认识新时期人口计生工作的重要性、艰巨性和长期性，认真贯彻落实中央《决定》和十六届四中全会精神，努力实践“三个代表”重要思想，坚持以人为本的科学发展观，加强执政能力建设，做好新时期人口计划生育工作；二是要继续努力转变工作思路和工作方法，树立以人为本、优质服务的先进理念，不断适应社会主义市场经济体制的要求、不断满足广大群众日益增长的计划生育生殖健康的需求，认真落实“奖优免补”、“少生快富”工作，开展好优质服务；三是要进一步加强和完善计生网络建设，加强培训，提高计生行政干部、协会人员、服务站（所）技术人员的综合素质，真正做到想服务、能服务和会服务；四是继续加强部门的协作配合，做好对流动人口的计划生育管理与服务工作。

（市计生委办公室）

爱国卫生

【全国爱卫会专家组对昆明市创卫工作进行检查】 2004年各级、各部门认真贯彻落实昆明市爱国卫生运动委员会全体委员（扩大）会议精神，按照创建“国家卫生城市”专项整治方案的要求，明确任务，明确分工，明确责任，不断加大对城郊结合部、背街小巷、铁路沿线、“五小”行业等综合整治的力度，各项“创卫”达标工程进展有序。6月22~24日全国爱卫会专家组，对全市“创卫”工作进行了明察暗访，既肯定了“创卫”工作取得的成绩，也指出了存在的问题和差距，为今后如何抓好“创卫”工作提出了有针对性、可操作性的意见和建议。

【创建云南省卫生城市（县城）活动】 2004年是云南省第六次卫生城市（县城）检查年，各县（市）区领导重视，动员广泛、经费落实、措施到位，把“创卫”工作作为实践“三个代表”重要思想的具体体现，作为加强“三个文明”建设的重要内容，加大城市基础设施建设的力度，不断加大城市环境卫生综合整治力度，城市功能更加完善，市容市貌、人居环境明显改观。9月3日~17日，云南省城市卫生检查第一团先后对五华区、盘龙区、官渡区、西山区和安宁市的“创卫”工作进行了全面考核，第二检查团对东川区“创卫”工作进行了考核。受省爱卫会委托，市爱卫会组成3个检查团于9月20~27日对8个县的县城卫生进行了检查考核，并向省爱卫会上报了考核结果和评价意见。14个县（市）区全部被云南省命名为省级卫生城市（县城）。

【创建国家卫生镇活动实现零的突破】 安宁市温泉镇积极开展创建“国家卫生镇”活动，把创建工作列入党委、政府的重要议事日程，党政领导亲自抓，负总责，做到了领导到位、认识到位、措施到位、任务到位、落实到位，城镇基础设施和环境质量有了较大改善。2004年12月，全国爱卫会调研考核组对温泉镇“创卫”工作进行了全面的检查考核，认为温泉镇已经达到《国家卫生镇》标准要求。年底，全国爱卫会命名温泉镇为“国家卫生镇”，温泉镇是全省第一个获得“国家卫生镇”殊荣的乡镇，填补了云南省无国家卫生填的空白，实现了零的突破。

【防治禽流感工作】 我国局部地区和昆明市部分县（市）区发生高致病性禽流感疫情后，各级政府高度重视，及时成立了工作机构，下发了《关于迅速掀起防治禽流感爱国卫生运动新高潮的紧急通知》，积极组织广大人民群众广泛开展了卫生大扫除活动，对辖区内“城中村”、城郊结合部、背街小巷等卫生死角进行综合整治，农村以清扫村庄道路、清除“五堆”为重点，进一步净化了农村环境。全市参加卫生大扫除的单位7 139个，参加人员 74.54 万人，出动车辆6 570辆（次），清扫街路8 424条（次），清理农村“五堆”12 142 个（吨），清运垃圾16 398.27吨。广泛深入开展禽流感防治知识宣传活动，采取多种形式、多渠道、多层次的普及防治禽流感科普知识。全市参加宣传活动的单位达 877 个，参加人员 4.43 万人，悬挂布标 580 幅，展板、墙报3 037块，发放宣传资料 12.85 万余份。加大除害防病力度，确保人民群众身体健康，积极把除“四害”活动与“创卫”达标活动结合起来，清除“四害”孳生场所，加强“四害”密度监测，健全和完善灭防措施，科学合理使用和投放药物。全市共出动人员 1.97 万人，对1 376个（次）市场，3 804户养殖户进行了喷洒消毒，使用消毒药物2 821.8千克，投放除“四害”药物 11 吨，杜绝了鼠传疾病和虫媒传染病的发生和流行。

【第十六次爱国卫生月活动】　2004 年 4 月是第十六次“爱国卫生月”，各级爱卫组织紧紧围绕“讲究卫生、预防疾病、革除陋习”这一主题，积极组织全市人民开展爱国卫生运动。省、市文明委、爱卫会和盘龙区委、区政府 4 月 3 日在东风广场举行了“改陋习、树新风和爱卫月”启动仪式，普及宣传文明卫生知识。其他县（市）区也分别在金碧广场、官渡广场、红联广场及政府所在地的人口密集地段，组织开展大型科普知识宣传活动。全市参加宣传活动人员 6.95 万人，出动车辆 450 台，出展板、墙报4 153块，发放宣传资料 88.6 万份，受益群众近百万人。各县（市）区认真贯彻市爱卫会《关于“四月爱国卫生月”加大对城郊结合部环境整治的通知》精神，积极组织辖区的机关、学校、部队、企事业单位的干部职工和官兵，集中对卫生死角进行了突击整治。全市 4 月份参加卫生大扫除人员 107.3 万人，出动车辆 19 436 辆，清理“五堆”12 194个，清除卫生死角 2.21 万个，疏通沟渠 28.61 万米，清运垃圾 52 917.9吨，整治“五小”2 022个，其中小餐馆 778 个，小理发店 345 个，小旅馆 230 个，小市场 431 个，小街小巷 238 条，“城中村”19 个，城乡环境卫生质量逐步改善。

【除害防病工作】　全市除“四害”工作以创建国家卫生城市、云南省卫生城市和防治禽流感工作为中心，紧紧围绕科学灭防，降低“四害”密度，保证人民群众身体健康为目的。各县（市）区领导高度重视，认真组织开展冬、春两季以灭鼠为重点的除“四害”活动，大力开展环境卫生整治活动，进一步落实了重点单位和一般单位重点部位的综合防治措施，认真组织，加强培训，落实经费。全市共投入除“四害”经费 405.76 万元，投放鼠药 665.2 吨，平均鼠密度为 1.62%。为了逐步使全市除“四害”工作走上规范化、科学化、市

昆明市除“四害”培训宣传及药物经费使用统计表

单位名称	举办培训班		宣传资料		灭鼠用药（吨）	杀虫药剂（吨）	除“四害”经费（万元）			粉块检查			
	培训班次	人数	印刷品（万份）	展板（块）			个人	单位	政府	布粉块	有效粉块	阳性粉块	阳性率（%）
五华区	122	6 585	10.23	767	15.76	3.64			22.36	9 175	8 513	95	1.1
西山区	23	1 210	30.4	66	30.2	4.3	0.09	8.6	11.1	600	582	11	1.89
盘龙区	52		0.97		6.11	1			10	2 427	2 242	39	1.74
官渡区	30	1 100	0.1	102	55.9	11.63		34.23	10	3 726	3 625	65	1.79
东川区	2	138	0.6		11.38	0.12			3.62	1 848	1 699	62	3.65
石林县	14	340	5.5	12	25.4	3.2	7.8	4.4	6.1	1 591	1 565	26	1.66
宜良县	28	760	4.84		218	1.53	48.6	25.06	21.1	4 800	4 000	80	2
晋宁县	12	4 800	7	14	53.8	1.8	1.2	35.3	0.6	5 669	5 652	86	1.52
禄劝县	5	502	10.2	49	4.9	0.34	2.5	3	7	400	372	7	1.9
富民县	18	1 850	0.96	208	48	0.69	1	9.9		3 600	3 516	72	2.05
安宁市					72.35	0.98	30	23	16	450	441	10	2.27
嵩明县					80			35	6	8 431	5 214	55	1.05
寻甸县					3.4				4.2				3.18
呈贡县					40				4				1.89
市爱卫办	下拨经费 14 万元												
总计	306	17 285	70.8	1 218	665.2	29.23	91.19	178.49	136.08	42 725	37 421	608	1.62

场化轨道，加强对除“四害”科研课题的攻关和规范消杀企业的管理。2004年6月15日成立了昆明市有害生物防制协会，使昆明市除“四害”工作进入了一个新阶段。各县（市）区积极争创除“四害”先进城市（县城）活动。宜良县灭蚊、灭蟑螂通过省检达标，嵩明县灭鼠通过省检达标。

【2.98万农民喝上自来水】　2004年全市又有2.98万人告别饮水难，喝上了自来水，其中：西山区1 500人，东川区4 100人，宜良县1 500人，晋宁县4 200人，呈贡县2 000人，石林县1 000人，嵩明县9 000人，富民县500人，禄劝县3 000人，寻甸县3 000人。

【农村改厕1.61万座】　宜良县1 600座，官渡区1 900座，呈贡县1 500座，晋宁县300座，嵩明县700座，寻甸县3 000座，石林县900座，东川区1 700座，禄劝县1 200座，西山区1 800座，安宁市1 500座。

（杨雨春）

人事工作

【启动实施“云岭先锋”工程】　在实施过程中坚持以“三个代表”重要思想为指导，以建设学习型领导班子和学习型、创新型、实干型、服务型的人事部门为目标，以强化为民服务为重点，创造性地提出了“一二三”的工作思路：一是实现一个转变，即由过去的“管人”转变到为各类人才和为广大人民群众服务上来，强化为民服务的意识和措施；二是得到两个实惠，即实施“云岭先锋”工程紧紧围绕让人民群众得实惠、让基层得实惠展开，真正做到“情为民所系、权为民所用、利为民所谋”；三是坚持三个结合，即实施“云岭先锋”工程与学习贯彻《中共中央关于加强党的执政能力建设的决定》相结合，与贯彻落实全国和省、市人才工作会议精神相结合，与人事人才中心工作和具体实际相结合。

【召开全市人事工作会议】　全市人事工作会议于2004年3月12日召开。14个县（市）区政府、人事（人事劳动和社会保障）局、市级40个委、办、局、三个开发区人事部门的领导参会。市委、市人大、市政协以及市纪委办公厅、市委组织部、市委宣传部等25个党群部门、法、检两院和省直有关驻昆单位的人事负责人应邀参加了会议。会议的主要任务是：学习贯彻党的十六大、十六届三中全会和全国人才工作会议、全省人事工作会议精神，落实市第八次党代会和市政府全会确定的目标任务，总结2003年人事工作，安排部署2004年全市人事工作任务，表彰人事人才工作目标考核先进单位。廖晓珊副市长到会并作了重要讲话。市委组织部副部长、市人事局局长董利华在会上作题为《全面贯彻落实人事人才工作会议精神，为建设现代新昆明提供人才智力保证》的工作报告。

2004年昆明市人事工作会议　（市人事局　供稿）

【深化事业单位人事制度改革】　完成了以聘用合同制为基础的事业单位人事制度改革，2004年被省政府授予“事业单位人事制度改革先进单位”。在总结全市事业单位人事制度改革工作的基础上，确定了按照政事分开、单位自主、个人自愿、政府监管的要求，建立考试制、推行聘用制，扩大代理制，改革分配制的深化事业单位人事制度改革的总体思路，以实现逐步建立充满生机和活力的事业单位管理体制的目标。

【大中专毕业生就业工作】　2004年，昆明市生源的大中专毕业生共12 477人，回昆报到登记的6 004人。结合2004年大中专毕业生就业形势十分严峻的实际，拟订了《关于做好2004年大中专毕业生就业服务工作的意见》，从各方面做好毕业生就业工作：一是发挥人才市场对毕业生资源的配置作用；二是引导毕业生到农村、到基层；三是鼓励毕业生自主创业、自谋职业。截止到年底，已就业的大中专毕业生共有3 372人，占回昆报到登记的56.16%。在已就业的3 372人中，按学历划分：硕士44人，占就业人数的1.30%；本科1 722人，占就业人数的51.07%；大专982人，占就业人数的29.12%。按就业渠道划分：进入机关的644人，占就业人数的19.10%；进入事业单位的1 947人，占就业人数的57.74%；进入国企的188人，占就业人数的5.58%；进入非国企的481人，占就业人数的14.26%。

【事业单位考试考核补充工作人员】　根据《昆明市事业单位通过考试考核补充人员试行办法》等有关规定，按照“适当补充，留有余地”的原则，不断补充、优化事业单位人员队伍结构，从实际需要出发，全年审定89家单位招聘606名工作人员的计划和简章。审核84家单位上报的专业考试或面试成绩，审批办理76家事业单位385人的聘用手续（其中：工作人员356名、工勤人员29名）。通过考试考核补充招聘人员，进一步改善了事业单位工作人员的整体结构，提高了事业单位工作人员的整体素质。

【人才引进和人员调动】　2004年全市共引进各类人才1 418人。其中：引进硕士及高级职称以上高层次人才61人，本科或中级职称人才1 108人。为加快昆明市基础教育的发展，按照人才引进

2004年昆明市有突出贡献优秀专业技术人员评审会　（市人事局　供稿）

的有关规定，同意西山区第一中学、官渡区第三中学（北大附中）、昆明市第十四中学、昆明市财经商贸学校等学校面向全省、全国公开招聘教师近100人，充实了昆明市基础教育教师队伍。向10名引进到昆明市的博士所在单位拨付2004年的政府津贴共12万元。审批1名博士入住“博士公寓”。办理机关工作人员、企事业单位管理人员和专业技术人员调动手续646人，其中：调入322人（省外调入40人、本省地州、市县调入142人、市属各县市区调入140人），调出人员23人，市内调动301人。根据省政府《云南省人民政府关于认真做好云南省退役运动员安置工作的通知》，安置退役运动员23人，其中：人事部门负责安置具有干部身份的15人，劳动部门及其他有关部门负责安置8人。

【专家队伍的选拔管理】 加强专家队伍的培养、选拔管理工作。安排布置了2004年度昆明市有突出贡献优秀专业技术人员推荐选拔工作。经各单位、各县（市）区认真地推荐、评选，上报人选86名，包含管理、工程、农林、教育、医药卫生、文化艺术等六大类。重新调整组建了“昆明市有突出贡献优秀专业技术人员评议委员会”，经评议委员会评审、公示，从推荐上报的86名选拔人选确定了49人为昆明市有突出贡献优秀专业技术人员，报市政府授予了荣誉称号，并在全市人才工作会议上进行表彰，每人颁发奖金5 000元。

按照省人事厅关于推荐2004年度享受“国务院政府特殊津贴”、“云南省有突出贡献优秀专业技术人才”、“云南省政府特殊津贴”的安排。经在全市范围内遴选推荐和公示，确定了11名推荐人选上报省人事厅，其中：“国贴”2人、“省突”4人、“省贴”5人。

【职称评审】 加强专业技术职务评聘工作的管理，完成了2003年职称评聘统计工作。全市134 706名专业技术人员中有专业技术职务资格的107 656人。其中：正高级职称226人，副高级职称4 484人，中级职称35 452人，初级职称67 494人。正、副高职占全市专业技术人员资格总数的4.4%，较2002年增加0.4个百分点；中职占全市专业技术人员资格总数的32.9%，较2002年增加1.5个百分点；初职占全市专业技术人员资格总数的62.7%，较2002年下降1.9个百分点。高中职所占比例比2002年增长了1.9个百分点。专业技术人员队伍结构进一步趋向合理。全年共审核各系列高、中级专业技术职务申报3 480人，评审通过3 056人，通过率88%，其中：高职申报982人，评审通过724人（正高职评审通过30人），通过率74%；中职申报2 498人，评审通过2 332人，通过率93%。重新核定了19家市属事业单位专业技术职务结构比例。

【事业单位年度考核】 加强对事业单位专业技术人员队伍的管理，组织完成事业单位2003年年度考核工作。2003年全市事业单位共有人员85 435人，参加考核人数84 459人，其中：定为优秀等次的11 754人，占总数的13.9%；定为合格等次的71 698人，占总数的84.9%；定为基本合格等次的93人，定为不合格等次的33人，不定等次的881人。

【引智工作】 重视引智工作，加大引智工作力度，坚持引才与引智相结合思路，紧紧围绕现代新昆明建设的需要，加快重点领域、重点行业的引智工作。2004年上报并经国家外国专家局批准3个引智合作资助项目“面源污染治理及湖滨带生态建设”、“GPS卫星定位差分基准站系统”、“酸雨污染来源解析研究”。执行前两个项目共派出8人赴加拿大和日本培训，获得国家外专局资助经费10万元，促进昆明市引智工作的不断向前发展。

【国家公务员录用、任免、处分、辞职辞退和申诉控告】 严格执行《国家公务员录用暂行规定》，坚持“公开、平等、竞争、择优”以及“凡进必考”的原则，认真开展春季、秋季招考录用公务员工作。2004年，全市共计录用国家公务员1 375名。其中，考试录用1 077人，人才引进27人，调任8人，军转安置125人，乡镇连选连任录用29人，农村基层选派考试录用57人，特殊职位4人，计生专干等补办录用手续19人。通过公务员招考录用，进一步改善了公务员的学历结构、知识结构和年龄结构，提高了公务员队伍的综合素质。

按照《国家公务员暂行条例》的有关规定，承办市政府任免国家公务员职务124人；审核市直机关各委办局公务员（含纳入公务员管理事业单位）科级干部任免备案195人（其中任职备案184人，免职备案11人）；审批备案主任科员及其以下公务员非领导职务3 880人；按照文件精神，审核公务员辞职15人；按照《国家公务员暂行条例》的规定，备案受行政处分公务员6人，立案调查公务员申诉案件1起。

【国家公务员年度考核】 按照《国家公务员暂行条例》中对公务员考核的有关规定，不断改进、完善公务员考核制度和考核办法，组织完成了全市2003年公务员年度考核。全市共有74家单位28 828名公务员参加考核。在参加考核的25 765名公务员（此数据不含县处级公务员，下同）中，定为优秀等次的3 741人，占考核总人数的14.52%；定为称职等次的21 340人，占考核总人数的 82.83%；定为基本称职等次的 18 人；定为不称职等次的 18 人；不定等次的 33 人。全市机关工勤人员参加考核3 063人，定为优秀等次的 371 人，占考核总人数的 12.1%；定为合格等次的2 671人，占考核总人数的 87.2%；定为基本合格等次的 3 人；定为不合格等次的 1 人；不定等次的 13 人。加强对考核结果的使用，做到奖惩分明，市级机关和部分县（市）区对受处分的公务员，在考核中给予了降低考核等次和确定为不称职的处理；安宁市还对 1 名年度考核不称职的公务员给予了降职处理。

【参照国家公务员制度管理的事业单位的过渡】 按照市委、市政府的意见，在机构编制部门核定参照国家公务员制度管理的事业单位职能和编制数额的前提下，组织完成了参照国家公务员制度管理的事业单位的过渡工作。全市参照国家公务员制度管理的事业单位 663 家，确定符合过渡条件人员4 416人，其中：市直机关单位 22 家（含党群部门）376 人，五华区 42 家单位 450 人，盘龙区 33 家单位 299 人，官渡区 62 家单位 462 人，西山区 48 家单位 163 人，东川区 58 家单位 328 人，安宁市 35 家单位 230 人，富民县 39 家单位 226 人，宜良县 33 家单位 334 人，呈贡县 37 家单位 255 人，禄劝县 66 家单位 338 人，晋宁县 24 家单位 112 人，石林县 38 家单位 225 人，寻甸县 67 家单位 306 人，嵩明县 59 家单位 312 人。经考试、考核合格后，已办理正式过渡手续的有4 322人。

【开展人民满意的公务员、公务员集体评选活动】 组织开展评选昆明市“人民满意的公务员集体”和“人民满意的公务员”活动，树立公务员榜样和典型。通过推荐评选，于 2004 年 2 月以市政府名义组织表彰奖励“人民满意的公务员”20 名，“人民满意的公务员集体”5 个，公务员先进集体（记集体三等功）5 个，公务员先进个人（记个人三等功）10 名，公务员先进个人嘉奖 30 名；向省推荐上报候选表彰公务员先进集体和公务员先进个人 30 名，其中：公务员先进集体 11 个，公务员先进个人 19 名。

【高层次人才培养】 积极开展市校合作，与浙江大学签订 2004 年第二期合作培养行政管理硕士研究生协议，组织有 132 人参加的考前辅导班。经参加全国统一考试，28 名公务员被录取。与浙江大学签订了 2005 年度合作培养行政管理硕士研究生协议，全市（各县〈市〉区和市级机关各部委办局）共推荐了 152 人报名，已有 139 人通过浙大资格审核。

与武汉大学合作委托培养在职攻读公共管理专业硕士（MPA），目前已取得学位和正在攻读人员共 40 名。2004 年，共组织 15 名公务员报考武汉大学、云南大学公共管理专业硕士（MPA）。选送 11 名高级公务员赴英国、澳大利亚、香港等国（境）外培训。

【教育培训】 按照《昆明市 2003～2005 年国家公务员培训规划》及公务员行政许可法培训的有关要求，在市行政学校举办两期师资培训，培训学员 168 人；4 月全面展开全员培训，全市30 589名公务员（市级机关8 516人，县〈市〉区22 073人）参加培训，经两次组织考试全部合格，合格率达 100%。在公务员中推广普通话培训测评，全市公务员培训测评合格17 442人，占总数的 60% 以上。为保证军转干部的顺利安置，组织军转干部培训 548 人。

按照《昆明市专业技术人员继续教育规划》的要求，积极组织有突出贡献优秀专业技术人员、学术和技术带头人及后备人选外语培训。举办政治理论、专业知识、计算机知识应用及外语等各类专业技术人员继续教育培训 80 余期，参培人员4 000余人。举办全国职称外语考试考前培训 10 余期，培训学员 589 人。组织1 000余名专业技术人员参加《WTO 与涉外知识》专题讲座，聘请国内知名专家教授讲课，使专业技术人员对世界贸易组织、知识经济、涉外知识等有了进一步的了解，优化了知识结构，提高了综合素质。

【军转安置】 认真贯彻党中央、国务院的军转政策，面对繁重的军转干部安置工作任务，积极探索改革军队转业干部安置制度，实行计划分配和自主择业相结合，较好地完成了 2004 年军转安置工作任务。2004 年省下达安置计划 782 名，其中计划安置 447 名，自主择业 339 名。通过举办岗前培训、组织双选会、召开安置工作会等措施，计划安置的 447 名军转干部全部落实到位，自主择业的 339 名转业干部的医疗保险参保工作正积极推进。按照预订计划，完成五华区、官渡区自主择业军转干部管理服务的试点工作，建立了市、区（县）、街道办事处（乡、镇）和社区居委会（村委会）四级管理服务体系。五华、官渡两个区自主择业军转干部管理服务试点工作得到省军转安置工作领导小组的充分肯定。按照中央和省的部署，积极做好困难企业军队转业干部的稳定工作，保证中央、省、市三级资金按时落实到位，解决好困难企业军队转业干部的“三拖欠”问题。

【人事法制工作】 根据《昆明市人民政府关于印发〈昆明市级行政审批权下放安宁、东川区实施意见〉的通知》精神，结合工作实际制定了《昆明市人事局行政审批权下放安宁市、东川区实施方案》，为人事行政审批事项下放工作的衔接提供了保障，促进了人事法制化建设。健全人事争议仲裁机构和人员，认真贯彻最高人民法院和国家人事部关于人事争议仲裁案件与司法接轨的有关规定，依法受理管辖区内发生的人事争议案件。全年办理事业单位聘用合同鉴证1 554份，妥善处理人事争议案件 5 件。全年承办人大代表建议和政协委员提案共 21 件，其中：人大代表建议 4 件，政协委员提案 17 件（协办件 2 件），均已全部办理完毕，通过召开五次代表、委员面商会，组织回访工作会，并邀请市人大、市政府、市政协等有关部门领导现场指导，大大提高了办理工作质量，办理满意率达到 100%。

【人事考试】 全年共组织公务员录用、事业单位补充招聘、职称外语、职称计算机及各类人事考试 300 余场，参加考试62 995人次，其中：2004 年春季国家公务员录用考试，报考人数4 569人；事业单位补充招聘人员考试，报考人数2 526人；全国专业技术人员职称外语等级考试，昆明考区报考人数6 895人；全国经济专业技术资格考试，昆明考区报考人数4 197人；昆明市参照公务员管理事业单位人员过渡考试，参考人数2 625人；专业技术人员职称计算机考试，参加考试31 050人次。另外，共组织监理工程师、造价工程师、价格鉴证师、注册税务师、资产评估师、执业药师、房地产经纪人、土地经纪人、国际商务师、法律顾问、出版专业、注册安全工程师等 15 种全国专业技术资格考试报名考试，报考人数4 137人。

【人事信息】 加强信息与信息网络建设，完成了“昆明人才网”人事人才五个栏目的改版及维护工作，自 7 月份完成改版以来，“昆明人才网”的日访问量均在3 000人（次）以上，年访问量近60万人（次）。从10月份开始，在网上发布了各类人事信息268条，3个月访问量已达29 725人（次）。加强人事信息宣传工作，全年编发《人事信息摘要》16期，编发信息58条；编发《昆明市人事信息工作简报》55期，编发上报人事信息74条。被省厅采用6条，市政府办公厅采用8条，市委办公厅采用7条，《中国人事报》采用2条。

【工资及离退休人员管理】　加强机关事业单位工资管理工作，继续做好机关事业单位工资总额计划管理，搞好事业单位《工资基金管理手册》的审核工作。全年换发了《机关事业单位工资基金管理手册》623本，对32个市属差额事业单位进行了“一年三审”。布置市级机关事业单位2003年年终一次性奖金，部分工作人员正常晋升职务工资、级别工资，离退休人员正常增加离退休费等工作。办理全市机关晋升职务工资档次共27 253人，全市事业单位正常晋升职务工资档次70 658人，全市机关离退休人员增加离退休费11 311人。根据文件精神，办理提前退休203人、离岗退养14人的增加退休费和离岗退养工资手续，办理18人辞职一次性领取辞职金手续。办理事业单位改制中提前退休34人；办理机关事业单位特殊工种退休3人、病退9人。发放2004年度机关事业单位退休人员退休证776本，为38名市管干部办理了登记签章手续。

【人才市场与人事代理】　加强人才市场建设，构建统一开放的人才市场体系，逐步实现市场对人才资源的高效、合理配置。对“昆明人才网”进行全面改版，并开通了通用网址和中文域名。成立了流动党员党委和全国第一个人才服务机构流动团员团委。目前流动党委共有流动党支部22个，流动党员803名，仅2004年就新成立流动党员支部8个，新接收党员340名。召开了西南五省区中心城市人才服务机构主任会议，建立了西南人才联盟。依托人才服务中心和人才市场，积极为用人单位和各类人才提供各种服务，办理大中专毕业生就业登记，发布人才信息，开展人才培训、档案保管、流动人员职称评审、流动党、团员管理等工作。截至2004年底，昆明市人才市场共有进场单位4 801家，办理求职登记11 523人；组织各类人才招聘会46场，进场75 931人次；举办网上人才交流会3次，共有16万人次上网交流求职。全年共提供就业岗位19 855个，为1 675家用人单位和11 455名求职人员落实了就业岗位。利用各种信息网络为用人单位和各类人才提供方便、快捷的服务。

全年共接收档案7 155份，其中：流动人员档案1 034份，毕业生档案6 121份；与237家各类性质的单位签订了人事代理协议；为1 327人办理了人事代理手续（其中：事业单位73家，共368人），为1 086人办理人事档案合同续签手续，为400多人办理了人才派遣手续。

（赵立新）

劳动和社会保障

【就业再就业工作】　省政府2004年下达给昆明市的就业再就业目标任务是：开发有效就业岗位57 000个，城镇新增就业人员40 000人，促进26 400名下岗失业人员再就业，其中帮助8 000名“4050”大龄下岗失业人员实现再就业，城镇登记失业率控制在4.5%以内；市政府下达的目标任务是：促进15 000名下岗失业人员实现再就业，并列入必须为民办好的10件实事之首。为圆满完成省、市政府下达的年度目标任务，采取了三项措施抓落实：统一安排，层层分解任务，一级抓一级；认真落实各项优惠政策；组织开展就业再就业培训。全市开发有效就业岗位78 825个，城镇新增就业人员64 882人，促进37 320名下岗失业人员实现再就业，城镇登记失业率为2.01%。超额完成了市政府促进15 000名下岗失业人员再就业的社会承诺和省政府下达的年度目标任务。在此过程中，加大对东川再就业特区建设的工作指导力度，为东川研究解决长期居高不下的城镇登记失业率做了大量工作。在农村劳动力转移及劳务输出工作中，努力克服经费等困难，积极开展劳务输出的培训及管理，并指导协调各地农村富余劳动力转移前的培训、职业技能鉴定及证书颁发，收集和联系省内外用工信息、加强输出后的跟踪管理服务等工作，促使劳务输出工作取得了明显成效。全市共培训农村富余劳动力47 257人，完成全年培训计划40 000人的118%，组织输出23 354人。为农村富余劳动力转移输出积累了经验，促进了农民的就业和增收。

【完善社会保障体系】　2004年，“两个确保”工作得到巩固和发展，“三条保障线”平稳衔接。在再就业服务中心的国有企业下岗职工按时足额领到了基本生活费，保障率为100%，参加失业保险的失业人员按时足额领取失业保险金；全市参加企业职工基本养老保险的20.31万名离退休人员的基本养老金每月按时足额发放，社会化发放率为100%。同时，社会保障监督工作力度加大，在全市范围内开展了对参保单位两个年度缴费情况以及基金征缴、管理、拨付、发放各个环节的拉网式大检查，共查出少报、漏报缴费基金95 081.6万元，收回少报、漏报基金1 023.5万元。社会保险覆盖面继续扩大，推进非公有制经济组织和灵活就业人员参加社会保险，各项社会保险的参保人数持续增加。至年末，养老、失业、医疗、工伤、生育保险的参保人数分别为72.18万人，55.7万人，103.08万人，30.15万人，25.5万人。9月，顺利完成农村养老保险职能由民政局移交劳动保障部门的工作。全市参加农村养老保险的9个县（区），共有参保农民32.3万人。

【劳动关系协调和维权工作】　随着国企改革的深化，市场化进程的加快，劳动关系日趋复杂，劳动争议案件呈现多样化、复杂化、群体化，使得劳动争议的处理难度增大，为了从源头上解决维护劳动者合法权益的问题，在全市范围内认真贯彻落实《劳动保障监察条例》、《昆明市企业工资支付条例》，对用人单位的用工行为和劳动保障执法监督进行规范和指导。同时，积极发挥劳动关系三方协调机制的作用，及时处理涉及劳动关系的社会热点、难点问题，认真审核关闭破产、改制重组的国有企业对职工的安置方案，积极稳妥地做好职工安置工作。认真做好信访接待、及时办理各级领导批示件、督办件和便民热线转办件。加强劳动保障执法年审，加强对用人单位用工行为的执法检查，督促用人单位与职工依法签订劳动合同，妥善处理拖欠农民工工资等问题。全年共受理劳动争议案件865件，结案840件，接待来信来访8 562人（次），收到人大建议、政协提案52件，行政复议19件，省市领导批示件和市政府“12345”便民热线转件735件，均按规定及时办结。共对35 649户用人单位及职业介绍机构实施了监察，涉及劳动者66.2万人（次），督促用人单位清还拖欠农民工工资6 645.69万元。并开通“劳动保障便民热线12333”，方便职工群众咨询、了解劳动保障政策、法规和举报、投诉。

【解决特殊困难群体再就业工作】　针对“4050”人员、双下岗和双失业人员、下岗失业的复退转军人、老劳模、老党员、残疾人就业再就业难的实际情况。始终把“送政策、送岗位、送信息、送技能、送资金、送服务”作为促进特殊困难群体再就业、接续社会保险关系和保障其基本生活的重要内容和形式，认真落实再就业各项优惠政策。全市共为37 877名下岗失业人员发放了《再就业优惠证》。

【研究困难企业职工医疗保障问题】昆明市城镇职工基本医疗保险制度实施4年以来，通过各方面的艰辛努力，阶段性目标基本实现，以城镇职工基本医疗保险制度为核心的多层次体系的框架初步建立，参保人员突破了100万大关。但由于医疗保险是市级统筹，实行的是即收即支的运作方式，困难企业职工无力缴纳费用，医疗得不到充分保障，针对这些问题。2004年，在大力推进服务项目标准化管理，不断提高服务质量和管理水平，组织好灵活就业人员参加医疗保险的同时，重点研究了困难企业职工和退休人员的医疗保障资金来源问题，探索解决进城务工人员医疗保障问题，为市委、市政府提供决策依据，如“对医保个人账户每月低于40元的市属国有企业退休人员实行补助”就是经过反复调研、测算后，政府作出的决定。

【企业退休人员社会化管理】　全市已在街道办事处（镇）建立劳动保障事务所144个，在社区建立劳动保障服务站313个；到位工作人员1 353人，市级下拨所、站经费573.11万元，县（市）区筹集420.18万元；落实办公场地10 884平方米（有的与居委会联合办公）。在机构、人员、经费、场地落实的情况下，建立社会化管理服务个人信息和纳入社会化管理服务的退休人员达17.3万人，占企业退休人员的90%，其中：依托企业社区管理的3.45万人，移交社区管理的12 350人，企业主管部门代管的19 769人。

【高技能人才培训工程】　为认真落实市委、市政府提出的“工业强市”、“人才兴市”战略，改变全市技能人才，特别是高技能人才奇缺的状况，提出了《昆明市高技能人才队伍建设实施意见》，确立了在交通、电力、烟草、生物制药、机电制造、通信和软件业、商业及现代服务业等技术含量高、涉及面广的职业中3年培养4.5万名高技能人才的目标任务。截止12月底，全市15万余人参加了职业技能培训，其中8万余人参加了职业技能鉴定，获得高级技师、技师、高级工职业资格证的有6 150人。

【劳动社会保障综合信息化建设工程】昆明市金保工程一期的主要目标是通过养老先行，达到统一架构全市劳动保障信息体系，实现全市劳动保障业务“统一数据中心、统一网络体系、统一业务应用、统一服务平台”的目的。市“金保工程”建设在积极配合省劳动和社会保障厅完成全省可行性调研报告的基础上，总体设计方案已通过市政府主持的专家论证。应用设计方面还重点强化了劳动保障工作的服务理念和社区平台建设，目标是建成基于劳动保障综合业务与服务的社区“虚拟便民服务中心”，实现真正意义上的便民服务。已经完成了方便广大参保单位的劳动保障业务“网上申报系统”的开发工作，同时，按省、市要求完成了劳动保障统计和规划工作。

【市劳动力中心市场建设工程】　加快劳动力市场建设步伐，实现劳动力市场“科学化、规范化、现代化”和就业服务体系“专业化、制度化、社会化”是为劳动者提供就业再就业保障的重要内容。在充分发挥全市已建立的16个劳动力市场功能的同时，在市委、市政府的高度重视下，昆明市劳动力中心市场经过多方努力，完成了选址、建设方案的报批等工作。

【依法行政】　按实施《行政许可法》的要求，认真清理现行涉及劳动保障工作的行政许可规定，进一步规范了行政许可行为。建立了行政许可工作制度和工作秩序，组织劳动保障队伍人员参加法制培训。按市政府的要求，开展了市级劳动保障行政审批职能下放安宁市、东川区的试点工作。督促6 040户用人单位为劳动者依法缴纳社会保险费，审查用人单位劳动规章9 695件，纠正与劳动保障法律、法规不相符的规章制度1 164件。

【四区区划调整工作】　四区区划调整中劳动保障业务移交、对接工作任务圆满完成。2004年初，根据市委、市政府关于五华、盘龙、西山、官渡四区区划调整的统一部署，为保证劳动保障业务移交、对接过程中的稳定性、准确性、连续性，提出了“工作不脱节、保障不断线”的目标，四个区的业务移交、对接工作在区委、区政府的统一领导和市级劳动保障部门的指导下，顺利地完成业务移交对接工作，共完成以养老、失业、医疗、工伤、生育五大险种为主的社会保险业务移交对接转入（转出）户数23 589户，涉及1 305 320人（次），全面实现了社会保险2005年1月与市财税体制同步运行。

【配合企业改制】　根据市委、市政府的总体部署，把做好国有企业深化改革中涉及劳动和社会保障方面的成本测算、职工安置、社会保险续接、劳动关系调整等工作列入重点工作之一，认真抓落实，完成了参加改制的企业有关成本的审核工作。积极主动配合有关部门做好深化国企改革工作，主动上门为企业改制提供优质服务，在执行省、市国有企业改革政策的过程中，为了便于操作，及时制定了《审定国有企业改革方案工作程序》、《国有企业改革涉及劳动保障问题申报程序》等一系列规定，为企业提供方便、全面、快捷、高效的服务。

（王正军　赵贤锋）

安全生产监督

【主要工作职责】　贯彻执行国家安全生产的法律、法规；拟订全市安全生产综合性规章，及时掌握全市安全生产形势，提出相关措施。综合管理全市安全生产工作，行使国家安全生产监督管理职权；对各县（市）区和道路交通、消防的安全生产实施监督、指导和协调，参与民航、铁路、国防工业、气象等方面的安全生产工作。监督、检查市属有关部门、工矿商贸企业贯彻执行国家安全生产方针、政策和法律、法规情况；监督作业场所职业卫生和烟花爆竹生产经营单位安全生产管理工作；负责工矿商贸企业劳动防护用品及有关安全材料的监督管理。负责全市伤亡事故的报告、统计工作，发布全市安全生产信息；组织、协调重大事故的调查处理并对事故批复结案（煤矿事故除外）。受省、市政府委托参与重、特大事故调查。负责全市工矿商贸企业安全生产条件和有关设备（由其他有关部门承担的锅炉、压力容器、电梯、防爆电器等特种设备除外）的检测检验工作；对从事安全生产评价、安全培训、安全咨询等工作的社会中介组织进行资质认定，并负责监督检查。负责全市安全生产宣传、教育工作；组织全市安全生产监察人员、管理人员、特种作业人员和生产经营单位主要负责人的培训、考核和发证工作；负责全市安全工程系列的技术职称评定工作。负责全市新建、改建、扩建工程项目的安全设施与主体工程同时设计、同时施工、同时验收和投产使用（下称“三同时”）的安全监督检查，参加“三同时”的初步设计审查和竣工验收；监督检查重大危险源的监控和重大事故隐患的整改；负责危险化学品的安全监督管理和职业安全健康体系认证。组织、指导全市安全生产重大科学技术研究和新技术的推广应用。负责全市安全生产技措项目的登记备案；管理市政府安全生产专项经费。承担市安全生产委员会的日常工作。

【非煤矿山安全监督管理】　2004年，非煤矿山安全监督管理工作，贯彻落实国家和省深化非煤矿山安全专项整治工作精神，进一步巩固非煤矿山专项整治成果，促进全市非煤矿山安全生产形势好转，制定了《昆明市非煤矿山安全生产专项整治方案》，明确专项整治工作的指导思想、原则、内容、措施和要求，使非煤矿山专项整治工作向纵深发展。在继续深化非煤矿山专项整治工作，对全市通过验收的1 305家非煤矿山进行安全评估，评估率达100%，提前3个月完成省下达的非煤矿山安全评估工作的时间要求，关闭不具备安全生产条件的非煤矿山30家，对14个非煤矿山重大隐患进行重点监控，跟踪督查整改，有效预防重特大事故发生。

【煤矿安全监督、监察】　按照《国务院办公厅关于完善煤矿安全监察体制的意见》和市政府对职能调整、机构设置的批复，原由市乡镇企业局承担的煤矿安全管理工作划归安监局。根据全市煤矿安全生产现状，进行全面摸底调查，下发《关于进一步加强煤矿安全生产工作的通知》，制定了《昆明市井工煤矿扇风机管理细则》。在煤矿安全监管工作中，积极配合煤炭行业管理部门，探索煤矿安全管理办法并结合实际，制定严格的安全防范措施，进行定期和不定期安全检查，及时消除隐患，确保煤矿生产安全。

【危险化学品安全监督管理】　危险化学品监督管理工作，在继续深化专项整治工作基础上下工夫，针对全市危险化学品特别是剧毒化学品品种不清、管理较差的情况，与公安部门紧密配合，对全市及县（市）区危险化学品生产、使用、经营和储存单位进行明确规定，对不具备安全生产条件的昆明金浪农药有限责任公司、昆明电化厂进行处罚。在危险化学品专项整治工作中，采取日常监督和专项检查相结合的工作方式，共查出安全隐患558条，下发安全隐患整改指令书48份，对不具备安全生产条件的昆明珑琦气体产品有限责任公司和昆明亚浦耳照明电器有限公司停产整改；对存在安全隐患的云南杨林工业开发区汕头滇药业有限公司等46家危险化学品单位进行限期整改；严把市场准入关，2004年发放危险化学品乙种经营许可证32家，对申请改扩建的4家危险化学品企业进行了审查，市政府批准2家。初步掌握了危险化学品从业单位数，开展危险化学品生产、储存企业安全评估工作，完成71户，占应评估数的91%，对存在问题较为突出的昆明电化厂等单位提出书面整改指令书，并由行业管理部门督促整改；加强对剧毒化学品使用的审核工作，对提出申请的60户（次）剧毒化学品使用单位进行认真审核，对3户不具备剧毒化学品使用的单位的申请予以退回。热情处理便民服务热线、群众安全事故举报案件18起（次），督促加油站、煤气管道、人员密集场所安全隐患整改工作；开展烟花爆炸安全专项整治，取缔非法经营烟花爆炸私人作坊。

【宣传教育培训】　2004年，组织开展全员安全教育、外来务工人员安全基础知识教育、安全监督检查员资格培训、安全生产监察员业务培训、厂（矿）长、经理、特种作业人员和危险化学品管理人员培训115期，参培人数18 666人，复审换证13 060人，90%以上生产经营单位开展了全员安全教育。新进入安监系统的工作人员经过培训，全部取得了国家安全监察员证，系统安全监察员持证率为100%。开展全市安全评价工作，对11家危险化学品生产单位、35家危险化学品经营单位和15家危险化学品使用单位进行了安全评价，为安全生产许可证的发放工作打下坚实基础。广泛深入开展安全生产月活动。紧紧围绕“以人为本、安全第一”活动主题，制定《昆明市安全生产月活动方案》，利用一条街、一个市场、一个商场等多种形式广泛开展宣传教育活动。以活动促安全，做到贴近群众、贴近生活、贴近实际、主题鲜明，起到较好的宣传效果和社会效果，形成“关爱生命、关注安全”的良好社会氛围。在安全生产月活动期间，制作展板376块，广播559次，出专栏258个，出黑板报899块1 800余期，发放各类宣传资料313 990份，粘贴和悬挂标语口号32 575条，更新补充安全标志牌330余处，张贴宣传画34 216条（幅），参加宣传活动人员达213 000多人次以上。利用安全月活动，开展安全咨询和宣传车巡回宣传活动。活动期间围绕主题，深入生活，自编自演的16个文艺节目受到广大观众的好评。在国家安全生产监督管理局举办的百城百万人安全活动签名交接仪式上，昆明市的“安全生产月活动”和“百城百万人签名活动”受到国家安监局肯定，并获得全国表彰。

【依法行政，严格执法】　按照属地化管理规定，对辖区内发生的67起安全生产事故，按照相关法律法规和“四不放过”原则，依法查处，时限内批复结案率达100%，移交司法部门追究刑事责任2人，行政撤职1人，同时还加大对领导干部和有关责任人行政责任追究力度，北京路“9.20”水管网工程工地中毒窒息重大事故责任人和行政责任追究得到落实；晋宁宝峰“10.17”违规放炮事故的责任人被处理，呈贡“7.16”昆洛公路高处坠落事故的有关责任人被追究刑事责任，嵩明“8.26”杨林小东山石塘物体打击事故的责任人被处以罚款，相关领导被追究行政责任。

（黄国财）

民　政

【城市居民最低生活保障】　2004年，昆明市城市居民低保实现了动态管理下“应保尽保，应保才保”的工作目标，完成《昆明市城市居民最低生活保障实施办法》修改审定工作，积极开展失地农民纳入低保的调查摸底和政策研讨工作，顺利完成了四区区划调整中低保对象的划转、交接。针对2003年9月以后市场粮、油价格上涨，市政府于2004年10月适时提高了低保标准，在全省统一提高10元的基础上又增加了20元，达到每月220元的标准。全市保障人数、支出资金都有了一定幅度的增长，共支出低保金8 697.9万元，其中市下拨补助经费6 849.9万元，县（市）区财政承担1 848万元，全市有80 716人享受低保，人月均补差为91元，保障标准和补差额处于全省的前列。

【救灾救济】　2004年由于受极端气候的影响，昆明市先后发生严重的雪灾、干旱、洪涝、泥石流、山体滑坡、风雹、雷击等自然灾害，造成严重的人员伤亡和财产损失，给灾区人民群众生产生活带来较大的困难。截止8月31日统计：全市农作物受灾108.9万亩，成灾72万亩，绝收20.74万亩；受灾人口102.6万余人，成灾人口57.34万人，重灾民25万余人（仅7~8月就有近8万人），因灾死亡23人（其中遭雷击死亡19人，洪涝、滑坡灾害死亡4人），因灾伤病592人；因灾倒塌民房3 305间，损坏民房13 946间；粮食减产97 024吨，因灾死亡大牲畜137头（匹）。灾害造成直接经济损失达3.174亿元。面对严重的自然灾害，民政部门按照党委、政府的统一部署，在进一步落实救灾工作分级管理、救灾资金分级负担、救灾款专户管理制度的同时，把提高自然灾害应急处置能力和综合协调能力作为重点，在完善救灾应急预案、落实救灾应急措施上下功夫，14个县（市）区都制定了自然灾害应急处置预案，组建应急分队，储备一定的救灾应急物资。做到接到灾害发生报告，第一时间赶赴受灾现场，第一时间将灾情核实上报，第一家将救灾物资送达灾区。为确保受灾群众生活得到保障，做好恢复重建工作，年内市下拨的各类救灾救济资金达2 209.3万元，调拨救灾帐篷164顶，转移安置群众2 576人，救助人数达108 614人（次），切实保证了受灾群众基本生活的需要。为支援德宏、怒江、保山、丽江、昭通5个州（市）的抗洪、抗震救灾工作，10月31日以前，全市共接收到169家单位和部分群众的捐款14.17万余元，188家单位及个人捐赠衣物13.50万余件，及时把全市人民的关怀和温暖送到灾区及贫困地区，深受灾区人民好评。

【农村“五保”供养】　针对农村税费改革以后“五保”供养出现的新问题，市民政局积极与财政等部门协调，明确“五保”供养资金的来源渠道。全市共有农村“五保”人员9 088人，有5 348人落实了供养待遇，年供养经费3 514 322元，人均供养经费657.13元，目前全市农村敬老院共有93所，集中供养五保对象869人。

【农村特困户救助】　昆明市农村特困户的救助开始实行建账发证制度，年内已有14 273户26 547人领取了救助证，特困户凭证享受生活救济和医疗救助制度的推行，为促进农村救助体系建设的完善起到了积极的作用。

【城市救助】　认真贯彻落实《城市生活无着流浪乞讨人员救助管理办法》，对5 200名流浪乞讨人员进行及时救助，对530多名跨省的特殊困难救助对象进行护送返乡。通过救助政策法规的宣传和救助方式的改进，救助管理工作基本走上正常发展的轨道。

【基层民主政治建设】　2004年是第二届村（居）民委员会换届选举工作全面展开的一年。为依法搞好村（居）民委员会的换届选举工作，全市各级民政部门积极发挥职能作用，努力做好协调指导工作，积极配合有关部门妥善处理好换届选举工作中遇到的问题，既注意引导好选民的民主和参与热情，又注重依法办事。本次换届选举产生的村（居）委会干部与上届相比，平均年龄进一步降低，文化素质普遍提高，妇女干部和少数民族干部的比例进一步增大，一批具有专业知识和管理才能的人被选进村（居）民委员会中来，加强了基层自治组织建设。有力地促进基层民主政治建设的开展。

【四区区划调整】　市民政部门在市委、市政府四区（五华、盘龙、官渡和西山）行政区划调整方案确定的基础上，认真做好四区行政区划调整的调研和实施工作，完成在区划调整中赋予民政的工作任务。边界线勘定后，局部的边界纠纷时有发生，为维护边界稳定，巩固勘界成果，民政部门经常深入边界争议地，开展把图上界线准确落入实地的测绘工作，从而使边界纠纷解决在萌芽状态。

【区划地名】　民政部门对需要命名的地名进行了调研，完成县（市）区地名命名35条；实地调研、广泛听取意见，重新恢复和命名一些具有历史文化特色的街道和地名；配合指导高新区进行全市首个地名冠名权的拍卖；配合经济技术开发区和滇池旅游度假区进行地名牌的设置工作；对已建成的区划地名管理系统进行不断完善。

【社会福利】　按照社会福利社会化的发展思路，积极利用社会筹资渠道筹集资金，社会福利事业得到了快速的发展。全市新批养老福利机构4个，全市注册养老机构总数达到45个，其中国有6个，集体10个，社会办29个，新增床位1 500张，总床位达到5 055张，入住老人2 122人，其中国有养老机构入住666人，集体性质养老机构入住273人，社会办养老机构入住1 183人。儿童收养管理更加规范，依法、文明服务的水平有所提高。儿童福利院全年共接收入院儿童287名；送养儿童144名，其中涉外115名，国内29名。家庭寄养得到进一步巩固和提高，已寄养儿童389名，比上年增加57名。

【星光计划】　为期3年的“星光计划”建设项目已经全部建成投入使用。全市各级共投入资金7 500万元，新建和改建各类“星光计划”项目161个，使社区为老年人服务的基础设施得到了极大改善。

【明天计划】　根据省民政厅的部署，昆明市成立了孤残儿童手术康复治疗的“明天计划”工作领导小组，明确了机构、人员和职责，拟订昆明市“明天计划”工作方案，完成全市283名孤残儿童基本情况的调查，确定具备手术适应症的孤残儿童140名。年末，“明天计划”已完成康复手术30例。随着各类资金的陆续进入，将会有更多的孤残儿童得到手术康复治疗。

【福利企业】　按照市委、市政府的统一要求，市民政局6家直属企业进入了国企改革的程序。到年末，6家直属企业的改革进展顺利，福利线标厂、大西洋服装厂、民政汽修厂，已进行新企业的工商注册登记，完成了企业的改制工作；福利制绳厂已完成各单项审批，待政府终审批复；工业制粉厂正进入国企改革绿色通道，进行单项审核；民政建筑公司于3月12日被昆明市中级人民法院依法宣告破产后，依照有关的法律规定，积极开展工作，可望及早实施破产终结。

【双拥工作】　市双拥办和县（市）区双拥办及时展开评选昆明市拥军优属拥政爱民模范（先进）单位和先进个人的工作。2004年，各级党委、政府对驻昆部队开展春节、“八一”两大节日的走访和慰问。市委、市政府拨出经费315万元慰问部队、烈军属、重点优抚对象和困难企业复退转军人，给部队基层单位赠送电脑51台。年内，市委、市政府和4城区还为市国防动员及训练基地综合大楼投资1 200万元（市300万元，五华区、盘龙区各300万元，西山区、官渡区各150万元）。市政府先后拨款用于解决部队水、电、气路等基础设施建设和改善训练、通信条件的投资达300多万元。14个县（市）区在国防后备力量建设方面的投资和拨款达600多万元。此外，市双拥办与市劳动就业局还共同举办了驻昆部队"军嫂"就业专场供需见面洽谈会，为"军嫂"就业提供了方便。市双拥办协调和动员有关部门共同为患病军嫂兰金华捐资10余万元进行肾移植手术，在部队产生了良好的反响。

【优抚工作】　为保证优抚对象的抚恤金和定期生活补助费按时足额发放，各级民政部门积极协调优抚经费。为全市16 115名重点优抚对象发放优抚金2 092.84万元，比上年增加31.3万元，经费使用做到了政策落实、标准符合、账目清楚、管理规范。按照政策，对93名在乡特一等革命伤残军人提高了生活补助标准，为63名退役伤残军人办理伤残登记，为8人调整伤残等级，14人由保健费改为领抚恤金，补发伤残证7人，追认革命烈士1人。全市共发放农村义务兵家属优待金484.3万元、户均兑现1 835元，优待面达到100%，优待标准达到上年全市农民人均纯收入的75.2%。除禄劝以外的13个县（市）区还落实了抚恤补助标准自然增长机制经费120.5万元，比上年增加21.44万元。在市和县（市）区财政的支持下，又投入150万元经费，为618户重点优抚对象解决住房难问题。

【军队离退休干部安置管理】　军休系统深入开展"达标创优"活动，认真组织军休干部进行政治理论学习，积极开展健康有益的文化娱乐活动，切实做好服务保障工作，共发放无军籍职工生活补贴203万元，春节、"八一"慰问费71.4万元，离退休干部生活费1.15亿元，协调解决了军休干部医药费超支补助费780万元，确保军休干部"两个待遇"的落实。

【复退军人安置】　在复退军人接收安置工作越来越困难，安置压力很大的情况下，市复退军人安置部门从讲政治、顾大局的高度出发，积极探索安置改革的新途径。到2004年8月底，符合在城镇安置的退役士兵1 457人，已安置了1 453人，安置率达99.8%。落实自谋职业补偿金1 094.97万元，退役士兵待分配期间的生活补助费40.98万元，解决退役士兵困难补助费4.66万元，安置工作经费38.5万元，有力地维护了退役士兵的合法权益。

【军供工作】　为进一步适应平战结合的需要，昆明军供站进行了设施改造和装修，提升接待标准，改善服务条件。全年接待过往部队官兵5.8万人，补贴过往部队生活费40万元，坚持为过往新老兵赠送纪念品，充分体现了军供站为部队服务的宗旨。在装修停业几个月的情况下，仍完成收入100多万元。被评为全国军供系统先进单位、全国民政系统窗口单位和行风建设先进单位。

【民间组织管理】　根据党中央、国务院关于作好"三农"问题的有关精神，坚持"放宽条件，重点扶持，加强指导，逐步完善"的工作思路。昆明市民间组织管理部门把培育和发展农民专业经济组织作为重点，加强调查研究，深入总结指导，积极配合农业、科协等部门做好工作。同时，抓好社团和民间组织负责人的培训，强化监督管理的职能，规范工作程序，依法做好登记审批工作。按时完成了民间组织的年检和社团换证工作，顺利完成四区区划调整涉及到的社团和民间组织的划转，理顺了新的隶属关系，为社会政治稳定做出了贡献。

【婚姻登记管理】　新《婚姻登记条例》颁布实施以后，各县（市）区民政部门为了方便群众，提高工作效率，普遍实行了婚姻登记集中办理的方法。全年共办理国内结婚登记41 687对、离婚6 713对和涉外结婚登记276对、离婚32对，尚未出现违反《条例》规定的行为。

【殡葬管理】　为加强对殡葬事业的管理，市政府批准将市殡葬管理处由事业单位改为公务员管理的事业单位，使行政管理的职能得到加强。全市已有8个县（市）区成立殡葬管理所，在全市范围内初步形成殡葬管理的体系，使工作有人抓，有人管。通过殡葬政策法规的广泛宣传，以及对乱埋乱葬，违规经营的整治，推动殡葬改革的开展，全市死亡人口火化率不断提高。全年火化遗体14 186具，与上年同期相比增加445具，火化率达52.6%。其中，农村火化率达到15%以上。殡葬管理得到加强，乱埋乱葬、违规经营的势头得到遏制。

【福利彩票】　经过几年的探索和调查，昆明市电脑福利彩票市场逐渐趋于成熟，操作更加规范，站点布局比较合理，管理比较完善。全年共销售电脑彩票2.35亿元，筹集公益金8 820万元，为社会福利事业的发展增添了活力。

【老龄工作】　在市委、市政府关于进一步加强老龄工作的意见下发以后，各县（市）区进一步加强了对老龄工作的领导，调整充实了老龄工作议事协调机构。2004年，老年人优待从70岁降到65岁的工作得到了较好落实，年内已办理老年优待证20多万本，高龄老人的助医助养工作进一步落实；老年文化、娱乐、体育、健身活动丰富多彩，老年人合法权益得到进一步保障；市委、市政府极为关注的市老年人活动中心二期工程的前期准备工作已经就绪。局机关离退休老干部的"两个待遇"得到落实。

（市民政局办公室）

扶贫开发

【概　况】　2004年，扶贫工作紧紧围绕市委、市政府提出的各项目标任务，以实施"云岭先锋"工程为契机，进一步转变机关作风，牢固树立为基层服务、为贫困地区群众服务的思想意识，以农民增收为出发点和落脚点，狠抓各项扶贫措施的落实。经过一年来全市各级各有关部门和贫困地区广大干部群众的共同努力，基础设施得到加强，群众生产生活条件得到改善，新增解决5万人的温饱问题，全市农民人均纯收入在667元以下的绝对贫困人口减少到13.6万人，人均纯收入在667～924元以下的低收入人口还有46.4万人。

【扶贫开发工作】　由于省、市政府加大对贫困地区的投入，确保扶贫项目顺利实施，全市贫困地区共修建灌溉沟渠60.05千米，维修坝塘9个、蓄水27万余立方，修复沟渠45.38千米，建成水浇地14 011亩；架设人饮管道372.8千米，新建小水窖3 175个，解决了3.8万人的饮水困难；新修维修乡村公路238.3千米，新修村内水泥路9.1千米，建桥梁12座；架设输电线路107.8千米；修建校舍10间，800余平方米；新建科普文化室19间，900余平方米；建冻精改良站2个，新建和改造卫生厩1 739间34 700余平方米，建青贮池3 294个，6 580余立方；建沼气池2 189口，节能改灶4 759眼；科技培训43 700余人次；劳务输出2.5万人。

【重点村建设】　在认真完成2003年22个省级重点村项目扫尾及竣工验收的基础上，完成了2004年22个省级重点村、25个市级重点村项目实施方案的审批工作，并下达各县（区）实施。

【安居温饱工程建设】　按期完成茅草房改造。省下达昆明市扶贫安居温饱工程茅草房、杈杈房改造7 374户和安居温饱村22个，已全部完成改造和建设任务；2004年下达昆明市22个温饱村，项目已开始实施。

【扶贫劳务输出】　各级党委、政府尤其是贫困地区党委、政府高度重视农村富余劳动力的转移工作，把贫困地区劳务输出作为一个大产业来开发，并纳入经济社会发展规划。市和各县（区）都成立了农村劳动力转移输出工作领导小组及其办公室，省财政安排了重点扶持县劳动力转移输出培训经费155万元。通过市、县扶贫办、农牧局、就业局、妇联及市级挂钩帮带扶贫单位的协调配合和共同努力，全年共完成2.5万人的劳务输出任务。

【科技产业扶贫】　为带动贫困农户发展，市、县扶贫办把科技及产业扶贫作为新时期扶贫开发工作的一项重要内容，通过经济发展项目扶持，使贫困地区群众实现自我发展、自主脱贫。2004年省扶贫办安排昆明市3个国家扶贫开发工作重点县科技及产业扶贫资金207万元，采取“公司（协会）+基地+农户”的形式，以扶持带动农户对当地贫困群众增收起支撑作用的种、养、龙头企业的发展为切入点，引导和带动贫困农户走农业产业化经营的路子，实现千家万户的小生产与大市场的对接，形成企业得利、农户受益、滚动发展、长期发挥作用的产业扶贫机制。

【易地开发扶贫】　按照省、市要求，紧紧围绕“搬得走、留得住、能脱贫”的工作方针，积极稳妥地开展易地开发扶贫工作。2004年市财政追加资金50万元，彻底解决了东川区跨地州搬迁到德宏州转移安置558户、2 376人的水电路建设问题，移民已正式移交给德宏州潞西市和陇川县管辖；完成了寻甸县县内转移安置200人的选点、规划和实施方案的评审工作，项目于11月启动实施。截止2004年底，全市累计已完成易地扶贫开发移民安置11 700人，其中，跨地州转移安置2 376人，县（区）内转移安置9 324人，从根本上改善了转移安置群众的生存条件。

【少数民族特困乡建设】　2003～2004年，省里把禄劝县大松树乡列为民族特困乡，给予重点扶持，投入扶贫资金200万元。通过两年的项目实施，已建设安居房91户，建成小水窖607个，架设饮水管道2.5千米，解决了2 400人的饮水困难；新建水浇地914亩，修复引水沟渠1.3千米；修建公路12千米；新建沼气池112口，发展野火绿花椒1 850亩，举办科技培训班6期，培训项目农户500人次。项目的实施，改善了大松树乡少数民族地区的基础设施，培育和发展了特色产业，促进了生态环境的改善，增加了农民收入，增强了发展后劲。

【信贷扶贫】　为解决贫困农户大春生产垫本，扶持贫困农户发展种养业，认真组织实施小额信贷扶贫，全市共发放小额信贷资金3 587.1万元，扶持农户17 328户。抓好扶贫贴息贷款项目的审批立项工作，促进贫困地区经济结构调整和扶贫龙头企业的发展。2004年，市级审批立项16批，计划贷款4 500万元；报省扶贫办审批立项5个，计划贷款1.95亿元。通过农业银行最终论证评估，已落实扶贫贴息贷款18 609万元。通过信贷扶持，有效地促进了贫困地区种植、养殖及加工等龙头企业的发展，促进了农户增收脱贫。

【扶持当年生产】　为确保贫困户、特别是茅草房改造户的粮食增产，把扶贫化肥供应由过去补贴差价，统一销售价供应到贫困村，改为无偿扶持人均纯收入625元以下的贫困农户，每户供应1—2包。通过政府招标采购，由中标单位省农资公司购买“金沙江”牌尿素1 560吨，按质按量于中耕管理期间配送到各乡（镇），由乡（镇）按贫困农户花名册分配到户，受益农户达35 000多户。切切实实体现了党和政府扶贫到户的政策，深受基层干部和贫困农户的好评。

【挂钩帮带扶贫】　省、市、县（市）区党政机关各级、各部门高度重视挂钩帮带扶贫工作，市政府与市级72家单位、3个经济开发区、3个帮带区签订了定点挂钩帮带扶贫责任书。全年共有432个单位，深入到挂钩扶贫点开展调查研究，制定帮扶计划，选准帮扶项目，并认真组织实施。全年到点调查6 122人次（其中：处级516人次，科级以下5 606人次），蹲点扶贫861人（其中：处级99人，科级以下762人），部门投入资金1 310.95万元，实施项目77个；捐献物资折款200.3万元，办好事实事533件；引进资金446万元，引进技术44项，引进人才52人；科技培训420期，培训人数37 532人；党员干部4 849人结对帮扶贫困户4 849户，捐助资金68.59万元，捐物折资30.4万元。新修公路里程78.6千米，新架输变电线路91.2千米，解决了6 857人饮水困难，安居房改造28户，帮扶贫困学生5 878人。通过定点挂钩帮带扶贫，加快了贫困群众脱贫致富的步伐，增进了党政机关、企事业单位与人民群众的血肉联系；培养锻炼了机关干部，提高了机关干部深入实际、分析解决实际问题的能力；弘扬了中华民族扶贫济困的传统美德，在全市形成了关心、支持扶贫工作的良好氛围。

【建立贫困户档案】　为摸清全市贫困人口的数量和分布情况，各县（区）扶贫办组织人员与乡、村干部一道摸底调查，对全市农民人均纯收入低于667元的贫困户和贫困人口进行造册登记，建档立卡33 429户、133 615人，明确扶贫对象，做到对贫困户的情况心中有数，为有针对性地做好扶贫到户工作打下了基础。

【加强领导，转变工作作风】　市委、市政府高度重视扶贫开发工作，切实加强对扶贫工作的领导，把扶贫工作列入重要议事日程，认真研究部署，纳入目标责任制管理，与市级挂钩部门、帮带县（区）签订挂钩帮带扶贫责任状，与相关县（区）签订扶贫开发工作责任状，并作为市委、市政府的重要工作之一定期立项督查。根据责任书的要求，扶贫办及时召开全市扶贫办主任会议，把解决5万贫困人口温饱的任务分解到各县（区），做到计划早安排，任务早下达，项目早启动。

（市扶贫办）

残疾人事业

【残疾人安居工程】　240户农村贫困残疾人危房户列入改造工程，每户由中国残联补助2 500元，市政府配套1 000

元，县（市）区财政配套1 500元，共120万元资金投入改造工程，年底240户危房改造工程基本完工。“人类家园”云南机构在宜良、寻甸的麻风村危房进行了改造，共投入27万余元，改建面积596平方米，40多户麻风病人搬离原来低矮破旧的危房。

【提高残疾人低保】　根据分类施保、应保尽保的原则，对全市5 405户已纳入最低生活保障体系的残疾人提高了保障水平。五华区、呈贡县根据当地经济发展对残疾人低保标准提高20%，达到218元，平均提高29元。各县（市）区残联与民政部门在农村开展最低生活救助工作，把符合条件的1 025户农村贫困残疾人纳入生活救助。

【扶助残疾人就读】　开展长江新里程计划——盲童入学项目，中央文明办资助的扶残助学项目，中国残联专项彩票公益金助学和“春雨助学行动”。共资助贫困残疾学生及贫困残疾人子女918名，资助费用25.68万元。五华区残联募集110万元资金，资助贫困学生290人，资金达14.76万元。

根据省残联《关于开展资助贫困残疾人大、中专学生工作的通知》，全市资助167名大中专残疾学生，金额23.52万元。资助中小学生1 437名，金额42.5万元。减少了残疾人子女及残疾学生的辍学现象。

【慰问残疾人】　市残联对全市14个县（市）区3 493户残疾人家庭进行走访慰问，在助残活动周到麻风村看望麻风畸残患者并送去了慰问品，共发放慰问金67.3万元，送去党和政府的关爱。

【开展康复工程】　积极配合中国残联专项彩票公益金麻风畸矫治项目的开展，国家医疗队历时11天为昆明80名麻风畸残患者实施109例矫治手术，其中21例兔眼，16例睑外翻，12例爪形手，18例单侧面瘫，3例双侧面瘫，29例足部溃疡，7例足下垂，3例截肢，并为他们配备了拐杖。

根据《昆明市、迪庆藏族自治州经济社会合作协议书》，市残联组织医疗队赴迪庆，筛查病人800余名，免费为263例贫困白内障患者实施复明术，人工晶体植入率100%，脱盲率100%，脱残率98%，促进了两地的交流和发展。

协助深圳狮子会“视觉第一中国行动”免费为寻甸县实施122例白内障复明手术，加强了市残联与国际康复组织的联系，为引入社会力量支持残疾人康复积累了经验。全市共完成白内障复明手术1 000余例，超额完成“十五”计划任务。

【社区康复工作】　全市举办精神病防治工作培训班10期，五华区为122名贫困精神病患者免费服药，为2 683名残疾人提供康复医疗训练指导、心理支持、知识普及、用品用具等康复服务。西山区制定了《关于在部分精神病患者家庭建立家庭病床的实施方案》和《社区康复资料汇编》。长江新里程普及型假肢项目共为37人安装了小腿假肢。

各县（区）结合“爱耳日”“防聋进社区”的主题，通过发放助听器、悬挂布标、张贴标语、海报等，使11 000多人受到了教育。助残日免费发放麻风防护用品及残疾人用品用具1 500余件。

【残疾人就业培训】　全市安置残疾人就业1 872人，其中，集中就业878人，分散按比例就业222人，扶持残疾人个体就业772人，收取残疾人就业保障金910万元。市残联与市劳动和社会保障局联合下发《昆明市关于将按比例安排残疾人就业纳入劳动执法监察的通知》、《关于做好昆明市残疾人劳动就业工作的通知》。组织开展城镇残疾人职业技术培训和农村贫困残疾人实用技术培训105期，对5 242名残疾人开展种植、养殖、农副产品加工、岗前培训、补鞋、保健按摩、手机修理等技能培训。

【残疾人组织建设和专门协会活动】2004年县（市）区残联已经到换届时间，部分县（区）残联理事长根据当地组织部门规定，将从领导岗位上退下来，为了选好新一届残联领导班子，使当地残疾人工作持续、健康、稳定发展。市残联分别与石林县、官渡区、嵩明县、安宁市、东川区组织部门就残联理事长人选和召开代表大会交换意见，指导安宁市残联完成换届工作。东川区、官渡区、嵩明县、石林县向政府上报了召开代表大会的报告，完成了筹备工作。

根据省残联《关于进一步加强社区残疾人工作的通知》，五华、盘龙、官渡、西山4区被列为全省残疾人工作示范区。市残联开展调研，结合外地学习考察经验和区划调整的实际情况，下发《关于做好社区残疾人工作示范区试点工作的通知》，帮助4区建设社区残疾人组织，落实社区残疾人协会的工作经费，按社区残协的职责开展工作。

按照中残联“三人活跃”的要求，专门协会开展了形式多样、内容丰富的活动。肢残协会、聋人协会分别在助残日、国际聋人节、国际盲人节开展了调研、座谈、郊游等活动。

【残疾人宣传及文体工作】　继续做好手语新闻的播出，并对电台、电视台专题节目进行改进提高。组织媒体对助残日“情系我的兄弟姐妹，帮扶贫困残疾人”大型主题活动的宣传报道和对残奥冠军、残疾人企业家和贫困残疾人的报道。组织昆明摄影家协会到福利企业、学校、残疾人家中创作优秀作品，参加全国第三届“残疾人在祖国怀抱中”摄影大赛。组织新闻作品参加第三届全国广播电台残疾人专题节目展播评选。

对残疾人体育后备人才进行选拔集训，向省里输送33名体育后备人才。昆明市参加第十二届残奥会的6名运动员在残奥会上取得了1金、3银、2铜、破一项世界纪录的成绩。市政府召开昆明市参加第十二届残奥会运动员表彰大会，对优秀运动员、优秀教练员和做出贡献的县（市）区人民政府进行表彰，市残联荣获省、市人民政府颁发的残疾人体育事业“突出贡献单位”称号。

【残联基础设施建设】　在市政府的大力支持下，2004年安排了残疾人综合服务设施基本建设补助资金180万元。盘龙、五华、官渡、石林、宜良、嵩明、寻甸已建成投入使用，西山、禄劝、晋宁、富民在施工建设，安宁、呈贡、东川正在办理征地手续。

2007年全国残疾人运动会将在昆明举办，市政府向国家部委呈报了昆明市创建第二批全国无障碍设施示范城市的材料准备、申请上报工作。

【残疾人信访维权】　认真接待来信来访，做到有问必答。市残联接待来信来访近千余人次，对其中62名残疾人的合理要求和实际困难予以解决。12月初召开全市残联系统信访工作会，邀请心理学教授、市信访局领导为残联信访工作者讲授信访心理学、信访工作程序和方法，为进一步处理好信访工作打下了良好基础。继续做好法律咨询和法律援助工作。对3月25日宜良县40多名残疾人就禁止肢残人三轮摩托营运到省政府上访，通过做残疾人思想工作，事后回访看望慰问，化解了矛盾，解决了问题，维护了社会稳定。

【行政执法检查】　按照《关于认真做好云南省残疾人优待规定行政执法检查工作的通知》，市政府残疾人工作协调委员会组成昆明市行政执法检查领导小组，政府领导挂帅、有关部门参加，市政府法制机构和市残联具体承办。各县（市）区成立检查小组，制定检查方案，明确职责、任务、标准和要求，进行自检自查，对检查中所发现的问题或不足进行整改。市政府检查组根据各地总结情况对6个县进行抽查。通过检查，增强了各级政府和全社会对残疾人事业的法制观念和依法维护残疾人的合法权益，促进了各地残疾人事业的健康发展。

（庞　文）

·责任编辑　赵丕德·

人　物

【昆明市高层次人才库专家名单】

一、理工类（50人）

虞大成　昆明高新技术产业开发区管委会　高级工程师
徐裕光　昆明师范高等专科学校　教授
李金福　昆明市畜牧兽医站　推广研究员
郭忠诚　昆明理工恒达科技有限公司　教授
赵　坤　云南变压器电气股份有限公司　高级工程师
寻良栋　昆明市林业科学研究所　高级工程师
钱　彪　昆明市环境科学研究所　高级工程师
杨奇志　昆明艾博科技有限公司　高级工程师
杜瑞元　昆明高新技术产业开发区管委会　原常务副主任
夏之梁　昆明重工（集团）股份有限公司　高级工程师
周挹芬　昆明重工（集团）股份有限公司　高级工程师
李琪彬　禄劝彝族苗族自治县农牧局农业技术推广总站　高级农艺师
蒋陆肆　昆明电缆股份有限公司　高级工程师
王昆生　云南欧亚高科技发展有限公司　高级工程师
杨红明　昆明市森林病虫防治检疫站　高级工程师
张培智　云南云汽实业有限公司　正高级工程师
李　春　云南CY集团有限公司　高级工程师
金卫华　昆明市畜牧兽医站高级畜牧师
肖玉兰　昆明市环境科学研究所　高级农艺师
赵俊三　昆明云金地科技有限公司教授
傅　杨　昆明市植保植检站高级农艺师
苏　雷　云南中科胚胎工程生物技术有限公司　副教授
李晓艾　官渡区科学技术局科技开发中心　高级农艺师
赵丽芬　昆明农业技术推广站　高级农艺师
王自高　国家电力昆明勘测研究院总队　高级工程师
杨永忠　云内动力股份有限公司　高级工程师
辛鲁湘　昆明重工（集团）股份有限公司设计院　高级工程师
张　杰　昆明广博生物技术有限公司　教授
李　栋　禄劝彝族苗族自治县科学技术局开发培训中心　高级农艺师
刘林海　昆船物流信息产业公司　高级工程师
张家毅　昆船设计研究院　高级工程师
陈勇智　禄劝彝族苗族自治县烟草公司　农艺师
陈永宽　云南瑞升科技有限公司　高级工程师
蒋鸿兴　官房建筑设计有限公司　高级工程师
郑一新　昆明市环境科学研究所　高级工程师
严锦明　昆明电视台　高级工程师
张　英　昆明市园林科学研究所　高级工程师
成云龙　昆明电缆股份有限公司工程师
张举位　昆明电缆股份有限公司　高级工程师
陈循谦　东川区水务局　正高级工程师
魏继昆　云南欧亚高科技发展有限公司　副研究员
杨文华　昆船设计研究院　高级工程师
张庆明　云南环球磁卡信息网络有限公司　高级工程师
张琨玲　昆明市环境科学研究所　高级工程师
毕绍喜　昆明市植保植检站高级农艺师
吴俐民　昆明市勘察测绘院高级工程师
罗骏华　官房装饰设计有限公司　高级工程师
崔华柱　寻甸回族彝族自治县畜牧局　高级畜牧师
周亚平　安宁市动物检疫站高级畜牧师
孙学强　昆明大学　副教授

二、管理类（29人）

陈　鹰　昆明市人民政府　高级工程师
田　翎　昆明市人大常委会　正高级工程师
童荣昆　昆明市烟草专卖局高级经济师
秦均浩　昆明高新技术产业开发区管委会　高级工程师
汪小金　昆明蓝血项目管理系统有限公司　副教授
杨玉昌　昆明焦化制气厂正高级工程师
刁杰峰　昆明中友科技产业集团有限公司　高级工程师
段华生　云内动力股份有限公司　正高级工程师
陈福忠　昆明电缆股份有限公司　高级工程师
李林铭　昆明新飞林人造板有限公司　高级工程师
郑天一　昆明市烟草专卖局高级经济师
和树庄　昆明市环境科学研究所　高级工程师
项佩泽　昆明重工（集团）股份有限公司　高级工程师
刘全健　昆明市广播电视网络中心　高级编辑

王云瑞　云南水泥有限公司高级工程师
周　密　昆明中友科技产业集团有限公司　高级工程师
赵国雄　昆明金龙饭店有限公司政工师
吕　磊　昆明电视台　主任编辑
张清晏　昆明电视台　高级记者
罗金生　昆明市商业银行　高级会计师
王文兴　昆明市审计局　高级统计师
余庆荣　昆明市公共汽车总公司经济师
陈福贵　禄劝彝族苗族自治县科学技术局　经济师
王显明　昆明市合作建房经营管理处　高级经济师
林立东　云南子元股份有限公司　董事长兼总裁
于干千　昆明名厨餐饮管理公司　高级讲师
颜　勇　昆明星跃集团实业有限公司　讲师
窦志萍　昆明大学　副教授
黄继元　昆明大学　副教授

三、医学类（40人）

惠金明　昆明市第一人民医院主任医师
陈尚初　昆明市第一人民医院主任医师
陈爱华　昆明市第一人民医院主任医师
翟　彪　昆明市第一人民医院主任医师
洪树勋　昆明市第一人民医院主任医师
彭俊良　昆明市第一人民医院主任医师
张家骝　昆明市第一人民医院主任医师
段瑞平　昆明市口腔医院　主任医师
王忠平　昆明市第三人民医院主任医师
赵生全　昆明市儿童医院　主任医师
陈圣邦　昆明市延安医院　主任医师
顾再成　昆明市延安医院　主任医师
陈久龄　昆明市延安医院　主任医师
雷定华　昆明市延安医院　主任医师
王兆顺　昆明市延安医院　主任医师、教授
张沛霖　昆明市延安医院　主任医师
杨仁美　昆明市延安医院　主任医师
陈　明　昆明市延安医院　主任医师
李仲昆　昆明市延安医院　主任药师
蒋立虹　昆明市延安医院　主任医师、教授
赵从禄　昆明市延安医院　主任医师、教授
李亚雄　昆明市延安医院　副主任医师
马丽丽　昆明市延安医院　副主任医师
李天惠　昆明市延安医院　主任医师
李智钢　昆明市延安医院　主任医师
管遵惠　昆明市中医医院　主任医师
邓乐巧　昆明市中医医院　主任医师
常　敏　昆明市中医医院　主任医师
田建中　昆明疾病预防控制中心　主任医师
吴荣祖　昆明医学科学应用研究所　主任医师
和　立　盘龙区人民医院　主任医师
田　青　昆明市第一人民医院主任医师
王　玮　昆明市第一人民医院　副主任医师
胡大春　昆明市第一人民医院　主任检验医师
丁云川　昆明市延安医院　副主任医师
姚雨凡　昆明市延安医院　主任医师
熊　鹰　昆明市延安医院　副主任医师
苏　平　昆明市第一人民医院　副主任医师
林建云　昆明市儿童医院　主任医师
陈智豫　昆明市延安医院　副主任医师

四、社科类（22人）

张　方　五华区文化馆　副研究馆员
万　里　昆明市歌舞团　一级作曲
马玉昆　昆明市交响乐团　一级演员
周卫华　昆明市滇剧团　一级演员
马文静　昆明市歌舞团　一级编导
杨　茂　昆明市滇剧团　一级演员
赵翼荣　昆明师范高等专科学校　教授
柴毅龙　昆明师范高等专科学校　教授
周　萍　昆明师范高等专科学校　教授
徐　波　昆明师范高等专科学校　教授
昂智灵　石林彝族自治县史志办公室　编审
侯　跃　昆明市歌舞团　二级编导
何　纾　昆明市歌舞团　二级演员
马颖生　昆明市地方志办公室　编审
梁永实　昆明人民广播电台　高级记者
李晓玉　昆明电视台　主任编辑
黄自廉　昆明市艺术研究所　一级编剧
刘瑞华　昆明市政府研究室　副研究员
杨　焰　昆明市群众艺术馆副研究馆员
张明清　昆明大学　教授
姜宝琦　昆明师范高等专科学校　教授
詹七一　昆明大学　教授

五、教育类（10人）

张正发　西山区龙庆小学　小教高级
周金碧　五华区春城小学　中教高级
王　珏　昆明市第一幼儿园　小教高级
刘国杰　昆明市第十二中学　中教高级
申中华　禄劝彝族苗族自治县第一中学　中教高级
李　岚　盘龙区明通小学　小教高级
赵灿东　昆明市第一中学　中教高级
吴荣美　昆明市第八中学　中教高级
孟祖能　富民县第一中学　中教一级
孙浪涛　昆明市外国语学校　中教高级

（市委组织部）

【昆明市第三批有突出贡献优秀专业技术人员名单】（49人）

马丽丽　昆明市延安医院　主任医师
马银海　昆明师范高等专科学校副教授
王永兴　昆明顶益食品有限公司工程师
王学海　昆明市规划设计研究院　高级工程师
孙义鹏　昆明市计算机应用研究中心　高级工程师
孙丘克　昆明师范高等专科学校副教授
刘　亮　昆明状元珂辰软件开发有限公司　工程师
刘振国　昆明市农业科学研究所农艺师
刘振昆　昆明市第十中学　高级教师
何文钧　昆明电缆股份有限公司　高级工程师
苏　平　昆明市第一人民医院主任医师
陈发凯　昆明大东方生物化学科技有限公司　留学归国人员
李发荣　昆明市环境监测中心　高级工程师
李玉萍　安宁市第一中学　高级教师
杨伟祖　云南瑞升科技有限公司研究员
汪亚玲　昆明市第三人民医院主任医师
吴建荣　昆明市财经商贸学校高级讲师
李惠琴　昆明市第三人民医院　副主任医师
赵　坚　昆明市第十四中学　高级教师
赵　勇　昆明力神重机有限公司　高级工程师
赵培武　呈贡县土肥站　高级农艺师
柳　溪　云南变压器电气有限公司　工程师
贺小昆　昆明贵研催化剂有限责任公司　高级工程师
胡大春　昆明市第一人民医院主任医师
施文华　安宁市畜牧兽医站　畜牧师
黄利平　官渡区双龙乡经济管理办公室　农艺师
常　敏　昆明市中医医院　主任医师
程显工　昆明市第二建筑工程有限责任公司　高级经济师
詹七一　昆明大学　教授
窦志萍　昆明大学　副教授
曹　理　昆明市建筑设计研究院　高级工程师
谭肇康　云南三龙机械有限公司　高级工程师
王　刚　云南CY集团有限公司　高级工程师
龙学武　嵩明县畜牧兽医站　兽医师
毕洪祥　石林县畜牧兽医总站　高级畜牧师
张大鹏　宜良县水务局　工程师
李永松　昆明市生产力促进中心　高级工程师
李学新　昆明人造板机器厂高级工程师
林建云　昆明市儿童医院　主任医师
曾祥漪　西山区农业蔬菜办公室　高级农艺师

普兰香　东川区新村镇农技推广中心　农艺师
刘兴亮　禄劝县第一中学　高级教师
李华照　云南CY集团有限公司　高级工程师
李杨方　昆明市儿童医院　主任医师
杨　英　昆明市环境科学研究所　高级工程师
张顺发　寻甸县第一中学　高级教师
黄自廉　昆明市艺术研究所　一级编剧
傅　杨　昆明市植保植检站高级农艺师
欧阳毅华　昆明市教工第一幼儿园　小学高级教师
（市人事局）

【昆明市第四批中青年学术和技术带头人及后备人选】

一、带头人（13人）

杨育军　昆明云内动力股份有限公司　高级工程师
李亚雄　昆明市延安医院　主任医师
杨向东　昆明云岭广大种禽饲料有限公司　高级兽医师
陈永宽　云南瑞升科技有限公司　高级工程师
苏　雷　云南中科胚胎工程生物技术有限公司　副教授
张家毅　云南昆船设计研究院　高级工程师
李杨方　昆明市儿童医院　主任医师
李玉龙　昆明市公安科学技术研究所　高级工程师
侯至群　昆明市勘察测绘研究院　高级工程师
陈章玉　云南烟草研究院　副研究员
段瑞平　昆明市口腔医院　主任医师
字应军　昆明市地方志办公室　副编审
胡大春　昆明市第一人民医院　主任检验医师

二、后备人选（32人）

李毅明　昆明云内动力股份有限公司　工程师
王保兴　云南瑞升科技有限公司　副研究员
李　安　昆明市公安局刑侦支队技术处　主检法医师
魏　明　昆明市农业科学研究所　高级农艺师
卯　彦　云南昆船设计研究院　工程师
张高明　云南省电信公司昆明市分公司　工程师
刘红岩　云南沃森生物技术有限公司　副研究员
李惠琴　昆明市第三人民医院　副主任医师
邓辅唐　云南今业生态建设集团　高级工程师
申海滨　宜良县农业技术推广中心　高级农艺师
杨　军　昆明市儿童艺术剧团三级编剧
完同良　昆明市公安局官渡分局工程师
鲍朝阳　云南昆船第二机械有限公司　工程师
杨晓辉　昆明市规划编制与信息中心　工程师
李正林　宜良县水务局水利水电勘测设计大队　工程师
梁　银　昆明市博物馆　助理研究员
李　昕　昆明第十中学　中学高级
陆饶兴　云南变压器电气股份有限公司　高级工程师
吕维华　云南变压器电气股份有限公司　工程师
李　笠　昆明市国土资源信息中心　工程师
李仲昆　昆明市延安医院　主任药师
徐　松　昆明市乳畜研究所高级兽医师
杨朝丽　昆明大学数学系　副教授
桓源峰　昆明贵研催化剂有限责任公司　高级工程师
王　蜀　昆明市茶桑果站　高级农艺师
冯　晖　昆明市环境监测中心　工程师
段　伟　昆明市公证处　未评职称
张文举　禄劝县农业机械管理总站　高级工程师
杜小兵　昆明人民广播电台　主任编辑
崔鸿刚　云南昆船设计研究院　工程师
刘志华　云南烟草科学研究院　助理研究员
赵　耀　云南照耀律师事务所二级律师
（市科技局）

【昆明市第二十届劳动模范名单】

一、昆明市特等劳动模范名单（40名）

陈世岗　昆明云内动力股份有限公司铸工车间技术施工员
杨国钊　昆明电机有限责任公司发电设备厂发电机装配组组长
王文坤　交大昆机科技股份有限公司技术中心副主任
彭　力　昆明力神重工有限公司技术中心轧机设计室主任
陈　文　昆明电缆股份有限公司塑缆分厂操作工
段志红　昆明铣床厂三车间铣工组组长
杨定龙　云南CY集团有限公司齿轮车间滚床组组长
何　缨（女）　东风云南汽车有限公司总装配厂技术员
李如芬（女）　云南纺织（集团）股份有限公司一分厂加工一班挡车工
赵本才　云南第五公路桥梁工程有限责任公司油路分公司经理
周忠明　云南昆明交通运输集团有限公司恒立分公司驾驶员
郎永林　昆明玻璃制瓶厂电气工程师
张　玲（女）　昆明市汽车修理二厂工会主席
林　涛（女）　昆明大学讲师
何明会　云南省精神病医院中西医结合科护理员
马友林（回族）　昆明市民委回民殡葬服务处处长
陈智容　昆明市社会科学院经济研究所所长
杨琼娥（女）　昆明公交集团有限责任公司二公司五车队驾驶员
崔莹涛（女，白族）　昆明自来水集团有限公司五水厂生产科工程师
刘全光　昆明市排水设施维修管理处东片所二班班长
傅　杨（女）　昆明市植保植检站站长
马　骏（回族）　昆明市林业科学研究所副所长
张　红（女）　昆明市中级人民法院审判监督庭合议庭审判长
周　磊　昆明市公证处公证员
李　安　昆明市公安局刑侦支队技术处法医
钱　云　昆明市公安局交警支队六大队北站岗岗长
杨祖荣　昆明滇虹药业有限公司供应部主任
姬奉新　昆明吉庆祥食品有限责任公司焙烤工
粟　宏（女）　五华区人民检察院控告申诉检察科科长
朱美华（女）　昆明市坤华种子有限公司总经理
刘丽萍（女）　西山区春苑小学科研室副主任
尹小华　呈贡县邮政局投递员
夏竹媛（女）　宜良县计划生育局办公室主任
季永能　晋宁县六街乡林业站站长
潘加海　禄劝县第一中学教师
马彦华（回族）　寻甸县第一人民医院外二科主任
肖　生　昆明高新阳光有限公司环卫工人
马清叁（回族）　昆明铁路局运输处调度中心调度员
曹剑成　昆明卷烟厂生产二部烟机修理工
代和平　昆明钢铁股份有限公司一轧厂生产准备保障作业区导卫组组长

二、昆明市劳动模范名单（159名）

马建辉　昆明电机有限责任公司电器车间车工
子建华　昆明云内动力股份有限公司柔性线安装调试实施小组技术施工员
朱崇兵　昆明云内动力股份有限公司动力设备科机电修理工
鲍国华　昆明力神重工有限公司锻造分公司水压机车间机修班班长
赵树培　昆明电缆股份有限公司销售员
周　力　昆明铣床厂技术中心党支部书记
施　华　东风云南汽车有限公司制造中心总监
杨卫平　云南纺织（集团）股份有限公司二分厂日班值班长
文天国　昆明新飞林人造板有限公司刨花板分公司副经理
赵建刚　昆明市化学工业总公司车队队长
曹正全　昆明市建材工业总公司民爆器材仓库管理员
赵云锦（白族）　云南云桥建设股份有限公司项目经理
邓小顺　中国云南路桥建设集团股份有限公司董事长
杨树洲　云南第一汽车工贸有限公司专用汽车改装厂技术组组长
陈永福　昆明市第二汽车运输服务有限公司三车队队长
温加祥　昆明彩印有限责任公司董事长
杨峣英（女）　云南金花针织有限公司质监处验布组组长
张宗朝　昆明市水泵厂党委书记
李永祥　昆明锅炉有限责任公司总装车间焊工
曹国军　昆明明珠化工有限公司生产车间主任
颜发友　云南水泥有限公司制成车间水泥磨机一组组长
邹晓凤（女）　云南省医疗器械厂工会主席
郝蜀琼（女）　昆明市第一中学教师
赵金菊（女）　昆明市盲哑学校党政办公室主任
徐照南　昆明市技工学校制造技术中心主任
杨　帆（女）　昆明市教工第二幼儿园园长
杨　华　昆明铁路机械学校实验室主任
田建中　昆明市疾病预防控制中心主任医师
陈　婧（女）　昆明市第二人民医院内三科主任
马越明（女，纳西族）　昆明市儿童医院院长
张　哲　昆明新华书店连锁有限公司电脑中心员工
包朝阳　昆明剧院经理
申建明　昆明市人事局转业军官安置处处长
聂致顺（女）　昆明市政府机关第三幼儿园园长
李新文　昆明市体育学校自行车运动项目教练员
罗延龄　昆明市环境监测中心监测室副主任
贾云辉　昆明市旅游培训中心主任
李兴芝（女）　云南海外旅游总公司总经理助理
李仕权　昆明铁路国际旅行社（集团）旅游总监
童　敏　昆明七彩云南实业股份有限公司名茶苑经理
陈　宁（回族）　昆明市旅游质量监督管理所市场监察处副处长
胡铁军　昆明市工程质量监督站站长
莫　云（壮族）　昆明煤气（集团）控股有限公司董事长
李立群　昆明市市政工程公司第一分公司副经理
房　俊　昆明市城市客运交通管理处管理员
向　浩（土家族）　昆明市住房制度改革领导小组办公室副主任
马树华（女，回族）　昆明市金殿名胜区苗圃温室区组长
张绍文　昆明市农机物资供应站站长
鲁光泽（彝族）　国营昆明跑马山实业总公司综合食品厂厂长
刘　亮　云南合众软件开发（集团）有限公司董事长
熊学良　云南大互通工贸有限公司总经理
刘红岩　云南沃森生物技术有限公司总经理
周　密　昆明中友科技产业集团有限公司副总裁
赵俊三　昆明云金地科技有限公司总经理
谢　进　昆明市广播电视网络中心用户发展部主任
李祥林　国家广电总局（昆明）五〇一台副总工程师
王凯石　昆明市人民检察院公诉二处主诉检察官
陈　廉（回族）　昆明市国家安全局二处处长
袁　铮　昆明市公安局禁毒支队三大队副大队长
陈康胜　昆明市殡仪馆车队接运工
李幼章　昆明市精神病院院长
李艳华（女）　昆明市计划生育服务中心附属医院院长
马玉英（女）　晋宁县计划生育局局长
王幼玲（女）　云南红酒业有限公司副总经理
赵志强　昆明醋酸纤维有限公司设备项目部经理
李雁翎（女）　昆明劲勋化工有限公司总经理
颜　语　昆明星耀集团实业有限公司总裁
莫　非（壮族）　云南汇和集团董事长
郑革锋　云南南磷集团股份有限公司总经理
李红燕（女，回族）　云南中炬石化集团有限公司总裁助理
赵云昆　云南华丰集团股份有限公司董事长
尚开伟　昆明万能出租汽车有限公司董事长
张锡葵　昆明蔬菜调味品（集团）股份有限公司董事长
张泽明　昆明旅游服务集团公司摄影公司国际影楼经理
王筱殳　昆明市财经商学校学生处处长
李维香（女）　昆明市粮油饲料产品质量检验中心主任
张纯德　昆明市农业生产资料有限公司农药仓库主任
张永明　昆明市果品公司冷冻厂制冷车间主任
朱　红（女）　昆明市第二十四中学教师
王丽萍（女）　五华区环卫处清运二队公厕管理保洁工
向　群（女）　金棋子时装有限公司云南总代理负责人
贺纯玲（女）　五华区人民医院虹山社区医疗服务站医师
马　伟（回族）　五华公安分局螺蛳湾派出所刑侦中队长
保宫玉　盘龙公安分局董家湾派出所民警
王　勋　盘龙区勋兴渔具店业主
刘　振　昆明市第十中学校长
解桂珍（女）　昆明泰翔达餐饮有限责任公司稻香餐厅经理
高安华　盘龙区城管局绿化工程服务中心工人
夏云山　官渡区中对龙中心学校校长

金正辉　官渡区人民检察院副检察长
丁奉友　官渡区人民医院麻醉科医生
黄训斌（彝族）　官渡区阿拉乡普照村村委会主任
杨　洪　昆明市福保彩印包装厂厂
苏国俊　云南云安集团股份有限公司副董事长
李富能　西山区海口镇云龙村民委员会会党总支书记
毕继福（彝族）　西山区城市管理局市政设施管理处水电工
朵永寿　西山区人民医院急诊科主治医师
张　钧　西山公安分局禁毒大队大队长
何关权　东川区碧谷镇嘎德村委会主任
赵成芬（女）　东川区第三中学高三年级年级组长
姜红星　昆明滇北建材有限公司总经理
白惠萍（女，彝族）　东川陶瓷厂财务科科长
马丽萍（女，回族）　安宁市昆钢第四中学教师
李　昆　安宁市公安局连然派出所刑侦中队副中队长
张敬雄　安宁市畜牧兽医站站长
杨伦新　云南祥丰化肥股份有限公司二车间车间主任
张　东　安宁市县街乡白登村民小组组长
黄琼英（女）　安宁市中医院妇产科主治医师
李　捷　呈贡县水务局水利勘测设计队队长
李树贤　呈贡县委政策研究室主任
晋桂芳　呈贡县斗南镇七步场社区居委会主任
杨丽萍（女）　呈贡县龙城镇中心学校校长
李洪波　宜良县公安局社会保安服务部经理
杨常经　宜良县环境卫生管理站站长
张福坤　宜良县妇幼保健所所长
吴　金　宜良县第二中学教师
王福邦　昆明东昇冶化有限责任公司董事长
程树才　晋宁县新街乡孙家坝村委会党总支书记
刘子富　晋宁县农业局农业技术推广学校校长
晋春燕（女）　晋宁县第一中学教师
普天福（彝族）　晋宁县人民法院执行局负责人
陈　鹏　晋宁县公安局交警大队昆阳中队民警
何茂龙（白族）　石林县劳动就业服务局局长
严华明　云南梦达尔集团公司董事长
李艳芬（女）　石林天合烟叶复烤有限责任公司生产部工段长
黄平兴（彝族）　石林县委机要局、保密局副局长
李鸿平　石林县教育局局长
蒲长文　嵩明县嵩阳镇山脚村委会麦冲村民小组组长
汪学存　嵩明县第四中学校长
吴加友　嵩明县人民法院副院长
肖峻岭　嵩明县人民医院麻醉科主任
王安邦　嵩明瑨琨包装材料有限公司总经理
李新民　富民县赤就建筑建材经营公司经理
郑　蕾（女）　富民县永定小学教师
张谷昌　富民县公安局刑侦大队大队长
张贵华　富民县永定镇永二村委会村民
杨　金　富民县大营镇束刻村党支部书记
李振海　昆明骏丰水泥有限责任公司经理
余兴有　禄劝县公安局刑侦大队技术中队法医
尤道贵　禄劝县烟草公司九龙烟叶站站长
杨大卫　禄劝县财政局副局长
赵万喜　禄劝县公安局皎西派出所民警
郭定生　寻甸县水务局凤龙湾水库管理所所长
姜万生　寻甸县第一中学副校长
李文忠　寻甸县旭东化工厂厂长
马学云（回族）　寻甸县城关乡中桥村委会下古城村养殖户
李　玲（女）　昆明市高新技术开发区第一小学副校长
王增勇　昆明天达阳光科技有限公司工人
王洪波（回族）　云南昆船技术服务有限公司工程师
杨立雄　昆明经济技术开发区第一中学校长
何学葵（女）　云南绿大地生物科技股份有限公司董事长
杨建昆　云南民族村水电队领班
荀怀民　云南红塔体育健身娱乐有限公司财务部副经理
王循律　昆明电信分公司外部设施管理部 PAS 网络优化组组长
王贵彦　中国华电集团公司云南昆明发电厂厂长
许　龙　昆明市烟草公司烟科所副所长
汤国清　嵩明县烟草公司经理
武云昆　昆明钢铁股份有限公司热轧板厂副厂长
段群智　昆明钢铁股份有限公司动力能源分公司技控车间主任

（市政府办公厅）

【昆明市第一轮地方志工作先进工作者名单】

（112 名，按姓氏笔画排列）

丁允中　丁嘉禧　刀培凤　马东和
马颖生　王生福　王远谟　王品珩
王承周　王　道　王德富　木　彪
方玉红　尹　铭　尹　莉　邓伯民
白方云　白树荣　冯　英　史家福
叶俞永　加三益　卢扬波　司忠云
字应军　孙显芳　许林和　刘仁钰
刘　荣　刘国清　刘宝镜　刘　福
吕淑音　阮鸿猷　李人士　李文清
李凤积　李庆华　李兴余　李志强
李安民　李运启　李成章　李进峰
李晓燕　李　强　李崇民　李　萍
李镇春　李德昌　何兴庚　吴佳姆
吴啸山　余志坤　张文德　张光文
张达天　张民义　张伟岱　张丽华
张维桢　张　萱　张鹏翼　张　藻
陈　燕　陈　耀　范德森　杭　松
金　虎　金塔明　罗桂莲　岳　进
昂智灵　周守德　周利康　周家骅
杨增华　杨明昆　杨　军　杨绍震
杨学群　赵一涛　赵丕德　赵至康
赵昆生　赵　雁　施国珍　钟式舜
洪世华　洪昆德　段永智　段自贵
秦学昌　秦桂珍　唐荣华　唐崇林
黄松劲　黄跃初　黄勤昌　龚学文
章梁祥　戚　红　韩德鑫　蒋俊才
傅维平　董文成　董少平　彭惠民
曾秋月　谢居惠　蔡国栋　廖国强

（市志办）

·责任编辑　赵丕德·

市及县（市）区概况

昆明市

【地理位置】　昆明位于中国西南边陲，云南中部湖盆群的中心地带，拥有富饶的滇池盆地，具有优越的地理位置。昆明作为云南省的省会、西南地区的中心城市之一，是中国联结东南亚、南亚通道上的枢纽，具有重要的区域地位。昆明地区地处云贵高原中部，处于金沙江、南盘江、红河的分水岭地带。地势由北向南呈阶梯状逐渐低缓。大部分地区海拔在1 500～2 800米，为山原地貌，最高点在北部禄劝县轿子山马鬃岭，海拔为4 247米，最低点在禄劝县普渡河与金沙江交汇处，海拔仅746米。主城中心区海拔1 891米，三面环山，南濒滇池。

昆明城市坐落在滇池盆地北部，位于北纬24°23′，东经103°23′。民国11年（1922年）设昆明市时，城区面积近6平方千米。到1949年，昆明城区面积有7.8平方千米，至1990年，发展到33平方千米，2004年，城区面积已至185平方千米。辖区总面积为21 110平方千米。

【行政区划】　2004年昆明市辖5区1市8县，辖有134个乡镇，27个街道办事处。8月，根据有利于城市管理、明确“地理界线优先”及坚持原则与有情操作相结合的原则，市政府对五华、盘龙、官渡、西山四区行政区划进行重大调整。调整后五华区的总面积由原来的15.96平方千米增加为397.86平方千米，扩大近25倍，辖14个街道办事处，2个民族乡，88个社区；盘龙区的总面积由原来的15.1平方千米调整为339.79平方千米，辖8个街道办事处，3个乡；官渡区总面积由1 025平方千米缩减为572.2平方千米，辖4个街道办事处，7个乡镇（含1个民族乡）；西山区总面积由1 053.3平方千米缩减为791.14平方千米，城区面积拓展，城区内在质量大幅提升，辖7个街道办事处，4个乡镇（含2个民族乡）。

【人口、民族】　年末全市户籍总人口504万人，其中非农业人口208万人，少数民族人口73万人，比上年增加7 265人，占总人口数的14.53%。万人以上的少数民族有8个，即彝族384 983人、回族145 281人、白族68 824人、苗族43 988人、傈僳族17 169人、壮族13 478人、傣族13 043人、哈尼族10 253人。全年出生人口41 062人，人口出生率8.16‰，比上年同期下降0.05个千分点；死亡23 204人，死亡率4.61‰，同比下降0.05个千分点；自然增长17 858人，人口自然增长率为3.55‰，同比下降0.01个千分点。

【气　候】　昆明地区属四季温差小、干湿季分明、垂直变化显著的低纬高原山地季风气候。昆明的太阳光能资源是全国较丰富的地区之一，无霜期达230天，春季升温迅速，夏季温暖而不炎热，秋季降温平缓，冬季温凉而不寒冷，素有“春城”之称，气候宜人，四季如春。主要气象灾害是干旱、洪涝和低温霜冻，其次是冰雹、大风、雷雨等。

2004年昆明年平均气温为15.6℃，比历史同期平均值偏高0.8℃，较2003年的年平均气温有较大下降，是自1998年以来的最低值，是昆明市气候偏暖期内的一个相对低温年。2004年昆明市降雨量西山区最多达1 377毫米，东川区最少为674毫米，其余各县（市）区降雨量在874～1 096毫米，昆明的年降雨量为1 096毫米。与历年平均相比，2004年昆明市降雨量除东川区偏少、宜良县稍偏少外，其余地区降雨量均属正常至偏多。2004年昆明总日照时数为2 104小时，各县（市）区中呈贡县的日照时数最多，为2 210小时，西山区最少，为1 746小时。与2003年相比，除禄劝县偏多207小时外，其余地区日照时间数均偏少，其中昆明偏少192小时，其余地区偏少在130～352小时。1月9日14时后，昆明市、嵩明县、西山区等地相继出现了较强的冰雹和雷暴天气。此次降雹天气的最大冰雹出现在昆明，最大直径为25毫米，重2克，是自上世纪90年代以来最大的一次。2004年雨量分布极不均衡，全市部分地区干旱严重，水库蓄水严重不足。宝象河水库的水位在4月份降到了历史最低点，严重影响了居民生活用水。

【经济综述】　2004年是实现“十五”计划的第四年，昆明市认真贯彻市第八次党代会提出的分三步走战略，团结一致，齐心协力，面对发展中碰到的诸多不利因素，强化协调服务，科学防治高致病性禽流感，合理调度安排生产生活用水，积极应对电力、运力供应紧张的局面，及时解决旅游业发展中出现的新问题，千方百计加快经济发展，使昆明经济保持了持续、快速、稳定、健康的发展态势，呈现出速度快、效益好、结构更趋合理的可喜局面，人民生活水平进一步改善。全市经济增长速度为“十五”以来最快的一年，三次产业格局呈现二三一特征，一、二、三产业增加值比重为7.0∶48.2∶44.8。生产总值占全省的32%，进一步发挥了昆明市对全省经济的龙头带动作用。

2004年昆明市制定出台《昆明市推进新型工业化工业强市重点产业发展规划纲要》。鼓励非公企业参与国企改造重组，非公经济占全市经济总量的45.5%。

在经济发展中，昆明市面临着城乡、县（市）区之间发展不平衡，经济结构不尽合理，加快发展的基础仍不牢固。现代新昆明建设任务繁重，资金筹措和土地供应难度较大。居民消费价格涨幅偏高，给群众生活带来影响。社会发展处于矛盾“凸现期”，热点、难点问题比较突出。主城区交通拥堵，城市管理水平不高，脏乱差现象反弹等。

【农　业】　农业基础地位得到巩固。全年农林牧渔业总产值108.0亿元。从农村经济发展情况看，一是粮食生产实现恢复性增长，产量达114.9万吨，扭转了近年来粮食生产持续下滑的局面。烤烟种植面积稳定，烤烟产量8.19万吨，烤烟中上等烟比例达99.8%，烟农收入9.3亿元。二是花卉、蔬菜、水果等特色产业快速发展，无公害和绿色产品生产规模扩大，种植结构进一步优化。2004年全市蔬菜、花卉、水果继续保持增长势头，产量分别达167.34万吨、27.13亿枝、9.21万吨。三是畜牧业生产稳步发展，家禽业恢复到上年水平。猪、羊出栏分别达283.91万头、50.85万只。四是财政对农业支出的力度加大，农民收入进一步增加。昆明市全面贯彻中央一号文件，以增加农民收入为核心，加大对农业的扶持力度，实行粮食直补和良种补贴政策，农村税费改革取得实效，农民人均减负27.6元。同时加大促进农业产业化进程，扶持做大龙头企业，拓宽就业渠道的工作力度，加快和规范农村富余劳动力的转移，以及农民工的就业培训，农村新增劳务输出3万多人，进一步为农民增收创造了条件。

2004年昆明市有乡镇企业125 350户，从业人员705 815人，完成现价工业总产值341.4亿元，完成工业增加值52.2亿元，实交税金19.9亿元，实现利润总额81.1亿元。

【工　业】　工业主导作用继续增强。昆明工业经济克服了能源及部分原材料供应紧张和价格上涨等不利因素的影响，积极组织生产，实现了工业生产的快速发展。工业总产值突破一千亿元，全市工业完成增加值362.54亿元，工业经济创造的增加值占全市GDP的38.5%，是拉动全市GDP增长最大的一个行业。重点产业的支撑力度进一步增强，全市烟草、信息、冶金、化学原料及化学制品制造业、电力、热力供应四大重点产业的工业增加值均保持了快速增长，完成工业增加值206.9亿元，占全市工业增加值的比重达到57.1%。高新技术产业发展加快。三年深化国企改革目标任务基本完成，企业活力进一步提升。

全市规模以上工业企业实现销售收入745.21亿元，实现利税总额168.9亿元。2004年粗钢产量269.22万吨，钢材289.20万吨，十种有色金属52.27万吨，水泥430.39万吨，平板玻璃278.74万重量箱，化肥（折纯量）87.17万吨，卷烟661.34亿支，煤气60.95亿立方米，自来水生产量21 246万吨。

至2004年底，昆明市共有个体工商户15.82万户，从业人员40.48万人，注册资金39.41亿元；私营企业2.37万户，从业人员17.95万人，注册资金229.87亿元；外商及港澳台投资企业497户，投资总额222 653.84万美元，注册资本119 031.44万美元，累计实出资金68 912.03万美元。全年非公经济实现增加值428.48亿元，上缴税金27.33亿元。涌现出一批具有较大规模和较强竞争力的骨干企业和企业集团，除少数垄断行业外，非公经济经营领域已向制造业、文化教育、科技、基础设施、信息、社区服务等行业扩展，部分企业已在生物制药、绿色产品、花卉、科技产品、服装生产、化工、建材加工及国际贸易等领域占有相当地位，非公经济已成为昆明市最具活力和潜力的经济增长点。

【商贸、物价】　2004年，全市社会消费品零售总额持续稳步增长，市场繁荣活跃。据统计，1—12月，实现社会消费品零售总额370.46亿元，同比增长12.8%，形成个体私营经济增长快速，继续主导着社会消费品市场；城市市场保持快于县及县以下市场；批发零售贸易业餐饮业等主要行业呈持续平稳增长势头；国有及国有控股市场持续下降等特点。昆明市供销合作社以企业改制为突破口，年内完成25户企业改制，以提高企业经济效益为核心，扭亏增盈为重点，全面推进供销合作社改革与发展，扭亏增盈成效显著，圆满完成全年各项目标和任务。2004年全系统商品购进总额13.8亿元，销售总额14.7亿元。实现利润138万元，超额完成目标计划。全市供销系统强化传统经营业务，在服务“三农”中找位置，同时探索新的经营模式，按继续巩固资产经营，恢复扩大商品经营和农村市场不放，城镇市场挤占，废旧市场抢占的工作思路，在农村商品流通中求发展，继续发挥供销社在农村市场的主导作用。

受食品价格指数涨幅较高的影响，全市居民消费价格总指数一直在高位徘徊。全年民工居民消费价格总指数106.5%，比上年上扬6.5个百分点；商品零售价格总指数104.6%，上扬4.6个百分点；工业品出厂价格指数104.5%，上扬4.5个百分点。

【科技、教育】　2004年昆明市积极推进以企业为主体的技术创新体系建设，组织实施科技计划项目17项，一批科技成果得到推广应用。大力推进重点领域的创新，昆明地区高新技术企业超过200家。安排中小企业创新基金1 500万元，吸引社会资金2.1亿元，有力地推动了民营科技企业发展。国家制造业信息化试点城市、专利试点城市工作，以及国家863软件专业孵化器昆明基地建设顺利推进。

2004年理顺农村义务教育管理体制，调整农村中小学布局，完成220个乡镇中小学现代远程教育接收站点建设，收缩撤并一师一校点104所。改善办学条件，中小学排危面积2.7万平方米。教育资源整合步伐加快，完成一批学校的合并。高中阶段教育规模扩大，组建昆明实验中学，新增4所民办高中，优质普高招生占总数的39%。组建“名师工作室”，实施郊县区教师到主城区优质学校挂职培训工程。落实了44 000多名进城务工农民子女就学问题。教育部已批准组建昆明学院，促进了高等职业教育资源重组。

【现代新昆明建设】　2004年昆明市围绕“一湖四环”、“一湖四片”，深入开展土地市场清理整顿，盘活利用存量土地资源，多渠道筹措建设资金。在进一步完善城市规划、积极推进呈贡新城建设、继续提升主城功能、加快滇池治理步伐等方面组织实施重大基础设施建设项目33项，完成投资50多亿元，现代新昆明建设取得阶段性成果。

（方玉红）

盘龙区

【年内大事】 1月5日 区委召开的八届三次全体（扩大）会议上，对盘龙区实施“云岭先锋”工程作出部署。3月26日区委与63家责任单位签订“云岭先锋”工程目标责任书，正式启动盘龙区“云岭先锋”工程。

4月 由国土资源部和昆明市政府批准立项，2003年在昆交会上正式签约的“汇都国际”商品城在昆明市盘龙区白塔路奠基破土动工建设，这是西部首座香港零关税商品城。

4月24日 盘龙区在东风广场举行《中华人民共和国行政许可法》宣传活动。《行政许可法》于2004年7月1日正式施行。

4月2日 盘龙区出台机关挂钩联系基层制度，从机关联系基层挂钩点、机关工作人员轮流到社区工作3个月、全区副科级以上干部每人联系一户困难户等3个层次建立机关挂钩服务基层制度。

7月 盘龙区政府下发《昆明市盘龙区人民政府关于认真做好第一次全国经济普查工作的通知》，正式启动盘龙区第一次全国经济普查工作。

8月1日～5日 盘龙区为确保外来务工就业子女顺利入学，向社会发布2004年秋季招生公告，并进行小学一年级入学登记报名。凡“四证”齐全，即可到指定公办中小学入学，且免收借读费，管理和收费与当地居民子女一视同仁。

9月 盘龙区在新区划后社会治安“点多、面广、线长、情况复杂、难度大”的严峻形势下，努力构建以“一条主线、三个层面、五项制度、八支队伍”为核心内容的“1358”社会治安打防控长效机制。

盘龙区举行庆祝建国55周年歌咏比赛，共有17支队伍参赛，演职员达1 800余人，昆明市阳光合唱团、昆明市建设局合唱团分获金牌，昆明市国税局荣获优秀组织奖。

9月20日 云南省加强和改进未成年人思想道德宣传教育活动在桃源广场拉开序幕，这次活动为期一年。为此，盘龙区建立了区级领导挂钩联系学校和社区以及机关干部与社区贫困户建立“一帮一”制度并在全区开展“爱心成就未来”助学活动，建立专门的基金专户，用于帮助失学儿童。

10月 盘龙区获中国科协命名的“全国科普示范城区”称号。

11月 历经半年编纂而成的盘龙区首部乡镇志书《联盟镇志》出版发行。联盟街道办事处原为昆明市官渡区联盟镇，在改革开放中期，曾获“云南第一镇”的美誉。2004年9月，在昆明市4城区区划调整中划归盘龙区管辖。

12月 盘龙区政府在昆明市规划局规划馆2楼对新区划调整后首个出台的以拓东体育馆、尚义花街、真庆文化广场及金龙百货、樱花购物中心等为范围的白塔片区控制性详细规划向社会公示。

盘龙区企业联合会和企业家协会正式成立，成为云南省首个县（市、区）一级的企业及企业家民间团体。

12月9日 由盘龙区投资对小河乡和双哨乡辖区内小河公路K14＋245处至大哨办事处213国道全长9.631千米原路段道路进行路面改造工程正式开工。

12月13日 盘龙区法律援助中心残疾人援助分中心挂牌仪式在盘龙区残联举行，标志着盘龙区2.52万残疾人将逐步实现“无助者有人助、困难者有人帮”的目标。

12月中旬 昆明市政府批复同意《盘龙区街道（乡）整合方案》。

12月28日 位于石闸立交桥旁的原老兵火锅城被盘龙区交通环境整治指挥部拆除，标志着昆明“解堵”范围的东二环路拆迁扩路拉开序幕。此次东二环路东段拆迁扩路将分为两期进行。工程全长共3.8千米。

【行政区划】 2004年9月以前，盘龙区辖长春、东站、东华、董家湾、环城、金碧、南强、太和、拓东、小南、珠玑11个街道办事处，58个社区，面积15.1平方千米。9月1日起，昆明市实行新的行政区划，12月中旬，昆明市政府批准盘龙区的区划整合方案，整合后盘龙区设拓东、鼓楼、东华、联盟、金辰、青云、龙泉、茨坝8个街道办事处，双龙、松花2个乡，总面积339.79平方千米。

【经济综述】 2004年，继续推进经济结构的战略性调整，以产业结构的优化调整推进区域经济的发展。进一步深入实施现代商贸中心战略，促进特色街区发展，围绕东风路、北京路、白塔路等主要街道及尚义街片区，大力培育和发展城市经济发展核心区域，城市商贸、服务业等快速发展。通过“优二强三”，工业经济快速发展，经济效益稳步提高。二、三产业对经济发展的拉动作用进一步增强，2004年区域二、三产业增加值占全区生产总值的比重分别为28.1%、71.9%；区属二、三产业增加值占全区生产总值的比重分别为8.7%、91.3%。

制定《昆明市盘龙区人民政府关于调整和完善街道财政管理体制的意见》，实行区街财政体制改革，加强临商税征收，重点扶持非公企业，加大企业改革力度，创新招商引资工作，整顿和规范市场经济秩序，克服高致病性禽流感的影响，完成或超额完成各项主要经济指标。预计完成区域生产总值135亿元。完成区属生产总值175 628万元，同比增长11.7%；财政总收入114 491万元，同比增长25.96%，其中，地方财政收入64 841万元，同比增长21.02%；固定资产投资总额9 614万元，同比增长8.68%；社会消费品零售总额398 155万元，同比增长9.03%；批零贸易、餐饮、服务业收入701 030万元，同比增长16.32%；工业总产值53 517万元，同比增长9.54%；建筑业总产值33 101万元，同比增长5.87%；农业总产值20 869.42万元。城镇居民人均可支配收入达9 166.84元；农民人均纯收入达3 863.18元。全年完成出口创汇5 926万美元，同比增长195%；引进外资企业7户，合同利用外资602万美元；引进内资企业385户，国内资金93 891万元。完成国有企业3年改革任务和66户集体企业改制。

【财政收支】 2004年地方财政收入完成64 841万元，完成年初预算的112.05%，比上年同期增收11 261万元，增长21.02%；上划收入完成49 650万元，比上年增收12 332万元，增长33.05%。全区财政总收入达到114 491万元，比上年增收23 593万元，增长25.96%。地方收入和上划收入全面完成任务，首次突破11亿元大关。2004年全区财政支出56 724万元，比上年同期增加7 271万元，增长14.7%。

【非公经济】 2004年成立了盘龙区企业联合会、盘龙区企业家协会，全力构筑为驻区中央、省、市属大中型企业及非公经济发展服务的平台。2004年，全区个体工商户发展到12 956户，从业人员17 516人；注册资金18 967万元，户数、人数和注册资金分别比去年同期增长3.4%、2.43%和0.54%。私营企业发展到905户，注册资金65 429万元，分别比去年同期增长39.66%、61.02%，非公有制经济增加值达到139 026万元，占区属生产总值的77.8%，比去年同期增长13.6%，非公经济在全区经济发展中的地位和作用进一步加强。

【城市建设与管理】　实施市、区、街道三级城市管理职能权限责任调整，建立了“两级政府、三级管理、四级网络、重心下移、上级监督”的城管新体制。9月1日建设工程项目、建筑行业归口管理按新的行政区划实施管理职责。建筑企业从原来的32家增加到89家，其中：区划划出14家，市建设局又移交了71家建筑安装企业归盘龙区管理，有一级资质1家、二级资质1家、三级资质87家。

全年建安产值计划数为31 266万元，实际完成建安产值33 101万元，与上年同期相比上升5.87%。建设工程招标投标工作，坚持“公开、公正、公平和诚实信用的原则”，于2004年5月15日以前，与市招标办对接完毕建设工程项目的报建、招投标监督备案和施工许可证发放3项工作。根据建设工程项目实际情况，对业主提供相关的政策咨询和指导服务，办理建设工程项目报建13项，核准并发放施工许可证13项。深入推进城市拆迁改造，拆除临时、违法、危旧建筑13万平方米。整治明通巷、东风巷等支路、次干道，交通微循环得到改善。对玉川巷、和平后村、苏家村3条道路进行道路交通环境整治，修缮道路总面积3 429平方米，投资34.74万元。启动13个主城分区控制性详细规划编制工作，完成白塔片区控制性详细规划。进一步治理整顿土地市场秩序，清理完善建设用地手续，整治抢建、乱建违法行为。加强道路交通基础设施建设，启动小双公路松华乡团结村至大哨村路段路面养护。加大城市环境综合整治力度，保持良好市容市貌。道桥、路灯、停（洗）车场等城市基础设施维护管理得到加强，27万平方米城市绿地管养实行市场化运营，基本完成辖区3座立交桥立体绿化。成立盘龙区治理整顿土地市场秩序完善建设用地手续领导小组，开展治理整顿土地市场秩序完善建设用地手续工作。重视地质环境保护，制定《地质灾害防治预案》，做好防治工作。

【农　业】　农业和农村是盘龙区面临的一项全新工作。2004年10月，盘龙区组建农、林、水部门，全面开展农业、农村工作。启动盘龙区建设昆明高新技术现代农业示范区规划编制工作，落实冬季农业开发种植、畜禽疫病防治、森林防火、水利工程管理体制改革等各项工作。播种粮食33 625.5亩，总产量10 631.33吨；种植蔬菜22 421.1亩，总产量65 520.98吨；种植烤烟5 461.95亩，总产量579.6吨。

【教　育】　2004年，盘龙区教育改革取得较好的成绩。高中教育改革迈出实质性步伐，基础教育课程改革继续向纵深推进，教育教学质量进一步提高，教育基础建设不断加强，校本培训教研机制逐步建立，区划后教育资源的调整工作顺利完成。年内，昆十中、昆十二中高考保持了较高水平，上线率分别达到94.3%和95.3%，昆女中上线率上升到86.9%。

区划前，辖区共有94所学校（园），6.19万学生，其中，省一级学校（园）26所，盘龙区直属学校（园）59所。区划后，辖区共有188所学校（园），在校、在园学生7.64万，其中，政府兴办的学校（园）75所，包括教师进修学校1所、职业中学1所、高级中学1所、完中3所、初级中学10所、小学46所（含分校）、培智学校1所、幼儿园12所。全区各级各类小学招生8 192人、毕业3 850人；初中招生4 206人，毕业3 960人；普高招生1 952人，毕业999人；职高招生400人，毕业435人；特殊教育招生6人、毕业8人。全年各项入学率、升学率等“两基”工作的各项指标数均已达到或超过目标要求，保证适龄儿童少年能依法接受九年义务教育。截止年底共有在职教职工3 075人，其中，有各类专业技术人员2 332人；年龄在30岁及其以下的915人、31～40岁的951人、41～50岁的700人、50岁及其以上的206人；研究生学历18人、本科学历1 228人、专科学历1 080人、中专学历426人、高中及以下学历80人。共有在职党员754人、教师团员378人、学生团员4 380人、少先队员22 791人。

优化资源配置，扩大高中规模，建设高标准的昆十中银河片区，把新学校建设成盘龙区新的优质教育资源。将移交盘龙区的原市属中学昆二十六中和昆十五中整合为昆明市实验中学，实行高、初中分设，继续保持和发展原十五中高中艺术特色。合并区内3所职业中学，成立盘龙职业高级中学，并投资2 000万元建盖建筑面积14 000多平方米的职教大楼，10月21日通过省级重点职业高中验收。昆十中国债资金教学楼、盘龙职业高级中学教学楼和盘龙小学教学楼顺利竣工。解决了2 000余名进城务工农民子女就学问题。对1 689名学生减免学杂费33万元，利用单位和世界宣明会资助款90 150元对520名困难学生进行资助。接受昆明铁路局6所中小学、幼儿园。继续开展成人教育，创建学习型社区，加大培训力度，区划前各街道办事处共组织各类成人培训567期，48 607人次参加培训。以网络教室、卫星接收点、光盘播放等3种模式安排29所项目学校实施农村现代远程教育。全年对教育事业的投入达1.4亿元。

【科　技】　2004年，盘龙区充分发挥科技工作的引导和支撑作用，继续强化科技进步的推动作用，做好新技术的引进、推广和应用，深入开展科技科普宣传活动，大力实施素质工程，广泛开展科技培训，全区科技管理水平不断提高，科技工作实力不断增强。全年共受理各类科技项目19项，立项11项，投入科技扶持资金220万元。开展公务员电子政务培训，共举办18期，培训1 076人；邀请专业人员为全区科级以上领导干部进行信息化与电子政务专题知识讲座。举办全区中小学、幼儿园科技辅导员硬翅风筝科技制作培训班。开展昆明市第四批中青年学术和技术带头人及其后备人选的选拔工作，共推荐申报11人。积极创造信息产业发展的环境，加大协调和引导力度，完善政策和服务机制，吸引遇难新中大科技有限公司等一批信息科技企业入驻区内。加快北京路通信产品一条街的软件和硬件建设，促进以信息产业为主的高新技术产业的发展。区划调整后，为适应新形势的需要，区科技局深入开展调研工作，形成区划调整后科技工作的对策措施。筹建“昆明市盘龙区人民政府专家顾问团”，并完成前期准备工作，选择69名经济、科技、社会等各方面的专家作为备选人员。表彰奖励2003年科学技术奖获奖项目，一等奖奖励2万元、二等奖奖励1.5万元、三等奖奖励1万元，同时表彰奖励2003年命名的科普示范社区和科普教育示范基地，极大地调动了广大科技人员和企业参与技术创新和推动科技进步的积极性和创造性。深入开展科普工作，不断提高公众科学素养。2004年5月15日，区属各街道办事处、区属各有关部门、驻区公共单位和电子、通讯、生物、制药等科技企业共同在东风广场举行2004年科技活动周盘龙分会场的大型科普宣传活动，科普周直接受益群众达3万余人次。2004年盘龙区荣获“全国科普示范城区”称号。

【文　化】　2004年盘龙区的文化工作坚持“两为”方向和“双百”方针及“三贴近”原则，积极开展群众文化活动，探索文化与商业相结合的新的文化产业发展道路。将日常活动、辅导教学作为阵地活动的重点项目，努力带动、引导群众文化的开展和发展。以文化馆老年大学教学区、文化馆业余京剧团、文化馆文艺培训、辅导中心及馆内多个文艺团队为依托，常年开展文化教学、演出活动。盘龙区老年大学全年培训总人次达1.5万人次，课时总量达400节；京剧团共演出113场，观众人数上万人。组织40人的龙狮演出队伍，参加首届昆明市中国民族、民间鼓舞大赛，与国内、省内著名近20支演出队同台比赛，获三等奖，曲剧团的小品《亲家》参加市、省社区文艺展演均获一等奖。举办了第24届盘龙江艺术节，以“融合城乡文化，繁荣盘龙文化”为宗旨，组织5台大型文艺节目，投入30万元资金建设区图书馆电子阅览室，并在11月1日建成开放。为图书馆在复评中争创“一级图书馆”打下了坚实的基础，提升了图书馆服务社会、服务读者、服务社区的能力，向现代化图书馆迈出了可喜的一步。区图书馆被列为文化部资源和省共享工程基层试点单位，成为昆明市4个分站之一。加大地方文献征集力度，已收集3 000余种地方文献，征集到省内100多个地、州及区（县、市）共457册地方志书。地方文献收藏数量名列昆明市14个县（市）区之首。举办“万家社区图书援建和万家社区读书活动”，在全区范围内倡议捐赠图书，用于援建社区图书室，共收到捐赠图书3 000余册。在区划调整中做好各项文物的交接工作，共划出文物25项，划入文物14项。从7月19日起，省市两级文化市场经营项目审批权和管理权下放到区级。年内，盘龙区共有文化经营市场1 281家。组织参加首届昆明文化产业博览会。

【卫　生】　2004年，盘龙区卫生局下属有1个行政执法队伍、12个卫生事业单位，职工1 343人。全年入院人次2 410人，同比上升32.05%；出院人次2 281人，同比上升23.50%，平均住院日18.3天，同比下降8.04%；门诊人次196 405人，同比下降11.14%；总收入3 968万元。行政区划调整前，全区已设立36个社区卫生服务中心（站），覆盖全区11个街道办事处，覆盖率100%，已有494名卫生技术人员进入社区卫生服务领域。行政区划后，共划出社区卫生服务中心（站）11个，划入22个，截至2004年11月全区共有社区卫生服务中心（站）47个（含区属医院举办在其他辖区内9个）。按原机构统计2004年完成门诊人次52.6万人次，社区急救1 006人次，双向转诊1 101人次，建立家庭病床564张。

进一步加大医疗机构内部药品流通管理体制改革，对药品流通管理体制进行改革的探索。2004年上半年盘龙区人民医院、盘龙区中医院在全系统率先进行了“药房托管”，由云南众合药业公司对盘龙区人民医院药房、江岸社区卫生服务中心药房和盘龙区中医院药房进行管理，逐步降低药价，让利于民，使患者得到实惠，达到医药分家的目的。年内，制定创建全国社区卫生服务示范区活动并进行培训，与各社区卫生服务中心（站）签定目标责任书，完成示范点工作。同时在绝大部分社区卫生服务中心（站）中大力开展中医药服务项目，深受群众欢迎；将流动儿童的计划免疫工作纳入社区卫生服务中心（站）的工作范畴，全面推开以高血压防治为重要内容的慢性非传染性疾病综合防治工作，社区慢性病管理工作已初步取得较好的效果。积极探索城区妇幼保健工作出路，优游宝项目于5月正式在区妇幼保健所启动，开展“新生儿抚触”项目，共开展婴儿抚触140人次。

进一步整顿和规范社会医疗市场秩序，严厉打击非法行医犯罪活动，全年，4次组织多部门联合行动对辖区内697家次医疗机构进行检查，取缔非法诊所11家，取缔非法医疗执业人员56人次，查处医疗机构超范围行医34家次，拆除违规医疗广告18块。2004年初昆明市6个县（市）区相继暴发禽流感疫情，形势十分严峻。盘龙区及时启动应急机制，组织专业队伍积极开展防控工作，加强卫生消毒、疫情监测等预防控制措施。通过全区共同努力，实现2月份遏制疫情蔓延，3月份扑灭疫情，有效地防止了禽流感向人间传播。共有21 254人参加防治，出动车辆73辆次，消除卫生死角、清掏阴沟351处，清理垃圾94.03吨，清洗小广告4 082条，发放防禽流感宣传资料9 860余份，共消毒300 000余平方米，使用优氯净2 355公斤。成立了专业消毒队伍，负责公共场所、重点地区、重点部门及无人管地区的消毒工作及全区的消毒培训、规范消毒指导工作。

大力开展爱国卫生运动，2004年7月16日，制定下发《盘龙区创建国家卫生城暨迎接全省第六次卫生城市检查整治工作方案》，加大创卫工作宣传和整治力度。掀起大规模“周末爱国卫生义务劳动”高潮，取缔占道经营，对“城中村”、城郊接合部等卫生死角群众反映强烈的问题进行了大规模集中整治，率先建立警察参与卫生管理的新机制。按照《云南省城市卫生检查评比标准》，云南省爱卫会城市卫生检查团第1团，分7个专业组抽查了盘龙辖区内的149个受检点，并给予好评。创卫工作扎实有效，顺利通过“云南省甲级卫生城市”检查验收。

【体　育】　组队参加云南省第五届城运会取得好成绩。此次城运会盘龙区共派出由99名运动员参加田径、体操、自行车、游泳、摔跤、篮球6个项目的角逐。在9月19～9月30日共11天的比赛中，代表团共夺得金牌19枚、银牌25枚、铜牌26枚和团体总分720分，获得本届城运会金牌总数第四、奖牌总数第三、团体总分第四。同时，代表团还荣获了体育精神文明最高奖——体育道德风尚奖。

以争创云南省第二批体育特色社区为契机对社区体育工作进行调研，加强了对社区工作的指导，5月份举办各街道办事处文体专干、58个社区体育兼职人员的培训班，对社区体育的台账管理、队伍建设、活动开展等方面进行培训，提高全区各社区体育专兼职人员的管理水平。年内完成对124个社区晨、晚练点的登记、授旗，共有近20万人次以上的群众坚持进行每天的晨晚活动，有近40万以上人次参加各类健身活动。体育馆共接待来馆健身人数达21.4万人次，完成870 650元的经济创收。全年少体校向省、市体育训练单位输送正式运动员10名，为盘龙区参加下届云南省城市运动会储备了人才。

【社会治安综合治理】　年内，完成“四五”普法和“三五”依法治区年度计划。未成年人司法试点项目取得成效。积极开展治安、民间纠纷联合接待调处试点工作。坚持“严打”方针，开展“铁拳行动”、“春雷行动”和“飓风行动”等专项斗争，全年共破获各类刑事案件2 468件。开展“警灯闪烁”行动，有效遏制“两抢”案件高发势头。强化社会治安综合治理，积极探索社会治安打防控长效机制。新区划后，根据社会治安“点多、面广、线长、情况复杂、难度大”的严峻形势下，努力构建以“一条主线、三个层面、五项制度、八支队伍”为核心内容的“1358”社会治安打防控长效机制，对加强社会治安稳定起到积极作用。

【人民生活】 年内，盘龙区居民消费价格总指数和商品零售价格总指数分别为106.5%和104.6%，分别比上年增长4.8%和3.9%，物价总指数小幅回升。2004年城市居民人均可支配收入达到9 166.84元，农民人均纯收入达3 863.18元。年内，不断完善社会保障体系，做好社会基本保险工作的核定及管理，确保离退休人员养老金和企业下岗职工基本生活费按时定额发放。启动灵活就业人员医疗保险工作，全年灵活就业人员累计参保6 056人，自谋职业人员399人。全年共有1 001家单位132 841人纳入医疗保险体系。稳步推进农村养老保险、企业退休人员社会化管理工作。全年参加企业职工基本养老保险的企业为1 604户，个体缴费人员17 978户，参保人数11.1万人。参加工伤保险的企业1 699户，参保职工4.7万人。参加生育保险的企业1 699户，参保职工4.5万人。开发提供有效就业岗位14 500个，安置下岗失业人员11 527人，城镇失业人员就业安置率达98%。全年为55 699户次99 229人次发放最低生活保障金12 479 746元。

（吴焰红）

五华区

【年内大事】 1月11日　区政协六届二次全会召开。

1月12日　区第十三届人大第二次会议召开。

2月2日　章振国市长、廖晓珊副市长、区委高劲松书记、区长罗建宾、副区长李鸿到篆新市场就预防禽流感工作进行检查。

4月1日　五华区召开2004年城市交通和环境拆迁改造动员大会。

4月21日　市委书记杨崇勇和宋黎明秘书长等一行五人到虹山街道办事处调研社区建设工作。

5月15日　昆明市城市管理41项管理权下放四个区。

6月3日　章振国市长到五华区调研城管工作。

6月10日　区委书记高劲松、区长罗建宾检查国企改革、集体企业改制工作。

6月21日　五华区老龄委在区便民服务中心设专点，为辖区内常住户籍年满65岁的老人办理《老年人优待证》。

7月8日　中央政治局常委、政法委书记罗干同志莅临华山派出所视察工作。

7月13日　李公朴先生殉难纪念碑恢复重建揭碑仪式在翠湖东畔的圆通街1号隆重举行。

8月17日　五华区与高新区合作，实现双方的繁荣和协调发展。

8月13至16日　五华区与盘龙、西山、官渡三个区相互进行涉及到行政区划调整划出、划入单位的人、财、物的清验工作，正式移交和接收工作将17日开始。

9月21日　昆明与北京理工大学合作开发的科技孵化器落户金鼎科技园。

10月14日　“昆明五华”网站的五华区第一次全国经济普查网页正式使用。

10月15日　区举行区划后14家街道办事处整合为9家的授牌、授印仪式。

12月21日　区委召开八届五次全会。

12月29日　区第十三届政府召开第二次全体会议。

【行政区划、人口】 五华区位于昆明市西北部，是昆明市城区之一。9月区划调整五华区的总面积由原来15.96平方千米增加为397.86平方千米面积扩大近25倍。年末人口660 992人，其中，男343 685人，占总人口的52%，女317 307人，占48%。少数民族25种，93 042人，占总人口的14%。人口自然增长率1.15‰，人口密度每平方千米1 161.36人。区机关驻崇仁街17号。下设护国、大观、华山、龙翔、莲华、红云、丰定、黑林铺、普吉9个街道办事处，沙朗、厂口2个乡，88个社区。

【经济综述】 2004年，遵循“商贸立区”的发展思路，实施商贸片区的连片繁荣。继续强化政府的市场监管和服务协调，对现代商贸、科技、旧城改造等行业开展招商引资，促进重点商贸片区繁荣。美辰百货、苏宁电器的入驻使小西门片区与原武成路商圈凝聚为一体，三市街片区的商业氛围向小西门方向延伸，形成了以国美、苏宁、盛兴为龙头的大型家电销售和以柏联百盛、沃尔玛为龙头的百货销售两大贸易增长点。顺利完成“春烟”与“昆烟”的战略重组，“春烟”的发展步入了新的历史时期。深化区属国有企业改制，完成锦华集团、五华房地产开发经营总公司的改制，实现昆明国际俱乐部有限公司（万怡酒店）承债式股权转让，区市场开发经营公司、区企业开发公司的改制方案进入审批阶段，国有资产从竞争性领域有序退出。集体企业改制全面启动，完成集体企业改制688户，占集体企业的64.84%。全面落实区促进非公经济发展“1+10”政策，落实各优惠措施，挂牌保护重点企业，加强监督，完善投诉机制，维护企业合法权益。区划调整后，全区有个体工商户15 735户，从业人员35 516人，注册资金3.33亿；私营企业1 610户，雇工12 880人，注册资金8.98亿元。区域非公企业按统计口径实现社会消费品零售总额89.26亿元，同比增长17.62%，占全区社会消费品零售总额的95.79%。非公经济已成为区域经济中发展最快，潜力最大，最富有活力的经济成分。区已完成内资指标和出口目标，其中实现利用内资3.56亿元；完成年度指标的118.62%；出口额为870万美元，完成年度指标的219.14%。促成5个重点项目在昆交会上签约，国美音像公司、苏宁电器连锁和湘火炬投资股份有限公司同区达成投资意向，云南亚创信息科技有限公司与启明软件有限公司合作，南发集团与区签订旧城改造参标意向书。并展开潘家湾旧城改造项目、鑫兴泽垃圾焚烧项目、护国商城开发项目的招商引资工作。整合金鼎科技园资源，全面推进省院省校合作项目，昆明与北理工大学合作开发的科技项目北理工孵化器正式运行，与五华科技园创业服务中心初步形成昆明高新五华科技园技术创新和创业服务的支撑体系。实现园区企业科技需求与省外科技资源的有效对接，园区19个项目已申报昆明市科技型中小企业技术创新基金，2个项目列为省科技厅省院省校合作重大项目，争取了省、市科技扶持资金655万元。为推进项目产业化，区政府为8家科技型中小企业落实扶持资金140万元，为提升园区科技创新能力，确保园区信息技术、生物制药等有创新和发展前景的产业得到重点支持。全区经济运行质量和效益显著提高，全年实现生产总值129.41亿元，同比增长15.33%；完成财政总收入16.51亿元，同比增长29.50%；实现地方财政收入 6.93 亿元，同比增长 27.57%；实现工业总产值 35.13 亿元，同比增长 29.69%；实现社会消费品零售总额 93.18 亿元，同比增长 16.05%。

【城市建设】 投入规划资金 650 万元，委托上海同济大学规划设计院完成了五华区原行政辖区和区划后行政区域的概念性总体规划编制，委托省内规划设计单位进行 9 个分区的控制性详细规划编制。配合现代新昆明建设规划，强化土地市场监管，整顿土地市场秩序，处理土地遗留问题，提高土地收益成效，增强依法、集约、高效利用资源意识。投入 4.54 亿元开展了 43 个项目，建设规模为历年之最。完成西站立交渠化工程，青云街、三合营等 10 条街巷的路灯建设及五一路、建设路、新闻路更换灯罩工程，新闻南路等 8 条小街小巷的改造，完成虹山社区道路基础设施改造工程，完成教场东路、虹山南路等城市次干道的拆迁改造任务。先后完成凤翥街、大兴坡、大观路（西昌路至省民委路段）的改造建设，对国防路、西坝路等 13 条城市次干道进行全面整治，顺城街片区拆迁改造工作全面启动，稳妥推进文明街、文林街等 5 个片区旧城改造。投入9 117万元，启动实施昆大线（西站立交桥至黄土坡段）拓改工程。完成绿地建设82 493.50平方米，美化了城市环境。组织落实“两级政府、三级管理、四级网络、重心下移、上级监督”的管理新体制。加大市容市貌和城市环境的整治力度，在全省率先组建“城管快车”城市管理快速反映机制。

【教　育】 坚持教育优先，加大教育投入，昆二中改扩建工程基本完成，市一职中专综合教学楼工程进展顺利，全年投入教育信息化建设 878 万元。完成师大五华实验中学与昆二十九中、昆八中与昆二十二中的合并。教育人事制度和分配制度改革试点工作积极稳妥进行，引入竞争机制，实施公开招聘，校园中层干部竞争上岗工作逐步推开，教师队伍素质得到进一步提高。基层教育课程改革成效显著，承办了西南地区“创建以校为本教研制度建设基地”研讨会，荣获全国“实验性、示范性基地”光荣称号。新区划后，全区有中学及中心学校 16 所，小学 47 所，幼儿园 12 所。

【科　技】 加强科技项目的扶持力度，制定实施《昆明市五华区科学技术项目管理办法》、《昆明市五华区科学技术奖励办法》和《昆明市五华区科技计划项目经费管理办法》等 15 个规范体系的建设，开展“信息化试验区”建设，推进电子政务平台。完善“科技强区”战略的实施，着力引导区域各方面科技资源高效配置和综合集成。2004 年在工业、农业、社会发展以及软课题研究等领域项目受理 30 项，编制 2 批项目计划 27 项，其中 15 项予以经费支持计划 300 余万元，引导项目主体自筹项目经费2 664.8万元。出台实施《五华区科技计划项目管理办法》等 6 个政策，实地考察、咨询，探索实践农村科技工作，研究解决“三农”问题。2004 年，被命名为“全国科技进步先进城区”。

【文　化】 组织开展“万家社区图书室援建工程”和“万家社区读书活动”。整顿规范文化市场，日常检查与重点突击检查相结合，出动检查人员 1 700余人（次），检查辖区内的重点文化经营单位 2 500 家（次）。公开销毁一批“黄、赌、毒”和假冒伪劣物品，净化了市场，保护了知识产权。组织全区性大型活动 7 场次，大型广场文艺宣传演出 13 场次，参加省市组织各种比赛和演出活动 14 场次，“民乐进社区”专场演出 7 场次，观众达 10 万余人次。区文化馆下属的 22 支业余文艺团队开展各类文艺演出1 012场次，观众近 30 万人次；各街道办事处文化站开展不同形式的文艺演出 200 场次参加活动人数 3 万余人次，观众 13 万余人次；文化馆举办少儿舞蹈、乐器等各类文化艺术培训班 12 期，培训 268 人次。文学创作发表作品 96 篇，其中：国家级 5 篇、省级 39 篇、市级 35 篇，新闻报道 17 篇。与辖区内的 58 项重点文物保护单位负责人签订“四防”安全责任书，并开展文物单位的申报、文物的修护、立碑、碑刻拓片等工作，进行依法管理文物，顺利完成划出的 2 项和划入 26 项文保单位的交接工作。今年新购图书 16 456册，电子读物 660 种。接待服务读者71 232人次，提供一般咨询服务 7 460人次，借阅图书读者14 538人次，期刊3 320人次，图书流通量23 139册，期刊3 340册。提供电子信息服务2 150人次，电脑操作培训 123 人次。

【体　育】 在云南省第五届城市运动会上，获得 24 枚金牌、11 枚银牌、17 枚铜牌的好成绩。建成 109 个健身点，7 条健身路径。优化配置整合 39 个单位为第一批“五华区社区共享体育设施资源基地”，全区有标准体育场地 444 块，非标准体育场地 390 块。开展厂口、沙朗 11 个村委会投入经费、场地设施、组织机构、活动情况进行调研。群众性体育健康发展，举办气排球、嗒嗒球、健身路径锻炼方法、健美操等体育训练班。全年举办区级活动 15 项，参加人员 53 200 人次，社区组织活动 107 项次，参加人员118 900人次。全年组织参加市级以上比赛 16 项次，举办区级竞赛活动 7 项次。组队参加市级以上各项比赛获得金牌 174 枚（国家级 47 枚、省级 52 枚、市级 75 枚），银牌 145 枚（国家级 39 枚、省级 48 枚、市级 58 枚），铜牌 126 枚（国家级 44 枚、省级 35 枚、市级 47 枚）。举办首届老年人自行车越野活动，参加人数 86 名。

【卫　生】 建立区街两级公共卫生防疫体系，整合区属卫生资源，构建市、区两级检疫站联动的疫情应急处理机制。进行医疗卫生体制改革，区保健医院引进医药公司到医院药房，加大医药分离力度，改善经营，转化风险，降低药价，实现医药公司、医院和群治的三满意。组织和指导区人民医院、妇幼保健所、疾病预防控制中心等单位推选中层负责人竞争上岗，职工双向选择和全员签订聘用合同的改革工作，实施公共卫生体系建设，逐步建立覆盖面广、功能完善、反应灵敏、运转协调的突发公共卫生事业应急机制。完成区中医院与人民医院的整合。组织 12 家街道办事处、65 个社区、50 家公共户单位上街宣传，出动 678 人次，展出宣传栏 523 块，设立宣传点。建立各种传染病报告卡片4 761张，发生法定传染病 12 种，941 例，检查门诊日志1 575 674例，入院登记日志89 927例，查处传染病 18 种，4 054例；举办艾滋病预防知识培训，覆盖率达 85%以上；甲乙类传染病总数比上年度下降 7.8%；伤害返视率 85.64%；检查 168 家个体诊所，合格率 95.92%；脊灰免疫服苗20 068人次，儿童服苗率 99.39%；34 所中、小学建立基础档案，学生体检率 99.79%；六病入保率 100%，卡介苗 100%，脊灰疫苗 97.61%，百白破 98.57%，麻疹疫苗 99.52%，四苗覆盖率 98.93%，乙肝疫苗覆盖率 99.52%。全年社区门诊 10万人次，设立家庭病床 9 张，建立医疗保健合同 465 人。检查社会医疗 650 家，取缔无证经营诊所 45 家。

【社会保障】 2004 年起，每年投入 100 万元用于职业技能取证培训，为五华发展人才智力支持。全年开发有效就业岗位14 736个，公益性就业岗位2 500个，实现新增城镇就业人数14 663人，其中：安置下岗失业人员7 523名，“4050”人员3 056人，完成公共职业介绍人数22 279人，城镇登记失业率控制在2.45%。为24 351名企业离退休人员发放养老金，发放率达100%，为1 059名企业退休人员审核了退休待遇，进行了2万多名企业离退休人员领取参保基本养老金的资格认证，全区5 400名失业人员失业金按时足额发放，发放再就业优惠证11 961本，为27 190人提供免费代管档案服务，为7 261人免费办理再就业培训证，区财政代缴12项证件工本费7万余元，595人落实工伤待遇，落实了2 235人的生育保险待遇。

【社会治安综合治理】　完善人防、物防、技防等社会治安防控体系建设，壮大群防群治力量。辖区内建立“9个守望点”、“6条巡逻线”、“4个责任区”、“3个防范面”的防控网络建设。全区有24个治安执勤点，100个巡防哨点，261个基层调解组织，专群防范力量近1万人。推进“四五”普法及“三五”依法治区工作。开展“铁拳”、“飓风”、“打拐”打击“两抢”、打击盗窃破坏电力电线线路设备等专项行动，打击各类刑事犯罪。排查矛盾纠纷，收集各类情报信息4 233条，其中预警性信息56条，排查出各类矛盾纠纷45起，挂牌督办15起重大矛盾纠纷，调处化解8件劝阻群体性上访事件20件。结合打造“平安五华”活动，开展交通安全整治，加强制度和网络建设，点、线、面结合遏制了法轮功等邪教组织的非法活动。开展“法律进社区工作”强化社区法制化管理水平。专项检查辖区范围内的商场、市场、宾馆饭店、医院、学校、娱乐场所、寺庙等人员密集场所的消防安全。五华区人民法院刑事审判庭被团中央授予“全国优秀青少年维权岗”称号。

【精神文明建设】　推出审计厅等15家群众性精神文明创建活动先进单位、社区、家庭及楼院；推荐评选市、区两级优秀文明市民各100名。在驻区各类媒体及“昆明五华”网站等宣传典型人物和先进事迹。制作大型公益广告牌，散发宣传资料，制发倡议书，捐赠《改陋习，树新风漫画说》和宣传图片，以文艺演出、刊物、黑板报、墙报等形式营造良好的宣传教育氛围。探索学校—家庭—社会联动共抓未成年人思想道德建设，整治校园周边娱乐场所等不健康环境，发挥五华文化区特有优势，联片创建未成年人思想道德教育实践基地，占领文化阵地。组织单位、社区的群众干部居民进行文明素质教育，教育率95%。坚持开展军（警）民共建、青年文明号、文明楼院、五好文明家庭、希望工程、畅通工程、婚育新风进万家、“不让艾滋病进我家”、创建“无毒社区”和创建文明机关、当人民公仆、做人民满意公务员等群众性精神文明建设活动。

（李晓燕）

官渡区

【年内大事】　1月11日　在江苏省华西村举行的首届“中国十佳小康村”评选活动中，官渡区六甲乡福保村被评为“中国十佳小康村”的荣誉称号。

1月18日　官渡区政府重奖龙泉地产等125家纳税大户，奖金共计422.2万元。受奖励的125家企业占全区企业总数的0.4%，所缴纳的税占全区税收总额的30%。

2月3日　小板桥镇秧草凹、羊哺头等村相继发生疑似高致病性禽流感，全区立即进入高度戒备状态，在最短的时间内启动了“重大动物疫病防治应急预案”。

3月30日　小河乡小河村委会率先完成了村委会的换届选举工作，全区村民委员会换届选举工作全面展开。

4月20日　双龙乡大坪地村民小组发生一起因非法私挖乱采磷矿，导致死亡3人的重大事故。

5月26日　昆明市第五届农民运动会在晋宁举行。官渡区共获金牌41枚、银牌21枚、铜牌10枚，取得了团体总分第一名的好成绩，并获得了体育道德风尚奖。

6月2日　官渡区召开食品安全专项整治工作会议，确定了粮、肉、蔬菜、水果、奶制品等七个品种为专项整治重点。

6月16日　昆明市公安局官渡分局刑侦大队打拐中队正式挂牌成立，这是全国第一支打击拐卖妇女儿童犯罪的专业队伍。

7月8日至10日　因连续出现大雨、暴雨天气，区内部分乡镇遭受水灾。据不完全统计，矣六乡田地被淹面积达3 000亩；双哨乡包谷被淹520亩，蔬菜被淹250亩，烤烟受灾390亩；官渡镇花卉被淹480亩，蔬菜被淹285亩；大板桥镇被水淹的田地达180多亩。同时部分农房遭受水灾后出现倒塌、进水的情况。

9月1日　官渡区新成立的关上、金马、太和、东站四个街道办事处挂牌。

9月2日　太和、东站两街道办事处举行移交官渡区揭牌仪式。

9月9日　官渡区表彰奖励为全区教育事业做出突出贡献的唐柱芳等11名先进教育工作者和张杰等69名优秀教师。

9月19日　云南省第五届城市运动会在个旧市举行。在29个代表团中，官渡区以代表团1 342分获得团体总分第一名；以117枚奖牌总数名列奖牌榜首位；以44枚金牌名列金牌总数第二，同时荣获“体育道德风尚代表团”的称号，创造了城运会历史上最好的成绩。

10月20日　为配合现代新昆明建设，全面改善交通和环境，拆除了永丰路、永平路近6 000平方米的临时、违章建筑。

11月5日起　官渡公安分局开展“飓风行动”，在全区重点开展了以打击两抢为主的整治行动。

11月15日　官渡公安分局北京路派出所挂牌成立。

11月19日　中国残联副主席、中国盲人协会名誉主席甘柏林、中国残联常务副理事长吕世明等一行8人，到官渡区残联调研。

11月26日　官渡区妇女第七次代表大会开幕，来自全区各条战线的230多名妇女代表出席会议。

11月30日　“中国共产党云南官房集团委员会”成立大会在官房广场举行。

12月15日　官渡区召开城市环境整治动员会，区委副书记、区长海文达对全区城市环境整治工作做了安排部署。

【行政区划、人口】　昆明市四区区划调整之前，官渡区东连宜良县，南接呈贡县，东北与嵩明县交界，西北、西南与西山区接壤，三面环卫昆明市中心城区。区境东西距41千米，南北距43千米；总面积1 025平方千米，其中城区面积78平方千米。全区辖9镇8乡（包括一个民族乡），92个村民委员会，30个社区居民委员会。区划调整之后，官渡区行政区域面积发生很大变化，由原来的1 025平方千米变成572.2平方千米，17个乡镇缩减为4个街道办事处、7个乡镇（包括一个民族乡），30个社区居民委员会，60个村民委员会。

区划调整变化情况为划出至五华区：福海街道办事处的河北社区居委会；龙泉街道办事处的右营、岗头2个社区居委会，部分北仓社区居委会；茨坝街道办事处部分和平社区居委会；联街道办事处虹山社区居委会，一部分马村、桃源2个社区居委会。

划出至盘龙区：小河、双龙、双哨3个乡；茨坝街道办事处机关，花渔沟社区居委会、一部分和平社区居委会；联盟街道办事处机关，长青、小坝、胜利3个社区居委会，一部分马村、桃源2个社区居委会；龙泉街道办事处机关，宝云、金星、云波、源青、上坝、中坝6村（居）委会，一部分北仓社区居委会；金马街道办事处的云山、新迎、青龙3个社区居委会，大树营、金马、十里3个社区部分居委会。

划出至西山区：前卫镇街道办事处机关，红庙、马家营、金河、官庄、太河、拥护6个社区，部分南坝社区居委会；福海街道办事处机关，永联、杨家、河南、船房、福海、陆家、新河、大坝、周家9社区居委会；六甲乡的盘龙、金家、星海、陈家4个部分村委会。

年末总人口517 086人，其中男性27 417人，女性242 912人；农业人口168 516人，少数民族52 061人，其中彝族28 172人。人口自然增长率为3.92‰。

【经济综述】 2004年，全区生产总值完成116.59亿元（区划调整前口径，下同），为计划的105.6%，同比增长10.17%；其中：第一产业增加值完成10.88亿元，为计划的100%，减少6.02%；第二产业增加值完成39.36亿元，为计划的107.5%，增长12.24%；第三产业增加值完成66.35亿元，为计划的105.5%，增长12.04%。商贸业健康发展，完成社会消费品零售总额79.48亿元，同比增长15.5%。金融业快速发展，各项存款余额184.79亿元，同比增长31.38%，各项贷款余额84.12亿元，同比增长35.3%。全区总体财政收入完成142 999万元，完成预算127 025万元的112.6%，比上年同期120 168万元增收22 831万元，增长19%。其中：地方财政收入完成98 661万元，完成预算88 692万元的111.2%，比上年同期81 325万元增收17 336万元，增长21.3%；省级收入完成5 963万元，完成预算4 708万元的126.7%，比上年同期5 192万元增长14.8%；上划中央收入完成38 375万元，完成预算33 625万元的114.1%，比上年同期33 651万元增长14%。

全区财政累计支出76 143万元，完成预算68 934万元的110.5%，比上年同期58 467万元增长30.2%。其中：十七个乡镇完成财政支出17 540万元，为乡镇年度预算的92.9%，同比增长28.9%，占全区财政总支出的24.3%。非公经济快速发展。

加大资金支持，全年安排资金1 177万元扶持企业发展。对符合国家鼓励类产业的企业、符合政策性减免税收的企业办理了税收优惠，全年减免税收1 321.72万元。新发展个体工商户12 108户，私营企业594户。非公经济占全区经济总量的比重达73%。

以大项目建设带动全区工业的快速发展，投资6.2亿元的东骏水泥有限公司一期、投资1.5亿元的昆明金星啤酒以及云南管桩公司等项目顺利竣工。全区新上工业和技改项目完成197项，投资9.32亿元。2004年全区区属工业总产值完成187.15亿元，增长8.0%，完成计划的102.92%。实现工业增加值31.19亿元，增长8.7%。

全区2004年服务业增加值完成66.35亿元，增长12.04%。实现社会消费品零售总额79.48亿元，增长15.5%，超过预期目标5个百分点。旅游总收入4亿元。

区属固定资产投资累计完成36.26亿元，增长45.64%，为计划的122.3%。

全年引进三资企业14家，协议总投资3 325万美元，协议引进外资1 544.8万美元，增长10.26%，实际到位资金254.4万美元；新增国内横向联营企业307家，协议引进区外资金166.58亿元，实际到位资金45.17亿元，同比增长344.1%和109.8%。实现进出口总额6 349万美元，其中出口5 414万美元。

全区综合经济实力明显增强，名列云南省县（区）农村经济实力20强之首，17个乡镇中有12个进入全省经济实力百强行列。

【农　业】 农业经济结构进一步优化。相继调整粮经作物种植比例，全年粮食播种面积7 798.4公顷，减少17.9%。粮食总产量39 963吨，减少18.81%。全年完成蔬菜播种面积15.39万亩，比计划数15万亩增3 900亩，增2.6%，比上年减13.9%，上市总量36.1万吨，比计划数36万吨，增0.3%，比上年减2.944万吨，减8.2%，外销蔬菜8.903万吨，占上市总量24.7%，比上年减1.876万吨，减17.4%。完成花卉种植1.27万亩，比计划数1.19万亩增0.08万亩，增6.7%，比上年减0.02万亩，减1.5%；花卉产值16 500万元，比上年增500万元，增3.1%。

大力发展绿色无公害农产品，完成绿色蔬菜标准化技术项目示范面积2 280亩，绿色蔬菜产地认证1.89万亩，取得国家、省市级绿色食品认证7个，无公害农产品认证2个，新获4个国家级绿色食品A级认证和2个无公害农产品认证。在全区推广无公害蔬菜标准化生产23 750亩，农业产业化经营稳步发展。

大力调整农业产业结构，全年支农资金投入达5 682万元。烤烟生产整体水平显著提高，烟农实现收入2 584万元，比上年增加500万元。

生猪出栏23.3万头；肉禽出栏162.48万只；禽蛋产量19 619.1吨；肉类总产量19 917.57吨；鲜奶产量21 937.7吨（其中农场部分13 639.76吨）。

【水　利】 全区完成各类水利工程26件，其中市重点3件。改善灌溉面积15 500亩，解决或改善人畜饮水2 522人。

加强农田灌溉用水管理，保证适时栽插。在栽插即将开始的四月中、下旬召开了金太塘、宝象河、金殿、沙井四灌区用水协调会。确定供水时间、用水量、用水期间管理、管水人员的落实，实行计划用水，定时、定量供给，节约用水，避免用水矛盾，保证适时栽插，直管工程供水面积63 257亩，完成了供水灌溉任务和栽插计划。

完成《松华坝水源保护区小河、双哨、龙泉、双龙四乡镇保护与发展综合规划》，进一步做好松华坝水源保护；完成松华坝水源保护区总计投资235万元的综合治理项目。小河乡前后石洞种植水保林200亩；完成果子冲、上下雷打石、高枧槽、三家村四件人饮工程，解决1 200人饮水问题；完成水改旱1 000亩，修建三家村灌溉沟800米，开展生态猪养殖示范工程；双哨乡上干沟种植水保林200亩，老玉屯引水沟治理300米，小绿海截水沟窖200米；完成上干沟、撒角地、新街三件人饮工程，解决800人饮水问题；龙泉镇雨树村种植水保林200亩，老白龙建水池18口，建垃圾池11处；双龙乡三潮水建人饮工程一件，解决400人饮水问题。

【林　业】　在总结过去造林绿化工作经验的基础上，把造林重点及时由快速扩大绿化面积转移到保护绿化成果、补植补造、幼林抚育、封山育林等工作。

完成天保工程森林管护 68.8 万亩，为任务 64.4 万亩的 107%。对 2002 年完成的退耕地造林5 000亩、还林荒山造林的4 000亩，按造林设计组织进行了补植补造和抚育。组织完成工程造林1 850亩；工程封山育林3 000亩、封山育林10 000亩；组织完成四旁及全民义务植树 112.78 万株，完成育苗 50 亩，为任务 50 亩的 100%；完成各级政府样板林 600 亩，样板林林带1 300米。各项任务均圆满或超额完成。

资源林政管理工作进一步加强。做好“七管理一处罚一监督”工作，按程序严格审核征占用林地，切实加强森林资源和林地的管理、保护。全年依法查处各类林业行政案件 15 件，已结案 15 件，查获违法木材 54.4 立方米，非法改变林地用途 0.5108 公顷，各类毁林案件综合查处率达 100%。全年完成人工造林1 850亩，工程封山3 000亩，封山育林10 000亩，育苗 50 亩，样板林600 亩，义务植树 100 万株。

【工业、乡镇企业】　2004 年完成工业总产值现行价1 314.11万元，为上年同期1 522万元的 87%；完成工业销售产值1 688.73万元，为上年同期1 677万元的 101%。继续把发展工业作为支撑经济增长的主导力量，着力推进工业项目建设。投资 9.32 亿元，完成新上和工业技改项目 197 项。金星啤酒、云南网信管桩公司等项目实现投产，东骏水泥项目建设进展顺利。完成了横山工业基地概念性规划，并纳入正在修编的大板桥镇总体规划。2004 年，区属工业总产值完成 187.15 亿元，同比增长 8%。

年末全区共有乡镇企业39 368户，从业人员231 962人。增加值累计完成738 031万元，完成年计划的 92.46%，与上年同期完成660 634万元同比增长速度 11.7%；现价工业总产值累计完成1 719 150万元，完成年计划1 838 345万元的 93.52%，与去年同期完成1 493 610万元同比增长 15.1%；实交税金累计完成98 615万元，完成年计划106 160万元的 92.89%，与上年同期完成86 832万元同比增长 13.6%，营业收入累计完成6 558 999万元，完成年计划7 312 293万元的 89.7%，与上年同期完成5 717 823万元，同比增长 14.7%。

乡镇集体企业改革改制 1998 年清产核资集体企业数1 658户，截止 2004 年 11 月 15 日，扣除关、停、并、转及注销企业后，完成1 149户，其中：涉及产权制度改革1 082户，占集体企业比例 98.2%。

【城市建设】　栽植栾树 563 株，铺设草坪 563 平方米；完成了保险公司绿化改造，栽种金叶女贞 300 株；完成了小哨观测站绿化建设任务，栽植各类植物2 302株，铺设草坪1 960平方米；完成了老民航路绿化建设任务，栽种杜英248 株，铺设草坪 270 平方米；完成了关通汽配商城前期绿化建设任务，栽植各类植物1 194株，铺设草坪 600 平方米。

城市环境综合整治力度加大。认真做好城市拆迁改造。完成了永安路、永丰路、永平路、明通路、北京路等路段以及万兴建材城片区 10.4 万平方米临时、违章建筑的拆除。组织实施了 2003 年拆迁片区的环境建设和招商，完成了春城路东侧和关通汽车商城绿化改造，福海综合商场、水晶商场和关通驾驶员城项目建设进展顺利。

对辖区道路下水道进行两次清挖，部分道路下水道多次清理。翻铺、新铺关兴路、关上中路、关平路、双桥路等人行道小块12 456.8平方米，更换窨井盖板1 267块，落水口盖板1 675块。

以“五无、六净”、全日保洁为标准，优化结构，减员增效，提高效益，对辖区主次干道 390 万平方米的清扫保洁进行全承包，实行袋装化收运。对公厕、垃圾中转站进行规范管理。强化服务意识，拓展业务范围，清运业务。规范垃圾收集，建盖了垃圾收集点 22 处。填埋生活垃圾 39 万吨，日处理垃圾1 300余吨，抽排垃圾渗滤液29 300立方米，疏通防洪沟15 000米。

对辖区内的流动摊点、占道经营、乱搭建、违章拉运建材、渣土等现象进行查处，并加大对“两证一书”和“两证一卡”的检查和处罚力度。

查处违章拉运建材、渣土车辆1 680辆；查处门头装修 270 起；收缴非法营运三轮车 240 辆；查处建筑工地136 家，拆除雨遮、雨篷 38 个；清理违章广告布标 900 条（块）；查处广告牌、灯箱 350 余个（块）；查处沿街散发小广告15 000份，收缴不可自然降解塑料袋18 000余个。规划监察积极主动地开展两违查处和批后管理工作，查处查办各类违法建设 82 件，拆除违法建设2 230平方米；完成批后管理新开工 61 件，163 万平方米，竣工验收 4 件，35 万平方米。

【环境保护】　年初，区政府与乡镇签订责任书，把创建生态乡镇和生态示范户、文明村的工作作为重要的考核指标。在建设项目环境管理和审批过程中，严格按照《中华人民共和国环境影响评价法》、《建设项目环境保护管理条例》和《建设项目竣工环境保护验收管理办法》的规定，坚持建设项目环境影响评价制度和建设项目“三同时”制度，按照推动产业结构调整、合理安排布局、治理污染、保护环境的原则，严格新、改、扩、迁、建项目的审批，控制污染总量的增长。全年共审批建设项目 917 项（配合市环保局审批项目 53 项），其中：环境影响报告书项目 1 项；环境影响报告表项目 110 项；环境影响登记表项目 806 项。建设项目审批率100%。项目总投资559 754.81万元，环保投资39 467.45万元，环保投资占总投资比率 7.05%，环保投资比例比上年增长 1.32%；办理环保竣工验收手续的项目 31 项，环保投资额2 313.4万元，其中区局验收 12 项；配合市局验收 19 项。“三同时”合格执行率达 100%；全年审批燃煤锅炉 30 台，计 46.565 蒸吨；燃油锅炉 5 台，计 5.51 蒸吨；开水炉（含燃油、燃煤）4 台。

按照新的区划，重新建设“烟尘控制区”，重建面积为 42.61 平方千米。经对重建面积内拉网式检查、统计，共拥有燃烧装置6 135户，窑、炉、灶1 778眼。通过现场检查、整改和监测、抽测，各项考核指标均达到和超过“十五”烟尘控制区验收指标，烟尘控制区覆盖率为 100%。

【交　通】　完成了金马路、民航路改造等工程；全年安排预算资金 297 万元，兑现 2003 年乡公路以奖代补资金以及 2004 年区公路养护管理、水毁工程补助；清挖并修复 169 线两侧排水沟600 米，清除淤泥、杂物1 027立方米，路面铺砂石 650 立方米；修复南过境干道春城路立交桥破损路面，并安排道班工人对南过境干道进行经常性清扫，保持路面整洁。

从 5 月中旬开始，组织人员在辖区公路沿线进行治理超限运输宣传工作，发放宣传资料12 000余份，张贴宣传标语，利用电视进行宣传和报道。同时，安排 15 个乡镇公路办向辖区内的运输单位和从事个体运输的车主发放治理车辆超限超载宣传材料，张贴宣传画报。遏制了超限超载和降低道路交通安全事故。

【电信、邮政】 各项主要业务发展指标完成如下：新增固定电话4 677部；PAS用户23 737户；新增ADSL用户5 571户；新增话吧电话4 850部；

完成整治交箱配区108处；布放转联电缆34 781米；新增分线设备345只；更换交接箱跳线5 336对；拆除废旧电话线2 550户；添加挂钩12 378个；理顺用户线8 927户；更换分线盒54个；安装原分线盒486只；加分线盒盖145个。

全局业务收入剔除物流业务经营性调后累计完成收入4 668.8万元，与上年同比增长16.03%，绝对值为645.13万元，收差累计2 718.70万元，与上年同比增长18.41%，绝对值为422.79万元。

邮储余额当年累计净增2.8337亿元，年末储蓄余额8.01亿元，定活比结构由年初53:47调整至43:57，活期比例提升了10个百分点。全年话费分成收入累计实现117.54万元。代理保险业务全年销售808.66万元，与上年同比（2003年完成328.67万元）增长226.5%。代收移动、联通及铁通电话费业务全年累计代收12.16万张，金额为754.92万元，累计实现代收手续费6.66万元。在4季度业务发展劳动竞赛中，月均代收话费笔数突破1.7万笔，金额超过100万元。

【教　育】 投资5 570万元，新建珥琮、晓东、五里、中坝等4所小学，扩建和修缮了官二中、板桥中学等25所中小学。

幼儿入园率达99%，小学适龄儿童入学率100%，残疾儿童入学率100%，15周岁初等教育完成率100%，17周岁中等教育完成率100%，残疾少年入学率100%，小学巩固率100%，初中入学率108%，初中辍学率为0.41%。全区参加中考4 957人，录取4 090人，升学率为82.51%。参加高考2 191人，录取189人，升学率为54.2%，比2003年上升4.12个百分点。

做好教育三免费工作，加大农村经济贫困学生救助工作的实施力度。严格按3:2:1（山区、坝区、部分直属学校的学生人数比例下拨补助经费，并建立贫困学生救助档案，年内补助1 045人）其中小学665人，中学380人，补助经费209 000元。严格按市补助标准进行救助。

年内共完成市级三免费600人，县、市、区联运1 045人，补助省半寄宿制学生456人，市寄宿制学生1 033人。

按照教育部远程教育试点建设项目的要求，年内建立光盘播放点7个；确定小哨中学、阿拉中学、大板桥中学为第五批实验学校；新增远程卫星接收点59个，新增了城域网，教师进修学校、31所中小学、幼儿园通过ADSL，实现了宽带上网。

进一步拓宽了教育投融资渠道，广泛吸收社会资金及信贷资金投入教育，为官二中、昆十六中等几所学校建设校园网络设施，在昆二十五中与官二中合并的基础上，又依托官一中的优质教育资源，创办了国有民办的“冠益中学”、“北大附中云南实验学校，官一中、官二中等高标准学校。对昆九中、先锋中学进行合并重建。逐年扩大招生规模，最大限度地满足了人民群众对优质教育的需求。

【文　体】 “元旦”、“春节”期间举办各种体育活动，组织区业余文化艺术团先后到双龙、小河、大板桥、双哨、阿拉、联盟、官渡、小板桥等14乡镇演出40场，观众达8万余人次。

加强文化市场的管理工作，进一步规范和整治文化市场秩序，对出版物市场、娱乐市场、“网吧”、电子游戏进行整治。9月份收缴的50余万册非法书刊进行了集中销毁。加大对“网吧”的查处力度，严惩“网吧”接纳未成年人的违章行为，经过严格管理，杜绝了“网吧”接纳未成年人进入的现象。

图书事业再上新台阶。全年新增图书3 000余册。截止11月，外借部流通图书596 930册次，阅览室流通人次近9万余人次，阅览报刊9万册次，新办借书证300余个，扩大了读者队伍。

文物保护工作打开新的局面。及时抢救维修了一批濒临倒塌的文物保护单位，如：区级文物保护单位——镇海阁；市级文物保护单位——梁思成、林徽因旧居等。签订了文物“四防”安全责任书。加强文物保护单位的监督、检查力度。组成联合检查组，对辖区内的33项文物保护单位（区划前）进行了一次全面的安全检查。通过检查，确保各级文物保护单位的安全。

全年共组织开展了规模大、项目多、影响大、形式多、内容丰富、群众参与面广的各项体育竞赛活动36余次，参与人数近8.5万人次，举办各种体育培训班5期，电视、报刊宣传报道达30余次，全区经常参加体育锻炼人口30万，占全区人口总数37.3%。

官渡区的竞赛管理水平和训练管理水平始终处于全市的领先地位，运动竞赛成绩有了新的提高，全年共组队参加省级8个项目的比赛，共获得金牌72枚，银牌66枚，铜牌39枚，参加市级比赛14项共获金牌105枚，银牌67枚，铜牌57枚。

【科　技】 实施的14项工业科技计划项目，总投资6 058.1万元，实现新增工业产值4 737.7万元，利润888.3万元，税收1 249.9万元。

农业科技以项目扶持、技术引导为重点，推广白菜新品种“春月黄”9 000亩，大洋西芹2 000亩。开展无公害生猪养殖技术研究，示范饲养20 000头，以带动全区规模养殖水平的提高。全年共实施21项农业科技计划项目，总投资3 230.65万元，实现新增农业产值14 137.82万元，新增收入2 940.57万元。

软科学课题研究实现了从2002年前零项目申报发展到2004年一次就向市科技局申报了4项软科学研究项目的突破。所组织实施的4项区列软科学项目，落实资金30万元，重点解决全区经济社会发展中的问题、难点。同时组织实施的7项区列社会发展项目，总投资552.8万元。

继续抓好全区的科技培训工作。全区实用技术培训811期，培训76 631人次，其中农函大开班56个，培训学员4 776人。

2004年共组织实施区列科技项目46项，大范围组织申报了市级科技型中小企业技术创新基金项目27项（已列7项），省级科技项目11项（已列7项）。项目计划总投资9 871.55万元，区科技局拨款494万元。

结合官渡区实际，在已建立的102名专业技术人才库的同时，又适时组织力量编制了《2005年官渡区科技计划项目申报指南》，年内向市级推荐科学技术奖项目4项，其中1项获市级科学技术奖二等奖，1项获市级科学技术奖三等奖。

加大农村农研会、农技协的组建力度。年末全区有农研会、农技协21家，发展会员近4 000人，带动区内外农户10多万。

启动建设项目88项，完成预算投资580万元，年内完成结算84项，完成结算投资480万元。全年完成了2003年工程固定资产建卡55项。新建接入网机房9个，容量16 000线，ADSL新扩建3 040线。

【卫　生】　2004年1月24日，下发《官渡区人间禽流感预防控制工作预案》，指导全区开展人间禽流感预防控制工作；2月2日建立了官渡区人间禽流感预防控制工作机构，成立了工作领导小组、应急处置技术指导组（下设防疫技术指导组和临床救治技术指导组），明确了人员责任；启动了全区SARS四级预警机制和信息网络系统防治禽流感；明确规定各卫生单位必须坚持24小时值班和领导带班制度。

加强疫情监测和报告。及时启动“非典”时期建立的义务报病系统。共出动医务人员478人，对密切接触者32人进行隔离随访观察；对死禽接触人员和参加扑杀人员进行流感疫苗接种1 630人份；指导疫点居住环境消毒，使用15%过氧乙酸780公斤，优氯净170.50公斤。全区共使用消毒药334.9吨，累计消毒面积12.2亿平方米，消毒车辆27.4万辆次。投放漂白粉893公斤，加强全区饮用水卫生的检查力度，确保饮用水安全。

继续巩固和发展农村合作医疗制度。在2003年实现两个80%目标的基础上，各卫生院积极配合乡镇政府开展本乡镇合作医疗宣传动员、资金筹集、住院病人费用审核报销工作，及时解决合作医疗工作中出现的困难和问题，切实把这件“民心工程”抓好办好。区划前，全区除联盟镇外，16家乡镇全部开展以大病统筹为主的新型农村合作医疗，开展合作医疗的村（居）委会111个，占全区村（居）委会的90.24%；参加合作医疗人数204 720人，占全区农业人口的83.39%；合作医疗基金筹资总额4 841 733元。参加合作医疗136 927人，占全区农村人口总数的87.86%。筹集到合作医疗资金3 518 922元。截止11月30日止，补偿住院病人3 405人，补偿金额2 662 948.70元。

开展对非政府举办的医疗机构的专项检查，坚决打击、取缔非法行医、非法经营。检查食品经营单位9 563家次，办理验换《卫生许可证》7 492个，培训食品从业人员23 327人。实施行政处罚1 559家次。

加强疾病预防与控制。加强以鼠疫、霍乱为重点的传染病防治，严防传染病的暴发与流行。传染病报告率97.22%，传染病发病率313.12/十万。

全年全系统完成诊疗700 979人次，住院12 480人次，业务收入6 585万元。

【社会保障】　开发有效就业岗位15 000个，全区新增城镇就业人员7 120人，利用公益性岗位安置1 067名下岗失业人员。认真落实各项社会保障措施，参保覆盖面不断扩大。全年共发放失业保险金1 875万元，企业离退休人员基本养老金1.42亿元，工伤生育保险金125万元，城镇居民最低生活保障金836.41万元。企业离退休人员社会化管理服务工作顺利推进，完成了区商业集团公司、区供销社、区工业总公司三家区属企业共1 429名离退休人员移交社区管理工作。

（缪开和　加三益）

西山区

【年内大事】　2月2日　市长章振国、副市长廖晓珊带领市有关部门领导到西山区梁家河活鸡批发零售市场检查高致病性禽流感防治工作。

2月5日　昆明市委书记杨崇勇、市委常务副书记杨远翔等市委领导一行到西山区重点企业——新飞林人造板有限公司进行调研。

2月26日　省、市农村税费改革试点工作督导组一行12人到西山区对农村税费改革试点工作进展情况进行督察。

3月9日　常务副省长秦光荣、市长章振国率省市有关部门领导到西山区检查春雨路改扩建工程建设情况。

3月11日　副省长程映萱在省烟草公司有关负责人的陪同下，到西山区厂口乡视察烤烟漂浮育苗工作。

3月25日　省委政法委书记李明朝、副书记李定达，省公安厅副厅长孟苏铁，市委政法委书记田云翔等省、市领导到西山区调研社会治安工作。

4月2日　省委副书记王学仁在昆明市委书记杨崇勇等陪同下，到西山区调研社会治安综合治理工作。

4月8日　国家旅游局验收组一行在省、市旅游局领导的陪同下，对西山区团结乡“农家乐”申报全国农业旅游示范点的工作进行检查验收。

4月底　西山区观音山地震监测基地竣工并通过验收。

5月14日　国家外交部非洲司官员和津巴布韦新闻代表团一行4人到西山区团结乡参观访问。

5月20日　长6.97千米双向8车道一级城市干道春雨路竣工通车。

6月4日　老挝人民共和国副总理波松·布帕万、贸易部副部长肖沙瓦、沙万色萨、财政部副部长宋迪·隆迪一行7人，在省、市外办的陪同下，到团结乡参观访问。

6月9日　美的集团云南客车基地奠基仪式在黑林铺镇美的汽车项目现场隆重举行。

6月17日　副市长梁晓谷率队到西山区检查沙朗三多水库、厂口新建闸水库等在建重点水利工程的除险加固工作。

6月28日　西山区举行安宁——团结——富民县际油路通车典礼。

8月15日　在纪念抗日战争胜利59周年之际，位于眠山人民西路、春雨路口的西山区滇缅公路纪念雕塑落成。

8月20日　全国最大的黄连素生产基地——昆明亨利泰康药业在西山区长坡建成。

9月1日　区委、区政府召开大会，对区划调整新划入街道办事处授牌、授印。

11月11日　国家人口计生委副主任王国强一行，到西山区就贯彻执行国家“稳定低生育水平”情况和落实云南省农业人口独生子女家庭“奖、优、免、补”工作情况进行督察。

【行政区划、人口】　2004年9月1日，昆明市行政区划调整、整合后，分别从盘龙、五华、官渡区新划入西山区街道办事处4个，即金碧、永昌、前卫、福海；从西山区划出1镇、2乡归五华、官渡区，即黑林铺街道办事处、沙朗乡、厂口乡。全区所辖街道办事处由原来的3个调整为6个，乡、镇由原2镇、4乡调整为2镇、2乡。至年末，西山区共辖10个乡镇、街道办事处，即金碧、永昌、前卫、福海、棕树营、马街6个街道办事处，碧鸡、海口2镇，团结彝族白族乡、谷律彝族白族乡2乡；下辖61个社区居委会，35个村委会。区划移交中，划出区域的乡镇政府和街道办事处共交出资产约6亿元，接收行政事业单位国有净资产9 804万元。

新区划调整中，划入面积43.58平方千米，划出面积330平方千米，调整、整合后，全区土地总面积由区划前的1 053.3平方千米减为791.14平方千米，城区面积拓展到42平方千米，城区内在质量大幅提升。至年末，全区总人口84.79万人，其中常住人口63.32万人，流动人口21.47万人。

全区有户籍人口42.38万人，其中男性人口21.36万人，女性人口21.02万人；非农业人口32.23万人，占总人口的 76.05%，农业人口 10.15 万人，占总人口的 23.95%；人口密度 536 人/平方千米。全年出生人口3 581人，死亡人口2 981人，人口自然增长率为 2.48‰。总人口中少数民族 6.24 万人，占总人口的 14.7%。其中人口最多的彝族有 2.56 万人，其次白族 1.6 万人，回族1.23万人，苗族1 534人。

【经济综述】 2004年昆明市四区行政区划调整和城市管理权限下放等重大改革，给西山区经济和社会带来了发展机遇，工作重点由农村城郊经济转向城市建设、管理、经营上来。全区经济呈现出增长提速、质量提高、后劲增强的良好态势。

全年实现国内生产总值 48.68 亿元，比上年增长 15.9%。第一产业完成 2.52亿元，下降 8%，第二产业完成 18.13亿元，增长 22.58%，第三产业完成 28.03亿元，增长 14.6%；实现农林渔业总产值 4.196 亿元，下降 8%，农村经济总收入 240.79 亿元，比上年增长 12.8%。全年完成区域社会消费零售总额 39.512亿元，比上年增长 7%；实现总体财政收入 7.243 亿元，比上年增长 31.63%，其中地方财政收入 4.056 亿元，比上年增长 33%。

【农业、畜牧业】 全年农业支出1 042万元，积极稳妥地推进农业结构调整，大力发展特色农业、无公害蔬菜生产，按照“发展大产业、扶持大龙头、组建大集团”的农业产业化发展思路和“扶优、扶大、扶强”的原则，将8户市级龙头企业作为西山区第一批涉农重点企业正式实施挂牌保护，积极培育和壮大农产品、加工、营销的龙头企业，带动农民增收致富；通过对全区 9 个乡镇、街道办事处 3.94 万户 12.78 万农民进行税费改革，实现农民减负 350.94 万元，减负率 67.94%，农户签字率达 99.53%，调动了农民的生产积极性；农村集体资产管理体制改革进展顺利，部分村（居）民小组依法成立了股份合作社；实施全区农村劳动力转移培训“阳光工程”，全年组织“阳光工程”培训 6.18 万人。

全年投入科技三项费 242 万元，重点实施热带观赏鱼塑料大棚增温繁殖种苗、中草药规范化种植等 18 个科技项目，抓好科技示范园促进新技术成果推广。全区粮食播种面积完成8 267.6公顷，总产粮食4 385.5万千克，超计划 385.5万千克；推广水稻良种 739.7 公顷、水稻抛摆秧 701 公顷；完成烤烟种植面积866.67公顷，收购烤烟200万千克，中上等烟比例达99.8%，烟叶收购总值3 462万元，实现利税1 904万元，产值3 598万元。

年内，投资230万元，在团结乡永靖村共建成道路交通和水利设施配套的高标准钢塑大棚 11.7 公顷、283 个，净面积合计 8.69 万平方米，并实现当年出效益。全区设施农业示范作用明显，完成菜用型玉米 548.5 公顷，高油高蛋白玉米 550.7 公顷、无公害和外销蔬菜 1 033.9公顷等重点科技示范项目种植面积，全年完成经济作物种植面积 2 404.33公顷，实现产值3 547.4万元，全年完成无公害蔬菜种植1 405.4公顷，产量4 082万千克，实施了一批调整农业产业结构重点项目，如野生药材驯化、食用玫瑰引种栽培新优质蔬菜栽培、谷律花椒油深加工等。

全年生猪出栏 11.28 万头，比上年增长 9.8%；肉牛出栏3 294头，比上年增长 24%；肉羊出栏 1.38 万只，比上年增长 6.2%；肉类总产达1 123.19万千克，比上年增长 11.9%。牛奶产量 261.7万千克，比上年增长 61%。年内加强高致病性禽流感疫情防制工作，对疫点疫区家禽进行封锁扑杀、消毒，迅速扑灭疫情；共扑杀禽类 6.25 万只，兑现扑杀补偿金 50.57 万元；实施禽流感疫苗强制免疫 82.41 万只，免疫率 100%。

【林业、水利】 全年安排专项资金 43.55万元，实施人工造林 100 公顷、封山育林 200公顷，完成义务植树造林 86万株、以花椒、核桃为主的干果经济林 9.55 万株；修建团结防火道 13.6 千米；投资 50万元建立了西山林业数字信息管理及林火扑救指挥系统。

完成市、区各类农田水利工程 36 件，工程总投资1 005.3万元，建成高稳产田地 333 公顷；修沟渠 18 条 9.83 千米，解决 1.3 万人、6 022头大牲畜的饮水困难。“长治”生态修复工程治理水土流失面积 701 公顷，全区水利工程蓄水总量达到1 856.2万立方米，完成蓄水计划的 114%，全区安全度汛。

【工业、乡镇企业】 国有企业改革整体推进，全区有 12 个企业完成改制后续工作，涉及职工及各类人员1 346人，支付经济补偿金、生活补助、一次性安置费、社会保障补贴等各类费用3 834万元，妥善安置企业职工，实现国有资本的全部退出，收回国有净资产2 250万元。

加强非煤矿山和危险化学品安全生产专项整治，全区 296 个非煤矿山企业，经整治达标验收 159 个，年内未发生非煤矿山安全事故；183 个涉及危险化学品单位，有 91 名厂长、经理取得安全生产管理技术资格证。

以乡镇企业为主导的区属工业呈稳定增长态势，进而带动全区工业经济的持续增长。天楚电解、亨利药业等一批新兴工业成为区属工业增长的亮点，以三环化工为代表的驻区大中型企业发展为工业经济的增长提供了强有力的支撑，同时带动周边乡镇企业的发展。全年完成工业总产值 42.888 亿元，比上年增长 12.6%。望远镜、磷矿石、磷肥、耐火材料等传统主要产品产量保持较快增长，产销率达 107.2%。

至年末，全区共有乡镇企业 2.31 万个，比上年增长 7.4%；从业人员 12.34 万人，比上年增长 9.37%；完成营业收入 275.837 亿元，比上年增长 14.53%；总产值 217.709 亿元，比上年增长 11.53%；增加值 29.765 亿元，比上年增长 13.75%；完成利税 13.136 亿元，上交税金 3.699 亿元。全区有营业收入上亿元乡镇企业 10 个，500 万元以上企业 110 个。

全区非公企业迅速发展，年内有非公企业 2.29 万个，比上年增长 7.6%，占全区乡镇企业数的 99.23%；从业人员 11.23 万人，比上年增长 11.72%，占全区乡镇企业数的 90.55%；完成营业收入 260.443 亿元，比上年增长 18.37%，占全区乡镇企业数的 94.4%；总产值 204 亿元，比上年增长 15%，占全区乡镇企业数的 93.7%；增加值 27.822亿元，比上年增长 18.31%，占全区乡镇企业数的 93.47%；上交税金 3.248亿元，比上年增长 13.5%，占全区乡镇企业数的87.8%；职工工资总额 9.066亿元，比上年增长 15.4%，占全区乡镇企业数的90.47%。

【商贸、旅游】 全年完成区域社会消费零售总额 39.512 亿元，比上年增长 12%。

年内新登记注册个体工商户5 668户，年末全区有个体工商户 2.1 万户，从业人员 4.19 万人，注册资金 3.775 亿元；新登记注册企业 576 户，其中私营企业 563 户，从业人员5 405人，注册资金 5.402 亿元。年末共有登记企业 345 户，注册资金 30.1 亿元。监管各类市场主体总数 2.45 万户，从业人员 4.73 万人。

区政府大力扶持“农家乐”优化升

级，团结乡首批通过全国农业旅游示范点的验收工作。全年“农家乐”接待游客169.1万人次，营业收入3 162.64万元，实现税收194.82万元。

【财政、金融】　上划中央、省所得税、海口片工业税收增速较快，重点工程一次性建安营业税、耕地占用税大幅增加，使财政收入保持了持续增长势头。全年总体财政收入完成7.243亿元，比上年增长31.63%，其中地方财政收入完成4.056亿元，比上年增长33%。上划中央“两税”收入完成2.429亿元，比上年增长35.4%；完成地方一般预算支出4.424亿元。年末全区金融机构各项存款余额为84亿元，比上年增长22.21%；各项贷款余额为42亿元，比上年增长1.84%。

【邮　政】　西山区设营业部2个，共有营业网点42个，邮路总长110千米。年内，全局大力开拓和发展业务，封、片、卡业务，效益明显。年末邮政业务收入累计完成1 578.28万元，比上年增长8.35%；储蓄余额累计2.135亿元，净增长5 250万元，比上年增长68%；完成报刊流转额82.06万元。

【固定资产投资、招商引资】　全区认真抓好招商引资目标责任制的落实，创新思路，树立“近商、护商”观念，通过专业招商、委托招商、网络项目库招商等多种形式，不断扩大招商投资规模，并引导项目向园区、片区发展，向城市基础设施建设延伸。同时加强项目跟踪服务，巩固和完善区便民服务中心“一站式”服务、重点企业挂牌保护等政策措施，全年引进项目99个，协议总投资18.21亿元。其中外资9个，协议总投资201.8万美元；国内协作项目90个，协议总投资18.04亿元。昆交会签约项目5项，签约资金9.75亿元。区划前有资质登记企业完成建筑业总产值21.57亿元，施工面积229.44万平方米，其中房地产开发保持了较高的增长势头。

全年共审批新上项目49项，占地面积90.42公顷，计划总投资2.028亿元，计划总建筑面积18.66万平方米。其中生产性项目20项，占地面积30.98公顷，计划总投资8 850.96万元，计划总建筑面积3.15万平方米。

【城乡建设、环保】　以市场化方式运作城市园林绿化养护、环境卫生保洁、市政设施维护等工作，建立“城管110联动”处理机制，切实解决群众反映的城管热点、难点问题。

全区深入实施“高、畅、绿、荣、安”五大系统工程，不断完善基础设施建设和城市管理水平。全年城市基本建设支出3 900万元，城市维护费支出1 462万元。长6.97千米双向8车道一级城市干道春雨路改扩建工作按期完工，益宁路、华苑路等一批城市次支道路建成通车，完成了安宁—团结—富民公路西山段49千米沥青路面改造工程及明朗—知了山—三节桥公路的修建等工程，配合完成高海公路4车道改6车道后二期征地拆迁工作，极大地改善了西片区的投资环境，提高了群众的生活环境质量。

加强交通环境整治工作，完成东陆桥、环城南路云纺段拓宽改造及丹霞路部分路段的修复工程；完成南三环道路5万平方米征地拆迁工作；以“政府引导、业主自拆自建”的思路，顺利拆除省民委周边约1.6万平方米建筑物；完成西园路东陆桥、环城南路双龙桥至云纺段等4条道路拓宽改造工作，有效缓解了辖区内道路拥堵的状况。

按照“两级政府，三级管理，四级网络，重心下移，上级监督”新的城市管理体制，在市对区城市管理职能权限下放后，城市环境卫生管理实行了以街道办事处、按行政辖区划片管理的办法。不断加强城市管理，全区道路清扫保洁面积230万平方米，城市道路管养面积220万平方米，桥梁管护46座。

筹资1 000万元完成春雨路绿地建设，完成以“南洋机工”滇缅公路纪念雕塑群、石咀公园为代表的景观建设全面完成，大观路、人民西路、西园路、兴苑路种植摆设鲜花28万余盆。筹资500多万元对梁源路、西二环路等路线进行路灯建设、改造和维护，实施碧鸡公园周边片区、东寺街灯光隧道亮化工程，碧鸡公园于春节前建成开放，进一步提高人居环境和城市品位。

年内，开展重点领域、污染行业专项治理，对36个污水排放企业进行限期整改；启动13.53公顷退塘还湖生态建设工程；建成滇池沿湖农村垃圾收集间80间。全年投入打捞滇池水葫芦人员4 900人次，船只、快艇1 166只次，运输机械1 170辆台次，打捞水葫芦466.67公顷约9万吨。

【科教文卫】　着力营造“尊重人才、尊重劳动、尊重创造”的良好氛围，大力推进科教兴区战略，优化教育资源配置，与北师大合作，于9月启动建设北大附属昆明中学；继续加大对教育的投入，新建和改扩建了一批学校基础设施，安排专项资金68万元，继续免除没有年终分配的山区中小学校教育杂费和住宿费；3 000名农村进城务工人员的子女进入教办学校享受义务教育；在完成海口片区4个企业6所中学校驻区企业分离办学职能的同时，启动云光中学优质高中工程建设，整合优质中学、专业技术教育资源。

全区语言文字工作顺利通过国家语委达标验收；彝族儿歌《塞里塞》获得全国中华新人新秀决赛一等奖。在第十二届雅典残奥会上西山区高明杰夺得F44F46男子标枪比赛银牌一枚，并打破了该项目的世界纪录；在云南青少年田径运动会上，西山区获得4金、2银、2铜奖牌，在云南省第五届城市运动会上获得4金、7银、11铜奖牌。

做好医疗卫生工作，区第一人民医院在服务质量上有所突破，成为马街片区面向驻区困难企业、山区农民、低收入阶层的首选医院，整合海口片区医疗专家及设备资源，力争把云光医院建成西山区第二人民医院，方便当地群众寻医看病。全面启动非典、禽流感防治措施预案，建立和完善突发公共卫生事件应急机制，防止传染性疾病的流行。补助资金72万元，推进农村新型合作医疗工作的开展，参加人数占农业人口的84%。对首批筛查出的77名视力残疾人进行生活技能及社交娱乐康复训练。全年实施白内障复明手术270例，利用彩票公益项目为109名贫困下肢残疾人进行了假肢安装检查。

【人民生活】　2004年，全区城镇居民人均可支配收入8 117元，农民人均纯收入4 584元。城乡居民储蓄余额达49.57亿元，增长17.43%。年内，积极推进养老保险、失业、医疗保险等各项保障制度改革，妥善解决困难群众基本生活问题，全年共划拨最低生活保障资金1 357万元，共支出842万元，全区4.85万人低保人员得到保障；重点推进非公经济组织职工基本养老保险、基本医疗保险、失业保险、工伤和生育保险工作。全年开发有效就业岗位9 230个，组织培训各类人员8 377人，累计安置各类失业人员6 911人；共筹集再就业资金255万元，为区属106名下岗职工发放基本生活保障金23万元，拨付公益性岗位补贴和社会保障补贴443万余元；全年累计发放各类社会保险金1.66亿元。

区划调整后，扶贫开发对象涉及两

乡两镇18个村委会，86个村民小组，共3 654户约1.37万人。2004年全区安排基础设施建设项目17项，补助资金68.72万元。其中人畜饮水工程10项，补助资金40.5万元；安排乡村公路建设7项，补助资金28.22万元。此外，补助10.16万元解决团结乡百王寨村小组生产生活用电，补助10万元为30个村小组安装闭路电视。

【精神文明建设】　全区以“建文明春城，做文明市民”为主题，以加强和改进未成年人思想道德建设为重点，坚持不懈地开展群众性精神文明创建活动。全年考评市级文明单位19个，市级文明村3个，创建文明城市工作先进街道办事处1个，创建“十星级文明户”工作先进村1个，昆明市文明社区1个，西山区文明单位17个，西山区文明社区1个，市级优秀文明市民100名，区级优秀文明市民60名。

（罗桂莲）

东川区

【年内大事】　1月24日　昆明市东川泥石流汽车穿越场地拉力（越野）赛在小江河谷举行。

2月10日　召开全区禽流感防治工作会议，禽流感防治工作全面启动。

2月20日　国家防汛抗旱总指挥部抗旱处相关人员到东川就城市供水及贫困山区干旱缺水情况进行调查研究。

3月4日　加拿大驻华大使科杰先生到东川就金矿山的探矿进度进行考察。

3月19日　联合国儿童基金会“援助基础教育”项目在东川启动。

4月2～4日，以片山正己为副团长的日本株式会社建设研究所调查团一行9人到东川对小江流域综合土砂灾害对策及自然环境修复规划进行事前调查。

4月13日　省政府在昆明召开建设东川再就业特区工作会议，决定在东川设立再就业特区。

5月2日　东川区歌舞团组织排练的“彝族神鼓”表演队夺得2004年昆明中国国际文化旅游节民族民间鼓舞大赛银奖。

5月24日　中科院院士、国家自然科学基金会生命科学部洪德元主任到东川实地考察中草药资源分布情况。

9月27日　中日小江流域综合土砂灾害对策及自然环境修复调查规划项目专题讨论会在东川举行。

11月20日　以劳动和社会保障部培训就业司于法鸣司长为组长、教育部和工商总局等部门领导为成员的国务院再就业调研组到东川就再就业特区建设和再就业工作进行调研。

10月27日　《昆明市东川区县域经济发展规划》通过市级专家评审。

11月26日　组织31人的搜寻队伍对二战时期坠落在牯牛寨的美军飞机残片进行大规模搜寻。

【行政区划、人口】　东川区位于昆明市东北部，地处东经102°47′～103°18′，北纬25°57′～26°32′之间，东邻会泽县，南倚寻甸县，西与禄劝县紧接，北连巧家县和四川省会东县隔金沙江相望。境内南北最大纵距84.6千米，东西最大横距51.2千米，国土面积1 858.79平方千米，其中山地面积占97.3%，河谷盆地占2.7%。区政府所在地新村，城区面积约5平方千米，距昆明直线距离125千米。2004年末，全区下设4镇10乡，148个村民委员会，11个社区居民委员会。

年末全区总人口302 634人，比上年末减少1 069人，下降0.35%；少数民族人口69 739人。全年人口出生率13.6‰，死亡率8.2‰，自然增长率5.4‰。

【经济综述】　全年实现地区生产总值89 900万元，同比增长12%，是区划调整以来经济增长最快的一年。其中第一产值实现增加值19 000万元，增长10%；第二产业实现增加值39 400万元，增长11%；第三产业实现增加值31 500万元，增长14%。经济运行中存在的主要问题有：全区经济总量偏小且结构单一，部分国有企业仍未摆脱困境，财政收支矛盾突出，全区整体经济实力和市场竞争力处于较低的层次和水平；城乡居民收入较低，贫困面大，城镇失业率高，农村富余劳动力多，就业和再就业压力大，社会保障力不强；生态环境、资源条件制约着东川的可持续发展；特区建设的基础设施薄弱，交通和市政设施建设滞后；农村的卫生、教育、文化等事业发展相对落后。

【农　业】　全年投入水利建设资金1 810.42万元，完成各类水利、水土保持工程49件，完成渠道新建及修复34.3千米，安装各类人畜饮水管道153.9千米，新建各类水池173个，建成水窖1 500个，新增灌溉面积1.2万亩，恢复和改善灌溉面积1.4万亩，解决和改善1.2万人、9 300头牲畜的饮水困难。大力调整和优化农业和农村经济结构，冬季农业开发取得明显成效，总产5 930万元，同比增长42.21%。实施农业综合开发、集雨节灌、农村能源、生态环境治理项目，全年新建沼气池1 522口，节煤改灶1 833眼，年末全区沼气池累计达8 561口，节煤改灶51 219眼，沼气综合利用903.3公顷。大力推进畜牧业发展，以猪、牛、羊为主的养殖业发展势头强劲，年内建成了2 000平方米的种猪实验基地和800平方米的努比亚黑山羊繁殖基地，渔业生产有了长足发展。

认真落实各项扶贫开发措施，扶贫开发工作扎实有效。全年共投入资金1 580.2万元，有9 975名绝对贫困人口解决了温饱，1.5万名贫困人口稳定越过温饱线，人均纯收入达1 000元以上；争取省市项目资金648万元，建成11个省级重点扶贫村、5个省级安居温饱村、7个市级重点村，完成2 724户扶贫安居工程建设，592个村民小组7 095人受益；完成575户2 306人异地扶贫搬迁，超额完成小额信贷任务，有2 262户9 048人共获得贷款448.3万元。帮扶工作进一步加强。全年协调动员省市区三级帮扶单位为贫困村、贫困户捐款捐资406.4万元（含物资41.9万元）。进一步加强农村富余劳动力转移培训工作，年内向省内外输送劳动力4 192人。

全年完成农业总产值37 632万元，同比增长11.2%。粮食总产量71 357吨，比上年增长3.1%；油料产量980吨，增长5.65%；蔬菜产量53 196吨，增长18.8%；水果产量3 543吨，增长18.8%；肉类产量11 190吨，增长27%；大牲畜年末存栏56 301头，增长2%。

强化绿化，林政执法和林业科研工作。全年完成封山育林7.04万亩，人工造林1.02万亩，人工模拟飞播1.46万亩，义务植树73.8万株。

【工业、乡镇企业】　2004年，企业改革不断深化。年内，起动了陶瓷厂、医药公司、化工容器厂等9家企业和供销社的改革工作，3年累计完成44户企业改革改制任务（含集体企业2户），3年国有企业改革改制任务基本完成。创造性地提出了劣势企业整体捆绑破产的思路，得到省市肯定，30户企业捆绑破产项目已上报国家国资委审批。筹集资金453万元对41笔由资产管理公司管理的13 200万元债权实施整体回购，为企业进一步深化改革创造了条件。投入205万元继续对9户企业实施资金封闭运行，部分企业生产经营取得较好效益。大东公司由云铜股份和凯通公司入股整合重组新公司，实现了国有股的全部退出；昆明供电局与澄星公司结成了合作伙伴，优势互补，走出磷电结合新路子。

全年完成工业总产值123 000万元，同比增长24.6%，实现工业增加值29 000万元，同比增长10%。工业经济效益大幅好转，工业经济效益综合指数为154.3%，比上年同期提高90.7个百分点，企业利润总额4 218万元，创历史最好水平。主要工业产品产量：电解铜2 391吨，增长3.82倍；精矿含铜14 047吨，增长6.7%；水泥16.23万吨，增长27.6%；大输液5 623万瓶，增长6.6%；铝锭7 825吨，下降37.3%；黄磷10 697吨，下降7.9%；发电量9 742万千瓦时，增长9.8%。

乡镇企业重点是对矿产资源乱开乱采现象进行清理整顿，不断规范矿业秩序，提高经济效益。全年完成营业总收入41 579万元，同比增长23%，上缴税金2 056万元，同比增长39%，年末乡镇企业从业人员11 276人，增长3%。

【再就业特区建设】 2004年4月13日，云南省建设东川再就业特区工作会议做出建设东川再就业特区的决定。至年末，按照“特、高、快、实”的要求，再就业特区建设取得阶段性成效。确定了以龙东格过境公路为纽带、三大组团环东川城区的“工业走廊带”，三个工业片区的实测地形图、补测导线控制网、地质灾害评估、矿产压覆评估等工作完成，“三通一平”工作起动，其中四方地片区控制性详细规划编制通过了专家评审，并完成倒虹吸引水一期工程，进场道路完成80%的工程量。

年内前来洽谈投资的有400多起，达成意向性投资100多家，确定投资企业21家，实施项目24个，总投资36 042万元。完成投资14 242万元，完成项目7个，开工在建项目7个，正在办理各项审批手续的企业7家。再就业特区吸纳下岗职工及其他失业人员552人。

【固定资产投资及基础设施建设】 2004年，完成固定资产投资52 000万元，同比增长34.5%。其中国有经济投资33 935万元，增长43.7%；集体经济投资4 225万元，增长0.4%；城乡个人投资3 080万元，增长5.3%；其他投资10 760万元，增长36.3%。

基础设施建设速度明显加快。龙东格公路取得重大进展，龙东段年内完成投资1.3亿元，东线油路铺设工程全部完成，西线及一级过境公路主体工程基本完成；东格段建设全面启动。新杨公路的通乡油路建设工程接近尾声；因民、舍块等乡镇8个行政村，全长89千米的8条通达工程相继建成；小卡公路改扩建项目实施。继续支持配合铁路部门对东川铁路支线实施病害整治，保障铁路运输全年畅通。坝塘水库累计完成投资5 402.23万元，坝塘五级电站竣工；野牛坝水库初步设计经市级评审通过。乌龙片区水利综合开发项目、团结渠取水工程完工并发挥效益。通讯容量增加，通信网络基本覆盖全区范围。

【城乡建设、环保】 2004年，加大城乡建设规划及管理。城市总体规划编修工作接近尾声，龙东格公路与城区连接通道规划、阿旺小龙潭集镇规划、城区主街道和桂苑街北段步行街规划已经完成；对新村路、团结路、古铜路、金江路进行修缮改造，实施城市绿化、亮化、美化工程，城市面貌有所改观；整顿建筑市场、房地产市场，取缔占道经营、以路为市现象，城市空间环境得到有效治理。

通过实施以工程治理、生物治理为主的生态环境建设工程，东川的生态环境逐步得到改善。组织实施阿旺小河、野鸭塘沟、老龙箐、小流域水土流失治理工作，中日合作项目——云南省小江流域土砂灾害对策及自然环境修复规划进展顺利，治理水土流失面积16平方千米。

【商贸、物价】 全年实现消费品零售总额30 696万元，同比增长10.9%。其中国有经济6 984万元，比上年增长63%；集体经济260万元，下降79%；个体私营经济22 433万元，增长5.2%。非公经济仍然是消费品零售市场的龙头和增长的主要动力。

市场价格总体水平基本稳定。全区商品零售物价指数为105.7%，比上年增长5.7%个百分点；居民消费价格指数106%，比上年增长6个百分点。物价涨幅较大的为食品类，上涨17.1%，其中粮食、鲜菜、肉禽及其制品，分别上涨34.8%、12.6%、32.7%。进一步规范卫生、教育、电力等收费秩序，全年查处价格违法案件90件，实施经济制裁21.33万元。

【财税、金融】 切实加强税收征管和非税收入管理，财政发展活力进一步增强，行政事业单位会计核算工作运行良好，收支两条线管理不断加强，政府采购不断规范。全年完成财政总收入11 777万元，比上年增长37.1%，其中上划中央“两税”收入6 176万元，增长54%，地方财政收入5 601万元，增长22%。地方财政支出36 934万元，增长34%。

年末各种金融机构银行存款余额201 384万元，同比增长25.9%，其中城乡居民储蓄存款129 652万元，增长23.1%；各种金融机构年末银行贷款余额61 950万元，增长4.8%；全年累计净投放现金12 761万元，比上年少投放7 745万元。

【科　技】 实施“科教兴区”战略，加大科技投入，科技管理、科技服务和科技培训体系进一步完善，增强全民科普意识，科技在农业生产中的贡献率得到提高。年内，表彰奖励了20名区级学术科技带头人，实施市级科技项目2个，区级科技项目1个，1项专利获“中国第五届发明展览会”铜奖。

【教　育】 落实现代远程教育项目，提高教育质量和办学效益；筹资220万元资助13 455名特困生就学；优化配置教育资源，对汤丹、碧谷、绿茂营盘3所中学进行调整，4所中小学教学综合楼相继建成，对12所中小学危房进行改造，办学条件进一步改善。全区小学入学率达99.51%，初中入学率达98.51%。在2004年的高考中，省内外高等院校录取东川考生531人，升学率达54.5%。

【文化、体育】 元旦、春节期间，组织开展“三下乡”活动，丰富群众业余文化生活。《彝族神鼓》在昆明举办的国际文化旅游节大赛上获银奖，在全市社区展演中获一等奖；文学作品《走向太阳》获首届中国通俗文学英才大赛故事类金奖；摄影作品《蚀》获文化部群星优秀奖；在全市少年儿童卡拉OK赛中，获一等奖1个，二等奖2个，三等奖1个，在全省大赛中获二等奖2个。在第六届中国赏石展暨国际赏石展会上，奇石“大禹之父”和“天星月圆”荣获金奖，打破了云南省连续13年在国内和国际性石展中从未获过金奖的记录，同时还获得银奖8枚，铜奖2枚。群众性体育活动蓬勃发展。竞技体育在全市射击比赛中获金牌7枚；在全省第五届城运会上女子太极拳获金牌1枚，游泳项目获银牌2枚，铜牌1枚。

【卫　生】　区疾控中心、检验楼工程建成投入使用；实施了5个乡镇卫生院排危改造和传染病门诊建设，新建13个村卫生室并配备了医疗设备。启动实施新一轮初级卫生保健、新型农村合作医疗试点工作，公共卫生防控网络和突发事件应急机制不断完善，城乡医疗卫生条件得到改善。“云南省乙级卫生城市”创建工作如期达标。年末全区有卫生技术人员812人，其中医生322人，医院床位919张。

【广播、电视】　对微波发射机发射天线进行改造，提高了微波发射机的效率，使远近接收点的接收场和收视效果有较大提高。对76个网络进行摸底普查，清理网络19个，改造网络8个，并对90多户用户进行可寻址加密管理。完成对历年所建274座卫星地面收转站各种数据的统计并建立“村村通”台账，光缆网完成149.52千米干线，42个光节点维护；投入64.9万元完成网络干线杆改造，新栽杆669棵；加扰光节点8个，完成维修任务4 952人次。年内开辟了《在党的旗帜下》、《在“三个代表”指引下》、《“云岭先锋”在东川》、《建设再就业特区》、《特区政策诠释》等专栏，与云南电视台合作，制作反映东川再就业特区政策、招商引资及今后发展的专题片1部。全年播出稿件5 826篇，上报上级电视台稿件251篇，采用207篇，采用率82.5%。选送11件作品参加昆明市广播电视政府奖评比，有8件获奖。

【社会治安综合治理】　全年社会治安综合治理工作认真落实责任制，化解社会不安定因素，排查调处矛盾纠纷32件，调处10件，处置群体性事件25起。组织普法讲师团开展法制讲座22场，为31所直属中小学及中心学校选配了法制副校长，为在校学生上法制课47场，举办各类普法培训班90场次，组织全区6 600余名干部参加法制教育统一考试。

深入开展“严打”斗争，全年侦破刑事案件361起，其中毒品案件35起，经济案件9起，追缴赃款77万元。区人民检察院受理公安机关和本院自侦部门提请审查批准和决定逮捕的各类刑事案件147件215人，审查后，批准逮捕119件159人，不批准逮捕16件31人。受理公安机关和本院自侦部门移送审查起诉的各类刑事案件151件230人，经审查，决定起诉126件189人，不起诉8件9人，移送市人民检察院7件8人。区人民法院受理各类案件1 477件（含旧存案件71件），审结、执结1 420件，结案率96.14%。其中刑事案件161件，结案率100%。

【精神文明建设】　2004年，全面实施《公民道德建设实施纲要》，认真开展“三义”、“三德”、“三观”和艰苦创业精神教育，大力弘扬和培育民族精神，深入开展“三讲一树”活动。利用建国55周年开展“祖国颂”诗歌朗诵及“祖国万岁”歌咏比赛、“改革与发展”大型图片展览等活动，发放《未成年人是祖国的未来》等宣传挂图400余张，印发“倡导文明新风，共建美好家园”宣传单2 000份，组织各乡镇、及有关单位清除各种违反“民本思想”宣传标语口号，净化、美化宣传环境。隆重开展纪念邓小平诞辰100周年系列活动，召开“百姓赞改革”座谈会及专题文艺晚会等活动。结合特区建设，在全区组织开展“建设特区，我们怎么办”思想大讨论活动，营造“人人争树招商形象，处处优化投资环境”氛围。推荐的8个市级文明单位、3个文明村、1个文明乡镇和1个“十星级文明户先进村”通过市文明办考评，有17个单位被评为区文明单位，2个村被评为区级文明村。

【人民生活】　城乡居民生活水平稳步提高。全年发放职工工资总额16 058万元，比上年增长16.8%；职工年平均工资10 899元，增长10.4%。据抽样调查，城市居民人均年可支配收入7 535元，增长9.9%，人均年消费支出5 328元，增长10.8%；农村居民人均纯收入1 306元，增长9.8%。

年内，坚持就业和再就业与特区建设同步推进，努力拓宽就业门路。全年新增城镇就业岗位2 386个，培训下岗失业人员822人，634名失业人员实现再就业。落实下岗职工再就业优惠政策，累计办理《再就业优惠证》11 725本，减免各项税费1 178.29万元，启动下岗失业人员小额担保贷款业务。完成14个乡镇社保所和11个社保服务站及低保站平台搭建工作；企业退休人员移交社区管理试点工作进展顺利，加快了下岗职工基本生活保障向失业保险的并轨，全区20 026名低保对象实现应保尽保。年末城镇登记在册的失业人数10 598人，登记失业率38.1%，比上年下降2.1个百分点。对居住在受地质灾害威胁地域的300农户实施应急搬迁，投入110万元资金对3 300名特困群众进行定期定量救助。广泛开展扶贫济困和“送温暖”活动，部分困难家庭的医疗、住房、子女入学等实际问题得到解决。

（刘　荣）

安宁市

【年内大事】　1月8日　安宁市召开大黄磷学校剥离协调会，安宁市政协主席张毅、副市长刘燕琨、政协副主席蔡玉英参加了会议。

1月14日　安宁市召开第二次市域经济运行分析会。会议表彰了为安宁经济发展作出重要贡献的28家企业和纳税大户。

1月15日　安宁市举行大屯新区开发建设启动仪式。

1月23日　安宁市召开高致病性禽流感防制紧急会议。

2月14日　昆明市市长章振国到安宁市视察高致病性禽流感防制工作。

2月18日　昆明高新区安宁科技园概念性总体规划指标评审会议召开。此次招标会的举行，标志着安宁科技园建设正式启动。

2月20日　安宁市举行首批40件人畜饮水工程建设责任书鉴定仪式。

2月23日　安宁市见义勇为协会成立。8名见义勇为先进个人受到表彰奖励。

3月2日　《安宁市年鉴》（2001年版）和《中共安宁历史大事记》（1979～1998）分获省第五届年鉴系列优成果特等综合奖、省优秀党史编著成果二等奖。

3月3日　连然镇大凹子高致病性禽流感疫区正式解除封锁。

3月13日　为搞好3·15维权活动，安宁药监分局在连然镇老甸房垃圾处理场销毁假劣药械2 843批（次），货值金额63 266.25元。

4月12～13日　安宁市科协第三次代表大会在安宁会堂隆重召开。来自全市各个领域的177名代表出席了会议。

4月15日　安宁市劳动就业服务局在安宁市人才劳动市场举办下岗失业人员春季劳务交流会。交流会期间，共提供有效就业岗位543个，供求比例为1∶1.5。

4月16日　经云南省进出口商品检验检疫局对禄脿镇海湾茶业公司生产

的“嘉加”牌普洱茶进行近百次严格检验后，其结果显示，该产品生产工艺、生产设备及所有理化指标均达到进出口商品标准，获得省商检局颁发的“进出口商品合格证”。

4月24日　在昆明市中小学生田径运动会上，安宁市高中组以166分的团体总分夺得高中组团体总分第一，初中组团体总分跃居第三，小学组团体总分从上年的第四名跃居第三名。此次比赛，共摘金牌13枚、银牌17枚、铜牌12枚。

4月28日　昆钢集团公司重大技改项目——80万吨棒材技改项目正式建成投产。该项目总投资1.95亿元，具有国内同类生产线领先水平。

△　根据国家、省、昆明市非典型肺炎防治工作会议精神，安宁市召开紧急会议，针对新一轮非典疫情，安排部署下阶段非典防治工作。

5月28日　云天化集团云南盐化股份有限公司“双十”项目举行开工仪式。

6月4日　安宁市隆重举行中小学生告别网吧电子游戏室签名活动，城区400余名中小学生代表在雪白的布标上签名，决心告别网吧、电子游戏室。

6月6日　老挝人民革命党南塔省委书记兼省长盛勇·冯占坎率友好代表团一行5人到安宁市考察党建工作。

6月7日　在2004年昆交会上，安宁市签约4个项目，总投资额9.47亿元。

6月13日　全长为59.425千米的安宁至八街（易门）县际公路沥青路面经省、昆明市、安宁市三级投资6 800多万元改建完成正式交付昆明公路管理总段、安宁市交通局护养使用。

6月19日　安富公路正式新开通往返客运班线。途经安宁、昆钢、温泉、青龙峡、西山区谷律乡、律则、菜家和富民县域等地。

6月27日　安宁市成立全省首家县级残疾人体育培训中心。

7月10～11日　由世界卫生组织、世界银行、英国计划项目发展部、中国卫生部组成的联合督导团到安宁市检查结核病控制项目进展情况。

8月20日　安宁市召开纪念邓小平诞辰一百周年座谈会。

8月31日　云南天宁矿业有限公司全面收购安宁县街磷化工集团有限公司。

9月2日　安宁市召开“昆明六四届知青下乡安宁40周年纪念大会。300多名昆明六四届老知青参加了会议，并捐款8.2万元，将在安宁建成云南省第一片“知青林”。

9月17日　安宁市第二批申报认证的13家药品零售企业全部通过省市药监部门的现场检查。

9月23日　安宁市工业产业和八大环境建设规划纲要以及未来发展规划顺利通过专家评审。

10月1日　安宁市域居民最低生活保障金标准由190元提高到210元。

10月20日　安宁市召开做好两个规划（《安宁市妇女发展规划（2001—2010）》和《安宁市儿童发展规划（2001—2010）》）监测及评估工作会议。

△　安宁市村村通公路工程正式启动。

10月27日　安宁市电子政务一期工程竣工，实现了与上级部门和市五机关的互连互通，全市共有32台计算机接入电子政务网络。

11月11日　安宁市在第四届中国西部百强县（市）评选中位居第12名。此次评选，云南有10个县（市）进入百强行列，安宁排名仅次于大理市。

12月9日　安宁市政府以179万元嘉奖11户农业龙头企业和6户获质量认证的企业。

12月9～10日　温泉镇创建国家卫生镇工作通过国家调研考评组的验收，成为云南省第一个国家卫生镇。

12月25日　市政府在太平镇举行太平新区主干道开工典礼。安宁市市长李喜在开工仪式上讲话。

【行政区划、人口】　2004年末，安宁市辖7镇、3乡、68个村民委员会，386个村民小组，14个社区居民委员会，25个居民小组，辖区总面积1 321平方千米。全市总人口26.69万人，比2003年末增加159人，增长0.1%，其中：农业人口11.96万人，占总人口的44.8%；非农业人口14.73万人，占总人口的55.2%。在总人口中，男性为14.23万人，女性为12.46万人，所占比重分别为53.3%和46.7%。全市有少数民族人口33 575人，占总人口的12.6%；世居少数民族人口主要有白族10 002人，彝族11 909人，苗族3 414人，回族3 389人。全年出生人口1 958人，出生率为7.72‰；死亡人口1 333人，死亡率5.25‰；自然增长人口625人，自然增长率为2.47‰。

【经济综述】　全年实现生产总值（GDP）76.58亿元，比上年增长28.6%。人均生产总值（按户籍平均人口计算）28 704元，比上年增长28.2%。第一产业实现增加值4.11亿元，比上年增长5.6%，拉动经济增长1.7个百分点；第二产业实现增加值57.48亿元，比上年增长39.6%，拉动经济增长20.1个百分点；其中，工业实现增加值54.42亿元，比上年增长4.8%，对生产总值的贡献率为65.9%，拉动经济增长18.8个百分点；第三产业实现增加值14.98亿元，增长8.9%，拉动经济增长6.8个百分 。一、二、三产业增加值的比重为5.4∶75.1∶19.5。非公经济实现增加值10.83，占全市生产总值的14.1%。金源山工业物流园建成招商，祥丰化肥、永昌钢铁等一批民营企业进一步发展壮大。

【农　业】　全市全年实现农业总产值6.51亿元，比上年增长7.1%；实现农林牧渔业增加值达4.11亿元，比上年增长5.6%。粮食种植面积稳定在10万亩以上，粮食总产量达45 541吨，比上年下降11.4%。烤烟中上等烟比例达100%，全市烟农总收入5 300万元，增长22.4%，创历史最高水平。蔬菜、水果产量比2003年均有不同程度增长，蔬菜总产量达166 750吨，比上年增长1.6%；水果产量达13 650吨，比上年增长16.5%。年内发展红梨、洋蓟、浅水藕、摸摸香、油菜等特色产品基地7万亩。畜牧业实现产值2.46亿元，比上年增长2.9%。主要畜产品产量：肉类总产量为21 581吨，比上年增长6.1%，其中：猪肉产量达15 346吨，比上年增长4.3%。牛奶产量3 538吨，比上年增长14.6%；禽蛋产量1 991吨，比上年增长4.5%；家禽出栏261万只，比上年增长14.0%；生猪出栏187 241头，比上年增长2.3%；生猪存栏119 428头，比上年增长1.9%；年末大牲畜存栏23 325头，比上年增长0.1%，年末羊存栏33 281只，比上年增长5.7%。乡镇企业实现工业总产值248 013万元，比上年增长29.7%；实现增加值100 401万元，比上年增长48.4%。植树造林成效显著。全年完成造林面积1 410亩，比上年下降16.8%。

【工业、建筑业】　全年全市完成工业总产值158.1亿元，比上年增长42.1%。工业增加值完成54.4亿元，比上年增长40.8%，工业增加值占全市生产总值的比重达71.1%，比上年提高了9.1个百分点。其中：规模以上工业实现增加值52.64亿元，比上年增长42.3%；规模以上工业实现销售收入

144.87 亿元，比上年增长 58.5%；实现利税 23.37 亿元，比上年增长 168.8%；工业经济效益全面提升，产品销售率达 99.4%，综合经济效益指数达 236.8%，比上年提高了 140.6 个百分点。昆钢集团公司销售收入突破百亿元大关，比上年增长 71.7%，利润比上年增长 3.5 倍。建筑业全年完成施工产值 6.36 亿元，与上年持平。

【交通、运输、邮电】　全市完成货运量达4 486万吨，比 2003 年增长 10.2%；货运周转量达47 369万吨千米，比上年增长 8.5%；客运量为4 025万人，比 2003 年增长 18.9%；客运周转量达 49 512万人千米，比上年增长 3.5%。交通运输邮电业实现增加值 3.03 亿元。全市共有机动车辆25 249辆，比 2003 年增长 6.8%；其中：载货汽车4 059辆，比 2003 年下降 11.7%；载客汽车10 190辆，比 2003 年增长 69.4%。

邮电通信业发展迅速。2004 年，全市实现邮电业务总量 0.96 亿元，比上年增长 6.7%；年末电话机拥有量 84 552部，电话普及率 31.7%；在网移动电话用户54 977户。

【商贸、旅游】　全市第三产业实现增加值 14.98 亿元，比上年增长 8.9%。商品销售市场旺盛，社会消费品零售总额达 10.98 亿元，增长 12.6%。招商引资和对外开放力度进一步加大，全年共引进重大项目 12 个，协议引资 21.6 亿元；其中，实际到位外资3 786万美元，全市完成固定资产投资 28.45 亿元，比上年增长 39.2%。新建和技改项目顺利完成，增强了工业发展后劲。2003 年以来动工新建的西麟水泥厂、永昌钢铁、禄丰化肥、新希望饲料公司及昆钢五项技改项目先后建成并在 2004 年内投入正式生产，新增产值 24.3 亿元。2004 年全市共有“三资”企业 10 家，全年实现营业收入 6.8 亿元，比上年增长 15.1%，实现利润 0.44 亿元，比上年增长 63.9%。全年企业出口总额达 7.78 亿元，创汇9 425万美元。旅游业全年共接待旅客 115.36 万人次，比上年提高 22.7%，旅游综合收入 1.11 亿元，比上年提高 10.5%。

【城乡建设】　全年完成固定资产投资 28.45 亿元，比上年增长 39.2%；按管理渠道划分，基本建设投资完成 14.29 亿元，比上年增长 141.4%；更新改造投资 9.07 亿元，比上年下降 12.3%；房地产开发投资 1.29 亿元，比上年增长 543.4%；其他投资 3.05 亿元，比上年下降 5.3%。农村集体、农村私人、工矿区私人建房投资 0.75 亿元，比上年增长 0.2%；在全部固定资产投资中，工业性固定资产投资 23.6 亿元，占全市固定资产投资总额的 83%。年内启动了大屯新区和太平新区建设。城市污水处理厂、二期煤气管网扩建、车木河引水供水二期复线建设进展顺利，城市基础设施进一步加强。

【财政、金融、保险】　2004 年，全市实现财政收入 12.95 亿元，比上年增长 27.0%；其中：地方财政收入 5.66 亿元，比上年增长 40.7%；上划中央财政收入 7.29 亿元，比上年增长 18.0%；全年地方财政支出 8.15 亿元，比上年增长 24.2%。

全市各金融机构年末存款余额为 59.09 亿元，比上年初增长 15.9%；其中：储蓄存款余额为 33.46 亿元，比年初增长 14.9%。各金融机构年末贷款余额为 50.25 亿元，比年初增长 8.6%。全年金融机构现金收入 100.04 亿元，现金支出 106.12 亿元，分别比上年增长 14.6% 和 14.4%；全年净投放现金 6.08 亿元，比上年增长 11.1%。全市保费收入达 0.85 亿元，比上年增长 27.8%。

【科　技】　2004 年，全市实施科技项目 17 项。评审科技成果 16 项，申报科技成果 8 项，举办各类农村适用技术培训 638 期，培训人次59 719次，农村科技网络建设得到巩固和加强。农村能源工作有了新的突破，引进先进的水利和技术，开发生产“高效节能环保气化灶”、“沼气热水器”和“沼气饭煲”，“高效节能环保气化灶”年内已推广1 002台，沼气覆盖率达 50.7%。昆钢五项技改项目先后建成并在 2004 年内投入正式生产。新增产值 24.3 亿元。

【教　育】　2004 年，全市有幼儿园 20 所，在园人数 6 644 人，入园率达 81.0%；全市有小学 86 所，小学在校学生23 246人；全市有中学 13 所，中学生在校学生11 309人；中小学生分别比 2003 年下降 13.3% 和增长 1.1%。职业技术学校在校学生1 332人，比 2003 年增长 23.9%；成人自学考试累计开考 280 个科目，报考1 919人次，报考科次 4 061科次。人均受教育年限达 8.6 年。

【文化、体育】　2004 年，全市共有电影放映单位 10 个，文化馆（站）11 个，文艺表演团体 4 个，表演场所 11 个，博物馆 1 个，公共图书馆藏书 12.75 万册。体育工作以广泛开展全民健身活动为主线，积极组织承办各项群众性体育活动。全年共举办、承办、协办各类体育比赛活动 30 余项，与昆明市体育局承办了 2004 年云南省国际式摔跤比赛；举办了安宁市第十届“金方杯”桥牌、“五四杯”、“螳川杯”、“羽毛球”、“牡丹卡”杯乒乓球比赛和春城晚报“安宁杯”云南省首届篮球俱乐部篮球比赛；承办了云南省柔道比赛。恢复了安宁市青少年业余体校和成立了安宁市残疾人体育培训中心。

【卫　生】　城镇医疗体制改革进一步深化，完善了卫生监督和疾病预防控制改革，加强卫生、医政、药品的监督和管理，取得了防治禽流感疫情的显著成绩。2004 年常驻儿童五苗接种覆盖率达 98%，食品卫生监督覆盖率 100%；全面推进新型农村合作医疗试点工作，农村合作医疗覆盖率达 98.9%。年末全市共有卫生机构 174 个，病床2 062张，专业卫生技术人员1 677人。

【人民生活】　2004 年，全市在岗职工年平均人数 5.40 万人，比上年增长 0.5%；在岗职工年平均工资18 180元，比上年增长 13.1%，城镇居民人均可支配收入9 478元，扣除物价上涨因素，实际比上年增长 7.6%；城镇居民人均消费性支出6 770元，扣除物价上涨因素，实际比上年增长 5.4%；农民人均纯收入3 487元，扣除物价上涨因素，实际比上年增长 6.3%。农民人均消费性支出2 840元，扣除物价上涨因素，实际比上年增长 12.4%。城镇居民每百户拥有彩色电视机 120 台，洗衣机 99 台，电冰箱 86 台，影碟机 93 台，照相机 55 台，微波炉 44 台，固定电话 101 部，移动电话 115 部，摩托车 17 辆，小汽车 2 辆。城镇居民人均住房使用面积 26.17 平方米，比上年增长 2.1%；农村居民每百户拥有彩色电视机 105 台，洗衣机 64 台，电冰箱 9 台，影碟机 55 台，照相机 3 台，固定电话 44 部，移动电话 34 部，摩托车 9 辆。农村居民人均居住面积 31.2 平方米，比上年增长 6.8%。城市绿地率达 36.3%，城市绿化覆盖率达 38.3%。广播电视事业进一步发展，有线电视光缆已通达全市 95% 的村（居）委会，全市广播人口覆盖率 100%，电视人口覆盖率 97.5%。

社会保险、福利事业进一步发展。

2004年，享受城镇居民最低生活保障的人数达13.02万人次，全年发放保障金799万元。参加养老保险的职工人数6.18万人，收缴养老保险金3.28亿元；参加医疗保险的人数7.51万人，收缴医疗保险费1.25亿元。全市有社会福利院6个，床位170张，在院99人，其中老人98人。

环境质量逐步改善。城市集中饮用水源地水质达标率达到100%，工业废水排放达标率93.2%，比上年下降0.98个百分点；空气中二氧化硫、二氧化氯和可吸入颗粒物年均值均分别达到国家环境空气质量三级、二级和一级标准；工业烟尘排放达标率97.84%，比上年提高了2.72个百分点；工业粉尘排放达标率83.43%，比上年提高40.29个百分点。

（张丽华）

呈贡县

【年内大事】　1月5日　中共中央政治局委员、全国人大常委会副委员长王兆国，团中央书记周强一行到呈贡县斗南花卉市场、昆明国际花卉拍卖交易中心、云南隆格兰园艺股份有限公司、芊卉公司等地视察。

1月31日　呈贡县洛羊镇石龙湖养殖场发生高致病性禽流感疫情，呈贡县人民政府及时下达了“封锁令”，对石龙湖疫区实行封锁，并采取扑杀、消毒、强制免疫等措施控制疫情。

2月17日　广西南宁市党政考察团一行70人到呈贡县斗南花卉市场、昆明国际花卉拍卖交易中心、昆洛公路改扩建工程参观考察。

2月29日　呈贡县农村税费改革试点工作全面完成，共征收农业税及附加2 190 918元，占全县2003年应征收入库总额的100%。

2月　呈贡县军队离退休干部休养所被国家民政部、中国人民解放军总政治部和总后勤部评为全国先进单位。

3月17日　呈贡县第十三届人大召开第九次常委会，根据县长罗波的提请，决定任命周立为呈贡县人民政府副县长。

3月29日10时　云南省人民政府向美国空军博物馆捐赠呈贡石碾子仪式在原飞虎队作战指挥部旧址楼前（昆明第十四冶金建设公司）举行。

3月　呈贡县洛龙河生态监护站被团中央、国家环保总局授予“全国保护母亲河生态监护站”称号。

4月17日　全国人大常委会副委员长乌云齐木格一行，在省人大副主任高晓宇等领导陪同下，先后到呈贡县斗南花卉市场、云南隆格兰园艺股份有限公司、昆明国际花卉拍卖交易中心参观。

4月21日　呈贡新城禾嘉项目框架协议签约仪式在昆明举行。该项目是融大型的国际会议展览中心、东盟各国驻中国总部基地、中央商务办公区、花园式酒店和东南亚旅游风情港为一体的大型综合项目，总占地面积约2 500亩，总建筑面积190万平方米，预计总投资（滚动投资）人民币60亿元，投资周期3～5年。

4月29日　省委常委、市委书记杨崇勇等市级领导到呈贡新城调研昆洛公路改扩建工程情况，实地踏勘市级机关选址地点——呈贡县吴家营乡中山顶。

5月1日　呈贡县村（社）区“两委”班子选举工作结束。全县依法撤销了斗南镇、洛羊镇和吴家营乡所辖的33个村委会，成立了33个社区居委会；大渔乡、马金铺乡和七甸乡所辖的29个村委会进行了换届选举。

5月8日　由中国汽车运动联合会举办的2004年全国汽车场地越野锦标赛昆明分站赛在呈贡赛马场——云南省体育训练基地举行。来自北京、广东、福建、香港、云南等市（省、区）的100余名选手、86辆赛车参加了比赛。

6月6日　全国政协副主席李兆焯一行在省政协副主席管国忠、副市长梁晓谷等领导陪同下，到呈贡县斗南花卉市场、昆明国际花卉拍卖交易中心、云南隆格兰园艺股份有限公司视察。

7月2日　云南省纪委、省监察厅，昆明市纪委、市监察局在呈贡召开新闻发布会。省纪委副书记陈方宏在会上通报了对呈贡县违规购车问题的查处情况：给予许德志同志撤销中共呈贡县委书记职务处分；给予朱理学同志党内严重警告处分，并责令其辞去中共呈贡县委副书记、县纪委书记职务。

7月11日　中共中央政治局常委、中央政法委书记罗干在省委书记白恩培，市委书记杨崇勇等领导陪同下到呈贡县斗南花卉市场、云南隆格兰园艺股份有限公司、昆明国际花卉拍卖交易中心视察。

7月30日17时　呈贡县马金铺乡、吴家营乡遭受雷击，造成5人死亡、1人受重伤。

11月8日　以市长艾尔玛·雷德格博、副市长马丁·瓦尔热及污水处理和环保专家组成的瑞士苏黎士市政府代表团一行8人到呈贡访问。

11月18日　国家质检总局法规司副司长李俊率领国家工商、质检、农业、卫生、商务等部委局有关人员组成的国务院食品安全督查组对呈贡县整治和规范市场经济秩序工作情况进行检查。

11月30日　省人大副主任牛绍尧率检查组到呈贡县大渔乡中和村、斗南镇江尾村检查滇池污染治理工作。

12月6日　呈贡县马金铺乡大营村荣获市级“农机安全示范村”称号，成为全市首批被命名的3个“农机安全示范村”之一。

12月9日　香港瑞安集团总经理罗康瑞一行9人到呈贡县环湖生态区、斗南花卉市场考察。

【行政区划、人口】　2004年末，呈贡县辖4乡3镇、65个村（居）民委员会。辖区面积461平方千米。全县共有48 346户，总人口157 272人。其中，男性79 205人，占总人口数的50.36%；女性78 067人，占总人口数的49.64%；农业人口124 846人，占总人口数的79.38%；非农业人口32 426人，占总人口数的20.62%；少数民族人口6 000人，占总人口数的3.82%；少数民族人口中回族人口2 785人，占少数民族人口数的46.42%，占全县总人口数的1.77%。年内共出生人口2 420人，出生率为1.53‰；死亡人口4 301人，死亡率为2.73‰；人口自然增长率为负1.19‰。全县人口密度为每平方千米341人。

【经济综述】　2004年，县委、县政府带领全县各族人民解放思想，深化改革，抢抓机遇，开拓创新，举全县之力，积极推进新昆明东城建设，基本完成了“亚洲花都”、物流中心等9个片区控制性详细规划和给排水、燃气等9个专项规划，昆洛公路改扩工程全线路基基本完工，昆明铁路集装箱中心站已开工建设，云南信息产业基地、昆明部分高校搬迁、云南国际云药港、东绕城线等一批重点项目正在加快推进；按照规划与招商并举的思路，积极参与昆交会的参展工作，引进了马来西亚实康集团自来水厂，与四川禾嘉集团、浙商投资有限公司、中泰果蔬交易中心等企业签订了投资开发新昆明东城的合作意向协议；以农民增收为根本出发点，强化农业基础地位，重视农业科技，优化农业生产布局，调整农业经济结构，有品牌、有特色、有市场竞争力的农产品优势进一步扩大；积极探索农村合作组织建设的新途径，扶持龙头企业发挥示范带头作用，农业产业化经营水平不断提高；坚持以市场为导向，充分发挥市场对农业资源的基础性配置作用和特色农业发展的导向作用，菜花果特色农业发展优势得到巩固和提升；农村税费改革任务圆满完成；成功扑灭了“禽流感”疫情并克服了“禽流感”疫情对全县经济造成的不利影响，2004年，全县实现地区生产总值21.6亿元，比上年增长10.5%；农业完成增加值4.28亿元，比上年增长3.4%；工业总产值完成42.6亿元，比上年增长38%；规模以上工业完成增加值7.85亿元，比上年增长28%；实现工业增加值10.6亿元，比上年增长27.5%；三次产业结构从上年的19.4∶54.7∶25.9调整为21.4∶54.4∶24.2。积极开展招商引资工作，审批新上、技改项目45个，计划投资6亿元；签订外资项目1个，协议利用外资3亿元；签订内资项目5个，协议资金25.5亿元。固定资产投资总额7.68亿元。地方财政收入实现1.24亿元，比上年增长34%。社会品零售总额6.7亿元，比上年增长7%。金融机构各项存款余额27.6亿元，比上年增长28.9%；贷款余额11.8亿元，比上年增长6.4%。城镇居民可支配收入9 570元；农民人均纯收入4 195元，比上年增长5%。经济运行中的困难和问题是：因国家实行土地从严、信贷从紧的宏观经济调控政策，保持较快的经济增长速度困难较大，特色农业发展面临新的挑战，农民增收难度增大；经济、社会发展处于矛盾多发期，热点、难点问题比较突出，群体性上访仍然不少；失地农民和弱势群体的社会保障机制不够健全等。

【农　业】　县委、县政府始终把农业作为经济工作的重点来抓，坚持从发展特色农业的角度出发，实现了农业产业结构的战略性调整。一是加强农业科技培训，抽调专业技术人员组成“讲师团”深入农村开展农业科技培训，增强广大农民的科技意识、市场意识，竞争意识。年内，全县共举办“跨青”工程培训班9期，培训719人；组织蔬菜生产技术知识培训班97期，培训8 520人；组织花卉生产技术知识培训班3期，培训176人；组织水果生产技术知识培训班3期，培训200人。二是积极开展农业科技项目的实施，推广平衡施肥技术，建成户用沼气池1 027口，抓了5万亩蔬菜优质高效作物示范、8 000亩生物有机肥示范和1 000亩生物多样性病虫防治示范，夯实了农业发展基础。三是大力扶持培育壮大龙头企业。年内，共组织申报了14家市级龙头企业，扶持资金410万元。其中，昆明斗南花卉有限公司被评为国家级龙头企业；晨农公司、旭龙公司等6家从事蔬菜鲜销、速冻及脱水的龙头企业，共建有蔬菜基地4 000余亩，辐射面积8.3万余亩，带动农户21.8万户，年销售鲜菜及加工速冻菜、脱水菜5万余吨，实现销售收入1.93亿元，创汇992万元，实现利润1 211万元。四是严格农业执法，查获、收缴国家明令禁卖的高毒、高残留农药共9个品种157瓶2 760毫升，过期农药3袋300克，从源头上杜绝了高毒、高残留农药的销售和使用。五是加强动、植物产品的检疫和监督管理，保障了农产品的卫生安全。2004年，全县小春播种面积完成5 000亩，总产量97.5万千克，平均单产195.2千克；大春播种面积18 504亩，总产量695.13万千克，平均单产377.7千克。蔬菜播种面积16.11万亩，蔬菜上市总量30 500万千克（其中外销25 591.75万千克），比上一年增加1 800万千克，增长6.27%；销售总收入30 029.24万元（其中外销收入28 157.96万元），比上一年增加1 329.24万元，增长4.6%。花卉种植面积2.5万亩，品种66个，总产量13.25亿枝，比上一年增加6 500万枝；全县从事花卉种植的专业村有8个、专业户1万多户，全县有花卉企业172家，驻斗南的花卉营销公司130多家；全县的花卉产量占全省的63%，80%的产品销往全国49个大中城市，10%的产品出口到日本、泰国、新加坡、香港等国家和地区。水果种植面积稳定在8.3万亩，总产量1 600万千克，产值2 700万元。畜牧业生产克服了年初因洛羊镇石龙湖发生高致病性禽流感而扑杀家禽15.1617万羽所造成的不利影响，年末实现生猪存栏2.5万头，出栏6万头；禽存栏100万羽，出栏100万羽；牛存栏8 000头，出栏1 500头；羊存栏5 500只，出栏2 000只；肉类总产量7 000吨，奶类总产量10 000吨，禽蛋总产量8 000吨，实现畜牧业产值1.2亿元以上。

【工业、乡镇企业】　全县共完成了6户企业改制组建为有限责任公司，关闭企业3户，对外出售企业2户。工业生产保持较快增长，工业经济的质量和效益明显提高。年内，全县工业总产值实现42.6亿元，增长38%；实现工业增加值10.6亿元，比上一年增长27.5%；全县规模以上工业完成增加值7.85亿元，比上一年增长28%；工业企业实现利税3.3亿元，比上一年增长15%；利润总额2.45亿元，实现了速度和效益的同步增长。

乡镇企业共盘活停产企业13家，新上项目5个，乡镇企业发展后劲不断增强。年内，全县乡镇企业完成增加值56 944万元，比上一年增长15.05%；完成现价工业总产值178 935万元，比上一年增长22.74%；实现营业收入364 763万元，比上一年增长17.08%；实交税金5 668万元，比上一年增长9.74%。

加大对非公有制经济的支持力度，促进了全县非公有制经济的持续、健康发展。2004年末，全县共有注册企业1 097户，其中新增私营企业74户；个体工商户5 306户，其中新增1 098户。

【水利、交通】　农田水利基本建设取得新进展。2004年，全县共投入劳动积累工日142.9万个，投资4 497.07万元（农水投资965万元、基建投资2 393.75万元、集体和群众集资1 138.32万元），完成水利工程建设项目584件。其中，列项工程23件（水库除险加固工程1件、人畜饮水工程6件、乡镇供水工程1件、集雨工程3件、病险处理工程3件、水毁修复工程1件、“长治”工程2件、河道堤防工程1件、其他工程5件）；岁修工程561件，共新建水池5个、提水泵站1座、机房1座，修建石砌挡土墙700米、护坡350米，坝塘扩容1 500立方米，修复石砌渠道128米，完成河道清淤除障1 800米，治理水土流失面积20平方千米，所建工程项目做到了当年建设、当年投入使用、当年发挥效益。共新增灌溉面积500亩，改善灌溉面积8 180亩，解决和改善了3 190户、9 571人、680头大牲畜的饮水困难。认真开展水土流失治理，完成了基本农田建设25公顷，营造水土保持林383公顷，种植经济林53公顷，实施封禁治理325公顷。渔业生产持续稳步发展，年内全县养鱼水面6 591亩，投放斤两鱼种520吨，夏花苗种26.8万尾，养殖产量152万千克。

交通基础设施建设取得新成果。年内，共投资1 315万元，完成县乡公路建设14.5千米；测设公路9.1千米。认真开展了公路养护，投资50余万元，对全县的6条公路进行了修复和正常养护。加强路政管理，加大超限运输的整治力度，共查处各类违章案件2 009件，收回清理费、赔偿费、补偿费、搭口费15万余元。

【城乡建设】 对呈贡新城总体规划确定的160平方千米的控制面积按用地功能和性质分为9个分区，开展了详细规划，为下一步的土地出让和修建性详细规划、市政基础设施规划、村庄社区规划、项目定点建设确立了基础依据。严格规划管理。年内，共办理建设用地选址24件，核发建设用地规划许可证33件、用地变更3宗、建设工程许可证14宗；清理违法建设用地并补办用地手续126项，涉地面积10 167.58亩。认真开展建设项目的引进、储备工作，四川禾嘉集团建设项目进入用地框架协议谈判阶段，完成了云南广电中心项目选址，市级机关搬迁项目完成了用地选址等。积极推进集镇亮化工程。投资7万元，支持七甸乡和吴家营乡安装路灯51盏。加大县城基础设施建设维护力度。投资250万元，完成了县城北门街道路改造和晨光街东段、富康路南段道路建设；投资70万元，启动了沿河路南幅道路改造工程。继续推行县城街道清扫保洁招标制度，城市垃圾做到及时填埋处理，共清运填埋垃圾20 000余吨，县城卫生质量进一步提高。在“禽流感”防控期间，全县共清理垃圾400余吨，清理疫区处置物60多吨。加大市容市貌的整治力度，共清理户外违章小广告25万条，清除户外违规布标400余条；查处取缔占道经营600余起，处罚300起；处罚严重污染城市道路行为150余起，县城环境质量明显提高。加强供水管网的建设，先后完成了昆明国际花卉拍卖交易中心1号、2号道路供水管网的建设工作，解决了该片区供水不足的问题；完成了“百合花园”1.4千米供水管网及“恒鹏花园”750米供水干管的安装工作；重新启用了西门机井，日新增供水能力800立方米。年内，县自来水厂计划供水206万吨，实际完成供水218万吨；计划完成产值220万元，实际完成产值255万元；计划实现利润40万元，实际实现利润42万元。加强建筑市场的管理。年内，补办建筑工程施工手续13宗，建筑面积68 443.47平方米，投资额为3 300.4万元；依建设程序办理建设项目审批14宗，建筑面积93 651.66平方米，投资额为6 760.34万元；办理建设工程项目备案12件，建筑面积57 604.38平方米，中标价4 520.95万元，中标工期1 364日历天；核发施工许可证27宗，办证率为100%。加大建设工程的安全质量监督。年内，与县属9家施工企业签订了《2004年工程质量目标责任书》，全年办理受监工程6个，总面积93 652平方米，报监工程质量监督覆盖率为100%；完成竣工项目验收18个，竣工备案4个，竣工工程备案率为90%。认真做好清欠工作。年内，全县共清理拖欠工程款7 137.99万元，其中政府部门拖欠3 161.8万元，其他部门拖欠3 976.19万元；兑付拖欠施工企业的工程款841.52万元，兑付拖欠的农民工工资644万元。充分发挥县房地产交易中心的作用，不断规范房地产管理。年内，全县共办理商品房购销合同审查登记34宗，成交面积2 545.95平方米，成交金额204.77万元；核发房屋所有权证930件（其中单位办证21件）。

【电力、电信】 加强电网维护和建设，完成了35千伏三岔口、马金铺、七甸变电站小修（规程预防性试验）及技改；完成了35千伏洛羊临时变电站负荷转移至110千伏洛羊变电站工作；初步完成了《呈贡县城内电网建设（改造）工程可行性报告》、《35千伏三岔口变电站改造可行性研究报告》、《35千伏马金铺变电站改造可行性研究报告》；安装变压器92台，合计容量16 295千伏安；新架10千伏线路9.969千米，建设改造一户一表2 355户。加大了对电力线路的防护和夜巡力度，保证了正常供电。全年实现售电2.78亿千瓦时，利税总额1 147.3万元，利润总额592.7万元。

全县电信光缆已通达各行政村，实现了全县行政村村村通电话。年内，共发展固定电话用户2 367部，拆机2 416部，完成年计划的26.7%；PAS发展5 643部，拆机2 265部，净增3 378部，完成年计划的48.3%；发展ADSL用户934部，完成年计划的133%；完成业务收入2 635.16万元，比上一年增加187.7万元，增长7.52%。年末，全县电话交换机总容量52 525门，实装用户28 009部；小灵通基站300个，小灵通用户12 146部；ADSL总用户为1 331部，全县电话普及率为25.4%。

【生态、环保】 2004年，全县共完成人工造林4 230亩，其中滇池面山造林1 980亩，市级重点工程建设500亩、天保工程人工造林1 750亩；完成工程封山育林5 000亩，为市下达任务计划的100%；完成中幼林抚育1 500亩，为市下达任务的100%；完成各级领导样板林8片共计200亩，为市下达任务的100%；完成全民义务植树60万株，参加义务植树活动人数累计达6万人次；育苗60亩，累计培育各类苗木85万株。投入资金36万元，完成天保工程森林管护19.5万亩。加强森林防火工作。加大森林防火经费投入，投资22万元购置手持对讲机11部，车载电台1套，灭火弹1 500发，打火拖把200把；投资40万元建设瞭望台1座，修建林区道路5.1千米。进一步加大林政执法力度，全年初审征占林地34宗，临时占用林地3宗，征占用面积20.9948公顷，收取森林植被恢复费126 269.1元；加强森林病虫害防治检疫工作，对1 906亩发生鼠害、松毛虫、松稍螟、松叶蜂等病虫害的林地进行了防治，防治率为100%。积极开展森林资源保护工作，共查处各类森林案件14件，其中违法占用林地案件5件，查处17人次（含单位5个），处罚金额153.236万元。在禽流感防治期间，积极开展“候鸟行动”，彻底清查了全县的鸟类、禽类市场，共查处非法出售国家保护野生动物案1件，没收野生动物84只（头）。

积极开展生态环境保护工作。一是开展形式多样的环境宣传教育活动，举办了全县32家建材、17家铸造企业负责人和乡镇企业办负责人参加的排污费征收管理培训班；举办了1期73家企业参加的排污许可证培训班；在县城街心花园开展了“世界环境日”、“地球日”、“中国土地日”宣传教育活动；与昆明西华小学联合举办了环保夏令营活动；与省、市环保局和宜良县环保局共同举办了“关爱阳宗海”环保宣传活动。二是依照《环境影响评价法》及《建设项目环境保护分类管理名录》的要求，对建设项目进行了环境影响评价，年内共审批建设项目198个，批准194个，未批准4个。在批准的建设项目中，市级审批项目4个，总投资34 742万元，环保投资2 021.75万元；县级批准的建设项目190个，总投资7 731.35万元，环保投资299.14万元，环保投资占总投资的3.9%。加大建设项目竣工环境保护验收工作力度，年内共验收建设项目10个，验收的项目总投资875万元，环保投资48万元，环保投资占总投资的5.5%。抓好工业污染源全面达标排放工作，与上一年相比，全县废气排放量降低了8.1%，废水排放量降低了6.2%，CODcr降低了13.5%，氨氮降低了4.3%。三是依法查处环境违法行为，对18家省重点工业企业污染源进行了216次现场监察，对71家一般工业污染源进行了286次现场监察，对6家违法养殖企业进行了102次重点检查，对违法企业进行了严肃的查处。四是完成了全县水环境质量现状调查，对全县辖区的2条主要入滇河流、3个中型水库、7个小（一）型水库、2个湖泊和吴家营饮用水源的水质情况进行了调查，为实现水资源的持续利用、保障水资源的安全打下了基础。五是积极开展农村生态环境建设与保护工作，率先在全市开展了以农田固体废弃物为主的农村生态环境保护工作，自1999年起，先后投资200多万元建成了梅子、乌龙、马金铺3个生物菌肥厂，并移交各村民委员会管理和使用，年内，各生物菌肥厂利用农田固体废弃物101万千克，共制作“大地旺”生物有机肥56万千克，施用面积80.5亩，有效地改善了农村面源污染的状况。为巩固阳宗海水污染防治成效，完成了阳宗海沿岸长5千米、宽2～6米的湖滨带绿化任务，共植柳树10 000余株。

加大滇池保护和治理工作力度，滇池治理工作取得新的突破。一是认真开展滇池保护的宣传工作，在滇池沿岸和主要入湖河道两侧张贴、书写了《滇池保护条例》和《水污染防治法》宣传标语120幅；结合“世界水日”、“中国水周”，采取悬挂布标、设立咨询点、图片展览、散发宣传材料、播放宣传录音等形式，广泛开展了“加强农业面源污染控制，减少滇池污染负荷”、“在滇池流域内限制使用化肥和化学农药”的宣传，收到了明显面成效。二是认真开展滇池湖滨生态湿地建设，积极探索以市场运作手段和方法推进湖滨生态建设的路子。保证了241亩退田还湖工作的顺利进行。三是积极做好入湖河道和滇池水体的保洁工作，共清理打涝东大河入湖河口的垃圾、淤泥30余万千克；清理打捞乌龙湾附近30亩水域的垃圾和乌龙湾至洛龙河入湖口滇池沿线的水葫芦（漂浮物）74万千克；清理打捞石城村滇池湖岸线1.8千米水域的水葫芦（漂浮物）27万千克；在洛龙河岸的江尾村新建了17个垃圾收集池，年内共清运生活垃圾和农田垃圾115万千克，使县域内滇池水体水葫芦（漂浮物）数量明显减少，滇池水面景观得到恢复。四是加大基础设施建设力度，开展了捞渔河入湖口段的综合整治工程，河道由原来平均河宽不足6米拓宽到10米，对减少入湖污染物起到了积极的作用。五是加大渔政执法监督检查力度，维护滇池渔业的正常秩序。

【民　政】　2004年，全县受灾人口15 278人，直接经济损失2 879.45万元。认真做好火灾受灾户的救灾救济工作，全年共发放被子、垫子、毛毯、床单26套，单衣、棉衣各36套，军大衣10件，发放救灾粮1 250千克，保障了受灾群众的基本生活。积极开展扶贫济困工作，在传统节日走访慰问贫困户328户，发放慰问金4.65万元。认真做好优抚工作，全年共发放义务兵家属优待金108人25.22万元；发放立功受奖人员奖金39人4 000元；在传统节日，走访慰问烈（军）属代表、优抚对象、困难企业生活困难的荣复退转军人等370人，共发放慰问金6.33万元。积极做好优抚对象的抚恤工作，年内共发放各种抚恤金、生活补助656人84.868万元；发放因公牺牲和病故军人一次抚恤金2人4.84万元；在“爱心献功臣行动”中，投资4万元为45户有“三难”（住房难、生活难、治病难）的重点优抚对象解决了住房难的问题。切实做好退役士兵的接收安置工作，全年共接收退役士兵59人，对其中符合安置条件的20人全部进行了安置。认真做好城市居民的最低生活保障工作，全县年内共有4 764户8 364人次享受了最低保障，共发放最低生活保障金84.39万元。积极做好老龄工作，年内共办理《昆明市老年人优待证》2 610本，办理《云南省高龄老年人优待证》2 317本；节日期间走访慰问了80岁以上特困老人13人、90岁以上老人28人、100岁老人3人，共发放慰问金14 800元。严格实施了新的《婚姻登记条例》，全年共办理结婚登记1 537对（包括补办结婚证38对），办理离婚登记205对。

【人事劳动、社会保障】　年末，全县共有1 056名公务员参加了年度考核（其中正、副科级领导干部237人、主任科员以下人员819人），未参加考核1人，考核结果为优秀157人，称职866人，基本称职1人，参加考核不定等次的31人；机关工勤人员年度考核237人，优秀30人，合格205人，基本合格1人，参加考核不定等次的1人。严格公务员的招考录用，认真开展了国家公务员职务确定（晋升）工作，为2003年的军队转业干部和2003年新录用的国家公务员115人确定（晋升）了非领导职务；为全县144名国家公务员晋升了非领导职务。组织开展了纳入公务员管理事业单位工作人员过渡为国家公务员的工作，年内全县共有249名纳入公务员管理事业单位的工作人员过渡为国家公务员。认真做好军队转业干部安置工作，全年共接收安置军队转业干部10人，接收自主择业军队转业干部11人。加大大中专毕业生就业工作力度，全年举办供需见面洽谈会10次，达成录用37人。

督促国有企业落实建立劳动合同制度，全年共举办培训班13期，512户用人单位的负责人和劳动管理人员668人参加了培训；审查登记国有企业劳动合同1 266份。积极处置农民工举报的拖欠工资案件，年内共受理群众举报案件32件，办理结案30件，成功追讨劳动工资3.2万元，维护了农民工的合法权益。积极稳妥地做好劳动就业和再就业工作。大力推进失业人员的就业培训和农民工的创业培训，年内共培训各类人员1 524人，通过培训取得职业资格证书的102人；全年共提供就业岗位1 065个，安置就业995人，分别占目标数的104.4%和142%。

切实贯彻落实“两个确保”的要求，认真做好社会保障工作。一是扩大养老保险覆盖面。年内共为个体工商户、下岗职工、自谋职业人员870人接续和新办了保险，收缴养老金135万元。二是认真开展养老保险和养老金的社会化发放工作。年内共收缴养老保险金5 822 599.46元，收缴率（不含补交）为84%；共支付离退休人员离退休金6 548 737.37元，全县企业离退休人员100%的按时足额地领取了养老金，全县离退休人员的养老金做到了100%的社会化发放。三是强化工伤、生育保险。全年共收缴工伤金102 572.74元、生育金105 957.24元，支付1人工伤保险金11 098元，支付6人生育保险金40 083.2元。四是加强医疗基金管理，确保基金运行安全。年内，全县共有284个单位14 586人参保，应征基本医疗保险费1 522.33万元，实收1 522.33万元，征缴率为100%；重特病补充保险费应收102.23万元，实收102.23万元，征缴率为100%；机关事业单位工伤生育医疗统筹费应收87.21万元，实收87.21万元，征缴率为100%；公务员医疗补助费应收289.22万元，实收289.22万元，征缴率为100%。医疗保险统筹基金支出182万元，其中住院费支出155万元，门诊抢救、特殊慢性病门诊报销、门诊特殊检查报销27万元；公务员补助报销605人次49万元。职工个人账户支出542万元。五是工伤、生育医疗统筹运行平稳。全县机关事业单位共有221户4 578名职工参加统筹，年内应征统筹费为87万元，实收87万元；支出工伤医疗费6万元，生育及计划生育医疗费26万元。六是切实落实离休干部保障工作。年内，全县共有离休干部67人，财政安排离休干部保障基金165万元，企业上缴6万元；离休干部保障基金支出保险费130万元；门诊支出35万元；包干奖励金支出7万元。

【商贸、旅游】 年内，全县共审批新上和技改项目45个，总投资6亿元；签订外资项目1个，协议利用外资3亿元；签订内资项目5个，协议资金25.5亿元。县供销社购进商品6 542.7万元，比上一年增加3 330.4万元，增长103.7%；商品销售总值6 331.4万元，比上一年增加2 715.3万元，增长75.1%；利润4.73元，比上一年增长459%。县商业总公司完成商品购进6 194.1万元，占年计划1 500万元的410%，比上一年增长111%；商品销售完成6 268万元，占年计划1 800万元的348%，比上一年增长144%；上缴利税131万元；实现利润亏损10万元。县物资经营公司实现购进506万元，实现销售580万元，上缴各项税金42万元，实现利润13万元。县粮食局全年共购进粮食120万千克，完成销售收入890万元，实现利润8万元。县烟草公司销售卷烟7 585箱，销售收入6 899万元，实现利润600万元，上缴税金240万元。

年内，全县旅游企业共接待国内外游客230万人次，实现旅游收入1.24亿元。

【财税、金融】 2004年，全县地方财政收入完成12 403万元（其中：一般预算收入11 653万元，为预算10 232万元的113.89%，比上一年增长27.56%；基金收入750万元，比上年增长519.83%；县本级地方财政收入完成6 792万元，为预算数的133.86%，比上年增收2 263万元，增长49.97%；乡镇级完成5 611万元，为预算数的108.786%，比上年增收890万元，增长18.85%），为预算10 232万元的121.22%，比上年增收3 153万元，增长34.09%。地方财政总支出20 022万元，其中省、市级补助支出2 789万元，比上年增支68万元，增长2.5%；地方财政一般预算支出完成17 176万元，为预算支出14 337万元的119.8%，比上年增支3 335万元，增长24.1%；基金预算支出57万元。地方财政一般预算支出中县本级支出11 616万元，比上年增支2 600万元，增长28.83%；乡镇级支出5 617万元，比上年增支792万元，增长16.14%。全年地方财政一般预算收入主要项目为：增值税收2 324万元，为预算的65.65%；营业税收入3 405万元，为预算的86.75%；企业所得税收入275万元，为预算的132.21%；个人所得税收入303万元，为预算的130.6%；资源税收入57万元，为预算的95%；城市维护建设税收入206万元，为预算的82.4%；房产税收入520万元，为预算的74.29%；印花税收入153万元，为预算的102%；城镇土地使用税收入249万元，为预算的99.6%；车船使用和牌照税收144万元，为预算的96%；农业四税收1 133万元，为预算的243.65%；专项收入333万元，为预算的83.25%；罚没收入332万元；行政性收费收入104万元。

全县银行业金融机构运行平稳，各项业务稳步增长。2004年末，全县银行业金融机构各项存款余额275 009万元，比上年末增加53 995万元，其中储蓄存款余额183 481万元，比上年末增加27 416万元。各项贷款余额118 644万元，比上年末增加4 394万元，其中短期贷款59 135万元，比上年末增加9 225万元；中长期贷款59 509万元，比上年末增加7 329万元。全县银行业金融机构不良贷款余额为30 229万元，比上年末增加1 842万元；不良贷款占比25.48%，比上年上升0.63%。全县农村信用合作社各项存款余额为114 703万元，比上年末增加21 150万元；各项贷款余额为72 135万元，比上年末增加7 033万元；不良贷款余额13 559万元，比上年末减少321万元；不良贷款占比为18.75%，比上年末下降2.51%；备付金比例为36.23%，资产风险加权后的资本充足率为2.52%。

【科　技】 2004年，全县共组织实施科技项目9项（市级项目2项，县级项目7项），项目总投资227.55万元，企业自筹资金192.35万元；总产值408.9万元，增加收入125万元。其中，梨资源圃建设和珍稀品种引进项目，共收集保存梨老品种71个，产值9 000元；玻璃钢日光温室示范项目，共建设跨度大、空间大的新型温室大棚25亩，生产蔬菜种苗3 100万株，产值220万元，增加收入68万元；花卉产业标准化栽培技术项目，共应用标准技术规范化栽培玫瑰300亩，生产切花1 500万支，产值150万元，增加收入45万元。野生花卉（切叶）引种试验示范项目，共引进切叶长春藤、排骨草、火石楠等新品种，种植30亩，年产切叶240万枝，产值28万元，增加收入8万元。积极开展科技宣传和培训，全年共刊出宣传栏65期，黑板报567期；举办各种类型的科技培训班302期，共培训各类人员30 521人次，其中科技示范户1 678人次，骨干3 909人次，妇女8 208人次，复转军人506人次，使人民群众的科技水平进一步提高。开展送科技下乡，服务农村群众，全年共组织科技人员90人次深入农村，赠送各种科技宣传资料16 500份，科技书籍10 200册，为群众提供咨询服务800人次。加大科技网络建设，在继续抓好全县现有的1个示范乡镇、19个示范村、1 757户示范户的示范作用的基础上，新发展示范户1户，促进了农村经济的健康发展，农村科技示范户的户均收入达到15 263.05元。年末，全县共有农技协会11个，会员总数369人，其中洛羊镇蔬菜协会、梅子村高效农业研究会被市评为先进农技协会。加强农村科技人才管理。年内，共推荐中高级技术职称30人；对全县具有农民技术职称的1 426人重新进行了清理登记，建立了1 418人的电子档案。积极开展科技信贷工作，贷款资金85万元支持10家企业进行科技试验、示范及产品开发。积极倡导科普文明村建设，采取每户补助200元（残疾人每户补助250元）的方法在农村进行了粪尿分集式卫生旱厕建设扩大示范工作，共建造卫生旱厕27户。积极开展禽流感防治工作，邀请专家举办禽流感防治专题科普讲座，受训人数达300余人次。成功举办了科技周活动，共计出动人员232人次，车辆48辆次，制作宣传展板32块，赠送各种科技资料30 160份、科技图书90册、科普挂图93套442张、高致病性禽流感防治知识问答1 800册，为6 895名群众提供了咨询服务。

【教　育】 年内，全县共投资452万元，新建中小学教育教学用房4 184平方米，排除危房1 962平方米，修缮教学用房1 391平方米。实现了收缩2个教学点、3校集中办学的目标；投资7万元，修缮了七步场小学教学楼837平方米；投资7万元，建成了马金铺中学养殖场。加快信息技术教育步伐。年内，全县中小学增加计算机204台，增加计算机网络教室6个，卫星远程教育收视点增加44个。年末，全县中小学共有计算机809台，计算机网络教室18个，卫星远程教育收视点52个，多媒体教室4个，教学光盘播放点10个，18所学校的计算机接入了互联网，明天女教师收视点1个，扶贫卫星接收点4个，腾图卫星接收站4个。加强教育教学改革，教育质量不断提高。年内高考，普通高校报名340人，上线213人，三校生报名113人，上线111人，成人高考报名185人，自学考试报名1 447人3 247科次；中考考生1 561人，中考录取率达80.6%。继续抓好“两基”的巩固，积极开展帮困助学活动。年内，全县共筹措资金302 520元，扶助贫困学生1 270人。加大教育改革力度，大力发展民办教育。年末，全县共有民办中小学3所，其他办学校2所，民办幼儿园12所。在校高中学生453人，初中生614人，小学生1 452人，在园（班）幼儿858人。

【卫　生】 2004年，全县的卫生工作坚持以人为本，全面推进农村卫生改革和城镇医疗卫生体制改革，强化疾病预防控制，积极推进公共卫生体系建设，实施科教兴医，确保全县人民的身体健康。一是积极开展新型农村合作医疗试点工作。经过广泛宣传动员，按以户为单位参加集资的原则，开展试点工作的龙城镇、洛羊镇分别有2 504户、3 223户农村家庭的16 603人参加了集资，集资农户分别占2个乡镇农户总户数的96.6%、66.9%。新型农村合作医疗到位资金531 296元，其中农民人均集资10元，共计166 030元；县财政补助参与群众人均10元，共计166 030元；乡财政补助参与群众人均3元，共计49 809元；村级补助参与群众人均7元，共计116 221元；县、乡财政人均各补助1元的医疗救济资金，共计33 206元。至年末，共有323人次参与新型农村合作医疗的群众的住院费得到了减免或报销，累计减免报销金额为20 199.72元，受到了广大农民的欢迎和好评。二是积极推进乡镇卫生院改革，对6个乡镇卫生院长和保健所所长实行了竞聘上岗。三是强化公共卫生基础设施建设，加强疾病控制工作。积极利用西部大开发国债项目建设资金建成了县疾控中心检验监测大楼；加强疫情监测工作，年内共收到常住人口法定传染病报告9种320例，无死亡报告，认真做好计划免疫工作，落实儿童“五苗”接种，年内全县接种各种生物制品53 530人，接种率分别为卡介苗100%。加强结核病防治工作，年内共进行可疑者检查217人，经痰检，符合实施免费管理治疗的25人，实际完成应发现病人64人的39.06%。高度重视艾滋病防治工作，全年采集一般人群血清153份，未监测出HIV感染者；对本辖区历年监测出的39名HIV感染者进行了追踪调查；对34名感染者的家属共83人进行了随机调查；积极开展艾滋病知识的宣传教育工作，共举办医务人员培训班2期，134人参加了培训；四是加强妇幼保健工作，全面落实妇女儿童保健干预措施，对高危孕产妇和高危儿童的管理率达到了100%。年内，全县未发生孕产妇死亡的现象，孕产妇系统管理率达到98.2%，高危孕产妇住院分娩率达100%，婴儿死亡率为9.9‰，5岁以下儿童死亡率为11.9‰，儿童系统管理率为99.08%。五是加大卫生执法力度，年内，对全县2 252家食品生产经营单位实施有效卫生监督5 016次，监督覆盖率为100%，换发卫生许可证1 962家；举办法人培训班2期、从业人员卫生知识培训班12期，共培训3 798人，培训合格率100%；体检从业人员3 798人，查出“五病”患者44人，体检合格率为98.8%；抽检食品634件，合格622件，合格率98.11%，抽检餐具用具673件，消毒合格589件，合格率87.52%；对医疗机构进行了全面的监督检查，年内共检查医疗机构及无证诊所197家次，取缔性病诊所39家次，取缔无证诊所20家；加强药品市场管理，全年共出动执法人员431人、车辆77辆次，检查药品、医疗器械经营企业及医疗机构492家次，立案9起，结案7起，当场处罚8起，罚款38 339.4元，取缔经营非法制剂、中药饮片45户，没收药品、医疗器械19件，货值金额5 818.2元。六是认真开展禽流感防治工作。1月31日洛羊镇石龙湖发生H5N1高致病禽间禽流感疫情后，为严防疫情波及人群，对进入疫点养殖场内进行家禽扑杀、装运、填埋和消毒处理等直接接触病禽的449名工作人员和养殖场直接接触家禽的全部养殖人员及其家属139人采取了接种流感疫苗，口服预防用药（感康）3天的防护措施；由4名医生组成巡视组，逐次对疫点内所有人员进行体温测量、问诊和随访，实施医学隔离观察10天；对疫区3千米范围内的7户养殖户的32名养殖人员同样采取了接种疫苗、预防用药、医学随访等保护措施；对疫区疫点的住家环境和鸡舍进行了多次全面消毒；对全县191口饮用水井进行每日消毒，以杜绝因污染水源传播；每天出动4名卫生监督人员监督检查疫区禽类或禽制品的交易；组织了人间禽流感防治基本知识培训班6期，全县1 256名卫生工作者、乡村医生、个体医和禽类养殖人员参加了培训。至2月26日疫区解除封锁，全县未发现有人间感染的现象。

【文化体育、广播电视】 在文化下乡活动中，组织文艺和书法队伍深入到白云、新村、缪家营、小洛羊等村庄进行了文艺演出，现场书写、赠送春联2 600幅，展出民间绘画作品20幅，放映电影7场次；春节期间，组织了市少儿艺术团、县级职工汇演、乡镇优秀节目3场文艺演出，每场观众上万人次。组织各种艺术培训班50多期，其中花灯培训班11期、少儿培训班40期。在全县26个村委会巡回放映电影739场次，超额完成了“2131”工程的放映任务。组织各种文化活动及比赛30余次，近5万人参加。认真做好文化市场的管理工作。年内，出动人员550人次、车辆160台次，共检查整治网吧经营场所1 000余户次、卡拉OK歌舞厅30余户次、电子游戏室300余户次、音像制品经营户180户次、印刷场所120户次，清理出版物经营户248户次，行政处罚违规经营户20余户，取缔无证经营摊点60余个，收缴博彩游戏机35台、盗版音像制品15 000余碟、盗版书刊7 000余册、色情书刊20册、色情光碟130碟，取缔非法演出10起，发放各种宣传资料3 000余份。加强文物保护和管理工作，协助配合省、市文物部门对呈贡新城建设区域内的地下文物进行了勘探调查。认真贯彻执行《体育法》、《全民健身计划纲要》。年内，在县体育中心安装全民健身路径1套（20件），为广大群众提供了健身场所和器械；先后组织开展了160人参加的元旦桥牌名人赛、6 000多人参加了元旦长跑、800多人参加了“三八”妇女运动会、3 000多人参加的呈贡县第十一届中小学生运动会等活动；组织呈贡永达车队参加了中国昆明东川泥石流越野赛和2004年全国场地越野赛昆明站的比赛；组织87人的体育代表团参加了昆明市第五次农民运动会，获金牌13枚、银牌15枚、铜牌26枚。

2004年的广播电视为配合禽流感防治工作，在县有线电视台开设了禽流感防治宣传专栏，积极宣传禽流感防治知识，采写报道了50多篇禽流感防治的新闻。配合“云岭先锋”工程的实施，开设了《精彩呈贡》专栏，全面报道全县“云岭先锋”工程的进展情况，有力地推进了全县“云岭先锋”工程的顺利开展。年内，全县共制作播出电视新闻800条次，上送节目被省、市电视台采用播出260条次；拍摄制作的《天子庙古墓群探微》获昆明市优秀节目二等奖；拍摄的《新昆明建设主战场——呈贡》宣传片被昆明电视台等多家媒体选播。加大网络用户发展力度，年内，投资近100万元，新架设了城区至七甸的光缆线路，开通了小哨箐、广南、倪家营、胡家庄、太阳沟、黄土坡、李家庄、左所、左卫等村的有线电视，新增有线电视用户2 000多户，扩大了全县有线电视的覆盖面。

【社会治安综合治理】 为全县深化改革、经济发展和现代新昆明东城建设创造良好的社会环境。一是健全机构。全县7个乡镇均设立了“综治”办公室，分别设有专干2人；65个村（居）委会均成立了治保委员会和人民调解委员会，并在全县配置了信息员72人。二是改善“综治”人员的待遇，将全县68名巡防队员每人每月600元的工资纳入财政预算，保证按时足额发放；村（居）委会治保、调解主任每季每人补贴120元，提高了他们的工作积极性。年内，全县共组织开展矛盾纠纷排查6次，排查出矛盾纠纷20件，防止矛盾激化18件，化解群体性上访14起，调解各类纠纷813件，调解成功801件，调解率为100%，调解成功率达到99%。三是依法严厉打击各种犯罪活动。年内，全县共立刑事案件1 446件，破案772件，打处犯罪嫌疑人632人，缴获赃款及赃物折合人民币200万元，摧毁抢劫、抢夺、盗窃犯罪团伙25个129人，抓获逃犯47人；立经济犯罪案件8起，涉案总金额69万元，共破案6起，追缴赃款9万余元，挽回经济损失60余万元；查破毒品案件74起，抓获毒品犯罪嫌疑人89人，缴获毒品海洛因18.6千克，缴获毒资人民币25.67万元，铲除毒品原植物283株。县检察院受理公安机关提请批捕的各类型事犯罪案件221件386人，经审查，批捕204件360人，不捕17件26人，结案率100%；受理移送审查起诉、不诉案件231件451人，经审查，起诉189件363人，不诉5件5人，退查重报4件5人，退侦10件13人，移送市检察院起诉16件51人，结案率为93%。县法院共受理各类案件1 850人，结案1 573人，结案率为85%。加大对各类治安违法犯罪活动的查处力度。年内，全县共受理各类治安案件1 551起，查处1 231起，查处违法人员2 182人；检查行业场所1 417家次，提出整改意见167条；查处赌博案件157件，查处违法人员890人；查处卖淫嫖娼案件137起，查处违法人员263人。加强对重点人口的帮教和“五种人”的监管。年内，全县共安置刑释解教人员42人，列帮39人。加大收戒吸毒和复吸人员劳教工作力度，年内全县共强戒吸毒人员567人，劳动教养87人。加大对“法轮功”等邪教组织违法犯罪活动的发现及打击。年内，共查获、收缴“法轮功”宣传资料643份、光碟31盘、磁带3盘、书籍6本、卡片197张、专用MP3机2个，成功抓获传播“东方闪电”邪教活动的犯罪分子1人。

【精神文明建设】 认真贯彻落实《公民道德建设实施纲要》，积极倡导“爱国守法、明礼诚信、团结友善、勤俭自强、敬业奉献”20字公民道德建设基本规范和社会公德、职业道德、家庭美德，不断提高干部群众的文明素质。一是认真开展《公民道德建设实施纲要》的宣传，利用“三下乡”活动和广播、宣传栏等形式积极宣传《公民道德建设实施纲要》，并与昆明理工大学的40名大学生开展了“诚信回归手拉手”活动；二是建立社区图书家园，先后在龙城镇的3个社区居民委员会建立了社区图书家园，并赠送书籍1 000册，为居民学习创造了条件；三是认真开展“扫黄打非”活动，先后清理整顿印刷企业19户、学校4所、网吧40多家次、电子游戏室19家、书报刊销售点12户、歌舞厅3家、音像制品门市15户，收缴盗版光盘71盒、单碟808张、盗版书刊13 600册、色情书画17本（幅），处理违规业主2户。四是广泛开展“十星级文明户”、“文明科室”、“文明单位”创建活动。年内，全县共创建省级文明单位（村）7个、市级文明单位（村）30个、县级文明单位（村）15个，文明单位创建工作先进乡镇1个，“十星级文明户”创建先进村1个；30名公民被评为市级优秀文明市民。

【人民生活】 年内，全县农民人均纯收入达到4 013元，比上年增长5%；城镇居民可支配收入为9 570元；城乡居民储蓄存款余额18亿余元，比上年增加2.7亿余元；社会消费品零售总额6.7亿元，比上年增长7%；社会保险、福利事业得到进一步发展，全县所有低保对象实现了“应保尽保”的目标。完善了人口与计划生育责任目标管理，全面开展了人口独生子女“奖、优、免、补”奖励工作，人口出生率为9.55‰；城乡居民居住条件和居住水平得到进一步改善和提高，城镇居民人均住房面积33.96平方米，比上年增长30.62%；农村居民人均住房面积52.91平方米，比上年增长43%。全县广播人口覆盖率100%，电视人口覆盖率99%，有线电视覆盖率占全县65个村（居）委会的85%。

（唐荣华）

晋宁县

【年内大事】 2月2日 针对致病性禽流感在县域出现的严峻形势，对全县集贸市场、自发乡村为商品集散地、家禽养殖、宰杀、加工点进行拉网式清查。

2月24日 全县农村税费主体改革工作完成。农业税及副加费1 221万元，减负742万元，人均负担由57元减为22.4元，亩均负担由71元减为29.2元。

3月14日 省中科胚胎工程生物技术有限公司从新西兰引进300枚注册杜泊羊胚胎，在宝峰繁育基地内先后产下68只小羊，标志着云南首次采用胚胎移植杜泊羊获得成功。

5月20日 晋宁县与南京市白下区两地政府签署了2005年郑和下西洋六百周年大庆活动合作协议书。

7月6日 英国学者凯文·孟席斯到晋宁做客。他提出的“世界航海史上，发现美洲新大陆，实行环球航行的第一人是郑和”的新观点在学术自成一家之言。

至7月中旬 县重点公益林31 378亩林地，被划为滇池湿地和石漠化两个生态区，其区划工作完成。

8月27日夜 二街乡降暴雨，柿子村引发泥石流，造成354户770人受灾，经济损失1 300多万元。

9月15日 国家环保总局环境监察司副司长熊跃辉率全国环保专项行动及矿山生态环保专项检查联合督查组一行11余人到晋宁检查指导工作。

9月19日 由国务院联合海内外著名机构共同举办的第二届中华儒商国际论坛在晋宁县城召开。

10月14日 晋宁县姜坤、陈丽娟等5名选手代表云南省参加在江西南昌举行的全国五届农运会，获得自行车载重赛第一名、第二名的好成绩。

【行政区划、人口】 2004年，全县辖昆阳、晋城、古城、宝峰4镇，二街、中和、上蒜、六街、化乐、新街6乡及双河、夕阳两个彝族乡，129个村委会和4个居委会。总面积1 230.86平方千米，耕地面积21 000亩。年末总人口88 862户，272 841人，比上年减0.1%，其中男性135 663人，女性137 178人，男女比例为98.9∶100；非农人口53 224人，占总人口的19.51%；少数民族人口27 972人，占10.25%，其中世居彝、回、哈尼25 117人。全年出生2 468人，死亡1 664人；迁入3 026人，迁出2 493人，人口自然增长率为2.9‰。

【经济综述】 全县国内生产总值完成20.04亿元（现价），比上年增长11.0%，其中：第一产业增长11.5%，第二产业增长11.1%，第三产业增长10.3%。一、二、三产业的比重调整为27.2∶44.0∶28.8。完成固定资产投资4.01亿元，比上年增长79.1%。人均生产总值7 341元，增长10.6%。社会商品零售总额完成49 719万元，增长15.3%，其中：县零售总额为18 531万元，增长12.6%，县以下零售额为28 188万元，增长17.1%。个体经济完成营业收入168 600万元，实现增加值56 200万元。工业总产值完成26.04亿元，增长19.6%。实现农牧渔总产值84 556万元，增长12%。乡镇企业完成增加值61 345万元，增长13.1%，实缴税金8 004万元，增长14.9%。非公经济完成增加值82 705万元，增长41.0%，比重占到全县生产总值的41.3%。农民人均纯收入2 878元，增长5.6%，城镇居民人均可支配收入8 309元，增长8.2%，居民消费价格指数106.5%，上扬4.9%，商品零售价格指数104.6%，上扬3.9%。完成财政收入15 293万元，增长8.2%，上划中央收入完成6 973万元，增长49.6%。地方财政支出20 449万元，增长14.8%。接待国内外游客77.9万人次，旅游收入854万元，增长19.9%。农村推行税费改革，农民减负率达60.8%。招商引资共签约引进国内外合作项目12个，协议投资21 300万元，实际到位资金13 260万元，接转在建项目6个，实际到位资金8 490万元。

【工 业】 全年完成工业总产值264 000万元，比上年增长19.6%。其中：轻工业完成60 720万元，增7.9%，重工业203 280万元，增23.6%。主要工业产品产量为：磷矿石597.2万吨，同比增11.4%；磷肥（折100%）115 846吨，增9.4%；磷酸一铵122 630吨，增33.6%；硫酸250 404吨，增2.8%；黄磷7 677吨，增104.6%；供电量19 037万度，增9.8%；水泥29.7万吨，比上年减20.2%；光学仪器85.4万台，减32.3%。2004年，工业完成增加值72 440万元，同比增12.3%，工业经济创造的增加值占GDP的36.2%，是拉动GDP增长的最大行业。磷矿石和磷产品产值占全县工业产值的67.6%。全县规模以上工业企业实现销售收入128 456万元，同比增28.9%，实现利税13 051万元，同比增6.9倍，工业经济效益为近几年增幅较大，也是效益最好的一年。县属28户企业改制工作顺利实施。完成了二街110KV临时变电站建设。引进的云南祥丰化肥有限公司年产6万吨磷矿粉项目、黄磷电炉技改搬迁项目等5个上规模的工业项目，大部分工程量已完成80%以上，部份已投产。继台湾合成数控机床落户后，又有西班牙来科公司落户晋宁。进入了全省加快县域经济发展试点县，完成了《晋宁县县域经济发展规划》编制工作。

【农 业】 全县粮食播种24.22万亩，总产8 561.09万千克。其中小春粮播9.54万亩，总产1 482.99万千克。大春粮播14.68万亩，总产7 078.1万千克。大力推广高产栽培、植保、土肥等综合技术，大面积推广了鲜销蚕豆新品种云豆324、地麦良种云麦42、油菜良种H030。全县共完成重点科技措施推广项目7项，推广水稻良种8.7万亩，完成水稻旱育种4 600亩，水稻种子包衣剂4 395亩，完成玉米育苗移栽样板1.51万亩，优质鲜食玉米0.4万亩。蔬菜播种9.65万亩，比上年增24.5%，总产15 893.5万千克，同比增39.8%，当年外销10 442万千克，占总上市量的65.7%，全年综合平均单价0.83元/千克，蔬菜总产值13 200万元，同比增38.27%。种植花卉23 450亩，比去年增70.7%；鲜切花产11.52亿枝，创产值3.45亿元。年末，全县已拥有各类花卉公司、企业和产销实体50余家。猪牛羊肉产量19 276吨，禽蛋总产988.5吨；生猪存栏15.1万头，大牲畜存栏2.89万头。对全县8个活畜交易市场，6个生猪定点屠宰场以及二街、双河、夕阳、上蒜4个未实行生猪定点屠宰的辖区内上市的畜产品进行市场检疫。年末存栏奶牛6 614头，全年累计产奶1.9万吨，年产值3 000万元。累计推广特高黑麦草、篁竹草等6个良种牧草2.7万亩，青贮饲料4.5千吨。全年投入大小拖拉机4 350台，完成机耕机耙35.46万亩。经营种子50万千克。共新建农村户用小型曲流布料沼气池405口，推广节柴灶1 000眼，在双河乡核桃园、化乐乡四家两个村建成了沼气生态村。

【水利、林业】 2004年，农田水利建设计划169件，实际完成215件。其中，市列重点工程一件，农村人畜饮水工程2件，水保工程7件，小（二）型水库除险加固工程2件，河道治理2件，小坝塘除险加固3件，烤烟水浇地41件，小型水利14件，岁修工程129件。全年累计投劳449.3万个，劳均投工32个，累计完成工程量317.5万立方米。水利总投入2 388.61万元，新增灌溉面积0.4万亩，改善灌溉面积4.58万亩，水土流失治理19.05平方千米（其中坡改梯742亩），解决改善人饮0.29万人，畜饮0.12万头，新增节水灌溉面积0.15万亩，治理河道1 800米，新建水池83个，水牢窖1 585个，新增蓄水能力1.51万立方米，支砌三面光沟道41条，长25.373米，安装各种管道115.53千米，新建五小工程53件。年内投资2 259万元，对省级重点工程双龙水库的除险加固工程，至年底总体工程进度已达85%。在小流域为单元的水土流失治理中，完成工程总投资465.2万元。全县水土流失面积减少87.85平方千米，土壤侵蚀模数下降到1 229T.KM^{2}a。全县水产养殖面积为16 709亩，其中，池塘8 721亩，坝塘729亩，水库7 196亩，总产为2 888.5吨，比去年增加12.83%。全年人工造林3 146亩，人工模拟飞播7 981亩，抚育幼林600亩，县乡两级领导样板林1.4千亩，育苗106亩，培育苗木1 100万株，容器育苗224万株，全民义务植树78.66万株。森林覆盖面积达到了53.3%。全年发生火警2次，过火面积23.1公顷，受灾面积0.3公顷，损失幼树7.47万株。出动扑火人员1 080人次，实现九年无重大森林火灾发生。及时有效防治病虫害3 400亩，防治率87%。全年共查处森林案件46起（其中刑事2起），全部进行处理。全县有天保工程森林管护面积99.276万亩，完成天保公益林建设项目14 182亩。对耕退林农户798户共2 000亩兑现了现金补助。

【乡镇企业】 乡镇企业完成增加值61 345万元，占县下达计划61 300万的

100%，比去年同期增13.07%；完成工业产值173 429万元，同比增19.10%；实交税金8 004万元，同比增14.92%；年末有乡镇企业7 983户，同比增838户，从业人员达42 043人，比去年增5.12%。全年，乡镇企业共新上、技改、扩建项目72个，计划总投资36 174万元，实际完成21 141万元。为加快全县乡镇企业产权制度改革，结合县情对企业进行改制，至年末，在309户集体企业中（有一户未参加1999年清产核资），扣除已注销企业113户，已完成改革企业196户，占集体企业的100%；涉及产权制度改革企业195户，占集体企业的99.5%，全县12个乡镇除中和乡堡孜纸厂属风险抵押外，全部进行了改制。在196户中，改为股份合作制企业9户，股份公司1户，改为有限责任公司32户，产权转让9户，拍卖34户，兼并8户，改为私营企业92户，其他形式改制11户。

【非公经济】 全年完成经济增加值82 705万元，增长41%，占晋宁县生产总值的比重提高到41.3%，进入全省加快县域经济发展试点县。个体工商业营业收入168 600万元，实现增加值56 200万元，利润总额23 400万元，税金5 700万元。

【商业贸易】 全县实现社会消费品零售总额46 719万元，比去年增长15.3%，其中，县18 531万元，增12.6%；县以下28 188万元，增17.1%。供销系统在深化改革中巩固增盈效果，在保障供给上下功夫，全年，商品购进总额9 180万元，商品销售总额9 411万元，期末库存总额125万元，供销系统全年商品销售收入10 333万元，同比增222%。为保障农业生产需要，全年农业生产资料总购销：化肥类购1 601万元，销1 907万元；化学农药类购47万元，销49万元，农用薄膜类购53 030万元，销101 109万元；农用机械购2 700万元，销30 000万元，种子饲料类购51 500万元，销48 700万元。

【交通、邮电】 2004年，货运量240万吨，同比增86%，客运量317万人次，增93%。投资120万元，完成上（蒜）六（街）公路老线段11.14千米大修路基路面工程。总投资210万元的宝夕公路完成椿树营、双河营两段面及宝峰乡后所线路基工程施工。11月已完成全长49千米的宝（峰）夕（阳）公路中的石官坡、新村、大绿溪3段13千米大修改造工程的勘测设计工作。为保公路畅通，投资48.3万元，共修补路面5 817平方米，支砌挡墙770立方米，回填土4 100立方米。邮电实现了全县行政村村村通电话，信息网络辐射到农村。完成邮电业务总量4 434万元，比上年增长9.3%。

【建设、环保】 年内共办理了建设工程选址意见书4件，发放建设工程规划许可证19件，临时建工规划许可证5件，组织工程规划验收、验线共14件。根据市委、市政府关于纪念郑和下西洋600周年活动的总体方案，经规划方案设计、专家论证、听证会，确定了纪念活动进行的第一期8个项目，概算投资1 500万元，11月19日工程正式启动。在新昆明总规划处于待批过程中，将县城规划方案中火车站广场及绿化按国家四部委要求由398.1亩调整为15亩。分批分期抓好小城镇的试点工作。年内完成了晋宁县城经济发展规划——城市化专题的编制工作。组织完成了省级经济综合开发示范镇宝峰镇的项目规划编制工作，对县属11个城市基础设施项目进行了包装储备。东风路西段改扩建工程已于2月投入使用。总投资2 200万元的县城生活垃圾处理场，已完成了进场道路、发酵场、截洪沟等前期工程，完成投资436万元。于春节前完成了昆阳街等4条街路的油罩面和人行道小板的翻修。年内全县15家建筑施工企业都参加了资质年检并顺利通过。15家企业的200多名项目经理通过了年检。今年共对全县的在建工程进行安全大检查6次，共清理出拖欠工程款3 727.49万元，拖欠民工工资252.92万元，年末共兑现工程款179.45万元，民工工资17.92万元。所有工程都进行招投标。投资9万元，新安更换路灯67盏，补种绿化带两千多米，更新了果皮箱。至年末，县城绿化面积已达762 699.2平方米，绿化覆盖率16.69%，城区路灯增加到355盏，亮灯率98%。环保工作进一步加大环保执法力度，全年获监测数据3 362个。对县城13条街道、22座公厕、120余家单位、办公楼和900余个经营户的生活垃圾日产日清，实行封闭运输。对已审批污染性项目进行了116次现场监察，查处擅自建设、投产建设项目8项，执行“三同时”合格项目15个，执行率100%。坚持对39家重点污染企业及80台套污染物处理设施每月现场监理1次；每季度对71家一般源工业企业及77台套设施监理1次；认真对8家企业进行了全面达标验收工作。辖区内工业企业废水、烟尘排放达标率100%，二氧化硫、粉尘排放达标率90%以上，工业废物处置率达95%。建成74个滇池沿湖村庄垃圾收集点和4座农村示范公厕。开展了滇池湿地修复50亩试验示范工作。

【财税、金融】 全县完成财政收入15 293万元，比上年增20.3%，其中，地方财政收入完成9 673万元，增8.2%，上划中央收入完成5 566万元，增49.6%。全年财政支出20 449万元，比上年增14.8%。一般预算支出20 439万元，增15.2%。财政收支矛盾仍然突出。税务工作全年完成增值税1 851万元，比去年增14.2%；营业税2 469万元，增26.5%；企业所得税148万元，减7.5%；个人所得税156万元，减4.9%；资源税597万元，增28.2%；农业特产税1 494万元，增4%。金融平稳运行，全县存款余额233 609万元，比上年增15.3%，各项贷款余额103 453万元，比上年降7.1%。储蓄存款余额148 074万元，增15.3%。信用社发放小额贷款45 962万元，存款77 017万元均比上年增加。

【旅　游】 晋宁旅游资源丰富，接待设施初具规模。2004年，进一步建设完善晋宁旅游开发项目库，在对县内旅游资源进行分析后，围绕郑和文化、古滇文化、宗教文化等调整、充实、完善旅游开发项目库，储备了一批集生态、休闲、康体、娱乐为一体的文化旅游项目。3个公园及4户农家乐共接待游客77.9万人次，总收入854.5万元，分别比去年增长9%和20%。

【科　技】 年内向省市厅局、科协、生物资源创新办申报了《汽车制动鼓消失模》、《优质肉羊品种引进及杂交改良试验》等科技、科普、生物资源创新项目17项。对《晋宁县1 000亩中药材规范化种植示范基地建设》、《肉牛养殖及牧草种植试验示范》及《鱼苗繁殖》认真组织了验收。“三下乡”期间，向农民赠送了《农业科技小常识》等13个种类的科技书1 500本；发放种植、养殖、加工等10种农村实用技术资料一万多份；展出科普展板20块次；开展科技咨询服务200余次。进行广播宣传256次，出黑板报153期，张贴挂图20套520张，放映科普VCD带135场，编发科普宣传资料4 000余份。开展以蔬菜、花卉、奶牛、中药材为重点的各类技训班460期100 300人次。年末，全县有农研会20个，其中种植16个，养殖4个，会员793人。科技示范村33个，示范户2 795户。

【教　育】 普通中学在校学生13 619人，比上年增9.9%，小学在校学生23 672人，比上年减5.5%。学龄儿童和初中毛入学率为100%和108.4%，高中入学和幼儿入园率分别为32.2%和50%。组织中小学教师到五华、建水、石林等4个县区挂职锻炼和跟班学习，以及参加省市举办的各类培训。组织1 000余名教师参加完成春季学期中小学履职晋级培训学习和考试工作。高考实考433人，上线228人，升学率52.66%，比去年提高5.02个百分点。县职中“三校生”考试，实考121人，上线67人，占线率55.4%，比全省上线率高出4.8个百分点，县职中参加职业技能鉴定考核和全国计算机高新考试的合格率均为百分之百。年内投资865万元，新建校舍7 893平方米，投资211.58万元，修缮校舍7 555.6平方米；投资38万元，排除D级危房1 675平方米；投资132.69万元，购置课桌2 891单人套，寄宿制学生床300张，微机67台。全年拨发贫困生和三免费学生补助39.9万元，农户独生子女补助金92.21万元。此外还为908名被辞退民师兑现了生活补助款，妥善地解决了历史遗留问题。年内晋宁一中、二中购置了4.5万元的图书。省市电教馆为晋宁17所中小学配置了卫星接收设备，为12所农村中小学配置了光盘播放设备。年底，在11个农村中初中建成远程教育工程项目模式三，在69所完小建成项目模式二，在47所村小和一师一点学校建成项目模式一。组织117人参加了中小学现代远程教育培训班。

【文　化】 年末，有县图书馆1个，藏书9.3万册，比上年增0.3万册，征订期刊107种，报纸28种，购新书3 000册次，接纳读者4万余人次，外借书刊2万册次。利用自动化集成系统软件ELAS，正在对馆藏图书资源数据进行工作，配置了“全国文化信息资源共享工程”设备一套。创作花灯剧、小品、相声及彝族山歌剧10余个，举办晋宁县社区文艺调演，并选调两个节目参加昆明社区文艺汇演获得好成绩；组织县秧老鼓队参加昆明市民族民间传统工艺品及韩国民族民间工艺品展开幕式表演；秧老鼓队赴云南民族村与日本大鼓队进行交流，秧老鼓队参加2004年昆明国际文化旅游昆明民族民间鼓舞大赛；组织“未来之声”卡拉OK大奖赛，获银、铜奖各一个，优秀奖两个；收集70余件工艺品参加昆明市民族民间传统工艺品展，获优秀组织奖，并有3件作品获二、三等奖。组织了40人的文艺演出及文化服务队伍参加“三下乡”活动，折价售书800余册，赠书200册，义务写春联300余幅，放电影5场。组织300人参加的龙狮、秧歌队（大龙10条，小独龙20条，狮子3对，秧鼓50人）在县城表演并赴昆明参加市府组织的“百龙闹春”巡回演出。坚持“保护为主，抢救第一”和“有效保护，合理利用，加强管理”的文物工作方针和原则，对30多家被列为国家、省、市、县文保单位进行有效的保护。完成了国保单位石寨山古墓群规划文本的修订，并获国家文物局通过。对新公布的6项县级文保单位进行了实地勘测和室内资料的收集整理工作。

【体　育】 昆明市第五届农运会在晋宁举行，晋宁队获得团体总分第二，8个单项第一，团体二、三、四、五的好成绩。在省六届农运会上，县舞龙队获得此项目规定运作第一名，全能团体和自选3个第二名；4名自行车运动会员获得9个第一名，3个第二名，2个第三名。县自行车队还被选中代表云南队参加全国第六届农运会，获得3个第一名，3个第二名，1个第三名。组织了有两千多人参加的春节千人穿城赛，400余人参加的门球邀请赛，还协助老年体协举办了晋宁地区老年人运动会，1 500余名运动员参加了14个项目的比赛。年末，晋宁县青少年体育俱乐部共有4个集体会员，1 189名个人会员（含青少年会员1 147人，教练及工作人员42人），开展活动项目11个，参加体育锻炼达20余万人次。县青少年体育俱乐部还承办了历时5天，共有12只代表队120人参加的晋宁县“6.20”健身活动中小学生篮球比赛。

【卫　生】 为加强乡村医生队伍管理，对全县258名在职乡村医生进行年度履职考核，完成新一轮乡医的招聘工作，加强对在岗乡医的培训，乡医“绿卡”持证率100%。159人参加农村基层卫生人员中专学历教育，10个教学点教学工作正常。完成乡医执业注册220名。继续启动非典防治预案和应急预案。全年共收到门诊登记161 679人，其中发热11 711人，无“非典”疑似病例。在全县大面积灭鼠2次，鼠均密度室内为1.48%，室外1.52%，符合市级鼠密度的指标要求。四苗接种率为：脊灰疫苗3 785人，接种率96.10%；麻疹疫苗5 605人，占93.94%；卡介苗1 867人，占99.57%；百白破4 298人，占98.27%；乙肝疫苗1 914份，城镇儿童接种率86.58%，农村86.58%，入保率94.93%。召开妇幼专干会议3次，请市级专家讲课4次，指导10个乡镇开展0～7岁儿童系统管理工作，共体检儿童9 187人。共普查孕妇630人，筛出高危135例，共接到危产妇呼救18次，抢救成功16人；危重患儿呼救59次，抢救成功53人。共有122名贫困产妇申请住院分娩，经严格审批共救助104人，使用救助金23 200元。筛出高危孕产妇21.97%，其死亡率139.28/10万，高围儿童筛出率10.12%，围产儿死亡率11.14‰，新生儿死亡率6.49‰，婴幼儿死亡率10.68‰，5岁以下儿童死亡率18.57‰。

【人民生活】 全县农负从改革前的1 221万元减少到479万元，减负率60.75%，农民人均减负34.6元，亩均减负41.8元。全县城乡人民生活水平和质量有所提高，城镇居民人均可支配收入8 309元，比上年增8.2%，人均消费支出8 073元，增7%，农民人均纯收入2 878元，比上年增5.6%。认真落实城镇最低生活保障制度，全年发放低保金219.2万元。全年再就业707人，安置下岗者再就业624人，组织富余劳动力输出1 874人。

【民族、宗教】 晋宁世居少数民族主要有彝、回、哈尼，回族主要分布于化乐等4个乡镇，为双河、夕阳、新街、六街等乡镇少数民族居住区建蓄水池100立方米的6个，80立方米和50立方米的各2个，建水窖329个，铺设水管3.644万米，共为7 915人，2 230头牲畜解决了用水困难。辅助回族聚居村化乐乡的双龙湾3万元，建设长1 500米长的一条进村公路，辅助10万元，兴建多功能集贸市场2个。举办民族法规宣传培训班两期，参训人员400人次，设立民族法律法规咨询点，接待询访者250人次；举办民族团结培训班1期，80人次参训；举办两期农业科技培训班，参训80人次。全县有佛教、道教、伊斯兰教、基督教四个宗教，宗教活动场所12处。昆阳、晋城、双龙湾、安江、储英5处各有清真寺1所，昆阳、晋城两镇各有基督教堂1所，针对新时期宗教工作的新特点，举办了一期全县宗教干部、教职人员培训班，参培人员有12个乡镇分管领导、专兼职干部、各宗教活动场所管理人员和各教教职人员共70人。

【扶　贫】 年内，干旱、洪涝、霜冻、冰雹、泥石流、山体滑坡等自然灾害相继发生，导致农作物受灾25 680亩，绝收5 970亩。受灾人口4.5万人次，造成直接经济损失8 801万元。县委、县政府组织发动群众搞好生产自救，下拨救济粮34吨，救济款65.7万元。全年发放低保金1 231户，2 747人，金额2 192 334元。领取低保1 231户2 747人，金额2 192 334元。深入开展“爱心献功臣”活动，解决重点优抚对象12户，补助经费13 300元；医疗困难20户1万元，生活困难30户，12 000元。为在乡二等乙级以上伤残军人报销医疗费80 890元。投入扶贫资金758万元，改善了8 000多人的生产生活条件，完成了2 250户茅草房的改造工程，发放乡（镇）老干部定补款127 164元。

【精神文明建设】 广泛开展“弘扬和培育民族精神，建设现代新昆明，全面建设小康社会”主题教育活动。启动“改陋习、树新风”活动，县地税局、县联社等10家单位向贫困地区和学校捐赠了1 000册《改陋习、树新风漫画选》图书。机关职工清理整顿内部环境卫生，集中力量认真整治城镇“五小”和农村“五堆”，清除办假证电话80多条，非法小广告2 000张。倡导家庭美德，营造绿色家园，在全县开展为期两年的“美德进万家”活动。开展以“知我家乡、爱我家乡、建我家乡”为主题的教育活动，开创公民道德建设的新局面。申报市级文明单位14个，文明村4个，市级先进镇1个，“市级十星级文明户”先进村2个，及县级文明单位（村）40个。年末，全县共有文明单位395个（含当年新建的51个），其中，省级20个，市级108个，县级367个。

【廉政建设】 全年完成审计项目33项，查出违规资金139万元，管理不规范资金1 080万元。年内，全县纪检监察机关共受理来信来访、电话举报108件（次），办结106件（次）；受理违纪案件7件7人，全部立案，给予党纪处分的6件6人，行政处分的1件1人。

【社会治安综合治理】 全年法轮功邪教在县内发案13起，破11起，抓获违法犯罪嫌疑人5人，收缴反动宣传材料2 280份，书籍109本，光碟、录音带等5种共261件。建立经常性严打工作机制，因地制宜地开展“铁拳行动”、“飓风行动”以及“打击严重刑事犯罪整治突出治安问题”等专项行动，全年共破各类刑事案件630件，逮捕刑事作案人员156人，继续开展禁毒斗争，全面加强禁毒工作。全年共查破各种毒品案65件，其中重特大案13件，抓获犯罪嫌疑人员62人，缴获海洛因2 915.19克，毒资4 738万元。全县受理治安案件9 193起，查处2 782件，查处违法者3 176人，其中治安处罚1 256人。同时加强对爆烈物品、管制刀具的管理、收缴工作。年内对全县炸药仓库、炸药生产单位、爆炸物品使用场点等139处进行定期不定期的安全大检查。年初，县委与12个乡镇签订了《晋宁县2004年党建目标综合责任书》，将其列入党委、政府的重要议事日程，按属地各乡镇与辖区内驻晋单位签订责任书31份，与所属村（居）委会签订综治责任书49份，形成了一级抓一级，层层落实的综治工作格局。年末，全县共有专兼职巡防队152支1 113人，79个单位聘用保安486人，基层治保会133个684人，调解会145个775人。为了从严从快打击各类犯罪活动，法检两院认真做好本职工作，及时介入。检察机关共审查批捕116件165人，提起公诉96件140人，纠正立案、抗诉改判各一件。县法院全年受理各类案件1 040件（含刑事案件156件），审结939件。加大执行力度，年内受理466件，执行325件。

（王　雷、吴永华、李凤积）

富民县

【年内大事】 1月13日　县委、县政府召开《富民县农业产业结构调整规划》（征求意见稿）评审会，邀请省、市农业专家与富民县五套班子主要领导和分管领导一起参加评审。

1月14日　富民县委、政府督促拖欠民工工资的单位及时还清民工工资，下午3点将拖欠工程款340万元发放到民工手中。

1月15日　昆明市民政局和县民政局将10吨救济粮、500床棉被、20 000元现金送到者北乡白石岩村委会特困户、困难户手中。

1月18日　投资206万元修建的西起永定桥，东到富民桥，全长720米，宽分别为12—22米，有护栏、绿化带，以休闲为主的步行街竣工投入使用。

2月7日　富民县境内普降大雪，造成全县农作物受灾2 244亩，直接经济损失达280万元。

2月17日　县高致病性禽流感防治指挥部根据周边县区的疫情和本县的地域情况，决定对大营镇、勤劳乡、款庄乡、散旦乡四乡（镇）18个村委会68个自然村的所有禽类进行强制免疫。

2月26日　富民县召开第二届村民委员会换届选举工作会议。

3月11日　富民县被云南省人民政府授予“无毒县”荣誉称号。

4月16日　富民县农村税费改革试点主体工作顺利通过市级验收。

4月27日　滇池防洪螳螂川富民险段整治工程通过验收。

5月28日　经国家质量检测中心检测和中国食品工业协会审查，散旦乡赵古龙村生命蛋实验场生产的“赵古龙乡村生命蛋”被认定为“国家质量安全全面达标食品。

6月3日　西电东送500千伏大理至厂口的输电线路富民段正式开工。

6月11日　加拿大国际发展署“农村劳动力转移技能培训系统考察团”到富民县农机化学校、海宇园艺公司、净红鸵鸟养殖公司、县职校、大营镇农函大培训班实地考察。

6月24日　昆明市扶贫工作督查组深入到大营、罗免等乡镇，督促和检查扶贫项目的实施进展情况。

6月27日　投资4 685万元的安团富县际油路正式通车。

7月9日19时至10日凌晨，县境内持续普降暴雨，其中散旦乡降雨量高达90毫米，为近20年来所罕见，致使山洪暴发，148人被洪水围困，299间房屋被淹，其中倒塌39间，3 185.5亩水稻、茭瓜、玉米、烤烟、花卉受毁严重，57段共1 150米沟渠被冲毁，该乡境内公路坍塌28处，造成惨重的经济损失。

7月14日　《富民县电子政务网站》和《富民县政务公众信息网》建成开通。

8月26日　由云南铭鼎集团捐资200万元，建成日供水400立方的铭鼎博爱水厂在赤就乡举行奠基仪式。

9月23日　全国展望计划办公室、昆明市旅游局和富民县旅游局共同举办“昆明市农业旅游从业人员培训班”在富民开班，对14个县区的旅游从业人员及农家乐农户230多人进行集中培训。

9月26日　云南省扶贫办投资6万元修建全长3千米的者北乡龙潭箐村级

公路通车，结束了人背马驮的历史。

11月30日　东鸡公路富民段竣工通车。该路在富民境内长12.84千米。

12月14日　国家财政部教科文卫副司长王家新，省计生委主任张玉明，省财政厅副厅长任晓珍一行到富民县检查农业人口独生子女奖优免补政策落实情况，深入仓前等村实地了解情况。

12月24日　市委副书记王君正参加在富民县大营镇小水井村举行的昆明电视台员工出资30万元援建的“小水井希望小学”开工建设奠基仪式。

【行政区划、人口】　富民县城距昆明23千米，2004年来，富民县辖永定、大营2镇和勤劳、者北、罗免、赤就、款庄、东村、散旦7乡73个村民委员会562个自然村，城北、城南2个社区居民委员会，辖区总面积993平方千米，全县总人口138 152人，比上年增284人，增长0.2%，其中：男性69 263人，占总人口的50.14%，女性68 889人，占总人口的49.86%；非农业人口数18 018人，占总人口的13%，农业人口数120 134人，占总人口的87%，人口密度为每平方千米数139人：全年出生人口1 815人，比计划少生185人，人口自然增长率6.98‰，计划生育率99.78%，综合节育率88.5%，一孩率44.5%，独生子女免补政策兑现率99%，死亡人口1 983人，死亡率14‰。

【经济综述】　全年完成国民生产总值7.81亿元，比上年增长率10.8%，其中一、二、三产业分别增长2.4%、22.5%和7.8%。全县工业总产值完成9.7亿元，增长9.2%，规模以上工业企业户销率达98.1%。实现利税6 800万元，净增4 500万元：完成农业总产值4.07%亿元，增长3.2%；实现财政总收入9 396万元。为年初预算的104.5%，增长19.7%，上划中央两税收入2 547万元，增20%，上划所得税收入993万元，增92.8%，财政支出完成15 455万元，增长1.3%，非公经济上缴国家税收收支5 546万元，占全县工商各税的69%，增长20%。

【工　业】　全年完成工业总产值9.7亿元，增长9.2%，完成《富民县2003年～2010年工业发展规划》，并经专家组评审，县委、县政府审批实施，工业布局规划与大营、麦竜、者北三点一线为重点；认真抓好工业性建设项目工作，黄磷、钛白粉、饲料级磷酸氢钙等主要工业产品产量持续增长，黄磷8 890吨，比上年增长12.75%，磷酸10 921吨，减37.25%，钛白粉10 178吨，比上年增长66.77%，饲料级磷酸氢钙12.3万吨，比上年增长41.22%，云南大互通钛白粉厂顺利完成技改任务，年生产能力达2万吨；龙腾钛业有限责任公司年生产1.5万吨钛白粉项目完成三通一平，进入主体工程建设，葫芦塘电站建设进入设备安装，年底并网发电，和平化工厂年产5 000吨黄磷项目进入主体工程建设，昆明赤就纸业有限公司年产6 500吨包装纸及箱板挂面纸生产线投入生产；加快工商企业改制步伐，完善县运输公司等8户改制企业后续工作，完成了县种鸡场、县机械厂和县粮油收储公司3户国企改革任务，县机械厂与租赁方签订了租赁协议，办理了原铝矿职工特殊工种问题。

【农　业】　2004年实现农业总产值4.07亿元，增长3.2%，粮食总产量达6.07万吨，增长44%，经济作物的种植面积不断扩大，粮经比例为5:5，全县茭瓜种植4 352亩，山药种植2 500亩，杨梅种植19 500亩，葡萄种植8 113亩，樱桃种植2 600亩，花卉种植720亩，发展订单蔬菜4 400亩。烤烟生产创“双控”以来最好水平，烤烟收购5.16万担，增长3.3%，实现农特色产业加快发展；茭瓜、大树杨梅争创无公害品牌通过省级认证，经过省农业厅认证无公害茭瓜生产基地4 000亩，无公害杨梅生产基地6 000亩，“款庄牌”茭瓜被认证为国家级无公害产品。畜牧业生产稳步发展，生猪年末出栏15.82万头，增长17.4%，畜禽存栏89.43万只（头），其中：生猪123 370头，牛22 170头，羊39 227只，禽类709 505只。肉类总产1 284.4万千克。林业发展有新突破，完成林业规划设计和编制，筹备成立了昆明市森林公安局富民分局，由原来的森林公安派出机构转变为森林公安机关。深入持久开展植树造林，投资278万元，完成造林31 596亩，全民义务植树35万株，投资688万元，完成农业综合开发项目。天然林保护工程投资307万元，公益造林23 026亩，其中，人工造林2 005亩，人工模拟飞播1 005亩，封山育林20 016亩，建沼气池836口。抓好公路沿线，城镇面山绿化总面积的167亩，造林37.1万株，成活率78%，市级重点造林项目完成封山育林6 000亩，中幼林抚育施肥1 700亩。全县森林覆盖率达59.6%，实施农村劳动力转移培训“阳光工程”，为“三农”服务。建立了“富民县农业信息网，已上联省市农业信息网站；农林局机关又建立局域网，实现资源共享。

【旅　游】　旅游业发展取得新成效。与云南大学旅游科研所等编制的《富民县旅游发展规划》已批准实施，在全省首家推行“农家乐”星级评定挂牌经营，对县境内34家农家乐进行培训，建成款庄、东村采玉石旅游产品加工园，成立了富民县玉石旅游商品开发有限责任公司，加工园区已完成，并投入生产。抓好昆明富民伽峰生态休闲旅游区、万佛山、河上洞等旅游风景区的开发建设工作，完成云南伽峰生态旅游区和万佛山风景区作为昆明市AAA级景区建设项目的申报，伽峰山生态休闲园列入了昆明15个重点发展景区之一，完成各景区点传说、典故编写前期准备工作，以明熙苑、龙腾苑山庄、伽峰山乡村营地、万佛山、百花山庄和农家乐及杨梅、葡萄等休闲度假、生态旅游和观光旅游加快发展，旅游业成为经济发展中心新亮点，全年接待游客47万人次，实现营业收入4 000万元，分别增长77.4%和31.6%。

【水　电】　召开了全县水政水资源工作会、蓄水安全防汛抗旱工作会和农田水利基本建设工作会议，深入9个乡镇开展《水法》、《水土保持法》的宣传活动，加强对小水电站经营管理体制的领导，全年共投入农田水利建设资金2 178.6万元，完成各类水利工程456件，为计划的104%，解决和改善了9 483人、4 320头大牲畜饮水困难问题，治理水土流失面积31平方千米。县城电网改造启动，县供电有限公司全年完成售电量2.38亿千瓦时，电力销售收入1.003亿元，上缴各种税收908万元，实现利润205万元，安全生产百日个数3个，最高负荷2.78万千瓦时，日最高供电量入为出56.8万千瓦时，新增照明384户，动力60户，累计新增容量671.1千瓦；新增变压器72台，新增容量1.65万千伏安。县发电公司全年完成发电量1.1亿千瓦时，实现工业总产值2 640万元，产品销售收入2 000万元，上缴税收180万元，利润275万元，年内正在建设葫芦塘电站。

【交　通】　加强农村公路建设，全民动员，加强对全县乡村公路的维修养护，全年新建和改扩建公路9条40千米，安团富公路富民段县际油路建设工程6月16日交工验收试通车；东鸡公路富民段整个路基工程、路面施工工程

12月中旬完工，东散公路完成勘测设计已积极向省市申请立项，对27件人大代表、政协委员的建议和提案，做到事事有面商，件件有回复，县财政安排补助资金15万元，确保道路畅通。加强道路运输行业管理，抓好运输经营资格审验工作，补收规费及处理违纪金208万元，征收运管费78万元；年客运量250 000人次，货运量为2 100吨。

【商业贸易】 全年实现商品销售总额2.21亿元，增19.8%，社会消费品零售总额2.93亿元，增8.9%；集市贸易成效额达5.39亿元，增13.2%，不断完善价格和收费管理制度，对教育、医疗服务、电力、药品价格及成品油价等进行了专项检查，继续推行设农价格和行政事业收费公示制度，在9个乡镇成立了价格监督站，维护群众利益，改善消费环境。招商引资取得新进展，全年推出招商引资项目40个，达成经协项目13项，协议引进资金8 000万元，到位资金6 470万元，资金到位率80.8%，对外贸易保持平稳，实现出口创汇167.7万美元。

【城乡建设】 完成1.04平方千米《富民县新城区控制详细规划》和0.06平方千米《伽峰山文化路修建性详细规划》，修编及报批螳螂川城区段北岸460米道路的规划方案编制工作。加强土地管理，整顿土地市场秩序，有效保护了县内耕地，充分发挥土地开发复垦储备交易中心的作用，土地储备和交易工作全面启动。完成了投资167万元，长720米的滨河步行街建设，西街至永定街买鸡巷通道竣工通行，黎阳路延长线瓦窑段道路即将完工，对西环路路面沥青进行修补，恢复重建花大桥完成前期准备已动工，占地20亩的县委办公大楼、民政残联办公楼、占地300亩的职工新村、占地57亩的文体活动中心绿化广场、龙腾苑别墅小区、县葡萄批发商场等一批在建工程顺利，北城河居住小区、永定镇新村建设已完工，全年在城市规划区内新增建设用地4.7公顷，新增各类建筑物面积48 000平方米，城市建成区面积达2.96平方千米。年内出让国有土地72宗，面积5.34公顷，审批农村建房107户。完成建设项目报8项，建筑面积10 072.06平方米，招标总额为1 179.27万元。

【财政、税务】 全县农村税费改革试点主体改革工作全面完成，通过省市检查验收，荣获省、市一等奖。全年完成财政总收入9 396万元，比上年增1 546万元，增19.7%，其中地方一般预算收入完成5 856万元，增12.3%，上划中央两税收入完成2 547万元，增4 253元30%，上划所得税收入完成993万元，增92.8%；财政总支出完成15 455万元，占年度预算支出的92.4%，增1.3%。

县地税局全年组织入库地方税收5 673万元，与市、县下达计划的105%，增收1 043万元，增长22.5%，其中：工商各税完成4 865万元，增长24%，农业四税完成808万元，增收96万元，开展税收专项检查，加大督查力度，积极查补、组织入库地方税330.8万元；全年征收社会保险费1 917.1万元，完成五险征收任务，开展岗位大练兵和作风整顿，档案目标管理晋升省C一级先进单位，重新创建市级文明单位通过验收；县国税局全年组织税收3 632万元。其中增值税3 396万元；消费税5.3万元；企业所得税24万元；个人储蓄利息所得税189万元，全县国税收入再次实现了历史性跨越。

【金融、保险】 年末全县金融机构各项存款余额达9.27亿元，比上年增10 906万元，增长13.34%，其中：储蓄存款余额为70 228万元，比上年增5 884万元，增长9.14%，人均储蓄存款达5 088万元；各项贷款余额为6.02亿元，比上年末增加4 348万元，增长7.8%，其中，农业贷款余额为24 471万元，比上年末增4 499万元，增长22.53%，发放支农再贷款2 200万元，发放小额农户贷款872户，贷款金额257万元。年底，县建行被撤销。人民保险公司全年保费总收入660万元，为年计划的110%，比上年增70万元，增长37.5%，人均保费66万元，全年处理各类总赔款340万元，综合赔付率51%，实现利润150万元，利润率为13.6%。人寿保险公司全年完成保费总收入353万元，处理赔案5件，赔偿金14.6万元，增长11%，利润67.19万元。

【科　技】 组织实施科技项目4项，申报科技项目12项，引进冬桃试种1 300株，定植在大营关山箐80余亩，鲜食葡萄良种2 000株，优质绿壳蛋8 000只示范养殖，带动县内养殖2 000只，大营、款庄引进朝鲜蓟126亩，黑魔芋30亩，发展订单农业。举办实用技术培训班312期，培训33 500人次，发展科技示范户100户，组织科普街28项，清理各类技术协会，新成立了种子苗协会和兰花协会。

【教　育】 以巩固“两基”成果为重点，深化教育体制改革，多渠道筹集教育经费改善办学条件。撤并了4所山区小学，教育资源得到合理配置。投资485.6万元完成了富民一中实验综合楼、永定中学学生宿舍、县幼儿园学生食堂、赤就磨丹小学学生宿舍等9项新建工程，投资41.3万元对7所中小学的教学楼、学生宿舍进行了修缮。召开了全县教育工作会，中小学德育工作、教育系统安全会，教育教研工作会议，创建了6所县级文明学校。加快信息技术教育步伐，配备了16所学校的远程教育设备，配备光盘播放点15个，完成教育局机关的办公网络建设，全县中小学参加省市县各类知识竞赛9次有240名学生获奖，组织了全县中小学、幼儿园学生美术书法作品赛和第九届“萌芽杯”中小学生文艺汇演，课改工作已全面启动，教育质量和办学水平明显提高，中考总平均分447.56分，综合平均分居全市郊县区第4名，高考上线率为59.7%，跃居全市郊县区第9名，创造了恢复高考以来的最好水平。

【卫　生】 召开全县卫生工作会议，签订目标管理责任书，进一步深化城镇医疗卫生体制改革和人事制度及农村改革，启动新一轮初级卫生保健工作，加强乡村医生队伍管理，推进药品流通体制改革和药品集中采购招标工作，规范医疗行为，深入开展爱国卫生运动，开展灭鼠、禽流感防治工作，加强艾滋病、麻风病等重点疫病的监测和防治工作，推进农村改水改厕，全县自来水受益人口新增1.7万人，改建农村卫生厕所662座，卫生监督执法及疾病预防控制得到加强。组织开展4次大规模“卫生下乡”活动，出动人员50人次，提供免费药品价值1.3万元。县医院投资233万元购买了美国产多普勒超声诊断仪1台和全自动生化分析仪1台，积极争取上级的资金支持建盖了7个村卫生所，4个卫生所投入使用，3个正在建设中。

【邮政、通信】 全年业务总收入完成166.62万元，比去年同期增长24.98%，完成年计划的87.69%；抓经营，拓市场，成立鲜花礼仪营销小组，鲜花礼仪、图书音像由全额列收改为差额列收，差额25万多，其他业务收入完成4.2万元，比去年同期增长35.77%。

征订报刊805 920份、杂志58 215份，收发函件90 859件、包裹1 691件，汇款9 862笔。望海山350兆集群通信设备安装完毕投入使用。移动公司业务总收入1 000万元，放号1 900户，话务量收入1 100万元，基站拥有量20个。

【文化、体育】 组织锣鼓队、腰鼓队、文艺队、龙灯队、狮子队近300人，正月十五踩花街为全县各族人民拜年，龙灯耍晚会，正月十六灯展会。制定了《富民县深化文化体制改革、加快文化产业发展的实施意见》和《富民县文化产业发展规划》，成立了县文产办和县文联，县内文化市场繁荣有序。小水井苗族合唱团在《同一首歌》演出获得成功。选定一批具有发展条件和发展潜力的文化产业发展项目，截至年底，全县共有文化产业单位184个，筛选了《富民县小水井苗族合唱团市场化打造包装及小水井苗族风情旅游景点开发建设》等9个项目参加在上海举办的“云南文化产业上海推介周”招商引资和寻求合作伙伴活动，组织3家文化企业，12个文化产业发展项目参加国贸中心举办的“昆明市首届文化产业博览会”，稳步推进全县文化管理体制改革和经营性文化事业单位的改制工作，积极开展文化“三下乡”活动，成功举办了“庆祝建国55周年歌咏比赛”、“建设新昆明首届社区文艺展演”，“龙腾之声”少儿卡拉OK大赛。加强体育工作，构建全县群众性的多元化体育服务体系，组织开展全县第5次体育场地普查和观看云南省首届体育博览会，全县有体育设施204个，非标准体育活动设施84个，组团参加了昆明市第五届农民运动会，举办首批三级社会体育指导员、武术、散打、跆拳道等培训。向上级输送后备人才5名。

【精神文明建设】 深入贯彻《公民道德建设实施纲要》，制定并组织实施了《富民县关于进一步改进加强未成年人思想道德建设的实施意见》，围绕“三大创建”广泛开展精神文明创建活动，对9乡镇实行目标管理，全年新创建市级文明单位19个，市级文明村3个；县级文明单位37个；农村“十星级文明户”创建活动面达68%。认真组织开展公民道德宣传日活动，群众性文化活动健康发展，举办了“建设现代新昆明，富民大发展演讲比赛”，46支群众文艺队活跃在城乡，丰富城乡文化内容。

【档案、地方志】 年初认真组织召开全县档案工作会议并举办档案立卷改革新《规则》整理业务培训，全县各乡镇、各机关单位110人参加会议和培训，认真学习贯彻《行政许可法》和《档案法》及其配套法规，参加全县行政许可规范性文件清理，组织人员对局内规范性文件进行清理上报；县档案局牵头，在全县开展了为期1个月的档案行政执法和案卷质量大检查。重视税改档案、乡镇档案和社区档案归档工作，抓好县地税局和统计局2个单位档案目标管理的业务指导和考评验收工作，顺利晋升省C一级、省C二级，对馆藏不规范档案抢救整理4个全宗218卷，税改档案进馆56卷，接待查借阅档案资料者1 500多人次，提供利用档案2 512卷次，收到较好社会效益和经济效益，年内有1人被县上表彰为优秀共产党员，大营镇、供电公司及5个人获全市档案工作先进集体和先进个人。抓好地方志工作，按时完成《云南年鉴》、《云南乡镇年鉴》、《昆明年鉴》中2003年富民概况的编写上报工作，组织做好续修《富民县志》2003年篇目涉及内容的增加和统稿，收集好地情资料并整理入盒，认真编写《富民县档案志》1998—2004年，完成统稿及大部分电脑录入，编撰了《县档案局（馆）年鉴（1996—2004年）汇编》，组织做好《富民县志》、《富民县人大志》、《富民县民政志》的上报评奖工作，年终有2人荣获市地方志编委会表彰为先进个人。

【广播电视、新闻】 全年县电视台自办节目共播出新闻595条，拍摄制作专题片43部，播出知识讲座36期，各类标语156条，购买播出电视剧73部，广播自办节目60期，送省、市广电新闻媒体播出节目218条；在各级报刊、电台、电视台刊登播出宣传富民文章752篇；县外宣办有3篇作品获昆明市广播电视好新闻奖，广电局有7个节目获市广播电视政府奖二等奖。不断加强城镇广播电视有线网络建设和改造，全县广播电视人口覆盖率分别达到100%和95.4%，硬件建设大幅度提高，实施全县光缆联网和改造，组织对大营镇2 500户、投资70万元光缆工程进行技术性验收，引进资金66万元架设罗免乡有线电视工程，开通了县城10个光节点的改造任务，架设光缆线路5.284千米，改造原有线路2千米，大大提高了县城有线电视网络运行的可靠性和安全性。

【人民生活】 人民生活得到改善，农民人均纯收入2 814元，增长7.4%，在岗职工人均年收入10 212元，城乡居民人均储蓄余额5 055元，城镇居民最低生活保障标准人均提高20元，全县领取低保金人数为763人，春节、八一节发放伤残家属等慰问金28 000元，发放抚恤补助经费78万元，全年接收退役士兵60人，安置17人；有8 640人次，涉及5 333户享受城市居民最低生活保障待遇，累计发放低保金97.76万元。开发有效就业岗位875个，城镇新增就业人员688人，安置50名下岗职工，发放补贴35.2万元，农村富余劳动力输出507人。

【社会治安综合治理】 加强社会治安综合治理，构成社会治安防控体系，深入开展“严打”专项整治，严厉打击各种犯罪，领导责任制和目标责任制得到有效落实，全年投入经费21万元，签订目标责任书24 604份，基层政法和综治建设得到加强，在城区治安状况复杂地段设立6个治安执勤点，实行治安承包，在重点部位设专职保安，民禄公路等交通要道建立堵卡值勤点、流动哨卡等非固定卡点15个，全县共立刑事案件504件，破案369件，公安机关先组织开展“铁拳”行动，“春雷”行动等专项整治活动，为各单位配备188名保安；县检察院全年受理公安机关提请批准逮捕案件84件143人，审查后批准逮捕84件141人；受理公安机关和反贪局移送起诉案件101件178人，审查后决定提起公诉83件142人，报请市检察院审查12件29人；县法院全年共受理各类案件934件，已审结898件，结案率为96.2%；县乡司法部门和社会矛盾调处中心全年共受理各类民间纠纷1 258件，调处成功1 227件，全县共受理治安案件567件，查处375件646人，查处率66.1%，排查群众性事件，影响稳定矛盾纠纷20件，调处17件；共建安全文明小区、文明村590个，市级命名的23个，县级命名的253个，乡镇命名的294个；巩固无毒县成果，开展农村反邪教警示教育。

【党风廉政建设】 县委、县政府按照“为民、务实、清廉”的要求，坚持标本兼治、综合治理的方针，扎实有效地开展工作，在县级机关56个部门单位开展行政、服务态度、行政效率、廉洁勤政为主要内容的四个阶段的民主评议机关作风，对8家重点非公企业实行挂牌保护，对全县副科以上领导干部进行

“勤政为民、廉洁务实”专题教育，县委常委带头向社会作出了《廉政五承诺》，县政府党组向社会作出《廉洁自律五项承诺》，对187名科级干部廉洁自律进行民主测评，70名正科级领导干部进行述职述廉，对科级领导干部进行任前廉政谈话和诫勉谈话120人（次），对6名领导进行任期经济责任审计。

【农村税费改革】 富民县的农村税费改革试点主体工作于2003年8月中旬全面启动，坚持“减轻、规范和稳定”的总体要求，按照省、市的总体部署和“四取消、四调整、一改革、一建立”的工作内容，分调查测算、拟订方案、宣传发动、组织实施、检查验收几个阶段进行，成立税改工作领导小组及办公室，安排工作经费，抽调11名骨干到县税改办，组建税收工作队，从县、乡抽调164名熟悉农村工作的干部分别赴9个乡镇73个村委会指导工作。经过各级税收工作人员8个多月的艰苦努力，3月底全面完成，4月16日顺利通过市级税改工作考核验收工作组验收。通过农村税费改革，取消了乡统筹和专门面向农民征收的行政事业性收费和政府性基金、集资，取消了屠宰税，全县农民负担大幅度减轻，减负总额379.34万元，人均减负31.82元，减负率达60.14%，减负即增收，相当于税费改革后全县人民增加了300多万元的收入。同时，村委会建立了筹资投劳“一事一议”制度，农村税费制度得到规范，实现了“村村减负、户户受益”的目标，荣获了省、市表彰。

（吴佳姆）

宜良县

【年内大事】 1月6日 省委副书记王学仁、市政府副市长何有德和省市农业部门领导到宜良县调研鸭产业及水产养殖的发展情况。

1月8日 由国家、省、市、县投资2 347万元建设的阳宗海（宜良段）环湖截污及污水处理厂工程竣工通过验收。

2月13日 县村级“两委”第二届换届选举工作启动，3月25日结束，依法选举产生133个村级党委（总支、支部）组织，选举产生村民委员会主任131人，副主任131人，委员309人。

3月10日 省委副书记、常务副省长秦光荣率省市有关部门负责人视察阳宗海电厂三期装机2×300MW扩建工程现场。

4月26日 全省首批无公害鸭在我县养殖成功暨生产加工线在软包装厂投产。

6月10日 省人大常委会执法检查组到我县高级职业中学检查贯彻《职业教育法》、《职业教育条例》和职业教育发展情况。

7月12日 宜良三中学生李娜在省第六届农民运动会上为昆明代表队夺得女子长拳和传统拳术两枚金牌。

7月28日 宜良县举行岩泉寺国家AA级风景旅游区揭牌仪式。

8月1日 泰国副总理长素察·曹威西到九乡旅游风景区观光考察。

8月26日 副市长梁晓谷率市农业、民政、水利等部门领导查看因连降大到暴雨造成部分村社群众房屋倒塌，农作物大面积受灾情况。

10月19日 国务院督查组在副市长陈鹰及有关部门领导陪同下，对我县重点养殖基地、食品生产加工环节、储藏、包装的卫生检测及认证、执行标准、质检报告等情况进行全面检查。

11月1日 县阳宗海国营林场新工地营林区31 840亩林地、23名在职职工、8名退休职工、林区及所属护林点现有资产划归呈贡县签字仪式在我县举行。

11月19日 珠江水利委员会主任陈健泽在省、市水利部门领导陪同下，检查柴石滩水库工程竣工验收筹备工作。

【行政区划、人口】 2004年全县设6镇6乡，下辖133个村民委员会和4个居民委员会。土地总面积1 886平方千米，耕地18 665公顷，比上年减0.1%，其中：水田10 590公顷，以上年持平。人口117 595户，406 093人（男性202 386人，女性203 707人），比上年末增317人，增0.07%，非农业人口43 280人，比上年增0.48%，占总人口的10.6%；少数民族人口33 437人，占总人口的8.2%；主要少数民族人口彝族24 886人，回族4 802人，苗族1 886人。全年出生4 659人，出生率11.5‰；死亡3 075人，死亡率7.6‰；人口自然增长率4.4‰。

【经济综述】 全县实现国内生产总值40.82亿元（现价，下同），比上年增11%，其中：第一产业12.35亿元，增6.5%；第二产业11.8亿元，增14.4%；第三产业16.67亿元，增12.1%；农村经济总收入完成36.28亿元，比上年增7.1%。

【农、牧、渔、林业】 全县以解决“三农”问题为重点，全年实现农牧林渔业总产值19.3亿元，比上年增11.5%，其中农业9.7亿元，林业1.04亿元，牧业6.3亿元，渔业0.7亿元，农林牧渔服务业1.56亿元。粮经比例由上年的67:33调整为66:34。粮播面积31 888公顷，比上年减1.8%，粮食总产17.6万吨，比上年增3.6%；油料产量904吨，比上年减24.2%；全县烤烟统一集中漂浮育苗1 120亩，移栽面积10万亩，轮作面积占65%；收购烟叶26.5万担，上等烟比例达44.4%，中等烟比例达55.6%，均价11.5元；烟农收入1.53亿元，比上年增17.7%；烤烟农特税收入3 446万元，比上年增24.4%。蔬菜种植面积8.77万亩，比上年增2.7%，产量18.8万吨，比上年增0.7%，总产值1.47亿元，比上年增7.3%。花卉种植面积6 240亩，比上年增37%，销售收入4 300万元。水果面积4.7万亩，产量4 192吨，比上年增8%。茶叶产量23吨，比上年增4.5%。全年完成水利工程建设项目691件，总投资0.6亿元。昆明柴石滩水库发电洞、电站工程及档案已通过验收。南盘江二期防洪综合治理工程已竣工，防洪除涝面积达14.1万亩。小型水利续修岁修、配套、除险加固工程354件。全年高稳产田建设工程18件，面积7 900亩，高稳产地和水浇地建设工程61件，面积2.8万亩；人畜饮水工程项目62件，农村新建水浇地水池194个，建成小水窖1 260个，解决了18 600人，6 200头大牲畜饮水困难问题，全县人畜饮水困难数下降2.11%。治理水土流失面积30.2平方千米。农业机械化和现代化程度进一步提高，农业机械总动力2.58亿瓦特，比上年增6.3%；农村用电量8 103万度，化肥施用量（纯量）1.53万吨，比上年增7.3%，农膜使用量1 052吨，比上年增9.7%，农药使用量465吨，比上年减0.3%。

养殖业按照适应市场，突出特色，提高质量的要求抓发展。年末生猪存栏24.2万头，比上年减0.6%；全年生猪出栏46.4万头，比上年增0.5%。饲养鸭1 179万只，比上年增12.3%；出栏商品鸭976万只，比上年增8%。饲养奶牛7 376头，比上年增7%；牛奶产量1.71万吨，比上年增1.2%。大牲畜存栏6.5万头，比上年增3.9%；出栏大牲畜1.05万头，比上年增1.9%。羊存栏8.8万只，比上年增6.1%；羊出栏3.9万只，比上年增2.7%。肉类总产5.7万吨，禽蛋产量0.23万吨，比上年增33.2%；水产养殖面积1.66万亩，产量0.75万吨，比上年增18.8%。

林业全年造林2.79万亩，其中珠防工程1.2万亩，退耕还林补植补造1.2万亩，市级重点造林650亩，阳宗海流域造林500亩，政府样板林200亩，低次林分改造750亩，黄柏示范基地建设150亩，其他造林354亩，竹林基地建设630亩，青花椒引种580亩，育苗120亩；幼林抚育800亩，封山育林5 000亩，新造林地管护10万亩，义务植树138万株，全县森林覆盖率达46%。

【工业、非公经济】 列入全市企业改革的12家国有企业和县属工业集体企业改革任务基本完成。全年完成工业总产值25.2亿元，比上年增17.8%；其中国有及年销售收入500万元以上非国有企业完成15.4亿元，比上年增20.5%；年销售收入500万元以下非国有企业完成9.8亿元，比上年增13.9%。主要产品有：原煤132.5万吨，比上年增3%；配混合饲料0.13万吨，比上年减31.9%；乳制品1.7万吨，比上年增65.2%；服装35万件，比上年减2.8%；化肥25.3万吨，比上年增7.9%；水泥51万吨，与上年持平；发电量27.2亿千瓦小时，比上年减8%；供电量1.8亿千瓦小时，比上年增9.7%；自来水产量435万吨，比上年增3.6%；生铁12.2万吨，比上年增63.1%，钢坯1.5万吨。建筑业总产值6.4亿元，比上年增1.4%。启动县城电网改造工作。

非公经济不断壮大，全县个体工商户达11 335户；从业人员18 166人，注册资金1.19亿元；登记注册私营企业284户，从业人员7 936人，注册资金3 771万元。年内完成新建、扩建、改造项目的私营企业14户，新增固定资产投资1.26亿元。乡镇企业全年营业收入37.4亿元，比上年增15%；增加值完成7.5亿元，比上年增15%；上缴税金4 459万元，比上年增12%。在全县实现的社会消费品零售总额中，非公经济比重占90.2%。

【交通、邮电】 全年完成投资额9 000万元。九（乡）石（林）阿（庐古洞）公路，宜良段累计完成投资1.4亿元；投资2 501万元大修宜良至马龙柏油路面、投资320万元大修小渡口至狗街公路2.5千米柏油路面和昆石高速公路草甸立交桥至春城湖畔高尔夫球场公路工程通过验收；羊桥至扯郎、小哨至白车勒、禄丰村至路纳农村公路建成通车。加大超限超载车辆整治力度，全年完成货运量258.6万吨，货运周转量1.3亿吨/千米，年客运量186.1万人，客运周转量12 746.5万人/千米。新增城市出租车20辆。

邮政完成业务总量493.5万元，比上年减1.2%，业务收入455.6万元，比上年减6.9%。邮政礼仪业务发展达44个单位2 620户，开展了物流卷烟配送业务，实现较好的经济和社会效益。电信业实现业务收入3 004万元，比上年增5%。全县固定电话用户42 270户（含铁通3 500户），电话普及率16.7%；投资8 000余万元增建小灵通机站，小灵通用户达15 880户，比上年增6.2%。互联网用户达1 660户，比上年增加200户，增13.6%。宽带网（含ADSL）用户已达1 830户（含铁通400户），比上年增3.5倍。全县移动通讯基础设施达39座，投资200余万元新建边际网站8个，移动通讯年营业收入1 300万元，比上年减13.3%，移动用户达27 000余户，比上年增8%。

【城市建设、环保】 投资80万元建设温泉路、汇东西路和鱼龙石桥景观世纪灯亮化工程，投资220万元完成改造环城西路工程，投资80万元改造花园街延长线，投资15万元对玉桥路与土桥路、鱼龙石桥连接口进行改造。个私企业投资1 100万元新建金房酒店竣工，玉桥小区二期、金房小区一期工程建设取得新进展，杏林苑小区开工建设。北羊街乡投资230余万元改造集镇工程完工，北古城镇投资200余万元改造集镇主干道。年内全县完成住宅投资1.37亿元，比上年增47%，竣工面积17.4万平方米，比上年增27.5%。认真组织实施《宜良县环境保护总体规划》，制定了《宜良县畜禽养殖污染防治办法》，县环保局编写《环保知识读本》作为全县中小学环境教育课的补充教材，并向全县部分干部群众发放宣传。开展“生态乡镇”和“绿色示范学校”创建活动。全年受理环保审批项目207项，涉及总投资21 347万元，其中环保投资1 046万元。建设项目环境影响评价制度、对9家列入省市企业全面达标排放的厂矿加大污染源治理力度，经省市县考核，有8家通过了验收。取缔了13户未履行环保审批手续小企业的违法建设项目。对从事第三产业有一定规模的55个餐饮户进行专项整治。取缔了宜九公路黄金旅游沿线的10户轧石场，对全县轧石场实行静电除尘，除尘率达98.8%。全县二氧化硫、氨氮、烟尘、工业粉尘、工业固体废物等六项排放达到总量控制指标。阳宗海污水处理厂日处理污水3 373立方米。年内办理排污许可证66户，255户企业拥有排污许可证（其中临时207户），依法查处各类环境违法建设项目3项，案件36件，违法行为6件；处理各类环境污染信访、投诉87件。乡镇、村委新建垃圾填埋场6个，垃圾收集池328个。加强医疗废水、医疗垃圾管理和处置的监督监测。清挖城市排水管网9 000余米，清运淤泥800吨。环保指数为4.71%。

【商贸、旅游】 全年实现社会消费品零售总额6.95亿元，比上年增13.9%，其中公有制经济0.7亿元，占9.8%，非公有制经济6.25亿元，占90.2%（其中个体经济占55.8%）。对外贸易不断提升招商引资和服务水平，从香港大和控股有限公司引进外资1项，项目协议总投资41万美元，创办昆明雄蜂酒业有限公司，开发宜良蜂蛹酒系列产品；引进国内经济合作项目8项，协议总投资29.7亿元人民币，到位资金4亿元人民币；阳宗海电厂投资25.8亿元的三期扩建工程动工。签订奶粉、化肥、乳饮料等外贸协议出口合同1 459万美元，实际出口总额1 297.5万美元。旅游业将阳宗海旅游风景区委托柏联集团管理经营，柏联集团投资3 000万元建成温泉游场，狗街小山凹建成农庄生态旅游村。全县旅游景点接待游客128.6万人次，比上年增39.7%，其中海外游客30.5万人次，比上年增167%；经济总收入1.7亿元，比上年增80.3%。

【财政、金融、保险】 全年总体财政收入3.2亿元，比上年增12%；其中上划中央、省“三税”1.4亿元，地方财政收入1.8亿元，比上年增9.7%；基金收入完成966万元，地方财政支出2.5亿元，比上年增18.4%。

年末金融机构各项存款余额35.3亿元，比上年增长10.5%，其中城乡居民储蓄存款25.5亿元，比上年增10.8%；金融机构各项贷款余额19.3亿元，比上年增17%；全年金融机构现金收入80亿元，比上年增6.2%，现金支出81.5亿元，比上年增2.1%，货币净投放1.5亿元，比上年下降65.9%。全年保费收入4 319万元，比上年减2 008万元，减31.7%；支付已结赔款1 706万元，比上年增3.7%。

【科　技】 实施科技项目20项，其中高致病性禽流感防治宣传普及列为省、市科技项目，无公害肉鸭开发示范、无公害优质米标准化生产技术规程研制及示范推广、板栗精加工技术与产业化开发、科普示范基地建设、科技创新服务体系建设列为市科技项目，县自列项目有利用速生杨改造阳宗海周边环境试验示范、红花种、黄柏、冬桃葛根等种植示范13项。积极加强与省市科技部门和大中专院校的联系合作，开展产、学、研活动，推动了农业产业化发展。编制《建设万亩花卉苗木引种驯化示范》项目上报省市有关部门，引进日本麒麟、云南绿大地公司到宜良发展花卉带动了花卉产业的发展，增强了花卉产业的竞争力。按科技服务于农村、农业、农民的宗旨，实用技术培训6.8万人次，举办了科技周、科普长廊、科普大行动、科技下乡、放映科教电影等活动，新增科普专栏156块面积1 000余平方米。“优质小西瓜研究开发”获市科技进步三等奖，2人获市中青年学术和技术带头人称号，县水泥厂《高硫劣质煤在水泥生产中的应用研究》通过专家评审。

【教　育】 继续推进人事制度、学校内部管理体制、办学体制和新课程四项改革，制定了《宜良县基础教育课程改革实验工作方案》、《宜良县民办学校审批、管理和鼓励办学办法》等规定。将学校排危工程和校点布局调整结合起来，优化教育资源配置，宜良三中高中部划归仅有一墙之隔的宜良二中管理使用，狗街一中和狗街三中合并办学，耿家营民族小学扩建后将5所山区小学和17个一师一校合并办学，全年收缩校点36个。全县有民办中学1所，民办幼儿园23所。校舍建筑面积46.4万平方米，比上年减3.3%。落实农村独生子女奖优免补和贫困学生“三免费”扶助政策，巩固“两基”成果。中小学在校生5.47万人，其中高中（含职高）0.37万人，初中1.4万人，小学3.7万人。学龄儿童入学率100%。幼儿园校舍面积2.04万平方米，在园幼儿1.07万人。小学、初中和高中教师学历合格率分别达97.1%、91.7%和78.3%。加大信息技术教育推广力度，全县学校有微机1 540台，有34所中小学建立微机室（计算机网络教室），31所学校建立多媒体电教室，1所学校建成微格教室，全县151所中小学校都建立了远程教育卫星收视点和教学光盘播放点，90%的教师通过计算机培训考试。职业技术教育以县高级职业中学建设为重点，坚持面向市场需要，推行“校企联合，订单招生”拓宽办学路子，与楚雄卫校联合开办成人《药学》专业培训班。10月23日县高级职业中学通过省考评验收为省级重点职业中学。全县建成省示范成人技术学校各5所，全县133个村委会建立了成人技术学校，村级合格成人技术学校15所，形成了县、乡、村三级成人教育培训体系。全县1 058人参加普通高校招生考试，745人达到最低录取控制线，上线率70.4%，居全市第三。

【卫　生】 投资300万元整体搬迁了竹山、狗街、耿家营乡镇卫生院。制定了《宜良县卫生系统人才建设中长期规划》。全县卫生机构有床位1 188张，卫生专业技术人员794人，其中医生341人，其中副高14人，中级387人，医疗人才建设略优于全市同级医院。组织卫生人员培训559人次，对2 468户食品从业人员4 564人次进行了培训。全县儿童“四苗”和乙肝疫苗接种率97%以上，孕产妇系统管理率96%、死亡率28.2/十万，婴儿死亡率10.3‰，幼托机构保健率95%。创建省甲级卫生县城通过省市考评并获全市第一名。

【文化、体育】 县举办大型群众性文化活动13项，演出文艺节目61场，观众10万余人次。全县226支业余文艺演出队演出1 298场，观众20万余人次。县剧团创作的现代花灯剧《小康桥》评为市第二届优秀文艺作品“茶花奖”；参加“中华艺术新秀”国际交流选拔赛葫芦丝演奏1人获全国民族乐器青年组一等奖并赴澳大利亚演出，1人获云南赛少儿组铜奖，参加“中华纵横”全国诗书画摄影赛1人获诗歌类二等奖。县举办大型群众性体育活动8项，参加人数8.7万余人次。全县参加各级各类体育比赛获得1个全国集体第一名，2个省级团体第一名，5个市级团体第一名、2个第二名和4个第三名；个人夺得各级奖牌为省级金牌8块、银牌6块、铜牌33块，市级金牌32块、银牌36块和铜牌33块。放映电影2 743场(科教电影680场)，观众达14.3余万人次。对350户文化市场经营户进行了法律法规培训，取缔黑网吧9户，查处违规接纳未成年人上网15户，查处电子游戏违规经营户9户，取缔违禁机型310台，收缴违禁机型电路板25块，收缴非法出版物500册，盗版音像制品4 000盘（碟），取缔书刊、音像非法经营户10户。

【广播、电视】 按贴近实际、贴近生活、贴近群众的要求做好宣传工作。《宜良之窗》上网宜良新闻信息210条，访问《宜良之窗》网客12余万人次。电视转播频道增加到33套（含县办节目2套），新增栏目6个，新增有线电视用户1 200户，新增光缆50千米，全县达330千米，广播电视覆盖率99.3%和99%。

【人民生活】 职工年工资总额2.6亿元，比上年增22.6%；人均工资12 414元，比上年增4.3%。农村经济总收入36.28亿元，比上年增7.1%，农村经济纯收入11.99亿元，比上年增6.2%，农民人均纯收入3 150元，比上年增161元，增5.4%。城镇居民人均住宅面积20.1平方米，比上年增1.1平方米；农村人均居住面积17平方米，比上年增0.35平方米。社会保障体系进一步加强，医疗保险参保单位达267户，参保职工17 664人；其中在职职工12 731人，退休4 933人。开展职工医疗互助工作。养老保险参统企业1 316户（含个体），参保职工6 501人，离退休人员3 214人，保险统筹覆盖面100%；支付离退休人员养老金2 067万元，社会发放率100%。参加工伤保险统筹企业118户，参保职工5 790人，参统覆盖率100%，享受工伤待遇33人，支付工伤保险金16万元。参加生育保险统筹企业118户，参保职工5 424人，参统覆盖率100%，享受生育保险待遇118人，支付生育保险金44万元。参加失业保险的单位211户，参保职工11 440人，失业431人，发放失业救济金142万元。年底有1 786户2 467人领取城镇低保金，累计支付低保金293万元。11月起动农村低保工作，发放农村低保金27.5万元，有2 467人领取了农村低保金。制定实施《农村特困户救助办法》、《农村特困户医疗救助方法》；全年因灾因病和贫困救济户2 830户，14 365人，因地质灾害威胁搬迁48户，全县发放救济粮94万千克，救济款212万元。全年开发就业岗位2 070个，就业和再就业培训2 991人，职业介绍成功2 367人，7 600人签订了劳动合同。完成34家参公管理事业单位324名工作人员过渡为国家公务员工作。完成阳宗国营海林场新工地营林区31名林业人员移交呈贡县管理和宜良铁路小学教职工移交县安置管理工作。全年接收退役士兵和转业士官170人，全年办理578名大中专毕业生就业登记，办理就业254人，就业率44%。

【精神文明建设】 继续实施宜良县精神文明建设"八大工程"，以《公民道德建设实施纲要》为主要内容，以成立县延安精神研究会为契机，以贴近实际，改陋习，讲文明树新风为主题的系列创建活动为载体，整体推进群众性精神文明创建活动并向广度和深度发展。全年经省市考评验收省级文明风景区1个，市级文明先进乡镇2个、文明小城镇1个、文明单位（村）28个、十星级文明户先进村2个，考评命名第21批县级文明单位（村）35个，完成了届期内省市县三级文明单位（村）的复查工作。

【社会治安综合治理】 推进依法治县进程，全县干部普法率98%，职工普法率93%，个体工商户普法率88%，农民普法率82%，外来人员普法率83%，三年级以上中小学生普法率100%。全县有综合治理机构407个，专兼职人员1 327人，治保会132个680人，调解会158个2 774人，治安联防队50个443人，护村（护厂护校）队168个789人，保安服务公司1个250人，巡防队20个121人。"治安安全单位（村）"创建达标52个。调解各类纠纷850件，成功822件，成功率97%。公安工作"严打"整治不断深化，建立以110指挥室为核心的110、119、122"三台合一"的快速反应机制，全年刑事案件立案1 766件，破获835件，破案率47.3%，比去年增4.8%。破重特大案266件，破案率41.3%，破获贩毒案38件，缴获毒品海洛因20.6千克，抓获各类犯罪嫌疑人385人，刑事拘留334人，逮捕300人，抓获贩毒人员42人。治安案件立案815件，查处589件，处罚违法人员967人。全县查处交通事故126起，查处交通违法6 478起。检察院批捕案件189件296人，起诉受案216件373人。县法院购买办公楼搬迁办公，受理各种案件1 876件，审结1 890件，审结率97.6%，执结率93.2%，公开审判率100%。

（徐守云）

石林彝族自治县

【年内大事】 2月13日晚10点58分联合国教科文组织世界地质公园专家评审委员会在法国巴黎宣布，中国云南石林与安徽黄山、江西庐山、湖南云台山、广东丹霞山、湖南张家界、黑龙江五大连池、河南嵩山成为世界首批地质公园。

8月8日 纪念叙事长诗《阿诗玛》发表50周年、电影《阿诗玛》摄制40周年暨《阿诗玛》国际学术研讨会在石林召开。来自国内外的133名专家、学者、研究人员及新闻工作者参加了研讨会。

9月17～18日 石林县鹿阜镇残疾人运动员何称恩在希腊雅典举行的残疾人奥运会上，以4分40秒32的成绩获得了男子T36级1 500米铜牌。

12月27日 由国务院委托中国地方志指导小组在海南省海口市举行了全国首届地方志年鉴颁奖会。《石林年鉴(2004)》荣获首届中国地方志年鉴综合一等奖。

【行政区划、人口】 石林彝族自治县属昆明市所辖的郊县。全县2镇8乡，88个村委会和4个社区居委会，459个村民小组和49个居民小组、377个自然村，全县总面积1 725平方千米。县城鹿阜镇距昆明78千米，县城海拔1 679.8米。2004年，全县年末人口230 548人。其中：男性116 204人，占总人口的50.40%；女性114 344人，占总人口的49.6%。农业人口205 704人，占总人口的89.22%；非农业人口24 844人，占总人口的10.78%。汉族人口151 143人，占总人口的65.56%；少数民族人口79 405人，占总人口的34.44%，少数民族人口中彝族人口77 519人，占总人口的33.62%。全县人口出生率为16.46‰，死亡率为5.61‰，自然增长率为7.51‰。

【经济综述】 2004年石林县实施生产总值148 738万元，完成年计划140 600万元的105.8%，同比增长10%，增幅比上年提高2个百分点，是自1999年以来首次实现两位数增长。其中：第一产业实现增加值43 708万元，比上年增长4.17%；第二产业实现增加值46 679万元，比上年增长10.04%；第三产业实现增加值58 351万元，比上年增长14.54%。第一、二、三产业的比重为29.39:31.38:39.23；三个产业结构进一步优化。

【工 业】 2004年，石林县工业经济增加值为31 616万元，占GDP的比重为21.26%。全年实现工业总产值93 468.4万元，完成年计划的101%，同比增长18.51%。其中：县属国有2 376万元，比上年增长17.85%；县属集体70万元，比上年增长34.67%；股份有限责任公司8 557万元，比上年增长23.29%；乡镇企业工业51 552万元，比上年增长24.22%。水泥产量上半年受缺电等因素影响有所下降。全年主要工业产品产量完成情况：原煤产量51.26万吨，比上年增长69.74%；焦炭产量9.5万吨，比上年增长130.02%；水泥产量15.58万吨，比上年下降14.72%；碳化硅制品产量408吨，比上年增长45.71%；大理石板材159.65万平方米，比上年增长19.18%；发电量1 384.24万千瓦小时，比上年增长16.94%。

【粮果菜】 2004年，全县粮食播种面积372 675亩，完成计划的101%，比2003年增26 070亩；粮食总产量达11 783.7万千克，完成计划的102.5%，比上年增8.5%，比历史最高年2000年的11 330.3万千克增4%；农民人均占有粮食572.6千克，比2003年的548千克增4.5%。其中：夏粮播种面积140 820亩，粮食总产量2 841.9万千克，比2003年增8.6%；秋粮播种面积231 855亩，粮食总产量8 941.8万千克，比2003年增8.4%。全年粮食总产值19 249.41万元，人均农民粮食增收52.21元。全县水果面积累计发展到30 784.49亩，其中：旅游观光果园1 850亩，总产量达684.52万千克，完成计划的114.1%，比上年增25.8%；水果产值达1 608.7万元，比上年增42.4%，农民人均水果增收18.7元。全县2004年蔬菜种植面积46 500亩次，总产量6 372.8万千克，完成计划的115.9%，比上年增42.6%，实现产值5 975万元，比上年增19.6%，农民人均蔬菜增收37元。

【畜牧业】 2004年，全县畜牧业生产共发展饲养山羊500只以上大户3户，羊系列产品加工公司1个，营销公司1个；饲养能繁母猪500头和年出栏仔猪10 000头以上大户1户。在畜牧业受到禽流感和"W"病等疫病的危害时，县委、县政府采取有力措施，确保全县畜牧业得到发展。2004年，全县生猪年末存栏152 875头，完成计划的101.9%，比上年增19 084头，增14.3%。其中：能繁母猪存栏10 495头，比2003年增28.9%；肥猪出栏162 458头，比上年增13%，出栏率达121.4%，比2003年提高了13.9个百分点。羊年末存栏157 106只，比2003年增18.3%；出栏菜羊63 968只，比2003年增21.6%；鲜羊奶产量724.9万千克，比2003年增20.7%。大牲畜存栏69 926头（匹），比2003年增8%；大牲畜出栏8 166头（匹），比2003年增7%。禽出栏477 873万只，比2003年增4 475万元，增长19.9%。农民人均畜牧业增收90.25元。全县养殖大户达5 388户。其中：出栏10头以上肥猪或出售1 000头以上仔猪的养猪“两户”有1 948户。

【烤　烟】　2004年，新建烟水工程15件，新增加和改善灌溉面积11 000亩；新建12个烤棚群503座烤棚，提高烘烤技术；改革烤烟收购制度，全面推行入户预检制。全年烤烟种植12万亩，收购烟叶1 550万千克，为计划的100%，实现收购总值18 137万元，比2003年增3 032万元，均价为11.38元，比2003年提高1.31元，烤烟生产创历史最好水平。

【旅游业】　全年接待游客210万人次，比2003年增长40%，其中：国内游客194.3万人次，海外游客15.8万人次，分别比2003年同期增长41%和32%。全年创收1.67亿元，其中门票直接收入1.63亿元，分别比2003年同期增长42%和45%，交纳营业税581万元，交纳企业所得税688万元，上缴县财政6 200万元。全县旅游综合总收入4.5亿元。

【财税、金融】　财税工作坚持增收节支，广开税源的原则，保证了财政增收。2004年完成财政总收入17 244万元。其中：上缴中央金库收入为5 525万元；上缴省金库收入为1 014万元；地方财政收入10 705万元，比2003年增长3%。财政支出21 384万元，比2003年增长26%。2004年，全辖金融机构各项存款余额167 137万元，比年初增长17.75%。其中：储蓄存款88 663万元，比年初增长9.44%；各项贷款余额138 331万元，比年初增长6.26%；现金收入468 221万元，比上年增长35%；现金支出453 759万元，比上年增长39%；货币净回笼14 462万元，比上年多回笼18 716万元。

【商业、贸易】　随着城乡居民收入的稳步增长，人民生活消费水平不断提高，消费档次提高，消费方式呈多样化发展趋势，城镇家庭耐用消费品的升级换代加快，彩电、洗衣机等高档耐用消费品在农村市场迅速普及，加之石油价格上涨等因素，促进了消费品市场的快速发展。全县2004年社会消费零售总额55 187万元，比2003年增长20.49%。其中：批发零售贸易业40 236万元，比2003年增长6.69%；饮食业12 022万元，比2003年增长64.88%；其他行业2 929万元，比2003年增长267.96%。农业生产资料销售额10 289万元，比2003年下降2.8%。农副产品采购总值23 865万元，比2003年增长15.99%。

【固定资产投资】　全县固定资产投资完成56 046万元，完成年计划的105%，同比增长25.9%。其中：投资在500万元以上的工商企业完成投资18 332万元，投资在100万元以上的农业龙头企业完成投资5 030万元。全县重大项目完成投资33 794万元。一是巴江河污染治理一期工程完成投资3 550万元；二是九石阿旅游专线完成投资13 200万元；三是农田水利建设完成投资3 292万元；四是双龙公园扩建一期、二期工程完成投资1 672万元；五是中国移动通信石林基站建设完成投资980万元；六是石林天奇医院完成投资2 000万元；七是石林实验学校主教学楼建成投入使用，完成投资2 700万元；八是中元堂制药厂投产，完成投资1 300万元；九是东城区联排别墅完成投资3 000万元；十是烟草公司办公楼和烤棚群完成投资2 100万元。

【交通、邮电】　至2004年9月30日止，九石阿旅游专线石林县境内段全长76千米建成通车，累计完成投资3.23亿元。2004年改造和完善乡村公路43条58.38千米，投资1.37亿元。铺筑水泥和沥青路面18条15千米，投资379万余元。西（桥）——石（林）一级公路石林段全长16千米，预算征地拆迁投资5 000万元，2003年11月开工。石林县交通局配合完成771亩的土地征用、116户的房屋及地上构造物、附属物的拆迁工作，完成征地拆迁4 503万元。全年完成县乡公路养护投资114.72万元，水毁抢修费用7.85万元，年终经市交通局组织查评，好路率达82.96%。公路运输客运量40.94万元，客运周转量3 274.6万人千米。铁路运输客运量3.89万人次，货运量19.0378万吨，客运周转量1 746.7万人千米，货运周转量29 693 254万吨千米。

2004年县邮电局累计完成业务收入226.64万元，与2003年同期相比下降了12.57%，绝对值为32.60万元。云南省电信有限公司石林彝族自治县分公司1～11月业务收入1 435万元。在网用户26 629户，其中：固定电话18 108部、小灵通用户4 886部、ADSL用户578部。2004年云南省移动通信有限责任公司石林分公司业务收入4 000万元，其中：话费收入3 400万元，销售收入600万元，全员劳动生产率达到250万元，全年净增移动电话用户5 000户，使石林移动的在网用户数达到41 872户（其中：全球通用户3 800户、本地通用户27 922户、神州行用户10 150户）。

【城建、环保】　2004年，县城建设总投资达21 156.48万元，新建建筑面积21.02万平方米，实有房屋建筑面积209.34平方米，实有住宅面积60.16万平方千米，住宅人均使用面积达22.36平方米；新建道路33条，扩建面积13.02万平方米；新增路灯126盏；新增绿化面积98 400平方米，绿化覆盖率达11.70%，绿地率达10.92%，人均占有公共绿地达3.4平方米；新建世行贷款项目垃圾卫生填埋处理场已投入使用，垃圾处理能力覆盖至石林镇、石林风景区、县城，日处理垃圾60吨，垃圾粪便无害化处理率达100%。

【环境保护】　2004年共审批建设项目69个，审批第三产业饮食业39个。完成建设项目“三同时”验收20个。把全县的个体工商户纳入环境管理，审批个体工商户环保意见表240份。加强老污染源的监督管理，组织对煤矿和非煤矿山的检查，取缔了土法炼焦环境违法行为，加强对天合复烤厂、阿诗玛卫生纸厂等省、市、县重点考核企业的监督管理，坚持每月现场监察一次。对已达标企业坚持每季度现场监察一次，对已审批的“三同时”建设项目坚持每半年现场监察一次，全年组织环境监察89家次。

【科　教】　2004年，全县组织实施科技计划项目21项。其中：市级2项，县级19项，共投入资金932.50万元。在投入资金中，市级补助20.5万元，县级投入110万元，承担单位自筹802万元。新增产值12 000万元，新增收入

730万元，取得了较好的经济、社会和生态效益。2004年，全县7～12周岁学龄人口为21 191人，入学率为100%；辍学率为0；13～15周岁适龄正常少年为10 187人，初中阶段在校学生为11 532人，入学率为113.2%；辍学74人，辍学率为0.69%；同时建立了贫困生帮扶救助的长效机制，争取市级补助资金39.9万元，救助各类贫困学生1 710人。石林县一中通过省一级三等完中的评估验收。高校招生报名681人，实考681人，上线447人，上线率65.64%。高中（中专）招生报名3 091人，实考3 050人，总分平均分417.25分，总分及格率53.7%。录取普高968人，中专1 137人、职业学校306人，共录取2 411人，录取率79.05%。全县勤工俭学开展面达98%，纯收入191万元，生均收入54元。石林实验学校建成招生。

【文　体】　2004年，县阿诗玛艺术团高磊创作的女声小合唱《美丽的彩云飞起来》，经省音协专家推荐报送北京参加全国“金钟奖”评选。少年儿童苏进程、李思俊、吴涛同学创作的美术作品《奥运现场》、《运动场上》、《斗鸡》分别荣获国际“VIS奥运畅想”中国赛区金牌和银奖。毕文明荣获“VIS奥运畅想”少年绘画大赛中国赛区优秀教师辅导奖，昂继忠摄影的《石林斗牛》正式出版发行。2004年，组织“扫黄”、“打非”56人次，检查经营户61户，处罚违规户16户，取缔非法经营23家，没收非法音像制品1 600余张，没收非法印刷品和盗版书刊共450余本（份），罚款共2 160元。2004年，阿诗玛艺术团共演出86场，赴加拿大文化交流，参加了在北京人民大会堂举行的庆祝中华人民共和国成立55周年大型文艺晚会、全国妇联和国家体育总局联合主办的“第二届全国亿万妇女健身活动展示会”等一系列演出活动。

【卫　生】　2004年末，全县设有卫生监督机构1个，公立医疗卫生机构13个、床位460张。全县92个村委会（社区）设有村卫生所91人，有乡村医生188人。全县有执业医师168人、执业助理医师27人，注册护士106人，药剂人员26人，检验人员20人，其他卫生技术人员39人。副主任医师以上高级职称的有19人，中级职称的有140人。每千人拥有床位2.0张，每千人拥有卫生技术人员1.6人。拥有大型医疗设备CT1台、彩色B超1台、中型医疗设备X光机10台、B超10台、半自动生化分析仪3台、血液分析仪3台。全年完成10个乡（镇）计划免疫冷链运转80余次，五苗接种率94.89%；鼠密度监测8次，鼠肝脾细菌培养504件、鼠蚤细菌培养206件，鼠血清血凝试验218件，全部为阳性；坚持鼠疫“疫情三报”及“自死鼠”零报告制度。全县有产妇2 051人，活产2 047人，孕产妇系统管理1 891人，住院分娩1 972人，高危住院分娩408人，孕产妇死亡率为0。全县医疗单位门诊共110 302人次，住院10 255人次。改水工程2件，改厕1 120座（户厕），农村人口改水普及率达84.70%，农村卫生厕所普及率达59.92%。

【实施“云岭先锋”工程】　2004年3月18日正式启动“云岭先锋”工程，县委成立了“云岭先锋”工程领导小组，建立了10个县委常委和6个组织部联系点，聘请了5名特邀监督员，设立了监督电话，开设了电视专栏。全县47个县直单位党委、总支、支部全部举行了“云岭先锋”工程启动仪式和“党员挂牌上岗”仪式。全县3 600名机关企事业单位共产党员全部佩戴了“共产党员”徽章，在5 139户农村党员户中，已有5 112户党员户挂了星牌，占党员户的99%。创建了338个“党员先锋岗”、121个“党员示范窗口”，设立了党员责任区262个，建立健全和完善各项制度984项。10个乡（镇）都建立了为民服务中心和民情恳谈制度。在纪念中国共产党建党83周年大会上，表彰了25个先进基层党组织并授予了“云岭先锋流动红旗”匾牌，表彰了50名优秀党员和25名优秀党务工作者并授予了“云岭先锋”奖章。

【人民生活】　2004年，石林县城镇居民人均可支配收入为9 278元。城镇居民收入稳步增长，生活水平不断提高，消费档次提高，消费结构呈多元化发展态势，家庭耐用消费品的升级换代加快。商品消费支出比重下降，非商品消费支出比重逐年上升。消费结构由过去单一的吃穿用消费转变为现在的商品、娱乐休闲、交通通信、教育、医疗保健等多种消费及金融、保险、投资等多渠道、多层次的多元化消费投资格局。在岗职工的年平均工资10 889元，比上年增长7%。其中：国有经济单位职工年均11 312元，比上年增长8%；城镇集体经济单位职工年均8 581元，比上年下降1%；其他经济单位职工年均9 237元，比上年增长3%。根据农村住户抽样调查资料，全县农民人均纯收入2 741元（现价），扣除物价上涨因素，比上年增长12%；人均年末粮食结存1 176千克，农民人均年末住房面积33.49平方米；年末银行存款余额人均448元。年末，每百户农村家庭拥有耐用消费品、大型家具229件，其中：洗衣机32台、电风扇11台、电冰箱6台、热水器8台、自行车43辆、摩托车16辆、电话机25部、移动电话34部、彩色电视机86台、黑白电视机13台、影碟机51台、组合音响16台、收录机23台、照相机6架。拥有主要生产性固定资产：小型和手扶拖拉机30台、机动脱粒机10台、农用动力机械9台、胶轮大车39辆、水泵7台、牲畜111头、产品畜176头。

【扶　贫】　2003年末，全县农民人均纯收入低于625元的绝对贫困户有3 494户12 088人。2004年，石林县农村贫困人口温饱问题得到基本解决，全年完成了第一批5个省列扶贫重点村和2个安居温饱村的项目建设验收工作，新组合实施省、市下达就位的省列重点村和安居温饱村项目资金80万元，茅草房改造资金162万元，其他资金43.5万元，共285.5万元。安排扶贫项目11件，即：乡村道路项目3件，安排扶贫资金41.5万元；农田水利及人畜饮水项目4件，安排扶贫资金28万元；建科技培训室、农民文化室、卫生室4所，安排扶贫资金13万元；建沼气池50户，推广节能灶100户，安排扶贫资金5.7万元。另外，争取到贫困户茅草房改造资金162万元，用于完成茅草房改造工程；省市小额信贷贴息、风险金等29万元，其他项目资金6.3万元。10月底这些项目开始建设，12月底基本完成项目施工任务。全年重视劳务输出扶贫工作，至10月底，全县输出农村富余劳动力4 328人。信贷扶贫，2004年，发放小额信贷资金400万元，对上年发放的到期小额信贷扶贫资金200万元的还贷率和收缴率都是100%。加大对龙头企业的信贷扶贫力度，按程序向省、市分3批申报列项黑山羊高床厩养、万家欢科技生态园、石林风景区生态环境建设等16个扶贫贷款项目。这些项目，已争取到扶贫项目贷款资金815万元。及时将150吨价值24.1万元的扶贫化肥无偿供应给全县10个乡镇收入在625元以下的贫困户及茅草房改造的困难户。

【精神文明建设】　认真贯彻落实全省农村精神文明建设现场会和市精神文明创建工作会议精神，加强规范管理。突出“诚信石林”、未成年人思想道德教育、学习贯彻《公民道德建设实施纲要》、“三讲一树”四个重点，印发各种宣传材料3万多份，组织征订《改陋习树新风漫话说》一书2 100多册，开展了“改陋习、树新风”知识竞赛活动。县文明办与县民政局、县妇联等有关部门联合在全县启动了“万家社区图书室援建暨读书活动”、“美德进万家”宣传教育系列活动，开展了“美在家庭”知识竞赛。2004年，各乡镇推荐的18家市级文明单位（村），通过了市文明办考评组的考评验收。板桥乡被评为创建文明村镇工作先进乡；评选上报了23名市级优秀文明市民；有63家县级文明单位（村），通过了县委宣传部、文明办考评组的考评验收。农村以“十星级文明户”创建活动为重点，开展文明细胞建设活动，小叠水、小密枝村被评为市级“十星级文明户”创建先进村。各中学借鉴农村“十星级文明户”活动的经验和做法，开展“十星级文明班级”评比活动，取得较好的成效。

（李　智　昂智灵）

嵩明县

【年内大事】　1月5日　省人大常委会副主任黄炳生到嵩明检查花卉示范园区建设工作。

1月9日　省委副书记王学仁等到嵩明调研农业和农村工作。

2月1日　县委、政府召开全县禽流感防治紧急会议，安排部署预防高致病性禽流感工作。

2月6日　境内持续普降大雪，坝区降雪14.9厘米，部分地区积雪达20厘米以上，灾情发生后，县委、县政府立即召开会议，专门部署防冻减灾工作。

3月30日　世界第五届马铃薯大会代表到嵩明县小街东屯参观考察。

4月5日　市委书记杨崇勇、市长章振国等到嵩明就昆明国际机场和航空新城规划进行专题调研。

4月12日　云南省烤烟实用技术观摩会在嵩明召开，全省各地州市县烟草公司负责人及专家到白邑乡参观烤烟漂浮育苗基地、标准化烤房示范群。

6月17日　省委常委、市委书记杨崇勇等到嵩明调研国家宏观调控政策对县域经济的影响及“云岭先锋”工程实施情况。

7月1日　嵩阳镇普渡、大庄、龙院等地遭受冰雹袭击，3 800亩烤烟不同程度受灾，绝收2 100亩，包谷受灾3 100亩。

7月9日　阿子营乡普降大雨，部分地区降单点暴雨，鼠街河多处出现漫河、决口，鼠街村委会一村民被大水冲走，致使533亩烤烟、850亩花卉，300亩水稻受灾，灾情发生后，县委、政府领导赶赴灾区，指挥抗洪救灾。

8月24日　嵩明县嵩阳、小街、杨林、四营、杨桥、小新街等地出现大范围强降水过程，嵩阳降雨量达88.4毫米，杨林、杨桥、四营等地日降水量达100毫米以上，致使杨林镇大量农田被淹，一人被洪水冲走，四营部分山体滑坡，1.3万亩粮经作物不同程度受灾，533户农户房屋进水，部分村组交通、电力、通信中断。灾情发生后，县委、政府领导赶赴灾区指挥抗洪抢险。

10月21日　杨林肥酒厂与云南龙润集团在昆明高新区龙润集团总部签订整体并购协议。

【行政区划、人口】　2004年全县辖3镇6乡106个村（居）民委员会，辖区面积1 357.29平方千米，年末总人口343 796人，比上年增加1 722人，总人口中女性169 633人，男性174 163人，农业人口307 910人，非农业人口35 886人。少数民族人口23 261人。全年出生4 860人，死亡2 622人，人口自然增长率6.5‰，计划生育率99.56‰。

【经济综述】　全县生产总值完成1 657.08万元，比上年增长10.3%，其中第一产业完成52 096万元，增长5.2%。第二产业完成65 227万元，增长14.6%，第三产业完成48 412万元，增长10.2%。全社会固定资产投资完成51 457万元，增长21.6%，农民人均纯收入2 754元，增长7.9%，地方财政收入10 052万元，农村经济总收入629 057万元，年均增长15.8%。

【农　业】　农业生产虽然受到禽流感和多年未遇的洪涝等自然灾害影响，但由于对粮农实行良种补贴，实行农村税费改革，极大地调动了农民种粮积极性，农业现价总产值达87 755万元，比上年增长14.9%，粮食总产量14.2万吨，肉类总产3.2万吨，渔业产量6 067吨。全县共有冷库30座，花卉种植面积13 672.7亩，产值14 975.68万元，产鲜切花5 905万枝。种植水果面积60 741.6亩，总产量达5 569吨，实现产值1 167.2万元。烤烟收购总量20万担，实现农特税2 349万元。被列为云南省无公害蔬菜基地示范县。蔬菜种植9.1万亩，无公害蔬菜种植2.13万亩，实现产值10 114.48万元，比去年同期产量增13.1%。各类专业协会、合作经济组织不断完善，农业龙头企业规模逐步扩大，成立了6个农业专业协会，市级农业龙头企业增至5家，农业企业发展到30余户，新建冷库10座。农业生态环境进一步改善，完成各类水利工程587件，进行坡改梯1 801亩，封禁治理7 398亩，建成水土保持林6 533亩，经济果木林786亩，实施保土耕作2 816亩，改造中低产田1万亩，发展节水灌溉面积8 230亩，新增灌溉面积9 023亩，改善灌溉面积9 714亩，架设输水管道170.4千米，支砌三面光沟渠120.82千米，共投入建设资金6 630.75万元。全年共完成人工造林2 800亩，封山育林1.2万亩。农村扶贫开发工作力度加大，完成各类扶贫项目57件，农村剩余劳动力转移工作富有成效，共转移农村剩余劳动力2 594人，有力促进农民增收。年末生猪存栏17.8万头，肥猪出栏27.8万头，比上年增5%，大牲畜存栏54 773头，比上年增2%，家禽出栏133.1万只，禽蛋产量2 668.2吨。

【工　业】　深入实施“工业强县”战略，健全和完善非公经济目标考核，领导联系挂钩、重点企业挂牌保护等制度，工业发展后劲增强，全县工业总产值完成185 880万元，增长15%。乡镇企业增加值完成60 119万元，增长15.1%，实现税金10 307万元，增长24.3%。营业收入完成415 176万元，比上年增长16.03%，私营企业发展到642户，从业人员39 136人，非公经济占全县GDP比重达53.2%，对地方财政的贡献率达66.7%。

【深化改革】　国有企业改革深入推进，基本完成杨林肥酒厂等18户国有企业改革改制工作，退出国有资本1.1亿元，国有职工身份转换率达68.1%。通过改革、创新了企业机制，促进结构调整，盘活存量资产，利用多方投资，稳定了职工队伍，促进了社会稳定。农村税费改革试点工作成效明显，农民税费负担由改革前的1 584.9万元降到701.7万元，农民人均负担由52.5元降到23.1元，农民负担综合减负率达55.7%。全面完成了粮食流通体制改革，县级机构改革，水利管理体制改革正加紧进行。

【经济开发区建设】 全年共引进50万元以上项目136个，协议资金39.8亿元，实际到位资金5.2亿元。杨林工业开发区发展顺利，全年新引进项目16个，到位资金1.3亿元。昆明金笔架矿业有限公司采石场项目；中日合资昆明谢迪五彩花卉公司项目，昆明市晶沙基矿业有限公司、嵩明十二郎食品工贸公司等四家共投资2 916.6万元，已动工建设。云南裕海机械有限公司整厂搬迁，总投资6 000万元。总投资5 000万元的云南博发有限公司DVD子盘生产线项目；昆船瑞升科技有限公司烟叶薄片项目均已签订征地协议，注入一定资金，12月全面开始各项建设工作。

【交通、邮电、电力】 交通电力电信设施不断完善。兔（耳关）甸（尾）公路一期工程顺利完工，沾（益）昆（明）铁路二线，曲（靖）嵩（明）高速公路征地拆迁、马（街）厂（口）公路，军（马场）长（松园）公路前期工作进展顺利，嵩明客运站和县城电网改造、220KV石塘变电站工程正抓紧实施。全年完成邮政业务收入224.93万元，比上年同期增长1.27%。

【商业、贸易】 全年社会消费品零售总额66 426万元。全年共查处各类经济案件29件、罚没金额41万元。组织对食品、文化娱乐、通信、药品及卷烟等市场的各类专项检查31次、出动人员356人次，车辆64车次，检查经营户1.23万户次，对全县23个市场进行了4轮巡查，查获价值57万余元96个品种的过期、变质和“三无”产品。全年办理企业动产抵押物登记237份，抵押物金额29 307.28万元。全县实有内资企业399户，注册资本（金）50 905万元，实有个体工商户6 045户，从业人员11 422人，注册资金45 045万元；有私营企业296户，投资者1 032人，雇工人数10 641人，注册资本（金）56 483万元。全年销售化肥41 865吨，农膜429吨，农药162吨。

【财政、金融】 全年财政总收入16 198万元，比上年完成数增长8.5%。其中地方财政收入10 052万元，工商税收4 973万元，农业四税收入2 921万元，罚款收入303万元，专项收入219万元。财政总支出24 305万元，其中地方财政支出18 191万元，增长15.5%。国税局全年组织税收8 255.5万元，地税局组织入库地方各税8 779.7万元。支持金融机构开展了清欠、增资扩股、反假币等工作，维护了正常的金融秩序。年末各项存款余额24.2亿元，增长10.7%，其中城乡储蓄存款余额15.4亿元，增长14.7%；各项贷款余额11.8亿元，增长25.1%。

【旅 游】 以招商引资工作为重点，切实加快旅游景区（点）配套建设，强化行业管理，着重深化协调，引导和服务。全年共接待各类游客25.1万人次，实现旅游综合收入1 700.2万元，比上年增长10.5%。组织参加“云南文化产业上海推介周”招商活动。

【教 育】 建立了中小学生思想状况，德育工作和管理信息反馈制度，全县共建省级文明学校8所，市级文明学校22所，县级文明学校80所。全面推动“云岭先锋”工程，开展党员“设岗定责”、“三听”、“二评”活动，评出优秀教师1 480名。全年“两基”工作各项指标均超额完成省市要求，3～6周岁幼儿入园入班率达55.33%，正常儿童入学率达100%，残疾儿童入学率达93.6%，15周岁初等教育完成率达100%；初中阶段毛入学率100.07%，残疾少年入学率达100%，17周岁人口初级中等教育完成率达99.9%；青壮年人口中非文盲率达99.9%。全县教师学历合格率达99%。

教学质量创历史新高，年内初中升高中（中专）考生共4 300人，普通高中录取1 580人，中专录取858人；昆一中录取62人、昆三中录取3人，市属高中录取244人，县职中录取283人，全县计录取3 024人，录取率70.33%，全年高考报名1 049人，上线率60.25%，比去年上升7.05个百分点，录取654人，录取率为62.35%。投资19.6万元修建了消防安全通道，配置了消防器材。

2004年，全县投资523万元排除D级危房4 049平方米。C级危房977平方米，新建校舍6 765平方米。新建全寄宿制学校2所，撤并村小6所。加快现代化教学设施设备进程，争取上级支持，筹措资金700多万元，发展现代远程教育。全县有27所中小学建起微机室，拥有微机963台，电教室20个，50所学校安装了远程教育卫星宽带网，上网学校22所，光盘播放点92个，语言室10个，教师课件制作室4个，基本上实现教育教学手段现代化目标。积极发展勤工俭学，全县勤工俭学开展面保持100%，拥有学农基地135个，总面积755.5亩，钢架大棚面积5 538平方米。学生参加生产实践活动比例达85%。创建校园经济明星学校5个，达标学校37个。

【科 技】 把科教兴嵩战略真正落在实处，推动全县经济社会持续、快速、健康发展。加快以农业科技为主要内容的新品种、新技术、新措施的引进应用。全县种植亚麻3 193.98亩，收购总产量1 804.26吨，平均亩产564.9千克，收购总值180万元，平均亩产值563.8元。在矣铎、月家、太平龙实施优质水稻新品种引进示范及良种扩繁项目，选定滇粳优1号、滇粳优5号，滇系5号、滇优10号，滇系15号为栽种品种。培训27期3 216人次，经测产验收，所栽种的3 000多亩水稻平均单产达532.91千克。新购置计算机7台（套），开通全国科技网络，帮助有关单位和部门查询科技信息300余条，全县共组织申报省级科技创新项目6项，市级中小企业技术创新基金项目4项。切实抓好科技扶贫，结合牛足村实际，县科技局组织村干部、村小组长、农科人员到县内参加学习洋蓟、亚麻、花卉及粮烟种植等先进技术，帮助种植加州李50亩，举办2期果树管理培训班共100余人。举办各类技术培训，在全县开展粮、烟、果、蔬、花、亚麻、农产品加工、市场营销、养殖等专业的实用技术培训班218期，31 760人次。

全县评定市级农业技术职称16人，其中高级农民技师2人，中级农民技师14人、申报市级科技进步奖项目2项，《松华坝水资源保持区生态农业开发示范》获昆明市2004年科技进步三等奖。

【文 化】 认真组织推动城乡群众文化艺术活动。“四下乡”活动文化小分队深入到8个乡镇10个村委会举行专场慰问演出，先后为群众书写春联2 500幅，送图收3 000册，年画400张，赠送招贴画年历600张；组织20条“嵩明龙”赴昆明市参加“百龙闹春城”活动，在县内法界寺森林公园，组织“灵云杯”龙狮大赛，全县城乡业余花灯演出队约90支，演出近200场，民间龙狮队超过100支，展演近300场，观众达10万人次，形成了“村村唱花灯，处处耍龙灯”的热闹场面。县图书馆全年开放306天，接待读者2.6万人，外借1.99万册，流通率40.6%，年终增加藏书2 000万册，并对黄龙古柏、茶花王、鼠街秤杆红树、白玉兰等文物进行抢救性保护。电影公司组织各放映点放映故事片 846 场，科教片1 571 场，观众达 10 万余人次。新华书店全年实现利润 50 万元，销售各种书刊 103.3 万册。

【卫 生】 继续推进医药卫生体制改革，全县医疗卫生机构完成了全员聘任制、中层干部竞争聘任上岗，县人民医院和中医院还实行了低职高聘、高职低聘等人事制度改革；年初完成了乡镇卫生院人、财、物的上划工作。9 月圆满完成乡镇卫生院院长公开招聘和考核竞聘工作。在嵩阳镇东北街、西南街村委会共筹集资金 29.5 万元，实行农民个人自筹 10 元，村（组）人均补助 25 元，镇政府补助 5 元，县政府人均补助 10 元。参保村民共有 331 人因病治疗。完成 203 名乡村医生的资格认定、审核注册。积极推进 106 个村委会乡村医生聘任管理，完善乡村医生服务管理一体化，比例达 80%。配合做好禽流感预防控制，白邑乡出现疫情后，卫生部门积极做好流行病学调查，追溯传染源，确定密切接触者并对其实行隔离观察，认真落实预防控制措施，指导疫点的人畜饮用水、环境、工作人员的消毒，对疫点实施了应急接种，有效控制了疫情的蔓延。积极开展鼠疫、霍乱、伤寒、痢疾、结核病、麻风病及地方病的防治，发放宣传材料2 000余份。县属两家医疗单位投入资金 150 余万元，开展 8 项重点学科建设，选拔学科带头人 17 名，共有 298 人参加“禽流感防治知识应急培训”，培训合格率为 100%，加强计划免疫工作，食品、饮用水、公共场所、学校、防治艾滋病等，对社会医疗管理明显加强，“非典”防治和红十字会工作取得阶段性成果；爱国卫生运动持续开展，人民群众的卫生条件不断得到改善。

【城建、环保】 完成县城总体规划修编并经市政府审查通过，邀请国际知名的规划大师黑川纪章完成了嵩明航空新城概念规划，《嵩明空港经济区发展战略研究报告》通过专家评审。市政基础设施建设成效明显，引进双峰公司投资 1 亿元开发建设金叶花园，采取特许经营权与项目捆绑的方法启动了过境路建设工程，投资 189 万元完成了水真路路面建设亮化、美化工程及供排水工程，投资 180 万元完成对香海路中段、玉泉路、兴旺街路面工程及县城南北街市政排水沟的建设。全年县内有 17 个建筑企业，签订合同金额 11 亿元，完成建安产值47 498万元，上缴税金及附加费 1 499万元，期末从业人员8 126人。围绕世界环境日的主题，共发放各种宣传资料2 500多份，在县城及水资源保护区建环保宣传标语牌 214 块，环保宣传橱窗 16 个，开展创建“绿色学校”2 所。年内完成 22 家持证排污许可证，正常生产企业排污许可证年检。辖区内所有工业企业废水达标率达 99.6%，烟尘达标率 99.8%，二氧化硫、粉尘达标率达 99.6%，大气污染物与 2003 年相比，粉尘消减了 402.4 吨，二氧化硫削减了 916.4 吨，烟尘削减了 55.9 吨。完成地表水，地下水，降水、噪声等数据监测，全年共获监测数据7 844个。

【精神文明建设】 广泛开展了“群星文明工程”和文明村镇、文明单位、文明市民创建活动。全面完成了 242 个“文明单位”的复查工作。为贯彻《公民道德建设实施纲要》，文明单位（村）共制作永久性固定标语 200 余条，制作下发《嵩明县文明公民规范》挂图 300 余张。在全县 20 所中学中进行以延安精神和《公民道德建设实施纲要》为主题宣讲活动 25 场次，听讲学生达 3 万余人次。开展以讲文明树新风为主题的系列创建活动。2004 年全县共建市级文明小城镇 1 个，创建文明村（镇）工作先进乡镇 1 个，“十星级文明户”先进村 2 个，市级文明单位 15 个，市级文明村 5 个，共评选“昆明市优秀文明市民”23 名，县级文明单位 22 个，县级文明村 10 个。共明确开展“群星文明工程”9 个层次的单位（村）36 个。结“军警民共建”对子 9 队，拍摄了招商引资资料宣传片《空港新城——嵩明》，广电局向昆明电视台报送优秀新闻节目 200 余条，采用 180 余条，向省市新闻单位投稿 75 篇，刊出 53 篇，其中《嵩明建立全县农村人才库》、《山旮旯里闻到百合“香”》被人民日报采用。

【社会治安综合治理】 深入开展创建文明社区、无毒社区活动，及时处理群众来信来访，化解社会矛盾，维护社会稳定。命名在“创安”活动中成绩突出的“治安安全村（单位）”25 个，“无毒社区”3 个，表彰创建“无毒社区”先进单位 6 家，表彰社会治安综合治理先进集体 20 个，先进个人 20 人；表彰消防工作先进单位 6 个，先进个人 15 人。年内共立各类刑事案件1 356起，破案率 53.98%。收缴“法轮功”宣传材料 500 余份。检察机关受理公安机关及本院自侦部门提请批捕案件 124 件 216 件，审查后，批准逮捕 109 件 179 人，不批准逮捕 15 件 37 人；反贪局受理初查贪污、贿赂等职务犯罪案件线索 11 件 19 人，初查后，决定立案 3 件 3 人，为国家、集体挽回经济损失 39 万余元；县法院受理刑事案件 174 件，审结 155 件，结案率 89%，受理民事案件 801 件，审结 773 件，审结率 96.5%，解决涉案争议标的 640 余万元；受理行政案件 8 件，已审结 5 件，受理各类执行案件 468 件，已执行 249 件，执行标的 750 余万元；县司法局订购教材3 000 多册，同时，组织了6 894名干部职工进行全民普法考试；受理各类民间纠纷 1 189件，调解1 189件，调解成功1 165 件，成功率 98%；律师事务所办理刑事案件 45 件，民事案件 117 件，代写法律文书 145 件，解答法律咨询 400 件，担任常年法律顾问 15 家，公证部门办理公证 877 件；其中经济类 479 件，民事类 434 件，涉及金额36 900余万元。110 指挥室共接处警2 838起，其中违法犯罪案件 906 起，救助群众 338 起；巡警大队接处警 536 起，其中刑事案件 108 起，治安案件 206 起，抓获违法犯罪嫌疑人 387 人，148 法律服务中心接受电话咨询 65 人次，接待来访群众 538 人次。

【社会保障】 城市居民最低生活保障工作，实现动态管理下的应保尽保，农村特困户救助工作进一步完善，纳入城市居民最低生活保障人数2 618人，发放低保金 183 万元，救助农村特困户 1 652户3 608人，发放救助金 71 万元。认真落实再就业优惠政策，开发有效就业岗位2 200个，共为1 253名失业人员办理了再就业优惠证，减免各种费用 69.8 万元。

【人民生活】 农民人均纯收入达2 754 元，比上年增 7.9%，全县职工11 375 人，年工资总额为12 579万元，人均 10 768元，增 4.1%；城乡居民储蓄存款余额154 170万元，比上年增 14.7%。全县社会消费品零售总额达66 426万元，增长 13.6%，社会保障体系日趋完善，提供有效就业岗位2 000个，安置下岗失业人员 163 人，安置大中专毕业生 124 名，再就业率 78.2%；城镇职工医疗保险制度改革稳步推进，统筹覆盖面达 98.2%，居民最低生活保障实现应保尽保，机关、企事业离退休人员养老金发放率达 100%。

（黄勤昌）

禄劝彝族苗族自治县

【年内大事】 1月1日 2004年中国百姓生活游昆明地区轿子山系列活动拉开帷幕。

2月5日 云龙水库大坝坝顶全线铺筑至2 095米设计高程，比计划提前151天顺利实现封顶。

3月1日 国家重点工程——掌鸠河引水供水工程云龙水库正式下闸蓄水。

5月2日 罗婺神鼓，在第五届“中国昆明国际文化旅游节”期间获民族民间鼓舞大赛银奖。

5月10日 副市长梁晓谷深入禄劝县8个乡镇，视察大春粮烟生产，并就农业产业结构调整、地质灾害隐患点民房搬迁、掌鸠河县城段防洪治理规划等工作进行了调研。

5月22日 乌东德电站的业主单位——三峡总公司约请了中国科学院院士张超然等45名国内权威水利水电专家，就乌东德电站的预可研设计大纲和正常蓄水位专题研究大纲进行把关咨询。

5月27日 全县2001～2002年以工代赈国债资金易地扶贫搬迁试点项目通过市级验收。

6月11日 总投资387万元的则黑乡咪文大沟续建工程一期工程正式竣工。

6月16日 禄劝县规模最大的土地开发整理项目——茂山乡土地开发整理项目正式开工建设。

7月23日 禄劝县2003年国债资金农村人畜饮水项目建设工程通过市级验收。

10月14日 总投资730万元的团街乡集镇新区开发建设工程正式竣工并投入使用。

11月25日 禄劝彝族苗族自治县首批50人乡镇和县级机关主要领导赴上海接受为期10天的考察培训。

12月1日 县内首家社区卫生服务中心在屏山卫生院挂牌成立。

12月29日 在县城举行拍卖会，公开拍卖清理收缴的超编公务用车51辆。

【行政区划、人口】 禄劝彝族苗族自治县位于滇中北部，是昆明市远郊县，东与寻甸、东川相连，南与富民县接壤，西与武定县毗邻，北界金沙江与四川省会理、会东两县相望，县城所在地屏山镇距昆明72千米。2004年，全县辖15乡3镇，192个村民委员会、2个社区居民委员会。国土面积4 249平方千米，耕地面积361 290亩。年末总人口447 508人，总人口中，男性232 815人，女性214 693人；非农业人口25 618人，占5.72%，少数民族人口136 380人，占30.48%；少数民族人口中，彝族99 161人，占少数民族人口的72.71%；苗族12 858人，占少数民族人口的9.43%；傈僳族14 081人，占少数民族人口的10.32%；其他少数民族人口10 280人，占少数民族人口的7.54%。全年出生4 247人，死亡4 453人，迁入2 278人，迁出3 645人，全县人口自然增长率4.25‰。

【经济综述】 2004年，全县地区生产总值完成133 765万元，比上年增长10.3%，其中，第一产业57 629万元，第二产业28 060万元，第三产业48 067万元，分别是比上年增长5.4%、13.7%、14.7%。工业总产值完成45 468万元，比上年增长26.9%；农业总产值完成110 454万元，比上年增长4.5%。地方财政收入完成7 796万元，剔除掌鸠河工程一次性税收等不可比因素，增长12%；全县地方财政支出完成23 598万元，增长4%。全县农村经济总收入107 411万元，增长3.2%；固定资产投资总额完成51 825万元，比上年增长53.5%；社会消费品零售总额完成29 877万元，比上年增长27.7%；各项存款余额119 392万元，比上年增长16%；各项贷款余额61 656万元，比上年增长1.8%。

【农、牧业】 2004年，全县粮豆播种面积608 000亩，粮食总产17 486万千克，比上年增长0.3%。其中，夏粮种植247 000亩，产量3 264.7万千克，比上年减1.3%，秋粮种植361 000亩，产量14 221.3万千克，比上年增长0.7%；种植蔬菜26 741亩，总产5 149万千克，产值3 909万元；栽桑2 068亩，养蚕2 250张，产茧8.4万千克；新植咖啡60亩，生产咖啡豆4 500千克，建成示范园450亩；新植果园390亩，生产水果600万千克。全年全县种植烤烟82 400亩，累计收购烟叶1 020万千克，烟农售烟收入12 200万元。

全年畜牧业总产值51 071万元，生猪出栏38.1万头，肉牛出栏3.4万头，羊出栏14.5万只，禽出栏106.6万羽，分别比上年同期提高4.5、2.9、2.6和4.4个百分点。全年肉类总产4 069万千克，增长4.3%。

【水利、林业】 农田水利基本建设成效明显，全年共完成各项投资2 746.95万元，建成各类水利工程832件，建成水池212个，小水窖2 331个，增加蓄水能力2.96万立方米，新增灌溉面积2 300亩，恢复灌溉面积16 000亩，改善灌溉面积24 000亩，解决和改善了1.13万人、0.6万头大牲畜的饮水困难，全县水利程度达65%。

2004年，全年累计完成人工造林17 465.8亩，合格面积16 809.8亩，合格率96.2%；完成人工模拟飞播造林20 000亩，合格面积19 134亩，合格率95.7%；完成封山育林30 000亩，合格面积30 000亩，合格率100%。其中，“天保工程”造林51 000亩，退耕还林工程造林上年结转任务7 365.8万亩，市级营林工程8 450亩，全民义务植树160万株，育苗434亩677万株。积极开展森林防火和病虫害防治工作，全年发生森林火警1次，荒火4次，受害面积3.15亩，受害率0.001‰；全年森林病虫害发生面积7 900亩，防治面积7 900亩，防治率100%。

【工 业】 全年工业总产值完成45 468万元，比上年增长26.9%；努力发展非公经济，全县乡镇企业营业收入完成158 230万元，比上年增长6.2%，其中个体私营经济总收入完成158 023万元，较上年增长19.6%。电力建设取得新进展，年内，小河口电站建成发电，建成大松树乡乌东德35千伏变电站，永平35千伏变电站建设完成规划上报，全县全年共完成发电量6 700万千瓦时。

【交通、邮电】 年内，总长68.95千米的撒营盘至皎平渡县际油路工程全面竣工；转龙至倘甸沥青路面铺筑工程建成通车；投资104.73万元建成秘乐谷景区弹石公路6.7千米。完成云龙、则黑、乌蒙通乡油路测设；完成乌蒙乡宏德村公路3.6千米的测设修建。投资63万元完成撒营盘书西4.56千米和皎西发展6千米的农村公路通达工程项目改扩建工作。全年共制止和处理公路违法案件164件，收回路产损失18.2万元。全年办理运输经营许可证45户，审验各类机动车2 255辆，审验维修户30家。全年完成两费征收1 214万元，征收拖拉机养路费195万元，变型拖拉机两费征收245万元，小型拖拉机代征18万元；龙潭收费站完成通行费征收638万元。

全年完成邮政业务收入224万元，

完成年初计划的104.2%，同比增长10.56%。完成电信业务收入1 478.32万元，完成年计划的93.68%；固定电话装机2 089部，完成年计划的140.5%；完成小灵通业务2 467部，完成年计划的82.23%；年末，全县小灵通基站达189个。交换机总容量31 872线，固定电话用户18 170户，小灵通用户5 520户。电子政务网络建设实现县级中心机房与省市电子政务网站联网，启动县级领导机关办公大楼内33家单位电子政务网络建设和县级门户网站建设。

【财税、金融、保险】 全年全县财政总收入完成10 437万元，比上年增长6.9%。其中，上划中央“两税”收入完成2 641万元，为预算的128%，增长34.5%；地方财政收入完成7 796万元，为预算7 288万元的107%，剔除掌鸠河引水供水工程一次性税收等不可比因素，增长12%。全县地方财政支出完成23 589万元，完成预算的108%，增长10.4%。

年末，全县金融机构各项存款余额119 392万元，比年初增加16 476万元，增长16.01%。其中：企业存款余额32 312万元，比年初增长21.68%；居民储蓄存款余额70 365万元，比年初增长13.21%。全县金融机构各项贷款余额61 656万元，比年初增加1 058万元，增长1.75%。其中：短期贷款余额31 888万元，比年初下降2.19%；中长期贷款余额27 134万元，比年初增长9.14%。

人保财险禄劝支公司全年收入保险费9 353 977.27元，同比减少9%，处理各类赔案1 920件，支付赔款7 436 881.87元，综合赔付率79.51%，全年实现利润821 537.58元。

【城乡建设】 全年共办理《建设工程规划用地许可证》195份，《选址意见书》8份，《规划用地许可证》196份。完成云龙、马鹿塘2乡集镇新区规划设计方案；完成县城公安、法院等6部门办公区规划，规划面积35 334平方米。进一步加强县城基础设施建设力度，建成道路面积19 283平方米。逐步完善乡镇集镇建设，年内，完成云龙乡集镇迁建规划设计；投资390万元，建成翠华乡集镇，新建道路总长635.6米、宽20米，总面积13 340平方米。投资470万元，建成道路总长1 326米、总面积为25 488.85平方米的团街乡新集镇。引进资金开发居民住宅区，“聚龙湾”小区一期工程总投资2 700万元，建成住房172套，入住率92%，二期工程于12月开工，“龙溪苑”住宅小区主体工程完成90%，预售房屋105套。

【环保、旅游】 在全县机关、乡镇、厂矿、学校举办环保知识竞赛，发放竞赛答卷5 000份，发放环保法律法规及环保宣传画10 000份，受教育人数达3万多人次。与云南省生物多样性与传统知识研究会合作，组织云龙水库水源区生态农业技术方案研究及实施，建设生态农业示范基地，努力控制水源区农村面源污染。对污染较严重的企业进行现场环境监察，全年共计132次，下达限期治理通知书4家，取缔非法生产小石厂、小砂厂7家，当场处罚12家，关停境内所有钛矿采选厂。对地面水、废水、环境空气、废气、环境噪声等环境要素进行监测，全年共完成上报监测数据4 057个。

根据近年省市领导提出把轿子山建设成为世界级旅游精品的目标，由省旅游产业集团公司编制景区详细规划，完成轿子山自然保护区功能区调整和《轿子山自然保护区规划》的修编。轿子山旅游景区基础设施情况逐渐改善，投资150万元建成轿子山青年旅馆，完成景区索道、宾馆等项目的立项、上报和审批工作。全年累计接待游客1.5万人，直接经济收入300万元，分别比上年增长125%和140%。

为让更多的人了解秘乐谷，走进秘乐谷，全年投入资金600万元，完成《秘乐谷丹霞旅游区旅游规划》的编制并通过专家评审论证，县人民政府批准实施，建成景区游路6.7千米，购置游船、游艇12艘。2004年景区正式接待游客，对外开放以来，共接待游客5 000余人次，成为继轿子山之后禄劝又一重要旅游景区。

【科技、教育】 全年发放科普宣传资料11万份，科技书刊3万册，共举办各类农村实用技术培训2 640场次。开展以“科技以人为本，全面建设小康”为主题的“科技活动周”，活动期间，全县张贴宣传标语1 500条，科普挂图260套，发放各种相关资料1 500余份，科技书刊1 000多册。2004年，全县共投入科技经费118万元，实施科技项目5个，主要从事撒坝火腿和撒坝乌骨壮鸡产业化的开发、野生菌保护开发等项目，目前全县已注册专门从事撒坝火腿开发的龙头企业5个，年加工撒坝火腿1万千克以上的加工大户47户。建设撒坝火腿优质原料基地，在茂山乡建成无公害仔猪繁育基地，在全县培育养殖大户50户。编辑《云南省禄劝县大型野生菌资源》一书，对禄劝县内野生菌种群、分布、开发利用等作了详细探索和总结。

认真执行中小学“一费制”收费政策，加大对中小学困难学生的补助，扩大“三免”（免书费、杂费、文具费）范围，提高在校学生巩固率。全年全县共投入教育经费8 770.1万元，加大对全县中小学校舍的建设，对18所中小学实施排危工程，排除D级危房9 198平方米，新建校舍7 930平方米。支持国家重点工程建设，完成云龙中学、云龙中心小学的搬迁新建。

全年发放“三免”教育经费116.56万元，发放国家义务教育阶段教科书补助54.31万元，为20所中学8 070名中学生提供了免费教科书；发放寄宿制、半寄宿制学生生活补助140.8万元，5 200人和4 600人分别享受了省定、市定寄宿制生活补助。根据《云南省农业人口独生子女奖励暂行规定》，落实义务教育阶段免除农业人口独生子女教育费初中178人，小学803人，免收金额共8.74万元。

年末，全县有幼儿园15所、其中私立幼儿园5所，在园幼儿223班、6 067人，幼儿入园率29.2%。小学362所，在校学生1 404班、44 556人。普通中学20所，其中完全中学4所，在校初中学生353班、22 000人；在校高中学生70班、3 796人。职业高级中学1所，在校学生134人。教师进修学校1所。年末，全县有小学专任教师2 194人，中学1 302人。小学适龄儿童入学率99.61%，初中毛入学率102.59%。年内，全县高中毕业生1 036人和三校生147人参加高考，504人升入省内外高等院校；初中毕业生3 439人参加中考，被各类学校录取2 065人；小学生7 215人参加毕业升学考试，初中录取7 116人，升学率98.74%。

【文化、体育】 全年共举办各类群众文化活动共39场次，共办宣传板报、橱窗12期，举办18个项目的春节游园活动，丰富城区人民的节日文化生活。在第五届昆明国际文化旅游节·全国民族民间鼓舞大赛中，禄劝选送的“罗婺神鼓”获银奖。文艺创作和文艺演出喜获丰收，全年共创作剧节目24个，演出45场次，观众达6万余人次；到省、市电视台录音、录像节目3个。

加强文物管理，投入资金5万元维修九龙“月牙亭”。配合市博物馆对金沙江流域新石器时期的石棺墓进行试发掘，完成“中华人民共和国全国重点文物保护单位记录档案”编制工作。图书管理努力改善馆内环境和设施条件，提高服务质量。全年征订报刊共80种（类），3 000（册）份，年图书入藏量2 000册，报刊入藏量210份。全年接待图书借阅人员1 000人次。

全年共出动稽查人员1 860人次，收缴非法书刊2 060余册，音像制品1 800余盘。

年内，全县经常参加体育锻炼的人数达19万人，占全县总人口的41%。举办各种体育比赛活动，全县30余家单位举办体育比赛活动，认真抓好学校体育工作，全县学校体育达标率达93%。在2004年昆明市中小学生田径运动会上，禄劝代表队获金牌2枚、银牌5枚、铜牌1枚的好成绩。

【广播、电视】 全年共播出各类广播稿件8 100件，播出电视新闻、专题类节目68组467件。县内广播电视台播出的通讯《背着国徽下乡开庭》获省广播电视政府奖、广播社教节目二等奖，获市广播电视政府奖、广播社教节目一等奖；专题《为了人民的利益》获市广播电视政府奖、电视社教节目三等奖。筹集资金发展城乡有线电视，年内，实施城区光缆网络改造，新增光揽线路4.51千米，16毫瓦光发射机1台，光接点11个，新增有线电视用户294户。建成“村村通”卫星地面接收站40座，年末全县“村村通”工程总数达497座，新增用户2 216户，全县广播电视覆盖率达91.8%。

【卫　生】 年末，全县有乡镇以上医疗卫生机构24个，病床位763张，在职医务人员733人，其中，在职卫生专业技术人员580人，含主任医师1人，副主任医师21人，主治医（药、护、技）师193人。全县设村级卫生所194个，乡村医生422人；全县拥有医用房屋总面积68 231.4平方米。全年收治住院病人14 866人次，诊治门诊伤病员414 665人次，救危重伤病员6 297人次，抢救率90.62%。

加强初级卫生保健工作，建成村民委员会卫生所138家，完成则黑乡卫生院业务楼的建设工程，完成云龙乡卫生院的整体搬迁重建。积极开展健康教育工作，全年出黑板报2 162期，发宣传材料358 000份，开展广播宣传246期，全县健康教育普及率达100%。在全县广泛开展儿童系统管理，全年儿童体检31 368人，在全县农村开展“5岁以下儿童急性呼吸道感染和腹泻标准病例管理”，“两病”管理率达100%，婴儿死亡率控制在17.3‰以内，5岁以下儿童死亡率控制在21.88‰。新法接生率98.61%，孕产妇系统管理率达97.89%。全县四苗接种率达93.81%，乙肝疫苗接种率城区达99.1%，农村达89.52%，加强计划免疫保偿工作，计划免疫保偿率达80.8%。

全年收缴未标明有效期和过期失效药品398批次，标值0.6万元；查获假药2种9批次。全年共立行政案件6件，共处罚金2.18万元。广泛开展农村爱国卫生运动，全年清除卫生死角1 357处，药物喷洒消毒面积194 014平方米；投资20.7万元，完成改水项目3件，农村自来水普及率达82.3%；完成农村卫生厕所改建1 200座，卫生厕所普及率达55.9%。

【扶　贫】 2004年，广泛筹集资金，加大扶贫力度，巩固扶贫成果，最大限度改善贫困地区的生产生活条件。一、安居工程：启动全县1 145户贫困农户茅草房和杈杈房改造，户均投资3 000元，每户建成瓦房60平方米。二、易地搬迁：投入资金50.34万元，实施贫困人口易地搬迁20户100人，建成砖木结构安居房20套1 400平方米，架设输电线路1 500米，新建引水工程3件，架设饮水管道3 000米，购置电视地面卫星接收器20套，安装节能灶20台，建文化室80平方米。三、省定重点村建设：投入资金294万元，实施9个省定重点扶持村二期项目建设，修建公路3条25.8千米，修建饮水工程16件，架设引水管道78.4千米，建蓄水池173个，小水窖222个，建成水浇地2 560亩，建成文化室9个655平方米，卫生室4个250平方米。四、市定重点村建设：投资160万元，实施8个市级重点扶持村建设，修建公路3条25.18千米，修建饮水工程17件，架设引水管道60.33千米，建水池20个，架设高低压输电线路2.08千米。五、安居温饱村建设：投入资金100万元，实施5个安居温饱村建设，建成村庄道路26.9千米，桥梁1座，架设引水管道6千米，建成蓄水池153个，小水窖27个，安装节能灶44台，建沼气池27口。六、大松树民族特困乡建设：投入资金100万元，修建公路12千米，修复引水沟渠1.3千米，架设引水管道2 500米，建小水窖400个，建贫困安居房55户。进一步做好市县定点挂钩扶贫工作，市级20个挂钩部门和2个帮带单位全年投入扶贫资金275.5万元，办实事79件。县级65个单位投入扶贫资金176.26万元，为挂钩村委会办实事99件，动员全县干部职工5 080人，捐资1 231.49万元，结对帮扶贫困人口2 773户。全年发放小额信贷500万元，扶持特困户1 266户。

【移民工作】 2004年3月1日，云龙水库如期下闸蓄水，掌鸠河引水工程移民搬迁安置工作进展顺利。年内，云龙乡集镇搬迁启动建设，完成水库周边乡村公路建设28千米，完成水库淹没线以下35户148人和宜岔四村滑塌地带13户59人的后靠安置工作，补助大米28.017万千克。加强县内安置移民的后续扶持，发放扶持化肥350包，其中，撒营盘安置点238包，中屏安置点256包，分散安置26包；投资16万元，修建中屏移民点机耕道路400米。兑现后靠安置35户实物补偿资金1 062 960元，搬迁运输费150 960元，后靠安置资金6 389 140元，兑现集镇住户21户和机关职工私人实物补偿资金473 514元，兑现云龙水库周边未搬迁村淹没线以下坟墓搬迁补偿资金159 500元。

【精神文明建设】 在全县18个乡镇继续开展“十星级文明户”创建评比活动，年末，全县有市级文明单位7家，新创建文明村6个，文明村镇创建工作先进乡1个，“十星级文明户”创建先进村1个，共创建申报县级文明单位27个，命名表彰了2003年度创建申报的县级文明单位23家，建议撤销市级文明单位4家，县级文明单位2家。全县共评选出“十星级文明户”10 154户，挂牌表彰3 496户。加强和改进未成年人思想道德建设，全年共举办普及型家教培训班81期，配合99所学校培训家长90余场次。开展“改陋习、树新风”活动，增强群众文明健康意识，创建省级卫生县城，解决城乡“脏、乱、差”现象，年内，禄劝创卫工作通过省市卫生部门验收，汤郎乡被省爱卫会命名为卫生乡镇。

【社会治安综合治理】 2004年，全县共有乡镇派出所18个，司法所18个，基层法庭3个，公安警力278人。年内，县委、县政府专题研究讨论社会治安综合治理工作7次，加强综合业务培训。打击盗窃农村大牲畜，查禁社会丑恶现象，整治钛矿，打击县城区“两抢一盗”。加强基层综治组织机构建设，在全县2个社区和192个村民委员会成立社会治安综合治理领导小组、治保会、调解委员会，在县城2个社区和部分乡镇成立巡防队，企业、宾馆、酒店、集贸市场、运输客运站等地方设置保安，实行规范化管理。抓好目标管理责任制的落实，县委、县政府与全县18个乡（镇）和综治成员单位签订责任书，各乡（镇）和县综治委成员单位根据各自的实际与所属的村委会、村民小组、农户、职工层层签订责任书，全面落实目标管理责任制。全县共签订社会治安综合治理目标管理责任书96 611份。加强矛盾纠纷排查调处，全年共排查各种矛盾纠纷2 023件，调解成功1 983件，防止民转刑案件35件48人。严厉打击各类刑事犯罪，全年全县共发各类刑事案件882件，比上年减少62件，下降6.6%，综合破案349件，破案率40%。人民法院受理刑事案件106件，审结101件，审结率为95.28%；人民检察院受理报捕案件116件，审查批捕104件160人，受理移送审查起诉108件177人，决定起诉91件153人，移送市人民检察院起诉7件9人。全年受理治安行政案件975件，查处665件。

【人民生活】 2004年，人民生活水平有所提高，完成农村税费改革试点工作主体改革，全县减负总额1 150.37万元，减负率73.67%，农民总体负担明显减轻。全年累计投入扶贫资金2 181.1万元，解决了绝对贫困人口8 044人的温饱问题。全县农民人均纯收入1 538元，比上年增长9.8%；农民人均占有粮食409千克。社会消费品零售总额完成29 877万元，比上年增长27.7%；职工年均工资12 162元；城乡人均储蓄金额1 572元。全县共有761人享有最低生活保障，全年累计发放低保资金和慰问金89万元；421名失业人员实现再就业，转移和输出农村富余劳动力3 459人。全年投入救灾救济款495.6万元，救济灾民和困难户78 414人次。

（孙显芳）

寻甸回族彝族自治县

【年内大事】 2月4日 寻甸召开防治高致病性禽流感工作会，传达市委预防禽流感紧急会议精神。

2月6日晚8时 寻甸县境内普降大雪，造成农作物严重受灾。

3月1日 寻甸正式取缔未列入保留站点的“金凤公路金所收费站”，并停止收费。

3月10日 寻甸县委、县政府对“九五”期间的扶贫先进集体和先进个人进行了表彰。受表彰的单位33个，先进个人96人。

3月12日 寻甸县首期党务干部培训班在昆明市委党校举行开学典礼。共66名党务工作者在市委党校进行为期半个月的封闭培训。

3月14日 中国与联合国粮农组织（FAO）合作开展的“东南亚国家间蔬菜可持续综合防治技术（IPM）项目”首期辅导员（TOT）培训班在寻甸开班。来自全国4个省8个地州26个单位的36名学员，参加了本次培训。

3月25日 中国残联副理事长程凯一行到寻甸县调研残疾人事业发展情况，省、市残联领导陪同参与了调研。

4月8日 寻甸县委、县人大、县政府、县政协等五机关领导及相关部门负责人赴楚雄州禄丰县和楚雄市洽谈工业项目，并参观考察市政建设。

6月1日 寻甸县第一批通乡油路工程正式启动，包括海尾至杨家湾及倘甸至九龙两路段，两项目计划于2004年12月15日前竣工。

6月6日 寻甸第一所省级“绿色学校”——仁德小学举行挂牌仪式。

8月6日 省政协副主席和占均率省、市政协及相关部门领导一行到寻甸开展县域特色经济发展专题调研。

8月24日 国家财政部农业综合开发办公室栾海波一行到寻甸县检查2002年农业综合开发、退耕还林与扶贫开发三结合工作。

9月6日 由市人大投资建成的“金源乡田坝心希望小学”举行落成仪式，市人大主任李庄等领导参加落成仪式。

9月17日 举行昆明市供电局寻甸县“云岭先锋”扶贫帮困送光明工程启动仪式。

12月29日 中国共产党寻甸县委第九届四次全委会在县委四楼会议室召开。县委书记杨照辉代表县委常委会作了题为《加强党的执政能力建设，再接再厉，加快全县经济社会协调发展》的报告。

12月 寻甸县去冬今春农田水利基本建设已全部按期完工。累计投入资金3 328.44万元，共完成各类水利工程622件。

12月 寻甸县自2000年被列为全省退耕还林试点县4年以来，全县共完成退耕还林212 000亩，占计划的100%。

【行政区划、人口】 寻甸地处云南省东北部，距昆明100千米，全县辖17个乡（镇）173个村民委员会，土地面积3 598平方千米。年平均气温14.5℃，年均降雨量1 034毫米，年均无霜期229天。年末全县总人口502 329人。其中，农业人口469 818人；非农业人口32 511人，少数民族人口109 111人，占总人口21.7%，人口出生率11.02‰，死亡率3.45‰，人口自然增长率7.57‰。

【经济综述】 2004年，全年生产总值为143 154万元，按可比价格计算，比上年增长11.7%，人均国民生产总值2 845元，比上年增长11.5%。其中：第一产业增加值58 392万元，增长4.0%，对经济贡献1.7个百分点；第二产业增加值23 807万元，增长27.5%，对经济贡献3.9个百分点；第三产业增加值60 955万元，增长14.1%，对经济贡献6.1个百分点。一、二、三产业比例由2003年的42.2:14.4:43.4调整为40.8:16.6:42.6，二产业在国民经济中的比重比上年有明显上升。非公经济快速增长，初步统计，实现增加值57 824万元，增长46.0%，占全县生产总值的40.4%。在全县经济社会快速发展的同时，仍然存在一些主要困难和问题，即：市场主体特别是企业发展不足，经济总量小，运行质量不高；龙头企业带动力不强，农业产业化步伐缓慢；旅游业发展滞后，对相关行业影响力弱；农民收入水平仍然较低，城乡居民收入差距大；财源不足，财政收支缺口大；基础设施相对薄弱，外向型经济发展缓慢；投资环境及优惠政策需要进一步完善和优化等。

【农业、农村经济】 农业丰产丰收，农村经济全面发展。全年实现农、林、牧、渔业增加值58 392万元，按可比价计算，比上年增长4.0%。全年粮食种植面积比上年增长0.96%；豆类种植减3.0%；油料种植增长2.7%；烤烟种植持平；蔬菜种植减4.5%；花卉种植增31.4%，优良作物品种继续得到推广。畜牧业，渔业生产较快发展，全年实现畜牧业增加值24 927万元，按可比价计算，增长6.0%，全年水产品产量1 065吨。加大农业生态建设，坚持可持续发展战略，林业、水利建设取得新进展。全年农林牧渔业投资5 262万元，增长16.5%。全年完成造林面积6 360亩，四旁植树215万株，封山育林29 745亩，年末森林覆盖率31.5%。主要林产品产量中：板栗1 166.2吨，比上年增2%；核桃432.8吨，增长19.2%；松子143.1吨，增长44.5%。全年新增有效灌溉面积4 500亩；新增节水灌溉面积7 500亩，水利化程度达55%。农业生产条件得到进一步改善。全年农业机械总动力19 019.1万瓦特，比上年增长10.8%；农用化肥施用量（折纯）29 206吨，持平；农村用电量4 074万度，增长14.1%。落实农村各项改革政策，在农业丰产丰收的带动下，农村经济全面发展。全年农村经济总收入131 117万元，增长16.7%。其中家庭经营收入116 591万元，增长16.8%。

【工业、建筑业】 全县工业快速增长，所有制结构明显改变。全年实现工业增加值14 387元，按可比价计算，比上年增长30.3%。其中：规模以上工业企业实现增加值9 010万元，增长28.7%。在全部工业中：股份制及其他类型工业经济实现增加值10 862万元，按可比价计算，比上年增长42.4%，占全部工业增加值的75.5%。工业效益明显转好。全部国有及年销售收入500万元以上非国有独立核算工业企业年销售收入33 774万元，比上年增52.6%；实现利税5 680万元，增4.4倍；亏损企业亏损额288万元，下降57.1%。化工、水泥制造企业效益显著。建筑业生产快速增长，全年全社会建筑业完成增加值9 420万元，按可比价计算，增长23.0%。建筑业实现利润905万元，房屋建筑施工面积136 248平方米，竣工面积106 722平方米。

【固定资产投资】 全县固定资产投资跃上5亿大关，实现大幅增长，以非公经济投资为主的多元化投资机制形成。工业投资取得新突破，水利、环境、教育等基础投资加大。全年全社会固定资产投资57 383万元，比上年增加26 290万元，增长84.6%。其中：基本建设投资30 182万元，增长1.9倍；更新改造投资18 578万元，增长1倍。在全部投资额中，非公有制经济投资46 292万元，增加34 094万元，增长2.8倍，占全部投资额的80.7%；工业投资30 686万元，比上年增加21 432万元，增长2.3倍；水利、环境、公共设施管理业完成投资2 411万元；交通业完成投资2 870万元；教育完成投资676万元。大项目投资比重增大。全年投资项目中，投资500万元以上有23个，1 000万元以上有8个。招商引资项目投资完成情况较好，到目前为止，昆明奕标水泥有限公司在我县完成投资6 000万元；昆明鼎业集团完成投资4 500万元；云南长青树化工有限公司完成投资3 700万元；寻甸金凤发电有限公司完成投资2 000万元；云南金柯制药厂完成投资2 254万元；云南南磷集团寻甸磷电有限公司完成投资19 578万元（本年投资12 578万元）。

【贸　易】 全年社会消费品零售额43 462万元，增长15.1%。其中：国有零售额6 179万元，下降10.5%；集体零售额2 221万元，增长9.2%；个私及其他零售额35 062万元，增长21.7%。农产品收购取得新突破。全年烤烟收购值16 800万元，比上年增长20.6%，中上等烟比例99.7%。

【交通、邮电、旅游】 全年完成增加值12 691万元，按可比价计算，增长8.1%。全年各种运输方式完成货物运输周转量18 675万吨千米，比上年增长14.6%，完成旅客运输周转量8 602万人千米，增长3.3%。年末全县公路里程1 448.95千米。其中：二级路19.1千米；三级路70.65千米，比上年增加29.6千米；四级路701.4千米，等外路657.8千米。邮电通讯业全年完成业务收入4 505万元，比上年增长5.5%。年末全县固定电话18 042部，城镇居民每百户拥有手机148部，比去年增加37部。旅游业全年收入1 184万元，比上年增长4.2倍；旅游人次14.8万人次，比上年增长2.9倍。

【财政、金融、保险】 全年全部财政收入12 405万元，比上年增加2 036万元，增长19.6%，其中：地方财政收入8 464万元，增长6.9%，上划中央两税收入3 388万元，增长60%；地方财政支出33 642万元，增长14.7%。金融机构各项存款余额比年初增加较快，贷款略有增长，贷款结构不断改善，防范金融风险的能力增强。年末金融机构各项存款余额153 205万元，比年初增加23 664万元，增长18.3%，其中：企业存款33 297万元，比年初增加6 257万元，增长23.1%；储蓄存款89 113万元，比年初增加13 058万元，增长17.2%。金融机构各项贷款余额84 280万元，比年初增加177万元，增长0.2%，其中：短期贷款余额53 944万元，比年初减少1 970万元，降3.5%；中长期贷款余额28 333万元，比年初增加7 502万元，增长36.0%。在全部贷款余额中，农村信用社贷款余额38 731万元，比年初增加2 130万元，增长5.8%。保险事业平稳发展，全年保险机构保费收入1 971万元，支付各类赔款及给付1 169万元。

【科技、教育、文体、卫生、环保】 全年举办各类实用技术培训班338期，31 460余人次，科技对经济、农业、工业的贡献率分别达到36%、39%和37%。各级各类教育中“两基”得到巩固，高中招生不断增加。全县普通高中招生2 237人，比上年增加299人，在校生5 625人，比上年增加821人；职业中学生103人，在校生185人；初级中学招生8 483人，在校生23 796人；普通小学招生10 467人，在校生58 857人；幼儿园在园幼儿10 272人。初中毛入学率达98.01%；小学适龄儿童入学率达99.28%。文体、卫生事业稳步发展。全县建有文化站17个，艺术表演队1个，图书馆1个，纪念馆1个。卫生机构21个，其中：医院2个，乡（镇）卫生院12个；疾病控制中心1个；中心卫生院4个；保健站1个。卫生机构技术人员609人，其中：医生323人；床位有481张。环境保护事业不断发展。通过对县城TSP月平均值，二氧化硫，二氧化氮月平均值的监测，县城空气质量为二级；对县城饮用水源水质的监测，县城饮用水源水质达标率为100%；环境保护投资指数为2%。

【人民生活】 全年城镇居民人均可支配收入8 374元，增长18.1%，人均生活消费支出6 682元，增长25.4%。农村居民人均纯收入1 712元，增长12.2%，人均生活消费支出1 457元，增长27.2%。年末城镇居民人均居住面积21.93平方米；农村居民人均居住面积22.28平方米。社会保障不断完善。年末全县有3 634名职工，1 540名离退休人员参加基本养老保险，发放养老金991万元。参加医疗保险职工有11 249人，其中：机关事业参保职工8 232人；参加医保的离退休人员有3 298人。全县城镇居民有2 956人得到最低生活保障救济，发放低保款192万元，分别比上年增7.2%和20%，全年临时救济达53 032人次，发放救灾款204万元。社会福利事业持续发展。年末全县各类收养性社会福利单位4家，单位床位74张，收养各类人员27人。福利企业6个，安置残疾人206人就业。

（县史志办公室）

·责任编辑　尹　铭·

附　录

昆明市 2004 年国民经济和社会发展计划执行情况与 2005 年国民经济和社会发展计划草案的报告

——2005 年 2 月 20 日在昆明市第十一届人民代表大会第六次会议上

昆明市发展和改革委员会主任　**杨翼雄**

一、关于 2004 年国民经济和社会发展计划执行情况

2004 年，在市委的正确领导下，全市以“三个代表”重要思想和科学发展观为指导，更新观念，坚持改革开放，推进现代新昆明建设，国民经济持续快速协调发展，社会事业取得新的进步。

市十一届人大五次会议批准的主要宏观预期目标有 7 项超额完成：全市生产总值 942 亿元，同比增长 12%，其中一产业增长 4.3%，二产业增长 14.6%，三产业增长 10.5%；地方财政收入 85.6 亿元，增长 36.1%；全社会固定资产投资 435 亿元，增长 20.3%；社会消费品零售总额 370.5 亿元，增长 12.8%；城镇居民人均可支配收入 9 046 元，实际增长 7.2%，农民人均纯收入 2 909 元，实际增长 6.4%；城镇登记失业率控制在 2%以内；人口自然增长率为 6.5‰。居民消费价格指数上涨 6.5%，超出 1.5%的计划目标 5 个百分点。

2004 年计划执行中主要抓好以下工作：

（一）围绕建设现代新昆明，促进经济较快发展

以农民增收为目标，全面发展农村经济。重视粮烟生产，兑现粮食直补政策，全年粮食总产量略有增长，中上等烟叶比例达到 99.8%，收购斤价平均提高 1.32 元。扶持重点龙头企业，提高产业化经营水平，建设食品安全检测系统，扩大优质蔬菜、花卉、马铃薯、洋蓟等特色品种规模，畜牧业克服禽流感影响仍平稳增长，新增造林面积 9.85 万亩。通过以工代赈、小额信贷发放和挂钩扶贫等方式，扶持 22 个温饱村建设，培训农村劳动力 4 万人，务工输出 3 万多人。农村税费改革使农民负担减轻 61%。完成呈贡横冲、晋宁双龙水库除险加固主体工程，新解决 8.74 万农村人口的饮水困难。

落实工业强市措施，提高工业增长的质量和效益。国企改革稳步进行，积极引进战略合作伙伴，整合企业资产；制定工业强市发展纲要，安排发展基金和争取省贴息共 1.8 亿元，扶持骨干企业和机械、轻工行业一批重点技术改造项目；协调解决电力供应，原材料工业增长较快，卷烟、冶金、医药产业的优势作用进一步显现，高新区和经开区工业增加值增长 20%以上。全市工业增加值增长 14.8%，占生产总值比重提高了 2.3 个百分点，规模以上工业企业利税增长 38.8%，成为近几年最好的水平。

抓好重大基础设施建设。围绕“一湖四环”、“一湖四片”，实施 33 个重点基础设施项目，经过努力，有 4 项竣工，10 项基本完成主体工程。一是加快滇池治理步伐。完成世行贷款项目、盘龙江上段截污和东风坝退塘还湖一期工程；基本完成滇池治理“十五”计划中 45 个子项目的前期工作，动工 22 项；加强综合执法，市、县、乡（镇）分级负责，建设 700 个垃圾收集点和 2 000 亩湖滨生态带，控制面源污染；滇

池北岸水环境综合整治项目建议书已获国家批准。二是制订交通整治规划，完善城市功能。改造主城40条支路，拆除违章建筑；320国道眠山至车家壁段、民航路改造、东风路下穿等6项完工通行，三环路南段开工，昆洛公路完成总投资的44.6%。续建项目进展顺利，掌鸠河引水工程完成总投资的86%，市消防指挥中心基本完工；配合铁路沾昆二线征地拆迁，开工建设集装箱中心站，引进了云药港等产业开发项目；清水海调水规划通过评审。

扩大招商引资，提高对外开放水平。实行审批告知承诺和首席代表负责制，全市行政审批事项精简率达66%；落实部门责任制，建立重大项目储备库，强化服务意识，改善投资环境，支持企业开拓国内外市场，以好项目吸引资金、技术。年度新增外商投资企业104户，实际利用外资6 228万美元，增长21%；签订国内经济合作项目467个，实际引资62亿元，增长27.7%；全市进出口贸易总额26.1亿美元，增长46.9%。

加强协调服务，壮大县域经济。初步形成县域经济发展规划和北部五县区发展思路调研，向省上报了县区村村通油路和石漠化综合治理专项规划；7个县（市）区被省政府定为首批县域经济发展试点，启动了东川再就业特区建设；对安宁、东川和四个城区下放市级管理权限；积极为四区调整区划和各县调整经济结构服务，安宁、呈贡等市县引进大项目增多，12个县（市）区生产总值增长超过10%，全市非公经济占生产总值的比重提高3.5个百分点，达到45.5%。

（二）全面贯彻宏观调控政策，促进投资和消费需求增长

积极引导产业发展，保持投资增长。依法清理整顿土地市场，规范用地方式，盘活土地存量，完善用地手续，根据国家鼓励发展的产业，上报批准14个项目新征用地752公顷；全面清理固定资产投资，属于清理范围的305项中，停建1项，整改缓建4项。加强财政投资监管，争取信贷支持，扩大社会投资领域，推进自来水、煤气等公用事业市场化运作，保持投资对经济增长的拉动。

规范市场秩序，扩大消费需求。加强教育、医药及涉农价格收费的检查，实行义务教育"一费制"和行政事业收费公示制，初步取消行政事业收费68项。针对部分商品价格上涨，定期监测粮食、油料、肉类等必需品和生产资料价格变动走势，及时组织专项检查，防止搭车涨价，规范市场秩序，营造诚信的消费环境。市场供给充裕，商贸业增加值增长7.7%，全市旅游总收入为137.5亿元，增长16.1%。

（三）围绕提高公共服务水平，协调发展各项社会事业

重视就业和社会保障工作。全市对10.7万人进行就业培训，城镇新增就业人员5.9万人；重视部分必需品价格上涨对弱势群体的影响，提高了最低生活保障标准，将城镇残疾人员纳入低保范围，推行农村"五保户"定补政策，努力解决特困职工生活、务工人员子女入学、拖欠民工工资和拆迁补偿等突出问题，促进社会稳定。

落实科教兴市战略。实施17个科技攻关项目，电子政务建设、企业信息化示范工程取得进展。改善办学条件，扩大高中招生，提高办学水平。中小学排危面积2.7万平方米，收缩撤并一师一校点104所，新增4所民办高中，优质高中招生比例为39%；教育部已批准组建昆明学院，促进了高等职业教育资源重组。

发展各项社会事业。设立文化发展专项资金，发展文化产业，市文艺生产基地主体工程竣工；新建200座行政村广播电视接收站；14个县（市）区疾控中心和传染病区（科）改扩建已竣工3项；老年大学已完成建设方案，全国残运会体育场馆开始征地拆迁；落实奖优免补政策，计划生育工作取得成效。

总结一年工作，我们充分认识到经济社会发展仍存在一些突出的困难和问题。主要是：电力、运力供应不足，资源约束增大；重大建设、正常运转和稳定对财政的需求增加，拓宽建设资金渠道任务迫切；培育特色产业，解决好"三农"问题和增强县级财力，需要付出艰苦努力；由于部分上游产品价格上涨幅度较大，保持价格总水平基本稳定的形势仍然严峻；同时，缓解城市交通、增加就业和确保安全的工作还面临新的压力。我们要高度重视，采取积极有效措施加以解决，努力促进全市经济持续协调发展和社会稳定。

二、2005年全市经济社会发展的预期目标与工作措施

2005年是"十五"的最后一年，是全面贯彻科学发展观、推进我市小康社会建设的重要一年。按照市委八届五次全会确定的经济工作指导思想和部署，2005年我市国民经济和社会发展的宏观预期目标建议为：

全市生产总值增长10%；地方财政收入增长8%；全社会固定资产投资增长20%；城镇居民人均可支配收入实际增长6.5%，农民人均纯收入实际增长5%；城镇登记失业率控制在4%以内；居民消费价格指数上涨4%；社会消费品零售总额增长12%；人口自然增长率控制在8‰以内。

实现上述目标，可以完成或超额完成"十五"计划。我们要从全省、全市发展的大局出发，落实市委决策和政府工作报告提出的各项任务，把握机遇，着力抓好七方面工作：

（一）努力转变增长方式，实现经济又好又快地发展

全面执行宏观调控政策，注意引导保护发展的积极性；加快经济发展时，努力提高增长的质量和效益；加大建设时，注重生态环境和节约资源；加快新型工业化步伐时，更加重视城乡协调发展与社会和谐进步。

优化投资结构，引导投向，拉动经济增长。实行确保续建项目、严格控制新开工的措施，以交通、新型工业化、环保、水利、生态建设和社会公益事业为重点，优化投资结构，集中资金办大事。今年续建的19项城市基础设施，列入省级重点8项，要确保施工质量，争取竣工12项。新开工项目要量力而行，加强咨询论证，争取国家和省的支持，积极与金融机构合作，成熟一个开工一个。及时发布产业投资信息，引导社会投资参与基础设施建设和产业开发；加强城市规划和项目环保评价管理，制止盲目投资和浪费资源的重复建设；完善土地储备制度，经营性用地一律实行招拍挂，继续规范土地市场，促进各项建设和房地产业健康发展。

加大政策扶持，为县区发展经济服务。加强对县（市）区经济发展的分类指导，坚持有所为、有所不为，积极支持四个城区、安宁市等壮大经济竞争力，对北部五县加大政策扶持，进一步规范财政转移支付，有步骤地改善交通、水利、公检法司基础设施；支持东川建设再就业特区，用好扶持资金，突出重点，促进龙东公路完工，加快坝塘水库建设进度，支持云铜、昆钢进入特区拓展。做好乌东德、白鹤滩电站在昆明设立基地和电站进场道路的实施准备，推进寻甸煤资源开发、禄劝富民矿电结合项目；实施乡乡通油路计划，重点抓好已开工国债补助项目，筹集资金，改造一批乡、村道路。大力扶持非公

有制经济发展，争取占生产总值的比重达50%。

重视资源综合利用，发展循环经济。鼓励发展节水、节能和控制污染的技术，提高工业废弃物的回收利用率；推进企业清洁生产，采用先进技术处理城市垃圾，加快有害废弃物处置中心项目的前期工作，控制和减少污染物排放总量。采取综合措施，保护重点水源区的生态环境，限制地下水过度开采，加强矿业和小水电开发的规划管理，加大深度开发和综合利用水平。

按照基本稳定价格的要求，加强价格监管工作。实现今年价格调控任务，要加强粮食、化肥、运输、石油、房地产等主要商品价格预警监测，健全市场监测网络，认真开展明码标价整治工作；继续落实义务教育“一费制”，开展涉农收费、医疗、服务价格的专项检查，清理取消不合法的行政事业收费；加强重要商品和服务价格成本监审，完善听证制度，有计划有步骤地推进城市供水、污水及垃圾处理价格的改革调整，努力发挥价格杠杆的积极作用。

（二）围绕增加农民收入，加强农业基础

进一步优化农业结构。继续落实扶持农业的政策，发展优质高产粮食品种，保持粮食总产量基本稳定，择优布局，巩固烤烟种植质量；以市场为导向，对带动农户、符合产业化经营方向的龙头企业加大政策扶持，因地制宜调整种植养殖业结构；引导发展花卉、无公害蔬菜、优良畜禽等特色产业，扩大市场销售；提早准备粮食收购储备，健全农产品质量检测和监督服务体系，支持农户建立专业协会、专业合作社等经济组织，活跃农副产品流通，改进生产方式，提高农业综合生产能力。

改善农村基础条件。保护基本农田，加强水利基本建设和防灾应急工作，抓好石林团结、禄劝封过等四件水库工程的前期准备；落实扶贫政策，讲求挂钩扶贫实效，建设安居温饱村，完成以改善农村道路、推广沼气灶和解决山区人畜饮水困难为重点的以工代赈计划11项；对东川区、宜良县272户969人进行易地搬迁扶贫。积极组织农村富余劳动力培训，力争转移输出5万人；搞好第二步农村税费改革，保护农民利益，促进农村经济全面发展和农民增收。

（三）以改革开放为动力，落实工业强市和产业发展措施

深化企业改革，增强发展活力。以国有资产不流失、维护职工利益、坚持改革程序、促进发展四个标准，规范企业改制，深化国企改革。优化资源配置，推进汽车、机床等行业的整合，鼓励民营企业参与国有、集体企业改制，兴办新型加工业。

支持驻昆企业发展，带动地方经济。实行领导及经济部门联系中央、省属驻昆企业制度，尽力保障重点骨干企业用电、运输等方面的供给，支持昆烟实施重大技术改造，推进阳宗海、安宁电厂和主城区电网入地改造项目，为省建设磷复肥基地配合搞好服务。

加大工业投入，促进技术改造和项目引进。增加企业改制和扶持发展资金，规范发展基金的使用管理，引导产业链延伸的技术进步，整合优良资产，支持机电、冶金、制药行业一批技术改造项目，增强企业发展能力。依托外地驻昆机构和行业协会的牵线作用，支持企业以商招商，以项目引资，拓展与“长三角”、“珠三角”和国内外大企业的协作，积极引进光电子、计算机等新型制造业。抓紧开发区的扩规工作，建设昆明出口加工区。

积极发展商贸旅游业。努力扩大贸易出口，合理布局面向东南亚、南亚的现代流通基地，通过完善规划，引导民间投资，促进现代物流业的发展。整顿市场秩序，营造公平、诚信的经营环境，发展流通贸易产业。着力提高重点风景旅游区的吸引力，实施红色旅游建设规划，改造轿子山公路，发展北部地区旅游业；抓住筹备纪念郑和下西洋600周年等活动的机遇，提高会展经济的档次和效益。

（四）突出重点，推进现代新昆明重点工程建设

把滇池治理、增强城市功能和引进新兴产业作为新昆明建设的突出任务，完善重大项目管理，增强项目可行性，拓宽资金筹集渠道，以大项目促进经济社会协调发展。

滇池污染治理方面：落实市县乡分级负责制，按照退塘（田）还湖面积14.2平方公里的建设规划，实行政府引导，吸引社会投资，积极调整沿湖种植结构，加快草海生态恢复和湿地建设，分期改造农村卫生旱厕11万个，年内完成3万个，切实减少面源污染。继续抓好在建项目实施，年内基本完成大清河、枧槽河整治和滇池西岸截污工程；完成滇池北岸水环境综合治理工程可研报告，争取列入利用国外贷款项目，并开始部分动工。

完善城市功能方面：以迎接在昆举办大湄公河次区域经济合作会议为契机，加强城市管理，整治交通环境和市容市貌，拆除东二环、南二环周边违章建筑，逐步改造“城中村”；实施昆玉、昆石、安楚等道路的“入口工程”，加强对城区车辆停泊的管理，缓解交通压力，搞好园林绿化，迅速改变城市面貌。继续实施一批交通改造项目，年内完成官南路立交、东三环、南三环路改造；探索市场化运作方式，改造西二环路。提高城市供水和防洪能力，基本完成掌鸠河引水工程，加强对云龙水库、松华坝等重点水源的管理，抓紧实施宝象河防洪工程，完成清水海调水实施方案。

促进新区开发方面：保证施工质量，年内实现昆洛公路通行；盘活现有存量资产，尽快启动行政中心、昆明学院搬迁建设，运用市场化方式建设主城至新机场道路；配合推进铁路沾昆二线与集装箱中心站建设。抓紧改造呈贡供排水和垃圾处理设施，为引进云药港、信息产业基地等开发项目创造优良投资环境。同时，继续下放市级管理权限，支持各县（市）区扩大招商引资，走新型工业化路子，合理布局产业，推动县城和小城镇建设，进一步落实现代新昆明战略。

（五）深化投融资体制改革，改进基本建设管理

继续改革行政审批制度。对不使用政府资金的企业投资项目，将不再实行审批制。制定我市企业投资项目与外商投资项目核准和登记备案实施意见，按国家和省发布的产业目录，实行核准制；对不属于核准目录的企业投资项目，将按属地由各县（市）区投资主管部门登记备案。各级投资主管部门要适应改革要求，转变以审批项目为主的管理方式，加强重点行业和专项发展规划的研究制定，把主要精力转向依据规划筛选项目。

探索和改进财政投资管理方式。以投资主体多元化和市政公用设施建设经营市场化为方向，积极研究拓宽资金渠道的有效途径，努力改变基础设施完全靠财政直接投入的方式。2005年市财政基本建设预算2.58亿元，与去年持平，除偿还已实施项目贷款本息1.58亿元外，今年实施项目安排1亿元，主要用于续建重大工程、争取国家西部开发政策的项目、涉及公共安全和公众利益的基础设施、以及基层政法部门改善工作条件的项目。增加前期工作经费，通过贴息贷款1.5亿元，提高以环保、交通环境改善和滇池治理为主的一批项目前期工作质量，对有收益的项目，通过整合存量资产及完善价格机制，采取市场化方式建设；进一步加强土地开发的规划控制，规范土地使用权出让和工程招投标，通过土地收

益增加建设资金，更好地发挥有限财力的作用。

（六）统筹兼顾，发展各项社会事业

优先发展科技教育事业。围绕建立技术创新体系和增强技术创新能力，组织实施重点科技计划项目，选择5—10家有条件的企业建立技术中心，继续抓好全国专利试点城市、制造业信息化试点城市、863软件专业孵化器和电子政务建设。巩固“两基”成果，提高义务教育和素质教育水平。实施中小学排危工程5万平方米，新建寄宿制学校30所，创建14所农村示范初中；鼓励社会办学，整合高中教育资源，支持民族自治县的高中发展，扩大优质高中招生规模，争取普通高中毛入学率达85%，不断提高城乡优质高中比例；调整中等职业学校结构，培养技能型人才；引进高层次人才，发展成人教育和远程教育，加快昆明学院的规划建设。

认真做好就业和社会保障工作。落实东川再就业特区各项扶持政策，完善社区就业信息网络，增加就业岗位，建设劳动力市场，促进城镇再就业人员、应届毕业生择业和军队转业安置工作。继续巩固“两个确保”，衔接“三条保障线”，规范低保申请、审批、发放和监督程序，使下岗职工生活保障向失业保险并轨，做到应保尽保；关心弱势群体的基本生活，妥善处理居民征地补偿和拆迁安置，抓紧完成廉租房建设，对企业、农村特困群众开展救助，健全社会保障体系和社会救助机制。

以加强疾病预防控制和医疗救治为重点，提高公共卫生水平。推进农村合作医疗改革，切实解决农村卫生“三项建设”中的薄弱环节，完成县区疾控中心和安宁、寻甸17个乡镇卫生院配套建设，新建200个村卫生室和24个社区卫生服务中心（站）。加强公共卫生体系建设，健全医疗安全保障机制，切实开展艾滋病等重大疫病防治工作，提高突发疫情的预警和应急处置能力。整顿和规范医疗服务市场，优化卫生资源布局，提高医疗服务质量，引导多元办医，积极解决“看病难”问题。

发展文化、广电、体育、计划生育等各项事业。组建昆明演艺公司、文化产业公司，依托高新技术开发区，建立市文化产业发展园区，加强群众文娱活动场所建设，丰富群众文化生活。开展聂耳音乐厅的建设方案工作，建设527座村村通广播电视站。继续落实农村独生子女奖优免补政策，健全服务网络，提高优生优育水平。积极发展体育、妇女儿童、老龄、残疾人事业，实施老年大学、少体校和春城中学合并搬迁项目。

（七）树立科学发展观，高质量编制“十一五”规划

更新思想观念，把“十一五”规划编制作为全市发展的大事抓紧抓实。要在调查研究、把握全省发展趋势和市情的基础上，围绕抓住机遇，实现又好又快发展这一主题，坚持以调整经济结构、转变增长方式、促进协调发展作战略任务，以突破体制、人才、科技、资源瓶颈作为支撑，以人的全面发展，推进小康社会建设作为出发点，理清发展思路，提高编制质量；涉及群众利益的发展措施，要更多地吸纳社会各方面的智慧，体现社情民意，实行政企分开，通过市场化和公开招标方式，增强规划可行性。预计今年3月份完成39个专题调研，与省的“十一五”规划衔接，年底以前完成基本思路和专项规划编制任务。

附表1　**2005年经济社会发展预期目标对照表**

指标名称	单位	2004年计划	2004年实际		2005年计划	“十五”计划		注
		增长率（%）	完成	增长率（%）	增长率（%）	目标（%）	前四年平均增长（%）	
一、全市生产总值	亿元	10以上	942	12	10	9	10	本表中绝对值按现价计算，增长速度按可比价计算。2004年实际完成数和增长率为统计局快报数。
二、地方财政收入	亿元	8	85.6	36.1	8	7	14.8	
三、全社会固定资产投资	亿元	20	435	20.3	20	12	14.4	
四、社会消费品零售总额	亿元	11	370.5	12.8	12	10	11.5	
五、城镇居民人均实际可支配收入	元	7	9 046	7.2	6.5	6	7.1	
农民人均实际纯收入	元	5.5	2 909	64	5	5	5	
六、居民消费价格指数上涨	%	1.5		6.5	4			
七、城镇登记失业率	%	4以内		2以内	4以内	5	2.6	
八、人口自然增长率	‰	8.5以内		6.5	8以内	9	6.8	

附表2　**2005年续建和拟开工重点基础设施项目**

单位：亿元

序号	项目名称	估算总投资	累计完成投资	2005年拟投资	资金筹集
	合　计	274.0	97.0	56.7	
一	续建项目（19项）	201.6	97	50	
*1	掌鸠河引水供水工程	39.4	34.6	3	利用日元贷款，国家、省、市补助资本金和业主自筹。今年市继续贷款安排资本金补助1亿元，业主自筹2亿元。
*2	东川坝塘水库	2	0.5	0.8	建设资金省、市各承担50%。今年继续争取省补助投资，市贷款安排5 000万元。

续 表

序号	项目名称	估算总投资	累计完成投资	2005年拟投资	资金筹集
*3	昆洛公路改扩建（呈贡新城区主干道）	34.5	15.4	10	使用银行贷款，沿线规划建设用地，严格实行“招拍挂”，其收益偿还贷款本息。今年继续贷款安排10亿元。
*4	城市东三环道路	10.8	4.1	3	使用银行贷款，沿线规划建设用地，严格实行“招拍挂”，其收益偿还贷款本息。今年继续贷款安排2亿元。
5	城市南三环道路	3.2	1.3	1	使用银行贷款，财政安排贷款本息，已落实贷款资金1亿元。
*6	官南路立交桥	3.2	2.3	0.7	使用银行贷款，财政安排贷款本息。今年继续贷款安排7 000万元。
*7	高海公路改扩建	26.8	8.5	12	省、市补助资本金，建设资金公司筹集。今年继续贷款安排市级承担资本金2.1亿元，其余建设资金高海公司筹集。
8	九石阿公路	7.2	4.1	2.2	省、市补助资本金和征地拆迁费，市承担的资本金和征地拆迁费已到位。今年投资2.2亿元由公司筹集。
*9	龙潭—东川公路	5.9	5.0	0.7	省、市共同投资，省承担建设资金90%，市级承担建设资金10%和征地拆迁费，市承担部分已到位。今年继续落实省承担的建设资金7 000万元。
10	乡乡通油路	10.5	3.2	3.5	市级财政投资为主，县（市、区）配套投资。今年继续贷款安排3亿元。
*11	国道东连接线	22.2	13.5	10	由东绕城公司筹集资金。
12	环湖公路东段（度假区至马金铺）	26.2			完成土地报批手续，按市场化方式筹集建设资金。
*13	大清河综合治理	3.5	1.5	1	争取国家和省补助，市承担征地拆迁费和建设资金。去年争取国债资金7 780万元结转今年使用，其余建设资金已贷款到位。
*14	枧槽河综合治理	2.6	1	1	争取国家和省补助，市承担征地拆迁费和建设资金。去年争取国债资金5 200万元结转今年使用，其余建设资金已贷款到位。
*15	滇池西岸（高海公路）截污	1.0	0.5	0.3	争取国家和省补助，市承担征地拆迁费和建设资金。去年争取国债资金3 770万元结转今年使用。
16	北郊西郊停车场建设	1.3	1.1	0.2	以公共汽车公司投资为主，市给予征地拆迁费补助。
17	延安医院门诊楼	0.6	0.3	0.3	以延安医院投资为主，市财政补助总投资的30%。今年财政安排尾款980万元。
18	市第一人民医院外科住院楼	0.6	0.3	0.3	以市第一人民医院投资为主，市财政补助总投资的30%。今年财政安排尾款700万元。
19	市疾病控制中心	0.3	0.1	0.1	已安排国债360万元，市已配套投资1 000万元。今年建设资金1 100万元由市疾控中心筹集。
二	新开工项目（9项）	72.3		6.6	
1	主城二环快速系统	57			拆迁二环路周边建筑，整合沿线土地资源，实行“招拍挂”筹集建设资金。今年启动建设项目所需建设资金，由土地开发投资公司筹集。
*2	宝象河系统防洪整治	3.5		2.8	官渡区承担征地拆迁费的50%，其余资金市级财政贷款安排。今年市贷款安排2亿元，官渡区负责落实所承担征地拆费8 000万元。
3	农村卫生旱厕改造	1.1		0.4	由各县（区）实施，市级财政给予补助。今年市贷款安排3 000万元。

续　表

序号	项目名称	估算总投资	累计完成投资	2005年拟投资	资金筹集
*4	乌龙河截污综合整治	1.0		0.5	争取国家和省补助，市承担征地拆迁费和建设资金。去年已落实国债资金3 050万元结转今年使用，今年市贷款安排2 000万元。
*5	船房河截污综合整治	3.2		1	争取国家和省补助，市承担征地拆迁费和建设资金。去年已落实国债5 950万元结转今年使用，今年市贷款安排5 000万元。
6	交通综合整治	1.5		1.5	实施主城交通综合整治，贷款安排 1.5 亿元。
7	市行政中心				通过置换现有资产，筹集建设资金。
8	东盟领事馆区征地			0.48	征地补助。今年贷款安排 4 800 万元。
*9	昆明学院搬迁	5.0			完成可研报告报批后，落实建设用地，动工建设。通过置换昆明学院现有资产筹集建设资金。
三	推进前期工作项目（10项）				
1	滇池北岸水环境综合治理工程	49.0			完成可研报批，资金拟利用日元贷款 50%，资本金除争取国家外，省市各承担 50%，其余建设资金由业主筹集。
2	清水海调水工程	13.4			完成可研报批，建设资金拟通过市场化方式筹集。
3	滇池污染底泥疏挖及处置二期工程	1.9			完成初步设计报批，资本金除争取国家和省补助外，市安排补助，其余资金由滇池投资公司筹集。
4	城市节水及污水资源化	0.6			完成初步设计报批，资本金除争取国家和省补助外，市安排补助，其余资金由滇池投资公司筹集。
5	滇池东岸（呈贡片区）截污工程一期	2.0			完成可研报批，资本金除争取国家和省补助外，市安排补助，其余资金由滇池投资公司筹集。
6	危险废弃物处理处置中心	3.0			完成可研报批，资金除争取国家和省外，市配套投资。
7	滇池环湖湿地及生态恢复				完成滇池环湖湿地及生态恢复控制性详规，争取草海湿地以市场化方式筹集建设资金。
*8	昆明新机场高速公路				由土地开发投资公司负责前期工作，并完成可研报告。
*9	绕城公路南段	35			完成可研和设计报批，研究市场化筹集资金的扶持政策。
10	乌东德电站进场路禄劝大松树公路	17			完成可研报告，研究资金筹集和建设方案，年内启动建设。

注：打“*”的项目省已列入全省 100 项重点项目或列入全省地市 100 项重点项目。

附表 3

2005 年继续推进的招商引资重点项目

单位：万元人民币

序号	项目名称	项目内容	投资方式	总投资	累计完成投资
一	已开工和实施项目				
	小计			2 302 459	783 627
1	昆明彩印有限责任公司	并购原昆明彩印有限责任公司	中外合资	6 225	
2	顺城街片区旧城改造	规划改造总面积 101 亩范围内	外来投资	110 500	

续　表

序号	项目名称	项目内容	投资方式	总投资	累计完成投资
3	文明街片区保护	200亩保护建设范围内	外来投资	110 000	
4	昆明主城东南部中心区开发	昆明东南部，占地3 500亩，建设医院、公园、住宅等	外来投资	1 000 000	160 000
5	大商汇物流中心	位于昆明市南郊，占地面积850亩，建筑面积60～100万平方米	外来投资	160 000	38 000
6	“滇池卫城”	成片开发土地面积4 000余亩，建设居住区	外来投资	350 000	46 056
7	阳宗海发电厂新增二台30万千瓦火力发电机组	阳宗海发电厂内新建增加二台30万千瓦火力发电机组	外来投资	258 000	53 266
8	云南华电昆明发电有限公司	新建4×30万千瓦昆明火电二厂	外来投资	183 000	464 512
*9	第七届全国残疾人运动会主场馆及配套设施	总用地2 200亩	社会投资	100 000	20 000
10	昆明鑫兴泽环境资源有限公司	在五华区建设日处理城市生活垃圾1 000吨	中外合资	24 734	1 793
二	争取开工和推进项目				
	小计			119 620	
1	滇池草海湿地开发	一期建设用地450亩，建设生态湿地、湿地公园	中外合资	6 640	
*2	垃圾焚烧发电	年焚烧发电处理垃圾1 000吨	中外合资	35 167	
3	自来水公司产权出让	转让自来水集团所属的自来水生产及供应系统主体部分49%的产权，转让标的约7.78亿元人民币，转让期限为30年	中外合资	77 813	
	合计			2 422 079	

昆明市2004年地方财政预算执行情况和2005年地方财政预算草案的报告

——2005年2月20日在昆明市第十一届人民代表大会第六次会议上

昆明市财政局局长　**叶一杉**

一、2004年财政预算执行情况

2004年，是国家宏观经济调控政策取得明显成效，新昆明建设全面推进的一年。全市各级政府和财税部门以邓小平理论和“三个代表”重要思想为指导，认真贯彻落实党的十六届三中、四中全会和市第八次党代会精神，牢固树立和落实科学发展观，紧紧围绕现代新昆明建设战略，加强收入管理，优化支出结构，深化财政体制改革，强化财政监管，不断提高财政运行质量，超额完成了全年财政收支任务，有力地促进了全市经济社会协调、健康发展。

（一）全市财政收支预算执行情况

全市财政总收入完成1 849 292万元，为预算的128.8%，比2003年完成数（同比，下同）增长36.8%。地方财政收入完成856 414万元，为预算的126%，增长36.1%；地方财政支出完成1 048 440万元，为预算的90.9%。

全市地方一般预算收入完成725 730万元，为预算的111.6%，增长20.7%；地方一般预算支出完成917 801万元，为预算的90.4%。

全市地方一般预算收支预计平衡情况是：地方一般预算收入725 730万元，上级补助收入364 721万元，调入资金7 621万元，上年结转结余80 191万元，收入方总计1 178 263万元；地方一般预算支出917 801万元，上解上级支出157 344万元，支出方总计1 075 145万元。收支相抵，年终结转结余103 118万元。

全市地方基金预算收入完成130 684万元，为预算的445%，增长360.6%；地方基金预算支出完成130 639万元，为预算的94.7%。

全市地方基金预算收支预计平衡情况是：地方基金预算收入130 684万元，上级补助收入9 632万元，上年结转结余10 222万元，收入方总计150 538万元；地方基金预算支出130 639万元，调出资金4 028万元，支出方总计134 667万元。收支相抵，年终结转结余15 871万元。

（二）市级财政收支预算执行情况

市级财政总收入完成1 168 296万元，为预算的141.1%，增长47.8%。地方财政收入完成437 695万元，为预算的141.4%，增长51.7%；地方财政支出完成476 282万元，为预算的92.9%。

市级地方一般预算收入完成322 672万元，为预算的111.4%，增长19.8%；地方一般预算支出完成362 616万元，为预算的91.4%。

市级地方一般预算收支预计平衡情况是：地方一般预算收入322 672万元，上级补助收入364 721万元，下级上解收入144 777万元，上年结转结余66 041万元，收入方总计898 211万元；地方一般预算支出362 616万元，上解上级支出157 344万元，补助下级支出293 479万元，支出方总计813 439万元。收支相抵，年终结转结余84 772万元。

市级地方基金预算收入完成115 023万元，为预算的583.4%，增长504%；地方基金预算支出完成113 666万元，为预算的97.9%。

市级地方基金预算收支预计平衡情况是：地方基金预算收入115 023万元，上级补助收入9 632万元，上年结转结余2 439万元，收入方总计127 094万元；地方基金预算支出113 666万元，补助下级支出5 400万元，支出方总计119 066万元。收支相抵，年终结转结余8 028万元。

（具体指标详见附件1表一至表四）

以上数字均为快报数，待全市财政决算编制完成并上报省财政厅批复后，再就有关变化情况向市人大常委会作专题报告。

2004年11月市政府按照《预算法》的相关规定，及时提出118 500万元的超收财力安排意见，报请市人大常委会审议后，超收收入重点用于城乡居民最低生活保障、文化产业发展、再就业工程实施、政府到期债务的偿付和新昆明建设重点工程等事项，相应调整追加了支出预算。

（三）预算执行和财政工作的主要特点

1. 财政收入呈现快速增长。2004年，我国国民经济情况运行良好，同时我市经济快速发展，为财政增收创造了有利的条件。各级财税部门加强收入监控，严格依法征管。全市地方财政收入保持快速增长势头：一是税收收入保持较快增长。烟草、电力、钢铁等支柱产业效益稳步提高，特别是昆明卷烟厂调整产品结构，大幅度提高了单箱税利；固定资产投资的快速增长对经济的拉动效应显著；房地产供需两旺，交易明显增加；城镇居民收入继续增加，消费品市场平稳运行。这些有利因素，带动了增值税、企业所得税、营业税、城建税、个人所得税等主体税种的明显增长。二是非税收入增长迅速。强化非税收入征管，严格执行“收支两条线”管理，规范土地管理，土地有偿使用收入超收10亿元。

2. 财政支出结构更加优化。在优先保障人员支出和机构正常运转的基础上，确保了重点支出的需要。从市级地方财政支出完成预算的比例看，2004年比2003年提高2.4个百分点。

一是加大了对“三农”的扶持。财政支农资金稳步增长，安排支农资金28 514万元，主要用于扶持优势产业项目和龙头企业、农村扶贫、农业综合开发、促进实体性涉农合作经济组织发展、优质水稻良种直接补贴；筹集专项资金用于禽流感防治和强制扑杀补偿等。

二是加大了对城乡社会保障的投入。筹集下岗职工生活费和再就业资金26 391万元，筹集企业离退休人员养老金84 890万元，筹集城市最低生活保障资金9 544万元；筹集救灾救济资金1 561万元，解决11.7万受灾群众的生活困难，对泥石流滑坡需搬迁的1 461户农民给予了补偿。

三是推动了社会事业发展。安排教育支出27 569万元；安排科技三项费9 363万元；安排文化产业发展资金3 000万元；安排卫生医疗资金13 181万元，主要用于医疗设备购置、突发公共卫生应急事件处理、传染病防治防疫和农村改水改厕；安排公检法司支出39 868万元，改善了政法部门的工作装备和办案条件，增强了社会治安综合治理的能力，维护了社会稳定。

四是支持了重点工程建设。安排贷款贴息资金1.7亿元，当年办理国内银行贷款33.2亿元，保证了官南路立交桥、滇池路改扩建等33项新昆明重点工程的顺利实施。

五是促进了新型工业化发展和国企改革。安排新型工业化发展资金6 500万元，扶持高新技术产业发展，促进企业产品结构调整；安排国企改革准备金9 500万元，有效弥补了国企改革成本缺口。

3. 财政改革稳步推进。

一是结合四区区划调整，及时调整和完善市对县（市）区的财政管理体制。按照属地征收的原则，更进一步明确划分市、县（区）两级财政的收支范围和税收分享比例，将两级财政的利益紧密联系起来，将会简化结算事项，明晰税收征管关系，降低税收征管成本。

二是在原有试点的基础上，市本级全面推行部门预算。进一步细化了预算管理，强化了预算刚性，增加了预算支出的透明度。

三是推动国库集中支付改革。进一步规范行政事业单位在编人员工资支出和纳入政府采购的设备购置费、机动车（船）保险费的财政直接支付，在市司法局等9个部门及其所属58个单位试行了国库集中支付改革。

四是加大了政府采购改革力度。严格执行政府采购预算，按采购合同拨付资金；在积极做好货物采购的基础上，服务采购取得了突破。

五是强化财政资金监管。开展财政投资评审，资金审减率达17.2%；对全市财政性资金、重点工程建设资金和专项资金开展自查自纠及重点检查抽查；开展市本级党政机关事业单位经营性资产清理；对新昆明重点建设项目资金进行专项审计。

六是积极配合农村税费改革。农村税费改革涉及到全市

80万农户、近300万农民，全市计税土地面积及农业税落实到户，农户签字认可率达99%；农民人均减负27.56元，亩均减负35.36元，总体减负率为61%。

总的来看，2004年预算执行情况良好。但财政运行中还存在一些问题，主要是财政收入对烟草、钢铁、电力这三个重点行业的依存度较高；各县（市）区之间经济发展不平衡，人均财力相差悬殊；财政改革的深度和力度有待加强；财政资金综合监管体系亟待建立；财政风险的防范和规避任务较重。我们将针对存在的问题，认真分析原因，逐步予以解决。

二、2005年地方财政预算草案

根据《国务院关于编制2005年中央预算和地方预算的通知》精神，2005年财政预算安排和财政工作的指导思想是：以邓小平理论和“三个代表”重要思想为指导，认真贯彻党的十六届四中全会、中央经济工作会议和市第八次党代会精神，以科学发展观统领财政改革与发展全局，按照稳健财政政策的要求，充分发挥公共财政职能；预算编制继续贯彻量入为出、积极平衡、留有余地的方针；大力培育财源，积极组织收入；优化支出结构，坚持农业基础地位，加大对县域经济的扶持力度，加大对生态环境保护的投入，完善社会保障制度，保持社会稳定；深化财政改革，强化财政监管，提高财政运行质量，促进现代新昆明建设和城乡经济、区域经济以及各项社会事业统筹、协调、持续、健康发展。

根据上述指导思想，拟将2005年地方财政主要预算指标安排如下：

（一）全市财政收支预算安排情况

全市地方一般预算收入783 788万元，比2004年同比增长8%；地方一般预算支出821 338万元，比2004年年初预算数增长17.4%。

全市地方一般预算收支平衡情况是：地方一般预算收入783 788万元，上级补助收入226 363万元，收入方总计1 010 151万元；地方一般预算支出821 338万元，上解上级支出188 813万元，支出方总计1 010 151万元。收支平衡。

全市地方基金预算收支及平衡情况是：地方基金预算收入140 170万元，比2004年同比增长7.3%；地方基金预算支出140 170万元，比2004年年初预算数增长378%。收支平衡。

（二）市级财政收支预算安排情况

市级地方一般预算收入418 631万元，比2004年同比增长8%；地方一般预算支出364 429万元，比2004年年初预算数增长16.4%。

市级地方一般预算收支平衡情况是：地方一般预算收入418 631万元，上级补助收入226 363万元，下级上解收入67 202万元，收入方总计712 196万元；地方一般预算支出364 429万元，上解上级支出188 813万元，补助下级支出158 954万元，支出方总计712 196万元。收支平衡。

市级地方基金预算收支及平衡情况是：地方基金预算收入124 509万元，比2004年同比增长8.2%；地方基金预算支出124 509万元，比2004年年初预算数增长531.5%。收支平衡。

（具体指标详见附件2表一至表四）

2005年市级财政预算由市级各部门的预算组成，三个开发区的财政预算在报告中以附件的形式反映（具体指标详见附件3表一至表三），其余各部门的预算将在相应部门预算草案中详细反映。政府37个组成部门和法检两院的部门预算将报送市人代会。

2005年，国民经济将保持持续较快增长，为增收提供了良好的宏观经济环境；新昆明基本建设投资力度的加大，对经济有较强的拉动作用；烟草、电力、钢铁等支柱税源保持良好的增长势头；对县域经济扶持力度的加强，县域经济实力可望有所提升；随着非税收入管理的深化，非税收入将保持较快增长。预计全市财政收入将继续保持稳定增长。

另一方面，2005年我市经济运行过程中也面临着一些不确定因素：宏观经济调控政策的调整，对投资增长的滞后影响可能显现；财政收入基数较大，财政大幅增长的难度加大；随着农村税费改革的深入，农业税的免征，将减少农业方面的税收收入，对县区的增收工作会带来一定影响。

因此，2005年收入预算安排的增幅目标已经充分考虑了各种因素，打足了各项收入，是一个比较积极的收入预算。

（三）市级财政支出安排的重点

按照《预算法》的要求，在确保机关事业单位职工工资按时足额发放、国家机关正常运转和执法办案所必须经费的基础上，支出重点保障以下方面：

1. 继续加大对“三农”的投入

大力推进农村城镇化步伐，推进农业产业化进程，加快农业经济结构调整，加大农村和农业基础设施的投入，高度关注粮食安全，推进农业科技进步，提高粮食单产和质量。安排农口支出29 649万元，增长9%。其中，农业综合开发资金1 779万元，增长46.5%；农业产业结构调整和产业化经营专项经费4 100万元，增长7.8%。安排农业人口独生子女奖优免补经费3 400万元。

2. 保障教育、科技、文化、卫生等方面的投入

保证教育、科学支出的法定增长。安排教育支出32 496万元，科技三项费9 459万元，卫生医疗资金12 349万元，文化产业发展资金3 000万元。

3. 促进城乡社会保障体系的完善

安排国有企业下岗职工基本生活费和再就业资金6 000万元，增长39.5%；安排行政事业单位离退休人员退休金13 000万元，增长40%；安排城镇居民最低生活保障资金2 800万元，增长12%；安排优抚安置资金530万元，增长130%；安排抗灾救灾资金400万元。

4. 保障新昆明重点工程建设资金需要

改进财政资金投入方式，安排国内银行贷款贴息资金15 828万元，预计可向银行贷款27亿元，用于今年重点工程的建设（具体项目详见附件4）；维护政府信用，安排到期还本付息资金102 772万元；规避财政风险，安排风险偿债资金35 305万元。

5. 保障新型工业化发展和国企改革的投入

安排新型工业化发展资金6 500万元，鼓励企业进行技术改造，激励新型工业化项目到昆落户，促进工业强市战略实施；安排国企改革准备金4 000万元，推动国企改革，增强国有企业的市场竞争力。

6. 增加对县域经济发展的扶持

认真贯彻省委、省政府《关于加快县域经济发展的决定》，支持县域经济发展，培植财源，加大对北部五县区的倾斜力度，增强县级财政实力，从根源上逐步缓解县乡财政困难。安排6 500万元专项资金支持县域经济发展。

7. 确保市委、市政府确定的重点项目资金需要

安排专项经费5 000万元，推进禁毒和防治艾滋病工作顺利开展；安排专项经费2 000万元，确保现代新昆明城市科学规划的资金需要；安排预备费13 665万元，主要用于突发事件应急处理等。

三、全面落实科学发展观，努力完成 2005 年财政工作任务

为圆满完成 2005 年财政收支任务，需要各级政府和财税部门强化服务意识，提高服务水平，狠抓增收节支，推进财政改革，按照依法理财的要求，扎实做好以下工作：

（一）发挥财政职能，促进经济发展

一是巩固重点财源，用好中央和省关于扶优扶强的政策，支持卷烟、电力、钢铁、冶金等重点财源进行技术改造，调整产品结构，迅速扩大市场占有份额；培养新型财源，着力培育电子信息、生物医药等高新技术产业。

二是抓住新昆明建设的重要机遇，转变财政支持经济发展的方式，充分发挥财政资金的导向作用，引导社会投资方向，推动重大工程项目建设，加大对主城区道路建设的投入力度，扩大财政资金的“乘数效应”；同时积极拓宽融资渠道，争取国外贷款，加快投资主体多元化建设步伐，增加资本金的注入，增强投资公司的融资能力，多渠道筹措新昆明建设资金，拉动经济在较长时期内保持平稳增长。

三是促进非公经济发展。优化非公经济发展的外部环境，落实各项非公经济发展扶持政策；利用贴息等手段，推进非公经济科技和管理创新。

（二）积极组织收入，强化征管力度

一是狠抓税收征管。改进税收征管手段，加强财税信息库建设，全面提升征管质量；加强对重点税源的监控和稽查，提高服务水平，保证重点税源稳定增长。

二是加强非税收入征管。规范收费征收行为，严格执行行政事业单位收费项目管理制度；对非税收入实行“单位开票、银行代收、财政统管”；进一步规范和完善土地管理制度，按照省政府《国有土地有偿使用收入管理规定》的要求，强化土地有偿使用收入管理。

（三）强化预算约束，严格支出管理

严格执行市人代会批准的预算，将预算落实到具体部门和项目；批复后的预算若发生追加和调整一律依照法定程序办理；继续控制会议费、接待费等支出，严格控制行政成本。加大财政国库集中支付力度，提高资金使用效率，逐步减少资金滞留预算单位的现象。

（四）推进财政改革，提高理财水平

一是继续推进部门预算改革。按照《预算法》的要求，进一步对非税收入分配细化预算，加强对部门预算结余资金的管理，提高预算编制水平和质量。

二是深化国库集中支付改革。在 2004 年试点的基础上，将已纳入会计集中核算的其余 32 个部门及其所属单位和政府采购工程类项目纳入国库集中支付改革试点，实现会计集中核算向国库集中支付的转轨；在各县（市）区有序地开展试点工作。

三是强化政府采购改革工作。严格执行《政府采购法》；规范货物采购，扩大服务采购，尝试工程采购；加大政府采购监管力度。

四是推动财政管理体制改革。认真做好新的市对四区财政管理体制落实，在一年的过渡期内，及时研究和解决执行过程出现的问题，为下一步市对其他县（市）区和开发区的财政管理体制改革奠定基础；在第二步农村税费改革中继续发挥组织协调作用，抓好县乡财政体制改革，切实做好农业税免征的后续相关工作；推进“乡财县管”和“专款切块包干到县”试点工作。

（五）强化财政监督，规范财政管理

加强财政投资评审，完善评审工作机制，健全评审程序，扩大评审范围；加大财政资金的问效力度，以财政专项资金绩效评价为突破口，逐步建立财政支出绩效评价体系；加强对新昆明重点建设项目和涉农资金的监管，充分发挥财政监督、审计监督和社会监督的职能；健全财政风险预警监测系统，强化政府债务监管；认真执行《会计法》，开展会计行业诚信建设，推进会计信息库系统建设，全面贯彻《云南省会计条例》，保证会计信息的真实完整。

附件 1：表一

2004 年昆明市地方财政一般预算执行情况表

单位：万元

项　　目	2004 年预算数	2004 年完成数	完成预算	增幅	项　　目	2004 年预算数	2004 年完成数	完成预算
一、增值税（25%）	143 332	167 004	116.5%	26.5%	一、基本建设支出	95 218	82 593	86.7%
二、营业税	202 807	222 458	109.7%	22.9%	二、企业挖潜改造资金	68 161	58 850	86.3%
三、企业所得税（16%）	29 873	37 736	126.3%	31.4%	三、地质勘探费			
四、企业所得税退税					四、科技三项费用	14 534	9 592	66.0%
五、个人所得税（16%）	13 928	15 185	109.0%	21.3%	五、流动资金			
六、资源税	3 533	3 403	96.3%	5.9%	六、农业支出	43 454	35 796	82.4%
七、固定资产投资方向调节税	511	17	3.3%	99.3%	七、林业支出	12 060	10 137	84.1%
八、城市维护建设税	76 034	87 392	114.9%	25.3%	八、水利和气象支出	18 878	14 145	74.9%
九、房产税	38 648	36 420	94.2%	2.1%	九、工业交通等部门的事业费	4 753	4 355	91.6%
十、印花税	8 445	9 990	118.3%	28.9%	十、流通部门事业费	4 387	2 541	57.9%

续　表

项　　目	2004年预算数	2004年完成数	完成预算	增幅	项　　目	2004年预算数	2004年完成数	完成预算
十一、城镇土地使用税	13 233	10 521	79.5%	13.3%	十一、文体广播事业费	28 407	25 030	88.1%
十二、土地增值税	230	533	231.7%	155.0%	十二、教育支出	132 697	129 260	97.4%
十三、车船使用和牌照税	6 346	6 342	99.9%	7.9%	十三、科学支出	5 060	3 733	73.8%
十四、屠宰税					十四、医疗卫生支出	37 919	36 524	96.3%
十五、筵席税					十五、其他部门的事业费	40 676	36 216	89.0%
十六、农业税	3 527	2 957	83.8%	41.3%	十六、抚恤和社会福利救济	47 277	35 576	75.2%
十七、农业特产税	16 443	19 058	115.9%	15.9%	十七、行政事业单位离退休支出	54 387	54 087	99.4%
十八、牧业税					十八、社会保障补助支出	67 775	59 879	88.3%
十九、耕地占用税	8 939	7 484	83.7%	12.1%	十九、国防支出	596	595	99.9%
二十、契税	28 641	25 367	88.6%	－4.3%	二十、行政管理费	102 371	98 106	95.8%
二十一、国有资产经营收益	531	2 728	513.7%	428.7%	二十一、外交外事支出	801	360	44.9%
二十二、国有企业计划亏损补贴	－3 000	－3 103	103.4%	－47.7%	二十二、武装警察部队支出	252	203	80.5%
二十三、行政性收费收入	11 815	20 099	170.1%	82.0%	二十三、公检法司支出	95 969	91 943	95.8%
二十四、罚没收入	16 550	20 545	124.1%	27.9%	二十四、城市维护费	61 340	58 731	95.7%
二十五、海域场地矿区使用费收入					二十五、政策性补贴支出	8 506	8 195	96.3%
二十六、专项收入	26 936	31 003	115.1%	19.5%	二十六、支援不发达地区支出	6 671	4 770	71.5%
其中：排污费收入	1 634	2 100	128.5%	31.3%	二十七、海域开发建设和场地使用费支出	50	10	20.0%
城市水资源费收入	358	160	44.7%	－55.3%	二十八、专项支出	28 525	22 469	78.8%
教育费附加收入	24 944	28 743	115.2%	19.8%	其中：排污费支出	2 199	1 565	71.2%
矿产资源补偿收入					城市水资源费支出	166	166	100.0%
二十七、其他收入	3 167	2 591	81.8%	－33.9%	教育费附加支出	26 160	20 538	78.5%
					矿产资源补偿支出			
					二十九、其他支出	34 824	34 105	97.9%
					三十、总预备费			
一般预算收入小计	650 469	725 730	111.6%	20.7%	一般预算支出小计	1 015 548	917 801	90.4%
上级补助收入		364 721			上解上级支出		157 344	
上划两税税收返还收入		159 419			原体制上解支出		111 423	
所得税基数返还收入		72 062			专项上解支出		42 015	
原体制补助收入					其他上解支出		3 906	
专项补助		81 012			年终滚存结余		103 118	

续　表

项　　目	2004年预算数	2004年完成数	完成预算	增幅	项　　目	2004年预算数	2004年完成数	完成预算
转移支付补助收入		41 371						
其他补助收入		10 857						
调入资金		7 621						
上年滚存结余		80 191						
地方财政一般预算收入总计		1 178 263			地方财政一般预算支出总计		1 178 263	

附件1：表二　　**2004年昆明市地方财政基金预算执行情况表**

单位：万元

项　　目	2004年预算数	2004年完成数	完成预算	增幅	项　　目	2004年预算数	2004年完成数	完成预算
一、工业交通部门基金收入	597	524	87.8%	-11.8%	一、工业交通部门基金支出	883	405	45.9%
二、商贸部门基金收入					二、商贸部门基金支出	778	522	67.1%
三、文教部门基金收入	39				三、文教部门基金支出	59	53	89.8%
四、社会保险基金收入					四、社会保险基金支出			
五、农业部门基金收入	99	63	63.6%	-36.4%	五、农业部门基金支出	3 541	2 381	67.2%
六、土地有偿使用收入	25 235	126 717	502.1%	417.2%	六、土地有偿使用支出	129 710	125 780	97.0%
七、政府住房基金收入					七、政府住房基金支出			
八、其他部门基金收入		890			八、其他部门基金支出	1 826	844	46.2%
九、地方财政税费附加收入	3 395	2 490	73.3%	-20.8%	九、地方财政税费附加支出	1 175	654	55.7%
基金预算收入小计	29 365	130 684	445.0%	360.6%	基金预算支出小计	137 972	130 639	94.7%
上级专项补助收入		9 632			调出基金		4 028	
上年滚存结余		10 222			年终滚存结余		15 871	
地方财政基金预算收入总计		150 538			地方财政基金预算支出总计		150 538	

附件1：表三　　**2004年昆明市市级地方财政一般预算执行情况表**

单位：万元

项　　目	2004年预算数	2004年完成数	完成预算	增幅	项　　目	2004年预算数	2004年完成数	完成预算
一、增值税（25%）	74 328	93 084	125.2%	35.3%	一、基本建设支出	63 966	59 126	92.4%
二、营业税	63 413	63 271	99.8%	11.7%	二、企业挖潜改造资金	19 826	17 176	86.6%
三、企业所得税（16%）	20 467	25 898	126.5%	31.3%	三、地质勘探费			
四、企业所得税退税					四、科技三项费用	9 363	6 302	67.3%
五、个人所得税（16%）	7 241	8 001	110.5%	21.5%	五、流动资金			
六、资源税	207	84	40.6%	-55.8%	六、农业支出	9 074	9 036	99.6%
七、固定资产投资方向调节税	450	1	0.2%		七、林业支出	2 288	2 180	95.3%

续　表

项　　　目	2004年预算数	2004年完成数	完成预算	增幅	项　　　目	2004年预算数	2004年完成数	完成预算
八、城市维护建设税	51 726	55 025	106.4%	14.9%	八、水利和气象支出	2 810	2 797	99.5%
九、房产税	16 232	13 480	83.0%	－9.9%	九、工业交通等部门的事业费	2 606	2 264	86.9%
十、印花税	3 968	4 741	119.5%	29.0%	十、流通部门事业费	1 726	1 058	61.3%
十一、城镇土地使用税	5 598	3 997	71.4%	－23.6%	十一、文体广播事业费	10 870	10 402	95.7%
十二、土地增值税	136				十二、教育支出	27 569	26 458	96.0%
十三、车船使用和牌照税	5 190	5 412	104.3%	11.6%	十三、科学支出	3 476	2 240	64.4%
十四、屠宰税					十四、医疗卫生支出	13 181	11 910	90.4%
十五、筵席税					十五、其他部门的事业费	20 713	16 046	77.5%
十六、农业税					十六、抚恤和社会福利救济	10 283	9 567	93.0%
十七、农业特产税					十七、行政事业单位离退休支出	9 783	9 728	99.4%
十八、牧业税					十八、社会保障补助支出	43 163	41 510	96.2%
十九、耕地占用税					十九、国防支出	75	72	96.1%
二十、契税	10 230	7 284	71.2%	－24.5%	二十、行政管理费	38 291	37 252	97.3%
二十一、国有资产经营收益	413	2 522	610.7%	522.7%	二十一、外交外事支出	801	360	44.9%
二十二、国有企业计划亏损补贴	－3 000	－3 000	100.0%	－48.6%	二十二、武装警察部队支出	147	107	72.7%
二十三、行政性收费收入	9 482	14 994	158.1%	60.9%	二十三、公检法司支出	39 868	38 333	96.1%
二十四、罚没收入	6 624	8 381	126.5%	26.5%	二十四、城市维护费	38 771	36 113	93.1%
二十五、海域场地矿区使用费收入					二十五、政策性补贴支出	5 498	5 496	100.0%
二十六、专项收入	14 750	17 486	118.5%	19.9%	二十六、支援不发达地区支出	2 521	2 511	99.6%
其中：排污费收入	950	1 462	153.9%	94.7%	二十七、海域开发建设和场地使用费支出	50	10	20.0%
城市水资源费收入	166	46	27.7%	－87.2%	二十八、专项支出	5 879	5 020	85.4%
教育费附加收入	13 634	15 978	117.2%	18.6%	其中：排污费支出	1 577	999	63.3%
矿产资源补偿收入					城市水资源费支出	166	166	100.0%
二十七、其他收入	2 283	2 011	88.1%	－42.2%	教育费附加支出	4 136	3 655	88.4%
					矿产资源补偿支出			
					二十九、其他支出	14 223	9 542	67.1%
					三十、总预备费			
一般预算收入小计	289 738	322 672	111.4%	19.8%	一般预算支出小计	396 821	362 616	91.4%

续 表

项　　目	2004年预算数	2004年完成数	完成预算	增幅	项　　目	2004年预算数	2004年完成数	完成预算
上级补助收入		364 721			上解上级支出		157 344	
上划两税税收返还收入		159 419			原体制上解支出		111 423	
所得税基数返还收入		72 062			专项上解支出		42 015	
原体制补助收入					其他上解支出		3 906	
专项补助		81 012			补助下级支出		293 479	
转移支付补助收入		41 371			上划两税税收返还补助		93 035	
其他补助收入		10 857			所得税基数返还补助		24 313	
下级上解收入		144 777			原体制补助		12 742	
原体制上解		83 663			专项补助		84 973	
专项上解		25 451			转移支付补助		54 503	
其他上解		35 663			其他补助		23 913	
上年滚存结余		66 041			年终滚存结余		84 772	
地方财政一般预算收入总计		898 211			地方财政一般预算支出总计		898 211	

附件1：表四

2004年昆明市市级地方财政基金预算执行情况表

单位：万元

项　　目	2004年预算数	2004年完成数	完成预算	增幅	项　　目	2004年预算数	2004年完成数	完成预算
一、工业交通部门基金收入	597	524	87.8%	-9.3%	一、工业交通部门基金支出	883	405	45.9%
二、商贸部门基金收入					二、商贸部门基金支出	778	522	67.1%
三、文教部门基金收入					三、文教部门基金支出	50	50	100.0%
四、社会保险基金收入					四、社会保险基金支出			
五、农业部门基金收入	60				五、农业部门基金支出	935	641	68.6%
六、土地有偿使用收入	18 360	114 499	623.6%	542.4%	六、土地有偿使用支出	113 145	111 935	98.9%
七、政府住房基金收入					七、政府住房基金支出			
八、其他部门基金收入					八、其他部门基金支出			
九、地方财政税费附加收入	700				九、地方财政税费附加支出	293	113	38.6%
基金预算收入小计	19 717	115 023	583.4%	504.0%	基金预算支出小计	116 084	113 666	97.9%
上级专项补助收入		9 632			专项补助下级支出		5 400	
上年滚存结余		2 439			年终滚存结余		8 028	
地方财政基金预算收入总计		127 094			地方财政基金预算支出总计		127 094	

附件2：表一

2005年昆明市地方财政一般预算收支预算表

单位：万元

项　　目	2004年完成数	2004年预算数	增幅	项　　目	2004年年初预算数	2004年年初预算数	增幅
一、增值税（25%）	167 004	181 867	8.9%	一、基本建设支出	57 536	47 284	－17.8%
二、营业税	222 458	244 704	10.0%	二、企业挖潜改造资金	55 131	49 333	－10.5%
三、企业所得税（16%）	37 736	39 246	4.0%	三、地质勘探费			
四、企业所得税退税		－		四、科技三项费用	12 074	12 124	0.4%
五、个人所得税（16%）	15 185	16 704	10.0%	五、流动资金			
六、资源税	3 403	3 743	10.0%	六、农业支出	27 158	30 667	12.9%
七、固定资产投资方向调节税	17	－		七、林业支出	6 071	8 452	39.2%
八、城市维护建设税	87 392	95 257	9.0%	八、水利和气象支出	15 997	16 200	1.3%
九、房产税	36 420	38 969	7.0%	九、工业交通等部门的事业费	3 144	4 329	37.7%
十、印花税	9 990	10 889	9.0%	十、流通部门事业费	1 288	3 220	150.0%
十一、城镇土地使用税	10 521	11 468	9.0%	十一、文体广播事业费	16 770	22 509	34.2%
十二、土地增值税	533	586	9.9%	十二、教育支出	114 723	135 781	18.4%
十三、车船使用和牌照税	6 342	6 849	8.0%	十三、科学支出	4 289	4 336	1.1%
十四、屠宰税		－		十四、医疗卫生支出	35 903	36 359	1.3%
十五、筵席税		－		十五、其他部门的事业费	25 673	30 254	17.8%
十六、农业税	2 957	－		十六、抚恤和社会福利救济	11 883	17 075	43.7%
十七、农业特产税	19 058	19 620	2.9%	十七、行政事业单位离退休支出	32 975	60 186	82.5%
十八、牧业税		－		十八、社会保障补助支出	24 579	26 553	8.0%
十九、耕地占用税	7 484	7 806	5.1%	十九、国防支出	256	241	－5.9%
二十、契税	25 367	27 396	8.0%	二十、行政管理费	70 439	93 702	33.0%
二十一、国有资产经营收益	2 728	3 028	11.0%	二十一、外交外事支出	750	290	－61.3%
二十二、国有企业计划亏损补贴	－3 103	－3 103		二十二、武装警察部队支出	190	295	55.3%
二十三、行政性收费收入	20 099	21 908	9.0%	二十三、公检法司支出	75 161	83 674	11.3%
二十四、罚没收入	20 545	22 600	10.0%	二十四、城市维护费	49 358	48 399	－1.9%
二十五、海域场地矿区使用费收入		－		二十五、政策性补贴支出	7 033	7 082	0.7%
二十六、专项收入	31 003	31 364	1.2%	二十六、支援不发达地区支出	5 989	5 915	－1.2%
其中：排污费收入	2 100	1 601	－23.8%	二十七、海域开发建设和场地使用费支出			
城市水资源费收入	160	157	－1.9%	二十八、专项支出	20 999	21 732	3.5%

续　表

项　目	2004年完成数	2004年预算数	增幅	项　目	2004年年初预算数	2004年年初预算数	增幅
教育费附加收入	28 743	29 606	3.0%	其中：排污费支出	950	1 601	68.5%
矿产资源补偿收入		-		城市水资源费支出	166	157	-5.4%
二十七、其他收入	2 591	2 828	9.1%	教育费附加支出	19 883	19 974	0.5%
				矿产资源补偿支出			
				二十九、其他支出	9 000	35 169	290.8%
				三十、总预备费	15 443	20 177	30.7%
一般预算收入小计	725 730	783 788	8.0%	一般预算支出小计	699 812	821 338	17.4%
上级补助收入		226 363		上解上级支出		188 813	
上划两税税收返还收入		159 419		原体制上解支出		133 708	
所得税基数返还收入		72 062		专项上解支出		50 418	
原体制补助收入				其他上解支出		4 687	
转移支付补助收入		1 881					
其他补助收入		-6 999					
地方财政一般预算收入总计		1 010 151		地方财政一般预算支出总计		1 010 151	

附件2：表二

2005年昆明市地方财政基金收支预算表

单位：万元

项　目	2004年完成数	2005年预算数	增幅	项　目	2004年年初预算数	2005年年初预算数	增幅
一、工业交通部门基金收入	524	369	-29.6%	一、工业交通部门基金支出	597	369	-38.2%
二、商贸部门基金收入				二、商贸部门基金支出			
三、文教部门基金收入				三、文教部门基金支出			
四、社会保险基金收入				四、社会保险基金支出			
五、农业部门基金收入	63	93	47.6%	五、农业部门基金支出	99	93	-6.1%
六、土地有偿使用收入	126 717	135 328	6.8%	六、土地有偿使用支出	25 235	135 328	436.3%
七、政府住房基金收入				七、政府住房基金支出			
八、其他部门基金收入	890	890		八、其他部门基金支出		890	
九、地方财政税费附加收入	2 490	3 490	40.2%	九、地方财政税费附加支出	3 395	3 490	2.8%
地方财政基金预算收入总计	130 684	140 170	7.3%	地方财政基金预算支出总计	29 326	140 170	378.0%

附件2：表三

2005年昆明市市级地方财政一般预算收支预算表

单位：万元

项　目	2004年调整完成数	2005年预算数	增幅	项　目	2004年年初预算数	2005年年初预算数	增幅
一、增值税（25%）	104 984	114 328	8.9%	一、基本建设支出	42 536	35 997	-15.4%
二、营业税	112 361	123 597	10.0%	二、企业挖潜改造资金	15 109	13 480	-10.8%

续　表

项　　　　目	2004年调整完成数	2005年预算数	增幅	项　　　　目	2004年年初预算数	2005年年初预算数	增幅
三、企业所得税（16%）	28 705	29 853	4.0%	三、地质勘探费			
四、企业所得税退税		0		四、科技三项费用	9 263	9 459	2.1%
五、个人所得税（16%）	8 642	9 506	10.0%	五、流动资金			
六、资源税	45	45		六、农业支出	13 341	15 859	18.9%
七、固定资产投资方向调节税		0		七、林业支出	2 607	3 358	28.8%
八、城市维护建设税	48 800	52 216	7.0%	八、水利和气象支出	6 558	5 650	－13.8%
九、房产税	19 118	20 074	5.0%	九、工业交通等部门的事业费	2 197	2 323	5.7%
十、印花税	2 731	2 895	6.0%	十、流通部门事业费	1 188	2 930	146.6%
十一、城镇土地使用税	5 171	5 481	6.0%	十一、文体广播事业费	8 462	14 866	75.7%
十二、土地增值税		0		十二、教育支出	27 859	32 496	16.6%
十三、车船使用和牌照税	2 710	2 927	8.0%	十三、科学支出	2 884	2 920	1.2%
十四、屠宰税		0		十四、医疗卫生支出	12 478	12 349	－1.0%
十五、筵席税	0	0		十五、其他部门的事业费	11 217	14 713	31.2%
十六、农业税	0	0		十六、抚恤和社会福利救济	6 965	8 688	24.7%
十七、农业特产税	0	0		十七、行政事业单位离退休支出	7 833	10 651	36.0%
十八、牧业税		0		十八、社会保障补助支出	13 626	16 295	19.6%
十九、耕地占用税	2 855	2 912	2.0%	十九、国防支出	60		
二十、契税	11 772	12 596	7.0%	二十、行政管理费	21 290	40 219	88.9%
二十一、国有资产经营收益	2 522	2 817	11.7%	二十一、外交外事支出	373	290	－22.3%
二十二、国有企业计划亏损补贴	－3 000	－2 000	0.0%	二十二、武装警察部队支出	110	232	110.9%
二十三、行政性收费收入	14 994	16 343	9.0%	二十三、公检法司支出	34 574	37 506	8.5%
二十四、罚没收入	8 381	9 219	10.0%	二十四、城市维护费	33 150	29 376	－11.4%
二十五、海域场地矿区使用费收入	0	0		二十五、政策性补贴支出	4 699	4 505	－4.1%
二十六、专项收入	14 819	14 649	－1.1%	二十六、支援不发达地区支出	4 713	4 782	1.5%
其中：排污费收入	1 462	900	－38.4%	二十七、海域开发建设和场地使用费支出			
城市水资源费收入	46	39	－15.2%	二十八、专项支出	12 151	10 601	－12.8%
教育费附加收入	13 311	13 710	3.0%	其中：排污费支出	950	900	－5.3%
矿厂资源补偿收入	0	0		城市水资源费支出	166	39	－76.5%

续　表

项　　目	2004年调整完成数	2005年预算数	增幅	项　　目	2004年年初预算数	2005年年初预算数	增幅
二十七、其他收入	2 011	2 173	8.1%	教育费附加支出	11 035	9 662	-12.4%
				矿产资源补偿支出			
				二十九、其他支出	8 655	21 219	145.2%
				三十、总预备费	9 170	13 665	49.0%
一般预算收入小计	387 621	418 631	8.0%	一般预算支出小计	313 068	364 429	16.4%
上级补助收入		226 363		上解上级支出		188 813	
上划两税税收返还收入		159 419		原体制上解支出		133 708	
所得税基数返还收入		72 062		专项上解支出		50 418	
原体制补助收入				其他上解支出		4 687	
转移支付补助收入		1 881		补助下级支出		158 954	
其他补助收入		-6 999		上划两税税收返还补助		96 940	
下级上解收入		67 202		所得税基数返还补助		9 225	
原体制上解		47 071		原体制补助		12 733	
专项上解		14 513		转移支付补助		38 214	
其他上解		5 618		其他补助		1 842	
地方财政一般预算收入总计		712 196		地方财政一般预算支出总计		712 196	

附件2：表四

2005年昆明市市级地方财政基金预算收支预算表

单位：万元

项　　目	2004年调整完成数	2005年预算数	增幅	项　　目	2004年年初预算数	2005年年初预算数	增幅
一、工业交通部门基金收入	524	369	-29.6%	一、工业交通部门基金支出	597	369	-38.2%
二、商贸部门基金收入				二、商贸部门基金支出			
三、文教部门基金收入				三、文教部门基金支出			
四、社会保险基金收入				四、社会保险基金支出			
五、农业部门基金收入		30		五、农业部门基金支出	60	30	-50.0%
六、土地有偿使用收入	114 499	123 110	7.5%	六、土地有偿使用支出	18 360	123 110	570.5%
七、政府住房基金收入				七、政府住房基金支出			
八、其他部门基金收入				八、其他部门基金支出			
九、地方财政税费附加收入		1 000		九、地方财政税费附加支出	700	1 000	42.9%
地方财政基金预算收入总计	115 023	124 509	8.2%	地方财政基金预算支出总计	19 717	124 509	531.5%

附件 3：表一

2005 年昆明市高新开发区地方财政收支预算表

单位：万元

项　　目	2004 年完成数	2005 年预算数	增幅	项　　目	2005 年年初预算数
一、增值税（25%）	8 246	8 968	8.8%	一、基本建设支出	2 527
二、营业税	5 368	5 897	9.9%	二、企业挖潜改造资金	
三、企业所得税（16%）	655	680	3.9%	三、地质勘探费	
四、企业所得税退税		–		四、科技三项费用	500
五、个人所得税（16%）	741	814	9.9%	五、流动资金	
六、资源税		–		六、农业支出	
七、固定资产投资方向调节税		–		七、林业支出	
八、城市维护建设税	2 700	2 885	6.9%	八、水利和气象支出	
九、房产税	1 472	1 544	4.9%	九、工业交通等部门的事业费	196
十、印花税	578	612	5.9%	十、流通部门事业费	
十一、城镇土地使用税	204	216	5.9%	十一、文体广播事业费	20
十二、土地增值税		–		十二、教育支出	767
十三、车船使用和牌照税	2	2	7.9%	十三、科学支出	162
十四、屠宰税		–		十四、医疗卫生支出	10
十五、筵席税		–		十五、其他部门的事业费	1 859
十六、农业税		–		十六、抚恤和社会福利救济	35
十七、农业特产税		–		十七、行政事业单位离退休支出	13
十八、牧业税		–		十八、社会保障补助支出	61
十九、耕地占用税		–		十九、国防支出	
二十、契税		–		二十、行政管理费	2 634
二十一、国有资产经营收益	822	895	8.9%	二十一、外交外事支出	
二十二、国有企业计划亏损补贴		–		二十二、武装警察部队支出	
二十三、行政性收费收入		–		二十三、公检法司支出	670
二十四、罚没收入	25	27	9.9%	二十四、城市维护费	1 891
二十五、海域场地矿区使用费收入		–		二十五、政策性补贴支出	
二十六、专项收入	1 147	1 177	2.6%	二十六、支援不发达地区支出	
其中：排污费收入		–		二十七、海域开发建设和场地使用费支出	
城市水资源费收入		–		二十八、专项支出	777
教育费附加收入	1 147	1 177	2.6%	其中：排污费支出	
矿产资源补偿收入		–		城市水资源费支出	
二十七、其他收入	14	15	5.7%	教育费附加支出	777
				矿产资源补偿支出	
				二十九、其他支出	2 359
				三十、总预备费	

续　表

项　　　　目	2004年完成数	2005年预算数	增幅	项　　　　目	2005年年初预算数
一般预算收入小计	21 974	23 732	8.0%	一般预算支出小计	14 481
一、工业交通部门基金收入				一、工业交通部门基金支出	
二、商贸部门基金收入				二、商贸部门基金支出	
三、文教部门基金收入				三、文教部门基金支出	
四、社会保险基金收入				四、社会保险基金支出	
五、农业部门基金收入				五、农业部门基金支出	
六、土地有偿使用收入	2 000	2 000		六、土地有偿使用支出	2 000
七、政府住房基金收入				七、政府住房基金支出	
八、其他部门基金收入				八、其他部门基金支出	
九、地方财政税费附加收入				九、地方财政税费附加支出	
基金预算收入小计	2 000	2 000		基金预算支出小计	2 000
地方财政收入合计	23 974	25 732	7.3%	地方财政支出合计	16 481
上级补助收入		671		上解上级支出	9 922
所得税基数返还收入		671		原体制上解支出	4 964
				专项上解支出	411
				其他上解支出	4 550
地方财政收入预算总计		26 403		地方财政支出预算总计	26 403

附件3：表二

2005年昆明市经济技术开发区地方财政收支预算表

单位：万元

项　　　　目	2004年完成数	2005年预算数	增幅	项　　　　目	2005年年初预算数
一、增值税（25%）	7 206	7 897	9.6%	一、基本建设支出	6 609
二、营业税	1 701	1 883	10.7%	二、企业挖潜改造资金	850
三、企业所得税（16%）	2 777	2 906	4.7%	三、地质勘探费	
四、企业所得税退税		–		四、科技三项费用	150
五、个人所得税（16%）	266	294	10.7%	五、流动资金	
六、资源税		–		六、农业支出	
七、固定资产投资方向调节税		–		七、林业支出	
八、城市维护建设税	2 561	2 758	7.7%	八、水利和气象支出	
九、房产税	549	580	5.7%	九、工业交通等部门的事业费	34
十、印花税	170	181	6.7%	十、流通部门事业费	
十一、城镇土地使用税	133	142	6.7%	十一、文体广播事业费	
十二、土地增值税		–		十二、教育支出	1 211
十三、车船使用和牌照税	3	3	8.7%	十三、科学支出	

续 表

项　　目	2004年完成数	2005年预算数	增幅	项　　目	2005年年初预算数
十四、屠宰税		–		十四、医疗卫生支出	69
十五、筵席税		–		十五、其他部门的事业费	907
十六、农业税		–		十六、抚恤和社会福利救济	
十七、农业特产税		–		十七、行政事业单位离退休支出	
十八、牧业税		–		十八、社会保障补助支出	
十九、耕地占用税		–		十九、国防支出	
二十、契税		–		二十、行政管理费	1 075
二十一、国有资产经营收益		–		二十一、外交外事支出	
二十二、国有企业计划亏损补贴		–		二十二、武装警察部队支出	
二十三、行政性收费收入	5	5		二十三、公检法司支出	289
二十四、罚没收入	4	4	10.7%	二十四、城市维护费	1 729
二十五、海域场地矿区使用费收入		–		二十五、政策性补贴支出	
二十六、专项收入	1 099	1 137	3.4%	二十六、支援不发达地区支出	
其中：排污费收入		–		二十七、海域开发建设和场地使用费支出	
城市水资源费收入		–		二十八、专项支出	800
教育费附加收入	1 099	1 137	3.4%	其中：排污费支出	
矿产资源补偿收入		–		城市水资源费支出	
二十七、其他收入	18	19	6.5%	教育费附加支出	800
				矿产资源补偿支出	
				二十九、其他支出	150
				三十、总预备费	365
一般预算收入小计	16 492	17 811	8.0%	一般预算支出小计	14 238
一、工业交通部门基金收入				一、工业交通部门基金支出	
二、商贸部门基金收入				二、商贸部门基金支出	
三、文教部门基金收入				三、文教部门基金支出	
四、社会保险基金收入				四、社会保险基金支出	
五、农业部门基金收入				五、农业部门基金支出	
六、土地有偿使用收入				六、土地有偿使用支出	
七、政府住房基金收入				七、政府住房基金支出	
八、其他部门基金收入				八、其他部门基金支出	
九、地方财政税费附加收入				九、地方财政税费附加支出	
基金预算收入小计	0	0		基金预算收入小计	0
地方财政收入合计	16 492	17 811	8.0%	地方财政收入合计	14 238

续　表

项　　目	2004年完成数	2005年预算数	增幅	项　　目	2005年年初预算数
上级补助收入		139		上解上级支出	3 712
所得税基数返还收入		139		原体制上解支出	2 118
				专项上解支出	219
				其他上解支出	1 375
地方财政收入预算总计		17 950		地方财政支出预算总计	17 950

附件3：表三　　**2005年昆明市旅游度假区地方财政收支预算表**

单位：万元

项　　目	2004年完成数	2005年预算数	增幅	项　　目	2005年年初预算数
一、增值税（25%）	55	59	7.5%	一、基本建设支出	531
二、营业税	4 970	5 398	8.6%	二、企业挖潜改造资金	500
三、企业所得税（16%）	135	139	2.7%	三、地质勘探费	
四、企业所得税退税		–		四、科技三项费用	
五、个人所得税（16%）	64	70	8.6%	五、流动资金	
六、资源税	45	44		六、农业支出	0
七、固定资产投资方向调节税		–		七、林业支出	
八、城市维护建设税	233	246	5.6%	八、水利和气象支出	
九、房产税	81	84	3.7%	九、工业交通等部门的事业费	
十、印花税	71	74	4.7%	十、流通部门事业费	
十一、城镇土地使用税	16	17	4.7%	十一、文体广播事业费	10
十二、土地增值税		–		十二、教育支出	150
十三、车船使用和牌照税		–		十三、科学支出	
十四、屠宰税		–		十四、医疗卫生支出	20
十五、筵席税		–		十五、其他部门的事业费	850
十六、农业税		–		十六、抚恤和社会福利救济	
十七、农业特产税		–		十七、行政事业单位离退休支出	
十八、牧业税		–		十八、社会保障补助支出	
十九、耕地占用税		–		十九、国防支出	
二十、契税		–		二十、行政管理费	1 595
二十一、国有资产经营收益		–		二十一、外交外事支出	40
二十二、国有企业计划亏损补贴		–		二十二、武装警察部队支出	20
二十三、行政性收费收入		–		二十三、公检法司支出	350
二十四、罚没收入	48	52	8.6%	二十四、城市维护费	756
二十五、海域场地矿区使用费收入		–		二十五、政策性补贴支出	

续　表

项　　目	2004 年完成数	2005 年预算数	增幅	项　　目	2005 年年初预算数
二十六、专项收入	100	101	1.5%	二十六、支援不发达地区支出	0
其中：排污费收入		–		二十七、海域开发建设和场地使用费支出	
城市水资源费收入		–		二十八、专项支出	85
教育费附加收入	100	101	1.5%	其中：排污费支出	
矿产资源补偿收入		–		城市水资源费支出	
二十七、其他收入	14	15	4.5%	教育费附加支出	85
				矿产资源补偿支出	
				二十九、其他支出	100
				三十、总预备费	300
一般预算收入小计	5 832	6 299	8.0%	一般预算支出小计	5 307
一、工业交通部门基金收入				一、工业交通部门基金支出	
二、商贸部门基金收入				二、商贸部门基金支出	
三、文教部门基金收入				三、文教部门基金支出	
四、社会保险基金收入				四、社会保险基金支出	
五、农业部门基金收入				五、农业部门基金支出	
六、土地有偿使用收入	1 110	1 110		六、土地有偿使用支出	1 110
七、政府住房基金收入				七、政府住房基金支出	
八、其他部门基金收入				八、其他部门基金支出	
九、地方财政税费附加收入				九、地方财政税费附加支出	
基金预算收入小计	1 110	1 110		基金预算收入小计	1 110
地方财政收入合计	6 942	7 409	6.7	地方财政收入合计	6 417
上级补助收入		157		上解上级支出	1 149
所得税基数返还收入		157		原体制上解支出	966
				专项上解支出	170
				其他上解支出	13
地方财政收入预算总计		7 566		地方财政支出预算总计	7 566

附件 4

昆明市本级政府性投资 2005 年重大项目国内银行贷款资金计划表

单位：万元

序号	项目名称	投资规模	2005 年投资计划		2005 年需贷款资金	2005 年应支　付利息额	测算利率（%）
			年度投资计划额	其中：市级投资			
	项目合计	4 111 794	397 000	274 800	274 800	15 828	5.76
一、	续建项目（8 项）小计	1 278 336	312 000	197 800	197 800	11 393	5.76
1	掌鸠河引水供水工程	394 100	30 000	10 000	10 000	576	5.76
2	昆洛公路改扩建工程	345 170	100 000	100 000	100 000	5 760	5.76

续　表

序号	项目名称	投资规模	2005年投资计划		2005年需贷款资金	2005年应支付利息额	测算利率（%）
			年度投资计划额	其中：市级投资			
	项目合计	4 111 794	397 000	274 800	274 800	15 828	5.76
3	城市东三环道路建设工程	108 143	30 000	30 000	30 000	1 728	5.76
4	官南路立交桥建设工程	31 760	7 000	5 000	5 000	288	5.76
5	高海公路改扩建工程	267 700	120 000	21 000	21 000	1 210	2.76
6	东川坝塘水库建设工程	19 963	5 000	5 000	5 00	288	5.76
7	乡乡通油路公路建设工程	104 700	20 000	20 000	20 000	1 152	5.76
8	交通畅通工程（一、二期）	6 800		6 800	6 800	392	5.76
二、	新开工项目（7项）小计	168 357	70 000	62 000	62 000	3 571	5.76
1	西二环改造工程	20 945	10 000	10 000	10 000	576	5.76
2	西坝路改造工程	15 000	5 000	5 000	5 000	288	5.76
3	福海立交桥建设工程	43 000	20 000	20 000	20 000	1 152	5.76
4	宝象河系统防洪工程	36 398	10 000	10 000	10 000	576	5.76
5	乌龙河截污综合整治工程	9 668	5 000	2 000	2 000	115	5.76
6	船房河截污综合整治工程	32 432	10 000	5 000	5 000	288	5.76
7	农村卫生旱厕改造工程	10 914	10 000	10 000	10 000	576	5.76
三、	前期项目（19项）小计	2 665 101	15 000	15 000	15 000	864	5.76
1	市级机关搬迁工程					–	
2	昆明滇池北岸水环境综合治理工程	490 000				–	
3	第二污水处理厂挖潜改造工程	7 186				–	
4	滇池南岸截污工程	40 000				–	
5	清水海调水工程	134 000				–	
6	草海生态区建设工程	48 815				–	
7	呈贡自来水厂建设工程					–	
8	昆明绕城西北段建设工程	527 800				–	
9	普吉至厂口公路建设工程	15 000				–	
10	主城二环快速系统建设工程	570 000				–	
11	环湖公路南段建设工程	510 000				–	
12	金碧路下穿建设工程	13 000				–	
13	乌东德电站进场路禄劝大松树公路建设工程	170 000				–	
14	福德立交建设工程					–	
15	滇龙路建设工程	63 000				–	
16	新吴路建设工程	24 500				–	
17	前新路建设工程	33 800				–	
18	新城垃圾处理场建设工程	18 000				–	
19	昆明新机场建设征地费					–	

说明：测算利率采用中央银行公布的1—3年期贷款利率

昆明市中级人民法院工作报告

——2005年2月22日在昆明市第十一届人民代表大会第六次会议上

昆明市中级人民法院院长　杨玉兰

2004年的主要工作

2004年，全市法院以“三个代表”重要思想为指导，在中共昆明市委的领导下，自觉接受市人大的法律监督和市政协的民主监督，紧紧围绕公正与效率主题，认真践行司法为民宗旨，坚持以审判工作为中心，全力维护社会稳定，奋力完成各项审判任务，共依法受理刑事、民事、行政、执行及减刑、假释等各类案件64 068件，审结61 510件，结案率为96%。其中，中级法院受理各类案件22 061件，审结21 077件，结案率为95.54%。全市法院审判工作继续保持了良好的发展态势，队伍建设、法院改革和基层基础等各项工作都取得了新的进展。主要体现在以下十个方面：

一、围绕审判中心，做好职能服务保障

全市法院的审判工作始终坚持突出维护国家安全和社会稳定、营造公正高效的司法环境和切实保障人民群众合法权益三个重点，不断努力发挥各项审判职能的作用。刑事审判继续坚定不移贯彻“严打”方针，依法严惩破坏国家统一、危害国家安全以及利用邪教组织破坏法律实施的犯罪；依法严惩危害人民群众生命和财产安全的杀人、抢劫、伤害、爆炸、绑架等严重暴力犯罪、黑恶势力犯罪、侵犯财产犯罪；加大打击力度，依法严惩走私、运输、贩卖毒品的犯罪；结合市场经济整顿，依法严惩走私贩私、金融诈骗、非法集资、制假贩假、侵犯知识产权等严重破坏市场经济秩序的犯罪；坚持打击腐败不松懈，依法严惩贪污、贿赂、渎职等严重危害国家利益的职务性犯罪，全力维护国家安全和社会秩序。全年共受理各类刑事案件7 300件，审结7 227件，结案率为99%，依法判处各类罪犯7 638人，其中判处五年以上有期徒刑直至死刑的犯罪分子2 358人，占判处罪犯总数的30.87%。依照罪刑法定的原则，两级法院在对罪犯适用主刑的同时，还十分重视依法适用附加刑，全年对罪犯单处或并处罚金、没收财产、剥夺政治权利共5 815人，占判处罪犯总数的76.13%。对涉及经济社会管理和人民群众利益的民事审判，两级法院始终坚持不断强化民权意识，平等保护各类当事人的合法权益。全年共受理婚姻家庭、损害赔偿、民事侵权、合同纠纷、涉外涉港澳台和知识产权等各类民商事案件24 777件，涉案标的60.3亿元，审结24 151件，结案率为97.47%，为维护诉讼当事人合法权益，依法制裁违法行为，疏导化解矛盾纠纷，促进经济社会协调发展作出了积极努力。行政审判高度重视和依法审理与人民群众切身利益密切相关的行政案件，尤其是通过依法审理涉及治安管理、城市拆迁、农民负担、社会保障、土地征用、企业重组改制、环境资源保护、计划生育实施等各类行政诉讼案件，依法保护公民、法人和其他组织的合法权益，监督、维护行政机关依法行使职权，努力协调“官民”矛盾。全年共受理各类行政诉讼案件839件，占全省受案总数的46%，已审结801件，同比分别上升88.54%和87.59%，还依法审结了国家赔偿案件9件，办理行政非诉执行案件585件。中级法院行政审判庭被最高人民法院评为2004年度全国法院行政审判工作先进集体。

二、突出工作重点，抓好大案要案的审理

通过公开审理全国关注的马加爵故意杀人案，运用事实证据和正确适用法律，依法对马加爵判处死刑，中央和省市媒体通过全国直播对此进行了有力度的报道，该案被中国法院网评为“2004年中国十大案件”之一；在全省“6·26”打击毒品犯罪统一行动中，依法对多次在境外组织指挥他人走私、贩卖、运输毒品海洛因2.1吨、麻黄素3吨的大毒枭谭明林和一批贩卖、运输毒品罪犯进行了公开宣判并执行死刑，充分显示了我国政府铲除毒品危害，打击毒品犯罪的坚强决心；中级法院还公开审理了重庆市人民检察院原常务副检察长郭宝云、昆百大集团原董事长吴新元、玉溪市人大常委会原副主任沈正书贪污、受贿、巨额财产来源不明等一批犯罪嫌疑人职务高、社会影响大、人民群众关注的职务犯罪案件。与此同时，民事、行政及涉外审判庭还依法审理了涉及国有企业改制、劳动争议、非公经济、金融纠纷、房地产经营、建筑承包、城市拆迁等一批有社会影响的典型案件。其中，一批中国银行云南省分行清理不良资产所涉金融纠纷案的依法高效审理和执行，直接为服务云南经济发展作出了贡献；一批涉及“三农”利益、损害赔偿、劳动争议、医患纠纷等民事热点、难点案件的依法审理，化解了社会矛盾，维护了社会稳定；一批工作难度大、情况复杂的破产案件的精心审理，慎重把握，有效地推进了全市国企改革的深化，受到了市政府的通报嘉奖；一批有重大影响的涉商标、专利侵权，驰名商标认定和著作权保护等知识产权和涉外案件顺利审结，我市审理知识产权案件的类型不断丰富，为我国履行WTO承诺，营造良好的投资环境提供了积极有效的司法服务。

三、维护当事人债权，大力推进执行工作

中院执行局在2002年推出八项执行工作改革措施的基础上，继续以“相信我们会尽职尽责”的高度责任感，通过不断更新执行理念，改革执行方式，规范执行程序的监督制约，启动全国联网加大对逃避执行债务人的举报、追查，重视对执行法律的宣传释明，规范实施执行裁判权和实施权的制约分立、透明执行期限和回告、规范公开拍卖变卖、建立执行风险提示、加大对基层法院执行统一协调等举措的有效实施，努力最大化地实现当事人的债权。2004年下半年以来，针对民工工资拖欠、人身损害赔偿以及赡养、扶养、抚养等五类涉及人民群众切身利益案件的执行，全市法院采取联动方式，

集中力量，有力度地连续两次组织开展“执行风暴”专项行动，攻克了一批长期难以执行的“骨头案”、“钉子案”，共有1 000余案件得到依法执结，实现债权1.2亿元，使三年多来未领到工资的民工、员工拿到了自己的血汗钱。一年来，全市法院共执结案件11 571件，执结率为88.65%，执行标的达54亿元，占全省执行总标的数的58%，继续保持了执行率提高，执行积案下降的良性循环态势。中级法院执行局被最高人民法院评为2004年度全国法院执行工作先进集体。

四、重视诉讼调解，积极推进排难解纷

调解是人民法院践行司法为民宗旨，实现“高效、快捷、低风险、低成本”的一种结案方式。全市法院按照“能调则调、当判则判、调判结合”的原则，坚持程序自愿调解、实体自愿处分、执行自愿兑现，积极推行“审前多说一句话，以后少说许多话”的负责精神，把调解贯穿于立案、审判和执行全过程，为不断完善改进诉讼调解制度，努力实践走出一条“调解多，上诉少，效果好，公信强”的路子进行了积极的探索和总结。全市法院全年共调解结案7 099件，调解率由上年的30%上升到41.32%。富民县法院被评为全国调解工作先进单位，案件调解率达79%；嵩明法院白邑法庭连续三年保持调解率在90%以上；五华、官渡一批法庭因调解工作出色，受到省高级法院表彰。2004年，中级法院和市司法局还联合召开了全市人民调解工作会，进一步统一思想，形成共识，健全制度，对加强诉讼调解和人民调解工作起到了积极的推动作用。

五、规范审判监督，强化案件质量管理

一是不断健全完善案件质量评查机构及网络，进一步确定案件评查范围、标准和程序，设立案件质量监督检查情况报告，对改判、发回重审案件实施专题分析和通报，继续实施违法审判、办案差错责任认定追究和质量考核奖惩等制度，通过全面检查、随机抽查、专项检查和重点督查等方式，加大对案件质量的监督评查力度。二是继续加强案件流程、案件质量、错案追究和岗位目标考核四个监督中心机制的建设，不断努力实现管案、管事与管人的有机结合。三是以依法纠错为重点，认真执行最高人民法院关于启动民事、刑事再审案件的有关司法解释，通过申诉审查、质量评查、检察机关提起抗诉和依审判监督程序立案再审案件119件，审结79件，其中，改判和部分改判26件，占已结再审案件的21.85%，较好地发挥了审判监督的职能作用。四是根据上级法院部署认真开展了超期羁押和超审限案件的集中清理，积极推进审限流程管理和预警机制建立。五是按照“办精品案件，创公信品牌”活动的要求，中级法院已连续两年组织开展了精品案件评选活动，去年评出的20个精品案例，经报省高级法院审判委员会审议批准可在全市法院审判实践中作为指导案例使用，其中已有两例先后被《最高人民法院公报》作为全国优秀案例选登刊用。中级法院通过强化案件质量管理，一审案件上诉维持率同比上升3.81个百分点，发回重审已基本控制在一位数以内；通过规范审限管理，已结案件除少量依法办理延限手续外，基本做到了在法定时限内审结。

六、坚持司法为民，落实便民利民措施

全市法院积极努力从救济民权、减轻民负、解除民忧、保障民意和体现民愿等方面扎实做好立案、审判和执行工作，认真落实各项便民利民措施。坚持平等保护原则，尊重当事人的举证权、充分陈述权和辩护权，依法维护其诉讼权利；规范立案工作，依法受理案件，针对弱势群体和军人等特殊对象设立优先立案窗口。在坚持推广假日法庭、巡回办案等制度基础上，积极推行互联网远程立案和传真受案，方便群众诉讼；重视加强信访工作，始终坚持院长、庭长和日常信访三级接待制度，不断改进完善信访报告制度、信访动态分析制度和全市法院信访工作协调联动制度，及时解决群众信访中所反映的有关问题；公开透明审判，重视法律释明，全面推行诉讼风险告知，注重加强对当事人的诉讼指导；实施司法救助和法律援助，关怀老弱病残、下岗职工等弱势群体，切实为困难群众提供诉讼服务，全年共对1 423件案件实施了司法救助，依法缓、减、免收诉讼费1 069.54万元。中级法院还在市政府的大力支持下，在全国法院首家建成方便群众，服务功能强，接待环境好，具有现代人文气息的诉讼接待中心。

七、延伸审判职能，积极参加社会治安综合治理

一是正确处理好依法打击与化解矛盾的辩证关系，坚持法律、法庭、法官进社区、乡镇，既开庭审理案件，又快捷就地解决纠纷，既注重加强基层工作，又有效防止矛盾激化，维护社区、乡镇稳定。二是妥善处理群体性诉讼案件，认真抓好涉法上访排查疏导工作，落实信访工作责任制，耐心细致地做好涉诉信访工作，努力把矛盾纠纷化解在基层和萌芽状态，中级法院被评为全市处理信访突出问题及群体性事件先进单位。三是对审判中发现的治安隐患和管理漏洞，及时提出司法建议，并注重联系审案实际，建立应对突发事件预警机制，妥善解决防止矛盾激化的苗头性、倾向性问题。四是重视审理好未成年人犯罪案件，在不断健全审判组织和改进审判方式的同时，注重对依法挽救、抓好预防教育和犯罪心理疏导进行审判调研和总结。五是认真组织开展减刑、假释案件执法大检查，通过面上普查、个案抽查，深入劳改场所听取意见，没有发现违法实施减刑、假释。2004年共完成了对15 095名罪犯减刑、假释的依法审理，并积极配合监管机关、基层群众组织对假释、缓刑人员和少年犯做好社区帮教工作。六是重视加强新闻宣传，坚持以新闻发言、公开审判、法庭直播、以案释法等形式，对人民群众进行直观生动的法制宣传和教育，全年共召开公判大会52场，旁听群众达10万余人，播出《法庭直播》电视节目52期，向各有关单位和新闻媒体报送刊载法院信息、宣传稿件1 221篇，同时，成立“昆明法院网站”，通过联通中国法院网，共发布各类信息上千余条，扩大了信息资源利用，加大了法制宣传力度。

八、加大教育培训力度，提高队伍职业素质

一是加强思想政治建设不放松。按照省、市委和上级法院部署，认真组织实施“云岭先锋”工程和“人民法院为人民，公正司法树形象”等专题教育活动，紧紧围绕依法审判、工作态度、效率作风、廉洁纪律、业外约束五个重点开展“审判作风自查自评自纠”，进一步加强了法官和干警对忠诚法律、公正敬业、文明服务、廉洁执法、严谨慎行职业道德内涵的理解和执行，教育活动得到上级法院和省、市检查组的好评。二是重视加强学习型法院建设。中级法院制定了建设学习型法院实施计划，大力倡导工作就是学习，学习就是工作的理念，通过开展案例分析、优秀法律文书点评，组织庭审观摩、法律适用研讨、成立院青年法官研究小组，坚持邀请全国知名专家、学者举办法律知识讲座等形式，不断增

强法官、干警的学习自觉性和积极性。三是加大力度强化审判职业技能培训。围绕“增强法官职业素养，提高法官驾驭庭审、法律适用、制作裁判文书三大能力”的要求，在保证完成审判任务的前提下，中级法院重视加大投入，利用滇沪合作，组织全市法院700余名法官集中进行封闭学习，并与华东政法学院合作组织100名审判骨干赴上海进行法律理论进修学习；积极鼓励中青年法官和干警进行高层次学历深造，在去年全国统一司法考试中，全市法院有24位同志成绩合格，在全省法院取得了通过率较高的良好成效。四是加强党风廉政建设。坚持以廉洁执法确保公正执法，逐级签订党风廉政责任书，落实“一岗双责”，建立廉政台账，严格考核和兑现奖惩；坚持领导干部任职廉政谈话、干警违法违纪预警提示和戒勉谈话制度，定期进行典型案例警示和廉政专题教育，全市有11个基层法院分别被党委评为落实党风廉政建设责任制先进集体或先进党支部；2004年中级法院经市文明办考核验收被评为市级文明单位，继续荣获全省法院系统和市委党风廉政建设奖励，并被评为全国法院纪检监察工作先进集体。

九、着力固本强基，加强基层基础建设

2004年，中级法院服从全局，以高效的作风和良好的协调，全力配合市区划调整，顺利完成了四城区法院案件受理和部分法庭的移交工作。积极争取党委、政府和上级法院的大力支持，加强调研，摸清底数，逐县落实，搞好规划，全力推进“两庭”建设。按照国家计委和最高人民法院确定的基层法院审判法庭建设规划标准，目前，除已达标和基本达标的官渡、盘龙、五华法院和呈贡法院外，全市尚未达标的10个基层法院审判法庭的新建、改建均已基本完成立项、选址和设计，进入施工和即将进入施工；41个派出人民法庭的调整、建设工作正在不断推进，全市“两庭”建设加快了步伐，跃上了新的台阶。2004年11月，中级法院召开了全市法院加强基层建设会议，在市委领导的关心重视下，中共昆明市委首次以党内文件形式转发了昆明中院党组《关于进一步加强法院基层建设的实施意见》，以此肯定了近几年来昆明法院抓基层建设的基本做法和今后的任务目标，对进一步推动昆明法院基层建设将具有十分重要的指导意义。

十、坚持党的领导，自觉接受人大法律监督和政协民主监督

人民法院的机关性质和职业特点，决定了人民法院无论什么时候，什么情况下，都必须要坚持服从党对法院工作的领导，都必须要自觉接受人大的法律监督和政协的民主监督。一年来，全市法院努力通过做好审判和执行工作，自觉维护党的领导，对重要工作和重大执法活动，坚持向党委报告。同时，全市法院不断强化“人大、政协意识”，深刻认识人大、政协监督就是支持、就是关心、就是促进的硬道理，努力从接受监督的形式、内容及程序的完善上进一步制度化、规范化；坚持与人大代表、政协委员加强联系，有计划地组织、邀请人大代表、政协委员旁听法院重大案件审理；认真接受人大代表、政协委员对法院工作的视察、检查，尤其是2004年市人大常委会组织对全市民事审判工作的检查，肯定成绩，分析问题，并提出要求，起到了很好的监督指导作用；法院还采取多种方式，主动听取人大代表、政协委员对法院工作的意见和建议；坚持定期向人大代表、政协委员通报法院重大审判工作和执法活动；中级法院认真办理人大代表建议、政协委员提案和有关督办事项，及时报告处理结果，对去年“两会”提出的建议2件、提案6件，均坚持与代表、委员面商听取意见，全部在规定期限内予以办结，对提出的25个具体个案也全部予以办理答复。

各位代表，回顾一年来的工作，我们深深体会到，昆明市两级党委、人大、政协、政府以及各有关方面对法院工作和建设给予了高度重视及理解支持，这种良好的执法环境，是全市法院坚持公正司法的重要保障，是法院谋求新的发展所要十分珍惜的宝贵优势。在肯定成绩的同时，我们也更加清醒地看到工作中还存在的问题和困难：一是在把握审判全局、不断克服就案办案和处理好法律效果与社会效果有机结合的关系上还需进一步改进；二是极少数法官由于业务水平不高、工作责任心不强、审判程序不规范、裁判文书说理不充分，致使有的案件仍然存在质量不高的问题；三是队伍的审判作风、工作纪律、文明执法仍需不断改进提高；四是深入实际，深入基层调查研究，对基层法院领导班子、审判业务、“两庭”建设指导的力度要进一步加大；五是审判力量、执法条件与形势任务发展不相适应的矛盾更加突出，有的基层法院和人民法庭办案力量严重不足，基础设施薄弱，办公条件落后，严重制约了审判工作的正常开展。对此，我们将不断总结完善，积极创造条件，逐步加以解决和改进。

2005年的主要任务

2005年是深入贯彻党的十六届四中全会和市委八届五次会议精神，加快推进现代新昆明建设的重要一年，也是实现“十五”规划的最后一年。根据形势任务的要求，全市法院工作的指导思想是：以党的十六届四中全会精神总揽全局，以科学发展观为指导，以维护社会公平正义为标准，以抓好审判和执行工作为核心，以全面推进班子和队伍建设为根本，以完善机制实行规范化管理为关键，以加强基层基础建设为重点，以改善司法条件为保障，不断提高司法能力和水平，充分发挥全市法院为创建“法制云南”和“平安昆明”应有的职能作用，为全面奋斗小康社会和推进新昆明建设提供坚强有力的司法服务和保障。总体任务要求是：以增强司法能力，提高司法水平为目标，通过全面加强法院工作，力争昆明法院在全省能更多地建成无枉法裁判案件、无超审限案件、无重大上访案件、无矛盾激化事件、无严重违法违纪事件、无重大安全责任事故的“六无”法院；大力推进机制建设和基层基础工作，加快实现全市法院的审判规范化、质量精品化、管理科学化、机制健全化、装备现代化；努力使全市法院能有一个好班子，有一支好队伍，有一批好法庭，有一套好制度，有一个好环境。为此，要着力抓好以下四个方面的工作：

一、增强司法能力，提高司法水平

人民法院司法能力和水平的提高是落实增强党的执政能力的必然要求。全市法院必须注重从六个方面增强司法能力：一是增强惩罚刑事犯罪，维护国家安全和社会稳定的能力。要认真贯彻全国、全省政法会议精神，继续坚持严打方针不动摇，坚决依法惩处各类严重刑事犯罪，全力维护国家安全和保障人民群众生命财产不受侵犯，认真执行宽严相济的刑事政策，使严打斗争取得更好的法律和社会效果。二是增强依法调节经济关系，促进社会主义市场经济健康发展的能力。要继续贯彻民事主体平等保护的原则，进一步重视运用法律手段，加大对非公经济、国企深化改革的法律服务和保障，通过对各类民事案件的依法审理，切实保护市场权利主体，维护市场交易秩序，保障产品、商品和服务质量，促进社会

诚信体系的建立。三是增强依法处理矛盾纠纷，保障社会和谐的能力。要更加重视抓好诉讼调解和指导人民调解工作，大力推广多种行之有效的调解方法和经验，把人民调解和诉讼调解紧密结合起来，切实关注群众切身利益的依法维护，进一步健全解决社会矛盾纠纷的有效机制。四是增强支持和促进依法行政，推进社会主义民主政治建设的能力。通过行政审判，维护依法行政，纠正违法和显失公正的行政行为，依法协调好公共权力与公民权利的关系，不断增进人民群众和政府之间的相互信任，从根本上减少社会不安定因素。五是增强在司法领域保障人权，维护人民群众合法权益的能力。要坚持以人为本的发展观，关注民生，保障人权，在诉讼中杜绝超期羁押和超审限问题发生；重视维护公民的各项诉讼权利，努力营造讲事实、讲证据、讲法律、尊重人、关心人的民主诉讼氛围。六是增强正确适用法律、公正高效司法，保障在全社会实现公平和正义的能力。要不断培养提高法官依法办案、驾驭庭审、化解矛盾、判决说理和自强素质的能力；不断追求释法析理、胜败皆服，定纷止争、案结事了的审判目标。

二、注重机制建设，加强审判管理

完善的机制建设是公正司法的重要保证。要进一步强化审判流程管理，坚持规范立案，严格排期回告和审限预警，制定信访突出问题和群体事件联合处理制度，确保无影响社会稳定的重大上访事件和突发事件；要深化案件质量管理，完善案件质量评查体系，继续在全市法院开展精品案例和优秀裁判文书的评选，努力在省会法院审理出一批有影响的优秀典型案件，形成一批具有昆明法院特点的审判成果和经验，培养出一批讲政治、精法律、有技能的学者型、专家型法官；要进一步坚持程序的独立价值，依法正确适用实体法律，增强审判透明度，不断提高公开审判率和当庭宣判率，逐步推行生效法律文书的网上公开；要继续重视法律文书规范性、说理性的改革，增强对合议庭工作的管理，根据最高人民法院的指定和要求，积极启动法官助理试点工作；要继续深化审判监督和执行工作改革，着重抓好依法再审、国家赔偿确认，不断创新执行方法，努力探索形成合力的执行联动机制，继续加大执行力度；要大力加强调研、新闻、法制信息宣传工作，继续以公开审判、法庭直播、以案释法、走进法院等形式，开展法律宣传教育，增强群众法治意识；要认真贯彻全国人大《关于完善人民陪审员制度的决定》，在人大和有关方面的支持下，认真落实做好人民陪审员的选任、培训工作。

三、立足队伍根本，强化素质建设

要进一步坚持人才兴院、人才强院、政治建院的方针，按照中央和省、市委的部署，结合“云岭先锋”工程和党风廉政建设的推进，认真组织开展好保持共产党员先进性教育活动，切实解决好“为谁执法”的根本问题，促进法官树立以服从法律为天职，以违法审判为耻辱，自觉维护司法权威的职业信念；要始终把党风廉政建设放在首位，切实抓好实施党风廉政责任制的“龙头工程”，查办违法违纪的“拳头工程”和建立“不愿为、不敢为、不能为”长效预防机制的“源头工程”，努力在法官队伍里营造以廉为荣、执法如山的廉政氛围。要全面开展职业技能培训和岗位练兵，加大法官素质培训力度，继续与高等院校加强合作，组织审判和工作骨干到专门院校、国家法院学院进修学习，鼓励高层次学历进修，促进法官队伍“一个素养，三个能力”的提高；要通过院庭长带头办案、组织案例剖析、举办专家讲座、开设“法官论坛”等形式，进一步加强学习型法院建设；要积极倡导人文关怀，重视法官职业保障，坚持既从严治警，又从优待警；要继续抓好法院文化建设和加大争创活动力度，在全市法院开展“五好法院”、“五好庭室”、“十佳优秀法官”、“十佳服务标兵”的评选活动，弘扬正气，树立典型，加大争先创优力度，扎实做好基础工作，全面提高管理水平。

四、突出基层重点，完善司法保障

抓好基层基础建设，事关全市法院队伍的整体水平提高和执法形象树立。要坚持不懈地狠抓基层班子建设，不断加大对基层法官素质的培训提高，重视文明执法改进作风，深入实际加强对基层法院法律监督和业务指导，扎实抓好基层法院“两庭”建设，努力使10个基层法院审判综合楼的建设在“十五”期间基本实现达标，41个派出中心法庭为期三年的调整、建设工作将继续推进落实。

昆明市人民检察院工作报告

——2005年2月20日在昆明市第十一届人民代表大会第六次会议上

昆明市人民检察院检察长　**王汝能**

2004年检察工作主要情况

2004年，全市检察机关以邓小平理论和“三个代表”重要思想为指导，在市委和省检察院的领导下，在人大及其常委会的监督、政府的支持和政协的民主监督下，突出“强化法律监督，维护公平正义”的工作主题，按照“加大工作力度，提高办案质量和执法水平”的总体要求，全面履行法律监督职能，检察业务工作、队伍建设取得新进展，为我市创造和谐稳定的社会环境和公正高效的法制环境做出了努力。

一、充分发挥检察职能作用，努力维护社会的和谐稳定

继续深入开展“严打”整治斗争，积极参加打击“两抢”、“拐卖儿童”和“禁赌”等专项整治行动，保持对严重刑事犯罪的高压态势。全年共受理提请批捕各类刑事犯罪案件6 222件9 613人，经审查，批准逮捕5 603件8 404人，比上年上升2.2%和4.4%；共受理移送审查起诉案件6 753件10 998

人，经审查，提起公诉5 705件8 912人，比上年下降 1.9%和1.6%。

（一）坚持突出重点，严厉打击严重刑事犯罪。将打击的锋芒指向爆炸、杀人、伤害、绑架、强奸等严重暴力性犯罪，批准逮捕607件736人，提起公诉611件845人；着力打击抢劫、抢夺、盗窃等影响群众安全的多发性犯罪，批准逮捕3 069件4 579人，起诉3 097件4 922人；坚持不懈地打击制造、贩卖、运输毒品犯罪，批准逮捕969件1 471人，起诉830件1 296人；依法惩治利用“法轮功”等邪教组织破坏法律实施的犯罪，批准逮捕17件21人，起诉18件22人；保持对走私、金融诈骗、偷税骗税、制假售假等危害市场经济秩序犯罪的打击力度，批捕97件145人，起诉102件148人。

（二）加强配合与制约，确保“稳、准、狠”地打击犯罪。坚持对重、特大案件提前介入，强化引导侦查取证工作，共提前介入各类重、特大刑事案件105件。如及时介入了马加爵故意杀人一案，引导公安机关全面收集、固定证据，并依法快捕快诉，为法院快审快判奠定了基础；与公安、工商、税务等20余家单位建立了行政执法与刑事执法相衔接的工作机制，确保行政执法中发现的犯罪能够得到及时惩处；在办理案件中，严把事实关、证据关、程序关，正确适用法律，依法不批准逮捕925人，不起诉299人，追捕3人，追诉6人。

（三）做好检察环节的社会治安综合治理工作。认真接待群众来信来访，共接待来访2 090人，其中集体访13起187人(次)，处理群众来信1 278件，通过完善“检察长接待日”制度，落实控告申诉“首办责任制”，努力化解矛盾。五华区检察院、盘龙区检察院被高检院授予“文明接待示范窗口”，官渡区检察院被授予“文明接待室”。通过“举报宣传周”，送法进学校、进社区，在省第三监狱建立“预防犯罪警示教育基地”等多种途径，开展法制宣传教育；在办理未成年人员犯罪案件中，坚持“教育、感化和挽救”的原则，切实维护其合法权益，成效明显，其中西山区检察院被授予全国优秀“青少年维权岗”；配合有关部门开展社会治安防控体系建设、平安创建活动和社区矫正试点工作；在办理刑事案件中，注意分析社会治安状况，积极提出防范建议，为领导机关决策提供参考。

二、加大查办和预防职务犯罪工作力度，促进了反腐败斗争深入开展

按照中央和省市委反腐败斗争的总体部署，坚持“一要坚决，二要慎重，务必搞准”的原则，以案件质量为核心，以机制建设为保障，走“质量型、精品型”的办案路子，查办职务犯罪案件工作取得明显进展。共受理案件线索595件，初查440件，立案侦查139件175人。在注重办案数量的同时，更加注重办案质量，全年案件侦查终结率为76.4%，比上年上升6.5个百分点；起诉率为77.4%，比上年上升2.8个百分点。通过办案为国家挽回直接经济损失809.41万元。

（一）集中力量查办了一批大案要案。共立案查处贪污贿赂5万元、挪用公款10万元以上大案65件，查处县处级干部涉嫌犯罪的要案18件18人，大案要案占查办案件的69.7%，比上年上升3.8%。如省电力集团有限公司社会事业保险管理局局长王连云涉嫌受贿42万元、省旅游局规划处处长张大运涉嫌贪污5万元被查处。

（二）严肃查办行政机关、司法机关工作人员职务犯罪案件。共查处涉嫌贪污贿赂犯罪的司法人员、行政执法人员27人，占查处总人数的18%，为促进司法公正和依法行政作出了积极努力，如安宁市地税二分局局长范为国涉嫌贪污10万元被查处。

（三）积极查办发生在国有企业、事业单位的职务犯罪案件。共查处贪污受贿、挪用公款的犯罪嫌疑人79人，占立案总人数的52.7Z%。如查处了昆明乐奇食品有限责任公司董事长王耀荣利用企业改制之机涉嫌贪污14万元、省地热开发有限公司董事长李乙白涉嫌挪用公款100万元等一批案件，保护了国有资产的安全。

（四）依法查处发生在农村基层组织中的职务犯罪。针对农村基层组织人员职务犯罪侵犯群众利益，影响农村社会稳定的问题，检察机关主动深入乡镇发现案件线索，及时查处了在协助政府从事公务管理过程中涉嫌职务犯罪的人员28人，占立案总人数的18.7%。如富民县大营镇东元村委会书记杨发义等4人涉嫌贪污11万元被查处。

（五）查办了一批渎职、“侵权”犯罪案件。以开展“查办国家机关工作人员利用职权实施的侵犯人权犯罪案件”专项活动为重点，促进渎职、“侵权”检察工作深入发展。共受理徇私舞弊、玩忽职守、滥用职权等案件线索81件，初查74件，立案侦查20件25人，其中重特大案件5件，打击了执法不严、司法不公背后的职务犯罪。如市公安局禁毒支队二大队干警黎明涉嫌私放在押人员犯罪被查处。

（六）预防职务犯罪工作发展迅速。认真落实“标本兼治，从源头上治理腐败”的方针，把预防职务犯罪工作摆到了更加突出的位置。与市滇池管理局、国土资源局、质量技术监督局等单位建立预防职务犯罪联系制度，积极开展预防对策研究，推动完善行业内控机制；参与对昆洛公路、昆安公路、滇池污染治理等现代新昆明建设重点工程招投标活动的监督，检查“廉政合同”执行情况，深化了同步预防；结合办案加强对职务犯罪原因、特点和规律的分析，深入发案单位开展法制宣传，向有关部门提出整改意见，突出个案预防效果；制作、发放《预防职务犯罪宣传片》，组织2 000余名国家工作人员参观设置在五华监狱的昆明市“预防职务犯罪警示教育基地”，加大了教育宣传的力度。

三、全面加强诉讼监督，促进了司法公正

（一）加强刑事侦查监督和审判监督。以开展“打击制假售假、侵犯知识产权犯罪立案监督专项行动”为重点，推进立案监督工作。共受理立案监督线索38件，对其中22件应当立案而没有立案的刑事案件，通过监督程序督促公安机关立案，如制售假冒食盐的李会明涉嫌犯罪没有被刑事追究，经监督后已被立案查处。加强对审判活动的监督，重点监督纠正量刑畸轻畸重、有罪判无罪等问题，对认为确有错误的判决、裁定提出抗诉16件，法院审结11件，其中改判5件，发回重审3件。如潘利兴一案，一审以故意伤害罪判处其有期徒刑11年，抗诉后，二审以过失致人死亡罪改判为有期徒刑5年。

（二）加大对刑罚执行活动和监管活动的监督力度。开展了“减刑、假释、保外就医专项检查”，共对47 764人的减刑、假释、保外就医情况进行清理检查，对不符合条件的81人予以监督纠正；加强对看守所内已判刑罪犯交付执行情况的监督，防止了违法留所服刑现象的发生；继续巩固清理超期羁押工作的成果，落实防止和纠正超期羁押的长效机制，保持了检察办案环节无超期羁押。

（三）民事诉讼和行政审判监督工作取得了新进展。共受理当事人不服法院民事、行政判决、裁定的申诉409件，审查后立案118件，对认为确有错误的提出抗诉17件，提请省检察院抗诉37件，目前法院已审结18件，改判和调解结案14件。发出再审检察建议6件，均已被采纳。对原判决正确

的315件做好息诉工作，努力维护司法权威。

（四）切实做好控告申诉检察工作。开展了“涉法”上访专项清理，对20件涉及检察机关的上访案件进行挂牌督办，已经办结15件，当事人均表示息诉停访，为及时化解矛盾发挥了积极作用；共立案复查刑事申诉案件14件，已办结7件，改变原决定2件；受理刑事赔偿案件15件，坚持有错必纠的原则，对其中确有错误的6件已依法赔偿。

四、围绕全面提高素质，检察队伍建设取得新成效

（一）坚持理论武装，不断加强政治思想建设。认真学习党的十六届三中、四中全会精神，开展了“科学发展观、正确政绩观、马克思主义群众观”的主题教育，深刻领会加强党的执政能力建设对检察工作的重大指导意义，干警的政治素质得到提高。积极实施“云岭先锋”工程，开展争创“共产党员先锋岗”活动，基层党支部建设得到加强。开展建设“学习型”领导班子活动，坚持党组中心组定期学习和个人自学相结合，丰富业务知识，提高理论水平，班子的战斗力和执法能力得到增强。

（二）以专项检查为重点，深化“强化法律监督，维护公平正义”教育活动。在教育活动中，开展了“四查四看”：查思想，看廉洁从检的思想树得牢不牢；查纪律、看执行纪律严格不严格；查作风、看执法作风端正不端正；查管理、看管理制度落实不落实。进行了三个专项检查，对2003年的326件不起诉案件进行清理复查，其中2件确有错误的得到纠正；对检察人员违法违纪、插手经济纠纷的问题进行检查，共清查自侦案件619件，民事行政抗诉案件570件，均未发现有违法违纪现象；对检察机关自侦案件扣押案款、案物进行检查，共清理案款1 081万元，案物29件，未发现违法使用案款、案物的行为。通过教育活动，全市检察机关执法行为进一步规范。

（三）坚持从严治检，切实抓好党风廉政建设。严格执行党风廉政建设责任制，认真落实高检院对领导干部的“六个严禁”，市检察院党组向全市检察干警作出“廉洁自律五项承诺”，忠实履行党和人民赋予的神圣职责，绝不以权谋私；实行院领导定期上党课、纪检监察部门负责人列席检察委员会、干警个人重大事项报告、上级对下级谈话等制度；开展了“勤政为民，廉洁务实”教育月活动，通过组织观看警示教育片、反腐倡廉成果展对干警进行教育，廉洁从检意识得到增强。

（四）夯实基础，继续推进基层检察院建设。认真落实《基层人民检察院建设纲要》，坚持市院领导定点联系，重点帮扶，实行定期检查，量化考核措施，引导基层检察院以业务工作为中心，不断提高执法规范化建设的水平。在市委的关心和县（市）区委的支持下，部分基层检察院的领导班子得到进一步的充实和加强；建立对基层检察院领导班子思想政治建设巡察制度，强化教育、管理和监督；继续推进基层检察院业务用房和专业技术用房建设，目前5个院的建设任务已经完成，3个院正在建设中，3个院已经批准立项。

（五）注重检察文化建设，加强教育培训。坚持以人为本，充分发挥检察文化的导向作用和激励作用，开展了“夯实基础、团结拼搏、构筑一流”的“昆检精神”讨论，编写《昆明检察论坛》丛书，举办“四季讲坛”，请专家、学者进行法律、经济、文化等方面的讲座，营造了务实、团结、进取、争优的氛围。积极创建学习型检察院，拓宽人才培养的方式和途径，组织198名检察干警到西南政法大学进行专项培训，对公诉、侦查监督和自侦部门的干警进行了全员业务培训；努力提高干警的学历层次，共有102人参加本科远程教育，13人攻读硕士，1人攻读博士，现全市检察干警中大学本科以上学历的有631人，占68.8%，队伍的整体素质得到了提高。

一年来，全市检察机关涌现出了一批先进集体和个人，五华区检察院被评为全国“十佳”检察院，2名干警被高检院授予“全国优秀公诉人”，1人被高检院授予“优秀司法警察”，1人被评为云南省“十佳”政法干警。

五、自觉接受监督，深化检察改革，增强服务效果

（一）自觉接受人大的法律监督和政协的民主监督。增强接受监督的意识，认真向人大及其常委会报告工作，向政协通报工作，坚决执行人大及其常委会的决议；进一步加强与人大代表、政协委员的联系，健全听取意见的途径和方式，完善联系的机制和措施，做到联系经常化、制度化；主动邀请人大代表、政协委员视察，通过向人大代表、政协委员写一封信的形式通报工作情况，对代表、委员们提出的意见和建议，采取有效措施认真加以整改落实；认真办理人大常委会督办的案件10件和政协委员的提案2件，并及时报告情况。

（二）进一步深化检察改革。根据上级检察院的统一部署，在市委的领导和人大的支持下，开展了人民监督员制度试点工作，全市两级检察院共选任人民监督员88名，其中人大代表和政协委员63名，对检察机关直接受理立案侦查的案件中，拟作撤案、不起诉以及犯罪嫌疑人不服逮捕决定的三类案件进行监督，现有8件案件经人民监督员监督后全部维持原拟定意见；聘请了9名专家、学者担任特约检察员和专家咨询委员会委员，充分发挥其联系群众、决策咨询、外部监督的作用，使该项制度得到了深化；完善了主诉、主侦检察官办案责任制，探索实行与责、权、利相配套的各项措施；建立了公诉案件审查与辩护律师意见交换制度，保障律师在检察环节依法履行职责；强化全市检察机关职务犯罪侦查一体化机制，使之在突破重大疑难案件、加强异地协作方面发挥了重要作用。

（三）继续推进检察信息化建设。完成了集语音、数据、电视电话功能为一体的全市检察综合信息网络的建设，初步建成了基础数据库、电子邮件、办公自动化、网络办案、多媒体出庭公诉示证、举报电话自动受理等系统，注重拓展运用领域，整体上提高了办公自动化程序和办案现代化水平。市检察院被评为全国检察机关信息化建设工作先进单位。

（四）积极为非公有制经济发展服务。在检察工作中，不断强化服务意识，延伸服务领域，坚持公平、公正的原则，平等保护市场经济主体的合法权益。落实为非公有制企业服务的措施，建立了与重点非公有制企业联系制度，为其提供法律服务；邀请非公经济人员召开“回头看”座谈会，听取意见建议，切实改进工作，使服务趋于规范化；依法查办危害非公经济的职务犯罪案件，讲究办案方法策略，尽量为有关单位和企业挽回经济损失，注意保护企业正常的生产经营活动，努力追求办案社会效果和法律效果的统一。

各位代表，过去一年，我们这些成绩的取得，离不开市委和省检察院的正确领导，离不开人大及其常委会的监督、政府的支持和政协的民主监督，离不开人大代表、政协委员和全市人民的关心。在此，我代表全市检察干警表示衷心的感谢！

回顾一年来的检察工作，虽然取得了一定成绩，但也存在一些问题和困难，主要是：少数干警的业务能力和工作责

任心不强，个别案件质量不高；有的办案单位和部门法律监督意识不强，不敢于监督、不善于监督；队伍的整体素质和执法能力还不能完全适应新形势、新任务的要求；市检察院内部管理存在一些薄弱环节，尚需在完善机制、落实制度、严格责任上狠下工夫；人员编制紧缺与任务繁重的矛盾突出，检察业务用房、专业技术用房建设步伐滞后等，对此我们将在今后的工作中努力加以解决。

2005年检察工作主要任务

2005年，是贯彻党的十六大、十六届四中全会精神，加快现代新昆明建设的重要一年。全市检察工作的总体思路是：以邓小平理论、“三个代表”重要思想为指导，认真贯彻市第八次党代会精神，牢固树立科学发展观和正确执法观，在市委和省检察院的领导下，紧紧围绕全市工作大局和“强化法律监督，维护公平正义”的工作主题，加强执法规范化、队伍专业化和管理科学化建设，进一步深化检察改革，加强检务保障，努力提高法律监督能力，推动检察工作深入发展，为创建“平安昆明”，建设和谐社会，实现公平正义创造良好的法制环境。我们将重点做好以下几方面工作；

一、牢固树立正确的执法观，加强法律监督能力建设。认真学习党的十六届四中全会精神，以科学发展观为指导，牢固树立“立检为公，执法为民”的执法观，正确处理履行法律监督职责中法律效果与社会效果、打击犯罪与保障人权、办案数量与办案质量、事后监督与主动监督、执行实体法与执行程序法、检察工作的全局与局部的关系。按照检察工作的特点和规律，提高五个方面的能力：履行检察职能，打击预防刑事犯罪，维护社会稳定的能力；依法打击职务犯罪，促进廉政建设的能力；正确处理群众诉求，化解矛盾纠纷，促进社会和谐的能力；敢于监督、善于监督、规范监督，促进严格执法和公正司法的能力；强化自身监督和制约，严格、公正、文明执法的能力，以适应民主法制建设的新形势和在全社会实现公平与正义的需要。

二、加强批捕、起诉工作，全力维护社会稳定。切实增强忧患意识和稳定意识，依法严惩暴力恐怖活动以及法轮功等邪教组织犯罪；重点打击严重暴力犯罪、黑恶势力及有组织犯罪，毒品犯罪和“两抢一盗”等多发性犯罪；依法惩治金融诈骗、制假售假、侵犯知识产权等各类扰乱和破坏社会主义市场经济秩序的犯罪。积极参加社会治安防控体系建设和“平安昆明”创建工作，做好矛盾纠纷的排查调处和涉法涉诉专项治理工作，重点办理好涉检上访案件，落实好检察环节的各项综合治理措施，减少和化解不稳定因素。

三、严肃查办和积极预防职务犯罪，促进反腐败斗争的深入发展。按照中央反腐败的新部署，充分发挥查办和预防职务犯罪的职能作用，惩防并举、注重预防。集中力量查办大案要案，重点查办发生在领导干部中的滥用职权、牟取非法利益的犯罪案件，以及发生在基层的以权谋私的犯罪案件。严肃查处利用审批权、人事权、司法权犯罪的案件；金融、土地管理等部门和重大工程项目建设中的职务犯罪案件。注意查处在国有企业重组改制、破产和经营活动中贪污、挪用、私分国有资产的犯罪。严肃查办国家机关工作人员利用职权非法拘禁、刑讯逼供等侵犯人权和滥用职权、玩忽职守造成重大损失的犯罪案件。同时，对那些为谋取不正当利益拉拢腐蚀干部、危害严重的行贿犯罪，坚决依法查处。积极开展预防职务犯罪工作，结合办案对发案单位制度不完善、导致职务犯罪的问题及时提出检察建议，开展好个案预防；针对现代新昆明建设中的重点工程开展专项预防，深入重点领域和行业开展系统预防；加强预防对策研究，运用职务犯罪警示教育基地开展预防宣传和警示教育；探索建立教育、制度、监督三位一体的预防职务犯罪工作机制。

四、强化诉讼监督，维护司法公正和司法权威。刑事侦查和审判活动监督的重点将放在防止有案不立、漏捕、漏诉和对量刑畸轻畸重的案件依法提出抗诉方面。刑罚执行监督和监管活动监督将继续落实防止和纠正超期羁押的各项措施，加大对减刑、假释、保外就医的监督力度。民事审判和行政诉讼监督重点办理严重违反法定程序及审判人员贪赃枉法、徇私舞弊导致错误裁判的案件。同时注意发现、查办执法和司法不公背后的司法腐败案件，使查办职务犯罪工作与诉讼监督工作相互促进。

五、加强队伍建设，为提高法律监督能力提供人才支持和组织保障。认真开展保持共产党员先进性教育活动，继续实施“云岭先锋”工程，加强思想政治建设。结合实际，深化检察工作主题教育、执法观教育，切实解决工作中存在的问题，促进法律监督能力的提高。加强党风廉政建设，把领导班子建设作为队伍建设的首要任务来抓，强化领导干部的廉洁自律，做到严格教育、严格管理、严格监督。以继续开展“学习型检察院”活动为载体，推进检察文化建设，加大教育培训力度，改善和优化检察队伍的素质结构，努力培养高层次、复合型人才。积极探索建立业务工作、队伍建设和信息化建设相结合的长效管理机制，推动管理水平和执法水平的提高。

六、进一步推动基层检察院建设。以公正执法为核心，以强化法律监督为目标，以推进执法规范化、队伍专业化、管理科学化为内容，深入开展争创先进检察院活动，充分发挥先进典型的示范和辐射作用，加强分类指导和动态考核，对队伍管理松懈、业务工作滞后的基层检察院，采取有力措施，进行重点帮促，提高基层检察院建设整体水平。继续推进基层检察院的业务用房、专业技术用房建设和信息化建设，切实帮助解决工作中存在的困难和问题。

七、大力推进检察改革，完善法律监督体系和机制。进一步深化人民监督员制度试点工作，保障人民监督员独立、公正地行使监督权，促进人民监督员制度规范化。改进和完善检察人员招录方式，规范检察官遴选任用制度。加强内部执法机制建设，落实办案责任制和错案追究制，提高依法监督能力和公正执法水平。

2004年昆明市国民经济持续快速发展

2004年是实现“十五”计划的第四年，全市人民在市委、市政府的领导下，认真贯彻昆明市第八次党代会提出的分三步走战略，团结一致，齐心协力，战胜困难、努力克服了水、煤、电、运输紧张等不利因素的制约和突然袭来的高致病禽流感以及自然灾害的影响，使昆明经济保持了持续、快速、稳定、健康的发展态势，呈现出速度快、效益好、结构更趋合理的可喜局面，人民生活水平进一步改善。

一、生产总值继续保持两位数增长

经济发展势头强劲，一季度全市经济增长10.8%，上半年全市经济增长11.2%，比一季度提高0.4个百分点，1—3季度全市经济增长11.0%，全市生产总值突破900亿元大关，达942.14亿元，比上年增长12.0%，是“十五”以来最快的一年，增幅比上年提高了1.7个百分点。其中：第一产业增长4.3%，第二产业增长14.6%，第三产业增长10.5%；第二产业的发展速度最快，二、三产业对经济增长的贡献率最大，三次产业增加值的比重为7.0:48.2:44.8；呈现出年初起步良好，年中快速运行，全年总体向好的发展态势，进一步发挥了昆明市对全省经济的龙头带动作用，生产总值占全省的32%。

二、农村经济发展呈现良好态势，经济结构调整成效显著

全年农林牧渔业总产值108.0亿元，比上年增长5.4%。从农村经济发展情况看，一是粮食生产量进一步提高，烤烟种植面积稳定。全市粮食产量达到114.85万吨，比上年增产0.89万吨，增长0.8%，烤烟产量8.19万吨，比上年增长3.7%。二是花卉、蔬菜、马铃薯、猪牛羊等优质农副产品基地进一步巩固发展，种植结构进一步优化。2004年全市蔬菜、花卉、水果继续保持增长势头，产量分别达167.34万吨、27.13亿枝、9.21万吨，比上年分别增长2.8%、21.3%和12.2%。三是畜牧业生产稳步发展，猪、羊出栏分别达283.91万头、50.85万只，比上年增长4.8%、12.0%。四是财政对农业支出的力度加大，农民收入进一步增加。近年来，国家取消了屠宰税和除烤烟外的其他农特税，农业税税率下调了1个百分点，大大减轻了农民负担，同时昆明市加大了促进农业产业化进程，扶持做大龙头企业，拓宽就业渠道的工作力度，加快和规范农村富余劳动力的转移，以及农民工的就业培训，进一步为农民增收创造了条件。

三、工业经济快速发展，利税增长再创新高

昆明工业经济克服了能源及部分原材料供应紧张及价格上涨等不利因素的影响，积极组织生产，实现了工业生产的快速发展。全市工业完成增加值362.54亿元，比上年增长14.8%，工业经济创造的增加值占全市GDP的38.5%，是拉动全市GDP增长最大的一个行业。

经济效益再创历史新高。全市规模以上工业企业实现销售收入745.21亿元，比上年增长32.8%，实现利税总额168.9亿元，增长38.8%。工业经济效益综合指数为234.6%，提高42.1个百分点，总资产贡献率为31.5%，提高5.0个百分点；资本保值增值率115.47%，提高7.42个百分点。

重点产业的支撑力度进一步增强。全市烟草、冶金、化学原料及化学制品制造业、电力、热力供应业四大重点产业的工业增加值均保持了快速增长，完成工业增加值206.9亿元，占全市工业增加值的比重达到57.1%。

四、固定资产投资规模继续扩大，工业投资突破80亿元

全市固定资产投资规模不断扩大，一直保持二成以上的增长速度，全年全社会固定资产投资完成435亿元，比上年增长20.3%。在“工业强市”的战略指导下，全市对工业的投资力度进一步加大，工业行业完成投资80亿元。同时随着国有企业改革的进一步深化和非公有制经济的进一步发展，非公有制经济的投资比重逐年递增，投资对财政的依赖程度已明显减弱。

五、消费品市场平稳运行

昆明消费品市场总体呈现平稳运行态势。随着信息化时代的到来，以及消费升级，汽车、通讯产品、家居产品、金银珠宝等成为今年消费的热点商品。全市消费品零售额370.45亿元，比上年增长12.8%。在全市社会消费品零售额中，一是城市市场销售增幅继续保持快于县及县以下市场的势头。城市实现消费品零售额比上年增长13.1%，县及县以下增长11.0%，城市增幅快于县及县以下2.1个百分点。二是非公有制经济发展较快，并主导消费品零售市场。非公有制经济实现消费品零售额314.89亿元，比上年增长23%，占全市零售额的比重达到85%。

六、进出口贸易强劲发展，旅游业继续呈恢复性增长

由于世界经济复苏步伐加快，对中国出口贸易的扩大产生了积极的影响，加之国内经济的快速增长，进一步带动了对外贸易的发展。昆明地区的进出口贸易，增势强劲，进出口贸易呈现出“大进大出”特征。据海关统计，全市实现进出口贸易总额26.15亿美元，比上年同期增长46.9%，其中出口总额13.84亿美元，进口总额12.31亿美元，分别增长37.6%和59%，实际利用外资6 228万美元，比上年同期增长21.0%。

全年共接待海内外游客1 757.09万人次，比上年增长10.4%，其中国内游客1 707.76万人次，旅游收入126.61亿元，分别增长10.2%，16.1%；海外游客49.33万人次，旅游外汇收入13 073万美元，分别增长15.6%，15.4%。旅游总收入137.5亿元，增长16.1%。旅游业继续呈恢复性增长。

七、物价总水平在高位运行，城乡居民收入继续增长

受食品价格指数涨幅较高的影响，全市居民消费价格总指数一直在高位徘徊。全年昆明市居民消费价格总指数106.5%，比上年上扬6.5个百分点；商品零售价格总指数104.6%，上扬4.6个百分点；工业品出厂价格指数104.5%，上扬4.5个百分点。

城乡居民收入继续增长，城镇居民人均可支配收入9 046元，农民人均纯收入2 909元，扣除物价因素，分别增长7.2%、6.4%。

八、财政收入强劲增长，存贷款持续增加

各级财税部门克服政策性减收因素带来的不利影响，积极推进各项财政改革，实现了财政收入较快增长，全市累计完成财政总收入184.93亿元，比上年增长36.8%。地方财政收入增长快于支出增长，地方财政收入完成85.64亿元，比上年增长36.1%，地方财政支出104.84亿元，比上年增长29.8%，地方财政收入增幅快于支出增幅6.3个百分点。

全市金融机构存贷款余额持续稳定增长，金融运行总体平稳。12月末金融机构各项存款余额2 162.37亿元，比年初增长20.5%，其中储蓄存款余额826.11亿元，增长16.6%；各项贷款余额1 467.51亿元，比年初增长16.8%，其中，中长期贷款599.28亿元，增长32.0%。金融机构现金净回笼141.77亿元。

全市经济在工业、投资、消费的强劲拉动下保持了较快的发展势头，是近7年来发展最快的一年，昆明经济已步入快速发展期。

昆明市国民经济主要指标（一）

指　　标	单　位	2003年	2004年	2004年比2003年±%
一、人口				
年末总人口（户籍数）	万人	500.79	504.00	
二、生产总值	亿元	814.01	942.14	12.0
第一产业	亿元	59.44	66.31	4.3
第二产业	亿元	377.66	453.92	14.6
第三产业	亿元	376.91	421.91	10.5
人均生产总值	元	16 352	18 744	10.9
三　农业				
农林牧渔业总产值	亿元	95.73	108.00	5.4
四、工业				
全部工业增加值	亿元	294.54	362.54	14.8
五、固定资产投资				
全社会固定资产投资总额	亿元	361.65	435.00	20.3
六、国内贸易				
社会消费品零售总额	亿元	328.41	370.46	12.8
七、对外经济贸易				
海关进出口贸易总额	万美元	177 927	261 462	46.9
#出口	万美元	100 633	138 396	37.6
八、财政				
财政总收入	亿元	135.15	184.93	36.8
地方财政收入	亿元	62.95	85.64	36.1
地方财政支出	亿元	80.70	104.84	29.8

昆明市国民经济主要指标（二）

指　　标	单　位	2003 年	2004 年	2004 年比 2003 年 ± %
九、金融（增幅是与年初比）				
年末金融机构存款余额	亿元	1 770.26	2 162.37	20.5
年末金融机构贷款余额	亿元	1 261.24	1 467.51	16.8
十、旅游业				
海外旅游者人数	万人次	42.67	49.33	15.6
旅游外汇收入	万美元	11 325	13 073	15.4
国内旅游者人数	万人次	1 549.16	1 707.76	10.2
国内旅游收入	亿元	109.05	126.61	16.1
旅游业总收入	亿元	118.48	137.50	16.1
十一、物价指数				
居民消费价格总指数	%	101.6	106.5	6.5
商品零售价格指数	%	100.7	104.6	4.6
十二、城乡居民生活				
城镇居民人均可支配收入	元	7 979	9 046	7.2
农民人均纯收入	元	2 581	2 909	6.4
十三、开发区				
高新技术产业开发区财政总收入	万元	45 260	53 777	18.8
高新技术产业开发区地方财政收入	万元	21 292	23 974	12.6
经济技术开发区财政总收入	万元	28 097	38 204	36.0
经济技术开发区地方财政收入	万元	13 821	16 492	19.3
滇池国家旅游度假区财政总收入	万元	6 135	7 107	15.8
滇池国家旅游度假区地方财政收入	万元	6 036	6 942	15.0

注：1．2004 年数据为快报数或预计数，增幅为同比口径计算。
2．城镇居民人均可支配收入、农民人均纯收入增幅增为扣除物价因素后的实际增长。
3．财政指标增幅为年快报同比口径计算。

昆明市十四个县市区主要指标（一）

	生产总值（万元）		农民人均纯收入（元）			地方财政收入（万元）		地方财政支出（万元）	
	2003年	2004年	2003年	2004年		2003年	2004年	2003年	2004年
昆明市	8 140 121	9 421 371	2 581	2 909	昆明市	629 478	856 414	806 991	1 048 440
五华区	133 526	159 195			五华区	54 283	69 251	64 430	77 651
盘龙区	157 272	178 697			盘龙区	53 580	64 841	49 453	56 722
官渡区	1 003 642	1 166 899	4 811	5 333	官渡区	81 325	98 661	65 648	83 134
西山区	419 958	486 783	4 175	4 584	西山区	30 492	40 558	35 953	44 563
东川区	75 985	89 916	1 189	1 306	东川区	4 588	5 601	27 478	36 934
呈贡县	188 756	218 502	3 822	4 195	呈贡县	9 250	12 403	16 562	20 022
晋宁县	180 545	197 624	2 709	3 029	晋宁县	8 942	9 673	17 807	20 449
安宁市	502 009	765 825	3 086	3 487	安宁市	40 245	56 643	65 606	81 454
富民县	67 080	78 076	2 620	2 814	富民县	5 327	5 932	15 370	15 506
宜良县	367 790	407 199	2 989	3 150	宜良县	16 535	18 139	21 404	25 335
石林县	127 860	148 738	2 312	2 741	石林县	10 404	10 705	16 953	21 384
嵩明县	141 268	165 708	2 420	2 754	嵩明县	9 266	10 052	20 730	24 305
禄劝县	116 676	133 756	1 401	1 538	禄劝县	8 876	7 796	26 923	31 057
寻甸县	119 798	143 154	1 526	1 712	寻甸县	7 917	8 464	29 343	33 642

（市统计局）

昆明市2004年国民经济和社会发展统计公报

2004年是全面推进昆明市建设小康社会的一年，全市人民在市委、市政府的领导下，坚持以邓小平理论和“三个代表”重要思想为指导，全面贯彻党的十六届三中、四中全会精神，认真落实省委、省政府制定的一系列方针政策，坚持把发展作为第一要务，进一步优化发展环境，大力调整经济结构，积极扩大投资规模，努力推进城市化进程。加快对外开放步伐，继续完善社会保障体系，积极扩大社会就业，有力地推动了经济和社会的协调发展。国民经济呈现出加速增长态势，各项社会事业全面进步，人民生活不断改善。

一、综合

2004年，昆明市国民经济增长快速，经济实力进一步增强。全年实现生产总值（GDP）942.14亿元，比上年增长12.0%。人均生产总值达18 744元，比上年增长10.9%。

三次产业格局呈现二三一特征。第一产业完成增加值66.31亿元，增长4.3%；第二产业完成增加值453.92亿元，增长14.6%；第三产业完成增加值421.91亿元，增长10.5%。一、二、三产业增加值比重为7.0:48.2:44.8。生产总值占全省的32%。

二、农业和农村经济

农村经济结构调整步伐积极稳妥，全市农村经济稳步发展。全年实现农业增加值66.31亿元，比上年增长4.3%。完成农林牧渔业总产值108.0亿元，比上年增长5.4%。

主要农产品产量如下：

	2004年	比上年±%
粮　食	114.85万吨	0.8
#谷　物	92.02万吨	1.5
油　料	1.33万吨	-6.3
#油菜籽	1.11万吨	-6.7
烤　烟	8.19万吨	3.7
蔬　菜	167.34万吨	2.8
花　卉	27.13亿枝	21.3
水　果	9.21万吨	12.2

主要畜产品产量和牲畜存栏头数如下：

	2004年	比上年±%
肉类总产量	30.89万吨	6.7
#猪肉	24.13万吨	6.3
牛奶产量	7.87万吨	18.2
肉猪出栏数	283.91万头	4.8
家禽出栏数	2 356.80万只	-0.8
肉羊出栏数	50.85万只	12.0
猪年末存栏数	205.02万头	3.0
羊年末存栏数	109.11万只	8.9
大牲畜年末存栏数	72.88万头	5.1

全年完成造林面积10.29万亩，比上年减少67.3%；零星四旁植树949万株，比上年减少29.3%；新增育苗面积104公顷，减少27.3%；年末实有封山育林面积263.60万亩，增长12.6%。

三、工业和建筑业

工业主导作用继续增强。2004年，全市完成工业增加值362.54亿元，比上年增长14.8%。其中规模以上工业企业实现增加值277.58亿元，增长19.4%；实现销售收入745.21亿元，增长32.8%，实现利税168.9亿元，增长38.8%；产销衔接状况继续改善，产品销售率99.8%；综合经济效益指数达234.6%，比上年提高42.1个百分点。

主要工业产品产量如下：

	2004年	比上年±%
粗　钢	269.22万吨	13.1
钢　材	289.20万吨	18.7
十种有色金属	52.27万吨	23.1
水　泥	430.39万吨	11.8
平板玻璃	278.74万重量箱	-7.6
化肥（折纯量）	87.17万吨	12.2
卷　烟	661.34亿支	-1.0
煤　气	60.95亿立方米	11.4
自来水生产量	21 246万吨	-4.7

各项经济效益指标如下：

	2004年	比上年提高
总资产贡献率(%)	31.51	5.0个百分点
资本保值增值率(%)	115.47	7.4个百分点
流动资产周转率(次)	1.55	9.9%
成本费用利润率(%)	10.84	3.4个百分点
全员劳动生产率(元/人)	129 730	28.6%
产品销售率(%)	99.8	1.4个百分点
资产负债率(%)	57.1	-0.6个百分点

建筑业生产继续快速发展。全市建筑业总产值达到270.0亿元，比上年增长15.7%。实现增加值91.38亿元，比上年增长13.9%。

四、固定资产投资

全市固定资产投资规模继续扩大，尤其是房地产开发投资增长速度较高。全年全社会固定资产投资总额达435.0亿元，比上年增长20.3%。按管理渠道划分，基本建设投资145亿元，增长6.7%；更新改造投资90亿元，增长12.6%；房地产开发投资94亿元，增长34.2%；其他投资36亿元；农村集体、农村私人、工矿区私人建房及个私经济投资70亿元。

五、交通运输和邮电通信业

交通运输仓储邮电业继续快速发展。2004年全市交通运输仓储邮电业完成增加值103.37亿元，比上年增长9.8%。

六、国内贸易

2004年，消费品市场呈现平稳运行态势。全年实现社会消费品零售总额370.46亿元，比上年增长12.8%。按所有制结构看：公有制经济实现55.57亿元，占全市比重15.0%；非公有制经济实现314.89亿元，占全市比重85.0%，其中个体经济占全市比重48.4%。随着消费升级，汽车、通讯产品、家居产品、金银珠宝等成为今年的消费热点。

七、对外经济贸易及旅游

2004年，全市继续加大对外开放力度，不断完善政策措施，外向型经济继续发展，招商引资成果显著。全年新批外商投资企业104户，实际利用外资6 228万美元。

进出口贸易增势强劲。全年海关进出口贸易总额26.15亿美元，比上年增长46.9%，其中出口13.84亿美元，增长37.6%；进口12.31亿美元，增长59.0%。

旅游业继续呈恢复性增长。全年共接待海内外游客1 757.09万人次，比上年增长10.4%，其中国内游客1 717.76万人次，旅游收入126.61亿元，分别增长10.2%，16.1%；海外游客49.33万人次，旅游外汇收入13 073万美元，分别增长15.6%，15.4%。旅游总收入137.50亿元，增长16.1%。

八、财政、金融

财政收入增长较快。全年财政总收入完成184.93亿元，比上年增长36.8%，其中地方财政收入完成85.64亿元，增长36.1%；地方财政支出104.84亿元，增长29.8%。

金融运行总体平稳，金融业务扩大。2004年末，金融机构存款余额2 162.37亿元，比年初增长20.5%，其中：企业存款960.14亿元，储蓄存款826.11亿元，分别增长29.9%和16.6%。金融机构贷款余额1 467.51亿元，比年初增长16.8%。

九、科技、教育、文化和卫生体育

科技进步与创新的先导和支撑作用进一步增强，全市积极推进技术创新体系建设，组织实施科技计划项目，一批科技成果得到推广应用。

各级各类教育全面发展。2004年全市普通高等院校在校学生14.1万人，增长3.7%；普通中等专业学校在校学生8.7万人，增长4.8%；普通中学在校学生25.55万人，增长3.4%；普通小学在校学生45.85万人，增长7.3%。

文化产业发展实现较大突破，文化体制改革力度加大。成功举办首届昆明文化产业博览会，积极参与云南文化产业上海推介周活动。群众性文化活动丰富多彩。文化基础设施不断完善，市文化艺术生产基地建设主体工程完工。

医疗卫生工作得到加强。新型农村合作医疗试点工作积极推进，城镇医疗卫生体制改革取得新进展。

体育事业全面推进。全民健身、竞技体育蓬勃发展，市民健身意识进一步增强，社区健身设施得到改善。

十、人口、人民生活和社会保障

2004年，全市年末总人口预计504万人（户籍数）。城乡居民收入稳步增长，生活水平不断提高。全年城镇居民人均可支配收入达9 046元，农民人均纯收入达2 909元，扣除物价因素，分别比上年增长7.2%和6.4%。

社会保险制度继续健全，社会福利事业不断加强。“两个确保”进一步巩固。城市居民最低生活保障制度逐步完善，低保标准适当提高。城镇登记失业率控制在2%以内。

注：公报所列数据为年快报数或预计数，增幅为同比口径计算。

（市统计局）

索　　引

说　　明

一、本索引采用主题分析法编制，索引范围为全书各部类条目、表格、文中图片。“特载”、“大事记”等部类的具体内容未做索引，以其部类名称、署名或文献性质标引。

二、本索引按主题词首字汉语拼音音序（同音字按音调）排列。若首字拼音相同则按第二字音序排列，以此类推。首字为阿拉伯数字或英文字母者，作“非音序”排在本索引末。

三、读者可从主题入手按索引款目之标示查找自己所需资料在本书中的位置。索引款目由主题词加修饰词或说明词组成，并采取主题词在前，修饰、说明词在后的形式。修饰、说明词是对主题词标示内容的限定，以逗号或括号与主题词相区别。索引款目后的阿拉伯数字表示该主题内容在本书中的页码；a、b、c 字母表示在该页码的栏别（从左至右）。

四、同一主题词的不同内容采取“附见”或“参见”形式标示。在主题词下退一字各占一行分别排列的款目为“附见”；索引款目后两个以上页码的为该主题的“参见”。

五、机构、单位名称，除正文中出现的全称外，在不产生歧义的前提下，本索引一般使用简称。

六、凡部类、栏目名称直接用作索引款目的以黑体字标引。

Q

R

Y

Z

非音序